总第24卷

常德年鉴

2023

CHANGDE YEARBOOK

常德市地方志编纂室　编

方志出版社
Publishing House of Local Records

图书在版编目（CIP）数据

常德年鉴. 2023 / 常德市地方志编纂室编.—北京:
方志出版社, 2023.11
ISBN 978-7-5144-5837-4

Ⅰ. ①常… Ⅱ. ①常… Ⅲ. ①常德－2023－年鉴
Ⅳ. ①Z526.43

中国国家版本馆CIP数据核字（2023）第194499号

责任编辑：王娜
责任校对：张玉霞
责任印制：梅中英
出 版 者：方志出版社
地　　址：北京市朝阳区潘家园东里 9 号（国家方志馆4层）
邮　　编：100021
网　　址：http://www.zgfzcb.cn
发　　行：方志出版社图书营销中心（010–67110500）
印　　刷：岳阳鑫容印刷有限公司
开　　本：889毫米 × 1194毫米　1/16
印　　张：33.25
字　　数：1230千字
版　　次：2023年11月第1版
印　　次：2023年11月第1次印刷
定　　价：298.00元

《常德年鉴（2023）》编纂委员会

《常德年鉴（2023）》编辑部

编辑说明

一、《常德年鉴》以马克思列宁主义、毛泽东思想、邓小平理论、“三个代表”重要思想、科学发展观、习近平新时代中国特色社会主义思想为指导，坚持辩证唯物主义和历史唯物主义的立场、观点和方法，旨在全面、客观、系统记述上一年常德市度自然、政治、经济、文化、社会等方面概貌和发展情况。

二、《常德年鉴（2023）》（以下简称本年鉴）由常德市人民政府主办、常德市地方志编纂室编纂，记述2022年1月1日至12月31日常德市发生的大事、新事和具有年度特色的事；作为背景材料，有个别条目内容、表格数据涉及年度之前或之后的情况，为保持事物发展的连续性和资料的完整性，本年鉴仍予以记载。

三、本年鉴采用分类编辑法，设类目、分目、条目3个层次，条目为记述基本单元。全年鉴共设32个类目、268个分目、1222个条目。

四、本年鉴所载稿件内容和数据均由各部门、各单位提供，并经撰稿单位领导审核；凡涉及常德经济和社会发展全局的数据，均以常德市统计局提供的资料为依据；由于四舍五入原因，个别总数与分数相加之和略有出入；计量单位采用国务院公布的公制和国际单位制，少数遵从习惯。

五、本年鉴收录的市领导、市直副处级以上单位负责人名录由中共常德市委组织部提供；中央、省驻常德单位和部分市属企业负责人名录由相应撰稿单位提供，名录均以2022年12月31日在职者为准。

审图号：湘S（2022）035号

湖南省自然资源厅监制 湖南地图出版社编制 二〇二二年四月

数 2022 说常德

土地总面积	18177平方千米	粮食总产量	377.5万吨
年末户籍人数	587.9万人	建筑业增加值	360.1亿元
地区生产总值	4274.5亿元	社会消费品零售总额	1673.4亿元
第一产业增加值	495.2亿元	交通运输、仓储和邮政业增加值	176.9亿元
第二产业增加值	1762.7亿元	旅游总收入	380.7亿元
第三产业增加值	2016.6亿元	进出口总额	252.5亿元
三次产业结构	11.6：41.2：47.2	本外币年末各项存款余额	4428.6亿元
地方一般公共预算收入	209.6亿元	本外币年末各项贷款余额	3251.4亿元
公共财政预算支出	637.2亿元	卫生机构	4601个
公路通车里程	2.3万千米	卫生技术人员	36876人
全社会用电量	147.2亿千瓦时	义务教育阶段学校	606所
新增城镇就业人员	5.6万人	义务教育阶段在校学生	46.4万人
全市森林覆盖率	48%	城镇居民人均可支配收入	40494元
粮食作物种植面积	589.2千公顷	农村居民人均可支配收入	21342元

——摘自《常德市2022年国民经济和社会发展统计公报》

常德名片

中国美丽山水城市（2018）

国际湿地城市（2018）

国家森林城市（2016）

全国双拥模范城（2016）

全国绿化模范城市（2016）

全国无障碍建设示范市（2015）

国家节水型城市（2011）

全国交通管理模范城市（2005）

国际花园城市（2005）

中国魅力城市（2004）

中华诗词之市（2003）

国家园林城市（2003）

国家卫生城市（2002）

中国优秀旅游城市（2001）

2022年10月25日，常德市传达学习党的二十大精神报告会暨理论学习中心组2022年第11次集体（扩大）学习

市政府办公室、市政府研究室集中收看中共二十大开幕会

市委组织部集中收看中共二十大开幕会

市委统战部集中收看中共二十大开幕会

市委政法委集中收看中共二十大开幕会

（常德日报记者唐齐 摄）

2022年9月16日，桃花源机场举行“喜迎二十大　全员保平安”党的二十大安保誓师大会

（胡妮 摄）

2022年9月16日，常德市公安机关在市局警官培训中心举行“喜迎二十大　忠诚保平安”誓师大会

（市公安局 供图）

2022年9月16日，常德市公安机关在市局警官培训中心举行“喜迎二十大 忠诚保平安”誓师大会

（市公安局 供图）

2022年11月11日，中共二十大代表、常德市委书记曹志强（后排右三）到临澧县四新岗镇久丰村宣讲中共二十大精神
（常德日报社 供图）

2022年12月10日，常德市委副书记、市长周振宇到常德职业技术学院宣讲中共二十大精神
（常德日报社 供图）

2022年11月5日，中共二十大代表、湖南三特机械制造有限工作员工邱宝珠（左九）到湖南特力液压有限公司油缸车间宣讲中共二十大精神（湖南特力液压有限公司 供图）

2022年11月24日，常德市桃源县在陬市镇福德山村新时代文明实践广场举行“让‘理’落地生根——桃源县学习贯彻党的二十大精神进基层微宣讲活动”（肖海军 摄）

常德高新区 （向波 摄）

湘佳橘友柑橘智能优选项目

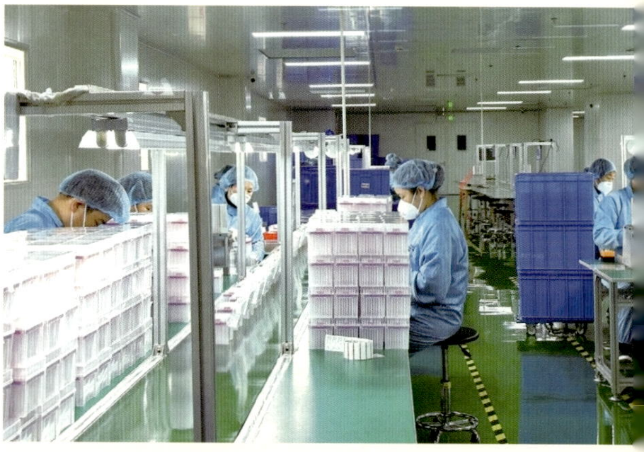

比克曼生物科技6000吨医疗实验耗材生产线

（刘颂 摄）

位于常德经开区的常德昆宇是集储能电池生产、开发、销售、服务于一体的新能源企业　（李龙　摄）

常德中车新能源汽车有限公司　（文斌、罗勇　摄）

（本栏图片由常德日报社提供）

位于汉寿高新区的中联重科厂区

常德经开区电子信息产业园

（罗勇 摄）

临澧高新区

建设中的津市工业新区　（姜业云　摄）

（本栏图片由常德日报社提供）

2022年12月22日，常德高铁站航拍图　（潘敬林 摄）

2022年12月16日19时,高铁常德站站前南广场灯光调试 （裴维维 摄）

2020年3月24日，常益长高铁沅江特大桥北侧工点，工人在切割板材　（裴维维 摄）

2020年12月12日，常益长高铁沅江特大桥施工现场　（吴卫民 摄）

2021年11月23日，常益长高铁汉寿段，工人们在铺设无砟轨道轨基　　（潘敬林 摄）

2022年10月15日凌晨，“常德站”高铁站房建设图（潘敬林、冯顺前、裴维维、王鹏程 摄）

2022年12月23日，航拍行驶在常益长高铁上的和谐号动车组　　（潘敬林 摄）

2022年12月26日，搭乘高铁的乘客检票进站　　（李龙 摄）

2022年12月26日10时11分，常益长高铁开通后的首趟列车从常德高铁站驶出，开往长沙　　（潘敬林 摄）

目录

专文

大事记

市情综览

中国共产党常德市委员会

常德市人民代表大会

常德市人民政府

中国人民政治协商会议常德市委员会

中共常德市纪律检查委员会 常德市监察委员会

民主党派

群众团体

法 治

军 事

交通·邮政·通信·电网

旅　游

城乡建设与管理

工业和信息化

园区经济

农业·林业·水利

商　务

金　融

财政·税务

国有资产经营与监管

生态环境

经济管理与监督

科学技术与科技服务

教 育

文化·新闻·体育

卫生健康

社会生活

应急管理

区县市·开发区·度假区·管理区

人　物

附　录

索　引

CONTENTS

专文

坚持以党的二十大精神为指引 全面推进社会主义现代化新常德建设

——在市委八届五次全体会议暨市委经济工作会议上（2022年12月23日）

中共常德市委书记　曹志强

同志们：

这次市委八届五次全体会议暨市委经济工作会议的主要任务是，深入学习贯彻党的二十大精神，认真落实中央、省委经济工作会议决策部署，报告今年来市委常委会的主要工作，分析当前经济形势，安排明年工作任务，动员全市上下坚定信心、守正创新、团结奋斗，努力把建设社会主义现代化新常德的宏伟事业推向前进。刚才，振宇市长安排部署了明年经济工作，大家要认真抓好贯彻落实。下面，根据市委常委会研究的意见，我讲七个方面的内容。

一、总结今年成绩，以坚定信心建设现代化新常德

今年是党的二十大胜利召开之年，也是极不寻常、极不平凡的一年。面对持续承压的经济形势、错综复杂的新冠疫情、历史罕见的干旱天气等超预期困难挑战，市委常委会团结带领全市人民，坚持以习近平新时代中国特色社会主义思想为指导，紧紧围绕“疫情要防住、经济要稳住、发展要安全”的目标，坚决贯彻中央、省委决策部署，全面落实“三高四新”战略定位和使命任务，扎实推进“三大支撑八项重点”工作，全力实施“六大专项行动”，实现了全市经济社会平稳健康发展。

一年来，我们牢牢稳住了经济大盘。全市上下克难奋进、迎难而上，全年主要经济指标位居全省第一方阵，地区生产总值增长5%（预计数，下同），规模工业增加值增长5%、固定资产投资增长8%、地方一般公共预算收入增长2.1%、居民人均可支配收入增长6.8%，为全省高质

量发展作出了常德贡献。一年来，我们成功抗击了复杂疫情。时刻绷紧疫情防控这根弦，到9月底是全省保持无疫时间最长的市州。面对10月以来多轮输入性疫情，坚决贯彻党中央精神和省委、省政府要求，快速果断决策、科学精准处置，以最短时间、最小代价、最好效果打赢了疫情防控阻击战。12月初以来，平稳有序实现了疫情防控措施调整转段。一年来，我们坚决确保了安全稳定。成功应对22轮强降雨和1961年以来最严重旱情，党的二十大期间进京“零非访、零集访、零滋事”，是全省唯一既没有发生较大生产安全事故也没有发生较大森林火灾的市州，公众安全感测评保持全省第一。

回顾今年，市委常委会主要抓了六个方面的工作：

1.扎实迎盛会、学精神，政治引领坚强有力。以迎接党的二十大胜利召开和学习宣传贯彻党的二十大精神为主线，强化思想政治引领，坚定拥护“两个确立”、坚决做到“两个维护”。一是有声有色造氛围。以“喜迎二十大、建功新时代”为主题，深入开展“非凡十年”“领航中国”等系列宣传活动，全方位展现新时代改革发展成果，增强广大党员干部感党恩、听党话、跟党走的政治自觉、思想自觉和行动自觉。牢牢把握正确舆论导向，加强各类阵地监管和引导，意识形态领域保持向上向好态势。二是入脑入心抓宣讲。组织全市党员群众集中收听收看党的二十大开幕会，第一时间开展市委理论学习中心组学习研讨，召开全市传达学习党的二十大精神报告会。制定学习宣传贯彻党的二十大精神实施方案，市委常委会组成人员带头深入企业、农村、机关、校园、社区宣讲30多场，开展各级各类宣传宣讲2000多场，举办市管干部学习贯彻党的二十大精神集中轮训研讨班，推动大会精神传遍沅澧大地、深入千家万户。三是对标对表促落实。专门召开市委八届四次全会，审议通过市委《关于深入学习宣传贯彻党的二十大精神　加快推进社会主义现代化新常德建设的决定》，进一步深刻领会精神，紧密结合实际，明确现代化新常德建设的指导思想、目标任务和重点工作，坚定不移沿着习近平总书记指引的方向阔步前行。

2.扎实兴产业、优环境，发展根基不断筑牢。坚持把稳增长摆在突出位置，加快构建现代化产业体系，全力办好发展经济这个最大实事。一是工业实力持续壮大。培强主引擎，“四大千亿产业”和“四大新兴产业”产值分别达到2500亿元、1000亿元，同比增长7%、16%，先进装备制造产业集群进入全省首批先进制造业集群。夯实主阵地，大力推进“五好”园区建设，完成基础设施投入80亿元，实现园区规模工业产值2223亿元、增长10.4%。常德高新区获批国家新型工业化产业示范基地。壮大主力军，净增市场主体8万户、规模工业企业116家，新获批国家级专精特新“小巨人”企业6家，力元新材泡沫镍获评国家级制造业单项冠军产品，飞沃科技获得全市首个“省长质量奖”。二是增长动能持续提升。实施省市重点建设项目229个、实现投资950亿元，完成争资争项超300亿元。全市到位省外境内资金1086亿元、增长12%，引进亿元以上产业项目280个，武陵酒提质改造、昆宇通信储能电池、天鼎丰非织造布等83个亿元以上项目建成投产。完成进出口总额239亿元、增长25%。实现社会消费品零售总额1680亿元、增长3%。三是创新活力持续激发。完成全社会研发投入68亿元、增长20%，新获批国家级创新平台4家，新增高新技术企业135家，高新技术产业增加值达到550亿元、增长13%。成功入选首批国家知识产权强市建设试点城市，武陵区跻身全国创新百强区。开展全市首届先进制造业突出贡献人才和首批高层次人才评选表彰，全年引进高层次人才4029名、创历史新高。四是营商环境持续优化。大力实施优化营商环境“生命线工程”，制定落实15条“硬核”措施和严明作风纪律的“7个严禁、20个不准”，推行减环节、减流程、减时限等改革举措，扎实开展联企“送解优”行动，帮助企业解决问题4900多个，减免退缓税费71亿元。

3.扎实提品质、促振兴，城乡面貌更加靓丽。深入推进新型城镇化，全面推动乡村振兴，城乡一体化新格局加快形成。一是城镇建设呈现新亮点。“三区三线”划定完成，城市更新取得扎实成效，老旧小区改造加快实施，高铁新城片区、柳叶湖国际会展中心建设有力推进。坚持“创建为民、创建惠民、创建靠民”，新一轮全国文明城市创建成效明显。推进以县城为重要载体的城镇化建设，“一县一策”发展县域经济，全市县域经济增长5.5%。二是乡村振兴展现新面貌。落实粮食安全党政同责，全面推行田长制，粮食生产面积和产量连续19年保持全省第一。扎实推进“六大强农”行动，新增农产品加工规模企业51家，农产品精深加工产业产值达到796亿元、增长12.2%，“常德香米”打进粤港澳大湾区市场。推动巩固拓展脱贫攻坚成果同乡村振兴有效衔接，加强防返贫监测帮扶，没有发生返贫和新致贫。新一轮乡村振兴示范片建设全面启动，农村人居环境持续改善。津市市改善农村人居环境工作获得国务院真抓实干督查激励。三是基础设施实现新突破。12月26日常益长高铁将全线开通运营，常德正式迈入“高铁时代”。高速公路、航道整治、港口码头、干线公路、“四好农村路”建设深入实施。洞庭湖区重点垸堤防加固、“三区”城乡供水一体化等水利项目顺利推进。能源、电网、数字信息等项目加快建设。

4.扎实惠民生、增福祉，人民生活持续改善。省重点民生实事全面完成，市“六位”实事惠民专项行动扎实见效，市财政民生支出占比超过70%。一是民生事业协调发展。制定保就业促创业政策措施，稳定企业岗位14万个，城镇新增就业5.6万人，新增农村劳动力转移就业3.9万人。坚持德智体美劳“五育”并举，“双减”和规范民办义务教育政策有效落实，高考成绩继续位居全省前列，空军招飞56人、居全省第一，石门县“足球育人”改革经验得到中央改革办推介。综合医改纵深推进，优质医疗资源扩容提质，市第一人民医院急救中心妇儿中心项目完成主体工程，市第一中医医院即将整体搬迁。二是社会保障不断夯实。社会救助体系更加健全，社会保障待遇稳步提升。积极应对人口老龄化，养老服务体系不断完善，生育支持政策深入实施，托育服务逐步推开。保障农民工工资支付工作考核成绩排名全省第一。三是文旅融合步伐加快。繁荣发展文体事业，加强文物和文化遗产保护，鸡叫城遗址获评全国十大考古新发现。成功举办首届全市旅游发展大会，柳叶湖河街获评国家级旅游休闲街区、国家级夜间文化和旅游消费集聚区，澧县城头山古文化遗址成为湖南旅游“五张名片”之一，汉寿野生动物世界开园运营。四是生态环保深入推进。深入打好蓝天碧水净土保卫战，严格落实河长制、湖长制、林长制，持续推进“长江十年禁渔”工作，中央和省交办年内销号的28个问题全面完成整改，鼎城石板滩石煤矿区综合治理等3个案例成为国省典型案例，全市生态环境满意度测评连续三年居全省第一。

5.扎实防风险、守底线，社会大局平安稳定。坚定不移统筹发展和安全，确保了社会安定有序、人民安居乐业。一是维护稳定有力有效。落实信访工作责任制，信访积案化解成效明显。常态化开展扫黑除恶斗争，圆满完成重要节点维稳安保任务。牢固树立“过紧日子”思想，市级投资项目总额缩减51.2%，守住了财政“三保”和不发生债务风险的底线。二是安全生产持续向好。落实国省安全生产系列硬措施，深化居民自建房、森林防火、道路交通、食品药品等行业领域安全隐患排查整治，实现生产安全事故起数、死亡人数、经济损失“三下降”。三是法治建设全面深化。发挥市委依法治市委员会统揽作用，坚持依法治市、依法执政、依法行政共同推进，颁布实施全省首部“小快灵”地方性法规《住宅小区电动车充电安全管理规定》，支持法检“两院”依法履职，在全省率先开展县级党政主要负责人述法。武陵区获评全国法治政府建设示范区。

6.扎实抓党建、聚合力，从严治党纵深推进。全面落实新时代党的建设总要求，持之以恒推进全面从严治党，保持了风清气正的政治生态。一是突出政治建设。深入学习贯彻习近平新时代中国特色社会主义思想，认真落实市委常委会会议、市委理论学习中心组学习“第一议题”制度，健全习近平总书记重要讲话重要指示批示、党中央和省委重大决策部署贯彻落实机制，严守政治规矩，确保政令畅通，坚定维护党中央权威和集中统一领导。二是培强干部队伍。坚持公道正派、任人唯贤，注重在急难险重岗位考察识别干部，圆满完成市政府工作部门正职随届任免。加强优秀年轻干部培养使用，在全省率先建立市县两级科级干部上下交流常态化机制。市社会救助事务中心获评全国“人民满意的公务员集体”，石门县李宏纲获评全国“人民满意的公务员”，市交警支队曾祥富获评全国“特级优秀人民警察”，均受到习近平总书记亲切接见。三是抓实基层党建。从严推进基层党组织整建提质，实施“消薄攻坚、引领提升”八大行动，全市集体经济薄弱村全部清零，小区党建扩面提质，“两新”党组织“两个覆盖”率稳居全省前列。全面开展村（居）民代表常态化联系服务群众工作。以“云党建”引领多网融合，基层治理智能化水平显著提升。四是严格正风肃纪。以政治监督为重点，聚焦粮食安全、违规举债和虚假化债、居民自建房等重点领域开展监督检查，高质量开展新一届市委巡察。以标本兼治为目标，深入落实中央八项规定精神，建立风腐同查机制，整治领导干部违规收送红包礼金等顽瘴痼疾，持续保持反腐败高压态势，立案1434件、处分1319人。以清廉单元为载体，弘扬新时代廉洁文化。五是增进民主团结。加强党的全面领导，全力支持市人大、市政府、市政协行使职权、履行职能，巩固壮大爱国统一战线，促进民族团结宗教和谐，党管武装、国防动员、“双拥”工作继续走在全省前列，工青妇等群团组织积极发挥优势作用，全市上下形成了齐心协力、团结奋斗的浓厚氛围。

在看到成绩的同时，市委常委会也清醒地认识到，经济社会发展中还存在一些差距和不足。一是经济增长压力较大，市场主体发展困难较多，社会消费持续低迷，新项目、新业态、新动能仍然不足，财政收支平衡矛盾突出。二是民生领域仍有短板，一些群众收入来源缩减，部分群众生活比较困难，教育、医疗等民生事业离群众期待还有差距。三是区域发展格局不优，中心城区引领带动力不够，县域经济实力不强，交通、物流、水利等基础设施有待完善。四是风险隐患依然不少，安全生产、生态环保、债务化解等领域风险不容忽视。五是党的建设还需加力，一些党员干部担当意识不强，改革攻坚能力不足，形式主义、官僚主义和消极腐败现象依然存在，等等。对于这些问题，我们必须高度重视、深入剖析，采取有效措施切实加以解决。

二、把握目标要求，以宽广视野建设现代化新常德

党的二十大的成功召开，标志着我们踏上了全面建设社会主义现代化国家、以中国式现代化全面推进中华

民族伟大复兴新的赶考之路。前不久，市委召开八届四次全会，贯彻中央要求和省委全会精神，科学谋划了全面建设社会主义现代化新常德的宏伟蓝图。明确提出，到2035年，全市基本实现社会主义现代化，经济实力、创新发展力、城市影响力大幅提升，地区生产总值突破万亿元大关，人均地区生产总值达到中等发达国家水平，全体人民共同富裕取得更为明显的实质性进展；常德成为现代化区域中心城市，建成工业强市、农业强市、贸易强市、质量强市、交通强市，实现教育强市、科技强市、人才强市、文旅强市、体育强市目标，基本完成数字常德、健康常德、美丽常德、法治常德、平安常德、清廉常德建设任务。从2035年到本世纪中叶，建成经济实力雄厚、现代产业兴旺、创新动力强劲、城乡融合深入、人民生活幸福、文化事业繁荣、生态环境美好、社会治理高效的社会主义现代化新常德。全市上下要紧跟市委部署要求，咬定目标不放松，一锤接着一锤敲，一年接着一年干，一步步把宏伟蓝图变为美好现实。

当前，世界百年未有之大变局加速演进，新一轮科技革命和产业革命深入发展，逆全球化思潮抬头，世界经济复苏乏力，我国经济恢复的基础尚不牢固，需求收缩、供给冲击、预期转弱三重压力仍然较大，外部环境不稳定、不确定、难预料成为常态。但我们更要看到，发展仍具有很多有利条件。从战略机遇来看，党的二十大胜利召开特别是有习近平总书记掌舵领航，为我们指明了正确前进方向、提供了科学理论指引；刚刚召开的中央和省委经济工作会议提出一系列重大政策措施，财政、货币、产业、科技、社会等五大政策同向发力，疫情防控措施因时因势优化；国家出台的长江经济带发展、中部地区高质量发展、革命老区振兴发展等重大战略深入实施，正在形成政策“叠加效应”。从发展条件来看，伴随新时代10年的伟大变革，今天的常德已经站在新的更高起点，高铁时代已经来临，现代产业蓄势腾飞，营商环境持续优化，城乡建设全面提质，得天独厚的生态优势、底蕴深厚的文化优势、安全稳定的社会环境优势更加凸显。从组织保障来看，全市上下政通人和、风清气正，各级领导班子坚强有力、团结协作，广大干部精神状态更加饱满、奋斗劲头更加充足，尤其是历经疫情防控、防汛抗旱等大战大考，进一步锤炼了忠诚品格、实干作风和斗争本领。这些都是建设现代化新常德的信心所在、底气所在、力量所在，我们要应势而动、顺势而为、乘势而上，下好先手棋、打好主动仗。

明年是全面贯彻落实党的二十大精神的开局起步之年，也是建设社会主义现代化新常德的加速推进之年。做好明年工作，要坚持以习近平新时代中国特色社会主义思想为指导，紧紧围绕推进中国式现代化，全面贯彻落实党的二十大精神和中央、省委经济工作会议精神，坚持稳中求进工作总基调，完整、准确、全面贯彻新发展理念，服务和融入新发展格局，着力推动高质量发展，全面落实“三高四新”战略定位和使命任务，更好统筹疫情防控和经济社会发展，更好统筹发展和安全，全面深化改革开放，大力提振市场信心，把实施扩大内需战略同深化供给侧结构性改革有机结合起来，深入推进“六大专项行动”，突出做好稳增长、稳就业、稳物价工作，有效防范化解重大风险，推动经济运行整体好转，实现质的有效提升和量的合理增长，确保社会主义现代化新常德建设迈出更大步伐。

经过综合研判，市委确定明年经济社会发展的主要预期目标是：地区生产总值增长7%以上，规模工业增加值增长7.5%以上，社会消费品零售总额增长7.5%以上，固定资产投资增长8.5%以上，地方一般公共预算收入增长8%以上，居民消费价格指数上涨3%左右，城镇调查失业率5.5%左右，居民人均可支配收入增长7%以上，全社会研发投入增长15%以上。

这些预期目标，是把握宏观形势和我市实际，认真分析研究，科学测算确定的。完成明年目标任务，要牢牢把握五个方面的原则要求：

1.牢牢把握对标看齐的根本遵循。只有对标看齐，才能步调一致、万众一心。要在对标看齐中提高站位，任何时候、任何场合、任何情况下，都坚定拥护“两个确立”、坚决做到“两个维护”。要在对标看齐中找准方位，坚持以习近平新时代中国特色社会主义思想为指引，深入贯彻落实党的二十大精神，围绕“国之大者”谋划“常德之计”、办好“常德之事”、成就“常德之业”。要在对标看齐中落实到位，坚决执行党中央决策部署不偏向、不变通、不走样，坚决落实习近平总书记重要讲话重要指示批示精神，坚决贯彻“五个坚持”“六个更好统筹”，让“总书记怎么说、我们就怎么做”成为最鲜明的政治底色。

2.牢牢把握为民造福的根本宗旨。坚持以人民为中心的发展思想，推进共同富裕迈出坚实步伐，让老百姓共享现代化建设成果。要把群众呼声作为第一信号，下大力解决群众“急难愁盼”问题，不断实现人民对美好生活的向往。要把群众力量作为第一依靠，充分征求群众意见，广泛凝聚群众智慧，积极接受群众监督，切实调动群众的积极性、主动性、创造性。要把群众满意作为第一标准，主动把工作摆出来、亮出来、晒出来，让干部“交卷”，请群众“打分”，做得好的长期坚持，做得不好的立即改进，以实际成效赢得群众认可。

3.牢牢把握系统推进的根本方法。面对艰巨繁重的改革发展任务，必须坚持稳中求进工作总基调，坚持系统观念，确保各项工作协同配合、相互促进。要集中精力抓重点，牢记发展是第一要务，坚定不移强产业、稳投资、促消费、扩开放，办好发展经济这个最大实事。要全力以赴补短板，坚持问题导向，全面深化改革，在科技创新、县域经济、要素保障等方面攻坚突破，不断提升高质量发展整体水平。要持之以恒守底线，贯彻总体国家安全观，积极防范化解各类风险挑战，实现高质量发展和高水平安全的良性互动。

4.牢牢把握争先创优的根本导向。当前，区域发展竞争日趋激烈，标兵越跑越快，追兵越逼越紧，唯有拉高标杆、加压奋进，“跳起来摘桃子”，才能让常德发展焕发新活力。要扛牢“多做贡献”的光荣使命，在全省高质量发展中勇挑大梁、敢挑重担，切实肩负起经济大市的应有责任。要锚定“走在前列”的目标定位，与最强者比拼、与最快者赛跑，在各个方面、各个环节争先进位，力争各项工作进入全省前三。要树立“争创一流”的工作标准，坚持守正创新、精益求精，不干则已、干就干好，推动工作从“做了”向“做好了”转变，形成更多在全国全省有特色、有影响的工作品牌。

5.牢牢把握团结奋斗的根本要求。团结才能胜利，奋斗才会成功。要进一步把“心”聚起来，发挥党总揽全局、协调各方作用，发展全过程人民民主，凝聚各方面智慧和力量，全市上下团结成“一块坚硬的钢铁”。要进一步把“神”提起来，加强干部作风建设，提振精气神，吹响冲锋号，让“摆拍的”摆不平、“躺平的”躺不住，让“奋斗的”有舞台、“干事的”能出彩，形成广大干部想干事、能干事、干成事的浓厚氛围。要进一步把“劲”鼓起来，改善社会心理预期，提振发展信心，锻造敢为人先的闯劲、攻坚克难的拼劲、锐意进取的冲劲，让干部敢为、地方敢闯、企业敢干、群众敢首创，充分激发全社会创新创业的活力和动力。

三、突出工业主导，以强大动能建设现代化新常德

工业稳则经济稳，工业强则经济强。要坚定不移推进新型工业化，加快建设工业强市，挺起高质量发展的“脊梁”。

1.大力提升产业质效。强化产业链思维，培育产业生态，打造产业集群，加快构建现代化产业体系。推动优势产业延链强链。围绕培育先进装备制造、烟草、电子信息、农产品精深加工“四大千亿产业”，发挥常德烟厂、中联重科、迪文科技、湘佳牧业等龙头企业引领作用，延伸产业链条，聚集配套企业，力争农产品精深加工产业产值突破千亿元。推动新兴产业发展壮大。优化产业布局，抢抓市场机遇，勇于开辟新领域、制胜新赛道，力争生物医药、新材料、新能源与新能源汽车、航空航天“四大新兴产业”产值增速达20%以上。推动传统产业改造升级。支持和引导酿酒、建材、化工、有色金属等传统产业智能化改造，促进服务业与制造业深度融合，发展更多新产品、新业态、新模式。推进数字经济发展，加快数字产业化、产业数字化。

2.大力推进园区建设。牢牢把握“五好”园区建设目标，推进产业园区提质增效，力争园区规模工业产值增长13%以上，力争5个园区进入全省30强、常德经开区保持全省前5位。提升园区综合承载能力。加强园区道路、消防、能源、污水处理等基础设施建设，完善园区创新创业和人才、物流、金融等服务平台功能，全年完成基础建设投入100亿元。促进园区集约节约发展。稳步推进园区调区扩区，开展低效土地清理。落实“以亩产论英雄”评价激励机制，把资源要素集中到优质产业项目上来，不断提高园区亩均产出、亩均税收。深化园区体制机制改革。支持园区有序剥离社会事务和非产业功能，推动园区管理由行政化向企业化转型。建立健全常德经开区、常德高新区扁平化决策体制和垂直化执行机制，进一步提升园区发展活力。

3.大力抓好招商引资。坚持全链条谋划、全过程推进，提高招商引资的成功率和实效性。精准聚焦抓招商。围绕优势特色产业发展，聚焦粤港澳大湾区、长三角、京津冀等重点区域，聚焦“三类500强”、优质国企、上市公司等重点企业，聚焦“湘商”“德商”等重点群体，实行“一对一、点对点”精准对接，全年引进亿元以上工业项目150个以上。突出落地抓招商。完善招商项目预审机制，加强项目开工率、投产率考核，坚持“要素跟着优质项目走”，重点推进“十大产业项目”建设，力争全年新开工亿元工业项目100个以上、新投产70个以上。集中力量抓招商。把招商引资作为“一把手”工程，建立领导带头、园区主责、部门服务的招商工作机制，发挥驻外联络处“桥头堡”作用，综合运用以商招商、平台招商、基金招商等方式，形成上下联动、全员招商的工作格局。

4.大力培育市场主体。深入推进市场主体倍增，夯实高质量发展的微观基础。推动企业入规。下大力培育规模工业企业，开展精准指导和服务，推进“个转企、小升规”，确保全年净增规模工业企业100家以上。提高企业质量。加快建设质量强市，支持企业品牌建设，培育打造一批标杆产品。支持中小企业专注细分市场，走好“专精特新”发展路子，力争新增国省“专精特新”企业40家以上。推进企业上市。支持企业开展股份制改造，建立现代企业制度。发挥湘西北资本市场服务基地作用，强化政策帮扶，优化专业服务，确保飞沃科技正式上市，金天钛业、康普药业等企业加快上市步伐。

5.大力优化营商环境。深入实施优化营商环境“生命线工程”，让“全省领先、全国一流”营商环境成为常

德的响亮名片。加快提升政务服务效能。持续深化“放管服”改革，推进“证照分离”全覆盖，打造“一件事一次办”升级版。深化“互联网+政务服务”，加快建设“无证明城市”，推动电子证照互认互享互通，实现更多服务事项“一网通办”。坚决规范市场经营秩序。依法保护市场主体合法权益，以“零容忍”态度打击强买强卖、违规招投标等违法行为，全面清理和规范市场化中介服务。加大“湖南营商码”推广应用，严格落实涉企执法检查备案、包容审慎监管等制度，规范行政执法自由裁量权。积极构建亲清政商关系。完善领导干部联系重点企业制度，常态化开展联企“送解优”行动，引导金融机构更好服务实体经济。毫不动摇鼓励民营经济和民营企业发展壮大。大力弘扬企业家精神，加大优秀企业家表彰宣传力度。

四、坚持创新引领，以旺盛活力建设现代化新常德

始终把创新作为第一动力，用好用活改革开放关键一招，为建设现代化新常德赋能增力。

1.全面推进科技创新。深入实施创新驱动发展战略，大力推进科技强市建设，让科技创新“关键变量”转化为高质量发展“最大增量”。培育创新主体。强化企业科技创新主体地位，支持龙头企业牵头组建创新联合体，带动产业链上中下游、大中小企业融通创新。打造科技创新企业接续发展梯队，新增高新技术企业和科技型中小企业各100家以上。搭建创新平台。主动融入省“四大实验室”建设，引导高校、科研院所组建高能级研发平台，鼓励园区建设科技孵化器和创新平台。转化创新成果。聚焦智能制造、新材料、航空航天等领域，实施“十大技术攻关与成果转化项目”。支持企业与高校、科研院所和院士专家团队对接合作，推动“科技—产业—金融”互动循环。完善创新服务。健全政府引导、企业为主、社会参与、部门协同的科技投入机制，推动全社会研发投入扩点拓面。实行“揭榜挂帅”制度，推动重大科技项目、平台、资金一体化配置。推进国家知识产权强市试点市建设。

2.全面建设教育强市。实施“三名四优”建设，不断提升教育发展水平。着力优化教育布局。扩大普惠学前教育供给，促进城乡义务教育优质均衡发展，提质改造中小学校185所，新增公办学（园）位7600个以上。引导规范民办教育发展，完善特殊教育体系，统筹办好继续教育。推进常德学院建设。着力提升教育质量。落实立德树人根本任务，健全“五育并举”育人体系，推进学校家庭社会协同育人。提升县域普通高中发展质量，加快职业教育提质培优，推动高等教育内涵式高质量发展。推进教育信息化建设，促进优质教育资源城乡共享。着力营造教育生态。深化教育领域综合改革，巩固拓展“双减”工作成果，进一步规范招生行为。培育名师名校长，加强师德师风建设。守护师生身心健康，加强校园安全监管。

3.全面打造人才高地。坚持人才是第一资源，深入实施人才强市战略，加快形成“天下英才汇沅澧”的生动局面。建强人才队伍。完成人才发展规划编制，坚持靶向引才、平台引才、柔性引才，大力引进科技领军人才、青年科技人才和创新团队。注重在基层一线培养人才，推动校企合作和新型学徒制培训，打造卓越工程师和高技能人才队伍。激发人才活力。组织人才进企业、进园区、进乡村，鼓励人才创新创业，积极给平台、搭舞台，促进各类人才各尽其才、各展其能。深化人才发展体制机制改革，逐步下放职称评审权限，开展“唯帽子”问题专项整治。创优人才环境。深入实施“常德人才绿卡”制度，完善人才薪酬、住房、医疗、子女教育、配偶就业等保障措施，让一流人才获得一流待遇。全面升级“智慧人才”一站式服务平台，持续开展“先进制造业突出贡献人才”“常德杰出工匠”等评选，让尊崇人才、吸引人才、用好人才的氛围更加浓厚。

4.全面深化改革开放。坚持以改革增强动力、激发活力，以开放拓展空间、聚集资源。推动深层次改革。不折不扣落实中央、省委部署的改革任务，持续深化要素市场化配置、国资国企、农业农村、财税金融等重点领域改革，探索实施新一轮自主改革，形成更多可复制可推广的“常德经验”。建设多样化平台。常态化运营“五定班轮”，加快盐关码头口岸功能转移，推进常德港国际集装箱码头建设。持续拓展航班航线，争取桃花源机场航空口岸再次临开。积极对接湖南自贸区，申报建设常德保税物流中心。扩大高水平开放。积极发挥出口对经济的支撑作用，推进外贸“破零倍增”“业绩回流”，组织企业参加展会活动，大力发展跨境电商、海外仓等新业态，支持特色农产品、工程机械等“走出去”，实现进出口总额增长15%以上。

五、推动城乡统筹，以融合格局建设现代化新常德

围绕区域协调发展，以交通等基础设施为纽带，以市中心城区和县城为支点，走好以市带县、以城带乡的融合发展之路。

1.建设现代城市。大力实施“强中心城区”战略，打造宜居、韧性、智慧城市，增强中心城区辐射带动能力。提升城市规划水平。加快完成国土空间总体规划编制，推进中心城区空间效能提升，重点塑造阳山大道城市发展轴，培育东部创新区和西部职教城两大新兴产业板块，建强白马湖、阳明湖、高铁新城三个城市综

合功能区，进一步促进城产融合和人气聚集。提升城市建设品质。深入实施城市更新行动，推进海绵城市建设和城市水系综合治理，加强城市历史文化和古树名木保护，统筹抓好棚户区、老旧小区、背街小巷及城市管网改造，推进梯位、车位、厕位建设利用，打造“15分钟便民生活圈”。提升城市管理效能。全力以赴创建全国文明城市，持续深化城管执法体制改革，加强市容环卫、规范停车、园林绿化、控违拆违等工作，提升智能交通、智慧城管等运行水平，稳步推进生活垃圾分类处理，规范和加强物业管理。

2.推进乡村振兴。落实乡村振兴责任制，加快推进农业强市建设，着力打造宜居宜业和美乡村。坚决保障粮食安全。扛牢粮食安全政治责任，实施种业振兴行动，严格落实田长制，推进高标准农田建设，坚决遏制耕地“非农化”、防止“非粮化”，确保粮食面积和产量稳居全省第一。大力发展农业产业。以“做优做香常德饭”为引领，推动粮食、油料、蔬菜、畜禽、水产等优势产业提质增效，支持柑橘、茶叶、烟叶、中药材等特色产业扩规创牌，大力发展新型农业经营主体，力争农产品精深加工规上企业达到580家、省级龙头企业达100家以上。巩固拓展脱贫成果。严格落实“四个不摘”要求，运用好“一户一画像”成果，完善防止返贫动态监测帮扶机制，发展高质量庭院经济，强化实用技能培训，落实社会保障、兜底帮扶等措施，促进脱贫群众稳收增收。扎实推动乡村建设。坚持以点带面、全域推进，抓好示范片和重点村建设，落实村容整治、垃圾污水治理、农村改厕等重点任务，培育形成文明乡风、良好家风、淳朴民风。

3.壮大县域经济。加快推进县域经济高质量发展，力争1个以上县（市）进入全省县域经济发展先进行列。全力以赴做大特色产业。立足县域资源优势，支持建设主业突出的产业园区，鼓励引进一批重大产业项目，打造一批百亿级产业和十亿级企业，形成就业增加、人口增长、财税增收的良性循环。持之以恒强化城镇功能。推进县城产业配套、市政公用、民生服务等设施提质扩能，增强综合承载能力，更好满足居民生产生活需要。促进县城基础设施和公共服务向乡镇延伸覆盖，支持发展一批功能齐全、环境优美、产业兴旺的特色镇。千方百计聚集要素资源。深入推进扩权赋能强县改革，持续优化财税分配制度，加大建设用地、专项债券等政策倾斜力度，鼓励金融机构扩大县域信贷投放。

4.完善基础设施。力争官新高速建成通车，加快益常高速扩容、炉慈高速项目进度，推进石澧航道、常鲇航道、津市港区建设，做好襄常高铁、石桃高速、沙安高速、松虎航道项目前期工作，加快构建“公铁水”多式联运的交通和物流体系。扩容提质常德大数据中心，加快5G通信、千兆光网等数字化设施建设。推进石门电厂三期、桃源抽水蓄能电站、宁电入湘工程常德段等项目建设。实施水库除险、重点堤垸防加固、千村万塘扩容、农村饮水安全提质等水利工程，大力推进青山灌区改造、西洞庭湖灌区建设等水利项目。以“十大基础设施项目”为先导，实施省市重点建设项目200个以上、年计划投资700亿元以上。

5.激活城乡消费。把恢复和扩大消费摆在优先位置，突出提振消费者信心，大力满足个性化、多样化、高品质需求，进一步增强消费对经济发展的基础性作用。下大力改善消费条件。加强城市商圈、休闲街区建设，推进物流配送、冷链物流、专业市场建设发展，畅通城品下乡、山货进城、快递进村通道，促进城市和乡村消费提质扩容。针对性激发消费需求。持续开展购物季、家电节、汽车展等促销活动，支持住房改善、新能源汽车、养老服务等消费，提振住宿、餐饮等传统消费，大力发展休闲、健康、体育等服务消费。全方位创新消费场景。推进线上线下深度融合，支持电商聚集区、直播基地建设，积极发展首店经济、网红经济、夜间经济等消费新业态。实现全年规模以上服务业营业收入增长15%。

六、增进群众福祉，以民本情怀建设现代化新常德

坚持以人民为中心的发展思想，聚焦人民群众“急难愁盼”问题，着力保障和改善民生。

1.持续办好民生事业。坚持尽力而为、量力而行，重点抓好“十大社会民生项目”，统筹办好普惠性、基础性、兜底性民生事业。提升就业水平。落实就业优先战略，开展大规模职业技能培训，深化创业带动就业，提升就业服务质量，重点做好高校毕业生、退役军人、农民工等群体就业工作。强化社会保障。实施全民参保计划，提高社保待遇水平，健全多层次社保体系。大力保障城乡困难群众基本生活，加强留守儿童、困难职工、残障人士等关爱服务。建设健康常德。加快打造省级区域医疗中心，推进城市医疗集团和县级医共体建设，提升基层医疗服务能力，深化医保、医疗、医药联动改革，深入开展医德医风建设。认真落实新阶段疫情防控各项举措，推进疾控体系改革发展，最大程度保护人民群众生命安全和身体健康。加快建设养老服务网络，完善生育支持配套政策，构建普惠托育服务体系。推进爱国卫生运动，开展全民健身活动，提升群众健康素养。

2.持续促进文化繁荣。挖掘用好文化旅游资源，大力建设文旅强市，不断满足群众日益增长的精神文化需求。加强精神文明建设。广泛弘扬社会主义核心价值观，深入开展主题宣传、成就宣传、典型宣传，更好地

强信心、聚民心、筑同心。提升新时代文明实践中心和实践点建设水平，持续深化群众性精神文明建设，推动形成向上向善的社会风尚。发展公共文化事业。广泛开展公共文化惠民活动，做好非物质文化遗产的系统性保护，挖掘道德文化、农耕文化、湘楚文化等本土传统文化精髓，创作更多体现常德韵味的精品力作。推动文旅深度融合。加快发展休闲游、康养游、研学游等新业态，创建国家文化和旅游消费示范城市，继续办好全市旅游发展大会、柳叶湖马拉松赛等活动，支持桃花源创建国家文化和旅游融合产业示范园区、澧县城头山创建国家AAAAA级旅游景区。充分挖掘红色文化资源，大力发展红色旅游。

3.持续保护生态环境。深入践行绿水青山就是金山银山理念，推进生态优先、节约集约、绿色低碳发展。不断加大污染防治力度。持续打好蓝天碧水净土保卫战，着力防控重污染天气，推进黑臭水体、城镇污水治理，保护饮用水水源，抓好受污染耕地治理，确保上级交办问题按时整改销号。不断加大生态修复力度。严格落实河长制、湖长制、林长制，统筹山水林田湖草沙一体化保护和系统治理，协调推进沅澧两水、重点湖泊等综合治理，实施好“长江十年禁渔”，加强野生动植物保护，提升生态系统的多样性、稳定性、持续性。不断加大绿色转型力度。稳妥推进碳达峰行动，实施建筑、交通等领域清洁化、低碳化，支持风电、光伏、储能等新能源开发利用，倡导简约适度、绿色低碳的生活方式。

4.持续加固安全屏障。全面落实总体国家安全观，切实维护国家安全、社会安定、人民安宁。防范化解风险。健全国家安全监测预警体系，维护国家政权安全、制度安全。严格落实“过紧日子”要求，做好财政“三保”工作，坚决防止新增隐性债务。加大涉众型金融风险预防和处置，守住不发生区域性系统性金融风险底线。扎实做好保交楼、保民生、保稳定各项工作，支持刚性和改善性住房需求，推动房地产向新发展模式平稳过渡。抓好安全生产。持续开展居民自建房、烟花爆竹、道路交通、工矿商贸、消防、食品药品等领域安全隐患排查整治，扎实做好防汛抗旱、森林防火、地质灾害防治等工作，坚决遏制各类安全事故发生。强化社会治理。坚持和发展新时代“枫桥经验”，持续深化“无上访村（社区）”建设，打造群众信访“县级终点站”。常态化开展扫黑除恶斗争，严厉打击各类违法犯罪行为，持续增强人民群众安全感。推进市域社会治理现代化，创建全国禁毒示范城市，加强社会治安综合治理，建设更高水平的平安常德。推进法治建设。坚持科学立法、严格执法、公正司法、全民守法，抓好重点领域立法，深化司法体制改革，扎实开展普法教育，完善公共法律服务体系，进一步加快法治常德建设进程。

七、加强党的领导，以赶考姿态建设现代化新常德

时代是出卷人，我们是答卷人，人民是阅卷人。要全面落实新时代党的建设总要求，纵深推进全面从严治党，持续增强党组织核心引领作用，以实干实绩向人民群众交上满意答卷。

1.坚定不移铸牢政治忠诚。坚持把对党绝对忠诚作为根本政治要求，不断提高政治判断力、政治领悟力、政治执行力，自觉在思想上、政治上、行动上同以习近平同志为核心的党中央保持高度一致。把政治建设摆在首位。深刻领悟“两个确立”的决定性意义，自觉增强“四个意识”、坚定“四个自信”、做到“两个维护”。以党章为根本遵循，严明政治纪律和政治规矩，严肃党内政治生活。落实意识形态工作责任制，加强正确舆论引导。把创新理论融入血脉。坚持以习近平新时代中国特色社会主义思想凝心铸魂，严格落实“第一议题”制度，深入开展主题教育，实施党的创新理论学习教育“强基计划”。常态化长效化开展党史学习教育，自觉坚定理想信念，始终牢记党的宗旨。持续抓好党的二十大精神集中轮训和专题培训，推动学习贯彻走深走实。把政令畅通落到实处。完善党中央重大决策部署落实机制，自觉对标对表，及时检查督查，做到党中央提倡的坚决响应、党中央决定的坚决照办、党中央禁止的坚决不做。

2.坚定不移强化基层基础。坚持大抓基层的鲜明导向，增强党组织政治功能和组织功能，打造坚强有力的战斗堡垒。进一步建强基层组织。推进基层党组织整建提质，加强城市社区和小区党建，加强新经济组织、新社会组织、新就业群体党建，深入推进抓党建促乡村振兴，深化村级集体经济“消薄攻坚、引领提升”，充分发挥“云党建”引领促进作用。进一步培强基层队伍。选优配齐基层党组织带头人，持续推行“导师帮带制”，注重从返乡大学生、退役军人、致富能手中培育基层干部，健全市直单位与乡镇干部上下交流常态化机制。加强和改进党员教育管理，激励党员发挥先锋模范作用。进一步加强基层保障。加大对基层干部关心关爱力度，落实松绑减负各项措施，健全经费保障和待遇增长机制，拓宽基层干部成长通道，让基层干部政治上有奔头、工作上有劲头。

3.坚定不移锻造过硬队伍。严格落实党管干部原则，坚持新时代好干部标准，打造高素质专业化干部队伍。在科学用人上树导向。严把干部政治关、廉洁关和能力素质关，启动新一轮政治建设考察，加强各级领导班子建设。健全选拔优秀年轻干部常态化机制，统筹用好各年龄段干部。在提升能力上下功夫。深刻领悟习近平经济思想，加强专业训练、实践锻炼，引导干部投身产业

发展、园区建设、乡村振兴等工作一线，培养更多胜任新时代经济工作的行家里手。加强干部斗争本领和斗争精神养成，着力增强防风险、迎挑战、抗打压能力。在激励干事上见真章。坚持“考人”和“考事”相结合，完善干部考核评价体系，强化考核结果运用，推动领导干部能上能下。落实“三个区分开来”要求，旗帜鲜明为担当者担当、为负责者负责，更好激发干部干事创业热情。

4.坚定不移严明纪律作风。牢记“全面从严治党永远在路上，党的自我革命永远在路上”，扎实推进清廉常德建设，着力营造风清气正的政治生态。以更高站位强化监督。聚焦落实党中央重大决策部署，抓深抓细粮食安全、违规举债和虚假化债、“洞庭清波”等专项监督，确保令行禁止、政令畅通。推进政治监督具体化、精准化、常态化，做实政治生态监测分析，发挥巡察“利剑”作用，加强对“关键少数”特别是“一把手”的监督，精准开展“廉政画像”，规范和制约权力运行。以更严要求改进作风。大力开展“干部作风建设年”活动，锲而不舍落实中央八项规定精神，重点纠治形式主义、官僚主义，坚持风腐同查同治，巩固拓展违规收送礼品礼金等问题整治成果，强力推进违规吃喝、打牌赌博、借贷谋利、参股经营、公车私用等专项整治，进一步刹歪风、转作风、树新风。以更大力度惩治腐败。反腐败斗争一刻都不能停，必须永远吹冲锋号。坚持不敢腐、不能腐、不想腐一体推进，持续惩治权力集中、资金密集、资源富集等领域腐败问题，坚决查处群众身边的“蝇贪蚁腐”，常态化惩治涉黑涉恶腐败和保护伞。

5.坚定不移凝聚奋斗合力。坚持党总揽全局、协调各方，巩固和加强各方面团结，形成全市上下想在一起、干在一起的生动局面。不断增强引领力。完善党委议事协调工作机制，健全和落实请示报告、党委定期听取工作汇报等制度。加强党对人大、政府、政协工作的领导，引导人大代表、政协委员围绕中心工作献计出力。不断增强向心力。发展全过程人民民主，支持各民主党派、工商联、无党派人士参政议政，做好民族、宗教、外事、侨务、对台、港澳等工作，巩固和发展最广泛的爱国统一战线。不断增强凝聚力。用心用情做好老干部工作，更好发挥老干部作用。推进国防动员和后备力量建设，强化退役军人服务保障，巩固发展军政军民团结。注重发挥工会、共青团、妇联等群团组织联系群众优势，动员广大群众积极投身现代化新常德建设的生动实践。

同志们，波澜壮阔的历史画卷，总是在砥砺奋进中绘就；气势恢宏的时代乐章，总是在接续奋斗中谱写。让我们更加紧密地团结在以习近平同志为核心的党中央周围，坚持以习近平新时代中国特色社会主义思想为指导，深入学习贯彻党的二十大精神，永葆“闯创干”作风，提振信心、鼓足干劲，敢于担当、善于作为，为全面建设社会主义现代化新常德而努力奋斗！

常德市人民代表大会常务委员会工作报告

——在常德市第八届人民代表大会第二次会议上

（2022年12月23日）

常德市人民代表大会常务委员会主任　余怀民

各位代表：

我受常德市第八届人民代表大会常务委员会的委托，向大会报告工作，请予审议。

一、2022年工作回顾

2022年，是党的二十大胜利召开之年，是贯彻中央人大工作会议精神起步之年，是市八届人大常委会履职开局之年。一年来，市人大常委会高举习近平新时代中国特色社会主义思想伟大旗帜，在市委的坚强领导下，坚持与时俱进、守正创新、主动作为、干在实处、走在前列，服务发展大局，依法履职行权，共召开常委会会议8次，主任会议37次，出台、修订地方性法规3部，听取和审议专项工作报告33个，组织开展执法检查1次、集中视察2次，制定审议意见30件，作出决议决定3个，奋力谱写常德人大工作高质量发展新篇章，为推进社会主义现代化新常德建设作出了积极贡献。

1.坚定正确政治方向，致力贯彻党的决策部署。开局之年，常委会准确把握新时代人大工作的方向定位，坚决落实“坚持党的全面领导”这一最高政治原则，努力在贯彻中央、省委、市委重大决策部署上展现新担当。

不断强化政治引领。始终坚持把加强党的政治建设摆在首位，铸魂固本、凝心聚力，不断提高人大干部、人大代表的政治判断力、政治领悟力、政治执行力。严格落实党组会议“第一议题”学习制度、理论学习中心组学习制度，第一时间组织机关干部学习新思想、新理论、新精神，及时组织主任会议成员赴区县市宣传宣讲党的二十大精神，着力推进全市三级人大组织、五级人大代表深刻领悟“两个确立”的决定性意义，进一步增强“四个意识”、坚定“四个自信”、做到“两个维护”。

认真落实中央人大工作会议精神。始终保持先学一步、深悟一层的思想自觉和行动自觉，深入基层开展专题宣讲，协调党校开设专门课程，人民代表大会制度更加深入人心。坚持对标对表，及时提请市委召开人大工作会议，主动配合市委制定《关于新时代加强和改进人大工作的实施意见》，促进中央、省委人大工作会议精神落地见效。紧扣发展全过程人民民主、加强县乡人大工作等重点课题，扎实开展人大制度理论研讨，为推进全市人大工作创新发展提供理论依据。

自觉维护市委权威。坚决执行请示报告制度，共向市委请示报告立法、监督等重要工作、重大事项32次，党的领导贯穿始终。严格执行讨论决定重大事项规定，围绕全民普法、司法监督、预算调整等重大事项依法作出决议决定，市委主张全面贯彻。坚持党管干部和人大依法任免相统一，随届任命政府工作部门行政主职33名，及时任免国家工作人员132人次，积极协助市委开展国、省人大代表人选推荐工作，组织意图顺利实现。主动投身疫情防控，积极参与西湖示范片、鼎城区蔡家岗镇花园村等乡村振兴示范点建设，工作部署有效落实。

合力促进营商环境优化。紧扣市委“把优化营商环境作为‘生命线工程’来抓”的工作要求，创新方式、整体联动，精心组织优化营商环境工作评议，覆盖部门单位52家，收集交办问题442个，督促整改到位325个，促进被评议对象政策落实精准度、政务服务便民度、体制机制完善度不断提高。扎实开展“送政策、解难题、优服务”活动，主任会议成员牵头，成立联企工作组9个，协调解决33家企业困难问题近200个，助企纾困跑出地方人大“加速度”。

*2.聚焦全市发展大局，致力增强工作监督实效。*开局之年，常委会始终坚持市委的工作重心在哪里，人大的工作监督就跟进到哪里，人大的职能作用就发挥到哪里，努力在服务和促进经济社会高质量发展上彰显新作为。

促进经济平稳运行。聚焦发展动能，审议政府投资项目执行与计划安排情况报告，推动政府强化项目谋划、合理安排资金、严格建设监管，充分发挥政府投资的引领带动作用。紧盯国资管理，积极审议国有资产管理情况综合报告，首次审议自然资源资产管理情况专项报告。目前，已经实现对“四大类”国有资产管理情况监督全覆盖。助力对外开放，审议外贸企业发展情况报告，推动政府出台《常德市促进外贸高质量发展的若干政策措施》，外贸发展政策环境进一步优化。关注交通建设，精心组织重大交通项目视察，推动常益长高铁、益常高速扩容工程、石澧航道等项目实施提速，常德正式迈入“高铁时代”。

监督计划预算执行。注重计划监督，审议国民经济和社会发展计划执行情况报告，及时研判形势，积极提出建议，督促政府努力实现预期目标。规范财政监督，审议全市及市级财政预算执行情况报告，审查批准市级决算和预算调整方案，推进全口径审查监督重点向支出预算和政策拓展，支持政府落实国家积极财政政策；加强政府性债务审查监督，出台《关于加强人大对政府性债务审查监督的实施意见》，守住不发生系统性风险的底线；升级人大预算审查监督平台，提升预算审查监督标准化、规范化、智能化水平。强化审计监督，审议财政收支审计、审计查出问题整改等情况报告，对17家单位共涉及11.97亿元的82个问题，实行“清单式”跟踪督办，截至目前，问题整改到位75个，涉及金额10.42亿元。

助推民生福祉改善。聚焦“六位”民生实事，审议贯彻实施《湖南省高新技术发展条例》暨创新平台建设和科技成果转化、创业带动就业等情况报告，开展创业带动就业工作视察，促进政府“鼓励创新、支持创业、保障就业”；审议规范民办义务教育发展、义务教育“双减”等情况报告，推动芷兰、郡德、嘉树等市直国有民办学校成功改制，全社会共同助力“双减”的氛围更加浓厚，常德经验得到国省教育部门高度肯定。聚焦城镇更新提质，审议城市规划年度计划实施、公共文体设施规划建设、安全生产等情况报告，开展建筑领域安全管理工作专题调研，专项督导学校周边自建房安全整治，推动政府不断提升城乡建设管理水平。聚焦社会协调发展，审议创建国家农产品质量安全市工作情况报告，持续推进农产品质量安全行、全民健康行、民族团结进步行等活动，及时转办、交办、督办人民群众信访件161件，不断增进人民群众的获得感、幸福感和安全感。

促进生态环境保护。深入践行“绿水青山就是金山银山”理念，运用人大法治力量，积极保护生态环境。审议年度环境状况和环境保护目标完成、推进林长制等情况报告，联动开展生态环境常德行，支持政府统筹开展碳达峰碳中和工作、积极修复石板滩矿区生态环境、着力加强森林资源保护，全市生态环境安全底线进一步巩固筑牢。

*3.维护宪法法律权威，致力推进法治常德建设。*开局之年，常委会积极维护宪法尊严和法律权威，自觉担负立法主导责任，切实发挥人大法律监督作用，努力在提升市域治理体系和治理能力现代化水平上取得新成效。

有序推进地方立法。创新立法模式，《常德市住宅小区电动车充电安全管理规定》开全省“小快灵”立法之先河，立法案例入选省政府上报国务院重要信息，立法经验得到省人大重点推介。法规全文仅5条、800余字，从立项到获批历时仅4个月，住宅小区电动车充电设施“谁来建、由谁管、怎么管”等系列问题得到有效解决。紧跟发展要求，着力解决地方性法规与上位法嗣后冲突问题，修订出台《常德市生活垃圾管理条例》《常德市饮用水水源保护条例》。坚持开门立法，健全完善基层立法联系点制度，选定立法联系点11个，更好发挥“直通车”“连心桥”作用。

精心组织执法检查。对照法律条文，坚持问题导向，认真开展《常德市农村村民住房建设管理条例》执法检查。主任会议成员以“四不两直”方式，带队分赴区县市查实情、找问题、听意见，着力推动规划效果不明显、审批监管欠严格、建房需求难保障等问题有序解决，执法检查“法律巡视”的监督利剑作用充分发挥。积极配合国省人大开展长江保护法、环境保护“一法一条例”等执法检查工作。

着力加强监察司法监督。根据监察和司法监督工作新情况新问题，在全省率先作出《关于进一步加强和改进人大监察和司法监督工作的决定》，监督的边界更加清晰、重点更加突出、行为更加规范。深化“两官”履职评议，创新思路、改进方式，出台《关于开展法官、检察官履职评议的实施办法（试行）》，评议工作的规范性、客观性、针对性不断增强。审议行政复议工作情况报告，推动行政复议体制改革，助力法治政府、平安常德建设深入推进。

切实强化法治宣传。推进宪法实施，组建宪法法律宣传落实专业代表小组，配合开展第九个国家宪法日宣传活动，全年组织宪法宣誓仪式6批67人，开展土地管理“一法一条例一办法”等法律学习3次。加强“法治常德”基础建设，推动“八五”普法顺利实施，及时作出《关于开展第八个五年法治宣传教育的决议》。首次召开地方性法规颁布施行新闻发布会，凝聚社会共识，推进法律实施。

扎实开展备案审查。健全规范性文件备案审查工作联动机制，审议规范性文件备案审查工作报告，常规审查报送备案规范性文件45件，延伸审查市政府和区县市人大接受备案的规范性文件340件，督促制文机关对存在问题的规范性文件及时修改或废止，全市规范性文件质量有效提升。

4.紧扣全过程人民民主，致力发挥代表主体作用。开局之年，常委会始终把代表工作摆在突出位置，全力支持代表依法履职，积极践行全过程人民民主，努力在民有所呼、我有所应上实现新进步。

畅通代表履职渠道。修订《市人大常委会组成人员联系市人大代表的意见》，认真开展“双联”活动；建立五级人大代表向“12345”热线反映社情民意“专用通道”，引导代表主动收集民情，及时表达民意，切实增进政府与代表、代表与群众的联络互动。制定《全国、省、市人大代表列席市人大常委会会议办法》，组织35名列席代表围绕会议议题，开展调研座谈、提出意见建议，充分保障代表的知情权、参与权、表达权、监督权。

加强代表建议督办。改进工作方式，分门别类、及时交办代表建议，认真审议“一府两院”代表建议办理情况报告；完善督办机制，发挥建议办理绩效考核“指挥棒”作用，实行主任会议成员重点督办、专委会归口督办，代表建议的办理满意率、问题解决率实现“双提升”，特别是《关于打造常德甲鱼百亿产业，为乡村振兴培强支柱产业》等15件重点建议，办理成果突出、示范效应明显。

强化代表服务保障。根据工作岗位、专业背景等实际情况，注重谋长远、抓重点，科学制定代表五年培训规划，及时完成代表初任培训。修订《市人大代表经费使用管理办法》，优化划拨比例，明确奖补标准，激励代表积极履职。组建产业园区发展、优化营商环境监督等6个专业代表小组，探索开展多样化、专业化代表小组活动，代表特长得到充分发挥。

代表积极担当作为。各位代表准确定位身份要求，积极履行职责使命，真诚倾听民声，真实反映民意，共提出意见、建议286件，参与决策作用有效体现；聚焦交通建设、园区攻坚、“六位”民生等领域，积极参加视察调研、工作评议和执法检查，站位全局，提出建议，监督促进作用明显加强；立足行业身份、专业特点，广泛参与乡村振兴、抗旱救灾、疫情防控等工作，模范带头作用积极彰显。一年来，涌现出龚晖、赵金秋、肖勇、曾凡民、沈海兰、覃玉华、刘连华、罗健、高科、陈卿等一大批履职先进典型。

5.加强人大自身建设，致力提升依法履职能力。开局之年，常委会牢牢把握建设“四个机关”目标定位，不断增强履职能力，全面提升履职水平，努力在推进工作整体提质增效上呈现新面貌。

突出党建统领。坚持严的主基调不动摇，坚决扛牢党风廉政建设责任，制定出台《关于加强新一届常委会党组领导班子建设的意见》，修订完善《市人大常委会党组议事规则》，高标准推进“清廉人大”机关建设，积极支持派驻人大常委会机关纪检监察组工作，以自我革命精神推进全面从严治党纵深发展、巩固加强。坚持党建工作与人大业务同研究、同部署、同考核，持续加强支部“五化”建设，狠抓党员队伍管理，党组织的政治功能和组织功能显著增强。

提升工作效能。对标人大工作新形势新要求，及时修订完善常委会议事规则、人事任免办法、新闻宣传实施办法，进一步提升人大履职科学化、制度化、规范化水平。牢牢掌握意识形态工作主动权，着力讲好常德人大故事，“小快灵”立法、优化营商环境评议等工作，得到《湖南日报》《人民之友》等媒体推介，人大工作的影响力、传播面进一步扩大。加强干部队伍建设，加大干部培训、提拔、交流、使用力度，召开青年干部座谈会，以思想洗礼促进能力提升，进一步激发干事创业的积极性、主动性、创造性。巩固全国文明单位、模范机关创建成果，完成机关综合会议室、阅览室、文体活动室等提质升级，进一步浓厚机关人文气息、和谐氛围。

夯实基层基础。筑牢人大制度根基，主动开展《湖南省乡镇人民代表大会工作条例》贯彻实施情况调查，根据履职现状，立足长效根本，积极提请市委研究解决力量配备、经费保障等制约乡镇人大工作的普遍问题。根据省人大工作部署，组织开展管理区、开发区人大工作机制专题调研，从代表名额分配、代表培训、代表活动等实践角度提出意见建议，积极为省委深改委、省人大常委会提供决策参考。

一年来，各区县市人大围绕党委中心、聚焦主责主业、积极担当作为，履职成效明显，工作亮点纷呈。武陵区突出依法治区，切实加强行政执法监督、促进诉源治理，助推武陵区成功获评“全国法治政府建设示范区”。鼎城区致力民生改善，组建专班对口监督，人代会上票决确定的8个民生实事项目推进有序、成效显著。汉寿县切实加大产业发展、民生实事等方面审议意见研究处理的“二次审议”力度，以监督助推发展、改善民生。桃源县加强代表监督，创新出台《人大代表履职考评办法》，代表履职“软约束”变成“硬指标”。临澧县密切群众联系，试点建设代表服务群众工作站，创建“‘码’上找代表”快捷方式，打通联系服务群众“最后一公里”。石门县回应群众诉求，连续32年坚持开展“人大代表接待日”活动，信访工作经验全省宣传推介。澧县围绕公正司法，在“两院”建立人大代表联络站，让执法司法更加贴近人民群众。安乡县创新初任培训，邀请省市人大专家授课，培训对象实现全体新任代表、所有政府部门负责人、“两院”班子成员“全覆盖”。津市市聚焦法律服务，上线“法律诊所”35个，实行人大代表、政法干警、镇街干部共建共管，最大限度满足群众法律服务需求。

各位代表，一年来，常委会取得的成绩，根本在于习近平新时代中国特色社会主义思想的科学指引，关键在于市委的坚强领导，是各级人大代表、人大工作者担当作为的结果，是“一府一委两院”、区县市人大协同配合的结果，更是全市人民、社会各界大力支持的结果。在此，我代表市人大常委会，向大家表示诚挚敬意和衷心感谢！

回顾一年的工作，虽然有进步、有成效，但我们清醒地认识到，对照新时代人大工作的新使命新要求，还存在一些不足，主要是依法履职的方式还要改进，代表活动的实效还要增强，联系指导的措施还要细化，自身建设的力度还要加大，等等。对于这些问题，我们将认真研究，着力解决。

二、2023年工作安排

2023年，是全面贯彻党的二十大精神的开局之年，是全面实施“十四五”规划承上启下的关键之年。做好明年的工作，责任尤为重大，使命更显光荣。

明年，常委会工作的总体要求是：以习近平新时代中国特色社会主义思想为指导，全面贯彻党的二十大精神，扎实推进中国式现代化，坚持稳中求进工作总基调，完整、准确、全面贯彻新发展理念，服务和融入新发展格局，着力推动高质量发展，全面落实“三高四新”战略定位和使命任务，更好统筹疫情防控和经济社会发展，更好统筹发展和安全，在市委的坚强领导下，对标“四个机关”目标定位，积极践行全过程人民民主，聚焦发展大局，依法履职行权，为加速推进社会主义现代化新常德建设贡献人大力量。根据上述要求，将重点做好五个方面的工作：

1.坚持党的领导，在彰显制度自信上保持定力。坚持党的全面领导，是人民代表大会制度的本质特征、最大优势。常委会将旗帜鲜明、坚定不移把加强党的全面领导，贯穿人大依法履职全过程、各方面。

全面贯彻党的二十大精神。党的二十大报告关于“发展全过程人民民主，保障人民当家作主”“坚持全面依法治国，推进法治中国建设”的论述，是对中央人大工作会议关于全过程人民民主、全面依法治国论述的升华发展，彰显了全过程人民民主、全面依法治国在新时代新征程上的重要地位和作用，是做好新时代地方人大工作的根本遵循和行动指南。根据中央、省委和市委关于深入学习宣传贯彻党的二十大精神相关决定，指导制定人大系统学习宣传、贯彻落实工作计划，组织主任会议成员带领各级人大代表进基层到选区、进党校到站点，深入开展宣传宣讲，分期分批举办讲座培训，集中进行“民主与法治”专题研讨，开辟门户网站、机关刊物、微信公众号学习专栏，确保三级人大组织、五级人大代表真正学出忠诚信仰、学出责任担当、学出奋进力量，确保人民代表大会制度“是党领导国家政权机关的重要制度载体”“是实现我国全过程人民民主的重要制度载体”的制度自信厚植于沅澧大地，确保“人民民主是社会主义的生命”“全过程人民民主是社会主义民主政治的本质属性”的思想认识扎根于人民心中。

全面落实党对人大工作的领导。主动担当常委会党组把方向、管大局、保落实的政治责任，坚决落实从严治党主体责任，严格遵守政治纪律和政治规矩，切实维护意识形态安全，认真落实重大事项请示报告制度，及时向市委请示报告依法履职过程中的重大问题、重要事项和重要情况，永葆政治机关的鲜明本色。

全面落实市委重大决策部署。紧扣市委打造“全省领先、全国一流”营商环境目标，聚焦园区建设、产业发展、人才引进，上下联动、整体推进，不断提升人大系统优化营商环境工作评议实效。围绕全市发展大局、群众根本利益，提请市委建立工作协调机制，督促政府健全报告清单，完善人大讨论决定办法，推进讨论决定重大事项规范化、制度化、常态化。严格履职条件，按照法定程序，及时任免国家机关工作人员，探索开展任后监督，实现党管干部与人大依法任免有机统一。

2.坚持服务大局，在增强监督实效上精准发力。围绕中心、服务大局，是人大职责所在、使命所系。常委会将严格遵循正确监督、有效监督、依法监督，在谱写实现中国式现代化的常德篇章中勇于斗争、善于监督。

树牢监督理念。始终坚持在监督中支持、寓支持于监督，跟进监督法修订新要求，统筹运用听取和审议报告、执法检查、工作评议、询问质询、特定问题调查、撤职等监督手段，既着力构建闭环模式、增强监督刚性，又努力为发展鼓劲、为干部担当，实现人大与“一府一委两院”相向而行，确保人大监督更加有力有序、有为有位。

精选监督议题。促进计划实施，听取和审议国民经济和社会发展计划执行、“十四五”规划实施情况中期评估、政府投资项目计划安排、环境状况和环境保护目标完成、城市规划年度计划实施等情况报告。推动产业发展，开展园区重点项目建设视察，听取和审议金融支持实体经济发展、油茶产业发展等情况报告，听取促进外贸高质量发展情况报告。加强财经监督，听取和审议市级决算、预算执行、预算调整、财政收支审计、审计查出问题整改、企业国有资产管理等情况报告。关注民生改善，听取和审议落实积极生育支持措施、社保基金管理、农村堰塘清淤扩容等情况报告。围绕法律实施，组织开展《中华人民共和国反食品浪费法》《常德市住宅小区电动车充电安全管理规定》执法检查。精选主题、注重实效，扎实开展民族团结进步行、全民健康行、生态环境常德行、农产品质量安全行。

增强监督实效。正确把握“依照法定职责、限于法定范围、遵守法定程序”的监督原则，深入开展调查研究，认真组织审议发言，完善落实审议意见卡制度，确保审议意见指向明确、严谨规范、切实可行。修订完善《市人大常委会决议、决定执行和审议意见研究处理督办办法》，创新督办方式，加大督办力度，推动决议决定、审议意见执行规范、处理到位。积极推进预算审查监督平台建设，努力实现预决算执行情况全程监督。

3.*坚持依法治市，在推进良法善治上增强合力。*法令行则国治。常委会将自觉践行习近平法治思想，一体推进科学立法、严格执法、公正司法、全民守法，充分发挥法治固根本、稳预期、利长远的保障作用。

扎实推进地方立法。健全完善党委领导、人大主导、政府依托、各方参与的地方立法工作格局，探索丰富全过程人民民主立法实践，切实改进立法沟通协调机制，巩固优化“立法专班”工作模式，注重发挥基层立法联系点和立法专家、法律顾问作用，高质量开展重点领域“小快灵”立法，统筹立改废释，继续审议《常德市基层治理网格管理条例（草案）》、适时审议《常德市常德米粉产业发展促进条例（草案）》，及时修订《常德市文明行为促进条例》，为破解地方治理堵点、痛点、难点问题提供法治依据。

着力促进公平正义。积极回应群众呼声、社会关切，听取和审议打击电信网络诈骗犯罪、民事执行、行政执法监督等情况报告。切实强化对司法活动的制约监督，持续开展“两官”履职评议，努力让人民群众在每一个司法案件中感受到公平正义。

积极维护法治统一。按照“有件必备、有备必审、有错必纠”原则，健全事前介入预警、事后审查纠错和备案审查联动机制，依法开展规范性文件备案审查工作。助推依法行政、公正司法提质增效，听取和审议规范性文件备案审查工作情况报告。

4.*坚持突出主体，在发挥代表作用上深挖潜力。*人大工作的根基在人民，人大履职的主体是代表。常委会将积极服务代表，倾力支持代表，密切联系代表，努力做到民主与民心相通、民主与民情呼应。

激发代表履职热情。探索建立国家机关同人大代表、常委会组成人员同人大代表、人大代表同人民群众的联系制度，努力创建常德人大“三联”工作品牌。畅通国家机关听取代表意见建议的渠道，督促“一府一委两院”主动接受代表监督。高质量开展调研视察、走访座谈等代表小组活动，探索代表跨选举单位开展活动。发挥代表实践站、代表联系群众工作平台的“连心桥”作用，继续完善代表向“12345”热线反映社情民意工作机制，确保人大履职各环节都能听到来自人民的声音。

提升建议办理实效。按照代表建议“内容高质量、办理高质量”的工作要求，不断完善代表建议“提、办、督”工作机制。加强调查研究，丰富信息渠道，注重事先沟通，提高代表建议质量。严格建议办理绩效考核，深化代表建议及答复公开工作。切实加大建议督办力度，着力推动建议办理由“办文”向“办事”转变，由“答复”向“落实”转变，由“解释”向“解决”转变。

优化履职监督管理。强化代表履职服务保障，适时成立代表工作委员会，规范使用代表工作经费，举办高质量代表履职培训班，加强代表专业小组建设。健全代表向原选举单位报告履职情况制度，完善代表履职评价和退出机制，开展代表履职先进个人评选表彰，引导代表积极履职、规范履职、为民履职。

5.*坚持强基固本，在加强自身建设上持续用力。*打铁还须自身硬。常委会将紧扣“四个机关”建设要求，以勇于自我革命的担当精神，不断加强新时代人大自身建设，切实提高发展民主、推进法治的能力水平。

强化党的建设。加强思想建设，坚持“第一议题”制度，第一时间传达学习贯彻习近平总书记重要讲话、重要指示批示精神和党中央重大决策部署。加强组织建设，强化党建工作主体责任，严格落实新修改的党章要求，严格执行常委会党组议事规则，严格规范党内组织生活，探索恢复人大制度理论研究会，精心组织人大新闻舆论宣传和人大制度理论研讨。加强作风建设，严格贯彻中央八项规定及其实施细则精神，坚决纠治形式主义、官僚主义，支持派驻纪检监察组履职，持续深化模范机关创建、“清廉人大”机关建设，巩固全国文明单位创建成果。

强化工作保障。完善人大工作者定期培训机制，坚持理论学习中心组学习制度，倾力打造“政治坚定、服务人民、尊崇法治、发扬民主、勤勉尽责”的人大工作队伍。持续优化常委会、专委会和工作机构组织制度、工作办法和议事规则，着力提高履职规范化、法治化水平。改进调查研究，紧扣市委最重视、发展最紧迫、群众最需要，找准“小切口”，开展“微调研”，提出“好建议”，体现人大作为，形成履职合力。

强化联系指导。切实加强对县乡人大工作和建设的联系指导，制定出台乡镇人大工作履职指南；认真落实主任会议成员联系区县市、常委会委员联系乡镇（街道）工作机制，定期召开工作座谈会、经验交流会，努力构建三级人大同时发力、同向发力、综合发力的工作格局。督促县乡人大认真贯彻中央、省委、市委人大工作会议精神和《湖南省乡镇人民代表大会工作条例》，及时开展落实情况督促检查，更好地把人民代表大会制度优势转化为基层治理效能。

各位代表，历史的画卷，在砥砺前行中铺展；伟大的事业，在继往开来中推进。踏上新征程，面对新任务，让我们更加紧密地团结在以习近平同志为核心的党中央周围，在市委的坚强领导下，坚持与时俱进、守正创新、主动作为、干在实处、走在前列的总体要求，牢记初心使命，忠诚履职尽责，为全面建设社会主义现代化新常德而团结奋斗！

政府工作报告

——在常德市第八届人民代表大会第二次会议上

（2022年12月29日）

常德市人民政府市长　周振宇

各位代表：

现在，我代表市人民政府向大会报告工作，请予审议，并请各位政协委员和其他列席人员提出意见。

一、2022年工作回顾

2022年，是党的二十大召开之年，也是常德发展史上极不平凡的一年。面对严峻复杂的外部环境和艰巨繁重的改革发展稳定任务，以及需求收缩、供给冲击、预期转弱三重压力，全市上下始终坚持以习近平新时代中国特色社会主义思想为指导，认真贯彻“疫情要防住、经济要稳住、发展要安全”重要要求，在省委、省政府和市委的坚强领导下，全面落实“三高四新”战略定位和使命任务，大力推进“三大支撑八项重点”工作和“六大专项行动”，较好完成了全年目标任务。地区生产总值增长5%（预计数，下同），规模工业增加值增长5%，固定资产投资增长8%，地方一般公共预算收入增长2.1%，居民人均可支配收入增长6.8%，主要经济指标位居全省第一方阵，实现了新一届政府良好开局。

这一年，我们精准施策，化压力为动力，推动了经济增长。面对经济下行、疫情冲击、极端气候等超预期因素叠加影响，因时因势调整策略措施，全力兴产业、扩需求、促开放，经济运行顶压前行、难中有进。超前谋划政策措施。创造性落实国省稳经济一揽子政策措施，精准性打出一系列政策措施“组合拳”，出台实施市场主体高质量发展20条、稳建筑业房地产业“两个15条”、企业上市7条、促生产性服务业10条、促电子商务产业10条等政策，有力助推了经济持续恢复向好。组建专班推动政策红利转化为“真金白银”，争取国省资金304亿元，争取地方政府专项债券项目56个、105亿元，投资26.7亿元的山水林田湖草沙一体化保护和修复工程、2.4亿元的农村黑臭水体治理试点等一批国省投资项目落地实施。聚力建设“五好”园区。实施产业发展“千百十”工程，先后4次召开园区建设现场推进会，以一个产业一个发展规划、一个配套政策、一个工作专班的机制，推动四大千亿产业、四大新兴产业加快发展。常德跻身中国数字经济城市发展百强榜，先进装备制造产业集群成为省级先进制造业集群，园区规模工业产值增长10.4%、亩均税收达18万元。强力推进项目建设，武陵酒提质改造、昆宇通信储能电池、天鼎丰非织造布等72个亿元以上项目竣工投产。着力培强市场主体，净增市场主体8万户，净增“四上”企业300家，其中规模工业企业116家，新获批国家级“专精特新”企业6家，新增国家级科技企业孵化器2家，中泰特装企业技术中心成为全市首家国家级企业技术中心，德创工坊成为全市首家国家级众创空间，力元新材泡沫镍获评国家级制造业单项冠军产品。常德入选首批国家知识产权强市建设试点城市。武陵区跻身全国创新百强区。常德高新区获批国家新型工业化产业示范基地。全力推动制造业企业上市，飞沃科技首发过会并获评省长质量奖，金天钛业辅导报备，59家企业进入省上市后备企业资源库。加快推进开放发展。坚持把招商引资作为经济发展的第一选择、“一把手”工程，新引进亿元以上产业项目280个、“三类500强”项目22个，新注册湘（德）商回归企业70家。新增省级以上外贸基地2家、外贸实绩企业62家，进出口总额增长25%。常德获评全省打造内陆地区改革开放高地先进市，桃源获评先进县，常德经开区、桃源高新区获评先进园区。持续促进消费恢复。推出“1+8+N”消费促进系列活动，成功举办湖南油菜花节、首届常德旅游发展大会暨红茶文化节、桃花源文化旅游节，房地产交易会成交房产693套、销售金额5亿元。常德柳叶湖河街获评国家级旅游休闲街区、国家级夜间文化和旅游消费集聚区。常德野生动物世界开业运营。实现社会消费品零售总额1680亿元、增长3%。

这一年，我们聚焦“三农”，抗大灾保丰收，加快了乡村振兴。抗旱减灾取得胜利。面对1961年以来最严重旱情，我们以极限思维应对极端气候，科学调度、齐心协力打好抗旱减灾攻坚战，确保了生活生产生态用水安全，粮食播种面积、产量连续19年保持全省第一，没有发生较大及以上森林火灾，实现了“大旱之年无大灾”。乡村发展提质加速。田长制全面实施，建设高标准农田3.93万公顷，恢复耕地面积全省第一。新增农产品加工规模企业51家、省级标杆龙头企业2家，新增“两品一标”65个、“圳品”认证38个。汉寿获评中国生态甲鱼品质强县，鼎城被认定为国家级棉花制种大县，桃源、临澧成功创建全国农作物病虫害绿色防控整建制推进县。安乡青螺滩水产获评国家级水产健康养殖和生态养殖示范区。集体经济薄弱村全部清零。创建省级美丽乡村示范乡镇、示范村各3个，授牌市级美丽乡村29个。临澧高桥村获评全国美丽休闲乡村。脱贫成果持续巩固。保持主要帮扶政策总体稳定，写好易地扶贫搬迁“后半篇文章”，做实防止返贫监测帮扶，消除返贫致贫风险4732户11319人。“一户一画像”精准纳入、“一户一故事”精准帮扶经验全国推介，脱贫人口收入增速高于全市全省农民收入增速，省考核群众满意率达99.8%。

这一年，我们深化创建，促更新提品质，靓丽了城市形象。城镇更新步伐加快。高质量完成“三区三线”划定。市政管道老化更新和城市防洪排涝工程有序实施，获批国家公共供水管网漏损治理试点城市。改造老旧小区298个、棚户区4930户，新增公租房、保障性租赁住房6780套，汉寿、石门获批全国乡镇保障性租赁住房试点。城市创建深入推进。全面启动新一轮全国文明城市创建，农贸市场、社区小区、交通秩序等领域的难点问题得到有效整治。出台并落实城市精细化管理标准，城市管理水平稳步提升。获评国家公交都市示范城市、国家绿色出行城市，蝉联国家卫生城市。城建风险有效化解。以“乘东风、刮台风、刹歪风、正作风、送春风”的要求，扎实推进自建房安全专项整治，排查自建房137.7万栋，经营性自建房安全性鉴定在全省率先完成、C/D级危房整治率达99.9%。建立自建房建设全过程监管制度，形成了源头管控长效机制。住宅小区电动车充电安全管理得到规范。争取国家“保交楼”专项借款19.6亿元，38个楼盘纳入支持范围，在全省率先完成首个“保交楼”项目，全市交房1947套。深入开展问题楼盘清理整治，化解问题楼盘29个，登记办证3954户。

这一年，我们全力攻坚，强基础求突破，增强了竞争优势。交通建设实现新突破。常益长高铁比原计划提前半年开通运营，实现了全市人民期盼多年的高铁梦。益常高速扩容工程全面施工，官新、炉慈高速加快建设。石澧、常鲇航道整治稳步推进。建成干线公路61千米，改造农村公路687千米、危桥100座，建设安防设施809千米。张公庙澧水特大桥建成通车。汉寿获评“四好农村路”全国示范县，鼎城、安乡、津市获评省级示范县。水利建设实现新突破。实施秋冬春水利建设“5511”工程，治理中小河流6条、小型水库79座，建设农村小水源工程884处，整治骨干堰塘5000处，疏浚渠道1万千米，恢复和改善灌溉面积8666.67公顷。全省最大排涝泵站小渡口泵站、洞庭湖北部补水二期工程、杨花桥水厂等重大水利工程建成受益。总投资30.8亿元的沅澧垸、安造垸、松澧垸3个洞庭湖区重点垸堤防加固工程和“三区”城乡供水一体化工程开工建设。能源通信建设实现新突破。石门电厂三期、桃源抽水蓄能电站开工建设。新建改扩建35千伏以上变电站25座，完成行政村电网改造升级工程200个。新建5G基站2424个，在全省率先搭建全市统一的智慧城市应用支撑平台，常德大数据中心纳入全省重点新型数据中心行列。

这一年，我们倾心惠民，办实事增福祉，提高了生活品质。民生实事全面完成。省重点民生实事办理扎实有效。市“六位”实事惠民专项行动成效显著，城镇新增就业56099人，新增农村劳动力转移就业38988人、公办学位33443个、医疗养老床位5280张、停车位41138个，新建改造公厕249座、改造农村户厕26223个，既有住宅加装电梯406台。社会保障不断加强。建成全省首家岗位惠民一站式服务大厅，充分就业社区（村）建设全省第一。城乡低保、残疾人“两项补贴”、特困救助等保障标准持续提高。养老、失业、工伤保险新增扩面25.8万人次。全民医保基本实现，DIP试点连续两年获全国优秀评价等次。入选国家积极应对人口老龄化重点联系城市，获批国家2022年居家和社区基本养老服务提升行动项目。生态环境持续改善。326项“夏季攻势”任务全面完成，28个中央、省交办的突出生态环境问题整改销号，鼎城石板滩石煤矿区综合治理、津市工业园企业超标排放整治等成为全国典型案例。持续打好蓝天碧水净土保卫战，各项约束性指标好于国省考核标准。生态环境满意度测评继续保持全省第一。完成营造林4.69万公顷。壶瓶山国家级自然保护区入选世界自然保护联盟绿色名录。社会事业协调发展。“双减”工作落地见效，义务教育阶段学科类校外培训机构压减73%，校内课后服务实现全覆盖。5所民办学校转为公办，惠及学生17416人，义务教育阶段公办学位占比达95.4%以上。高考成绩继续位居全省前列，空军招飞人数全省第一。石门

“足球育人”经验被中央改革办推介。市第一人民医院急救中心妇儿中心项目完成主体工程，市第一中医医院即将整体搬迁，区县市基本实现三级医院全覆盖。澧县鸡叫城遗址入选全国十大考古新发现，城头山古文化遗址入列省全域旅游“五张名片”。桃花源文创系列作品荣获省文化旅游商品大赛金奖。3部作品获评省精神文明建设“五个一工程”奖。桃源九溪镇获评中国民间文化艺术之乡。全民健身蓬勃发展。在全省率先完成市直机关、公益一类事业单位办公用房权属登记。国防动员和教育、军事设施保护、退役军人事务、人防建设和民兵预备役工作持续加强。统计、民宗、侨务、公共资源交易、住房公积金、老年、地方志、档案、慈善、志愿服务等工作取得新成效，工青妇等群团组织实现新发展。

这一年，我们强化统筹，战疫情保安全，维护了大局稳定。疫情防控有力有效。我们科学应对、精准防控，从严从实把好外防输入关口，到9月底是全省保持无疫情时间最长的市州。10月以来的输入性疫情，复杂程度、防控难度前所未有，我们坚决果断、以快制快，广大干群众志成城、共克时艰，以最短时间、最小代价、最好效果，成功扑灭了多起聚集性疫情。落实新阶段疫情防控各项措施，调整转段平稳有序。债务风险安全可控。开展降息减债攻坚，推动存量高息债务置换，节约利息支出8.8亿元。规范政府性投资项目管理，市级投资项目总额缩减51.2%。平台公司“三资”注入有序推进，国企改革三年行动全面完成，市城发集团营业收入突破百亿元。金融生态持续优化，金融风险管控有力。安全形势稳定向好。深入抓好专项整治三年行动巩固提升，全面开展隐患大排查大整治，妥善处置了临澧建兴特种石膏矿区塌陷等地质灾害事故，未发生较大及以上生产安全事故，生产安全事故起数、死亡人数、经济损失“三下降”。国家食品安全示范城市创建全面启动。社会治理效能提升。严厉打击治理电信网络诈骗等违法犯罪行为，禁毒斗争形势持续向好，常态化扫黑除恶工作经验全省推介。落实信访事项首问首办、领导领办机制，中央专项行动交办信访积案全部化解，无上访村（社区）占比达95.6%。4个村（社区）被评为全国民主法治示范村（社区）。公众安全感测评保持全省第一，获评全省平安建设先进市州。

这一年，我们从严治政，改作风优服务，提升了政务质效。依法行政深入推进。自觉接受市人大及其常委会的法律监督和工作监督、市政协的民主监督，执行市人大及其常委会的决议决定，办理人大代表建议264件、政协提案307件。认真吸纳各民主党派市委会、市工商联和无党派人士参政议政调研成果。提请审议地方性法规草案3部、修正政府规章1部。武陵区获评全国法治政府建设示范区。营商环境不断优化。明确优化营商环境15条硬核措施，落实“7个严禁、20个不准”。常态化开展千名干部联千企“送解优”行动，问题化解率达96.3%，兑现减免退缓税费71亿元。扎实开展“走解优”行动，在全省率先实施特定项目施工图免审制度，企业开办时间压缩至半天，政务服务事项法定办结时间压减52%。大力推行柔性执法，对257项轻微违法违规行为首违免罚。“交房即交证”全面实施，实现不动产登记和水电气视网集成联办。在全省率先启动“湖南营商码”试点，开设营商环境“政企通”专席。政风作风有力改进。严守政治纪律和政治规矩，推动学习贯彻党的二十大精神走深走实，推动党史学习教育常态长效。深入推进清廉单元建设，加强重点领域监督管理，大力整治形式主义、官僚主义，廉政建设和反腐败斗争取得明显成效。厉行勤俭节约，市本级非刚性、非重点支出压减10%以上。加强政府投资审计，5000万元以上政府投资项目审计监督全覆盖。津市改善农村人居环境工作获得国务院真抓实干督查激励，市县获得省政府真抓实干表扬激励项目数居全省第二。

各位代表！过去的一年，挑战前所未有，奋斗饱含艰辛，成绩来之不易。这些成绩的取得，是习近平新时代中国特色社会主义思想指引的结果，是省委、省政府和市委正确领导、科学决策的结果，是市人大、市政协大力监督、鼎力支持的结果，是全市人民只争朝夕、团结奋斗的结果。在此，我代表市人民政府，向积极投身常德经济社会发展的广大干部群众、驻常德部队、武警官兵和消防救援队伍指战员，向中央、省驻常德单位，向各位人大代表和政协委员，向各民主党派、工商联、无党派人士、各人民团体和社会各界人士，向所有关心支持常德发展的同志们、朋友们，表示衷心的感谢！

回顾一年来的奋斗历程，我们深切体会到，做好政府的工作，办好常德的事情：必须始终突出“三高四新”主线。把习近平总书记赋予湖南的“三高四新”战略定位和使命任务作为一切工作的主线，贯穿政府工作始终，自觉在“国之大者”“省之大计”中谋划“市之大事”，以“六大专项行动”为抓手，将其转化为建设社会主义现代化新常德的生动实践。必须聚焦聚力经济建设中心。常德的主要问题仍然是发展不足不充分的问题，这些问题和困难的解决主要靠发展，大发展小困难，小发展大困难，我们必须扭住经济建设这个中心不放，以经济特别是产业、园区的大跨越，推动问题的大解决、发展的大跃升。必须大力弘扬“闯创干”作风。越是在困难面前，越要踔厉奋发、一往无前，敢于战胜艰难险阻，闯出事业新局面、闯出发展新天地；越是在困难面前，越要解放思想、创新创优、勇于攀高，创出干群精气神、创出发展新活力；越是在困难面前，越要不等不靠、主动作为、高效作为，团结凝聚各方力量，干出一番新气象、干出发展新业绩。必须坚决守住安全发展底线。保持“时时放心不下”的责任感，增强底线思维，做到居安思危，牢牢守住民生底线、生态底线、安全底线、廉洁红线，以高水平安全保障高质量发展，以廉洁从政的清风正气汇聚干事创业的蓬勃朝气。

在满怀收获的同时，我们也要清醒地看到，经济社会发展还存在不少困难和问题。经济增长动能不足，带动能力强、投资规模大的项目不多，民间投资占比较低，消费尚未充分恢复，区域竞争面临的压力越来越大；企业发展困难较多，转型难、引才难、融资难等问题仍然突出，营商环境还有待进一步优化；民生保障仍有短板，尽管我们在民生领域想了很多办法，拿出了不少“真金白银”，但与群众在就业、教育、医疗、托育、养老等方面的期待相比还有不小差距；风险防范任务较重，财政“三保”、政府债务、安全生产、生态环境等方面的风险隐患不容忽视；政府建设还需加强，少数干部担当不足、本领不强、作风不优，改革创新、狠抓落实的能力还有待增强。对此，我们一定正视问题、直面挑战、勇于斗争，努力在解决问题中实现高质量发展，用实干实绩回报全市人民新期待！

二、2023年工作安排

2023年是全面贯彻落实党的二十大精神的开局之年。我们要把党的二十大精神作为引领发展的“指南针”、破解难题的“金钥匙”，落实到政府工作的全过程各方面，转化为推动高质量发展的实际成效，奋力谱写中国式现代化的常德篇章。

政府工作的总体要求是：坚持以习近平新时代中国特色社会主义思想为指导，紧紧围绕推进中国式现代化，全面贯彻落实党的二十大精神和中央、省委、市委经济工作会议精神，坚持稳中求进工作总基调，完整、准确、全面贯彻新发展理念，服务和融入新发展格局，着力推动高质量发展，全面落实“三高四新”战略定位和使命任务，更好统筹疫情防控和经济社会发展，更好统筹发展和安全，全面深化改革开放，大力提振市场信心，把实施扩大内需战略同深化供给侧结构性改革有机结合起来，深入推进“六大专项行动”，突出做好稳增长、稳就业、稳物价工作，有效防范化解重大风险，推动经济运行整体好转，实现质的有效提升和量的合理增长，确保社会主义现代化新常德建设迈出更大步伐。

经济社会发展的主要预期目标是：地区生产总值增长7%以上，规模工业增加值增长7.5%以上，社会消费品零售总额增长7.5%以上，固定资产投资增长8.5%以上，地方一般公共预算收入增长8%以上，居民消费价格指数上涨3%左右，城镇调查失业率5.5%左右，居民人均可支配收入增长7%以上，全社会研发投入增长15%以上。

重点抓好七个方面的工作：

1.坚持壮大实体经济，厚植高质量发展根基。把实施“五好”园区攻坚专项行动放在首位，加快建设现代化产业体系，着力构建多点支撑、多业发展的产业格局。

加快推进产业升级。强化产业规划引领，全面完成“4+4”产业发展规划编制。深入推进“千百十”工程，加快产业补链强链延链，四大新兴产业产值增长20%以上，力争农产品精深加工产业产值突破千亿元，装备制造产业达800亿元以上，烟草、电子信息产业均达700亿元以上。推动现代服务业与先进制造业深度融合，大力发展工业设计、装备租赁、现代物流、现代金融等生产性服务业，积极争创国家级服务型制造示范企业。加快发展数字经济，推进数字产业化、产业数字化，深化“5G+工业互联网”融合应用，实施中小企业“两上三化”行动，力争“上云”4000家以上、“上平台”200家以上，打造一批智能车间、智能工厂。支持龙头企业加强品牌建设，培育打造一批标杆产品，加快建设质量强市。

建优建强园区平台。始终把园区作为经济建设的主阵地、主平台、主战场，坚持以“亩均论英雄”，大力开展园区提质升级行动，开工建设过亿元工业项目100个以上、建成投产70个以上，力争园区亩均产值、税收分别达300万元、20万元以上，园区规模工业产值增长13%以上。强化专业园区策划包装，加快发展“园中园”等特色园区，力争常德经开区、汉寿高新区获批省级化工园区。持续推进园区体制机制创新，引导社会资本参与建设运营，完善园区配套功能设施，推动管理减负、发展提速、位次上升，5个以上园区进入全省“五好”园区评价30强。

坚持以项目的快速建成投产推动园区提质升级，重点抓好：常德经开区生物医药产业园、常德经开区新材料产业园、常德经开区新能源与新能源汽车产业园、常德高新区中联农机产业园、常德高新区特力液压中高端液压油缸智能制造园、石门湘佳与正大食品产业园、津市绿色新材料园（化工）、津市中联工程车桥智能制造、澧县三元石灰石精深加工、常德国际农产品交易中心（三、四期）等“十大产业项目”。

培强育多市场主体。大力促进市场主体高质量发展，继续实施市场主体倍增工程，力争净增市场主体4万户以上。持续扩规模强实力，加速推进企业上市突破，培育壮大龙头企业，确保飞沃科技成功上市，金天钛业、康普药业申报上市材料，凯斯机械、金富力、九申燃气、安福环保辅导报备，云港生物、精为天、惠生农科新三板挂牌，力争新增产值过百亿元企业2家以上、过五十亿元企业3家以上、过十亿元企业30家以上。持续优结构提质量，提升实有企业、法人企业和涉税企业占比，支持企业深耕细分市场、专业领域，新增国省级“专精特新”企业40家以上、制造业单项冠军2个以上，净增“四上”企业250家以上，其中规模工业企业100家以上。持续增信心添活力，坚决落实“两个毫不动摇”，深入开展“纾困增效”行动，真金白银给支持，真心实意优服务，让市场主体“青山”常在、生机盎然，让广大企业家轻装前进、放手发展。

全力以赴招商引资。坚持以项目为主导、以存量引增量、以资源换产业，紧盯粤港澳、京津冀、长三角等重点区域，大力开展产业链招商、商会招商、基金招商、股权招商、驻点招商，办好德商回归系列活动，力争在引进重大产业项目上有新突破。建立项目策划包装和发布会商机制，完善重点企业拜访名录库、德商信息库，加强招商项目预审、跟踪服务和督导考核，提升招商项目质效。力争新引进过十亿元产业项目30个以上，其中过五十亿元项目5个左右、过百亿元项目1个以上，新增“三类500强”企业注册数7个以上，新注册湘（德）商回归企业50家以上，实际利用省外境内资金1200亿元以上。各区县市、各园区主要负责人要集中主要精力，多研究管用政策，多主动上门对接，用执着和韧劲推动项目落地，用真挚和诚意换来合作双赢。

持续强化科技赋能。大力推进科技强市建设，加快打造多层次科创平台，引进国家级研发平台在常建立分支机构、产业化基地，新建省级以上创新平台10家以上，创建创新型县市1个以上。鼓励企业加大研发投入，支持规模工业企业设立研发中心，新增高新技术企业和科技型中小企业各100家以上。深化与名校名院名所、重点实验室对接合作，实施产学研合作项目150项以上。抓好国家知识产权强市建设试点城市建设。

紧盯制约产业发展的关键领域、引领产业发展的核心技术，重点抓好：氢能利用及高压气态储运关键技术、石墨烯及高性能特种复合材料开发技术、高端智能工程装备制造及核心零部件技术、高比能动力电池关键材料核心技术、航空用钛合金材料及紧固件关键技术、中联恒通某平台预制研制一体化技术、地屈孕酮原材料颠覆性技术、航空用高速燃油泵技术、动物胆资源综合开发技术、南方智能农机关键技术及产业化等“十大技术攻关与成果转化项目”。

*2.坚持扩大有效需求，增强高质量发展动能。*全力促消费、扩投资、稳外贸，为高质量发展提供强大动力。

促进消费恢复升级。把恢复和扩大消费摆在优先位置，增强消费对经济发展的基础性作用。办好“悦享常德·品质生活”系列活动，稳定汽车、住房、家电等大宗消费，提振批零住餐等传统消费。培育壮大新型消费，大力发展首店经济、共享经济、体验消费等新业态，打造一批夜间经济地标和商旅文融合打卡地。有效利用并发挥高铁新优势，大力发展高铁经济。加强电商聚集区、直播基地建设，支持常德产品上线营销，培育孵化电商市场主体100户以上。加强县域商业体系建设，推动农村消费梯次升级。

全面激活旅游经济。积极申办第三届全省旅游发展大会，办好桃花源文化旅游节、常德旅游发展大会、柳叶湖马拉松赛等节会活动，创新营销模式，激发旅游市场热情。推进全域旅游发展，加强旅游区域协作，大力发展康养游、体验游、红色游、研学游等特色旅游，打响以桃花源为代表的历史文化名片、以柳叶湖和壶瓶山为代表的奇秀山水名片、以城头山为代表的农耕文化名片，让更多游客到常德追寻“诗和远方”。推进文旅强市建设，加快创建国家文化和旅游消费示范城市，支持桃花源创建国家文化和旅游融合产业示范园区、澧县城头山创建国家AAAAA级旅游景区，把常德旅游的资源优势转化成经济优势、发展优势。

加大基础建设投资。聚力构建交通网，大力推进高铁、高速公路、高等级航道和通用航空建设，力争襄常高铁、沙安高速、石桃高速、松虎航道开工建设，新建改建普通国、省道80千米以上。聚力完善物流网，大力发展多式联运，推进客运、货运、邮递融合发展，深化与盐田港合作，促进物流降本增效。聚力强化能源网，积极发展光伏、风电、地热、储能等新能源，加快建设一批输变电工程，建成公用充电站60座以上。聚力提升信息网，建成常德大数据中心，加快千兆光网、房屋建筑物光纤和无线通信基础配套设施建设，新建5G基站2000个以上。聚力夯实水利网，加快推进水库加固增蓄、灌区续建配套、机埠改造增效、防洪保安、河湖生态修复等重大水利工程，力争西洞庭湖平原灌区等项目进入国家规划。

突出打基础、利长远，重点抓好：高速公路（益常高速扩容、炉慈高速、官新高速）、高等级航道（石澧航道、常鲇航道）、德山和津市港区、桃源抽水蓄能电站、石门电厂三期、风力光伏发电、宁电入湘工程常德段、洞庭湖区重点垸堤防加固一期、临澧青山灌区改造、高标准农田建设等“十大基础设施项目”。

提升对外开放水平。做好自贸区改革创新经验复制运用，确保获批建设协同联动区。力争建成常德保税物流中心，积极推进桃花源机场航空口岸再次临开。大力开拓RCEP成员国、非洲国家等新兴市场，扩大对外贸易份额。支持企业参加境内外重点展会、国际经贸对接活动，建设海外仓、入驻境外园区，开展对外投资和跨境电商、对外承包工程业务。实现进出口总额增长15%以上，净增外贸实绩企业50家以上。

强化资源要素供给。加大立项争资力度，强化政策对接和项目策划，全力争取中央和省预算内投资、政策性开发性金融工具、专项债券资金，确保争取国省资金和项目投入占全省份额的10%以上。优化财政资金投向，有效带动全社会投资，鼓励和吸引民间资本参与重大工程和补短板项目建设。加强政银企对接合作，拓展金融超市功能，着力解决中小企业融资难题，力争新增银行贷款350亿元以上，制造业贷款占比显著提升。优化企业用工保障服务，扩大技能人才供给，促进求职用工精准对接。加大用地指标争取力度，全力抓好征地拆迁，保障重大项目建设需求。做好煤电油气运等保障工作。

3.坚持加快乡村振兴，拓展高质量发展空间。大力建设农业强市，加快推进农业农村现代化，推动实现农村更富裕、生活更幸福、乡村更美丽。

扛牢粮食安全重任。深入推进田长制，坚决遏制耕地“非农化”、基本农田“非粮化”。建成高标准农田3.73万公顷以上，加强粮食产能建设，确保粮食生产面积和产量保持全省首位。抓好特色良种保护推广利用，打响常德香米品牌，落实国家扶持政策，做好农资保供稳价，提升种粮综合效益，让种粮农民有钱挣、多得利。

发展乡村特色产业。集中连片建设规模化、标准化、专业化生产基地，推动生猪、烟叶、果蔬等种养业提质增效，着力形成“一县一特”“一乡一业”“一村一品”发展格局。大力推进农产品精深加工，重点打造粮食、油料、畜禽百亿加工产业，聚力培育水产、茶叶、中药材、油茶等优势特色加工产业，新增农产品加工规模企业35家以上。支持澧县创建国家农业现代化示范区、石门创建国家现代农业产业园。实施农业品牌精品培育计划，新增绿色食品和有机农产品20个以上、“圳品”认证20个以上。办好农民丰收节暨优质农产品展示展销系列活动，推动常德农产品走向广阔市场。促进农业与休闲、旅游、康养、文化等产业深度融合，丰富乡村产业类型，提升乡村经济价值。争创全省数字农业示范区，推动“互联网+”农产品出村进城和“数商兴农”专项行动。确保成功创建国家农产品质量安全市。做好动植物疫病防控工作。

巩固拓展脱贫成果。严格落实“四个不摘”要求，完善落实防止返贫监测帮扶机制，大力推进开发式帮扶，抓好易地扶贫搬迁后续扶持，确保不发生规模性返贫和新的致贫。建成乡村振兴车间700个以上，脱贫人口就业稳定在14万人以上。巩固提升脱贫地区特色产业，完善帮扶项目联农带农机制，因地制宜发展庭院经济，促进脱贫人口稳收增收。持续推进“消薄攻坚、引领提升”八大行动，盘活农村资源资产，发展新型农村集体经济。

建设宜居宜业和美乡村。高标准完成村庄规划编制，保留乡景乡味、彰显乡情乡韵。实施农房质量安全提升工程，规范农村建房秩序，引导村民集中居住。深化农村人居环境整治提升五年行动，抓好秸秆等农业生产有机废弃物资源化处理利用，统筹推进生活垃圾处理、生活污水治理和村容村貌整体提升。推进乡村振兴示范片建设，创建美丽乡村示范村100个以上，支持临澧创建全省乡村振兴示范县。持续加强“四好农村路”建设，加快推进城乡客运一体化。开展“千村万塘”扩容三年行动，抓好重点供水工程建设，推进农村饮水安全向农村供水保障转变。抓好农村电网、通信网、物流网建设。培育文明乡风，焕发乡村文明新气象。

发展壮大县域经济。实施“一县一策”发展方案，深化扩权赋能强县改革，不断激发县域发展内生动力。落实支持县域经济高质量发展的政策措施，强化产业、重大项目、基础设施区域统筹布局，推动县域发展对标赶超、争先进位，力争1个以上县市进入全省县域经济先进行列。坚持因地制宜、错位发展，建设培育一批主业突出的现代产业园、科技园、特色小镇、产业强镇。弘扬老区精神，用好用活革命老区政策，助推县域经济加快发展。

4.坚持推进城镇更新，完善高质量发展平台。深入推进以人为核心的新型城镇化，加快打造宜居、韧性、智慧、绿色城市。

增强城镇功能。大力实施“强中心城区”战略，提升中心城区辐射带动能力。完成市县国土空间总体规划编制，推进城镇更新提质等专项规划编制。加快推进高铁新城、国际会展中心等重大项目建设。抓好城镇老旧管网更新改造，推进污水处理提质增效，加强乡镇污水处理设施运维管理。探索推进完整居住社区建设，积极构建“15分钟便民生活圈”，科学布局生产生活配套设施，统筹推进城镇老旧小区改造、棚户区改造和社区功能服务提升。

精细城镇管理。全面提升城镇精细化、智能化、常态化管理水平，以创则必成、战则必胜的信念和决心，坚决夺回全国文明城市荣誉。持续加强市容环境、道路交通、园林绿化、空间立面、消防通道等管理维护，稳步推进生活垃圾分类处置。强力推进拆违控违。规范小区物业管理。支持刚性和改善性购房需求，持续抓好问题楼盘化解处置，促进房地产市场和建筑业平稳发展。加快城市运行管理服务平台、市级智慧停车管理系统建设。

提升城镇人气。以宜居宜业宜游的环境吸引人、留住人、成就人，让城镇活起来、人气旺起来。充分利用桃花源、柳叶湖、常德河街等历史文化和特色资源，打造创业街区、特色街区、网红街区。深入推进以县城为重要载体的城镇化，引导农业转移人口市民化，着力解决就业、住房、医疗、养老、子女教育以及身份认同等难题，让进城农民更有尊严、更加体面。全面落实“人才绿卡”制度，开展先进制造业突出贡献人才和高层次人才评选表彰，优化人才全周期、全要素、全流程服务，推动各方面优秀人才在常德会聚、在常德出彩。

5.坚持增进民生福祉，共享高质量发展成果。聚焦群众“急难愁盼”问题，抓好普惠性、基础性、兜底性民生保障，扎实推进共同富裕，不断实现人民群众对美好生活的向往。

抓好重点民生实事。坚持尽力而为、量力而行，统筹办好省重点民生实事和市“六位”惠民实事。持续解决“岗位”问题，城镇新增就业5.3万人以上，新增农村劳动力转移就业3.5万人以上。持续解决“学位”问题，优化学位资源配置，新增公办学（园）位7600个以上。持续解决“床位”问题，新增医疗床位600张以上，二级及以上医疗机构床位使用率达88%以上；新增养老床位9580张以上。持续解决“车位”问题，新增停车位7230个以上。持续解决“厕位”问题，改造农村户厕16380个以上、新建农村公厕150座以上；新建改造城镇公厕40座以上。持续解决“梯位”问题，加装既有住宅电梯300台以上。

完善就业社保体系。强化就业优先政策，促进高质量充分就业。加强职业技能培训，举办全市首届职业技能大赛。抓好充分就业社区（村）建设和公益性岗位兜底安置，推进创业带动就业，促进高校毕业生、退役军人、农民工等重点群体就业，帮扶残疾人、零就业家庭成员等困难人员就业。推进养老保险全国统筹、失业保险和工伤保险省级统筹。扩大DIP改革试点范围，落实职工医保门诊共济保障机制，促进多层次医疗保障有效衔接。提高城乡低保、残疾人、特困群体兜底保障能力。积极应对人口老龄化，完善社区居家养老服务网络，构建老年友好型社会。关爱保护农村留守老人、妇女、儿童等特殊群体。大力发展慈善事业。

加快建设教育强市。落实立德树人根本任务，开展“三名四优”建设，培育一批名师名校长，创建一批名优学校。推进全国学前教育普及普惠县、义务教育发展优质均衡县创建，提高普通高中发展质量。促进职业教育产教融合发展、高等教育内涵式高质量发展，推动常德财经机电职业技术学院（筹）申办高职。抓好民办教育、特殊教育、继续教育和老年教育。深入推进教育评价改革，巩固拓展“双减”成果。加强师德师风建设和师生健康监测、心理防护、青少年法治教育，抓好校园安全监管。

推进健康常德建设。贯彻落实党中央优化调整疫情防控政策措施，确保平稳转段和社会秩序稳定，最大程度保护人民群众生命安全和身体健康。大力推进省级区域医疗中心、中医医疗中心建设，推动医保、医疗、医药协同发展，加快建设紧密型医疗联合体。完善乡镇卫生院、社区卫生服务中心和村卫生室功能，提高基层防病治病和健康管理能力。促进中医药传承创新发展。深入开展健康常德行动和爱国卫生运动，倡导健康文明生活方式。落实生育政策及配套支持措施，大力发展普惠托育服务。推动群众体育、竞技体育、体育产业协调发展，促进全民健身蔚然成风。

繁荣发展文化事业。弘扬社会主义核心价值观，推动全社会见贤思齐、崇尚英雄、争做先锋。加快市图书馆、常德大剧院建设。推动文艺创作、文艺惠民，支持地方文化和民间艺术发展。加强文物保护利用和非物质文化遗产保护传承，擦亮常德丝弦、汉剧高腔、澧州大鼓等“德字号”品牌。广泛开展全民阅读活动，建设“书香常德”。

围绕社会民生领域补短板、强弱项、提质量，重点抓好：城镇老旧小区改造、乡镇保障性租赁住房建设、养老机构建设及居家和社区基本养老服务提升、市公共卫生救治中心建设、常德学院新建、沅北水厂迁建、“三区”城乡供水一体化工程、山水林田湖草沙一体化保护和修复、农村黑臭水体治理、农村公路危桥改造及安防设施建设等“十大社会民生项目”。

大力支持国防和军队建设，做好国防教育、国防动员、人民防空、双拥共建等工作，完善退役军人服务保障，巩固军政军民团结。抓好第五次全国经济普查。支持工会、共青团、妇联、红十字会等群团组织和社会组织更好发挥作用。做好民宗、侨务、公共资源交易、住房公积金、地方志、档案、气象等工作。

6.坚持推动绿色发展，擦亮高质量发展底色。牢固树立“绿水青山就是金山银山”发展理念，深入打好污染防治攻坚战，让蓝天碧水净土成为现代化新常德最鲜明的底色。

深化环境污染防治。持续开展“夏季攻势”，扎实抓好突出生态环境问题整改销号。落实传输通道城市环境空气质量达标攻坚行动计划，确保市城区环境空气质量优良率达85%以上。常态化推进河湖长制，加强江河湖库生态保护治理。抓好洞庭湖总磷污染控制与削减，加强澧县北民湖、安乡珊珀湖、鼎城冲天湖等内湖整治。强化饮用水水源地保护。加强农业面源污染治理和农用地土壤污染防治。

加强生态保护修复。严守生态保护红线，落实“三线一单”分区管控。全面落实林长制，大力推进国土绿化行动，做好国际湿地城市复检工作。加强野生动植物保护，积极推进壶瓶山华南虎野化放归。常态化落实“长江十年禁渔”。持续推进绿色矿山建设和历史遗留矿山生态修复。

推进绿色低碳转型。稳妥推进碳达峰碳中和行动，探索推进碳汇交易。深入实施绿色制造工程，推动重点行业节能降碳、清洁生产，创建一批绿色工厂、绿色园区。坚决遏制“两高”项目盲目发展，依法淘汰落后产能、化解过剩产能。倡导简约适度、绿色低碳生活方式。开展节约型机关创建。

7.坚持维护安全稳定，强化高质量发展保障。推进安全体系和能力现代化，以新安全格局保障新发展格局，以高水平安全护航高质量发展。

防范化解重大风险。坚决遏制新增隐性债务，推进高息债务降息减债，加快平台公司“三资”注入和市场化转型，牢牢守住债务风险底线。加大涉众型金融风险的预警预防和化解处置力度，守护好老百姓的“钱袋子”。健全食品药品监管责任体系，抓好国家食品安全示范城市创建和评价验收。统筹做好防震减灾、防汛抗旱、森林防火、极端天气应对等工作。

守牢安全生产底线。强化安全生产责任制落实和应急救援能力建设，深入开展危险化学品、烟花爆竹、非煤矿山、交通运输、自建房、城镇燃气、高层建筑消防安全等领域专项整治，持续开展安全监管“强执法防事故”“打非治违”和交通问题顽瘴痼疾集中整治行动，坚决守住不发生较大以上安全生产事故的底线。

提升社会治理水平。加快推进市域社会治理现代化，推动社会治理和服务重心向基层下移，完善网格化管理、精细化服务、信息化支撑的基层治理体系，推进全国社会治安防控体系建设示范城市创建。坚持和发展新时代“枫桥经验”，畅通信访渠道，推动矛盾纠纷及时就地化解，以建设“无上访村（社区）”为抓手，打造群众信访县级“终点站”。常态化开展扫黑除恶斗争，推进全国禁毒示范城市创建，严厉打击突出违法犯罪行为，建设更高水平的平安常德、法治常德。

三、全面加强政府自身建设

奋进新征程，担当新使命，我们要把新时代党的建设总要求贯穿政府自身建设全过程各领域，努力建设对人民尽责、受人民监督、让人民满意的服务型政府。

1.心怀大局讲政治、铸忠诚。始终坚持党的领导，把善于从政治上看问题落实到具体工作和实际行动上。把准政治方向，健全“第一时间、第一议题”学习制度，全面准确学习领会党的二十大精神，学深悟透习近平新时代中国特色社会主义思想，做到学思用贯通、知信行统一，坚定不移沿着习近平总书记指引的方向不断前进。严守政治规矩，深刻领会“两个确立”的决定性意义，增强“四个意识”、坚定“四个自信”、坚决做到“两个维护”，不断提高政治判断力、政治领悟力、政治执行力。强化政治自觉，不折不扣贯彻落实党中央国务院、省委、省政府和市委决策部署，推动“国之大者、省之大计、市之大事”落地见效，以忠诚显本色、以担当践使命。

2.心系法治讲公正、受监督。把政府工作全面纳入法治轨道，让厉行法治贯穿每一个行政环节、每一项行政行为。科学民主依法决策，全面落实重大行政决策程序制度，做好政府立法工作，深入推进“八五”普法，提高依法行政的能力和水平。严格规范公正文明执法，稳步推进乡镇综合行政执法改革，依法推行轻微违法行为免罚制度，规范行政执法自由裁量权，让执法既有力度又有温度。自觉主动接受监督，自觉接受市人大及其常委会法律监督和工作监督、市政协民主监督，严格执行市人大及其常委会决议决定，落实重大事项报告制度，认真办理人大代表建议和政协提案。主动接受社会各界监督，强化审计监督，推进政务公开规范化常态化，让权力始终在阳光下运行。

3.心无旁骛讲效能、优环境。坚持把优化营商环境作为“生命线工程”来抓，深入推进政务质效提升专项行动，加快打造全省领先、全国一流的营商环境。让办事更加便捷，持续优化审批流程，加快“一网通办”改革，抓好“湘易办”推广应用，打造“一件事一次办”升级版，推动政务服务标准化、规范化、便利化。让监管更为规范，加强“湖南营商码”推广应用，深入推行“双随机、一公开”“互联网+”监管、执法检查备案登记，严肃查处“三乱”行为，推动企业诉求渠道更畅通、政府涉企行为更规范。让政策更好见效，常态长效“送政策、解难题、优服务”，坚决兑现政策和承诺，用好政策服务平台，推动各级惠企政策精准“滴灌”、直达快享。

4.心有担当讲实干、改作风。以永远在路上的坚韧和执着，推进作风建设走深走实。坚持求实务实，锲而不舍落实中央八项规定精神，坚决纠治形式主义、官僚主义，进一步精文简会、规范督查考核，为奋斗在一线的同志创环境、卸包袱、减负担。坚持落细落小，实行工作任务清单化、项目化管理，明确时间表、任务书、路线图，以钉钉子的精神一抓到底、抓出成效，推动工作干一件成一件、落实一件销号一件。坚持创先创优，优化绩效考核、督查激励办法，完善容错纠错机制，激发干事创业活力动力，让干部敢为、地方敢闯、企业敢干、群众敢首创。

5.心存敬畏讲廉洁、守底线。把严的主基调贯穿到政府自身建设的全过程，让铁规铁纪成为政府工作人员的自觉遵循。严实责任，担负起全面从严治党、推进党风廉政建设和反腐败工作的主体责任，坚持“三不腐”一体推进，深化以案促改，经常性、全覆盖开展纪律教育，弘扬新时代廉洁文化，以清廉单元为载体，推动廉洁政府建设取得新成效。严格制度，树牢“过紧日子”思想，严控“三公”经费，大力压减一般性支出，聚焦重点领域、重点岗位，扎紧扎牢制度笼子，以制度堵塞腐败漏洞。严厉整治，深化整治民生领域突出问题，加强权力集中、资金密集、资源富集领域监管整治，坚决惩治群众身边的腐败行为和不正之风。

各位代表！征途漫漫惟有奋斗，使命在肩重在实干。让我们更加紧密地团结在以习近平同志为核心的党中央周围，在省委、省政府和市委的坚强领导下，坚定信心、同心同德，踔厉奋发、勇毅前行，为书写中国式现代化的常德篇章而团结奋斗！

中国人民政治协商会议常德市第八届委员会常务委员会工作报告

——在政协常德市第八届委员会第二次会议上

（2022年12月28日）

政协常德市第八届委员会常务委员会主席　黄清宇

各位委员、同志们：

现在，我代表中国人民政治协商会议常德市第八届委员会常务委员会，向大会报告工作，请予审议，并请列席会议的同志提出意见。

一、接续前行，科学谋划开新局

2022年是新一届市政协的开局之年。如何谋全局、抓开局、创新局，是我们始终把握和思考的重大课题。一年来，在中共常德市委的坚强领导下，政协常委会弘扬历届政协的优良传统，按照“提高站位、把握定位、提升品位”的总体要求，开拓进取、担当作为，实现了工作的稳健起步、良好开局。

1.强化党的领导，增强政治定力。时刻牢记人民政协的政治属性，自觉坚持党的全面领导，始终从政治和全局的高度谋划、推动工作。

旗帜鲜明讲政治。牢固树立“四个意识”，自觉在思想上政治上行动上同党中央保持高度一致。坚持重点工作、重大问题、重要事项主动向市委请示报告，确保上级决策部署在政协系统落地见效。一年来，共向市委专题请示报告22次。加强思想政治引领，完善政协党组与各党派团体联系制度，政协领导定期走访党派团体、无党派人士，中共党员委员与党外委员结对交心，不断夯实共同思想政治基础，团结引领全市各界人士坚定不移听党话、跟党走。

持之以恒抓学习。坚持用习近平新时代中国特色社会主义思想武装头脑、指导实践、推动工作。一是完善学习制度。建立健全党组理论学习中心组引领学、常委会会议专题学、机关碰头会集中学等机制，推动理论学习常态化、制度化、规范化。今年来，共举办各类学习活动50多场次。二是灵活学习形式。运用机关党建阵地、委员工作室、机关干部读书会等载体，推动理论学习入脑入心、走深走实。三是增强学习实效。坚持学思用贯通、知信行合一，切实将理论学习成果转化为履职本领、发展举措。以“人民政协和全过程人民民主”为题，深入开展政协理论研讨，形成了一批有影响、有深度的理论文稿。

驰而不息强党建。以高质量党建引领高水平履职。一是发挥党组核心作用。加强对重大事项、问题的研究审定和统筹协调，全年召开党组会议12次，专题研究重点工作28项。二是完善机关党建体系。圆满完成机关党组人员调整、机关党委换届选举、党支部优化设置，机关党组织的政治功能更加彰显、工作效率明显提升。三是探索履职党建模式。按照“支部建在专委会、委员聚在党旗下”的原则，依托专委会成立履职党支部，依托委员工作室设立履职党小组，探索联系指导、双重组织生活等机制，实现党的领导对政协工作全覆盖。

2.强化协商主业，积极建言助力。牢牢把握人民政协

"专门协商机构"的性质定位，全面履行政治协商、民主监督、参政议政职能。

精心组织协商活动。紧扣党委政府关注的中心工作、涉及基层基础的民生工作、关乎长远发展的后劲培植工作，先后围绕加快"五好"园区建设、"四好农村路"建设、建设旅游强市、乡风文明建设，开展议政性常委会会议和主席会议专题协商，围绕加强基层医疗机构建设等课题开展7次对口协商，形成了一批高质量的协商成果，并以建议案和建议函等形式，向市委、市政府提出协商建议50多条，促成解决了一批事关发展大局、群众关注的问题。其中，关于"五好"园区建设的协商建议得到市委、市政府主要领导重视，我市拟订的园区职能配置建议文本，被全省推广采用。

扎实推进民主监督。注重在监督中支持、在支持中监督。把"优化营商环境、提升行政效能"作为本届紧盯不放的专项民主监督主题，组建7个民主监督小组，重点对相关职能部门政令畅通、政策落地、作风效能等方面情况开展"一对一"监督，共走访视察40余次，走访企业50多家，召开座谈会30余次，促进相关问题扎实整改，推动政务环境持续优化。认真参与全省政协系统"稳定粮食播种面积"专项监督，引导委员在水稻生产、耕地抛荒治理、高标准农田建设等监督工作中当好"宣传员""调研员""协商员"，对稳定粮食播种面积、推动集体土地流转起到了较好促进作用。

广泛开展参政议政。拓宽视察、提案、社情民意信息、微建议等渠道，倾听群众呼声、反映百姓诉求。围绕高铁建设、十年禁渔、市城区停车难、烟草产业发展等情况开展主席会议视察，提出了一批合理化意见建议，一批重点问题得到较好解决。探索组建提案撰写志愿者队伍，完善常态化提案线索征集和民主评议提案办理机制，推动提案工作提质增效。开展"社情民意信息提升年"活动，全年被省政协采用社情民意信息22期，市本级编发48期，其中39期得到省领导和市委、市政府领导批示。如，委员关于发展竹产业的社情民意得到市委、市政府高度关注，相关部门正在研究制定产业扶持政策。

*3.强化团结民主，汇聚澎湃合力。*积极推动从党内到党外、从委员到界别群众的凝聚共识工作，着力构建和衷共济的良好局面。

加强联动协作。按照系统工作理念，强化统筹协调，增强整体效应。一是加强合作共事。主动邀请各党派团体参加大会发言、调研视察、理论研讨等履职活动，全年各党派团体共提交大会发言9篇，提出提案129件，反映社情民意信息112条。二是加强区域协作。积极利用洞庭湖生态经济区政协主席联席会议、湘鄂渝黔政协助推红色旅游发展联席会议等平台建言发声，汇聚政协之力，助推协同发展。三是加强市县联动。坚持平台共建、工作共推、资源共享的原则，加强互动交流，形成上下一条心、工作一盘棋的良好格局。今年来，围绕委员工作室建设等重点工作，组织开展联动履职活动30多次。四是加强联系交流。全年共接待省内外考察团40多批次，有效扩大了常德影响。

优化委员服务。为委员更好发挥主体作用提供条件、创造环境。一是以走访增进感情。围绕"建功新时代、奋进新征程、干出新样子、服务新发展"主题，扎实开展委员走访月活动，实现对市政协委员的走访全覆盖，综合整理委员意见建议118条。二是以活动激发活力。先后两次承办全国政协"潇湘新咏"委员读书群直播活动，解读古典诗词与常德的文化情缘，展示常德文化魅力，取得良好反响。深入组织"喜迎二十大、委员在行动"委员活动日活动，累计开展各类活动400余次，实现全市委员工作室、市县政协委员全覆盖。三是以平台助力履职。深化政协云推广运用，参加省政协"云宝晒技能"活动，全面对接政协云智慧提案系统，积极为委员"线上议政""掌上履职"搭建新平台。

团结界别群众。充分发挥桥梁纽带作用，不断促进委员联系界别群众的常态化、实效化。一是建好阵地促团结。围绕"能人集聚、能力提升、能动履职、能量发挥"，让政协工作与基层靠得更近、与群众贴得更紧。全年创建省级示范委员工作室26个，建成市级示范委员工作室38个。省政协来我市召开"发挥委员工作室在加强思想政治引领广泛凝聚共识中作用"专题座谈会，推广了常德的经验做法。二是完善机制促团结。充分发挥专委会基础作用，深化界别调查研究、协商议政、提案办理等机制安排，定期开展联系走访、指导协调、服务界别工作，切实形成界别与专委会之间的良性互动。三是拓展活动促团结。将界别视察纳入年度履职计划，围绕"加强常德养老服务业人才队伍建设"等主题开展7次界别视察，把委员个体优势转化为集体优势，个人智慧升华为集体意志。

*4.强化服务大局，主动担当尽力。*自觉把政协工作融入市委、市政府总体工作部署，主动以政协之能服务发展之为。

积极参与疫情防控。今年11月，面对复杂严峻的疫情防控形势，立即发出《致全市政协委员的倡议书》，团结带领广大政协委员和机关干部，以实际行动书写同心战"疫"的履职故事。一是主席会议成员靠前调度督导。按照市委、市政府统一部署，市政协主席会议成员带队入驻鼎城区双桥坪镇、玉霞街道，武陵区芷兰街道等重点地区，驻点调度疫情防控工作，为"抗疫"一线强化保障、提供支撑。二是政协委员积极履行职责。全市各级政协委员闻令而动、逆风而行，主动在疫情防控一线干在先、走在前、作表率。据不完全统计，先后有

1000多名委员参与疫情防控，累计捐款捐物近千万元。三是政协干部主动担当作为。市县两级政协300多名干部下沉一线，深入开展入户排查、卡点执勤等志愿服务，真正做到“党委有号召、政协见行动”。

积极助推经济发展。围绕服务经济高质量发展，充分展示政协的力量和担当。一是助推文旅产业发展。以首届湖南旅游发展大会为契机，积极参加省政协组织的“大美湖南”文旅发展成果展示会，向全国网友和游客推介常德文旅特色资源，取得良好反响。二是助推重点项目建设。按照市委部署，一名主席会议成员牵头负责高铁建设，坚持高位统筹、一线调度、专班推进，确保了高铁如期开通，常德人民期盼多年的“高铁梦”成为现实。三是助推企业纾困解难。积极投身“千名干部联千企‘送政策、解难题、优服务’行动”，深入联系结对企业走访调研，用心用情为企业排忧解难、赋能助力。四是助推乡村振兴工作。认真做好乡村振兴示范点建设，扎实推进西洞庭乡村振兴示范片建设，积极推动农业全面升级、农村全面进步、农民全面发展。

积极扩大常德影响。用好政协话语权，扩大常德知名度。一是助力文明城市创建。扎实做好主席会议成员联点督导检查以及政协机关、联系社区等区域的文明创建工作，确保创建任务有力有序推进。二是强化文史资料征集。制定出台专门规划，认真开展《常德院士》文史资料征集活动，配合省政协完成《湘村巨变》史料征集任务，有效发挥政协文史工作“存史、资政、团结、育人”作用。三是提升宣传工作质效。在市级以上新闻媒体发表稿件400多篇，其中在《人民政协报》《湘声报》等省以上媒体上稿50多篇，着力传播政协好声音、汇聚各界正能量，被人民政协报评为“宣传工作先进单位”。

5.强化队伍建设，提升履职能力。积极引导政协委员、机关干部加强思想淬炼、政治历练、实践锻炼、专业训练，不断练就履职担当的过硬本领。

全面增强素质。一是加强学习培训。科学制定届内和年度委员学习培训规划，并纳入市委干部教育工作年度计划。组织全会期间委员集中培训，开展企业家委员能力培训，进一步提升委员履职的针对性、精准性和实效性。二是拓展学习平台。以机关干部读书会为平台，创新开展好书共荐、好文共赏、好段共享活动，全年共编发《读书通讯》8期，推荐书目50多本，组织开展业务练兵、领题调研、实践大家行等多种形式的学习强能活动10多次。三是注重学习实践。择优选派机关年轻干部到乡村振兴、文明创建、疫情防控等一线岗位磨砺锻炼，让干部经风雨、长才干。加强对干部的培养使用，有序开展科级干部轮岗交流。

严格规范管理。一是加强机关内务管理。建立重要会议重要活动“工作流程表”，修订完善公文办理、请示报告等15项机关内部管理制度，切实推进机关工作规范化、程序化。二是优化委员履职管理。完善委员管理及评价办法，建立健全委员履职档案，开展年度优秀政协委员评比表彰，以考核倒逼委员担当。三是推进机关建设管理。在广泛征求意见、不断优化方案的基础上，采取民主监督、专人管理等方式，确保机关院落安全改造和信息化建设高效、规范、有序，全力营造了舒适、文明、整洁的办公环境。四是注重人文教育管理。以“爱我政协”为主题，充分发挥机关工会职能，广泛开展丰富多彩、健康向上的文体活动，着力营造政协一家亲的浓厚氛围。用心用情做好老干服务工作，让老有所乐、老有所依、老有所为。

推进亲清履职。按照省市统一部署，积极推进清廉政协建设。一是组织家风家访。创新党风廉政教育载体和方式，组织开展“颂清廉之声、扬文明家风”廉政家访活动，教育引导机关干部修身律己、廉洁齐家。二是倡导廉洁文化。结合机关院落改造，打造清廉机关文化阵地，举办清廉政协大讲堂，促使清廉思想、清廉纪律、清廉文化浸润人心。三是开展专项治理。全力支持派驻纪检监察组工作，认真开展“转作风、刹歪风、树新风”、违规收送红包礼金专项整治，着力构建政协机关、政协委员亲清履职关系，积极营造风清气正的政治生态。

各位委员、同志们，市政协常委会一年来取得的成绩，离不开中共常德市委的正确领导，离不开市政府和社会各界的大力支持，离不开广大委员、政协各参加单位以及全市各级政协组织的共同努力，也离不开各位老领导以及广大群众的关心支持。在此，我代表市政协常委会，向大家表示衷心的感谢！

在看到成绩的同时，我们也清醒地认识到，工作中还存在差距和不足：协商民主向基层延伸不够深入、团结引领界别群众的渠道不够畅通、委员主体作用发挥不够平衡，等等。特别是由于疫情原因，我们的委员集中外出学习培训、旅外委员走访都没有如期进行。在今后工作中，我们必须认真研究解决。

二、倍道兼行，砥砺奋进谱新篇

2023年是全面贯彻落实党的二十大精神的开局起步之年，也是建设社会主义现代化新常德的加速推进之年。市政协常委会工作的总体要求是：坚持以习近平新时代中国特色社会主义思想为指导，在中共常德市委的坚强领导下，不断强化专门协商机构效能，坚持发扬民主和增进团结相互贯通、建言资政和凝聚共识双向发力，努力为全面建设社会主义现代化新常德贡献政协智慧和力量。

新的一年，我们将重点围绕以下四个方面履职尽责：

1.坚持在加强政治引领中把好大方向。以党的二十大精神为引领，把旗帜鲜明讲政治体现在政协工作全过程、各方面。一是深化学习教育。按照全面学习、全面把握、全面落实的总体要求，采取专题报告、集中宣讲、机关讲坛等多种形式，推动二十大精神进政协机关、进委员工作室、进委员心田，引导各党派团体和各族各界人士，深刻领会蕴含其中的重要思想、重大部署、重点举措。二是巩固思想基础。积极利用学习座谈、视察考察、专题党建活动等载体，用党的创新理论培根铸魂、凝心聚力，团结教育引导各族各界代表人士，切实把思想和行动统一到党的二十大精神上来。三是把握路径方向。遵循党的二十大对政协工作的新部署新要求，更好把握人民政协的方位使命，做到上下衔接、无缝对接，确保党的二十大精神在政协系统落地见效。围绕推动协商民主广泛多层制度化发展等内容，不断提高协商议政的理论水平和实践本领。

2.坚持在助推改革发展中用好话语权。围绕党政所思、群众所盼、政协所能，大力发展协商民主，积极建言资政。一是聚焦大事要事协商建言。重点围绕优化城乡医疗资源布局、加强防范和化解风险隐患能力建设等课题，组织开展重点专题协商；充分发挥界别优势，选准研究课题，组织开展对口协商；围绕生物医药产业发展、综合交通建设等课题，组织开展主席会议视察协商。以市政协各专委会以及活动组、工作组为主体，根据自身特点和优势组织开展界别视察，在视察中开展协商建言。二是聚焦政策落实开展监督。以“五年磨一剑”的坚韧和执着，持续围绕“提升行政效能、优化营商环境”这一监督主题，统一选派民主监督小组，不断加大专项民主监督力度，积极助推我市打造“全省领先、全国一流”的营商环境。三是聚焦热点难点参政议政。围绕老百姓急难愁盼的教育、就业、社保、医疗、养老、环保等实际问题，通过提案、微建议、社情民意信息等多种渠道，及时反映民生诉求。加强对重点提案、微建议、社情民意信息的跟踪督办，着力打通办理落实的“最后一公里”，真正让政协的“好声音”变成推动发展的“金钥匙”。积极促进建言成果转化利用，对2021年度建议案、建议函、社情民意信息领导批示件等协商成果的采纳落实情况，组织开展“回头看”，推动“对策”融入“决策”，“谋划”写入“规划”，“文章”变成“文件”。

3.坚持在广泛凝心聚力中画好同心圆。坚持凝聚共识、凝聚智慧、凝聚力量，为建设社会主义现代化新常德凝聚团结奋斗的强大合力。一是履行统战组织职能。以促进大团结大联合为目标，进一步完善党派团体在政协发挥作用的制度机制，积极支持利用政协平台履行职责、发挥作用、发表意见，不断提升合作共事水平。严格落实政协与各党派团体和无党派人士经常联系制度，进一步加强同港澳台同胞和海外侨胞的联系联谊，密切与非公有制经济人士、新的社会阶层人士的联系沟通，巩固和发展最广泛的爱国统一战线。二是激发委员履职热情。充分发挥联系广泛优势，动员广大经济界、工商联界委员以及旅外委员，围绕优势特色产业发展，帮助引进优质企业和项目。充分发挥人才荟萃优势，帮助引进高端人才、创新团队，助力我市全面打造人才高地。充分发挥文史专长优势，加强地方文化、文史资料的挖掘、整理和传承，编纂出版《常德院士》。三是密切联系界别群众。加强工作研究、强化联系指导，精心组织界别调研座谈、委员视察、大会发言等活动，为更多界别群众发表意见创造良好条件。完善委员联系界别群众、定期走访等机制，深入开展“委员走访月”“委员活动日”等活动，协助党委政府协调关系、理顺情绪、化解矛盾，真正实现联系一界、团结一片、引领一方。

4.坚持在勇于探索实践中建好工作室。按照“有特色、影响广、作用大”的目标，加强委员工作室建设。一是坚持标准领引。按照有阵地、有能人、有特色、有活动、有足迹的“五有”要求，推进委员工作室规范建设、提质增效，着力把委员工作室建设成为参政议政的舞台、产业带动的纽带、行业自律的标兵、委员培养的摇篮。二是坚持党建领航。完善履职党支部、履职党小组规范运行工作机制，积极探索开展党建工作的方式方法，实现与党员委员所在单位党组织信息互通、资源共享，确保一个委员工作室就是一个堡垒，一名党员委员就是一面旗帜。三是坚持能人领衔。立足“委员工作室能人牵头”的目标定位，严格选拔政治过硬、本领过硬、责任过硬的委员担任委员工作室召集人，选拔履职有热情、行业有影响、文字有功底的委员作为委员工作室联络员，实现一个能人牵头、一群委员聚集、一方百姓受益。四是坚持揭榜领题。立足委员工作室贴近群众、根植实践、直达基层等特点，推动政协协商与基层协商有效衔接，引导委员工作室围绕宣传教育、产业带动、招商引资、乡村振兴、生态环保、和谐稳定、文明建设等工作献计出力、凝心聚力。五是坚持委员领责。充分发挥委员主体作用，不断压实和畅通委员履职链条，引导委员担当宣传之责、示范之责、促进之责，让委员履职“动”起来、委员责任“实”起来。根据驻室委员职业和界别特点，科学设置内部分组，以小组为单位定期开展履职活动。

三、务实笃行，凝神聚力展新颜

使命因担当而光荣，履职因有为而精彩。始终把加强自身建设、打造过硬队伍作为常抓不懈的工作，以一流状态一流作风，干出新样子、展示新气象。

1.要懂得珍惜，涵养政协情怀。一届政协委员，一生政协情怀。各位委员要倍加珍惜荣誉、珍惜机会、珍惜平台，始终保持干事创业的激情。一是要增强使命意识。充分认清政协自身的定位使命，准确把握政协工作的履职特点，自觉在政协大舞台上施展才华、大学校里接受锻炼、大家庭中感受和谐。二是要增强责任意识。争当责任委员，不当荣誉委员，要在政协工作中扎实履职，在本职岗位上建功立业，在界别群众中示范带头，真正以自身有为赢得政协有位。三是要增强争先意识。按照“干则必成、干出一流”的要求，在推动发展上争当先进，在政协工作上争当先进，在服务群众上争当先进，努力把每项工作都做出特色、做出实效、做出影响。

2.要加强学习，提高履职能力。重视学习、崇尚学习是人民政协的优良传统，是事业发展的重要支撑。要把学习贯穿履职尽责的全过程，不断提升能力本领、增强综合素质，真正做到“懂政协、会协商、善议政”。一是要提高识局能力。始终胸怀国之大者、省之大计、市之大事，紧扣区域发展的重点、热点、难点问题，多献睿智之言、务实之策，确保建言建在点子上，议政议到关键处。二是要提高识情能力。只有胸有成竹，才能一语中的。要全面、深入、准确地了解和掌握有关情况，做到调查了解“实”情，研究掌握“真”情。特别注意不能借身份之利，谋一己之私。三是要提高识策能力。准确把握好相关政策的精神和要求，坚持言之有据不道听途说，言之有理不主观臆断，言之有度不偏激偏执，言之有物不大而化之。

3.要实干担当，改进工作作风。实干担当是一种精神状态，也是一种政治生态。要用担当诠释忠诚，用实干践行使命，真正以作风过硬保障工作过硬。一是要弘扬亲民为民的作风。始终秉持“人民政协为人民”的理念，主动深入群众、融入群众，多接地气、多察民情，使群众愿望诉求得到真实反映，意见建议得到充分表达，让群众真正感到政协很近、委员很亲。二是要弘扬认真较真的作风。政协不是权力机关，要发挥作用、体现价值，必须要有能站出来的脚步、能挺起来的腰杆、能扛住事的肩膀，真正沉下心来调研，放开包袱参政，畅所欲言协商，主动靠前监督，始终坚持大原则、唱响主旋律、汇聚正能量。三是要弘扬清正清廉的作风。政协委员有着一定的社会知名度。别人越是看重，我们越要自重。要始终做到守纪律、讲规矩、重品行，凡事多想一想“合不合法”，多问一问“违不违纪”，多看一看“依不依规”，让干净干事成为政协人最鲜明的底色、最厚重的底气。

各位委员、同志们，奋进新征程、建功新时代，这是一份厚重的责任，更是一种难得的机遇。让我们更加紧密地团结在以习近平同志为核心的党中央周围，高举习近平新时代中国特色社会主义思想伟大旗帜，在中共常德市委的坚强领导下，守正创新、奋发进取，努力为全面建设社会主义现代化新常德作出新的贡献！

关于常德市2022年国民经济和社会发展计划执行情况与2023年国民经济和社会发展计划（草案）的报告（节选）

——在常德市第八届人民代表大会第二次会议上

（2022年12月29日）

常德市发展和改革委员会主任 徐 苠

各位代表：

受市人民政府委托，我向大会报告常德市2022年国民经济和社会发展计划执行情况与2023年计划（草案），请予审议，并请各位政协委员和其他列席人员提出意见。

一、2022年计划执行情况

2022年，面对严峻复杂的外部环境和艰巨繁重的改革发展稳定任务，市政府认真贯彻“疫情要防住、经济要稳住、发展要安全”重要要求，在省委、省政府和市委的坚强领导下，自觉接受市人大及其常委会监督，全面落实“三高四新”战略定位和使命任务，紧扣“三大支撑八项重点”工作，扎实推进“六大专项行动”。市八届人大一次会议确定的六大类22项计划指标中，17项超额完成或基本完成，4项指标低于年初计划但增速保持全省前列，1项指标增速与年初计划差距较大。全年工作和成效主要体现在以下六个方面：

1.强化宏观调控，转化政策效能，经济保持恢复态势。积极应对超预期因素冲击，经济运行顶压前行、难中有进。

（1）主要指标稳健增长。完成地区生产总值4300亿元、增长5%（预计数，下同）。固定资产投资、地方一般公共预算收入、规模工业增加值、规上服务业营业收入分别增长8%、2.1%、5%和15%。完成社会消费品零售总额1680亿元、增长3%，实现进出口总额239亿元、增长25%。经济增长结构进一步优化提质，产业投资占固定资产投资比重、制造业增加值占地区生产总值比重、高新技术产业增加值占地区生产总值比重分别达65%、31%、13%。

（2）政策承接精准高效。抢抓国省稳住经济一揽子政策机遇，聚焦项目投资精准发力，实行专人专班专责制，推动政策红利加速转化为“真金白银”。石门电厂三期、桃源抽水蓄能电站、常益长高铁等备受各界关注的重大项目，在短暂的政策窗口期内提前开（竣）工。实行“骏马蜗牛”榜强力推进项目建设，中央预算内投资计划执行情况考评连续2年排名全省第1，市级政府投资计划完成率达83.7%。省、市重点建设项目分别完成年度计划的122.2%、110.3%，昆宇通信储能电池、天鼎丰非织造布等72个亿元以上产业项目竣工投产。争取国省资金304亿元，发行地方政府专项债105亿元，圆满完成“双10%”目标。

（3）消费外贸回暖向好。策划实施“1+8+N”消费促进系列活动，成功举办湖南油菜花节、首届常德旅游发展大会暨红茶文化节、桃花源文化旅游节。常德柳叶湖河街获评国家级旅游休闲街区、国家级夜间文化和旅游消费集聚区。常德野生动物世界开业运营。新增省级“数商兴农”示范县1个、外贸实绩企业62家、省级以上外贸基地2家。常德保税物流中心开工建设，盐关口岸集装箱年吞吐量达13500标箱。

2.聚力园区建设，推动产业发展，实体经济稳步壮大。扎实推进“五好”园区攻坚专项行动，深入实施“千百十”工程。

（1）工业园区提质增效。省级及以上工业园区完成规模工业增加值1000亿元、增长5.5%，亩均税收达到18万元。常德经开区、桃源高新区获评全省打造内陆地区改革开放高地先进园区。新增国家级科技企业孵化器2家。产业园区数字地图建设加快推进，工业园区调区扩区事项有序铺开，常德高新区获批国家新型工业化产业示范基地。

（2）产业发展步伐加快。净增“四上”企业300家，其中规模工业企业116家、规上服务业企业50家。以一个产业一个发展规划、一个配套政策、一个工作专班的机制，聚力培育四大千亿产业，积极发展四大新兴产业。四大千亿产业总产值突破2500亿元，生物医药、新材料、新能源与新能源汽车、航空航天等产业分别增长11.3%、19%、15.8%、25.3%。常德跻身中国数字经济城市发展百强榜，先进装备制造产业集群成为省级先进制造业集群。

（3）市场主体稳中有升。全市净增市场主体8万户，实有企业、法人企业占比分别达到20.8%、59.5%。新获批国家级企业技术中心1家、国家级“专精特新”企业6家、省级“两业”融合发展试点企业3家；飞沃科技首发过会并获评省长质量奖，59家企业进入省上市后备企业资源库；18家企业纳入省产教融合型企业储备库。力元新材泡沫镍获评国家级制造业单项冠军产品。

3.全面深化改革，提升开放层次，内生动力加速释放。以全省领先、全国一流为目标，着力打造优化营商环境“生命线工程”。

（1）大力推进重点改革。主动对接融入强省会战略。深化要素市场化配置改革，加快投融资体制改革步伐，对总投资1000万元（含）以下、不需新增建设用地的政府投资项目简化立项批复程序。探索实施园区工业用地“标准地+承诺制”审批模式。全市农业水价综合改革实施面积达到12.59万公顷。国防动员体制改革、低空空域管理改革等工作有序推进，国企改革三年行动全面完成。

（2）着力扩大对外开放。获评全省打造内陆地区改革开放高地先进市。内联外畅立体交通网络加快构建，益常高速扩容工程全面施工，官新高速、炉慈高速、石澧航道整治、常鲇航道整治等重大交通项目稳步推进。桃花源机场旅客吞吐量稳居全省前列。新引进亿元以上产业项目280个、“三类500强”项目22个，新注册湘（德）商回归企业70家。净增外商投资企业36家，新增境外投资企业11家。

（3）全力优化营商环境。明确优化营商环境15条硬核措施，落实“7个严禁、20个不准”，出台实施市场主体高质量发展20条、企业上市7条、促生产性服务业10条等政策。常态化开展千名干部联千企“送解优”行动，问题化解率达96.3%，兑现减免退缓税费71亿元。信用体系建设助力中小微企业纾困发展成效获国家发展改革委推介，营商环境评价排名全省前列。

4.促进城镇提质，推进乡村振兴，区域发展日趋协调。聚焦宜居宜业，推动城乡融合，城镇化率达59%。

（1）城镇更新提质成效显著。高质量完成“三区三线”划定。获批国家公共供水管网漏损治理试点城市，获评国家公交都市示范城市、国家绿色出行城市，蝉联国家卫生城市。常德高铁站南广场投入使用，沅北水厂迁建工程、南碈泵站改扩建工程等重点城建项目快速推进。改造老旧小区298个、棚户区4930户，新增公租房、保障性租赁住房6780套。武陵大桥北匝道工程、德山大桥加固维修工程竣工通车，市政管道老化更新和城市防洪排涝工程有序实施。

（2）乡村振兴提速多点发力。大力巩固脱贫攻坚成果，实施易地扶贫搬迁“五大提升”行动，实现了一户不返贫、无人新致贫，省考核群众满意率达99.8%。鼎城被认定为国家级棉花制种大县，安乡青螺滩水产获评国家级水产健康养殖和生态养殖示范区。全市农民合作社、家庭农场分别达8396家、1.6万家，实现休闲农业与乡村旅游经营收入47.8亿元、增长7.7%。

（3）城乡基础设施日益完善。沅澧垸、安造垸、松澧垸3个洞庭湖区重点垸堤防加固工程开工建设。治理小型水库79座，建设农村小水源工程884处，恢复和改善灌溉面积8666.67公顷，小渡口泵站、洞庭湖北部补水二期工程、杨花桥水厂等重大水利工程建成受益。新建、改扩建35千伏以上变电站25座，建成干线公路61千米，改造农村公路687千米，新建5G基站2424个。张公庙澧水特大桥建成通车。

5.扛牢政治责任，守牢安全底线，发展基础不断夯实。坚持统筹发展和安全，积极应对挑战，主动消除隐患。

（1）严守粮食安全底线。坚持粮食安全党政同责。恢复耕地8200公顷，落实粮食生产面积58.92万公顷，轮换地方储备粮10.4万吨，圆满完成省定目标任务。完善托市收购和临储收购政策措施，强化粮食流通监管，守住了“农民种粮卖得出”“超标粮不流入口粮市场和食品加工企业”两条底线。

（2）主动防范化解风险。出台《常德市政府性投资项目管理办法》，从严从紧约束政府投资行为。加强政府投资审计，5000万元以上政府投资项目审计监督全覆盖。规范做好国有平台子孙公司清理监管工作。开展降息减债攻坚，节约利息支出8.8亿元。银行业金融机构不良贷款率保持较低水平，总体风险可控。出台稳建筑业房地产业“两个15条”，在全省率先完成首个“保交楼”项目。

（3）狠抓生态环境保护。严格落实河（湖）长、林长、田长制，狠抓中央、省环保督查问题和省人大环境保护“一法一条例”检查问题整改。2021年长江经济带警示片披露的桃花源风景名胜区外围保护地带采砂问题已完成整改销号，桃源县黄花井机埠大量生活污水直排新河问题整改工作达到时序进度。326项“夏季攻势”任务全面完成。县级及以上饮用水水源地水质达标率100%，森林覆盖率达48%，湿地保护率稳定在71.7%。

*6.改善民生福祉，提升公共服务，社会大局和谐安定。*获批国家积极应对人口老龄化重点联系城市。全体居民人均可支配收入增长6.8%。

（1）全面强化社会保障。“六位”实事扎实推进，城镇新增就业56099人，新增农村劳动力转移就业38988人，养老、失业、工伤保险新增扩面25.8万人次。义务教育阶段校内课后服务实现全覆盖，公办学位占比达95.4%以上。新增公办学（园）位33443个、医疗养老床位5280张、停车位41138个，新建改造公厕249座、改造农村户厕26223个，既有住宅加装电梯406台。累计发放低收入群体价格临时补贴2547万元，受惠群众122万人次。

（2）统筹推进社会事业。湖南文理学院新增医学专业，芙蓉学院转设、市图书馆提质改造等工作加快推进。市第一人民医院急救中心妇儿中心项目完成主体工程，市第一中医医院即将整体搬迁，市工人文化宫易址新建项目全面竣工。德创工坊成为全市首家国家级众创空间。成功入选首批国家知识产权强市建设试点城市，获批省级科普基地6家。石门“足球育人”经验被中央改革办推介，澧县城头山古文化遗址入列省全域旅游“五张名片”。

（3）积极维护社会稳定。以最短时间、最小代价、最好效果，成功扑灭多起聚集性疫情。严格落实国务院安委会安全生产十五条硬举措，扎实开展专项整治三年行动巩固提升，狠抓自建房、危化、交通、消防等重点领域安全风险排查，全力保障电网运行安全，成功应对历史性高温干旱等极端天气。全市生产安全事故起数、死亡人数、经济损失实现“三下降”，公众安全感测评保持全省第一，获评全省平安建设先进市州。国防动员和教育、退役军人事务、人防建设、民族宗教等工作扎实开展，国家安全、应急救援、信访、统计、普法、档案、气象、老年、工会、共青团、妇联、公共资源交易等任务有序落实。

各位代表，2022年全市国民经济和社会发展计划执行情况总体良好。这是市委坚强领导、市人大及其常委会监督支持、市政协鞭策鼓励的结果，是全市人民凝心聚力、奋发有为的结果。需要说明的是，个别指标未能达到年初计划目标。主要原因是：经济仍处于持续恢复阶段，特别是消费恢复不及预期，叠加需求收缩、供给冲击、预期转弱三重压力，经济增长的动能不足。一是支柱产业增速放缓。烟草产业延续“微增长、低增速”趋势，工程机械行业自2021年7月以来持续负增长；生物医药、新材料等新兴产业虽然增长较快，但体量不大。特别是10月以来的输入性疫情打乱了经济运行节奏，对服务业带来较大冲击。二是项目投资后劲不足。房地产投资持续负增长；民间投资意愿不强；新开工的重大产业项目特别是带动能力强、投资规模大的工业项目不多。三是企业生产经营困难。规模工业企业中产值负增长企业超20%。部分原材料价格居高不下，人才紧缺、企业融资困难等问题依然突出。此外，区域竞争压力越来越大，市县财政收支矛盾与日俱增，平台公司债务总量较大。对于这些问题，我们一定深入研究分析，主动谋划措施，认真加以解决。

二、2023年计划（草案）

2023年是全面贯彻落实党的二十大精神的开局之年，也是实施“十四五”规划中期评估之年。全市经济社会发展工作将以习近平新时代中国特色社会主义思想为指导，紧紧围绕推进中国式现代化，全面贯彻落实党的二十大精神和中央、省委、市委经济工作会议精神，坚持稳中求进工作总基调，全力办好发展经济这个最大实事，坚持把高质量发展作为首要任务，深入推进“六大专项行动”，突出做好稳增长、稳就业、稳物价工作，推动经济运行整体好转，实现质的有效提升和量的合理增长，力争各项工作走在全省前列。主要预期目标是：地区生产总值增长7%以上，规模工业增加值增长7.5%以上，固定资产投资增长8.5%以上，地方一般公共预算收入增长8%以上，社会消费品零售总额增长7.5%以上，全社会研发投入增长15%以上。

为实现上述目标，着力抓好以下六个方面工作：

*1.把握扩大内需战略机遇，着力稳定经济增长。*坚持从需求侧发力，打通供给侧堵点、卡点、脆弱点。以扩投资稳定经济增长。实施重点建设项目200个以上，年度计划投资700亿元以上，其中产业项目投资占比达60%以上。强力推进“四个十大”项目建设，力争民间投资、高技术产业投资占固定资产投资比重分别达60%、15%以上，工业投资增速保持在15%以上。科学编制2023年度市级政府投资计划，进一步放宽准入门槛，调动民间资本投资积极性。加快推进桃源抽水蓄能电站、石门电厂三期等“十大基础设施项目”。争取国省资金和项目投入

占全省份额的10%以上、同比增长10%。以活消费畅通经济循环。加快创建国家文化和旅游消费示范城市，办好柳叶湖马拉松赛等节会活动。着力稳定新能源汽车、住房改善等大宗消费，促进健康、养老、托育等服务消费，推动线上线下消费融合。加强县域商业体系建设，推动农村消费梯次升级。有效利用并发挥高铁新优势，大力发展高铁经济。聚焦文旅、娱乐、体育等领域个性化、多样化需求，推动红色游、自驾游、周末游、研学游、旅游演艺等创新发展。以谋政策挖掘经济潜力。抢抓国省规划中期评估和调规修编机遇，深入对接国省重大战略，全力争取重大生产力布局常德。推动西洞庭湖平原灌区、四口水系综合整治、沙安高速、石桃高速、铁路专用线等一批重大项目纳入上级战略发展规划和重大建设项目计划。力争各类项目库储备体量占全省的10%以上。

2.精准施策发展实体经济，全力增强产业后劲。始终把发展经济的着力点放在实体经济上，加快构建现代化产业体系。优化营商环境提振企业信心。坚持把优化营商环境作为"生命线工程"来抓，深入开展"纾困增效"行动。常态长效"送政策、解难题、优服务"，积极兑现各类惠企减负政策，加强招投标领域协同监管，扎实开展涉企违规收费专项整治。着力提升人力资源、商务合作、融资对接、产业链配套等市场化服务。深入推进社会信用体系建设，探索推广更多"信易+"产品。力争新增银行贷款350亿元以上。聚焦市场主体做强实体经济。加速推进企业上市突破，确保飞沃科技成功上市，2家企业申报上市材料，4家企业辅导报备，3家企业新三板挂牌。力争新增过百亿元企业2家以上、过十亿元企业30家以上、国省级"专精特新"企业40家以上，净增"四上"企业250家以上。建设工业园区加快产业发展。5个以上园区进入全省"五好"园区评价30强。重点抓好常德经开区生物医药产业园、常德高新区中联农机产业园等"十大产业项目"。力争园区规模工业产值增长13%以上、亩均税收达20万元以上；常德经开区、汉寿高新区获批省级化工园区；狠抓产业链建设，加快发展数字经济，力争农产品精深加工产业产值突破千亿元，装备制造产业达800亿元以上，烟草、电子信息产业均达700亿元以上，四大新兴产业产值增长20%以上。着力补齐现代物流业、金融保险业、科技服务业等生产性服务业短板，促进现代服务业与先进制造业深度融合，服务业增加值增长7%以上。

3.坚持全面深化改革开放，奋力推动科技创新。更加注重发挥改革根本动力，加快构建更大范围、更宽领域、更深层次对外开放格局，大力推动创新驱动发展。深入推进体制机制改革。深化供给侧结构性改革，以提高全要素生产率为重点，深入推进投融资体制机制改革、财税金融体制改革、战略和应急物资储备安全管理体制机制改革等重大改革。积极争取纳入长株潭要素市场化配置国家综合改革试点承接区。统筹落实工业园区管理体制机制改革、市场准入负面清单管理等工作。积极提升开放合作层次。深度融入国家"一带一路"倡议和长江经济带发展战略，积极推动襄常高铁、松虎航道等项目前期工作。全力以赴招商引资，力争新引进10亿元以上产业项目30个以上。抓好自贸区改革创新经验复制运用，确保获批建设协同联动区。积极推进桃花源机场航空口岸再次临开。鼓励本地进出口企业建设海外仓，力争进出口总额增长15%以上。加快补齐科技创新短板。抓好国家知识产权强市建设试点城市建设。加快打造多层次科创平台，鼓励企业加大研发投入，设立研发中心，增强自主创新能力。重点抓好氢能利用及高压气态储运关键技术、石墨烯及高性能特种复合材料开发技术等"十大技术攻关与成果转化项目"。新增高新技术企业100家以上、科技型中小企业100家以上，新建省级以上创新平台10家以上，实施产学研合作项目150项以上。

4.推动城乡有序融合发展，大力改善人居环境。深入实施乡村振兴战略，积极推进以人为核心的新型城镇化，构建和美城乡环境。着力增强城镇功能。大力实施"强中心城区"战略，提升中心城区辐射带动能力。加快高铁新城、国际会展中心等项目建设，统筹抓好城镇老旧小区改造、棚户区改造、老旧管网更新改造等工作。科学布局生产生活配套设施，提升社区服务功能，积极构建"15分钟便民生活圈"。新建5G基站2000个以上，新增停车位7230个以上，建成公用充电站60座以上，新建改造城镇公厕40座以上，加装既有住宅电梯300台以上。大力发展县域经济。坚持"一县一策"原则，有序推进以县城为载体的新型城镇化建设，力争1个以上县市进入全省县域经济先进行列。坚持因地制宜、错位发展，建设培育一批主业突出的现代产业园、科技园、特色小镇、产业强镇。积极发展水产、茶叶、中药材、油茶等优势特色加工产业。新增农产品加工规模企业35家以上。加快落实城乡公共文化服务一体化工程。建立健全革命老区振兴发展协调机制，用好用活革命老区政策，持续推进革命老区振兴。深入推进乡村振兴。推进乡村振兴示范片建设，创建美丽乡村示范村100个以上。持续加强"四好农村路"建设，开展"千村万塘"扩容三年行动，抓好农村电网、通信网、物流网建设。深化农村人居环境整治提升五年行动，改善村容村貌，新建农村公厕150座以上、改造农村户厕16380个以上。巩固拓展脱贫成果，严格落实"四个不摘"要求，确保不发生规模性返贫和新的致贫。

5.聚焦安全发展重要底线，竭力防范化解风险。深入贯彻落实总体国家安全观，以高水平安全护航高质量发展。扛牢粮食安全重任。严格落实粮食安全党政同责，坚决遏制耕地“非农化”、基本农田“非粮化”，建成高标准农田3.73万公顷以上。严格落实耕地占补平衡和进出平衡，做好农资保供稳价，提升种粮综合效益，确保粮食生产面积和产量保持全省首位。全面完成各级政策性粮食储备任务，强化库存清查和出库监管，加强超标粮监管和处置，牢牢守住粮食安全底线和耕地保护红线。筑牢生态安全屏障。牢固树立“绿水青山就是金山银山”发展理念，统筹抓好“双碳”战略落地。深入打好污染防治攻坚战，扎实开展长江经济带污染防治“4+1”工程和洞庭湖总磷控制与削减攻坚行动计划。持续抓好突出生态环境问题整改销号，确保市城区环境空气质量优良率达85%以上。提升能源安全水平。推动17个（总装机容量181万千瓦）新能源项目加快落地，积极推进湘西北LNG储配基地、临澧200兆瓦时储能电站等项目建设，提升迎峰时期能源保供能力，有序优化能源供应结构。加强节能监察和能源审计工作，坚决遏制“两高”项目盲目发展，能源消费强度控制在省定目标内。防范经济安全风险。坚决遏制新增隐性债务，推进高息债务降息减债，主动优化存量债务结构，加快平台公司市场化转型，守住债务风险底线。促进房地产市场和建筑业平稳发展，加强村镇银行风险监测，加大非法集资陈案积案化解处置工作力度，确保不发生区域性系统性金融风险。

6.促进发展成果普惠共享，用力维护社会稳定。始终把增进群众福祉作为推动经济社会发展的落脚点，不断提升群众获得感、幸福感和安全感。狠抓城乡就业促增收。强化就业优先政策，加强重点企业、群体失业监测预警，探索建立重大项目就业信息共享机制。抓好充分就业社区（村）建设和公益性岗位兜底安置，积极推广以工代赈，全力帮扶就业困难群体和易地扶贫搬迁群众。城镇新增就业5.3万人以上，新增农村劳动力转移就业3.5万人以上，城镇调查失业率控制在5.5%左右，全体居民人均可支配收入增长7%以上。狠抓社会事业惠民生。重点抓好常德学院新建、“三区”城乡供水一体化工程等“十大社会民生项目”。扎实推进国家积极应对人口老龄化重点联系城市、省级区域医疗中心和省级区域中医医疗中心建设，新增医疗床位600张以上、养老床位9580张以上。加强大宗商品、重要民生商品和防疫物资价格监测巡查，持续落实社会救助和保障标准与物价上涨挂钩联动机制，居民消费价格涨幅控制在3%左右。推进全国学前教育普及普惠县、义务教育发展优质均衡县创建工作，提高普通高中发展质量，新增公办学（园）位7600个以上。狠抓综合治理保安定。贯彻落实党中央优化调整疫情防控政策措施，最大程度保护人民群众生命安全和身体健康，顺利渡过流行高峰期，确保平稳转段和社会秩序稳定。强化安全生产责任制落实，加强自建房、城镇燃气、非煤矿山、危化、消防、烟花爆竹、交通运输、学生防溺水、食品、药品等重点领域专项整治，坚决杜绝较大及以上安全事故发生。做好国家食品安全示范城市创建和评价验收，常态化开展扫黑除恶斗争，加强信访积案和矛盾纠纷化解调处。扎实做好第五次全国经济普查工作。支持工会、妇联、共青团、科协、残联等群团组织社会事业，主动做好国防动员、防汛抗旱、防震减灾、森林防火、退役军人事务、禁毒等工作，确保社会大局安定和谐。

各位代表！新时代蕴含新期待，新征程呼唤新作为。我们将在省委、省政府和市委的坚强领导下，自觉接受市人大及其常委会法律监督和工作监督、市政协民主监督，坚决贯彻落实上级各项决策部署，振奋精神、坚定信心，踔厉奋进、勇毅前行，为书写中国式现代化的常德篇章而团结奋斗！

关于常德市2022年预算执行情况与2023年全市及市级预算（草案）的报告（节选）

——在常德市第八届人民代表大会第二次会议上

（2022年12月29日）

常德市财政局局长　杨天生

各位代表：

我受市人民政府委托，向大会报告我市2022年预算执行情况与2023年全市及市级预算（草案），请予审议，并请各位政协委员和其他列席人员提出意见。

一、2022年全市预算执行情况

1.2022年预算收支执行情况

（1）一般公共预算

2022年，全市地方一般公共预算收入预计完成（以下简称完成）207.63亿元，比2021年增长2.1%（以下简称增长或下降），加上上级补助等转移性收入543.24亿元，收入合计750.87亿元。全市一般公共预算支出629.79亿元，加上上解上级等转移性支出84亿元，结转下年37.08亿元，支出合计750.87亿元，当年收支平衡。

市级地方一般公共预算收入完成85.89亿元，下降2.08%，加上上级补助等转移性收入162.79亿元，收入合计248.68亿元。市级一般公共预算支出126.51亿元，加上上解上级等转移性支出113.67亿元，结转下年8.5亿元，支出合计248.68亿元，当年收支平衡。

收入预算执行情况：全市各级财税部门努力克服经济下行压力和疫情影响，严格落实减税降费政策，全力推进财源建设，依法依规组织财政收入，千方百计稳住收入基本盘，地方一般公共预算收入总量预计继续保持省内市州第二位。

支出预算执行情况：全市各级财政部门坚持落实过紧日子要求，盘活用好存量资金，调整优化支出结构，支出安排有保有压，疫情防控、基本民生等重点支出得到有力保障。全市一般公共预算支出增长5.48%，其中，教育、社保、卫生健康等7项公共服务支出增长8.8%以上。

（2）政府性基金预算

全市政府性基金预算收入完成319.21亿元，加上上级补助5.17亿元，上年结转45.58亿元，收入合计369.96亿元。全市政府性基金预算支出262.44亿元，加上上解上级及调出资金77.54亿元，结转下年29.98亿元，支出合计369.96亿元，当年收支平衡。

市级政府性基金预算收入完成125.45亿元，加上上级补助2.72亿元，上年结转36.34亿元，收入合计164.51亿元。市级政府性基金预算支出111.81亿元，加上上解上级、补助下级及调出资金30.2亿元，结转下年22.5亿元，支出合计164.51亿元，当年收支平衡。

（3）国有资本经营预算

市级国有资本经营预算收入完成2957万元。市级国有资本经营预算支出1875万元，加上调出资金1010万元，划转省国有股权年度收益分红72万元，支出合计2957万元，当年收支平衡。

（4）社会保险基金预算

市级社会保险基金共5项，包括：机关事业单位基本养老保险、城镇职工基本医疗保险、城乡居民基本医疗保险、工伤保险和失业保险。其中，城镇职工基本医疗保险、城乡居民基本医疗保险及工伤保险实行市级统筹管理，其余2项实行分级管理。

市级社会保险基金预算收入完成82.45亿元，其中，保险费收入42.83亿元，利息收入0.67亿元，财政补贴收入33.24亿元，下级上解等收入5.71亿元。市级社会保险基金预算支出79.19亿元，其中，社会保险待遇支出70.25亿元，大病保险支出3.21亿元，上解上级以及补助下级等支出5.73亿元。收支相抵，当年结余3.26亿元，加上上年结余49.59亿元，年末滚存结余52.85亿元。

需要说明的是，由于年度还未结束，上述预算执行情况都是预计数，在决算编制汇总后会有一些变化，届时再向市人大常委会报告。

2.主要工作开展情况

（1）积极服务发展大局。落实落细留抵退税政策。全力推动国家减税降费及留抵退税政策落地生效，全市累计为2322户市场主体办理留抵退税52.17亿元，新增减税降费8.94亿元，缓缴税费7.68亿元，加力扶持实体经济发展。用足用活财政金融政策。充分发挥政府性融资担保体系增信作用，对酒店餐饮、旅游交通等行业实行融资担保费阶段性减免，对进入常德“金融超市”的融资担保业务执行0.6%的优惠担保费率。筹集资金1亿元建立信贷风险补偿“资金池”，推出“信补贷”“潇湘财银贷”等免抵押、低利率的政策性纯信用信贷产品，累计为全市中小微企业发放贷款200余笔，金额4.94亿元。支持湖南农担常德分公司累计为全市3131户农业经营主体提供担保贷款30.59亿元，在保余额7.79亿元。聚焦聚力争取上级投资。全市共争取国省补助资金304亿元；成功申报山水林田湖草沙一体化保护修复工程和中央农村黑臭水体治理试点城市项目资金，累计可获得国省投资11.5亿元。争取新增债券资金122.05亿元，其中，一般债券17.07亿元，专项债券104.98亿元，有力支持了常益长高铁、公立医院能力提升等重点项目建设。

（2）积极保障民本民生。支持稳就业保就业。市级落实就业资金0.53亿元，加大对就业创业服务补助、就业见习补贴、求职创业补贴的支持力度；拨付稳岗返还资金0.34亿元，受益企业1808家；新发放创业担保贴息贷款1.3亿元，补助贴息资金670万元。切实保障社保待遇。及时拨付机关事业养老金、失业保险金等各项社保待遇资金，足额安排计划生育独生子女伤残和死亡家庭扶助、困难群众救助资金、残疾人两项补贴、疾病应急救助、优抚专项等资金，切实做好相关群体的待遇保障。支持卫健事业发展。市级安排1.47亿元，用于市第一人民医院、市第一中医医院等公立医院补助、市辖区基本公共卫生服务配套补助、行政村卫生室标准化建设等；及时调拨专项资金0.53亿元支持应对10月以来的输入性疫情。支持教育事业发展。市级安排0.97亿元用于消除大班额、农村学校建设三年行动建设项目配套资金清算；安排0.4亿元支持民办学校按政策转为公办，义务教育阶段公办学位占比达95.4%以上；安排3.9亿元重点支持常德学院建设及职教大学城等项目资金结算。支持文体事业发展。市级安排文化、旅游发展专项0.48亿元，重点支持诗墙“四阁”、图书馆提质改造等公共文化阵地建设，百团大赛、省十四届运动会等大型文体赛事活动，以及全域旅游宣传推广等，促进文旅事业、文旅产业发展。支持推进乡村振兴。市级安排2亿元支持乡村振兴，重点支持水利设施建设、农村安全饮水、农业产业发展、农业品牌创建、农产品供深合作社建设、农村人居环境改善等，推进巩固脱贫攻坚成果与乡村振兴有效衔接。

（3）积极防范重大风险。严防“三保”风险。实行县级预算编制事前审核全覆盖，确保“三保”支出在预算安排中的优先顺序；加强库款保障监测预警，全年没有发生“三保”风险事件。严防债务风险。实行市县债务风险一体化管理，建立短期债务风险级别预警制度和月度监测机制，强化风险预警监控；大力推进高息债务降息置换，全市节约利息支出8.8亿元；严格审核新上项目，对重大政府性项目投资进行部门联审和资金来源评估，严禁新增隐性债务。严防城建风险。争取国家“保交楼”专项借款18亿元，支持34个“保交楼”项目。

（4）积极强化财政管理。加强预算管理。修订完善《市级财政专项资金管理办法》，进一步规范专项资金审批流程；推进预算管理一体化运用，预算单位全面应用会计核算云，提升会计核算管理信息化、自动化、标准化水平。强化绩效管理。对市级预算单位项目支出绩效目标进行集中评审，促进提高绩效目标质量；对31个重大政策和项目（单位）开展财政评价，评价资金24.81亿元。全面加强结果运用，将预算绩效管理结果充分运用到2023年部门预算编制中，共调减预算资金1.91亿元。深化政府采购制度改革。推动全流程电子化政府采购，巩固“不见面”网上投标、开标等改革成效，95%以上项目实现电子评标；加大扶持中小微企业力度，将预留面向中小微企业采购份额由30%提高至40%以上，探索实行采购预付款制度，缓解企业资金周转压力。加强投资评审管理。深入推进“管办分离”评审改革，完善评审内部管理制度，提高评审工作质量。市级全年完成工程建设项目评审601个，评审金额69.53亿元，审减金额10.77亿元，综合审减率15.49%。履行财政监督职责。深入开展地方财经秩序专项整治、会计信息质量专项检查、国企改革专项资金监督检查等，配合推进“互联网+监督”，严肃财经纪律，促进依法理财、阳光理财。

在看到成绩的同时，我们也清醒认识到当前财政工作面临一段时期以来最严峻的困难和挑战，地方一般公共预算收入尤其是地方税收低速增长，提高财政收入质量和税收占GDP比重面临巨大困难；国土出让收益严重下滑，“三保”、政府债务还本付息等刚性支出持续增长，财政收支平衡压力越来越大，财政紧平衡特征进一步凸显；部分单位预算绩效管理不够到位，全过程预算绩效管理的质量有待提升。我们高度重视这些问题，将积极采取措施，努力克服困难，确保财政平稳运行。

二、2023年全市及市级预算草案

根据中央和省、市有关工作要求，结合财政收支形势，2023年预算编制的指导思想是：坚持以习近平新时代中国特色社会主义思想为指导，全面贯彻落实党的二十大精神和中央经济工作会议精神以及省委、省政府和市委、市政府决策部署，着力提高财政资源配置效率，增强刚性支出、重大战略任务保障能力；切实防范财政风险，尽力而为，量力而行，确保预算安排与经济发展相协调，与财力状况相匹配；强化预算刚性约束，坚持预算法定，实行预算编制和执行全方位、全过程监控，进一步规范预算管理，为全面建设社会主义现代化新常德提供坚实保障。

根据上述指导思想，2023年预算编制的基本原则是：一是保重点。坚持“先基本支出、后项目支出”，优先保障“三保”支出，重点保障市委、市政府重大决策部署支出，集中财力办大事。二是控一般。落实过紧日子长效机制，大力压减一般性支出和非刚性、非重点项目支出，严控“三公”经费、会议费和培训费支出。三是提绩效。强化绩效评价结果的运用，大幅压减低效支出，坚决取消无效支出，着力调整优化支出结构。四是守底线。牢牢守住库款管理、债务风险底线，严格债务总量管控，严禁新增隐性债务。

根据上述指导思想和编制原则，2023年收入预计及支出安排是：

1.一般公共预算

全市地方一般公共预算收入安排224.24亿元，比2022年预计数增长8%（以下简称增长或下降），其中，税收收入141.3亿元，增长8%；非税收入82.94亿元，增长8%；加上上级补助等转移性收入516.79亿元，收入合计741.03亿元。全市一般公共预算支出安排654.05亿元，增长3.85%，加上上解上级等转移性支出65.79亿元，结转下年支出21.19亿元，支出合计741.03亿元，当年收支平衡。

市级地方一般公共预算收入安排89.99亿元，增长4.77%，其中，税收收入55.34亿元，增长8%（与全市税收增幅一致）；非税收入34.65亿元，与上年持平；加上上级补助等转移性收入139.56亿元，收入合计229.55亿元。市级一般公共预算支出安排130.16亿元，增长2.89%，加上上解上级等转移性支出95.15亿元，结转下年支出4.24亿元，支出合计229.55亿元，当年收支平衡。

2.政府性基金预算

全市政府性基金预算收入安排206.18亿元，加上上级补助收入4亿元，上年结转29.98亿元，收入合计240.16亿元。全市政府性基金预算支出安排152.29亿元，加上上解上级及调出资金66.89亿元，结转下年20.98亿元，支出合计240.16亿元，当年收支平衡。

市级政府性基金预算收入安排92.83亿元，加上上级补助收入2亿元，上年结转22.5亿元，收入合计117.33亿元。市级政府性基金预算支出安排81.69亿元，加上上解上级、补助下级及调出资金18.14亿元，结转下年17.5亿元，支出合计117.33亿元，当年收支平衡。

3.国有资本经营预算

市级国有资本经营预算收入安排3446万元，全部为利润收入。市级国有资本经营预算支出安排2200万元，加上调出资金等转移性支出1184万元，划转省国有股权年度收益分红62万元，支出合计3446万元，当年收支平衡。

4.社会保险基金预算

市级社会保险基金共4项，包括：机关事业单位基本养老保险、城镇职工基本医疗保险、城乡居民基本医疗保险、工伤保险，失业保险从2023年起实行省级统筹。

市级社会保险基金预算收入安排78.93亿元，其中，保险费收入45.33亿元，财政补贴收入32.64亿元，利息收入0.64亿元，其他收入0.32亿元。市级社会保险基金预算支出安排77.09亿元，其中，待遇支出76.41亿元，其他支出0.68亿元。收支相抵，当年结余1.84亿元。

需要说明的是，由于大部分区县市人民代表大会没有召开，现在提请审查的全市预算是按惯例由市里代编的，待各区县市人民代表大会审查批准当地2023年预算后，再向市人大常委会报告。

三、切实做好2023年财政改革发展和预算管理工作

根据2023年预算草案编制指导思想、基本原则和主要目标任务，全市财政改革发展重点抓好以下四个方面的工作：

1.全力以赴稳定收入增长。一是抓财源培强。以四大千亿产业、四大新兴产业作为财政扶持重点，进一步健全产业政策与税收贡献挂钩、安排产业类专项资金与税收提升挂钩、分配专项资金与项目税收挂钩等“三挂钩”机制，确保财政资金精准有效发挥作用；进一步运用财政金融政策工具，充分发挥政府性融资担保机构作用，有序扩大普惠金融覆盖面和受益群体，扶持产业加快发展。二是抓效益提升。突出园区“主战场”，坚持“以亩均论英雄”，完善亩均效益评价大数据平台与指

标体系，对园区税收增速快、亩均税收提升幅度大的给予奖励。三是抓征管增效。紧盯全年财税收入目标，压实各级各部门收入组织责任，进一步强化信息管税，推进市县财税信息平台组网建设，强化收入监控调度和分析预测；进一步强化综合治税，加强对重点行业、重点企业税收征管，做到依法征收、应收尽收，确保收入稳定增长、质量稳步提高。

2.千方百计保障重点支出。一是坚决落实过紧日子要求。坚持“三保”支出优先顺序，严控一般性支出，“三公”经费、会议费和培训费等一般性支出只减不增，推进过紧日子评估制度建设，强化评估结果应用。二是严格落实大事要事保障机制。严格按照现行“省直管县”财政体制、市区财政体制，以及省与市县基本公共服务等领域财政事权与支出责任划分政策，建立大事要事保障清单，厘清支出责任，对超事权范围、超政策标准、超政策期限的支出进行全面清理。三是强化争资争项力度和效果。强化争资争项工作日常督导调度，加强项目库建设和管理，争取更多更好的政策、项目和资金支持。

3.坚定不移守牢风险底线。严格隐性债务管理，严禁新增隐性债务，落实相关部门隐性债务化解责任，细化年度化债目标，确保化债任务如期完成。严防平台公司债务风险，支持平台公司融资对接协调，争取优化存量债务结构、降息减债，确保资金不断链；加大资产资源补充注入力度，推进平台公司市场化转型。强化政府债券管理，加强债券资金全过程监管，防止资金违规使用，及时归集项目收益，用好、管好、还好债券资金。

4.持之以恒提升资金效益。做实全过程预算绩效管理，着力补齐预算绩效管理短板，深入推进事前绩效评估，强化绩效目标管理，重点解决绩效目标不明、指标细化不够等问题。加强财政监督检查力度，组织开展重大财税政策执行情况、重点财政专项资金使用情况等专项检查，严肃查处截留、挪用资金等违规行为。强化人大预算联网监督、审计监督与财政监督检查、绩效评价结果综合运用，进一步健全监督结果与预算安排、改进管理、政策调整挂钩机制，大力削减低效无效资金，切实提高资金使用效益。

各位代表，2023年，我们将在市委的坚强领导下，自觉接受市人大监督，认真听取市政协建议，坚定信心、勇毅前行，为书写中国式现代化的常德篇章而努力奋斗！

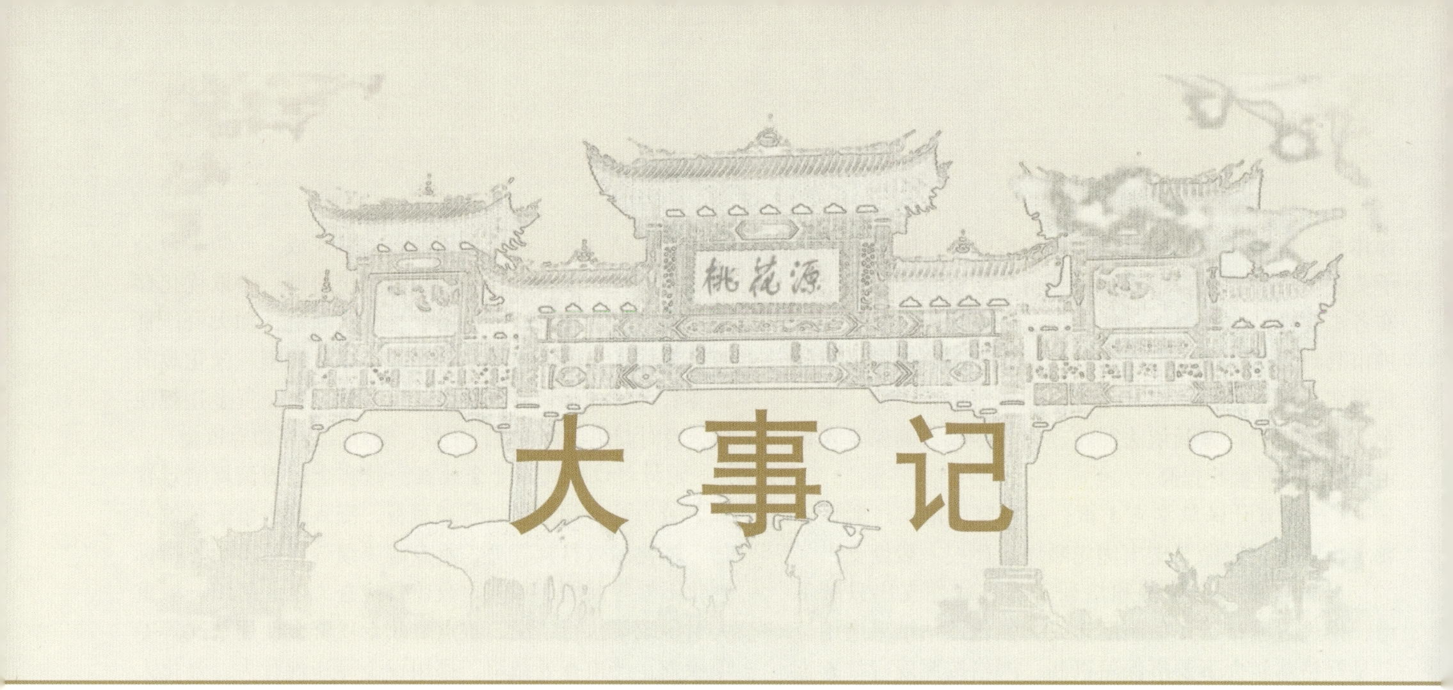

大事记

1月

1日　《常德市养犬管理条例》和《常德市文明行为促进条例》零时开始施行。

同日　政协常德市第八届委会第一次会议举行第二次全体会议，选举政协常德市第八届委员会主席、副主席、秘书长和常务委员。会议采取无记名投票和等额选举的方式进行。根据计票结果，黄清宇当选为主席，汤祚国、张业梅、王鳌、袁世平、朱金平、陈华（民建）、邹吉茂、刘保湘8人当选为副主席，曾克非当选为秘书长，万勇平等70名委员当选为常务委员。

同日　市八届人大一次会议举行第三次全体会议，选举产生市人大常委会主任、副主任，市人民政府市长、副市长，市监察委员会主任和市中级人民法院院长，市人民检察院检察长，市人大常委会秘书长、委员。

同日　市委书记曹志强主持召开市委常委会会议，传达学习湖南省坚持和发展新时代“枫桥经验”工作交流视频会议精神，研究常德市贯彻落实意见。

同日　市人大常委会主任余怀民主持召开八届人大常委会第一次主任会议。

同日　市政协主席黄清宇主持召开市政协八届一次主席会议。

2日　市八届人大常委会召开第一次会议。市八届人大一次会议宪法宣誓仪式在湖南文理学院艺术中心举行。

4日　市第一人民医院器官移植科护士长赵新建、桃源县人民医院团委副书记印建军获中国红十字会“会员之星”称号。

同日　常德新能源汽车有限公司为韩国量身定制的50辆纯电动巴士C11首批实现交付，服务韩国首尔市，为韩国加快打造绿色交通体，实现公共交通领域零排放目标贡献“中车智慧”。

同日　常德武陵阁商业步行街（城）和常德河街被湖南省商务厅命名为“湖南省示范步行街”。

5日　鼎城区蔡家岗中学教师麻小娟、桃源县剪市镇中学教师郭云兵入选由湖南教育电视台、湖南教育政务网、湘微教育以及中国教育报刊社湖南记者站共同评选的2021年度湖南十大教育新闻、十大教育新闻人物。

6日　常德市第三中学李晓萍老师、杨维维老师获中央电教馆全国优秀课例大奖。

8日　中国社会帮扶网数字乡村平台试点工作在常启动。

10日　全国首家以铸牢中华民族共同体意识为主线的展示馆——“中华民族一家亲”展示馆在桃源县建成开馆。

同日　2021“善德武陵杯”·全国微小说精品奖评选揭晓。

12日　在第七届湖南艺术节展演中，常德市选送的参演参展文艺作品捧回31个奖项。

同日　常德市粮食行业协会被民政部表彰为“全国先进社会组织”称号。

13日　常德69名学生获中职国家奖学金。

14日　市委书记曹志强主持召开市委常委会会议，传达学习习近平总书记重要讲话精神和中央、省有关会议文件精神，研究常德市贯彻落实意见；听取市委工作机关负责人抓基层党建工作、落实意识形态工作责任制，以及新冠疫情防控工作等情况汇报，研究部署年前重点工作等。

同日　在由全国妇联、中央网信办主办的第二届“百个巾帼好网民故事”暨十大争做巾帼好网民优秀案例征集活动中，常德2个故事上榜“全国百个巾帼好网民故事”。

17日　在2021全国中小学优秀自制教具展评活动中，桃源县佘家坪乡中学的《风的形成演示器》、常德经开区崇德中学的《等高线教学展示仪》获三等奖，市一中的《噬菌体侵染细菌实验》获提名奖。

18日　19时，“盛世华章”2022年常德市新年音乐会在线上展播，市民通过常德市数字文化馆、“湖南公共文旅云平台”“文化云平台”观看。

19日　德山监狱参与摄制短视频《步履不停》获司法部“图·文·视”优秀法治文化作品二等奖。

20日　市委书记曹志强主持召开市委常委（扩大）会议，传达学习习近平总书记在十九届中央纪委六次全会上的重要讲话精神、省十三届人大五次会议和省政协十二届五次会议精神，研究常德市贯彻落实意见。

21日　市人民政府与国网湖南省电力有限公司举行“十四五”深化战略合作协议签约仪式。市委书记曹志强，国网湖南省电力有限公司董事长、党委书记孟庆强出席并讲话，市委副书记、市长周振宇主持签约仪式。

同日　市八届人大常委会召开第三次主任会议。市人大常委会党组书记、主任余怀民主持会议。

26日　市委副书记、市长周振宇主持召开新一届市政府第一次常务会议。会议传达学习习近平总书记在十九届中央纪委六次全会上的重要讲话精神，中共中央政治局第三十六次集体学习精神、省“两会”精神、省政府第九次全体会议精神，并研究部署相关事项。

同日　常德市办理首笔住房公积金跨省提取业务。

28日　市委书记曹志强主持召开市委常委会会议，传达学习十九届中央纪委六次全会、省十二届纪委二次全会精神，听取有关情况汇报，研究常德市贯彻落实意见。

29日　常德经济技术开发区、常德高新技术产业开发区、桃源高新技术产业开发区、石门高新技术产业开发区、临澧高新技术产业开发区获全省“五好”园区表彰。

2月

1日　从2月1日起，常德市结婚登记全市通办，男女双方或一方为常德市居民，办理结婚可在全市范围内任一区县（市）婚姻登记机关办理。

4日　澧县获评“四好农村路”全国示范县。

7日　市委书记曹志强主持召开市委常委会（扩大）会议，传达学习习近平总书记在中共中央政治局第三十六次集体学习时的重要讲话精神、对政法工作作出的重要指示精神，以及全国、全省有关会议精神，研究常德市贯彻落实意见，并安排部署常德市全年目标任务和重点工作。

同日　常德市科技馆入选第一批科普教育基地名单。

8日　市八届人大常委会召开第四次主任会议。市人大常委会主任、党组书记余怀民出席并主持会议。

同日　常德市5所中小学、12所幼儿园入围全国足球特色学校。

11日　市人大常委会召开《常德市文明行为促进条例》《常德市养犬管理条例》颁布施行新闻发布会。这是常德市取得地方立法权后，首次就地方性法规颁布施行召开专题新闻发布会。

12日　市委书记曹志强主持召开市委常委会会议，传达学习省级领导及省管主要领导干部学习贯彻中共十九届六中全会精神专题读书班精神，研究常德市贯彻落实意见。

13日　市委副书记、市长周振宇主持召开市政府八届一次全体会议并讲话。贯彻落实中央、省委、市委经济工作会议和省“两会”、省政府第九次全会、省政府第132次常务会议精神，以及市“两会”精神和市政府工作报告确定的各项目标任务，并安排部署2022年政府工作。

16日　市委副书记、市长周振宇主持召开市政府第2次常务会议。传达学习省级领导及省管主要领导干部学习贯彻中共十九届六中全会精神专题读书班和1月26日、2月11日省政府常务会议主要精神，以及上级其他有关重要文件精神，研究贯彻落实意见。

17日　在湖南省委农村工作领导小组发布的2021年省级美丽乡村和特色精品乡村的通报中，常德市鼎城区谢家铺镇施家陂村等30个村被授予省级美丽乡村示范村称号，临澧县佘市桥镇蒋家村等9个村被授予省级特色精品乡村称号。

18日　湖南省首次开展新文艺群体职称评审工作，常德市12位新文艺群体人才获评美术师职称。

20日　副省长王一鸥一行到常德调研春耕备耕工作。市委副书记、市长周振宇参加调研。

21日　市委书记曹志强主持召开市委常委会会议，传达学习省委有关会议精神，研究常德市贯彻落实意见。

同日　市八届人大常委会召开第五次主任会议，市人大常委会主任、党组书记余怀民主持会议。

22—23日　省人大常委会副主任陈文浩率调研组到常德，就民族乡经济社会发展情况及侨务工作开展调研。市人大常委会主任、党组书记余怀民陪同调研。

23日　澧县的“创新绿色技术集成　实现化肥减量增效”法入选全国农业绿色发展典型案例。

24日　市委副书记、市长周振宇主持召开市城市建设规划审查领导小组2022年第1次会议，研究部署城市规划建设相关工作。

25日　常德市卫生医疗“三百行动”下基层获评2021年全国文化科技卫生“三下乡”活动示范项目，成为湖南省3个获评项目之一。

28日　市八届人大常委会召开第二次会议第一次全体会议。市人大常委会主任、党组书记余怀民出席会议，市人大常委会副主任、党组副书记尹正锡主持会议。

3月

1日　市委书记曹志强主持召开市委常委会会议，传达学习习近平总书记在十九届中共中央政治局第三十七次集体学习时的重要讲话精神，全国、全省组织部长会议精神，市州和省直行业系统党（工）委书记抓基层党建工作述职评议会议精神，2021年度市州委组织部部长抓党建促乡村振兴述职评议会议精神以及中央、省委关于加强新时代检察机关法律监督工作有关文件精神，研究常德市贯彻落实意见，并安排部署常德市当前重点工作。

同日　市八届人大常委会第二次会议举行第二次全体会议。会议经审议表决通过，决定任命陈章杰为市人民政府副市长，会议还表决通过对新一届市人民政府秘书长以及各工作部门局长、主任的任命。会上举行宪法宣誓仪式。

3日　常德市为2起举报环境违法行为的举报人发放举报奖金。

4日　受市委书记曹志强委托，市委副书记、市长周振宇主持召开市委常委会会议，传达学习习近平总书记在中央党校（国家行政学院）中青年干部培训班开班式上的重要讲话精神、中央全面深化改革委员会第二十四次会议精神，研究常德市贯彻落实意见。

同日　市委副书记、市长周振宇主持召开市政府第三次常务会议。传达学习中央、省相关会议精神，并就相关工作进行研究部署。

同日　市八届人大常委会召开第八次主任会议。市人大常委会主任、党组书记余怀民主持会议。

同日　市交警支队直属四大队曾祥富获评全国岗位学雷锋标兵。

5日　湖南省文明办发布2021年湖南省学雷锋志愿服务先进典型名单，常德7人、3个集体、1个项目入选。其中匡兰等6人获评最美志愿者，罗小平获评最美志愿服务工作者，武陵女子民兵志愿宣讲队获评最佳志愿服务组织，汉寿县“红广播”志愿服务项目获评最佳志愿服务项目，津市市白衣镇白衣庵社区、鼎城区花岩溪镇青龙嘴社区获评最美志愿服务社区。

8日　临澧县公安局卢敏被评为全国公安机关成绩突出女民警，澧县公安局民警丁东的母亲获评爱警母亲。

9日　常德高新区装备制造（工业机械）示范基地成为国家新型工业化产业示范基地。

10日　市政协主席、党组书记黄清宇主持召开市政协第八届第二次主席会议。

15日　省委常委、副省长张迎春一行到鼎城区、桃源县、汉寿县调研乡村振兴、粮食生产、县域经济工作。市委书记曹志强，市委副书记、市长周振宇，市委副书记、市委统战部部长陈华分别参加调研。

同日　市八届人大常委会召开第九次主任会议，市人大常委会主任、党组书记余怀民主持会议。

同日　市城镇更新提质专项行动分指挥部挂牌成立，副市长郭碧勋出席揭牌仪式。

16日　市委副书记、市长周振宇主持召开市政府第四次常务会议，传达学习全国“两会”精神及国、省有关会议精神，研究部署相关工作。

17日　武陵区东江街道新坡社区被授牌第五批全国“扫黄打非”进基层示范点。

18日　市委书记曹志强主持召开市委常委会会议，传达学习习近平总书记在3月17日中共中央政治局常务委员会会议上关于疫情防控工作的重要讲话精神，专题部署从严抓好疫情防控工作。

同日　常德市水利局陈连章获水利部“全国水利系统‘七五’普法先进个人”称号。

19日　津市高新区生物医药科技企业孵化器入选2021年度国家级科技企业孵化器名单。

22日　市委书记曹志强主持召开市委常委会会议，传达学习全国、全省有关会议精神，研究常德市贯彻落实意见，并听取相关工作情况汇报。

28日　市委副书记、市长周振宇主持召开常德市城市建设规划审查领导小组2022年第二次会议，就相关城市建设项目进行研究审议。

29日　市八届人大常委会召开第十次主任会议。市人大常委会主任、党组书记余怀民主持会议。

同日　鼎城区举行零散烈士墓集中迁葬仪式，辖区内352座零散烈士墓被集中迁葬至德善陵园。4月1日，汉寿县将散葬的63名烈士迁致汉寿县烈士陵园。

30日　市委书记曹志强主持召开市委常委会会议，传达学习省文明委2022年第一次全体会议精神，研究常德市贯彻落实意见，并听取市人大常委会党组、市政府党组、市政协党组、市中级人民法院党组、市人民检察院党组2021年度工作情况汇报。

30日　澧县鸡叫城遗址入选2021全国十大考古新发现。

31日　在全国通用职业素质课程优秀教师选拔活动中，常德技师学院教师姚建如获选“信息检索与处理”模块优秀教师。

4月

1日　市委副书记、市长周振宇主持召开市政府第5次常务会议。集中学习相关法律法规，传达学习中央、省有关会议和文件精神，就疫情防控、优化营商环境。研究部署退税减税等工作。

6日　市委书记曹志强主持召开市委常委会（扩大）会议，传达学习中央文明办专题会议精神，专题研究常德市问题整改，并强调要坚持创建为民、创建惠民、创建靠民，围绕社会关注、群众关切的“急难愁盼”问题办实事、解民忧，让人民群众得到更多、更直接的实惠，全面开启新一轮全国文明城市创建工作。

同日　市委副书记、市长周振宇主持召开市自然资源管理委员会2022年第一次全会，听取2022年市本级土地出让和储备计划、矿产资源开发利用专项整治等工作情况。

同日　赛迪顾问城市经济研究中心发布2022年全国创新百强区名单，武陵区位列其中，排名第98。

23日　市人大常委会召开第十一次主任会议。市人大常委会主任、党组书记余怀民出席并主持会议。

同日　常德市首个创业担保贷款一站式服务中心在中国邮政储蓄银行常德市分行营业部揭牌成立。

12日　市委书记曹志强主持召开市委常委会会议，传达学习习近平总书记、李克强总理关于安全生产工作指示批示精神及全国全省安全生产工作有关会议精神，研究常德市贯彻落实意见，并审议讨论相关文件（草案），听取有关工作情况的汇报。

同日　常德财经机电职院（筹）汽车工程系汽车运用与维修专业成功入选SGAVE项目汽车领域首批试点单位和专业，这是湖南省唯一入选的中职院校。

13日　市人民政府印发《常德市推进企业上市奖励办法》，明确上市辅导期内税收奖励、企业上市轿车奖励、上市公司高管奖励等方面的奖励措施，进一步鼓励企业利用资本市场做大做强，推进企业上市突破行动。

同日　在团中央表彰的全国“两红两优”集体和个人榜单中，鼎城区镇德桥镇团委获评全国五四红旗团委；临澧县安福街道迎宾路社区团支部获评全国五四红旗团支部；常德技师学院团委书记吴桂花获评全国优秀共青团干部。

14日　市纪委常委会（扩大）会议召开，专题传达学习中共中央政治局常委、中央纪委书记赵乐际在湖南调研时的讲话精神，研究贯彻落实措施。市委常委、市纪委书记、市监委主任何艺辉主持会议并讲话。

15日　市委副书记、市长周振宇主持召开市政府第六次常务会议，传达学习中央、省有关会议和文件精神，研究部署禁捕退捕、房地产市场及建筑业发展、发展壮大村级集体经济等工作。

同日　两场债权人会议在常德市中级人民法院召开。这是该院首次运用破产案件辅助系统，采取“线上+线下”的方式同步召开债权人会议。

18日　常德市召开2022年市委人才工作领导小组第一次会议。

同日　常德召开革命军事文物征集试点专家鉴定会，初选出171件拟征集革命军事文物。

同日　常德市办理首张道路运输电子证照，道路运输证照进入电子时代。

19日　省政协副主席张大方率省政协“促进文体旅融合发展，助推建设世界知名旅游目的地”课题组到常德，调研了解常德市文体旅融合发展情况。

同日　石门县林业局盛孝前获全国“最美林草科技推广员”称号。

同日　常德市再次获评“中国摄影创作基地”。

20日　市委副书记、市长周振宇主持召开市非公有制经济工作领导小组2022年第一次全体会议，深入贯彻落实习近平总书记关于非公有制经济健康发展的重要论述精神，研究部署下阶段有关重点工作，加快促进全市非公有制经济高质量发展。

同日　市八届人大常委会召开第十二次主任会议。市人大常委会主任、党组书记余怀民主持会议。

20—22日　省政协副主席易鹏飞带队来到常德，开展稳定粮食播种面积专项监督，并就推进一、二、三产业融合发展、壮大新型农村集体经济进行调研。

21日　湖南汉寿同发野生动物世界开园。

同日　常德市第四人民医院暨湖南文理学院直属附属医院、临床学院签约挂牌。

22日　市委书记曹志强主持召开市委常委会会议，传达学习习近平总书记重要讲话精神，传达学习中央、全省有关会议精神，研究常德市贯彻落实意见，并审议相关文件草案。

同日　科技部火炬中心公布“2021年度国家级科技企业孵化器”名单，临澧高强科技企业孵化器上榜。

25日　市政协主席、党组书记黄清宇主持召开市政协八届二次常委会。

同日　生态环境部办公厅和中央文明办秘书局公布2022年百名最美生态环境志愿者名单，汉寿西洞庭湖湿地保护协会会长刘克欢上榜。

26日　常德市创建全国文明城市动员大会召开。27日，常德市创建全国文明城市工作领导小组召开第一次会议。市委书记、常德市创建全国文明城市工作领导小组组长曹志强主持会议并讲话。

27日　市政协第八届第三次主席会议以现场会的形式，专题视察常益长高铁建设。市政协主席、党组书记黄清宇参加会议。

28日　市委书记曹志强主持召开市委常委会会议，传达学习省推动长江经济带发展领导小组2022年第一次全体会议、省委实施“强省会”战略暨长株潭都市圈建设推进会精神，研究常德市贯彻意见，并审议相关文件。

同日　市长周振宇主持召开市政府第七次常务会议，传达学习中央、省有关会议和文件精神，研究耕地保护、政府投资建设项目审计监督、道路交通安全等工作。

同日　常德市农林科学研究院经济作物研究所所长、农业技术推广研究员李树举，湖南新合新生物医药有限公司合成事业部总监屈俊，个体货运司机龙兵获全国五一劳动奖章。湖南飞沃新能源科技股份有限公司螺栓事业部设备管理部、常德市武陵区人民政府政务服务中心综合受理窗口获全国工人先锋号。

30日　中共中央宣传部、中华全国总工会向全社会公开发布2022年最美职工先进事迹，常德个体货运司机龙兵光荣入选，成为此次湖南省唯一获奖者。

5月

2日　《常德市加强房屋建筑和市政基础设施安全管理专项整治十条措施》出台。

5日　市八届人大常委会召开第十四次主任会议。市人大常委会党组书记、主任余怀民主持会议。

6日　市长周振宇主持召开市政府第八次常务会议。传达学习习近平总书记重要讲话重要指示精神和中央、省有关会议精神，就疫情防控、商务和开放型经济、居民自建房安全隐患专项排查整治、常德学院筹建等工作进行安排部署。

8日　常德市的龙兵、杨敏等8人获评湖南“最美农民工”。

9—10日　省人大常委会党组书记、副主任刘莲玉率省人大常委会执法检查组来到常德，就常德市贯彻实施《中华人民共和国环境保护法》《湖南省环境保护条例》情况开展执法检查。

10日　中宣部、人社部发布2021年“最美基层高校毕业生”先进事迹，鼎城区公安局戴贝贝作为湖南唯一代表入选。

11日　副省长陈飞率省直相关部门负责人到常德调研重点项目建设工作。

同日　市八届人大常委会第十五次会议召开。市人大常委会党组书记、主任余怀民主持会议。

同日　常德市公共资源交易服务标准体系及标准发布会召开，这标志着常德市公共资源交易服务标准化试点工作全面步入实施阶段，也意味着在全国地级市公共资源交易服务标准化建设方面探索建设“常德模式”。

12日　常德市召开庆祝中国共产主义青年团成立100周年座谈会。市委书记曹志强出席并讲话，市委副书记、市委统战部部长陈华主持座谈会。

同日　常德市人民政府残疾人工作委员会表彰全市自强模范和助残先进集体与个人。

13日　市委书记曹志强主持召开市委常委会会议，传达学习习近平总书记重要讲话和有关会议精神、上级关于自建房安全问题整治有关精神，研究常德市贯彻落实意见，并听取有关工作情况的汇报。

同日　市委书记、市委全面深化改革委员会主任曹志强主持召开市委全面深化改革委员会2022年第一次会议，传达学习中央、省委深改委会议精神，研究审议相关改革文件和方案，听取2021年以来全市全面深化改革工作情况汇报，安排部署2022年全市全面深化改革工作。

同日　澧县、津市市、石门县、汉寿县、临澧县获评全省县域金融生态评估A级县，常德市金融生态建设连续3年位列全省市州第一。

16日　市八届人大常委会召开第三次会议。市人大常委会党组书记、主任余怀民出席会议。

同日　全市检察官担任法治副校长集中聘任仪式暨检察长讲法治课活动在常德外国语学校举行。81名检察官现场接受法治副校长聘书，赴全市86所中小学、中等职业学校履新，聘期3年。

17日　市委人才工作会议召开。市委书记曹志强出席并讲话，市委副书记、市长周振宇主持会议。

18日　第46个国际博物馆日，湖南革命军事馆文物展品征集捐赠仪式在常德博物馆前坪举行。

同日　科技部火炬中心发布2021年度拟备案国家众创空间名单，常德经开区德创工坊上榜。

19日　2022年中国旅游日湖南宣传活动启动仪式暨桃花源文化旅游节开幕。23日，126名来自不同国家和地区的侨商侨领被常德授予“桃花源荣誉村民”称号。

20日　市委书记曹志强主持召开市委常委会会议，传达学习贯彻落实中共中央政治局常委、中央纪委书记赵乐际考察湖南时讲话指示精神，有关文件、会议精神，全省有关维稳安保工作部署会议暨更高水平的平安湖南建设工作会议精神，全省市、县两级人大常委会主任研讨班精神和全省加强地方人大对政府债务审查监督视频会议精神，研究常德市贯彻落实意见。

同日　“文明常德·爱在武陵”文明城市创建推进暨首届城市品牌推介消费周活动启动仪式在常德万达广场举行。

21日　2022年湖南省科技活动周启动式暨“科技潇湘石门行”活动在石门县启动。

23日　市八届人大常委会召开第十七次主任会议。市人大常委会党组书记、主任余怀民主持会议。

25日　在全国公安系统英雄模范立功表彰大会上，常德市公安局交警支队直属一大队等2个集体、4人获全国表彰，其中常德市公安局交警支队直属一大队获评“全国优秀公安基层单位”；常德市公安局交警支队直属四大队四级高级警长曾祥富获评“全国特级优秀人民警察”，鼎城区公安局原禁毒大队大队长郭作全、澧县公安局原甘溪滩派出所教导员黄春明获评“全国优秀人民警察”，常德市公安局柳叶湖分局白鹤派出所所长周世华获评“全国公安机关爱民模范”。

同日　省委常委、省委传部部长杨浩东到常德市调研。

27日　常德市召开全面推行田长制工作电视电话会议。市委书记、市级第一总田长曹志强出席并讲话，市委副书记、市长、市级总田长周振宇主持会议。

同日　省人大常委会党组副书记、副主任谢建辉率队到常德市，就加强代表工作能力建设开展调研。市人大常委会党组书记、主任余怀民陪同调研。

同日　常德市庆祝建团100周年集中入团仪式示范性活动在常德市第一中学举行。

31日　湖南响箭重工科技股份有限公司的5G和数字驱动下的混凝土泵车智造项目、中联重科建筑起重机械有限责任公司的智能制造数字化平台建设项目、湖南湘佳牧业股份有限公司的100万吨饲料智能化加工项目、常德市金佰特节能环保科技有限公司的燃气泄漏报警大数据平台、安乡牧原农牧有限公司的牧原智慧农业生产数字化服务平台等5个项目入选《湖南省“数字新基建”100个标志性项目名单（2022年）》。

同日　常德市首个警用机器人正式“上岗”。

6月

1日　市委书记曹志强主持召开市委常委会会议，传达学习习近平总书记在十九届中共中央政治局第三十九次集体学习、庆祝中国国际贸易促进委员会建会70周年大会暨全球贸易投资促进峰会上的重要讲话精神，全国稳住经济大盘电视电话会议精神及全省有关会议精神，全省基础设施建设暨“三大支撑”工作推进会精神，研究常德市贯彻落实意见，并审议相关文件。

同日　市委副书记、市长周振宇主持召开市政府第九次常务会议。传达学习国家、省相关会议文件精神，研究部署河长制、乡村振兴、污染防治等工作。

同日　市应急管理综合行政执法局举行揭牌仪式。

2日　市委副书记、市长周振宇主持召开市国土空间规划委员会2022年第一次会议。

2日　据《国务院办公厅关于对2021年落实有关重大政策措施真抓实干成效明显地方予以督查激励的通报》，津市市入选“促进乡村产业振兴、改善农村人居环境等乡村振兴重点工作成效明显的地方”。

6日　市委书记曹志强主持召开市委常委会（扩大）会议，传达学习省委常委会会议关于稳住经济大盘有关精神，省委书记、省人大常委会主任张庆伟在全省防汛会商调度会上的讲话精神和省委副书记、省长毛伟明在省防汛抗旱指挥部（扩大）会议上的讲话精神，研究常德市贯彻落实意见。

7日　常德中联建起、特力液压、徕木电子、康普药业、富博起等60家企业入选省工信厅“2022年度省级专精特新小巨人企业名单”。

8日　市委书记、市委审计委员会主任曹志强主持召开第八届市委审计委员会第一次会议，市委副书记、市长、市委审计委员会副主任周振宇出席并讲话。

10日　市政协第八届第四次主席会议召开，专题协商建设旅游强市。市政协主席、党组书记黄清宇主持会议，副市长杨成英参加会议。

同日　常德首个妇联执委工作室在武陵区人民法院正式挂牌成立，该工作室也是全省首个建在法院的妇联执委工作室。

同日　常德市首个创业就业服务站——武陵区芷兰街道荷花社区创业就业服务站开张。

同日　常德市申报的首批中央农村黑臭水体试点城市项目通过财政部、生态环境部联合组织的竞争性评审，成为纳入此次试点的15个城市之一，将获中央财政2亿元支持。

11日 在2022年法国沙托鲁残疾人射击世界杯上，常德运动员杨超、黄兴在赛事中共获得8枚金牌、2枚银牌和1枚铜牌。

12日 西洞庭湖湿地保护协会会长刘克欢被评为“湖南好人·最美生态环境保护者”。

13日 市委书记曹志强主持召开市委常委会会议，传达学习中央政法委、省委反邪教工作会议精神及全省政法系统领导干部培训班精神，省污染防治攻坚战“2022年夏季攻势”动员部署电视电话会议精神、省人大常委会“一法一条例”执法检查有关精神，研究常德市贯彻落实意见，并听取对口支援工作情况汇报，审议市委、市政府相关文件。

同日 市委全面依法治市委员会第四次会议召开，学习贯彻习近平法治思想、中央和省委相关会议精神，总结2021年工作，审议相关文件，开展现场述法，研究部署下阶段法治建设重点任务。市委书记、市委全面依法治市委员会主任曹志强主持并讲话。市委副书记、市长、市委全面依法治市委员会副主任周振宇出席会议。

同日 政协常德市第十一届委员会常务委员会第三次会议举行，专题协商“五好”园区建设。市委副书记、市长周振宇参加会议并讲话，市政协主席、党组书记黄清宇主持会议。

14日 常德市人民政府与中联重科签订战略合作协议。市委书记曹志强，市委副书记、市长周振宇，中联重科董事长、首席执行官詹纯新等参加并见证签约。

同日 常德市第十三中学正式挂牌“湖南文理学院附属中学”。

17日 常德市德创工坊入选国家众创空间名单。

18日 国家大宗蔬菜产业技术体系蔬菜新品种及绿色高效新技术展示现场会在汉寿县召开。

20日 市八届人大常委会召开第十八次主任会议。市人大常委会党组书记、主任余怀民出席并主持会议。

同日 湖南省2022年救助管理和托养机构“开放日”活动在常德启动。

23日 常德开放大学举行揭牌仪式。

24日 市委书记曹志强主持召开市委常委会会议，传达学习中央全面深化改革委员会第二十六次会议精神，中共中央政治局第四十次集体学习精神，习近平总书记在四川考察时重要讲话精神，习近平总书记关于巩固拓展脱贫攻坚成果同乡村振兴有效衔接系列重要讲话精神；传达学习全国、全省有关会议精神，研究常德市贯彻落实意见。

同日 市委副书记、市长周振宇主持召开市政府第十次常务会议。会议传达学习习近平总书记相关重要讲话精神，中央、省相关会议精神，并就饮水安全、安全生产、稳岗就业等工作进行研究部署。

27日 市八届人大常委会召开第十九次主任会议。市人大常委会党组书记、主任余怀民出席并主持会议。

同日 常德市岗位惠民一站式服务大厅暨常德市创业就业服务超市揭牌，这是全省首个就业创业方面的一站式服务大厅。

同日 省人社厅印发《关于表彰第二届湖南省文学艺术奖的决定》，常德6件作品获第二届湖南省文学艺术奖。

28日 市委书记曹志强主持召开市委网络安全和信息化委员会第四次会议，市委副书记、市长周振宇参加会议并讲话。

同日 “与车同行 疫路无忧”中车移动加强型生物安全二级（P2+）实验室交付仪式在常德经开区举行，常德首批两台移动加强型生物安全二级（P2+）实验室正式启用。市委书记曹志强宣布发车。市委副书记、市长周振宇致辞。

同日 安乡县颜昌颐故居举行开幕仪式。

28—29日 市八届人大常委会召开第四次会议，首次听取和审议国有自然资源资产管理情况报告。市人大常委会党组书记、主任余怀民出席会议。

28—29日 省人大常委会副主任杨维刚率省人大农委、省农机事务中心等单位人员到汉寿县、澧县调研常德市农机装备情况。

29日 《常德市生活垃圾管理条例》和《常德市住宅小区电动车充电安全管理规定》由市八届人大常委会第四次会议通过，省第十三届人大常委会第三十二次会议于7月28日批准，自2022年10月1日起施行。

7月

1日 市政协召开第八届第五次主席会议，市政协主席、党组书记黄清宇带队赴安乡专题视察“一湖两水”十年禁渔情况。

4日 常德市入选全国积极应对人口老龄化重点联系城市。

5日 市八届人大常委会召开第二十一次主任会议。市人大常委会党组书记、主任余怀民主持会议。

5—6日 副省长李建中率领省直相关部门负责人到常德，调研常德洞庭湖总磷污染控制与削减工作。市委副书记、市长周振宇陪同调研。

5—6日 省政协副主席、省工商联主席张健带队到常德开展“稳经济、惠民生、保安全”调研。全国政协委员、省工商联副主席石红，常德市政协主席、党组书记黄清宇参加调研。

6日　市长周振宇主持召开市政府第十一次常务会议，传达学习习近平总书记有关重要讲话精神，中央、省有关会议精神，专题学习新修订的《中华人民共和国审计法》。会议还听取审议有关文件草案。

同日　常德职业技术学院、澧县职业中专学校、武陵区第一小学等3所学校的6个项目入选2022年国家智慧教育平台公示“大国长技”试点项目。

同日　移动常德分公司的“全千兆数字乡村”项目荣获工信部首届“光华杯”千兆光网应用创新大赛上海赛区优秀奖；华彩伟业网络科技有限公司的“智慧平安平台”项目荣获湖南省第四届新型信息消费大赛优胜奖。

同日　在湖南省第一届职业技能大赛中，常德代表队获得一金两银四铜和优秀团体奖。

8日　市委书记曹志强主持召开市委常委会会议，传达学习习近平总书记在庆祝香港回归祖国25周年大会暨香港特别行政区第六届政府就职典礼上的重要讲话精神；在湖北武汉考察调研时的重要讲话精神、就研究吸收网民对中共二十大相关工作意见建议作出的重要指示精神、给安徽省太和县种粮大户徐淙祥的回信精神；传达学习第二十四届中国科协年会开幕式讲话精神，研究常德市贯彻落实意见，并听取疫情防控、全国文明城市复查考核等情况汇报，审议有关文件。

9日　常德市侨联青年委员会正式成立。

12日　由春秋航空公司执飞的9C7065航班执飞西双版纳，这是常德市首次开通执飞西双版纳的航线。

同日　常德市召开安全生产委员会第二次全体（扩大）会议。

同日　湖南湘佳橘友农业有限公司和汉寿县汉美蔬菜专业合作社入选首批全国农作物病虫害绿色防控技术示范推广基地。

13日　省人大常委会党组书记、副主任刘莲玉率队到湖南湘佳牧业股份有限公司开展省领导联系民营企业家调研。市委副书记、市委统战部部长陈华，市人大常委会党组书记、主任余怀民，市委常委、常务副市长徐永健参加活动。

同日　黄爱烈士生平事迹陈列室等11家单位被评为首批“常德市党史教育基地”。

同日　“常德文艺之家”揭牌仪式在市文联举行。

14日　市政协召开第八届第六次主席会议，专题协商“缓解市城区停车难”问题。

同日　在第十一届“中绿杯”名优绿茶产品质量推选活动中，湖南石门渫峰名茶有限公司选送的渫峰牌石门银峰荣获特别金奖；湖南天下康茶叶食品有限公司选送的澧峰春牌石门银峰获金奖；湖南楚韵茶业有限公司选送的佳松牌石门银峰、湖南天下康茶叶食品有限公司选送的澧峰春牌澧峰春芽、湖南澧县周小云太青野茶业合作社选送的新小大方牌太青野毛尖、湖南九溪山农茶叶有限公司选送的九溪山农牌大叶绿茶获得银奖。

14—15日　全国政协副秘书长、民建中央副主席兼秘书长李世杰一行到常德开展长江生态环境保护民主监督调研活动。

16日　常德市二中入选湖南省首批国家级校园航空飞行营地。

18日　常德市首个金融纠纷源治理工作站在中国人民银行中心支行挂牌成立。

19日　市八届人大常委会召开第二十二次主任（扩大）会议。市人大常委会党组书记、主任余怀民主持会议。

19—20日　省人大常委会副主任周农率立法调研组到常德，开展城乡社区居家养老助餐服务立法调研。市人大常委会党组书记、主任余怀民陪同有关活动。

20日　市政府召开八届二次全体会议，深入学习贯彻习近平总书记对湖南重要讲话重要指示批示精神，认真落实全国稳住经济大盘电视电话会议和省政府第十次全体会议精神，分析总结上半年工作，安排部署下半年工作。

同日　常德市公安局政治部被评为“全国公安政治工作成绩突出集体”，是全省唯一受表彰的市级公安机关政工部门。

21日　西藏自治区山南市委副书记、市长次仁平措一行到常德，就城市规划、基层治理、政务服务等工作进行考察。

22日　市委书记曹志强主持召开市委常委会会议，传达学习习近平总书记在新疆考察调研时的重要讲话精神；传达学习全国人大常委会副委员长沈跃跃到常德开展长江保护法执法检查有关精神，省委常委会（扩大）会议、省政府第十次全体会议精神等，研究常德市贯彻落实意见。

同日　市委副书记、市长周振宇主持召开市政府第十二次常务会议，传达学习习近平总书记考察新疆重要讲话以及省有关会议精神，研究常德市贯彻落实意见。

23日　常益长高铁轨道全线贯通。

同日　全省首期“三农”干部培训示范班在常结业。

24—26日　省政协主席、党组书记李微微赴常德市召开“发挥委员工作室在加强思想政治引领广泛凝聚共识中的作用”座谈会。

25日　市人民政府与中南大学就共建中南大学湘雅医学院附属常德医院签订合作协议。

27日　市八届人大常委会召开第二十三次主任会议。市人大常委会党组书记、主任余怀民主持会议，

同日　常德市入围第二批全国禁毒示范城市创建名单。

28日　中国共产党常德市第八届委员会第三次全体会议召开，深入学习领会习近平总书记重要讲话重要指示批示精神，贯彻落实党中央重大决策部署和省委、省政府工作要求，报告2022年以来市委常委会工作，安排部署下一阶段工作任务，动员全市上下振奋精神、凝心聚力、担当作为，以更加优异的成绩迎接中共二十大胜利召开。市委书记曹志强代表市委常委会作工作报告。市委副书记、市长周振宇主持全会。

同日　常德市9名专家学者被聘为常德市首批知识产权保护专家兼知识产权行政保护技术调查官。

29日　市委书记曹志强主持召开市委常委会会议，传达学习习近平总书记在中共中央政治局会议、党外人士座谈会，在省部级主要领导干部“学习习近平总书记重要讲话精神，迎接中共二十大”专题研讨班上的重要讲话精神；传达学习上级有关精神，研究常德市贯彻落实意见。

同日　常德首场“招聘夜市”——2022年百日千万网络招聘暨高校毕业生、灵活就业人员专场招聘会在万达广场举行。

同日　“悦享常德　品质生活”倾情补贴消费季暨特色美食节启动仪式在常德万达广场举行。

8月

1日　在当地时间8月1日晚结束的哈萨克斯坦阿拉木图国际射联第十届飞碟亚锦赛飞碟多向男子团体比赛中，常德籍选手郭雨浩与队友获得冠军，并获得参加9月举行的克罗地亚世锦赛的资格。

同日　《中国校园文学》第二届全国教师文学笔会在常德开幕，来自全国各地的40名教育专家、教师作家共同研讨“全媒体视野下的校园文学”，座谈“新时代的教师文学创作”。

4日　常德职业技术学院申报的“桃花种质资源湖南省科普基地”入选2022年度湖南省省级科学技术普及基地备案及培育名单。

同日　在2022年湖南省创新大赛总决赛中，常德市湖南宝特瑞能新能源有限责任公司获成长企业组二等奖，湖南晨晫智能科技有限公司、湖南中泰特种装备有限责任公司等14家单位分获小微企业组和成长企业组优秀奖。

6日　澧县，常德市第六中学，武陵区第一完小、丹洲乡中心小学，鼎城区蒿子港镇中学，安乡县深柳镇围庵小学，石门县洞国学校，临澧县伯渠故里劳动教育实践基地、石门县逸迩阁书院劳动教育实践基地、澧县城头山劳动教育实践基地分别入选湖南省中小学劳动教育实验县市区、实验校、实践基地名单。

7日　常德市入选首批国家知识产权强市建设试点城市，试点时限为2022年7月至2025年6月。

11日　常德市公安局交通警察支队办公室、常德市公安局交通警察支队直属四大队事故处理中队、常德市公安局巡警特警支队防暴处突大队、津市市公安局交通警察大队城北中队、科瑞供水维修青年突击队、中国邮政集团有限公司常德市下南门邮政支局、常德经济技术开发区消防救援大队、国家税务总局澧县税务局甘溪滩税务分局、国家税务总局桃源县税务局桃花源税务分局、中国银行股份有限公司常德市桥南支行、临澧县人力资源和社会保障局服务大厅、澧县人力资源市场暨社会保障服务中心等12个青年集体获评“一星级全国青年文明号”。

13日　市康复医院成为国家精神心理疾病临床医学研究中心联盟单位。

15日　市委副书记、市长周振宇主持召开市自然资源管理委员会2022年第二次全会，听取关于调整市中心城区加油站出让价格的情况汇报，审议新型产业用地管理办法、一批土地挂牌出让建议方案、常德市矿产资源总体规划（2021—2025年）。

16日　市八届人大常委会召开第二十四次主任会议。市人大常委会党组书记、主任余怀民主持会议。

18日　市委副书记、市长周振宇主持召开市政府第十三次常务会议，传达学习中央、省有关会议和文件精神，听取并研究安全生产、防旱抗旱和迎峰度夏电力保供等工作。

同日　2022年湖南省农业行业职业技能竞赛暨第五届全国农业行业职业技能大赛茶叶加工赛项选拔赛启动仪式在石门市民之家举行。

19日　市委书记记曹志强主持召开市委常委会会议，传达学习中共中央政治局第四十一次集体学习、中央统战工作会议精神和习近平总书记在辽宁省考察调研时的重要讲话精神；传达学习上级有关精神，研究常德市贯彻落实意见。

同日　2022年市委议军会议暨市级领导过“军事日”活动在市民兵训练基地举行。市委书记、常德军分区党委第一书记曹志强参加并主持2022年市委议军会议。

同日　常德获评“国家公交都市建设示范城市”。

22日　石门县林业局被评为“全国绿化先进集体”。

23日　市委副书记、市长周振宇主持召开市政府第十四次常务会议，传达学习习近平总书记重要讲话重要指示批示精神，就“三力”支撑能力提升、巩固拓展脱贫攻坚成果同乡村振兴有效衔接等工作进行研究部署。

24日　在湖南省第七届残疾人职业技能竞赛中，丁俊获得IT网络系统管理项目二等奖，周莞婷获美甲项目三等奖，李先兵获得盲人保健按摩项目三等奖，常德代表队获“最佳组织奖”。常德市嘉乐园寿星公寓工作人员李鸾获湖南省残疾人就业服务机构工作人员职业指导竞赛一等奖，并被授予“湖南省技术能手”称号。常德代表队获得团体奖三等奖。

同日　在2022年全国职业院校技能大赛（中职组）网络搭建与应用赛项中，安乡县职业中专学校计算机应用专业学生高进、徐联洲荣获一等奖。

25日　《常德市饮用水水源保护条例》由常德市人大常委会第五次会议通过，湖南省第十三届人大常委会第三十三次会议于9月26日批准，2022年11月1日起施行。

同日　市八届人大常委会第五次会议召开。市人大常委会党组书记、主任余怀民出席会议，并主持第二次全体会议。

27日　常德市文化市场综合行政执法支队获全国行政执法先进集体。

29日　召开2022年常德市禁毒委员会全体会议和全市禁毒人民战争推进暨全国禁毒示范城市创建工作动员部署会。

30日　在全国“人民满意的公务员”和“人民满意的公务员集体”表彰大会上，常德市石门县太平镇党委书记李宏纲和常德市社会救助事务中心分别被授予“人民满意的公务员”和“人民满意的公务员集体”称号。

同日　常德率先在全省启动“湖南营商码”试点工作。

9月

1日　市八届人大常委会召开第二十七次主任会议。市人大常委会党组书记、主任余怀民主持会议。

同日　为方便广大学子，常德市定制公交鼎城一中和市一中柳叶湖学校两条新线路正式开通。

6日　“常德市汇警税关联合办公室”正式挂牌，属湖南省内首个探索搭建汇警税关“四部门”合作模式的机构。

同日　在2022年湖南省优秀教师表彰暨庆祝第38个教师节大会上，常德谢英、麻小娟等8名教师获表彰。

9日　市委书记曹志强主持召开市委常委会会议，传达学习全省经济总量排名前六位市政府主要负责人座谈会精神，研究常德市贯彻落实意见，并审议有关文件。

13日　市委副书记、市长周振宇主持召开市政府第十五次常务会议，传达学习中央、省相关会议精神，研究部署贯彻落实全省经济总量排名前六位市政府主要负责人座谈会议精神和深化“放管服”改革、药品监管、知识产权等工作。

同日　在第43届湖南省青少年科技创新大赛上，常德市获得一等奖10项、二等奖20项、三等奖18项。常德芷兰实验学校被评为“全省十佳科技教育创新学校”，该校教师张才友获得“全省十佳科技教师”称号。市科协、市教育局、市科技局、市生态环境局、团市委被评为“全省优秀组织单位”。

14日　在湖南省质量大会上，湖南省委副书记、省长毛伟明为湖南飞沃新能源科技股份有限公司董事长张友君颁发第七届湖南省省长质量奖。这是湖南省省长质量奖评选七届来，常德市获得的首个湖南省省长质量奖。

同日　在2022第十四届湖南茶业博览会上，常德市湖南百尼茶庵茶业有限公司董事长饶文兵、桃源县湘北茶叶有限公司董事长胡佳明、湖南石门渫峰名茶有限公司董事长覃小洪、湖南楚韵茶业有限公司总经理马杰等4名制茶人荣获“湖南杰出茶人”（生产经营类）贡献奖。

14—15日　省人大常委会副主任陈文浩率队到常德，就贯彻落实中央、省委人大工作会议精神进行专项督查。

15日　市委书记曹志强主持召开市委常委会会议，传达学习8月30日、9月9日中共中央政治局会议，中央全面深化改革委员会第二十七次会议精神；传达学习全国、全省有关会议精神，研究常德市贯彻落实意见。

同日　全国青少年校园足球夏令营竞赛落幕，10名常德足球小将与省内其他市州小选手组成的五年级代表队和六年级代表队分获冠亚军。

16—17日　副省长李建中在常德调研，督导澧水干流河长制落实情况，并主持召开座谈会听取相关情况汇报。市委书记曹志强，市委副书记、市长周振宇分别参加相关活动。

18日　湖南省第十四届运动会闭幕。常德代表团获得金牌110枚，包括奖励金牌50枚、赛会金牌60枚。常德代表团总金牌数位列第六，赛会总分名列第五。其中，成年组赛会总分名列第三。

同日　华能湖南常德津市市100兆瓦/200兆瓦时共享储能电站项目动工开建。

20日　市政协主席、党组书记黄清宇主持召开市政协八届四次常委会会议，专题协商“四好农村路”建设情况。

22日　常德市临澧冀东水泥有限公司被命名为“全国和谐劳动关系创建示范企业”。

23日　市长周振宇主持召开市政府第十六次常务会议，专题部署安全生产工作。

26—27日　省政协副主席胡旭晟率省政协社会和法制委员会部分委员、民进省委会部分会员、省住建厅相关人员，就“推进老旧小区改造和城市更新”课题到常德开展调研并召开座谈会。

27日　湖南航天镁合金材料及制品产业园项目开工仪式在常德经开区举行。市委书记曹志强出席活动并宣布项目开工。市委副书记、市长周振宇主持开工仪式。湖南航天有限责任公司党委书记、董事长焦继革致辞。

27—28日　省委常委、省委政法委书记魏建锋到常德市调研督导中共二十大维稳安保、平安建设和安全生产等工作。市委书记曹志强，市委副书记、市长周振宇分别参加相关活动。

27—28日　省政协副主席、致公党省委会主委胡旭晟带领致公党省委会调研组到常德市开展长江（洞庭湖）生态环境保护民主监督调研，并召开致公党省委会对口常德市开展长江（洞庭湖）生态环境保护民主监督第一年度情况通报会。市委副书记、市长周振宇参加情况通报会。

28日　市长周振宇主持召开市政府第十七次常务会议，传达学习习近平总书记相关会议重要讲话精神、省有关会议精神，研究部署河湖长制、生物医药产业发展、外贸发展等工作。

同日　市政协第八届第八次主席会议以现场会的形式，专题视察了烟草产业发展情况。市政协主席、党组书记黄清宇参加会议。

29日　市委书记曹志强主持召开市委常委会会议，传达学习习近平总书记于第五个“中国农民丰收节”向全国广大农民和工作在“三农”战线上的同志们致以的祝贺和慰问精神、致2022全国专精特新小企业发展大会的贺信精神，习近平总书记关于安全生产工作的重要指示及李克强总理批示精神；传达学习中央、省委有关文件和会议精神，研究常德市贯彻落实意见。

30日　最高人民检察院、检察日报社发布《关于表彰2022年度全国检查宣传先进单位的决定》，鼎城区检察院上榜。

10月

1日　陕煤石门2×66万千瓦扩能升级改造项目暨常德市重点建设项目集中开工仪式在石门县举行。65个重点建设项目集中开工，总投资257.9亿元。市委书记曹志强出席并宣布项目集中开工。市委副书记、市长周振宇主持开工仪式。陕煤集团党委书记、董事长杨照乾参加开工仪式。

同日　常德市首家养老服务“时间银行”开设2个月，共注册志愿者200余名。老人或家属通过“时间银行”平台发布服务需求280余条，对接提供服务150余次，储蓄时间币200余个。“时间银行”开启常德互助养老新模式。

同日　市政协召开第八届第九次主席会议，专题协商乡风文明建设。

14日　中南大学与市政府共建中南大学湘雅医学院附属常德医院揭牌仪式在常德市第一人民医院举行。中南大学党委常委、副校长陈立章，市政府副市长谭丁为中南大学湘雅医学院附属常德医院揭牌。

同日　常德市人民检察院、常德市公安局、常德市邮政管理局联合制定《关于建立健全寄递安全监管协作配合工作机制的意见》。

19日　常德市特种设备安全生产专业委员会成立并召开第一次会议。

20日　为使共享单车实现“精准停放”，市城区5家共享单车企业共同上线AI识别技术。

21日　市八届人大常委会第二十九次主任会议召开。市人大常委会党组书记、主任余怀民主持会议。

23日　在埃及开罗举行的2022年射击（步手枪）世界锦标赛女子25米手枪团体项目比赛中，常德市体育运动学校输送的运动员刘锐与队友陈妍、肖嘉芮萱配合获得团体冠军。

25日　常德市召开中共二十大精神报告会，市委书记曹志强主持并讲话，市委副书记、市长周振宇出席。

同日　市委副书记、市长周振宇主持召开市政府第十八次常务会议。传达学习中共二十大精神及相关会议文件精神，听取并研究食品安全、矿山安全、粮食安全、巩固脱贫攻坚成果、知识产权强市建设等工作。

同日　常德市召开庆祝湖南省第二十七届环卫工人节暨优秀城市美容师表彰大会，50名环卫工作者受表彰。

同日　常德力元新材料有限责任公司的泡沫镍入选第七批国家级制造业单项冠军产品公示名单。

同日　在交通运输部公布的《关于公布打造国内水路旅游客运精品航线试点单位及试点内容的通知》中，石门县仙阳湖旅游航线作为特色文化游的试点类型入选国内水路旅游精品航线。

26—27日　市八届人大常委会举行第六次会议。市人大常委会党组书记、主任余怀民出席会议。

28日　市委书记曹志强主持召开市委常委会会议，

传达学习习近平总书记在参加中共二十大广西代表团讨论时的重要讲话精神、在二十届中共中央政治局常委同中外记者见面时的重要讲话精神、在瞻仰延安革命纪念地时的重要讲话精神、在二十届中共中央政治局第一次集体学习时的重要讲话精神，10月25日二十届中共中央政治局会议精神，习近平主席在军队领导干部会议上的重要讲话精神，传达学习中共十九届七中全会精神等，研究常德市贯彻落实意见，并听取有关工作情况汇报，审议相关文件。

同日　常德市107家农业企业携带200余种优质农产品参加在长沙国际会展中心召开的第二十三届中国中部（湖南）农业博览会。

31日　常德中联重科液压有限公司、湖南响箭重工科技股份有限公司入选2022年湖南省制造业质量标杆企业。

11月

2日　市委副书记、市长周振宇主持召开市城市建设规划审查领导小组2022年第五次会议，研究部署城市规划建设相关工作。

3日　市八届人大常委会召开第三十次主任会议。市人大常委会党组书记、主任余怀民主持会议。

同日　湖南幼儿师范高等专科学校教学实践基地揭牌仪式在市妇幼保健院门诊楼前坪举行，市妇幼保健院正式成为该校教学实践基地。

4日　市委书记曹志强主持召开市委常委会会议，传达学习习近平总书记在陕西延安和河南安阳考察时的重要讲话精神；传达学习上级有关会议和文件精神，研究常德市贯彻落实意见，并听取有关工作情况汇报，审议相关文件。

同日　市委书记、市委全面深化改革委员会主任曹志强主持召开市委全面深化改革委员会会议，听取全市全面深化改革工作督察情况汇报，审议有关文件。市委副书记、市长、市委全面深化改革委员会副主任周振宇出席会议。

同日　在上海举行的2022“湖南—长三角经贸合作洽谈周”湖南省生物医药产业招商推介会上，常德引进资金53亿元。

5日　2022中国（汉寿）甲鱼产业大会在汉寿开幕。

7日　第22届湖南石门柑橘节在湘佳橘友柑橘现代化智能优选工厂拉开帷幕。柑橘节开幕式以“抗旱稳发展、提质向未来”为主题，由中共石门县委、石门县人民政府主办。

同日　电影《蒯伯赞》常德首映礼在湖南文理学院举行。

8日　由中国记协指导，中国地市报研究会组织策划，《常德日报》等全国105家地市党报联袂推出的《“百年奋斗路，百城访初心”庆祝中国共产党成立100周年大型全媒体报道》，获第32届中国新闻奖二等奖。

9日　市委副书记、市长周振宇主持召开常德市自然资源管理委员会2022年第三次全会，审议有关地块挂牌出让方案，听取引进社会投资新增耕地项目有关情况的汇报。

10日　农业农村部公布2022年中国美丽休闲乡村名单，临澧县修梅镇高桥村上榜。

11日　市委副书记、市长周振宇主持召开市政府第十九次常务会议，传达学习11月10日中共中央政治局常务委员会会议精神及相关会议文件精神，听取矿产资源、农产品精深加工、城市生活垃圾分类等工作情况汇报。

12日　湖南桃源木旺溪抽水蓄能电站项目开工仪式在桃源县茶庵铺镇木旺溪村举行。市委书记曹志强出席并宣布项目开工。市委副书记、市长周振宇主持开工仪式。

18日　石门县徐洋洋被中国茶叶流通协会推选为第二批“国茶人物·制茶能手”（绿茶类）。

23日　第二届世界红茶产品质量推选结果公布，湖南天下康茶叶食品有限公司选送的“‘澧峰春’牌常德红茶”、常德市匠者茶业有限公司选送的“‘湘匠者’牌桃源红茶红金芽”获得金奖；澧县周小云太青野茶专业合作社选送的“‘新小大方’牌元贡一号常德红茶”获得银奖。

26日　湖南省第十一届残疾人运动会落下帷幕，常德市50名参赛队员夺得62枚金牌、23枚银牌、8枚铜牌，列金牌榜和奖牌榜第三名、总分第三名。

27日　市委书记曹志强主持召开市委常委会会议，传达学习习近平总书记近期重要讲话、指示精神，研究常德市贯彻落实意见，并听取有关情况汇报，安排部署当前重点工作。

28日　市八届人大常委会召开第三十一次主任会议。市人大常委会党组书记、主任余怀民主持会议。

29日　随着“神舟十五号”载人飞船发射成功，汉寿籍航天员张陆成为常德市首位、湖南省第二位出征太空的航天员。

同日　在湖南省高职高专院校信息素养大赛上，常德职业技术学院夏宇翔获得学生组一等奖，并获得代表湖南省参加全国信息素养大赛的资格，罗晶等7名同学获得三等奖；在教师组微课比赛中，孙红旗获得二等奖，蔡思琪、谭哲获得三等奖；常德职业技术学院获得“优秀组织奖”。

30日　市委书记曹志强主持召开市委常委会会议，传达学习常益长高铁建设现场协调会和全省迎峰度冬电力保供工作部署专题会议等精神，研究常德市贯彻落实意见，并听取相关情况汇报，审议有关文件。

12月

1日　石门县磨市镇官庄桥至王尔琢故居通景公路完成验收，常德市新增一条红色旅游路。

3日　中国共产党常德市第八届委员会第四次全体会议召开。全会坚持以习近平新时代中国特色社会主义思想为指导，深入学习贯彻中共二十大精神，落实省委十二届三次全会工作要求，审议通过《中共常德市委关于深入学习宣传贯彻中共二十大精神　加快推进社会主义现代化新常德建设的决定》（以下简称《决定》）。全会由市委常委会主持。受市委常委会委托，市委书记曹志强发表讲话。市委副书记、市长周振宇就《决定》向全会作起草说明。

5日　首届中国应用法学高峰论坛征文评选揭晓，常德市中级人民法院系统3篇论文获奖。

同日　市八届人大常委会召开第三十二次主任会议和12月工作调度会，市人大常委会党组书记、主任余怀民主持会议。

8日　常德市举行首届先进制造业突出贡献人才暨首批高层次人才表彰大会。

同日　湖南中泰特种装备有限责任公司企业技术中心入选国家企业技术中心名单。

9日　常德茶旅产业融合发展推介论坛暨项目签约举行。第二十届中央委员会候补委员，中国工程院院士，湖南农业大学学术委员会主任、教授、博士生导师刘仲华出席。市委书记曹志强出席并讲话。市委副书记、市长周振宇主持活动。

同日　市委副书记、市长周振宇主持召开市政府第二十次常务会议，传达学习12月6日中共中央政治局会议精神等重要文件、讲话和会议精神，听取并研究迎峰度冬能源保供、消防安全、重点项目、生态文明建设等相关工作。

同日　市政协党组2022年第十次（扩大）会议暨市政协第八届第十次主席会议召开，市政协主席、党组书记黄清宇主持会议并讲话。

同日　常德湖南中泰特种装备有限责任公司、常德湖南武陵酒有限公司、常德中联恒通机械有限公司成功入选第三批省级先进制造业和现代服务业融合发展试点（以下简称省级两业融合发展试点）名单。至此，全市已有7家企业和1个园区成功入选省级两业融合发展试点名单。

同日　常德市中联重科建筑起重机械有限责任公司、湖南安福环保科技股份有限公司入选工信部工业产品绿色设计示范企业名单。

10日　2022全民健身挑战日·健康湖南e起来常德站活动在市体育公园举行。

12日　市委副书记、市长周振宇主持召开市安委会2022年第四次全体（扩大）会议暨疫情防控工作电视电话会议，贯彻落实党中央、国务院决策部署和省委、省政府工作要求，安排部署岁末年初安全生产和疫情防控工作。

同日　常德茶企桃源县君和野茶开发有限公司的红茶系列产品“云领1028”获中茶杯第十二届国际鼎承茶王赛秋季赛红茶组金奖。

13日　市八届人大常委会召开第三十五次主任会议。市人大常委会党组书记、主任余怀民主持会议。

14日　在2021年度保障农民工工资支付工作考核中，常德市获评A类等级，排名第一。

20日　市八届人大常委会召开第七次会议。市人大常委会党组书记、主任余怀民出席会议，并主持第二次全体会议。

同日　全省共建国家知识产权强市推进大会在常德举行。大会授予津市市“湖南省知识产权建设强县”牌匾。

21日　市委副书记、市长周振宇主持召开市政府八届三次全体会议暨第二十一次常务会议。

22日　市委书记曹志强主持召开市委常委会会议，传达学习中央、省委经济工作会议精神，审议市委八届五次全会暨经济工作会议方案及报告、《2022年区县（市）经济社会发展指标情况》，并听取有关工作情况汇报。

23日　中国共产党常德市第八届委员会第五次全体会议暨市委经济工作议召开，深入学习贯彻中共二十大精神，认真落实中央、省委经济工作会议决策部署，动员全市上下坚定信心、守正创新、团结奋斗，努力把建设社会主义现代化新常德的宏伟事业推向前进。市委书记曹志强出席并讲话，并代表市委常委会报告2022年的主要工作，分析当前经济形势，安排2023年工作任务。市委副书记、市长周振宇就2023年经济工作作出具体部署。

同日　政协常德市第八届委员会常务委员会第五次会议召开。市委副书记、市长周振宇应邀出席会议，市政协主席、党组书记黄清宇主持会议。

24日　市八届人大常委会召开第八次会议。市人大常委会党组书记、主任余怀民出席并主持会议。

25日 常德经开区交警大队被国家机关事务管理局、中共中央直属机关事务管理局、国家发展和改革委员会、财政部四部门联合授予“节约型机关”称号，成为全国第二批成功创建节约型机关的单位。

同日 从6时起，常德汽车总站长途短途客运站合并营运。

26日 常益长高铁正式开通运营，常德至长沙实现高铁全线贯通，最快59分钟可达，这标志三湘大地自此形成高铁大环线，常德人民终于圆梦高铁，正式迈入高铁时代。省委副书记、省长毛伟明出席仪式，并宣布常益长高铁正式开通运营。国铁集团副总经理李文新，省委常委、常务副省长李殿勋，省人大常委会副主任周农、省政协副主席易鹏飞出席。仪式由副省长李建中主持。

27日 市委副书记、市长周振宇主持召开市政府第二十二次常务会议；会议传达学习中央经济工作会议、中央农村工作会议和国省有关会议精神，听取并研究全市社会保险基金运行管理、未成年人思想道德建设、2023年新春房交会活动筹备等工作。

28日 政协常德市第八届委员会第二次会议在湖南文理学院艺术中心开幕。

29日 常德市第八届人民代表大会第二次会议在湖南文理学院艺术中心开幕。

市情综览

自然环境

【位置】 常德位于北纬28°~31°，东经110°~113°。地处中国的中南部，长江中游，湖南省的西北部。东临洞庭，西接黔渝，南通长沙，北连荆襄。东部为开阔平原，西北、西、南三面环山，地貌以平原为主，山、丘、岗、湖兼有。地势自西向东倾斜，地貌类型多样。境内雪峰山余脉延展于南部，武陵山脉绵伸在西北，沅澧两水自西向东贯穿全境。

（黄威耀）

【土地面积】 全市土地总面积181.77万公顷，其中，农用地151.64万公顷，占全市土地总面积的83.42%；建设用地19.89万公顷，占全市土地总面积的10.94%；未利用地10.24万公顷，占全市土地总面积的5.63%。全市有耕地面积43.55万公顷，占全市土地总面积的23.96%。（以上数据来源于2021年度国土变更调查数据库）

（黄威耀）

【地质地貌】 常德处于雪峰、武陵隆起东北端及中、新生代洞庭凹陷西南部，域内影响较大的构造运动有雪峰、武陵、加里东、燕山和喜山运动，其中以燕山运动最强烈、喜山运动次之。从构造形态在空间展布的特征来看，区内分成东、西两部：东部为洞庭湖喜山期凹陷，中、新生代沉积物广泛分布，凹陷基底零星暴露、并制约着红色盆地的展布；西部地质构造以燕山期褶皱、断裂为主体，控制山脉和水系的延伸方向。

常德从地形地貌上可分为两个截然不同的区域：石门县北部，桃源县西部及西南为中低山侵蚀构造地形，地形切割强烈，V形谷发育，地形坡度陡峻，海拔最高2099米，一般500~1000米，相对高差500~1200米；南部及东部为洞庭湖平原区，地势低平，地面标高一般在45~120米，最低35米。全市地势自西北向东南倾斜。西北部地势高耸，群山峭立，峡谷幽深；东南部地势低平开阔，丘岗交错，河湖纵横密布。按地貌成因和形态特征可分为侵蚀构造中低山、溶蚀构造低山丘陵、剥蚀构造丘陵、侵蚀堆积丘岗、堆积平原等五类。

（杨宏润）

【矿产资源】 常德市矿产资源较丰富，素有“非金属之乡”的美誉。现已发现矿产59种，占全省已发现矿种数121种的48.76%；已探明资源储量矿产39种，占全省已探明88种矿产的44.32%，被列入湖南省矿产资源储量表的矿种31种。磷矿、石膏、芒硝、岩盐、玻璃用砂岩、水泥用石灰岩等矿产保有资源量位居全省前列，其中磷矿保有资源量140619.5万吨，石膏保有资源量198599.2万吨，芒硝保有资源量40300.0万吨，岩盐保有资源量29698.8万吨，水泥用石灰岩保有资源量105903.4万吨。石膏、磷矿、芒硝、水泥用灰岩、重晶石、高岭土、膨润土等矿产主要分布在澧县、石门县、临澧县、桃源县；煤矿、铁矿主要分布在澧县、石门县；金矿主要分布在桃源县、鼎城区、汉寿县。

（陈　明）

【水文】 常德市位于洞庭湖水系沅江下游、澧水中下游和西洞庭湖区，境内河网密布，水资源充沛，水能资源较为丰富。河长5千米以上，流域面积10平方千米以上的干支河流432条；流域面积50平方千米以上的河流134条，水面面积1平方千米以上湖泊82个。其中洞庭湖水系四大水系有沅、澧两水，长江三口水系7支有6支流经常德市，另外境内还有冲柳、南湖和涔澹三大撇洪河流入西洞庭湖。全市境内沅江干流长118千米，澧水干流长76.2千米，两大水系支流稠密，沿岸有数百条溪河汇入。常德市地下水分布面积1.76万平方千米，占全区总面积的96.5%，地下水类型以基岩裂隙水分布最广，在石门县和桃源县部分山区有岩溶水分布，全市共有地下水暗河139条，地下热水（温泉）13处。

主要河流。1.沅江及其支流。沅江在麻伊伏进入常德市桃源县境内，再经武陵、鼎城注入洞庭湖。常德德山为沅江入湖河口，德山以下为沅江的尾闾。在常德境内流域面积5086平方千米，干流长118千米，河流坡降平均为0.0254%。沅水一级支流主要有大洑溪、夷望溪、水溪、延溪、白洋河、渐河、枉水。2.澧水及其支流。澧水至石门纳溇水，经临澧至澧县纳道水，流至津市小渡口纳涔水后注入洞庭湖。澧水流域内共有一级支流74条，上游的主要支流有南岔河、郁水、茅溪、狮头溪、九渡溪（又名九都溪）、溇水（又名后江）、零溪河，中下游主要有渫水、道水、澹水和涔水等。在常德境内流域面积6235平方千米，干流长76.2千米。3.长江三口及西洞庭湖水系。松滋河源于长江松滋口，主干分东西两支，其中西支在湖南境内歧出一支，称中支。

主要湖泊。常德市辖内面积为10平方千米以上的主要湖泊有9个，其中洞庭湖跨湖南省岳阳市、益阳市、常德市，牛浪湖跨湖南省常德市澧县复兴镇、湖北省公安县。其他7个主要湖泊全部在常德市境内，分别为北民湖、西毛里湖、珊珀湖、柳叶湖、鹰湖、安乐湖、烟包山湖。

水资源。2022年，全市年平均降水量1110.4毫米，折合水量202.0亿立方米，较2021年减少20.7%，比多年平均少22.6%，属枯水年。2022年全市地表水资源（天然河川径流）量92.80亿立方米，比2021年少31.6%，较多年平均少28.3%，折合径流深510.3毫米，径流系数0.46。全市地下水资源量27.53亿立方米（其中洞庭湖环湖区10.93亿立方米），比2021年减少15.2%，年地下水径流模15.14万立方米/平方千米。2022年全市水资源总量95.66亿立方米，较2021年少30.9%。较多年平均少28.5%。

总体水质状况。2022年在全市主要江河湖库上布设水质监测断面33个：11个重要饮用水水源地断面，22个重要江河湖库断面（其中1个省界断面，1个市州界断面）。采用《地表水环境质量评价标准》（GB 3838—2002），采用单因子法分全年期、汛期和非汛期进行评价。水质符合Ⅱ～Ⅲ类标准、达到优及良好的监测河段29个，占总评价河段的87.9%。

（吴震中　何建平）

【野生动物资源】　常德地处西部武陵山地，地域辽阔，野生动物资源丰富，西南与云贵高原相连，西北与川鄂山地相接，是华中地区天然动植物宝库；东部洞庭湖平原自古为云梦泽，与江汉平原相接，湖区水域辽阔，江河湖泊密布，水草资源丰富，是水禽、鱼类的天然乐园。通过林业、科研部门在典型区域（石门壶瓶山、桃源乌云界、汉寿西洞庭湖）进行全国野生动植物普查、全国第一次及第二次湿地普查、相关林业工程项目可行性研究等科学考察，全市共有野生动物资源464种，其中两栖类30种，爬行类50种，鸟类312种，哺乳类72种。

国家重点野生保护动物。常德市有国家一级保护野生动物21种，二级保护野生动物78种。

哺乳类。国家一级保护野生动物（9种）：云豹、华南虎、林麝、豹、花豺、金猫、大灵猫、小灵猫、穿山甲。国家二级保护野生动物（13种）：猕猴、藏酋猴、黑熊、青鼬、水獭、斑林狸、獐、鬣羚、斑羚、毛冠鹿、赤狐、貉、豹猫。

鸟类。国家一级保护野生动物（12种）：白鹤、东方白鹳、黑鹳、中华秋沙鸭、金雕、白尾海雕、白颈长尾雉、白冠长尾雉、小青脚鹬、卷羽鹈鹕、青头潜鸭、黄

毛里湖湿地公园航拍图　　（津市市政府办 供图）

胸鸦。二级保护野生动物（61种）：白琵鹭、鸳鸯、小天鹅、大天鹅、白额雁、鸢、松雀鹰、黑冠鹃隼、苍鹰、赤腹鹰、普通鵟、白尾鹞、凤头鹰、雀鹰、大鵟、白腹鹞、白头鹞、鹊鹞、蛇雕、鹗、游隼、红隼、灰背隼、燕隼、小隼、阿穆尔隼、红腹锦鸡、红腹角雉、勺鸡、灰鹤、小杓鹬、红翅绿鸠、褐翅鸦鹃、小鸦鹃、草鸮、红角鸮、领角鸮、雕鸮、短耳鸮、领鸺鹠、斑头鸺鹠、灰林鸮、渔鸮、长耳鸮、鹰鸮、栗头蜂虎、棉凫、鸿雁、花脸鸭、小白额雁、斑头秋沙鸭、水雉、白腰杓鹬、大杓鹬、云雀、画眉、红嘴相思鸟、橙翅噪鹛、眼纹噪鹛、棕噪鹛、白喉林鹟。

两栖类。二级保护野生动物：大鲵、虎纹蛙、峨眉髭蟾。

爬行类。二级保护野生动物：角原矛头蝮。

世界濒危野生动物物种。常德市现记载有世界濒危野生动物78种。一级濒危野生动物：猕猴、藏酋猴、黑熊、水獭、豹猫、云豹、华南虎、金猫、豹、金钱豹、林麝、苏门羚（鬣羚）、东方白鹳、白尾海雕、游隼、白颈长尾雉、白鹤、大鲵。二级濒危野生动物：穿山甲、豺、黑鹳、白琵鹭、花脸鸭、鸢、松雀鹰、黑冠鹃隼、苍鹰、赤腹鹰、普通鵟、金雕、白尾鹞、凤头鹰、雀鹰、大鵟、白腹鹞、白头鹞、鹊鹞、蛇雕、鹗、红隼、灰背隼、燕隼、小隼、阿穆尔隼、灰鹤、草鸮、红角鸮、领角鸮、雕鸮、短耳鸮、领鸺鹠、斑头鸺鹠、灰林鸮、褐渔鸮、长耳鸮、鹰鸮、画眉、红嘴相思鸟、大头平胸龟、舟山眼镜蛇、眼镜蛇、虎纹蛙。三级濒危野生动物：黄鼬、黄腹鼬、青鼬（黄喉貂）、大灵猫、小灵猫、果子狸、牛背鹭、大白鹭、白鹭、针尾鸭、斑嘴鸭、绿翅鸭、赤颈鸭、白眉鸭、白眼潜鸭、乌龟。

【野生植物资源】 全市现已记录维管束植物3420种，隶属235科，蕨类植物39科92属367种，裸子植物9科23属39种，被子植物187科911属3014种，是湖南省维管束植物物种最丰富的地方之一。常德市自然、半自然的植被类型，主要有针叶林、阔叶林（含常绿阔叶林、常绿落叶混交林、落叶阔叶林）、竹林、灌丛、草丛、沼泽水生植被等类型，此外，还有人工栽培的植被类型。区内有珙桐、光叶珙桐、红豆杉、南方红豆杉、银杏、钟萼木等国家一级保护植物8种和鹅掌楸、连香树等国家二级保护植物27种，省重点保护植物56种，列入CITES（《濒危野生动植物种国际贸易公约》）附录的植物87种。

国家重点保护植物（35种）：苏铁、南盘江苏铁、银杏、金钱松、黄杉、水杉、篦子三尖杉、红豆杉、南方红豆杉、巴山榧树、榧树（香榧）、白豆杉、鹅掌楸、厚朴、凹叶厚朴、水青树、连香树、樟树、闽楠（楠木）、金荞麦、大叶榉、光叶榉、红椿、伞花木、钟萼木（伯乐树）、喜树（旱莲木）、珙桐、光叶珙桐、长果秤锤树、香果树、中华结缕草、台湾水青冈（巴山水青冈）、野大豆、花榈木、红豆树、崖白菜。

（谢　政）

【气候特征】 2022年，常德市年平均气温异常偏高，空间分布为“中部低，四周高”，秋冬季气温偏高明显，春夏季正常；年降水量正常，空间分布为“东南高、西北低”，冬春季正常，夏秋季降水偏少；年日照时数偏多，空间分布为“东北多、西南少”，冬春季正常，夏秋季日照偏少。入春、入夏偏早；入秋、入冬偏晚，2021/2022年秋冬季偏短，春夏季偏长。

气温。2022年，常德市年平均气温18.3℃，较常年高0.9℃，属异常偏高范畴，与2021年持平，同为1961年以来第一高值。空间分布上，各地年平均气温17.9℃（临澧）~18.8℃（汉寿），与常年同期比较，各地高0.6℃（常德）~1.3℃（汉寿）。按照气温等级评定标准，汉寿、桃源、石门属异常偏高，其余各地偏高。时间分布上，全年有9个月月平均气温高于常年同期，3个月低于常年同期。8月和11月平均气温均为1961年以来第一高值，6月和9月为1960年以来历史同期第二高值。年平均高温日数和极端最高气温均创历史新高。2022年全市平均高温日数（日最高气温≥35℃）为57天，极端最高气温为41.7℃（常德，8月20日）均创1961年以来历史新高，显著高于历史第二高位2013年（52天和41.2℃）。

降水。2022年，常德市年平均降水量1087.4毫米，较常年（1381.4毫米）少21.3%，属正常范畴，与2021年（1299.5毫米）相比偏少16.3%。汛期（4—9月）平均降水量687.8毫米，较常年少27.9%，国家站最大日降水量97.5毫米（桃源，6月3日）。空间分布上，各地总降水量在953.5毫米（临澧）~1441毫米（桃源）。按照降水等级划分标准，澧县、临澧、石门属偏少范畴，各地均正常。时间分布上，从逐月分布来看，全市各月降水总量分布不均，其中1月显著高于历年同期，而多数月份均低于历年同期。按照降水等级划分来看，8月、9月异常偏少，10月显著偏少，2月、5月、12月偏少，1月偏多，其余各月均正常，8月为1960年以来历史同期第一低位，9月为1960年以来历史同期第二低位。

日照。2022年，常德市年平均日照时数1724小时，较常年多9.5%，属偏多范畴，与2021年相比多14.4%。全年常德市四季平均日照的特点为冬春季正常，夏秋季偏多，其中冬季平均日照创1961年以来第三低值，夏季居1960年以来历史同期第6高位，秋季居1960年以来历史同期第4高位。从全市四季平均日照空间分布来看，夏、秋空间分布较为类似，大体呈现出“东高西低”的分布态势，春季表现为“北高南低”的态势，冬季常德为一高值中心，呈现“中间高、四周低”的特点。

冬季5轮雨雪。2021/2022年冬季常德市共出现5轮雨雪冰冻天气：2021年12月26—28日，2022年1月27—29日、2月1—2日、2月6—9日、2月17—19日；发生雨雪次数及持续时间较常年同期偏多。除第二次和第三次，影响范围小、雪量少、存雪时间短外；其他3次过程的影响范围均较广，积雪深度为5厘米以上，雪量大，且存雪时间长，第一次和第三次过程，积雪深度达9厘米。

5月长低温。5月平均气温居历史同期第十低位，出现了3次低温过程：9—11日、14—16日、18—20日，总计9天日平均气温低于20℃。5月9—16日常德市以连续性低温阴雨寡照天气为主，气温偏低、降水偏多、日照偏少。日平均气温16.9℃，较历年同期低4.7℃。除桃源和汉寿外，其余地区均连续5天日平均气温低于20℃，达到“5月低温”标准，其中桃源局地达到中度“5月低温”标准，常德市区、鼎城区、汉寿达到轻度“5月低温”标准。此次过程低温导致处于分蘖期的早稻分蘖速率减缓，强降水导致部分地区农作物受淹。

春夏季雹灾。4月下旬受冷暖气流、西南暖湿气流和西南涡共同影响，常德市局地风雹天气频发，主要发生在4月20日、24日。4月20日15时30分左右，常德市北部大部出现强对流天气，冰雹云团从石门、澧县北部发展并朝东南方向移动，所经之处（石门、澧县、临澧、鼎城北部等）出现冰雹、雷雨大风和短时强降水天气。另外津市、安乡、桃源部分乡镇出现了雷雨大风，截至4月21日9时，极端天气造成鼎城区、临澧县、澧县、石门县、津市市等5个区县市的19个乡镇受灾。灾害呈现以下两个特点：一是成灾快，极端天气变化快，冰雹、大风和强降雨交织转换快；二是破坏性强，冰雹最大的直径达35毫米和瞬间大风，导致水稻秧苗、高秆油菜、烟叶经济作物倒伏，高秆油菜果壳、果树花和房屋瓦片大量打（吹）落，个别木房吹倒。4月24日8时至25日8时，全市大部小到中雨，部分地区大到暴雨，局地暴雨，石门县、临澧县和市区伴有小冰雹。

汛期暴雨。2022年，全市共有9轮暴雨天气过程，国家站共出现19站次暴雨，其中日最大降水量为97.5毫米（桃源，6月3日），其次为96.0毫米（汉寿，3月6日）。6月1—5日，常德市出现暴雨、大暴雨天气过程，依据区域性暴雨过程标准，综合强度等级为“强”。过程呈现四个鲜明特点。一是持续时间长，连续5天出现暴雨大暴雨天气。二是累计雨量大、极端性强。1—5日常德市平均面雨量90.1毫米。三是落区重叠度高。6月1日8时至5日8时连续4天暴雨区常德市南部等地重叠度高，致灾风险高，截至5日12时，共造成武陵区、鼎城区、安乡县、汉寿县、桃源县、澧县、临澧县、石门县、津市市和常德经开区、柳叶湖旅游度假区、桃花源管理区、西湖管理区等13个区县市96个乡镇受灾。其中15.04万人受灾，因灾死亡3人（桃源县夷望溪镇）；农作物受灾2.04万公顷；房屋倒塌3户12间，严重损坏32户109间，一般损坏407户487间；直接经济损失3.41亿元。其中，房屋及居民家庭财产0.46亿元，农林牧渔业1.78亿元，工矿商贸20万元，基础设施1.17亿元。四是夜雨特征明显。从降雨演变来看，白天降雨减弱或间歇、夜间加强，强降雨多集中在夜间，尤其在后半夜的2时至8时。

夏季持续高温热浪。2022年夏季常德市出现历史罕见持续性晴热高温天气，共出现四段区域性高温过程：6月25日至7月2日（较强）、7月8—16日（强）、7月30日至8月27日（特强，综合强度指数居1961年以来第一高位）、9月5—12日（较强），最长高温持续时间及极端最高气温破历史极值，主要呈现两个特点。一是高温持续时间长。全市平均高温日数54天，各区县高温最长持续时间破当地历史极值。二是范围广、强度大，极端性强。各市县区均出现40℃以上高温天气，常德市区极端最高气温41.7℃破历史极值。

夏秋连旱。受持续高温少雨影响，常德市出现严重夏秋连旱。2022年秋季气温异常偏高，降水较常年同期少近一半，其中8月降水总量异常偏少，为1960年以来历史同期第一低位；气温异常偏高，为1960年以来历史同期第一高位。9月降水量总量异常偏少，为1960年以来历史同期第二低位；气温异常偏高，为1960年以来历史同期第二高位。10月降水持续显著偏少。从7月30日至9月30日，全市平均高温日数32.6天，连续高温日数为30～32天，此次高温过程综合强度指数在1961年以来112次区域性高温过程中排第一高位，超过2013年和1995年，综合强度等级为“特强”。截至9月28日，灾情统计结果：此次干旱造成常德市农作物受灾面积17.21万公顷，其中成灾面积6.24万公顷，绝收面积1.48万公顷，受灾人口达104.33万人，需救助人口11.29万人，直接经济损失14.62亿元。

历史最暖秋。2022年秋季全市平均气温19.8℃，属异常偏高范围，为1961年以来第一高值。11月全市平均气温15.4℃，属异常偏高范畴，居1961年以来第一高位。9月全市平均气温25.7℃，属异常偏高水平，居1960年以来历史同期第二高位。此外，全市10月极端最高气温均破当月最高纪录（原最高纪录为2021年10月4日桃源县37.2℃）。

（王阳阳）

建置区划

【建置沿革】 常德历史悠久，据考古发现，约50万年前就有人类在此繁衍生息。

夏商周时期，常德地域生活着百濮、三苗等部落族群。常德地连荆楚、北通平原，率先进入青铜时代。周桓王十六年（前704年），楚武王“始开濮地而有之”，常德地域被纳入楚国版图。战国中叶，楚威王设黔中郡，据专家考证，郡治在今常德境内，常德成为湖南地区最早有行政建制的地域。周赧王三十七年（前278年），秦将白起攻破楚国都城郢。《读史方舆纪要·常德府》载：“……（白）起定黔中，留其将张若守之，若因筑此城以拒楚。”这座城池即张若城，大约建成于周赧王三十八年（前277年）。此为常德建城之始。

秦汉时期，常德在黔中郡（西汉时更名为武陵郡）的治辖下，地位日渐重要。东汉武陵郡郡治迁至临沅（今常德市区）后，常德成为湘西北地区的政治中心。此后直至清朝，湘西及湘西北地区最高行政治所一直设在常德，未曾变更。

魏晋南北朝到隋唐时期，常德伴随整个国家历经动荡与分合，政区建制频繁更易。三国吴永安六年（263年），分武陵郡的澧水流域置天门郡，始开常德地区沅、澧分治之先河。南朝梁绍泰元年（555年），始置澧州。

隋开皇九年（589年），沅水流域下游置嵩州，不久改为朗州，治所在武陵县（今常德市区）。澧水流域改澧州为松洲，复名澧州，治所设于澧阳县（今澧县）。从此，澧县成为澧水流域的政治中心，这一格局延续至清朝。

北宋初年，朗州沿用唐、五代之旧名，澧州改为澧阳军州（军治兵，州治民）。北宋大中祥符五年（1012年），朗州改称鼎州。北宋政和七年（1117年），在鼎州设常德军，“常德”之名即源于此并沿用至今。南宋乾道元年（1165年），因鼎州是孝宗潜藩而更名为常德府。

元代时期，常德府、澧阳军州分别改为常德路、澧州路，隶属湖于广行中书省。元至正二十四年（1364年），朝廷改常德路为常德府，改澧州路为澧阳府。

2022年常德市行政区划一览表

表1　　单位：个

县市区	街道	乡	镇	村委会	社区委员会
武陵区	11	2	1	25	103
鼎城区	5	1	16	203	93
汉寿县	4	2	15	193	88
桃源县	2	3	23	326	87
临澧县	2	2	7	94	66
石门县	4	4	13	247	84
澧　县	4	0	15	198	93
安乡县	0	4	8	115	57
津市市	5	0	4	39	38
经开区	2	0	1	15	14
柳叶湖旅游度假区	2	0	1	5	23
西湖管理区	0	1	1	20	2
西洞庭管理区	2	0	1	8	10
桃花源旅游管理区	0	0	1	15	2

明洪武九年（1376年），澧阳府降为澧州，属常德府。洪武二十九年（1396年），澧州改隶岳州府。

清雍正八年（1730年），澧州升为直隶澧州，与常德府同级，隶属于岳常澧道。

民国3年（1914年），岳常澧道改称武陵道，原常德府、直隶澧州各县由武陵道直辖。至此，三国以来的沅、澧分治格局基本结束。

民国26年（1937年）12月，湖南省政府将全省划为9个行政督察区，常德隶属于第二区，辖常德、华容、南县、安乡、沅江、汉寿、澧县、临澧、石门、慈利、桃源11个县。

民国29年（1940年）4月，全省划为10个区，原第二区划出沅江、汉寿县，改称第四区。

1949年8月4日，常德全境解放，成立常澧专区（8月28日更名为常德专区），辖常德、桃源、澧县、临澧、石门、慈利、安乡、南县、华容9个县和常德、津市2个市。

1952年11月，撤销益阳专区，其益阳市、益阳县、沅江县、汉寿县、安化县、桃江县划入常德专区管辖。

1962年12月，恢复益阳专区，益阳市、益阳县、沅江县、安化县、桃江县、华容县、南县6个县1个市划出，常德辖8个县2个市。

1988年1月，国务院批准常德撤地建市，辖武陵区、鼎城区、汉寿县、桃源县、澧县、安乡县、慈利县、石门县、临澧县2个区7个县，代管津市市。1988年12月，慈利县划归大庸市（今张家界市）管辖，常德市形成了现在的行政建制，辖武陵区、鼎城区、汉寿县、桃源县、临澧县、石门县、澧县、安乡县、津市市2个区6个县1个市。

（孟　韵）

【行政区划】　2022年，常德市共辖武陵区、鼎城区、安乡县、汉寿县、澧县、临澧县、桃源县、石门县、津市市六个县两个区一个市，辖126个乡镇，43个街道，760个社区居委会，1503个村委会。行政区域界线管理。2022年，常德市开展县级以上行政区域界线联检工作，完成“湘鄂线”省际界线和石门—澧县、鼎城—安乡、澧县—津市3条县际界线的联检任务。

地名管理。2022年，广泛宣传新修订的《地名管理条例》；开展国家地名数据库提质行动，完成113657条常德地名信息词条的审核修改；石门县被确定为全国“深化乡村地名服务　点亮美好家园”试点县。

历史人文

【史迹与文化】　2022年，常德市有全国重点文物保护单位34处，其中古遗址类19处；省级文物保护单位55处，其中古遗址类13处。市级文物保护单位166处，其中古遗址类61处。县（区）级文物保护单位764处，其中古遗址类358处。全市已公布革命文物保护单位43处，其中全国重点文物保护单位2处，省级文物保护单位6处，市级文物保护单位15处，县（区）级文物保护单位20处。

以彭头山遗址、城头山遗址、鸡叫城遗址等为代表的澧阳平原史前文化遗址群分布之密集、种类之齐全，在全省乃至全国均极为罕见，这里是稻作农业的重要起源地之一，是南方史前文化的传播扩散中心，是中华文明曙光的策源地之一，该区域在长江文化谱系中具有不可或缺的重要地位。

石门万里茶道是古代中国、蒙古、俄国之间以茶叶为大宗商品的长距离贸易线路，是继“丝绸之路”衰落之后在欧亚大陆兴起的又一条重要的国际商道。石门是万里茶道文化线路上的典型的茶叶生产路段，特别是在清代晚期较为兴盛，古茶道遗存和茶文物丰富，对万里茶道申遗和整体价值有显著的支撑作用。石门县水南渡古茶道、泰和合茶号建筑进入万里茶道申遗备选点。

（黎　聪　张　爱）

【人口】　全市年末常住人口521.3万人。其中，城镇人口300.8万人，农村人口220.5万人。常住人口城镇化率57.7%，比2021年提高0.51个百分点。年末户籍总人口587.9万人。其中，城镇人口211万人，乡村人口376.9万人；男性人口298.9万人，女性人口289万人。

【民族、宗教】　常德是散杂多民族地区。2022年，全市有51个民族，其中少数民族人口53万多人，占全市总人口的9%。除汉族外，还有土家族、回族、苗族、维吾尔族、壮族、侗族、瑶族、白族、布依族、满族、彝族、黎族、仡佬族、蒙古族、土族、哈尼族、畲族、佤族、傣族、水族、朝鲜族、仫佬族等少数民族（人口总数100人以上，按人口数量多少排序），其中土家族、回族、苗族人口总数过万人。

2022年，常德市有佛教、道教、伊斯兰教、天主教、基督教等五大教派。有批准开放的宗教活动场所497处，民间信仰活动场所22处，其中省级重点宗教活动场所11处，省级寺观教堂85处。教职人员508人，信教群众9万多人。

经济社会发展

【概况】　2022年，常德市全市实现地区生产总值4274.5亿元，比上年增长4.5%。其中，第一产业增加值495.2亿元，增长3.4%，对经济增长的贡献率为9.7%；第二产业增加值1762.7亿元，增长4.4%，对经济增长的贡献率为39.7%；第三产业增加值2016.6亿元，增长4.8%，对经济增长的贡献率为50.7%。全市三次产业结构调整为11.6∶41.2∶47.2。第一产业比重提升0.1个百分点，第二产业比重下降0.4个百分点，第三产业比重提升0.3个百分点。全市完成地方一般公共预算收入209.6亿元，增长3.1%。其中税收收入133.6亿元，增长3.2%；非税收入76.0亿元，增长3.0%。一般公共财政预算支出637.2亿元，增长6.7%。其中社会保障和就业支出95.14亿元，增长15.5%；教育支出90.5亿元，增长7.2%；农林水事务支出95.8亿元，增长6.8%；医疗卫生支出66.4亿元，增长8.7%；城乡社区事务支出73.4亿元，增长27.0%。

年末公路通车里程2.3万千米，其中高速公路里程529千米，全年农村公路提质改造687.7千米。新增城镇就业人员5.6万人，失业人员再就业人数3万人。落实义务教育保障资金6亿元，发放中职国家助学金2040万元，资助中职学生20210人次。全市居民消费价格指数为101.6%，商品零售价格指数为102.8%。按类别分，医疗保健类上涨1.4%，食品烟酒类上涨1.7%，居住类上升0.3%，衣着类上涨0.6%，交通和通信类上升5.7%，教育文化和娱乐类上涨1.1%，其他用品和服务类上涨1.1%，生活用品及服务类上涨0.9%。

【农业】 2022年，全市农林牧渔业总产值896.6亿元，比2021年增长3.7%。其中农业产值411.4亿元，增长2.3%；林业产值21.3亿元，下降5.4%；牧业产值310亿元，增长4.8%；渔业产值89.5亿元，增长3.6%。全市粮食作物种植面积58.92万公顷，棉花种植面积3.16万公顷，油料种植面积30.55万公顷，蔬菜种植面积12.42万公顷。全年粮食总产量377.5万吨，棉花产量4.3万吨，油料产量61.5万吨，蔬菜产量363.8万吨，茶叶产量3万吨，水果产量144.8万吨。全年生猪出栏519.1万头，比2021年增长2.3%，存栏323.5万头，比2021年下降0.8%；出栏牛18.5万头，增长2.7%；出栏羊208万只，增长1.3%；禽蛋产量比2021年减少0.3%。全市拥有国家级现代农业产业园区5个，省级89个，市级23个。农产品加工企业6166家，其中国家级及省级龙头企业110家。农产品加工企业实现营业收入2055亿元，增长9.3%；休闲农业经营收入47.8亿元，增长7.8%。农民专业合作社8396个，增长8.0%，家庭农场16668个，增长55.6%。两品一标农产品认证个数435个，其中绿色食品359个、有机食品60个、农产品地理标志16个。

【工业和建筑业】 全市规模以上工业增加值增长4.7%。民营企业规模以上工业增加值增长9.3%，高技术产业增加值增长27.8%，装备制造业增加值增长7.9%，省级以上园区规模以上工业增加值增长4.7%。全市规模以上工业主要产品中，大米271.5万吨，增长6.0%；精制食用植物油32.6万吨，下降36.6%；水泥1172.6万吨，下降12.5%；卷烟816.7亿支，增长0.4%；集成电路451223万块，增长95.5%。全市规模以上工业企业产品销售率为98.3%，比2021年下降0.9个百分点。实现主营业务收入3834.3亿元，增长7.5%；实现利润272.1亿元，增长19.2%。

全年完成建筑业增加值360.1亿元，增长5.8%。

【固定资产投资】 全市固定资产投资增长2.4%。按经济类型分，国有投资下降31.5%；非国有投资增长16.6%；民间投资增长17.3%。按产业分，第一产业投资下降4.2%；第二产业投资增长16.1%；第三产业投资下降6.5%。按投资方向分，工业投资增长16.0%；民生投资下降4.3%；生态投资下降12.8%；基础设施投资增长0.2%；房地产开发投资下降23.4%。全市亿元以上项目1035个，其中新开工项目366个，亿元以上项目2022年实际完成投资增长5.9%。全市商品房屋销售面积449.7万平方米，下降23.1%。商品房屋销售额227.7亿元，下降31.7%。

【国内贸易】 全市社会消费品零售总额1673.4亿元，增长2.4%。分地域看，城镇社会消费品零售额（限额以上法人）471.8亿元，增长12.8%；乡村社会消费品零售额（限额以上法人）15.5亿元，增长4.9%。限额以上法人批发和零售业商品零售额462.2亿元，增长12.6%，其中网上零售额增长33.1%。分商品类别看，粮油、食品、饮料、烟酒类增长18.0%；服装、鞋帽、针纺织品类增长0.8%；化妆品类增长18.0%；日用品类增长19.1%；家用电器和音像器材类增长11.1%；汽车类增长11.3%；石油及制品类增长9.3%；文化办公用品类增长9.3%；体育、娱乐用品类增长30.4%；通信器材类增长32.0%。

【招商引资和对外贸易】 全年新批外商投资项目43个。实际利用外资5215万美元，增长4.3%。新增境外投资企业11家。引进境内省外资金1116.9亿元，增长15.2%。分产业类别看，第一产业到位资金69.8亿元，增长13.1%；第二产业到位资金756.8亿元，增长34.3%；第三产业到位资金290.3亿元，下降15.8%。全年完成进出口总额252.5亿元，增长34.9%。其中，出口218.6亿元，增长32.9%；进口33.9亿元，增长49.2%。分贸易方式看，一般贸易出口209.6亿元，增长32.8%；加工贸易出口8.9亿元，增长36.4%。分重点商品看，机电产品出口90.2亿元，增长23.7%；高新技术产品出口21亿元，增长45.2%；农产品出口7.8亿元，增长15%。

【交通运输、邮电和旅游业】全市完成交通运输、仓储和邮政业增加值176.9亿元，比2021年增长5.4%。实现水运货运量3232.1万吨，增长67.6%，货物周转量中公路和水路分别为210.8亿吨千米、105.1亿吨千米，分别增长5%、55.7%。实现公路客运量3060万人，下降0.2%，公路旅客周转量17.7亿人千米。全年完成邮政行业业务总量7.5亿元，增长3.1%。年末固定电话用户31.3万户，下降1.5%；年末移动电话用户569.4万户，增长4.7%；年末互联网宽带用户数195.5万户，增长10.1%。全年接待国内旅游3174.8万人次，下降1.2%；接待境外入境2141人次，下降13.2%。全年实现旅游总收入380.7亿元，下降1.8%。年末全市拥有旅游等级区（点）44家，其中国家AAAA级及以上旅游景区11家。

【银行、保险和证券】 全市年末金融机构本外币各项存款余额4428.6亿元，比2021年增长12.0%。其中，非金融企业存款538.2亿元，增长0.3%；住户存款3262.4亿元，增长16.3%。年末金融机构本外币各项贷款余额为3251.4亿元，增长12.2%。分贷款对象看，非金融企业及机关团体贷款1959.3亿元，增长16.6%；住户贷款1257.6亿元，增长3.7%。全市保费收入共128.6亿元。其中财产险保费收入39.9亿元，增长10.6%；健康险保费16.2亿元，下降5.4%；寿险保费收入71.4亿元，增长3.7%。赔付支出44.5亿元，其中，财产险赔付26.6亿元，健康险赔付4.2亿元，寿险赔付13.4亿元。年末全市上市公司数量6家。其中境内上市公司5家，境外上市公司1家。辖区共有证券公司营业部13家，全年证券交易额3033.8亿元，下降15.1%。期货公司营业部2家，全年成交金额2648.3亿元，下降15.0%。

【教育和科学技术】 年末全市有普通高校5所，招生2.6万人，增长8.7%；在校学生7.6万人，增长7.7%；毕业学生2万人，增长20.2%。中等职业学校43所，招生1.8万人，下降9.3%；在校学生5万人，下降1.7%；毕业学生1.7万人，增速持平。普通高中42所，招生2.9万人，增长3.3%；在校学生8.3万人，增长2.4%；毕业学生2.6万人，增长8.2%。初中学校236所，招生5.2万人，下降5.6%；在校学生15.7万人，增长2.0%；毕业学生5.1万人，增长6.2%。普通小学370所，招生5.1万人，下降0.5%；在校学生30.7万人，下降0.2%；毕业学生5万人，下降7.3%；小学适龄儿童入学率100%。特殊教育学校8所，招生297人，在校2471人，毕业418人。幼儿园在园幼儿13.2万人，下降7.0%。各类民办学校573所，在校生14.4万人，下降14.4%。民办普通高校2所，在校生3万人，增长27.4%。年末全市有检验监测机构121个。其中国家产品质量监督检验中心1个；法定计量检定机构9个，强制检定计量器具17.3万台件。特种设备生产单位68家，特种设备数量4.1万台。组织制定地方标准13项。重点工业产品质量监督抽查1109批次，抽查合格率93.3%。全年高新技术产业增加值增长11%。年末全市省级工程（技术）研究中心24个，省级重点实验室5个。高新技术企业614家，科技型中小企业1277家。签订技术合同1777份。全年授权专利4501件，其中发明专利916件。

【文化、卫生和体育】 年末全市拥有艺术表演团体1523个。群众艺术馆、文化馆10个，公共图书馆10个，博物馆、纪念馆15个，广播电视台9座，广播综合人口覆盖率达100%，电视综合人口覆盖率达99.97%，有线电视用户34.5万户。国家级非物质文化遗产保护目录7个，省级非物质文化遗产保护目录27个。全市拥有卫生机构4601个。其中医院108个，乡镇卫生院177个，妇幼保健院10个，专科疾病防治院18个，社区卫生服务中心153个，诊所、卫生所、医务室1056个，村卫生室2976个。卫生技术人员36876人，其中在岗执业医师和执业助理医师14833人，注册护士16734人。全市拥有疾病预防控制中心（防疫站）13个，卫生技术人员共470人；卫生监督所（中心）11个，卫生技术人员125人。医院、卫生院拥有床位总数3.7万张，其中乡镇卫生院拥有床位数1.2万张。全市现有体育场地9162个，运动场84个，各种训练房820个，体育馆11座，游泳池17个。开展全民健身项目57项次，新建农村体育健身工程的行政村93个，全市经常参加体育锻炼人数255万人。全年获得世界冠军1个、亚洲冠军1个、全国冠军3个。

【资源环境和安全生产】 全市森林覆盖率48%，全年完成造林面积1.7万公顷。自然保护区8个，其中国家级自然保护区3个，分别为壶瓶山、西洞庭、乌云界国家级自然保护区；省级自然保护区2个，分别为鼎城区花岩溪、桃源县望阳山省级自然保护区。省级以上自然保护区面积13.4万公顷。已发现的矿种59种，探明资源储量的矿种33种。市城区空气质量达标率83.8%，空气质量达到二级标准的区县市7个。

全社会用电量147.2亿千瓦时，比2021年增长6.3%。其中，工业用电量62.1亿千瓦时，下降2.7%；城乡居民生活用电量49.5亿千瓦时，增长16.5%。

【居民生活和社会保障】 全市城镇居民人均可支配收入40494元，比2021年增长5.6%；城镇居民人均消费支出29705元，增长4.2%。农村居民人均可支配收入21342元，增长7.2%；农村居民人均消费支出20370元，增长6.3%。全市年末参加城镇基本养老保险职工人数151.5万人。其中，参保职工97.9万人，参保离退休人员53.6万人。城乡居民基本医疗保险参保人数477.2万人，城镇职工基本医疗保险参保人数58.3万人。参加工伤保险职工人数55.3万人，参加生育保险职工人数35.9万人，参加失业保险职工人数35.7万人。获得政府最低生活保障的城镇居民2.5万人，获得政府最低生活保障的农村居民10.9万人。年末提供住宿民政机构床位数3.16万张，其中养老机构床位数3.01万张。全市销售社会福利彩票3.12亿元，筹集社会公益金0.25亿元。

（常德市统计局）

注：1.本公报中资料均为初步统计数（快报数），部分数据因四舍五入的原因，存在着与分项合计不等的情况。

2.全市生产总值和各产业增加值的绝对数为现价，增长速度按可比价计算。

中国共产党常德市委员会

综述

【概况】 2022年，面对持续承压的经济形势、错综复杂的新冠疫情、历史罕见的干旱天气等超预期困难挑战，全市上下坚持以习近平新时代中国特色社会主义思想为指导，紧紧围绕“疫情要防住、经济要稳住、发展要安全”的目标，坚决贯彻中央、省委决策部署，全面落实“三高四新”战略定位和使命任务，扎实推进“三大支撑八项重点”工作（电力、算力、动力三大支撑，市场主体培育工程、产业发展“千百十”工程、企业上市突破行动、新增规模以上工业企业行动、优化营商环境攻坚行动、“五好”园区攻坚行动、“四个十大”建设、德商回归工程八项重点工作），全力实施“六大专项行动”（“五好”园区攻坚专项行动、乡村振兴提速专项行动、城镇更新提质专项行动、交通建设突破专项行动、“六位”实事惠民专项行动、政务质效提升专项行动），实现全市经济社会平稳健康发展。

全年完成地区生产总值4274.5亿元，同比增长4.5%；规模工业增加值、固定资产投资同比分别增长4.7%、2.4%；地方一般公共预算收入209.6亿元，同比增长3.1%；社会消费品零售总额1673.4亿元，同比增长2.4%；全体居民人均可支配收入30643元，同比增长6.6%。

深入学习宣传贯彻中共二十大精神。组织全市党员群众集中收听收看中共二十大开幕会，第一时间开展市委理论学习中心组学习研讨，召开全市传达学习中共二十大精神报告会。制定学习宣传贯彻中共二十大精神实施方案，开展各级各类宣传宣讲3000多场，举办市管干部学习贯彻中共二十大精神集中轮训研讨班。召开市委八届四次全会，审议通过市委《关于深入学习宣传贯彻中共二十大精神　加快推进社会主义现代化新常德建设的决定》，明确现代化新常德建设的指导思想、目标任务和重点工作。

发展根基不断筑牢。千方百计抓招商、强产业、兴企业。先进装备制造、烟草、电子信息、农产品精深加工“四大千亿产业”和生物医药、新材料、新能源与新能源汽车、航空航天“四大新兴产业”产值分别达2500亿元、1000亿元，同比分别增长7%、16%，园区规模工业产值2223亿元，增长10.4%，先进装备制造产业集群进入全省首批先进制造业集群。新获批国家级创新平台4家，净增市场主体8万户、规模工业企业116家，飞沃科技上市首发过会并获省政府颁发的省长质量奖。实施省市重点建设项目229个、实现投资1008亿元，引进亿元以上产业项目286个，93个亿元以上项目建成投产，投资82.7亿元的桃源抽水蓄能电站、57亿元的石门电厂三期等重大项目开工建设。坚持把优化营商环境作为“生命线工程”来抓，出台15条“硬核”措施和严明作风纪律的“7条严禁、20个不准”，帮助企业解决问题4900多个，减免退缓税费71亿元。

城乡面貌更加靓丽。落实粮食安全党政同责，粮食生产面积和产量连续19年保持全省第一，推动巩固拓展脱贫攻坚成果同乡村振兴有效衔接，没有发生返贫和新致贫，农产品精深加工业产值达796亿元，增长12.2%。推进以县城为重要载体的城镇化建设，“一县一策”发展县域经济，全市县域经济增长5.5%。“三区三线”划定完成，城市更新取得扎实成效，老旧小区改造加快实施，高铁新城片区、柳叶湖国际会展中心建设有力推进。高速公路、航道整治、港口码头、干线公路、“四好农村路”建设深入实施，常益长高铁全线开通运营，常德正式迈入“高铁时代”。

人民生活持续改善。市财政民生支出占比超过70%，城镇新增就业5.6万人，新增农村劳动力转移就业3.9万人，石门县“足球育人”改革经验得到中央改革办推介。成功举办首届全市旅游发展大会，柳叶湖河街获评国家级旅游休闲街区、国家级夜间文化和旅游消费集聚区，澧县城头山古文化遗址成为湖南旅游“五张名片”之一。深入打好蓝天碧水净土保卫战，生态环境满意度测评连续3年居全省第一。成功扑灭多轮输入性疫情，平稳有序实现了疫情防控措施调整转段。以“时时放心不下的责任感”防风险，守住了财政“三保”和不发生债务风险的底线，成功应对22轮强降雨和1961年以来最严重旱情，是全省唯一既没有发生较大安全生产事故也没有发生较大森林火灾的市州，获评全省平安建设先进市州。

从严治党纵深推进。坚持市委常委会会议、市委理论学习中心组学习“第一议题”制度，健全习近平总书记重要讲话重要指示批示、党中央和省委重大决策部署贯彻落实机制，坚定维护党中央权威和集中统一领导。注重在经济建设主战场选拔任用干部，加强优秀年轻干部培养使用，在全省率先建立市县两级科级干部上下交流常态化机制。抓好基层党建工作，实施“消薄攻坚、引领提升”八大行动，全市集体经济薄弱村全部清零。以政治监督为重点，聚焦粮食安全、违规举债和虚假化债、居民自建房等重点领域开展监督检查，高质量开展新一届市委巡察，整治领导干部违规收送红包礼金等顽瘴痼疾，保持反腐败高压态势，清廉常德建设取得积极成效。全力支持市人大、市政府、市政协行使职权、履行职能，巩固壮大爱国统一战线，促进民族团结宗教和谐，党管武装、国防动员、“双拥”工作继续走在全省前列，全市上下形成了齐心协力、团结奋斗的浓厚氛围。

【传达学习中共二十大精神报告会】　10月25日，常德市举行传达学习中共二十大精神报告会，传达学习中共二十大精神，安排部署相关工作，掀起学习宣传贯彻热潮。市委书记曹志强主持会议并讲话，强调要更加紧密地团结在以习近平同志为核心的党中央周围，坚持以中共二十大精神为指引，认真贯彻中央和省委、省政府部署要求，敢想敢为、善作善成，用奋斗书写现代化新常德建设的绚丽华章。

【市委八届四次全体会议】　12月3日，中国共产党常德市第八届委员会第四次全体会议召开。全会坚持以习近平新时代中国特色社会主义思想为指导，深入学习贯彻中共二十大精神，落实省委十二届三次全会工作要求，审议通过《中共常德市委关于深入学习宣传贯彻党的二十大精神　加快推进社会主义现代化新常德建设的决定》（以下简称《决定（审议稿）》）。全会由市委常委会主持。受市委常委会委托，市委书记曹志强发表讲话。市委副书记、市长周振宇就《决定（审议稿）》向全会作起草说明。

【市委八届五次全会暨市委经济工作会议】　12月23日，中国共产党常德市第八届委员会第五次全体会议暨市委经济工作会议召开，深入学习贯彻中共二十大精神，认真落实中央、省委经济工作会议决策部署，动员全市上下坚定信心、守正创新、团结奋斗，努力把建设社会主义现代化新常德的宏伟事业推向前进。市委书记曹志强代表市委常委会报告2022年主要工作，分析当前经济形势，安排2023年工作任务。市委副书记、市长周振宇就2023年经济工作作出具体部署。

（杨　涛）

市委办公室工作

【概况】　2022年，中共常德市委办公室创新创优，近30条参谋建议进入中央和省委、市委领导视野，20余篇（条）市、县工作经验在全省推介，党委信息工作位居全省第二，国安信息工作位居全省第三；全面深化改革工作连续8年获评全省先进，石门县“足球育人”改革经验在中央改革办宣传推介；重要宾客接待工作得到中央和省委领导好评，省委办公厅专门致信感谢；机要密码工作综合排名连续3年获全省第一，阎铃涛代表省委机要局参加国家局竞赛获二等奖；机关单位基础保密业务规范化研究与系统研发项目纳入《国家保密科研项目“揭榜挂帅”“赛马争先”榜单（第一批）》全省唯一入围项目，机关单位电子文件单套归档管理工作规范纳入湖南省地方标准；常台交流合作、临澧县桂花村巩固拓展脱贫攻坚成果同乡村振兴有效衔接工作经验在全省推介，专用通信局采用无人机加强应急通信保障创新案例被省局上报中办，受到中办领导关注。

【参政设谋】　做好文稿服务，全年共起草各类调研报告、会议材料、署名文章等300余篇150余万字，10多篇署名文章在《人民日报》《湖南日报》等主流媒体发表，一批重要文稿得到市委主要领导肯定。提升专报质量，审核县市区和市直单位专报290余篇，向省委报送专报35期，其中获省级领导批示6次。加强信息收集报送，5篇

（条）决策咨询类信息被中办单篇采用，16篇（条）经验信息获全省推介，其中3篇被省委办公厅《工作情况交流》刊登，20余篇（条）信息获市主要领导批示，信息工作得分稳居全省第二。

【统筹协调】 协助市委总揽全局、协调各方，对重要会议活动实行年计划、月统筹、周安排，全年共编发《市委主要领导周安排》50期、各类专项安排6期。积极承办市委常委会会议、全市改进干部作风暨优化营商环境大会、市委主要领导下基层调研等重要会议、活动，确保各项工作联络顺畅、及时高效。推进落实。聚焦“两个维护”、重大决策部署、人民群众关切等重点领域开展督查督办，全年配合省委督查组开展实地督查12次，督办市委常委会会议、市委常委会议事协调会议决定事项74件、市直党群系统提案建议57件，办理省市主要领导批示指示53件、网民留言36件，编发督查专报（通报）177期，中央和省委巡视反馈问题全部“清仓见底”，激发干部担当作为、人民网留言办理等工作获国省推介。

【服务中心】 积极参与市委、市政府招大培强、优化营商环境、改进干部作风和推进乡村振兴等中心工作。牵头引进的湖南比克曼医疗实验耗材亿元项目完成签约，参与制作的《警惕“作风病”打通“中梗阻”》警示片在全市引发强烈反响，帮助常德卷烟厂、常德烟机等4家涉烟企业解决生产经营困难14个，组织协调资金2000余万元，支持桃花源、澧县城头山、临澧县望城街道桂花村3个乡村振兴示范片（点）建设，建成一批重点民生、重大产业项目。

【文电办理】 严把公文制发、备案、办理、回收四道关口，及时处理各类来问来电，提出拟办意见2864条。全年共制发市委规范性文件25件，审查下级单位向市委报备的规范性文件105件，发文数量同比下降5%。加强电子政务内网、党政协同办公平台和全市专用通信网络的运行维护，协同办公平台用户接入单位超过5300家、用户数量突破7万户、年内流转文件超过150万件，有效保障各类会议430余次。

【安全保密】 全面完成市县国安机构转隶工作。将各级各单位履行保密工作责任制情况纳入领导班子和领导干部述职评议内容。服务管理。统筹推进疫情防控和外事服务，组织开展外事服务进企业活动，全面开启“云外事、云交往”，在友城合作、涉外疫情防控、服务发展中展现外事担当。把牢对台工作正确方向，组织举办“常德（中山）对台招商推介会”，积极创建常德台湾工业园，常台经贸合作、人员交往进一步深化深入，桃花源对台交流基地建设获上级肯定。理顺档案局馆体制机制，全市档案馆库建设、人员力量配备、档案安全利用工作不断加强，党政机关电子文件单套制归档管理系统纳入湖南省地方标准制订计划。

【信息工作】 2022年，全市党委信息工作保持全省前列，获评“全省党委信息工作优异单位”，本级服务实现提质增效，较好发挥党委“前哨”和领导“智囊”作用。上报有数量。全市共组织市、县单位向中办、省办报送信息素材6000余条，其中市县两级通过内网系统向中办、省办报送信息2000余条。采编有质量。承担省办重点选题牵头组稿和约稿371篇、数量居各市州之首，有351篇信息获省办、中办采用，有的进入领导决策视野；共编发《信息快报》《常德要情》147期，获市主要领导批示10余次。得分有增量。全年在全省累计得分2971.5分，排全省第二名，超第三名株洲近700分，相较2021年增加近600分。列入省办直报点的122个区县市，常德地区有5个排全省前25位，其中3个排全省前10位。

（糜资平）

组织工作

【概况】 2022年，常德市组织系统认真贯彻落实全国、全省组织部长会议精神特别是中共二十大精神，围绕中心、服务大局，真抓实干、积极作为，各项工作取得新的成绩。市委常委会先后32次研究组织工作，市委书记曹志强先后4次作出肯定性批示。市州组织部部长抓党建促乡村振兴述职工作被省委组织部评为“好”等次。11月5日，省委常委、组织部部长汪一光到常德调研，对“云党建”引领多网融合创新基层治理等工作给予充分肯定。

【党组织及党员队伍状况】 截至2022年年底，全市共有各级党组446个，各级党委派出工委68个。有党的基层组织15334个，其中基层党委602个，总支部2172个，党支部12560个。城市街道党工委43个；城市社区（居委会）434个，建立党委9个，总支部370个，党支部55个；乡镇党委126个；乡镇社区（居委会）326个，建立党委2个，总支部238个，党支部86个；行政村1503个，建立总支部1166个，党支部337个。机关党组织2495个，建立党委184个，总支部123个，党支部2188个。事业单位党组织2592个，建立党委118个，总支部218个，党支部2256个。公有制经济党组织839个，建立党委61个，总支部36个，党支部742个。非公有制经济党组织1450个，建立党委8个，总支部7个，党支部1435个。社会组织党组织409个，建立党委4个，总支部10个，党支部395个。

截至2022年年底，全市党员总数341391名，比2021年净增加506名。其中，女性78698名，占党员总数的23.05%；少数民族25111名，占7.36%；35岁及以下的65529名，占19.19%；61岁及以上的127012名，占37.20%；大学专科及以上学历的138002名，占40.42%；高中、中技及以上学历的228598名，占66.96%。全市党员中，在岗职工95837名（其中，公有制单位85134名，非公有制企业7937名，社会组织2766名），占党员总数的28.08%；农牧渔民156389名，占45.81%；学生2475名，占0.72%；离退休人员55515名，占16.26%；其他31175名，占9.13%。

【理论武装】 10月16日，组织全市党员集中收看中共二十大开幕会，下午即组织部务会理论学习中心组开展学习研讨。11月29日至12月3日，举办市管干部学习贯彻中共二十大精神集中轮训第一期研讨班。组织部部长带头到乡村振兴联系点村作中共二十大精神宣讲报告，依托“云党建”平台开设“一图读懂”“党员热议”等中共二十大精神学习专栏，深入开展“一课一片一实践”等学习宣传活动，推动中共二十大精神传遍沅澧大地、走进千家万户，工作经验被中组部《组工信息》《中国组织人事报》宣传推介。深入学习贯彻中共十九届六中全会和省第十二次党代会精神，2月11日在全省14个市州中率先举办市级领导及县处级主要领导干部专题研讨班。7月19—22日，举办全市组工干部业务培训示范班，市直和县市区的402名组工干部参加培训。3个党性教育教学点成为韶山干部学院现场教学点，数量居市州第一。

【党建引领】 从严开展中共二十大代表推荐提名工作经验被《人民日报》宣传推介，3人当选中共二十大代表，人数超历届。“两联两包”基层治理和政务服务下沉模式入选全国乡村治理典型案例，石门县入选中组部党建引领基层治理试点县。庆祝“七一”活动被央视《新闻联播》宣传推介。“全员覆盖、精准施教、有效管用”立体式党员教育工作在全省作典型发言。强力推进“消薄攻坚、引领提升”八大行动（清产核资行动、主体培育行动、多元发展行动、政策支撑行动、项目扶持行动、配套供给行动、强基赋能行动、结对帮扶行动），2022年市县财政新增4700多万元专项资金扶持壮大村级集体经济，全市所辖2103个涉农村（社区）集体经济经营性收入均超过5万元。7月6日，高标准承办全省发展村级集体经济暨驻村帮扶工作推进片会，受到省委组织部、省农业农村厅的充分肯定。全面推开村（居）民代表常态化联系服务群众工作，创新设置“邻里互助群”强化居民自治。大力推进“云党建”引领多网融合创新基层治理工作，建成覆盖市县乡村的应急指挥系统，连通2211个智能感知设备和手机、无人机等移动终端，对防汛减灾等应急突发事件实现快速反应、精准调度。群众在乡镇即可受办社会保障卡申领等政务服务事项139项，在村级可受办就业登记等67项，11月8日，《人民日报》报道常德市依托党建“云平台”推进服务全覆盖工作经验。大力开展“两新”党组织组建攻坚行动，“两个覆盖”率位居全省第一，“两新”党建工作经验被省委内参《工作情况交流》刊发推介。

【干部工作】 制定出台《市管干部选拔任用工作流程》等5个政策文件，从严规范干部选拔任用。配合做好全国人大代表推荐工作，完成省人大代表、政协委员推荐提名工作。全力抓好市人大、政府、政协换届工作，128名组织提名人选在常德历史上首次实现全部满票当选。加强换届后领导班子建设，完成市政府工作部门正职随届任免，全年组织12批699人次的干部调整配备和职级晋升工作，班子结构不断优化，队伍活力不断增强，公平公正选人用人，社会反响良好。突出选拔培养年轻干部，全市有“80后”县处级干部109人，其中正处级干部14人，1980年左右出生的县市区长超过50%。建立市县科级年轻干部上下交流常态化机制，选派102名市直单位优秀年轻干部到乡镇任（挂）职。全市考录公务员1057人。石门县太平镇党委书记李宏纲和市社会救助事务中心分别被评为全国“人民满意的公务员”和“人民满意的公务员集体”，受到习近平总书记亲切会见，表彰数量位居全省市州第一。“健康生活·快乐工作”主题关爱行动经验被中组部组工信息宣传推介。

【人才工作】 围绕全面落实“三高四新”战略定位和使命任务，贯彻落实中央和省委人才工作会议精神，及时召开全市人才工作会议，市委书记曹志强署名文章《点燃高质量发展人才引擎》被《中国组织人事报》刊发。制定出台《常德市关于打造人才聚集高地的若干措施》，全面降低企业人才认定门槛、开辟事业单位引才绿色通道，工作经验被《湖南日报》、湖南卫视新闻联播宣传推介。召开首届先进制造业突出贡献人才暨首批高层次人才表彰大会，重奖61名突出贡献人才，一次性颁发奖金1220万元，975名高层次人才获得“常德人才绿卡”，工作经验被《人民日报》、湖南卫视新闻联播宣传推介。举办全市首届高技能人才培训示范班，培训产业工人1200余人。全年申报人才补贴人员数量、享受人才补贴人员数量、发放人才补贴金额同比分别增长56%、38%、27%。新引进高学历、高职称、高技能人才4029名，创历史新高。

【考核评价】 市委高度重视绩效考核工作，自加压力、抬高标杆，主动争取将常德由优势明显的B类调整到竞争激烈的A类地区进行考核，第一时间在市县两级同步成立相应机构，在全省14个市州中率先制定市绩效考核办法及实施细则。建立部门联动机制，出台《常德市绩效考核有关数据统计监测制度（试行）》，联合市发改委、市统计局等市直部门一月一分析、两月一调度、三月一通报，提请市委、市政府领导定期开展专题调度。建立交办约谈机制，每半年对指标权重高、考核分差大的单位进行重点交办、约谈提醒，要求作出说明并提出改进措施。建立考用结合机制，将考核结果与选拔任用、培养教育、管理监督、激励约束、问责追责结合起来，促进干部担当作为。市委书记曹志强先后主持召开全市高质量发展推进会议、创先争优调度会议，全面盘点绩效考核指标进展情况，分析形势，部署工作，全力创先争优。

【服务大局】 动员各级党组织和党员积极投身疫情防控、抗旱救灾、经济建设等重点工作，发挥战斗堡垒和先锋模范作用。8月30日，《人民日报》专门刊发评论《把好事实事做到群众心坎上》，肯定常德市基层党组织抗旱救灾做法经验。在疫情防控最吃紧的阶段，市委先后委派部长、常务副部长到鼎城区、津市市、安乡县带队督导指挥疫情防控工作。市委明确组织部牵头调度工作难度较大的老年人疫苗接种工作，提前超额完成省定目标任务，综合指标全省排名第一，工作经验被省委办公厅《要情汇报》和省疫情防控指挥部肯定推介。及时组织全市党政机关、事业单位工作人员就地转化为防疫志愿者，组建党员先锋队807支，下沉各级党员干部1.6万余人，线上培训5000多名防疫工作者，为全市疫情防控作出积极贡献。开展“党建引领、助力千企”行动，飞沃科技首发过会并获评省长质量奖。牵头负责全市新材料产业发展，金天钛业已经进入上市辅导报备阶段，力元新材料泡沫镍获评国家级制造业单项冠军产品。积极开展“送解优”行动，第一时间抽调千名干部联千企，及时举办企业技能提升培训班，深入7家企业协调解决问题11个，工作经验被湖南卫视《湖南新闻联播》宣传报道。

【推进千名干部联千企行动】 6月15日，召开全市千名干部联千企“送政策、解难题、优服务”行动政策培训会议。会后，市委组织部迅速贯彻落实会议精神，派出精干力量，组成工作组深入园区，积极响应、强力推进全市千名干部联千企行动，助力中央、省、市稳增长稳市场，经济高质量发展的精神、政策和各项措施落实落地落细，力求做到“快送政策、真解难题、最优服务”。

【全市组工干部业务培训示范班】 7月20日，全市组工干部业务培训示范班在市委党校开班，市委常委、市委组织部部长康重文出席并作开班讲话。培训班为期3天，在课程设置上以习近平新时代中国特色社会主义思想为指导，坚持问题导向、实践导向，立足工作实际，邀请省委组织部相关处室负责人以及市委组织部相关负责人进行专题授课，重点对基层党建、干部任免、干部档案审核、干部监督、公务员管理、公务员工资福利等方面进行业务辅导。全市组织系统干部共计342人参加开班式。

【选派年轻干部开展抓党建促乡村振兴专项挂职】 2022年9月，根据市委统一部署，常德市从市直机关、国有企事业单位选派93名优秀年轻干部到乡镇开展抓党建促乡村振兴专项挂职。9月16日，召开全市挂职干部集体谈话会议，市委组织部副部长、市委“两新”工委书记徐东远出席会议，市委组织部副部长、市公务员局局长（兼）唐海芳主持会议。

【收听收看中共二十大直播实况】 2022年10月16日上午10时，中国共产党第二十次全国代表大会在人民大会堂开幕，习近平总书记代表第十九届中央委员会向大会作报告。常德市各基层党组织和广大党员通过电视、手机、“云党建”平台、广播等多种形式，积极收听收看大会直播实况，认真聆听中共二十大报告。

【常德市举行首届先进制造业突出贡献人才暨首批高层次人才表彰大会】 12月8日，常德市举行首届先进制造业突出贡献人才暨首批高层次人才表彰大会。市委书记曹志强出席并讲话。市委副书记、市长周振宇主持会议。全市首届突出贡献人才推荐名额主要给予在税收贡献、产业投资、上市融资、科技创新等方面有突出表现的企业，全市装备制造、烟草、农产品精深加工、生物医药、新能源新材料等重点产业的61名突出贡献人才受到表彰。获评的突出贡献人才，每人一次性发放20万元奖金，发放“常德人才绿卡”，凭卡可享受子女入学、配偶就业、定期体检、休假疗养、就医诊疗、住房保障、职称评定、领导干部联系人才服务等多项

2022年12月8日，常德市举行首届先进制造业突出贡献人才暨首批高层次人才表彰大会 （市委组织部 供图）

优质服务。突出贡献人才先进事迹被制成展牌、电子海报、短视频等，线上线下广泛宣传，树立“尊崇人才”的鲜明导向。

【村（居）民代表常态化联系服务群众工作】 12月14日，常德市召开全市村（居）民代表常态化联系服务群众工作动员部署会，深入学习贯彻落实中共二十大精神，以及中央、省委关于推进基层治理体系和治理能力现代化的部署要求，认真落实省委常委、省委组织部部长汪一光到常德调研指导精神，全面动员部署村（居）民代表常态化联系服务群众工作。

（郭婷婷）

常德市首届先进制造业突出贡献人才一览表（61人）

表2 （排名不分先后）

序号	姓名	性别	工作单位及职务	企业所属区域
1	戴卫良	男	湖南中烟常德卷烟厂设备工程部部长	市直
2	伍　伟	男	湖南中烟常德卷烟厂设备工程部副部长	市直
3	袁建华	男	湖南中烟公司首席技能专家、常德卷烟厂卷包车间电气技术员	市直
4	刘体刚	男	湖南中烟公司首席机械维修专家、常德卷烟厂卷包车间卷接机械维修工	市直
5	袁三明	男	湖南中烟常德卷烟厂卷包车间高速卷接机械维修专家	市直
6	邓政权	男	湖南中烟常德卷烟厂卷包车间包装机械技术员	市直
7	曾令刚	男	湖南中烟常德卷烟厂卷包车间包装机械技术员	市直
8	庞志敏	男	湖南中烟常德卷烟厂卷包车间包装机械维修工	市直
9	李　洋	男	湖南中烟常德卷烟厂卷包车间卷接机械维修工	市直
10	金　灵	男	湖南中烟常德卷烟厂制丝车间电气维修工	市直
11	彭光裕	男	常德市三一机械有限公司总经理	经开区
12	赵　兵	男	常德市三一机械有限公司综合管理部部长	经开区
13	肖　廷	男	常德市三一机械有限公司工艺技术所负责人	经开区
14	朱　蒙	男	常德市三一机械有限公司工艺技术所副所长	经开区
15	李　立	女	常德市三一机械有限公司人力资源部经理	经开区
16	张辉容	男	湖南洞庭药业股份有限公司董事长	经开区
17	谢　亮	男	湖南洞庭药业股份有限公司副董事长兼总裁	经开区
18	罗　微	女	湖南洞庭药业股份有限公司总裁助理	经开区
19	单　辉	男	常德昆宇新能源科技有限公司总裁	经开区
20	宋　柏	男	常德昆宇新能源科技有限公司总经理	经开区
21	孙长亮	男	常德昆宇新能源科技有限公司工程技术总监	经开区
22	冯增亮	男	湖南武陵酒有限公司人力资源部经理	经开区

续表2

序号	姓名	性别	工作单位及职务	企业所属区域
23	唐　娟	女	湖南武陵酒有限公司公共关系部经理	经开区
24	苑振海	男	湖南恒安生活用纸有限公司总经理	经开区
25	邓家国	男	常德云港生物科技股份有限公司董事长	经开区
26	唐少芳	男	中联重科建筑起重机械有限责任公司总经理	高新区
27	梁　岱	男	中联重科建筑起重机械有限责任公司副总经理	高新区
28	秦洪仁	男	中联重科建筑起重机械有限责任公司副总经理	高新区
29	喻乐康	男	中联重科建筑起重机械有限责任公司副总经理	高新区
30	周国清	男	中联重科建筑起重机械有限责任公司副总经理	高新区
31	张新华	男	中联重科建筑起重机械有限责任公司总经理助理	高新区
32	刘　鑫	男	中联重科建筑起重机械有限责任公司总经理助理	高新区
33	卢晓岚	男	中联重科湖南特力液压有限公司党总支书记、总经理	高新区
34	易　鑫	男	中联重科湖南特力液压有限公司技术部部长	高新区
35	全必刚	男	湖南常德南方水泥有限公司总经理	高新区
36	刘京京	女	常德天鼎丰非织造布有限公司总经理	西洞庭
37	汪全胜	男	常德天鼎丰非织造布有限公司生产顾问	西洞庭
38	张　磊	男	常德天鼎丰非织造布有限公司厂长	西洞庭
39	邓其炎	男	常德天鼎丰非织造布有限公司综合管理部部长	西洞庭
40	刘关俊	男	常德烟草机械有限责任公司总装车间装调工程师	武陵
41	杨　刚	男	常德烟草机械有限责任公司研发中心产品研发工程师	武陵
42	符国强	男	常德烟草机械有限责任公司金工车间加工中心操作工	武陵
43	詹德清	男	常德金鹏印务有限公司设备动力部技术专家	武陵
44	王　斌	男	常德金鹏印务有限公司胶印技术专家	武陵
45	刘　杰	男	湖南飞沃新能源科技股份有限公司总经理兼总工程师	桃源
46	童　波	男	湖南飞沃新能源科技股份有限公司螺栓事业部总经理兼精益办总监	桃源
47	毕志国	男	湖南重庆啤酒国人有限责任公司厂长	澧县
48	祝洪涛	男	康哲（湖南）制药有限公司总经理	澧县
49	郑大田	男	稳健平安医疗科技（湖南）有限公司副董事长	澧县
50	李昌清	男	葛洲坝石门特种水泥有限公司党总支书记、董事长	石门
51	吴志刚	男	湖南湘佳牧业股份有限公司董事、副总裁	石门
52	何业春	男	湖南湘佳牧业股份有限公司副总裁兼董事会秘书	石门
53	项　勇	男	石门海螺水泥有限责任公司党总支书记、总经理	石门
54	李广庆	男	石门海螺水泥有限责任公司副总经理	石门
55	朱元昌	男	石门海螺水泥有限责任公司总经理助理	石门
56	曾培安	男	康普药业股份有限公司董事长兼总经理	汉寿
57	李多娇	女	康普药业股份有限公司总部生产基地总经理	汉寿
58	马强勇	男	临澧冀东水泥有限公司党总支书记、董事长	临澧
59	李建会	男	临澧冀东水泥有限公司党总支副书记、经理	临澧
60	王汝元	男	湖南安福环保科技股份有限公司董事长	临澧
61	何　毅	男	临澧金华天机械制造有限公司工艺工程师	临澧

宣传工作

【概况】 2022年，常德市宣传思想战线以习近平新时代中国特色社会主义思想为指导，深入学习宣传贯彻中共二十大精神，自觉承担举旗帜、聚民心、育新人、兴文化、展形象的使命任务，围绕中心、服务大局、守正创新，取得较好成绩。获评全国“扫黄打非”工作先进集体、中宣部舆情信息工作优秀单位，柳叶湖河街入选第二批国家级夜间文化和旅游消费集聚区名单。省委常委、宣传部部长杨浩东两次到常德调研，实地考察文旅产业发展、文明城市创建、县级媒体融合、乡风文明建设、乡村振兴等工作，全市宣传思想战线深受鼓舞和鞭策。

【中共二十大精神学习】 紧扣迎接宣传贯彻中共二十大工作主线，开辟“二十大时光”“贯彻落实党的二十大精神”等专题专栏，推出《地方曲艺进屋场　二十大精神传万家》等重点报道200余篇、“领航中国·常德篇”系列成就报道7篇、“奋进新征程　建功新时代·非凡十年”系列专版59个，全景展示中共十八大以来常德农业、工业、城市建设等方面的巨大变化。策划“二十大代表在基层”系列报道，组织媒体记者进工厂、到农村，推出《提升技能水平　当好技术人才——邱宝珠进企业宣讲党的二十大精神》等报道。组建市委宣讲团开展集中宣讲，依托党的创新理论大学生宣讲团、基层巾帼民兵队、青年讲师团等，探索灵活多样的微宣讲模式，开展“大手拉小手”理论宣讲、“党的理论青年说”等活动，充分发挥10支市级新时代文明实践专业志愿服务队作用，推动中共二十大精神深入人心。举办“沿着总书记指引的方向奋勇前进”微宣讲比赛，在常德全媒视频号上推送11位获奖选手的宣讲视频。开展“文理相融”文艺宣传活动，运用常德丝弦、汉剧高腔等本土文艺形式，讲述常德故事。先后推出以优秀退伍军人龙兵先进事迹为蓝本的小歌剧、小舞台剧《凡人英雄》《军号再次吹响》；拍摄以翦伯赞事迹为题材的电影《翦伯赞》成功首映。举办“喜迎二十大　强国复兴有我‘看见常德’书法美术摄影作品展”“喜迎二十大、书写新常德”首届“丁玲杯”散文征文大赛，为宣传中共二十大营造浓厚氛围。常德市“喜迎二十大　奋进新征程”2022年“全民阅读·绿书签”活动的经验做法受到省委宣传部《每周要情》宣介。

【思想理论建设】 持续办好“在习近平新时代中国特色社会主义思想指引下”宣传专栏，高标准高质量组织13次市委理论学习中心组学习，在《常德日报·理论版》推出一批高质量理论研讨文章。开展“声动新时代　沅澧好声音”第二季基层微宣讲比赛，150多支宣讲小队，开展比赛300多场，让中共十九届六中全会和省第十二次党代会精神落地回响，生根基层。联合湖南文理学院成立党的创新理论大学生宣讲团，开展“喜迎二十大、奋进新征程”巡回宣讲，分众化对象化编排村民版、企业职工版、党员干部版等宣讲课程，开展宣讲271场，听众近3万人。出台《关于推动党史学习教育常态化长效化的实施意见》，巩固拓展党史学习教育成果。持续抓好“学习强国”学习平台功能应用，常德“学习强国”学习平台活跃度和上稿工作居全省前列。整合退伍女兵、优秀军嫂、基干民兵等力量，组建基层巾帼民兵宣讲队，结合国防教育、文明创建、疫情防控等开展“理论+”宣讲21场，受到《人民日报》宣介。常德市丁玲纪念馆获评省优秀社科普及基地。

【精神文明建设】 全面启动新一轮全国文明城市创建。成立党政主要领导任“双组长”的创建工作领导小组，由分管市级领导牵头11个工作组和11项专项整治行动，修订《常德市全国文明城市创建工作督导问责办法》，对农贸市场、背街小巷、小区等管理实行日调度制度，建立模拟测评机制，一城五区城市管理考评、农村人居环境整治考核与全国文明城市创建工作的联动机制，公职人员和公务车辆特定不文明交通行为月通报机制，开展静态问题达标和动态问题时段性阶段性管控。开展“干群齐参与　共创文明城”主题活动，推进“六位”（岗位、学位、床位、车位、厕位、梯位）实事惠民专项行动，受到市民广泛参与和支持。顺利通过中央文明办复核验收，在省文明办组织的年度测评中排名全省同类市州第一，全域所有县市在省级文明城市测评中均取得90分以上的优异成绩。全力推进新时代文明实践中心建设工作，建成新时代文明实践中心14个、新时代文明实践所173个、新时代文明实践站2263个，覆盖率均达100%，建成新时代文明实践点469个，成立新时代文明实践志愿服务队2300余支，有志愿者75万余人，打造“傍晚课堂”“湖水守望”“微爸微妈”“法治夜话”“圆梦微心愿”等志愿服务活动品牌，基本打通宣传群众、教育群众、服务群众的“最后一公里”。评选表彰新时代好少年116名，推荐全国、全省新时代好少年共3名。15人上榜“湖南好人”、1人上榜“中国好人”。临澧县消防救援大队获评“全国学雷锋活动示范点”。

【新闻宣传】 围绕产业发展、营商环境、粮食生产、生态环保、重大典型等，积极做好央媒、省媒上稿，在中央主要媒体上稿629篇，省级主要媒体上稿1070篇，其中《人民日报》46篇，同比增长35%；央视150篇（含《新闻联播》15条、《焦点访谈》3条），同比增长20%。宣传推介的“口哨哥”曾祥富获评全国岗位学雷锋标兵、全国特级优秀人民警察，受到习近平总书记集体会见；货运司机龙兵作为湖南省唯一获奖者获得2022年全国最美职工，荣获全国五一劳动奖章；石门县“足球育人”经验在中央改革办《改革情况交流》刊登推介，受到省委原书记张庆伟批示肯定；乡村教师麻小娟获评“中国好人”，先进事迹受到广泛好评，在全国引发广泛热议，受到省委原副书记朱国贤批示肯定。协同央视拍摄纪录片《湿地：我们的家园》（常德篇），并通过英语、西班牙语、阿拉伯语等向全球播发。聚焦六大专项行动、优化营商环境、安全生产、文明创建、疫情防控等市委、市政府中心工作，开辟专题专栏40余个，推出相关报道3300多篇。打造以“常德发布”为龙头的宣传矩阵，截至2022年年底，“常德发布”“粉丝”数突破15万人。

【公共文化服务体系建设】 充分发挥常德原创文艺奖、丁玲文学奖导向作用，创作生产的汉剧《我娘是片钥匙》、汉剧《蒯伯赞》、歌曲《呼春色》获评湖南省第十五届精神文明建设“五个一工程”奖。鼓盆歌《菜缘》、常德丝弦《一张站票的故事》《只要主义真》入围第十二届中国曲艺牡丹奖决赛（全省4个节目入围）。荆河小戏《兰江渡》、常德丝弦《不屈的怒吼》、鼓盆歌《菜缘》入围中国艺术节群星奖决赛。深入推进文旅融合发展，出台助力文旅企业复苏“十条措施”，暂退45家旅行社质保金644万元，拿出300万元奖励旅游促销，举办2022中国旅游日湖南宣传活动启动仪式暨桃花源文化旅游节、周游三湘“湖南人游常德”、常德旅发大会暨常德红茶文化节等活动，中南地区最大的综合性主题公园汉寿野生动物世界正式开园，以澧县城头山古文化遗址为代表的农耕文化，入选湖南全域旅游五大名片之一。常德河街入选国家级夜间文化和旅游消费集聚区。

【“扫黄打非”工作】 扎实推进“扫黄打非”工作，着力开展健全机制的“总体战”、基层办点的“人民战”、案件查办的“攻坚战”，共查办“扫黄打非”案件48起，其中1起获得全国挂牌、3起省挂牌，“密室剧本杀”及其类似文化经营场所集中清查整治等创新做法受到新华社、《人民日报》等中央主流媒体宣介。

【中共常德市委宣传部获评中宣部舆情信息工作优秀单位】 2022年5月，中共常德市委宣传部获评2021年度中宣部舆情信息工作优秀单位。中共常德市委宣传部连续5年被确定为中宣部舆情信息直报点，2022年共向中宣部报送舆情信息2714条，其中采用166条，连续多月保持全国前列，排名全省第二，仅次于长沙市。

【“礼赞新时代 奋进新征程”2022年常德市群众文艺演出百团大赛】 12月15—22日，在常德市广播电视台演播厅举行“礼赞新时代 奋进新征程”2022年常德市群众文艺演出百团大赛总决赛。该活动是常德市连续第十一年举办的群众文艺演出“百团大赛”。2022年的“百团大赛”形式和赛程有较大调整，除了原有的专业院团的比赛，新增群众文化团体的比拼。各县市区队伍每场比赛采取两两比拼的赛制，全部8场比赛都在线上线下进行同步直播。《兴师问罪》等10个节目获得群文类优秀原创节目奖，《花式感恩》等6个节目获得专业类优秀节目奖，文超等10人获得优秀演员奖。

（娄　艳）

统战工作

【概况】 2022年，市委统战部聚焦中共二十大和统战政策提出一百周年全市统一战线围绕中心，服务大局、守正创新、砥砺奋进，充分发挥统一战线独特优势，广泛凝聚共识，积极汇聚力量，统战各领域工作取得新进展。

【落实党管统战责任】 2月7日，市委书记曹志强主持召开市委常委会（扩大）会议，传达学习全国、全省统战部长会议精神。2月28日，市委书记曹志强调研全市统一战线工作并召开座谈会。7月22日，市委书记曹志强主持召开市委常委会会议，传达学习习近平总书记在新疆考察调研重要讲话精神和《中国共产党政治协商工作条例》。8月19日，市委书记曹志强主持召开市委常委会会议，传达学习中央统战工作会议等会议和重要讲话精神，并研究常德市贯彻落实意见。9月14日，市委书记曹志强主持召开市委统一战线工作领导小组全体会议，学习贯彻习近平总书记关于做好新时代党的统一战线工作的重要思想，传达学习中央统战工作会议精神、省委有关会议精神、有关政策，听取有关情况汇报，审议相关文件，研究部署下一阶段统战工作。9月29日，市委书记曹志强主持召开市委常委会会议，传达学习省委贯彻落实中央统战工作会议精神和省生态环境保护民主监督工作相关会议精神。10月31日，全市统一战线传达学习中共二十大精神大会召开。市委副书记、市委统战部部长陈华主持会议。会议向各民主党派常德市委会、市工商联负责人和无党派人士代表等传达中共二十大精神，并部署学习、宣传、贯彻工作。11月12日，市委书记曹志强到湖南飞沃新能源科技股份有限公司宣讲中共二十大精神。12月8日，市委召开贯彻落实中央和省委统战工作有关会议精神推进视频会，市委书记曹志强参加会议并讲话，市委副书记、市长周振宇主持会议。

【多党合作】 1月13日，常德市召开2021年度各民主党派市委会、市工商联和无党派人士参政议政专题调研成果汇报会。市委书记曹志强出席并讲话。市委副书记、市长周振宇主持会议，并现场交办2021年度参政议政专题调研成果采纳落实工作。7月14—15日，全国政协副秘书长、民建中央副主席兼秘书长李世杰，民建中央能源与资源环境委员会主任、生态环境部大气环境司司长刘炳江一行，到常德开展长江生态环境保护民主监督调研。常德在削减控制对洞庭湖污染、长江生态环境保护修复方面所做的工作得到李世杰的认可。9月1日，全国政协副主席、民革中央常务副主席郑建邦在北京会见中共常德市委副书记、市委统战部部长陈华一行，就常德经济社会发展、石门县磨市镇乡村振兴示范片、洞国学校建设等情况进行交流座谈。9月27—28日，省政协副主席、致公党省委会主委胡旭晟带领致公党省委会调研组到常德开展长江（洞庭湖）生态环境保护民主监督调研，并召开致公党省委会对口常德市开展长江（洞庭湖）生态环境保护民主监督第一年度情况通报会。

【侨务工作】 7月9日，常德市侨联青年委员会（以下简称市侨青委）成立。市委副书记、市委统战部部长陈华出席成立大会并致辞。市侨青委是常德市侨联直接领导的以留学归国人员、归侨侨眷、海外侨胞和正在海外留学、工作的优秀青年为主体的联谊性组织。市侨联兼职副主席、市留学生联谊会会长左非当选市侨青委会长。7月9日，常德市为侨服务联盟成立。该联盟成员包括45家优秀企业与组织，涵盖衣、食、住、行、学等现代服务业。主要为市侨商会会员、留学生联谊会会员、归侨侨眷等代表人士、侨联系统干部职工提供优于市场价的产品和服务，提升侨界人士的幸福感、获得感和成就感。

2022年1月25日，市委副书记陈华（右）走访慰问归侨侨眷代表人士

（常德市委统战部 供图）

【非公有制经济服务】 3月22日，市委书记曹志强主持召开全市优化营商环境企业家座谈会。湘佳牧业、飞沃新能源、响箭重工、迪文科技、康普药业、佳和冷链等16家企业负责人结合实际，指出当前困难和问题，提出优化营商环境意见和建议。4月20日，市委副书记、市长周振宇主持召开市非公有制经济工作领导小组2022年第一次全体会议，落实习近平总书记关于非公有制经济健康发展的重要论述精神、省非公有制经济工作领导小组第一次全会精神，研究部署下阶段有关重点工作。会议审议《常德市非公有制经济工作领导小组工作规则》《常德市非公有制经济工作领导小组办公室工作细则》《常德市非公有制经济工作领导小组2022年工作要点》《异地常德商会激励考评办法（试行）》。7月5日，市委副书记、市委统战部部长陈华带领市直相关部门负责人，到石门县开展“送政策、解难题、优服务”行动。7月13日，省人大常委会党组书记、副主任刘莲玉率队到湖南湘佳牧业股份有限公司，开展省领导联系民营企业家调研。7月25—27日，全国工商联党组成员、副主席邱小平率全国工商联第六联系调研组到常德调研，并着重就民营企业如何“走出去”召开座谈会。

【市黄炎培职业教育奖创业规划大赛】 6月14日，2022年常德市黄炎培职业教育奖创业规划大赛落幕。大赛历时3个多月，全市14所全日制中等职业学校（技工院校）、在常德高校中职部的70支代表队参赛。大赛已连续举办9年，2022年参赛学生达260多人，为历年最多。市政协副主席袁世平出席颁奖仪式并讲话。

【新的社会阶层人士“喜迎二十大、同心跟党走”助力乡村振兴主题活动举行】 6月25日，“寻美常德·相约常德”新的社会阶层人士“喜迎二十大、同心跟党走”助力乡村振兴主题活动举行，市新阶联理事、“常德网络人士采写团”成员一行40人前往澧县马头铺镇龙洞裕村和甘溪滩镇溪上美术馆“寻美”。

【开展新一届特约人员聘请工作】 8月17日，常德市开展新一届特约人员聘请工作，19家政府工作部门和司法机关集中聘请112名特约人员，每个单位聘请5～8人，聘期3年。市委副书记、市委统战部部长陈华，副市长周代惠出席集中聘请大会。该届特约人员由市委统战部根据实际需要和对口联系情况组织开展人选推荐、统筹安排，侧重于教育、医疗、法律、农业、经济等方面的专业人才，均为参政议政能力较强的党外代表人士，其中有民主党派成员93人，无党派人士16人，非公有制经济代表人士31人，新的社会阶层代表人士18人；担任省市两级人大代表、政协委员的72人，占比64.3%；具有硕士及以上学历的33人，占比29.5%，具有本科及以上学历的97人，占比86.6%；拥有中级及以上专业技术职务的59人，占比52.7%。

（蒋宇杰）

外事工作

【概况】 2022年，常德市外事管理工作坚持重大涉外事项、重要涉外信息报告和通报机制，协调指导全市各类涉外活动高效有序开展。市委外事办积极配合外交部做好“一省（区市）一策”工作，确定今后五年常德市对外交往重点方向和领域；全年共编辑《外事、港澳工作速览》20期，为市委、市政府科学决策当好参谋助手。完善因公出国（境）、外国人到常德邀请、APEC商务旅行卡“一站式”办理机制，大力营造良好涉外营商环境。妥善处理9名常德籍公民海外意外伤亡事故，协助11名常德籍公民紧急撤离乌克兰，持续开展危乱地区人员劝撤劝返。

【外事交流】 策划日本东近江市琵琶湖学院与湖南幼专、常德职业技术学院线上交流活动。向友好城市斯里兰卡阿努拉达普拉市提供资金援助，帮助应对当前经济危机。与乌干达穆科诺市正式签订友好合作城市意向书。保持与国际友城政府及民间友好人士常态化线上交往。经省委外事办评选，新增常德河街、常德博物馆2家单位为省级优秀涉外参观点。2022年4—11月，东北亚地区地方政府联合会举办“第十届东北亚青少年绘画作品征集活动”，常德市选送作品《醒狮少年》《云上布达拉》获奖，并在韩国各地进行巡展。

【疫情防控】 严格履行市疫情防控指挥部外事组工作职责，疫情期间取得境外疫情零输入、在常德外籍人士零感染的良好防控成果。针对奥密克戎病毒新特点，印发《中共常德市委外事工作委员会办公室关于做好涉外疫情防控工作的通知》，进一步明确全市各级外事系统职责分工。构建市县乡三级外事服务网络，引导外籍人士及时关注权威信息发布，积极配合全市疫情防控政策，针对反映的各类问题和需求尽力予以协调解决。

【日本琵琶湖学院与常德市院校线上“虚拟互访”活动】 常德市与日本东近江市正式缔结友好城市关系近三十载，两市友好交往密切。为纪念中日邦交正常化50周年，2022年12月7日，来自湖南幼专和琵琶湖学院大学的40名师生代表相聚云端，共话友谊。活动中，两校校长首先互致问候，双方师生表演了独具地方特色的常德丝弦、日本和太鼓、湖湘手工艺作品和教师“三字一画”等节目，双方就教育实践、专业特色、校园生活等议题开展深入交流，通过直观互动，两校青少年彼此加深了解。

【常德市与乌干达穆科诺市签订友好合作城市意向书】 2023年1月11日，常德市委副书记、市长周振宇与乌干达穆科诺市市长穆卡萨·埃里萨·恩科约约以录制视频的形式，正式签订《友好合作城市意向书》，穆科诺市成为常德市第4座友好合作城市。根据《友好合作城市意向书》，双方同意在平等互利的基础上，加强两市间的友好交往和经济、贸易往来，积极开展科教文卫旅体、环境和自然资源管理、社区基础服务等各个领域的交流与合作，进一步做好国际合作项目，促进两市经济社会发展，努力实现互利双赢。

（何梦彧）

港澳台工作

【概况】 2022年，常德市积极推动融入粤港澳大湾区。加强与香港特区政府驻武汉办事处联络联系，促进常德与粤港澳在经贸、科技、文化等领域的交流合作；积极对接粤港澳大湾区“菜篮子”工程，在常德市培育一批农产品示范基地。贴心服务港澳资企业。中共常德市委办公室领导多次带队，深入企业走访调研，关心支持驻常德港澳资企业家和员工、常住常德市港澳居民工作和生活，帮助协调解决困难问题。积极参加周年活动。常德市委常委、宣传部部长彭晛丹带领常德市港澳办负责人参加香港特别行政区政府在长沙举办的香港特别行政区成立25周年庆祝活动并举行晚宴，与香港企业家代表共叙情谊、共谋两地发展。

台贸台资。2022年，常德市引进台资项目1个，总投资1.5亿元。组织赴广东东莞、中山等地拜会台商台企，举办“常德（中山）对台招商推介会”。

涉台交流与服务。中央台办、国务院台办副主任龙明彪到常德调研。《发挥交流基地作用　推动常台交流合作》的经验做法在全省对台工作会议交流。在省委台办组织的两年一次的检查讲评工作中，桃花源对台交流基地工作稳居全省先进行列。编印发放惠企政策“口袋书”，深入推动惠台措施、惠企政策落实落地，助推台资企业健康稳定发展。协调市中院设立涉台审判法官工作室，坚持协商、仲裁、司法多措并举，依法依规开展涉台纠纷调处工作，切实维护台商台企合法权益，协调解决台胞求助事项53件。

涉台教育与宣传。深入开展台海形势教育，举办宣讲报告会5场。组织常德市台协干部集中收看中共二十大开幕式，举办“喜迎二十大·共赴新征程”座谈会。

【中央台办、国务院台办副主任龙明彪到常德调研】　8月25—26日，中央台办、国务院台办副主任龙明彪一行3人到常德调研。在常德期间，龙明彪一行前往常德市台协看望在常德台湾青年代表，赴桃花源对台交流基地实地了解常德市对台交流工作情况和基地建设管理情况。

【常德（中山）对台招商推介会】　9月23日，中共常德市委办公室在中山举办“常德（中山）对台招商推介会”，市委副秘书长杨帆参加。座谈推介会上，杨帆向与会台商全面介绍常德经济社会发展情况和区位优势、产业基础、优惠政策、营商环境等方面情况，真诚欢迎台商朋友到常德交流考察、投资兴业。

（何梦彧　洪科）

民族宗教工作

【概况】　民族工作。2022年，市委统战部向中央、省级争取乡村振兴补助资金共1079万元，毛家滩回维乡和石门县新铺镇中河铺村被列入湖南省第二批少数民族乡村振兴试点单位。举办全市铸牢中华民族共同体意识培训班，各区县（市）少数民族干部和市委统战工作领导小组成员单位联络员参加培训。编印《民族理论知识应知应会手册》口袋书3000余册，发放给区县市民族工作部门及民族工作重点县乡相关工作人员。石门县维新镇、武陵区高山街社区被评为全省第十批民族团结进步示范单位，桃源县“中华民族一家亲”展示馆被评为全省第三批民族团结进步教育基地。

宗教工作。1月14日，市委书记曹志强主持召开市委常委会会议，传达学习全省宗教工作会议精神。深入学习领会全国宗教工作会议、全省宗教工作会议精神，持续做好宗教工作，坚持宗教中国化方向，加强党对宗教工作的集中统一领导，不断开创常德市宗教工作新局面。11月，面对疫情反复，全市宗教界严格执行相关防疫举措，全市所有宗教活动场所和民间信仰活动场所实现疫情防控“零感染”。

【省民族团结进步创建工作现场推进会】　9月8日，湖南省民族团结进步创建工作现场推进会在常德市桃源县召开。省民宗委党组书记、主任，省委统战部副部长（兼）向恩明出席会议并讲话。会议为第十批全省民族团结进步示范区示范单位和第三批民族团结进步教育基地等40家单位授牌，常德市石门县维新镇、武陵区府坪街道高山街社区、桃源县“中华民族一家亲”展示馆3家单位上榜。湘西州、怀化市、邵阳市、张家界市、常德市桃源县在会上作交流发言。同时，湖南省全面实施“三项计划”和2022年全省民族团结进步宣传月正式启动。

【省人大领导调研民族宗教侨务工作】　2月22—23日，省人大常委会副主任陈文浩率省人大民侨外委、省民宗委、省侨联等单位负责人，到常德开展民族宗教侨务工作调研。调研组召开专题座谈会，听取市人大常委会、市政府及有关部门民族宗教侨务工作情况汇报，听取大家对做好新形势下人大民侨外委工作的意见和建议。

【少数民族文化体育发展】　8月18日，常德市52人代表团参加湖南省第十届少数民族传统体育运动会第一阶段比赛，首次组队参加的押加项目获得2枚铜牌。在参加湖南省第八届“铸牢中华民族共同体意识建设伟大祖国建设美丽家乡”主题演讲比赛中，常德市参赛选手湖南省湘北职业中专学校土家族覃开武、湖南应用技术学院侗族邓媛分别获主题演讲比赛一等奖、三等奖。

【省民委领导调研宗教工作】　5月7—8日，省民宗委党组书记、主任，省委统战部副部长（兼）向恩明带队，到常德市调研指导宗教领域安全生产工作。向恩明一行先后到柳叶湖天主教堂、常德清真寺、石门县基督教福音堂、夹山寺等宗教活动场所，现场了解房屋建筑安全、消防设施配备、燃气电路安全等情况，就如何抓好宗教领域安全生产工作进行指导。

【黄国政获评首届全国宗教界先进个人】 12月29日，中央统战部以电视电话会议形式召开首届全国宗教界先进集体和先进个人表彰大会，汉寿清真寺阿訇黄国政获评首届全国宗教界先进个人。

（蒋宇杰）

互联网信息化管理

【概况】 2022年，互联网信息化管理工作取得良好成效，网民留言办理、互联网行业党建、指尖上的形式主义治理、网上正面宣传等工作经验被中央、省委网信办专题推介。

网上宣传。聚焦网上理论宣传阐释，开设“在习近平新时代中国特色社会主义思想引领下”“领航中国”等专题专栏，做好理论阐释二次传播。创新开展“一条视频带火一座城”网络主题宣传活动，《湖南五张名片之常德城头山》等多个作品在抖音等平台形成热搜，累计点击量超过2.7亿次。“常德交警10秒飞身刹停失控公交车”短视频被《人民日报》、新华网、央视网等主流新媒体平台以“这10秒，全网点赞”等为题进行重点推介并置顶推送，全网累计点击量超过3.5亿次。指导策划的《麻老师的“一千零一夜”》《5年吹坏108个口哨》入围省委网信办“十年家国十年心”项目。

网络防护。组织开展常德2022年国家网络安全宣传周系列活动。开展网上有奖答题，328万名网民齐参与，实现网络安全知识宣传全覆盖，在全市范围营造出学习网络安全、守护网络安全的良好氛围。开展重要信息系统网络安全应急演练。制定出台《常德市网络安全审查办法（试行）》，明确网络安全审查范围、标准等内容。

【首届“网聚正能量 评出新风采”网评大赛】 6月2—24日，举办首届“网聚正能量 评出新风采”网评大赛。31家市直单位和15个区县（市）共230人齐参与，推出1800余条高质量评论，有效提升网评工作能力和水平。

【常德市2022年国家网络安全宣传周活动】 9月5日，常德市2022年国家网络安全宣传周活动启动。开展六大主题日活动，宣传《文明上网倡议书》，常德丝弦版《网络安全靠大家》旧词新作。全民票选出屈建民、龙兵、曾祥富等8名网络安全宣传形象大使。百万网民齐答题，公益短信覆盖超100万人次，制作3万余份折页、500余条新闻报道、200余块户外大屏、40余条原创音视频等。

（王　华）

2022年12月常德市新媒体情况表

表3

序号	账号名称	新媒体平台类别	序号	账号名称	新媒体平台类别
	政务、媒体类		13	常德V青年	微信公众号
1	常德全媒	抖音	14	常德交警	微信公众号
2	津市公安	抖音	15	常德消防	抖音
3	常德市第一人民医院	微信公众号	16	常德人社	微信公众号
4	常德市第一中医医院	微信公众号	17	武陵政府网	微信公众号
5	平安常德580	微信公众号	18	平安津市	微信公众号
6	常德发布	抖音	19	常德公安	新浪微博号
7	常德共青团的微博	新浪微博号	20	常德生态环境	微信公众号
8	湘雅常德医院	微信公众号（服务号）	21	常德第一人民医院	微信公众号
			22	常德就业	微信公众号
9	常德福彩	抖音	23	常德市文旅广体局	新浪微博号
10	常德日报	抖音	24	科普常德	微信公众号
11	常德消防	微信公众号	25	澧洲民警	微信公众号
12	微言常德教育	微信公众号	26	石门融媒	微信公众号

续表3

序号	账号名称	新媒体平台类别	序号	账号名称	新媒体平台类别
27	常德全媒	微信公众号	65	常德市图书馆	微信公众号
28	津声津事	抖音	66	常德市一中	微信公众号
29	常德公安	微信公众号	67	常德市第一人民医院	抖音
30	常德全媒	今日头条	68	湖南文理学院	新浪微博号
31	清廉常德	微信公众号	69	常德全媒	视频号
32	常德中院	新浪微博号	70	湘西北人力资源市场	微信公众号
33	湖南文理学院	抖音	71	常德职业技术学院招生就业在线	微信公众号
34	常德市交通警察支队	新浪微博号	72	常德无访	微信公众号
35	常德统战	微信公众号	73	湖南文理学院招生就业处	微信公众号
36	鼎级传媒	微信公众号	74	常德人民广播电台	微信公众号
37	津市融媒	微信公众号	75	武陵公安	抖音
38	临澧公安	抖音	76	常德全域旅游	微信公众号
39	常德智慧党建	微信公众号	77	湖南文理自律会	微信公众号
40	常德市生态环境局	新浪微博号	78	常德市郡德学校	微信公众号
41	津市公安	微信公众号	79	湖南文理学院图书馆	微信公众号
42	常德疾控	微信公众号	80	石门发布	微信公众号
43	湖南文理学院	微信公众号	81	常德市康复医院	微信公众号
44	津市市人民医院	微信公众号	82	武陵融媒	微信公众号
45	常德交警	抖音	83	武陵公安	微信公众号
46	常德公积金	微信公众号	84	安乡公安	微信公众号
47	石门警事	微信公众号	85	国网常德供电公司	新浪微博号
48	临澧公安	微信公众号	86	湖南西湖	订阅号
49	文理团青微联盟	微信公众号	87	常德消防	新浪微博号
50	常德紫菱缘	微信服务号	88	湖南文理学院后勤处	微信公众号
51	常德公交	微信公众号	89	常德电台	抖音
52	蓉国新赋	企业公众号	90	我在常德柳叶湖	微信公众号
53	常德全媒	快手号	91	常德市文化馆	微信公众号
54	常德市第三人民医院	微信公众号	92	常德市场监管	微信公众号
55	湖南幼儿师范高等专科学校	微信公众号	93	常德市科学技术馆	抖音
56	汉寿公安	微信公众号	94	常职青年	微信公众号
57	常德市不动产登记中心	微信公众号	95	常德经投集团	微信公众号
58	常德供水	微信公众号	96	紫菱至上党建	微信订阅号
59	湖南文理学院微博协会	新浪微博号	97	鼎级传媒	视频号
60	常德市妇女联合会	微信公众号	98	鼎城融媒	抖音
61	鼎城公安	微信公众号	99	常德交通广播应急广播	微信公众号
62	湘雅常德医院	抖音	100	湖南幼儿师范高等专科学校	抖音
63	桃源公安	微信公众号	101	常德全媒官方	新浪微博号
64	常德职业技术学院	微信公众号			

续表3

序号	账号名称	新媒体平台类别	序号	账号名称	新媒体平台类别
102	常德市第一中医医院订阅号	微信公众号	138	常德市建筑设计院有限责任公司	微信公众号
103	常德市老干部活动中心老年大学	微信公众号	139	鼎城交警	微信公众号
104	常德技师学院	微信公众号	140	创新常德	微信公众号
105	常德市退役军人事务局	微信公众号	141	建行常德分行	抖音
106	常德交警直属一大队	新浪微博号	142	常德市第一中医医院	抖音
107	常德老干部	微信公众号	143	常德旧影	视频号
108	常德市七中	微信公众号	144	常德就业	抖音
109	常德市医疗保障局	微信公众号	145	常德审计	微信公众号
110	常德民政	微信公众号	146	常德史志	微信公众号
111	常德音乐广播	微信公众号	147	常德电信	微信视频号
112	常德新闻联播	视频号	148	常德路桥集团	微信公众号
113	常德自然资源和规划	微信公众号	149	常德交警	视频号
114	常德交警直属二大队	新浪微博	150	常德市政	微信公众号
115	常德慈善	微信服务号	151	常德市供销社	微信公众号
116	常德市第一中医医院	视频号	152	常德市科学技术馆	视频号
117	常德检察	微信公众号	153	常德消防	视频号
118	常德交通	微信公众号	154	常德市贸促会	微信公众号
119	津市组工	微信公众号	155	常德贸促	新浪微博号
120	常德市歌舞剧院	微信公众号		**自媒体类**	
121	常德人民广播电台	视频号	1	旅行者：小多	抖音
122	常德市人民政府办公室	微信公众号	2	常德微资讯	新浪微博号
123	华南光电	微信公众号	3	有嘎味	抖音
124	常德水文	微信公众号	4	常德维度	微信公众号
125	常德市住房保障服务中心	微信公众号	5	碧翰烽	今日头条
126	常德音乐广播	抖音	6	常德微生活	微信公众号
127	常德政研	微信公众号	7	乐活常德	微信公众号
128	湖南省武陵监狱	微信公众号	8	书韵闲话	微信公众号
129	常德工信	微信公众号	9	常话短说	抖音
130	常德交警支队直属四大队	新浪微博号	10	图说常德	微信公众号
131	常德财政	微信公众号	11	安子传媒	微信公众号
132	常德戒毒	微信公众号	12	纤指拂弦	配音秀
133	常德农业农村	微信公众号	13	莫倦观察	美篇
134	常德商务	微信公众号	14	兰笑下江南	抖音
135	常德电信下南门营业厅	抖音	15	周星星释法	抖音
136	常德园林	微信公众号	16	汇常德	微信公众号
137	常德统计	微信公众号	17	常德家	视频号

机构编制工作

【概况】 2022年，常德市在全省率先出台处理事业单位改革有关问题的1个原则意见和5个操作办法，在全省率先开展机构编制执行情况和使用效益评估工作，完成两批共256家机关和事业单位的试点任务，指导临澧县开展消防系统行政执法权委托下放乡镇街道省级试点，为破解基层综合行政执法难题贡献常德智慧和常德经验，持续推进党政机关控编减编工作，实现市、县、乡三级行政编制连续十年不超总量的目标。市委机构编制委员会办公室（以下简称市委编办）获评省级文明标兵单位。

重点领域改革工作。党政群机构改革。理顺主管部门与所属事业单位管理关系、商务部门与招商促进事务中心管理关系、武陵区自然资源局机构编制和人财物管理权下放权责关系。调整优化城市停车管理、控违拆违、议事协调机构管理等职责任务。调整市县党委国安办、绩效办、财经办、国动办管理体制。完善常德日报社等单位的主要职责。公益类事业单位改革。出台事业单位改革有关问题处理的原则意见和公益类别调整、财政保障方式、绩效工资核定、人员流动管理、编制规模调整等5个操作办法，构建类别能上能下、经费能升能降、薪酬能高能低、人员能出能进、编制能减能增的事业单位改革管理政策体系，得到中央、省委编办重点推介。稳步推进职能相近事业单位整合，研究拟订市场监管领域“五所合一”检验检测机构组建方案和交通运输领域“两站合一”质量安全监管机构组建方案。综合行政执法体系。整合相关职能，完成市县应急管理综合行政执法机构组建、“三定”规定制发和人员转隶。完成基层自然资源行政执法相关职责整合、机构调整。指导临澧县开展全省消防行政执法委托下放乡镇街道试点，统筹基层行政执法资源，为破解基层综合行政执法难题贡献常德经验。重点领域体制改革。完成常德经开区、高新区及7家县级开发区管理机构“三定”规定，规范调整开发区“两新”组织党组织领导职数。落实省无线电管理体制改革、国家开放大学综合改革、市城区和郊区粮食购销职能编制调整、政务服务热线归并优化、基层动植物疫病防控体系建设等改革任务。加强考古研究和文物保护机构编制保障，完成市县文物管理机构设置，优化相关事业单位设置，配强人员力量。推进疾病预防体制改革，批准组建市疾病预防控制局。配合推进校外培训综合治理工作。学校公转民、民转公改革。全力支持湖南文理学院所属芙蓉学院转设为民办常德学院（筹），推动常德学院（筹）与常德职业技术学院合作办学。全力支持市管民办义务教育学校改制，按程序将常德芷兰实验学校、常德嘉树学校、常德市郡德学校转设为市直公办学校，并核定705名中小学教职工编制和相应领导职数；指导武陵、汉寿、澧县等地将常英英华学校、汉寿龙池中学、九澧实验中学（小学部）转设为区县公办学校，核定中小学教职工编制468名。

机构编制管理工作。在省内率先研究、部署和推进机构编制执行情况和使用效益评估工作，通过全市256家单位试点，解决以往编制“一核定终身、动态调整难”问题，建立务实管用的评估指标体系和工作机制（常德市机构编制评估实施细则30条）。优先保障“民转公”教师编制和全面达国标、省标，建立全市中小学教职工504名编制周转池。出台《市直人才专项事业编制管理办法》《常德市市属事业单位编内引进高层次人才实施办法》，为市直单位引进人才开辟“绿色通道”。出台《市直事业单位周转编制管理办法》，及时收回事业编制166名，有效盘活空余编制资源。将124名区县市空余事业编制跨县域横向调整到同层级的市城区管理使用，有效缓解退役士兵异地安置积累的编制供需矛盾。指导石门、临澧、武陵、汉寿四地开展乡镇统筹编制资源工作试点，推动试点乡镇和街道统筹使用各类人员编制。根据上级部署，优化调整地方监狱和司法强戒系统编制布局结构。采取统筹研究、留有余地、保障重点的原则，确保各类用编需

2022年5月11日，全市编办主任会议在共和酒店召开 （李世明 摄）

求。拟定市直公开遴选计划106名、市直事业单位人才引进计划334名、公开招聘计划74名、政策性安置计划66名。进一步规范编外人员管理，明确三个劳务派遣用工计划审批要件，调整市直单位临时用工计划120名。

法治化建设和监督检查工作。制度基础建设。推进机构编制法规制度建设三年行动，制定《中共常德市委编办规范性文件制定和实施办法》，规范文件起草、审批和发布流程。出台人才专项编制管理、事业编制周转管理、机构编制管理评估等9个规范性文件。制发《常德市机构编制审批规程》和机构编制事项申报要点，进一步明确机构编制请示事项审批范围、权限、程序等。全年共办结97份市直、区县市及市属特定区域的机构编制请示事项。全面清理科级领导职数设置管理现状，研究起草进一步规范市直党政群机关科级内设机构领导职数和市县事业单位科级领导职数管理的制度办法。备案审查工作。向省委编办和市委报备9份规范性文件，均一致通过审查。审查各区县市及市属特定区域编办40份规范性文件，纠正3件，对13件提出修改建议，并督促及时整改。对各单位起草的文件方案和相关制度从严把关，全年共回复35家部门单位64个征求意见稿，提出修改建议110余条，把住防止部门单位“条条干预”关口，坚决维护机构编制工作严肃性、权威性。专项检查。全年开展两轮市委巡察机构编制专项检查，覆盖22个地方单位。在全市范围内部署开展机构编制违规违纪违法问题清理整治行动并组织专项督查，通报5家未在规定时限完成整改的市直部门。对省委巡视和市委巡察问题整改全程跟踪监督，第一轮反馈问题销号91%，第二轮反馈的立行立改问题销号过半，四个区县巡视反馈问题整改销号96%。

【全市编办主任会议召开】 5月11日，常德市召开全市编办主任会议，深入学习贯彻中共十九大、中共十九届历次全会精神和习近平总书记对湖南重要讲话指示批示精神，传达贯彻中央、省、市有关机构编制工作的会议精神，总结2021年工作，安排部署2022年重点任务。市委常委、市委组织部部长、市委编委副主任康重文出席会议并讲话，市纪委市监委派驻市委组织部纪检监察组组长、各区县（市）委组织部部长及编办主任、市直五区机构编制部门负责人、市直有关行政事业单位分管组织人事领导以及市委编办全体人员参会。会上，市委办公室、市自然资源规划局、市卫健委、武陵区、临澧县分别就机构编制工作经验做法作交流发言。

【全市机构编制信息化工作培训会召开】 9月21日，常德市委编办组织召开全市机构编制信息化工作培训会，各区县市委及市属特定区域编办分管领导、工作人员，市直有关行政事业单位政工人事科长、具体经办人员，市委编办各科室负责人参加培训会。

会议传达学习全省机构编制信息化工作培训会议精神，结合解读《湖南省机构编制综合管理平台运行管理办法》，介绍新版湖南省机构编制综合管理平台总体情况以及业务子系统的功能模块，对机构编制实名制管理制度进行全面讲解，并对实名制、统计业务的具体操作流程进行培训。

（刘　侃）

政策研究

【概况】 2022年，市委政研室（市委改革办）深入学习贯彻习近平新时代中国特色社会主义思想和中共二十大精神，全面落实“三高四新”战略定位和使命任务，充分发挥“智囊团”“参谋部”作用，深化改革、调查研究等各项工作取得新的成效。全市改革工作获评全省先进，且连续9年稳居全省第一方阵。成功创建省级文明标兵单位，获评全市统战、平安建设、安全生产等工作先进单位。

以文辅政。2022年，市委政研室围绕市委、市政府决策部署及阶段性工作重点深入调查研究，形成一批有分量、有价值的调研成果，其中《抓好“生命线”工程　推进高质量发展——常德市优化营商环境调研报告》《关于常德对接融入强省会战略的若干建议》《加快推进城产融合　做强做优中心城区》《运动用品产业链是怎么形成的》等4篇调研报告获得市委、市政府领导肯定性批示，部分对策建议被纳入领导决策环节和相关政策文件之中。加强全市调查研究工作统筹协调和业务指导，建立全市性重大调研课题台账，开展优秀调研成果评选活动，编印《全市优秀调研报告汇编》。主动参与市委文稿服务工作，《打好园区攻坚战　力稳经济基本盘》等文章在省委政研室刊发。扎实做好《习近平总书记关于乡村振兴重要论述在湖南的实践典型案例》选编工作，上报典型案例26篇，选编的案例数量及材料质量在全省名列前茅。全年编辑出刊《常德通讯》12期，编辑《政研内参》8期、《政研资料》9期、《政研思考》2期，大力建设学习型政研队伍。

全面深化改革。2022年度要点确定的32个大项、158个小项改革任务均完成目标任务，全市改革红利“遍地开花”，鼎城区镇德桥镇土地延包试点经验在中央农办座谈会上作典型发言，市农经站入围全国农村集体产权制度改革先进集体。精准对标。针对制约常德发展的体制性问题、机制性障碍、战略性短板，连续9年谋划推出工业园区改革、金融超市、行政审批“三集中三到位”、基本公共服务标准化、医联体医共体等10项自主改革，印发市委深改委2022年工作要点，明确年度重点改革任务，层层压实责任，全力确保规定改革不折不扣、试点改革有声有色、自主改革创新创优。高位推进。始终坚持做到第一时间传达学习中央和省委改革精神，第一时间细化分解改革事项，第一时间调度落实改革任务，全年召开4次市委深改委会议，研究审议市域社会治理现代化、新建商品房“交房即交证”、应急管理综合行政执法、医疗保障制度、服务和融入新发展格局、加强新时代统计工作等重点改革。试点探索。全面加强试点工作统筹，建立全市承担的国家级改革试点项目库，应对老龄化重点联系城市、农村黑臭水体治理、国家中医药综合改革示范区等重大改革试点相继落地、先行先试，探索形成一批可复制、可推广、有特色、有亮点的经验做法。督导考评。进一步建立健全“每月报告、年中督察、年底考核”的督考工作机制，实行动态管理，坚持一月一单位自查、一月一进度监测、一月一情况通报；围绕年度工作要点开展全面督察，以市委名义印发督查通报；对纳入省绩效考核的国企改革、规模工业培育机制等重点改革事项向有关单位下发督办函7份，推动改革任务落细落实。进一步完善年度考核办法，以市委办的名义评选表彰改革工作和改革办先进单位，全面激发各地各单位争先创优。典型引领。深入开展改革典型培育工程，建立全市改革典型经验线索台账，明确改革典型线索80余条，省委改革办推介澧县婚俗改革、常德金融超市、汉寿西洞庭湖保护、汉寿县创新治理机制激活发展动能、临澧县农村客货邮融合发展等改革典型经验，石门县“足球育人”改革经验被中央改革办《改革情况交流》第58期推介，实现6年来在中央改革办层面宣传推介的重大突破，省委书记张庆伟、省委副书记朱国贤、副省长何报翔、秦国文作专题批示。组织开展2022年度全市优秀改革案例展演活动，增强基层推进改革的责任感、荣誉感、使命感。在《常德日报》开辟“沅澧改革进行时”专栏，印发市委《改革简报》23期，用好“常德政研（改革）”微信公众号，传递常德改革“好声音”，进一步打响常德改革品牌。

【全市优化营商环境调研启动会召开】 3月5日，全市优化营商环境调研启动会召开，专题安排部署优化营商环境调研工作。市政府秘书长陈爱喜出席会议，市委常务副秘书长朱文红主持会议。市委政研室主任张见明，市委政研室副主任唐耘，市政府办三级调研员杨正源，市直及中央、省驻常德16家单位分管负责人，以及调研组的所有工作人员参加会议。会上，张见明宣读《全市优化营商环境调研工作方案》，参会单位围绕调研方案作讨论发言。会后，市委政研室牵头组织两个现场调研组有关人员，对调研内容、调研方式、保密要求、工作作风等具体事项作进一步安排部署和重点强调。

【全市全面深化改革工作推进会召开】 6月15日，全市全面深化改革工作推进会在柳叶湖旅游度假区管委会一楼会议室召开。市委常委、市委秘书长、市委改革办主任傅勇出席会议并作重要讲话，市委政研室主任孙云波主持会议，市委改革办专职副主任方林辉、唐耘参加会议。9个区县市和市直6个区改革办主任、专职副主任，9个专项小组联络办联络员及联络办科室负责人，承担重点改革事项的市直牵头单位分管负责人，以及争创国家级改革试点的市直牵头单位分管负责人，共计90余人参加会议。市委改革办专职副主任唐耘传达全省全面深化改革专题培训班精神，市委政研室主任孙云波就改革工作要点、绩效评估办法和下段工作安排作情况说明，桃源县、石门县、市发改委、市生态环境局4个单位负责人表态发言。

【市委全面深化改革委员会会议召开】 11月4日，市委书记、市委全面深化改革委员会主任曹志强主持召开市委全面深化改革委员会会议，听取全市全面深化改革工作督察情况汇报，审议有关文件。市委副书记、市长、市委全面深化改革委员会副主任周振宇出席会议。会议审议并原则通过《常德市贯彻落实〈中共湖南省委湖南省人民政府关于服务和融入新发展格局的实施意见〉责任分解清单（送审稿）》和《关于加强新时代统计工作的实施方案（草案）》。会议强调，要继续聚焦纳入省对市州绩效考核“重点改革任务”，加强统筹调度和督促协调，特别是还有差距的新建商品房“交房即交证”改革、规模以上工业企业加快培育工作机制等改革事项，要压实部门责任，确保完成任务。要继续开展全市优秀改革案例评选，挖掘和推介一批改革经验，确保全年改革工作在全省保位争先。

（贾　佳）

市直机关党的建设

【概况】 市直机关党组织和党员队伍。2022年，归口机关工委管理的基层党委104个、党总支45个、党支部1222个，党员24545人，其中市直机关单位党员16809人，中央及省驻常德企事业单位党员7736人。

2022年，市直机关工委认真贯彻习近平总书记关于机关党的建设的重要论述精神，以迎接服务中共二十大和学习宣传中共二十大精神为主线，全面推进“一切工作到支部”，8篇机关党建工作经验被“旗帜网”和《湖南机关党建》推介，其中《推进五大行动　创建模范机关》入选全国《奋进的七年——新时代机关党建巡礼》。

政治建设。把学习贯彻中共二十大精神作为首要政治任务，专题组织机关党委专职副书记集中辅导，专项纳入“三会一课”“一课一片一实践”的内容，专门组织二十大精神网上“每周一练”与理论测试，在市直单位掀起学习宣传贯彻二十大精神热潮。严格落实“第一议题”制度，制定下发《市直单位理论学习中心组巡听旁听工作制度》，分3年完成所有市直单位理论学习中心组学习巡听旁听，2022年完成19家。持续推进“以考促学”行动，采取现场随机抽考方式，试题自动生成，系统自动判分，全年共抽考88家单位816名党员，其中满分593人，占72.7%；79家单位平均90分以上，占89.8%，两次抽考全部满分的单位有14家。专题督查领导干部参加双重组织生活会和主题党日情况，整改问题42个，进一步严肃党内政治生活。持续办好“榜样”“百名书记话党建”栏目，打造常德机关党建宣传品牌。

基层基础。针对机关党务干部队伍整体能力素质偏弱、调整频次快、基层组织培训难的实际，集中力量自主开发7堂业务课程，创办机关党建业务“云课堂”，以“线上+线下”的方式开展常态化培训，上半年组织线上自主学，下半年集中开展线下培训，年内首次实现3130名机关党务干部的培训全覆盖，党务干部队伍整体素质进一步加强。突出短板治理，严密组织基层党组织整建提质专项行动，将11名党员列为重点帮教对象，排查整改党务工作有关问题71项。强化日常督导落实，共抽查346个基层党支部，排查问题57个，摘牌“五化”示范支部2个。开展思想政治工作报告评价，约谈单位党组织7家。指导开展“喜迎二十大　建功新时代”主题党日活动，高质量完成中共二十大代表推荐工作。加强分类指导试点，与市委政法委直属机关党委共同探索建立《党建引领政法工作操作规程》，为市直各单位实施分类管理提供了借鉴模板。

服务中心。紧跟市委决策部署，以优化营商环境为抓手，积极探索党建业务融合的新路径，在市直机关在职党支部中开展“优化营商环境从我做起”主题党日活动，3月召开推进会，5月组织经验交流，6月开设宣传专栏推介，11月组织案例评选。市直机关610个在职党支部结合部门职能任务，通过专题学习研讨、与企业“结对共建”、组织党员“沉浸式”体验行政审批服务流程等方式，深入基层与群众中间听槽点、找痛点、疏堵点、破难点，用心用情为“生命线工程”赋能助力，进一步营造“人人都是营商环境、事事关系营商环境”的氛围，《常德日报》先后推介案例8篇。结合市域社会治理现代化建设试点，以解决机关大龄青年婚恋难为着力点，联合市总工会、团市委、市妇联举办4期“青春向党·携手未来”读书班活动，每期3～4天，300多名市直和县区的未婚机关干部参加，有40多对男女青年初步确立恋爱关系，实现政治效益、社会效益和家庭效益的多重共赢。围绕文明城市创建，动员市直机关1.8万名党员志愿者积极投身“干群齐参与、共创文明城”主题活动，159个市直单位建立常态化志愿服务机制，深入109个社区，解决群众急难愁盼问题1100个。紧跟疫情防控形势任务，多次深入市直单位，开展场所码使用督查，共整改问题52个。特别是11月突发疫情后，第一时间落实市委指示，组织1200名党员干部沉到社区、乡镇一线，以实际行动彰显党建引领服务中心大局的责任担当。

清廉机关建设。对标市委“清廉常德”建设相关要求，结合实际细化落实举措，分片组开展专题调研，制定《清廉机关建设指南》，召开清廉机关建设现场观摩会，总结交流全市清廉机关建设经验。在机关党建网开设“清廉机关建设”专栏，共刊发市直单位清廉机关建设动态新闻97篇。《聚焦四个重点　建设清廉机关》在《湖南机关党建》刊登。全年受理科级及以下党员干部和国家公职人员违纪违法案件55起，审结49起。工委被评为全市清廉机关建设先进单位。

自身建设。强化主动作为意识，新年开局不等不靠，完善《精细化管理工作规范》，修订《党务一本通》，编印《市直机关工委2022年度工作要目》，确保年度工作有章可循。着眼干部能力提高，组织部（室）长人人备课、反复试讲并登台授课，每两个月安排一名部（室）长分享时事形势。举办中共十九届六中全会精神微宣讲选拔赛，选派1人参加全市微宣讲比赛并获得二等奖。每月组织青年党员笔会活动，示范开展“领悟营商环境　赋能精准指导”主题党日活动，委机关支部被组织部直属机关党委评为先进支部，4人被评为优秀党员、优秀党务工作者。注重实践锻炼和基层历练，选派2人驻点乡村振兴工作、1人参加市委巡察工作，抽调3人参与全市“千人联千企”行动，5次深入扶贫点村开展结对帮扶。

机关党建宣传。利用“榜

样”“百名书记话党建”“一流党建促一流营商环境”等栏目，推介党组（党委）书记、基层党支部书记、“优化营商环境从我做起”主题党日活动典型案例等多类型、多侧重点的典型11个，其中《榜样：我是支部书记》专栏被湖南省广播电视局评选为2022年广播电视创新创优评选扶持节目。全年常德机关党建网上稿1164篇，微信公众号推送751篇。《加强和改进新时代机关青年干部党的创新理论学习研究》被省直机关工委评为一等奖。

【常德市直单位创建模范机关暨“优化营商环境从我做起”主题党日工作调度会】 5月20日，常德召开市直单位创建模范机关暨“优化营商环境从我做起”主题党日工作调度会，对创建模范机关和党建工作提出要求进行部署，进一步强化机关党建的引领服务作用。市直机关工委常务副书记马永忠出席会议并讲话。各单位精心策划优化营商环境主题活动，要选择好主题、策划好方案、总结好成效，更好服务中心大局。市委统战部、市工信局、市住建局、市退役军人事务局、市总工会围绕谋划和组织开展“优化营商环境从我做起”主题党日活动作典型案例交流。

【常德市直单位清廉机关建设现场会召开】 9月26日，常德市召开清廉机关建设现场会，总结、交流清廉机关建设工作经验，分析存在的短板不足，部署下阶段工作。常德市委常委、市纪委书记、市监委主任何艺辉出席会议并讲话，常德市直机关工委常务副书记马永忠通报市直单位清廉机关建设情况并宣读《市直单位清廉机关建设指南》。会议由市委常委、市委秘书长傅勇主持。会前，参会人员现场观摩常德市政府办、市城管执法局、市住房公积金管理中心以及武陵区纪委监委清廉机关建设情况，相关单位负责人分别作典型发言。

【常德市第七届“公仆杯”羽毛球赛】 10月21日，常德市第七届“公仆杯”羽毛球赛开赛。市人大常委会副主任、市总工会主席李育智，市政协原副主席陈位明、市直机关工委常务副书记马永忠、市总工会副主席赵鑫出席开幕式。羽毛球赛为期4天，共有市直及中央、省驻常德单位的48支代表队参加，领队、教练员及运动员共500多人。比赛共设男子单打、女子单打、男子双打、女子双打、混合双打5个项目。采取分组循环、淘汰赛的混合赛制确定最后名次，奖励前四名。

【“青春向党·携手未来”读书班】 结合市域社会治理现代化建设试点，以解决机关大龄青年婚恋难为突破口，牵头组织市总工会、团市委、市妇联举办4期“青春向党·携手未来”读书班。7月7—10日，市直机关工委在常德开放大学举办第一期“青春向党·携手未来”读书班，市直部门、市直属事业单位、中央省驻常德单位的100名青年干部参加第一期读书班。通过专家授课、分享交流发言、党史学习教育基地参观、“非遗”文化体验等课程，为学员搭建良好的交友平台。

【市直和中央、省驻常德单位党支部书记培训示范班】 9月5—9日，市直机关工委在市委党校举办市直和中央、省驻常德单位党支部书记培训示范班，市直机关工委常务副书记马永忠出席开班仪式并作首场专题教学，市直机关工委二级调研员曹健华全程指导，100名党支部书记参加培训。培训采取专题授课、现场教学、视频教学、分组讨论、典型交流等形式，提高党支部书记做好新时代机关党建工作的能力水平，推动机关党建提质增效。

【市直单位党务干部党建业务网络培训班】 4月11日至6月30日，市直机关工委利用干部教育培训网络学院平台举办“市直单位党务干部党建业务网络专题培训班”，培训人数达4039人，其中市直单位应训对象3130人全部结业，应训报名率、通过率均为100%。培训安排《机关党建组织业务精讲》《党建品牌建设》《党建与业务融合实践探索》《模范机关创建指引》《如何加强机关党建宣传工作》《智慧党建操作指南》等必修课，由市直机关工委业务骨干主讲。

【编印《机关党务一本通》】 2022年，市直机关工委依据党内法规具体要求，结合基层党务工作实践，对《机关党务一本通（2017年版）》进行修订，通过先后召开7次修订审稿讨论会，重新编印《机关党务一本通（2022年修订版）》。《机关党务一本通（2022年修订版）》结合市直机关工委部室职能职责，对机关党建工作作了比较全面具体的梳理，相关工作列举很多重要程序的参考样例，注重操作性、程序性和实用性。

（彭　创）

老干部工作

【概况】 截至2022年12月31日，全市共有离休干部299人。其中，市直单位133人，区县（市）166人。厅级离退休干部176人，处级退休干部2859人。全市离退休干部党组织901个，离退休党员干部3.9万人。

离退休干部党建引领。9月16日，邀请湖南文理学院马克思主义学院黄向阳教授以“构建人类命运共同体，引领百年未有之大变局”

为题，为全市200余名离退休干部集中宣讲当前国际形势对人类命运共同体构建的挑战。11月3—4日，举办全市老干系统学习宣传贯彻中共二十大精神暨离退休干部党建工作业务培训班，近200名离退休干部党支部书记、老干部工作者参加学习。10月，在全省离退休干部“喜迎二十大·奋进新征程”文艺作品比赛中，获一等奖1个、二等奖1个。12月初，常德市《党建引领筑高地“内外兼修”展形象》获省委老干部局离退休干部党建工作创新案例一等奖。12月底，常德市3个老党员志愿服务项目、6名老干部分别获评全省“五十佳老党员老干部志愿服务项目”“百佳老党员老干部志愿服务者”。2022年，成功创建8个全省示范离退休干部党支部。

离退休干部服务保障。1月21日，市委主要领导主持召开常德市老干部政情通报会，并在春节走访慰问老干部后，将老干部的建议以交办函形式交予相关市领导及时办结回复。6—12月，组织厅级老干部开展参观考察活动3次，常务副市长徐永健、组织部部长康重文等市领导陪同参加。9—11月，组织市直单位的离休干部和厅级退休干部（含享受厅级医疗待遇的退休干部）、市直单位的处级退休干部180余人开展健康体检。10月，联合市医保局、一医院等部门单位就优化离休、厅级退休干部健康体检工作开展调研，以后将按新的标准执行。10—11月，多次向市委组织部等上级部门请示汇报，规范市本级二级巡视员退休后的健康体检待遇。11月14日，印发《关于做好〈湖南省“一对一”服务离休干部工作制度〉贯彻落实工作的通知》，推动全市离休干部“一对一”结对精准服务全覆盖。11月，协调医院、医保、市场监管等部门单位，及时解决疫情高峰期间部分老干部看病难、购药难的问题。

离退休干部作用发挥。5月，组织老干部开展“优化营商环境从我做起”主题活动，市直经济部门百余名老干部深入企业化解难题。8—10月，向全市老干部发出倡议，引导开展“进小区、亮身份、促双创”活动。持续擦亮“沅澧金秋”志愿服务品牌，通过“供给侧发单”和“需求侧点单”，实现8000余名老干部志愿服务与社区（街道）需求精准对接。9—12月，市老书协、老摄协举办“喜迎二十大”书画摄影展，在市老党员之家展出作品471幅。3—10月，市网宣协会开辟“喜迎党的二十大”专题版块，发动会员发表贴文3200多篇。市老年保健协会（创建长寿之乡领导小组办公室）助力安乡县“中国长寿之乡”创建工作，12月28—30日，通过中国老年学、中国老年医学学会专家调研考察组的实地验收。

【获得全省老干部工作多项表彰】 8月25日，中共湖南省委组织部、中共湖南省委老干部局、湖南省人力资源和社会保障厅联合印发《关于表彰全省老干部工作先进集体和先进个人的决定》（湘人社发〔2022〕49号），授予桃源县委组织部（老干部局）、常德市武陵区委组织部（老干部局）、常德市市场监督管理局离退休人员管理服务科“全省老干部工作先进集体”称号；授予鼎城区委组织部（老干部局）三级调研员贺用森，汉寿县委组织部副部长、离退休干部工委书记（兼）、老干部局局长（兼）徐龙前，津市市老干部活动中心主任梁爱红（女），市商务局离退休人员服务管理中心主任黄英，市工业和信息化局离退休人员服务管理中心副主任袁夕贻（女）“全省老干部工作先进个人”称号。

（黎　阳）

【市老干部活动中心】 2022年9月，以市委老干部局、市离退休干部工作委员会名义下发《关于推动市“美在金秋”老党员之家有序开放的通知》，将市“美在金秋”老党员之家明确为全市1085个离退休干部党支部开展主题党日活动的重要阵地。全年共接待主题党日活动团体30批、近2000人次。充实阵地红色内容，升级红色讲堂，成立“红色讲堂讲师团”，将有能力、有意愿的老干部纳入讲师团，并与市党的创新理论大学生宣讲团合作，让“一老”“一小”在红色讲堂同宣讲、同进步，共推出“线上+线下”精品课程34堂。完善阵地红色服务，完成公众号“活动中心”版块建设，实现老党员之家线上预约。制定“美在金秋”老党员之家接待流程及服务指南，对阵地接单、现场接待和“十个一”服务方式进行规范，定岗定责、精准服务。“美在金秋”老党员之家工作创新案例《党建引领筑高地“内外兼修”展形象》荣获全省一等奖，并在中组部“离退休干部工作”公众号上进行推介。立足老干部活动中心职能职责，强化老干部阵地活动开展，丰富全市老干部精神文化生活。5—12月，组织涉老协会在阵地举办“喜迎二十大·奋进新征程”书画创作笔会及书画、摄影展开幕式，收集老干部创作书画摄影作品上千幅，并甄选出书画精品134副、摄影佳作400多幅，打造中共二十大、清廉等主题专展。5月、11月分别承办城东片区和市直“四大机关”老干部门球比赛。6月，创新主办市直“四大机关”老干部跑胡比赛。8月，选送涉老协会合唱节目《爱永在》、舞蹈节目《在您的旗帜下》及京歌《军魂》参加全省离退休干部“喜迎二十大·奋进新征程”文艺作品比赛，分别荣获一等奖、优胜奖和“精神风貌奖”。市老年大学。坚持政治立校，创新开办党建教育“微课堂”，充分利用课前五分钟、课后半小时，通过主题宣讲、集体朗诵、共唱红歌、交流心得等方式开展党建教育活动；每周组织1个临时党支部在“美在金秋”老党员之家开展主题党日活动。2022年学员人均接受党建教育5次以上，相关经验被《常德日报》《常德晚报》3次报道。提升教师素质，5月，组织部分青年骨干教师赴石门县薛家村“王新法党员党性教育基地”和县老年大学开展了党性教育和现场教学交流活动。强化示范引领，开展“三优”评选工作，通过兼职班主任观察推荐、教务教研考察调研，每季度评选一次优秀党员、优秀教师、优秀学员，并在学校公示栏公开宣传。丰富校园活动，结合中共二十大，组织开展“喜迎二十大、奋发新征程”校园艺术节活动，共收到并展出学员作品192件。组织学员团队参加全市百团大赛，并获得“民间优秀文艺团队”荣誉称号。积极组织志愿服务活动，“三送”志愿服务项目被评为全省“五十佳老党员老干部志愿服务项目”。

（朱冯薇）

党校工作

【概况】 2022年，常德市委党校在全省社会主义学院系统教学比赛中获得“四连冠”，在全市“声动新时代，沅澧好声音”微宣讲大赛中获一等奖，市域红色教育精品线路和课程打造影响初显，服务省委党校、韶山干部学院和兄弟市州党校重要班次到常德异地教学，经过省委组织部、省委党校综合评估，市委党校办学质量获评优秀等次。

党校培训。全年完成培训4000多人次。其中，中共十九届六中全会精神轮训班2期303人，党校主体班8期378人，社院班6期359人，公务员初任培训班3期557人，部门专题班23期1986人，承接武陵区委党校主体班2期99人。承接省委党校厅干班、处干班、西藏班等10多个重要班次到常德培训，服务市管干部学习贯彻中共二十大精神集中轮训班。培训中，以主业主课为主导，主体班理论教育和党性教育课程占比74%，党性教育课程占比27%。坚持集体备课、新课试讲和听课评课制度，新开专题占比超过30%。坚持以精品课打造为牵引，打造4堂省级精品课程，3堂课程入选全市优秀案例教学精品课程，6个典型案例入选全省“三百工程”，4名教师被评为全省优秀教师。举办全市案例式教学竞赛，在全省社会主义学院系统教学比赛中获1个一等奖、1个二等奖。围绕学习宣传贯彻中共二十大精神，打造“1+N”课程体系，开发21个教学专题。依托常德电视台、《常德日报》等媒体，开设“共学二十大微课堂”和“党校之声”专栏，刊发3篇理论文章，录制10堂微党课。32人到机关、社区、企业等基层一线开展宣讲，为推动党的二十大精神宣讲。

科研咨政。全面修订科研管理制度，强化科研兴校理念，树立“高层次、出精品”的鲜明导向，激发教研人员科研积极性。全年申报省级课题立项9个，结项5个；市级课题立项24个，结项19个；承接市委组织部、市直机关工委委托课题和省委党校协作课题3个。在各类期刊发表论文74篇，参加各级理论研讨会、学会征文获奖24篇。深化习近平新时代中国特色社会主义思想研究，在《常德日报》开辟“党校之声”专栏发表理论文章23篇，在重要节点、重要工作中有党校声音、见党校行动。围绕市委“三大支撑八项重点工作”和“六大专项行动”等重要任务，组织教师、学员深入企业、镇村开展调查研究，形成《常德培育“专精特新”中小企业的建议》《园区政府+平台公司的财政可持续性探讨——关于创建“五好”园区的调研报告》等一批决策咨询成果，呈送市委、市政府领导《决策参考》15期，有6期获得批示。

教学队伍建设。加强学科建设，增设统战理论教研部，增加编制职数。大力引进人才，学校招聘5名应届硕士，公开招聘2名、遴选1名公务员（参管），选拔1名军转干部充实到管理和教学岗位。教师岗位聘用1名副教授、1名讲师，转岗1名专技人员，晋升2名年轻讲师为副教授。注重内部培养，开展“干部能力提升年”活动，实施“青蓝工程”行动，通过选优培训、业务提升、社会调研、以赛促教等多种途径，形成“师徒结对、互学共进”的模式。

学员管理。修订完善《学员管理细则》，形成涵盖“日常考勤、学习态度、学习成果、党性教育、生活纪律、班级活动、廉洁自律”的全过程的量化考核体系。严格执行培训纪律，表彰优秀学员23人，通报违反校纪校规学员3人，约谈提醒1次。推进量化考核结果运用，定期将考核情况通报给市委主要领导和市委组织部，作为干部考核依据。

校园建设。打造红色校园，完成党员活动室、党建书吧、校史陈列室提质改造，录制7堂校园红色故事，建设中共百年历史经验宣传长廊、“喜迎二十大·奋进新征程”主题雕塑。打造书香校园，引进图书数字阅读平台，购买电子图书5万册，纸质图书1319册，推送主题书单40期，服务读者借阅2427人次，形成以“习近平用典”为主题的书香文化。打造活力校园，定期举办文化讲座，常态化开展文体活动，丰富校园生活。打造智慧校园，全年校园网站发布信息675条，“常德党校”微信公众号发布147期239条

2022年7月15日，在湖南省第五届全省社会主义系统教学比赛颁奖典礼上，市委党校（市社会主义学院）荣获教学比赛组织奖　　（石欣华 摄）

信息，浏览点击超过百万人次。打造功能校园，学员活动中心和报告厅开工建设。新建党建文化广场，打造党校新地标。新建进校安全步道，实现人车分流；对校外林间游步道进行提质，安装路灯，方便学员课余休闲散步。对教学楼设备进行升级，改造6间讨论室，修缮学员餐厅，提升办学能力。

业务指导。编制《全市党校系统“十四五”时期建设发展规划》和《县级党委党校办学质量评估指标体系》。对县级党校落实“十四五”规划进行全面督导，联合市委组织部对县级党校“十三五”期间办学质量进行综合评估。举办全市党校系统学习贯彻习近平新时代中国特色社会主义思想案例教学竞赛、全市社会主义学院系统教学竞赛，评选市县案例教学、统战理论精品课程21堂。开展全市党校系统决策咨询成果评选，涌现出《加快推进全市生态碳汇发展》等35个为地方发展提供参考的咨政报告。开展全市党校系统首届优秀教师、优秀教育工作者评选活动，12名干部教师受到表彰。举办3期师资培训班，全市党校系统专兼职教师200多人次同堂参训。探索县级党校分类办学，与武陵区委党校建立深度合作办学机制。坚持共商共建共享理念，指导带动县级党校开发打造地方特色党性教育现场教学点和精品课，将市委党校主体班带到区县开展异地教学，打通市域干部教育培训内循环，形成市县开放办学新格局。

（梁卓鑫　张　琪）

【全省社院系统教学比赛获“四连冠”】　7月15日，在湖南省第五届全省社会主义学院系统教学比赛中，市委党校钟霓老师课程《异化·复归·突破——从美式民主弊端看全过程人民民主的优势》和罗米娜老师课程《增强中华文化认同，推进中华民族共同体建设》分获综合组和统战组一、二等奖。自2016年第2届全省社会主义学院系统教学比赛以来，市委党校连续4届取得一等奖，位列全省14个市州之首。市委党校再次获比赛组织奖，两堂参赛课程同时入选全省社院系统精品课程。

（石欣华）

【评估县级党委党校（行政学校）办学质量】　为深入贯彻落实习近平总书记关于党校办学治校系列重要指示精神和《中国共产党党校（行政学院）工作条例》，10—11月，市委党校与市委组织部对全市9个区县市委党校“十三五”时期办学质量进行综合评估。评估以“一支队伍、一个标准、一把尺子”为原则，通过听取汇报、实地考察、查阅资料等方式，对照《县级党委党校（行政学校）办学质量评估指标体系》，围绕“坚持党校姓党根本原则、机构设置和领导体制、教学工作、科研工作、决策咨询、学员管理、人才队伍、学风建设、办学保障、开放办学、创新和特色工作、党的建设”等12个方面的60个评估要点，对全市县级党校办学情况进行全面评估，形成调研报告和评估反馈，6个县级党校被评为优秀等次，3个县级党校被评为合格等次，为县级党校发展传导压力、提供指引。

（王　杰）

党史工作

【概况】　2022年，市委党史研究室被评为全省党史工作先进单位。常德市林伯渠故居纪念馆、帅孟奇故居、王尔琢烈士故居、工农革命军第四军王家厂暴动纪念馆、彭山红色历史陈列馆5家单位成功评授湖南省党史教育基地。

资料征编。完成常德人民脱贫攻坚口述史资料征编，精选149篇报送省委党史研究院，并形成近40万字的《常德脱贫攻坚口述史》资料汇编。完成社会主义革命和建设时期湖南重点项目口述史资料征集，收集澧县“王家厂水库建设口述史”、桃源县“黄石水库建设口述史”等11篇口述史资料上报省委党史研究院。完成《中共湖南省委工作纪事》组稿，从区县市稿件中择优选取3篇，同常德市委稿件一道，被《中共湖南省委工作纪事》2021年卷收录。

党史宣传。将党史部门与党报、党刊、网站三大平台有机融合，构建立体宣传矩阵。党史研究室利用《常德日报》《常德古今》期刊、市县两级党史网站和微信公众号，宣传全市党史工作。2022年，《常德古今》出刊2期。“常德史志网”累计更新内容131篇、访问量5211529人次。“常德史志”微信公众号2022年两次改版，设置“红色经典”“沅澧人物”“芷兰故实”“清廉常德”等10个栏目，保持每周1次以上的更新频率，全年各栏目共推送内容155篇，总浏览量近2万人次。为献礼二十大，与常德日报社联合推出15期“你好，党代表”专栏，推出10期“常德党史人物故事连环画”党史专题栏目，全面展示常德红色人物、红色事件。

业务指导。整理常德党史廉洁人物故事，协助完成市委机关常德党史廉洁人物故事展。修改审定朱务善生平事迹陈列脚本，帮助津市开展“朱务善生平事迹”展陈。指导常德文甲起义历史陈列馆建成并对外开放。修改审核湘联木业有限公司徐溶熙苏区伦别区苏维埃政府革命斗争历史纪念园展陈文本，并现场指导，展陈吸引市内多家单位和企业参观学习。室主任郑文廷作为专家受邀指导市军分区、市委宣传部、市广播电视台等单位举办的党史宣传活动，担任比赛评委。

【修订《中国共产党常德历史（第一卷）》】 2022年，《中国共产党常德历史（第一卷）》修订本出版发行进入收尾阶段。在省委党史研究院统一出版的《中国共产党常德历史（第一卷）》修订本的基础上，进一步梳理脉络，充实内容，做好再版工作。

【评授首批市级党史教育基地】 为加强红色资源的保护、开发和利用，常德市委党史研究室从2022年开始开展市级党史教育基地评授工作。7月13日，举行首批常德市党史教育基地授牌仪式，首次评授黄爱烈士生平事迹陈列室、常德文甲起义纪念碑园、帅孟奇故居陈列馆、徐溶熙苏维埃政权旧址、林伯渠故居纪念馆、王尔琢烈士故居、陈振亚烈士故居、工农革命军第四军王家厂暴动纪念馆、彭山红色历史陈列馆、颜昌颐故居、红二军团指挥部旧址陈列馆11家常德市党史教育基地。市委副书记、市委统战部部长陈华，市委常委、市委秘书长傅勇分别作出重要指示，要求全市加强党史教育基地建设，挖掘红色资源，打造红色高地。

【2022年度市委党史联络工作会议召开】 7月13日，市委党史联络工作会议在市委常委扩大会议室召开。会议由市委常委、市委秘书长、市委党史联络组组长傅勇主持。市委党史联络组组长石成林发表讲话。市委党史研究室主任、市委党史联络组副组长郑文廷宣读《中共常德市委党史联络组关于调整中共常德市委党史联络组成员的通知》，市委党史联络组副组长彭明建作年度工作报告。

【获首批湖南省党史学习教育创新案例表彰】 12月29日，湖南省委党史研究院、省新华书店、《湘潮杂志社》联合发文公布首批湖南省党史学习教育创新案例获奖名单。中共常德市委宣传部报送的《分众化宣讲打通党史学习教育“最后一公里”》，桃源县委党史研究室报送的《“沅水童声”诵出红色教育最美和声》被评为首批湖南省党史学习教育创新案例“三十佳”。常德市委党史研究室、常德市广播电视台、常德市直机关工作委员会被评为首批湖南省党史学习教育创新案例评选先进工作单位。《百名主播开讲打造党史“立体”课堂》《红色物证见证身边党史》《打造红色IP　聚焦青春诉说》《“理响汉寿”让青年唱响主旋律》《支部书记示范讲　基层群众沉浸学》《党史我来讲　青年树担当》入围首批湖南省党史学习教育创新案例。

（赵振华　孟韵）

2022年7月13日，常德市党史教育基地授牌仪式举行

（市委党史研究室 供图）

接待服务工作

【概况】 2022年，常德市接待服务中心共接待到常德宾客181批次，其中省部级以上领导35批次，警卫接待任务3批次，完成国务院安全生产第15督导组、省政府“回头看”专项督查第三督查组、全省巩固拓展脱贫攻坚成果专项督查组、中央文明办全国文明城市复查考核组、应急管理部危险化学品重大危险源专项督导核查组、全国工商联第六联系调研组、国务院保障农民工工资支付专项考核组、国务院第九次大督查第十一督查组、中组部考察组、桃花源旅游节、常益长高铁项目调度会等大型接待任务。

【重要接待】 1月5日，省委副书记朱国贤到常德考察耕地保护利用、油菜种植等冬季农业生产情况。5月10—11日，中央政治局委员陈全国一行到常德考察工作。7月17—18日，全国人大常委会副委员长沈跃跃一行到常德进行《中华人民共和国长江保护法》执法检查。7月25—26日，省政协主席、党组书记李微微一行到常德开展“发挥委员工作室在加强思想政治引领广泛凝聚共识中作用”专题调研。9月4—6日，全国政协副主席卢展工到常德视察科教卫体委相关工作。12月26日，省政府省长毛伟明一行到常德参加常益长高铁开通仪式。

（方涔静）

档案工作

【概况】 2022年，全市档案系统深入学习贯彻习近平总书记对档案工作重要批示精神，召开全市档案工作座谈会，认真组织研讨交流，务求学习贯彻取得实效。组织全市档案局局长、档案馆馆长深入学习领会中共二十大精神，撰写心得体会20余篇。加强党对档案工作的领导，把档案工作开展情况纳入全市党政领导班子和领导干部综合考核评价内容，将档案法纳入市委党校依法治国培训课程。

市档案馆创建清廉档案机关，考核争先进、工作零失误、安全零事故。洞庭湖生态经济区档案数据库建设得到上级充分肯定。市档案馆蝉联省级文明单位称号，1人被国家档案局（馆）评为全国工匠型人才，2人参加省级工匠型人才评选。

依法管档治档。编制《“十四五”常德市档案事业发展规划》，制定全市档案工作要点。开展全市档案工作监督检查，对档案体制机制、档案馆库安全、行政执法、“两类”档案和档案数字化等工作进行督导。抓好国家档案局档案工作监督检查意见的督导落实，确保各项整改措施落实落细。

档案利用。全年接待群众查档1000余人次，调阅档案1.1万余卷，提供档案复印件1.1万余份，查阅群众满意度100%，有70多名群众在我们的留言簿上留下“非常满意”“非常感谢”“人民需要这样的好同志”等留言，慈利县委党史研究室专门赠送一块感谢匾。利用档案佐证，重点解决市交通局常德港口建设历史编纂、常德日报社铁路建设和献礼中共二十大“你好党代表”系列报道、慈利县编修党史、高职院编撰院史、社保、拆迁补偿、房产继承、特殊工种待遇等实际困难。

档案宣传。组织“6·9”国际档案日系列宣传活动，择优报送主题征文15篇、公益宣传画42幅，2部作品入围湖南省建设项目档案微课征集。组织全市收看国际档案日线上专题讲座，参加“点亮辉煌”主题接力和线上档案知识竞答。开展“档案馆开放日”活动，组织市县档案局局长、档案馆馆长走进石门县档案馆新馆开展参观交流。配合市委办开展“七一”党史廉洁人物展览。收集、整理，完成市委宣传部交办的“建党100周年”宣传活动项目资料500余份。

信息化建设。保质保量按期完成馆藏纸质档案数字化加工项目一期工程（共360万页，投资180万元），完成该项目二期工程的招标开工（共360多万页，投资185万元），市纪委“清廉常德”网以《项目建设“六不”打造清廉档案》进行宣传报道。配合市委办，开展党政公文电子档案单套制系统的开发和试运行，并及时提交运行报告。

能力建设。全年对20多家市直单位的档案工作进行上门服务、现场指导。举办全市档案业务培训班，100多名档案员和从业人员获得资格证书。完成档案职称评审工作，4人获得初级职称、20人获得中级职称。积极推荐国家和省级档案专业人才，向国家档案局成功推荐2名全国档案工匠型人才，向省档案局推荐档案高级职称评委委员3名、省档案专家4名、省档案工匠型人才5名、省青年档案业务骨干8名。

档案管理。全省领先建成电子文件单套归档管理系统，牵头起草制定的《文书类电子文件单套归档管理技术规范》被纳入湖南省地方标准。

（李　霞　周　军）

【刘西进被国家档案局（馆）评为全国工匠型人才】 刘西进，男，1974年6月出生，中共党员，常德市档案馆四级调研员（职级）。该同志自1996年起一直在档案战线各业务工作岗位历练工作，主持编制全市档案行业各类规范性文件，参与《城市解放》之《常德解放图集》

2022年8月，市档案馆馆藏档案数字化加工一期工程完工。图为工作人员在对档案进行数字化加工
（市档案馆 供图）

编辑。积极推进国家档案局8号令、10号令、《会计档案管理办法》等规范文件在常德市的实施。落实国有企业退休人员社会化工作。牵头组织2015年市政府序列机构改革档案处置工作。主持市属三家国有煤矿关停档案处置工作。先后60余次在市直、区县（市）开展档案业务专题讲座，全面提升全市档案工作业务水平。先后获二等功2次、三等功1次。2020年4月，被湖南省人社厅、湖南省档案局授予“湖南省档案工作先进个人”称号。2022年10月，刘西进被国家档案局（馆）评为全国工匠型人才。

【馆藏纸质档案数字化加工项目一期工程】 2022年1月，馆藏纸质档案数字化加工项目一期正式开工，2022年8月项目顺利竣工并验收合格，抽检合格率为98%以上。一期档案数字化加工共投资180万元，完成目录著录328429条，扫描3622423页。在项目推进过程中，市档案馆严格按合同约定和监理质检要求，将项目的立项、招投标、重大设计变更、工程验收、资金拨付等风险点纳入制度防控和全程动态监控，从源头防控风险、堵塞漏洞，让档案数字化加工项目打造成为清廉样板工程。市纪委“清廉常德”网以“项目建设‘六不’打造清廉档案”为题进行宣传报道。

【开展“七一”党史廉洁人物展览】 市档案馆积极参与市委办“迎七一·倡廉洁”主题活动，精选刘春樵、林伯渠、汪毅夫、翦伯赞、帅孟奇、朱务善、罗贻斌等常德籍党史人物的清廉档案与相关事迹，为市委办开展“七一”党史廉洁人物展览提供档案支持。2022年7月1日，市委办联合市档案馆等单位在市委机关院内举办展览。

（周　军）

常德市人民代表大会

综述

【概况】　2022年，常德市人民代表大会常务委员会（以下简称市人大常委会）召开常委会会议8次，主任会议37次，出台、修订地方性法规3部，听取和审议专项工作报告33个，组织开展执法检查1次、集中视察2次，制定审议意见30件，作出决议决定3个，市八届人大一次会议选举、通过国家机关工作人员112人次，市八届人大二次会议选举、通过国家工作人员75人次，全年任免国家工作人员123人次，完成大会确定的各项目标任务。

【思想建设】　持续深入学习习近平新时代中国特色社会主义思想，深入学习贯彻中共二十大精神和中央人大工作会议精神，组织主任会议成员赴区县市宣传宣讲中共二十大精神和中央人大工作会议精神，着力推进全市三级人大组织、五级人大代表深刻领悟“两个确立”的决定性意义，进一步增强“四个意识”、坚定“四个自信”、做到“两个维护”。坚持对标对表，及时提请市委召开人大工作会议，主动配合市委制定《关于新时代加强和改进人大工作的实施意见》，促进中央、省委人大工作会议精神落地见效。紧扣发展全过程人民民主、加强县乡人大工作等重点课题，扎实开展人大制度理论研讨，为推进全市人大工作创新发展提供理论依据。

【政治建设】　始终坚持把加强党的政治建设摆在首位，铸魂固本、凝心聚力，不断提高人大干部、人大代表的政治判断力、政治领悟力、政治执行力。严格落实党组会议“第一议题”学习制度、理论学习中心组学习制度，第一时间组织机关干部学习新思想、新理论、新精神。坚决执行请示报告制度，共向市委请示报告立法、监督等重要工作、重大事项32次，党的领导贯穿始终。严格执行讨论决定重大事项规定，围绕全民普法、司法监督、预算调整等重大事项依法作出决议决定，市委主张全面贯彻。坚持党管干部和人大依法任免相统一，积极协助市委开展国、省人大代表人选推荐工作，组织意图顺利实现。

【服务中心】　紧扣市委“把优化营商环境作为‘生命线工程’来抓”的工作要求，组织评议优化营商环境工作，覆盖部门单位52家，收集交办问题442个，督促整改到位325个，促进被评议对象政策落实精准度、政务服务便民度、体制机制完善度不断提高。扎实开展“送政策、解难题、优服务”活动，主任会议成员牵头，成立联企工作组9个，协调解决33家企业困难问题近200个。主动投身疫情防控，积极参与西湖示范片、鼎城区蔡家岗镇花园村等乡村振兴示范点建设。

【履职效能】　制定出台《关于加强新一届常委会党组领导班子建设的意见》，修订完善《市人大常委会党组议事规则》，高标准推进“清廉人大”机关建设，积极支持派驻人大常委会机关纪检监察组工作。及时修订完善市人大常委会议事规则、人事任免办法、新闻宣传实施办法，加大干部培训、提拔、交流、使用力度，召开青年干部座谈会。巩固全国文明单位、模范机关创建成果，完成机关综合会议室、阅览室、文体活动室等提质升级。

（罗　珮）

重要会议

【市八届人大二次会议】 2022年12月28—31日，市八届人大二次会议（含预备会议）在湖南文理学院艺术中心召开。大会共召开五次主席团会议、四次全体会议。12月31日，市八届人大二次会议第三次全体会议表决通过方建春为第八届人大法制委主任委员、褚敏为市八届人大财政委主任委员；选举罗厚清为市人民检察院检察长，方建春、向明华、刘高、严海清、肖少球、张星瑜、陈志辉、褚敏、谭晓文、戴道轮等10人为市人大常委会委员，万霞、马吉云、王华、王先波、王国顺、车世忠、左菲、龙兵、龙维、龙海英、叶发平、朱必达、朱国贤、向莉、刘学、刘慧、祁圣芳、李新罗、余习琼、余怀民、沈海兰、宋奇峰、张涛、张敏、张友君、张扬军、张树国、张辉容、陈霞、陈晓华、罗订坤、罗志军、罗鉴远、罗德军、周欢、周功表、周振宇、郑英、郑清、赵伶俐、赵金秋、秦国文、聂天喜、夏彬华、徐永健、徐伟保、高毅、资程、谈珊、黄云华、黄旭峰、黄维红、梅刚、曹志强、庹勤慧、康少中、葛相刚、曾培安、詹立君、熊娅、颜玫、蒯爱华等62人为湖南省第十四届人民代表大会代表。

2022年12月30日，常德市第八届人民代表大会第二次会议第二次全体会议召开。图为会议现场

（余帅璋　摄）

【市八届人大常委会会议】 2022年1月2日，第八届人大常委会第一次会议召开，市人大常委会党组书记、主任余怀民主持会议。会议审议表决有关人事事项。市人大常委会副主任尹正锡、李育智、邹如龙、石玉林、张阳、廖可元、呙滨辰，市人大常委会秘书长李绍霞参加会议。市委常委、常务副市长徐永健，市中级人民法院院长张经伟，市人民检察院检察长刘有仁以及市监察委有关负责人列席会议。

2月28日至3月1日，第八届人大常委会第二次会议召开。市人大常委会党组副书记、副主任尹正锡主持第一次全体会议，市人大常委会主任、党组书记余怀民，副主任李育智、邹如龙、石玉林、张阳、廖可元，秘书长李绍霞出席会议。会议审议表决《关于设立常德市第八届人民代表大会常务委员会代表资格审查委员会的决定（草案）》及有关人员名单（草案）；听取和审议市人民政府关于2021年度环境状况和环境保护目标完成情况的报告；审议《常德市柳叶湖保护条例（草案·三次审议稿）》；审议市人民政府关于《常德市人民代表大会常务委员会关于我市开放平台建设情况报告的审议意见》研究处理情况的报告；审议市监察委员会关于《常德市人民代表大会常务委员会关于全市扫黑除恶“打伞破网”工作情况报告的审议意见》研究处理情况的报告；审议市人民政府关于《常德市人民代表大会常务委员会关于2020年环境状况和环境保护目标完成情况报告的审议意见》研究处理情况的报告；审议市人民政府关于《常德市人民代表大会常务委员会关于医养结合养老服务工作情况报告的审议意见》研究处理情况的报告；审议有关人事事项。市人民政府副市长郭碧勋，市中级人民法院院长张经伟，市人民检察院检察长刘有仁列席此次会议。市人大常委会党组书记、主任余怀民主持第二次全体会议，会议经表决通过，任命陈章杰为市人民政府副市长；随届任命市人民政府秘书长及各工作部门局长（主任）。余怀民向新任命人员颁发任命书，随后进行宪法宣誓仪式。市委书记曹志强，市委副书记、市长周振宇，市人大常委会副主任尹正锡、李育智、邹如龙、石玉林、张阳、廖可元，秘书长李绍霞出席会议；市人民政府副市长余良勇、市政协副主席陈华（民建）、市中级人民法院院长张经伟、市人民检察院检察长刘有仁列席会议。

5月16日，市八届人大常委会第三次会议召开。市人大常委会副主任李育智主持第一次全体会议，市人大常委会党组书记、主任余怀民，市人大常委会副主任尹正锡、李育智、邹如龙、石玉林、张阳、廖可元、呙滨辰，秘书长李绍霞出席会议。会议听取市人民政府关于提请审议《关于开展第八个五年法治宣传教育的决议（草案）》的议案及其说明；听取市人民政府关于2021年市级政府投资项目计划执行情况与2022年市级政府投资项目计划安排（草案）情况的报告及《常德市人民代表大会常务委员会关于2020年市级政府投资项目计划执行情况与2021年市级政府投资项目计划安排情况报告的审议意见》研究处理情况的报告，听取市人大财经委相关调查报告及评价报告；听取市人民政府关于规范民办义务教育发展工作情况的报告及市人大教科文卫委相关调查报告；听取市人民政府关于提请审议《常德市生活垃圾管理条例（修订草案）》的议案及其说明，听取市人大环资委相关审议意见的报告；听取市人大常委会主任会议关于提请审议《关于〈常德市大气污染防治若干规定〉第六条第三款的解释（草案）》的议案及说明，并进行联组审议；听取市人大常委会主任会议关于提请审议《常德市住宅小区电动车安全充电管理规定（草案）》的议案及其说明，听取市人大社会委相关审议意见的报告；听取市人大常委会主任会议关于提请审议《关于进一步加强和改进人大监察和司法监督工作的决定（草案）》的议案及其说明；书面报告市人民政府关于《常德市人民代表大会常务委员会关于加强医疗卫生防救治能力建设工作情况报告的审议意见》研究处理情况及市人大教科文卫委相关评价报告。市人大常委会党组书记、主任余怀民主持第二次全体会议，会议表决通过《常德市人民代表大会常务委员会关于开展第八个五年法治宣传教育的决议》《常德市人民代表大会常务委员会关于进一步加强和改进人大监察和司法监督工作的决定》，并审议有关人事事项。市人民政府副市长郭碧勋，市人民检察院检察长刘有仁，市监委、市中级人民法院负责人列席会议。

6月28—29日，市八届人大常委会第四次会议召开，市人大常委会党组书记、主任余怀民，副主任尹正锡、李育智、邹如龙、石玉林、张阳、廖可元、呙滨辰，秘书长李绍霞出席会议。市人大常委会副主任邹如龙主持第一次全体会议。会议听取市人民政府关于2021年市级决算（草案）的报告、关于2021年市级预算执行和其他财政收支的审计工作报告，听取市人大财经委关于2021年市级决算（草案）的审查报告；听取市人民政府关于2021年度国有自然资源资产管理情况的专项报告，听取市人大财经委相关调查报告；听取市人民政府关于创业带动就业工作情况的报告，听取市人大社会委相关调查报告；听取市人大法制委关于《常德市生活垃圾管理条例（修订草案）》（第二次）审议结果的报告；听取市人大法制委关于《常德市住宅小区电动车充电安全管理规定（草案）》（第二次）审议结果的报告；听取市人民政府关于提请审议《常德市大气污染防治若干规定修正案（草案）》《常德市饮用水水源环境保护条例（修订草案）》的议案及说明，听取市人大环资委相关审议意见的报告。书面报告市人民政府关于2021年度国有资产管理情况的综合报告，市人民政府关于《常德市人民代表大会常务委员会关于全市基层公安派出所、交警大队执法规范化建设报告的审议意见》研究处理情况的报告及市人大监察和司法委相关评价报告，市人民政府关于《常德市人民代表大会常务委员会关于城市规划2020年度实施计划的实施情况报告的审议意见》研究处理情况的报告及市人大环资委相关评价报告。市人大常委会副主任张阳主持第二次全体会议。会议听取和审议市人民政府关于贯彻实施《湖南省高新技术发展条例》暨创新平台建设和科技成果转化工作的报告，听取市人大教科文卫委相关调查报告；听取市人民政府关于城市规划2021年度实施计划的实施情况的报告，听取市人大环资委相关调查报告；听取市人民政府关于常德市创建国家农产品质量安全市工作情况的报告，听取市人大农业委相关调查报告。市人大常委会党组书记、主任余怀民主持第三次全体会议。会议审议表决《常德市生活垃圾管理条例（修订草案）》；审议表决《常德市住宅小区电动车充电安全管理规定（草案）》；审议表决《常德市人民代表大会常务委员会关于批准2021年市级决算的决议（草案）》；审议有关人事事项。会前集体视察常德市创业带动就业工作情况。市委常委、市人民政府常务副市长徐永健，市政协副主席、市科技局局长陈华参加视察活动。市委常委、市人民政府副市长陈章杰，市人民政府副市长谭丁、郭碧勋，市中级人民法院院长张经伟，市人民检察院检察长刘有仁，市监委相关负责人，部分国、省、市人大代表列席此次会议。

8月25日，市八届人大常委会第五次会议召开。市人大常委会党组书记、主任余怀民，市人大常委会副主任尹正锡、李育智、邹如龙、石玉林、张阳、廖可元、呙滨辰，秘书长李绍霞出席会议。市人大常委会副主任石玉林主持第一次全体会议，会议听取市人民政府关于2022年1—7月全市国民经济和社会发展计划执行情况的报告，听取市人民政府关于2022年1—7月全市及市本级预算执行情况的报告，听取市人民政府关于全市外贸企业发展情况的报告，听取市人民政府关于全市行政复议工作情况的报告，听取市人民政府关于义务教育“双减”工作情况的报告，听取市人民政府关于安全生产工作情况的报告，听取市人大相关委室的调查报告，会议还听取市人大法制委关于《常德市饮用水水源保护条例（修订草案）》审议结果的报告。第一次全体会议后还就相关议题进行了分组审议。市人大常委会党组书记、主任余怀民主持第二次全体会议，会议表决通过《常德市饮用水水源保护条例》，会议还审议了有关人事事项。

10月26—27日，市八届人大常委会第六次会议召开，市人大常委会党组书记、主任余怀民，副主任尹正锡、李育智、邹如龙、石玉林、张阳，秘书长李绍霞出席会议。会议举行三次全体会议。市人大常委会党组副书记、副主任尹正锡主持第一次全体会议，会议通过会议议程（草案）；听取市人民政府关于2022年市本级预算调整方案（草案）的报告及市人大财经委相关审查结果的报告；听取市人民政府关于公共文化体育设施规划建设工作情况的报告及市人大教科文卫委相关调查报告；听取市人大常委会主任会议关于《常德市人民代表大会常务委员会议事规则（第五次修订草案）》的说明及关于《常德市人民代表大会常务委员会人事任免办法（修订草案）》的说明；听取市人大常委会研究室关于《湖南省乡镇人民代表大会工作条例》贯彻实施情况的调查报告；听取和审议市人民政府及其相关部门关于2021年市级预算执行和其他财政收支审计查出问题整改与审议意见研究处理情况的报告及市人大财经委相关评价报告，并对相关部门整改情况进行满意度测评；书面报告市人民政府关于《常德市人民代表大会常务委员会关于全市规范民办义务教育发展工作情况的审议意见》研究处理情况的报告及市人大教科文卫委相关评价报告。市人大常委会副主任张阳主持第二次全体会议，会议听取市人民政府关于《常德市农村村民住房建设管理条例》贯彻实施情况的报告及市人大常委会执法检查组关于检查《常德市农村村民住房建设管理条例》实施情况的报告；听取市人民政府关于全市推进林长制工作情况的报告及市人大农业委相关调查报告。市人大常委会党组书记、主任余怀民主持第三次全体会议，会议审议表决通过《常德市人民代表大会常务委员会议事规则（第五次修订草案）》《常德市人民代表大会常务委员会人事任免办法（修订草案）》《常德市人民代表大会常务委员会关于批准2022年市本级预算调整方案的决议（草案）》《常德市人民代表大会常务委员会关于召开常德市第八届人民代表大会第二次会议的决定（草案）》；审议表决通过有关人事事项。常委会组成人员集体学习中国共产党第二十次全国代表大会精神。市委常委、市人民政府常务副市长徐永健，市人民政府原副市长龚德汉，市中级人民法院院长张经伟，市人民政府秘书长陈爱喜，市监委、市人民检察院、市直有关部门相关负责人列席会议。

12月20日，市八届人大常委会第七次会议召开。市人大常委会党组副书记、副主任尹正锡主持第一次全体会议，会议听取市人民政府关于市八届人大一次会议代表建议办理工作情况的报告；听取市人民政府关于提请审议《常德市基层治理网格管理条例（草案）》的议案及说明，听取市人大监察和司法委相关审议意见的报告；听取市人民政府关于规范性文件备案审查工作情况的报告；听取市人大常委会法工委关于规范性文件备案审查工作情况的报告；书面报告市中级人民法院关于市八届人大一次会议代表建议办理工作情况的报告，市人民政府关于《常德市人民代表大会常务委员会关于2022年1—7月全市国民经济和社会发展计划执行情况报告的审议意见》研究处理情况的报告及市人大财经委相关评价报告，市人民政府关于《常德市人民代表大会常务委员会关于2022年1—7月全市及市本级预算执行情况报告的审议意见》研究处理情况的报告及市人大财经委相关评价报告，市人民政府关于《常德市人民代表大会常务委员会关于2021年度国有自然资源资产管理情况专项报告的审议意见》研究处理情况的报告及市人大财经委相关评价报告，市人民政府关于《常德市人民代表大会常务委员会关于贯彻实施〈湖南省高新技术发展条例〉暨创新平台建设和科技成果转化工作报告的审议意见》研究处理情况的报告及市人大教科文卫委相关评价报告，市人民政府关于《常德市人民代表大会常务委员会关于我市创建国家农产品质量安全市工作情况报告的审议意见》研究处理情况的报告及市人大农业委相关评价报告，市人民政府关于《常德市人民代表大会常务委员会关于创业带动就业工作情况报告的审议意见》研究处理情况的报告及市人大社会委相关评价报告。第市人大常委会党组书记、主任余怀民主持二次全体会议，会议听取市人大监察和司法委关于法官、检察官履职评议工作情况的报告，并对部分法官、检察官履职情况开展评议；审议有关人事事项。市人大常委会副主任邹如龙、石玉林、张阳，秘书长李绍霞出席会议；市委常委、常务副市长徐永健，市政府副市长周代惠，市中级人民法院院长张经伟，市政府秘书长陈爱喜，市纪委监委、市人民检察院的相关负责人列席会议。

12月24日，市八届人大常委会第八次会议召开。市人大常委会党组书记、主任余怀民主持会议，市人大常委会副主任尹正锡、李育智、邹如龙、廖可元、呙滨辰，秘书长李绍霞出席会议。会议听取市人大常委会代表资格审查委员会关于部分市八届人大代表的资格审查报告，审议表决有关人事事项，审议常德市第八届人民代表大会第二次会议有关人员名单（草案）、选举办法（草案）、议程（草案）、日程（草案），听取常德市第八届人民代表大会第二次会议筹备工作情况的报告，听取市人大常委会研究室关于《常德市人民代表大会常务委员会工作报告（讨论稿）》起草情况的说明。市人民政府原副市长龚德汉，市中级人民法院院长张经伟，市政府办、市监察委员会、市人民检察院、市直有关部门相关负责人列席本次常委会。

【第八届人大常委会主任会议】

2022年1月1日，市八届人大常委会第一次主任会议召开。市人大常委会党组书记、主任余怀民主持会议，市人大常委会副主任尹正锡、李育智、邹如龙、石玉林、张阳、廖可元、呙滨辰，市人大常委会秘书长李绍霞参加会议。会议讨论市八届人大常委会第一次会议议程（草案）、日程（草案）。

1月20日，市八届人大常委会第二次主任会议召开。市人大常委会党组书记、主任余怀民主持会议，市人大常委会副主任尹正锡、李育智、邹如龙、石玉林、张阳、廖可元、呙滨辰，市人大常委会秘书长李绍霞参加会议。会议讨论关于常德经开区申报省级化工园区工作的相关事宜。

1月21日，市八届人大常委会第三次主任会议召开。市人大常委会党组书记、主任余怀民主持会议，市人大常委会副主任尹正锡、邹如龙、石玉林、张阳、廖可元、呙滨辰，秘书长李绍霞出席会议。会议讨论2022年市人大常委会工作要点。

2月8日，市八届人大常委会第四次主任会议召开。市人大常委会党组书记、主任余怀民主持会议，市人大常委会副主任尹正锡、李育智、邹如龙、石玉林、张阳、廖可元、呙滨辰，秘书长李绍霞出席会议。会议讨论市人大常委会2022年工作要点（草案），讨论《常德市文明行为促进条例》《常德市养犬管理条例》颁布实施新闻发布会方案。

2月21日，市八届人大常委会第五次主任会议召开。市人大常委会党组书记、主任余怀民主持会议，市人大常委会副主任尹正锡、李育智、邹如龙、石玉林、张阳、廖可元、呙滨辰，秘书长李绍霞出席会议。会议听取市人大常委会联工委关于设立常德市第八届人民代表大会常务委员会代表资格审查委员会有关情况的报告，讨论常德市第八届人民代表大会常务委员会第二次会议建议方案。

2月28日上午，市八届人大常委会第六次主任会议召开。市人大常委会党组书记、主任余怀民主持会议，市人大常委会副主任尹正锡、李育智、邹如龙、石玉林、张阳、廖可元，秘书长李绍霞出席会议。会议听取市委组织部有关人事事项的报告。

2月28日下午，市八届人大常委会第七次主任会议召开。市人大常委会党组书记、主任余怀民主持会议，市人大常委会副主任尹正锡、李育智、邹如龙、石玉林、张阳、廖可元，秘书长李绍霞出席会议。会议听取市委组织部有关人事事项的报告。

3月4日，市八届人大常委会第八次主任会议召开。市人大常委会党组书记、主任余怀民主持会议，市人大常委会副主任尹正锡、李育智、邹如龙、石玉林、廖可元、呙滨辰，秘书长李绍霞出席会议。会议传达学习刘莲玉在全省市州人大常委会主任座谈会上的讲话精神，《中共中央关于加强新时代检察机关法律监督工作的意见》相关精神、全省人大监察和司法工作座谈会相关精神，讨论《常德市人民代表大会常务委员会关于2021年度环境状况和环境保护目标完成情况报告的审议意见（草案）》。

3月15日，市人大常委会第九次主任会议召开。市人大常委会党组书记、主任余怀民主持会议，市人大常委会副主任尹正锡、李育智、邹如龙、石玉林、张阳、廖可元，秘书长李绍霞出席会议。会议讨论通过市人大常委会主任会议成员重点督办的市八届人大一次会议建议、市人大常委会组成人员联系代表工作方案、关于推行常德市人大常委会会议审议意见卡的工作方案、常德市人大常委会（机关）集中学法工作方案。

3月29日，市人大常委会第十次主任会议召开。市人大常委会党组书记、主任余怀民主持会议，市人大常委会副主任尹正锡、李育智、邹如龙、石玉林、张阳、廖可元，秘书长李绍霞出席会议。会议讨论《关于调整〈常德市人大常委会2022年立法计划〉的报告》，并就如何做好市人大常委会机关疫情防控工作提出要求。

4月7日，市八届人大常委会第十一次主任会议召开。市人大常委会党组书记、主任余怀民主持会议，市人大常委会副主任尹正锡、李育智、邹如龙、石玉林、张阳、廖可元，秘书长李绍霞出席会议。会议讨论全国、省、市人大代表列席市人大常委会会议办法和2022年市人大常委会会议列席代表名单，讨论关于组建市人大代表专业小组工作方案，讨论常德市人大代表活动经费管理使用办法。

4月20日，市八届人大常委会

第十二次主任会议召开。市人大常委会党组书记、主任余怀民主持会议，市人大常委会副主任尹正锡、李育智、张阳、廖可元、呙滨辰，秘书长李绍霞出席会议。会议讨论《常德市人民代表大会常务委员会关于进一步加强和改进人大监察和司法监督工作的决定（草案）》和《常德市人民代表大会常务委员会开展法官、检察官履职评议实施办法（试行草案）》；审议通过《常德市人大常委会2022年立法计划（修改稿）》；讨论《常德市城乡生活垃圾管理条例（修订草案）》《常德市住宅小区电动车安全充电管理规定（草案）》《关于〈常德市大气污染防治若干规定〉第六条第三款的解释（草案）》；讨论市八届人大常委会第三次会议议程（草案）、日程（草案），以及《常德市人大常委会委员归口委室联系方案（草案）》《常德市人大常委会2022年评议优化营商环境工作方案（草案）》《常德市人民代表大会常务委员会组成人员守则（修订草案）》《常德市人民代表大会常务委员会组成人员年度履职报告制度（修订草案）》。

4月25日，市人大常委会第十三次主任会议召开。市人大常委会党组书记、主任余怀民主持会议，市人大常委会副主任尹正锡、李育智、邹如龙、石玉林、张阳、廖可元、呙滨辰，秘书长李绍霞出席会议。会议讨论调整市八届人大常委会第三次会议时间。

5月5日，市八届人大常委会第十四次主任会议召开。市人大常委会党组书记、主任余怀民主持会议，市人大常委会副主任尹正锡、李育智、邹如龙、石玉林、张阳、廖可元、呙滨辰，秘书长李绍霞出席会议。会议传达学习长沙居民自建房倒塌事故重要精神，全省市、县两级人大常委会主任研讨班主要精神，全省加强地方人大对政府债务审查监督视频会议精神。

5月11日，市八届人大常委会第十五次主任会议召开。市人大常委会党组书记、主任余怀民主持会议，市人大常委会副主任李育智、邹如龙、石玉林、张阳、廖可元、呙滨辰，秘书长李绍霞出席会议。会议听取监察和司法委关于调整《常德市人大常委会关于全市基层公安派出所、交警大队执法规范化建设情况报告的审议意见》研究处理情况报告时间的汇报，讨论《常德市人大常委会2022年评议优化营商环境工作方案（草案）》，讨论市八届人大常委会第三次会议议程（草案）、日程（草案）。

5月16日，市八届人大常委会第十六次主任会议召开。市人大常委会党组书记、主任余怀民主持会议，市人大常委会副主任尹正锡、李育智、邹如龙、石玉林、张阳、廖可元、呙滨辰，秘书长李绍霞参加会议。会议听取市人大法制委（常委会法工委）关于《常德市人民代表大会常务委员会关于〈常德市大气污染防治若干规定〉第六条第三款的解释（草案）》修改情况的汇报。

5月23日，市八届人大常委会第十七次主任会议召开。市人大常委会党组书记、主任余怀民主持会议，市人大常委会副主任尹正锡、李育智、邹如龙、石玉林、张阳、廖可元、呙滨辰出席会议。会议传达市委常委会讨论研究全省市县两级人大常委会主任研讨班精神及贯彻落实建议及评议优化营商环境工作方案起草情况等事项的有关精神；讨论《常德市人民代表大会常务委员会关于2021年市级政府投资项目计划执行情况与2022年市级政府投资项目计划安排情况报告的审议意见（草案）》和《常德市人民代表大会常务委员会关于全市规范民办义务教育发展工作情况报告的审议意见（草案）》。

6月20日，市八届人大常委会第十八次主任会议召开。市人大常委会党组书记、主任余怀民主持会议，市人大常委会副主任尹正锡、李育智、石玉林、张阳、廖可元、呙滨辰，秘书长李绍霞出席会议。会议听取市人大法制委（常委会法工委）有关立法工作情况的汇报；讨论《常德市人民代表大会常务委员会视察创业带动就业工作方案（草案）》；讨论市八届人大常委会第四次会议日程（草案）、议程（草案）；传达2022年全省市州人大地方立法暨备案审查工作培训会精神和中共中央有关文件精神以及市委有关工作提示。

6月27日，市八届人大常委会第十九次主任会议召开。市人大常委会党组书记、主任余怀民主持会议，市人大常委会副主任尹正锡、李育智、邹如龙、石玉林、张阳、廖可元、呙滨辰，秘书长李绍霞参加会议。会议听取有关立法工作的情况汇报。

6月29日，市八届人大常委会第二十次主任会议召开。市人大常委会党组书记、主任余怀民主持会议，市人大常委会副主任尹正锡、李育智、邹如龙、石玉林、张阳、廖可元、呙滨辰，秘书长李绍霞参加会议。会议听取有关立法工作的情况汇报。

7月5日，市八届人大常委会第二十一次主任会议召开，市人大常委会党组书记、主任余怀民主持会议，市人大常委会副主任尹正锡、李育智、邹如龙、石玉林、张阳、廖可元、呙滨辰，市人大常委会秘书长李绍霞出席会议。会议讨论常德市人民代表大会常务委员会关于2021年市级预算执行和其他财政收支的审计工作报告的审议意见（草案）、关于2021年度国有自然资源资产管理情况报告的审议意见（草案）、关于贯彻实施《湖南省高新技术发展条例》暨创新平台建设和科技成果转化工作情况报告的审议意见（草案）、关于城市规划2021年度实施计划的实施情况报告的审议意见（草案）、关于创建国家农产品质量安全市工作情况报告的审议意见（草案）、关于创业带动就业工作情况报告的审议意见（草案）。

7月19日，市八届人大常委会第二十二次主任（扩大）会议召开。市人大常委会党组书记、主任余怀民主持会议，市人大常委会副主任尹正锡、李育智、邹如龙、石玉林、张阳、廖可元、呙滨辰，秘书长李绍霞出席会议。会议传达学习全国人大常委会副委员长沈跃跃到常德开展长江保护法执法检查相关精神，省人大常委会党组书记、副主任刘莲玉到常德开展省领导联系民营企业家调研相关精神；讨论《关于加强地方人大对政府性债务审查监督的实施办法（草案）》。

7月27日，市八届人大常委会第二十三次主任会议召开。市人大常委会党组书记、主任余怀民主持会议，市人大常委会副主任李育智、邹如龙、石玉林、张阳、廖可元、呙滨辰，市人大常委会秘书长李绍霞出席会议。会议讨论2022年度全市人大工作考核评估实施方案（讨论稿）、市人大常委会关于开展《湖南省乡镇人民代表大会工作条例》贯彻实施情况检查的工作方案（讨论稿），听取市人大环资委关于《常德市农村村民住房建设管理条例》执法检查有关情况的汇报。

8月16日，市八届人大常委会第二十四次主任会议召开。市人大常委会党组书记、主任余怀民主持会议，市人大常委会副主任尹正锡、邹如龙、石玉林、张阳、廖可元、呙滨辰，市人大常委会秘书长李绍霞参加会议。会议听取市委组织部有关人事事项的报告、市人民检察院有关人事事项的报告以及市人大法制委有关立法工作情况的汇报；传达学习全省人大教科文卫工作专题培训班暨工作会议精神；讨论常德市第八届人民代表大会常务委员会第五次会议议程（草案）、日程（草案）。

8月22日，市八届人大常委会第二十五次主任会议召开。市人大常委会党组书记、主任余怀民主持会议，市人大常委会副主任尹正锡、邹如龙、石玉林、张阳、廖可元、呙滨辰，市人大常委会秘书长李绍霞参加会议。会议讨论有关立法工作。

8月25日，市八届人大常委会第二十六次主任会议召开。市人大常委会党组书记、主任余怀民主持会议，市人大常委会副主任尹正锡、邹如龙、石玉林、张阳、廖可元、呙滨辰，市人大常委会秘书长李绍霞参加会议。会议讨论《常德市饮用水水源保护条例》。

9月1日，市八届人大常委会第二十七次主任会议召开。市人大常委会党组书记、主任余怀民主持会议，市人大常委会副主任尹正锡、李育智、邹如龙、石玉林、张阳、呙滨辰，秘书长李绍霞出席会议。会议讨论《常德市人民代表大会常务委员会关于全市外贸企业发展情况报告的审议意见（草案）》《常德市人民代表大会常务委员会关于全市行政复议工作情况报告的审议意见（草案）》《常德市人民代表大会常务委员会关于2022年1—7月全市国民经济和社会发展计划执行情况报告的审议意见（草案）》《常德市人民代表大会常务委员会2022年1—7月全市及市本级预算执行情况报告的审议意见（草案）》《常德市人民代表大会常务委员会关于义务教育“双减”工作情况报告的审议意见（草案）》《常德市人民代表大会常务委员会关于安全生产工作情况报告的审议意见（草案）》。

9月20日，市八届人大常委会第二十八次主任会议召开。市人大常委会党组书记、主任余怀民主持会议，市人大常委会副主任尹正锡、李育智、邹如龙、石玉林、张阳、呙滨辰，秘书长李绍霞出席会议。会议讨论市人大常委会视察重大交通项目建设工作方案。

10月21日，市人大常委会第二十九次主任会议召开。市人大常委会党组书记、主任余怀民主持会议，市人大常委会副主任尹正锡、李育智、邹如龙、石玉林、张阳、呙滨辰，秘书长李绍霞出席会议。会议听取市人大常委会联工委关于《常德市人民代表大会常务委员会人事任免办法（修订草案）》的说明；听取市人大常委会研究室关于《湖南省乡镇人民代表大会工作条例》贯彻实施情况的调查报告；听取市人大监察和司法委关于2022年法官、检察官履职评议对象建议名单的报告；听取市人大法制委（常委会法工委）关于《常德市饮用水水源保护条例》施行时间的报告及关于推迟向市人大常委会会议报告规范性文件备案审查工作情况的报告；听取市人大常委会执法检查组关于检查《常德市农村村民住房建设管理条例》实施情况的报告（讨论稿）；讨论《常德市人民代表大会常务委员会关于我市重大交通项目建设工作的视察意见（草案）》《市人大常委会评议审计查出问题整改工作实施方案（草案）》《常德市人民代表大会常务委员会议事规则（第五次修订草案）》；讨论市八届人民代表大会第二次会议召开时间、议程（草案）和市八届人大常委会第六次会议议程（草案）、日程（草案）。

11月3日，市八届人大常委会第三十次主任会议召开。市人大常委会党组书记、主任余怀民主持会议，市人大常委会副主任尹正锡、李育智、邹如龙、张阳、呙滨辰，秘书长李绍霞出席会议。会议听取市人大常委会联工委关于2022年市人大代表培训工作情况的报告；听取市人大法制委（常委会法工委）关于市八届人大常委会法律顾问选聘情况的汇报及《常德市人大常委会法律顾问管理办法（草案）》修订情况的说明；听取市人大法制委（常委会法工委）关于市人大常委会基层立法联系点选定情况的汇报及《常德市人大常委会基层立法联系点制度（草案）》修订情况的说明；讨论《常德市人民代表大会常务委员会关于公共文化体育设施规划建设情况报告的审议意见（草案）》；讨论《常德市人民代表大会常务委员会关于检查〈常德市农村村民住房建设管理条例〉实施情况报告的审议意见（草案）》；讨论《常德市人民代表大会常务委员会关于我市推进林长制工作情况报告的审议意见（草案）》。

11月28日，市八届人大常委会第三十一次主任会议召开。市人大常委会党组书记、主任余怀民主持会议，市人大常委会副主任尹正锡、李育智、邹如龙、张阳、呙滨辰，秘书长李绍霞出席会议。会议讨论市八届人大二次会议有关事项，听取市八届人大常委会第七次会议有关议题情况，讨论市八届人大常委会第七次会议议程（草案）。

12月5日，市人大常委会第三十二次主任会议召开。市人大常委会党组书记、主任余怀民主持会议，市人大常委会副主任尹正锡、李育智、邹如龙、石玉林、张阳、廖可元、呙滨辰，秘书长李绍霞出席会议。会议讨论《常德市人民代表大会常务委员会工作报告》（修改稿）。

12月11日，市八届人大常委会第三十三次主任会议召开。市人大常委会党组书记、主任余怀民主持会议，市人大常委会副主任尹正锡、李育智、邹如龙、石玉林、张阳、廖可元、呙滨辰，秘书长李绍霞出席会议。会议专题研究市人大常委会评议优化营商环境工作会议相关内容。

12月12日，市人大常委会评议优化营商环境工作会议在柳叶湖管委会一楼大会议室召开。其间，召开市八届人大常委会第三十四次主任会议，听取现场民主测评结果。

12月13日，市八届人大常委会第三十五次主任会议召开。市人大常委会党组书记、主任余怀民主持会议，市人大常委会副主任尹正锡、李育智、邹如龙、石玉林、张阳、廖可元、呙滨辰，秘书长李绍霞出席会议。会议听取市人大监察和司法委关于法官、检察官履职评议工作情况的报告，讨论市八届人大常委会第七次会议议程（草案）、日程（草案）。

12月19日，市八届人大常委会第三十六次主任会议召开。市人大常委会党组书记、主任余怀民主持会议，市人大常委会副主任尹正锡、李育智、邹如龙、石玉林，秘书长李绍霞出席会议。会议听取有关人事事项的报告、市人大常委会办公室关于对市八届人大二次会议日程（草案）进行调整的情况汇报、市人大常委会联工委关于市八届人大二次会议主席团等有关名单（草案）的汇报、市八届人大二次会议疫情防控有关情况的汇报，讨论关于市八届人大二次会议宪法宣誓方案（草案）、市人大常委会第八次会议议程（草案）、日程（草案）。

12月24日，市八届人大常委会第三十七次主任会议召开。市人大常委会党组书记、主任余怀民主持会议，市人大常委会副主任尹正锡、李育智、邹如龙、石玉林、张阳、廖可元、呙滨辰，秘书长李绍霞出席会议。会议听取有关人事事项的报告。

【其他重要会议】 1月25日，市人大常委会与“一府一委两院”联席会议召开，市人大常委会党组书记、主任余怀民主持会议。会议主要就市人大常委会2022年工作要点听取“一府一委两院”负责人的意见建议。市委常委、市政府副市长徐永健，市人大常委会副主任尹正锡、李育智、邹如龙、石玉林、张阳、廖可元、呙滨辰、秘书长李绍霞，市中级人民法院院长张经伟，市人民检察院检察长刘有仁等参加会议。

2月9日，全市区县市人大常委会主任座谈会在德华宾馆九楼一会议室召开。市人大常委会党组书记、主任余怀民出席会议并讲话，会议由市人大常委会党组副书记、副主任尹正锡主持，市人大常委会副主任李育智、邹如龙、石玉林、张阳、廖可元、呙滨辰，秘书长李绍霞出席座谈会。

2月22—23日，省人大常委会副主任陈文浩带领省人大民侨外委人员到常德开展民族乡经济社会发展和侨务工作情况调研。市人大常委会党组书记、主任余怀民，市人大常委会副主任尹正锡、石玉林，秘书长李绍霞等相关人员陪同调研。

2月24日，驻常德全国人大代表议案建议工作座谈会召开，市人大常委会副主任邹如龙出席会议。

4月26日，全国人大农业与农村委员会副主任委员蒋超良带领调研组到常德市鼎城区草坪镇三角堆村，专题调研巩固脱贫攻坚成果与乡村振兴衔接情况。省人大农业农村委主任委员余雄等陪同到常德调研，市人大常委会党组副书记尹正锡、石玉林陪同调研。

5月30日，省人大常委会党组副书记、副主任谢建辉到常德，出席省十三届人大代表第十二期履职学习班的开班式并作动员讲话；并率队到武陵区穿紫河街道基层立法联系点，调研加强代表工作能力建设情况，市人大常委会党组书记、主任余怀民，副主任尹正锡、邹如龙，秘书长李绍霞陪同调研。

7月13日，省人大常委会党组书记、副主任刘莲玉率队到湖南湘佳牧业股份有限公司，调研省领导联系民营企业家工作。市委副书记、市委统战部部长陈华，市人大常委会党组书记、主任余怀民，市委常委、常务副市长徐永健参加活动。

9月13日，市委人大工作会议召开。市委书记曹志强出席会议并讲话，市委副书记、市长周振宇主持会议。市人大常委会党组书记、主任余怀民，市委常委、市人民政府常务副市长徐永健，市委常委、市纪委书记、市监委主任何艺辉，市中级人民法院党组书记、院长张经伟，市人民检察院党组副书记、副检察长荣明分别发言。市委常委，市政协主席，市人大常委会副主任、委员，市人民政府副市长以及市直有关单位主要负责人，各区县市委书记、人大常委会主任，“六小区”党工委书记，部分全国、省、市人大代表参加会议。

9月14—15日，省人大常委会副主任陈文浩率队到常德，就贯彻落实中央、省委人大工作会议精神进行专项督查。市人大常委会党组书记、主任余怀民，市领导徐永健、尹正锡、李育智、邹如龙、石玉林、张阳、朱金平，市中级人民法院院长张经伟，市人大常委会秘书长李绍霞分别陪同督查、参加汇报会。

11月30日，市人大常委会举行学习宣传贯彻中共二十大精神市委宣讲团报告会。市人大常委会党组书记、主任余怀民主持报告会。市人大常委会副主任尹正锡、李育智、邹如龙、石玉林、张阳、廖可元、呙滨辰，秘书长李绍霞出席。

12月12日，市人大常委会评议优化营商环境工作会议在柳叶湖管委会一楼大会议室召开。市委副书记、市长周振宇出席会议并讲话，会议由市人大常委会党组书记、主任余怀民主持，市委常委、市纪委书记、市监委主任何艺辉，市人大常委会副主任尹正锡、李育智、邹如龙、石玉林、张阳、廖可元、呙滨辰，常德市中级人民法院党组书记、院长张经伟，市人大常委会秘书长李绍霞，市政府秘书长陈爱喜，市人民检察院负责人，市人大常委会副秘书长，市人大相关专门委员会和常委会工作机构负责人，市纪委监委派驻市人大机关纪检监察组负责人，各区县市人大常委会主任，常德经开区、常德高新区、柳叶湖旅游度假区、西湖管理区、西洞庭管理区、桃花源旅游管理区负责人，被评议单位的负责人，部分市人大代表，相关企业负责人以及群众代表参加会议。

12月19日，市人大常委会与“一府一委两院”联席会议在德华宾馆九楼一会议室召开。市委副书记、市长周振宇出席会议，市人大常委会党组书记、主任余怀民主持会议，市委常委、常务副市长徐永健，市人大常委会副主任尹正锡、李育智、邹如龙、石玉林，副市长周代惠、余良勇、谭丁，原副市长龚德汉，市中级人民法院院长张经伟，市人大常委会秘书长李绍霞，市政府秘书长陈爱喜，市纪委监委、市人民检察院的相关负责人参加会议。

（罗　珮　邓　超）

立法工作

【概况】　2022年，市人大常委会深入贯彻习近平新时代中国特色社会主义思想，特别是习近平法治思想、习近平总书记关于坚持和完善人民代表大会制度的重要思想，推动实现地方立法工作高质量发展。不断增强党领导立法的政治自觉，立法中的重大事项和重要情况，及时向市委请示报告；年度立法计划报送市委批准。聚焦群众“急难愁盼”，锚定法律施行的堵点、难点，紧盯与上位法的龃龉冲突问题，完成《常德市生活垃圾管理条例》《常德市饮用水水源保护条例》修订工作，并将习近平生态文明思想核心要义、重大理念融入法规中。坚持探索创新，丰富立法形式。制定出台《常德市住宅小区电动车充电安全管理规定》。该法规全文仅5条，共800余字。其成功立法实践开全省“小快灵”立法先河，立法案例入选省政府向国务院上报的重要信息，立法经验得到省人大重点推介。条例施行后，全市住宅小区电动车集中充电设施建设覆盖率明显提高，电动车火灾事故大幅下降，住宅小区充电安全现状得到明显改善。多次配合省人大常委会到常德开展立法调研，完成《湖南省通用航空条例（草案）》《湖南省安全生产条例（草案）》等15部法规征求意见工作，贡献常德智慧、常德方案。

【立法会议】　2月8日，市八届人大常委会召开第四次主任会议，讨论《常德市文明行为促进条例》《常德市养犬管理条例》颁布实施新闻发布会方案。

2月10日，《常德市文明行为促进条例》《常德市养犬管理条例》两部地方性法规颁布施行新闻发布会在市文化馆新闻发布厅举行。

2月28日至3月1日，市八届人大常委会召开第二次会议，审议《常德市柳叶湖保护条例（草案·三次审议稿）》。

3月29日，市八届人大常委会召开第十次主任会议，讨论《关于调整〈常德市人大常委会2022年立法计划〉的报告》。

4月20日，市八届人大常委会

召开第十二次主任会议，审议通过《常德市人大常委会2022年立法计划（修改稿）》；讨论《常德市城乡生活垃圾管理条例（修订草案）》《常德市住宅小区电动车安全充电管理规定（草案）》《关于〈常德市大气污染防治若干规定〉第六条第三款的解释（草案）》。

5月31日，市人大法制委（常委会法工委）组织召开《常德市生活垃圾管理条例（修订草案）》《常德市住宅小区电动车充电安全管理规定（草案）》立法论证会，市人大常委会副主任李育智出席会议。

6月6日，市人大法制委（常委会法工委）组织召开《常德市住宅小区电动车充电安全管理规定（草案）》《常德市生活垃圾管理条例（修订草案）》立法部门协调会，市人大常委会副主任李育智出席会议。

5月16日，市八届人大常委会召开第三次会议，听取市人民政府关于提请审议《常德市生活垃圾管理条例（修订草案）》的议案及其说明，市人大常委会主任会议关于提请审议《关于〈常德市大气污染防治若干规定〉第六条第三款的解释（草案）》的议案及说明，市人大常委会主任会议关于提请审议《常德市住宅小区电动车安全充电管理规定（草案）》的议案及其说明。

6月20日，市八届人大常委会召开第十八次主任会议，听取市人大法制委（常委会法工委）有关立法工作情况的汇报；传达2022年全省市州人大地方立法暨备案审查工作培训会精神和中共中央有关文件精神以及市委有关工作提示。

6月28—29日，市八届人大常委会召开第四次会议召开。第一次全体会议听取市人大法制委关于《常德市生活垃圾管理条例（修订草案）》（第二次）审议结果的报告，市人大法制委关于《常德市住宅小区电动车充电安全管理规定（草案）》（第二次）审议结果的报告，市人民政府关于提请审议《常德市大气污染防治若干规定修正案（草案）》《常德市饮用水水源环境保护条例（修订草案）》的议案及说明；第二次全体会议审议表决《常德市生活垃圾管理条例（修订草案）》《常德市住宅小区电动车充电安全管理规定（草案）》《常德市人民代表大会常务委员会关于批准2021年市级决算的决议（草案）》。

9月23日，《常德市住宅小区电动车充电安全管理规定》颁布施行新闻发布会在市规划馆新闻发布厅举行。

10月11日，《常德市住宅小区电动车充电安全管理规定》宣传贯彻情况调研座谈会在市消防救援支队召开，市人大常委会副主任冈滨辰出席会议。

10月21日，市八届人大常委会召开第二十九次主任会议，听取市人大法制委（常委会法工委）关于《常德市饮用水水源保护条例》施行时间的报告及关于推迟向市人大常委会会议报告规范性文件备案审查工作情况的报告。

11月3日，市八届人大常委会召开第三十次主任会议，听取市人大法制委（常委会法工委）关于市八届人大常委会法律顾问选聘情况的汇报及《常德市人大常委会法律顾问管理办法（草案）》修订情况的说明，关于市人大常委会基层立法联系点选定情况的汇报及《常德市人大常委会基层立法联系点制度（草案）》修订情况的说明。

12月20日，市八届人大常委会召开第七次会议，听取市人民政府关于提请审议《常德市基层治理网格管理条例（草案）》的议案及说明，市人民政府关于规范性文件备案审查工作情况的报告，市人大常委会法工委关于规范性文件备案审查工作情况的报告。

【立法调研】 2月22日，市人大常委会副主任李育智带队到柳叶湖旅游度假区开展立法调研。

3月9—10日，省人大法制委副主任委员、常委会法工委主任吴秋菊带领调研组到常德，就立法与备案审查工作进行调研。市人大常委会党组书记、主任余怀民，副主任李育智，秘书长李绍霞陪同调研。

3月17日，市人大常委会副主任李育智带队到汉寿县开展生活垃圾管理和饮用水水源保护立法调研。

4月7日，市人大常委会副主任李育智带队在市城区开展常德市居民住宅小区电动车充电管理规定立法调研。

5月12日，市人大常委会副主任李育智带队到石门县开展生活垃圾、住宅小区电动车安全充电管理立法调研；走访市人大代表龙西斌、覃玉华、罗平，重点了解市人大代表对市人大常委会工作的意见和建议。

5月30—31日，全国人大代表、省人大监察和司法委副主任委员袁友方一行到常德开展《湖南省法律援助条例》立法调研，市人大常委会副主任廖可元陪同调研。

7月19—20日，省人大常委会副主任周农率立法调研组到常德，调研城乡社区居家养老助餐服务立法工作。市人大常委会党组书记、主任余怀民陪同调研。

11月8日，市人大常委会副主任李育智率队，到石门县开展规范性文件备案审查和市人大常委会2023年立法计划编制工作调研。

（胡　政　罗　珮）

监督工作

【经济运行监督】 聚焦发展动能，审议政府投资项目执行与计划安排情况报告，推动政府强化项目

2022年7月19—20日，市人大常委会党组书记、主任余怀民（前排左三）陪省人大常委会副主任周农（前排右二）开展城乡社区居家养老助餐服务立法调研（贺　潇　摄）

谋划、合理安排资金、严格建设监管，充分发挥政府投资的引领带动作用。紧盯国资管理，积极审议国有资产管理情况综合报告，首次审议自然资源资产管理情况专项报告。实现对“四大类”国有资产（企业国有资产、金融企业国有资产、行政事业性国有资产和国有自然资源资产）管理情况监督全覆盖。助力对外开放，审议外贸企业发展情况报告，推动政府出台《常德市促进外贸高质量发展的若干政策措施》，外贸发展政策环境进一步优化。关注交通建设，组织重大交通项目视察，推动常益长高铁、益常高速扩容工程、石澧航道等项目实施提速，常德正式迈入“高铁时代”。注重计划监督，审议国民经济和社会发展计划执行情况报告，及时研判形势，提出建议，督促政府努力实现预期目标。规范财政监督，审议全市及市级财政预算执行情况报告，审查批准市级决算和预算调整方案，推进全口径审查监督重点向支出预算和政策拓展，支持政府落实国家积极财政政策；加强政府性债务审查监督，出台《关于加强人大对政府性债务审查监督的实施意见》，守住不发生系统性风险的底线；升级人大预算审查监督平台，提升预算审查监督标准化、规范化、智能化水平。强化审计监督，审议财政收支审计、审计查出问题整改等情况报告，对17家单位共涉及11.97亿元的82个问题，实行“清单式”跟踪督办，截至年底，问题整改到位75个，涉及金额10.42亿元。

【民生改善监督】　聚焦“六位”民生实事，审议贯彻实施《湖南省高新技术发展条例》暨创新平台建设和科技成果转化、创业带动就业等情况报告，开展创业带动就业工作视察，促进政府“鼓励创新、支持创业、保障就业”；审议规范民办义务教育发展、义务教育“双减”等情况报告，推动芷兰、郡德、嘉树等市直国有民办学校成功改制，常德经验得到国省教育部门肯定。聚焦城镇更新提质，审议城市规划年度计划实施、公共文体设施规划建设、安全生产等情况报告，开展建筑领域安全管理工作专题调研，专项督导学校周边自建房安全整治，推动政府不断提升城乡建设管理水平。聚焦社会协调发展，审议创建国家农产品质量安全市工作情况报告，持续推进农产品质量安全行、全民健康行、民族团结进步行等活动，及时转办、交办、督办人民群众信访件161件。深入践行“绿水青山就是金山银山”理念，运用人大法治力量，保护生态环境。审议年度环境状况和环境保护目标完成、推进林长制等情况报告，联动开展生态环境常德行，支持政府统筹开展碳达峰碳中和工作、积极修复石板滩矿区生态环境、着力加强森林资源保护，全市生态环境安全底线进一步巩固筑牢。

【司法监督】　紧跟发展要求，着力解决地方性法规与上位法嗣后冲突问题，修订出台《常德市生活垃圾管理条例》《常德市饮用水水源保护条例》。坚持开门立法，健全完善基层立法联系点制度，选定立法联系点11个，更好发挥“直通车”“连心桥”作用。组织执法检查。对照法律条文，坚持问题导向，认真开展《常德市农村村民住房建设管理条例》执法检查。主任会议成员以“四不两直”（不发通知、不打招呼、不听汇报、不用陪同接待，直奔基层、直插现场）方式，带队分赴区县市查实情、找问题、听意见，着力推动规划效果不明显、审批监管欠严格、建房需求难保障等问题有序解决，执法检查“法律巡视”的监督利剑作用充分发挥。积极配合国省人大开展长江保护法、环境保护“一法一条例”等执法检查工作。着力加强监察司法监督。根据监察和司法监督工作新情况新问题，在全省率先作出《关于进一步加强和改进人大监察和司法监督工作的决定》，监督的边界更加清晰、重点更加突出、行为更加规范。深化“两官”履职评议，创新思路、改进方式，出台

《关于开展法官、检察官履职评议的实施办法（试行）》，评议工作的规范性、客观性、针对性不断增强。审议行政复议工作情况报告，推动行政复议体制改革，助力法治政府、平安常德建设深入推进。切实强化法治宣传。推进宪法实施，组建宪法法律宣传落实专业代表小组，配合开展第九个国家宪法日宣传活动，全年组织宪法宣誓仪式6批67人，开展土地管理“一法一条例一办法”等法律学习3次。加强“法治常德”基础建设，推动“八五”普法顺利实施，及时作出《关于开展第八个五年法治宣传教育的决议》。首次召开地方性法规颁布施行新闻发布会，凝聚社会共识，推进法律实施。扎实开展备案审查。健全规范性文件备案审查工作联动机制，审议规范性文件备案审查工作报告，常规审查报送备案规范性文件45件，延伸审查市政府和区县市人大接受备案的规范性文件340件，督促制文机关对存在问题的规范性文件及时修改或废止，全市规范性文件质量有效提升。

（李　游　孙小俊）

代表工作

【选举任免】　全程参与省十四届人大代表换届选举工作，牵头开展拟继续提名代表推荐，制定代表名额结构分配和推荐方案，参与联合审查、考察等工作，既优化代表结构，也保证一批履职能力和履职意愿强的人大代表被新提名或者继续提名。全面对标上位法和上级文件新要求，结合工作实际修订完善市人大常委会人事任免办法，不断加强与党委部门和“一府一委两院”的工作联系沟通，完成各项选举任免任务。

【代表工作】　建立建议提出前质量把关、部门与代表提前会商等工作机制。市八届人大一次会议代表建议286件，其中会期建议262件，闭会期间建议24件，闭会期间收到代表建议24件，常委会主任会议成员督办15条重点建议，已全部办结。修订代表经费管理使用办法，坚持保障与激励并重，优化经费划拨比例，提高使用效率，设立闭会期间代表活动奖励经费。探索组建6大专业代表小组，推动代表小组活动更加精细化、专业化、实效化。出台代表列席常委会会议意见，创新工作方式方法，根据常委会会议审议议题确定列席代表名单，会议召开前由常委会领导与代表进行座谈，相关委室通报工作情况，提高代表列席会议的针对性和参与度。高质量开展人大代表向“12345”政务服务热线反映社情民意工作，探索建立双向互动、信息共享机制，得到《湖南日报》和省人大常委会《联络动态》的推介。引导全市各级人大代表参与中心工作，深入开展“聚力优化营商环境、人大代表在行动”“助力文明创建，人大代表在行动”等主题活动，组织人大代表融入优化营商环境工作主阵地、加入全市创建全国文明城市主战场；组织人大代表参与常德市住宅小区电动车充电安全管理规定、生活垃圾管理条例、饮用水水源环境保护条例的制定、修订工作，律师界代表提出的不少建设性意见得到采纳。

（刘　兵）

2022年9月27日，市人大常委会党组书记、主任余怀民（前排右一）率队考察重大交通项目建设工作　（贺　潇　摄）

视察活动与执法检查

【专题视察】　6月28日，市人大常委会组成人员视察全市创业带动就业工作。实地视察湖南飞沃新能源科技股份有限公司、常德经开区电商企业加速器、市人社局创业就业服务超市等。市人大常委会组成人员认为，近年来，市人民政府把扩大就业放在经济社会发展的突出位置，实施积极就业政策，相关机制初步建立，发展要素不断优化，服务水平逐步提升，整体工作成效较为明显。同时，也还存在创业氛围不够浓厚、部门合力尚未形成、资金保障力度不够等问题。为进一步做好全市创业带动就业工作，提出4条视察意见：建立健全促进创业就业工作机制、不断强化就业优先战略、加大财政促进就业资金支持力度、大力提升创业就业服务质量。市人大常委会党组书记、主任余怀民，市人大常委会副主任李育智、邹如龙、石玉林、张阳、冉滨辰，市人大常委会秘书长李绍霞参加视察。市委常委、市人民政府常务副市长徐永健，市政协副主席、市科技局局长陈华陪同视察活动。

9月27日，市人大常委会组成人员视察重大交通项目建设工作。实地察看常益高速公路复线沅水特大桥、常益长高铁火车站站前广场及站房、张公庙澧水特大桥、石澧航道整治工程艳洲枢纽等项目建设现场，听取市人民政府关于常德市重大交通项目建设工作情况的报告。市人大常委会组成人员认为，2022年以来，全市上下大力开展交通建设突破专项行动，高速公路建设跑出“高速度”，国省干线公路建设干出“加速度”，水运工程开局良好，当年农村公路暨省民生实事完美收官，高铁及站房广场建设热火朝天，交通事业为促进常德经济社会高质量发展提供有力支撑。但受新冠疫情和经济下行压力等因素影响，交通建设现状与目标要求有差距，立体交通体系建设任重道远。为进一步加快全市交通建设，提出4条视察意见：要坚持规划引领、要抢抓发展机遇、要发扬拼搏精神、要提升管理水平。市人大常委会党组书记、主任余怀民，市人大常委会副主任李育智、邹如龙、石玉林、张阳、冉滨辰，市人大常委会秘书长李绍霞参加视察。市人民政府副市长杨成英陪同视察。

2022年5月10日，省人大常委会党组书记、副主任刘莲玉（前排左一）率省人大常委会执法检查组到鼎城开展环境保护“一法一条例”执法检查

（贺　潇　摄）

【执法检查】　5月9—10日，省人大常委会党组书记、副主任刘莲玉率省人大常委会执法检查组来到常德，就常德市贯彻实施《中华人民共和国环境保护法》《湖南省环境保护条例》情况开展执法检查。市委书记曹志强，市人大常委会党组书记、主任余怀民，市人大常委会副主任李育智，秘书长李绍霞陪同检查。

7月17日，全国人大常委会副委员长沈跃跃率执法检查组到常德市开展长江保护法执法检查。全国人大环资委副主任委员李锦斌，全国人大常委会委员、全国人大环资委副主任委员窦树华，全国人大常委会委员、全国人大环资委委员王毅，全国人大环资委委员沈岩，全国人大代表卓长立、杨蓉、徐云波等参加检查。省人大常委会党组书记、副主任刘莲玉，省人民政府副省长李建中等省领导一行陪同检查。市委书记曹志强，市人大常委会党组书记、主任余怀民，市委常委、市委秘书长傅勇，市人大常委会党组副书记、副主任尹正锡，市人民政府副市长郭碧勋，市人大常委会秘书长李绍霞分别陪同。

9月上旬至10月上旬，市人大常委会主任会议成员带队到各区县市开展《湖南省乡镇人民代表大会工作条例》和《常德市农村村民住房建设管理条例》执法检查。执法检查组以“四不两直”方式深入基层进行抽查，同时派出由人大代表和专业工作人员组成的暗访小组进行随机暗访，主要采取听取汇报、会议座谈、查阅资料、调查核实等方式进行重点抽查。10月26—27日，市八届人大常委会第六次会议召开。会议听取听取市人大常委会研究室关于《湖南省乡镇人民代表大会工作条例》贯彻实施情况的调查报告；听取市人民政府关于《常德市农村村民住房建设管理条例》贯彻实施情况的报告及市人大常委会执法检查组关于检查《常德市农村村民住房建设管理条例》实施情况的报告。会后，市人大常委会提出6条审议意见交由市人民政府及相关部门研究处理。

（罗　珮）

十三届全国人大代表常德小组代表（10人）

李殿勋　周　敏　袁建良
籍　涛　庹勤慧　曹志强
王怀军　杜美霜　沈昌健
谭祖安

湖南省十三届人大代表常德代表团代表（60人）

毛先祥　毛恩友　邓丕德
左　菲　龙建山　叶诚志
吕　舒　朱金平　向　莉
刘喜荣　江丽红　汤光明
祁圣芳　孙艳萍　李立新
李育智　杨天生　杨浩东
杨新辉　何报翔　余怀民
邹学校　汪志红　张　涛
张　敏　陈中亚　陈东山
陈根荣　陈章杰　罗德军
周　欢　周记超　周振宇
胡小明　钟力云　姜胜国
敖治平　莫丽平　徐　荩
徐伟保　高　毅　郭碧勋
资　程　黄云华　黄咏梅
黄维红　曹志强　龚道国
符国强　康重文　蒋谟金
童小娇　曾培安　谢红平
蔡碧蓉　廖双全　樊永伟
黎　静　蒯爱华　魏岳林

2022年优秀市人大代表建议一览表

表4

序号	建议编号	建议名称	建议人	主办单位	推荐委室	代表所在选举单位
1	65	关于切实加大市民电动车停放及充电场所建设的建议	史启福	市住建局（市人防办）	民侨外委	武陵
2	98	关于交警部门超期处罚亟待解决的建议	周峰	市交警支队	监察和司法委	武陵
3	53	关于促进“双减”政策落地的建议	刘伟	市教育局	法制委	安乡
4	216	关于进一步加大工业企业扶持力度的建议	唐华艳	市工信局	财经委	石门
5	149	关于深入推进医防融合，加快建设健康常德的建议	石敏	市卫健委	教科文卫委	澧县
6	267	关于推动落实“三胎”生育政策的建议	李颖平	市卫健委		桃源
7	2	关于打造常德甲鱼“百亿”产业，为乡村振兴　培强支柱产业的建议	陈谋昌	市农业农村局	农业委	鼎城
8	39	关于争取中科院来我市建设洞庭湖生态系统研究站的建议	钟丽琴	市林业局		汉寿
9	123	关于“智慧常德”建设要将区县市纳入进行统筹考虑的建议	吴春初	市行政审批局	社会委	澧县
10	14	关于加速推进太浮山红色旅游开发的建议	杨小平	市文旅广体局		临澧
11	172	关于创新推进平台公司资产注入工作的建议	高科	市国资委		津市
12	6	关于强化联防联控，继续抓好跨行政区域青龙河水质安全的建议	陈成	市生态环境局	环资委	临澧

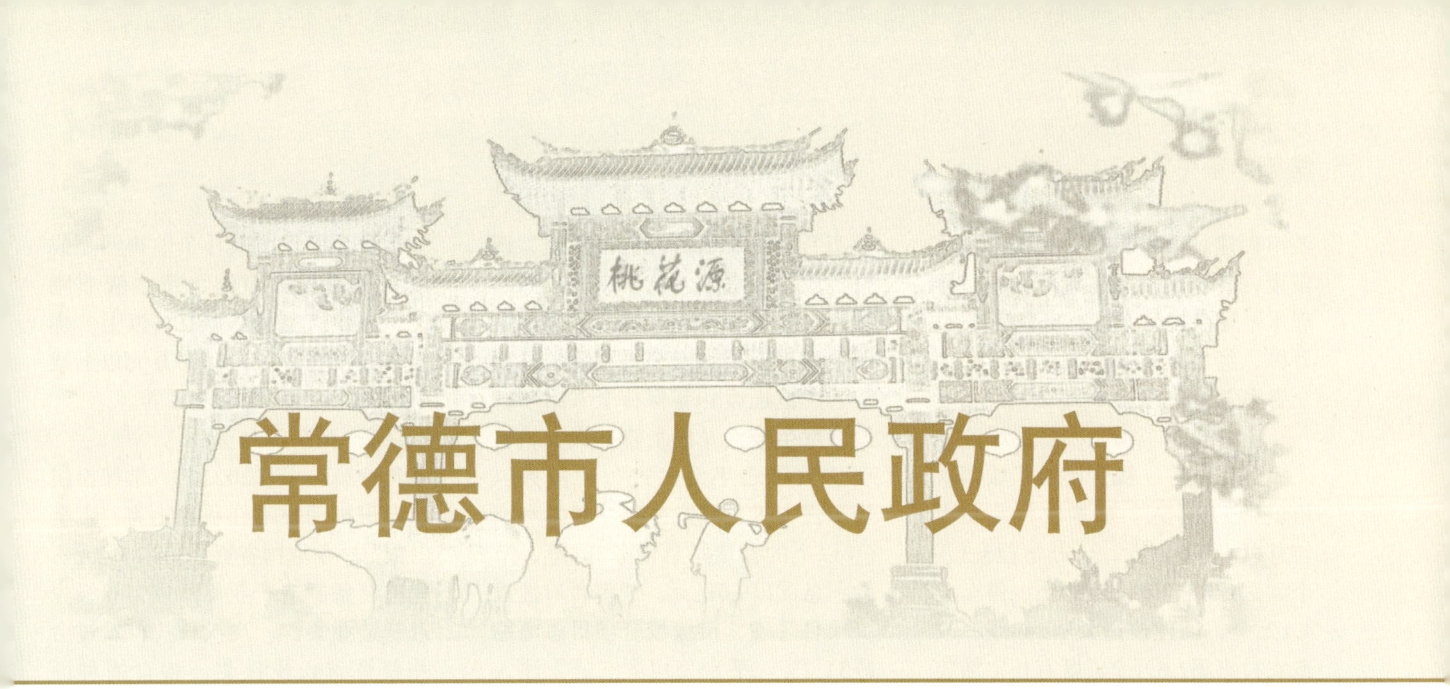

常德市人民政府

综述

【概况】 2022年，常德市完成地区生产总值4274.52亿元，同比增长4.5%；固定资产投资同比增长2.4%；地方一般公共预算收入209.6亿元，同比增长3.1%；城乡居民人均可支配收入分别达40494元、21342元，同比分别增长5.6%、7.2%。市县两级获得省政府真抓实干表扬激励达50项。

【经济增长】 政策措施。出台实施市场主体高质量发展20条、稳建筑业房地产业“两个15条”、企业上市7条、促生产性服务业10条、促电子商务产业10条等政策，有力助推经济持续恢复向好。争资争项。组建专班抓好项目的谋划落地推进，争取国省资金308.27亿元，争取地方政府专项债券项目56个、105亿元，一大批国省投资项目落地实施。开放发展。新引进亿元以上产业项目286个、“三类500强”项目22个。新增省级以上外贸基地2家，净增外贸实绩企业75家，进出口总额增长34.9%。常德获评全省打造内陆地区改革开放高地先进市。消费恢复。推出“1+8+N”消费促进系列活动，举办湖南油菜花节、首届常德旅游发展大会暨红茶文化节、桃花源文化旅游节，实现社会消费品零售总额1673.37亿元，增长2.4%。

【产业发展】 “五好”园区。先后4次召开高规格的园区建设现场推进会，实行一月一调度通报、一季一参观点评，园区规模工业产值增长8.4%，亩均生产总值、亩均税收分别达120万元/亩、20万元/亩。重点产业。深入实施“千百十”工程，四大千亿产业、四大新兴产业产值分别达2500亿元、1000亿元，先进装备制造产业集群成为省级先进制造业集群，新增百亿元企业1家，过50亿元、10亿元企业分别达4家、53家。项目建设。实行“骏马蜗牛”榜强力推进项目建设，武陵酒提质改造、昆宇通信储能电池、天鼎丰非织造布等93个亿元以上项目竣工投产。市场主体。净增“四上企业”396家、规模工业企业148家，新获批国家级“专精特新”企业6家，飞沃科技首发过会并获评省长质量奖，59家企业进入省上市后备企业资源库。

【基础支撑】 “三力”支撑。石门电厂三期、桃源抽水蓄能电站开工建设。在全省率先搭建全市统一的智慧城市应用支撑平台，常德大数据中心纳入全省重点新型数据中心行列。国家级企业技术中心、国家级众创空间实现零的突破。交通建设。常益长高铁比原计划提前半年开通运营，常德正式迈入“高铁时代”。益常高速扩容工程、官新高速、炉慈高速加快建设，石澧、常鲇航道稳步推进。乡村发展。建设高标准农田39333.33公顷，恢复耕地面积全省第一。以工业化理念抓农村产业发展，新增农产品加工规模企业51家、省级标杆龙头企业2家。持续巩固拓展脱贫攻坚成果，没有发生一人一户返贫致贫。实施秋冬春水利建设“5511”工程，治理中小河流6条、小型水库79座，建设农村小水源工程884处，整治骨干堰塘5000处，疏浚渠道1万千米，恢复和改善灌溉面积8666.67公顷。城镇更新。高质量完成“三区三线”划定，加快打造“15分钟便民生活圈”，改造老旧小区298个、棚户区4930户。全面推进新一轮全国文明城市创建，获评国家公交都市示范城市，蝉联国家卫生城市，城市管理水平稳步提升。排查自建房137.7万栋，经营性自建房安全性鉴定在全省率先完成。

【民生福祉】　民生实事。城镇新增就业5.6万人，新增农村劳动力转移就业3.9万人、公办学位3.3万个、医疗养老床位5280张、停车位4.1万个，新建改造公厕249座、改造农村户厕2.6万个，既有住宅加装电梯406台。社会保障。充分就业社区（村）建设全省第一。养老、失业、工伤保险持续新增扩面，城乡低保、残疾人"两补"、特困等困难人员保障标准持续提高，全民医保基本实现。入选国家积极应对人口老龄化重点联系城市，获批国家2022年居家和社区基本养老服务提升行动项目。社会事业。教育"双减"工作落实落地，校外培训机构得到有效规范，校内课后服务实现全覆盖。5所民办学校转为公办，惠及学生17416人。市第一人民医院急救中心妇儿中心项目完成主体工程，市第一中医医院整体搬迁，区县市基本实现三级医院全覆盖。澧县鸡叫城遗址入选全国十大考古新发现，城头山古文化遗址被列为省全域旅游"五张名片"之一。生态环境。"夏季攻势"任务全面完成，中央、省交办的28个突出生态环境问题整改销号，鼎城石板滩石煤矿区综合治理等3个案例成为国省典型案例。环境质量持续改善，各项约束性指标好于国省考核标准，生态环境满意度测评连续3年保持全省第一。

【安全稳定】　疫情防控。从严落实常态化疫情防控措施，到9月底是全省保持无疫情时间最长的市州。坚决果断处置10月以来的输入性疫情，以最短时间、最小代价、最好效果，成功扑灭多起聚集性疫情。落实新阶段疫情防控各项措施，调整转段平稳有序。抗旱减灾。齐心协力打好抗旱减灾攻坚战，确保生活生产生态用水安全，粮食播种面积、产量连续19年保持全省第一，没有发生较大及以上森林火灾，实现"大旱之年无大灾"。债务风险。强力推进降息减债，置换利率6%以上的存量高息债务304笔，节约利息支出9.6亿元。规范政府性投资项目管理，市级投资项目总额缩减51.2%。平台公司"三资"注入扎实推进，国企改革三年行动全面完成。安全生产。深入抓好专项整治三年行动巩固提升，全面开展隐患大排查大整治，生产安全事故起数、死亡人数、经济损失实现"三下降"，全年未发生较大及以上生产安全事故。社会治理。常态化扫黑除恶经验全省推介，中央专项行动交办信访积案全部化解，无上访村（社区）占比达95.6%。公众安全感测评保持全省第一，获评全省平安建设先进市州。

【政府建设】　依法行政。自觉接受市人大及其常委会的法律监督和工作监督、市政协的民主监督，执行市人大及其常委会的决议决定，办理人大代表建议264件、政协提案307件。提请审议地方性法规草案3部、修正政府规章1部。武陵区获评全国法治政府建设示范区。营商环境。明确优化营商环境15条硬核措施，落实"7个严禁、20个不准"。常态化开展"送解优""走解优"行动，企业问题化解率达96.3%，政务服务事项法定办结时间压减52%。大力推行柔性执法，对257项轻微违法违规行为首违免罚。在全省率先启动"湖南营商码"试点，开设营商环境"政企通"专席。政风作风。严守政治纪律和政治规矩，推动学习贯彻中共二十大精神走深走实，推动党史学习教育常态长效。深入推进清廉单元建设，廉政建设和反腐败斗争取得明显成效。厉行勤俭节约，市本级非刚性、非重点支出压减10%以上。加强政府投资审计，5000万元以上政府投资项目审计监督全覆盖。

【年度亮点】　2022年，常德市组建专班推动政策红利转化为"真金白银"，争取国省资金308.27亿元。先进装备制造产业集群成为省级先进制造业集群。飞沃科技首发过会并获评省长质量奖。粮食播种面积、产量连续19年保持全省第一。没有发生较大及以上生产安全事故和森林火灾，实现"大旱之年无大灾"。"一户一画像"精准纳入、"一户一故事"精准帮扶经验全国推介，没有一人一户返贫致贫。常益长高铁比原计划提前半年开通运营。鼎城石板滩石煤矿区综合治理、津市工业园企业超标排放整治等成为全国典型案例。在全省率先启动"湖南营商码"试点，开设营商环境"政企通"专席。加强政府投资审计，5000万元以上政府投资项目审计监督全覆盖。

【年度荣誉】　2022年，常德市河长制湖长制工作被列入国务院真抓实干拟激励名单，市县两级获得省政府真抓实干表扬激励50项。常德入选首批国家知识产权强市建设试点城市、国家积极应对人口老龄化重点联系城市，获评国家公交都市示范城市、国家绿色出行城市、全省打造内陆地区改革开放高地先进市、全省安全生产和消防工作优秀市、全省平安建设先进市州，获批国家公共供水管网漏损治理试点城市，蝉联国家卫生城市。DIP（医保DIP，即按病种分值付费）试点连续两年获全国优秀评价等次。常德高新区获批国家新型工业化产业示范基地。常德柳叶湖河街获评国家级旅游休闲街区、国家级夜间文化和旅游消费集聚区。壶瓶山国家级自然保护区入选世界自然保护联盟绿色名录。澧县鸡叫城遗址入选全国十大考古新发现，城头山古文化遗址被列为省全域旅游“五张名片”之一。

（黄第峰）

重要会议与活动

【市政府常务会议】 1月26日，市委副书记、市长周振宇主持召开市政府第一次常务会议。会议传达学习习近平总书记有关重要讲话精神，审议《常德市人民政府办公室关于印发〈常德市“六大专项行动”实施方案〉的通知（草案）》《常德市人民政府办公室关于印发〈常德市人民政府常务会议工作规范〉的通知（草案）》等文件，听取2021年市政府真抓实干督查激励工作等情况汇报。

2月16日，市委副书记、市长周振宇主持召开市政府第二次常务会议。会议传达学习上级有关精神，审议“六大专项行动”考核办法等文件，听取全市航空航线、与中南大学合作共建附属医院工作情况汇报。

3月4日，市委副书记、市长周振宇主持召开市政府第三次常务会议。会议传达学习中央、省等重要会议精神，审议《常德市人民政府办公室关于印发2022年真抓实干督查激励措施的通知（草案）》等文件，听取贯彻落实全省相关会议精神等工作情况汇报。

3月16日，市委副书记、市长周振宇主持召开市政府第四次常务会议。会议学习统计法律法规及业务知识，传达学习全国两会等会议精神，审议《常德市落实省“三大支撑八项重点”工作推动高质量发展实施方案（草案）》等文件，听取贯彻落实全省相关会议精神等情况汇报，研究2022中国旅游日湖南宣传活动启动仪式暨2022桃花源文化旅游节等工作。

4月1日，市委副书记、市长周振宇主持召开市政府第五次常务会议。会前学习《中华人民共和国长江保护法》《湖南省洞庭湖保护条例》，传达学习上级有关会议和文件精神、省领导批示精神，审议《中共常德市委常德市人民政府印发〈关于打造一流营商环境的若干政策措施〉的通知（草案）》等文件，听取2022年市级政府投资项目计划和《2022年常德市“项目推进年”工作方案（草案）》编制等工作情况汇报。

4月15日，市委副书记、市长周振宇主持召开市政府第六次常务会议。会议传达学习习近平总书记重要讲话精神、李克强总理批示精神和省政府常务会议等会议精神，审议《常德市生活垃圾管理条例（修订草案）》等文件，听取全市食品安全等工作情况汇报。

4月28日，市委副书记、市长周振宇主持召开市政府第七次常务会议。会议传达学习上级有关会议和文件精神，审议《常德市优化营商环境2022版（草案）》等文件，听取坚决遏制耕地“非农化”防止耕地“非粮化”等工作情况汇报。

5月6日，市委副书记、市长周振宇主持召开市政府第八次常务会议。会议传达学习习近平总书记、李克强总理对“4·29”长沙居民自建房倒塌事故重要指示批示精神，上级有关会议、文件精神，审议《常德市居民自建房安全隐患专项排查整治工作方案（草案）》等文件，听取当前疫情防控工作和常德学院内涵建设有关工作情况汇报。

6月1日，市委副书记、市长周振宇主持召开市政府第九次常务会议。会议传达学习上级有关会议和文件精神，审议《中共常德市委常德市人民政府关于做好2022年“三农”工作扎实推进乡村振兴的实施意见（草案）》等文件，听取推进巩固拓展脱贫攻坚成果同乡村振兴有效衔接等工作情况汇报。

6月24日，市委副书记、市长周振宇主持召开市政府第十次常务会议。会议传达学习习近平总书记重要讲话精神和上级有关会议精神，审议《常德市饮用水水源保护条例（修订草案）》等文件，听取全市规范民办义务教育发展等工作情况汇报。

7月6日，市委副书记、市长周振宇主持召开市政府第十一次常务会议。会议传达学习习近平总书记在湖北武汉考察时的重要讲话、6月28日省政府常务会议精神，学习《中华人民共和国审计法》，审议《常德市人民政府关于印发〈常德市政府性投资项目管理办法〉的通知（草案）》等文件，听取桃花源旅游管理区管委会与市城发集团政府支出责任划分等工作情况汇报。

7月22日，市委副书记、市长周振宇主持召开市政府第十二次常务会议。会议传达学习习近平总书记考察新疆时的重要讲话精神、上级有关会议和文件精神，审议《常德市人民政府办公室关于印发〈常德市贯彻落实省政府第十次全体会议安排部署重点工作责任清单〉的通知（草案）》，听取贯彻落实2022年省总林长会议精神等工作情况汇报。

8月18日，市委副书记、市长周振宇主持召开市政府第十三次常务会议。会议传达学习上级有关会议、文件精神，听取县域经济高质量发展等工作情况汇报，审议《常德市人民政府办公室关于印发〈常德市“十四五”加大全社会研发经费投入行动计划实施细则〉的通知（草案）》等文件。

8月23日，市委副书记、市长周振宇主持召开市政府第十四次常务会议。会议传达学习习近平总书记有关重要讲话和指示批示精神、相关文件精神，审议常德市动力、算力、电力支撑能力提升行动方案等文件，听取全市巩固拓展脱贫攻坚成果同乡村振兴有效衔接工作推进等情况汇报。

9月13日，市委副书记、市长周振宇主持召开市政府第十五次常务会议。会议传达学习上级有关会议精神，听取全国、全省深化“放管服”改革持续优化营商环境电视电话会议精神等情况汇报。

9月23日，市委副书记、市长周振宇主持召开市政府第十六次常务会议。会议传达学习习近平总书记关于安全生产工作的重要批示精神，李克强总理关于安全生产和秋冬季森林草原防灭火工作的批示精神，学习国务院安委会“十五条”硬措施，听取全市安全生产工作情况汇报。

9月28日，市委副书记、市长周振宇主持召开市政府第十七次常务会议。会议传达学习习近平总书记在上海合作组织成员国元首理事会第二十二次会议上的重要讲话精神，相关会议和文件精神，听取全市河（湖）长制和秋冬春水利建设等工作情况汇报，审议《常德市“十四五”生物医药产业发展规划（草案）》等文件。

10月25日，市委副书记、市长周振宇主持召开市政府第十八次常务会议。会议传达学习中共二十大、10月24日湖南省传达学习党的二十大精神大会、省委常委会（扩大）会议和相关文件精神，审议《区县市党委和政府落实粮食安全责任制考核方案（草案）》等文件，听取贯彻落实食品安全“两个责任”机制等工作情况汇报。

11月11日，市委副书记、市长周振宇主持召开市政府第十九次常务会议。会议传达学习11月10日中共中央政治局常务委员会会议精神及相关会议文件精神，听取农产品精深加工、城市生活垃圾分类等工作情况汇报。

12月9日，市委副书记、市长周振宇主持召开市政府第二十次常务会议，传达学习12月6日中共中央政治局会议精神等重要文件、讲话和会议精神，听取并研究迎峰度冬能源保供、生态文明建设等相关工作。

12月21日，市委副书记、市长周振宇主持召开市政府八届三次全体会议暨第二十一次常务会议。会议集中讨论《政府工作报告（讨论稿）》《关于常德市2022年国民经济和社会发展计划执行情况与2023年国民经济和社会发展计划（草案）的报告（讨论稿）》《关于常德市2022年预算执行情况与2023年全市及市级预算（草案）的报告（讨论稿）》，听取2023年市级部门预算安排情况。

12月27日，市委副书记、市长周振宇主持召开市政府第二十二次常务会议。会议传达学习中央经济工作会议、中央农村工作会议和国省有关会议精神，听取并研究全市社会保险基金运行管理、未成年人思想道德建设、2023年新春房交会活动筹备等工作。

【其他重要会议】 2月13日，市委副书记、市长周振宇主持召开市政府八届一次全体会议。7月20日，市委副书记、市长周振宇主持召开市政府八届二次全体会议。

【重要活动】 1月8日，中国社会帮扶网数字乡村平台试点工作启动会在常德举行。全国政协农业和农村委员会副主任、中国扶贫志愿服务促进会会长刘永富，省乡村振兴局党组书记、局长王志群出席启动会，市委副书记、市长周振宇致辞。

1月10—11日，农业农村部党组成员、副部长马有祥一行到常德市调研退捕渔民安置保障工作。市委副书记、市长周振宇，副市长傅勇，市政府秘书长陈爱喜陪同调研。

2月20日，市委副书记、市长周振宇陪同副省长王一鸥一行到常德调研春耕备耕工作。副市长傅勇，市政协副主席、鼎城区委书记朱金平，市政府秘书长陈爱喜参加调研。

3月15日，2022湖南第三届油菜花节在鼎城区十美堂镇开幕。省委常委、副省长张迎春现场宣布开幕，市委副书记、市长周振宇出席并致辞。

3月15日，市委副书记、市长周振宇陪同省委常委、副省长张迎春一行调研常德市乡村振兴、粮食生产等工作。

5月19日上午，2022中国旅游日湖南宣传活动启动仪式暨桃花源文化旅游节在国家AAAAA级旅游景区桃花源旅游区拉开帷幕。

7月5—6日，副省长李建中率领省直相关部门负责人到常德市调研洞庭湖总磷污染控制与削减工作。市委副书记、市长周振宇，副市长郭碧勋陪同调研。

7月25—27日，全国工商联党组成员、副主席邱小平率全国工商联第六联系调研组到常德市调研。市委副书记、市长周振宇，市委副书记、市委统战部部长陈华，副市长、桃源县委书记庞波分别参加调研活动。

9月27—28日，省政协副主席、致公党省委会主委胡旭晟一行到常德调研。市级领导周振宇、陈华、杨成英、郭碧勋、龚德汉，市政府秘书长陈爱喜分别参加相关活动。

9月29日，中国国家铁路集团有限公司总工程师叶阳升一行到常德高铁枢纽站调研督导项目建设等工作。市委副书记、市长周振宇，市政协副主席、党组副书记汤祚国，市政府秘书长陈爱喜参加调研。

12月26日，常益长高铁正式开

通运营，省委副书记、省长毛伟明出席仪式，并宣布常益长高铁正式开通运营。国铁集团副总经理李文新，省委常委、常务副省长李殿勋，省人大常委会副主任周农、省政协副主席易鹏飞出席。

（洪　淼）

市政府办公室工作

【概况】　2022年，市政府办公室获评全省政务信息工作先进单位、全省建议提案办理工作目标管理优秀单位、湖南网民留言办理工作成绩突出单位。优化营商环境典型经验获省政府办公厅发文表彰，重点民生实事办理工作获评全省优秀等次，常德市市长热线被评为“2022年十佳地级市优秀热线监测典范”，市政府办秘书四科被授予“湖南省巾帼文明岗”称号。

【基层党建】　答好对党忠诚“政治卷”，打造沉浸式“情景课堂”、分众化“主题课堂”、重实效“力行课堂”，营造党味、趣味、民味、甜味“四味”并浓的学习氛围，一名党员获全市《习近平谈治国理政》第四卷微宣讲比赛三等奖。答好建强堡垒“使命卷”，融通经验被省直机关工委向全省推介，文明创建经验全市推介，两个市“五化”示范党支部成功保牌，两个科室荣获省市巾帼文明岗。答好服务大局“奋斗卷”，把党务工作岗位作为培养锻炼干部的重要平台，提拔晋升有党务工作经历的干部27人。坚持做实“优化营商环境从我做起”主题党日活动，常态化开展“走解优”“送解优”行动，带领全办督导整改问题91个，帮助37家企业解决问题64个。答好拒腐防变“廉洁卷”，谋划打造“十廉”文化活动品牌，倡导建立干部逐级家访制度，承办全市清廉机关建设现场会并作典型发言。评选首批勤廉科室、勤廉标兵，1个党员家庭获评“市最美家庭”称号。

【参谋辅政】　强化文字材料服务，起草的会议讲话、重要汇报材料、各类理论文章、经验材料等得到市领导的充分肯定。强化文件审核把关，2022年审核各类公文500余份，印发327份，发文数量较2021年继续减少，所有文件均按规范程序和时限要求处理到位，公文流转速度加快。强化政务信息报送，全年有180余条信息被国办、省办采用，《常德市着力建设“四美”乡村谱写乡村振兴新篇章》在省政府办公厅《政务要情与交流（特刊）》印发，获“2022年度全省政务信息工作先进单位”称号。

【建议提案办理】　通过坚持高站位谋划、凝聚合力抓办理，坚持高效能推进、优化机制抓办理，坚持高标准落实、强化责任抓办理，切实提高建议提案办理质量。2022年全市政府系统共承办全国人大代表建议2件、省人大代表建议3件、省政协提案5件、市人大代表建议264件、市政协提案307件，所有建议提案已全部办结。

【市长热线】　大力推动“一呼即应”和“政企通”改革工作，设立“政企通”专席，实现“一号对外”。2022年，市“12345”热线共接听来电52万通，同比上升90.18%；受理诉求453718件，同比上升70.14%；办结417414件，同比上升59.43%；接通率为89.78%，在线办结率为73.85%，回访满意率为96.45%。

【公共资源监管】　推进公共资源交易监管提质增效，在全省率先取消政府采购投标（响应）保证金，持续开展工程建设项目招投标突出问题专项整治，大力推行不见面开标、远程异地评标、全流程电子化交易，打造公平公正、阳光透明的交易环境。2022年，常德市招投标基本实现全流程电子化交易。

【政府督查】　2022年，市政府督查室紧紧围绕党中央国务院、省委、省政府和市委、市政府重要决策部署抓落实，做到真督实查、敢督严查、能督会查，推进各项工作落到实处、取得实效。认真迎接国务院第九次大督查及省政府“两个统筹”督导和服务、重点工作综合大督查等，8篇典型经验做法被省政府通报表扬。牵头起草落实“三大支撑八项重点”工作和推进“六大专项行动”的实施方案，建立月调度月报告机制，压紧压实年度目标任务，坚持问题导向，强化协调调度，工作经验被全省推介。大力推行“四不两直”和随机抽查，对“两个统筹”、生态环境、项目建设等重点领域一线调研、实地督导，推动相关工作有序开展。按时办理销号国务院“互联网+”督查问题线索5批6件、省政府督查室交办事项15件、市长批示件214件，确保点上问题立行立改、面上工作提质增效。高频调度国省真抓实干督查激励相关工作，获得国务院真抓实干督查激励1项、省政府真抓实干督查激励50项。利用村（社区）属地问题直报平台收集督办政策落实、民生实事、安全生产等领域问题线索1.4万条，问题办结率、回访满意率均超过90%。

【重点民生实事】　2022年，常德市承担的省重点民生实事10件22个指标以及市重点民生实事6件20个指标全面完成，省重点民生实事工作被评为优秀等次。省重点民生实事工作完成情况：增加公办义务教育学位30789个，公办义务教育学位占比达95.4%；启动桃源县职业中等专业学校改扩建工作；完成孕产妇免费产前筛查18955人，新生儿先天性心脏病免费筛查20270人，农村适龄妇女及城镇低保适龄妇女“两癌”免费检查105149人；全市53家定点医疗机构开通门诊费用跨省直接联网结算，各县市区二级以上医疗机构开通普通门诊跨省结算覆盖率100%；全市35家定点医疗机构开通门诊慢特病费用跨省直接结算；完成康复救助残疾儿童896人，困难残疾人家庭无障碍改造1565户；全市城乡低保标准分别达614元每月、6387元每年，残疾人“两项补贴”标准均达每人每月75元；完成困难老年人居家适老化改造697户，新增养老机构护理型床位500张；开工改造城镇老旧小区133个；建成联网中小学幼儿园周边等重点部位安防设备6146个；整治销号55个农村千人以上集中饮用水水源地突出环境问题；农村旅游路、资源路、产业路提质改造687.7千米，建设农村公路安防设施799.04千米；新增蓄水能力487.06万方，完成恢复和改善灌溉面积8666.67公顷。市“六位”实事惠民专项行动完成情况：城镇新增就业56099人，新增农村劳动力转移就业38988人、公办学位33443个、医疗养老床位5280张、停车位41138个，新建改造公厕249座、改造农村户厕26223个，既有住宅加装电梯406台。

【优化经济发展环境】 政务服务“四办”做法、打造金融超市破解融资难题等系列改革举措被国务院宣传推介，受到省政府办公厅发文表彰，成为优化营商环境的“常德样本”。围绕企业、个人和项目三个全生命周期，研究出台《常德市政务质效提升专项行动实施方案（2022—2026年）》《关于打造一流营商环境的若干政策措施》《常德市优化营商环境2022版》等文件，连续三年实施系统集成改革，累计推出优化营商环境改革举措393项。打造“15分钟便民服务圈”，创新推出“政务微店”，深化行政审批制度改革，大幅压减审批时限，政务服务即办件事项占比提高至28%，企业群众办事平均跑0.49次，平均承诺办结时限压减71%，审批整体再提速30%以上。常态化开展千名干部联千企“送解优”行动，问题化解率达96.3%。在全省率先启动“湖南营商码”试点，开设营商环境“政企通”专席。大力推行柔性执法，对257项轻微违法违规行为首违免罚。“交房即交证”全面实施，实现不动产登记和水电气视网集成联办。

【常德率先在全省启动“湖南营商码”试点工作】 8月30日，为进一步规范涉企执法检查，为市场主体创造宽松舒适的生产经营环境，常德率先在全省启动“湖南营商码”试点工作。湖南营商码由省优化办建设，作为“一码、一网、一平台”（湖南营商码、湖南优化营商环境网、省级“12345”热线与优化营商环境工作一体化平台）的重要组成部分，主要用于解决市场主体反映问题途径较少和部门涉企执法检查随意性较大两大症结难题，内设“营商诉求反映”和“涉企检查登记”两项功能，市场主体一键扫码即可全时全方位反映营商环境诉求，执法主体则可扫码报备执法检查信息，实现执法检查一码留痕。作为率先试点城市，常德将“湖南营商码”的推广应用作为护航企业健康发展、规范涉企执法检查的重要改革创新举措，结合全市实际，先在市场监管、交通运输、生态环保3个领域和桃源县、津市市2个县（市）先行先试，然后全面铺开，形成常态，全市具有涉企执法检查职能的单位均需在入企执法检查前扫码报备。

（王珺仪）

发展和改革

【概况】 2022年，市发展改革委先后获评全国农产品成本调查工作先进集体、全国巾帼文明岗、省级文明单位、省重点项目建设优秀单位、省人防工作绩效先进单位、省离退休干部先进集体、省示范离退休干部党支部等多项国省荣誉称号。县市区高质量发展、信用体系建设、市县两级落实粮食安全省长责任制等4项工作获省政府真抓实干督查激励。

【发展战略和规划】 积极申报并成功获批国家积极应对人口老龄化重点联系城市和全国管网漏损治理试点城市。围绕服务融入新发展格局、对接强省会战略、强化“三力”支撑、落实扩大内需战略、壮大生产性服务业等加强宏观政策谋划，第一时间出台落实国省稳住经济一揽子政策100条措施。起草《常德市“十四五”新能源建设实施方案》《常德市碳达峰实施方案》。

【国民经济综合和运行调节】 对地区生产总值、投资、服务业、居民收入等主要经济指标高频调度、及时施策，深入开展经济形势分析，及时向市委、市政府提出工作思路和建议。率先在市州中修订市县两级《高质量发展综合绩效评价指标体系》，推动高质量发展指标整体得到改善和提升。代表市政府向市人大常委会报告国民经济和社会发展计划执行情况，为全市经济健康运行提供坚实保障。

【重点领域经济体制改革】 加快投融资体制改革步伐，修订《常德市政府性投资项目管理办法》，对总投资1000万元（含）以下、不需新增建设用地的政府投资项目简化立项批复程序。深入推进社会信用体系改革，“信易贷”助力中小微企业、履约践诺信息归集等做法和成效获国家发改委推介。顺利完成国防动员体制改革。

【农村经济发展】 大力实施易地扶贫搬迁“五大提升”行动，争取5.69亿元中央预算内资金支持重点地区排涝能力建设、主要支流治理、病险水库加固等，不断提升乡村水安全保障能力。积极开展以工代赈，筛选实施项目97个，带动农村务工群众16160人。牵头制定《常德市“十四五”支持革命老区振兴实施方案》。

【工业和服务业发展】 加快推进产业园区数字地图建设，工业园区调区扩区事项有序铺开，新能源与新能源汽车产业产值增长15.8%。中泰特装获批国家级企业技术中心，实现常德市国家级研发平台“从无到有”的重大突破。全市净增规上服务业企业50家，新增省级“两业”融合发展试点企业3家，18家企业纳入省产教融合型企业储备库。

【基础设施建设】 内联外畅立体交通网络加快构建，益常高速扩容工程全面施工，官新高速、炉慈高速、石澧航道整治、常鲇航道整治等重大交通项目稳步推进。桃花源机场旅客吞吐量稳居全省前列。常益长高铁提前半年开通运营，石门电厂三期（总投资52.7亿元）、桃源抽水蓄能电站（总投资82.7亿元）等重大项目在短暂的政策窗口期内提前开工。

【经济贸易】 组织开展2022年湖南省现代服务业（冷链物流）发展专项申报工作，积极推动在《湖南省现代流通体系建设方案（2022—2025年）》中明确争取推动常德纳入国家物流枢纽承载城市。主动开展调查研究，深入推进物流降本增效。扎实开展物流统计分析工作，按月调度物流统计样本企业运营情况。

【对口支援】 印发《常德市第十轮（2022—2024年）对口支援工作方案》，健全完善对口支援工作机制。推进第十轮对口援建项目筹措，协调“支治会”项目签约事宜，组织召开常德·峡口农产品投资合作座谈会，充分发挥对口支援地区经济效益。

2022年10月1日，陕煤石门2×66万千瓦扩能升级改造项目暨常德市重点建设项目集中开工仪式在石门县举行 （市重点建设项目事务中心 供图）

【长江经济带和洞庭湖生态经济区建设】 严格“两高”项目管理，对存量、在建和拟建项目实行清单化、动态化管理。2021年长江经济带警示片披露的桃花源风景名胜区外围保护地带采砂问题在全省率先完成整改销号，石板滩石煤矿区治理成为全国“督察整改看成效”、长江经济带警示片正面典型。

【节能监管和能源管理】 常德市积极推进可再生能源发展，装机规模不断扩大，截至2022年年底，全市可再生能源发电装机214.4万千瓦，增长7.8%。其中，光伏装机103.57万千瓦，增长16.2%。强化节约能源管理，按照行业和属地管理原则，第一时间明确各县市区年度能耗“双控”责任，组织市直责任单位分行业分领域分类制定年度节能方案。

【2022年全市发展改革暨投资工作会议召开】 2月28日，2022年全市发展改革暨投资工作会议召开。回顾总结2021年全市发展改革工作，研究部署2022年重点任务，动员全市全力以赴推动常德经济社会高质量发展。市委常委、常务副市长徐永健出席会议并讲话，市政府副秘书长、市政府办党组副书记、副主任（兼）杨明波主持，市发展改革委党组书记、主任徐茋作工作报告。

（黄　河）

重点工程

【概况】 2022年，全市48个省重点建设项目，累计完成投资440.51亿元，占年度计划的142.58%，高于全省平均水平8.97个百分点，全

2022年4月29日，昆宇集团6GWh通信储能电池生产基地项目暨常德市2022年二季度重点建设项目集中开竣工仪式在常德经开区主会场举行

（市重点建设项目事务中心 供图）

省排名第三。229个市重点建设项目累计完成投资1008.3亿元，占年计划的125.34%。其中，石门电厂（三期）、桃源抽水蓄能电站如期开工，常益长高铁、湖南武陵酒提质改造项目（一期）、昆宇通信储能电池生产基地项目（一期）、西洞庭天鼎丰年产15万吨非织造布项目等一批重大项目相继建成投运、投产。

投资结构。在高质量发展导向下，常德市投资结构不断优化，涉及省委绩效考核和高质量发展评价的民间投资占比、高技术产业投资占比2项指标分别达66.8%和14.9%，分别较2021年提高5个、0.5个百分点。全年实现固定资产投资同比增长2.4%，其中建安投资增长9.4%，高于投资增速7个百分点，较好地发挥了投资对地区生产总值的积极作用。

【重大前期项目】 2022年全市100个重大前期项目中有63个项目具备开工条件，60个项目提前开工建设，总投资318亿元，其中，产业发展项目46个，估算总投资212亿元。1—12月，225个储备前期项目，49个项目开工。242个策划开发项目77个项目已完成合作签约，23个项目开工建设。

【协调调度】 抓集中开、竣工。2022年，先后组织开展4次全市重大项目集中开、竣工活动，共开工重点项目237个，总投资889.9亿元，其中产业项目152个，总投资650.3亿元；竣工项目59个，总投资199.3亿元，其中产业项目53个，总投资176.7亿元。协调调度。坚持“一单三制四级”的工作机制，即问题清单，交办制、督查制、销号制，“常务副市长季调度、分管副市长月调度、部门单位旬调度、市发改委周调度”。2022年，累计下发交办函115件，解决和化解项目推进中的矛盾和问题104个。11月29日，省委副书记、省长毛伟明在常德检查常益长铁路建设情况时给予充分肯定。

【昆宇集团6GWh（亿瓦时）通信储能电池生产基地项目开工】 4月29日，昆宇集团6GWh（亿瓦时）通信储能电池生产基地项目暨常德市2022年二季度重点建设项目集中开竣工仪式在常德经开区主会场举行。此次全市集中开工重点项目共69个，总投资154.9亿元，其中产业项目44个，总投资99.1亿元，分别占全部开工项目的63.7%、63.9%；集中竣工项目共59个，总投资199.3亿元，其中产业项目53个，总投资176.7亿元，分别占全部竣工项目的89.8%、88.6%。

【陕煤石门2×66万千瓦扩能升级改造项目开工】 10月1日，陕煤石门2×66万千瓦扩能升级改造项目暨常德市重点建设项目集中开工仪式在石门县举行，65个重点建设项目集中开工，总投资257.9亿元。此次全市集中开工的65个重点建设项目中，产业项目40个、总投资151.6亿元。陕煤石门2×66万千瓦扩能升级改造项目计划投资57.15亿元，建设2台66万千瓦“超超临界”“二次再热”燃煤发电机组。项目建成后，预计年发电量60亿千瓦时，销售收入27亿元，上缴税费3亿元，有效填补湖南省“十四五”电力缺口，缓解湖南省煤炭一次能源压力，促进地方社会经济高质量发展。

【湖南桃源木旺溪抽水蓄能电站项目开工仪式举行】 11月12日上午，湖南桃源木旺溪抽水蓄能电站项目开工仪式在常德市桃源县茶庵铺镇木旺溪村举行。桃源木旺溪抽水蓄能电站项目已被列入国家抽水蓄能中长期发展规划（2021—2035年），是湖南省抽水蓄能“十四五”规划重点实施项目。该项目位于桃源县茶庵铺镇木旺溪村和太平铺社区，计划投资82.7亿元，装机容量120万千瓦，建设工期4年，预计建设期内可产生税收5亿元以上，建成投产后每年产生税收3亿元以上。项目建成后对于构建多元清洁的电力保障体系、推动能源清洁低碳高效利用、保障全市乃至全省能源安全，都具有重要意义。

（李　韵）

粮食工作

【概况】　2022年，常德市将粮食安全责任制落实情况纳入市政府督查激励奖励范围。严格对照省考核细则和工作部署，统筹协调11个部门，完成考核重点工作任务；同时，抓实抓细县级落实粮食安全责任制年度考核工作，确保市县两级党委政府切实承担起保障本地区粮食安全的主体责任，全面加强粮食生产、储备和流通能力建设。2022年度，常德市、桃源县获省政府落实粮食安全责任制真抓实干督查激励，常德市连续7年获评粮安考核优秀市州。

【粮食调控与储备】　地方粮食储备。2022年度完成地方储备粮轮换任务，全市成品粮应急储备规模增加。开展4次储备粮巡查，1次年度考核，检查16家企业涉及政策性粮食。粮食收购保障。市本级制定粮食收购、地方临储粮收购处置及应急处置等方案，明确市县财政超标粮处置亏损分摊比例为2：8（市本级安排资金600万元）。筹措收购资金25亿元，设置储备粮轮换收储点和临储点，配备150台快检设备和720台收购设备，确保满足收购所需。粮油应急保供体系。强化粮油保障供应，要求规模以上粮食加工企业加快生产，确保供应数量充足、质量安全和价格稳定。推进应急供应综合保障体系建设，建立应急加工企业17家、供应网点17家、配送中心9家、储运企业9家、保障中心15家。智能管理系统。常德市于2022年9月底实现省级储备粮监管信息化及视频监控全覆盖，启动市县两级储备粮等政策性粮食数字化监管平台建设，所需资金纳入市本级财政预算。

【粮油产业与政策】　制定《关于实施粮油深加工及物流产业工程的意见》，设立好粮油建设专项引导资金100万元。建立“企业+合作社+基地+农户”利益联结机制，放大粮食生产集群效应，促进农业生产成本下降和农民增收。实施“科技兴粮”战略，促进桃源兴隆米业与国家杂交水稻工程技术中心共建院士工作站；湖南锦绣千村农业有限公司大米加工筛选防堵设备和桃源爱来米业有限公司鼓风式大米加工传送装置获发明专利；湖南康多利油脂有限公司糖萜素和茶皂素提取工艺实现技术突破；金穗米业依托大米“筛选”“精选”“筛分”等自有专利技术，升级改造250吨稻谷的大米加工生产线。2022年全省评选“湖南好粮油”产品26个，常德市9个产品上榜。2022年度，常德市粮油加工业总产值达242.53亿元（全省排名第三）。

【粮食流通监督检查】　切实履行地方政府食品安全属地管理责任，在粮食生产、收购和销售出库环节，坚持以“系统化”“守底线”为导向，围绕“全覆盖全程闭环监管”工作标准，对超标粮处置转化闭环监管，既维护种粮农民利益，又确保口粮市场安全。建立地方党委政府督查、同级纪委监委专项巡察、同级粮食行政管理部门执法监督检查、乡（镇）村属地监管、市县粮食行业协会自律监管“五级网格化”监管模式。开展执法检查286次，检查企业1340次，办结“12325”热线投诉举报案件3起，追回售粮款7万余元。查办粮食行政处罚案件8起，其中国有企业储备粮轮换超损耗案件，给予当事人警告及罚款30万元的行政处罚。

【粮食质量监管】　完善全市“1+8”粮食质量安全检验监测体系，健全粮食质量安全检验监测市县联动机制，安排粮油监督抽检专项工作经费32万元，2022年度共完成粮油监督抽检样品502批次，完成市级粮食质量风险监测调查样品数1293份，荣获2022年度全省国家粮食质量监测站比对考核优秀等次。

【常德市粮食收购工作电视电话会议召开】　7月7日，市政府召开全市粮食收购工作电视电话会议，安排部署2022年粮食收购工作。市委常委、常务副市长徐永健出席会议并讲话。市发展改革委（粮食和物资储备局）主要负责人对2022年全市粮食收购工作进行了安排部署；汉寿县政府、澧县政府主要负责人作表态发言。市财政局、市国资委、市农业农村局、市市场监督管理局、市网信办、农发行常德市分行、中储粮常德直属库和临澧直属库、常德粮食集团负责人及相关科室负责人在主会场参加会议。各区县市政府主要负责人、分管负责人和常德经开区、柳叶湖旅游度假区，西湖和西洞庭管理区、桃花源旅游管理区管委会负责人及2022年早稻最低收购价委托企业负责人、地方临储粮收购处置企业主要负责人在分会场参加会议。

【全市粮食购销领域以案促改警示教育大会召开】　12月7日，市发展改革委召开全市粮食购销领域以案促改警示教育大会。市发改委党组成员李树全，相关科室负责人、各区县市管理区发改局分管负责人、相关工作人员和市粮食集团业务负责人参加会议。会议通报全省粮食购销领域专项整治期间查处的典型案例，对推进全市粮食购销领域以案促改工作做进一步的部署安排。

【《常德市粮食收购贷款信用保证基金管理办法》出台】　12月1日，常德市发展和改革委员会下发《关于印发〈常德市粮食收购贷款信用保证基金管理办法〉的通知》（常发改粮调〔2022〕483号）。为深入贯彻落实国家粮食安全战略，加大粮食市场化收购信贷支持力度，增强粮食企业融资和风险化解能力，根据国务院办公厅《关于加快推进农业供给侧结构性改革大力发展粮食产业经济的意见》（国办发〔2017〕78号）、国家粮食和物资储备局《关于进一步完善粮食收购贷款信用保证基金构建粮食收购资金长效保障机制的通知》（国粮办财〔2020〕380号）、省粮食和物资储备局《关于建立粮食收购贷款信用保证基金的通知》（湘粮财〔2022〕143号）等有关规定，结合常德市实际，制定该办法。共10项内容，对信用保证基金的基本原则、组织管理、基金筹集、资格认定、贷款管理、风险防控、资金追缴、基金代偿及损失认定、基金退出和奖惩机制、财务管理等予以细化明确。

（龚家宽）

统计工作

【概况】 2022年，市统计局被国家机关事务管理局、中直机关管理局、国家发展改革委、财政部联合授予“节约型机关”称号，通过“省级文明单位”复查认定，统计法治、统计分析、统计基层基础、国民经济核算等11项工作在省统计局业务考核中被评为先进。

推动各级各部门深入学习贯彻习近平总书记关于统计工作的重要讲话指示批示精神，深入贯彻落实党中央、国务院关于统计工作重大决策部署。邀请省统计局领导在市政府常务会上授课，讲解高质量发展监测评价体系和统计改革发展的新部署新要求。

统计基层基础。以经济普查资料为基础，结合民政、市场监管、税务等部门行政记录资料，做好全市“四上”单位和市场主体动态维护管理，确保基本单位名录库真实准确。规范数据质量评估，开展“一套表”单位数据质量核查，澧县高度聚焦数据质量，全面摸清“底数”，督促指导企业建立健全统计台账。市县联动推进36个园区和乡镇（街道）统计规范化建设。桃源县基层基础建设获省局推介，并承办全市统计基层基础工作现场会。武陵区、鼎城区、安乡县、津市市、西洞庭管理区制定加强基层基础建设措施，推动了基层提质增效。

统计改革创新。市委常委会、市政府常务会专题学习省委、省政府《加强新时代统计工作的意见》，出台常德市《加强新时代统计工作的实施方案》，明确主要目标、重点任务、保障措施，为做好新时代统计工作奠定基础、指明方向。石门县、汉寿县、澧县等地跟进出台贯彻落实文件。巩固地区生产总值统一核算改革成果，全市地区生产总值的总量、结构、增速完全衔接。稳妥推进5000万元以下投资项目统计方法改革，试算季度研发经费，深化工业、服务业、劳动工资、社零等统计报表制度改革，“三新”（新产业、新业态、新商业模式）经济统计不断完善。全市高质量发展指标监测平台建设有序推进，信息化建设取得新成效。

统计监督。对标国家统计督察对湖南省的反馈意见，制定整改方案，对照清单抓实整改，限时销号，推动统计工作大提升。统计监督纳入市委巡察内容，完成西湖管理区、桃花源旅游管理区等12家单位的统计巡察，有效发挥统计监督职能作用。扎实开展“五查五看”“统计造假不收手不收敛问题专项纠治”“工业企业统计数据实地核查”等专项检查和行动。严格落实“双随机”抽查制度，全市统计执法检查实现清零，依法治统能力得到提升。

统计服务。聚焦“三高四新”战略和“三大支撑八项重点”“六大专项行动”等重点工作任务，每月召开经济形势分析会，加强经济运行动态监测和预警研判，向市委、市政府领导和市委组织部、市发展改革委等部门呈送高质量发展专报，用数据反映市情、业情、民情，全年撰写分析材料200多篇，多篇分析得到市委、市政府领导肯定性批示，文字综合工作被市政府办评为先进。开展湘商回归、优化营商环境、群众满意度等10多项民意调查，公开发布全市经济社会发展情况，加强数据服务，增强发展信心。

部门统计。强化统计“一盘棋”思想，主动加强与发改、科技、财政、住建、市场、税务、人民银行等部门的工作联系，会同工信、农业农村、交通运输、商务等部门开展局长座谈，做好工业、农业、交通物流、消费、乡村振兴、民生实事等各方面统计监测，做到互通有无、数据共享，进一步提高统计监测、形势研判的精准度。与调查队保持紧密联系，团结协作，推动全市统计事业发展。加强调查项目管理，规范统计调查行为，完成市地震局统计调查项目备案审批，指导建立统计制度。

【常德市统计局成立统计数据质量监测中心】 8月1日，常德市统计局机关举行统计数据监测中心挂牌仪式。常德市统计局党组书记、局长程灵敏出席仪式并讲话。该中心的成立是贯彻落实党中央、国务院、省委、省政府加强新时代统计工作决策部署和推动统计现代化改革工作要求的具体举措，是常德市加强统计数据监测、推动统计工作高质量发展的工作先例。

（胡　稳）

【国家统计局农村司调研组调研常德市农村经济工作】 9月1—2日，国家统计局农村司副司长王明华率国家统计局农村司调研组到常德市开展农村经济工作调研。市委副书记、市委统战部部长陈华出席座谈会并讲话。9月1日，王明华一行先后前往桃源县陬市镇、漆河镇，调研粮食生产和生猪稳产保供。9月2日，调研组到鼎城区镇德桥镇刘家桥村万亩示范片调研粮食生产，随后召开座谈会。国家统计局湖南调查总队一级巡视员欧阳美嫔参加调研并主持座谈会，市政府原副市长龚德汉参加调研。

（曾玉英）

【常德市《关于加强新时代统计工作的实施方案》出台】 根据《中共湖南省委办公厅　湖南省人民政府办公厅印发〈关于加强新时代统计工作的意见〉的通知》（湘办发〔2022〕12号），9月28日，市政府第十七次常务会议研究通过《关于加强新时代统计工作的实施意见（草案）》。11月25日，经市委深改委会议审议通过，市委办、市政府办《关于加强新时代统计工作的实施方案》（常办发电〔2022〕48号）正式印发实施。文件提出，到2035年，基本建成与国家治理体系和治理能力现代化相适应的统计调查体系，为全面建设社会主义现代化新常德提供坚实统计保障。文件明确23项工作任务，提出要加强组织领导、加强工作保障、加强队伍建设三点工作要求。

【全市统计基层基础工作现场推进会召开】 9月15日，常德市统计局在桃源县召开全市统计基层基础工作推进会。市统计局党组成员，副局长汤光元主持会议并讲话。各县市区统计局、六区统计机构分管统计规范化建设领导及业务人员40余人参加会议。会议学习《湖南省乡镇（街道）和园区统计规范化建设标准指导意见》《全省乡镇（街道）和园区统计规范化建设“全覆盖”实施方案》文件精神，部署全市统计基层基础建设的重点工作，现场观摩学习桃源县漳江街道办事处和桃源县高新技术产业开发区管委会的统计站统计规范化建设情况，听取典型发言，交流讨论各地基层基础建设的推进情况。截至2022年年末，全市已完成36个乡镇街道的统计站统计规范化建设任务。

【常德市首次将统计监督纳入市委巡察工作】 为进一步贯彻落实《关于更加有效发挥统计监督职能作用的意见》精神以及国家统计督察反馈意见整改落实要求，常德市首次将统计监督工作纳入市委巡察工作内容。根据八届市委第二轮巡察工作安排，市统计局于2022年9—11月对西湖管理区、柳叶湖旅游度假区、桃花源旅游管理区等12个单位开展统计工作专项检查，通过召开座谈会、个别谈话、查阅资料、乡镇调研、企业核查等方式检查中央决策部署落实情况、防惩统计造假责任制建立情况、统计法律法规执行情况及统计基层基础和统计数据质量情况。统计专项检查纳入市委巡察内容，进一步促进常德市统计监督职能作用有效发挥，为推动统计监督与纪律监督、监察监督、巡视监督等各类监督方式统筹衔接、有机贯通、相互协调起积极有效的作用。

（胡　稳）

民政工作

【概况】 2022年，市社会救助事务中心被党中央、国务院评为全国“人民满意的公务员集体”，受到习近平总书记亲切接见。常德市获批国家2022年居家和社区基本养老服务提升行动项目，争取资金达6091万元，额度居全国第二。市民政局先后获得全国老区宣传工作一等奖、全省民政系统“百年党史中的民政故事”大赛一等奖和优秀组织奖、全省民政综合评估优秀单位等荣誉。

最低生活保障。截至2022年12月底，全市在保低保对象9.22万户13.38万人、特困人员3.91万人、临时救助5.31万人次，累计发放社会救助资金87239.93万元。城乡低保月人均救助水平分别达411元和259元；城乡特困人员基本生活标准分别达9584元/年和7688元/年。认真贯彻落实党中央、国务院及省决策部署，建立健全社会救助和保障标准与物价上涨挂钩联动机制，积极开展价格临时补贴发放工作，2022年累计4次启动价格临时补贴，共计发放1076.42万元，惠及低保对象、特困人员、低保边缘人口、孤儿、事实无人抚养儿童、艾滋病病毒感染儿童等困难对象52.74万人次。2022年，新冠疫情在全国范围内多点散发频发，客观上对困难群众的生活造成一定影响。根据《民政部　财政部关于切实保障好困难群众基本生活的通知》《湖南省民政厅　湖南省财政厅关于进一步加强困难群众基本生活保障的通知》精神，市民政部门为全市低保对象、特困人员增发一次性生活补贴，标准为城市低保对象、城市特困人员每人一次性发放300元，农村低保对象、农村特困人员每人一次性发放200元。全市累计发放资金3716.14万元，惠及13.31万名城乡低保对象、3.89万名城乡特困人员。

社会组织管理。2022年年末，全市社会组织共计2943家（市本级732家）。开展行业协会商会收费清理规范专项整治以及“回头看”工作，对全市行业协会商会“强制或变相强制入会、会费档次超过4档”等20种类型进行重点整治，35家协会减免会费和降低收费，主动减免和降低收费共计62.25万元；通过推动本行业企业为其他市场主体让利58.3万元；通过为行业争取帮扶政策减轻企业负担金额44.25万元。

城乡社区建设。认真贯彻落实省委《关于加强法治乡村建设的实施意见》，联合市司法局开展2022年全国第九届全省第十届“民主法治示范村（社区）”选优推介工作，共有武陵区芷兰街道柳菱社区、桃源县茶庵铺镇松阳坪村、临澧县佘市桥镇蒋家村、安乡县安障乡岩剅口村4个村（社区）获评“全国民主法治示范村（社区）”。联合市卫健委出台《关于切实加强村（居）民委员会公共卫生委员会建设的通知》，对公共卫生委员会的组织体系、工作职责、服务方式进行明确。积极指导津市市白衣镇深入实践“三治融合”治理模式，探索推进乡风文明建设的新样本，通过组织推荐评选，成功推荐白衣镇以“‘三治融合’推进乡风文明建设”为实验主题成功入选全省首批基层治理创新实验单位名单，获得省级资金扶持。

养老服务发展。完成2022年省重点民生实事项目困难老年人居家适老化改造697户，新增养老机构护理型床位500张；稳步推进市“床位”实事惠民行动，新增养老床位4490张。配合省民政厅、市纪委市监委、市委政法委开展养老领域突出问题专项整治，打击整治养老诈骗专项行动，下发《常德市2022年养老服务领域防范非法集资和防诈骗排查整治工作方案》，切实维护老年人合法权益。联合市应急局组织举办4期全市养老机构安全员培训考核，内容涉及养老服务安全相关知识和安全事故应急处置、安全隐患日常排查等实操，全市养老机构安全第一责任人、专职安全员346名培训者参加结业考试，全市养老机构持证安全员配备实现全覆盖。深刻汲取“4·29”特大居民自建房倒塌事故教训，落实省厅安全隐患排查百日攻坚行动，对全市230余家养老机构消防安全、房屋建筑安全、燃气安全等“不落一户”全面排查。

未成年人关爱。2022年3月，向市政府上报《关于调整市未成年人保护工作领导小组》的请示，5月完成未保工作领导小组调整工作。5月底，召开2022年未成年人保护工作领导小组第一次全体会议，通过《未成年保护工作领导小组及办公室议事规则》。全力推进孤弃儿童区域性养育工作，依托直属单位市社会福利院打造集“养治教康”于一体的区域性儿童福利机构，并下发《关于做好弃婴相关工作的通知》。开展“一社区一主题”的儿童之家系列主题活动，对项目试点社区和省级示范儿童之家儿童主任进行3期培训，进一步提升示范儿童之家儿童主任能力素质。

2022年6月17日，2022年常德市养老服务机构安全员培训班（第一期）开班
（市民政局 供图）

社工、志愿者工作。推进“社工、社区、社区志愿者、社会组织、社会慈善资源”五社联动机制，助力基层社会治理，全市各承接机构、各乡镇（街道）社工站共新培育社区社会组织98家，动员社区社会组织370个，开展社区活动552场，开展个案服务805个，联动志愿者6193人，链接慈善等社会资源数量（款物折合共计）94.1943万元，服务群众27563人次。抓好社会工作职业水平组考培训工作，推出2022年常德市社工考试考前公益培训班（线上），面向全市所有报考社工考试的考生免费开放。倡导开展春节期间“空巢”老人、留守儿童志愿服务活动，在春节期间为“空巢”老人、留守儿童提供亲情陪伴、学业辅导、安全监护等志愿服务。启动全市城乡社区志愿服务站（点）建设工作，年底初步形成覆盖城乡社区的志愿服务网络。将武陵区社工站项目和鼎城区社工站项目推荐申报建立全省乡镇（街道）社工站项目专家联系点，形成可复制、可推广的“民政+社会工作”品牌项目。打造武陵区社会工作者协会“绽放美丽”农村妇女精神关爱项目和汉寿县社会工作服务中心乡村儿童公益阅读馆“送书上门”项目为湖南省社会工作创新试点项目。

老区工作。全市争取国家革命老区转移支付资金、中央专项彩票公益金支持老区公益事业发展资金和省里衔接乡村振兴补助资金（老区发展方向）达15252万元，同比2021年增长18.7%。完成《中国工农红军在常德》编纂工作，向人民日报出版社报送相关资料，签订出版合同。央视记者走进老区看新貌，扩大常德老区在全国的影响力。

【开展省级示范“儿童之家”儿童主任服务能力提升培训】 4月24日、6月27日，开展“童梦乐园·未爱赋能”第二期、第三期儿童主任服务能力提升培训，常德市“省级示范儿童之家”和“童梦乐园·儿童之家”项目试点的村（社区）近40名儿童主任参加。培训内容包括针对困境、留守儿童基本的心理抚慰、心理疏导知识技能以及如何运用身边的资源协助开展儿童服务；强制报告制度对及早发现侵害未成年人案件的现实意义与入职查询的必要性；运营儿童之家的意义以及如何布置儿童之家、组织开展活动和档案管理等方面。

【津市市白衣镇入选全省基层治理创新实验单位】 6月27日，湖南省民政厅公布首批15个全省基层治理创新实验单位名单，其中，津市市白衣镇以“‘三治融合’推进乡风文明建设”为实验主题成功入选。津市市白衣镇深入实践“三治融合”治理模式，探索推进乡风文明建设的新样本，立足以“自治”固基，通过建强小组长、屋场长、单元长三支队伍，凝聚村规民约、自治章程、家规家训三项共识，创新志愿服务、“五比五看”、线上协商三大机制，激发动力建文明家园；立足以“法治”护航，通过党委牵头、规范程序、自治自调抓纠纷调解；立足以“德治”润心，通过深掘本土革命文化、提炼优秀传统文化、培树本地美德文化树时代新风。

【石门县被确定为全国“深化乡村地名服务　点亮美好家园”试点县】 8月25日，石门县被确定为全国“深化乡村地名服务　点亮美好家园”试点县，成为全国首批试点地区之一。石门县将围绕乡村地名服务“三度”工作抓好试点工作。有密度。进一步规范地名命名，织密地名密度，健全乡村地名标志导航体系。有辨识度。进一步挖掘地名资源，将红色历史、乡村旅游、地名文化紧密融合，做到有传承、有记忆、有故事、有特色。有美誉度。搞好地名服务，抒写地名情怀，让快递进山更准，产品出城更顺，创新数字地名标志设置，运用二维码赋能地名标志与基层治理社会服务有效融合，助力乡村振兴。

【市粮食行业协会等8个社会组织入选湖南省“十百千”示范社会组织】 10月28日，常德市粮食行业协会、常德市室内装饰协会、常德市大湖股份祖亮基金会、常德女子外语学校、常德市武陵区青年创业协会、桃源县第一中学校友基金会、临澧县红云公益事业发展中心、石门县逸迩阁书院8个社会组织入选湖南省“十百千”示范社会组织，入选的示范社会组织在参与乡村振兴、抗疫防疫、扶贫济困、扶老助老、儿童关爱、扶残助残、慈善公益等方面作出较大贡献，是常德市社会组织中党建工作突出、作用发挥显著、法人治理规范的优秀代表。

（彭　博）

人力资源和社会保障工作

【概况】 2022年，全市人社系统多项工作得到上级肯定和表彰。宣传报道工作获人社部表彰，清理整顿人力资源市场专项行动，被人社部、市场监管总局通报表彰。武陵区被省政府表彰为“促进就业和社会保障工作成效明显的县市区”。优化营商环境、平安建设、网民留言办理等工作被市委、市政府表彰为优秀（先进）单位。成功创建省级文明标兵单位。岗位惠民一站式服务大厅暨创业就业服务超市和创业担保贷款一站式服务中心等均为全省首创，充分就业社区（村）建设排名全省第一，开展的农民工维权安“薪”活动被全省人社系统评为“五型双一流”（建设“政治型”“学习型”“创新型”“服务型”“廉洁型”机关，建一流队伍、创一流业绩）优质服务品牌，保障农民工工资支付工作在全省评为A类，排名第一，被评为“湖南省农民工工作先进集体”。

【就业创业】 全市人社部门把稳就业保就业作为重大政治责任和首要工作任务，全面开展岗位实事惠民专项行动，把稳企稳工稳岗作为稳定和扩大就业的着力点，精准施策、扎实推进，全市城镇新增就业5.6万人，新增农村劳动力转移就业3.9万人，分别完成年度目标任务的100.2%、102.6%。城镇调查失业率5.5%，充分就业社区（村）建设排名全省第一。全面落实政策。牵头制定《常德市稳岗位提技能保就业促创业实施意见》，全面落实社会保险“降、免、缓、返”政策，共为1.31万家企业减免工伤、失业保险费3.41亿元；为113家企业办理缓缴社保费4605万元；为4553家企业发放稳岗返还资金6366万元，稳定岗位14万余个。推进创业就业。搭建求职招聘双向平台，多措并举服务企业用工。全市共举办线上线下招聘活动522场，达成就业意向7.41万人。大兴创业之风，着力打造创业训练营、创业大讲堂、创业大赛三大品牌，提升创业技能、宣传创业政策、树立创业典型。在全省率先建立岗位惠民一站式服务大厅暨创业就业服务超市，迎接部、省、市领导多次视察得到充分肯定。加大创业扶持力度，创新成立全省首个创业担保贷款一站式服务中心，全年新增发放创业担保贷款3.48亿元，扶持创业949人，带动就业1.36万人。突出重点对象。积极落实就业帮扶举措，着力抓好高校毕业生、脱贫劳动力、退役军人和就业困难人员等重点群体就业。推进青年就业见习和“三支一扶”计划。强化脱贫人口就业帮扶，全市脱贫劳动力就业率达84.8%，比2021年提高2.5个百分点。全省脱贫人口稳岗就业工作会议在石门县召开，推介常德经验。加大公益性岗位管理开发力度，托底安置就业困难人员，城镇零就业家庭保持动态清零。全市城镇公益性岗位安置就业5000余人，发放公益性岗位补贴4948.8万元。加大农民工服务保障力度，2022年市局被评为全省农民工工作先进集体。

【社会保障】　坚持保障民生和服务发展并重，不断完善社会保障体系，更好发挥社会稳定器、民生安全网作用。参保扩面持续推进。大力推进全民参保计划，全市基本养老、工伤、失业三项社会保险新增参保25.8万人次，超额完成全年任务。基本养老保险参保达448.35万人、工伤保险参保54.85万人、失业保险参保36万人。困难群体城乡居民基本养老保险参保率、代缴率均达100%。社保改革持续深化。稳步推进企业职工基本养老保险全国统筹，机关事业单位职业年金全面落地落实，全市养老保险待遇入卡率达99.5%。工伤保险省级统筹实现“六统一”。加快伤残等级审核速度，改进病退鉴定工作流程，全年共完成工伤认定4467件，劳动能力鉴定1886人次。全面落实失业保险扩围政策，有力保障了失业人员的基本生活。待遇水平持续提高。调整提高失业补助金、工伤人员伤残津贴和住院伙食费、供养亲属抚恤金标准，机关事业单位养老保险连续7年、企业职工基本养老保险连续18年提高退休人员基本养老金。全年累计征缴基本养老、工伤、失业三项社保基金107.5亿元，及时足额发放三项社保待遇近190亿元。基金监管持续加强。扎实推进社保基金管理提升年行动，制定出台“1+N”20个制度文件，集中开展社保基金自清自查自纠行动，实施县市区社保基金交叉检查，创新开展社保基金第三方审计，全面提升监管能力，守住基金安全底线。

【人才人事】　坚持把扩规模、优结构、促规范贯穿于人才人事服务管理全过程，有效激发人才创新创造活力。人才引进更加有效。全市共引进硕士研究生及以上学历人才628名；成功推荐湘佳牧业设立博士后科研创新创业实践基地；开展“湘才乡连”计划，引进湖南农大、中南林科大10名博士后到津市5家企业开展科研指导和现场服务；安全有序组织各类人事考试45场次，参考人数达4万余人，区域考试中心的地位更加凸显。人才培养更加有力。强化技能人才培育，着力推进职业技能提升行动。开展“常德工匠”“技能大师工作室”等高技能人才表彰活动，筹备举办常德市第一届职业技能大赛。全市完成政府补贴性职业技能培训2.98万人次，超过全年目标27个百分点。组团参加湖南省第一届职业技能大赛，斩获一金二银四铜，总分获全省第五名。人事管理更加规范。全市事业单位公开招聘工作人员2880人，稳妥有序推进县以下事业单位管理岗位职员等级晋升制度，得到省厅通报表扬，15个县市区（管理区）3928名管理人员获晋升，人均月增资400多元。创新开展“送教上门”，累计开展专业技术人员继续教育培训1.2万余人。持续推进公立医院和国企负责人薪酬制度改革，全面落实义务教育教师工资待遇。加强国、省先进表彰项目和市级考核奖励项目审核把关，参与2022年全国清理整顿人力资源市场秩序专项行动，得到人社部、国家市场监管总局通报表扬。

【劳动关系】　针对疫情期间劳动纠纷大幅上升、协调处理难度加大的严峻形势，各级人社部门创新方式，下沉服务，扎实推进劳动关系和谐稳定。强化风险防控。建立完善多部门参与的构建和谐劳动关系联席会议机制，对全市重点行业、重点企业劳动关系隐患进行摸底排查，制定切实可行的风险处置措施。持续推进劳动关系“和谐同行”能力提升三年行动计划，成功申报1家企业被人社部、全国总工会表彰为“全国和谐劳动关系创建示范企业”。强化根治欠薪。切实加大执法保障力度，着眼源头治理，构建长效机制，强化联合打击，开展专题调度约谈，实行重点隐患清单式销号管理。代表湖南省迎接国务院根治欠薪考核组实地检查，得到国检组的充分肯定。各类欠薪案件按期办结率和国、省平台欠薪线索办结率均达100%。澧县、石门根治欠薪工作得到省厅通报表扬。强化争议调解。开展庭审进园区、进企业活动，主动化解争议纠纷。全市共处理劳动人事争议案件3241件，涉及劳动者3858人，涉案金额1.95亿元，当期结案率99.2%、调解成功率79.9%，均高于省定目标。常德市劳动关系工作得到省厅通报表扬。

【公共服务】　坚持整合资源、服务下沉、开放便民，推进人社服务提质增效。推行岗位惠民一站式服务。在全省率先建立常德市岗位惠民一站式服务大厅暨创业就业服务

2022年7月27日，国务院考核组现场考核常德市保障农民工工资支付工作

（市人社局 供图）

超市，牵头整合退役军人事务局等其他部门，将38项就业创业、人事人才服务事项全面进驻服务大厅，为广大群众提供面对面、专业化、一站式创业就业服务。推行社保经办一站式服务。完善“市民之家”社保经办窗口功能，深化“综合柜员制”改革，实行首办负责、一窗通办，实施服务快办和创新提升行动，大力推广“互联网+经办服务”，三险主要业务实现“全网通办”，全市各类网上业务办理近30万人次，全年累计办理3万余笔跨省转移业务，“非接触”“不见面”“线上办”已经成为社保经办新常态。推行创业担保贷款一站式服务。创建常德市创业担保贷款一站式服务中心，优化提升贷款服务，将审核放款时间由15个工作日提速至5个工作日办结。截至年底，市本级和7个区县市均已建立创业担保贷款一站式服务中心。推行劳动争议调处一站式服务。坚持“调解优先、案结事了”原则，探索推进劳动争议调处一站式服务平台建设。

【第五届“中国创翼”创业创新大赛常德选拔赛暨常德市2022年创业大赛决赛】 5月31日，第五届“中国创翼”创业创新大赛常德选拔赛暨常德市2022年创业大赛决赛。该项赛事由市人社局牵头主办，3月启动，5月底结束，共有28个项目分青年创意组、制造业项目组、服务业项目组、乡村振兴项目组等四个组别参加市级决赛，最终评选出各组别一、二、三等级及优胜奖28个，分享51.6万元奖金。通过市级决赛，推荐7个项目参加省级决赛，获省赛三等奖2个、优秀奖2个、优秀组织奖1个。

【市人大常委会集体视察全市创业带动就业工作】 6月28日，市人大常委会党组书记、主任余怀民带领市八届人大常委会第四次会议与会人员集体视察全市创业带动就业工作，先后视察常德市电商创业孵化基地、湖南飞沃科技、常德市岗位惠民一站式服务大厅暨创业就业服务超市等，全面了解常德市创业带动就业工作情况，并在会议中听取审议相关工作报告，提出促进完善创业带动就业工作的有关意见。

（赵进华 周峰）

【常德8人获评湖南“最美农民工”】 4月18日，省人社厅发布《关于“湘融湘爱·最美农民工”人选的通报》。评选活动由省人社厅联合省委宣传部、省乡村振兴局、省总工会、省妇女联合会共同举办，着重从品德高尚美、爱岗敬业美、工匠精神美、创业带动美、振兴乡村美“五美”进行评判。经广泛推荐、网络投票、专家评审和网上公示，全省共有100人获评湖南省首届“湘融湘爱·最美农民工”。常德市入选的8人是：常德市返乡创业联合会会长杨敏、湖南省三毛生态农业科技发展有限公司总经理向继伟、湖南弘富莱供港农产品贸易有限公司负责人李小玲、货车司机龙兵、石门县莉姿职业技能培训学校有限公司创始人裴文碧、湖南湘佳牧业股份有限公司自养部副经理汪鲁勇、湖南忆乡情缘农业发展有限公司品牌创始人潘志、中联恒通机械股份有限公司焊接高级技师王飞鹏。

（姚懿容）

【国务院考核组考核常德市保障农民工工资支付工作】 7月27日，国务院考核组现场考核常德市保障农民工工资支付工作。国务院保障农民工工资支付工资考核采取看现场、查资料、个别座谈等方式进行，常德市代表湖南省迎接考核。国务院考核组对常德市保障农民工工资支付制度建设给予充分肯定，常德市该项工作获评全省A类第一，全省保障农民工工资支付工作获评全国A类。

【俞家栋考察常德创业就业服务超市】 8月28日，国务院第十一督查组组长、人社部副部长俞家栋考察常德市岗位惠民一站式服务大厅暨创业就业服务超市。常德市岗位惠民一站式服务大厅暨创业就业服务超市是省内首个就业创业“一站式”服务大厅，提供求职登记、职业指导、创业培训等40余项就业创业服务，于2022年6月27日正式揭牌启用。

（赵进华　周峰）

行政审批服务

【概况】　2022年，市行政审批服务局被省政务管理局评为深化“放管服”改革优化营商政务环境工作先进单位，被市委、市政府评为优化营商环境工作先进集体。

【行政审批】　加强“放管服”改革统筹指导，对工业园区和区县下放审批权限落实情况开展“回头看”指导督导，确保审批授权到位，运行落实到位。完成市公安局出入境大厅、司法局公共法律服务中心整体进驻，市民之家已入驻43家单位、1673个政务服务事项、320名工作人员，除因场地限制等特殊情况外，部门和事项入驻率均达100%。证照分离落实告知承诺。完成101个事项涉企经营许可告知承诺、取消审批、审批改备案或优化服务，58个事项实施证明告知承诺，打造极简审批。编制市本级行政许可清单。严格对照《湖南省行政许可事项清单》，确定全市行政许可事项370项，提交政府常务会审议通过并印发全市遵照执行。推进“无证明城市”建设。梳理编制《常德市市本级第一批政务服务事项证明材料免提交清单》，涉及29个部门、161个事项、321个免提交证明材料，梳理完成“不动产+水、电、气、网、视”联办事项。

【政务服务】　建设清廉大厅。会同市纪委监委集中开展窗口服务突出问题专项整治。检查发现各类问题71个，按照分类对待、属地处理的原则向区县（市）交办。开展“走流程、解难题、优服务”。制定出台《常德市“走解优”专项行动实施方案》《常德市“交叉走流程”实施方案》，召开市长调度会专题推进。市政府主要领导带头体验办事走流程，全市各级各部门760多名领导干部深入办事一线，完成1248个事项“走流程”，梳理问题清单1248项。通过“走解优”行动，市本级政务服务事项平均承诺办结时限压减72%，即办件占比提高到36%，专项行动成效受到省政府充分认可。部署“放管服”改革“揭榜竞优”。全市揭榜15项改革任务。其中市局牵头承担“无证明城市”等5项改革。同时部署市本级揭榜工作。深化“互联网+政务服务”一体化平台应用。推动系统对接，完成一体化平台与自规局、不动产、公积金、自来水等20多个部门业务系统对接，推出“不动产+水电气”“不动产+电视、网络”等联办事项，实现跨部门业务协同联办。规范中介超市应用。切换使用湖南省中介服务超市，截至12月底，全市入驻中介机构及委托人310家，发布采购项目160条。

【智慧城市创建】　夯实算力底座。完成算力规划编制《常德市算力支撑能力提升行动方案（2022—2025年）》，强化算力基础支撑，建成启用信创云平台、城市大脑运行管理平台和应用支撑平台，常德市大数据中心跻身全省重点建设的15个新型数据中心。省工信厅对常德市老旧小散数据中心的归并融合和“金融超市”“我的常德”等场景应用给予充分肯定。推进数据归集应用。制定出台《常德市公共数据管理办法》，加强数据归集治理，截至2022年12月底，政府数据共享平台归集政务数据达2623个目录，总量突破58亿条，为常德金融超市、信用信息平台、社会治理网格化等70个重要业务系统提供基本数据服务。完成96类高频电子证照的签章制作。加强“我的常德”城市公共服务平台等重点应用建设和推广，拓宽数据应用场景，提升数据应用效能。加强项目管理。重新修订《信息化工程建设管理办法》，加强项目统筹、资金统筹。加强项目专项审核、监理评测和过程管控。开展招商引资。协助桃源县引进苏尼威传感器（上海）有限公司投资5000万元，9月14日正式签约落户。拟引进千寻公司在常德部署北斗时空底座，推进项目市场化可持续运营。与阿里公司进行对接，拟引进该公司科技、电商、金融生态，到常德落地数字经济项目。

【政务公开】　建成常德政务公开标准化规范化平台。充分利用现有资源，建成统一、规范、开放的政务公开平台，实现政务公开标准化规范化。建成常德政策服务平台。完成政策查询、政策匹配、政策计算、政策兑现四大功能开发，印发《常德政策服务平台推广应用实施方案》，优化实现“政策找人、精准匹配”，试点实现“线上兑付、免申即享”，进一步提升企业和群众的获得感、满意度。截至2022年12月30日，平台注册企业1887家，共收录政策原文10008条。指导企业注册登录及信息数据录入，至年底，注册企业1887家。搭建区县市基层政务公开标准化规范化专栏。编制26个领域基层政务公开事项标准目录，实现各领域政务公开事项本地化目录和内容在政府网站集中发布和展示。打造优质政务新媒体。制定《常德市优秀政务新媒体培育工作方案》，将微言常德教育、常德公安、常德民政等10家政务新媒体作为全市政务新媒体建设的样板，组织规范化建设，发挥示范引领作用。组织召开打造优质政务新媒体账号座谈会及业务培训会，提升政务新媒体运维水平。

2022年常德市主动公开政务信息情况表

表5

<table>
<tr><td rowspan="4">信息发布</td><td>总数（单位：条）</td><td colspan="2">24630</td></tr>
<tr><td>概况类信息更新量（单位：条）</td><td colspan="2">14</td></tr>
<tr><td>政务动态信息更新量（单位：条）</td><td colspan="2">11500</td></tr>
<tr><td>信息公开目录信息更新量（单位：条）</td><td colspan="2">10915</td></tr>
<tr><td rowspan="2">专栏专题</td><td>维护数量（单位：个）</td><td colspan="2">16</td></tr>
<tr><td>新开设数量（单位：个）</td><td colspan="2">6</td></tr>
<tr><td rowspan="5">解读回应</td><td rowspan="4">解读信息发布</td><td>总数（单位：条）</td><td>183</td></tr>
<tr><td>解读材料数量（单位：条）</td><td>29</td></tr>
<tr><td>解读产品数量（单位：个）</td><td>124</td></tr>
<tr><td>媒体评论文章数量（单位：篇）</td><td>30</td></tr>
<tr><td>回应公众关注热点或重大舆情数量（单位：次）</td><td colspan="2">88</td></tr>
<tr><td rowspan="10">互动交流</td><td rowspan="4">留言办理</td><td>收到留言数量（单位：条）</td><td>2389</td></tr>
<tr><td>办结留言数量（单位：条）</td><td>2256</td></tr>
<tr><td>平均办理时间（单位：天）</td><td>5</td></tr>
<tr><td>公开答复数量（单位：条）</td><td>57</td></tr>
<tr><td rowspan="3">征集调查</td><td>征集调查期数（单位：期）</td><td>11</td></tr>
<tr><td>收到意见数量（单位：条）</td><td>595</td></tr>
<tr><td>公布调查结果期数（单位：期）</td><td>11</td></tr>
<tr><td rowspan="3">在线访谈</td><td>访谈期数（单位：期）</td><td>68</td></tr>
<tr><td>网民留言数量（单位：条）</td><td>489</td></tr>
<tr><td>答复网民提问数量（单位：条）</td><td>489</td></tr>
<tr><td rowspan="6">移动新媒体</td><td rowspan="3">微博</td><td>名称</td><td>无</td></tr>
<tr><td>信息发布量（单位：条）</td><td>0</td></tr>
<tr><td>关注量</td><td>0</td></tr>
<tr><td rowspan="3">微信</td><td>名称</td><td>常德市人民政府</td></tr>
<tr><td>信息发布量（单位：条）</td><td>2775</td></tr>
<tr><td>订阅数（单位：条）</td><td>44166</td></tr>
</table>

【常德市完成湖南省网上中介服务超市中介服务采购“第一单”】 为助力优化营商环境，切实解决中介服务环节多、耗时长、市场垄断、“红顶中介”等问题，常德市大力推广湖南省网上中介服务超市，进一步规范行政审批中介服务行为，破除中介垄断和暗箱操作，打造公平竞争、服务高效、监管有力的中介服务市场。5月13日，常德圣德肿瘤医院有限公司在湖南省网上中介服务超市发布常德圣德肿瘤医院放射诊疗机房新建项目职业病危害放射防护预评价直接选取采购中介服务公告。当天，共有2家中介服务机构报名参加，委托人在报名的2家中介机构中直接选取湖南省职业病防治院为中选机构，标志着常

德市顺利完成湖南省网上中介服务超市中介服务采购“第一单”。

【常德公共服务平台建设国家级标准化试点启动暨动员大会召开】 6月10日，常德公共服务平台建设国家级标准化试点启动仪式暨动员大会召开。常德市人民政府主要领导、市行政审批服务局局长出席会议，市行政审批服务局副局长罗邦明主持会议。市行政审批服务局局长汇报试点背景和相关工作思路，并就扎实推动试点项目作表态发言。常德公共服务平台建设标准化试点牵头科室负责人宣读试点批复文件及实施方案。邀请的标准化专家开展标准化培训。常德公共服务平台建设国家级标准化试点预通过体系建设、标准制定、宣贯培训、实施改进等一系列工作全面打造人民群众满意的集“党建”“政务”“服务”于一体的城市公共服务平台。

（邓思敏）

地方志工作

【概况】 2022年，常德市地方志编纂室被湖南省人力资源与社会保障厅、湖南省地方志编纂院联合授予“2022年度湖南省地方志系统先进集体”称号，常德市地方志编纂室副主任周波、汉寿县地方志编纂室主任瞿群力、鼎城区地方志编纂室副主任陈欣、石门县地方志编纂室刘狂彪4人获评“2021年度湖南省地方志系统先进个人”。

【部门志编修】 2022年，常德市地方志编纂室先后深入市水利局、市住建局、市文化旅游广电体育局、市工信局等市直单位，以上门督导、召开工作协调会的形式，开展志书编修扫尾收官专项督导，协调志稿编修，对志书编修中编校、评审等具体工作进行现场指导。全年终审部门志（工业志）1部。截至2022年年底，全市规划修编58部市直部门志书已全部完成。

【《常德年鉴（2022）》公开出版】 2022年10月，《常德年鉴（2022）》由常德市人民政府主办、常德市地方志编纂室编纂，由方志出版社公开出版。该书记述了2021年1月1日至12月31日常德市发生的大事、新事和具有年度特色的事。全书117.4万字，以精美图文展现常德地方特色和年度发展全貌，设34个类目、292个分目、1154个条目，采用分类编辑法，以条目为记述基本单元，正文前插排彩色专版。

【《中国国家人文地理·常德》出版】 2022年11月，由中共常德市委宣传部、常德市地方志编纂室联合编纂的《中国国家人文地理·常德》出版。该书为“十四五”国家重点图书、国家重大出版工程《中国国家人文地理》的系列丛书之一，是该丛书在湖南省推出的第二部市州分卷。该书图文并茂，以历史为线索，以地理为载体，设常德名片、常德概况、历史溯源、铁血洪流、文化渊薮、名人荟萃、大美常德、风物大观、发展成就、城市蓝图等章节，权威、立体、详细地展现常德历史文化、人文资源、地理国情、生态环境以及经济社会发展情况，是一本全方位展示常德人文地理的精美“台历”，是一张鲜活靓丽的城市名片，也是常德市最权威、最全面、最可信的一部市情读本。全书16万字。

【《常德古今》出刊2期】 2022年，《常德古今》全年出刊2期，刊登文章72篇（含史志简讯16篇），图片51帧，总计15万余字。该刊创刊于1992年，已累计出刊120期。刊物秉持凸显本邑特色、呈现常德风韵理念，封面以《沅澧英杰图》人物为底本，以《常德揽胜图》为底图，辅以卷轴、云纹、波涛，更具立体感、现代感。内容编排把准“解读历史、发掘人文、推介常德、服务发展”方向，围绕党的二十大及清廉常德建设，新设“党的二十大”“清廉常德”专栏，精排红色经典、沅澧人物和往事珍闻、文韵常德等内容。刊物每期印数1300册，面向全国40多家史志期刊、读者及行业内外等各界人士免费赠阅2400余册。

（陈大鹏　曾小玲）

退役军人事务

【概况】 2022年，常德市承办全省双拥办主任现场会，退役军人思想政治工作在全省退役军人事务局长会上作经验交流，绩效考核连位列全省第一方阵，信息宣传工作被部、省表彰为先进单位，获评全省平安建设考核先进单位，党风廉政工作连续4年位列派驻纪检监察单位第一，单位和干部职工连续4年没有发生一起违纪违法立案备查案件，成功创建省级文明单位。

思想政治引领。2022年，会同组织部门在全市开展“老兵永远跟党走”主题实践活动，以“五个引领”（党性教育、典型标杆、帮扶援助、服务保障、舆论导向）为抓手，着力推动退役军人思想政治工作开拓创新、走深走实。全面摸清全市退役军人党员底数，协助基层党组织将退役军人党员全部纳入组织管理，引导退役军人党员转接组织关系，开展红色教育、组织生活和党内教育。加强教育管理和荣誉激励，联合市委宣传部下发《关于进一步加强全市退役军人典型宣传的通知》，常态化培养、挖掘、宣传退役军人先进典型，基本实现“乡乡有先进、村村有典型”，推动将符合条件的退役军人名录和事迹载入地方志，龙兵入选全国老兵宣讲团成员，朱德文获评湖南省“最美退役军人”。评选表彰常德市最美退役军人，引导广大退役军人感党恩、听党话、跟党走，增强“若有战、招必回”的责任感使命感。

服务体系建设。市、县同步开展退役军人政策措施落实攻坚战，梳理各级各部门各行业领域有关退役军人政策措施，按照退役军人事务部明确的46类服务对象，做到“一类对象”对应“一套政策清单”。打造精细化服务保障体系，全市309家示范型服务中心（站）创建达标，按标准足额下拨基层服务体系运行补助经费。深入开展“我为退役军人办实事”活动，常态化联系退役军人，为退役军人解决急难愁盼问题1260个，拉近了与退役军人的距离。

【安置和就业】 严格执行阳光安置政策，在全省率先完成转业军官、士官安置任务。下大力协调提高市本级统筹安置人数比例，推动全市统筹编制缓解武陵区、经开区、柳叶湖安置压力，安置工作经验做法得到部、省厅推介。联合市财政局、市人社局出台《关于常德市退役军人提技能保就业稳岗位的实施意见》，突出抓好“培训机构、培训专业、资格认定、培训资金”四项整合，加大培训和就业效果考核力度，自主就业退役士兵参训率提升10%，就业率达89.4%，有效解决了培训覆盖面不广、培训与就业脱节、资源整合不够等问题。在全省率先设立退役军人就业创业一站式服务站，举办24家军创企业成果展，为退役军人就业创业搭建更优平台。全面摸清全市退役军人创办市场主体底数，大力支持退役军人就业创业。

【优抚和军休】 按标准发放抚恤资金，完成建档立卡优待证申领，申领率在全省排名第二。在“情暖老兵·子女助学”活动中，安乡学生郭敏给部领导写感谢信，得到相关领导的回信勉励。严格落实军休人员“两个待遇”，指导督促鼎城、汉寿、石门、澧县军休项目建设进度，推进军休干部休养环境不断改善。

【双拥和褒扬】 常态开展“情系边海防官兵”拥军优属活动，走访慰问一线任务官兵家庭，按照全省最高标准兑现荣立军功和获评“四有”军人的官兵奖励金，为卫国戍边、优秀民兵和困难官兵家属发放拥军关爱金；持续擦亮市长接老兵回家名片，协调军地领导慰问汉寿籍航天员张陆家属，大力宣扬载人航天精神和常德双拥工作；向全国双拥办申请专项经费支持武陵区育才小学建设英雄模范荣誉墙；协调军人子女享受教育优待；全面改善军供设施设备和文化建设，完成新兵入伍军供保障任务；承办的全省双拥办主任现场会。持续开展烈士纪念设施整修工作，推动县级以下英雄烈士纪念设施大幅度提质，迁移零散烈士墓852座，迁移率109%，就地整修483处烈士纪念设施，整修率达100%，烈士纪念设施整修工作得到省厅领导的高度认可。常态化培养、挖掘、宣传退役军人先进典型，加大对英雄烈士、功臣模范的光辉事迹的宣传力度，红色资源服务党史学习教育60万人次，充分发挥示范引领作用，形成全社会尊重退役军人、关爱烈士遗属浓厚氛围。

【首批退役军人和其他优抚对象优待证发放】 6月1日，常德市退役军人和其他优抚对象优待证首发仪式举行，为退役军人和其他优抚对象代表集中颁发了优待证。副市长、市公安局局长余良勇出席仪式并讲话。活动现场，桃源县参战退役军人李华皆作为首批领取优待证的代表发言，桃源县、鼎城区退役军人事务局负责人分别发言，工行常德分行、农行常德分行、邮储银行常德市分行负责人介绍针对优待证制发工作出台的优惠政策。

2022年6月21日，全省双拥办主任会议在常德召开

（市退役军人事务局 供图）

【全省双拥办主任会议在常德召开】 6月21日，全省双拥办主任会议在常德召开。省退役军人事务厅党组副书记、副厅长、省双拥办常务副主任谢春出席会议并讲话；省军区政治工作局副主任、省退役军人事务厅党组成员、副厅长（兼）、省双拥办副主任黄建新主持；常德市副市长、市公安局局长、市双拥工作领导小组副组长余良勇致辞。会前，参会人员现场观摩武陵区启明街道、育才小学，详细了解双拥设施和国防教育特色学校建设情况。会上，大家深入学习贯彻习近平总书记关于双拥工作的重要论述，总结交流军地做好新时代双拥工作的经验做法；常德市、湘潭市、怀化市双拥办和长沙警备区、邵阳军分区作经验交流发言。会后，谢春一行参观武陵区双拥主题小区，实地调研武陵区人武部双拥工作情况，并慰问“全国模范退役军人”田工、“时代楷模”姜开斌烈士的女儿姜微。

【表彰“最美退役军人”】 7月22日，2022年度常德市“最美退役军人”表彰座谈会召开。副市长、市公安局局长余良勇出席会议并讲话。会上，姜开斌烈士之女姜微讲述父亲为保护国家重点试验平台壮烈牺牲的感人故事，市德成京剧艺术团表演以姜开斌烈士事迹为原型创作的京剧《军魂》，为获得2022年度常德市“最美退役军人”称号的退役军人颁发荣誉证书，谢森、廖春森、李子爱、杨洋等4名“最美退役军人”作为代表发言。

【常德市首家退役军人创业示范街开街】 7月29日，鼎城区庆“八一”退役军人创业示范街开街仪式举行。开街仪式上，鼎城区退役军人创办企业——常德市华斌医药有限公司、湖南省三毛生态农业科技发展有限公司与江南城发集团签约。相关领导和部门为“鼎城区退役军人创业示范街”“鼎城区退役军人促进会”授牌，向江南城发集团授予“退役军人创业示范街”牌匾。活动现场还举办退役军人专场招聘会。鼎城退役军人创业示范街位于江南城区城市新地标——城投“十里外滩”花船巷，全长288米，规划商铺39个、3700平方米，街区的打造融入鲜明军事特色元素，整合优质商铺、融资服务等多方资源，旨在为退役军人就业创业提供“一站式”服务。

【迎接退役士兵返乡系列活动】 9月24日，常德市欢迎退役士兵返乡仪式暨退役军人军属专场招聘会、创业创新成果展同步启动，多措并举迎接2022年秋季退役士兵。副市长、市公安局局长余良勇出席活动并讲话。欢迎仪式上，与会领导为退役士兵代表佩戴“光荣退役”绶带、赠送政策礼包；自主就业退役军人代表、2022年秋季退役士兵代表分别发言。当天，退役军人军属专场招聘会、创业创新成果展在常德河街开幕。58家招聘单位提供近2000个优质岗位，24家退役军人创办企业展示创业创新成果，6家职业技能培训机构提供交流指导服务。活动吸引大量退役军人、军属等求职者进场应聘，多人达成初步就业意向，现场发放宣传资料600多册。

【全市军休人员红色教育暨文体竞赛活动】 9月19—20日，2022年常德市军休人员红色教育暨文体竞赛活动在临澧县举行。市军休所、鼎城区、武陵区、汉寿县、桃源县、澧县、临澧县、安乡县、石门县、津市市、西湖管理区等11个单位军休人员及工作人员参加活动。常德市退役军人事务局党组成员、副局长左振益宣布活动开幕，临澧县委常委、县政府副县长夏孝涛致欢迎词。19日，全体人员到临澧青山水轮泵站灌区管理局参观青山水轮泵站、青山水闸和青山电站，领略青山精神，在党旗下重温入党誓词。20日，举行钓鱼比赛。

【省、市领导慰问张陆父母并表示祝贺】 11月29日晚，“神舟十五号”载人飞船升空之夜，省退役军人事务厅党组书记、厅长，省双拥办主任唐勇；市委副书记、市长，市双拥工作领导小组组长周振宇一行到汉寿县，看望慰问航天员张陆的父母，并和张陆的父母通过观看电视直播共同见证“神舟十五号”载人飞船成功发射的历史性时刻。

（刘登岸）

信访工作

【概况】 2022年，常德市信访工作绩效考核和责任目标管理考核成绩名列全省第一；获评全国节约型机关；持续开展“无上访村（社区）”创建工作，其中澧县获评全国信访工作示范县；澧县、汉寿县、津市市、武陵区4个县市区获评全省信访工作示范县（省政府真抓实干激励奖励），数量位居全省第一。

化解信访突出问题。常态化开展“治重化积”工作。重点案件明确领导包案，实行项目化管理，限期化解。突出问题明确部门牵头，开展专项治理，集中攻坚。群体性问题坚持个性化解决，防止引起连锁反应。全市重复信访件数同比下降28.4%。全力做好化解信访积案专项工作，中央信访联席办交办的第一、二批信访积案，全部按期上报化解。在全市范围内开展治理重复信访“百日攻坚”行动，排查交办576件重复信访事项，截至年底，已化解523件。

依法规范信访秩序。深入贯彻

落实《信访工作条例》，坚持访诉分离、依法分类处理，进一步畅通网上信访主渠道，制定和完善《常德市网上信访办理操作规程》，提升办理质效，全市信访事项一次性化解率达96.1%，群众满意率达97.8%。大力宣传《信访工作条例》（以下简称《条例》），将《条例》纳入市委理论学习中心组学习内容，纳入市委党校教学计划和市“八五”普法、“法治政府建设”、“谁执法谁普法”考核内容。5月7日，举办《条例》集中宣传月活动启动仪式。

建立长效机制。定期议访常态化、制度化。完善领导干部接访包案机制。制定《2022年党政领导干部接访下访和阅办包案化解信访事项工作方案》，进一步完善工作机制。健全重大决策社会风险评估机制。推动出台《常德市重大决策社会稳定风险评估实施办法》，把社会稳定风险评估作为重大决策的前置程序和刚性“门槛”。推行矛盾纠纷多元化解机制。全市共组建1650个由党员牵头的信访工作调解室，成立2296支由“两代表一委员”、律师、法律工作者、社会工作者等社会力量组成的信访志愿服务队伍，加强矛盾纠纷化解。推进“网格化+信访”工作机制。将信访工作与网格化、网络化服务管理相融合，把源头治理与现代科技手段相融合，开展全方位、多渠道信访矛盾排查，推动问题及时化解。

2022年5月7日，《信访工作条例》集中宣传暨第五个信访法治宣传月活动举行
（市信访局 供图）

无上访村（社区）建设。坚持和发展新时代“枫桥经验”，以创建国家、省信访工作示范县为主线，深入推进“无上访村（社区）”建设，探索形成“枫桥经验”常德特色品牌。出台《关于坚持和发展新时代“枫桥经验”推动预防和化解信访问题的实施方案》，开展以无访创建为抓手，打造群众信访县级“终点站”的三年（2022—2025年）行动。办点示范推进。强化考核评比。经市委常委会会议同意，在全市经济工作会议上表彰36个优秀乡镇（街道），164个优秀村社。强化责任追究，全年对13个乡镇（街道）进行挂牌重管，1个区县、9个乡镇（街道）因信访工作挂牌整治被取消绩效考核、平安建设评优评先资格。全市“无上访村（社区）”建设合格乡镇（街道）128个，合格率达75.7%，合格村（社区）2168个，合格率达95.6%。

【举办《信访工作条例》集中宣传月活动启动仪式】 5月7日，举办《信访工作条例》集中宣传月活动启动仪式，14个县市区、70余家市直单位党委（党组）中心组均开展《信访工作条例》的专题学习；14个县市区组织开展《信访工作条例》宣传月活动，制作展板2600余块、宣传横幅6300余条、使用电子显示屏1650余块，累计发放《信访工作条例》《十问十答》等宣传资料18万余份。

（肖佳文）

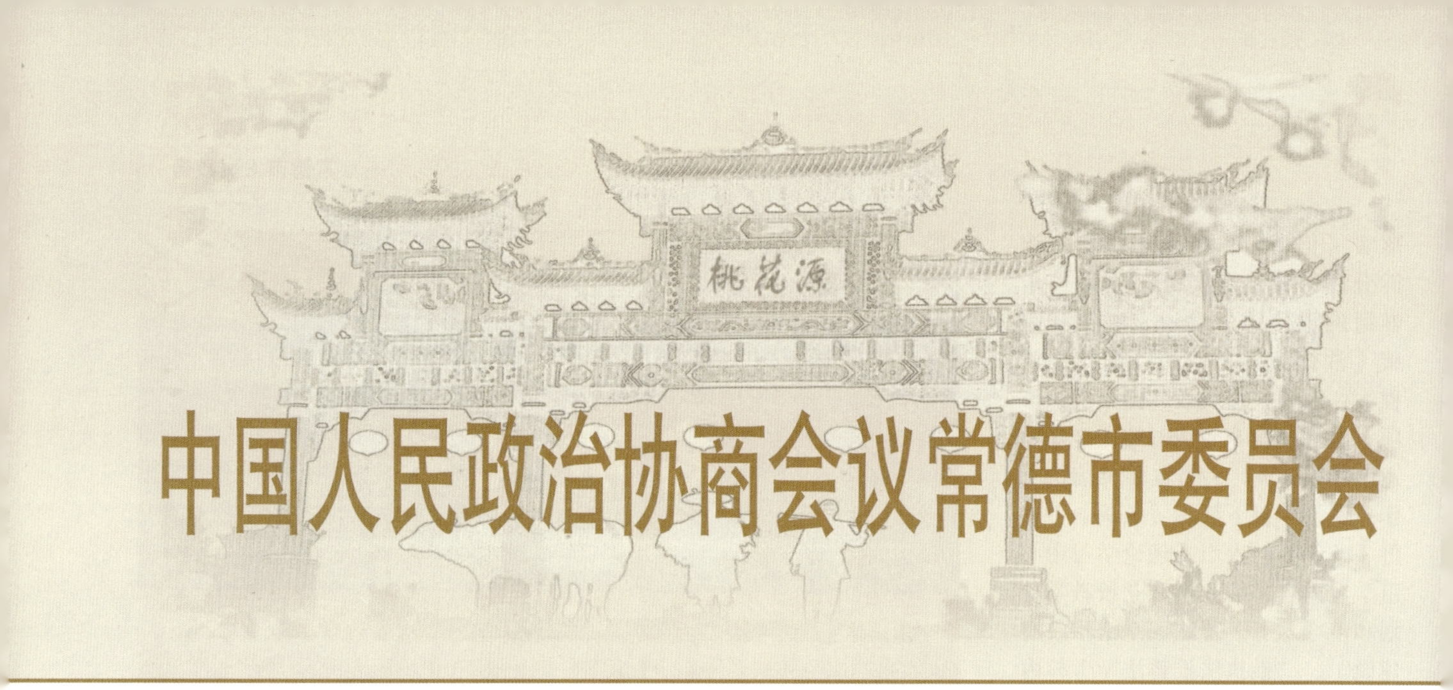

中国人民政治协商会议常德市委员会

综述

【概况】　2022年是第八届市政协的起始之年、开局之年。市政协党组在市委的坚强领导下，开拓进取、担当作为，实现工作稳健起步、良好开局。截至2022年年底，第八届市政协委员会委员有421名，其中常务委员71名。委员涵盖27个界别，来自130个中央、省驻常德单位和市直单位，104家社会团体、民营企业和服务机构，涉及12类统一战线代表人士，以及医卫、教育、农业等各领域各行业各界别代表人士。其中，区县市111名；市直310名；中共党员委员167名，占比39.7%；非中共党员委员254名，占比60.3%；民主党派成员161名；女性委员144名，占比34.2%；少数民族委员59名，占比14%；非公有制经济人士63名，占比15%。

【政治引领】　坚持重点工作、重大问题、重要事项向市委请示报告，全年共向市委专题请示报告22次。加强思想政治引领，完善政协党组与各党派团体联系制度，不断夯实共同思想政治基础。建立健全学习制度，全年举办各类学习活动50多场次。以“人民政协和全过程人民民主”为题，开展政协理论研讨，形成一批理论文稿。发挥政协党组把方向、管大局、保落实作用，全年召开党组会议12次。完成机关党组人员调整、机关党委换届选举、党支部优化设置。依托专委会成立履职党支部，依托委员工作室设立履职党小组，探索联系指导、双重组织生活等机制，实现党的领导对政协工作全覆盖。

【履职尽责】　2022年，先后围绕加快“五好”园区建设、“四好农村路”建设、建设旅游强市、乡风文明建设，开展议政性常委会会议和主席会议专题协商，形成一批协商成果。把“优化营商环境、提升行政效能”作为本届专项民主监督主题，组建7个民主监督小组，促进相关问题整改，推动政务环境持续优化。参与全省政协系统“稳定粮食播种面积”专项监督，对稳定粮食播种面积、推动集体土地流转起到促进作用。围绕高铁建设、十年禁渔、市城区停车难、烟草产业发展等情况开展主席会议视察，提出一批合理化意见建议。全年被省政协采用社情民意信息23期，市本级编发48期，其中39期得到省领导和市委、市政府领导批示。常德市政协被省政协评为反映社情民意信息工作先进单位二等奖，在14个市州排名第三。

【促进发展】　邀请各党派团体参加履职活动，全年各党派团体共提交大会发言9篇，提出提案129件，反映社情民意信息112条。利用洞庭湖生态经济区政协主席联席会议、湘鄂渝黔政协助推红色旅游发展联席会议等平台建言发声。围绕“建功新时代、奋进新征程、干出新样子、服务新发展”主题，开展委员走访月活动，实现对市政协委员的走访全覆盖，综合整理委员意见建议118条。先后两次承办全国政协“潇湘新咏”委员读书群直播活动，组织“喜迎二十大、委员在行动”委员活动日活动。深化政协云推广运用，为委员“线上议政”“掌上履职”搭建新平台。全年创建省级示范委员工作室26个，建成市级示范委员工作室38个。省政协到常德市召开“发挥委员工作室在加强思想政治引领广泛凝聚共识中的作用”专题座谈会，推广常德的经验做法。发挥专委会基础作用，切实形成界别与专委会之间的良性互动。将界别视察纳入年度履职计划，围绕“加强常德养老服务业人才队伍建设”等主题开展7次界别视察。

【服务大局】 面对复杂严峻的疫情防控形势，发出《致全市政协委员的倡议书》，市政协主席会议成员带队入驻重点地区，累计有1000多名委员参与疫情防控，捐款捐物近千万元，市县两级政协300多名干部下沉一线开展志愿服务。以首届湖南旅游发展大会为契机，参加省政协组织的“大美湖南”文旅发展成果展示会，向全国网友和游客推介常德文旅特色资源。按照市委部署，一名主席会议成员牵头负责高铁建设。投身“千名干部联千企‘送政策、解难题、优服务’行动”，为企业排忧解难、赋能助力。做好乡村振兴示范点建设，推进西洞庭乡村振兴示范片建设。做好文明创建工作，开展文史资料征集活动，全年在市级以上新闻媒体发表稿件400多篇，被《人民政协报》评为“宣传工作先进单位”。

【队伍建设】 制定届内和年度委员学习培训规划，提升委员履职的针对性、精准性和实效性。以机关干部读书会为平台，组织开展学习强能活动。择优选派机关年轻干部到一线岗位磨砺锻炼，加强对干部的培养使用，有序开展科级干部轮岗交流。建立重要会议重要活动“工作流程表”，修订完善机关内部管理制度。完善委员管理及评价办法，建立健全委员履职档案。采取民主监督、专人管理等方式，确保信息化建设高效、规范、有序。组织开展“颂清廉之声、扬文明家风”廉政家访活动，打造清廉机关文化阵地。

（何秋月）

重要会议

【市政协八届二次会议】 2022年12月27—30日，中国人民政治协商会议常德市第八届委员会第二次会议召开。会议期间，曹志强、周振宇等市级领导人出席会议，参与委员分组讨论，听取意见建议，与委员共商改革发展大计。会议审议批准黄清宇代表市政协第八届委员会常务委员会所作的工作报告，审议批准王鳌代表市政协第八届委员会常务委员会所作的提案工作情况报告，选举邓彬彬为市政协第八届委员会副主席，增补任民政等5人为市政协第八届委员会常务委员。会议听取、讨论并一致赞同周振宇所作的政府工作报告，赞同市中级人民法院、市人民检察院工作报告以及其他报告，并提出意见建议。

2022年12月28日，中国人民政治协商会议常德市第八届委员会第二次会议在湖南文理学院艺术中心开幕
（市政协办 供图）

【主席会议】 1月1日，市政协主席黄清宇主持召开市政协第八届第一次主席会议，审议市政协有关人事事项等。

3月11日，市政协主席黄清宇主持召开市政协第八届第二次主席会议，审议市政协常委会2022年工作要点、民主监督工作方案、年度协商计划、委员走访月活动方案等。

4月27日，市政协主席黄清宇主持召开市政协第八届第三次主席会议，专题视察常益长高铁项目建设。

6月10日，市政协主席黄清宇主持召开市政协第八届第四次主席会议，专题协商建设旅游强市。

7月1日，市政协主席黄清宇主持召开市政协第八届第五次主席会议，专题视察“一湖两水”十年禁渔情况。

7月14日，市政协主席黄清宇主持召开市政协第八届第六次主席会议，专题视察缓解市城区停车难问题。

9月20日，市政协主席黄清宇主持召开市政协第八届第七次主席会议，审议市政协有关人事事项。

9月28日，市政协主席黄清宇主持召开市政协第八届第八次主席会议，专题视察烟草产业发展情况。

10月12日，市政协主席黄清宇主持召开市政协第八届第九次主席会议，专题协商乡风文明建设。

2022年4月27日，市政协召开第八届第三次主席会议，专题视察常益长高铁项目建设情况 （市政协办 供图）

12月9日，市政协党组书记、主席黄清宇主持召开市政协党组2022年第十次（扩大）会议暨市政协第八届第十次主席会议，审议市政协八届二次会议相关工作及有关材料。

12月23日，市政协党组书记、主席黄清宇主持召开市政协党组2022年第十一次（扩大）会议暨市政协第八届第十一次主席会议，审议市政协八届二次会议有关材料和有关人事事项。

12月29日，市政协党组书记、主席黄清宇主持召开市政协八届二次会议临时党委（扩大）会议暨市政协第八届第十二次主席会议，听取人事安排情况说明，协商大会选举相关工作，审查、审议大会提案相关事项。

12月30日，市政协主席黄清宇主持召开市政协第八届第十三次主席会议，协商有关人事事项，审议大会有关文件资料。

【常委会会议】 1月1日，市政协主席黄清宇主持召开市政协八届一次常委会会议，审议通过市政协有关人事事项等。

4月25日，市政协主席黄清宇主持召开市政协八届二次常委会会议，学习传达有关会议精神、审议通过市政协常委会2022年工作要点、部署2022年重点工作等。

6月13日，市政协主席黄清宇主持召开市政协八届三次常委会会议，专题协商加快“五好园区”建设。

9月20日，市政协主席黄清宇主持召开市政协八届四次常委会会议，通报2022年以来全市经济社会发展情况，专题协商“四好农村路”建设。

12月23日，市政协主席黄清宇主持召开市政协八届五次常委会会议，通报经济社会发展情况、党风廉政建设和反腐败工作情况，协商市政协八届二次会议相关工作。

12月30日，市政协主席黄清宇主持召开市政协八届六次常委会会议，协商有关人事事项，审议市政协八届二次会议有关资料。

【其他重要会议】 1月10日，市委书记曹志强，市委副书记、市长周振宇走访调研市政协机关并召开座谈会。

2月22日，市政协召开2022年政协工作联席会议，协商市政协常委会2022年工作要点、年度协商计划、民主监督工作方案、委员培训计划等。

3月23日，市政协召开全市政协系统“稳定粮食播种面积”专项监督工作会议。

5月7日，市政协召开“提升行政效能、优化营商环境”专项民主监督工作动员会，安排部署2022年专项民主监督工作。

7月26日，市政协召开全市示范性委员工作室建设现场会。

11月4日，市政协召开2022年民主评议提案办理工作会议，总结通报2022年全市提案办理工作情况，民主评议2022年以来提案办理工作。

12月14日，市政协召开“提升行政效能、优化营商环境”专项民主监督评议会议。

（杨 锦）

政治协商

【概况】 2022年，共计开展协商活动11次。其中，议政性常委会会议协商2次，专题协商加快“五好园区”建设、“四好农村路”和城乡客运一体化建设；主席会议专题协商2次，专题协商建设旅游强市、推进乡村振兴；对口协商7次。

【常委会会议协商】 6月13日，市政协召开八届三次常委会会议，专题协商加快“五好园区”建设。市委副书记、市长周振宇出席会议并讲话，市政协主席、党组书记黄清宇主持会议。市政协经济科技和外事委代表课题组汇报调研情况，市政协委员杨丙武、曾君、孙金平、鲁祖辉、何鑫围绕加快“五好园区”建设作协商发言，从不同角度提出意见建议。市直有关部门和市政协主席会议成员分别作协商发言。会议审议通过《以体制机制创新引领“五好园区”建设建议案

（草案）》。

9月20日，市政协召开八届四次常委会会议，专题协商“四好农村路”建设。市政协主席、党组书记黄清宇主持会议，市委常委、市政府常务副市长徐永健、市政府副市长杨成英应邀出席会议并讲话。市政协社会法制和民族宗教委负责人代表课题组汇报调研情况，4名市政协委员作协商发言，从不同角度提出意见建议。会议审议通过了《关于推进“四好农村路”建设的建议案（草案）》。

【主席会议专题协商】 6月10日，市政协召开第八届第四次主席会议，专题协商建设旅游强市。市政协主席、党组书记黄清宇主持会议，市政府副市长杨成英应邀出席会议。市政协文教卫体和文史委负责人代表课题组汇报调研情况。市政协委员郑文廷、杨莉、朱欢、李欣围绕建设旅游强市主题作协商发言，从不同角度提出意见建议。市文化旅游广电体育局、市发展和改革委员会有关负责人分别作协商发言。

10月12日，市政协召开第八届第九次主席会议，专题协商乡风文明建设。市政协主席、党组书记黄清宇主持会议并讲话，市政府原副市长龚德汉应邀出席会议。市政协农业和农村委负责人代表课题组汇报调研情况。胡秋兰、张鸽、张惟鹏、李昊骏等4名市政协委员，市委宣传部、市农业和农村局有关负责人，围绕乡风文明建设主题，分别从不同角度提出意见建议。邹吉茂、刘保湘围绕明确工作责任、创新监督方式、注重宣传引导、建立长效机制、完善村规民约等方面作协商发言。会议审议通过《关于乡风文明建设的建议函（草案）》。

【对口协商】 2022年，市政协共开展对口协商7次，协商优化新能源汽车使用环境、加强农村养老院医疗保障、加快发展网络直播经济新业态、稳定粮食播种面积、做大做强常德市白酒产业、贯彻民族宗教政策法规、提升基层医疗服务水平。

（杨　锦）

民主监督

【概况】 2022年，市政协围绕“提升行政效能、优化营商环境”主题，由7个专委会牵头组建7个监督小组，对市行政审批局、市市场监管局、市自然资源规划局等7个市直单位开展“一对一”专项民主监督。

监督工作中，各监督小组通过网上征询、调研摸底，对接见面、问卷调查等方式，广泛听取企业代表、基层群众和部门单位代表等方面意见，向社会收集有关问题和建议。各监督小组聚焦监督主题，厘清单位的职能职责，重点监督各部门单位贯彻落实市委、市政府决策部署和年度重点工作任务，行政审批、为民办事、服务企业和群众情况等情况。4—10月，市政协各监督小组认真履职、扎实工作，各监督小组累计开展走访视察活动40余次，走访企业50多家，召开座谈会30余次，发放调查问卷1000余份，通过归纳梳理，共综合反映问题30个。

【专项民主监督评议会】 12月14日，市政协召开“提升行政效能、优化营商环境”专项民主监督评议会。会上，7名市政协委员代表重点事项监督小组对7个部门单位进行现场评议，市政府对市政协评议综合出的具体问题进行现场交办。一年来，市政协通过专项监督、民主评议促进整改落实，助推相关部门的工作开展，为全市提升行政效能、优化营商环境工作营造氛围。

（叶　敏）

提案建议

【概况】 2022年，广大政协委员、政协各参加单位积极通过提案建言献策，共提交提案356件，经审查立案341件（大会提案323件，闭会提案18件），立案率95.8%，其中集体提案39件、委员联名提案123件，交办至66家承办单位。遴选的17件重点提案由市政协主席会议成员领衔督办、各专委会对口督办，委员满意率100%。

审查立案的提案里面，经济建设类提案99件、政治建设类提案42件、文化建设类提案38件、社会建设类提案137件、生态文明建设类提案25件。经济建设方面的99件提案，委员们围绕招商引资、园区发展、科技创新、乡村振兴、营商环境等提出针对性建议。如民革常德市委会、民进常德市委会和胡秋兰、仝林平、鲁祖辉、何强华等委员从“五好”园区建设、理顺体制机制、引进人才、加强服务保障等方面提出提案，相关提案建议已体现在《常德市“五好”园区攻坚实施方案（2022—2025年）》等政策文件中，有效助推了园区发展。民盟常德市委会、致公党常德市委会、市工商联和何斌、张惟鹏、李宏岸、翦鹰等委员聚焦乡村振兴，从发展蔬菜产业、油茶产业、农村电商等方面提出提案，助力传统产业升级和新兴产业培育，拓展乡村产业振兴新空间。在有关社会建设方面的提案中，委员们从改善民生、优化交通状况、建设公办幼儿园、提升养老服务水平、扶持基层医院、加强小区物业管理等方面献计献策。如武陵区活动组提出关于设立校门口驻车绿区的集体提案后，市公安局交警支队在常德芷兰学校周边设置限时停车位170个，加强电子警察抓拍，提高停车位周转率。张恩委员提出关于加大城区公办幼儿园建设力度的提案后，市教育局在专项行动实施方案、学校布局规划等文件中落实提案建议。马辉委员提出关于在常德各区县市构建紧密型医共体的提案后，市卫健委加强上下级医疗机构医疗服务联动，2022年全市住院患者转诊率等数据优于全国、全省平均水平。

在立案提案中有29件提案得到市委、市政府领导签批40件次。市政协提案委根据《政协常德市委员会重点提案遴选与督办暂行办法》，确定10件提案由市政协主席会议成员领衔督办，7件提案由市政协各专委会对口督办，有效发挥重点提案办理的良好示范作用，进一步深化提案办理协商，促进提案办理落实。截至2022年8月，所有提案全部办复，综合整体办理情况，提案所提问题得到解决或部分解决的A类提案154件，占45.2%；所提问题均已解决或列入计划逐步解决的B类提案174件，占51.0%；所提问题因政策或其他条件限制，目前不能解决的C类提案13件，占3.8%。

市政协八届一次会议重点提案办理一览表

表6

序号	案号	提案人	案　　由	承办单位
1	277	李昌雄	关于解决城市停车难的提案	市城管执法局、市公安局交警支队、市机关事务局
2	001	胡秋兰、秦志超	关于给予安乡产业开发区政策支持的提案	市工信局、市财政局、市生态环境局、市发展改革委、市科技局、市自然资源规划局
3	072	市政协社会法制和民族宗教委	关于擦亮地区新名片、迎接高铁新时代的提案	市发展改革委、市文旅广体局、市市场监管局、市招商促进中心
4	004	何斌、周强	关于加快汉寿蔬菜产业发展的提案	市农业农村局、汉寿县政府
5	085	陈邦民	关于推进我市特色产业电商发展的提案	市商务局
6	243	张议文	关于完善江南城区公共服务、提升“一江两岸”融合发展水平的提案	市发展改革委、鼎城区政府、市自然资源规划局
7	040	民建常德市委会、张国平、周俊峰、刘斌	关于完善农村公路交通设施基础建设的提案	市交通运输局、市公安局交警支队
8	013	胡小芳、伍文华	关于发挥异地商会作用、助推我市经济高质量发展的提案	市工商联、市财政局、市商务局、市招商促进中心
9	210	农工党常德市委会、陈钰、杨鑫	关于推动生育政策落地、促进人口均衡发展的提案	市卫健委、市教育局
10	197	肖超银、易萍、毛武、牟杰智	关于加强农村自建房经营安全监管的提案	市住建局、市自然资源规划局、市应急局、市市场监管局
11	298	致公党常德市委、雷杰、陈勇任	关于加强应急救援能力建设的提案	市应急局、市财政局、市发展改革委
12	216	张键	关于进一步加大医药卫生人才培养和引进力度的提案	市卫健委
13	闭会014	赵晓波	关于加快推进城乡公交一体化改革的提案	市交通运输局
14	264	沈玲	关于加强中型灌区续建配套改造与管理的提案	市水利局、市农业农村局
15	313	陈智勇、何书元	关于提升太阳山森林公园建设发展的提案	柳叶湖旅游度假区管委会
16	215	周密密	关于优化小学课后服务内容的提案	市教育局
17	115	王朝春	关于提高辅警队伍保障水平的提案	市财政局、市人社局、市总工会

2022年常德市政协优秀提案一览表

表7

编号	提案者	案　由
013	胡小芳、伍文华	关于发挥异地商会作用、助推我市经济高质量发展的提案
067	姚敏	关于打造常德“钵子菜”产业链、做活做大做强“钵子菜”经济的提案
172	钟玲、欧子成、万秋生	关于充分发挥本土非物质文化遗产效用的提案
298	致公党常德市委会、雷杰、陈勇任	关于加强应急救援能力建设的提案
闭会002	武陵区活动组	关于加大力度支持我市烟草产业链企业发展的提案
029	津市市活动组、李景峰、汪军华、全林平	关于将津市港打造成澧水流域中心港口的提案
031	九三学社常德市委会、肖超银、牟杰智、刘骏、李飞翔、毛武	关于加快常德种业创新发展、打造现代农业“芯”高地的提案
088	朱婷婷	关于加强大健康体系建设、推动我市医药产业高质量发展的提案
135	黎海兵、张蛟	关于加快推进“电子证照”应用的提案
197	肖超银、易萍、毛武、牟杰智	关于加强农村自建房经营安全监管的提案
037	民建常德市委会、张波、朱碧文、佘冰卉	关于联动湖南自贸试验区、塑造常德开放新格局的提案
040	民建常德市委会、张国平、周俊峰、刘斌	关于完善农村公路交通设施基础建设的提案
044	鲁祖辉、邵洋	关于做强优质旅游品牌、推进文旅产业发展的提案
102	雷杰、刘斌、张小兰	关于常德市社会诚信体系建设的提案
闭会014	赵晓波	关于加快推进城乡交通一体化改革的提案
001	胡秋兰、秦志超	关于给予安乡产业开发区政策支持的提案
009	张惟鹏	关于加快品牌建设步伐、打造油茶百亿产业的提案
020	朱传霞、杨宇、吴仁明	关于建设“常德香薹”标准化示范园的提案
176	陈会龙	关于加大养老力度、提升养老服务水平的提案
178	民革常德市委会、邹吉茂、张恩、龚立成	关于关心重度残疾人、探索托养新路径的提案
004	何斌、周强	关于加快汉寿蔬菜产业发展的提案
035	周勤	关于发展农村小店经济、助力乡村振兴的提案
081	侯奇伟	关于加大科技投入、构建我市科技创新新局面的提案
167	周应学、刘琪琛	关于弘扬全民阅读、营造书香常德的提案
196	民进常德市委会	关于常德市养老服务人才队伍建设的提案
140	杨莉	关于充分发挥乡镇文艺人才优势、大力推进乡村文化振兴的提案
160	罗蓝、李卫	关于继续大力推动戏曲进校园工作的提案
210	农工党常德市委会、刘保湘、陈钰、杨鑫	关于推动生育政策落地、促进人口均衡发展的提案
215	周密密	关于优化小学课后服务内容的提案
277	李昌雄	关于解决城市停车难的提案
086	赵德华	关于加强乡村振兴中农业产业振兴的提案
115	王朝春	关于提高辅警队伍保障水平的提案
152	彭英、杨挥钧	关于发挥乡贤作用、助力乡村振兴的提案
158	王恒明、覃世红	关于加强基层公共文化设施建设的提案
224	唐莹	关于加强中小学生视力防控工作的提案

【市政协2022年民主评议提案办理工作会议】 11月4日下午，市政协召开2022年民主评议提案办理工作会议，总结通报2022年全市提案办理工作情况，民主评议2022年以来提案办理工作。市政协委员陈小兰、刘清华、张波、张惟鹏、彭旭娟、彭飞、王恒明依次进行个案点评。

（罗钧威）

2022年11月4日，市政协召开2022年民主评议提案办理工作会议，总结通报2022年全市提案办理工作情况，民主评议2022年以来提案办理工作

（市政协办 供图）

视察交流

【委员视察】 2022年，市政协各专委会围绕加强养老服务业人才队伍建设、打造新能源产业集群、常德市航道整治和港口建设、“幸福屋场”建设、加强国家级水利风景区建设、义务教育均衡发展、规范公共文化场馆使用和管理课题，组建委员视察团，开展7次界别视察活动。

【调研交流】 4月13—14日，省政协副主席胡伟林带领省政协人口资源环境委部分委员到常德开展“一江一湖四水‘十年禁渔’民主监督”“生态环境与生物多样性保护”“深入落实就业优先战略，扎实推进共同富裕”调研。

4月18—19日，省政协副主席张大方带领省政协“促进文体旅融合发展，助推建设世界知名旅游目的地”课题组到常德开展调研。

5月6日，益阳市政协副主席谢梅成、秘书长李赛一行到常德，就洞庭湖生态经济区（四市一区）政协主席联席会议第四次会议筹备工作征求意见建议。

5月12—13日，省政协党组成员、副秘书长龚文密带领省政协经济科技委部分委员及专家，到常德开展“做强做优主导产业，推动县域经济高质量发展”重点课题调研。

5月24日，岳阳市政协副主席张赟带队到常德调研文体旅融合发展及政协提案工作。

6月14日，河南省驻马店市政协副主席、党组副书记付自成带队到常德考察打造现代化区域中心城市等工作。

7月5—6日，省政协副主席、省工商联主席张健带队到常德开展“稳经济、惠民生、保安全”调研。

7月24—26日，省政协主席李微微带队到常德，围绕“发挥委员工作室在加强思想政治引领广泛凝聚共识中的作用”主题开展调研。省政协领导乌兰、胡旭晟、李民、龚文密，常德市委书记曹志强，市委副书记、市长周振宇参加调研。

8月25日，郴州市政协党组成员、副主席周汶带队到常德调研县域医共体建设工作。

9月5—6日，全国政协副主席卢展工率全国政协教科卫体委员会调研组在常德开展“全面加强和改进新时代学校美育工作”专题调研。调研组组长、全国政协常委、教科卫体委员会主任袁贵仁，全国政协教科卫体委员会副主任常荣军、袁曙宏，湖南省政协主席李微微，副省长何报翔参加调研。

9月22日，岳阳市政协副主席刘铁建率队到常德调研“五好”园区建设和文旅产业发展相关情况。

9月22日，安徽省池州市政协一级巡视员、市总工会主席周珍花带队到常德调研历史文化街区城市更新工作。

9月26—27日，省政协副主席胡旭晟率省政协社会和法制委员会部分委员、民进省委会部分会员、省住建厅相关人员，就“推进老旧小区改造和城市更新”课题到常德开展调研。

（杨　锦）

中共常德市纪律检查委员会
常德市监察委员会

综述

【概况】 2022年，中共常德市纪律检查委员会、常德市监察委员会（以下简称市纪委监委）在省纪委监委和市委的坚强领导下，以习近平新时代中国特色社会主义思想为指导，深入贯彻落实中共十九大、二十大和中共十九届历次全会精神，坚决捍卫“两个确立”、增强“四个意识”、坚定“四个自信”、做到“两个维护”，贯彻落实习近平总书记关于加强纪检监察干部队伍建设重要讲话、重要指示批示精神，坚持稳中求进、坚定稳妥，坚持实事求是、守正创新，坚持系统施治、标本兼治，充分发挥全面从严治党引领保障作用和监督保障职能，各项工作取得新的进展和成效。

市纪委监委坚持把学习贯彻习近平总书记重要讲话重要指示批示精神以及中共二十大精神作为首要政治任务，采取集体学习、研讨交流、撰写体会、开列任务清单等方式，形成全面学习、全面把握、全面落实的生动局面。出台新一届市纪委监委领导班子加强自身建设的意见，严格执行重大事项请示报告制度，严格落实双重领导体制，坚决把党的领导贯穿纪检监察工作全过程、各方面。出台加强乡镇（街道）纪检监察工作规范化建设的指导意见，持续推进县乡工作一体化，基层监督更加有力有效。围绕问题线索处置、涉案财物管理、机关公务接待等关键环节完善内控机制、强化监督管理。深入开展办案安全集中纠治，全面推行领导班子成员与留置对象和“走读式”谈话对象首场谈话，有效防范安全事故事件发生。坚持严管厚爱结合，1个先进集体和7名先进个人受到中央纪委国家监委、省纪委监委表彰。对县级纪委监委开展“小巡察”式监督调研，全面开展内部“三公”经费、装备、车辆、办公用房使用等情况自清自查，常态开展“12条负面清单”执行情况专项检查，坚决打扫庭院。全市共立案纪检监察干部1人，组织处理47人，调离1人。

【中央纪委、国家监委和省纪委监委到常德调研】 3月2日，中央纪委副书记、国家监委副主任徐令义到常德，就贯彻中央纪委六次全会精神、推动市县纪检监察工作高质量发展开展调研，深入武陵区永安街道新坡社区调研，并在市委机关二楼大会议室召开调研座谈会，省委常委、省纪委书记、省监委主任王双全参加调研。市委书记、市长、市纪委监委班子成员及县市区纪委书记参加座谈。4月26日，省纪委常委、省监委委员廖国红到常德市召开调研督导座谈会，宣传督导学习贯彻赵乐际考察湖南讲话精神。6月20日，省纪委监委信访室主任王凯文到常德调研督导信访举报工作，对常德纪检监察信访举报工作给予高度肯定，同时要求，常德要在高起点的基础上实现纪检监察信访举报工作高质量发展。6月21—22日，省纪委常委、省监委委员樊凤鸣到常德，对常德市贯彻落实赵乐际到湘调研讲话精神情况进行调研，并就加强基层监督、“一卡通”问题专项治理工作实地督导，听取市县两级纪委监委相关工作情况汇报，对常德市认真贯彻落实赵乐际到湘调研讲话精神的有关举措和强化基层监督，开展“一卡通”专项治理成效，给予充分肯定。8月

16—20日，省纪委监委党风政风监督室主任谢兰兰带队，对常德市纪委监委开展监督调研。10月18日，省监委委员刘晓红带队到常德开展蹲点调研，召开省纪委监委对常德监督调研问题反馈会议，充分肯定常德市纪委监委工作，指出存在的问题和亟待补齐的短板，并提出意见建议，10月27日，市委常委、市纪委书记、市监委主任何艺辉主持召开省纪委监委监督调研反馈问题整改会议，安排部署问题整改工作。

（易　敏　陈紫玲）

重要会议

【中共常德市纪委八届二次全会召开】　2月14日，中共常德市第八届纪律检查委员会第二次全体会议召开。出席全会的市纪委委员31人，列席273人。市委书记曹志强出席会议并讲话。市委副书记、市长周振宇主持会议。市委常委，市人大常委会、市政府、市政协领导出席会议。全会以习近平新时代中国特色社会主义思想为指导，深入贯彻中共十九大和中共十九届历次全会精神，全面落实十九届中央纪委六次全会、十二届省纪委二次全会部署和市委要求，总结2021年纪检监察工作，部署2022年任务，审议通过何艺辉代表市纪委常委会所作的《永葆自我革命精神　深化全面从严治党　以高质量发展新成效迎接党的二十大胜利召开》的工作报告。

【学习贯彻中共二十大精神】　10月16日，市纪委监委认真组织全体干部集中收看中国共产党第二十次全国代表大会开幕会，聆听学习习近平总书记所作的报告，并开展专题讨论。10月27日，市委常委、市纪委书记、市监委主任何艺辉主持召开专题会议，传达学习中共二十大和二十届一中全会精神、习近平总书记在二十届中共中央政治局常委同中外记者见面时的重要讲话精神和中央纪委国家监委、省委和省纪委监委相关会议精神。11月10日，市纪委监委召开学习宣传贯彻中共二十大精神重点工作调度会。会议听取市纪委监委各室部对学习宣传贯彻中共二十大精神及阶段性工作汇报，并对后阶段将开展的相关工作调度部署。12月14日，市纪委监委举行学习宣传贯彻中共二十大精神市委宣讲团报告会暨理论学习中心组（扩大）学习会议。市委常委、市纪委书记、市监委主任何艺辉主持集体学习并讲话，市委宣讲团成员贵学军作宣讲报告。

【市纪委常委会（扩大）会议召开】　7月27日，市委常委、市纪委书记、市监委主任何艺辉主持召开市纪委常委会（扩大）会议，专题传达学习全省纪检监察机关2022年半年工作视频调度会精神，并研究常德市贯彻落实意见，部署下半年工作。

【安全生产大排查】　9月23日，市纪委监委成立由何艺辉为组长的安全生产大排查大整治工作领导小组，市纪委监委领导全体班子成员分别牵头带领监督检查组，采取明察与“四不两直”暗访相结合的方式，对县市区和市直重点单位开展安全防范工作落实情况监督检查。此次安全生产大排查，主要突出高层建筑、居民自建房、城镇燃气等15个方面重点领域、重点企业、重点环节，对县市区党委政府落实属地管理责任、职能部门落实行业监管责任、企业落实主体责任情况开展监督检查。

【青年干部座谈会召开】　4月27日，“五四”青年节来临之际，市纪委监委召开青年干部座谈会。市委常委、市纪委书记、市监委主任何艺辉出席会议并与青年干部们交心谈心。

【“亲子乐相伴·家风润成长”主题活动】　8月25日，市纪委监委组织干部职工未成年子女前往津市市大关山开展“亲子乐相伴·家风润成长”主题活动暨未成年人社会主义核心价值观暑期主题教育。

（易　敏　陈紫玲）

2022年2月14日，中国共产党常德市第八届纪律检查委员会第二次全体会议召开

（市纪委监委 供图）

纪检监察体制改革

【概况】　2020年，市纪委监委健全完善监督体系，制度建设常抓常新。制定“一把手”监督工作任务清单，健全涉及“一把手”信访举报分析研判制度，常态开展纪委书记同下一级“一把手”落实主体责任谈心谈话，及时组织开展新任“一把手”集体廉政谈话，对涉及“一把手”的信访举报和问题线索实行优先处置、重点办理，不断织密“一把手”监督网。严把党风廉政意见回复关，提出暂缓或否定意见31人次，对82名拟任市管干部对象开展下沉一级廉政审查。强化对派驻机构的直接领导和统一管理，市级派驻机构处置问题线索386件，立案55件，处分58人。建立纪检监察、巡察、审计“三类监督”协作配合工作机制，加强问题线索移送与成果运用。试点建立“室组地”联动监督机制，加强与省属和市管高校的协同联动，与湖南烟草系统纪检机构建立其他省市协作配合机制，释放监督叠加效应。坚持抓早抓小、防微杜渐，全市共运用“四种形态”处理4528人次，其中第一种、第二种形态占比92.2%。落实“三个区分开来”，积极运用容错机制，对26名干部进行容错免责备案，为25名干部澄清正名，不断激发干部担当作为“正能量”。

【探索建立“室组委”“室组地”联动监督机制】　2022年，为强化贯通协同，不断提升治理效能，常德市纪委监委探索“室组委”“室组地”联动监督机制，由相关室牵头，联合相关派驻纪检监察组，在常德高新区试点开展联动监督。3月21日，市纪委监委在常德高新区召开“室组地”联动监督部署会议，对高新区土地利用、招商引资、营商环境、工程建设招投标、政府债务化解和大额财政资金使用等情况进行联动监督，为高新区建设清廉园区和“五好”园区提供坚强纪律保障。全年共督促常德高新区下放管理权限68项，简化政务服务事项125项，企业业务办理提速70%以上，99家企业实现“留抵退税”优惠3.56亿元，有力缓解企业“现金流”难题。

【市纪律检查体制改革专项小组会议召开】　7月14日，市委常委、市纪委书记、市监委主任何艺辉主持召开市纪委常委会会议，学习贯彻习近平总书记在中央政治局第四十次集体学习时的重要讲话精神，传达学习《纪检监察机关派驻机构工作规则》《关于进一步发挥改革效能有力推进纪检监察监督巡视巡察监督与审计监督贯通协同高效的指导意见》等有关规定和文件精神，研究常德市贯彻落实意见。9月16日，市纪委监委召开市纪律检查体制改革专项小组会议暨学习贯彻《纪检监察机关派驻机构工作规则》培训会。市委常委、市纪委书记、市监委主任何艺辉出席会议并讲话。

【调研派驻纪检监察工作】　1月6日，市委常委、市纪委书记、市监委主任何艺辉赴市纪委监委派驻在市市场监督管理局、市自然资源和规划局、市交通运输局、市人民检察院、市生态环境局、市国资委等单位的纪检监察组和部分综合（授权）监督单位，看望慰问纪检监察干部，调研派驻纪检监察工作。3月28—29日，市委常委、市纪委书记、市监委主任何艺辉走访调研市纪委监委驻市委办、驻市人大机关、驻市政府办、驻市政协机关、驻市委组织部、驻市委统战部、驻市委政法委、驻市发展改革委、驻市工信局、驻市公安局、驻市人社局、驻市卫健委、驻市中级人民法院纪检监察组13个派驻纪检监察组，专题调研派驻监督工作，并看望慰问派驻纪检监察干部。5月25日，市委常委、市纪委书记、市监委主任何艺辉来到市纪委监委驻市委宣传部、驻市教育局、驻市财政局、驻市住建局、驻市农业农村局、驻市商务局6个纪检监察组，专题调研派驻监督工作，并看望慰问派驻纪检监察组干部。

（易　敏　陈紫玲）

政治监督

【概况】　2022年，市纪委监委围绕贯彻习近平总书记重要讲话和重要指示批示精神、“三新一高”战略部署、“三高四新”战略定位和使命任务等“国之大者”“省之大计”强化政治监督，推动各级党组织和党员干部自觉同党中央精神对标对表。巩固深化“洞庭清波”专项监督，建立全链条监督闭环，查处环保领域腐败和作风问题50个，处理处分115人，监督推动桃源县大洑溪违规采砂问题整改取得明显成效。稳妥审慎开展违规举债和虚假化债专项监督，精准有力查处违规举债和虚假化债背后的政治问题、腐败问题和责任问题，立案11件16人，移送检察机关5人，追赃挽损6411.39万元。持续开展粮食购销领域腐败问题专项整治，立案22件31人，移送检察机关5人，追赃挽损3860万元。全面开展“落马”官员违建豪宅处置情况“回头看”，追责问责18人。跟进监督居民自建房安全专项整治“百日攻坚”行动和安全生产大排查大整治专项行动，督促整改安全隐患1030个。出台“7条禁令、20个不准”，强力推进“整治干部作风、护航营商环境”专项行动，全市共立案69件，处理处分197人。毫不松懈强化疫情防控监督，出台“六个严禁”纪律要求，筑牢疫情防控屏障。扛牢保护历史文化遗产监督责任，守护好城市文脉，督促整改问题44个。

坚定站稳人民立场，用心用情解决“急难愁盼”。深化粮食安全全链条监督。强力推进农村乱占耕地建房专项整治，全市共立案77人，给予党纪政务处分56人，组织处理64人。对耕地非农化、非粮化等方面开展专项检查，发现并督促整改突出问题69个。采取专项巡察、自查自纠、交叉检查等举措，深挖严查“粮耗子”，全市共立案22件31人，处理处分50人，留置5人。深化乡村振兴领域专项监督。聚焦农村饮水安全、光伏扶贫、金融扶贫3个专题，开展“一县一清单”监督、“一领域一专题”治理。全市纪检监察机关共查处乡村振兴领域案件263件，处理处分470人。深化惠民惠农财政补贴资金“一卡通”问题专项治理。梳理确定126项具体至县市区的治理重点，一月一报告、两月一调度，深挖彻查安乡县违规套取涉农补贴资金案，立案54人，组织处理75人，追回资金2357.98万元，以案为鉴在全市深入开展涉农补贴发放自清自查。深化农村集体“三资”管理突出问题治理专项监督。组织开展相关问题线索起底，全市共起底问题线索360条。督促职能部门全面开展自清自查，发现问题912个，整改完成674个。开展养老领域突出问题专项监督检查。确定涉嫌非法集资风险主体15个，其中养老机构6个，其他市场主体9个。发现党员干部和公职人员违纪违法问题线索6件，立案查处2人，给予开除党籍、开除公职处分并移送检察机关依法审查起诉1人。常态化惩治涉黑涉恶腐败和“保护伞”。加强与政法机关及相关部门的配合，协同推进政法队伍教育整顿，从严从快查处各行业领域背后的涉黑涉恶腐败问题。常态化以来，共立案

2022年7月15日，市委常委、市纪委书记、市监委主任何艺辉（前左二）到西湖管理区调研“送解优”行动和耕地保护工作　　（市纪委监委 供图）

23件，移送检察机关6人。用心用情办理信访举报。深入开展领导干部带件走基层和下沉接访活动，推动涉纪信访问题动态清零。全市61件重点信访积案已全部清零。重复信访举报114件次，同比下降33%；县处级干部信访举报82件次，同比下降12%；农村（社区）人员信访举报355件次，同比下降44.4%。

【“洞庭清波”专项监督】 3月24日，市纪委监委召开全市巩固深化“洞庭清波”专项监督工作动员，对2022年巩固深化“洞庭清波”专项监督工作进行安排部署。6月9日，市委常委、市纪委书记、市监委主任何艺辉现场督导省纪委监委“洞庭清波”专项监督挂牌督办问题，以及全省河（湖）长制暗访片披露问题整改工作，采取“四不两直”方式，前往安乡县、津市市和澧县，查看问题现场，督导整改进度，明确整改要求，压实整改责任。7月1日，市纪委监委召开全市巩固深化“洞庭清波”专项监督工作调度会。

【护航营商环境】 4月15日，常德市召开改进干部作风优化营商环境大会，市委书记曹志强出席并讲话，市委副书记、市长周振宇主持会议。市委常委、常务副市长徐永健，市委常委、市纪委书记、市监委主任何艺辉分别宣读《常德市人民政府关于打造一流营商环境若干政策措施的通知》《关于进一步严明作风纪律护航营商环境的通知》。市纪委监委明确“7条禁令、20个不准”要求，对30家营商环境监测点企业进行走访调研，现场交办5个方面、18个具体问题。积极参与千名干部联千企“送解优”行动，梳理具体问题26个，新增2个监测点。组织监督检查室对全市32家营商环境监测点企业上门走访调研，跟踪企业办理流程，开展体验式暗访。全市共处置问题线索143件，立案66件，处理180人，给予党纪政务处分45人。

【工程建设项目招投标突出问题专项整治】 6月20日，常德市召开深化工程建设项目招投标突出问题专项整治工作会议，全面贯彻落实全省工程建设项目招投标突出问题专项整治工作会议精神，对专项整治工作进行再动员、再部署、再推进。市委常委、常务副市长徐永健主持会议并讲话，市委常委、市纪委书记、市监委主任何艺辉出席会

议并讲话。系统治理工程建设项目招投标乱象，纪检监察机关及相关主管部门共查处串通投标等问题245个，立案144件，处理处分397人，收缴处罚资金1.02亿元。

（易　敏　陈紫玲）

正风肃纪反腐

【概况】　2022年，市纪委监委靶向纠治“四风”。出台纠治“四风”问题“八项措施”，重申违规吃喝“七严禁”纪律规定，建立风腐同查机制，加大重要节点明察暗访、交叉互查、专项督查力度。深入整治领导干部违规收送红包礼金问题，实行承诺签订、政策宣讲、谈心谈话“三个全覆盖”，坚持“自查从宽、被查从严”，严肃查处顶风违纪行为，坚决铲除“由风及腐”顽疾。全市共查处违反中央八项规定精神问题231起，处理处分434人，通报曝光典型案件6批次30起，持续释放了全面从严、一严到底的强烈信号。强化“互联网+监督”公务用餐子系统运用和大数据比对，着力整治违规接待突出问题。深入谈心谈话。全市各级领导干部共开展三轮次谈心谈话4.3万人次，约谈领导干部13人，督促整改问题18个，全市累计上交红包礼金1887.9万元，主动说明违规赠送红包礼金人数1828人。抓牢防腐治腐。继续保持惩治腐败高压态势，深挖彻查国有平台公司、政法系统、工程建设等重点领域腐败问题，全市共立案1560件，其中县处级干部39人，处分1503人，移送检察机关44人，挽回经济损失5.8亿元，严肃查处了陈某万、蒯某国、谢某坚、李某卫等领导干部严重违纪违法涉嫌犯罪案件，高质高效办理上级监委指定管辖的五矿集团、中化集团、常德航道管理局等单位国家公职人员职务违法案件，组织近100人次参与办理省纪委监委“11・14”“2・28”等重大专案，为全省反腐败斗争贡献了常德力量。坚持受贿行贿一起查、国家损失和不法利益一起追，完善行贿人信息库，立案查办16人，移送检察机关8人。扎实推进以案促改，采取制发纪检监察建议、改进处分决定宣布方式、开展受处分干部回访教育、摄制警示教育片、汇编警示录和忏悔书等措施，做深做实案件查办“后半篇文章”。严惩“蝇贪蚁腐”。深入开展领导干部带件下访、下沉接访活动，办结涉纪信访积案61件，全市主要信访举报指标大幅下降。

【纠治“四风”专项督促谈话】1月14日，市纪委监委召开纠治“四风”专项督促谈话。市纪委监委领导班子全体出动，对党员干部这个“关键少数”展开谈话，旨在进一步抓深抓实抓细中央八项规定精神及省委实施意见的落地见效，切实做好当前纠治“四风”工作。12月30日，市纪委监委召开2023年元旦、春节期间纠治“四风”监督检查工作部署会议。传达学习省纪委监委党风政风监督室《2023年元旦春节期间纠“四风”树新风工作提示》，并就2023年元旦、春节期间纠治“四风”监督检查工作进行部署。

【专项廉政谈话】　1月13日，何艺辉与2021年以来新任的县处级党政“一把手”进行专项廉政谈话，并赠送包含《中国共产党纪律处分条例》《中国共产党百年历史经验》《建设清廉常德作风建设小全书》《警示录》《清风传家》等书籍的廉政大礼包。3月23日，市委常委、市纪委书记、市监委主任何艺辉与2022年1月以来新任的34名县处级党政“一把手”开展集体廉政谈话，并赠送“廉政大礼包”。

（易　敏　陈紫玲）

清廉常德建设

【概况】　2022年，市纪委监委以机关、企业、学校、医院、村居、园区等清廉单元为载体，全面推进清廉常德建设，通过召开现场会、制定建设指南、细化考核指标等举措，精心培育一批清廉单元建设标杆，4个单位被列为省级培树点，清廉建设氛围日益浓厚。大力加强新时代廉洁文化建设，组织开展传廉声、创廉文、访廉馆、观廉片、读廉书、看廉屏、采廉风等“七廉”活动，推动崇廉尚洁的新风正气不断浸润沅澧大地。3月10日，市委常委、市纪委书记、市监委主任何艺辉赴桃源县就贯彻落实市纪委全会精神，深化清廉常德建设，护航营商环境，推动基层纪检监察工作高质量发展进行调研。3月15日，市委常委、市纪委书记、市监委主任何艺辉赴西洞庭管理区，围绕贯彻落实市纪委全会精神，推进护航营商环境，深化清廉常德建设等工作进行实地调研。4月27日，市纪委监委召开新时代廉洁文化建设工作推进会暨红网《清廉常德》频道上线会，介绍红网《清廉常德》频道建设情况，提出2022年新时代廉洁文化建设工作设想，各县市区就如何立足实际、开展廉洁文化建设特色工作进行交流。9月7日，市委常委、市纪委书记、市监委主任何艺辉主持召开市纪委常委会，专题调度全市清廉单元建设工作。

【清廉建设系列推进会召开】　9月20—26日，常德市清廉企业建设现场推进会、常德市清廉医院建设现场推进会、全市清廉村居建设现场推进会、常德市清廉学校建设现场推进会、全市清廉园区建设现场推进会、常德市清廉机关建设现场会先后召开，市委常委、市纪委书记、市监委主任何艺辉出席部分会议并讲话。

（易　敏　陈紫玲）

巡察工作

【概况】　2022年，市委巡察办坚持以习近平新时代中国特色社会主义思想为指导，深入学习贯彻中共二十大精神和习近平总书记关于巡视工作重要论述，全面总结七届市委巡察工作经验，守正创新、积极作为，不断推进新时代巡察工作高质量发展。

深入学习贯彻中共二十大精神，组织全体巡察干部撰写心得体会30篇，认真汲取纪检监察干部违纪案件、长沙“4·29”房屋倒塌事故深刻教训，召开专题组织生活会，督促全体巡察干部深入开展巡察工作安全生产隐患大排查，严格执行“两个负面清单”制度。建立健全市委书记、市委巡察工作领导小组领导指示批示、巡察办主任办公会工作责任分解清单，跟踪落实领导交办事项；完善公文管理制度，对通知实行归口管理，处理各类通知文件1300余份。将2022年定为巡察干部培训年，通过以干代训、提级培训、跟班见习、送课上门等方式，对市县巡察干部一体培训，市委巡察办派员先后为县市区党委理论学习中心组、党校主体班、巡察机构授课30次，覆盖全市干部职工2557名。

【制订《市委巡察工作规划（2022—2026年）》】　2022年，市委书记曹志强出席第二轮巡察动员部署会，先后12次召开书记专题会和市委常委会听取巡察情况汇报、研究巡察工作，出台《市委巡察工作规划（2022—2026年）》，为巡察工作高质量发展指明方向。瞄准落实市委决策部署“最先一公里”和“最后一公里”，开展2轮常规巡察、1轮对村（社区）提级交叉巡察。常规巡察优先安排在服务常德经济社会发展中职能强、资金多、风险大的24个市直单位（含3个小区、2家国有企业）接受巡察，首轮巡察共发现问题408个，移交问题线索77条，向市委提交专题报告5份。围绕防汛抗旱、安全生产、协会管理、绩效发放等问题，提出巡察建议6条，市委全部采纳。建立健全巡察工作提示制度，市本级2轮常规巡察共向24个被巡察党组织分管市领导、市纪委监委相关委领导发出巡察工作提示函42份，提醒抓好分管领域巡察支持配合工作。

【联动巡察】　2022年，常德市出台村（社区）党组织提级巡察规划，将9个县市区164个乡镇2263个村（居）细分为一般关注类、风险关注类、重点隐患类。其中，一般关注类1797个，占79.4%；风险关注类344个，占15.2%；重点隐患类122个，占5.39%，授权市委巡察组组长和副组长带队，对18个乡镇（街道）72个村（社区）党组织开展提及交叉巡察。共发现问题1095个，移交问题线索192条。对巡察发现耕地抛荒、党委执行“三重一大”制度不规范、农村“三资”管理混乱等共性问题，向市委提交6个专题报告。常德市委巡察工作领导小组在全省对村（社区）巡察工作推进会上作书面经验发言。配合省委巡视带巡察，对石门县、澧县纪委监委、组织部、巡察机构开展提级巡察，借势借力推进党组织巡察全覆盖。建立市县巡察宣传联动机制，指导县市区讲好巡察“微故事”，传递巡察“好声音”，全市各级巡察机构发表巡察稿件292篇，其中中央级7篇、省级138篇，汉寿县“剑指‘三资’管理　助力乡村振兴”在全省对村（社区）巡察工作推进会上作交流发言，宣传工作在全省遥遥领先，得到省委巡视办蹲点调研指导督导组充分肯定。

【推广试点巡察工作方法】　2022年，市委巡察办坚持推广运用“两个清单、两轮谈话、两次梳理”工作法，巡前共向14家单位发函收集整理问题清单，向统战、食品安全、国家安全等纳入巡察监督主管单位收集政策清单，为巡察组提供巡前“弹药”。坚持开展指导督导，巡中市委常委、市纪委书记、市监委主任、市委巡察工作领导小组组长何艺辉到一线听取巡察工作阶段情况汇报，为巡察组面对面教方法、指方向，并交办重点问题，市纪委监委对落实巡视整改不到位问题进行严肃交办，发出纪律建议书1份。坚持组办室会商制度，巡后协调市委巡察组、市纪委监委相关监督检查室开展24批次组办室会商，梳理问题线索；组织专门力量协助巡察组审核巡察报告、政治画像、反馈报告等材料120余份，并书面反馈近110条修改意见。

【巡察整改】　2022年，市委巡察办从进驻第一天督促被巡察党组织抓好巡察整改“见底清零”“立行立改”工作，巡后，在巡察综合报告中将“落实上一轮巡视巡察整改不到位”的问题单列一块，首轮巡察共移交相关问题线索5条，督促被巡察党组织立行立改67件。建立健全分管副市长参加巡察反馈会制度，首轮巡察，5名市领导分别出席向被巡察党组织反馈会，当场点问题、提要求，进一步压实巡察整改责任、严肃整改氛围。出台《巡察建议书制度》，根据市委书记专题会议精神向相关市直单位发出巡察建议书6份，督导落实整改，市委常委会和市政府常务会议专题研究巡察建议。

（朱海文）

民主党派

中国国民党革命委员会常德市委员会

【概况】 2022年，中国国民党革命委员会常德市委员（以下简称民革常德市委员会）在民革省委会、中共常德市委的正确领导下，开展“矢志不渝跟党走、携手奋进新时代”政治交接主题教育学习活动，稳步践行“四新三好”（多党合作要有新气象、思想共识要有新提高、履职尽责要有新作为、参政党要有新面貌；各民主党派和无党派人士要做中国共产党的“好参谋、好帮手、好同事”）要求，以“履职建设年”为抓手，全面加强自身建设，增强民革组织活力，推动各项工作取得新进展。民革常德市委会荣获民革全国参政议政工作先进集体和民革全国祖统工作先进集体，机关工作人员梅贵获“民革全国宣传思想工作先进个人”。民革常德市委会荣获民革全省组织工作第二名、宣传联络工作第二名。

【思想建设】 开展政治理论学习。2022年，民革常德市委员会健全市委会理论学习组、主委会、扩大会议等“每会必学”的学习体系。利用新党员培训会契机，组织学习党史。先后9次召开市委（扩大）会，领导班子带头学习中共二十大精神、中共十九届六中全会精神、湖南省第十二次党代会等有关会议精神、民革湖南省第十六次代表大会相关文件精神、《中国共产党统一战线工作条例》、《中国新型政党制度》白皮书等。组织党员参加民革湖南省委会组织的“喜迎二十大 携手新时代”网络书画展、民革湖南省委会开展“讲述·非凡十年”征文活动，其中《这十年，我们一起走过》征文获二等奖，《纪念与延续》征文获三等奖，党员李发明被推荐为“十年家国十年心”短视频人物。民革常德市委员会公众号与网站运行良好，浏览量与点击量持续升高。专职副主委程本群撰写《基层“指法政务”形式主义亟待重视》被《统战要情》采编，张学刚撰写《微建议工作提升和价值研究》获常德市政协优秀理论研究文章三等奖。

【组织建设】 党员发展管理。贯彻《民革中央关于新时代组织发展工作的意见》，严格按照程序发展新党员13名，新党员全部具有大学以上学历，其中高级职称2人、中级职称3人。对新发展的党员逐一到所在单位的中共党组织进行考察了解，征求市委统战部的意见。同时对拟发展对象进行无违法犯罪记录查询，严把入口关。截至2022年年底，全市民革党员共计341人，其中副科22人，正科12人，处级9人，厅级2人；博士2人，研究生35人，本科174人；特色党员75人。定向培养推荐。通过基层组织活动，发现、培养和锻炼一批骨干力量，建立多层次的干部人才库。结合县市区人大、政府、政协换届工作，力求在党员的政治安排、实职安排上有所突破。曾玲从湖南银行石门支行行长重用为湖南银行滨湖支行行长，魏旖娟重用为安乡黄山头国家森林公园管理局副局长。截至2022年年底，民革常德市委员会共有3名民革省委会委员（其中1名常委），各级人大代表10名（全国人大代表1名、省人大代表1名、市区县人大代表8名），各级政协委员47名（省政协委员1名、市区县政协委员46名），完成换届后的各项政治安排。基层组织建设。指导民革武陵总支完成届中调整换届工作。继续加强对支部的督促与指导，继续开展“民革党员之家”和示范支部创建活动，民革武陵总支、民革行政事业支部、民革常德市自然资源和规划局支部、民革工交商支部等支部开展联谊活动，民革武陵总支、民革鼎城总支、民革常德经开区总支等多个支部组织党员开展现场党史学习及廉政教育。2022年，成功建立石门县“民革党员之家”，并由全国政协副主席、民革中央主席郑建邦和湖南省人民政府副省长、民革湖南省委会主委蒋涤非共同揭牌。民革石门县支部获评“民革中央第二批示范支部”、民革桃源县支部获评“民革湖南省委会先进基层组织”。党员干部培养。完善党员之家建设，通过会议、培训及活动，切实提升调动全市民革党员参与组织生活积极性。2022年，李志强获评“第一届湖南民革十大榜样人物”；万勇平、王译萱被民革湖南省委会评为“优秀党务工作者”；程本群、张恩、胡军、张学刚、胡丽绚、孙艳萍、刘以森、刘丽被民革湖南省委会评为“优秀党员”；曾玲被湖南银行评为“全省优秀支行行长”；王怀军被市人民代表大会常务委员会评为“优秀市人大代表”；董昭、胡伟获评市总工会“常德市五一劳动奖章”。

【参政议政】 2022年，民革常德市委员会多次深入调研实地，聚集调研组成员，高质量完成省委会重点课题《将“双减”政策落实落细　让教育回归育人本位——“双减”政策在湘落实情况分析的调研报告》，并且荣获全省二等奖。向中共常德市委和市政协、市委统战部报送3篇调研报告。民革常德市委员会市级人大代表、政协委员共提交个人建议提案20余件，提交集体提案2件，提交各类社情民意15篇。其中市政协采用3篇，尤其是邹吉茂主委的《前瞻应对人工智能即将催生的心理战变革》被省委办公厅《湖南信息》采用。《关于加快推进常蒿路幼儿园建设的建议》《关于整治要求学生和家长在微信群、朋友圈打卡的建议》《关于解决常德市沅郡学校地面严重渗水问题的建议》社情民意获得相关市级领导批示。《关于关心重度残疾人、探索托养新路径的提案》《关于加快品牌建设步伐、打造茶油百亿产业的提案》获市政协优秀提案。市政协民革界别委员工作室荣获优秀委员工作室。民革常德市委员会根据中共常德市委出题，党派调研的原则，针对常德市优化营商环境政策落实落细情况进行调研，调研成果《优化营商环境　助力五好园区》在全市政党协商工作会议和参政议政成果汇报会上得到肯定。民革常德市委员会对全市党风廉政建设和反腐败工作、党代会、政府工作报告开展政党协商。

【民主监督】 按计划，从2021年到2025年，常德市各民主党派开展洞庭湖（常德段）生态环境保护专项民主监督工作。民革市委会对口武陵区、柳叶湖旅游度假区。2022年，民革常德市委员会先后4次组织参加专项民主监督调研，并形成调研报告。分别与两区召开意见反馈座谈会，调度推动整改工作。12名党员被聘请为特约监督员，民革常德市委员会专门为其开展培训，助力他们围绕提高政治站位、找准自身定位、发挥界别优势、提升履职水平，当好政府有关部门的“监督员”“参谋员”“宣传员”。

2022年4月2日，民革常德市委会举行祭扫常德会战阵亡将士公墓活动

（梅　贵　摄）

【社会服务】 2022年，民革常德市委员会持续推进“关爱抗战老兵”“博爱·大手牵小手”等社会服务品牌建设，汇聚各方资源和力量，全年开展各类社会服务活动30多次。助推乡村振兴。2022年每季度组织结对帮扶人前往澧县甘溪滩镇古北村对7户贫困家庭进行走访慰问，全年为结对帮扶户送去慰问金1.4万元。3月，民革德山总支组织志愿者积极参与“春风送岗，助力乡村振兴”石门桥镇专场招聘会志愿服务，帮助常德经开区农村富余劳动力实现在家门口就业，缓解部分因疫情影响造成的招工缺口问题。4月，参加澧县甘溪滩镇古北村

乡村振兴工作调度会，与镇、村干部讨论并制定《古北村乡村振兴工作规划（2021—2023）》。6月，民革鼎城总支组织党员前往贵州铜仁松桃县苗族自治县正大镇的茶园，进行助力乡村振兴的参观学习。奉献社会爱心。持续打造“关爱抗战老兵”品牌。民革常德市委员会联合壹加壹爱心联盟坚持在春节、清明节、端午节、中秋节等传统节日上门看望老兵，给老兵送去时令生活物资和慰问金。开展“冬暖老兵”行动，为老兵送去厚棉被、厚毯子、保温壶、保温杯等御寒物资以及米、面、油等生活物资。除传统节日外，民革常德市委员会平时也经常组织看望老兵，督促民革志愿者们与结对帮扶的老兵们保持紧密联系，确保民革常德市委员会第一时间知道老兵的新情况，为老兵送上其需要的帮助，落实个性化关爱老兵的制度。2022年关爱抗战老兵共投入慰问金和物资21万余元，人均超过8000元。助力经济社会发展。全力承办抗日名将郑洞国将军爱国事迹座谈会，协助湖南省郑洞国教育基金会表彰大会。7月，民革常德市委员会与湖南德诚融资担保有限公司、常德德源小额贷款有限公司签订战略合作协议，搭建民革党员企业、公司与金融机构之间沟通桥梁，推进企业与金融机构的深度合作，切实解决企业“融资难、融资贵、融资慢”问题。10月，主委邹吉茂带队到党员企业开展调研走访活动，助力企业发展。民革常德市委员会和常德民革经济界人士联谊会开展“博爱·大手牵小手”助学活动，为12名贫困学生送去助学经费4.08万元。

【祖国统一工作】 民革常德市委员会认真学习中共中央最新对台工作方针和决策部署，全面贯彻习近平总书记关于对台工作的系列重要讲话精神，多次前往湖南智博现代农业发展有限公司（桃源县台商基地），开展调研活动，了解台商发展近况和需求，为其提供切实的帮助。数次组织在常德台商开展交流活动。

（胡　军）

中国民主同盟常德市委员会

【概况】 截至2022年12月底，中国民主同盟常德市委员会（以下简称民盟常德市委会）下辖民盟津市市委会1个县级委员会和24个市属基层组织（3个基层委员会、4个总支、16个支部、1个活动小组），共有盟员991人（市属821人、津市市170人），平均年龄52.96岁；盟员中女盟员占盟员总数的45.21%；离退休盟员占29.36%；大专以上文化的占93.24%；中高级职称的占62.57%；中上层人士占84.06%；教育文化科技占68.1%（其中高教界占13.72%）、机关团体占13.42%、新的社会阶层占6.26%。2022年，民盟常德市委会获民盟中央《群言》杂志“优秀发行单位奖”。民盟市委会被民盟省委会评为“机关建设工作先进集体”。

【思想政治建设】 2022年，民盟市委会成立“矢志不渝跟党走，携手奋进新时代”政治交接主题教育领导小组，制定颁布《民盟常德市委会关于开展“矢志不渝跟党走、携手奋进新时代”政治交接主题教育工作方案》，对主题教育进行全面动员部署。认真履行廉政建设主体责任，制定发布《关于推进“清廉民盟”建设的实施方案》，抓实学习教育、强化宣传引导、完善工作机制，着力打造政治清明、干部清正、作风清新、环境清朗的“清廉民盟”。杨莉申报的《新发展阶段加强民主党派制度建设相关问题研究》中标民盟省委会2022年统战理论研究招标课题并获三等奖。李宝斌负责的2021年度湖南省统一战线理论政策研究立项课题项目《基于需求层次分析的中华民族共同体意识铸牢研究》成功结项，并被2022年4月的《湖南省社会主义学院学报》刊发。民盟市委会向市政协报送3篇政协理论文章，杜颖撰写的《基层政协参与社会治理实践的探索》获市政协优秀理论研究文章三等奖。参加全市统一战线“四明白四清楚”（想明白想清楚、说明白说清楚、写明白写清楚、干明白干清楚）大调研活动，向中共市委统战部报送2篇调研报告。

【参政议政】 在2022年省“两会”上，盟员省人大代表周欢2件建议案，省政协委员杨莉、粟显波提交的4件提案立案。杨莉《关于推行专本院校联合培养小学教师的提案》被《潇湘晨报》报道。在市八届人大一次会议上，5名市人大代表提交的7件建议案立案。在市政协八届一次会议上，29名市政协委员提交的提案共立案34件，其中集体提案4件。杨莉撰写的《关于充分发挥乡镇文艺人才优势，大力推进乡村文化振兴的提案》，李昌雄撰写的《关于解决城市停车难的提案》，黎海兵、张蛟撰写的《关于加快推进“电子证照”应用的提案》，周密密撰写的《关于优化小学课后服务内容的提案》等4件提案被市政协评为优秀提案。其中，《关于解决城市停车难的提案》被列为市政协主席会议重点督办提案。贵雅兰撰写的《关于丰富农村群众精神文化生活的提案》等4件提案得到市领导批示。在市政协2022年民主评议提案办理工作会议上，彭飞就民盟市委会集体提案《关于实施农业产业研究院经济突破行动，推动全国生态农产品基地建设的提案》办理情况进行点评发言。杨莉牵头组建的常德市文化艺术界政协委员工作室被市政协评为优秀委员工作室。在2021年度各民主党派市委会、市工商联和无党派人士参政议政专题调研成果汇报会上，梁平代表民盟市委会以“发展乡村红色旅游，助力乡村振兴”为题作汇报发言。在市政协八届一次会议上，民盟市委会作题为“让“智慧农业”为乡村振兴赋能”的大会书面发言。在市政协常委会上，梁平以“新时代创新体制机制推动我市旅游业高质量发展势在必行”为题进行协商发言。2022年，民盟市委会围绕《发挥高等教育优势作用，服务常德经济社会高质量发展》和《规范物业管理，提升常德居民幸福指数》两大调研课题，成立专题调研组，开展调查研究。调研成果分别在2022年各民主党派专题调研成果汇报会和市政协八届二次全会上作汇报发言。成钢、董晓莉完成民盟省委会参政议政课题《关于发展中小规模畜禽生态循环健康养殖全力助推乡村振兴的研究》和《关于地级市学前教育优质普惠发展研究》。朱能毅撰写的《亟待规范中共党员所佩党徽的制作与管理》《建议加大化肥农药减量增效的幅度》，陈勇撰写的《被征地农民的社会养老保险问题要引起重视》，黄静、廖桃生等撰写的《农村医保缴费难的现象需引起关注》等4条信息被省政协《社情民意》采用。《建议精准科学进行核酸检测应检必检确不需要检测者可免检》等9条社情民意被民盟省委会采用。韩庆、彭梅华撰写的《关于解决石门县雁池乡珠宝街村杨家山片群众饮水难问题的建议》《关于进一步加强共享电动车头盔管理的建议》等3条信息被市政协《社情民意》采用，其中2条社情民意信息得到市长等领导批示。

【民主监督】 2022年，按照中共市委统战部的统一安排部署，民盟市委会组织盟员专家、政协委员，会同中共市委统战部和相关部门先后到汉寿县和西湖管理区开展民主监督活动，重点了解环洞庭湖生态治理、城镇污水垃圾处理、工业污染治理等方面情况，加大对污水处理厂的监管力度，对阶段性出现的黑臭水体纳入治理范围，对畜禽养殖出现的有机肥加强管理，防止扩散的意见建议，并形成民主监督报告。李昌雄、王柯作为市政协专项监督第六组成员，围绕“提升行政效能、优化营商环境”主题，多次参加对市城管执法局的民主监督活动，提出的多条建议被采纳落实。为充分发挥民盟盟员的民主监督作用，民盟市委会按照要求向中共市委统战部推荐报送14名骨干盟员担任特约人员；推荐雷文峰担任清廉医院建设监督员；推荐王柯、胡诗词、高锋、唐辉、朱士斌、孙琼担任市检察院“益心为公”检查云平台志愿者。

【社会服务】 2022年，民盟市委会主委梁平、专职副主委周振波先后5次赴临澧县四新岗镇珠日桥村，走访慰问结对帮扶户，帮助结对户争取免息小额贷款。民盟市委会从机关工作经费中划拨3万元，支持珠日桥村的乡村振兴工作。2022年，民盟市委会与桃源县青林回维乡白洋河村结成帮扶对子，教师节前夕，民盟市委会为白洋河村捐赠一块电子显示屏，为该村安家小学（含幼儿园）16名教师送去慰问金8000元。2022年春节前夕，民盟市委会主委梁平、专职副主委周振波率机关干部及盟员爱心企业家邓新民一行到桃源县青林回维乡采菱村开展走访慰问，为采菱村30名贫困村民送去慰问金以及米、面、油等慰问品共计3万余元。为应对突如其来的新冠病毒疫情，民盟武陵区基层委员会组织盟员到白马湖街道富强社区、芦荻山乡高速公路入口防疫健康服务点，看望慰问一线防疫人员；民盟汉寿活动小组组织盟员到太子庙高速互通口卡口和军山铺高速互通口卡口，为连续奋战在抗疫一线的工作人员送去生活物资。津市部分区域静默管理期间，民盟津市市委会带领盟员多形式、多渠道参与疫情防控工作。2022年11月常德市城区突发疫情后，民盟市委会及时倡议全市盟员参与疫情防控工作，许多盟员主动投身抗疫一线，一些盟员就近就地开展疫情防控志愿服务，广大盟员积极为疫情防控捐款捐物。据不完全统计，共有54名盟员、多个基层组织参与医疗救治、基层值守、志愿服务等一线疫情防控工作，民盟市委会及全市盟员累计捐赠现金、各类防疫和生活物资共计32.03万元。民盟市委会专职副主委周振波带领爱心盟员企业家丁英杰开展“暑期送清凉、盟情进警营”活动，为市城区的一线交警送去200件矿泉水。民盟市委会副主委、市文联主席杨莉带领文艺界盟员前往常益长铁路建设现场开展“桃花源里的幸福快车”采风活动。民盟市委会副主委、津市人大常委会副主任胡湘萍带领津市爱心盟员企业家冯战胜，向津市一中、津市三中、津市德雅中学、津市二完小、新洲中学等学校捐赠教育基金及新春慰问金等共计20余万元。民盟津市市委会携手爱心企业家资助两名贫困学子6000元。丁英杰先后向常德市蓝天救援队、武陵区光荣路社区捐赠43块安顿预警手表，总价值共计11万余元。盟员、全国自强模范胡诗词主动联系常德市一中“轮椅女孩”李好，为其送上2000元奖学金。在庆祝香港回归祖国25周年活动中，易凭作品入展香港“庆祝香港回归祖国二十五周年书画展”，李健鹰作品亮相香港“同乡文化名胜展”，刘汉军的作品被香港常德联谊会收藏，为促进香港与内地文化艺术交流，增强香港同胞对祖国的归属感和爱国热情做出贡献。

2022年9月28日，民盟常德市委会举办纪念张澜先生150周年诞辰座谈会。图为民盟湖南省委会主委、省地质院院长何寄华（前排中）等参观张澜教育思想与民主活动主题展（民盟常德市委 供图）

【自身建设】 2022年初，召开民盟市委会2021年度领导班子民主生活会，对基层盟员反映的情况和问题进行梳理，整理出问题清单和整改措施；召开民盟市委会2021年度领导班子及班子成员述职述责述廉会议，现场进行民主测评。为推进和实现领导班子建设制度化、规范化，民盟市委会制定《民盟常德市委会监督委员会工作规定》《民盟常德市委会领导班子民主生活会制度》《民盟常德市委会述职和民主评议制度》。根据工作需要，第八届民盟市委会成立参政议政、法制、社会服务3个专委会和常德民盟书画院共4个专门工作机构，并制定《专门工作机构管理办法》，推进专门工作机构工作规范化、制度化。对全市近千名盟员进行信息摸排，建立各类盟员名册，建立代表人士政治素质档案。2022年，在民盟市委会的积极推荐下，主委梁平被提拔担任常德开放大学校长，副主委杨莉当选为民盟中央委员；推荐吴震中增补为第八届市政协委员；胡稳、黄静、徐俏楠、刘汉军和成小兵等被提拔为正（副）科级实职。制定《民盟常德市委会基层组织2022年考核细则》，对民盟津市市委会、市直基层组织进行更为细致的年度量化考核；指导民盟常德市五中支部完成届中调整；为新建民盟常德外国语学校支部做前期准备。

【纪念张澜先生150周年诞辰座谈会】 为纪念民主革命家、教育家、中央人民政府原副主席张澜150周年诞辰，9月28日，民盟常德市委会举办纪念张澜先生150周年诞辰座谈会、张澜教育思想与民主活动专题展，民盟省委会主委何寄华、副主委曾祥君出席座谈会。座谈会上广大盟员畅谈感悟民盟先辈正直正派、淡泊名利、甘于奉献的人格魅力、气节操守和高尚风范。

（戴　忠）

中国民主建国会常德市委员会

【概况】 2022年，中国民主建国会常德市委员会（以下简称民建常德市委会）下辖23个基层组织，包括1个县级委员会津市市委会、2个工作委员会武陵工委、1个鼎城工委、1个县级支部桃源县支部、1个活动小组汉寿县活动小组。市委会下设4个专委会、3个工作委员会、1个企业家联谊会、1个监督委员会。全市共有会员657人，其中经济界人士504人，占会员总数76.7%。2022年，民建常德市委会团结带领全市会员，认真履行参政党职能，获“民建湖南省委会先进集体”称号。

【思想建设】 开展“矢志不渝跟党走、携手奋进新时代”政治交接主题教育。制定《民建常德市委会“矢志不渝跟党走、携手奋进新时代”政治交接主题教育工作方案》，成立市委会政治交接主题教育领导小组，召开政治交接主题教育工作部署动员会，确定政治交接主题教育主要工作进度安排表，开展市委委员、支部主委集中学习，开办新会员专题辅导会史培训班，举行中共党史民建会史知识竞赛等活动。深化思想政治学习。坚持把学习贯彻习近平新时代中国特色社会主义思想作为政治学习的重中之重。围绕中共二十大、全国两会、民建十一届五中全会、省“两会”、民建湖南省第十次代表大会精神及《中国共产党政治协商工作条例》等组织集中学习，增强会员的思想认识定力，引导会员深刻把握“两个确立”的决定性意义，牢固树立“四个意识”、自觉坚定“四个自信”、坚决做到“两个维护”。

【参政议政】 履职建言献策。在省十四届人大一次会议上，高毅代表提交《推进湖南医保统筹定点药店落地实施》的建议，张友君代表提交《进一步优化我省营商环境》的建议。在省政协十三届一次会议上，陈华主委提交《加强农业产业扶持促进农业高质量发展》《重点布局加快推动常德先进装备制造产业发展》提案，王夏一委员提交《加快规划建设安汉高速公路》提案。在市八届人大二次会议上，会员中人大代表共提交建议20篇，其中唐华艳代表提交《进一步加大工业企业扶持力度》建议获评市人大优秀建议。在市政协八届二次会议上，民建界别工作组共提交集体提案5篇，个人提案15篇，其中集体提案《关于培育专精特新“小巨人”、助推我市高质量发展》获市委书记、市长、分管副市长签批，《关于联动湖南自贸试验区、塑造常德开放新格局》等5篇提案获评市政协优秀提案。武陵工委主委周俊峰代表民建常德市委会在政协全会上作大会口头发言。举办3期社情民意信息培训班，向民建中央、民建省委会、市政协、市委统战部报送社情民意信息30余篇，其中，会员王夏一撰写《关于加快西洞庭湖生态补偿机制建设的建议》和会员佘冰卉撰写《“环保”垂改政策执行中应注意四大问题》2篇社情民意信息被民建中央单篇采编。开展课题调研。围绕市委、市政府中心工作完成2个重点调研课题。其中，《改善科技成果转化机制、促进中小企业健康发展》为“党委出题，党派调研”专题调研课题；《关于促进我市专精特新企业发展的建议》课题作为市政协全会发言课题。高质量完成《关于洞庭湖生态经济区建设调研报告》等4个民建湖南省委会重点调研课题，完成民建中央重点理论研究课题《冷遹乡村建设思想及其现实价值研究》。开展民主监督。根据民建中央、省委会工作安排，切实开展长江生态环境保护民主监督工作，4月21日组织召开民建湖南省委会到常德调研洞庭湖生态环境保护民主监督工作座谈会，听取市发展改革委、市生态环境局、市水利局等8家市直单位的情况汇报，实地调研常德高新区、临澧县佘市桥镇、汉寿西洞庭湖国家级自然保护区大气污染整治、农业面源污染整治、森林和实地生态保护情况。7月14—15日，民建中央副主席李世杰、生态环境部大气环境管理司司长刘炳江一行到常德开展长江生态环境保护民主监督调研，调研组一行前往汉寿西洞庭湖国家级自然保护区、鼎城区石板滩石煤矿区生态治理项目、柳叶湖旅游度假区常德北控碧海水务柳叶湖污水处理厂了解生态环境保护和修复情况，并召开中央农村黑臭水体治理试点工作座谈会。作为分会场组织开展民建中央长江生态环境保护民主监督专家培训会和基层监测点启动会。主委班子带队分别前往安乡、桃源等5个区县市21条黑臭水体开展民主监督工作，向市生态环境局反馈整改建议2条。

【社会服务】 服务乡村振兴。发动后盾单位为乡村振兴点村石门县壶瓶山镇杨家坪村募集资金384万元，完成点村6.82千米硬化工程，筹集近600万元新建一座桥梁，彻底解决了点村300多村民出行难问题。到桃源县青林回维乡浯溪河村开展对接助力乡村振兴工作，实地了解村情村貌，制定具体帮扶措施。民建湖南应用技术学院支部为鼎城区谢家铺镇施家陂村开展油菜培育项目，参与乡村文化建设。服务疫情防控。民建会员企业湖南飞沃新能源科技股份有限公司为疫情防控捐款50万元。市委会到湖南省高速公路警察局常德支队柳叶湖大队、湖南文理学院开展“助力疫情防控 奉献民建爱心”活动，捐赠价值6万元的防疫物资和生活物资。民建鼎城工委会员李红为鼎城区双桥坪镇等地捐赠自热米粉2000盒，价值3万元。民建桃源支部到桃源县茶庵铺镇、太平铺镇2个疫情防控检查点慰问防疫一线工作人员，捐赠价值1.3万元的慰问物资。民建汉寿县活动小组到聂家桥乡防疫健康服务点开展慰问活动，捐赠1.2万元的慰问物资。2022年，以益丰大药房、飞沃科技、德人牧业等为代表的会员企业为抗击疫情共计捐款捐物共计110万元。服务助学帮困。市委会组织前往常德市特殊教育学校开展“委员活动日”关爱帮扶活动，为40名贫困学子捐赠的慰问金和物资价值3.6万元。对接中华思源工程基金会向临澧县21所学校捐赠图书5244册，价值20万元。副主委彭德强企业德强通信联合民建民营二支部连续21年开展“扶贫助孤、爱心

2022年7月15日，时任全国政协副秘书长、民建中央副主席兼秘书长李世杰（右三）到柳叶湖旅游度假区常德北控碧海水务有限责任公司柳叶湖污水处理厂现场调研

（郑　彦　摄）

行动”，为津市市药山镇文昌阁社区贫困家庭提供现金及物资慰问。民建经贸一、二支部连续10年坚持助学，到石门县栗子坪小学和汉寿县聂家桥乡中学开展“爱心筑梦未来、民建情满校园”活动，共计捐款捐物近60万元。四川泸定地震发生后，作为雅安民建友好市委会，市委会向全市会员发出募捐倡议，289名会员共计捐赠善款12.3万元支援雅安灾区重建工作，并收到中共雅安市委、雅安市人民政府送来的感谢信。服务经济发展。益丰大药房荣获西普会2022年药品零售综合竞争力百强榜第三名，入选中国上市公司主板上市公司价值100强，董事长高毅获评西普会2022年药品零售产业发展杰出贡献人物。飞沃科技IPO过会，2022年完成纳税4553万元，排名全市工业企业第15，荣获省长质量奖，实现常德市省长质量奖零的突破。响箭科技、云港生物科研项目纳入市十大技术攻关与成果转化项目。亲零嘴食品获省级“专精特新”企业称号。九申燃气、大成医药进入鼎城区纳税50强。源宏食品获评鼎城区带动力强的农业经营主体。服务会员企业。按照全市千名干部联千企“送政策、解难题、优服务”行动要求，主委前往亲零嘴食品等4家帮扶企业开展“送解优”活动。市委会组织开展会员企业走访活动4次，走访飞沃科技、响箭科技、德强通信、亲零嘴食品、金萝莎等9家会员企业，解决企业在项目申报、惠企政策落实、银行融资等发展中存在的现实困难。开展“对接合作共赢、同心共创发展”助力优化营商环境系列活动，召开政企连心座谈会，邀请武陵区市场监督管理局干部进行政策讲解和咨询。举办省市民建会员企业项目对接座谈会，与来自长沙、益阳、岳阳、郴州、湘潭等地会员企业家开展项目对接洽谈，举办“聚焦柳叶湖”第三期招商沙龙活动。

中国民主促进会常德市委员会

【概况】　2022年，中国民主促进会常德市委员会（以下简称民进常德市委）下辖17个支部，共有会员468人，平均年龄53.5岁，四十岁以下占比26.3%，会员学历以大学本科为主，本科及以上学历（含本科、硕士研究生、博士研究生）占比达88%。常德民进以教育为主界别，还包括文化艺术、出版传媒，新的社会阶层及经济界人士，其中基础教育和高等教育占比超过70%。2018—2022年，全市共发展优才23名。2022年，民进常德市委被民进中央评为“信息化建设主题年”先进市委会，被民进省委会评为会务工作一等奖。

思想建设。民进常德市委领导班子带头学习《中国民主促进会章程》及会内各项条例，市委会机关开展清廉民进机关建设，不逾越纪律红线，守住政策底线。在市委统战部的带领下，开展“矢志不渝跟党走，携手奋进新时代”主题教育外训活动，到衡阳市、湘潭市、长沙市等地，开展会史教育、党史教育等学习交流和暑期谈心活动，深化广大会员对组织的政治认同、思想认同、理论认同、情感认同，拥护“两个确立”、做到“两个维护”。持续深入开展“书香民进”读书活动，组织骨干会员定期在“民进湖南省委会书香民进读书群”进行主题分享，民进常德直属二支部、民进常德经开区支部、民进湖南文理学院支部等基层组织开展“民进读书会”活动。12月，开展中共二十大精神网上知识竞赛，上百名会员参加。

组织建设。市委会秉承“优才入会”“人才兴会”的理念，优才发展实行“一事一议”，锚定优秀的无党派人士，主动出击，实现会员发展质量齐升，全年共吸纳新会员20名，其中，优才6名。为加强民进常德经开区支部的组织建设，增设一名副主委。7月，民进鼎城区支部完成届中调整工作，组建新一届支部领导班子。

建言履职。市委会配合民进湖南省委会开展专题调研，承接省委会交办课题3项，围绕县域经济发展、教育均衡化、民生改善等人民群众关心的问题，深入调研，提交了三篇调研报告，获得省级领导高度肯定。自主开展两项专题调研课题，主委带队广泛开展调研，深入论证，认真撰稿。成稿调研报告《产业拉动、县城带动、推动县域经济高质量发展》《关于推进县域义务教育优质均衡发展的建议》，在参政议政成果汇报会、市政协全会上进行汇报。常德民进将反映社情民意信息作为基础性工作来抓，举办社情民意信息培训班。全年共反映社情民意信息69篇，会员反映的《非税收入征管划转既要“接得住”又要“管得住”》被全国政协采编，《三线建设价值挖掘应注重“平”“战”结合》被民进中央采编。在市政协八届二次全会上，民进常德市委会提交的《关于常德市养老服务人才队伍建设的提案》等3篇稿件获优秀提案；会员提交的《浅论健全新时期民主党派民主监督职能》获优秀理论研究文章二等奖；民进常德市委会获社情民意信息工作先进单位二等奖；会员提交的《基层残疾儿童康复救助工作需进一步完善》获优秀社情民意信息二等奖；会员提交的《建议我市城区中学定制公交实现全覆盖》等7篇稿件获优秀社情民意信息三等奖。

社会服务。市委会持续探索开展“微公益”活动，到桃源县观音寺羊楼坪村开展乡村振兴结对帮扶。与桃源县青林回维乡开展结对帮扶活动，开展“常德民进青林公益舞蹈课堂”活动，每周进学校义务上2节舞蹈课，捐赠青林中学、浯溪河中学图书价值8万余元。11月，新冠疫情再度来袭，捐赠价值12万多元的物资。武陵区“近心帮”开展义务咨询帮扶活动。民进桃源县支部到桃花源敬老院开展“情系敬老院，冬日送温暖”春节慰问活动。民进鼎城区支部到许家桥回维乡中堰村等地开展爱心捐赠和公益助学活动。民进常德市七中支部前往汉寿县聂家桥乡太子村开展义务植树活动。民进常德经开区支部与鼎城区中河口幼儿园开展结对帮扶活动。民进常德市三中支部组织高三毕业生旧书赠书活动。民进常德技师学院支部到常德经开区樟木桥村、鼎城区草坪乡开展“学习二十大精神，深秋助学暖心活动”，走访慰问贫困新生家庭。

【民进湖南应用技术学院支部成立】 6月17日，中国民主促进会湖南应用技术学院支部成立。民进湖南应用技术学院支部共有会员7名，大会选举张光伏、贺修裕、符赛芬为支部班子成员，其中会员张光伏被选举为支部主委。民进湖南应用技术学院支部的成立，壮大了民进基层组织力量，能进一步引导高等教育界会员主动地投身参政议政会务工作。

【民进常德市委会经济界人士联谊会成立】 7月22日，民进常德市委会经济界人士联谊会成立。联谊会由民进经济界人士代表、新的社会阶层代表共40人组成，第一届经济界人士联谊会领导班子成员为一正六副。会长刘伟，常务副会长肖鹏举，副会长刘伟利、印家清、刘超、万霞、杜亚文，秘书长陈勇奇。联谊会将为会员企业交流合作、共同发展搭建平台，成为企业家会员的桥梁纽带。

（杨燕铭）

中国农工民主党常德市委员会

【概况】 2022年，中国农工民主党常德市委员会（以下简称市委会）被农工党中央授予“2018—2022年全国先进集体”荣誉称号，被农工党省委会授予“宣传工作先进市级组织”“社会服务先进市级组织”荣誉称号。全林平被农工党中央授予“2018—2022年全国先进个人”荣誉称号；李昊骏被省政协评为“政协云全省履职运用先进个人”；蒋斌、韩璐、叶祥等34人被农工党省委会授予“优秀党员”荣誉称号；傅仙兰、石佳鑫、曹丽等9人被农工党省委会授予“优秀党务工作者”荣誉称号。

【思想建设】 理论宣传。市委会在微信公众号、网站、微信群等交流平台开设“政治交接主题教育”“学精神、谈体会”“身边的榜样”“疫路同心”“清风廉韵”等专题专栏，在各级主流媒体发表新闻稿件120多篇次。组织全体党员参加农工党省委会党史知识竞赛，获优秀组织奖。组织拍摄“喜迎二十大，奋进新征程——全省政协系统履职创新大赛”视频，宣传农工党界别委员工作室创新履职成果。选派党员代表参加市直统战系统《十年家国十年心》视频展播拍摄，展示农工党党员风采。理论研究成果获得表彰：关于“基层组织的工作方法”在农工党湖南省第八届委员会《工作报告》中得到肯定推广；关于“把部分优秀人才留在党外”“健全民主监督机制”以及“农工党与中共政治主张一致性研究”等理论成果，分别获评市政协优秀理论研究成果一、二、三等奖。主题教育。深入开展“矢志不渝跟党走　携手奋进新时代”政治交接主题教育，市委会领导班子成员先后参加农工党全国市级组织领导班子成员培训班、全国理论研究与党史工作培训班、全国社会服务工作骨干培训班、全省厅级领导干部进修班学习，机关干部参加全省学习贯彻中共十九届六中全会精神专题读书班，骨干党员及新党员参加各级履职能力培训等，学习培训共计60多人次。青年工作委员会在桃源县杨溪桥镇岩吾溪村党性教育教学基地开展“矢志不渝跟党走，激扬青春担使命”“五四”青年节主题教育。市一医院总支、湘雅常德医院支部、安乡支部先后召开政治交接主题教育动员会，津市市委会赴津市市保河堤镇花桥村开展主题教育医药援助服务。中共二十大召开后，市委会班子成员开展“学精神　谈体会”活动，全体市委委员和12个基层组织骨干党员撰写学习中共二十大精神心得体会。

【组织建设】 组织发展。全年新发展党员24人，平均年龄38岁。其中硕士研究生3人，副高级以上职称6人，重点界别17人（人口资源和生态环境领域2人），党员总数587人。个人发展。市直属支部梁丹参与的农业技术推广项目获全国农牧渔业丰收奖二等奖；胡蓉在“湖南广播电视奖”年度评选中获一、二、三等奖；市一医院总支曹艳林在省级学术年会优秀案例评选中获三等奖；张承德、吴军、何培亚等被认定为常德市首批高层次人才。陈智峰、王宙等数十人在国家级、省级刊物发表论文。刘政晋升为市人大法制委副主任委员、市人大常委会法工委副主任；胡芬芳晋升为津市市卫健局局长；彭薇凝晋升为市健康教育所所长；杨建国、李昊骏分别晋升为一、二级主任科员；

汪志红晋升为市第四人民医院副院长；余涛晋升为市第一人民医院耳鼻喉科主任；陈海英晋升为主任医师，胡兴家、孙培文、苏俊檩、龚喻晋升为副主任医师；曹丽芳、罗巍霞晋升为高级职称；左志红、梁丹、吴仲春晋升为副高级职称；刁建岩担任省、市青年联合会委员；彭薇凝、卢昌怀增补为市政协委员。

【参政议政】　课题调研。市委会聚焦“防止耕地非粮化”，突出“农产品区域公用品牌建设”，撰写的2篇调研报告分别获得农工党省委会“2022年度参政议政优秀调研报告”一等奖和二等奖。彭薇凝撰文参加“湖南省中医药产业链高峰论坛”，获三等奖。市委会关于“全民健康优先战略”“建立防返贫机制”的调研报告分别获市政协“优秀调研报告”三等奖，入选2022年《调研报告汇编》。4件政协提案获评市级优秀政协提案，2件入选市级《优秀调研成果摘编》。社情民意信息。杨亚清、肖慧刚关于“社会急救三个不到位”的建议，被农工党中央《信息专报》采用。朱华娟关于“下调专科医院基药占比”的建议，被中共湖南省委办公厅和市政协采用，获市长周振宇、副市长周代惠批示，同时获评市级优秀社情民意信息。陈钰、彭薇凝关于“新形势下农村新冠诊疗”的建议，被省政协云采用并纳入宣传综述。彭薇凝关于“农贸市场卫生环境整治”的建议，被常德《统战信息》、市政协《社情民意》采用，获市委副书记、统战部部长陈华，副市长周代惠批示；文懿缙关于“对抛荒的山垅田进行耕种利用”、刘凤姣关于“传染病防控”、李杨芬关于“优化幼儿园周边通道”、朱冯薇关于“解决厕位问题”的建议，获评市政协优秀社情民意信息。全林平关于“发展港口服务业”的建议，被津市市政协《社情民意》采用，获津市市长彭子晟批示。民主监督。市委会聚焦“洞庭湖生态环境保护”，开展专项监督，不断增强参与度和精准度，提升主动性和实效性。6月，市政协副主席、市委会主委刘保湘带队赴津市开展监督活动，同时，依托安乡支部在当地开展多次调研，推动相关工作的开展。陈钰参与对市城管局行政效能监督，并及时提出书面建言，被所在民主监督小组的评议报告采用。5月，市委会向10家市直单位推荐张小清、李姝玲、曹丽芳等13名特约人员，王玉山、杨鑫、胡蓉等受聘为行风监督员。刘凤姣对市市场监管局就“建筑工地食品安全”、李昊骏对桃源县教育局就“产教融合实施情况”等，提出合理化意见建议。

【社会服务】　2022年，全市各级组织累计开展各类社会服务20场次，服务群众3000多人次，发放药品和捐赠物资价值近60万元。策划“名医讲堂”特色宣教。市委会举办不同主题的医疗保健知识系列宣讲。围绕“肺结节防治”主题，副主委胡剑鹏开展健康科普10余场；围绕“急救”主题，副主委李振龙开展“救在身边　你我同行”宣讲。8月，津市市政协农工党界别委员工作室为中小学生开展急救宣传，强化急救与预防意识。组织“医护礼仪沅澧行”公益培训。市委会联合爱尔眼科医院、市礼仪协会，到武陵、鼎城、澧县等相关医疗机构开展专业医护礼仪知识讲座5次，培训医护人员近1000人。开展“医艺融合”社会服务。6月，市委会到桃源县青林回维乡采菱村开展大型医药帮扶和文艺惠民活动，其间开展环境与健康宣传。疫情防控。8月，武陵总支朱晓辉加入支援海南抗疫流调溯源队。11月，面临常德疫情，市委会动员131名党员奋战在救治防控和志愿服务一线，捐款捐物合计价值22.8万元。市委会携手“大爱微行公益联盟”，向封控小区捐赠价值2.4万元的新鲜蔬菜，开辟“疫路同心”专栏，连续报道6期67名党员事迹，展现农工党人抗疫风采。

【“主委调研访基层，支部结队亮特色”主题活动】　为加强组织凝聚力，促进上下协同创新和联动履职，市委会深入开展“主委调研访基层，支部结队亮特色”主题活

2022年3月5日，农工党常德市委会“医护礼仪沅澧行”公益活动启动

（农工民主党 供稿）

动。出台《主委联系基层制度》，每名班子成员分工联系2～3个基层组织，通过走访等形式，进行工作联系与督导。3月，市政协副主席、市委会主委刘保湘带领市委会班子成员与安乡支部、直属支部、市一中医院支部和湘雅常德医院支部20多名党员开展联合交流。6月，结合“送政策、解难题、优服务”行动，带队走访熊延兵、张跃进、冯文华等8名党员及所在企业，并分别与鼎城总支、武陵总支和湘雅常德医院支部30多名党员代表集体座谈。2022年，班子成员密切联系、走访调研党员60多人次，深入了解党员思想工作状况，为基层组织创新开展工作提供有效指导。

（贾天洋）

中国致公党常德市委员会

【概况】 2022年，中国致公党常德市委员会以建设高素质高效能有活力有贡献的参政党地方组织为目标，围绕“五大品牌”（共识教育、活力致公、开放兴湘、致公助学、海归论坛）建设，扎实推进工作。致公党常德市委会被致公党省委会评为综合考核优秀奖、社会服务工作一等奖、民主监督工作特别贡献奖。武陵支部获得湖南省“十佳支部”光荣称号，获评湖南省“十大最具活力支部”。

【共识教育】 坚持“第一议题”学习制度。制定并落实《致公党常德市委会“第一议题”学习制度》，把深入学习习近平新时代中国特色社会主义思想、中共中央总书记习近平重要讲话、重要指示作为各类会议的“第一议题”，主委带头领学，全市3个工委、7个支部层层落实，全年共开展各类学习15次。坚持集体谈心谈话充电制度。8月17—19日，在韶山举办全体党员学习培训，主委杨成英以“不忘初心，致力为公，谱写致公新篇章”为题上党课，党员们前往毛泽东纪念馆和毛泽东故居开展现场教学，进一步坚定了理想信念。坚持微信平台热议交流。利用微信平台，用正能量引领党员与中共同心同向同行。先后在微信公众号、官网发布200多篇工作动态。其中，《湖南日报》采用4篇，《常德日报》采用5篇，常德电视台采用3篇。坚持学习成果分享制度。组织全体党员认真学习中央、省、市重大会议精神及重大决策部署，推荐阅读书籍并组织读书分享会，多名党员撰写学习心得，在官方媒体上进行分享与推送。坚持先进事迹宣讲制度。8月18日，与湘潭市委会联合举办宣讲会。制作《悬壶济世心，致力为公情》微宣讲视频，宣传全国巾帼建功标兵、致公党员甘胜莲的故事。创作《侨海报国致公情》丝弦作品，宣传湖南致公党员优秀事迹。“世界冠军”黄兴、“全国巾帼建功标兵”甘胜莲、“中国好人”祝安顺的优秀事迹，在省七大和公众号展示。

【组织建设】 严格发展准入把关，优化党员队伍结构。2022年共发展新党员10人，平均年龄36岁，均为本科以上学历，其中博士研究生1人、硕士研究生6人、海归3人，党员队伍结构进一步优化。实施教育培训实施，增强党员政治素养。8月17—19日，组织50余名党员开展“矢志不渝跟党走，携手奋进新时代”政治交接主题教育。全年共76人次参加教育培训，参训比例达党员总数的54.3%。搭建履职平台，发挥党员参政作用。党员中有全国人大代表1人，省政协委员1名，市人大代表5名，市政协委员12名，区人大代表5名，区政协委员14名，聘特约监督员13名，各平台履职总人数达党员总数的1/3。严格考核，调动激发各级组织活力。每季度对各支部和党员履职、参会、信息报送等情况予以通报，严格落实班子成员履职统计、支部活力指数评估、党员积分制等制度。开展优秀基层党组织、优秀致公党员、特殊贡献奖评选表彰活动，共评选表彰36名市级先进典型。传送党组织关爱，增强党员荣誉归属。完成2022年致助金收缴工作，共收到致助金1.5万余元。春节期间，主委杨成英带队看望老党员和离退休班子成员，为困难党员送上致助金。3月8日，组织女党员开展“感受传统文化，培养高雅情趣”庆“三八”妇女节活动。重阳节组织退休党员、骨干党员代表在湘联“非遗”文化景区开展“我们的节日·重阳”活动。组建乒乓球队、气排球队，并在省委会举办的赛事中获得良好成绩。

【参政议政】 形成重点调研成果。开展《大力发展绿色水运，实现交通建设新突破》《增强服务内核，助推文旅体产业高质量发展》2个重点课题调研，形成调研报告。其中《大力发展绿色水运，实现交通建设新突破》在市政协大会上做口头发言，并被市委书记、市长签批。统战理论与党务工作专委会开展“四明白四清楚”调研，形成《加强乡镇（街道）商会组织建设助力乡村振兴问题研究》的调研报告，获得省委统战部统战理论研究工作优秀奖。广泛收集社情民意。发动党员撰写社情民意信息，全年共收到社情民意信息40篇，其中12条被中央、省、市采用或交办。代表委员履职。9月7日至10月7日，致公党省市区（县）三级政协委员开展为期1个月的政协致公界别（常德）委员工作室值班及读书活动，值班活动总点击量超30万人次，回答提问近300条，活动经验被《湖南政协》编发。人大代表参与优化营商环境评议、创业带动就业工作视

2022年11月9日，常德市人民政府副市长、致公党常德市委会主委杨成英（中）主持召开2022年重点课题调研工作推进会议　　（周萍萍　摄）

察等活动。致公政协工作组开展养老产业发展、专题调研，形成《加强城区养老服务业人才队伍建设》调研成果。3篇提案被市政协被评为优秀提案，1篇理论文章被市政协评为优秀理论研究文章三等奖。开展民主监督。全年开展洞庭湖生态环保民主监督调研4次，召开协商座谈会1次，形成《关于加大乡镇污水处理力度的建议》调研成果。配合省委会到常德调研3次，9月27日，组织致公党省委会对口常德市开展长江（洞庭湖）生态环境保护民主监督第一年度情况通报会。

【社会服务】　2022年，市委会先后在丹洲乡中心小学、澧县码头铺杨家坊小学、东方嘉园小区、阳光家园小区开展5次活动，将二十四节气、传统文化礼仪等知识送进校园、社区，为留困儿童送去精神食粮。8月12日，社会服务工作委员会承办安化县仙溪镇芙蓉村茶礼文化公益夏令营活动。市委会筹措资金20万元在临澧职业中专开办1个“一家一”致公班。6月15日，市委会赴桃源县职业中专“一家一”致公班开展“青春有梦、致力同行”致爱小组活动，为即将进入高三的学生进行心理疏导。6月21日，武陵工委赴安乡县黄山头中学开展“致力为公、圆梦行动”助学活动。7月29日，鼎城支部赴花岩溪镇铁山坪村开展教育助学活动。党员祝安顺组织微善风资助小学、初中及高中生（含职高生）624人，发放助学金90万元。6月24日，主委杨成英带队赴乡村振兴点村调研巩固脱贫攻坚成果与乡村振兴工作，慰问困难群体，现场解决实际问题。7月5日，市委会联合医卫支部赴桃源县郑家驿镇开展“服务百姓健康、助力乡村振兴”助医活动。9月30日，在常德市武陵区盐关社区开展“迎双节爱心义诊”活动。11月，疫情发生以来，70名党员下沉一线参与基层值守和志愿服务，市委会及党员累计自筹或引捐36.8万元的医疗和生活物资。

【侨海联谊】　组织党员参加省委会第九届海归论坛活动，为海归党员创新创业拓展平台。关注海归党员成长，组织开展走访、座谈等活动与海归互动，并形成《关于助力新生代海归成长的建议》。5月17日，组织海归企业家座谈会，围绕市委、市政府中心工作，聚焦优化营商环境，共议对策措施。9月9日，与市侨联联合举办中秋节活动，邀请在常留学的国际友人共度中秋。

（许　晓）

九三学社常德市委员会

【概况】　2022年，九三学社常德市委会被九三学社中央评为“社会服务工作先进集体”，被九三学社湖南省委会评为“组织工作先进集体”“机关建设交叉检查先进单位”。九三学社九企合作政协委员工作室被省政协评为省级示范性委员工作室；获评全省统一战线理论政策研究创新成果二等奖。社员刘新兆获评九三学社中央社会服务工作先进个人。

思想建设。举办“喜迎二十大，永远跟党走”社庆纪念日暨主题教育宣讲活动。发布5期“矢志不渝跟党走、携手奋进新时代”学习专栏。突出抓好重大主题宣传活动，全年共刊发和上报稿件190多条。组织社员开展“学社史、汇同心、传廉声”教育活动，推动主题教育不断走深走实。举办“喜迎二十大，委员在行动”专项履职活动。深入学习《中国共产党统一战线工作条例》《中国共产党政治协商工作条例》等党内法规。

参政议政。共提交市政协八届二次会议提案21件，其中集体提案5件，3件提案被评为优秀提案。《住宅装修不能随心所欲、安全监管必须重拳出击》调研报告被选作市政协大会口头发言材料。成立信息建言工作突击队，全年召开6次信息工作调度会，收集上报信息90多条，其中2条被省政协采用，6条被市政协采用，4条被市长周振宇签批，《关于加强畜禽养殖污染防治的建议》被评为社情民意一等奖，5件社情民意被评为三等奖。

民主监督。开展环洞庭湖生态环境民主监督工作，组织社内环保、法律等领域的专家组成民主监督工作组，围绕养殖场排污和园区管网排污主题，赴石门县、澧县开展民主监督。开展“提升行政效能、优化营商环境”专项民主监督，相关建议被编入年底出版的《常德市现行政府采购操作手册》。社员彭馨、袁先双在市政协专项民主监督评议会上作为代表点评发言。

组织建设。2022年年底，九三学社社员354人，本科及以上学历占90%，全市有15个基层组织。全年召开7次主委会议，4次社市委（扩大）会议，集体研究重要工作。迎接九三学社湖南省委会到常德开展社务工作督导检查。全年共发展14名新社员，其中博士研究生3人，硕士研究生5人。4名社员被推荐为省人大代表和省政协委员。23名社员被推荐参加省、市各类培训教育活动。

社会服务。开展“社员工作站”建设，共建设15个“社员工作站”，开展送医送药义诊、种养技术指导、产业发展对接等活动20余场，相关报道被《团结报》《湘声报》等刊载。推进“九企合作”。持续打造“春申连心、闵德同行”活动。交流服务工作品牌，联系投资的上海阿克曼医疗检测中心项目于2022年上半年顺利签约投产。

机关建设。开展“清廉党派组织”创建工作，举办“青年社员说清廉”活动，将15名青年社员的主题发言材料予以宣传报道，其中社员高铭泽拒收患者红包、廉洁从医的工作事迹收录入市委统战部《答卷》视频作品。社员万欣的典型发言被清廉常德报道。建设完成九三学社常德市委会“社员之家”。

【九企合作】　九三学社常德市委会充分发挥九三学社智力资源优势，为结对企业提供服务（以下简称九企合作），通过开展系列活动，已成为常德九三学社的社会服务工作品牌，并在全省九三学社各级组织中推广。2022年，九三学社湖南省委会先后为琉深集团、邓权塑业科技有限公司2家结对企业授牌省级“九企合作工作站”，九三学社常德市委会为博联检测有限公司授牌市级“九企合作工作站”。创建九三学社九企合作政协委员工作室，围绕学习中共二十大精神、优化营商环境、经济形势分析等主题开展活动。7月，时任省政协主席李微微率队调研委员工作室。委员工作室成为全市示范性委员工作室建设现场会的观摩点之一。

【创建社员之家】　九三学社常德市委会“社员之家”由九三学社常德市委会和琉深支社联合建设，地点设琉深集团5楼，面积约120平方米，包括多党合作与统一战线文化走廊、九三学社历史文化墙、社员代表人物展览区、九三沙龙活动区，占地面积超100平方米。2月18日，九三学社湖南省委会九企合作工作站与九三学社常德市委会社员之家在常德举行揭牌仪式。省政协副主席、社省委会主委张大方，社省委会副主委、湖南华源港口物流有限公司董事长朱修林，省政协常委、湖南工程学院副校长陈赤平，常德市人大常委会副主任、社常德市委会主委冉滨辰，常德市政协副主席王鳌，中共常德市委统战部常务副部长李宏岸出席揭牌仪式。社员之家将成为社员学习社史社章和多党合作事业的阵地、开展社务工作和交流沙龙的基地和常德九三党派工作宣传的高地。

【刘新兆获九三学社中央表彰】
刘新兆，男，汉族，1970年8月生，2010年12月加入九三学社，现任九三学社常德市委会委员、社会服务委主任、常德市锦辉餐饮有限公司负责人。他积极配合社市委开展“九企合作”“社员工作站”“九三讲堂”等社会服务活动，带领社会服务委员会成员创新方式方法，整合资源力量，充分发挥九三学社在高教、科技、医卫方面的人才优势，采取支社联手，界别联合的方式，在办实事、讲实效等方面下功夫，取得较好的工作成绩。2022年11月28日，九三学社中央委员会授予刘新兆“2021—2022年社会服务先进个人”称号。

（毛　武）

2022年2月18日，省政协副主席张大方（左二）举行九企合作工作站暨社员之家揭牌仪式

（九三学社常德市委员会 供图）

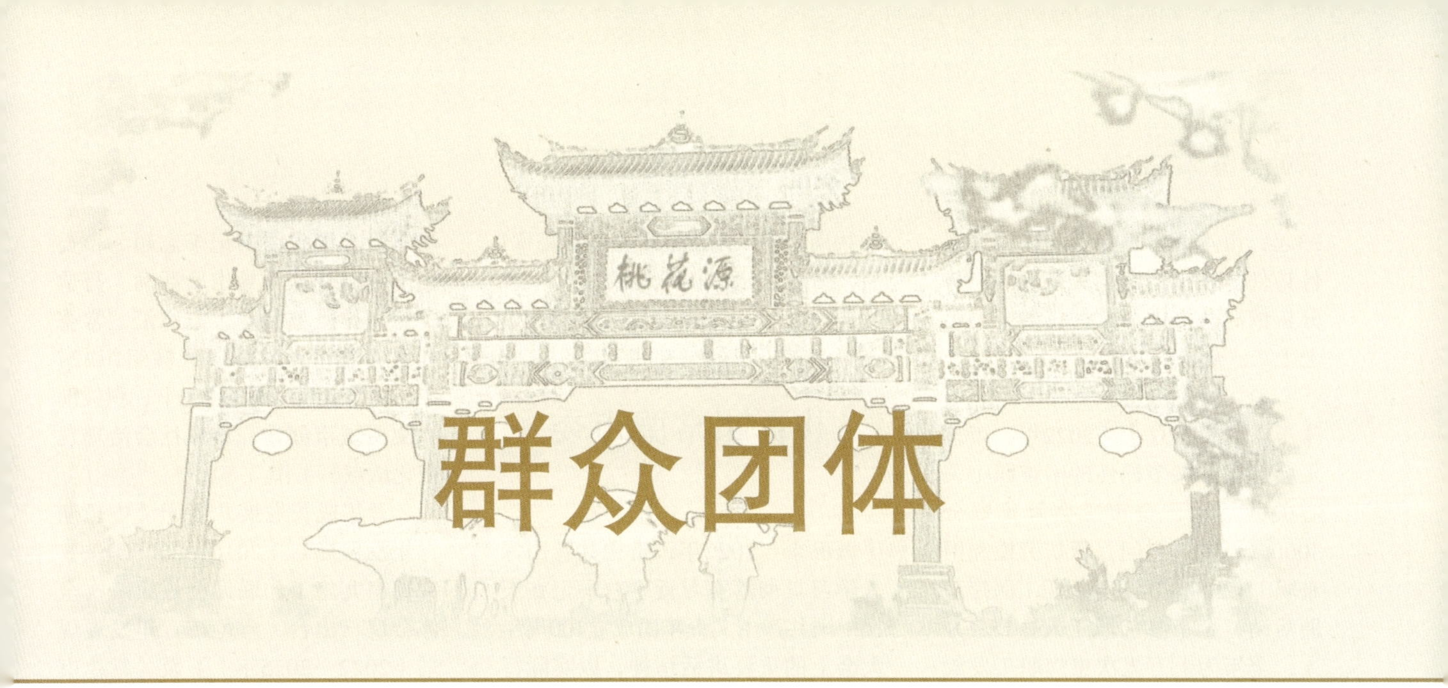

群众团体

常德市总工会

【概况】 常德市总工会下设9个县市区总工会和1个国家级园区总工会（常德经开区总工会）、5个派出机构（柳叶湖旅游度假区、西湖和西洞庭管理区、桃花源旅游管理区及市直机关工会工作委员会）、7个产业工会和9个行业工会。全市有基层工会组织4827家，会员59万人。2022年，市总工会在全省工会主要工作考核中被评为优秀单位。市总机关在2022年由国家机关事务管理局、中共中央直属机关事务管理局、国家发展和改革委员会、财政部四部门联合授予“节约型机关”称号，被全国总工会评为市级工会财务工作先进单位。

（李国丛）

【组织建设】 2022年3月15日，常德市总工会开市总工会第七届委员会第六次全体（扩大）会议。继续推进基层工会规范化建设，深入开展新就业形态劳动者入会集中行动和“县级工会加强年”专项工作。全市新建工会组织721个，新发展工会会员47820人，其中新就业形态劳动者会员22187人。鼎城区总工会、澧县总工会被评为全省先进县级工会，桃源高新技术产业开发区工会联合会等2家开发区工会被评为全省百佳开发区（工业园区）工会，武陵区南坪街道工会联合会等7家乡镇（街道）工会被评为全省百佳乡镇（街道）工会，湖南云锦集团股份有限公司工会委员会等11家基层工会被评为全省模范职工之家（小家）。

（孙秀卫）

【迎接和学习宣传贯彻中共二十大精神系列活动】 2022年，全市各级工会以迎接和学习宣传贯彻中共二十大精神为主线，因地制宜开展一系列具有工会特色、职工喜闻乐见的学习宣传教育活动。举办各类主题宣讲、学习交流、文体活动等300多场次，覆盖职工50多万人；在全市工会开展宣传中共二十大精神“走基层、访工情、办实事”实践活动；组织召开常德市劳模工匠学习贯彻中共二十大精神座谈会；围绕“喜迎二十大　巾帼建新功”主题，精心组织女职工素质教育大讲堂、玫瑰书香阅读等活动。

（李国丛）

【职工职业技能竞赛】 2022年，市总工会围绕“十四五”时期重大战略、重大工程、重大项目、重点产业，持续深化“建功十四五、奋进新征程”主题劳动和技能竞赛。组织开展43项市级职工技能竞赛项目，举办常德市第三届产业工人技能大赛，活动覆盖职工近20万人；常德将工资集体协商引入技能竞赛的工作经验在《工人日报》头版头条予以宣传推介。

（贺计算）

【维护职工合法权益】 2022年，市总工会坚持把职工生命健康权益摆在头等位置，开展“安康杯”竞赛、工会系统“安全生产月”等群众性劳动保护系列活动；注重职工法治宣传教育，加大对新修订《中华人民共和国工会法》等法律法规的学习宣传力度，全市共举办主题宣传活动45场次，发放宣传手册2.8万份，举办培训活动30多场次，覆盖职工3.2万人。全年各级工会排查大小风险隐患近百起；开展职工劳动争议案件调处27起，调解成功

23起；市本级办理免费法律援助案件17件。在全国劳动关系发展态势分析情况通报中，常德排名全国第七十二、全省第二。

【服务职工群众】 2022年，市总工会持续开展多样性的困难职工关心关爱活动，全市工会筹集资金3000多万元，慰问、帮扶劳模和困难职工3万多人次。开展职工医疗互助活动，全市参加职工人数18.7万人，全年为上万人次患病职工发放补助、救助金1300多万元；以“一户一产业工人”培养工程为平台，开展职业技能培训4885人次；开展“新就业形态劳动者服务季”“工会进万家·新就业形态劳动者温暖行动”等走访慰问活动，走访慰问新就业形态劳动者4000多人次；组织“百优食堂”“爱心托管”等为民办实事竞赛创优活动，联合市直单位举办4期“青春向党·携手未来”读书班暨单身职工联谊活动，为单身青年职工搭建交友平台；启动全市女职工“两癌”公益筛查活动，保护女职工身体健康；持续加大对“工会爱心驿站”等服务职工站点的建设和指导，全市服务职工站点新增至150个，津市市襄阳街志愿者协会工会户外劳动者服务站和安乡县总工会爱心驿站被评为“全国最美工会户外劳动者服务站点”。

（张艳明）

【全国、市五一奖和工人先锋号评选】 2022年，完成五一劳动奖的推荐评选工作，推荐产生全国五一劳动奖章3个、全国工人先锋号2个；评选表彰市五一劳动奖状15个、市五一劳动奖章30个、市工人先锋号15个。

（贺计算）

【全国、省五一巾帼标兵奖评选】 2022年，常德市推荐产生全国五一巾帼标兵1名、全国五一巾帼标兵岗1个；湖南省五一巾帼奖章1名，湖南省五一巾帼奖状1个。

（龚雅晴）

共青团常德市委

【概况】 2022年，常德共青团深入学习贯彻落实习近平总书记在庆祝中国共产主义青年团成立100周年大会上的重要讲话精神，以实际行动迎接中共二十大胜利召开。“青春有约　团缘汇爱”系列活动获评全国青年婚恋交友工作优秀案例。团市委获评团省委牵头主办的第五届“雷锋杯”青年志愿服务项目大赛优秀组织奖。

青少年思想政治引领。“五四”青年节期间，举办常德市庆祝建团100周年座谈会，市委书记曹志强主持会议并讲话，10名优秀青年代表现场发言。组织开展“喜迎二十大　永远跟党走　奋进新征程”常德市庆祝建团100周年集中入团仪式示范性活动，市委副书记陈华出席活动并讲话，常德市一中1000多名共青团员现场参与活动，近6万人通过网络直播观摩活动。组织开展“喜迎二十大　争当好队员”常德市入队仪式示范性活动，武陵区东升小学500多名少先队员现场参与活动，近9万人通过网络直播观摩活动。举办《青年榜样　青春宣言》展览，开设《青年榜YOUNG》《青听声浪》等专题专栏节目，全年累计发布微信推文415篇、微博4260条，总阅读量达2788万人次。

青年投身常德建设。组建疫情防控志愿服务团队、青年突击队573余支，招募青年志愿者4000人，动员市青联委员、青企协会员为基层一线捐赠价值近30万元防疫物资。举办湖南共青团“百万青年建功乡村振兴实践育人行动”暨“青春兴湘　何必远方”系列活动（常德专场）”，团省委书记李志超、市委副书记陈华等领导出席活动。打造常德志愿服务品牌，志愿汇“常德社区青春行动专区”入驻组织227家，常态化服务项目300个，积极助力文明城市创建、市域社会治理现代化试点等工作。

青年成长发展。召开《中长期青年发展规划（2016—2025年）》常德市实施工作联席会议第三次全体会议，出台《常德市青年发展规划（2022—2025年）》及《常德市青年发展监测指标体系》。举办“创青春”青年创新创业大赛常德市选拔赛、开展“千校万岗，就业有位来”“促进网络就业，助力乡村振兴”创客主播提升专训营、常德市大学生创业训练营、大学生“返家乡”等品牌活动。发挥希望工程品牌影响力，累计筹资近200万元，资助青少年特殊群体1650名、搭建“团团希望小屋”37个、援建团团心灵驿站10个。开展“播种健康新希望”、“12355”研学、中高考减压、“青春自护　有你有我”青少年暑期自护教育、开展“七彩假期　快乐学习”非遗润童心等系列活动。开展“青春向党·携手未来”读书班暨“青春有约·团缘汇爱”青年联谊活动，90余名青年干部参加；开设青年交友公益课堂，搭建单身青年交友平台。

自身建设。县域共青团基层组织改革得到推进，武陵区、临澧县团委机关编制增加，其他区县通过挂兼职干部配备，工作力量比改革前增加2倍以上。武陵区改革经验被团中央推介，石门县、安乡县、临澧县改革经验被团省委推介。举办全市基层团干部培训、全市少先队骨干辅导员培训班，团干部能力水平得到提升。出台《常德市清廉共青团建设实施方案》，制作《青廉之路》专题视频。举办“喜迎二十大，争做好队员”常德市入队仪式示范性活动、少先队小骨干培训班暨少先队实践教育夏令营和常德市少先队辅导员风采大赛；搭建少先队辅导员专业化成长平台，成立全省首个市级少先队工作学会。

【团市委七届四次全体（扩大）会议】 3月24日，共青团常德市第七届委员会第四次全体（扩大）会议召开。市委副书记、市委统战部部长陈华出席并讲话。会议总结2021年工作，部署2022年工作，对2021年度全市共青团工作红旗单位进行表彰，并传达部署有关会议精神。2021年，团市委推进“青春铸魂”“青春兴湘”“青春湘伴”“青春硬核”四大工程，全市共青团工作、青联工作、少先队工作在全省市级团委工作考核中均为优秀等次，综合考评成绩位列第一方阵。

【庆祝建团100周年座谈会】 5月12日，常德市庆祝中国共产主义青年团成立100周年座谈会召开。市委书记曹志强出席并讲话，他强调，广大青年要更加紧密地团结在以习近平同志为核心的党中央周围，大力弘扬五四精神，勇担青年使命、展现青年作为、绽放青年风采，在全面落实“三高四新”战略定位和使命任务、加快建设现代化新常德中做出新的更大贡献，以实际行动迎接中共二十大胜利召开。会上，团市委相关负责人以及袁维、左菲、谭宇歧、吴兰、许天轲、戴贝贝、周章明、曾艳8名青年代表作交流发言。市委副书记、市委统战部部长陈华主持座谈会。

【庆祝建团100周年集中入团仪式】 5月30日，“喜迎二十大·永远跟党走·奋进新征程”常德市庆祝建团100周年集中入团仪式示范性活动在常德市第一中学举行。100名来自常德市第一中学、湖南幼儿师范高等专科学校、常德市育才中学的同学集中加入共青团组织。

【庆祝建团100周年集中入队仪式】 6月16日，“喜迎二十大，争做好队员”常德市入队仪式示范性活动在常德抗洪纪念碑广场举办，119名一年级学生现场戴上红领巾，宣誓成为中国少年先锋队队员。活动由团常德市委、常德市少工委主办，武陵区东升小学承办，活动现场为“红领巾奖章”四星章常德市获奖代表进行颁奖，为新建少先队中队授旗、聘请中队辅导员。

2022年6月16日，常德市庆祝建团100周年集中入队仪式现场

（团市委 供图）

【“青春兴湘 何必远方”乡村振兴系列活动（常德专场）】 7月19日，湖南共青团“百万青年建功乡村振兴战略实践育人行动”暨“青春兴湘 何必远方”湖南省农村青年致富带头人协会助力乡村振兴系列活动（常德专场）在石门县夹山镇杨坪社区举行。共青团湖南省委书记李志超，市委副书记、市委统战部部长陈华，市委常委、市纪委书记、市监委主任何艺辉，共青团湖南省委副书记刘静，省市县青农协会员代表、创业青年代表、青年电商主播约150人参加此次活动。刘静为石门县湘九红农业科技基地授牌“湖南省乡村振兴青年创新创业示范基地”；陈华为创业导师们颁发聘书；李志超、陈华、何艺辉等共同为“百万青年建功乡村振兴战略实践育人行动”（常德专场）揭幕。中国建设银行湖南省分行、长沙师范学院雷锋侠工作室、湖南省青年电商联盟、湖南新鹿邦网络科技有限公司代表与常德市农村青年致富带头人协会负责人签订助力乡村振兴战略合作协议。

【读书班暨青年联谊活动】 9月26—28日，直机关工委、市总工会、市妇联、团市委联合开展“青春向党·携手未来”第四期读书班暨“青春有约 团缘汇爱”常德青年联谊活动，来自市直部门、市直属事业单位、中央省驻常德单位、部分区县（市）单位的90余名青年干部参加。活动包含破冰运动会、婚恋小课堂、“非遗”手工课、读书分享会、常德城市微旅行、表白联谊会等专场。

（江 平）

常德市妇女联合会

【概况】 2022年，常德市妇女联合会（以下简称市妇联）获湖南省妇联宣传工作先进单位，3月3日，全国妇联表彰常德市妇儿发展中心“全国三八红旗集体”称号。

思想建设。组建巾帼宣讲团，到机关、企事业单位、农村、学校宣讲中共二十大精神，累计800场次，影响带动妇女47.2万人次。市县乡村妇联四级联动，参加湖南省妇联、湖南省委网信办主办的“潇湘巾帼心向党　喜报献给二十大——晒美好　向未来”视频（图片）大赛，共征集作品474部，7部作品获奖，市妇联获优秀组织奖。举行“巾帼心向党　喜迎二十大”晒美好·向未来之“守护少年的你”活动，30组亲子家庭代表同游常德市家庭教育创新实践基地汉寿野生动物世界，携手献礼中共二十大。评选国、省、市级“妇”字号荣誉160名，举办“致敬三八红旗手送奖到基层”颁奖仪式、“喜迎二十大　绽放正当时”常德市各界妇女和家庭风采展示暨表彰活动。定期在公众号上展播“妇”字号荣誉获得者典型事迹，发挥基层“妇女之家”作用，对各类典型进行宣传宣讲。

服务大局。发出《致全市各级妇联组织、广大妇女和家庭的倡议书》；推出亲子教育公益服务及巾帼同心战疫同行报道近10篇，先后被《常德日报》《今日女报》等媒体采用，点击阅读量近9万人次；联合常德市女企业家捐款捐物，累计捐赠近百万元。建立村级妇女议事会1076个，年内议事6276次。推进湘妹子能量家园建设，新增省级试点3个、市级试点5个、县级试点5个，组织交流培训2次，吸引注册用户9万人，发布环境整治等五大类活动700次，总积分100.77万分。市妇联主席联合市邮政公司总经理及市湘女新农人联盟代表、常德网络主播协会会长参加“出手吧姐姐，湘女带香货”消费助农大型直播活动3场，上架3款常德本土农副产品，全年累计销售金额54.7万元。澧县被确认为湖南省两个全国妇联移风易俗工作试点之一，倡树文明新风。常态化开展“春风行动”送岗位，累计发布女性招聘资讯73期，提供女性就业岗位约1.2万个，组织“三八”网络招聘会，485名女性达成就业意向。开设月嫂、农村电商等培训班53期，带动就业1万余人次。开展全市城乡妇女岗位建功创建活动，常德市玖源农业发展有限公司获评湖南省巾帼现代化农业科技示范基地。

妇儿发展。调整市妇儿工委成员单位和职责，明确38家成员单位“两个规划”（《常德市妇女发展规划（2021—2025年）》和《常德市儿童发展规划（2021—2025年）》）的工作责任和工作目标。召开常德市人民政府妇儿工委全体会议，市政府副市长、妇儿工委主任周代惠在会上提出未来五年妇女儿童工作要求。市妇联党组书记、主席向艳艳作为省政协委员，在省政协会上提出关于妇女儿童权益维护的提案，利用节假日在线上工作室回应处理来信52封，网上关注量逾4000人次。强化维权重点。7月26日，省妇联党组书记、主席黄芳一行到常德调研指导“利剑护蕾”专项行动工作，黄芳充分肯定常德市妇联在参与“利剑护蕾”专项行动中所取得的成绩。通过“三个覆盖”（每一个未成年人、每一个未成年家长、每一个社区每年至少接受或开展一次防性侵宣讲），全面强化妇女儿童权益维护。排查强覆盖，指通过集中摸排重点掌握贫困、残疾家庭和单亲、失亲矛盾多的家庭面临的困难，完成5.5万名重点儿童、7.3万户重点家庭结对，全市2262个村（社区）已全面建立信息台账。宣讲广覆盖指成立以市委副书记为组长的专项行动领导小组，联合市直有关单位出台《常德市“呵护花蕾”预防未成年人性侵宣讲专项行动方案》，通过百千万行动完成宣讲951场，培训讲师531名，覆盖学生15.7万人；市妇联联合常德日报拍摄防性侵公益短片《携光护蕾》，点击观看量达10万次。关爱多覆盖指全省首个与市平安办联合出台《关于在政法系统建立妇联执委工作室的实施方案》，相继在9区县（市）成立“妇联执委工作室”，打通联系服务群众“最后一公里”。深化困境帮扶。开展“呵护花蕾　情暖六一”主题活动，全市共走访慰问儿童2673名，招募“爱心妈妈”1000人，结对帮扶留守孤困儿童1080名。全市农村适龄和城镇低保适龄妇女“两癌”免费检查民生实事惠及10.5万人，位居全省第一，争取中央财政救助金117万，募集“出手吧姐姐温暖2022——关爱困境妇女儿童”公益资金217.53万元，位居全省前列。

家庭建设。开展解读《中华人民共和国家庭教育促进法》《湖南省家庭教育促进条例》宣讲进机关、进社区、进企业125场次。桃源县三级联动的家庭教育指导体系、家校共育等工作经验在全省推介，并入选为省妇联县级以上家庭教育指导服务中心建设试点县。开展“家庭教育七进”活动，邀请专家典型宣讲126场，受益家庭1.2万户。全省首创常德市清廉家风馆，开馆近3个月，已有30个单位，近1万名党员干部和妇女群众在清廉家风馆开展党日活动、接受家风教育。开展首届市级“最美清廉家庭”评选活动，培树市级文明家庭、最美家庭100户。指导汉寿县野生动物园创建市级首个家庭教育创新实践基地。持续开展家风家教主题宣传活动，建立家庭典型走访服务机制。继续实施“美家美妇她行动”，创建绿色家庭。组织撰写“低碳生活　让家更美”常德市绿色家庭创建创新案例，被省妇联选为优秀案例推送至全国妇联。

组织建设。联合市直机关工委

下发文件、业务手册，共同指导全市38家市直单位高标准严程序建立健全妇联组织。通过党建带妇建在“两新”组织、“四新”领域建立妇联组织22家。选优配强乡镇、村（社区）妇联组织执委队伍，近1.3万名乡村执委大换血，实现队伍优化。全市169个乡镇、2622个村（社区）妇联组织落实定期向党委报告工作及年度述职制度，落实落细双重管理机制。出台妇联执委“五个一”履职清单，在工作导向、绩效评估、结果运用方面作明确规定。3.5万名妇联执委结对帮扶困难妇女儿童7.3万户，调解纠纷1372起，解决具体问题3.8万个。在基层党组织领导下，各级妇联牵头，建立村级妇女议事会1076个，议事6276次。建立执委巾帼志愿者队伍15支，开展志愿服务5626次。

【常德市妇联第七届五次执委会议召开】 5月25日上午，常德市妇联第七届执行委员会召开第五次全体会议，市妇联第七届执行委员会委员、市妇联机关部室长及二级机构负责人参加会议。会议增替补市妇联第七届执行委员会委员4名。选举向艳艳为市妇联主席，选举徐宏波为市妇联副主席，杨惠敏为市妇联挂职副主席。

【打造全省首个常德市清廉家风馆】 9月5日，建成全省首个常德市清廉家风馆。常德市清廉家风馆由市妇联打造，位于市妇女儿童发展中心三楼，由家风习语、传世家教、红色家风、文明新风、古韵清风5个展厅及1个“清廉家风大讲堂”组成。馆内以“清风传家·廉洁致远”为主题，聚焦习近平总书记关于注重家庭家教家风建设重要论述、中华传统文化的廉洁思想，立足本地特色，深入挖掘并展现以帅孟奇、潘振武等革命先驱为代表的红色家风，以全国最美家庭杨群康等先进人物为代表的新时代家风。作为常德廉洁文化示范点，清廉家风馆集清廉家风展示、清廉家风宣讲、清廉家风培育为一体，向全市机关企事业单位、学校、社会团体和群众免费开放。2022年8月29日开工实施，9月5日正式建成。

【建立全省首个政法系统妇联执委工作室】 6月10日，武陵区人民法院揭牌成立妇联执委工作室，9月30日，津市市人民检察院揭牌成立妇联执委工作室，这分别是湖南省首个建在法院和检察院的执委工作室。全市共在政法系统中挂牌成立10家妇联执委工作室，实现9个县市区全覆盖，是全省首个在政法系统中建立妇联执委工作室的市州。为充分发挥全市政法系统中妇联执委专业优势，市妇联与市平安办联合出台《关于在政法系统建立妇联执委工作室的实施方案》，通过在各区县（市）公安、检察、法院、司法等政法部门中选择工作热情高、协调能力强、在本系统或单位有影响力的妇联执委，以维护妇女儿童合法权益为主要目标，全方位服务受侵害的妇女儿童，创建一批“妇联执委工作室”。每个妇联执委工作室分别依据工作室实际配备员额检察官、法官、专职调解员、刑侦人员等专门力量，及时引导帮助权益受到侵害的妇女儿童依法维权，充分发挥妇联执委工作室所在单位的行业优势和专业优势。

【市领导与姐妹们共庆“三八”国际妇女节】 3月8日，2022年常德市各界妇女和家庭风采展示暨表彰活动在市妇女儿童发展中心举行。市委副书记、市委统战部部长陈华走访慰问全市优秀妇女代表、考察市妇女儿童发展中心，出席2022年常德市各界妇女和家庭风采展示暨表彰活动，与全市姐妹们共庆“三八”国际妇女节。大会表彰2021年常德市三八红旗手（集体）、2021年常德市城乡妇女岗位建功先进集体（个人）、第五届市级文明家庭，市领导为获奖代表颁奖。市妇儿工委成员单位相关负责人、市妇联全体班子成员、市纪委监委驻市政协纪检监察组负责人、各区县市妇联主席以及部分优秀妇联干部和妇女代表等150余人参加活动。

【“呵护花蕾　情暖六一”主题活动】 5月30日，常德市“呵护花蕾　情暖六一”主题活动在市妇女儿童发展中心举行，市委副书记、市委统战部部长陈华与少年儿童一道欢庆节日，陪伴少年儿童参观体验警察局、科创馆、消防局、常德丝弦等场馆，并向孩子们送去装有图书、文具、体育用品的“六一”礼包，寄语少年儿童从小树立远大志向和崇高理想，勤奋刻苦学习，厚植家国情怀，努力成为德智体美劳全面发展的新时代好少年。来自桃源剪市镇小学和武陵区丹州小学的50名学生参加活动。

【市妇女儿童发展中心】 2022年，常德市妇女儿童发展中心在市妇联党组的领导下，充分发挥“主阵地”作用，关怀妇女、关爱儿童、关注家庭。

重大接待。2022年大型参观接待工作3次，分别为7月26日省妇联党组书记、主席黄芳一行到常德调研指导，6月6日省妇联党组成员、副主席张媛媛一行到常德调研，3月8日市委副书记、市委统战部部长陈华一行考察指导。

公益课程。开设朗诵、书法、声乐、亲子阅读等16类公益课程，共计约260节次，接待学员4600余人次。为更好地服务广大妇女儿童，中心于2022年7月对公益课程进行提质升级，将公益课程划分为4个门类：亲子教育、家庭生活、素质提

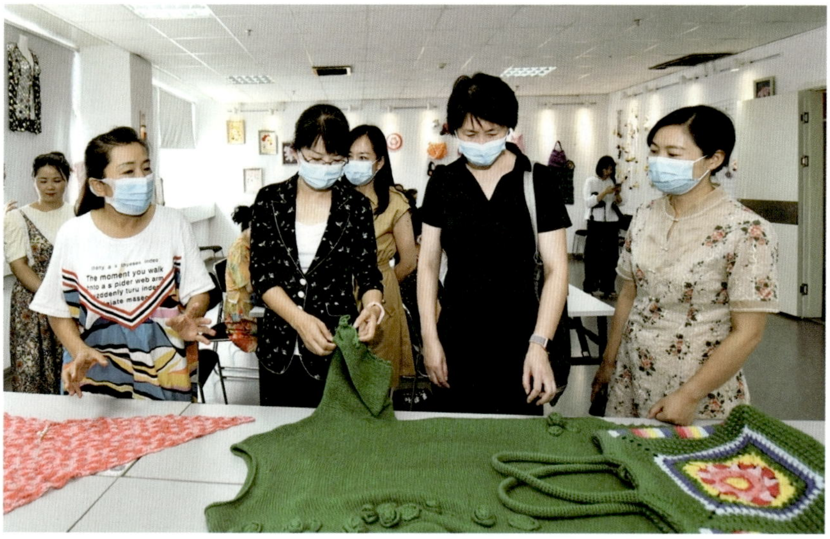

2022年7月26日，省妇联党组书记、主席黄芳（前排左二）一行在市妇女儿童发展中心参观考察公益课程，市妇联党组书记、主席向艳艳（前排右一）陪同。图为参观考察手工编织公益课程　　（市妇联 供图）

升、就业技能。中心公益课程上新亲子整理课程和婚恋生活课程，两堂课程一经推出反响热烈。免费母婴护理自用班举办2期，近50名学员参加了培训学习。此外，中心对接手工文创集市，争取免费摊位20个，助力妇女创业增收。

主题活动。三月面向全市各单位妇委会开展“绽放正当时　喜迎二十大”巾帼大讲堂开放月活动，打造一个能力互促、信息共享、资源互补的交流平台，课程包含素质提升、家庭亲子、技能培训三大系列31门类，共有20多个单位，共计约600人参与。开设“喜迎二十大　奋进新征程”主题课程，中心在朗诵、摄影等课程中，融入红色主题教学，通过诵读红色经典诗歌、拍摄红色题材摄影作品等形式，赓续红色基因、汲取奋进力量。举办“喜迎二十大　奋进新征程”学员摄影作品展，摄影作品从摄影班学员中征集，经过初评、筛选等环节，将30幅摄影作品在三中心一楼大厅进行展出，吸引众多市民驻足观看。

创业就业。发挥创业就业“孵化器”作用，采取请上来与送下去相结合、城区和农村共享的工作理念，积极联络有培训要求的县市区提供专业授课老师，推荐培训机构，使就业培训由点及面。依托常德市手工制作协会，形成展、教、售于一体的文创商品孵化平台。做到中心有精良的文创作品展示，有优质的制作课程，有专门的文创售卖集市。

乡村振兴。为进一步拓展儿童职业体验下乡活动成效，助力乡村振兴，让更多的儿童、家庭受益，持续开展“点亮童年　绽放未来”儿童职业体验下乡活动，2022年中心陆续为汉寿、桃源、西湖管理区、临澧共计4个区县的乡村小学的学生送去儿童职业体验项目，参与体验学生约1360人。

文明创建。持续开展社会主义核心价值观教育活动，以爱国、诚信等为主题，引导妇女儿童培育和践行社会主义核心价值观，2022年共计开展线下宣推活动14场。设立巾帼志愿者服务站，实行常态化值班，积极协助保安做好疫情防控工作，免费发放口罩，并负责场馆的引导、秩序维护等工作。完善便民服务设施，设置直饮水、放置爱心便民雨伞，供市民免费使用，设立母婴室，方便母婴群体。

（马林蔚）

常德市科学技术协会

【概况】　2022年，市科学技术协会（以下简称市科协）全面贯彻中共二十大、中共十九届历次全会和中国科协第十次、省科协第十一次代表大会精神，团结动员全市广大科技工作者，围绕市委、市政府工作重心，坚持“四个面向”（面向世界科技前沿、面向经济主战场、面向国家重大需求、面向人民生命健康），落实“四个服务”（为科技工作者服务、为创新驱动发展服务、为提高全民科学素质服务、为党和政府科学决策服务），获得科普中国信息员队伍地市级科协优秀组织单位、2022年全国科普日活动优秀组织单位、“筑梦·流动”十年优秀单位、第43届湖南省青少年科技创新大赛优秀组织单位等荣誉。

组织建设。抓好“两个全覆盖”（党的组织和党的工作全覆盖）。把新成立学会支部建设纳入学会提能项目，对新成立的市中医药养生保健学会支部进行重点指导，目前常德市符合成立党组织条件的学会做到党的组织应建尽建。发挥行业党委作用。召开学会支部书记会议，传达省、市两级“两新”工委的有关会议精神，科协系统社会组织党委书记就如何抓好学会党的建设和党建带群建工作提出具体要求，各支部书记就进一步抓好学会党建工作作表态发言。推动党建带会建。发挥学会党支部政治核心和政治引领作用，推动学会党的建设与学会业务工作一体并进、融合发展。市粮食学会支部组织专家围绕“常德香米”产业发展在临澧太浮镇王化村种植示范基地开展科技服务活动。

推动科普工作。出台纲要文件。2022年4月23日，常德市政府办印发《常德市全民科学素质纲要实施方案（2021—2025年）》（以下简称《纲要》）文件，着力构建“政府推动、全民参与、社会协同、开放合作”的社会化科普工作大格局。召开推进会议。召开2022年常德市科学素质行动规划纲要实施推进工作会议，全面总结“十三五”以来常德市科学素质纲要工作开展情况，部署下阶段全市科学素质纲要工作。广泛开展宣传。通过科技志愿服务活动、科普常德微信公众号、市级媒体、公共交通传媒、楼宇电视等多种线上线下平台开展新纲要宣传，推进《纲要》在全市有效落实。

学术交流。举办常德市高校科协助力乡村振兴发展峰会，专家、村党组织书记、企业负责人约500人参加，搭建产业企业科技合作之路。围绕学会党的建设、能力建设与创新发展制订下发学会服务能力提升计划，实施项目化管理，推动学会提能。成功申报省科协学会提能计划“会地合作”项目——与中国生物工程学会共建常德基层科技服务站。围绕市委、市政府重点工作、经济社会发展和人民群众普遍关注的重点、难点问题，形成《关于做优做强特色蔬菜产业的建议》《让新型粮油经营主体助推乡村振兴的建议》等4个建言课题。

【全国科技工作者日活动】 2022年5月30日，市科协在市科技馆科普大讲堂开展2022年常德市“全国科技工作者日”活动启动仪式暨表彰“服务企业、乡村振兴优秀科技工作者”活动，表彰王博一等30名优秀科技工作者。启动仪式后，召开“全国科技工作者日”座谈会，学会、高校科协代表、科普讲师团成员、优秀科技工作者及科普办工作人员近40人参加会议。会议由市科协党组成员、副主席李风主持。座谈会上，优秀科技工作者代表魏仲珊等人结合自身行业，就如何利用自身优秀开展科技为民服务，如何传递正能量等发表意见和建议。会后，常德生物学会会长彭友林、常德职业技术学院科技处副处长傅新民、湖南中锂新材料有限公司高级工程师陈红辉分别就个人所在领域作科学道德与学风建设宣讲报告。

2022年9月16日，2022年全国科普日常德（武陵）主场启动仪式在常德市科技馆举行 （市科技局 供图）

【科普助力“双减”】 建立工作长效机制。联合市教育局共同下发文件，建立健全学会科普工作进校园、线上科普资源使用等六项长效机制。科普创建形成示范效应。10个单位入选全国“‘科创筑梦’助力‘双减’科普行动”试点单位，覆盖全市8个县市区。组织开展“飞天梦大课堂”活动。全市23107名学生，200多所学校参与“科普中国飞天梦”大课堂活动并线上提问，参与活动人次在全国地级市中排名第一，其中，武陵区第一小学、津市市德雅中学等7位学生的提问得到科学家视频回复。开展2022年常德市青少年机器人竞赛选拔赛，择优选拔16支机器人队伍代表常德市参加第14届湖南省青少年机器人竞赛。指导申报第43届湖南省青少年科技创新大赛，共获一等奖10项、二等奖20项、三等奖18项，常德芷兰实验学校被评为“全省十佳科技教育创新学校”，常德芷兰实验学校老师张才友获得“全省十佳科技教师”，市科协、市教育局、市科技局、市生态环境局、团市委被评为“全省优秀组织单位”。组织科普大篷车进学校，走进学校27次，受益人数54950人。开展系列关爱留守儿童活动12场，共计342名留守儿童参与。开展流动科技馆巡展。指导津市、石门和汉寿3个站点做好流动科技馆巡展工作，为农村青少年汇聚优质的科普资源，提供学习机会。

【实施“小荷”人才项目】 为深入贯彻中央人才工作会议、湖南省第十二次党代会和省委人才工作会议精神，加快建立以创新价值、能力、贡献为导向的人才评价体系，切实做好青年科技人才工作，2022年5月，中共常德市委人才工作领导小组办公室和常德市科协联合启动实施“小荷”人才项目。“小荷”人才项目先后经各县市区和市级学会推荐申报、公安等部门把关审核、资格初审、专家组评审、纪检组全程监督、党组会议研究通过、公示等一系列严格实施流程，确定史恭林、何怡等10名30岁以下的青年科技人才为“小荷”项目入选人，每年分别给予5万元和2万元资金支持。8月11日，中共常德市委人才工作领导小组办公室、常德市科协与10家项目承担单位及10名企业青年科技工作者在市科协签约。同时推荐中联重起唐立业入选省“小荷”人才计划。

【乡村振兴科普行动】 实施乡村振兴科普行动计划项目，确定澧县、石门县和临澧县3县开展区域试点，推动共建一批产业科普教育阵地、发展巩固一批基层农村专业技术协会和农村产业科普示范基地，提升县级科学传播能力，加强县域公共服务体系建设。争取省科协2022年度科学普及专项计划对区县市的项目资金98万元，用于科技助力乡村振兴、构建社会大科普格局、提升公民科学素质等。

（陈漫薇）

常德市归国华侨联合会

【概况】 2022年，常德市归国华侨联合会（以下简称市侨联）扎实学习贯彻中共二十大精神、习近平总书记关于新时代党的统一战线工作的重要思想和习近平总书记关于侨务工作的重要论述，在侨界掀起学习宣传的高潮，引导侨界群众深刻领悟“两个确立”决定性意义，增强“四个意识”、坚定“四个自信”、坚决做到“两个维护”。

平台服务。成立“为侨服务联盟”，为常德市广大侨界群众提供优于市场价的46家企业的产品和服务，提升侨界人士的幸福感、获得

2022年7月22日，常德市工商联工作会议在临澧召开，现场为9个教育基地授牌

（市工商联 供图）

感和成就感；成立“常德市侨界志愿服务总队”，9个县市区成立分队，以无偿服务、志愿奉献为基本原则，开展侨联系统所需、侨界群众所求的志愿服务活动。深入开展“访侨企、办实事、开新局”“四明白四清楚”“送政策、解难题、优服务”“优化营商环境从我做起”等活动，组织开展2期“政侨恳谈会”，邀请科技局、工信局等政府职能部门为侨界企业家答疑解惑，帮助企业排忧解难，反响良好。联合市中级人民法院印发《关于开展涉侨纠纷诉调对接工作的意见》和《关于侨联组织和特邀调解员协助调解涉侨民商事纠纷案件的意见》，完善矛盾纠纷多元化化解机制。继续开展春节等传统节假日的走访慰问活动。拍摄《归去来兮——常德侨联档案》纪录片，这是常德有史以来第一次讲述常德老归侨的故事，该片已被“学习强国”学习平台收录。国庆节期间在《常德日报》推出“我的中国心”系列报道，展现林纯、罗春兰等老一代归侨的故事。

招商引资。常态化开展“云招商”活动，与海内外华商侨领保持线上联络，适时邀请其到常德考察洽谈，组织湖南省侨界青年常德行，推行“海外侨社团+本地商协会+高新园区”的招商引资方式，助力项目落地生根。授牌成立的侨界创新创业创投基地“德侨苑”来势良好，已入驻企业16家。

社会服务。投身社会公益活动，创建市侨联委员助学、市侨商会员助残、市留学生助教的“三助”公益品牌。市侨联荣誉主席胡野碧分别为市七中、市一中捐赠助学款110万元、100万元。组织全会党员干部赴联点社区三角场社区开展文明城市创建工作，与社区工作人员一道开展了相关工作。11月疫情期间，争取海内外防疫物资、蔬菜、衣物等价值66万余元。

队伍建设。坚持在机关内开展读书分享会，号召“向领袖学习，向圣贤学习”，干部职工的政治素质、理论素质、能力素质得到提高。2022年通过公务员省考新招录2名“90后”年轻干部，充实干部队伍。成立“市侨联青年委员会”等组织。

【“侨胞之家”投入使用】 7月底，自筹资金建设的500平方米“侨胞之家”投入使用，这是全省第一

家高标准的市级“侨胞之家”。“侨胞之家”阵地与市图书馆联合建成城市书房，成了联络联谊、学习交流的网红打卡点，开展红色经典诵读、市委统战部“不忘初心传廉声”故事会拍摄、中秋诗文朗读会等活动。市侨联“侨胞之家”被评为全国先进典型。

（李林峰）

常德市工商业联合会

【概况】 2022年，常德市工商业联合会（以下简称市工商联）深入贯彻落实习近平总书记关于做好新时代党的统一战线工作的重要思想，认真学习宣传贯彻中共二十大精神，真抓实干，开拓进取，有力促进“两个健康”（引导非公有制经济人士健康成长，促进非公有制经济健康发展）。获评全国工商联2022年度民企调查点先进示范单位。抓实信息报送和新闻宣传，获评全省统战工作实践创新成果。

思想建设。深化理想信念教育。利用走访调研、红色经典品读、观看教育片、现场参观等多种形式，推动中共二十大等会议精神走进基层、深入人心，增强民企发展信心。依托市域内红色文化资源，设立9个民营经济人士理想信念教育基地。开展舆论宣传引导。组织市工商联系统热议中央统战工作会议和中共二十大精神。注重典型引领带动，5家民营企业登上三湘民营企业百强榜，1家企业荣获第七届省长质量奖。注重强化党建引领。市商会联合党委顺利完成换届，指导3家市本级商（协）会党支部完成换届。举办基层党建培训班3次，新发展企业党员4名。

参政议政。完成《促进年轻一代企业家健康成长》市委参政议政调研课题。完成委员提案办理回复5件。民营经济人士人大代表、政协委员在市“两会”上建言咨政。推进“迎老乡回故乡建家乡”，推动出台《异地常德商会考评办法（试行）》，建立健全全员招商工作机制，宣传推介常德，组织和参与接待异地商会和企业到常德考察，市工商联和异地商会联系引进项目13个，签约金额47.1亿元。实施优化营商环境“生命线工程”，组织国、省营商环境民企评价工作，常德市优化营商环境主观评价在全省排名前列。巩固拓展“万企帮万村”行动帮扶成果与“万企兴万村”有效衔接，出台《常德市关于开展“万企兴万村”的实施方案》，引导民营经济人士助推乡村振兴。异地商会、本地商协会、民营企业投身公益事业，累计捐赠2000多万元。

支持民营经济高质量发展。健全政企沟通机制。推动成立常德市非公有制经济工作领导小组，履行

常德市2021—2022年度全国“四好”商会一览表

表8

序号	商会名称	商会类型	商会层级
1	常德市福建商会	异地商会	地市级
2	常德市女企业家商会	其他商会	地市级
3	常德市装饰建材行业协会	行业商协会	地市级

常德市2021—2022年度全省“四好”商会一览表

表9

序号	商会名称	商会类型	商会层级
1	常德市福建商会	异地商会	地市级
2	常德市女企业家商会	其他商会	地市级
3	常德市装饰建材行业协会	行业商协会	地市级
4	常德市浙江商会	异地商会	地市级
5	常德市江苏商会	异地商会	地市级
6	常德市河南商会	异地商会	地市级
7	常德市宝庆商会（原常德市邵阳商会）	异地商会	地市级
8	常德市青年企业家商会	其他商会	地市级
9	常德市江西商会	异地商会	地市级
10	常德市龙阳经济发展促进会	其他商会	地市级
11	穿紫河街道商会	街道商会	县级
12	汉寿县蔬菜产业协会	行业商协会	县级
13	石门县青年企业家商会	其他商会	县级
14	临澧县室内装饰协会	行业商协会	县级
15	津市市房地产业协会	行业商协会	县级
16	汉寿县稻田生态种养协会	行业商协会	县级
17	津市市汽摩经营行业协会	行业商协会	县级

领导小组办公室日常工作职责。市工商联出台推进“三个建设”［思想政治建设、非公有制经济服务中心建设、商（协）会规范化建设］、实施“四大行动”（营商环境第三方评估提质行动、民营企业培优做强行动、助力德商回归突破行动、“万企兴万村”拓展行动）、搭建“五个平台”（建言资政平台、政企沟通长效化平台、法律服务平台、融资对接服务平台、信息化服务平台）、开展“三项活动”（常态化大走访大调研活动、常德市民营企业三十强评选活动、德商精神研讨及系列宣传活动）等十五条措施，相关做法得到省委统战部宣传推介。完善联系调研机制，开展“送政策、解难题、优服务”行动，有关部门进行沟通协调，宣传落实惠企政策，推动解决企业反映问题。开展法治体检进企业、进商（协）会3次以上，在常德市装饰建材协会举办第八期“德商讲堂·云济说法”。加强商会调解组织建设，市本级成立商会调解组织2家。推动成立常德市涉案企业合规第三方评估机制管理委员会，已投入实质化运作。举办“银企茶吧”联谊活动，重点对接农商行，7家小微企业获得授信支持849万元。现场帮助常德市坚果炒货行业协会、常德市女商会等小微企业获得信贷支持300多万元。实施民企高校携手促就业行动，引导企校建立实训、实习基地7个。开展“讲诚信守法　做良心产品”专题培训和民营经济重要行业领域风险隐患排查，引导企业诚信经营，安全生产。开展“和谐同行”培育行动，指导推荐临澧冀东水泥有限公司获评“全国和谐劳动关系创建示范企业”。

巩固组织基础。加强对基层工商联工作指导。以目标管理工作评价为导向，推进“五好”（政治引领好、队伍建设好、商会发展好、作用发挥好、工作保障好）县级工商联建设，推动县级工商联更好履行职能。优化会员结构。加大会员发展力度，吸纳16家企业会员、3家团体会员加入工商联。推动商（协）会改革发展。推动出台《常德市关于促进工商联所属商会协会改革和发展的实施方案》，编印《商（协）会工作参照文本》《商（协）会文件法规汇编》，指导商（协）会推进规范化建设。认定2021—2022年度“四好”（政治引领好、队伍建设好、服务发展好、自律规范好）商会17家，其中全国“四好”商会3家。将常德市浙江商会作为常德市第一家清廉商会示范点，营造商会、企业崇清尚廉的社会风尚，构建亲清政商关系。强化机关自身建设。开展“一课一片一实践”活动，机关党支部获评市直统战系统先进基层党支部。坚持正确用人导向，依规选配干部职工。纵深推进清廉机关、文明创建、平安建设，加强廉政教育和风险防控，筑牢思想防线。

【全国工商联第六联系调研组到常德调研】　7月25—27日，全国工商联党组成员、副主席邱小平率全国工商联第六联系调研组到常德市开展调研，着重就民营企业如何“走出去”进行座谈。全国工商联国际合作部部长马君，湖南省政协副主席、省工商联主席张健，常德市委副书记、市长周振宇，市委副书记、市委统战部部长陈华，副市长、桃源县委书记庞波分别参加调研活动。调研组一行先后到桃源、津市等处实地走访调研，详细了解县级工商联组织构架、人员编制及民营企业经营发展状况，并在津市召开座谈会。调研组肯定常德市县两级工商联工作和“两个健康”（促进非公有制经济健康发展和非公有制经济人士健康成长）工作，强调要准确把握当前发展形势，坚定民营经济高质量发展信心，重点在深化民营经济人士思想引导和政治引领上下更大功夫，在深化民营经济服务上下更大功夫，在加强工商联自身建设、不断提升履职能力上下更大功夫，认真做好新时代工商联工作，用心用情服务民营企业、助推社会经济发展。

【“讲诚信守法　做良心产品”常德民营企业专题培训班开班】　6月10日，常德市民营企业“讲诚信守法　做良心产品”专题培训班开班。湖南省工商联一级巡视员、副主席李曦作动员讲话，常德市委统战部副部长、市工商联党组书记余仁辉主持开班仪式。本次活动由省工商联指导，常德市工商联和市应急管理局联合举办。湖南省政协委员、湖南湘通企业发展管理研究院院长潘志勇，湖南省应急管理厅应急管理专家程爱宝分别就食品安全和安全生产现场专题授课。常德市应急管理局还现场组织开展安全生产知识测试。各区县（市）工商联分管副主席、全市民营企业家代表共150多人参加培训。

【全市民营经济人士理想信念教育基地授牌】　7月21—22日，常德市工商联工作会议在临澧召开，常德市委统战部副部长、市工商联党组书记余仁辉出席并讲话，市工商联主席、总商会会长陈宏元主持会议，临澧县委副书记、县长胡彬彬到会致辞。会议宣读《关于设立常德民营经济人士理想信念教育基地的通知》，现场为常德泰顺国防园、湖南红烨红色文化园、帅孟奇故居陈列馆、常德市老兵创业集团、林伯渠故居纪念馆、湘鄂边苏区南乡起义策源地、彭山党史教育基地、津市市红二军团指挥部旧址陈列馆、安乡游击队陈列馆等9个教育基地授牌。

（韩凯凯）

常德市文联

【概况】 2022年，常德市文联围绕喜迎中共二十大、学习贯彻中共二十大精神这条主线，履行文联职能，开展主题文艺创作和文艺活动，为全面落实“三高四新”战略定位和使命任务、加快建设现代化新常德贡献文艺力量。常德市继续被中国摄影家协会授予“中国摄影创作基地”称号。常德市文联被评为湖南省文明单位、湖南省文联系统先进单位。临澧县文联被评为湖南省文联系统先进单位，谈雅丽被评为全省文联系统先进个人。

思想引领。坚持用习近平新时代中国特色社会主义思想和习近平总书记关于文艺工作的重要论述武装头脑、指导实践、推动工作，组织开展中共二十大精神学习宣传。召开市文联党组理论学习中心组（扩大）集中学习暨传达学习中共二十大精神专题会议、市直文艺家协会学习中共二十大报告座谈会。召开全市文艺界学习中共二十大精神专题宣讲报告会，报告会邀请湖南省文联党组成员、副主席、秘书长邓清柯作专题宣讲，全市各县市区委宣传部和“六小区”宣传工作部门分管文联文艺工作的负责人，各县市区、柳叶湖旅游度假区文联主要负责人，市直各文艺家协会负责人及部分文艺工作者代表共200余人参会。

文艺活动。开展“喜迎二十大”系列活动。9月，市委宣传部、市文联共同主办“喜迎二十大·强国复兴有我”常德市美术书法摄影作品展，活动共征选作品千余件，经专家评定，评选出美术、书法、摄影各100件作品在市文化馆展出。作品围绕弘扬社会主义核心价值观、实现中华民族伟大复兴“中国梦”、抗击新冠疫情、乡村振兴、弘扬常德优秀传统文化等主要内容进行创作，反映常德发展新变化新气象。5月31日，启动“喜迎二十大·书写新常德”“丁玲杯”散文征文大赛，征文共收到参赛作品547件，入围作品180件，经组委会组织评审专家进行初评、复评和终评，共评出拟获奖作品19件。“新时代、新征程、新常德美术书法摄影精品展”在市文联常德文艺之家展出一批文艺创作精品。举办“桃花源里的幸福快车”主题系列文艺宣传活动。组织2次常益长高铁建设者文艺慰问演出，被评为2022年常德市最佳文明实践志愿服务项目，组织创作常益长高铁主题歌曲《一眼千里》，举办“桃花源里的幸福快车”主题征文大赛及主题文艺创作活动，编辑刊发《桃花源》杂志“桃花源里的幸福快车”专刊。组织“桃花源里　诗画常德”系列主题活动。与中国摄影报联合主办“桃花源里　诗画常德”主题摄影大赛，5月19日在桃花源文化旅游节开幕式系列活动中举办摄影作品展启动仪式。省文联党组成员、副主席唐贵平出席启动仪式。举办“桃花源里　诗画常德”醉美桃花源专题摄影展。开展优化营商环境有关活动。积极参与“千名干部联千企”“送政策、解难题、优服务”行动，走访4家企业，帮助解决5个实际问题。承办“清廉常德”散文征文大赛和漫画创作展，助力廉洁常德建设。7月20日，市纪委市监委、市文联联合举办的“清廉常德”散文征文大赛启动，共收到稿件781件，评选出获奖作品80件，在全社会涵养清正廉洁的价值理念。“以艺抗疫”助力新冠疫情防控。组织广大文艺工作者发挥文艺优势积极参与新冠疫情防控工作，创作《为了所有亲爱的人》抗疫公益歌曲MV，致敬常德抗疫奋战中的平凡英雄，传递抗疫正能量。

文艺创作。继续编撰《桃花源》杂志、《丁玲研究》，更新维护常德文艺网。主办重点作者写作训练营活动。开展第十二届丁玲文学奖评奖工作。第十二届丁玲文学奖评奖继续与《文艺报》《人民文学》《诗刊》《小说选刊》合作，评出“成就奖”4名、“作品奖”12件、“新锐奖”12名。新华社、《人民日报》、《光明日报》、《中国艺术报》、《文艺报》、《中国文化报》及《常德日报》等媒体进行相关新闻报道。开展第八届常德原创文艺奖评奖工作。第八届常德原创文艺奖评出获

第八届常德原创文艺奖颁奖会议举行　（田峰豪 摄）

奖作品60件，并于11月举行颁奖大会，湖南省文联党组成员、副主席、秘书长邓清柯出席颁奖大会，市委常委、市委宣传部部长彭晛丹出席并就常德市文艺工作提出指导意见。发展国家级会员31名。开展新文艺群体职称申报评审工作。周少剑、陈华分别当选为中国书法家协会第八届专业委员会楷书委员会委员、篆刻委员会委员。据统计，2022年，全市发表、出版、展演的各类文艺作品2000多件（部）。戴希在国家级报刊发表、转载作品5篇（首）6次，其中小小说《妻不在家》《追车》转载于《小说选刊》。刘双红、林朝志在《时代报告·中国报告文学》1期发4万字的报告文学《最后的剩土》。谈雅丽在《诗刊》6期下半月号刊发组诗《春至》，在《湖南文学》1期刊发小说《半生漂在广福桥》，在《北京文学》7期刊发散文《大河在高原》，在《诗刊》6期下半月号刊发组诗《春至》，在《作品》6期刊发组诗8首；诗歌被《新华文摘》8期选载。刘少一在《边疆文学》《福建文学》发短篇小说2篇，在《清明》《湘江文艺》发中篇小说2篇。许玲在《文学港》发短篇小说1篇，在《湖南文学》《都市》发中篇小说2篇。陈文曙的长篇散文《明尔阁》发《江河文学》3期。彭滔散文发《散文选刊》1期和6期。陈文双的散文《在平原》发《文学港》2期，《散文海外版》4期转载，散文集《我在今生》由中国言实出版社出版。邓朝晖的组诗发《北京文学》3期和《文学港》4期。胡平的组诗发《文学港》5期，诗歌入选《中国当代爱情诗100首》。唐益红的书信体散文《生命是欢笑泪珠飘落的过程》入选《文学人的家书》（湖南省作协编）。《湘江文艺》2022年3期开设桃花源诗群专栏，发表谈雅丽、邓朝晖等13名常德诗人的作品共计31首。《通鸟语的人》《陈华印痕》《砥庐杂记数则》《百骏图》《孟姜女传奇》《今天再唱新事多》获第二届湖南省文学艺术奖。5月，常德3个节目分别入围十二届中国曲艺牡丹奖节目奖、新人奖、表演奖。鼓盆歌《菜缘》入围节目奖，常德丝弦《一张站票的故事》入围了节目奖、新人奖两个奖项，常德丝弦《只要主义真》入围节目奖和表演奖。常德丝弦《一张站票的故事》获第十二届中国曲艺牡丹奖全国曲艺大赛（临平赛区）“节目奖提名”。市摄协周沛的作品《守望洞庭》被《中国青年报》四版整版刊发。由联合国世界非物质文化遗产保护基金会、中国国际文化艺术发展交流中心、欧洲集邮协会联合推出的《文化中国·时代榜样》主题“世界邮票珍藏册”中，市摄协陈正军的摄影作品《大国重器》《筑梦》入展京沪高铁人民艺术家专列巡展活动。受中央电视台邀请，老传统京戏《白蛇传·断桥》剧目荣登央视舞台。

【常德市文联第四届委员会第十二次会议暨第八届常德原创文艺奖启动式】　4月27日，常德市文联召开第四届委员会第十二次会议暨第八届常德原创文艺奖启动式。市委常委、市委宣传部部长彭晛丹出席，并对常德市文艺工作提出指导意见。会议听取和审议市文联四届十二次全委会工作报告，传达学习贯彻省文联第十届第三次全委会精神，通报市文联第四届委员会委员增补情况，补选通过市文联党组成员、副主席提名人选，对2021年度全市文联工作先进单位和文联系统社会组织党建工作先进集体进行表彰。会上还宣读第八届常德原创文艺奖评奖工作的通知。

【桃花源文化旅游节“桃花源里诗画常德”主题摄影活动】　与中国摄影报社联合主办“桃花源里诗画常德”主题摄影大赛，共评出40件优秀作品，通过中国摄影报自媒体端线上展出并在《中国摄影报》专版刊登。9月29日，将遴选的60余幅优秀摄影作品在桃花源景区游客集散中心进行1个月的线下展出。这些摄影作品从不同角度清晰记录了常德桃花源的文明生态、特色文化与佳致美景。创作者既有资深的摄影名家，也有大批优秀新人，以及普通摄影爱好者。

【“常德文艺之家”成立】　7月13日，市委常委、市委宣传部部长彭晛丹为“常德文艺之家”揭牌。“常德文艺之家”位于市文联临街办公楼一楼临街门面，展示馆面积127平方米，主体设计由文艺展厅和常德市文化艺术界政协委员工作室两部分组成。“常德文艺之家”以开展系列培训研修活动、文艺志愿服务、座谈、评论、展览展示、艺术排演、作品鉴赏讲座等为形式，吸引更多的新文艺组织、新文艺群体加入文联组织，探索“政协委员工作室+文艺志愿服务”新模式。

【常德市文化艺术界政协委员工作室成立】　2022年4月，常德市文化艺术界政协委员工作室成立，召集人杨莉，12名省、市、县三级政协委员为工作室成员，驻地在市文联（常德文艺之家）。6月21日，市政协副主席张业梅为委员工作室揭牌，市政协文教卫体和文史委主任李卫，市文联党组书记张海卿，省政协委员、市政协常委、市文联主席杨莉及部分政协委员参加揭牌仪式。

【《常德原创文艺奖奖励实施办法》修订出台】　为充分调动和发挥全市文艺工作者的积极性、创造性，推动常德文化强市建设和文艺事业繁荣发展，市文联、市财政局于2021年12月联合行文，对常德原创文艺奖奖励实施办法及奖励资金管理办法进行修订，2022年起正式实施。常德原创文艺奖是常德市委、市政府重点打造的地方特色文化品牌，旨在提升常德文艺原创力，推进常德文艺出作品、出人才，至2022年成功举办7届。

（李芯仪）

常德市社会科学界联合会

【概况】 2022年，常德市社会科学界联合会（以下简称社科联）在市委领导下，在省社科联的指导和支持下，各项工作有力有序推进。市社科联获评全省社科联先进单位。

社会科学研究。严把课题申报关、选题关、评审关，对课题主持人资质、选题方向、应用效果等明确要求。2021年度市级课题共结题139项，其中重大课题结题2项，重点课题13项，合作课题7项。推进成果转化，形成《2021年度社会科学优秀研究成果选编》，择优选编成果专报10期，呈市级领导。开展2022年度市级课题研究，共收到申报材料275项，经材料初审，专家匿名评审、集中研究审定，确定立项课题133项，其中重大课题1项，重点课题14项，与市直单位合作课题13项，落实重大课题开题制度，加强课题中期指导，第一批86个课题已完成结题。出台《常德市社科联专项课题管理办法（试行）》，联合湖南幼儿高等专科学校、常德国学教育研究会完成年度专项课题立项。一批优秀课题进入决策视野，如《加快“五好”园区建设研究》在市政协常委会上进行专题协商，《关于常德加快打造“营商环境”生命线工程研究》被市委书记曹志强签批，6项课题获部门采纳。与市委宣传部共同下发《关于调整充实全市社会科学研究类专家库的通知》，已收录社科专家资料200余份。

社会科学普及。加强基地创建和考核评估，新创建常德图书馆、常德湘联木业“桃源工”非遗博物馆、澧县彭山爱国主义教育基地等8家单位为常德市第八批社科普及基地，实现市级基地全覆盖。全面考核评估创建已满3年的市级基地。举办第一期“常德社科大讲堂”，邀请湖南文理学院马克思主义学院院长黄向阳以“牢牢把握新发展格局的着力点 积极融入国家改革发展大局”为题开展宣讲。广泛开展社科普及宣讲进校园系列活动，邀请专家组织开展禁毒知识、茶礼文化、预防青少年性侵害等社科知识讲座3场次。联合湖南文理学院马克思主义学院创新打造“大学生创新理论宣讲团”，重点围绕政策方针、“四史”学习、乡村振兴等群众关心的热点问题多次进基层宣讲150余场次。抓好社科作品推荐工作，经市社科联推荐的8部音视频作品，入选湖南省优秀社科作品名单，居省内市州之最。

社会组织管理。实施社科类社会组织能力培育提升升级行动，开展党建活动、社科公益活动、社科工作经典案例创建与评选活动和能力培训活动。开展社会组织走访调研近30次，形成常德市社科类社会组织发展调研报告并在《常德通讯》刊登。推进2021年度年检，指导社会组织开展网上申报、分散年检，市级社会组织全部完成年检，年检通过率100%并公开通报。“两新”组织党建工作持续向好，集中开展“两新”党建业务知识培训，传达学习市级改进干部作风、关于优化营商环境等会议文件精神，完成社科联系统社会组织党委换届工作，在省级社科类社会组织党支部书记培训会上作为先进典型分享交流党建经验。实施社会组织党组织组建攻坚行动，开展常态化摸排、动态化组建、规范化提升，2022年新成立社会组织功能型党支部2家。督导兼职党建指导员履职履责，对市级标杆党支部、联合党支部、未建党支部的社会组织选派兼职指导员5名。在2022年市委“两新”工委全体会议暨市直综合（行业）党委书记履行“两新”党建责任述职评议中获评好等次。

社会科学学术交流。开展“喜迎二十大、奋进新征程、助推常德经济社会高质量发展”主题征文活动，从132篇征文中评选出41篇优秀作品。筹办“第十二届湖南省社会科学界学术年会常德分场报告会暨第一届常德市社会科学界学术年会”，省社科联党组成员、副主席王和平出席会议并致辞，特邀湖南省委宣传部原副部长、湖南省社科联原主席郑佳明，湖北大学历史文化学院院长、教授、博士生导师黄柏权，分别作“湖湘文化的历史脉络与人文精神”“神奇三峡 浪漫文化”主题报告，多角度、深层次地阐述中华优秀传统文化的传承与发展、守正与创新。出版《常德英烈谱》《红军在常德故事》，拓展本土红色文化研究视野。

社会科学宣传。加强社科理论类载体管理，严格执行重大事项报告制度，对市国学教育研究会举办的国学教学研讨活动完成提前审批，抓好《魅力常德》《常德名人》等内刊审读工作。下发《常德市社会科学普及基地考核管理办法（试行）》，开展基地走访督促调研，发现问题并及时整改。加强《常德论坛》内刊、“常德社科网”和“常德智库”微信公众号等信息平台管理，落实“三审制”，《常德论坛》编印3期，收录文章90余篇；“常德智库”推送信息200余条。《关于常德市哲学社会科学阵地意识形态工作的调研报告》获评全市宣传系统年度优秀调研报告

2022年12月19—20日，常德市社会科学界联合会第四次代表大会召开。图为会议现场
（常德日报社、常德市社会科学界联合会 供图）

二等奖。市社科联主要负责人撰写的《掌握“三大规律”坚持“四个必须”》《新时代中国十年发展的五大贡献》等理论文章被《常德日报》理论版刊出；依托“常德社科网”“常德智库”等网络平台，转载中共二十大有关新闻和评论文章30余篇。《市社科联抓紧抓实党的二十大精神学习宣传》获《常德宣传》推介。

自身建设。认真落实市委常委会关于换届工作要求，召开社会科学界联合会第四次代表大会。推进高校社科联建设，经市社科联推荐，湖南应用技术学院、湖南高尔夫旅游职业学校获省社科联批准成立高校社科联。到西洞庭管理区、常德高新园区企业开展调研座谈，工作经验在《“千名干部联千企”简报》刊登，调研报告得到市委书记曹志强的审阅，并被市委常委、常务副市长徐永健签批。成功创建省级文明单位。

【社科普及主题活动月启动】 5月26日，常德市社科普及主题活动月以“喜迎二十大奋进新征程　推动常德高质量发展”为主题，在常德高新区举办启动式。省社科联党组成员、副主席王和平，市委常委、市委宣传部部长彭晛丹出席启动式。活动现场为2022年新创建社科普及基地、2022年优秀市级社科普及基地，以及新成立的常德市“党的创新理论大学生宣讲团”授牌。社科普及主题活动月坚持线上线下结合，组织开展专家专题讲座、政策法规宣讲、宣传资料发放、社科普及咨询、社科知识有奖问答等活动，制作90余块社科普及成果展板线上线下同步展示。常德市已连续7年开展社科普及主题活动月，推进哲学社会科学工作。

【中共二十大精神宣讲暨“常德社科大讲堂”专题报告会】 12月19日，市社科系统在锦江酒店举办中共二十大精神宣讲暨“常德社科大讲堂”专题报告会。市委宣讲团成员，市社科联党组书记、主席李云峰作专题宣讲。市社科联党组成员、副主席赵新国主持报告会。报告会上，李云峰以“学习贯彻党的二十大精神，不断推进中国特色哲学社会科学繁荣发展”为题，围绕“党的二十大主要精神”“二十大精神为哲学社会科学发展标定新方向”“把握‘六个坚持’，引领社科理论工作繁荣发展”等三大方面进行总体论述。市社科联全体党员干部、各区县（市）、市直有关单位（含科研单位）、本科及大中专院校、党校（行政学院）、市级社科类社会组织、市内社科普及基地及部分企业的代表共计180人在现场聆听宣讲。

【社会科学界联合会第四次代表大会召开】 12月19—20日，常德市社会科学界联合会第四次代表大会在常德柳园锦江宾馆锦江厅召开。大会听取并审议市社科联第四次代表大会工作报告，修改市社科联章程。大会选举产生市社科联第四届委员会，选举何书元为主席（专职），欧子成（专职）、赵新国（专职）、唐耘、黄向阳、张爱华、杨亚妮、尹翔、王承欣为副主席，曾景昌为秘书长。市委书记曹志强，市委副书记、市长周振宇，省社科联党组成员、副主席王和平，市人大常委会副主任张阳，副市长周代惠，市政协副主席张业梅出席开幕式。各区县（市）、市直有关单位（含科研单位）、本科及大中专院校、党校（行政学院），市级社科类社会组织，市内社科普及基地、部分企业、市社科联机关的代表参加会议。

（向凌琳）

常德市贸促会

【概况】 2022年，常德市贸促会加快拓展贸易促进和投资促进工作，强化商事法律服务，优化服务供给，深入参与国际交流合作，融入“大贸促”体系，调动全市各界力量，各项工作有序推进。

【招商引资】 2022年，市贸促会党组书记赵帮辉率队出访、接待来访、广泛搜寻项目线索，对接企业需求，强化跟踪服务，赴长沙、湖北等地招商7次。签约项目2个：柔性线路板项目（总投资1.2亿元）落户经开区、东力传动设备装配生产项目（总投资1.2亿元）落户高新区。跟踪项目8个，其中7个项目投资意向明显，分别是中剑辰星公司的5G光通信设备制造项目，中铁六局的轨道交通项目，力宇集团的环保脱硝设备生产项目和能源合同管理及设备制造项目，中科院应急产业研究院的应急研究院及常德智慧应急学院（暂定名）项目、萃取植物纤维及生物菌肥项目。

【经贸活动】 围绕全市产业发展和企业需求，多形式参加线上线下各类展会活动10余次。2022年3月，以“携手湖南，共创未来”为主题的迪拜世博会湖南活动周在迪拜世博会中国馆举办。受疫情影响，世博会采取境内境外相结合，线上线下相结合的方式举行。常德组织18家企业参加世博会“湖南商品走进中东线上博览会”，依托湖南企业国际化经营服务平台（EHN）开展线上展览展示。7月，参加2022年第十届中国（呼和浩特）茶产业博览会，拜会内蒙古国际商会和内蒙古亚太东方会展有限公司，走访调研呼和浩特茶产业市场，与呼和浩特知名茶企大盛魁座谈，探讨与常德市茶企合作推广事宜。8月，2022第四届广州世界农业博览会暨第五届直供粤港澳大湾区农产品食品展及产销对接会在广州举行，常德市贸促会组织湖南和利兴农产品有限公司等5家企业参展，现场成交额700万元，达成合作意向的粤港澳企业有30余家，意向成交额2200万元左右。9月，在2022湖南（国际）通用航空产业博览会上设立常德展示专区，介绍常德市在通用航空领域发展的潜在优势和相关的扶持政策。

【服务企业】 贯彻“让数据多跑路、群众少跑路”的原则，优化服务模式，采用“预约+预审”模式，不断提升出证认证服务能力。在经济下行和疫情多发双重压力下，全年高效优质为企业办理一般原产地证365份，合同FOB金额（离岸价格）4663万美元，同比分别增长20%以上；代办领事认证5份，新增办理原产地证企业11家，完成商事法律咨询48人次，为企业“走出去”提供有效的法律服务保障。与常德仲裁委共建仲调对接机制；落实“送解优”活动，与市市场监管局共同推进常德市涉外知识产权保护工作，共建保护机制，共同发布《常德市进出口企业知识产权重点保护名录（第一批）》。按照“稳外资”的中央精神要求，请示市政府成立常德市服务外资企业工作专班机构，调研走访外贸企业120家。面对经济下行、国际贸易壁垒增多局面，广泛收集、整理各类经贸信息，通过微信群等渠道，发布相关信息90余条。联络香港贸发局、韩国龟尾市中国贸易合作代表处、波兰投资贸易局驻华办事处等商协会；筹划常德企业“边关行”经贸活动，与常德相关行业协会负责人及企业在中国陆路口岸西北、西南方向对接商机，寻找市场，提升常德对外开放水平。在2021年与湖南柳叶湖外经产业园发展有限公司结成全面战略伙伴关系基础上，2022年共同举办2场培训会，走访企业40余家，入驻EHN平台（湖南企业国际化经营服务平台）40家。

（吴爱军）

2022年8月18—20日，市贸促会组织湖南和利兴、湖南省垄上行食品有限公司等五家企业2022第四届广州世界农业博览会暨第五届直供粤港澳大湾区农产品食品展及产销对接会

（市贸促会 供图）

常德市残疾人联合会

【概况】 2022年度，常德市9个县市区、5个小区和165个乡（街道）残联换届工作全部完成。完成残疾儿童康复救助896人、困难残疾人家庭无障碍改造1761户，完成率分别为149%、140.8%，其中，残疾儿童康复救助项目获全省优秀等次。16372名残疾人纳入特困供养，49073名城乡残疾人纳入低保；49312名困难残疾人和86430名重度残疾人享受到生活补贴和护理补贴，标准提高至每人每月75元。全市共为55705名残疾人购买养老

保险，为108129名残疾人购买医疗保险，残疾人城乡居民基本养老保险参保率和城乡居民基本医疗保险参保率分别达95%、96%，投入资金203.4万元，为4.68万名残疾人购买意外伤害保险；1951名残疾人享受到托养服务；残疾人基本康复服务率和辅具适配率分别达97.6%和98.78%。2053名残疾学生和困难残疾人家庭子女享受教育资助。印发《常德市"十四五"残疾人保障和发展规划》《常德市促进残疾人就业三年行动实施方案》《机关事业单位带头安排残疾人就业方案》《常德市人民政府办公室关于贯彻落实〈湖南省无障碍环境建设五年行动计划（2021—2025年）〉的通知》等文件，提升常德市残疾人工作政策支撑。出台《常德市残疾人联合会"深入排查风险隐患全力抓好安全生产"行动实施方案》等措施，进一步落实涉残机构安全措施，帮助残疾群体抗击疫情，做好极端天气应急预案，一年来，全市残联系统没有出现一起受疫情、安全和极端天气等影响而发生的群体事件和冲击道德底线的事件。将残疾人申请法律援助等5件事项纳入残疾人服务"一件事一次办"工作范围，推动在残疾鉴定指定医院增设残疾人办证窗口，试点残疾等级评定与办证一站式办结等得到残疾人群众好评。

残疾人防返贫监测。全市残联系统对标中央、省、市巩固拓展脱贫攻坚成果与乡村振兴有效衔接工作市级年度考核内容，对162935名农村户籍残疾人进行排查，将3947名残疾人纳入防返贫监测对象；对50002名就业年龄段未就业残疾人进行摸底统计，为2110名残疾人提供就业、创业和增收帮扶；开展残疾人入户访视活动69997人次，积极为残疾人群众解决"急难愁盼"问题；完成持证残疾人基本状况调查191165例，入户采集率94.69%。

残疾人培训就业。建立各类残疾人培训基地30个，培训各类残疾人2100人次。全市有就业能力的残疾人就业率达65%，其中，农村就业人员为17.3万人，城镇就业人员为3.3万人。共扶持集中安置残疾人企业31家，解决扶持资金100多万元，帮助企业解决用工、场地、发展资金等难题100多个。积极援助支持残疾大学毕业生就业，全市65名残疾大学生，有53名实现稳定就业，就业率达85%。

2022年11月，常德市代表团在湖南省第十一届残疾人运动会上狂揽62枚金牌、23枚银牌、8枚铜牌

（《常德日报》供图）

【参加全省第十一届残运会排名第三】 11月，常德市选派50名残疾人运动员参加四年一届的湖南省第十一届残疾人6个大项34个小项比赛，常德代表团获得62枚金牌、23枚银牌、8枚铜牌，取得金牌榜、奖牌榜和总分3个第三名。

【参加湖南省第七届职业技能竞赛】 8月，常德市组队参加湖南省第七届残疾人职业技能竞赛暨湖南省残疾人就业服务机构工作人员职业指导竞赛，20名残疾人代表在IT网络安全系统管理等12个项目上，收获一等奖1名、二等奖1名、三等奖2名，并取得团体总分第6名、最佳组织奖。残疾人职业技能竞赛为省级一类竞赛，每四年举办一届，由省残联、省人社厅、省总工会联合主办，旨在通过交流提升残疾人职业技能、促进残疾人就业创业。

（彭戎轩）

常德市红十字会

【概况】 2022年，常德市红十字会弘扬"人道、博爱、奉献"的红十字精神，全市共接受捐赠、转赠和下拨救助款物价值1995.96万元（其中款891.52万元、物1104.44万元），用于开展赈灾救灾、疫情防控、扶贫助学和慰问"三献"困难家庭、重特大疾病患者、白血病患儿等，给基层困难群众和易受损害群体送去党和政府的人道关怀。

【救援救灾】 针对2022年6月初突发的洪涝灾害，市红十字会第一时间收集灾情并及时向省红十字会争取援助，市县两级联合开展赈灾救灾工作，为鼎城区、桃源县遭受洪涝灾害的困难群众发放共计10万元的救灾款物。其中，赴桃源救灾慰问信息被《中国红十字报》刊载。

组织红十字志愿服务队参与市应急管理部门救援演练活动、组织实施多起市城区水域溺水紧急救援行动，得到广大市民好评。

【救护培训】 推进应急救护培训工作开展。2022年举办救护师资培训班1期，新增培训师资21人，师资提高2人；举办救护员培训班20期，新增持证红十字救护员923人；普及培训31310人次。新增成立市红十字应急救护、桃源县虎祥、安乡县水上救援3支志愿服务队，与常德市红十字水上救援志愿服务队共同承担救护培训工作任务，壮大救护培训力量。持续加强基础性保障，全年共采购总价值近5万元的心肺复苏模型、AED（自动体外除颤器）训练机、急救包等教学器材，有效保障应急救护培训工作需要。进一步加强救护培训信息化建设，全市“救在身边·红十字应急救护服务平台”运行良好。

【“三献”工作】 发挥市县两级红十字会联动功效，2022年共组织发动48097人次参与无偿献血，献血总量达17吨。开展造血干细胞志愿者招募工作，全年共招募志愿者入库312人，成功完成捐献5人次。持续推动全市人体器官（组织）捐献工作开展，全年共完成志愿者登记3274人，成功实施捐献39例，捐献大器官112个（其中肾脏78个，肝脏34个），遗体捐献1例，眼角膜捐献3例。

2022年7月21日，常德市红十字会在柳叶湖水域开启暑期防溺水巡航

（市红十字会 供图）

【疫情防控】 助力全市疫情防控，市县两级红十字会共筹措接收疫情防控捐赠款物847.9万元，并携手爱心企业和志愿者积极投身疫情防控工作。对高速公路环线七个出入口和火车站疫情防控卡点、医院、社区等一线防疫人员开展“爱心抗疫”慰问活动，为他们送去价值11.9万元的慰问物资；组织红十字志愿者前往部分机关、学校、企业与养老机构开展环境消杀活动；向区县下拨帐篷，供社区、卡口等防疫一线使用，为全市疫情防控贡献红十字会力量。

【乡村振兴】 争取省红十字会“博爱家园”建设项目，成功申报石门县夹山镇栗山村和临澧县四新岗镇雨台社区博爱家园项目，获得项目援建资金共30万元，用于建设卫生室、村级道路和其他公益设施建设。

（余超仁）

法治

综述

【概况】 2022年，常德市政法系统深入学习宣传贯彻中共二十大精神，坚持用习近平新时代中国特色社会主义思想和习近平法治思想指导工作，严格落实党中央决策部署和省委、省委政法委、市委工作要求，政法工作取得明显成效。党建引领。制定出台《市委政法委直属机关党委党建引领政法工作操作规程（试行）》；市中级人民法院获评全国法院司法宣传和通联工作先进单位；市检察院获评全国文明单位，第四检察部获评“全国维护妇女儿童权益先进集体”，武陵区检察院荣获第十届全国检察机关“文明接待室”称号，鼎城区检察院荣获“2022年度全国检察机关宣传先进单位”，临澧县检察院被评为检察机关“守望正义——群众最满意的基层检察院”；市公安局2个集体和4名民警在全国公安系统英雄模范立功集体表彰大会上受表彰，政治部获评“全国公安政治工作成绩突出集体”，交警支队直属一大队获评“全国优秀公安基层单位”，交警支队办公室、直属四大队事故处理中队、津市大队城北中队获评“一星级全国青年文明号”；曾祥富荣获全国特级优秀人民警察及第七批全国岗位学雷锋标兵称号，受到习近平总书记亲切接见；市司法局获评“七五”普法全国先进单位、公共法律服务科获评“全国司法行政系统先进单位”；白洋堤检察院巡回检察办案团队获评全省“刑事执行检察优秀办案团队”。维稳安保。紧扣为中共二十大顺利召开创造安全稳定的政治社会环境这一主线，深入推进源头预防、风险化解、服务发展、依法治理等工作，完成北京冬奥会、冬残奥会、全国两会、中共二十大、省党代会等重要节点的安保任务，是全省最稳定的市州之一。扫黑除恶专项斗争。打掉涉黑组织2个、涉恶犯罪集团7个、涉恶团伙3个，各项打击处理指数居全省第一方阵；市人民检察院获评全省“常态化扫黑除恶斗争先进集体”；市中级人民法院相关工作考评在全省审判机关排名第一。社会治理。在全省率先启动《常德市基层治理网格员管理条例》立法工作；“平安常德580”获评2022年度中央政法委“融媒公共服务”一等奖；市平安办等4个单位获平安湖南建设先进集体，9人获评平安湖南建设先进个人；澧县、津市市获评平安建设重点推进区县市，其中澧县获“平安杯”；公众安全感测评继续保持全省第一。政法领域改革。在全省率先推进刑事案件涉案财物集中管理，实现政法机关涉案财物“一体化管理、换押式移交、规范化处置”；推动政法跨部门大数据办案平台规范运行，提请逮捕、移送审查起诉、提起公诉等线上比例均高于全省平均水平；深化县域警务改革，6个项目在全省公安机关县域警务创新项目大赛中被评为优秀创新项目或成绩突出创新项目，排名全省第一。

社会安全稳定。全力防范化解公共安全风险，创新构建“党政警保民”巡逻防控体系，最大限度扩充巡防队伍、增加巡逻频次，做到白天见警察，晚上见警灯。完善“135”快反机制，着力提升处置重大案（事）件和突发事件快速反应能力，全市划定快反圈61个，组织快反演练10余次，制定下发预案，对突发案（事）件分级分类细化应急措施。在重要节点常态化开展安全检查行动，共检查重点场所、重点部位5000余家次，下达整改通知书3000余份。对重点物品生产、销售、使用开展3轮专项整治，对危爆物品生产、存储、运输全流程监管。在全省率先出台《关于建立健全寄递安全监管协作配合工作机制的意见》，严格落实寄递物流企业“3个100%”（收寄验视100%，实名收寄100%，过机安检100%）要求。深入开展夏季治安打击整治“百日行动”，全市治安、刑事警情明显下降，破案数、破案率明显上升，发案持续下降。

扫黑除恶专项斗争。健全“54321”线索核查流转机制［“5”是指畅通线索摸排登记、研判转办、甄别核查、打击处理、回复回访五个流程；“4”是指线索核查实行“四长负责制”；“3”是指确保矛盾纠纷线索调解办结到位、涉法涉诉信访线索依法处置到位、违法犯罪线索打击处理到位；“2”是指压实行业部门、乡镇（街道）党员干部线索摸排责任；“1”是指规范一本台账，按照“一线索一台账”的要求，实行卷宗化管理］和举报奖励机制，开展涉黑涉恶举报线索大起底、大复查、大摸排。推行“双挂模式”侦办案件，对大案要案实行挂牌督办、对在侦案件实行挂图作战。建立健全纪法协同机制，对涉黑涉恶腐败问题和“保护伞”线索实行双移送。建立动态更新的涉黑涉恶“漏网之鱼”目标逃犯清单，常态化开展追捕行动，抓获涉黑涉恶逃犯9名。扎实推进打击整治“村霸”专项行动，打掉“村霸”涉黑涉恶团伙3个，查处各类“村霸”1178人。聚焦“四大行业领域”（信息网络、自然资源、交通运输、工程建设四大行业领域）专项整治出台各类制度机制50余项，接续开展新“三大行业领域”（教育、金融放贷、市场流通三大行业领域）专项整治。深入学习宣传贯彻《中华人民共和国反有组织犯罪法》，先后举办专题培训67场，发放宣传资料26万余份、开展主题宣讲1000余场，采取多种方式提高群众守法意识和用法能力。

社会治理。严格落实平安建设领导责任制，将平安建设和社会治理纳入市委经济工作会议通报表彰、党委政府专项督查，全面构建党委领导、政府负责、群团助推、社会协同、公众参与的治理体制。统筹推进全能综治中心、“434”网格协同体（4支队伍、3张清单、4项制度）、信息化一体化平台建设。健全19志愿日制度、众创平安之星评选机制，建设人人有责、人人尽责、人人享有的社会治理共同体。充分发挥网格化管理“434”体系和平安网格微信群作用，排查矛盾纠纷41934万起，化解41225起，化解率98.31%；深入开展婚恋家庭纠纷摸排专项行动，摸排纠纷5175起，化解5142起，化解率99.36%。创新“一网查一键通一站办一数考”矛盾纠纷排查调处流程，全面推行“乡街吹哨、智能流转、部门报到”工作机制。严格重点区域场所“四防”措施，持续开展安全隐患排查整治与路外环境优化等工作，实现年度“五杜绝三控制”（杜绝群体性哄抢铁路运输物资事件；杜绝因治安问题导致列车颠覆、群死群伤事件；杜绝拦车断道、中断运输事件；杜绝护路队员责任伤亡及监守自盗违法事件；杜绝出现中央和省护路办新挂牌且年内不能摘牌的重点区段、重点问题；铁路交通死亡事故得到有效控制；危行案件、机动车和大牲畜肇事得到有效控制，铁路护网进人数得到有效控制。）任务目标。扎实推进“3+1”（打击整治侵害未成年人违法犯罪、电信网络诈骗、危险驾驶、公职人员涉毒）专项行动，创新开展“无未成年人犯罪或受害、无危险驾驶、无诈骗村（社区）和无毒害单位”创建活动。全面构建“1+6+N”（“1数”：创立1个社会治理指数，设置社会平安、风险防控、共建共治3项一级指标、20项二级指标、66项三级指标，指数覆盖到市县乡村、市县部门单位，实行一日一生成、一月一讲评，纳入平安建设、无上访村（社区）建设、绩效考核重要内容；“6全”：打造全能综治中心、全科网格赋能、全城雪亮守护、全域风险防控、全网580服务、全周期众创码六全实战系统；“N制”：建立完善数据治理、讲评调度、民意调查、培训研讨等制度机制）智治体系，实现智能预警、智能调度、智能考核。全面建强平安常德580共治平台，创立社会治理指数系统，整合76个部门53亿余条数据，推动市县乡村一体化平台实战运行，搭建政府、社会组织、干部群众共同参与社会治理的互联网渠道，全市通过“平安常德580”APP上报民生问题1.3万件，办结率98.86%。

执法司法。完成《常德市生活垃圾管理条例》《常德市饮用水水源保护条例》立法工作。推动政法跨部门大数据办案平台网上单轨制运行和涉案财物集中管理。持续开展“百种类案大评议、千案大评查、万案大公开”活动，发布推送典型案例1330件，评查各类重点案件4900件。深化审判、检务、警务和狱务公开，完善多层次诉讼制度改革，深化司法责任制综合配套改革，出台《全市政法机关执法司法制约监督机制工作规范》。强化领导干部带头尊法学法守法用法，将习近平法治思想作为市委理论学习中心组、市政府常务会、政法单位理论学习中心组学习内容，列为党校必修课。加强普法宣传，制定实施全市“八五”普法规划，建成市新安学校、武陵区第一完小省级法治教育示范基地，编排常德丝弦、澧州大鼓、桃源小汉戏等本土法治文艺节目。健全公共法律服务体系，市公共法律服务中心入驻“市民之家”政务大厅，受理法律援助案件3218件。

服务中心。贯彻落实“常德政法护企惠企20条”，并优化形成“常德政法护企惠企30条”，出台《关于加强知识产权司法保护的实施意见》，印发《关于进一步整顿全市法律服务市场依法规范涉企法律服务的实施方案》，常态化开展“法律服务进企业”“十院百企行”“百千万联企护航”等暖企惠企活动，入企走访1952次，发放普法宣传资料3万余份，提供法律咨询1231次。相关做法先后被《中国营商环境报告2021》《法治日报》等推介。持续落实“万名干警联基层”工作制度，全市政法干警联系1875个网格，走访群众47.8万人次，收集社情民意1.8万条，排查各类安全隐患4092起，帮助群众解决困难1.5万个。组建市县乡平安建设宣讲团，深入乡村、学校、企业，开展宣讲活动3000场次。发挥政法系统执法司法和社会治理优势，运用“大数据+网格化”管理手段，常态化服务疫情防控工作。

政法队伍。把学习宣传贯彻中共二十大精神作为首要政治任务，通过收听收看开幕式、组织理论学习中心组学习、召开市委政法委全会等方式学习宣传中共二十大精神；联合红网开展常德市政法系统深入学习贯彻中共二十大精神深刻领会习近平法治思想“理想在岗位上闪光知识竞赛”，迅速掀起学习宣传贯彻中共二十大精神热潮。对全市300余名政法领导干部开展政治轮训，教育引导广大政法干警筑牢政治忠诚根基，推动政治轮训全覆盖。加强自我约束，杜绝违反规定为案件当事人及其关系人传递涉案材料、打听案情和打招呼说情等现象发生，干警个人自查事项报告表填报率100%。组织开展领导干部违规收受红包礼金专项整治、“三公”经费专项自查、领导干部在企业兼职（任职）和政法干警涉毒吸毒排查，严格落实《关于加强民警“八小时以外”活动监督管理的暂行办法》。出台《市委政法委（市法学会）机关日常工作管理百分制考核办法》，进一步强化日常管理、改进工作作风，提高办事效率。

【30名政法系统执法监督员正式受聘上岗】 6月14日，全市政法系统执法监督员选聘大会召开，市委常委、市委政法委书记刘国龙出席会议，并为会上聘请的30名执法监督员颁发聘书。聘请的执法监督员有人大代表、政协委员、律师代表、教职员工、新闻工作者、专家学者、企业家等，任期为2年，拓宽群众参与和监督司法的渠道，促进执法监督科学化、制度化、规范化运行。

【常德市入围第二批全国禁毒示范城市创建名单】 7月27日，2022年湖南省禁毒工作电视电话会议召开。常德市委常委、市委政法委书记、市禁毒委第一副主任刘国龙，副市长、市公安局局长、市禁毒委常务副主任余良勇在常德分会场参会。会议通报全省禁毒工作情况，永州市、湘潭市获评首批全国禁毒示范城市，长沙市、常德市、益阳市入围第二批创建名单。会议通报2021年度全省禁毒工作绩效评估结果，常德市获评市州优秀等次，桃源县、鼎城区、武陵区获评区县（市）优秀等次。

【市委全面依法治市工作推进会召开】 11月3日，市委全面依法治市工作推进会召开，市委常委、市委政法委书记、市委全面依法治市委员会成员兼办公室主任刘国龙出席会议并讲话。副市长、市公安局局长、市委全面依法治市委员会成员余良勇主持会议。2022年，市委全面依法治市办深入做实做细科学立法、严格执法、公正司法、全民守法“四篇文章”，在加强制度供给、建设法治政府、深化司法改革、精准普法宣传、优化法治化营商环境等方面取得显著成效。常德市大力推进《常德市贯彻落实〈关于进一步加强市县法治建设的意见〉的工作方案》的实施，在3～5年内落实77项任务清单，促进法治常德建设提质增效，加快推进《常

2022年10月20日，常德市委政法委机关党支部开展巡逻防控主题党日活动

（王　敏 摄）

德市平安建设网格管理条例》和《常德市城市绿化管理办法（修正）》的立法进程，不断提高地方立法质效。

（姚　彬）

法治政府建设

2022年11月，常德市司法局在津市市开展法治建设实地督察工作

（市司法局 供图）

【概况】　2022年，常德市坚持以习近平法治思想为指导，大力推进科学立法、严格执法、公正司法、全民守法，法治政府建设取得明显成效，武陵区获评第二批“全国法治政府建设示范地区”。

坚持党对法治建设的领导，加强对法治建设的总体部署、统筹协调、整体推进和督促落实，制定《法治常德建设工作方案（2021—2025年）》和《常德市法治政府建设工作方案（2021—2025年）》，明确常德市推进法治政府建设的指导思想、目标要求和具体举措。市委理论学习中心组带头专题学习习近平法治思想，引导各级党委、政府加强对习近平法治思想的宣传和学习，湖南文理学院与市人民检察院合作共建湖南省首个“习近平法治思想研究实践基地”。聚焦领导干部这个“关键少数”，建立健全领导干部年终述法制度，督促各级各部门将法治建设与业务工作深度融合，形成齐抓共管、同频共振的强大合力。将法治建设纳入市级层面督查计划，坚持专项督查与日常督导相结合，确保各项工作任务落地见效。

完善法规制度。制定《常德市人民政府2022年度重大行政决策事项目录》，为重大行政决策的制定提供程序指引和制度保障。全面落实政府权责清单制度，对市政府工作部门权责清单实施动态调整并向社会公开，做到“所有权力进清单、清单之外无权力”。以社会发展新问题和民生保障新需求为导向，制定“小快灵”地方性法规《常德市住宅小区电动车充电安全管理规定》，修订《常德市生活垃圾管理条例》《常德市饮用水水源保护条例》，修改《常德市城市绿化管理办法》。严格文件管理，全年对258件规范性文件进行合法性审查，保证文件的权威性、准确性。

政务服务。大力实施优化营商环境“生命线工程”，出台《常德市优化营商环境2022版》，扎实推进115项改革举措，在全省率先启动“湖南营商码”试点。积极推动“一件事一次办”政务服务升级，“互联网+政务服务”平台实现市县两级516个部门和169个乡镇（街道）、2262个村（社区）全覆盖，配置服务事项15.4万个，全年办理业务348.8万件，服务群众288.7万人次。全面深化“三集中”“三到位”改革，启动前台统一受理、后台分类审批、统一窗口出件的“一站式”政务服务模式，变“一事跑多窗”为“一窗办多事”，行政审批效率显著提升。政务服务“四办”、金融超市等改革经验被《全国优化营商环境简报》推介。

【执法监督检查】　推行柔性执法，在全省率先出台《关于落实〈中华人民共和国行政处罚法〉不罚轻罚规定大力推广柔性监管的指导意见》，制定不予处罚、减轻处罚、从轻处罚“三张清单”，13家市直单位制定并向社会公示执法领域免罚清单。积极开展联合执法，针对市场监管、生态环境、交通运输、自建房、安全生产等重点领域，组织开展跨部门联合“双随机”执法检查，进一步降低执法频次、提升监督实效。探索推进综合执法，以桃源县陬市镇为试点开展乡镇综合行政执法改革，成立陬市镇综合行政执法大队，整合交通运输、市场监管、农业、文化市场、城市管理等领域执法事项，有效避免分散执法、多头执法等问题。

【基层矛盾化解】　建立“乡街吹哨、部门报到”机制，设立矛盾问题排查率、响应率、办结率、满意率、优秀率“五率”考评指标，强化矛盾纠纷及时就地化解，全年调解矛盾纠纷4.6万件，调解成功率98.9%。持续深化行政复议体制改革，强化行政复议决定的监督职能，拓宽群众参与案件审理渠道，全年办结复议申请251件，直接纠错39件、调解和解85件。狠抓行政机关负责人出庭应诉制度落实，进一步落实行政机关负责人出庭应诉制度，全年收到行政机关负责人出庭应诉通知232份，实际出庭226件，其中“一把手”出庭应诉23件。充分发挥律师、基层法律服务工作者作用，全市2262个村（社区）配备法律顾问，实现法律顾问全覆盖。

（胡　晶）

公安

【概况】　2022年，全市公安机关全力做好中共二十大安保维稳，持续巩固深化党史学习教育和教育整顿成果，先后打赢“沅澧安澜”强基会战、“百日行动”、中共二十大安保维稳等多场硬仗，刑事案件、治安案件、交通事故“三下降”，公安民调排名全省第一，在市人大优化营商环境评议中排名前列，全市社会政治安全和治安大局持续安全稳定。

安保维稳。严管严控重要节点。严格执行节点警务模式，全年重要节点平稳度过，重要警卫安保任务完成。中共二十大安保维稳期间，全警取消休假投入战斗，中共二十大安保维稳获得胜利。落实落细矛盾纠纷排查化解。深入开展“枫桥式派出所”创建活动，完善矛盾纠纷多元化解机制，推进“警调衔接”“民调入所”“律师进所”等举措落地落实，矛盾纠纷排查化解率达95%以上。高质高效抓好信访攻坚。深入开展宣传贯彻《信访工作条例》行动，狠抓疑难信访案件攻坚化解，国家、部省交办疑难信访案件全部化解，全市无公安部挂牌整治区县，信访工作全省第一。

平安建设。以“沅澧安澜”强基会战和夏季治安打击整治“百日行动”为抓手，全力打击各类突出违法犯罪活动，全市现行命案破案率100%，破获多起命案积案，八类重大案件破案率97%。常态化开展扫黑除恶。全面抓好《中华人民共和国反有组织犯罪法》实施落地，组织开展涉黑涉恶线索大复查、大起底、大摸排，推进新一轮“三贷三霸”专项行动，全市共打掉12个涉黑涉恶组织集团，刑事拘留100余人，战果持续保持全省第一方阵，扫黑除恶专项斗争经验被省厅推介。严打电诈犯罪。制定出台《常德市打击治理电信网络诈骗犯罪和跨境突出犯罪工作责任制规定》《常德市涉诈重点人员管控工作办法》等制度规定。深入推进专项行动，实现“两降两升”，即发案数、损失数分别同比下降19%、32%，破案数、抓获犯罪嫌疑人数同比分别上升31.6%、68.24%。深入推进“利剑护蕾”行动。性侵未成年人现行案件全破，近五年积案破案率、逃犯到案率均达100%，全市打击性侵犯罪破现案数、破积案数和抓获人数均排名全省第一。组织开展性侵未成年人案件专项评查，在全市建成9个“一站式”取证点。严打养老领域违法犯罪。严厉打击整治养老诈骗犯罪，全年抓获犯罪嫌疑人近300人，追赃挽损3.09亿元，深入开展养老领域非法集资犯罪专项行动，对全市450余家养老机构排查整治。依法严打金融领域犯罪，挽回直接损失5.7亿元。强力推进缉毒执法。深入推进新一轮禁毒人民战争，开展专项行动，高位推动全国禁毒示范城市创建工作，全面落实三级破案制度，禁毒工作满意度排名全省第一。全面整治治安热点。突出抓好“昆仑2022”“生态三湘”“十年禁捕”等专项行动，侦办破坏生态环境刑事案件200余起，侦破部省督案件8起，专案获公安部肯定。侦办各类食品药品、侵犯知识产权及其他生产、销售伪劣商品案件73起，“1·3”生产、销售有毒、有害食品案入选最高人民检察院惩治制售假冒伪劣商品犯罪典型案例。

公共安全保障。道路交通整治。推进市、县、乡三级道安办实体化运行，乡镇道安委、道安办建成率达100%。探索农村事故预防工作新机制，制定《常德市道路交通安全“三无”乡镇创建工作方案》，农村交管力量进一步充实。持续推进道路交通风险隐患排查治理，772处隐患路段治理完成，全市城区摩托车、电动自行车戴帽率达95%以上，全市一般程序道路交通事故、死亡人数分别同比下降15.21%、33.33%。公共安全隐患整治。开展安全生产大检查、自建房专项整治行动，135处安全隐患落实整改。开展产业园区治安风险集中排查整治，走访排查产业园区企业6000余次，查改问题隐患1500余个。深入开展危爆民爆物品安全专项整治，对全市民爆物品从业单位、易制爆危化品从业单位摸底清查，确保危爆民爆物品管控到位。重点单位风险防控。抓好银行金融机构安全防范设施建设，银行营业网点案件事故零发生。深入推进“护校安园八项措施”，清理整治涉校安全隐患700余处，全市中小学、幼儿园专职保安员配备率、一键式报警联网达标率、视频监控联网达标率、封闭化管理完成率均达100%。联合交通、邮政等部门加强寄递物流监管，共清查寄递企业1300多次，督促整改500余次。服务疫情防控和防汛救灾。持续坚守“外防输入、内防反弹”防线，市县公安防疫专班24小时运转，抓实抓细流调溯源、数据筛查、涉疫违法犯罪打击，特别是鼎城、武陵突发疫情后，市公安局防疫专班迅速反应，派出精干专业力量支援，组建一支200余人的疫情防控应急队常态备勤，有力服务疫情防控大局，得到市委、市政府充分肯定。立足防大汛、抗大旱、抢大险、救大灾，投入警力3000余人次协同相关职能部门参与救援，全力守护人民群众生命财产安全。

服务发展。坚持以人民为中心的发展思想，以接受人大评议为契机，深入开展“改进干部作风优化营商环境”“我为群众办实事”活动，切实提升公安服务能力水平。实行全警上门走访。制定下发改进干部作风优化营商环境工作方案、优化营商环境“五项承诺”。市县两级局领导带队，2轮次上门听取市县人大代表、企业家代表意见。贯彻落实省厅“服务经济社会发展十五条举措”、市委政法委“护企惠企二十条措施”，深化“百千万”联企护航行动，2022年共联系走访企业3000余家，解决实际问题1000余个，涉企案件、矛盾纠纷下降30%以上。创新公安“放管服”改革举措。制定简化户政与出入境证件办理“六项举措”，推行高层次人才绿色通道、放宽城镇购房落户条件等，帮助2800余名进城务工人员落户，紧急办理赴港澳签证100余次。推行23项户政业务“全城通办”模式，武陵城区率先试点，工作成效获公安部肯定。运用微信二维码重新制定人口业务一次性告知清单，发放、张贴宣传单5万余张。提升政务服务效能。全面开展“走流程、解难题、优服务”活动，组织开展新一轮“五星级公安政务服务窗口单位”评选。2022年，政务服务中心公安专区正式运营，77项业务入驻办理。市城区建成4个交管便民服务中心，新增24项交管业务实现就近办理，组建数字化交警中队，“零距离”服务城区商圈。

规范执法。机制规范。制定下发《全市公安机关进一步规范执法八项措施》《“百日行动”规范执法七项措施》《进一步规范取保候审、监视居住强制措施适用的执法指引》《规范执法办案管理中心实体化运行方案》，健全刑事案件跨部门大数据办案平台流转运行机制，全市公安提请批准逮捕和移诉审查起诉的网上流转率达99.6%；落实侦查监督与协作配合机制，市县两级均挂牌成立检察院、公安局侦查监督与协作配合办公室。流程规范。常态化研究执法问题，落实刑事案件“三统一”、行政执法四项制度、涉疫案件市局审核等规定要求，全市共设立15个受立案管理室，在城区派出所和较大规模农村派出所共建立受立案窗口70余个，严格案件审核清单制，共审核刑事案件1.1万余起、行政案件1.3万余起。监督规范。大力推行阳光警务，全年公开行政处罚决定书6000余份，涉案财物近2万条，近200条投诉及时回复处理。严格落实执法监管，监管平台预警整改率达99%。制定出台《市公安局贯彻落实中央人大工作和省级会议精神意见》，完成省人大通报的电信网络诈骗类问题案件整改，推动落实市人大常委会对基层派出所、交警大队执法规范化建设情况审议意见，认真办理7件提案建议，满意率达100%。

基层基础。牢固树立大抓基层、大抓基础的导向，推动重点下移、警力下沉、保障下倾，不断增强基层实力、激发基层活力、提升基层战斗力。基层警务分类指导。制定下发加强基层警务工作分类指导意见，综合施策推进警力下沉，力求基础工作更有针对性，更务实有效。深化城乡社区警务战略，全市共2000余个警务室落实警力配置；建强园区警务指挥体系，加强警企联动联治，1100余名项目警官驻园工作；强化商区治安管理，探索运行“警保联动”机制，渐次发挥1.1万名保安员作用，提升城市治理质效；优化农区警务机制，实行“片区+村社”警务模式，积极服务乡村振兴大局。基础设施建设。启动《常德市公安基础设施国土空间专项规划》编制工作，推进派出所用房数据库建设，运用“改、扩、买、换、借、租、建”等多种方式解决派出所“无房”“危房”及面积严重不足问题，共新建改建派出所15个。市局监管中心项目启动建设，严格落实全市公安机关“一所

2022年1月10日，市公安局举行庆祝“中国人民警察节”升警旗仪式。市人民政府副市长、公安局局长余良勇（前排左二）出席仪式并带领全体民警重温入警誓词
（谭　缜　摄）

一队一车”工程，共配备执勤车辆200余辆，实现基层所队全覆盖。9个执法办案管理中心建设、27个派出所（内设机构）执法办案区升级改造完成。科技信息化支撑。全力开展全国社会治安防控体系建设示范城市创建，“四门落锁”的三级治安防控圈基本构建完毕。深入开展“雪亮工程”建设。

队伍建设。政治建警。抓好政治建警意见规定的贯彻执行，严格落实第一议题制度，实行每周一集中学习，开展《公安机关人民警察内务条令》专项学习、党性教育基地现场教学系列活动，配发政治理论学习书籍2000余本，实现民警集中培训学习全覆盖。从严治警。严格落实新时代政法干警“十个严禁”、公安部违规宴请饮酒“六项规定”、省厅“三个一律”等制度规定，制定出台《关于重申财经纪律的“十条规定”》，开展清廉警营建设，深化红包礼金问题整治，持续营造风清气正政治生态。出台加强机关民警考核制度规定，推行“在岗不为”的机关民警转岗下基层派出所重拾从警初心行动。全面提高能力素质。开设新警培训班，组织最小作战单元现场处置专项训练，围绕应对处置重大案事件进行实战演练，组织指导各区县培育推出10个“五小五随”（运用“小时间、小场地、小教官、小课程、小作战单元”，随时、随地、随岗、随事、随案开展训练）示范所队。暖警惠警。全面落实走访慰问、表彰奖励、执法维权、健康体检、心理疏导等各项暖心惠警措施，走访慰问民辅警及家属530余人次。举办第二个“中国人民警察节”荣誉颁授仪式，全年表彰授奖集体21个、个人418人。全市41个集体、713人次立功嘉奖。市公安局政治部被评为“全国公安机关政治工作成绩突出集体”，津市市公安局被评为“全国公安机关执法示范单位”，

2022年9月16日，常德市公安机关在市局警官培训中心举行“喜迎二十大 忠诚保平安”誓师大会（谭　缜　摄）

交警支队直属一大队、石门县公安局国保大队被评为“全国优秀公安基层单位”，武陵公安分局永安派出所获评“全国枫桥式公安派出所”，涌现出“全国特级优秀人民警察”曾祥富、“全国最美基层高校毕业生”戴贝贝、“全国公安机关爱民模范”周世华，“全国公安机关成绩突出个人”史峰、“全国优秀人民警察”郭作全、黄春明等系列先进典型。

2022年，常德市公安局纵深推进中共二十大安保维稳工作。全年全市未发生重大国家安全案事件、未发生暴恐案件、八类案件破案率达98%以上，治安警情、刑事警情、交通事故起数实现“三下降”，为中共二十大胜利召开创造安全稳定的政治社会环境。市局领导班子分片包保，从6月开始均实地督导，先后开展4轮次专项督察。市县两级公安机关中共二十大安保维稳办公室实体运行，抽调专人集中办公，建立调度推进6项机制，实行日汇总、周通报、月讲评，共召开各类调度会、推进会等20余次。分段推进，从5月起部署“沅澧安澜”强基会战，突出“重点人员、物品、场所”三重大起底大管控；从6月底起，深入开展夏季治安打击整治“百日行动”，突出以打保安、以打促稳，全面净化社会面。对中共二十大安保维稳工作主要指标，实行每周区县排名和城区派出所排名，对工作表现突出的参战民警予以重奖，先后开展战时表彰、战时慰问110余人次，市直公安系统提拔重用90人，选树推荐“安保之星”10名。组建党员民警先锋队70余支。

（郭　禹）

巡逻防控工作。2022年，社会治安巡逻防控工作进入常态化运行，全市15个区县（市）参与巡逻防控警力15万余人次，警车7万余辆次，街面违法犯罪警情数、治安刑事案件发案数同比呈下降趋势，全市社会治安秩序持续向好，巡逻防控工作先后在《人民公安报》《常德日报》整版推介。将城区街面划分为15个巡区网格，科学制定巡逻路线59条，设置24个交警驻点值守重点路口。采取步巡与车巡、昼巡与夜巡相结合的方式，着重加强城内主要街道、重点部位和重点区域的巡逻，提高见巡率、管事率和抓获率，形成“见警察、见警灯、见警车”常态长效巡防机制。市公安

局制订“警保联动”实施方案，以派出所辖区为单元，合理划分治安巡防网格，实行“以警带保、警保结合”方式，共同开展治安巡防。

（谢 阳）

疫情防控。第一时间成立防疫专班，实行24小时全天候运转，迅速组建市县两级公安流调队伍，与卫健、疾控等部门通力协作，全力为疫情流调溯源工作提供科学精准的数据支撑。2022年，坚持开展常态化巡逻防控，日均投入警力2000余人次，在重点区域、重点部位巡逻执勤，全面提升城区社会面防控水平，累计投入警力89110人次巡防值守。按照“非必要不举办”原则，严格对各类大型会议、聚集性活动审批，对确需举办的大型活动，督促主办单位落实防疫责任，压减活动规模，灵活采取线上线下相结合的形式开展，最大限度降低交叉感染风险。全市共受理40余起涉疫行政案件。

（陈立新）

法治公安建设。2022年，市公安局获评2022年度全市“法治政府建设工作优秀单位”，津市市公安局获评“全国公安机关执法示范单位”，鼎城区公安局获评“全国公安机关建设应用成效突出执法办案管理中心”。制定《进一步规范执法八项措施》，切实强化对执法全流转的监管。2022年，市公安局机关领导集中学法15次，全市举办法治培训50余次，武陵、石门、津市打造“新河警课堂”“山城铁警训练营”“津警夜校”等培训品牌。市公安局与市检察院联合印发《侦查监督与协作配合办公室工作细则》，召开联席会议9次。定期对涉案财物、执法办案区、监管场所巡查检查，开展安全检查8次，下发通报10期，解除警情900余条。完成全市12个执法办案管理中心建设、31个所队执法办案区升级改造任务，建成执法大数据智能监管平台。

（周 师）

人口管理。加强户籍人口管理。2022年，持续深化户口清理整顿，重点对死亡未销、一人多证、百岁老人等专项清理。被省公安厅入境局评为优秀单位。解决无户口人员落户问题，保障每个公民依法登记一个常住户口，为无户人员补登户口。二代身份证指纹补采工作，确保实现应采尽采。全面规范居民身份证业务办理，全年全市共办理居民身份证20余万人次。优化便民举措，在全市各区县身份证受理点开通首次申领居民身份证“跨省通办”业务，在武陵城区11个户籍派出所开通户籍业务“全城通办”模式，群众可以不受限于户籍所在地，选择就近办理出生登记、辅项变更更正、户口注销、迁入登记、迁出注销、户籍证明等6个大类23项户籍业务。组织各区县对辖区实有人口信息开展落地核查。平安建设流动人口服务管理工作考评成绩位列全省第一。

（胡智慧）

出入境及往来港澳台管理工作。确保“12367”全国出入境管理咨询服务平台正常运转，落实平台话务全年365天7×24小时接听、流转、办理工作，为申请人建立畅通的业务咨询反馈渠道。优化营商环境，为小微企业等非备案企业推出商务签注服务，缩短商务签注办理时间，为5家企业提供加急办证服务。继续为市民提供延时办证、周六办证、免费照相复印等服务，设置预约窗口、军人优先窗口，为申请人提供加急办证服务。11月1日起恢复开通澳门团队旅游智能签注服务。市公安局出入境窗口整体搬迁至市民之家公安服务专区，落实公安政务服务业务“一门式”全覆盖。扎实落实办证源头管控，继续严格执行非紧急非必要不出境政策，组织全市窗口开展护照实质性审查业务培训；严格执行赴澳签注审查，有效拦截可能赴澳涉赌参赌人员；严格执行护照办理实质性审查，与刑侦反诈“协调办”建立联合审查机制，有效拦截可能出境参与涉网络电信诈骗活动嫌疑人员，出国境管控工作成绩突出，被省公安厅出入境管理局评为优秀单位。认真执行港澳旅游签注的调控措施，全力落实窗口劝导居民减少非必要出国及往来港澳台活动的工作，通过加强实质性审查拦截无必要合理事由出境及往来港澳台人员，向出境及往来港澳台人员发送境外安全提示短信。

（汪 抒）

扫黑除恶专项斗争。2022年，常德市公安局扫黑除恶专项斗争成绩持续保持全省第一方阵，被省公安厅评为扫黑除恶专项斗争先进单位，在打击整治“三贷三霸”（非法放贷、非法催贷、套路贷、沙霸、矿霸、路霸）专项行动中成绩突出，得到省厅通报表彰，在打击整治“沙霸”“矿霸”等自然资源领域黑恶犯罪专项行动中整体成效突出，常德市公安局在全省专题会议上作典型发言。所有涉黑案件及重大涉恶犯罪集团均由市公安局局长任专案指挥长，对涉黑案件、重大涉恶犯罪集团案件实行“提级侦办、异地用警、交义办案”，参战民警实行“集中食宿、脱产办案”；对涉黑涉恶在逃人员逐人逐案成立追逃专班，实现黑恶逃犯全市清零。先后开展“6+1”（为确保扫黑除恶专项斗争行动实效，常德市在明确13类涉黑涉恶违法犯罪打击重点的基础上，集中组织开展了打击涉枪、涉众、涉霸、涉毒、涉砂、反侵财打销赃、聚众扰乱社会秩序等涉黑涉恶违法犯罪的“6+1”

专项行动）和信息网络、自然资源、交通运输、工程建设等十大行业领域专项整治行动。

（徐　闽）

打击电信网络诈骗犯罪工作。2022年，全市公安机关坚决打好依法严惩、行业治理、预警反制、源头管控、宣传教育“五大攻坚战”，有效遏制全市电信网络诈骗犯罪持续快速上升的势头。深入开展“云剑”“沅澧安澜”“断卡”“断流”等专项行动，2022年全市共破获电信网络诈骗案件1000余起，同比分别上升39.47%和44.57%；立案3595起，损失2.83亿元，同比分别下降16.18%和25.52%，实现“两升两降”工作目标，为群众追赃挽损2000余万元，有效遏制了此类案件快速上升的势头。出台《常德市公安机关重大电信网络诈骗案件侦办工作机制》，对重特大电诈案件开展全链条打击，组织侦破部、省督办“1·12”专案、“3·29”专案。对涉电信网络诈骗犯罪问题突出重点县市区每月一通报，对问题严重、整改不力的乡镇街道挂牌整治。充分发挥科技手段威力，构筑覆盖全市的预警反制“安全网”。2022年累计电话预警群众155.47万次、短信预警群众549.7万条，封堵域名网址2.3万个，有效防止群众潜在损失2000余万元。

（朱　震）

巡特警工作。2022年，巡特警支队全面深入开展社会面反恐巡防、快反处突、应急备勤、留置看护等工作，全力维护社会治安大局持续稳定，被市公安局评为工作成绩突出集体、2022年度“清廉所队”。特勤技术大队被评为市局先进基层党组织；民警申玉明在长沙带队抗疫3年，被公安部、共青团中央通报表扬。保证每天固定警力开展巡防，确保快速反应。配套出台警用装备、巡逻防控、反恐处突、值班处警等方面制度规范。中共二十大安保工作期间，累计出动警力4818人次、巡逻车1314辆次。根据巡特警职能主动参与“护校安园”等专项行动，以学校、幼儿园周边为重点，及时调整巡防时间和路线。年内参与重大警保卫、清查、抓捕等各类行动共计30余次。根据省公安厅紧急通知，10月30日，市公安局组建一支由巡特警支队牵头，抽调四个区县警力共56人的援怀抗疫突击队，由巡特警支队副支队长肖红彪带队前往怀化市鹤城区参与当地疫情防控工作。11月24日下午，根据市疫情防控指挥部和市公安局党委指示，巡特警支队再次牵头，由党委书记、支队长张辉祥带领市公安局疫情防控突击队105人逆行出征，与鼎城人民共克时艰。2022年，巡特警支队从装备建设、集中演练、训练考核等各方面全面提升业务能力和水平。按程序购置新的警用实战装备，配套出台专门实施细则，确保警用装备良好技术状态和使用效能。

（胡　娟）

【创新“警保联动”机制打造快反快处警务】　2022年，常德市公安局创新市级调控、区县主导、派出所主抓、保安公司、物业公司、机关企事业单位参与联动的“警保联动”警务模式，构建一体化、扁平化、实战化、智能化联动警务。6月底，市公安局党委多次召开专题会议探讨部署警保联动工作，决定在武陵、高新、柳叶湖三区进行试点运行。7月4日，出台《常德市公安局“警保联动”试点工作实施方案》，明确全市公安机关各警种工作职责。8月，市公安局组织全市各区县（市）公安局观摩高新区、武陵区、柳叶湖度假区警保联动实战演练活动，检验前期试点工作成果，并在武陵公安分局召开现场推进会。9月，市公安局总结试点区县的经验做法，加以完善改进，在前期试点的基础上推动全市警保联动不断成熟。2022年年底，全市15个区县（市）公安机关建立警保联动会议制度，在区县一级公安机关构建保安联勤联防指挥调度平台，建立完善“警保联动”分级应急预案，对辖区小区、重点单位全覆盖，形成分局、派出所、社区民警、保安四级联动体系，确保遇有突发事件、重大案件时能够对保安力量进行高效的组织发动和统一调度指挥。全市公安机关结合实际共明确联动联勤居民小区1200个，党政机关、学校、医院、企事业单位等重点单位2000家，大型商场、超市、宾馆、茶楼、酒吧、水电油气站点等重点部位1500个。以商区、学区、园区、社区、景区为单元，以派出所和快警平台为支撑，合理划分治安巡防网格，建立警保联动队伍，全市共投入警力1200余人、辅警2000余人、保安员11000人，开展专区专线巡逻3700条。2022年，全市共有42家保安服务公司、173家物业公司、2000家单位和企业加入“警保联动”工作。2022年6—12月，保安员、保卫干部共协助处警1950余起，协助服务群众求助、处置矛盾纠纷等1470余起，收集安全隐患信息4300余条，协助破案152起，开展防范宣传3490次，为企事业单位挽回经济损失近百万元。全市可预防性警情同比下降27%，其中街面斗殴类警情下降22%，侵财类警情下降15%，安全事故类警情下降21%。

（徐一钧）

【创建全国禁毒示范城市】　2022年，常德市公安机关以争创全国禁毒示范城市为目标全面落实各项禁毒工作。成立以市委书记为顾问、市长为组长的创建工作领导小组，保障示范创建工作经费。市委、市政府先后召开了全市禁毒人民战争推进暨全国禁毒示范城市创建工作动员部署会议、全国禁毒示范城市创建暨地域性突出毒品问题整治攻坚行动推进会。市禁毒办创新推出校园禁毒宣传活动，贯彻禁毒教育大纲、计划、教材、课时、师资“五落实”；禁毒阵地建设全面推广。市、县两级建成总面积超过2000平方米的禁毒教育基地16处，禁毒主题公园17处，学校、村（社）禁毒宣传阵地500余个。组织全市群众参与国家、省禁毒办举办的各项活动，在全省“禁毒宣传进万家”活动中，参与率先突破20万人次，最终达33.88万，参与率排名全省第三。组织相关成员单位定期开展物流寄递行业禁毒法律、安全、技能培训，组织物流寄递行业从业人员开展识毒、辩毒、拒毒能力培训。组织相关成员单位定期开展场所从业人员禁毒知识培训和涉毒毛发检测，督促指导娱乐场所经营单位落实法定代表人、主要负责人和从业人员禁毒责任，建立长效监管机制。组织相关成员单位重点车辆驾驶员进行涉毒前科核查，杜绝发生“毒驾”问题。落实社会面吸毒人员分级分类评估管控工作，对全市社会面吸毒人员进行清理核查，全面摸排重点人员，开展针对性稳控处置。对市强戒所进行提质扩容，建立女性特殊人群吸毒人员收治专区。对持有驾驶证（含曾经持有）吸毒人员和吸毒人员名下机动车辆起底式核查，全年依法注销吸毒人员驾驶证132本，签订拒绝毒驾承诺书1万余份。全面开展污水测毒工作，各级禁毒办有针对性地开展自我检测，消除非毒品消费带来的不利影响。

（周如峰）

【中小学安防设施建设】 “中小学安防设施建设”是2022年全省重点民生实事项目之一。至2022年9月30日，全市总投资9600余万元，建成智能化视频监控，完成任务比率为102.43%，提前超额完成建设任务。制定《全市公安机关2022年省重点民生实事“中小学安防设施建设”工作实施方案》，明确各区县建设任务和验收标准，各地建设严格按照既定时间节点稳步推进项目建设。澧县、石门、津市完成前端点位建设的同时，开展视频智能化深度应用建设；汉寿、临澧对项目采取分期付款的方式开展建设；桃源采取化整为零方式，将建设任务分配到乡镇，节省项目报批手续等所需时间。2022年10月至12月底，全市利用新建的智能化视频监控抓获逃犯30余名、抓获犯罪嫌疑人100余人、为案件侦查提供线索和证据1200余条、找寻到离家出走少年儿童12人次。11月，澧县、武陵、鼎城暴发新一轮新冠疫情，“中小学安防设施建设”项目建设的智能化抓拍摄像机，为疫情流调工作高效开展提供科技手段保障。

（朱肇华）

【戴贝贝获评“全国最美基层高校毕业生”】 戴贝贝，女，汉族，1993年11月出生，湖南省汉寿县人，大学本科，预备党员，二级警司，常德市鼎城区公安局刑事科学技术室副主任、三级技术主管，兼任鼎城区公安局公职律师，具备痕迹检验中级任职资格。2015年参加公安工作，她始终坚守在刑事技术岗位，参与现场勘查1000余起，其中主勘300余起，利用痕迹物证比中80余起案件，串并系列案件30余起。2020年，她利用技术手段协破分别发生在25年前、15年前的两起命案积案，得到各级高度肯定。先后于2018年通过公安部高级执法资格考试，2019年通过国家统一法律职业资格考试，入选全国刑事技术青年人才库、鼎城区法学人才库，2021年被公安部、共青团中央评为“全国公安机关成绩突出青年民警”，2022年被中宣部、人社部评为“最美基层高校毕业生”。

【周世华获评“全国公安机关爱民模范”】 周世华，男，1984年10月出生，湖南省桃源县人，中共党员，本科文化，2002年参加工作，2011年7月参加公安工作，先后在常德市公安局柳叶湖分局白鹤山派出所、刑警大队、旅游警察大队、白鹤派出所工作，现任常德市公安局柳叶湖分局党组成员、政工监督室主任。从事公安事业以来，他参与和组织侦破各类刑事案件200余起，抓获各类犯罪嫌疑人350余人，为主侦办2004年发生在柳叶湖环湖路的持刀抢劫案，抓获该案潜逃十余年的主犯陈某。参与侦办闫某军等人销售假冒伪劣产品案，现场查获假冒伪劣小家电1500余件，涉案金额37万多元，帮助群众追赃挽损。化解矛盾纠纷100余起，仅2022年度就帮助企业挽回经济损失93万余元。他先后获评全市“优秀志愿者”，荣获全省公安机关75公斤级散打比赛季军、“体育道德风尚奖”，2017年度“湘警之星”，获4次个人三等功，连续5年被柳叶湖公安分局评为绩效考核先进个人、多次被评为办案能手、连续4年荣获公安嘉奖。2022年4月，他获评“全国公安机关爱民模范”。

【史峰获评“全国公安机关成绩突出个人”】 史峰，男，回族，1977年8月出生，湖南省常德市人，大学本科，中共党员，二级警督。1999年参加公安工作，史峰先后从事社区民警、警犬驯导、追逃、反扒、反盗抢、刑事侦查影像技术、图侦等工作。他带领侦查实战中心强化大数据应用，实践非接触警务模式，通过类案串并工作分离出连续性系列案件，配合抓捕多名犯罪嫌疑人、逃犯，在侦破打击上给予实战单位强有力的支撑。新冠疫情防控攻坚期间，史峰带领侦查实战中心全体干警加班加点全力服务疫情信息核查、卡点大数据支撑、涉疫情案件侦查，有力服务疫情防控工作。2022年，被公安部、全国总工会评为“全国公安机关成绩突出个人”。

【郭作全、黄春明获评“全国优秀人民警察”】 郭作全，男，1970年10月出生，湖南省常德市鼎城区人，中共党员，二级警督，常德市鼎城区公安局交警大队党委委员、副大队长。1996年参加公安工作，获公安一等功1次、二等功1次、三等功6次。他在禁毒一线工作10年，能谋善断屡破大案。近5年，组织破获千克以上大案19起，其中部督毒品目标案件9起、省督案件1起，办理的毒品案件中有82人被判处15年以上重刑，25人被判处死刑。任职禁毒大队大队长期间，他带领的鼎城区公安局禁毒大队先后获评“全国优秀公安基层单位”“湖南省三年禁毒人民战争先进集体”“全省禁毒工作先进集体”。鼎城区连续9年被评为“湖南省禁毒工作先进县市区”，鼎城青少年毒品预防教育工作经验被全省推介。2022年，郭作全被公安部评为“全国优秀人民警察”。

黄春明，男，1979年1月出生，湖南省澧县人，中共党员，澧县公安局大坪派出所所长，兼任澧县公安局刑侦大队图侦中队中队长。先后获评“全国公安机关大庆安保维稳成绩突出个人”“全市公安机关第二届十佳人民警察”，参加公安工作17年，他始终扎根基层，为澧县公安实现多破大案、快破小案，刑事案件和治安案件破案率逐年上升作出重要贡献。9年累计抓获1200余名犯罪嫌疑人，破案1000余起，各项评比数据均排在全市靠前位置。业务技能突出，对人的面貌和形态特征极为敏感。通过辨别走路姿势，用不到14小时抓获“12·4”杀人案嫌疑人赵某，蓄力半年将潜逃13年的命案逃犯汪某抓获，帮助找回走失人员300余人。先进事迹被“学习强国”“人民网论坛”等媒体刊发。2022年5月，获评“全国优秀人民警察”。

【申玉明获评“全国公安机关成绩突出青年民警”】 申玉明，男，1984年3月出生，湖南省邵东市人，常德市公安局巡特警支队特勤技术大队副大队长，一级警长。2008年参加公安工作。共参与执行重大维稳保安任务280余次，抓获抢劫、杀人、贩毒等各类违法犯罪嫌疑人90余人。入选“湖南省公安机关综合调研人才库”，撰写的多篇文章在《现代世界警察》《湖南日报》等刊物发表，撰写的《警营文化》散文在全国散文竞赛中获奖。带队驻扎在长沙黄花国际机场一线防疫岗位，负责境外返常德人员和国内中高风险地区返常德人员的闭环转运、值班值守和应急处突工作，牢牢守住疫情防控第一道防线。自2020年3月至2023年1月，申玉明共持续奋战在抗疫一线3年，共计1040余天，共闭环转运各类隔返人员10200余人，工作无一纰漏，旅客无一投诉，队员无一感染。常德驻黄花国际机场防疫工作组因表现突出，在三年抗疫的综合考核中位列全省第一，被评为“全省抗疫先进集体”。2022年，他被评为“湖南省抗击新冠疫情先进个人”“湖南省优秀共产党员”“全国公安机关成绩突出青年民警”。

（王晓微）

检察

【概况】 2022年，常德市人民检察院党组坚持以习近平新时代中国特色社会主义思想为指导，忠诚履行法律监督职责，各项检察工作取得新进步。全市检察机关共办理各类案件14847件，同比上升26.2%。全市检察机关30个集体和48名个人受到省级以上表彰，13件案件入选省级以上典型案例、优秀案件等，其中市检察院获评全国维护妇女儿童权益先进集体、全省检察机关常态化扫黑除恶斗争先进集体。武陵区检察院获第十届全国检察机关“文明接待室”荣誉称号，办理的陈某某等人生产、销售有毒、有害食品案入选最高检依法惩治制售假冒伪劣商品犯罪典型案例。鼎城区检察院获评“2022年度全国检察机关宣传先进单位”。临澧县检察院被评为全省检察机关“守望正义——群众最满意的基层检察院”。

新时代法律监督工作。向市委、市人大常委会、市政府、市政协专门报告法律监督工作情况。4月，市委在全省率先召开加强新时代检察机关法律监督工作会议并印发责任清单，并将市委责任清单、检察建议落实情况纳入市绩效评估和平安建设考核，汇聚法律监督工作合力。

落实请示报告制度。认真贯彻《中国共产党重大事项请示报告条例》《中国共产党政法工作条例》，严格执行党组每半年向党委报告工作，向市委、市委政法委书面报告重大事项和重要工作16次，报送重大紧急事项2件次，内容涵盖全市检察机关2021年度工作情况、贯彻落实第十五次全省检察工作会议精神情况等。

落实意识形态工作。全面落实意识形态工作责任制，党组专题研究意识形态工作2次。组织全市检察机关开展意识形态相关领域问题自查2次。切实做好网络安全工作，加强网络意识形态管理；落实“三同步”工作机制，发现并处置涉检网络舆情12起，开展舆情排查18起，均未出现重大负面影响。

维护国家安全和社会稳定。围绕护航中共二十大胜利召开，认真做好检察环节防风险保安全护稳定各项工作。依法打击各类刑事犯罪，批捕1371人、起诉4132人。起诉危害国家安全、利用邪教组织破坏法律实施犯罪10人。起诉故意杀人、抢劫等严重暴力犯罪148人。起诉涉毒品犯罪484人，同步强化涉毒反洗钱工作，起诉8人，防止“洗白”非法所得。积极参与全民“反诈”“断卡”，起诉涉电信网络诈骗犯罪633人，护好群众“钱袋子”。起诉危害金融管理犯罪52人，同步督促有关部门防范化解金融风险。共起诉破坏社会主义经济秩序犯罪156人，追赃挽损3498.4万元。持续推进“断卡”“反洗钱”行动，推动召开反洗钱工作联席会议，起诉洗钱犯罪9件11人。

扫黑除恶专项斗争。大力宣传贯彻反有组织犯罪法，起诉涉黑涉恶案件7件60人，追诉漏犯2人、漏罪10条，改变侦查机关黑恶定性3件。发现并移送“保护伞”线索22条，起诉“保护伞”1人；对6件涉黑恶案件提出财产刑量刑建议，涉案金额12.65亿元。

贯彻少捕慎诉慎押刑事司法政策。主动应对“醉驾”“帮信”案件持续上升新趋势，与市公安局联合出台不批准逮捕工作指引，依法不批捕798人、不起诉2044人；开展羁押必要性审查1701人，变更强制措施95人；建立捕前分流制度，市检察院与市公安局、法院、司法局联合出台《刑事案件不批准逮捕工作指引》，做好不捕、不诉“后半篇文章”。对轻微醉驾案件不起诉369人，同比增长141.1%。

参与市域治理现代化。积极参与创建全国市域社会治理现代化示范城市。认罪认罚从宽制度平稳运行，适用率达91.81%，同比增长3.97个百分点。加强诉源治理，主动延伸检察职能，制发社会治理类检察建议226件。对重大争议或影响性案件，常态化以听证形式公开审查，共听证374件，同比增长2.94倍。落实检察长接待日制度，检察长接待来访群众172人次。实行首次信访院领导包案制，息诉18件，将矛盾化解在“首办”环节。办结上级交办信访案件17件，其中最高检交办的5件5年以上重复信访案件全部办结。

特定群体司法保护。深入推进“利剑护蕾”专项行动，批捕性侵未成年人犯罪109人，起诉142人，监督公安机关立案13件。通过办案倒查发现未履行强制报告义务案件4件，已追责3人。推动密切接触未成年人行业开展入职查询66570人，督促开除或调离有前科劣迹人员9人。对涉嫌轻罪并有悔罪表现的未成年人，贯彻“教育、感化、挽救”方针，不批捕75人、不起诉32人、附条件不起诉96人。依法从严惩治涉老诈骗犯罪，积极参与打击整治养老诈骗专项行动，批捕涉老诈骗15人，起诉28人，发出并被采纳检察建议9份。

服务优化营商环境。推出服务保障优化营商环境“22条措施”，出台加强知识产权司法保护实施意见，为检察办案提供机制保障和行为指引。全力促进稳增长、稳市场主体、稳就业，起诉破坏市场经济秩序犯罪156人，不起诉82人。对企业负责人涉经营类犯罪依法不批捕10人，不起诉35人，变更羁押强制措施7人。澧县检察院在办理一起串通投标案中，依法对其中6名犯罪情节轻微，有自首情节且认罪认罚的企业负责人，作出相对不起诉决定，直接稳定就业岗位3600余个。坚决纠正以刑事案件名义插手民事经济纠纷，监督撤销不构成经济犯罪案件5件。开展涉案企业合规改革试点，与市工商联等10个部门建立第三方监督评估机制，办理企业合规案件6件，责成企业作出合规承诺、切实整改。依法监督涉市场主体行政处罚案件，促进13件案件和解息诉。

护航绿色发展。依法从严打击破坏环境资源犯罪，起诉137人；聚焦长江流域船舶污染治理、耕地保护等领域问题，办理相关公益诉讼案件418件，提起刑事附带民事公益诉讼18件，督促回收和清理各类生产固体废物12.1吨，监督增殖放流50万余尾、补植复绿1.2万平方米，保护耕地0.75公顷。武陵区检察院办理的支持市生态环境局武陵分局生态环境损害赔偿案，督促赔偿义务人支付生态环境损害赔偿款1254万余元。汇聚合力协同治理，与市林长办建立“林长+检察长”协作机制，河（湖）长、检察长联合巡河28次。

参与乡村振兴。市检察院为大房峪村争取项目资金100万元，修通公路4.6千米，修建4个水池总容量130立方米，解决了全村群众出行难、吃水难问题。巩固脱贫攻坚成果，开展司法救助79人，发放救助金194.2万元，同比分别增长88.1%、70.43%，起诉扶贫领域犯罪1人。针对农民工讨薪难问题，起诉拒不支付劳动报酬犯罪6人，支持农民工起诉276件，帮助追讨薪金898.76万元。

清廉常德建设。加强监检衔接，提前介入职务犯罪案件29件，其中最高检指定介入的中管干部职务犯罪案件1件；起诉37人，其中原厅级干部1人，原县处级干部3人。

刑事检察监督。在同级公安机关设立“侦查监督与协作配合办公室”，实现刑事案件数据共享、监督端口前移。监督侦查机关立案63件、撤案67件，纠正侦查违法行为446次，纠正漏捕15人、漏诉187人。监督纠正审判活动违法103次。对认为确有错误的刑事裁判，提出

2022年3月11日，常德市检察机关刑事执行检察工作会议召开（毛沛然 摄）

抗诉16件，法院同期审结15件，其中改判或发回重审8件。同步审查减刑、假释、暂予监外执行案件2250件，其中监督纠正具有不当情形案件542件。监督纠正刑事执行活动违法173件、监外执行不当298件、财产刑执行履职不当101件。大力推进社区矫正、看守所巡回检察，受省检察院指派对省内2所监狱开展跨区域交叉巡回检察，监督纠正问题149个。深入推进职务犯罪案件刑事裁判涉财产部分执行检察专项活动，监督纠正执行活动违法19件。

民事检察监督。对认为确有错误的民事生效裁判提出抗诉3件，法院同期审结3件，改变率100%；提出再审检察建议24件；提请省检察院抗诉获支持3件。针对司法机关离任工作人员违规担任诉讼代理人、应予解除未及时解除失信惩戒措施等，以检察建议监督纠正民事审判和执行活动中的违法情形1082件。监督纠正“假官司”17件，移送涉嫌犯罪线索2件。

行政检察监督。加强对行政诉讼结果、行政审判活动和行政执行监督，提出检察建议343件，采纳295件。开展土地执法查处领域行政非诉执行专项监督，发出检察建议46份，推动提升土地执法规范化。稳妥开展行政违法行为监督，发出检察建议542件。常态化开展行政争议实质性化解，在地方党委政府支持下化解34件，其中争议5年以上的积案11件。

公益诉讼检察。立案办理公益诉讼案件1003件，其中民事公益诉讼案件145件、行政公益诉讼案件858件。通过磋商、检察建议等方式，督促公益侵害问题在诉前得到解决。紧盯国有土地使用权出让、国有财产保护领域立案95件，督促收回土地出让金等国有财产权益价值1036万元。市检察院在全省率先建成公益诉讼快速检测实验室。

依法查办司法工作人员职务犯罪。建立侦查一体化办案机制，坚决查处执法司法领域滥用职权、徇私枉法等犯罪，调查核实问题线索9件，以涉嫌刑讯逼供罪立案侦查4名公安人员，移送异地检察机关立案侦查2人，移送市纪委监委处理10人。

思想政治建设。始终把学习贯彻习近平新时代中国特色社会主义思想作为首要政治任务，深入学习宣传贯彻中共十九大、二十大精神。推进党史学习教育常态化长效化，扎实开展政治轮训，组织形式多样的党课宣讲、红色教育、道德讲堂等活动。坚持讲政治与抓业务有机统一，制定11条党建措施，以政治建设实效检验检察履职质效。

提升检察业务水平。与湖南文理学院共建研究实践基地，推出“检委会大讲堂”，抓实“一月一讲”业务培训，组织全市公诉人团体论辩赛，举办业务培训班2期280人次，参加各级各类素能培训18期1097人次，开展“接续培训、传学讲学”35场。4名干警获评全国普法工作、维护妇女儿童权益先进个人，1名干警入选全国检察人才库，1件案件入选最高检典型案例。市检察院司法鉴定中心以优异成绩通过国家司法鉴定能力验证。

基层基础。坚持党管干部原则，协助做好市县两级检察院班子成员交流，调整配备33人，新增“90后”班子成员2名，干部结构更加优化。

从严治检。开展新时代政法干警“十个严禁”学习活动，常态化开展顽瘴痼疾排查整治。严格执行防止干预司法“三个规定”，记录、填报重大事项914件，开展被记录报告检察人员专项核查，筑牢司法公正制度堤坝。扎实推进“清廉机关”建设，开展清查违规收受红包礼金专项整治行动，支持派驻纪检监察组监督执纪。探索内部审计监督，自觉接受省检察院对市检察院、武陵区检察院内部审计，从严开展对白洋堤、安乡县检察院内部审计。落实“抓在日常、严在经常”的正风肃纪长效机制，编印《全市检察人员10年违纪违法情况分析》，以身边案警示身边人。

接受监督。接受人大监督。认真执行市人大及其常委会决定决议，主动报告重要工作、重大事项，严格落实规范性文件备案审查制度。接受市人大常委会优化营商环境工作评议，对照交办问题制定整改措施，出台3项新制度。38名检察官接受市、县人大常委会履职情况评议。走访人大代表、邀请视察调研等476人次。接受民主监督。高质量办结市政协委员提案1件。选聘10名民主党派无党派人士担任新一届特约检察员，认真组织开展特约人员“四个一”活动。接受社会监督。公开选任30名听证员，建成可接入中国检察听证网的听证室5个，召开新闻发布会11次，每季度向社会发布监督与办案数据、趋势。发布重要案件信息64条、程序性信息6352条。

（张小宝）

【全市执行检察工作会议召开】 3月11日，全市刑事执行检察工作会议在常德市人民检察院召开，会议由市检察院党组副书记、副检察长荣明主持，白洋堤地区人民检察院全体干警，各区县（市）检察院分管刑事执行检察工作的院领导、刑事执行检察部门负责人参加会议。市检察院党组书记、检察长刘有仁出席会议并讲话。

【常德首次刑事执行检察检律座谈会召开】 4月13日，白洋堤地区人民检察院召开首次刑事执行检察检律座谈会。市律师协会分管刑辩工作的副会长黄琦、市律师协会刑辩委主任魏英武等常德市区9个律师事务所的12名律师代表参加会议。白洋堤地区人民检察院院党组书记、检察长郭建国向各位律师代表介绍院职能职责、近两年全市刑事执行检察工作、下一步工作打算等情况。院党组成员、副检察长蒋天现场反馈调查问卷统计情况。12名律师代表现场反映问题18个，问题个案5件，提出建议25条，为该院下一步开展监管场所监督、社区矫正巡回检察、看守所巡回检察、财产刑执行巡回检察等刑事执行检察工作提供有力参考。

（丁　立）

【市委召开加强新时代检察机关法律监督工作会议】 4月7日，常德市委召开加强新时代检察机关法律监督工作会议，贯彻落实《中共中央关于加强新时代检察机关法律监督工作的意见》和省委《关于加强新时代检察机关法律监督工作的实施意见》，全面部署推进新时代法律监督工作。市委书记曹志强发表讲话，市委副书记、市长周振宇主持会议。会上，市委常委、市委政法委书记刘国龙就推动落实市委贯彻落实省委《关于加强新时代检察机关法律监督工作的实施意见》的责任清单进行部署，市人民检察院党组书记、检察长刘有仁作全市检察机关法律监督工作报告，市公安局、市中级人民法院、市司法局主要负责人作交流表态发言。会议以视频方式召开。市级领导余怀民、黄清宇、傅勇、余良勇、张经伟在主会场参加会议。

【全市检察官担任法治副校长集中聘任仪式暨检察长讲法治课活动举行】 5月16日，常德市人民检察院联合市教育局，在常德外国语学校举行全市检察官担任法治副校长集中聘任仪式暨检察长讲法治课活动，包括市检察院党组书记、检察长刘有仁在内的81名检察官受聘担任全市86所中小学、职校、专门学校的法治副校长。聘任仪式上，市教育局分管副局长宣读检察官担任法治副校长的聘任决定，市县两级教育局局长为法治副校长颁发聘书。刘有仁受聘为常德外国语学校法治副校长，并向学校赠送书籍。桃源县检察院党组书记、检察长鲁斌，常德市第二中学校长王林分别代表检察机关和学校做表态发言。

【市人大常委会检察官履职评议见面会和民主测评会召开】 11月4日，2022年常德市人大常委会检察官履职评议见面会和民主测评会在市检察院召开。市人大常委会副主任、“两官”（法官、检察官）履职评议领导小组组长廖可元出席会议。市人大监察司法委相关领导、市检察院、白洋堤地区检察院班子成员及干警参加会议。评议见面会上，市人大监察司法委主任委员柳立武就《常德市人大常委会2022年法官、检察官履职评议工作方案》进行说明，10名接受履职评议检察官逐一表态发言。市检察院党组副书记、副检察长荣明作表态发言。

2022年4月7日，常德市委召开加强新时代检察机关法律监督工作会议

（市人民检察院 供图）

全体干警区分优秀、称职、基本称职、不称职4个等次，对10名接受履职评议检察官进行民主测评。

（张小宝）

【常德市白洋堤地区人民检察院】 常德市白洋堤地区人民检察院其前身系津市检察院派驻津市涔澹农场（后为津市监狱）检察组。随着改革开放和法治建设的推进，1986年7月经省委研究同意，于当年12月经省人大常委会批准在涔澹农场设置湖南省津市白洋堤地区人民检察院，由湖南省检察院派出，对津市监狱实行派驻检察，为正科级单位，1987年7月正式挂牌办公。在建院命名过程中，时任院领导根据最高检相关文件要求“派出院应以所在地名称命名”，而当时白洋堤检察院所在区域范围为“津市市白洋堤电排站”，遂命名为湖南省津市白洋堤地区人民检察院，2002年4月，更名为常德市白洋堤地区人民检察院（以下简称白洋堤检察院）。2005年5月，经常德市人大常委会决定，白洋堤检察院对常德市区域内津市监狱、德山监狱和武陵监狱集中实行派驻检察。2008年12月，根据市编办《关于市白洋堤地区人民检察院升格的通知》，白洋堤检察院行政机构由正科级升为正处级。2020年7月，全省内设机构改革按省编办通知，白洋堤检察院为市检察院派出机构，履行市检察院的刑事执行检察职责，接受市检察院党组领导，确定内设机构7个，内设机构级别均为正科。2020年9月，白洋堤院正式接手全市刑事执行检察工作。

2022年，常德市白洋堤地区人民检察院全年共办理减刑、假释、暂予监外执行案件2480件，对“减假暂”不当情形书面提出并纠正586人；对监狱、看守所提出书面监督意见152件；对监外执行、财产刑执行、强制医疗执行等不当情形书面提出并纠正意见共计438件；核查纠正社区矫正对象脱漏管302人；办理重大案件侦查终结前讯问合法性核查案件16件16人；受理并办结罪犯又犯罪案件6件6人。五项刑事执行检察核心业务指标均达100%及以上，远超高检院规定的通报值。对看守所检察办案团队被省检察院评为2022年度优秀办案团队；对鼎城区看守所交叉巡回检察反馈意见书被省检察院评为2022年度优秀文书；院党组副书记、副检察长蒋天等3人共同撰写的调研文章获评“第十二届中国检察基础理论论坛”优秀征文，常德市白洋堤检察院作为湖南省唯一交流发言单位受邀参会；徐谦、叶欢被评为全省检察机关巡回检察优秀个人，丁立被评为全省检察机关信息工作先进个人，彭兰芳在常德市检察机关业务数据分析竞赛中获得第一名；常德市白洋堤地区人民检察院获评2022年度全市平安建设（综治工作）优秀单位。派驻检察。为常德市三所监狱安装配置“在线检察官”系统。自该系统运用以来，全年共处理约见信息280条，其他信息115条。巡回检察。2022年，共组织开展对武陵区司法局社区矫正工作常规巡回检察等5次巡回检察。专项检察。全年共开展刑事执行专项检察活动6项，在开展职务犯罪案件刑事裁判涉财产部分执行专项检察中，共核查全市近五年判决生效的职务犯罪案件刑事裁判涉财产112人，对常德市两级法院立案违法活动发出纠正违法通知书及检察建议20份，均被采纳，监督纠正金额2540.85万元。在开展指定居所监视居住专项检察活动中，撰写的《常德市公安机关在柳园宾馆指定居所监视居住案件检察监督报告》引起省检察院第五部高度重视，并由此推动全省范围内的指定居所监视居住专项检察。

（丁　立）

法院

【概况】 2022年，全市法院共受理各类案件77028件，审执结72877件，员额法官年人均结案204件。其中常德市中级人民法院（以下简称市中院）受理各类案件8661件，审执结8147件。在全省法院审判绩效考核中排名全省前列，共有31个集体和99名个人受到市级以上表彰，20余项工作经验获省级以上推介。其中，市中级人民法院被最高人民法院评为“全国法院司法宣传和通联工作突出集体”“人民法院媒体融合工作先进集体”，安乡法院、市中院立案庭、桃源陬溪法庭、石门壶瓶山法庭被评为“全省法院先进集体”；汉寿法院刘淑珍被评为“全国优秀法官”，市中院杜春梅被评为“全国法院政治工作先进个人”，市中院王进军、武陵法院熊娅、鼎城法院律伟、汉寿法院刘思琴、澧县法院李世枝、临澧法院刘方银、安乡法院陈艳被省人社厅、省高院被评为“全省法院先进个人”。

【刑事审判】 共审结刑事案件5506件，其中市中院审结诉讼案件532件，减刑、假释案件1847件。打击涉政治安全犯罪。严厉打击境内外敌对势力渗透、破坏、颠覆、分裂活动，深化反奸防谍和反邪教斗争，依法审理煽动颠覆国家政权罪、资助危害国家安全犯罪活动罪、间谍罪、利用邪教组织破坏法律实施等犯罪案件6件，坚决维护国家政权安全、制度安全。打击涉破坏市场经济秩序犯罪。依法严惩金融领域犯罪，维护市场经济秩序。审结合同、集资、信用卡等诈骗案件19件；审结非法吸收公众存款、传销等涉众型经济犯罪案件40件；

打击洗钱犯罪，审结了全省首例自洗钱犯罪案件。依法严惩非法经营犯罪，审结制造售假类案件33件。打击涉民生犯罪。健全常态化扫黑除恶机制。审结涉黑恶一审、二审案件13件59人，依法审结省扫黑办挂牌督办的吴家国等14人涉黑案、严平等31人涉黑案。大力推动“黑财清底”，执行到位1.45亿元。审结故意杀人、故意伤害、抢劫等严重暴力犯罪案件223件。开展“利剑护蕾”专项行动，审结强奸、猥亵等性侵未成年人犯罪案件132件，重刑率66.35%。开展打击整治养老、电信网络诈骗专项行动，审结案件464件。严厉打击毒品犯罪，审结案件406件，判处五年以上有期徒刑、无期徒刑和死刑共279人，肖会东、刘义洪等犯罪分子被依法执行死刑。打击职务犯罪。加大惩治腐败犯罪力度，审结贪污、受贿、渎职等职务犯罪案件35件。审理湖南开放大学原校长彭元受贿案。审结行贿案件3件，斩断“围猎”腐蚀、权钱交易的利益链条。加大职务犯罪赃款赃物追缴力度，追缴到位1.27亿元。

【民商事审判】 共审结民商事案件38193件，其中市中院审结3516件。依法统筹疫情防控和经济社会发展。妥善化解涉疫矛盾纠纷，适用不可抗力、情势变更等规则，采取调解、“活封活扣”等方式，妥善审理相关合同纠纷、公司纠纷、房屋租赁、劳动争议案件21588件，维护常态化疫情防控下经济社会秩序，帮助企业特别是中小微企业渡过难关。加强民生司法保障，审结就业、医疗、住房、物业、社会保障等涉民生案件9340件，维护人民群众安居乐业良好环境。面对市城区、澧县、安乡、桃源、石门等地出现的新冠疫情严峻形势，法院干警奋战抗疫一线，彰显了法院担当。依法解决高质量发展中的问题。坚持“保交楼、保民生、保稳定”，强化府院联动，积极参与“问题楼盘”处置工作，妥善办理涉房地产、建筑工程类案件1447件。树立“绿水青山就是金山银山”理念，深入开展“环境资源审判雷霆行动”，审结环境资源类案件106件，服务美丽常德建设。安乡、澧县法院与湖北公安法院联合签署环境资源审判协作办法，共筑环洞庭湖流域（西北片）生态环境保护司法屏障。着力破解知识产权维权难题，审结商标、著作权案件458件，促进创新驱动发展。依法促进新领域新业态新模式健康成长。加大新领域、新业态从业者权益保护，妥善审理因经济快速发展、线上线下加速融合产生的新类型纠纷，审结涉外卖骑手、快递小哥、网约车司机劳动争议类案件122件，合理确定平台责任和行为边界，促进平台经济、共享经济依法规范发展。规范商业模式创新，审理涉网络直播平台等合同纠纷案件21件，保护合法权益。加强个人信息保护，审理手机软件侵害用户个人信息等纠纷案件28件，维护数据安全。审理耕地保护、非法捕捞等公益诉讼案件68件，津市法院审理的谢某等20人“毒狗案”取得良好效果。依法优化营商环境。平等保护各类市场主体合法权益，妥善审结涉企纠纷案件14408件。积极参与千名干部联千企“送政策、解难题、优服务”等护企暖企活动，实地走访企业328次，帮助防范化解法律风险。围绕法院牵头负责的办理破产、执行合同、保护中小投资者等核心指标，推动优化营商环境各项举措落地见效。强化府院联动，畅通市场主体救治和退出机制；打造交流、人才培养平台，与湖南师范大学、省法学会共建教学科研实践基地；发布《常德法院破产审判白皮书》，审结破产案件68件，破产审判工作质效排名全省先进行列。

【行政审判】 共审结行政案件1157件，其中市中院审结306件。推动行政机关负责人出庭应诉。推动市委全面依法治市委员会出台《进一步加强行政机关负责人出庭应诉工作的通知》，将其纳入法治政府创建考核范围，让老百姓“告官能见官”、行政负责人“出庭又出声”，市中院、武陵、澧县法院相关工作经验获最高人民法院推介。省高院官方抖音直播市中院审理的一件行政案件，武陵区人民政府区长、市政府副秘书长出庭应诉，点击率超过300余万人次。促进行政争议实质性化解。坚持“审前沟通、审中协调、审后疏导”，妥善化解行政争议。与市司法局、自然资源和规划局等建立行政案件诉前调解工作机制，25%以上的行政争议在诉讼前得以有效化解。加大诉中调解力度，行政案件调撤率达30%以上。加强判后答疑，做好对行政相对人释法析理和后续稳控工作。支持行政机关依法行政，裁定非诉执行案件432件，妥善化解重大项目建设、生态环境保护等领域出现的行政纠纷。石门法院依法对“国宝”文庙前的4户被征收房屋予以强制拆除，取得良好社会反响。监督行政机关依法行政。坚持合法性审查标准，对违法、无效行政行为予以撤销、变更或确认。定期组织培训，邀请行政机关干部旁听庭审，发出司法建议32份，发布《常德法院行政审判白皮书》促进提升依法行政水平。参与基层社会治理。在司法裁判中大力弘扬社会主义核心价值观，充分发挥教育、评价、指引、规范作用。严格落实“谁执法谁普法”责任制，常态化开展送法“五进”活动，选派92名优秀法官担任辖区中小学法治副校长，开展校园霸凌、未成年人保护等重点内容法治宣讲68场次，提升法治意识。

【执行工作】 共执结案件25942件，执行到位率51.36%，标的额

59.35亿元，其中市中院执结1103件，执行到位率66.51%，执行到位标的额12.38亿元。健全执行工作联动机制。积极争取党委政府支持，推动系统、综合、源头治理执行难。市中院与市检察院、市公安局召开联席会议、出台打击拒执犯罪联动机制；联合市仲裁委制定仲裁案件执行联动办法；津市市组织26家执行联动成员单位建立联席会议机制；临澧县明确乡镇（街道）平安办及基层网格协查被执行人及财产信息的具体措施，并纳入平安建设考核范畴。开展专项行动。强化集中执行，努力兑现胜诉权益。全市法院实际执结率、执行到位率同比分别上升3.77%、1.61%，结案平均用时下降14.5天。开展涉民生案件执行专项行动，加大对农民工工资、赡养费、抚恤金等弱势群体案件执行力度，执结案件2577件，执行到位1.77亿元。开展涉工程机械案件专项执行行动，执结案件283件，执行到位1.65亿元。开展刑事裁判涉财产执行专项行动，执结案件1503件，执行到位2.98亿元。推行智慧执行。全新智慧执行办案系统正式上线，网络财产查控系统迭代升级，网络查控案件13859件，网络拍卖成交724件，同比分别增长2.21%、16.41%。深度应用应急调度服务平台、可视化实战管理系统、执行指挥管理平台。临澧法院推出“码上办”交款二维码，有效提升执行工作效率。文明执行。深入开展“四说四改”专项工作及执行领域突出问题集中整治，针对超标的查封和乱查封、违规收发案款、违规终本三大突出问题开展常态化排查整治，建章立制、规范管理。贯彻落实善意文明执行理念，弹性运用失信惩戒与修复机制，381名失信被执行人自动履行义务，推进诚信体系建设。

【司法为民】 诉源治理。加强与行业调解、人民调解、律师调解等联动，联合人民银行、市场监督管理局等部门成立专业调解委员会，引入人民法院调解平台化解纠纷4095件。健全劳动人事争议裁审衔接机制，仲裁案件调解率同比上升61.85%。强化诉调对接，优化司法确认，全市105个诉源治理工作站运行良好。武陵法院成立全市首家“法院+工会”劳动争议诉调对接工作室。便民服务。严格落实立案登记制，整治年底不立案、缓立案等现象。完善人民法庭立案登记制，方便偏远地区诉讼群体。深化诉讼服务中心建设，实行网上立案、自助查询、短信送达信息手段。继续推行“夜间法庭”、“假日法庭”、巡回审判等便民诉讼服务举措，让群众感受司法温度。加强妇女、儿童权益保障，武陵、汉寿法院挂牌成立妇联执委工作室。桃源法院艾艳萍法官巡回审判案例被《人民日报》《长安剑》等多家权威媒体宣传报道，网络点击量累计过亿人次。信访救助。严格落实《信访工作条例》，积极开展信访积案“攻坚清零行动”“百日会战”专项行动，妥善化解信访积案70件，化解率排名全省法院前列。依法减、缓、免诉讼费630余万元。为139名有特殊困难的当事人发放司法救助金407.8万元，彰显司法人文关怀。示范创建。积极开展“为群众办实事示范法院”创建活动，努力解决好群众身边的操心事、烦心事、揪心事。全市法院为老年人等弱势群体提供绿色通道服务2000余人次；干警深入机关、社区、村组开展恳谈会、小组会、屋场会300余场次，结对帮扶318名困难群众，开展慰问走访500余次、解决实际问题200余个。安乡法院被推荐至最高人民法院参与全国示范法院评选。

【司法改革】 深化司法综合配套改革，推进审判体系和审判能力现代化。司法责任。健全审判权责清单制度，明确区分院庭长、员额法官、法官助理和书记员监督、审判及辅助职责，建立权责统一、权责明晰、权力制约的司法责任机制，员额法官文书审批率达80.9%。健全司法绩效岗位目标考核制度，实现对审判执行效率、质量精准量化。司法运行。推进审级职能定位改革，落实新型审判团队建设指导意见，加强专业化法庭建设，推行刑事案件律师辩护全覆盖，成立破产审判、环资审判、少年审判等专业法庭18个。推行繁简分流、简案快审，适用简易程序审理案件15150件，平均审理周期缩短24.77天。严格贯彻落实《最高人民法院关于规范合议庭运行机制的意见》，推进实质化审理。发挥司法解释、案例指导统一裁判尺度作用，推行类案检索、量刑规范化。司法监督。完善“四类案件”识别监管机制，健全统一法律适用标准机制，建立专业法官会议研究咨询、审判委员会讨论决定的法律适用分歧解决机制。院长、庭长带头办理疑难复杂案件，办案数占比45.25%。运用司法大数据辅助办案，全面落实案件评查机制，执行法官惩戒规定，严格错案责任追究。司法保障。构建全域远程视频提讯系统，推广“云上法庭”、智能语音庭审、网络查控等网上办案应用，推进办案信息化建设。健全法官权益保障体系，坚决打击侮辱、诽谤、威胁乃至伤害干警的违法犯罪行为，保障依法履职。

【队伍建设和基层基础】 党建引领。深化支部“五化”建设，夯实党建基础。深入开展“四亮四比”活动，亮身份、比党性，亮承诺、比担当，亮业绩、比作为，亮评价、比形象，全面推进党的政治建设与法院业务工作深度融合。落实意识形态工作责任制，打造具有法院特点的舆论主阵地。综合素质。

2022年7月12日，常德中级人民法院联合湖南师范大学法学院、湖南省法学会企业破产与重组研究会组织“教学科研实验基地”签约授牌仪式举行

（常德中级人民法院 供图）

认真开展“两个确立”主题教育，深入学习宣传贯彻中共二十大精神，增强“四个意识”、坚定“四个自信”、做到“两个维护”。扎实开展岗位练兵，与市人社局、共青团、工会、妇联联合举办全市第二届审判业务技能竞赛；大兴调研之风，32篇理论研究和业务调研成果获省级以上评比表彰或刊物采用。扎实开展“清廉法院”建设，全面落实从严治党主体责任，设立廉政督察员，实现内部监督全覆盖。深入开展“队伍教育整顿巩固年”活动，组织庭审和诉讼服务窗口作风纪律专项整治。组织活力。制定人才培养计划，加大青年干警选拔任用力度，先后调整基层法院领导班子54人、市中院中层骨干57人，其中“80后”30人、“90后”6人。积极开展工、青、妇等群建活动，推行快乐工作。推进基础设施建设，“十三五”规划内的安乡董家垱、大鲸港法庭建成投入使用，“十四五”规划内的市中院审判楼扩建项目已开工建设；武陵柳叶湖法庭、鼎城西洞庭法庭、汉寿西湖法庭、石门蒙泉法庭已完成立项等工作。全市两级法院采取自建、联建、改建、租赁等多种模式，推动公租房建设工作，青年干警住房难问题得到有效解决。

【审判监督】 接受人大及其常委会监督。严格执行市人大及其常委会决定决议，及时报告重大工作和依法履职情况，落实规范性文件备案审查。贯彻落实《常德市文明行为促进条例》《常德市养犬管理条例》，以法治推动文明行为习惯养成。积极参与优化营商环境测评工作和法官履职评议活动，取得较好成效。认真办理代表建议4件，满意率100%。拓宽代表联络渠道，通过上门征求意见、邀请旁听庭审、召开座谈会、寄送汇报专刊、发送手机报等方式，广泛听取代表意见，并立行立改。澧县法院成立人大代表工作联络站，聘请28名特邀联络员，工作开展获多方好评。接受政协民主监督。主动向市政协、各民主党派、特邀监督员汇报工作，办理政协委员提案1件，邀请视察法院、见证执行，促进审判执行工作良性开展。接受检察机关法律监督。贯彻落实《中共中央关于加强新时代检察机关法律监督工作的意见》及省委实施意见，邀请检察机关负责人列席审判委员会39次，办理检察机关刑事、民事抗诉案件24件，其中改判、发回重审3件，指令再审9件。接受社会监督。不断拓展司法公开广度和深度，可公开裁判文书上网率达100%。组织“公众开放日”、新闻发布会、现场执行等活动136场次，人民陪审员参审案件3175件。成立法院新媒体工作室，全面实现互联互通，利用动漫、抖音、快手等群众喜闻乐见的形式开展宣传，多渠道接受监督。市中院官方微博荣获“全国法院百优新媒体账号”“全国十大法院微博”“2022年度政府网站精品栏目”称号。

【常德中院办公室获评全国先进】

2022年，常德市中级人民法院办公室坚持以习近平新时代中国特色社会主义思想为指导，围绕新思想武装、新发展引领、新知识支撑、新机制保障、新作为司法“五新”法院建设，指导全市法院依托“一网两微多端”（网站+官方微信+官方微博）等网络新媒体平台，巩固报纸、电视、电台、网站等媒体阵地，在人民法院传统媒体与新媒体融合上出实招、谋新招、亮硬招，以“常德中院官方微博”为重点，不断拓宽抖音号、微信公众号、今日头条号等新媒体传播平台，创新打造了“德法君说法”“德法君读新闻”等品牌栏目。其中“德法君说法”微博话题阅读量近5000万人次，常德中院官方微博获得“全国法院十大微博”“全国法院百优新媒体账号”等称号，官方网站发稿数量和点击量常年位居全国中基层法院30强，被中国计算机用户协会政务信息化分会评为全国2022年度政府网站精品栏目。2023年1月16日，办公室被最高人民法院评为“人民法院媒体融合工作先进集体”。

【湖南省法学会企业破产与重组研究会“教学科研实践基地”授牌】 7月12日，湖南省法学会企业破产与重组研究会、湖南师范大学法学院、常德市中级人民法院共同组建的“教学科研实践基地”签约授牌仪式在常德市中级人民法院举行。常德市中级人民法院党组书记、院长张经伟，湖南省法学会副会长、湖南师范大学法学院院长肖北庚，湖南省法学会副秘书长、办公室主任罗良方，常德市委政法委常务副书记胡文，湖南省法学会企业破产与重组研究会会长刘兴树等领导及有关人员20余人出席签约授牌仪式。三方签订协议，共建“教学科研实践基地”，充分利用各方专业人才、丰富案例等资源，共同研讨破产与重组的法理、研讨典型案件的办理，共同梳理与总结各方经验。

【汉寿法院刘淑珍获评“全国优秀法官”】 刘淑珍，女，汉族，1985年2月出生，中共党员，大学本科学历，任汉寿县人民法院执行局局长、一级法官。曾获得“全国维护妇女儿童权益先进个人”“2021年全省法院办案能手”等称号。她遵循“面向农村、面向基层、面向群众”原则，10多年长期扎根人民法庭工作一线，成功调处和审理500余件涉及妇女、儿童权益案件。她刻苦钻研法律知识，带头办理复杂疑难案件，平均每年审理民商事案件超300余件；经常深入田间、菜地等点位开展巡回审判，2019年巡回审判一起先天聋哑人离婚案。先后被《人民法院报》《法制周报》《常德晚报》等各大媒体相继报道，取得良好的法律效果和社会效果。2022年11月29日，刘淑珍被最高人民法院评为“全国优秀法官”。

【常德中院杜春梅获评“人民法院政治工作先进个人”】 杜春梅，女，汉族，1972年10月出生，中共党员，大学本科学历，现任常德市中级人民法院政治部副主任。曾获个人三等功2次、嘉奖7次等荣誉。她带头研究和制定党史学习教育、政法队伍教育整顿、“两个确立”主题教育等10余项重大活动方案，筹划开展宣传教育、队伍建设、抗击疫情、乡村振兴等10余项重点工作，先后研究制定政治工作要点、专项活动计划等50余份，推荐60余名个人和20余个集体参加各级评比表彰。她坚持把省高院年度考核和市委年度绩效评估作为政治工作重要内容，常态化开展“岗位目标责任及绩效考核、全市法院十佳办案能手评选”等10余项创先争优活动。在2021年省高院年度考核中，常德中院在全省中级人民法院考核中排名第二。2022年9月23日，杜春梅被最高人民法院评为“人民法院政治工作先进个人”。

（谈应中）

司法行政

【概况】 2022年，全市司法行政工作持续位居全省前列，队伍建设、社区矫正、普法依法治理等工作获上级肯定推介。节约型机关创建、法律职业资格组考等工作获省部级表彰。

依法治市。宣传贯彻习近平法治思想，推进市县乡三级党委（党组）理论学习中心组学习习近平法治思想常态化。提请召开市委全面依法治市委员会第四次会议、工作推进会，研究审议法治建设重要事项。全面依法治市首次纳入区县（市）绩效考评，党政主要负责人年终述法全面推进。抓实法治督察整改政治任务，有序推进三轮法治政府建设实地督察，交办问题清单38份。深入推进法治政府示范创建，武陵区获评“全国法治政府建设示范区”，8个地区（单位）入围全省第二批法治政府建设示范地区、示范项目候选名单。有序推动政协委员参与立法协商，协助市人大常委会完成《常德市生活垃圾管理条例》《常德市饮用水水源保护条例》修订工作，协助市政府修改《常德市城市绿化管理办法》。审查市政府决定事项47件，提出审查意见67条，有力保障市政府重大决策依法合规。启动“提升行政执法质量三年行动计划”，督促指导14家市直执法单位制定首违免罚、轻微违法事项264项。依法审查市县规范性文件339件。行政复议工作规则如期出台，复议监督纠错主渠道作用充分彰显，办结复议申请272件、直接纠错44件、调解和解88件，行政机关出庭应诉率达97.5%，创历史新高。“八五”普法规划扎实推进，8个村（社区）获评第十批湖南省民主法治示范村（社区）、4个村（社区）获评第九批全国民主法治示范村（社区），示范带动成效明显。

安保维稳。完成中共二十大安保维稳各项任务，全系统持续安全稳定，省、市平安建设实现考评零扣分，群众满意度测评居全市市直单位首位。“忠诚保平安、护航二十大”专项行动深入开展，监管场所安全隐患有力整改。新一轮“百千万”戒毒操守工程全面启动。因时因势调整优化疫情防控措施，坚持以快制快、以快制胜，有效应对多轮疫情冲击，监所疫情防控以最小代价实现最大效果。社区矫正和安置帮教安全隐患排查整治扎实推进，全市在册社矫对象全部在管在控，整体形势安全稳定，“智慧社矫”建设有序铺开，武陵、桃源、汉寿“智慧矫正中心”通过省级验收。稳妥推进过渡性安置基地建设，桃源建成过渡性安置帮教基地“常德温馨家园”。深入开展"调解促稳定、喜迎二十大"矛盾纠纷排查化解专项行动，化解矛盾纠纷47764件。

法律服务。一体化建设公共法律服务三大平台，律师、公证、仲裁、司法鉴定、法律援助等为民服务渠道更加畅通，"12348"热线顺利归并，覆盖城乡、便捷高效的公共法律服务体系更加完善。常态化开展"法律服务进园区"活动，开展涉企法律宣传、法律咨询、法律体检、法律代理等事务913次。开展涉及66个公证事项"一件事一次办"。联合中级人民法院出台仲裁裁决执行联动办法，参与成立本市第一家商事纠纷化解机构。精准打击行业乱象，出台进一步整顿法律服务市场依法规范涉企法律服务实施方案，联合出台《关于进一步规范法官检察官人民警察与律师接触交往行为的意见》。配合开展"无证明城市"创建，直接取消53个证明事项、56个证明事项可通过告知承诺替代办理。依托桃源陬市乡镇综合执法改革试点契机，积极稳妥推进乡镇综合行政执法改革。起草《常德市招商引资项目协议（参考文本）》，配合参与招商引资拟签约项目合同文本合法性审查工作，审查拟签约项目合同40个。全力服务政府法律事务，完成"中国上水公司诉市政府行政协议纠纷案"二审应诉工作。

【2022年全市司法行政工作会暨法治建设专题会召开】 3月15日，2022年全市司法行政工作会议召开。市司法局党组书记董高群出席会议并作工作报告，会议由市司法局局长孙权新主持。会议通报2021年度全市司法行政工作和法治政府建设工作考核情况。市强戒所、武陵区司法局、澧县司法局、石门县司法局、汉寿县司法局等单位作经验交流。对疫情防控工作作部署安排。

【《常德市生活垃圾管理条例（修订草案）》立法协商会召开】 3月21日，常德市司法局组织常德市部分人大代表、政协委员召开《常德市生活垃圾管理条例（修订草案）》立法协商会，会议由局党组成员副局长刘洋廷主持，二级调研员胡小青、四级调研员聂仁才及立法科全体参加。

【2022年社区矫正和安置帮教工作会议召开】 4月26日，2022年全市社区矫正和安置帮教工作会议在市司法局召开。会议总结2021年社区矫正及安置帮教工作，开展第一季度全市社区矫正监管安全形势分析和安全隐患排查，部署2022年社区矫正及安置帮教工作和全市"社区矫正规范执法点"创建活动。

【全市人民参与促进法治工作会议召开】 4月28日，2022年全市人民参与促进法治工作会议在市司法局召开。会议总结2021年全市人民参与促进法治工作取得的成绩，指出了存在的问题，明确"聚焦一个目标、开展两大活动、夯实三项基础、争取四个突破"的"1234"工作任务。

【全市行政执法人员依法行政培训班】 7月6—8日，市司法局在市委党校举办为期三天的2022年度全市行政执法人员依法行政培训班。市、县两级行政执法单位190余名行政执法人员参加培训。

【市委全面依法治市委员会执法协调小组会议召开】 9月29日，市委全面依法治市委员会执法协调小组会议召开。市人民政府副市长、市公安局局长、执法协调小组组长余良勇出席会议并讲话，市人民政府副秘书长、市信访局党组书记、局长、执法协调小组副组长唐京华，市司法局党组书记、执法协调小组副组长董高群出席会议，执法协调小组成员单位分管负责人，各区县（市）副区县（市）长、公安局局长及市直六区分管法治政府建设工作的领导，市文化市场综合行政执法支队主要负责人、市交警支队直属四大队主要负责人、市依法治市办相关工作人员共计40余人参加会议。会议由市司法局局长孙权新主持。

（胡 晶）

2022年7月6—8日，全市行政执法人员依法行政培训班举行

（市司法局 供图）

交警

【概况】 2022年，常德市公安局交警支队紧紧围绕中共二十大交通安保这一主线，统筹推进事故预防、秩序整治、疫情防控、队伍建设、改革服务等工作，取得显著成效。支队在全省交警系统综合绩效考核中名列全省第二，被评为全省交警系统深化优秀警队建设优秀单位；直属一大队被评为全国优秀公安基层单位，荣获第三届全国交警系统实战大练兵微课程大赛二等奖；支队办公室、直属四大队事故处理中队被评为“全国青年文明号”；直属四大队曾祥富被评为“全国特级优秀人民警察”及第七批全国岗位学雷锋标兵，并在北京受到习近平总书记接见；直属一大队陈琨被评为“最美湘警”；直属二大队雷浩被评为全省“最美基层交警”。

队伍建设。深入开展“清廉警营”建设和“改进干部作风优化营商环境”两大活动，出台《关于构建新时代常德公安交警系统“1+2+6”大监督工作格局的实施意见》，在全省率先建成交管业务综合监管平台，构建责任全体系、业务全流程、岗位全覆盖的大监督工作格局。全年分2批共提拔重用10名年轻民警充实到领导岗位，适时轮岗交流56人。完成25个党组织和支队机关工会委员会2个换届选举，共开展各类慰问984人次。按照“为战聚力、向战而行”的练兵导向，开展练兵比武活动，并分类建立事故处理、交通工程、智能交通等市级专业人才库。开展辅警队伍教育整顿，深化辅警管理制度改革，将辅警纳入工会管理，增强辅警职业归属感。突出典型选树和推介，开展党建带队建示范单位、党员先锋岗创建和“最美交通民警”“最美交通辅警”“最美交通警嫂”评选等活动，营造“崇尚先进、学习先进、赶超先进”浓厚氛围。

事故预防。积极推动市政府将交通问题顽瘴痼疾集中整治工作纳入2022年全市绩效评估、安全生产考核、平安建设考核、文明单位考核、市政府真抓实干督查激励表扬范畴，坚持党政统筹，整体推进。积极探索农村事故预防工作新机制，纵深开展交通安全“三无”（无车牌、无行驶证、无养路费而非法营运或在街道路面行驶机动车辆）乡镇创建活动和农村交通安全“百日整治行动”，全力推进农村派出所管交通，在桃源、临澧试点推行委托乡镇执法，农村交管力量进一步夯实。加大国省道交通安全文明示范路创建力度，建成桃源郑家驿、澧县复兴厂、石门白洋湖3个数字化中队和直属四大队数字化警务室，推动改造平交路口142个、治理穿村过镇路段74个、增设交通科技设备33套，道路交通安全管理科技化水平全面提升。开展“一盔一带”安全守护行动，查处“一盔一带”交通违法110万余起，摩电戴盔率进入全省第一方阵。

交通秩序。开展三个“百日行动”和冬季公路交通安全区域整治行动，全年共查获各类交通违法行为301万起，首次突破300万起大关，同比上升25.9%，排名全省第二。围绕全国文明城市创建，开展城市道路精细治理工程和“国家公交都市建设示范城市”创建活动，进一步固化优化路长制管理，对纳入测评范围的34个交通路口和60条主次干道实行严防死守，经历7轮次的全国文明城市明察暗访测评严峻考验，助力常德荣获省检全省第一的好成绩。全面落实打防管控措施，春节、全国两会、端午节等重要节点、重大活动交通安保节节取胜，疫情防控及雨雪冰冻恶劣天气应对战战告捷，坚持“万无一失、一失万无”标准，完成中共二十大安保维稳工作，辖区未发生长距离、长时间、大范围的交通拥堵。

交管服务。开展“走流程、解难题、优服务”以及“清廉示范窗口”创建活动，开展“送考下乡”便民服务和整治非法中介代办服务，打击非法中介10人。深化“互联网+交通管理”，网页、短信、手机APP、语音服务“四位一体”交管信息化服务体系形成规模化应用，18项机动车业务、13项驾驶证业务和16项其他交管业务均实现网上办理，非窗口业务办理率达71%。发挥社会共治力量，加强警企、警社、警邮、警保合作，全市建成机动车服务站24家，机动车检验站31家，快处快赔中心17家，全科目考场2个，科目二、科目三考场1个，直属大队建成4个交管便服务中心，县乡服务网、社会服务网“两网”形成规模，实现群众就近能办、多点可办。结合“我为群众办实事”实践活动和市委政法委“护企惠企20条”，民警利用休息时间到中联恒通、中联重科等企业开展上门服务，为企业解决实际困难87件。直属四大队在和瑞欢乐城建成数字化警务室，服务商圈零距离，受到市人大领导高度肯定和企业一致好评。

基层基础。支队为基层中队配发21台全新制式警车，为路面一线民辅警新配发134台4G执法记录仪，添置4台移动式查缉布控系统，建成3个数字化中队。完成支队值班备勤用房建设、直属二大队违处大厅和无人车管所改造升级及直属四大队、柳叶湖大队执法办案中心建设。

智能监管。完成六合一平台、集指平台、道安云系统、互联网平台、不文明驾驶碰撞系统等20个应用系统维护及市城区公交站牌车辆违停抓拍系统项目、芷兰限时停车位项目、公安交通集成指挥平台升级改造项目、数据备份系统项目建设。建成交管业务综合监管平台，将车驾管业务、车辆检验、违法和事故处理等业务纳入监管范围，对部局业务综合监管系统未覆盖的业务风险点进行全覆盖监管，实现车辆登记、检测及驾考等工作的全链条、全流程、可视化监管。

交通宣传。在湖南政法委年度盘点的宣传文章中，常德入选的3个案例全部为交警案例。全网浏览量3亿人次的交警飞身刹停公交车和浏览破千万人次的货车刹车失灵，交警紧急避险等爆款新闻以及《清风扑面来》《交通顺畅引凤来栖》等专版头条社会反响较好。精心组织开展“122”“美丽乡村行”“一盔一带”等系列主题宣教活动165场次，执法微直播6场次。向社会曝光一批突出违法车辆、典型事故案例、高危风险企业和终生禁驾人员，形成有力震慑。在元旦、春节等重要节假日，适时发布路况信息，引导群众避堵绕行。组织警力进农村、进社区、进车属单位，开展面对面提示宣传。投入资金30万元在望月公园打造全市首个多功能交通安全宣传教育基地，将传统阵地宣传和安全课堂、VR体验室等新式教育方法相结合，全面提升交通安全宣传实效。

【常德交警支队位居全省交警系统绩效评估第二】 2022年，常德市公安交警紧紧聚焦中共二十大安保维稳主线，全力以赴防风险、压事故、保畅通、惠民生，确保全市道路交通安全形势持续稳中向好，为服务经济社会发展、保障群众安居乐业做出了应有贡献。2022年，交通事故四项指数同比分别下降14.9%、33.7%、13.1%、5.5%，其中亡人数比2021年减少202人，下降比例高于全省均值9.2个百分点，是两项指数均排名全省前三的唯一地州市。完成春节、两会、高考、国庆等20多个重要节点交通安保工作，尤其是成功经受住了中共二十大交通安保维稳、疫情防控和文明城市创建的严峻考验。95个集体和个人获得省级或以上荣誉表彰。2022年，常德市公安交管工作绩效评估位居全省第二，优秀警队建设获评全省优秀单位。

【直属一大队被公安部评为“全国公安优秀基层单位”】 2022年，常德市交警支队直属一大队各项工作长期稳居全省全市前列，是全省交警系统首批优秀基层警队。辖区公安交通管理绩效评估连续7年保持全市第一；队伍连续7年无人员违纪违法、无有影响的涉警负面舆情、无安全责任事故；没有发生较大及以上交通事故，交通事故死亡人数年均下降约10.7%。2021—2022年，大队创新推出全省首条“地下接送学生系统”解决学校周边交通拥堵问题；创新全省首个交管业务窗口满意度评价系统、服务好不好群众说了算；创新全省县域警务“五个一工程”、事故处理“三快”工作机制等，在新时代公安交管工作新征程上探索出一条高质量发展之路。先后获全国成绩突出公安交警大队、湖南省文明单位、公安集体二等功等荣誉，2022年被公安部评为“全国公安优秀基层单位”。

【曾祥富获评全国特级优秀人民警察及第七批全国岗位学雷锋标兵】 曾祥富，常德市交警支队直属四大队路面执勤民警。37年来，他扎根马路一线，用“在岗一分钟，奉献六十秒”的工作准则服务群众，奉献岗位，发明创新“口哨交通指挥五步曲”交通疏导方法，使交通路口拥堵指数下降了60%，被广大交通参与者亲切地称为“口哨哥”，其执勤岗被湖南省交警总队命名为“曾祥富交通管理示范岗”；先后查纠交通违法行为12万余起，始终保持零投诉；暖心服务群众，先后收到群众感谢表扬锦旗300多面。他先后获公安二等功1次、公安三等功3次，先后8次获得省级及以上荣誉。2022年5月，曾祥富获评全国特级优秀人民警察及第七批全国岗位学雷锋标兵，在北京出席全国公安英模表彰大会，并受到习近平总书记亲切接见。

（刘道国）

军事

常德军分区

【概况】 2022年，常德军分区坚持以习近平新时代中国特色社会主义思想为指引，深入贯彻习近平强军思想，深入贯彻新时代军事战略方针，紧紧围绕迎接和学习宣传贯彻中共二十大这条主线，强化政治引领、紧前练兵备战、深化国防动员、聚力改革转型、从严正风肃纪，完成各项任务，部队建设保持向上向好的发展态势。

政治引领。全员全程收听收看中共二十大开幕盛况，制定落实《军分区学习宣传贯彻党的二十大精神方案》，常态开展民兵学习宣讲活动，创编民兵学习宣讲作品《人民至上》获省军区二等奖。协调召开市委常委议军会暨市级领导“过军事日”活动，为受奖军人家庭送喜报图片入选中国人民革命军事博物馆“领航强军向复兴——新时代国防和军队建设成就展”，《解放军报》整版报道为立功受奖军人家庭送喜报常德做法。

务实训练。严实组织开训动员，完成“沅澧-2022”军地应急力量联合防汛抗洪演练，集智攻关国防动员重大现实课题，军分区党委第一书记撰写的研讨文章，被《国防动员工作通讯》刊发。编制《常德市“十四五”时期民兵建设发展计划》，完成基干民兵编组任务，民兵力量体系转型重塑加速推进。常态化出动民兵遂行防汛抗旱、森林灭火、疫情防控等任务。

国防动员。严密组织国防动员潜力调查，1篇研究论证成果被省军区评为三等奖。严实征兵全过程管控，高质量完成征集任务，考评被省军区评为优秀等次。完善《市县指导抓建基层武装工作措施》，加强市县两级职责清单建设，军分区党委第一书记调研指导基层武装工作，示范效应显著。联合市委、市政府印发《常德市六区武装工作规范（试行）》，园区武装工作规范化建设迈出坚实步伐。

双拥共建。军地连续5年开展市县乡村四级“接老兵、送新兵”活动，为常德籍一线官兵、优秀民兵和困难官兵家庭发放拥军关爱金、慰问救济金，军地领导与“神舟十五号”航天员张陆家属共同见证飞天梦想荣光时刻，军人军属尊崇感、获得感进一步增强。持续推进巩固拓展脱贫攻坚成果与乡村振兴有效衔接工作，结合第22个全民国防教育日，常德市4所中小学和荣誉部队开展“同升一面旗、同唱一首歌、同上一堂课”联教联育活动，社会反响强烈。举办“爱我国防”线上演讲比赛，积极推动湖南革命军事馆文物展品征集。

【军地领导联合送立功喜报】 1月7日，常德军分区领导、常德市退役军人事务局负责人一行到鼎城区牛鼻滩栏马口村送喜报，为获得荣誉表彰的军人家庭送上“一等功臣之家”“二等功臣之家”牌匾和慰问金。送喜报图片入选中国人民革命军事博物馆“领航强军向复兴——新时代国防和军队建设成就展”，《解放军报》整版报道为立功受奖军人家庭送喜报常德做法。

【举行湖南革命军事馆文物展品征集捐赠仪式】 5月18日，湖南革命军事馆文物展品征集捐赠仪式在常德博物馆前坪广场举行。全体参会军地领导参观文物展品征集实物展，常德博物馆、韶山红色记忆博物馆相关负责人及3名民间收藏家代表现场捐赠革命文物，省市军地领导为他们颁发捐赠荣誉证书。省委宣传部副部长胡代松出席仪式并宣布捐赠仪式正式开始。

【民兵工作“三落实”60周年民兵活动日暨“民兵大学习、奋斗新时代”第五季活动】 6月15日，常德市委、市政府和常德军分区在市文化馆举办民兵工作“三落实”60周年民兵活动日暨常德市“民兵大学习、奋斗新时代”第五季活动。市委书记、军分区党委第一书记为常德市18名新时代“最美民兵”颁奖，市委副书记、市人民政府市长周振宇为民兵代表发放湖南民兵保障卡。市委常委、常务副市长徐永健，市委常委、市委宣传部部长彭晛丹，市委常委、市委秘书长傅勇，市政府副市长周代惠，以及部分常德军分区领导，出席活动并颁奖。

【常德市委议军会暨市级领导过“军事日”活动】 8月19日，2022年常德市委议军会暨市级领导过“军事日”活动在市民兵训练基地举行。全体参会人员参观国防动员和后备力量建设成果展，观摩警棍盾牌操作使用、战术基本动作、女子民兵轻骑队、森林灭火等科目训练。

【联教联育活动】 9月15日，常德市第三中学、武陵区育才小学、鼎城区善卷中学、石门县第一中学等学校师生与“红八连”“女子导弹连”等英模连队开展联教联育活动。连队官兵们通过国防教育“云课堂”与师生分享红色故事，学生们为官兵表演手语操、制作国防主题手工艺品，表达对他们的崇敬与感激。

（周　颖）

国防动员

【概况】 2022年，常德市国防动员办公室（以下简称市国动办）认真贯彻落实“长期准备、重点建设、平战结合”的总方针，统筹推进国防动员及人民防空建设与军事斗争准备相适应，与经济建设相协调，与城市建设相结合，国防动员及人民防空各项建设取得新的成绩。被评为全省人防工作绩效先进单位，常德市人防工程质量监督站被评为全省人防工程质量监督全面建设先进单位。

【体制改革】 认真落实国防动员体制改革部署，扎实做好职责调整和人才队伍建设，积极探索符合常德市发展规律的国防动员工作模式，着力完善国防动员体制、增强国防动员潜力、提高国防动员能力，2022年12月31日，常德市国防动员办公室正式挂牌，与市发展和改革委员会合署办公。

【人防工程】 着力推进人防工程建设，全市人防工程建设数量及面积均保持较快增长。狠抓工程质量监督管理，严把五方责任主体责任，落实台账跟踪管理制度，加大不合格工程整改力度，进一步提升工程质量。加强单建式平战结合人防工程、人防地下空间开发利用工程的管理利用，努力形成建、管、用统一高效的人防工程管理模式。稳步推进平战转换试点，湘雅常德医院平战转换工作有序开展，地下工程施工接近尾声。

【战备能力】 加快县级地面应急指挥中心建设。安乡县指挥中心信息化系统项目方案设计获省办批复，鼎城区人防指挥中心已正式投入使用。抓好指挥通信重点建设，市本级完成省内首个完全国产化防空警报系统提质升级建设，成功组织“11·1”全市防空警报试鸣演练活动；国防动员三级网建设搭建完成并调试完毕；省市县三级人防视频会议系统建设竣工验收并投入使用。坚持实战实训、区域联训、按纲施训、从严治训，组织人防专业队伍开展军地联合演练、群众疏散演习等，在实战中强兵练兵。有序推进人防疏散地域建设，2022年7月26日，全省人防疏散地域建设推进会在常德市临澧县举行。

【重要经济目标防护】 巩固深化防护试点成果，完善重要经济目标防护总体规划、防护目录、防护责任、防护措施、防护要求，构筑起建设上有规划、管理上有规定、落实上有规范、推进上有指南的体系架构。常德市重要经济目标防护工作经验在全省予以推介。

【法治建设】 按照人防法律法规的标准严把审批关口，加大与相关部门的协调力度，严格落实报建联审制度。严格按标准依法征收，坚决杜绝人防易地建设费征收减免缓降等违法行为。严格依法行政，建立人防案件审查机制，定期对违法项目及处理情况审查，有力维护法规政策的权威性。深入开展人防行政执法稽查行动，严格落实“一县一案”制度，建立行政审批内部审查制度。

【宣传教育】 按照宣传教育“五进四化”（进机关、进学校、进企业、进社区、进媒体和社会化、基地化、规范化、常态化）工作思路，走开放式、渐进式人防宣教之路，常德军分区LED国防人防宣传大屏建设完成并投入使用，常德市防空防灾宣传教育馆全时段免费开放，2022年累计接待十余次近千余人现场体验。依托“3·1”“5·12”“11·1”等重大节点，开展市县联动的大型人防宣传5次，开展人防志愿者队伍宣传和服务4次以上，着力弘扬爱国崇军风尚。

【全省人防疏散地域建设推进会】 7月26日，湖南省人民防空疏散地域建设推进会在常德市临澧县召开。省人防办党组成员、副主任侯建斌出席会议讲话，省人防办相关处室负责人、各市州人防办主要领导近70人参会。人防疏散地域，是人防综合防护体系的重要组成部分，是战时（应急）接收和安置城市人口、物资和工业设施的区域。会议详细介绍地域指挥中心、医疗救护、物资储备等情况，着重总结并推广常德人防疏散地域建设试点经验和成果，推动全省人防疏散地域建设全面展开。省人防办对常德市县两级人防系统在人防疏散地域建设推进会上做出的大量工作和取得的成果给予高度评价。

【常德市国防动员办公室挂牌成立】 12月31日，常德市国防动员办公室正式挂牌，与市发展和改革委员会合署办公，标志着以市人民防空办公室为基础组建的市国防动员办公室正式成立。

（肖林云）

交通·邮政·通信·电网

交通运输管理

【概况】 2022年，全市交通运输系统抓好交通建设突破专项行动，获评国家公交都市示范城市、国家绿色出行城市。全市累计完成交通建设投资157.2亿元，占全年投资目标125.5亿元的125.3%，再创历史新高。完成省考核任务43.18亿元，占年考核任务的216%。

重点项目建设。配合铁路、发改部门完成常益长高铁、常德高铁枢纽站及配套公交场站建设。完成安慈高速公路通车后的相关扫尾工作，抓好在建高速公路施工环境的协调，益常高速扩容工程全面开工，官新高速、炉慈高速稳步推进，“五通道四连线”（“五通道”为G55二广高速、G56杭瑞高速、G59呼北高速、G5513长张高速、G5517长益常高速复线，“四连线”为沙安汉高速、松石桃高速、安慈高速、桃张高速）高速公路网正在逐步形成。常德港战略合作按期履约，港区建设启动，首期建设完成，津市散货物流集散中心码头建设项目有序推进，陬市二期项目完成盐田港集团内部投资决策。石澧航道、常鲇航道等省管航道整治项目进展顺利，石门仙阳湖旅游航道纳入交通运输部国内精品旅游航线清单。完成国省干线公路61千米、农村公路提质改造687.7千米、新村与撤并村间便捷连通路302.3千米。实施农村公路安防设施798.9千米，完成农村公路危桥改造67座。武陵公交停保场、柳叶湖快速公交站、鼎城快速公交首末站、临澧县城乡客运站建成并投入使用。

交通运输服务。开展干部联企“送解优”活动，所联系的26家企业问题化解率达95%。推动交通运输领域政务服务事项提质增效，实现平均法定办理时限提速67%以上，办事材料平均压减约10%。加快道路运输从业资格服务事项“跨省通办”，办结1.2万余笔，申领道路运输电子证照5.3万余本。全省率先完成道路运输三级协同系统与政务服务一体化平台对接，实现全市100项道路运输政务服务事项在省一体化平台“无差别受理”、三级协同系统“同标准办理”。交通政务窗口年办件量达2.3万余件，日均办结100件，群众满意率达100%。开通纺机等10家企业（单位）20条定制公交专线，新增、优化38条校园“定制公交”线路，城市出行更加便捷。

安全生产管理。全市未发生一起较大以上交通运输安全生产责任事故，全市交通运输事故起数、死亡人数同比分别下降20.18%、21.68%，被省政府评选为交通顽瘴痼疾集中整治行动先进单位。成立交通运输安全生产专业委员会，安全责任体系进一步完善。开展安全监管执法行动，出动执法人员5.67万人次，检查生产经营单位3951家次，立案调查3582起，经济处罚1196.5万元，责令停产停业107家次，暂扣或吊销许可证照298个，取缔关闭32家（处），查处未备案从事机动车维修经营业务企业79家。道路运输“两客一危”（指从事旅游的包车、三类以上班线客车和运输危险化学品、烟花爆竹、民用爆炸物品的道路专用车辆）企业安全生产标准化建设全面达标，“两员”（企业主要负责人、安全生产管理人员）安全考核位居全省前列。持续开展三年整治专项行动、交通问题顽瘴痼疾集中整治行动和隐患清零行动，扎实开展超限超载治理，检测货运车辆53.3万台次，查处违法超限超载车辆1.12万台次，查处货运源头企业违法行为247件，查处违法违规经营案件426起。严管严控“两客一危”车辆，停班处罚车辆52辆次，注销危货车辆12辆。铁路安全环境集中整治任务全面完成，整治铁路沿线安全隐患5000余处。规范渡口渡运视频监控管理，发现制止违规渡运行为56起；加强采区安全管控，确定船舶停泊区4处，拆除非法盗采船舶23条；开展市城区沅水水域“三无”（无船名船号、无船舶证书、无船籍港的渔业船舶）船舶专项整治，排查整治“三无”船舶56艘，查处成品油非法运输案1起。

交通行业治理。制定《常德市交通运输综合行政执法协作任务清单和工作流程图》，形成权责清晰、协同高效的综合行政执法机制。推动交通运输综合行政执法制式服装和标志式样、颜色等保持统一，树立交通运输综合行政执法队伍良好形象。“三集中三到位”（部门许可职能向一个科室集中，审批科室向政务大厅集中，审批事项网上办理集中，做到事项进驻大厅到位，审批授权窗口到位，电子监察到位）改革基本完成，将176项依申请类事项进驻窗口集中办理，将道路运输车辆过户变更登记等8项行政许可事项实行“一件事一次办”，将经营性道路旅客运输驾驶员从业资格证核发等12个许可办理中涉及31项证明材料实行免提交，公布交通运输“证照分离”改革的事项责任清单14项，推动7个市本级行政审批事项下放区县市。助力新业态健康发展，新增网约车平台6家、许可车辆1003辆、驾驶员数量新增920人，三证办理数量位居省内前列。定制客运蓬勃发展，全市共备案定制客运线路68条，客运车辆328台，覆盖全市所有县市区。智慧交通扎实推进。启动全程线上办案试运行，开启交通运输行政执法新模式，行政处罚案件办理效率大幅提高。织密智慧治超网络，45套不停车检测系统建成投入使用，全市治超“一张网”“一盘棋”局面已初步形成，全年非现场执法共查处违法超限超载车辆2281辆次。交通运行监测调度中心（TOCC项目）一期建设已完成，可实现全天候实时监测，为应急指挥、智慧管理提供了有力支撑。

【益常复线开工】 2022年9月，益常复线正式开工建设。益阳至常德高速公路扩容工程是二广高速公路中长沙至张家界国家高速公路（G5513）的重要组成部分，也是湖南省“七纵九横”高速公路网中第三横浏阳至花垣高速公路的一段，是湖南省连接赣、川、贵三省的重要纽带，也是常德市交通建设突破专项行动的重要项目之一。该项目起于长益高速扩容线笔架山互通，止于芦荻山互通（常德东环）。路线全长93.7千米（常德境内约58.956千米），设置9处互通式立交，主线采用双向六车道高速公路标准建设，路基宽度34米，设计速度120千米/小时，初设批复概算金额185.63亿元。

【张公庙澧水特大桥项目】 位于现有张公庙大桥上游700米位置，是一号大道澧县张公庙至临澧太平公路的控制性工程，大桥起点位于澧县张公庙镇张公庙居委会，终点位于临澧县停弦渡镇关山村，桩号范围K3+150～K5+150，全长2千米，其中桥梁1394.04米、澧县段路基177.88米、临澧段路基425.08米。按一级公路标准建设，设计时速80千米，路基宽度32米，采用沥青混凝土路面。大桥于2019年6月1日正式开工建设，主桥已于2021年10月完成上部结构合龙，2022年完成项目建设。

（余　杰）

2022年12月的张公庙澧水特大桥　（市交通运输局 供图）

公路建设养护

【概况】 2022年，常德市有国道4条，省道28条，国省干线管养总里程1321.267千米，管养国省干线桥梁655座。市公路建设养护中心被评为全省国省干线公路养护先进单位、全省公路工作红旗单位。

【公路建设】 2022年，常德市完成干线公路大中修工程85.2千米，第二批计划11.69千米，已完成前期工作.在桃源S234线、鼎城S224线大修路段采用新技术——全厚式就地冷再生技术。共受理监督国省干线公路大中修及危桥改造项目21个，中修工程项目9个，危桥工程项目4个，受监率达100%。

【公路养护】 2022年，常德市共完成清挖水沟22.38千米，清理路肩19.76千米，修复钢护栏0.16千米，清除遮挡物21处，完成水泥路面换板68478平方米，清灌缝（裂缝处治）93.85万米，坑槽挖补及罩面23634.9平方米，标线57312.5平方米。截至2022年年底，常德市共完成国省道危桥改造45座，完成提等升级桥梁126座；农村公路完工危桥改造63座，完成市民生实事危桥改造100座；完成安防工程任务764千米。石门县薛家村红色旅游路等10条线路被评为2022年度市级“最美农村路”。鼎城区、津市市、安乡县成功创建省级“四好农村路”示范县。

【公路安全】 新一届市公路建设养护中心安全生产委员会，召开3次专题安全生产会议；开展春运安全保畅、交通问题顽瘴痼疾集中整治、安全生产专项整治三年行动（2020—2022年）、“查隐患、保安全、提标准”专项整治行动等一系列专项整治活动，消除公路通行安全隐患。全市公路行业共悬挂宣传标语67条、摆放宣传展板43块、显示屏28个、发放宣传单29000余份。共进行日常巡查38次，下达质量安全整改通知书2份，排查和消除质量安全隐患629个。

【路政管理】 常德市公路沿线建成充电点158处，充电桩696个。新增公路路网运行监测视频设置点共计234处，其中交调点位66处，全市交通流量调查点全部实现数字智能化统计管理。通过智慧公路综合平台向社会发布公路信息117条。其中，突发应急、气象信息和警示16条、施工信息10条、引导信息54条，其他信息37条。市区类大件运输许可公路审批实行线上与线下同步办理模式，窗口共办理大件运输许可审批案件329件，部室外调涉路施工许可案件9件。深入推进公路路域环境集中整治三年专项行动，整改隐患共216处。

（孙 苗）

2022年3月15日，市公路建设养护中心组织全市公路系统养护专业技术骨干开展公路路面清灌缝培训

【常德两条路分别获评“湖南省最美农村路”“湖南省最具人气路”】 11月10日，湖南省交通运输厅发布2022年度“湖南省最美农村路”“湖南省最具人气路”评选结果，临澧县伯渠小道获评“湖南省最美农村路”，石门县山羊冲环村公路获评“湖南省最具人气路”。临澧县伯渠小道起自该县修梅镇高桥村林伯渠故居，止于305省道，全长22千米。20世纪初，林伯渠、丁玲先后沿着这条山间小道走出临澧，投身革命。临澧人民依托这条红色之路脱贫致富，振兴乡村。石门县山羊冲环村公路全长15千米，2015年建成通车。路通百业兴，该村返乡创业迎来热潮，产业发展风生水起。

（胡秋菊）

道路运输管理

【概况】 2022年，常德市道路运输服务机构突出行业安全、行业稳定、行业创新、行业服务、队伍建设五大重点工作，为全市道路运输提供保障。调整下放省内包车（旅游）审核权限到各区县市。以“互联网+政务服务”为手段，让数据多跑腿、群众少跑路，道路运输驾驶员高频服务事项“跨省通办”办结率99.8%、成功率67.64%、好评率98.31%，电子证照激活率为69.05%，完成省厅真抓实干目标任务。春运期间“情暖旅途、暖冬行动”累计服务旅客3万余人次；继续开展“爱心送考”“爱心献血”“爱心捐赠”公益活动。2022年市道路运输服务中心在春运工作、安全生产、政务信息与新闻宣传、统计工作、政务服务事项“一网通办”、货运平台建设6个方面均被省道路运输管理局评为先进单位并发文表彰。

【行业安全生产】 开展安全生产教育培训。开展安全生产教育培训和安全生产综合应急演练，提升从业人员安全知识水平和应急处置能力。组织学习习近平总书记关于安全生产系列重要讲话和指示批示精神，全方位宣传新《中华人民共和国安全生产法》，年内分5批次，对全市“两客一危”、公交、规模以上普货运输企业主要负责人、安全生产管理负责人进行安全教育培训，培训效果明显。有力推进安全“隐患清零”工作。2022年度省厅二轮次安全“隐患清零”督查考核，常德全省综合排名第四。紧盯“两员”安全考核和“一会三卡”制度落实。截至2022年年底，全市1016人取得“两员”安全考核合格证，通过考核人数仅次于长沙市；75家“两客一危”、城市公交运输企业均已推行“一会三卡”（安全生产班前会、作业要点卡、风险提示卡、应急明白卡）制度；346家道路运输企业购买安责险；危货监管平台使用考核月排名始终保持全省第二。疫情防控工作。以有力举措阻止疫情通过道路运输行业传播，守好“防疫保运”大门。全年未发生一起因道路运输站场、车辆、从业人员疫情传播事件。

【公交客运管理】 2022年，成功创建“国家公交都市示范城市”。优化公交线网。全年新增、优化校园“定制公交”线路38条，共有120余条学生专线，服务各类中小学校10所，服务学生4400人次。开通10家企业单位（纺机、海利化工、天马电器、德海制药、德电、华南厂、武陵监狱、力元新材料等）20条企业定制公交专线，满足广大乘客多元化出行需求和乘车体验。

【出租车、网约车管理】 与2021年相比市城区许可的网约车平台新增6家，共14家；许可车辆数新增1003辆，共1775辆；许可驾驶员数量新增920人，共9611人。三证办理数量省内位居前列。探索推出常德本土巡游车网约平台“常德快快的”，减少空驶，提升巡游车驾驶员收入水平，开展规范网约车平台企业抽成“阳光行动”，充分保障网约车驾驶员权益。通过投诉处理和考核扣分，借助创文创卫迎检契机，开展车容车貌集中查验和从业人员专项培训，开展批评教育并带车学习3400余人次，处理扣分车辆741辆次，行业整体得到提升，全年三次迎检测评中均未失分，市民对出租车有效投诉量较2021年下降31.9%。

2022年9月6日，市道路运输服务中心在火车站开展疫情防控志愿者服务行动
（王　玲　摄）

【公路客运管理】 全面推广定制客运。各区县市启动备案定制客运工作，推出“门对门、点对点”服务新模式，全市共备案定制客运线路68条，客运车辆328辆。旅游（包车）备案审核。调整审核权限，将省内包车（旅游）下放到各区县市。全年受理和发放旅游包车牌证1万余次，满足常德市旅游客运市场需求。提升道路客运行业运输服务能力。开展农村客运满意度调查，各区县市自评分达95分以上。定制客运备案工作有序开展，完成全市各区县市定制客运备案工作全覆盖。

【货运市场管理】 危货运输车辆智能终端数据管控。每日微信通报，每周召开“两客一危”车辆联网联控运行指标通报警示会、限制新增（更新）车辆等举措，严格落实企业主体责任，整章建制督促管理人员履职尽责，要求企业对重点违规车辆驾驶人，加大教育和管理力度。2022年共召开周约谈会28期，约谈企业78家次。危货安全监管系统的录入及电子运单监管。2022年常德市稳居湖南省危货监管平台考核和电子运单填报率排名第一。危货车辆电子证照的申领。申领危货车辆电子证照1567条，申领率达90%。2021年度货运企业和货运站场质量信誉考核。评定普货AAA级企业1家，AA级企业274家，A级企业55家，B级企业4家（其中2家停业）；危货AAA级企业3家，AA级企业17家。

【汽车维修市场管理】 重点开展汽车维修危险废物大排查大整治，初步确定一类机动车维修企业15

家，二类机动车维修企业25家。稳步推进汽车维修电子健康档案系统建设，将系统对接情况、维修数据上传情况等纳入企业质量信誉考核和诚信企业推荐考核内容。加强汽车排放维修治理站（M站）建设。引导本地汽车维修企业积极建设符合要求的M站，不断扩大M站覆盖范围，满足市场需求。落实道路运输行业大气污染防治工作，加强机动车维修企业信用体系建设。

【驾培市场管理】 全面推动货物运输驾驶员计时培训及从业资格证发放网上全流程管理，通过各驾培机构安装、使用计时计程平台监管系统，报考A2（或B2）驾照的学员统一在系统平台上打卡学习，进一步对驾培市场学员培训学时有效把控，学时完成后才能报考货运从业资格证考核。截至12月12日，A2/B2驾驶证初领人员187人，A2/B2驾驶证增领人员414人，货运从业初领1350人，货运从业增领3人，运行情况良好。对因疫情原因不能按时进行从业资格考试和异地换证的驾驶员提供增设从业资格考试班次、24小时线上业务指导，全年组织从业类别考试73场，3187人次通过考试，未发生一起考试问题，考试的各个环节也在不断理顺和完善。

【常德市获“国家公交都市建设示范城市”称号】 8月19日，交通运输部官网发布《关于命名成都市等13个城市国家公交都市建设示范城市的通报》，常德成为此次湖南省唯一获此称号的城市。2017年8月4日，常德市被交通运输部批准为“十三五”期间全面推进“公交都市”创建城市之一。常德市明确提出：落实公交优先战略，秉承“现代、绿色、低碳、环保”的城市交通发展理念，加快建设以快速公交为骨干、常规公交为主体，出租车等多种交通方式有机结合，功能层次明确、网络布局合理、换乘衔接方便的优质公交服务体系，满足城市居民安全、舒适、便捷出行的需求；高起点规划，高标准建设，精准对标、精心实施，全面完成既定的各项创建目标任务。5年来，通过开展国家“公交都市”创建行动，常德市共新增常规公交线路6条次，累计优化调整常规公交线路47条次，实现市城区范围内公交全覆盖，城区公交线路总里程达810千米，极大方便市民出行。形成快速公交BRT、常规公交、公共自行车、共享单车、步行绿道等多种形式齐全配套、相互衔接、较为成熟的公共交通体系。市城区共有公交营运线路53条，清洁能源车辆达100%，城区绿色出行率超过了75%，乘客满意度达87%以上。

（王　玲）

民航运输

【概况】 2022年，常德机场共完成运输生产起降6602架次，同比减少37.33%；完成旅客吞吐量52.13万人次，同比减少48.30%；完成货邮吞吐量92.3吨，同比减少79.88%。截至2022年年底，常德机场通达过北京（大兴）、深圳、广州、珠海、上海（浦东和虹桥）、昆明、成都、杭州、海口、西安、重庆、温州、青岛、三亚、兰州、南京、北海、柳州、惠州、南宁、天津、西双版纳等22座城市，23个航点。作为湖南省低空开放改革试点工作的重点单位，全年保障30余家通航公司各类通航飞行近4万架次，为运输机场同时保障航班运行和通航飞行积累宝贵经验，全年机场放行正常率为95.78%。

安全生产。深入贯彻落实国务院“十五条”硬措施，建立健全全员安全生产责任制，沟通理顺问题清单148项；开展各类安全检查235次，发现问题203项，解决问题196项，整改率达96.55%；加强机场应急预案与地方应急体系的衔接，共开展应急预案修订11次、应急培训42次、应急演练51次；量化考核工作作风，修订负面清单共计743条，正向积极的安全文化逐步形成。认真落实“安全隐患零容忍”，开展行业安全大检查和安全隐患排查，分公司隐患库收录342项，隐患已完成329项，整改闭环率达96.2%。2022年度，获评全省机场内保工作先进单位，完成中共二十大安保维稳工作。

提升服务品质。推广“人享其行”智慧出行服务，全面打造“友好机场”，优化安检服务、航延服务、行李服务等20余项服务环节，极大地优化问询、中转、特殊旅客和团队旅客保障流程，持续提升航班正常管理能力。着力打造“乐湘德”服务品牌及子品牌“常来常往”，品牌征文《常来常往——把您放我心上》荣获常德市第二届品牌故事大赛决赛征文类一等奖。全力推进“四型机场”（以平安、绿色、智慧、人文为核心的机场）建设，“双DING”创新工作室利用钉钉低代码开发平台自主开发“法定自查系统”成果入选民航局“四型机场”优秀案例，“灯塔”QC小组《提高设备运行维护工作数字化比率》荣获第43次湖南省优秀服务质量大赛一等奖。

应急管理。建立健全应急管理工作领导小组，完善应急救援指挥中心和应急管理办公室人员配置，明确机构及人员工作职责，制定《常德机场应急管理规定》，充分发挥组织协调、统筹管理、应急值守、信息报送等工作规定及流程，积极做好民航突发事件的处置准备工作。全年共开展应急救援培训和应急演练160次。

疫情防控。组建疫情防控24小

时专班，全年累计开展核酸检测共计92027人次，共成功处置境外输入旅客1723名，红、黄码旅客1268名，成功保障519名从上海、海口、贵阳等重点国内涉疫地区滞留旅客返乡。

【常德桃花源机场获得100万～200万量级“服务质量优秀机场”称号】　6月27日，由中国民用机场协会、中国民航科学技术研究院、中国民航报社三家单位共同发布的《2021年民用机场服务质量评价报告》中，常德桃花源机场获得100万～200万量级“服务质量优秀机场”称号。机场围绕集团“安全、健康、正点、舒适”工作要求，以“旅客至上、真情服务”为核心，以“为旅客办实事”实践活动为契机，针对旅客航空出行中遇到的难点、堵点、断点、盲点问题，以及旅客对航空出行急切期盼的需求，通过完善旅客服务、建立服务品牌、夯实建设等一系列举措，健全常德机场旅客服务体系，持续为旅客提供舒适、满意、安心的出行环境。

【“常德—西双版纳”航线顺利首航】　7月12日11时51分，由春秋航空公司执飞的9C7065航班，搭载着152名乘客，从常德桃花源机场起飞，标志着常德与西双版纳空中通道正式连通。西双版纳是常德市继与昆明市通航以来，与滇通航的第二个城市，常德市旅客1小时55分钟可以直飞西双版纳。

（张艳玲）

铁路运输

【概况】　常德站，由中国铁路广州局集团有限公司管辖，是石长铁路、渝厦高速铁路的交会车站，也是湖南省西北部重要交通枢纽。1998年，常德站建成投用；2021年9月16日，常德站原有站房开始拆除；2022年12月26日，常德站南站房及高速场投用运营。截至2022年12月，常德站站房建筑面积59977平方米，站场规模为9台20线。常德站在进站口、出站口、候车室、售票厅等处共设有22台自动售、取票机；售票厅设置4个人工售票窗口和1个公安制证窗口；候车室设有44台进站与出站自助验票闸机、14个半自助验票终端。常德站候车室内设置综合服务台，可提供退票改签、重点旅客预约等服务。候车室内设有2072个座位，其中156个座位具备充电功能；站内共设有扶梯28台、无障碍直梯16台，并设全程无障碍绿色通道。设1个军人候车室及1个哺乳室，为旅客的候乘提供便利。常德站北广场设有公交站、大巴车停靠区；南北广场均设有社会车辆、出租车、网约车等停靠区。

2022年，常德火车站提高管理措施与管理标准，严抓现场作业标准，发展班组竞赛制，强化作业人员服务意识，提升现场作业服务质量，共计发送旅客共167万人次，完成运输进款1.38亿元。

服务提质。2022年，常德火车站从“深入开展”“进一步推进”再到“继续加强”，全面提升客运服务质量。开展各项服务提质评选、创优服务活动及业务学习及比武活动，及时将集团、车务段所发相关文件下发至班组学习，认真落实“每月一考”“每班一学”“每天一问”的业务学习制度。车站管理班子将集团、车务段提出有关服务质量的相关规定落到实处，对电台联控用语、接发列车作业标准、行车与广播室表册填记、客运安检工作执行能力、售票服务作业标准等岗位严格按规范化、标准化规定作业，发挥值班站长、值班干部的盯控能力。开展工作自查，查漏补缺，查安全隐患问题，面对旅客投诉100%严肃整治，展开问题分析及下发至班组学习改正。对于违章违纪人员严格批评并经济考核，开展分析会让其进行反思发言。对于自查及上级查出的问题积极整改，落实到责任人、整改措施及整改时间，确保整改到位。车站指定分管站长及专人负责监管服务质量分析，督促服务质量问题的实时处理和办结，每起求助实行分析追踪落实制度，管理人员亲自上手，还原事件、分析落责，并提出有效实用

2022年7月12日，常德—西双版纳航班首航圆满成功

（常德桃花源机场胡妮 摄）

的避免措施，做好岗位管控。

拓展营销。针对节假日、客流量高峰时期，结合不同时期的运输特点及客流情况及时增开窗口，自动售取票机及时更新系统，减少旅客排队办理业务的压力。利用车站服务品牌公众号“小柳树”加强与各界媒体的联系与协调，同时利用电子显示屏、广播宣传、公众号推文等渠道，将列车开行信息与最新消息及时传递给广大旅客。在候车室服务台安装信息服务显示屏，显示各类重要提示及公布了投诉电话以及提供失物招领、候车、购票咨询等服务。

整章建制。制订各项工作应急预案、方案及作业指导书的更新。为落实消防责任，防范安全风险，11月开展为期1个月的“消防安全责任广铁行”安全活动，细化并完善应急预案。活动期间由“小柳树”青年志愿者们向旅客发放《站车消防安全宣传册》并通过张贴挂画及安全宣传标语来宣传。11月下旬邀请湖南普消消防安全宣传服务中心教官为车站职工开展消防安全知识培训及现场扑灭火情的演练。根据不同时期要求，不断完善安全管理制度，修订并及时更新春运、节假日、新老兵运输方案，乘降组织安全措施及安全专项活动方案，修订各岗位作业指导书等。根据集团公司及车务段要求开展制定各项百日攻关活动方案、防寒过冬除兵扫雪预案、各季度调图运输组织方案等。为加强现场作业标准化规范化，明确安检岗位巡视检查、音视频回放检查等管理办法，强化安全生产责任制、逐级负责制、责任追究制、干部值班制的建设。做好应急人员准备。车站与供电、工务、电务等铁路单位联合成立设备设施应急抢险队，按应急方案配备相关值班人员，确保能在接到抢险任务后第一时间赶到现场开展抢修作业；组建以党、团员为主的应急突击队，作为车站发生大批旅客滞留及其他突发群体事件时的应急力量，同时在暴雨、冰雪等恶劣天气时成立应急小分队，24小时待令，确保列车运行畅通有序。

【常益长高铁正式通车】 12月26日上午，常益长高铁正式开通运营，常德至长沙实现高铁全线贯通，最快59分钟可达，湖南省自此形成高铁大环线，常德迈入高铁时代。省委副书记、省长毛伟明出席常益长高铁开通运营仪式，并宣布常益长高铁正式开通运营。国铁集团副总经理李文新，省委常委、常务副省长李殿勋，省人大常委会副主任周农、省政协副主席易鹏飞出席。仪式由副省长李建中主持。省政府秘书长邓群策，市委书记曹志强，市委副书记、市长周振宇等参加仪式。渝厦高铁常德至长沙段全长154千米，设计时速350千米，分段建设开通。其中益阳至长沙段长63千米，已于2022年9月开通运营；此次开通的常德至益阳段长91千米，2019年6月开工建设，共设常德、汉寿、益阳南3座车站，其中常德、益阳南为既有车站，汉寿为新建车站。

（何名双）

市水运事务中心

【概况】 2022年，市水运事务中心获得《湖南港航》杂志2022年度编撰工作“先进组织单位”、年度市级文明标兵单位、实施乡村振兴战略驻村（对口）帮扶先进单位和省水运事务中心表彰的2021年度政务信息先进单位，马文华被省交通运输厅授予“2022年全省交通运输行业十佳验船师”荣誉称号。在湖南省交通运输厅、湖南省交通运输工会举办的“湖南省水路运输安全知识竞赛”中，常德市津市久春航运有限责任公司、湖南省安凯物流有限责任公司等22家水路运输企业获得优秀组织奖，李琨炜等24人获得最佳人气奖，刘哲杨等19人获得答题闯关能手奖。

【项目建设】 津市散货物流集散中心码头、石澧航道分别完成投资1.11亿元、13.09亿元，占年度计划的105.9%、109.1%；常鲇航道完成产值1.17亿元，占年度计划的29.25%。积极申报柳叶湖穿紫河、沅江风光带（含秦溪、夷望溪及花岩溪等）及石门仙阳湖等3个旅游航道项目为全国精品旅游航道试点。石门县仙阳湖旅游航线已入选国内水路旅游客运精品航线之特色文化游项目。

【水运安全管理】 有序推进企业“一会三卡”可视化监管制度，已在41家水运企业全面推广实施，注册、使用率均居全省前列。全市检查水运企业31家次，对685艘营运船舶进行了核查和年审，年审合格率100%；开展春运、隐患清零、安全生产月、保障涉客船舶航行安全“百日行动”等专项整治行动。完成30座桥梁船舶防碰撞桥梁隐患治理任务。大力开展“三无”船舶整治。

【水环境保护与整治】 全市实行船舶污染物“应收尽收，免费接收”，全市全年船舶生活垃圾、生活污水、残油废油、含油污水等转运、处置量占接收比例均达90%以上。完成上级督查干散货码头环保隐患整治任务；完成24处非法码头规范提升整治任务并全部销号。完成省厅下达常德市2022年130艘1200总吨以上货运船舶和德山华电码头岸电改造任务。

【船舶检验】 运用“提前预约、集中检验、上门服务、便捷办证”

和“远程视频检验”的船检新模式，开展集中检验12次，远程检验25艘次。全市共完成图纸审查51套，船舶建造检验40艘次，船舶营运检验1596艘次。

【船员管理】 全年共注册审核船舶115艘，受理船舶进出港航次报告23853艘次；组织4期普通船员基安班培训、1期技术船员培训班，共培训380人，合格率95%；开展船员违法记分培训39人次，清理存量船员技术档案200套。

（陈吕乔）

邮政管理和经营

【概况】 2022年，全市邮政行业业务总量16.46亿元，同比增长8.93%，寄递业务量累计完成13892.95万件，同比增长1.44%。其中，快递业务量累计完成7577.67万件，同比增长11.53%；快递业务投递量累计完成23236.27万件，同比增长15.16%。邮政行业业务收入（不包括邮政储蓄银行直接营业收入）累计完成151967.55万元，同比增长8.83%。其中，快递业务收入累计完成76684.65万元，同比增长12.06%。

常德市快递覆盖行政村1438个，快递覆盖行政村比例为95.04%，其中第一档进村344个，第二档进村1094个，共有县级共配中心1个，村级服务站点575个，村级寄递物流综合服务站127个。临澧县作为全省客货邮试点单位，采购自动分拣机，实现了全省首批邮政和多家社会快递统分统配，建设了300平方米的农产品展示中心和保鲜库，在展示中心设立电商直播间，让农村“土货”搭上电商销售的“快车”，实现销售后直接从分拣中心发向全国各地。贯彻落实快递服务先进制造业“5312”工程，快递服务制造业业务量累计完成2730万件，快递业务收入累计完成5737万元。稳步推进“快递进厂”工程，邮政汉寿县分公司以湖南中联重科混凝土机械站类设备有限公司为突破口，先后与康普药业、沃博特生物科技、耐美特智能烘干设备公司、博溥立新材料科技公司等汉寿工业园区多个中大型企业在物流、特快、金融等开展多方面全方位合作，3年来累计实现物流收入超3000万元，余额新增超5000万元。

严守生态底线。印发《2022年全市邮政业生态环境保护工作目标分解安排》，组织生态环保专项培训，解读“9912”工程、寄递行业生态环保相关法律法规，提升企业生态环保意识。全市完成备案企业43家，邮政快递行业采购使用符合标准的包装材料比例为93.54%；按照规范封装操作比例为90.87%；可循环中转袋使用比例为99.98%；使用可循环快递箱子（盒）数量0.83万个；回收复用瓦楞纸箱数量为142.35万个；一次性塑料制品回收量1500千克。

推进邮快合作。2022年国庆后，常德市邮管局组织邮快企业召开“邮快合作”工作推进会，成立工作专班，市邮政分公司进一步加大对村级站点的建设和运能的投入，市快递协会组织对“邮快合作”进行运行费用测算，为进一步合作提供数据支撑，形成合力。

农村网络提质布局。澧县、汉寿县、临澧县3个三级物流体系建设重点县完成县级分拨中心建设，满足所有快递入驻。邮政企业正积极整合村邮站、邮乐购站等现有资源建设村级寄递物流综合服务站，基本实现村村有站。

深度融合全面转型。常德市邮管局协调地方政府支持邮政与农村电商协同发展，发掘特色农业资源，提高村级综合服务站点质量，因地制宜推广农村综合服务平台“1+N”模式，巩固和发展邮政服务农特产品出村进城“一市一品”项目。“桃源富硒大米”“汉寿金丝皇菊、汉寿蔬菜”等农产品进城项目，实现农特产品销售额2385万元，其中线上销售额505.87万元。帮扶贫困户130户，销售额88.32万元。邮政企业加快网点转型、服务创新、功能叠加，开展政务便民服务，政邮、警邮、税邮等服务保持区县全覆盖，邮政便民服务领域和范围得到进一步拓展。2022年，全市警邮寄递业务量35.17万件、税邮寄递业务量9.78万件、政邮寄递业务量11.69万件。全市税邮合作网点105处，已基本满足了城乡便民办税需求，开具普通发票3.46万笔，代征税款277.35万元。

【邮政行业监管】 指导全市邮政快递企业疫情防控工作。组织行业疫情防控工作大检查，采购疫情防护平台24小时监测行业数据，全市邮政快递企业、分拨中心落实2轮全覆盖检查，下发责令整改通知书16份，责令停业整顿网点2个，立案处罚1起。对全市邮政快递企业处理场所、营业场所、乡镇末端网点等房屋厂房开展隐患排查，排查各类问题23个。开展个人信息安全治理，成立领导小组，组织开展“学法规、强意识、护安全”主题学习活动，联合市委网信办、市网技支队对城区部分企业开展专项检查，指导企业抓好个人信息保护。开展实名收寄专项整治，通过实名稽查系统收寄辖区实名异常数据1505条，从业人员自寄件预警309人次。开展机要通信工作，5月和9月，对全市8个邮政机要通信营业、处理场所和1个接发转运场所的人员出入登记、安防和技防硬件设施设备配备、机要件的收寄、进出口和投递环节、人员管理和内部制度落实和疫情防控等方面进行现场监督检查。整

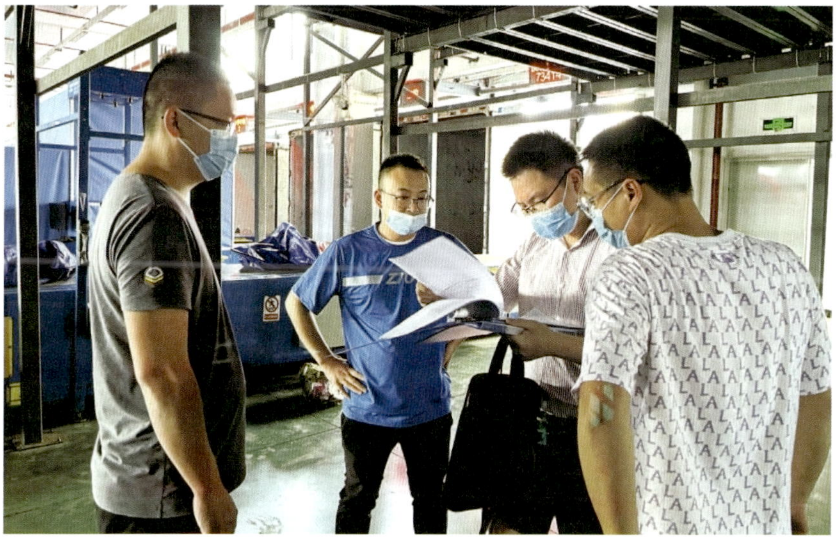

2022年9月29日，湖南省邮政管理局检查常德市邮政快递企业情况

（市邮政管理局 供图）

治快递市场秩序，依法开展行政许可，2022年完成下派许可检查任务1个，按时完成率100%；完成分支机构备案43个，按时完成率100%。维护行业平稳运行。指导快递协会起草《保护快递从业者权益行业自律公约》，持续整治末端违规收费，常态化开展安全生产大检查工作，全面整治常德市寄递渠道安全隐患，出动执法人员554人次，检查各类安全问题67个，下发责令整改通知书18份，立案处罚5个。巩固监督员调整成果，7名监督员围绕普遍服务、快递服务、邮票发行等重点工作开展社会监督，监督员共监督邮政、快递网点630个，走访用户2074人，反馈问题11个。

（肖梦怡）

【邮政经营】 全市普遍服务乡镇网点覆盖率和四项业务（邮件寄递、邮政汇兑、邮政储蓄、邮政发行）开办率均达100%，网点运营达标率、运营时长达标率与党报党刊当日见报率均为100%，条码平信开办率100%。汉寿县分公司与18家农业企业签订汉寿“惠农惠民工程蔬菜同城配”战略合作框架协议。澧县分公司联合金融专业开展“基地游”活动等。“9917”［到2022年年底，实现采购使用符合标准的包装材料比例达90%，规范包装操作比例达90%，投放可循环快递箱（盒）达1000万个，回收复用瓦楞纸箱7亿个］工程总体指标完成较好，行动指标自评得分105分。可循环快递箱累计应用达2000个，回收复用瓦楞纸箱33万个，一联电子面单使用率达98%。绿色包装操作培训有序开展，绿色宣传周主题活动持续推进。新租赁用于农村投递电动汽车118辆，已经交付48辆使用。金融业务方面，全市累计新增储蓄余额排全省第四位。全年新增价值存款新增占比83.13%，较2021年提升9.19个百分点。全市累计有效商户得到提升，商户新增活期月日均余额排全省第一位。客户增长进度排全省前列，全市新增VIP客户进度排全省第三位，2022年新增有效客户完成进度103%，排全省第三位。对全市合规系统预警100%进行核查分析，持续高压态势，全年检查网点频次达404次，开展“雷霆行动”及深入推进专项检查等活动，警告12人、通报批评20人、告诫170人，全面提升风险警示防控能力。寄递业务方面，深挖政务商企服务项目，实现收入规模排全省第四位。持续对存量客户，特别是亏损客户强化发货结构、流量流向等管控，实施损益核算。打造柑橘特快“千万工程”，成立“石门柑橘寄递专班”，以石门、临澧、桃源为主，建立15支营销团队服务到户，并通过电商直播推广，参与97万人次，全市柑橘特快发件量61.9万件，加上脐橙等其他项目，全市共计完成极速鲜特快收入规模排全省第二位。全市建成高标准、全功能市级电商公共服务中心1个，县级电商公共服务中心7个，建成批销市仓1个，县仓7个，基本实现“一县一仓”的目标要求。全市累计完成省分公司大单品批销毛利率4.7%，较同期大幅提升，一年期库存已清零。旺季封片项目综合打分排全省第五位。集邮生肖贺岁项目完成省公司计划的132.98%。临澧、桃源县分公司获得全省“集邮业务发展优秀县分公司奖”，鼎城、澧县、临澧县分公司获得全省“函件业务发展优秀县分公司奖”。2023年邮票预订工作全面完成计划，邮票预订项目完成计划的102.62%，排全省第一位。实行活跃农民合作社“广覆盖”，办理“融资E”贷款业务客户完成进度的141%，“融资E”贷款完成进度的115%。汽车产业链项目进度完成94.49%，医药市场项目完成194%。市分公司与市国资委下属企业常德欣运集团签署农村客货邮融合发展战略合作协议，出台《临澧县农村客货邮融合发展实施方案》，构筑起“县有中心、镇有站、村有点”的三级物流体系。打造农村客货邮融合运行线路36条，辐射至120个村（社区），通过公交线路将邮政快递包裹配送至镇村服务网点。高分全票通过省发展改革委、省交通运输厅、省邮政管理局、省邮政公司及第三方验收小组实地验收考评。常德邮区中心在全国处理中心标准化验收工作中获评“优秀省际中心”。

（冉湘玉）

通信

【电信】 2022年，电信常德分公司市下南门营业厅的爱心翼站和工会户外劳动者服务站点成功创建湖南省工会“百优驿站”；1人获“湖南省百万职工重点建设项目劳动竞赛优秀个人”称号。全年基本完成主营业务收入，同比增长8.33%；年累计提升1.71%，全省排名第二；移动业务期末用户全省排名第三；宽带业务期末进度及规模均在全省排名第三。公司年末总资产报酬率16.05%，增长2.63%，全省排名第二；收入利润率16.85%，增长1.84%，全省排名第六；劳动生产率增幅9.36%，全省排名第五。加快建设以云网融合为核心特征的数字信息基础设施。持续提升两网、两个窗口能力，装维服务全流程全省排名第四；政企支撑全流程全省排名第二；光网/综维全流程全省排名第一；无线运营全流程全省排名第四。完成5G建设任务，市、县城区及集镇5G用户体验与友商可比；千兆光网城区、万人重镇核心区域覆盖到位，新增XGPON口1.5万个；数字信息基础设施建设加快推进（算力），部署县域DC机房，一城一池扩容、澧县新建6700核。装移机工单、材料单价，能耗、塔租比等四项指标压降明显，效能提升。强化终端管控，代管包拆机回收率及利旧率均排名全省第一、老旧终端排名全省第三。强化采供价值提升，其中存货基础管理工作进入全省前三；招标询价、寻源力度等全年节约资金727万元，节支率7.19%。合同规范文本使用率、倒签率均排名全省前列；完成工程结算审计690项，为企业增收节支623.74万元。落实“大监督”工作机制，各专业部门通过协同监督形成合力，18个主责部门，针对34个方面开展监督，发现问题、整改问题，推动公司建立健全制度24个，阻止并挽回经济损失867.88万元。加强5G应用助地方疫情防控。常德分公司响应武陵区卫健局精准防控工作部署，加强大数据、人工智能及5G技术应用，在全市推广使用疫情防控信息监测管理平台，助力地方高效实施“多码合一”“一码通行”，为疫情防控提供信息化保障。2022年，常德市“12345”政务服务便民热线总接通率为99.93%，在线办结率为75.76%，按时办结率为100%，回访率为100%，回访满意率为99.29%，在省政务管理服务局下发的通报中，全省热线综合排名常德稳居第一方阵。

（廖华国）

【移动】 2022年，中国移动通信集团湖南有限公司常德分公司全年建设开通5G基站近1700个，实现市县城区5G信号连续覆盖、5G网络“村村通”。全年建设家宽小区4000余个，实现市县城区全覆盖，行政村覆盖率超过90%，千兆小区规模超过800个。年完成汇聚机房新建17个，完成常德移动边缘云节点部署，成为省内首批具备边缘计算能力的地市之一。创新构建以移动云为重点的新型信息服务体系，利用云网融合优势和信息服务能力，为政府企业客户提供优质、安全的“上云上平台”综合解决方案，累计推动3757家本地重点政企单位上云用数，全面服务数字常德建设。推动5G创新应用落地，面向5G工业互联网、5G智慧工厂、5G智慧校园等各行各业发布了多个5G+应用场景解决方案，打造恒安纸业、中联液压等5G标杆项目。打造“数字乡村”智慧管理平台，集平安监控、视频会议、智慧党建、应急调度等功能于一体，推动乡村综合治理数字化，为20多个镇、860个村级社区搭建数字乡村智慧管理平台，近8万户家庭接入该平台。开展“站店听音”活动，打造“心级服务”品牌，顺利通过中国质量协会评审，荣获“2022年全国市场质量信用AA（用户满意）级企业”称号。夯实网络安全责任，全年核查处置风险号码3.9万个，关停涉诈号码超过7000个。

（王　曦）

2022年2月16日，湖南省“5G+工业互联网”典型应用场景授牌暨“5G+智慧工厂”融合发展战略合作签约仪式举行

（常德移动 供图）

【联合通信】 中国联通常德市分公司成立于1999年11月，历经23年发展，截至2022年，公司固定资产总值达14.7亿元，员工400余人。全年累计完成5G投资近2亿元，全网用户远超过百万户。公司荣获2022届“湖南省文明单位”荣誉称号。公司强化数字化转型底座搭建，以5G网、900M打底网、传输网、千兆光网、客户接入工程五大板块为主，5G累计投资近2亿元。已开通3.5G宏站1005个和2.1G宏站1248个，453个室分站点，市区5G覆盖率达98.5%以上。累计开通国标小区135个，新建及改造县城区以上小区千兆端口57.9万个，县城区以上用户全面具备千兆接入能力。持续推进“元极”创新工作室工作开展，选送的参赛作品荣获中国联通集团总部优秀QC成果奖。2022年，常德联通成立联通（湖南）产业互联网公司常德分公司（中国联通中南研究院常德分院）。产互公司整合云、大、物、智、链、安等创新能力，聚焦智慧城市、数字政府、工业互联网等发展领域，为政务、金融、教育、医疗、文旅、工业制造、商贸、能源等行业客户提供融合创新的综合解决方案，助力千行百业“上云用数赋智”数字化转型。深度参与“智慧常德”建设，运用5G、大数据、算力网、人工智能、工业互联网等新兴技术和中国联通中南研究院的研发能力，在政务、教育、医疗、文旅等多个领域，持续打造令老百姓满意的便民信息化项目。成功实施常德市市委电子政务内网横向网、常德市政府智慧城市大脑、常德市智慧文旅体信息化、常德市市直学校人脸识别、常德市第一人民医院桌面云、津市市公安局警务实战中心、澧县教育信息化、“雪亮工程”中小学校安防系统建设等一系列重点项目建设，总金额近2亿元。同时，公司自主研发的疫情防控云平台已服务全市数百家企事业单位，数字乡村平台为30余个乡村提供村务管理服务。开展宽带提速升级活动，打造“智慧社区”“数字乡村”；牢固树立“为客户创造价值”的理念，以“真千兆”宽带用户使用感知为主线，提升“整体服务观”，完善与千兆市场用户需求匹配的大服务体系，落实“近悦远来”的高品质服务，倾力做到“消费请客户放心，服务让社会满意”；落实骚扰诈骗电话治理工作，规范市场经营活动，强化实名制管控，打击黑卡等违法违规行为，规避不法分子骚扰诈骗风险。

（李　佳）

【通信设施】 中国铁塔股份有限公司常德市分公司（以下简称常德铁塔）为常德唯一城乡信息基础设施“开发商”“运营商”“服务商”。常德铁塔拥有通信站址数共7372个，其中宏站6495座、微站520个、室分357个。2022年，数据质量提升团队获集团总部“青年突击队”；能源经营部获省公司“能源经营先进单位”称号。客户经理杨俊黎获评集团总部2021—2022年度“优秀共青团员”；客户经理樊明明获集团总部“运营商业务先进个人”“优秀客户经理奖”称号。

2022年以来常德铁塔推动市工信局、市住建局（人防办）和市通管办联合下发《关于进一步加强房屋建筑物室内无线信号覆盖系统基础设施建设的通知》（常工信通〔2022〕25号）文件，进一步明确将室内覆盖、移动通信设施纳入项目预算，与主体同步设计、同步施工、同步验收。向政府、工信局汇报5G疑难站址情况，请求开展专项工作梳理解决疑难站点，8月推动疑难站址建设纳入政府交办函。全年累计获取疑难站址39个，交付疑难站址36个，交付率高达92%，推动全市重点通信建设项目进度。2022年重点项目计划投资9000万元，截至12月累计完成重点项目投资9450万元，全年投资完成率达105%，位列全省第二，同比2021年增加投资2950余万元，新增建设站点900多个。

常德铁塔历时5个月，统筹建设常益长高铁线路（常德段）公网覆盖工程，共计建设宏站55个，室内基站分布式网络系统覆盖2.9千米隧道，覆盖2座高铁红线内车站，实现移动高速宽带网络全程覆盖。为深入落实共建共享集约化建设思路，常德铁塔优先选择低成本、高质量塔型，共计整合站址76个，减少站址建设21处，通过共建共享统筹及新技术节约建设成本约1800万元。统筹新建高铁站及广场地下室的室内分布系统建设，共计安装室分天线300面、98个pRRU（小型化、低功率、低功耗的微小型蜂窝基站）、信源RRU（射频拉远单元）15台，在高铁通车前一个月提前完成室分系统开通与运营，确保无线信号正常覆盖，满足广大旅客出行通信顺畅。

2022年承接高速交警枢纽点监测、森林防火监测、无线电监测、村村响、秸秆禁烧、“雪亮工程”、渔政、水利等多个项目，特别在国土耕地保护行业取得较大突破。2022年4月，鼎城区入选湖南省20个自然资源铁塔视频监测“先行县”，经省厅优化选择在县域内建设了128个铁塔监测站点，加速带动全市九个区县市完成超1000个站点的摄像头安装开通及调试上线，系全省上线点位最多、覆盖自然资源土地面积最广的地市，全市95%以上的耕地均处于铁塔视频监测范围内。

常德铁塔全年布局换电点位，实现临澧、安乡、桃源、澧县、石门5个区县开通换电业务，县域开通比例达71%。其中，桃源县是建设交维时间最短的区县，从换电柜选址建设、设置调试到电池安装仅仅用时8天。常德铁塔在全市范围内安装101个12仓的换电柜，投入3200块电池，月均换电次数约10万次，年累计换充电120万次，续航年总里程3600万千米。在灵活推出电池换电模式的同时，充分发挥“车电一体”协同发展的优势，与邮政、铁通、顺丰、极兔等多家单位共计450名企业用户达成换电业务合作，为全市1450名骑手提供7×24小时电动车换电智慧能源服务。

常德铁塔全力支撑应急通信保障。2月冰雪凝冻天气是停电高峰期，全市基站停电达1500余个，代维共出动保障人员540人次、保障车辆270车次、保障油机1200台次、发电800站次，未发生大面积通信中断事故；11月疫情保障期间，累计出动代维人员124人次，累计出动保障车辆62辆次，累计出动保障油机251台次，累计巡检重保基站112站，排除隐患55起，累计发电120次，有力保障疫情防控工作开展。全省大型项目集中开工、桃花源旅游节，石门柑橘节等通信保障工作3次。全市站均断电退服率2.21%，同比发电及时率提升5.34%。月均故障工单处理及时率99.9%，同比提升1%。协助运营商新建电信普惠站55个，解决偏远乡镇、村落通信信号覆盖问题。

（王　怡）

电网

2022年1月21日，常德市人民政府与国网湖南省电力有限公司“十四五”深化战略合作协议签约仪式举行，图为签约现场　（国网常德供电公司 供图）

【概况】　2022年以来，国网常德供电公司成功应对年初雨雪冰冻天气和度夏电网最大负荷八创历史新高挑战，夺取抗旱保电的全面胜利。持续保障抗疫用电需求，对供带重点场所的85条线路、1392个配电台区实行不间断保电特巡，分别提前一天、两天完成江北城区、江南城区临时集中隔离点配电工程项目建设，对定点医院、防疫用品生产企业等重点场所以及受疫情影响较大居民实行“欠费不停供”举措。推进“政企合作，共建电网”模式，促成市人民政府与省公司签订“十四五”深化战略合作协议。持续加大电网投资规模，2022年完成电网投资24.7亿元，投资规模连续两年排名全省第二。完成“宁电入湘”特高压工程常德段建设用地选址、生态评估等前期准备，常德高铁牵引站、汉寿牵引站220千伏接入等19项工程顺利送电，新增输电线路252.86千米，新增变电容量67万千伏安。完成6.62亿元配网改造及业扩配套项目投资，老旧小区电力改造工作被住建部作为可复制政策机制清单在全国推广。全面梳理跟进99个市重点建设项目进度，提前送电至资产分界点，推行“让电等客户”的办电新模式。深入开展“千名干部联千企”行动，化解企业涉电问题14个，助企纾困的典型做法多次被省市联企工作简报采用。扩大低压“三零”政策执行范围，全年累计减免33639户，减免金额4629.25万元。推动“不动产+电力”联合过户以及占道挖掘、占绿破绿审批事项“一窗申报、并联办理”。实施低压移动上门作业，推行简单低压办电“一个环节、一个岗位、一支队伍、一天完成”。协助3200余户农户实现全电化种养殖。在安乡县建成全省首个“充电站乡乡通”工程。完成消费帮扶128万元，面向脱贫户家庭考生定向招录培养供电服务职工35人。在各级政府支持下搭建新能源发展沟通合作机制，出台工、农业领域和校园电气化方面电能替代支持政策30余条，规范接入分布式光伏发电用户1399户，与16艘挖沙船达成“油改电”合作协议。加大充电基础设施建设，全年累计建成直流充电桩57个，6个千吨级码头港口岸电项目全面开工。在常德高新区、澧县经开区试点建设园区低碳服务站，为园区管委会提供大数据分析，为客户提供能效诊断分析报告、用能优化建议。弘扬新时代“电骡子”精神，创新开展“下基层、上一线”“五个一”主题实践活动，公司东方红（电骡子）共产党员服务队在“双碳”战略实施、乡村振兴、抗疫保电等急难险重任务中勇挑重担，服务队获评省文化科技卫生“三下乡”活动优秀团队，公司党委受邀参加全市庆祝中国共产党成立101周年座谈会并做典型发言。

【常益长高铁常德部分“供电心脏”成功起跳】 2022年9月13日，随着220千伏太林线、善林线成功送电，常益长铁路湖南常德林家冲牵引站外部供电工程正式投产，湖南常德林家冲牵引站这一常益长高铁常德部分的“供电心脏”成功起跳。国网常德供电公司将为高铁牵引站输送源源不断的电能，助力常德进入高铁时代。湖南常德林家冲牵引站其外部供电工程于2021年9月10日正式启动，共计施工300天，分善卷—太子庙220千伏线路工程、善卷—太子庙Ⅱ入林家冲牵引变220千伏线路工程两个部分，全长约55千米，新建铁塔162基。该工程跨越铁路1处，跨越高速公路2处，共涉及三级风险施工320余处、二级风险施工3处。

（黄子娟　陈　前）

旅 游

综述

【概况】 常德旅游初步形成以桃花源为核心品牌，以柳叶湖、穿紫河、沅江水域风光为载体，以壶瓶山生态旅游为补充的休闲旅游目的地，亲水和城市休闲是常德旅游的主打产品。常德是一座“桃花源里的城市”，湖光山色秀丽，旅游资源丰富，大小景点300多处，桃花源、柳叶湖、城头山、中国常德诗墙等景点享誉中外。全市已经打造成41家等级景区，其中国家AAAAA级旅游景区1家、国家AAAA级旅游景区10家，拥有国家级旅游度假区1家、省级旅游度假区1家，拥有星级标准酒店50多家，能够同时满足20多万人的游客接待，全市等级景区能同时承载游客量约50万人。新推出投资10亿元以上的桃源热市云顶温泉旅游度假区、汉寿同发野生动物世界均已对外开放。

2022年，常德市文旅广体局面对严峻复杂的宏观环境以及疫情防控、安全生产等重要任务，按照“疫情要防住、经济要稳住、发展要安全”工作要求，推进全市旅游产业高质量发展。2022年，全市共接待国内外游客3175.04万人次，同比下降1.22%；实现旅游总收入380.74亿元，同比下降1.82%。2022年，成功招商湖南君跃体育运动俱乐部，签约柳叶湖文化体育休闲基地项目，投资金额1.2亿，成功招商珠海市拱北丽枫酒店，签约柳叶湖丽怡花园度假酒店项目，投资总额1亿。全年完成重点文旅项目投资16.73亿元，完成率为119.07%，其中汉寿野生动物世界一期于4月21日正式开园营运，成为湖南省10大热门旅游景点，热市云顶温泉旅游度假区建成云顶休闲、云端栈道以及天空花海等项目，成为湖南省网红打卡景点。组团参加2022湖南文化旅游产业博览会，获得“优秀组织奖”和“优秀展台奖”两个团体奖项，在同期举办的2022湖南文化旅游商品大赛中，常德市文化旅游商品获得1枚金牌、3枚银牌、5枚铜牌。

举办桃花源文化旅游节、湖南人游常德、首届冰泉季、首届旅游发展大会等活动，推出“桃花源里　诗画常德”六大主题旅游线路，与《常德日报》、常德电视台的媒体矩阵开展合作，与百度网、抖音短视频平台、网络达人等新媒体开展合作，推出“诗画常德”文旅消费“一卡通”。

（宋淑娥　戴梦诗　陈明桦）

【旅游行业管理】 深入开展全市文旅广体行业安全生产专项整治三年行动（2020—2022年）、旅游包车专项治理、汛期旅游安全专项检查等系列安全生产专项检查，组建常德市旅游安全专业委员会，组织成员单位开展全市旅游领域潜在风险隐患排查联合督查，采取集中执法、重点监管、跨部门联合执法等措施，重点整治不合理低价游，依法查处违法违规经营行为和旅游质量案件，维护旅游市场秩序和旅游者合法权益。参加湖南省首届“美好生活·文明出游”文化旅游质量服务公益短视频作品征集暨展播活动，常德市组织报送作品获评3等奖1个、优秀奖2个，市文旅广体局获评优秀组织单位奖。

（汪　洋）

【旅游人才队伍】 常德市弘富源农业发展有限公司总经理李小玲、中国湖南热市温泉开发有限责任公司总经理敖敏入选文化和旅游部评定的2022年度全国乡村文化和旅游带头人。组织市、县两级分管文化旅游工作领导参加全省文旅融合专题发展研讨班。参加湖南旅游饭店职业技能大赛，常德市选手陈小龙荣获“中式烹饪”二等奖、严逢珍荣获“中式铺床”三等奖、常德市代表队荣获“团体竞赛”三等奖。

（杨　艳）

旅游景点

热市云顶温泉旅游度假区　　（市文旅广体局 供图）

【概况】　截至2022年年底，常德市共有国家AAAAA级旅游景区1家，即桃花源旅游区，国家AAAA级旅游景区10家，分别为柳叶湖旅游度假区、石门县夹山旅游景区、鼎城区花岩溪旅游景区、常德市规划展示馆、澧县城头山旅游景区、临澧县林伯渠故居旅游景区、澧县彭山旅游景区、桃源县枫林花海旅游景区、柳叶湖卡乐星球旅游景区、石门县龙王洞旅游景区。

【桃花源旅游区】　桃花源旅游区位于湖南省常德市西南34千米处，地处沅水下游，古武陵县境内。是陶渊明笔下《桃花源记》所描述的“世外桃源”真迹地，是《辞海》“桃花源记”词源中唯一添加注释的《桃花源记》原型地，是国务院唯一备案认可的“桃花源国家级风景名胜区”。桃花源始于秦，见于晋，兴于唐，盛于宋，历史上享有三十五洞天、四十六福地的美誉。千百年来，陶渊明、李白、刘禹锡、苏轼等都在此留下了许多珍贵的诗文和墨迹，其山水田园之美、寺观亭阁之盛、诗文碑刻之丰、历史传说之奇，举世闻名，是全球华人向往的心灵故乡。先后获评第六批全国重点文物保护单位、国家森林公园、第五批国家重点风景名胜区、2018中国旅游影响力十大文化景区、湖南首届“夏季避暑旅游目的地”、省级旅游度假区、第一批湖南省中小学生研学实践教育基地、国家AAAAA级旅游景区、全国首个“文旅融合助推乡村振兴基地”、2022年省级文明旅游示范单位、长江主题国家级旅游线路。2022年旅游人次达325.79万人次，同比增长15.26%；旅游综合收入达11.18亿元，同比增长24.2%。

【柳叶湖旅游度假区】　柳叶湖旅游区位于常德城区东北，形状似一片柳叶。东临洞庭湖、南临沅水、西依武陵山、北枕太阳山，总面积169平方千米，水域面积21.8平方千米。先后被评为国家AAAA级旅游景区、国家水利风景区、湖南省文明旅游风景区、国家级旅游度假区。2022年全年累计接待游客155.7万人次，实现旅游综合收入15.1亿元。柳叶湖山环水绕、湖光秀丽，生态宜人，是融山融水，城湖一体的旅游休闲度假区，被誉为“城中大海，度假天堂”。

【夹山旅游景区】　夹山旅游景区位于石门县城东南8千米处，因境内东西双峰对峙、南北一道中通而得名“夹山”。夹山国家森林公园在国有十九峰林场基础上开发建设，1993年林业部批准建立夹山国家森林公园，同年正式开园。森林公园规划区域面积1530公顷，现经营面积740公顷，森林覆盖率90%以上。园内群峦叠翠、万木争荣、环境幽静、空气清新，集闯王陵园、佛教圣地、茶道源头、森林风光于一体。经过数十年开发建设，夹山旅游景区吃、住、行、游、购、娱功能齐备，先后被评为全国森林公园示范园、国际生态休闲景区、国家AAAA级旅游景区、全国重点文物保护单位，享有“中国禅茶之都”和“世界茶禅之源”的美誉。2022年景区接待人数10.3万，年营业收入161万元。

【花岩溪旅游景区】　花岩溪景区地处雪峰山余脉，距常德城区60千米，与桃花源同山共水，一脉相连。景区占地面积45平方千米，山林4000多公顷，森林覆盖率达95%。花岩溪旅游景区由中心区、五溪湖、龙凤湖、栖凤山和仙池山五大景区组成，已开发18个景点。花岩溪景区四季山花烂漫，春来遍地桃花水，夏至杜鹃共霞飞，仲秋丹桂香满怀，隆冬风雪漫湖山。这里山岩神奇，山溪空灵，龚家洞流泉欲飞，龙凤湖鳞潜羽翔，五溪湖洗心涤虑，青山游碧水，群岛伴浪舞，插角山清水秀，风光旖旎，在插合殿山顶可饱览群山之美。2022年景区共接待游客5.27万人，实现旅游收入898万元。

【常德市规划展示馆】 常德市规划展示馆是集规划展示、城市推广、招商引资、市情教育、旅游休闲等多功能于一体的综合性展馆。展馆主体建筑获2012—2013年度中国建设工程“鲁班奖”，先后获评省级文明窗口单位、国家AAAA级旅游景区、省级青年文明号、省级服务标准化单位、省级巾帼文明岗、省级文明单位、省级社会科学普及基地等。规划展示馆为免开公益性场馆，2022年接待参观市民共12839人次。

【城头山旅游景区】 澧县城头山旅游景区是国家AAAA级旅游景区，依托全国重点文物保护单位城头山遗址修建。景区总体规划面积333.33公顷，包含古城遗址、博物馆、彩绘园综合体验游乐区等。2022年接待游客41.4万人次，营业收入776.47万元。城头山景区为湖南省首批中小学劳动教育实践基地、2022—2027年省科普教育基地、全省十大研学旅游目的地、全省文明旅游先进单位、全省十大平安景区。2018年澧县城头山遗址城墙剖面保护工程被评为全国文物保护工程“金尊奖”。作为湖南省建设世界旅游目的地的“五张名片”之一的农耕文化名片代表，城头山将依托澧阳平原深厚的文化底蕴，全力推动文旅深度融合高质量发展。

【林伯渠故居旅游景区】 林伯渠故居旅游景区位于临澧县修梅镇高桥村，是林伯渠青少年生活学习、追求真理和一生伟大革命实践的诞生地，始建于清同治年间（1862—1874年），建筑面积857平方米，整个建筑古朴典雅。经过30多年建设发展，打造了“三区三线三带”的红色文旅新业态，形成了占地面积33.33公顷的故居景区，集瞻仰、参观、培训、食宿、拓展于一体的党性教育基地。林伯渠故居是全国爱国主义教育示范基地、全国关心下一代党史国史教育基地、全国重点文物保护单位、国家AAAA级旅游景区、湖南省廉政文化教育基地、湖南省全民国防教育基地、湖南省党史教育基地、湖南省社会科学普及基地、湖南统一战线教育基地、湖南省“潇湘红八景”之一，2022年景区年接待参观游客78.78万人次。

【彭山景区】 彭山景区位于湖南省澧县澧南镇，为湘北佳致，九澧名胜，景区共有66公顷湿地、133公顷水域、2000公顷山林，集山、水、洲之大成，享“生态胜景，大爱彭山”之美誉。游客来此可观光旅游、休闲度假、科普研学、禅修养生和森林康养等。彭山景区先后获评国家AAAA级旅游景区，全国森林康养试点建设基地，全国科普教育基地，国家五星级休闲庄园，中国最美休闲庄园，中国凤凰诗歌村，中国杂志小说选刊基地和中国林业科普教育基地，湖南省省级研学旅游基地、湖南省党史教育基地等。2022年景区共接待游客51万人次，营业收入3400余万元。

【枫林花海景区】 枫林花海景区位于常德市桃源县枫树维吾尔族回族乡维回新村，总占地面积40余公顷，著名教育家、历史学家翦伯赞先生故居位于此地。枫林花海景区于2014年正式接待游客，先后获评全国百佳乡村旅游目的地、国家AAAA级旅游景区、湖南省文明风景旅游区。枫林花海分为七大区域，分别为花样景观区（包含七彩花田、梅园、紫薇园、樱花园、海棠园、月季园、杜鹃园、花海迷宫等）；娱乐嬉戏区（包含彩虹滑道、网红摇摆桥、水上大冲关、步步惊心桥、两岸戏水、轮胎乐园、儿童游乐场、高空玻璃滑道、蹦蹦云游乐园等）；萌宠乐园区（孔雀园）；农业体验区（百果园采摘园）；红色（党性）教育区（包含翦伯赞故居、党性教育基地）；维回风情区（包含维回特色小吃街、清真寺、维吾尔语爱语墙、百翦墙等）；研学拓展区（包含室内和室外研学场所，供各类研学需求）。枫林花海已成为集观光旅游、红色（党性）教育、互动玩乐、特色餐饮、研学体验于一体的旅游景区。2022年景区共接待游客8.1万人次，旅游收入262万元。

【卡乐星球旅游景区】 卡乐星球旅游景区位于常德市柳叶湖旅游度假区，属于华侨城旗下卡乐品牌产品，总投资约17亿元，占地面积约42.8公顷，2020年1月正式开园，同年获评国家AAAA级旅游景区，是一座大型高科技、互联网主题公园。园内不仅拥有多台国际一流的大型高科技主题游乐设备，还有时下最火热的VR、AR等高科技文化游乐体验产品。园区景点众多，依据主题划分五大区域，分别是欢乐时光、卡乐小镇、太阳部落、童话王国、浪漫地中海五大区域，园区有太阳飞车、360度全景天地剧场、影视跳楼机、时光飞车等12个大型高科技游乐项目，17个机械类游乐项目，满足游客多元化、互动性文化旅游体验需求。2022年，全年累计接待游客32万人次，实现旅游综合收入2886.4万元。

【龙王洞旅游景区】 龙王洞景区位于石门县白云镇境内，与仙阳湖水域相连，是武陵山北麓一座景观奇特的溶洞型景区，于2021年获评国家AAAA级旅游景区。据中国地质科研所评估，龙王洞已有6亿年的历史，且至今仍在生长，是世上为数不多的活溶洞之一。龙王洞水洞相连，全长2.5千米，有大小景点60余处，其中部分钟乳石和石笋神似龙王的10个儿子，故被称为龙王洞。2022年，景区接待人数9.8万人次，年营业收入303万元。

【重点景区品牌创建】 2022年，常德市柳叶湖河街成功入选为国家级夜间文化和旅游消费聚集区。鼎城区中国常德画墙、津市市灵犀茶油庄园景区、津市市绿岛蓝湾景区、汉寿县帅孟奇故居等4家景区成功创建国家AAA级旅游景区。澧县澧南镇获评湖南省乡村旅游重点镇，桃源县牛车河镇毛坪村、西湖管理区西洲乡黄泥湖村、澧县澧南镇仙峰村等3个村获评湖南省乡村旅游重点村，武陵区天景花池、鼎城区花溪鹭谷、鼎城区五溪谷、安乡县墨庄堂等4家单位成功创建湖南省五星级乡村旅游区（点），桃源县君和野茶开发有限公司成功创建省级工业旅游示范点。

（戴梦诗）

【常德河街入围第二批国家夜间文化和旅游消费聚集名单】 8月16日，《文化和旅游部关于公布第二批国家级夜间文化和旅游消费集聚区名单的通知》（文旅产业发〔2022〕85号）公布第二批国家级夜间文化和旅游消费集聚区名单，全国123个项目上榜。常德市柳叶湖河街入选。常德河街“夜经济”已成常德城市的一张新名片。常德河街文化底蕴丰厚。沈从文先生曾将内河码头文化赞誉为“湘西大码头”。街区麻阳街段为全木结构，小河街采用砖木结构，大河街采用砖混结构，形成临河吊脚楼，四合院、窨子屋、鸳鸯走马楼、春秋广场、古城墙、美孚洋行、江西会馆等建旧如旧的特色景观，充分还原民国末清初内河码头的繁荣景象。河街是常德市“非遗”文化街区，鸳鸯走马楼常态化演绎常德丝弦、常德高腔、常德花鼓戏等非物质文化遗产。河街美食有澧州钵子、津市米粉、桃源擂茶等本土特色餐饮，也有酱板鸭、麻辣肉、穿眼粑粑等风味小吃，还有异域风味的北京烤鸭、日本料理、韩国烤肉、德式咖啡、意式披萨等，让人身处街区就能品尝世界各地美食。推进文旅融合，举办“非遗展示会”、“旗袍女子走河街”、啤酒音乐节、元宵喜乐会、端午节欢乐龙舟赛、中秋钵子宴、农博会、百团大赛、湘西北美食文化节等庆典活动百余场。常德河街多次被央级媒体宣传报道，央视中文国际频道《城市1对1》摄制组栏目组走进常德河街，央视新闻频道特别节目《家和万事兴》以“河街霓虹照亮洞庭水乡”为题主推常德河街和穿紫河风光，央视财经频道《消费主张》栏目以“夜经济”为主题播出“常德美食”专辑，力荐常德河街美食。另外，新华社、《北京日报》、《光明日报》、《深圳日报》等全国多家媒体相继报道，多档旅游栏目到河街取景。电影《蒯伯赞》在常德河街完成四成以上的拍摄取景，上演浓浓民国风。2022年1月，常德河街成功创建国家级旅游休闲街区。

【城头山文化遗址成为湖南旅博会“农耕文化”名片】 8月25—27日，由湖南省人民政府指导、省文旅厅、省工信厅、省商务厅联合主办的2022湖南文化旅游产业博览会在长沙国际会展中心举行。省委书记、省人大常委会主任张庆伟在省委“中国这十年·湖南”新闻发布会上，介绍湖南将大力实施全域旅游战略，着力打造“五张名片”，即以张家界为代表的“奇秀山水”名片、以韶山为代表的“经典红色”名片、以长沙为代表的“都市休闲”名片、以城头山古文化遗址为代表的“农耕文化”名片、以南岳衡山为代表的“历史文化”名片。澧县城头山古文化遗址作为“农耕文化”名片的代表在旅博会上作专场推介。城头山古文化遗址是迄今中国唯一发现时代最早、文物最丰富、保护最完整的古城遗址。澧县有全国重点文物保护单位16处，县域拥有量居全省第一。以城头山、鸡叫城、孙家岗遗址为代表的澧阳平原史前遗址群，是中华文明探源工程考察和实施的重点地

常德河街城市书房

区，揭示湖南的农耕文化，成就湖南“南方史前文明高地”的美誉。

【石门仙阳湖入选国内水路旅游精品航线】 10月12日，交通运输部《关于公布打造国内水路旅游客运精品航线试点单位及试点内容的通知》公布国内50条水路旅游客运精品航线试点单位，湖南省有3条线路入选，石门县仙阳湖旅游航线作为特色文化旅游的试点类型位列其中。石门县仙阳湖旅游航线以“航道+旅游”的形式打通皂市殷商遗址、维新特色小镇、温泉养生、峡峪河大峡谷、磨市红色小镇、白云山森林康养、国家AAAA级旅游景区龙王洞，连通各特色文化旅游景点，打通湖区旅游“最后一公里”，激活仙阳湖区域旅游产业。仙阳湖之旅的试点内容主要是，提升旅游客运船舶和设施品质，购置打造高档次的客运旅游船舶，发挥客舱设计的观景性，方便乘客观光观景；提升港口客运站和停靠站点服务品质，岸线码头配套建设生态停车场；创新水路旅游服务产品，游船上配备讲解员，制作优质视频展播，丰富游览过程体验，打造网红打卡地，为游客提供舒心的旅游体验；提升安全绿色发展水平，配备水上安全监控救援指挥中心、航标等相应的支持保障系统，改善通航条件、保障船舶航行安全。

【常德三村一镇入选新一批湖南省乡村旅游重点村、镇】 11月14日，湖南省文化和旅游厅、省发展和改革委员会拟定并公示第四批湖南省乡村旅游重点村和第二批湖南省乡村旅游重点镇（乡）名单，包括47个第四批省乡村旅游重点村、14个第二批省乡村旅游重点镇（乡）。桃源县牛车河镇毛坪村、澧县澧南镇仙峰村、西湖管理区西洲乡黄泥湖村3个村入选第四批湖南省乡村旅游重点村。澧县澧南镇入选第二批湖南省乡村旅游重点镇。澧县澧南镇将特色产业发展与村民增收致富相结合，引导群众参与到香桃等特色产业发展中去，拓宽收入渠道，实现了产业兴、农民富。桃源县西北部的牛车河镇毛坪村是一个静谧古朴的村落，村居依山傍水，刘家峪峡谷两侧山峰耸立。村内民俗活动丰富，有惊险神秘的“上刀山、下火海”表演，也有热闹喜庆的舞龙灯、玩狮子、三棒鼓等，极具地方特色。澧县澧南镇仙峰村是新石器时期遗址重点保护地，还有10多千米长的抗日战壕，村里盛产葡萄，瓜果遍地、鱼虾浅戏、荷花飘香。西湖管理区西洲乡黄泥湖村是生态旅游村，村里大力发展紫花苜蓿种植、奶牛养殖等特色种养业，形成集特色种植、养殖、生产、加工、销售、休闲旅游于一体的现代产业链。

【临澧高桥村入选中国美丽休闲乡村】 11月11日，农业农村部公布2022年中国美丽休闲乡村名单。经各省份遴选推荐、专家评审和网上公示，推介255个乡村为2022年中国美丽休闲乡村，湖南省共12个乡村入选，其中常德市的临澧县修梅镇高桥村入选。全国生态文化村是指生态环境良好，生态文化繁荣，生态产业兴旺，村民生活富裕，人与自然和谐，典型示范作用突出的行政村。高桥村，原名凉水井村，位于临澧县西北部，是民主革命先驱林修梅、无产阶级革命家林伯渠的故乡。全村辖44个居民组971户3282口人，村域面积13.61平方千米，全村耕地面积374.8公顷，森林面积615公顷，森林覆盖率达43.5%。形成以万亩生态油茶产业园、千亩高产油菜科研园、百亩有机蔬菜采摘园为核心的绿色旅游产业园。高桥村将美丽乡村建设和国家AAAA级旅游景区创建相结合，建成林伯渠故居游客接待中心、林修梅广场和红色革命博物馆；对4.5千米车高线景区道路实行“白改黑”，完成了景区小环线升级改造，并配置环线旅游车和导游；新建高顺新社区办公大楼；完成卧龙溪整治和农田水利设施建设等配套设施；实施民居提质改造、美丽庭院和示范走廊建设，打造一道以白墙灰瓦、雕花窗、马头墙为特色的生态美丽家园风景线。形成生态宜居小区、休闲旅游商业街、农业产业聚集区的整体功能布局。

（曾庆思）

红色旅游

【概况】 参加2022年中国红色旅游博览会，常德展区以“诗画常德 英雄之城”为主题，从红色榜样、红色记忆、红色力量三个方面，全面展示常德的红色旅游资源和红色精品旅游线路。组织全市AAAA级以上红色旅游景区及红色培训机构、研学机构参加2022湖南红色旅游文化节。参与红色旅游区域协作，副市长杨成英在张家界市参加湘鄂渝黔政协助推红色旅游发展联席会议，会上全面推介常德红色旅游资源，并代表市政府与湘鄂渝黔红色旅游区所属市州政府（包括重庆市区县）签订《湘鄂渝黔红色旅游合作框架协议》。大力扶持红色旅游发展，为赵必振研究基地等3个红色文化旅游项目争取省级文旅发展专项资金近100万元。

【常德在湘鄂渝黔红色旅游推介会作主题推介】 8月16日下午，湘鄂渝黔红色旅游推介会在张家界市举行，来自湘鄂渝黔4个省市的17个市州（区、县）政府共同签订红色旅游合作框架协议，集中展示推介红色旅游资源，助力区域红色旅游高质量发展。常德市政协主席、党组书记黄清宇参加活动。常德市人民政府副市长杨成英以“诗画常德 英雄之城”为主题推介常德市红色旅游资源。17个市州（区、县）本着“资源共享、市场共拓、优势互补、共谋发展”原则，共同构建湘鄂渝黔红色旅游合作共商、项目共建、品牌共创、宣传营销平台共建、优质服务共享以及应急协调、联合研创等机制，深化区域红色旅游合作，共同打造湘鄂渝黔红色旅游整体发展格局。

（戴梦诗）

旅游市场开发

【概况】 常德市面对新冠疫情防控常态化形势，为推动常德旅游业复苏，提高旅游经营者信心和积极性，加大客源市场拓展力度，推动全市旅游业高质量发展，出台《常德市促进旅游业发展奖励办法》（以下简称《奖励办法》）。以300万元旅游促销和品牌创建奖励资金，促进文旅市场全面振兴。《奖励办法》对开拓市外旅游市场的旅行社给予促销奖励，包括旅游接待奖、旅行社排名奖、旅游广告宣传、旅游市场开拓等9个奖项。《奖励办法》设置旅游市场促销奖和旅游品牌创建奖两大类项目。旅游市场促销奖细分为3个类别，即旅游人数奖、年度综合接待排名奖和专项旅游促销奖；旅游品牌创建奖主要对新评定的国家AAAA级以上旅游景区，以及国家级、省级旅游度假区和全域旅游示范区等单位或企业给予奖励。《奖励办法》对积极开拓市外旅游市场的旅行社、旅游饭店等给予促销奖励。

（宋淑娥）

【常德举行茶旅产业融合发展推介论坛暨项目签约】 12月9日，常德茶旅产业融合发展推介论坛暨项目签约举行。第二十届中央委员会候补委员，中国工程院院士，湖南农业大学学术委员会主任、教授、博士生导师刘仲华出席。市委书记曹志强出席并讲话。市委副书记、市长周振宇主持活动。省供销合作总社党组成员、理事会副主任邓文军致辞。活动现场，16个项目签约。常德把发展茶旅产业作为推进乡村振兴、建设农业强市的重要抓手，按照“文化兴茶、旅游促茶”的发展思想，完善产业规划布局，打造集茶文化、茶旅游、茶体验于一体的茶旅融合产业链，把茶旅产业打造成优势产业、富民产业。常德按照“大全域·微旅游”总体思路，围绕城市旅游、乡村旅游、红色旅游等重点，推进文化旅游深度融合，把“桃花源里的城市”打造成“世人向往的心灵故乡”。

【常德市7个项目纳入2022年省级旅游发展大会重点项目】 2022年，常德市的热市云顶温泉旅游度假区、龙王洞景区提质改造、泽云·云舍风俗文化村、澧县文庙前片区文旅综合体（澧州古城景区）、西湖管理区文旅综合体项目以及复合型滨湖旅游度假综合体7个项目被纳入2022年省级旅游发展大会确定的重点项目，项目总投资为63.97亿元，2022年度计划完成投资总额14.05亿元。截至12月，已实际完成年度投资总额16.73亿元，投资完成率为119.07%。

（曾庆思）

【旅游精品线路】 2022年，常德市推出六大主题15条旅游精品线路。

主题一：诗画常德·浪漫休闲游。线路1：柳叶湖—德国风情街—常德河街—穿紫河游船—白马湖文化公园—老西门—桃源县热市云顶温泉；线路2：鼎城区花岩溪—桃源县夷望溪景区—桃源县乌云界景区—桃花源，观看《桃花源记》。

主题二：诗画常德·文化研学游。线路1：德山善德公园—常德画墙—中国常德诗墙—常德博物馆—屈原公园—常德市规划馆—柳叶湖司马楼—常德河街鸳鸯走马楼—《常德记忆》风情灯光实景秀—老西门；线路2：桃花源—澧县城头山古城遗址公园；线路3：石门夹山国家森林公园—石门壶瓶山国家自然保护区—石门罗坪长梯隘景区。

主题三：诗画常德·快乐亲子游。线路1：常德卡乐星球主题乐园—常德欢乐水世界—柳叶湖沙滩公园—武陵区丹洲多肉植物园—丹砂印象民宿—艺丹沅文艺部落；线路2：常德市规划馆—科技馆常德艾肯（I Can）梦想城儿童职业体验馆—汉寿同发野生动物世界；线路3：桃源县枫林花海旅游景区—临澧县相如山庄度假乐园—津市绿岛蓝湾休闲农业产业园。

主题四：诗画常德·生态山水游。线路1：柳叶湖太阳山森林公园—柳叶湖太阳谷—郑太有机农庄—武陵区天景花池—武陵区添景花田—鼎城区草坪稻作源民俗文化村—鼎城云峰竹海旅游景区—鼎城区十美堂鸟儿洲旅游景区；线路2：石门壶瓶山国家级自然保护区—石门龙王洞旅游景区—澧县彭山旅游景区；线路3：津市毛里湖国家湿地公园—津市大关山旅游景区—临澧县福船旅游景区—安乡县仙桃旅游景区—安乡县玖源旅游景区。

主题五：诗画常德·红韵传承游。线路1：常德武陵区老西门抗战城墙遗址—中日常德会战纪念园—武陵红色文化陈列馆—东方红文博园—泰顺国防教育园——丁玲纪念馆—鼎城区红烨红色文化园—武陵区黄爱陈列馆；线路2：汉寿县帅孟奇纪念馆—桃源县翦伯赞故居—桃源县大水田红军村—临澧县林伯渠故居—临澧县丁玲故居—石门县王新法党性教育基地。

主题六：诗画常德·奋进工业游。线路1：武陵酒业—德山酒业—金健米业—云锦纺织集团—鼎城区湘联木业；线路2：常德市西湖德人牧业旅游景区—石门湘佳牧业—石门白云山有机茶厂。

（宋淑娥）

重大旅游节庆活动

【“桃花源里　诗画常德”桃花源文化旅游节】　5月19日上午，2022中国旅游日湖南宣传活动启动仪式暨桃花源文化旅游节在桃花源旅游区拉开帷幕。活动以“桃花源里　诗画常德”为主题，由湖南省文化和旅游厅、常德市人民政府共同主办。省人大常委会党组成员、副主任陈文浩宣布活动开幕，省委宣传部副部长（兼）、省文化和旅游厅党组书记、厅长李爱武，市委书记曹志强分别致辞。市委副书记、市长周振宇主持开幕式。市委常委、市委宣传部部长彭晛丹为常德文化和旅游志愿者服务支队进行授旗并监誓。副市长杨成英现场推介常德市全域旅游特色资源。开幕式现场签订《桃花源5A景区运营管理与投资合作协议》《2022年度旅游市场合作协议》等6个全市重大文旅合作项目。本届桃花源文化旅游节首次实现“一地举办，全市联动”，连接汉寿县同发野生动物世界、桃源县热市云顶温泉旅游度假区、澧县城头山旅游景区、柳叶湖旅游度假区卡乐星球欢乐世界4个分会场。

2022年12月18日，2022年常德市旅游发展大会暨常德红茶文化节正式启幕

（市文旅广体局 供图）

【“桃花源里　诗画常德”2022年常德市旅游发展大会暨常德红茶文化节】　12月8日晚，“桃花源里　诗画常德”2022年常德市旅游发展大会暨常德红茶文化节开幕式在柳叶湖旅游度假区举行。市委书记曹志强出席并宣布开幕。市委副书记、市长周振宇致欢迎辞。省文化和旅游厅党组成员、副厅长张帆致辞。此次活动由常德市委、市政府主办，市委宣传部、市文旅广体局、柳叶湖旅游度假区、市供销合作总社（市茶叶产业办公室）承办，以“桃花源里　诗画常德”为主题，主体活动由2022年常德市旅游发展大会暨常德红茶文化节开幕式、“踏寻常德”特色文旅资源考察体验、常德茶旅产业融合发展推介论坛暨项目签约、三大展示展览活动四部分组成。活动将充分展现常德文化旅游资源优势和产品优势，实现7个“一批”，即签约一批重点项目、打造一批标志性旅游景区、创新一批旅游主题活动产品、推出一批旅游精品线路、发展一批旅游新业态、打响一批文旅特色品牌、开拓一批旅游客源市场，把常德旅游的资源禀赋优势转化成产品和产业优势，全面提升常德旅游综合发展能力。

（宋淑娥）

【周游三湘“湖南人游常德”（长沙站）活动】　6月25日上午，由常德市人民政府主办，市委宣传部、市文旅广体局承办的2022周游三湘“湖南人游常德”（长沙站）活动启动仪式在长沙举行。启动仪式上，湖南省文化和旅游厅党组成员、副厅长张霞致辞，常德市委常委、市人民政府常务副市长徐永健宣布活动启动，常德市委常委、市委宣传部部长彭晛丹致欢迎辞，常德市人民政府副市长杨成英推介发布常德市精品旅游线路及促销奖励政策，常德市文化旅游广电体育局党组书记、局长曾莉为企业代表赠送“诗画常德”文旅消费卡并为“千名游客、百家旅行社、百台自驾车首发畅游常德”活动授旗。

（曾庆思）

城乡建设与管理

综述

【概况】 2022年，常德市保障性租赁住房供给、推进城镇棚户区和老旧小区改造工作成效明显，获省政府2022年度真抓实干表扬激励。常德市被湖南省工程建设项目审批制度改革工作领导小组办公室表彰为全省工程建设项目审批制度改革工作突出地方。常德市住房和城乡建设局房地产监管和物业管理、消防审验、城建档案管理、依法行政、信息化建设受到省住建厅表彰。

【新型城镇化建设】 2022年，出台《关于做好推动农业转移人口和其他常住人口在城镇落户有关工作的通知》，严格执行农民落户城镇“零门槛”，全面放开农民落户城镇条件，制定来去自由户籍政策，调整和下放户政业务审批权限58项，简化农业转移人口市民化和外来人口进城落户审批程序，创造农村人口进城便利条件。各区县市围绕公共服务提标扩面、市政设施提档升级等领域建设任务持续发力扮靓县城。住建系统向上争取资金9.14亿元用于区县市城乡建设，持续充实城乡发展力量。区县市探索打造“十五分钟生活圈”，逐步形成可复制、可推广的街（片）区改造“常德模式”，如武陵区、鼎城区引入北京愿景集团启动沅江隧道两端“精致小区”试点工作，津市引入碧桂园开展“105”、万寿苑等精致街区改造，澧县通过发行专项债实施水德庙精致街区改造等。汉寿、石门两县为全国乡镇保障性租赁住房试点地区，为基层青年人的住房困难问题提供保障。2022年常德常住人口城镇化率57.71%，同比提高0.51个百分点。

【城乡人居环境建设】 2022年，在城乡人居环境方面重点开展居民自建房安全专项整治行动。全市完成137万栋自建房排查，率先全省完成经营性自建房结构安全性鉴定，建立常德市自建房安全生产重大风险隐患台账，共排查出247栋用于生产经营和三层以上（含三层）、建筑面积300平方米以上的非经营性C、D级自建房存在重大风险房屋，其中采取工程措施104栋，采取管控措施143栋。在全省率先发布《常德市城区现有D级危房拆除重建工作指引（试行）》，为城区自建房D级危房整改提供了政策支撑。常德市经验在全省推介。

【建筑业转型升级】 2022年，全市完成建筑业总产值520.2亿元，同比增长7.7%，完成建筑业税收20.46亿元。在全省率先出台促进建筑业高质量健康发展“十五条”措施，制定房屋建筑和市政基础设施工程招标投标“评定分离”实施细则，为建筑业和房地产业健康高质量发展提供政策支持。推进建筑业市场主体倍增行动，全市在库企业数新增29家，增量全省第五。常德市企业在市内项目中的中标率达88.3%，中标金额占比达82%，同比大幅提升，企业活力持续提升。德成、猎豹2家公司在本省其他市州的中标金额分别达11.1亿元、3.4亿元，德成、澧洲建设、君霖泰分别在内蒙古自治区、湖北省、深圳市承建工程达5.3亿元。垚成在老挝承建工程可创汇500万美元。全市具备建筑施工总承包一级企业43家，年度内净增10家。

【住房和城乡建设“放管服”改革】 深化落实审批服务“三集中三到位”和“一件事一次办”要求，持续推进政务服务事项标准化、规范化、便利化，纵深推进工程建设项目审批制度改革，实现政务服务“一网通办”和企业群众办事“一站式办理”“最多跑一次”或不见面审批。施工许可压减至1个工作日，联合验收压减至5个工作日以内。逐步推行施工图审查“豁免”及“建成即使用”验收模式，推行审批事项和申报材料告知承诺制，办结时间最快达1个工作日。优化联合验收服务，实现竣工即办证。在2022年度市人大优化营商环境评议中，常德市住房和城乡建设局在52家单位中名列第六。推进“走流程、解难题、优服务”行动，落实12个领导走流程的工程项目审批事项。指导、支持企业资质升级，全市净增建筑施工总承包一级资质企业10家。开展千名干部联千企“送政策、解难题、优服务”行动，共联系服务企业181家，实现城区建筑和房地产企业全面覆盖。

【村镇建设与管理】 持续实施农村危房改造，全年完成农村危房改造1547户，争取上级危改资金3177万元。扎实推进农村房屋安全隐患排查整治，全市共排查农村房屋87万余栋，初判存在安全隐患房屋4515栋，经鉴定为C、D级危房3919栋，其中用作经营的自建房44栋，已按要求全部整治到位。抓农村住房建设质量安全管理，出台《常德市农村住房建设质量安全管理办法》《常德市农村住房竣工验收实施办法》，组织各区县市编制农房设计图集700余本，开展乡村建设工匠培训2600余人次。推动乡镇污水治理，以“稳定规范运行”为目标，突出乡镇污水处理设施运维管理，督促各区县市基本完成专业公司运维。出台管理办法和绩效考核措施，制定运维方案，落实县级财政补贴，推动乡镇污水处理费征收，开展配套管网补充建设，全年共建成主支管网22.87千米。同时加强运维秩序现场督查，组织运维情况“回头看”大检查，完成省级财政奖补资金绩效评价。

（卢　华）

城乡建设与治理

【概况】 2022年，常德市本级城建计划共安排项目74个（其中续建49个、新建22个、前期3个），总投资118亿元，年度计划投资42.6亿元，财政计划安排资金9.99亿元。截至2022年年底，已累计开工项目57个，累计完成投资34.8亿元，完成投资率82%。其中，高铁南北广场已完工并通过验收，2022年12月26日高铁开通已正式投入使用；武陵大桥北端匝道改造工程、德山大桥加固维修工程均已提前完工并开放交通；机场路南延、穿紫河清淤工程、新河与护城河连通工程均已完工；沅水水厂迁建工程一期主体已完工，二期已启动建设；洞庭大道西延、红旗路南延、沾天湖环道西段均已完成管网埋设进行路基施工；高新大桥已完成全部桥梁桩基施工；其余项目均有序推进。全市新建供水管网完成率105.35%，污水及排水管网老化更新改造完成率162.19%，供水管网老化更新改造完成率134.61%，燃气管道老化更新改造完成率111.88%，更新改造任务均超额完成省考核指标。常德市获批国家公共管网漏损治理试点城市，被住建部评为2022年城市体检样本城市，城市更新工作获省政府

兰园小区电梯加装图　（市住建局 供图）

督查激励。市县两级着眼城市道路微循环，不断提升城区路网密度。市城区建成区路网密度达8.05千米/平方千米，建成区道路面积率为19.68%。各区县市城区建成区道路面积率均在7千米/平方千米以上，增长率在5%以上。石门县、津市市开展打通断头路、畅通微循环、改造小街小巷行动，县城道路通达能力不断改善。

生活污染突出问题整改。2022年市住建系统环保问题整改主要有6个方面任务，包括突出生态环境问题整改10个、“洞庭清波”专项监督8个、“夏季攻势”反馈问题17个、省人大“一法一条例”执法检查反馈问题6个、省生态环境警示片披露2个、长江经济带披露问题1个。印发实施《2022年住建人防系统突出生态环境问题整改和巩固深化“洞庭清波”专项监督工作方案》《2022年住建人防系统污染防治攻坚战工作任务清单》，对明确整改任务，实行月调度月通报机制，落实整改责任，形成整改合力。截至12月底，所有环保问题已按时销号或完成年度整改任务。津市市开展7条黑臭水体整治，已全部完成整治销号。市城区录入全国城市黑臭水体整治监管平台的12条黑臭水体，根据水质监测结果分析，已实现长制久清。

城镇老旧小区改造。2022年，全市改造2021年项目329个，完工329个，完工率达100%；2022年纳入中央补助支持计划改造项目285个，全市实际改造项目298个，其中省重点项目133个全部开工；争取上级补助资金7.53亿元。完善政策制度，起草出台《常德市全面推进城镇老旧小区改造工作实施方案》（常政办发〔2022〕18号）和《关于做好常德市城镇老旧小区改造以奖代补工作的通知》（常建通〔2022〕61号），进一步为推进老旧小区改造提供政策支持。

污水处理及整治。2022年，常德市新建污水管网63.3千米，其中城市15.26千米、县城25.17千米、建制镇22.87千米。完成老旧污水管网改造39.29千米，其中城市4.54千米、县城34.75千米，超额完成省厅既定任务。2022年1—12月，市城区污水集中率为75.8%，在2021年基础（57.39%）上提高18.41个百分点；平均进水BOD（生化需氧量）进水浓度为73.43毫克/升，较2021年（57.02毫克/升）提升28.78%。常德市城区两座污水处理厂均完成提质扩容，尾水排放标准达到一级A排放，日处理量合计达30万吨。常德市污水净化中心尾水深度处理工程完工，出水水质达到准地表水Ⅲ类标准。制定《常德市城镇污水处理厂运行监管工作暂行实施细则》，对污水处理厂进行日常运行监管、运营绩效考核；按季度进行绩效考核，并将绩效考核结果与财政付费挂钩；不定期巡查污水处理厂运行情况与安全管理情况，每年巡查至少6次；按省住建厅安排，开展城市生活污水厂运行评价工作，对评价过程中发现的问题要求各污水处理厂按要求进行整改。2022年，全市生活污泥总量43010吨，其中12927吨用作建筑材料厂进行制砖，其余运往张家界桑植发电厂进行焚烧发电处理，全市污泥无害化处理率达100%。2022年，常德市全面开展管网排查工作，市本级及各区县市均建设排水管网地理信息系统（GIS系统）。截至年底，除汉寿外，市本级及所有县市均完成管网排查和GIS系统建设工作。

物业监督管理。联合市委组织部、市民政局出台《关于强化党建引领加强物业管理工作提升城市小区协同治理水平的实施意见》，进一步强化基层党建引领机制，充分发挥党建引领示范作用，落实“联点联片”工作制度，建立党建引领下的社区居民委员会、业主委员会和物业服务企业多方联动、协调运行机制，通过协调相关职能部门、街道社区、业主自治组织、市场主体及社会公益组织等各方力量向住宅小区倾斜，依法有序参与小区治理，大力提升社区基层治理能力。研究起草《常德市物业管理若干细则》，并申请纳入市人大常委会2023年立法计划，进一步规范物业管理活动，维护物业管理各方主体的合法权益。坚持行业规范和属地管理相结合的原则，工作职责下放下沉，推进物业管理职责向基层延伸和下沉，进一步强化街道办事处、居民委员会物业管理的制度支撑。推进智慧物业建设。常德市物业监管平台和常德市智慧社区平台已基本建设完毕，顺应城市公共管理“智慧化”发展趋势，构建政府与社区、社区与居民、居民与物业服务企业高效便捷、公开透明的沟通交流智慧平台。紧抓老旧小区改造机遇，采取引进龙头物业企业带动示范、大型物业企业成片改造后参与物业管理、市属国有企业保障兜底等方式，分批分类实现老旧住宅小区专业化物业管理。采取社区指导下的业主自管或社区代管方式，解决居住人群单一、楼栋数少、产权复杂的小区无物业管理现状。全市新建住宅小区物业服务覆盖率达100%，住宅小区物业管理覆盖率已达75%以上。开展集中化解物业管理信访突出问题专项整治行动，共清理物业管理信访问题869个，已化解832个，总化解率95.7%，全市物业服务不规范、收费不合理现象得到有效遏制。落实《常德市住宅小区电动车充电安全管理规定》，出台《常德市住宅小区电动车集中充电场所建设指南（试行）》，持续加强电动自行车停放充电引发火灾的防范知识宣传和电动自行车集中充电设施建设力度。市城区279个小区已配建电动自行车充电场所，其中2022年新建56处。

既有住宅电梯加装。2022年，常德市既有住宅加装电梯完成406

台。各县区市根据《常德市既有住宅加装电梯管理办法》，均出台相应的政策文件，减少部门审批环节，压缩审批备案时限，让数据多跑路，让群众少跑路，提高办理效率。明确对符合条件的加装电梯给予每台10万元的补助。明确城区属地政府为市本级加装电梯责任主体，区县市政府为当地责任主体，各县市区住建部门为具体实施部门，财政、自然资源规划、市场监管等部门协同实施，增强工作合力。针对重点小区、优势社区加强引导，结合红色物业服务力量，发挥多方议事协商机制，协调解决加装电梯遇到的矛盾难点问题。推荐国有投资平台公司与专业电梯加装企业共同出资成立加装电梯公司，由合资公司统一建设及维修保养，既让业主放心省心，又便于职能部门监管。如武陵区电信新村加装电梯，由常德城发集团经房物业公司承接，从开工到竣工验收仅需两个多月，缩短了一半的施工周期。在加装电梯的小区采取多种手段，提高使用居民的使用维管知识；利用报纸、电视、网络媒体、物业服务企业、微信、抖音等平台推送，向居民详细讲解安全乘梯注意事项、应急安全措施，帮助大家掌握应急技巧。常态化在加装电梯小区开展电梯突发事故应急救援演练，提升小区电梯安全运行能力。聘请第三方检测评估机构对全市范围内已加装电梯的主体结构进行安全性评估，保障人民群众乘梯安全。

建筑节能与科技。为加强绿色建筑和装配式建设发展，印发《关于落实2022年度公共建筑类装配式建筑建设项目目标任务的通知》，指导建设单位实施装配式建造技术。将推进绿色建筑和装配式建筑发展工作列入常德市人民政府办公室关于印发《常德市城镇更新提质专项行动实施方案（2022—2026年）》的通知（常政办发〔2022〕5号）和《常德市城镇更新提质专项行动2022年度考核办法》（常政办函〔2022〕8号）中，强化考核任务，以考核促发展。将加快推进装配式建筑发展列入《常德市促进建筑业高质量发展的若干政策措施》（常政办〔2022〕19号），以奖代补激发建设单位应用装配式建造技术的积极性。成功引进快乐住可移动集成房绿色建筑项目，丰富常德市建筑业形态，为常德市建筑业转型升级注入活力。印发《常德市新时代农村住宅装配式建筑优秀方案汇编》，在全省率先实施“案例带路”模式。9月16日，副省长李建中带队到西洞庭管理区调研装配式建筑发展情况，现场参观紫湾集建区项目，肯定常德市装配式建筑在农房建设中的应用，并要求形成可复制可推广的发展模式先行先试。召开《湖南省绿色建筑发展条例》《关于进一步强化建筑节能监管工作的通知》（湘建科〔2022〕11号）宣贯会议，提升行业绿色建筑意识和从业人员业务素质。与市机关事务管理局共同举办“常德市2022年全国公共机构节能宣传周启动仪式”，宣传《碳达峰实施方案》，启动《常德市建筑领域碳达峰行动方案编制》及相关配套能力建设工作。与市机关事务管理局共同组织召开“2022年常德市公共机构节能业务培训暨促进‘双碳’新技术新产品与服务推广会”，在全省率先加强“双碳”战略宣传和绿色建筑工作。2022年，全市城镇新增绿色建筑竣工总面积483.35万平方米，城镇新增民用建筑竣工总面积583.95万平方米，占比82.77%。城镇新开工绿色的建筑面积283.73万平方米，城镇新开工民用建筑面积285.39万平方米，占比99.42%。城镇新开工装配式建筑总面积95.06万平方米，占城镇新开工建筑总面积35.38%，超省指标5.38个百分点，同比提升12.53%。获二星级绿色建筑设计标识1个（常德旭辉广场项目）；获一星级绿色建筑设计标识12个。

【城市信息模型（CIM）基础平台建成验收】 常德市城市信息模型（CIM）基础平台作为省厅的试点项目，2021年开始启动，2022年年底建成验收。平台集成基础时空数据、资源调查数据、规划管控数据、工程建设项目数据、物联感知数据等5类主题数据，含20多种图层服务类别数据、工程建设项目数据、房屋建筑、风险普查和自建房安全专项整治等百万级别结构化业务数据，并接入市城区试点区域监控，及智能烟感、智能井盖等物联感知数据等，对实现房屋建设安全管理，推进智慧小区、智慧工地建设，智能化监测市政基础设施和城市运行管理服务具有重大意义。该项目荣获中国国际工程咨询协会举办的首届“新城建杯”国际BIM/CIM应用大赛建筑工程BIM组一等奖。

【常德市获批国家公共供水管网漏损治理试点城市】 国家发改委办公厅、住建部办公厅联合发布公共供水管网漏损治理重点城市（县城）名单，常德市入选。常德市持续加大公共供水管网漏损治理力度，通过建立漏损管控工作机制、推进管网设施更新改造、加大先进控漏技术应用，使供水管网漏损率逐年降低。

【常德市被选为2022年城市体检样本城市】 7月，常德市被住建部选为2022年城市体检样本城市。“城市体检”是指对城市发展状况、城市规划及相关政策的实施效果进行监测、分析、评价、反馈和校正，保障各项城市发展目标有效实现。内容包括生态宜居、健康舒适、安全韧性、交通便捷、风貌特色、整洁有序、多元包容、创新活力等方面。

（卢　华）

自然资源规划

【概况】 2022年，常德市耕地保护、自然资源节约高效利用两项工作在省自然资源厅年度考核中排名第一，其中耕地保护工作获得省政府真抓实干督查激励奖励。完成“三区三线”（“三区”是指城镇空间、农业空间、生态空间三种类型的国土空间；“三线”分别为城镇开发边界、永久基本农田、生态保护红线三条控制线）划定，其中，划定全市耕地保护任务43.01万公顷，永久基本农田保护任务38.92万公顷；划定生态保护红线3173.74平方千米；划定城镇开发边界规模530.64平方千米，其中中心城区199.82平方千米。完成《常德市国土空间总体规划（2021—2035年）》阶段性成果，“十四五”927个重点项目全部纳入空间规划，规划进度、成果质量位居全省前列。推进50项国土空间专项规划，以及高铁新城等重要片区详细规划。支持常德经开区等6个园区调区扩区，将建设用地规模向园区倾斜，新增园区建设用地规模46平方千米，占全市建设用地增量规模总量的36%。持续开展村庄规划提质“回头看”两年攻坚行动，全力推进680个村庄规划提质工作，在全市46个乡村振兴重点帮扶村开展“一对一”驻村规划服务。

发展保障。保障重大项目土地要素，实行“一对一、点对点、面对面”服务，批回土地1000公顷，其中园区用地573.33公顷，确保了益常高速扩容、石门电厂三期等重大项目及时开工建设。开展市江北城区集体土地征地拆迁攻坚行动，2022年共完成征地拆迁项目33个，拆迁797户，交地186.53公顷。承办2022年常德地产招商推介会，2022年合计入库土地收入96.79亿元，其中净收益14.57亿元。闲置低效土地处置有力有效，2022年处置闲置土地489.27公顷，处置率82%；盘活园区低效用地705.53公顷，处置率100%，两项工作均排名全省第一。落实《关于打造一流营商环境的若干政策措施》文件精神，制定“推行园区工业用地‘标准地+承诺制’改革，项目签约后30个工作日内完成土地挂牌”的实施细则，产业项目供地提速77%。联合住建等部门报请市政府出台促进房地产市场平稳健康发展和促进建筑业高质量发展2个“15条”硬核措施及实施细则。

资源保护。全面推行田长制，在全省首批出台《常德市全面推行田长制严格耕地保护实施方案》及10个配套制度，全市共设立176个乡镇（街道）田长、2154个村级田长、9710个网格田长，建立起完善的五级田长制工作体系。创新构建“田长制+数字赋能、综合治理、基层党建”模式，守住43.47万公顷耕地底线，工作经验被《中国自然资源报》头版头条推介，自然资源部党组成员、副部长庄少勤作出专门批示。制作耕地保护系列方言情景剧和常德丝弦，被《人民日报》、新华网宣传推介。建立执纪问责、联合督导、协同执法、常态巡查、公开曝光“五项”机制，扎实推动月清“三地两矿”工作（月清“三地”指每月专题研究解决撤批土地、闲置土地、违法用地处置问题，促进存量土地高效盘活利用；月清“两矿”指开展非法采矿问题查处、废弃矿山生态修复，同时将非法采矿问题监管纳入环保督察问题整改，同步调度），率先启动“双零”行动，新增违法用地处置月清月结，存量违法用地基本销号。统筹山水林田湖草沙系统保护修复，科学编制《常德市“十四五”国土空间生态修复规划》《常德市国土空间生态修复规划（2021—2035年）》完成初步成果。成功申报洞庭湖区域山水林田湖草沙一体化保护修复项目，争取中央、省财政资金9.15亿元。实施“砂石保供”专项行动，开展矿产资源治理整顿，166家矿山完成生态修复，43家矿山建成绿色矿山，17个突出环境问题全部整改销号。推进耕地整改恢复，2021年净减少需整改恢复任务完成1680公顷，整改率120%；2022年恢复耕地任务实际恢复入库6526.67公顷，完成率125%，为全省率先完成任务且恢复耕地最多的市州。

民生服务。建成常德市自然资源和规划局业务一体化平台，并与市“互联网+政务服务”一体化平台技术对接，政务服务事项网上可办率达100%。创新推动即办即结服务，将建设用地（含临时用地）规划许可证核发等5个行政许可事项办件类型由承诺件调整为即办件，实现直接办结，实时受理、实时办结、实时拿证。出台《常德市新建商品房“交房即交证”改革实施方案》，“交房即交证”实现常态化。以市本级“无纸化”试点为契机，加速推进省“一窗办事”平台在公积金、市城区17家银行、5家开发企业及中介机构的推广与应用，推广应用成效得到省厅肯定。在不动产窗口设置“企业专窗”，开辟绿色通道，配备服务专员，为企业优先办理不动产登记。实行小微企业免收登记费自动核验，2022年累计免收小微企业登记费41.32万元。研究出台市江北城区公寓楼安置房划拨用地转出让用地土地出让金缴纳标准，将缴纳标准降低50%，真正让利于民。扎实开展“千名干部联千企”“送解优”“优化营商环境主题党日”活动，全面走访12家联系的企业，广泛收集问题和困难33个，解决33个。全面排查地质灾害隐患，开展地质灾害避险演练114

场，安装雨量计134台和监测设备301处。强化预警预测，实行叫应提醒，提前转移1.08万名居民群众，32处438人成功避险，临澧县刻木山乡黄鳌村地面塌陷避险案例、石门县新铺镇中河铺村滑坡避险案例被省厅推介。

【常德市第三次国土调查主要数据公报发布】 2月22日，常德市第三次国土调查主要数据公报发布。常德市“三调”历时3年多，3000余名调查人员先后参与，汇集230多万个调查图斑数据，全面查清了常德市国土利用状况。常德市土地总面积181.77万公顷，其中，耕地44.66万公顷（其中1.13万公顷位于城镇村庄范围内尚未建设的土地中，现状为耕地），林地76万公顷，园地13.94万公顷，湿地4.44万公顷，草地3513.33公顷，商业服务业用地3133.33公顷，工矿用地1.23万公顷，住宅用地10.03万公顷，公共管理与公共服务用地6620公顷，特殊用地1927公顷，交通运输用地4.01万公顷，水域及水利设施用地23.68万公顷，其他土地2.27万公顷。

【2022常德地产招商推介会举行】
5月13日，“高铁之上　宜居之城”2022常德地产招商推介会举行。常德市委书记曹志强出席推介会并致辞，常德市委副书记、市长周振宇主持地产招商推介会。该届地产招商推介会共邀请省内外110家房地产企业代表参加，具体推介市江北城区、江南城区、常德经开区、常德高新区、桃花源旅游管理区的35宗土地、总面积382.2公顷。

【常德市自然资源规划系统土地管理“一法一条例一办法”知识竞赛举行】 6月7日，常德市自然资源和规划局举办全市自然资源规划系统土地管理“一法一条例一办法”知识竞赛总决赛。常德市政府副市长郭碧勋，省自然资源厅法规处处长刘细红出席活动并颁奖。此次竞赛于5月正式启动，分笔试、预赛和决赛三个阶段进行。常德市自然资源规划系统干部职工参加笔试，市局机关、副处级单位及区县市（管理区）局、分局共16支队伍48名选手参加预赛，预赛成绩总分靠前的8支队伍24名选手参加决赛。经过激烈角逐，澧县自然资源局破浪队获得团体一等奖，市局机关后浪队获得团体二等奖，市自然资源事务中心、市不动产登记中心、市土地开发整理中心披荆斩棘队等2支队伍获得团体三等奖；汉寿县自然资源局梦之队等4支队伍获得团体优胜奖。

【成功申报实施洞庭湖山水林天湖草沙一体化保护修复项目】 6月13日，常德山水林田湖草沙一体化保护和修复项目成功纳入湖南长江经济带重点生态区洞庭湖区域山水林田湖草沙一体化保护修复工程项目。常德山水项目涉及四水尾闾水环境水生态修复、武陵至雪峰山历史遗留矿山与森林生态保护修复、四口水系连通与面源污染生态拦截三大工程15个项目，累计总投资26.58亿元。项目实施期限为2022—2024年。

【常德市盘活利用一宗存量工业用地被自然资源部评为典型案例】
6月19日，自然资源部印发《盘活存量用地保障工业项目落地典型案例》，常德市盘活利用存量工业用地案例入选。《从“1”到“7”的转变——常德市盘活1宗闲置土地引进7家企业》：近年来，常德市始终坚持最严格的节约集约用地制度，强力推进闲置土地处置，将盘活土地与招商引资妥善结合，通过强力收回闲置土地、绿色通道助力供地、同步推进招商供地，妥善收回盘活1宗52.48公顷闲置土地，成功引进7家企业，提高土地利用效率，提升经济效益。

【常德市局代表队荣获全省土地管理“一法一条例一办法”知识竞赛多项大奖】 6月23—24日，省自然资源厅举办湖南省土地管理“一法一条例一办法”知识竞赛。常德市局选派的6名选手准备充分、团结合作、沉着应赛，一路过关斩将，最终荣获团体三等奖，参赛队员童欣荣获个人一等奖，刘宗寰荣获个人二等奖，王姣荣获普法课堂三等奖，李敏荣获优秀个人奖。

【常德市国土资源规划测绘院荣获湖南省第一届职业技能大赛铜牌】
7月3—6日，湖南省第一届职业技能大赛举行。常德市国土资源规划测绘院选派曾斌和侯亮两名技术骨干代表常德市随团参加工程测量赛项，常德市国土资源规划测绘院选手总成绩排名第三，获铜牌一枚，侯亮、曾斌均被授予“湖南省技术能手”和“湖南省青年岗位能手”称号。

【常德市自然资源行政争议协调化解中心挂牌成立】 7月8日，常德市自然资源行政争议协调化解中心正式挂牌成立。该中心由常德市自然资源和规划局联合常德市中级人民法院成立，是湖南省第一家地市级自然资源行政争议协调化解中心。行政争议协调化解中心主要负责在诉前对涉及自然资源领域的一审行政争议案件组织开展沟通、解释、协调等工作。行政争议协调化解中心的成立，构建自然资源纠纷在诉讼之外的重要化解纠纷渠道，有助于实现行政与司法的良性互动，将行政争议化解于萌芽状态，全力维护社会稳定。

【湖南省“8·29”测绘法宣传日主场活动在常德举行】 8月29日，湖南省“8·29”测绘法宣传日主场活动在常德举行。厅党组成员、副厅长邓建华出席活动并讲话。活动发布湖南省新版标准地图，并现场向相关学校、社区、媒体及企业等8家单位赠送地图。活动还听取智慧常德时空大数据平台成果演示汇报，观看常德市“多测合一”联动更新暨基础测绘成果应用演示，并组织参观测绘法暨国家版图意识宣传、新型测绘技术装备展，常德市测绘地理信息成果展，以及常德市规划展示馆。

【湖南省耕地“零违法”卫片执法工作座谈会在常德召开】 9月26日，湖南省耕地“零违法”卫片执法工作座谈会在常德桃源召开。省自然资源厅党组成员、省自然资源副总督察林目轩出席会议并讲话。会议通报2022年全省卫片执法工作情况，观看《常德市强力推动“双零”行动切实保护耕地工作视频》，听取常德市自然资源和规划局、桃源县自然资源局“零违法”工作经验发言，14个市州相关负责人开展交流讨论。

【“登小二”推出常德市首套政务服务表情包】 10月16日，由常德市不动产登记中心、常德日报社联合策划创作的常德市首套政务服务类表情包——“登小二”，在微信朋友圈正式上线。此次推出的微信表情包，以常德不动产登记卡通形象代言人“登小二”为原型，16款表情覆盖工作生活的各个场景。它把不动产登记工作者年轻、热情、乐观向上的特点融入其中，突破公众对政务服务的“刻板印象”，展现轻松、真诚、友好的为民服务形象。

【常德市自然资源管理工作获省政府真抓实干表扬激励】 2月，省自然资源厅印发《关于2021年度自然资源真抓实干督查激励有关情况的通报》，明确常德市在土地节约集约利用、国土空间规划、矿业转型发展、督察执法、不动产登记等方面成效明显，获省政府真抓实干督查激励。同时，向全省推介常德市在国土空间规划方面的典型经验做法。《常德市构建“15-5-3-1”规划实施传导机制》：常德市创新构建15年总体规划—5年近期规划—3年行动计划—年度实施计划的“15-5-3-1”规划实施传导机制，做到远期规划、中期策划、近期计划统筹协调、逐级传导、分步实施。

（唐家新　张联秀）

城市管理与综合执法

【概况】 2022年，常德市城市管理和综合执法局被国家机关事务管理局、中直机关管理局、国家发改委、财政部表彰为“节约型机关”，被湖南省住房和城乡建厅表彰为2022年度全省“强转树”专项行动表现突出单位，被湖南省文明委表彰为2022届湖南省文明标兵单位。局监督指挥中心被评为省级青年文明号，火车站广场管理处暖心服务站被评为省学雷锋活动示范点。市综合行政执法支队支队长孙志远被住建部表彰为2022年度全国“强转树”专项行动表现突出个人，市园林绿化研究所工程师贺立华被表彰为“全国住房城乡建设系统先进工作者”。

城市日常管理。牵头制定《常德市城市精细化管理标准》。督导各区加强重点区域市容秩序和环境卫生整治，主次干道18～24小时保洁，小街小巷16小时保洁，重点区域道路及主干道（含人行道）定期清洗。市城区道路机械化清扫率达93.3%，县城建成区均已达80%以上。组织“五大战役”（市容市貌治理战、环境卫生整治战、公共设施维护战、人行秩序畅通战、园林绿化管护战）问题普查，协调推进城市管理十乱问题整治，工作成效获中央文明办肯定。自7月13日起，推行不文明行为曝光机制，全市累计推送不文明行为曝光新闻1669条。联合市工信局、市公安局、市文旅广体局、市市场监管局等部门制定出台《关于开展城市“牛皮癣”小广告专项整治的通告》，督导各区对继续张贴、涂写、刻画、散发“牛皮癣”小广告的单位和个人依法予以处罚。市城区共清理“牛皮癣”小广告30余万张，侦办张贴“牛皮癣”小广告案件25件，处罚款13000元。持续推进园林管养和绿化美化。以工程建设、城市景观营造、精细化养管、公园服务等方面为主，打造园林绿化环境，主次干道花化景点频现。10月，滨湖公园、穿紫河风光带风景视频被央视《新闻联播》采纳宣传。对城市家具进行全面排查修复，维修休闲座椅327把、拆除22把，督促君华御庭小区自行维修15把，维修的士招呼牌21个、拆除57个，维护自行车围栏67处、拆除14处，确保城市家具的完好和整洁。不断规范户外广告管理。协调制作发布中共十九届六中全会、中共二十大会议精神、创文巩卫、核心价值观、文化旅游等内容公益宣传广告共约4800平方米，对城区全部单立柱广告进行容貌和安全巡查，对422座公交站台进行全面维护和清洗，督促更换立柱广告和站台广告破损画幅19处342平方米。

污染防治。推进餐饮油烟治理，加强日巡夜查督导。推进露天焚烧、露天烧烤管理。推进道路扬尘管控，市城区配置雾炮车11台，加强对主次干道及重点区域的冲洗频次，减少扬尘污染。推进OBD设施（车载自动诊断系统）安装，配合市蓝天办完成城管系统柴油车OBD设施安装工作。召开全市其他垃圾焚烧处置统筹会议，实现全市所有其他垃圾处置统筹“一盘棋”。协调突出环境问题整改，涉及澧县、临澧、安乡生活垃圾填埋场，已于5月完成销号验收。推进夏季污染防治攻坚战销号工作（仅澧县填埋场整改1项任务），已于9月30日完成任务。组织全市所有生活垃圾发电厂和填埋场开展生态环境风险隐患排查，共排查出“黄色”问题8个，均督导完成整改，将风险等级降为“绿色”。集中治理垃圾运输跑冒滴漏问题，完成全市工程运输车集中整治专项行动。对城区所有消纳场所实行电子围栏管理。对渣土运输不按路线行驶、超速行驶问题进行抽查，共对3家公司11辆违规运输车执行停运处罚。围绕“变废为宝”主题，多举措推进建筑垃圾资源化利用，有效解决建筑垃圾围城和环境污染等问题。2022年，全市建筑垃圾资源化利用率为79%。

灯饰管理。9月，完成太阳山亮化工程。路灯维护方面，全年共出动工程维护抢修、巡查车辆3200余台次；更换各类光源灯泡8600多个、灯具940余套；更换维修被撞被损路灯灯杆67基，校正倾斜严重的灯杆134基；维护更换三遥通信模块和主板、电源模块约400块；处理电缆故障550余次；更换被损灯具410余套；更换接线井盖板310余套；维修箱变开关190余次，更换镇流器890余台；更换补充电缆22600多米，整治架空线4200余米，维护抢修管网线路1900余米。亮化维护方面，全市江北城区纳入维护的亮化总计219处。根据市政府的亮化管理文件精神，制定《江北城区夜景亮化维护管理考核实施方案》，每月对亮化维护队伍进行严格的考核管理，全年共计维修更换18瓦、24瓦、36瓦LED洗墙灯12492条；维修更换8瓦、12瓦LED线条灯1800多条；维护更换各种类型LED投光灯5292个；维修更换LED点光源3378个；更换各类电源1818个，更换各种型号电线1000多米；维修更换主控箱、分控箱、系统控制器130多个。节能节电方面，从路灯自身电费管理抓起，对全市的道路路灯和夜景亮化分区分段精准控制亮灯时间，对城区路灯开关灯时间及半夜灯情况进行每周一次夜巡，发现的问题及时报维护所进行整改；加强对电力部门抄表的监管，每月对城区路灯及亮化单位电表进行抄度，发现电力抄表不到位的情况及时反馈给电力部门。每个月对电源控制箱有无私搭乱接用电情况进行检查，发现问题立即切断并严肃处理。通过精细化的方式实现节能管控，在财政核算承包的基础上全年节约电费约380万元。

共享交通工具管理。实施共享单车AI识别“精准停放”升级，市城区共享单车实现“一停到框”。9—10月，协调五家运营企业共改造或更换车辆9000余辆，施划车位15万余米。11月1日启动正式运行，正式运行以来，市城区共享单车停车秩序明显好转，同时带动其他非机动车停车秩序好转。制定《常德市城区2022年共享单车运营企业管理考核办法》，每月开展五区重点考评。督促运营企业按照要求配备共享单车头盔，实行每月考核。2022年9月开始，运营企业每天安排10人参与交警部门的路面执法。10月开始，做好城区公共自行车运行维护合同解除相关工作，下发停运预通知并督促运营企业发布停运公告，12月31日24时正式停运。同时，督促公共自行车运营企业对市城区64座公共自行车停车棚完成拆除。

制度建设。拟制《常德市城市精细化管理标准》并于5月试行，经过多轮修改完善后，于10月25日正式发布（常城管〔2022〕43号）。5月7日，常德市城市管理和综合执法局、常德市公安局、常德市自然资源和规划局、常德市住房和城乡建设局、常德市应急管理局、常德市市场监督管理局、常德市农业农村局、常德市消防救援支队联合发布《关于开展房屋建筑安全专项整治的通告》（CDCR—2022—26001），明确全市开展房屋建筑安全专项整治相关要求。5月17日，出台《城市管理综合行政执法首查免罚清单（第一批）》（CDCR—2022—26002）对十项具体轻微违法行为免予行政处罚的情形进行了明确；出台《行政处罚裁量基准（消防、扬尘）》（CDCR—2022—26003），为合理适用消防和扬尘污染两方面的行政处罚裁量权提供了依据。6月7日，常德市城市管理和综合执法局、常德市工业和信息化局、常德市公安局、常德市文化旅游广电体育局、常德市市场监督管理局联合发布《关于开展城市“牛皮癣”小广告专项整治的通告》（CDCR—2022—26004），明确市城区开展“牛皮癣”小广告专项整治的相关要求。12月12日，常德市城市管理和综合执法局、常德市公安局、常德市交通运输局、常德市市场监督管理局联合发布《关于加强常德站站前广场管理的通告》（常城管通告〔2022〕3号），明确了常德站站前广场的公共秩序和环境卫生相关事项。协调市人大修订出台《常德市生活垃圾管理条例》，2022年10月1日起施行，从法治层面形成科学管控体系。

依法行政。加强行政执法培训，规范执法流程。组织局机关干部职工学法考法，参学率、考试合格率达“两个100%”。注重宣传引导，利用安全生产月、志愿服务活动、“12·4”国家宪法日等重要时间节点开展集中普法宣传活动。在城管局网站公示典型案例4期近30件，发布以案释法4期。贯彻落实行政执法“四项制度”。与市住建局、市自然资源和规划局等相关部门完善相关衔接机制，形成有效联动。对违法案件线索移送实行归口管理，制定《案件移送工作细则》，明确案件移送所需基本要素，建立起与相关部门信息互通、资源共享、处置高效的工作模式。对符合条件的柳叶湖旅游度假区、高新技术产业开发区城管机构依法实施委托执法。2022年，审核受委托机关的案件20件。

人行道停车秩序整治。联合交警部门发布《关于开展市城区交通秩序集中整治的通告》，加大社会宣传工作，组织对人行道违停进行专项整治。5月，建立城管部门与交警部门联合执法机制，完成违停取证助手平台建设。各区利用该系统录入公安交通管理综合应用平台违停信息，明显改善市城区人行道停车秩序。10月，协调推进公职人员、公务车辆特定交通不文明行为通报机制，形成有力震慑，人行道停车秩序明显好转。

城市管理考评。开展五区（武陵区、鼎城区人民政府，常德经济技术开发区、常德高新技术产业开发区、柳叶湖旅游度假区管委会）城市管理考评工作。进一步完善“五区”城市管理工作月度考核评比实施细则，适时调整扩大“五区”城市管理考评范围。城市管理工作“一月一考核、一月一讲评、一月一奖惩、一月一排名、一月一公布”，组织市城管委全会暨“五区”城市管理工作讲评会，抓问题整改。2022年，“五区”城市管理共发现暗查问题6868条、明察问题1044条，对照检查反馈的问题采取交办督办的形式，下发交办督办函80期，均及时督导整改到位。组织市城区城市管理工作“十佳十差”社区的评选，狠抓精细管理末端落实，带动了澧县、临澧、桃源、汉寿等区县市开展城市管理工作“五佳五差”“三佳三差”社区评选，形成城市管理工作齐抓共管局面。

优化营商环境。协调财政部门对延期经营的企业免除6个月的城市公共广告位空间资源使用费。加速审批服务提质增效，持续开展公共商业广场占道宣传许可，激发市场活力。2022年，城管窗口共受理行政许可申请3500余件，办结率、满意率均为100%。6月20日上午，市城管执法局在监督指挥中心四楼会议室召开联企服务干部与企业负责人座谈会。2022年，市城管执法局共协调解决涉及住建、城管、交警、教育等部门的16个问题，市联企工作简报3次刊发相关经验做法。

疫情防控。10月31日，市交通运输局将常德火车站出口疫情防控牵头值班值守移交给市城管执法局。市城管系统召开疫情防控值守工作调度会，下发《关于做好常德火车站出站口疫情防控牵头轮流值班值守工作方案》《关于认真做好常德火车站出站口疫情防控牵头轮流值班值守工作的通知》等文件，制定值班表，明确各排班单位的分管领导、带班责任人、值班人员，并在上岗前分两批开展值班值守业务培训。1个月值守期间，常德火车站到站车次659趟，到站旅客人数30968人，旅客信息登记并做核酸检测29853人。疫情防控期间，参与穿紫河街道社区党员志愿活动。建立局领导带相关科室负责人进行督导检查机制，加强对城区环卫保洁、垃圾清运和废弃口罩处置等工作检查督导，筑牢环卫安全屏障。11月24日上午，市城管执法局对接市园林花卉艺术产业协会为芷兰街道捐赠20万元抗疫资金，助力疫情防控工作。11月25日，市城管执法局对接市园林花卉艺术产业协会为芷兰街道捐赠1吨蔬菜包，缓解高风险管控区居民生活物资需求。

控违拆违。启动“扫雷行动”“铁拳行动”“百日攻坚行动”，强势推进控违拆违工作，确保人民生命财产安全。市城区累计组织集中拆违行动322次，出动执法人员1.03万人次，执法车辆（挖机）1778辆次，张贴通告2.3万份，出动宣传车3360辆次，志愿者1.55万人次。市城区共拆除494宗违法建筑，面积共101909平方米，拆除有重大安全隐患的大型户外广告和招牌设施95处，共计面积2199平方米。2022年，全市累计拆除“违法建筑”54.4万平方米、拆除“危房”37.8万平方米。

车位、厕位等民生实事。2022年全市共新增车位38794个，比全年计划数6353个超出31467个，完成全年任务的610%。协调推进节假日及双休日对外开放行政事业单位停车场，协调落实差别化停车收费政策。自2022年9月9日起，城区停车免费时间从15分钟增加到30分钟，从每小时计费调整为每半小时计费。各区县市新建公厕32座，改建公厕30座，年度任务指标完成100%。2022年春运以来，协调设立免费摆渡车，被人民日报客户端推介。

生活垃圾分类。制定印发《常德市2022年生活垃圾分类工作实施方案》，明确2022年生活垃圾分类工作目标任务。市人民政府副市长郭碧勋带队赴江西省宜春市、湖北省宜昌市考察学习生活垃圾分类工作，全面总结先进工作经验。在市城区设置90个生活垃圾分类宣传专栏，专门用于生活垃圾分类知识普及。8月10日，市人民政府副市长郭碧勋在市城区垃圾分类有关工作调度会上要求，常德市要进一步健全生活垃圾分类处理机制，全力提升城市生活垃圾综合处置能力。11月11日，市人民政府召开常务会议研究城市生活垃圾分类工作。12月1日，市人民政府副秘书长郭劲夫组织召开生活垃圾分类工作座谈会，研究制定《关于进一步推进城市生活垃圾分类工作的实施方案》，明晰下一步工作计划。

2022年6月16日，市城管执法局党组书记、局长谢建平（左三）等走进市长热线接话接访直播间，现场解答听众反映的各类民生诉求　　（王　澜　摄）

调研与慰问。1月25日上午，市人民政府副市长郭碧勋先后来到常德高铁站过渡广场、德山生活垃圾焚烧发电厂，看望慰问在城市管理一线的环卫、园林、路灯工作人员以及城管执法队员。1月29日上午，市委书记曹志强和常德市委副书记、市长周振宇带领常德市委、市人大、市政府、市政协、军分区主要领导来到常德博物馆前坪，看望慰问一线城管队员、环卫工人。6月21—22日，湖南省城市生活垃圾分类工作领导小组办公室到常德开展2022年度生活垃圾分类工作中期督导。8月16日，市委副书记、市长周振宇调研城建口工作，了解城市管理综合服务平台运行情况。11月10—11日，省住建厅城市管理和执法监督局局长向汉东率检查组一行到常德市开展住建领域行政执法监督检查。

【举办“世界无车日”活动】　9月22日上午，城管与交警部门在白马湖公园联合举办常德市第16次“世界无车日”活动，目的是向市民倡导健康绿色出行，多选择公交、自行车等公共交通工具，让城市少一些拥堵，多一些畅通，让绿色出行成为常德城的新风尚。市城管执法局党组书记、局长谢建平，党组副书记、副局长宋立明和四级调研员邵建波，以及市公安局交警支队负责人出席活动。

【组织参加湖南省花境微景观职业技能大赛】　12月19日，组织市园林绿化服务中心工作技术人员参加湖南省花境微景观职业技能大赛，取得总分第三名并获得湖南省团体二等奖。

【常德市城市管理综合行政执法支队挂牌】　1月1日零时起，常德市城区（武陵区、鼎城区、常德经开区、常德高新区、柳叶湖旅游度假区）人行道（路缘石以上）停车泊位施划和停车管理职能，由交警部门正式移交给城市管理部门。4月，根据常编办复〔2022〕19号文件，市城市管理与综合执法局组建市停车管理事务中心。机构完成登记注册，班子成员和工作人员到位开展业务工作。12月28日，常德市城市管理综合行政执法支队举行挂牌仪式。

（杨　帆）

海绵城市建设

【概况】　2022年，市海绵中心践行海绵城市建设理念，推进城市提质更新，抓好城市排渍防涝能力提升、市政道路基础设施建设，推进城市高质量发展。制定《常德市江北城区主次干道路面破损整治攻坚行动实施方案》《常德市海绵城市建设服务中心2022年全国文明城市建设工作实施方案》，明确责任领导、督导人员、具体巡查人员及整改责任人，建立巡查问题及时销号制度，确保79条主次干道巡查、整改工作全覆盖。共召开文明城市建设工作专题调度会16次，处理并回复各级交办问题；组织干部职工包路段对市城区道路集中开展摸排巡查3次，共计排查、整改市政基础设施维护问题1569处。常德市已基本实现江北城区人行道板问题动态清零的目标。完成吉生路、三闾路、沅安路、朝阳路、洞庭大道、滨湖路、武陵大道、紫菱路、朗州路等行道板改造，改造面积25081.44平方米；完成居和嘉美通道、常德大道与桃花源路交会处（东侧）、常德大道新烟厂大门段、常德大道与洞庭大道交会处、常德大道与朝阳路交汇处等车行道改造，共计面积4760平方米。在实施维护改造时，推广人行道板沥青加透水砖改造方案，减少人行道反复维修频率，提升道路完好率和舒适度。木鱼巷、粟家巷、体育路、望城路、长港片区截污工程、邵家垱片区截污工程、污水净化中心PPP项目完工；桃花源路管网和路面隐患整治工程基本完工；柳叶西路路面改造工程完成工程招投标。

督促各维管单位科学开展好日常管养工作，组织对海绵设施、监测平台、城市水体、主次干道市政三项维护、“五区”市政设施等进行考核，2022年组织开展150次近300人次。及时向维管单位反馈和交办考核中发现的问题，实行跟踪和“回头看”，确保问题整改到位。完成车行道沥青维护4348.24立方米，人行道板维护44513.34平方米，排水管网清淤29536.47立方米，排水管网修复180米，更换排水井盖及雨水盖板904个。巡查督导穿紫河、白马湖、丁玲公园水体保洁情况，巡查情况每日一登记、巡查问题每日一交办、整改情况每日一收集，每月召集维管单位开展一次现场调度。运营监管海绵监测平台及海绵植草沟和新建道路植草沟维管移交工作，督促运营单位对存在的问题及时整改，确保海绵基础设施高效运行。

2022年，泵站截污泵运行总时间约14.3万小时，截污泵总排量约1.74亿立方米；生态池运行总时间约7209小时，生态泵总排量约1008万立方米；雨水泵运行总时间约1.3万小时，雨水泵总排量约7172万立方米。重新修订并出台《常德市城市二次供水管理办法》，并将二次供水纳入建设项目设计初审并严格审查。继续推进老旧小区二次供水设施更新改造。开展第31届“全国城市节约用水宣传周”系列宣传活动。在市城区范围内开展创建节水型公共机构活动。皇木关污水厂、柳叶湖污水净化中心共处理10726.21万吨污水，两座污水厂平均进厂BOD浓度为71.66毫克/升、平均进厂COD浓度（化学需氧量）为161.08毫克/升，产生50%及以下含水率污泥19097.02吨。市政管网污泥处理厂共处理污泥30351.06吨。印发《市海绵中心2022年安全生产工作方案》，抓好排水、污水、节水等行业安全。对在建工地和柳叶湖污水净化中心、清河污泥处理厂、皇木关污水处理厂等企业集中进行安全生产检查和安全生产督导，确保全年安全无事故。

【城市排水防涝】 2022年，常德市城区降雨量约为1087.4毫米，较2021年少16.3%。在4月底，6月初，7月初等集中降雨时段，市海绵中心及时启动应急预案，严格落实巡查和应急值守工作，并对青杨路、桃花源路、朝阳北路、金凌花苑、东溪路、建设东路等积水区域进行24小时重点巡查、值守。对城区主次干道进行全面进行巡查，对积水点及时揭开雨水井盖，随时处理积水情况，确保市民正常出行。全年共启动应急响应12次，对易内涝点路段巡查190人次，出动巡查车辆230台次。出动应急巡查、排涝人员1783人次，出动排涝车辆72台次，潜水泵抽排922台时，抽排量约37万立方米。市海绵中心利用晴好天气，推进内涝卡点整治。完成碑基边路临青年路污水分流闸改造、桃花源路污水提升泵站等建设。发挥人员、技术、设备等优势，采取机埠配合排水、支援抽排设备、技术指导服务、项目质量监管等措施，配合平台公司等单位组织的护城河西段综合整治、欣荣路排水箱涵建设、楠竹山机埠扩建、甘垱机埠重建、粟家垱及柏子园机埠调蓄池改造等涉水项目施工。

【海绵城市、气候适应型城市建设】 组织编制《常德市海绵城市专项规划》《常德市排水专项规划》，确保常德市海绵城市建设、气候适应型城市建设工作与城市更新工作统筹推进。按照市城管委要求，完成常德市市政设施、城市水体及排水设施精细化管理标准编制。完善市政三项维护、城市水体、海绵监测平台、道理海绵设施及生态滤池等维护管理考核办法及标准。加强对海绵项目、城市排水防涝项目、其他市政建设项目的方案审查、技术指导、质量监督、现场服务及竣工验收、移交等工作。参与双桥路、杨桥路、窑港路、长丹路等新建道路，以及蓉国新赋、天润汇景园等住宅小区海绵设施建设的方案评审、竣工验收等，确保严格按照《常德市城镇更新提质专项行动实施方案（2022—2026年）》要求，市规划区内所有新建、改建、扩建工程项目都按照海绵城市相关要求进行建设，到2026年底城市建成区66%以上的面积达到目标要求。通过海绵城市水质水量监测平台对城区各项海绵监测指标进行监测及数据分析，掌握源头

2022年9月，市政工作人员进行井下作业　　（市海绵中心 供图）

减排、过程控制、末端治理的效果，科学反映常德市海绵城市建设管理成效，示范区内年径流总量控制率为78.69%，SS（悬浮物）消除率为76.69%，达到国家海绵城市考核标准。海绵城市水质水量监测平台运维管理获得湖南省排水信息化应用典型案例，并纳入湖南省住建厅2022年度海绵城市建设典型案例评选。

（张欢欢）

汉寿县孟奇中学（老一中）旁公厕（配套垃圾中转站），公厕（新建）面积约105平方米

城市环境卫生

【概况】 2022年，常德市城市管理事务中心（以下简称中心）对“一城五区”环境卫生督导考核共组织日常暗检和重点检查107天次，参加城市管理考核明检28天次，出动检查人员404人次，发现各类问题共计1614件，通过打电话、下督办函的方式督促责任单位及时整改销号；加强从业人员教育培训。组织各区环卫部门管理人员及中心考评人员认真学习2022年城市精细化管理考评体系的新文件、新标准，组织市城区垃圾清运车驾驶员开展安全行车与操作技能培训，进一步提高业务水平，增强安全意识；紧绷疫情防控弦。疫情发生之后，中心及时督导“五区”按照疫情防控要求落实废弃口罩分类收集以及一线环卫工人的自我防护，定期完成核酸检测，严格抓好生活垃圾日产日清、重点部位和场所的卫生清理和药物消杀工作，保障疫情期间市城区正常的环卫秩序。持续跟踪中央、省、市文明办督查问题清单的整改落实，重点围绕11项整治项目，加大日常巡查力度，全力督导“五区”逐一整改落实，抓好长效管理，坚决防止问题反弹。中心对负责的七里桥社区、戴家岗社区、柳叶湖社区开展问题普查工作，成立工作专班，主要领导带队前往街道、社区对接联系，通过召开座谈会的方式听取基层创文工作的重点、难点，逐一对标对表查找问题短板，研究整改措施。发现问题64件，收集社区问题清单100余件，通过网格员及时录入城管智慧系统，跟踪问题整改情况。督导“五区”对标创建明白卡对市城区六十条主次干道公厕指示牌进行全面清理，查漏补缺，确保指示牌设置合理、标注清晰，方便市民就近如厕。全面清查垃圾收集车辆。市城区一线现有保洁人力收集板车2200台，单位院落小区垃圾自运车辆600余台，大部分存在密闭性不强或滴漏现象，中心会同各区环卫部门、设备供应商寻求解决方案。针对垃圾运输车辆“跑冒滴漏”现象开展专项检查，共查出问题车辆21台次，通过城管局市容科对问题车辆所在的区政府、环卫公司下达限期整改通知，整改不完成不得进行运输作业，确保道路干净整洁、无异味。做好省环卫协会“保洁员”技能竞赛常德赛区选拔赛的组织工作，11月10日，选拔赛顺利完成所有既定赛事，产生出的第一、二、三名优秀选手将代表常德市备战省决赛。

【厕位建设】 根据《常德市人民政府办公室关于印发“六位”实事惠民专项行动实施方案（2022—2026年）的通知》精神，2022年常德市厕位建设目标任务是新建城区公厕（含县市）32座，改造城区公厕30座。中心主要是对市城区厕位建设工作进行督促考核、协调指导，并对各县市厕位建设情况进行信息采集上报。3月，中心召集市城区环卫部门负责人，召开厕位建设工作调度会，要求各区环卫部门尽快与相关部门对接，对辖区内新建公厕的布局、建设标准、实施计划等进行统筹安排，尽快完成公厕选址、设计、招投标、预算等工作。为加快推进厕位建设，中心主要领导带队，先后3次分组前往各区县（市）对公厕建设情况进行实地督导检查和业务指导，针对个别责任单位建设滞后的问题，中心及时制定并下发《关于加快推进“厕位”建设的督办函》，自6月起，每月向各区县（市）通报一次全市厕位建设进度情况。2022年提出的厕位建设目标任务现全部提前完成。

【垃圾处置】 落实驻场监督，督促企业严格按照安全生产规范、运行标准和技术规范进行生产作业，不定期进厂对垃圾焚烧发电、渗滤液处理、飞灰预处理等运行情况进行监督检查，确保环保达标、安全生产，截至11月底，市生活发电焚烧发电厂共无害化处理生活垃圾42.93万吨，全年处理量预计46.77万吨，生活垃圾实现日产日清。2022年度桃树岗垃圾填埋场共处理渗滤液33776吨，第三方监测机构监测结果表明，渗滤液排水水质达标。针对不断增长的餐厨垃圾产生量，中心督导各运输单位统筹安排运力，加大收运力度，科学制定清运线路，确保市城区餐厨垃圾日产日清。强化企业日常监管，督促优化生产工艺，挖掘生产潜能，有效提升单机生产能力。建立完善收运处置台账，及时办理财政拨付结算手续，每月按时上报收运处置台账，每天按时上报信息简报。全年餐厨垃圾处置27500吨、同比增长7%，日平均处置量达75.4吨、同比增长7%，总体运行平稳。

【“优秀城市美容师”表彰大会】 10月25日，在湖南省第二十七届环卫工人节前一天，常德市政府举办“优秀城市美容师”表彰大会，集中表彰共50名环卫工作者。市人民政府副市长郭碧勋出席会议并向环卫工人致以节日问候。

（万　青）

自来水供应

【概况】 2022年，常德市自来水有限责任公司实现计费用水量7220万立方米，资产总额17.47亿元，净资产6.7亿元，利润135万元。全年新增用户4.4万余户，服务客户46万余户，新增DN75以上供水主干管线42千米，供水范围辐射500平方千米，水质综合合格率保持在99.8%。全年，公司“获得用水”营商环境评价位居全省前列、全市企业类第一名；科瑞供水维修青年突击队被团中央评为“一星级全国青年文明号”；水质检测公司赵小利被授予湖南省“国企工匠”称号。

应急保障。2022年下半年，沅江出现60年一遇的低水位情况，水厂取水效率大幅下降，甚至面临无法取水的困境。公司迅速启动应急取水工程建设，仅用不到20天时间建成通水，有效解决沅江取水隐患，得到省市高度肯定。受持续干旱天气影响，下半年市城区供水供不应求，部署研究保供工作，组织200余名志愿者日夜巡察，引导错峰、有序用水，打击违章、偷盗用水，倡导节约用水，保障高峰期水压稳定。

应急响应。面对沅水浊度历史性飙升和生产工艺不足，公司快速反应、靠前指挥，及时解决沅北水厂浑水问题。面对低温冰冻天气，公司出动38支防冻抢修队伍共300余人，对全市452个小区14万余块水表及表箱进行防冻包扎，有效减轻供水设施冻损，保障市民正常用水。面对疫情冲击，公司严格实施水厂生产封闭式管理，建立备员轮岗机制，加强值班值守和设备检修维护，保障疫情期间供水生产正常运行。面对客户用水诉求，全年处警队伍24小时待命，处置用水故障6万余处，抢维修1万余处，接警处警率达100%。

安全生产。公司全年投入资金532万元，有序实施水厂生产设备更新改造56项，设备安全运行得到有效保障。坚持水质达标管理，公司水质检测能力大幅提升；水质实行三级管理和24小时实时有效监测，水质综合合格率达到国家标准。根据2022年供水的特殊情况，全年下达生产调度指令1万余次，有效保障管网综合压力合格率达标。全年组织开展各项安全生产专项考核督导100余次，加强安全隐患排查整治。

项目建设。公司投入20亿元提升供水保障能力。投资12亿元的沅北水厂迁建工程，克服施工环境复杂、疫情防控等诸多不利因素和困难，截至年底，以厂区建筑为主体的一期项目完工70%、以配套管网为主体的二期项目完工30%。投入6.8亿元，启动“三区”（西湖管理区、西洞庭管理区和鼎城区部分乡镇）城乡供水一体化安全饮水项目，并严格遵循市场规律，规范运营模式，年前已动工建设，公司的供水区域将辐射到西湖、西洞庭管理区及鼎城区的部分乡镇。投入2000万元，实施老旧管网改造，降低管网漏损。同时，积极谋划沅南水厂改扩建，将供水能力从15万立方米/日提升到30万立方米/日，从根本上解决产能不足、城东旧城区域及经开区供水压力不平衡问题。

智慧水务建设。启动IC卡水表的更换改造，年内完成35个小区2万余块IC卡水表的改造，解决好管理漏洞大、群众缴费难问题。对公益性用水实行定点取水，建立健全供水设施巡查机制，培养公益用水定点取水习惯，为下一步实施城区消火栓智能化改造，实行定点计量取水打下基础。智慧水务平台共分三期建成，年底已完成一、二期建设及三期初验，实现了办公自动化、安全供水调度、水质水压在线实时监测、全市供水管网运行监测、抄表轨迹跟踪等功能。

优化营商环境。所有环节无领导审批，实现供水报装专员全程代办、客户零跑。在全省率先打通政务数据信息，实现身份、不动产、低保信息共享，成为省内首个实现“刷脸办”的供水企业。改革工程计费方式，为80余家企业和个人减免红线外接入工程费近100万元。智慧水务助力服务提速，16项涉水业务均可通过“常德供水”微信公众号、公司网站、“水宝”APP等多服务渠道指尖办理，覆盖率达

100%，新装用水申请等7项高频办理事项均可通过湖南省一体化平台进行办理，让客户全面享受零跑服务。对接建设主管部门，解决了东方美景一期、广德花园等多个老旧小区高楼层水压不足问题；对接人大评议问题，公司班子分头带队，完成21个交办问题的整改；免费为180余户用户开展水质检测上门服务，为城区5000余户低保家庭减免水费30余万元等。实现报装业务一站式办，建立“准用户”服务信息库，开展代办涉水行政审批、外线工程手续等一站式服务。实现不动产过户一窗办，达到“一表申请、一套资料、一窗受理、一链办理、一次送达”。

改革攻坚。深化国企改革三年行动（2020—2022年）。完成经理层成员任期制与契约化管理、外部董事选聘、子企业分类分层授权等67项制度的修订完善，为改革工作有序推进提供了操作依据。完成国企改革三年行动明确的57项重点任务；完成机构改革，管理部门和人员精简率达50%，管理层次更加扁平化，一线人员更加充实。取消抄表外包，全面推行抄收计件改革，历时3个月，重新梳理42万块水表及117名抄表员信息，每年减少外包成本340万元；取消管网检漏外包，自主组建管网检漏专业队伍，提高检漏员工待遇，每年可减少管理成本580万元。沃特公司拓展市场业务，中标沅北水厂迁建二期工程和“三区”安全饮水项目共8亿元，全年签订施工合同9亿元，年产值达2.14亿元。科瑞公司推行抢维修“抢单制”，抢维修及时率显著提升，全年实现营业收入3011万元，利润21万元。物业公司全年实现营业收入484万元，利润16万元。飞虹二次供水公司响应全市二次供水政策变化完成组建，围绕项目运营、维护接管、二供保障政策出台等课题，完成市场调研、价费政策申报。水质检测公司再次获得国家CMA资质认证（检验检测机构资质认定），提升作为第三方检测机构的检测能力。

【“水厂开放日”活动】 3月18日，市自来水有限责任公司开展“水厂开放日”活动，15名市优化经济发展环境监督员以及5名市民代表受邀走进水厂，实地了解自来水的生产全过程，参观沅水北厂迁建项目进展情况，并提出服务建议。

2022年9月20日，常德市自来水公司人员抢修白马湖街道卫生院门前突发爆管

（市自来水公司 供图）

【抢修供水主干管】 9月20日13点40分，白马湖街道卫生院门前突发爆管，涌出的水流迅速淹没周边路面，公司在家领导王惠鲑、龙成、邱宪才及工作人员第一时间赶到现场，经查勘发现是DN1400供水主干管因自然老化引发爆管，此供水管为江北城区供水主干管，担负着为江北城区主要供水任务，此次爆管将直接影响到江北城区大部分区域用水。公司立刻紧急调度、指挥抢修人员关闭周边闸门、安排人员设立安全围挡并抓紧抢修。15分钟后，涌出的水流渐渐被止住，挖机开始对涌水点开挖，经检查，发现裂口位于主干管底部，抢修负责人确定维修方案并进行作业。21时许，管底修理完毕开始恢复管窗。22时40分，DN1400主干管主体抢修完成恢复通水。

（王　欢）

燃气供应

【概况】 2022年，常德市燃气供应稳定充足，未发生大面积停气事件，生产生活用气得到有效保障。为加强市城区瓶装液化石油气经营市场管理，构建瓶装液化石油气安全供应体系，制定《常德市城区瓶装液化石油气配送服务管理细则》。为提升常德市燃气安全保障能力，避免燃气事故发生，常德市住房和城乡建设局（常德市人民防空办公室）等十部门发布《关于落实餐饮等生产经营单位安装可燃气体报警装置的通知》。全市天然气供气总量29291.72万立方米，液化石油供气总量31899吨。全市（含县市区）共有燃气经营企业133家，其中管道燃气企业24家，瓶装燃气企业99家，汽车加气企业10家，门站储配站等各类燃气场站140个。全市共有燃气用户121.9万户，其中天然气用户62.8万户（居民用户61.75万户，工商用户1.05万户），液化石油气用户58.88万户（居民用户58.28万户，工商用户0.6万户），汽车加气用户0.22万户。全市新建城镇燃气管道（含市政、庭院、立管）320.528千米，改造城镇燃气管道（含市政、庭院、立管）284.44千米，改造户内设施40005户。在突发输入性新冠疫情期间，应对静默管控，对疫情期间燃气保供保安工作进行紧密部署，协助燃气企业办理保供车辆和人员通行证156张，全力调度各燃气企业人力物力资源，实现外部气源入常正常，燃气到户安全可靠，满足疫情防控特殊时期市民正常用气需求。

【安全隐患排查】 1月17—19日，市燃气办在城区对11个燃气站场开展燃气安全检查活动。检查主要对经营场地规范程度、设备设施全面程度、资料材料完整程度、站场管理情况进行检查，提出整改建议，形成隐患排查报告，检查结束后隐患问题反馈至站场负责人，并要求限期整改，形成闭环管理。聘请湖南佳创能源工程设计研究院燃气专家一同进行。7月初至10月底，常德市开展城镇燃气安全整治“百日行动”，对影响公共安全的场所，在燃气经营、输送配送、燃气使用和燃气具生产销售4个环节，围绕15个方面的典型问题开展“清单式”排查整治，建立隐患台账，推进问题整改，防控可能发生群死群伤的重大风险。11月2日，市燃气办联合市城管执法局，重点针对火锅、汤锅、麻辣烫等餐饮场所的安全用气情况进行排查。12月16日，市燃气办、市城管执法局、武陵区住建局联合芦荻山乡安监站、乡食安办，对常德国际农产品交易中心餐饮场所开展燃气安全隐患排查。

【全省推广燃气安全生产“桃源经验”】 9月28日上午，湖南省住建厅召开全省城镇燃气安全工作部署暨安全管理培训电视电话会议，主会场省住房和城乡建设厅主要负责人、分管负责人及相关处室负责同志，长沙市及所辖县市区燃气管理部门主要负责人、分管负责人及科室（中心）负责人，燃气经营企业主要负责人、安全生产工作分管负责人及安全管理部门负责人参加会议。分会场各市州、县市区燃气管理部门主要负责人、分管负责人及科室（中心）负责人，燃气经营企业主要负责人、安全生产工作分管负责人及安全管理部门负责人同步参加此次视频培训会议。桃源县住建局作为全省唯一的县介绍了桃源县燃气领域安全生产的经验做法。桃源县对全县燃气企业和用户持续开展监督管理，发挥“以查促管”的作用，克服县域面积大、乡镇多、基础设施薄弱等客观因素，推进“气化桃源”重点项目建设，基本堵住燃气安全隐患诱发生产事故的途径，延续桃源县近20年燃气安全“零”事故的良好态势。

（卢　华）

园林绿化

【概况】 截至2022年年底，常德市建成区总面积为125.02平方千米，各类绿地面积总和为4616.9公顷，建成区绿地率为36.93%，各类绿地绿化覆盖面积总和为5153.2公顷，建成区绿化覆盖率为41.22%，建成区公园绿地面积1228.88公顷，人均公园绿地面积14平方米/人。

【园林绿化工程项目建设】 在穿紫河风光带金典花园段、紫华园段、武陵大桥桥下绿地内增加健身器材、游乐设施、休息座椅等配套设施，增加市民的参与性，提升市民幸福指数。在穿紫河风光带金色晓岛段、夏家垱水系风光带、沅江防洪大堤后戗台绿化带中栽植银杏、红花紫薇、美人梅、红梅、菊花桃、满天红等特色景观植物，打造绿地特色，进一步丰富城市景观色彩及层次。全面清查公园内有安全隐患的各类基础设施，对滨湖公园、屈原公园、丁玲公园和白马湖公园的防腐木铺装和休闲座椅，屈原公园玉龙桥风雨廊，滨湖公园和屈原公园路灯等进行翻新和维修改造，提升城市公园的服务水平，为市民提供更好的游园体验。完成柳泉路、市场中路、人民路绿化提质工程和武陵大道行道树树穴改造项目的建设，靠近国家生态园林城市林荫路推广率指标；配合城建计划的道路建设，跟进道路建设的进度同步推进道路的绿化工作，完成木鱼巷、粟家巷、望城路、常蒿路的行道绿化工程。完成高铁南北广场园林景观建设，为常德门户打造经典广场景观。对常德市政协机关院落和常德市委党校教学区进行提质改造，解决机关院落景观老旧、植物存在倒伏风险等问题。

【绿地精细化养管】 养护保障部严格执行精细化养管实施方案、养护月历、考核办法、考核标准等相关文件精神，调动园林系统、社会化养护单位等力量，通过实施精细化管理，结合现场巡查、微信群、电话等方法高效的调度城市园林养管体系，力求达到地表无裸露、无杂草枯死枝、无明显病虫害，提升城市绿化精细化管理水平。按照《常德市城市园林绿地养护管理考核办法》对江北城区23个养护单位的绿化养护情况进行巡查督导和考核，对明检中发现的问题下发考核通报并限期整改，整改率达98%。每月明检考核完毕后及时召开绿地养护考核点评会，各单位学优秀、找差距，提升养护管理水平。应对恶劣天气，快速恢复交通秩序。4月下旬和7月初暴雨大风天气使部分树木倒伏、断枝，是园林绿化服务中心及时部署督导，养护单位共出动500余人次、吊车20余台、运输车30余辆、油锯20台，扶正倒伏树木700余株，清理道路20余条道路，交通迅速恢复。入夏以来，常德市出现60年一遇持续70多天的晴热无雨天气，市城区园林绿化树木遭遇严重旱情。中心日均调动洒水车（10～20吨位）58台，使用水泵20多台，建立临时取水点2个，日出动抗旱作业人员600多人，日浇水量6000多吨的高强度抗旱作业，有效缓解绿化苗木的旱情，把旱情损失降到最低，确保抗旱保苗工作成效。先后4次发布《常德市病虫害预测预报》信息，4月、7月召开2次植保工作例会，并联合今楚园林于3月组织了1次养护技术培训，遏制病虫灾害。推行园林绿化政府购买服务工作，确保市场化公平、公正、公开。对工程移交中存在的问题，多次召开协调会，着力解决遗留问题，对问题严重工程坚决做到整改不到位不移交不验收，确保绿化工程质量，也给后续养管工作打下良好基础。

【城市增花增色】　按照年初花化工作计划、栽植质量及时间要求，高标准完成道路分车带、交通渠化岛、公园、广场绿地等草花栽植400多万盆，全年完成柳叶湖环湖路、新河水系撒播花卉2.7万平方米，武陵大道、柳叶大道、洞庭大道等主次干道花化亮点频现。为丰富市民生活，营造祥和喜庆的节日和活动氛围，春节、“七一”建党节、国庆、中共二十大等节假日和重大活动在市城区主要出入城口、道路节点、公园广场等地进行植物造型景点布置，全年造景摆花60多处。通过使用草本花卉与宿根花卉相结合，营造特色花箱1100多平方米，展现出植物自然组合的群体美，丰富了城市园林景观效果。

2022年春节花化造景　　（常德市园林绿化服务中心 供图）

【公园建设管理】　在日常管理方面，做好公园水系日常巡查工作，加强文明游园督导。及时劝导游客不文明行为，积极推进安保、保洁、基础设备设施维修维护等工作，做好园内志愿者服务等。配合上级部门及社区做好疫情防控宣传工作，组织全体干部职工参与火车站出站口、城管局疫情防控值班工作，对全园公厕、座椅、垃圾桶、廊亭、木栈道等公共设施进行消杀。丰富景观层次，做好精细养护。栽植草花38.5万株，完成公园内新品种引进220平方米宿根花卉墨西哥鼠尾草的地栽，营造五处精致花境共160平方米；全年栽种地被植物约2.2万平方米，补栽北美红枫、红千层23棵，灌木钻孔追施有机肥400公斤，在全园范围内喷洒防治病虫害药物20余次；福寿螺及卵块清理实行常态化管理，及时清运陆地绿化及水体绿化垃圾400余车次，公园水系的园林绿化景观效果越来越精致，绿植长势喜人。

【“公益建绿兴绿”活动】　市财政局、市自然资源规划局、市住建局、市生态环境局、市人社局、市公安局、市城管局等30多个单位积极参与公益建绿兴绿。在穿紫河两岸、柳叶湖环湖风光带已建成同心林、兴业林、励志林、平安林、抗疫纪念林、友谊林等16处公益林，栽种公益树木3000多株，增加绿地1.3万平方米。一大批乔木和花灌木的栽植，达到“增绿、增花、增色、增果”的目的，春天赏桃花、樱花，夏天赏紫薇，秋天赏桂花，初冬观红叶，通过公益林建设进一步提高市民植绿、爱绿、护绿意识，提升城市景观。

【园林绿化科研】　推进园林植物废弃物处理综合利用研究，实现成果转化。2022年，园林植物废弃物处理厂共收集处理园林植物废弃物1100余车，完成基质发酵约1400立方米，对外发放近8000多个编织袋，做到日产日清，很好地解决江北城区园林植物废弃物的出路问题，处理方案得到全省同行的高度认可。逐步完成基地分区整理，对原基地藤本区近7000平方米及引种区近2000平方米等进行清理除杂，调整为特色植物展示区，重新铺设园艺地布，增加智能喷灌，实现了植物示范区的智慧养管。对乔木区较密的植物进行调整，对榉树600株、无患子650株、南酸枣320株、重阳木350株、鹅掌楸500株、枫树280株抽稀并进行移栽。完成墨西哥鼠尾草、紫珠、金叶大花六道木、翠芦莉、黄金枸骨等多种优良植物扦插扩繁72000株。引进矮紫薇、安酷杜鹃、花叶玉簪、铁筷子、多花筋骨草、矮生百子莲、常绿德国鸢尾、紫叶过路黄、熊猫堇、矮生翠芦莉、本地麦冬等70种植物近4000株。增加基地近1万平方米喷灌设备，实现特色灌木管理自动喷灌控制。做好基地冬季苗木施肥，基质+复合肥+有机肥配比，同时为基地红千层、香水合欢等喷施了防冻液+磷酸二氢钾配方溶液，增强植物防寒性。完成基地3个花境示范区近1万平方米设计及建设，对特色植物应用及展示进行了良好的示范。完成悬铃木行道树修剪技术导则，对常德市悬铃木行道树如何修剪提供科学有效的参考依据。修复和增设近400米基地围栏，避免基地外围环境对植物产生不良影响。对基地特色植物进行了推广应用，建设9个花境示范点。开展古树名木及后备资源的维护工作，对52株古树名木及后备资源进行日常养护、复壮、补洞等。

（陈炯明）

住房保障

【概况】　2022年，常德市住房保障服务中心以“住房保障民生、服务温暖民心”为目标，扎实推进各项工作，荣获全国住房和城乡建设系统先进集体，常德市、汉寿县、临澧县分别获省政府真抓实干激励表彰。

2022年，全市棚改开工28个项目、4930户，争取中央补助资金2.49亿元，起草出台《关于市江北城区棚户区改造工作的通知》（常建通〔2022〕31号）。全年纳入中央补助支持计划的老旧小区改造项目285个，全市实际改造项目298个，其中省重点项目133个全部开工，争取上级补助资金7.53亿元；9月23日住建部印发《城镇老旧小区改造可复制政策机制清单（第五批）》对常德市旧改工作进行推介。起草出台《常德市全面推进城镇老旧小区改造工作实施方案》（常政办发〔2022〕18号）和《关于做好常德市城镇老旧小区改造以奖代补工作的通知》（常建通〔2022〕61号）。创新改造模式，以老旧小区改造为“切入点”，形成街区、片区、社区综合整治“一张网”，津市三洲驿街道105大街区改造被列为住建部老旧小区改造示范点项目并在全国老旧小区改造联系点项目交流会上进行经验介绍。全市新筹建公租房4034套，保障性租赁住房2746套（试点任务553套），全市发放租赁补贴任务12593户，争取上级补助资金3.51亿元，6月16日住建部印发《发展保障性租赁住房可复制可推广经验清单（第三批）》，8月2日以“住房和城乡建设部　教育部指导湖南省常德市积极探索发展面向乡村教师供应的保障性租赁”为题（住房和城乡建设部《信息专报》第177期），对常德市乡镇保障性租赁住房试点工作进行推介。起草《常德市加快发展保障性租赁住房实施方案》（常政办发〔2022〕17号），确定汉寿县、石门县为全国乡镇保障性租赁住房试点地区，为基层青年人的住房困难问题提供保障。推进人才公寓建设，对全市需求进行摸底，建立人才公寓项目库，设计人才公寓统一Logo标志，形成市城区建设人才公寓方案。公寓楼建设管理方面，城投天富、经投地产公司销售杂物间499间、门面34间，安置房76套，共回款1.11亿元；完成南坪花苑小区车位销售49个，回笼建设资金126万元；完成公寓楼办证2493本。市城区归集房屋维修资金1.34亿元，受理使用项目580个，申报金额2674.9万元，办结使用项目410个，拨付维修款1382.1万元；完成白蚁预防水剂施工43个小区263万平方米，白蚁回访复查134个小区1445.44万平方米；办理房屋租赁登记备案证明2478宗。各项业务工作均超额完成目标任务。推行手机扫码缴存维修资金、开通租赁办证服务绿色通道、开展白蚁免费灭治公益服务等。物业行业管理。开展物业管理考评，配合相关部门对物业小区进行重点检查督导，2022年共开展明检11次、暗检50多次，共巡查小区300多个次，下达整改通知单32份。探索“物业+党建”模式，完成全市物业行业党组织、党员情况摸底调查，先后组织“物业项目经理人”培训、物业管理法律知识培训、消防知识培训等，共400多人次参加培训学习。

【物业服务行业总结表彰大会】3月11日，常德市物业服务行业协会2021年度总结表彰大会暨2022年度第一次会员大会在市城区锦江酒店举行，市住保中心及各区县市物业主管部门、市物业服务行业协会全体会员、物业从业人员代表近300余人参加。会议对市物业服务行业协会2021年度工作进行总结，对2022年度的工作进行规划。对武陵区城市小区物业指导服务中心、鼎城区住房保障服务中心等5家“2021年度常德市物业管理工作优秀单位”，常德市阳光物业服务有限公司、常德市福田物业服务有限公司等15家“2021年度常德市优秀物业服务企业”以及肖德红、罗振文等100名“2021年度常德市物业行业先进个人”进行授牌和表彰。

【乡镇保障性租赁住房试点项目集中开工】　7月18日，常德市2022年度乡镇保障性租赁住房试点项目集中开工仪式在石门举行，常德市乡镇保障性租赁住房建设试点正式启动。住建部住房保障司司长曹金彪、教育部教师工作司副司长黄小华、建设银行总行住房金融与个人信贷部副总经理童学锋出席开工仪式。副市长郭碧勋参加开工仪式并致辞。全市集中开工的乡镇保租房项目共11个，总房源503套。其中，石门集中开工的乡镇保租房项目9个，房源303套；汉寿县乡镇保障性租赁住房试点项目2个，房源200套。乡镇保障性租赁住房试点项目将着力解决乡镇青年教师、青年医护人员及干部职工等群体住房问题。

【住建部调研组到常德调研保障性安居工程】 7月19日，住建部住房保障司司长曹金彪，中国建设银行总行住房金融与个人信贷部资深经理、副总经理童学锋一行到常德市调研保障性安居工程情况。曹金彪一行先后调研津市市的人才公寓公租房、民安路三期公租房，万寿苑精致街区建设项目，武陵区恒大常德御龙天峰复工复产项目现场，老西门棚改项目、新一村棚改项目、城东棚改项目等棚户区改造项目现场，并组织召开座谈会。

【传统村落、文物古建筑白蚁防治】 2022年，市住保中心对常德市传统村落和文物保护单位开展“守护传统村落和文物古建筑——白蚁防治公益服务”活动，加强传统村落文化遗产保护。对汉寿县铁甲村敞口堂屋群、桃源县灵岩洞崖刻古树保护群、临澧县丁玲故居广场、桃源县维回村清真古寺和津市市药山村等地的古建筑、文物古迹和古树名木的蚁害处进行全方位的处理。11月8日，到中国传统村落桃源县牛车河镇三红村的古建筑吊脚楼群安装41套白蚁全自动监测预警系统设备，三红村是常德市吊脚楼群保存最完好的地区之一，现完整保存220多栋古色古香的挑檐式吊脚楼，这些装置，结合环保新型白蚁综合治理技术，能给传统村落文化遗产和古建筑的保护建立长效管理机制。

（汤伟杰）

房地产业

【概况】 2022年，市住建系统坚持“房住不炒”总基调不动摇、不偏向、不松懈，支持刚性和改善性住房需求，调控房地产市场，实现保市场、保民生、稳房价、稳预期目标。1—12月，全市完成房地产投资254.6亿元，商品房销售面积449.7万平方米，完成房地产税收17.35亿元，全年办理47批次商品房预售许可业务，批准预售面积43.7万平方米；完成房地产开发资质重新核定换发业务206批次。完成二手房交易4402件，面积48.8万平方米，交易金额约20亿元，交易平均价4038.56元；租赁3034笔，面积约19.7万平方米，佣金约129万元。

【房地产市场政策调控】 在全省率先出台促进房地产平稳健康发展的“十五条”硬核政策；开展对房地产企业“帮代办”服务，并对常德市90余家房地产开发企业进行“一对一”对口帮扶。配合银行阶段性下调常德市首套住房商业性个人住房贷款利率，因城施策用好政策工具箱，出台7条具体措施加强房地产市场监管，形成常态化市场调控机制。5月中旬举办“高铁之上 宜居之城”房交会，优惠期到2023年底，7天时间成交商品房693套，金额4.9亿多元，达成意向客户近1500组，带动各区县市陆续出台优惠政策或举办楼市促销活动，进一步稳定住房消费，提振市场信心。

【立足民生“保交楼”】 着眼稳市场、稳房价、保民生，抓好“保交楼”工作。成立由市长任组长的全市“保交楼、稳民生”工作领导小组，区县市对应成立工作专班，统筹职能部门合力攻坚，构建全市“一盘棋”工作格局。以系统观念抓“保交楼”，强化部门联动。组织公安参与并聘请第三方开展项目财务审计和资产评估，确保资金使用安全。组织法院、自然资源、国资、人行、银保监等部门，对项目资金资产依法保全、封闭运行，确保“资产留在项目、资金留在当地”。组织公安、信访、司法等部门广泛宣讲政策、开展联合执法，妥善处置一批“新老划断”债务，

经开区智能产业园保障性租赁住房项目 （市住保中心 供图）

严厉打击一批阻工违法行为，确保工作顺利推进。以竣工交付为目标，紧盯“一楼一策”实质化、具体化，实行日调度、周汇总、旬通报机制，为每个项目选定一家造价咨询机构进行跟踪审核，将实物工作量作为考评各专班和区县市的重要依据，确保复工复产真实有效。常德市成为全省首个“保交楼”交房城市，被新华社、《湖南日报》等权威媒体报道，经验做法得到住建部推介并得到省政府点名表扬。12月28日常德市8个区县共11个“保交楼”项目的5623套住宅集中交付，其中大部分实现“交房即交证”，被省厅重点宣传报道。

（卢　华）

建筑设计

【规划建筑设计院有限责任公司】　2022年，常德市规划建筑设计院有限责任公司全年签订合同达190个，合同金额为3800万元，已实施待签合同的部分达1600万元，经营业绩超预期完成。虽然受市场影响到账收入有所下滑，但通过成本管控增效明显，实现利润100多万元。9月成功收购桃源县渔父水利水电勘测设计有限公司，取得水库枢纽和灌溉排涝两项水利设计专项资质，抢抓高标准农田设计业务，并布局代建、咨询业务，形成多产业链共进局面。进一步深化国资国企改革，对照市国资委要求，实现国企改革三年行动（2020—2022）。按议事规则要求召开董事会、监事会、职代会，构建权责清晰、监管有效、保障有力的企业治理体系。推行“三项制度”改革（劳动、人事、分配），把员工日常表现同季度考核、年度考核相结合，用制度管人管事。通过出台政策鼓励全员抓业务、人人抓业务，在市场开拓方面取得明显成效，区县业务市场增长超过20%。《常德市高铁新城核心区城市设计及控制性详细规划》荣获省2022年度优秀国土空间规划设计和案例评选二等奖。“滨江大道（江南大道—鼎城西路）新建工程”荣获省2022年度优秀工程勘察设计三等奖。公司采取多种措施降本增效，保障健康运转。加强对引进业务的评估，坚持效益优先原则，注重提高设计效率。加强项目成本核算，建立项目台账，严格推行成本核算管理，项目成本支出占总支出比例持续下降；加强对非项目成本支出的管控，压减一切不必要开支，非经营性成本支出从7%压减到0.02%。选派6名建筑、结构专业技术人员服务全市居民自建房安全专项整治百日攻坚行动。11月下旬，组织2批以党员骨干为主体共49人的志愿服务队伍，全方位参与武陵、鼎城、柳叶湖12个街道、23个社区的疫情防控工作，并派出2名测绘工程师协助完成常德疫情地图的绘制与更新。

规划编制签订合同33个。编制《常德市城市更新专项规划》《常德市停车场专项规划》《常德高新区停车场专项规划》。先后为常德经开区、高新区编制国土空间规划，提供城市设计。完成桃花源、柳叶湖、西湖、西洞庭、澧县城头山等市级主要领导乡村振兴示范片的规划编制工作。为市国资系统乡村振兴点汉寿县马家村，提供村部改造方案和施工图设计服务。

建筑设计签订合同48个。完成武陵区育英小学扩建工程、安乡唐家铺中学，以及市康复医院附属楼、柳叶湖公共卫生服务中心、澧县妇幼保健院等民生项目的设计工作，为常德市更好地解决“学位”“床位”问题贡献规院力量，开拓教育康养业务板块，积累相关设计经验。完成湖南鑫三香常德米粉集团有限公司产业园、大湖生物食品产业园水产品加工与冷链物流配套冷库等项目的设计工作，助力实体经济发展。

市政设计签订合同62个。完成竹山路（广济路—莘子路）、民贵路（经阁路—人民路）、德山同德路、西洞庭津市路等项目的设计工作，为完善常德市交通网添砖加瓦。完成武陵、鼎城、津市等地的老旧小区改造设计工作。

工程测绘签订合同40个。完成常德国际农产品交易中心四期、常德市善挥养老社区工程、旭辉国际新城一期多测合一、致远·东城悦府地下管线以及绿化面积测量等项目。

高铁新城控规获省级二等奖。11月17日，由常德市规划建筑设计院有限责任公司编制的常德市高铁新城核心区控制性详细规划，获由湖南省自然资源厅指导，湖南省国土空间规划学会主办，湖南省地质博物馆承办，各市州自然资源和规划局、各市州国土空间规划学会协办的2022年优秀国土空间规划设计和案例展评二等奖。该规划涉及的高铁新城核心区北至月亮大道、东抵朗州路、南至石长铁路、西至阳山大道，总体定位为常德城市新中心、创新共享枢纽城、产城融合示范区，总用地面积超过370公顷，人口规模达5万人以上。公司由国家注册规划师贺彦璋担任项目负责人，李英慧、娄静、杨先胜3名国家注册规划师，以及李倩兰、曹珂、黄晔、庹潇文、刘君、石佳滟6名工程师参与。经市自然资源规划局、业主单位市海绵公司多轮沟通修改，规划编制成果由市规委会审议通过，并在2021年11月获得市人民政府批准。

（吴贤清）

【常德市建筑设计院有限责任公司】　2022年，常德市建筑设计院有限责任公司坚持“党建引领、项目为王、质量为重”的发展理念，全年共实现营业收入3490万元，利润94万元，返回合同266个，金额3452万元。12月8日，在常德市举行的首届先进制造业突出贡献人才暨首批高层次人才表彰大会上，公司副总经理张春红被评为“常德市首批高层次人才”（D类）。

改革创新。根据形势发展变化，为更好更顺畅地开展业务，年初公司成立既有建筑改造中心、设备室两个新的部室，对人员进行重新调整组合，两个室全年完成周氏饲料厂项目、常德市林业局办公楼维修改造工程、石门县公安局交警大队业务技术用房及二次装修、安乡城投水刺无纺布项目、武陵区老旧小区改造、江北投双英大厦消防改造、澧县城区公共停车场建设项目、石门县教育系统子良幼儿园、子良中心学校、永兴街道幼儿园等一批重点项目，完成的质量高，审图质量优良，基本达到改设机构的预期目的。持续深化国企改革，完成国企改革三年行动工作台账明确的39项改革任务，以及省国资委对常德市国企改革三年行动考核评估相关资料的上报。公司建立健全薪酬分配制度和全员绩效考核评价体系，进一步完善现代企业管理制度。为解决智立监理公司生存与发展问题，达到保资质、降成本、增效益目的，打通设计人员与监理人员的流通渠道，公司对监理公司的人财物进行全面接管。收购智立监理公司原始个人股东的股权，将其变为国有全资公司后再进行吸收合并，同时在设计院下面设立一家工程监理分公司，承接智立监理公司的资质和业务。

业务拓展。规划景观业务、勘察业务拓展到湘西古丈、西藏山兰等外市和外省。建筑工程所将市场辐射到常德经开区、石门县、临澧县、沅陵县等周边县市，将业务拓展到教育、工业、装修、改造等相关领域。规划景观所取得《常德市生态绿地系统规划》《常德市通信基础设施国土空间专项规划》《常德市城区中小学校幼儿园布局专项规划》等一批专项规划业务，争取到常德市控制性详细规划（图则）业务向公司倾斜。通过规划与景观结合的模式完成“丹洲艺丹元文艺部落综合整治规划”项目，为后续类似村庄建设项目树立新样板。生产经营办以招投标业务为主，全年完成招投标项目21个及电子卖场采购项目78个，金额共计1624.5万元。公司加强对外合作，先后与中舜国际工程设计有限公司、湖南鼎兴工程咨询有限公司等签订战略合作框架协议，通过资源整合，实现优势互补，进一步拓展业务范围。

2023年1月18日，市建筑设计院有限责任公司召开2022年度总结表彰大会

（市建筑设计院 供图）

“三个创优”。质量创优方面，严格质量管理，组织对64个土建项目、26个规划项目、13个景观项目、10个市政项目进行认真把关，完成内审出图。加强业务学习培训，组织外出专业学习10次、51人次，院内专业学习近30次，购买发放各种专业书籍824册，促进设计人员专业素质不断提升，9人通过了高级职称评审，人才队伍实力不断增强，全年未发生勘察设计质量安全事故。作品创优方面，公司编制的《常德市鼎城区蔡家岗镇花园村村庄规划（2021—2035）》和《常德市加油站专项规划（2021—2035）》在“湖南省国土空间规划学会”举行的“2022年优秀国土空间规划设计和案例评选”活动中分别获得三等奖和优胜奖；“常德市第一幼儿园分园绿建设计”在“第三届湖南绿色建筑设计竞赛”中获职业组建成类银奖。服务创优方面，各部门不断增强服务意识、提高服务质量，加强项目调查和跟踪回访，为业主节省投资，以优质服务赢得客户好评。

企业管理。项目管理方面，完善合同管理办法，实行统一领导、集中管理、对口监督的内部经济合同管理体制，建立合同审签管理制度，建立项目台账管理系统，对历年的合同欠款项目进行彻底梳理，完善台账录入信息内容及分类统计，及时对公司的生产项目统计、合同签订、到账回款实施动态管理。建立信息统计汇报制度，及时掌握、每月上报签订合同情况和到账情况。规范项目成本管理，制定实施新的图文管理办法，降低项目成本。制度建设方面，共修订完善和整理汇编综合管理、业务管理、议事决策、党建纪检、人事管理等方面制度70余项，制度体系更加完善。组织开展5次安全生产大检查、培训考试24人次，确保公司全年安全稳定无重大事故。

（雷　明）

诗墙管理

【概况】　2022年，中国常德诗墙全年接待各类参观团体45次，共968人；接待外地旅游大巴51批次，共2127人，其中重大接待有第十九届中央委员，第十三届全国政协经济委员会副主任韩长赋一行，湖南省委常委、省委宣传部部长杨浩东一行，中国作家协会党组成员、副主席、书记处书记、鲁迅文学院院长吴义勤一行等。2022年，中国常德诗墙获评湖南省文明单位。9月6日，湖南省文明办、湖南省文化和旅游厅联合发布“湖南好人·最美景区人”特别榜单，诗墙汪朝炎上榜。

【文化研究与推广】　举办“喜庆二十大·翰墨丹青颂家乡”书画艺术作品邀请展，共展出书法篆刻作品67件。在湖南文理学院等开展30多场《讲好诗墙故事　传承红色基因》宣讲课，为学校红色教育提供范本。持续开展研学、诗词公益课、朗诵公益课等文化活动。成立诗墙丛书编辑部，加强诗墙碑刻书法研究，开设诗墙书法艺术赏析专栏。推出和环球VLOG媒体公司合作拍摄的《发现新湖南常德篇》诗墙宣传视频，制作常德特色的本土原创音乐“歌单”，联合常德广播电台《读诗的少年》栏目录制完成48期诗词音频，并在抖音发布152个视频，其中17个视频点击量过万次。建设“有声”诗墙、“云”上诗墙，已上传1480首诗的文字、图片和1135首诗的音频，让广大网友通过手机即可获得诗墙诗词的图文阅览、聆听诗词朗诵。推出“不忘初心·传廉声”《百字长联写清廉——一副对联的故事》，通过深挖诗墙廉洁文化元素，营造清廉机关文化氛围。

【四阁改造】　完成诗墙排云阁、春申阁、武陵阁、渔父阁四阁外装饰、室内水电等基础设施维护改造，涉及改造总建筑面积10265平方米。升级武陵阁游客接待中心，在四阁停车场增设残疾人车位，诗墙公园3座旅游公厕完成特殊人群如厕服务设施建设，春申阁公厕增设无障碍卫生间，武陵阁公厕新设“第三卫生间”。

【公园维管】　加强公园灌木草坪补植、修剪和病虫害防治精细化管理，完成五次灌木全面修剪，补植绿化苗木6万多株，补植吉祥草、麦冬、玉龙草、草皮2500平方米；完成春申阁两侧绿篱改安装立石和铁艺栏杆，完成排云阁至硅化木段草坪改造；公园草花面积达1200平方米，完成四次花卉更换和栽植，完成公园冬季草种的撒播1.2万余平方米；完成树木涂白1000多株；在遭遇罕见旱情后，组织人力物力加班加点开展抗旱保绿行动。加强四阁无人值守停车场管理，维护停车秩序，全年停车收费收入约145万元。对诗墙停车场及四阁日常常态化进行安全检查，安全生产“零事故”。

【城区防汛】　按照市防汛指挥部要求，6月3—7日启闭四阁闸门，安排专人24小时闸口值班看护设备，安全巡查；对城区防洪大堤所有入口进行了封闭管理预防溺水；汛后以最快速度完成清淤消杀及设施维修工作，更换闸门止水带等。

（邓雅琴）

2022年8月2日，中国作家协会党组成员、副主席、书记处书记、鲁迅文学院院长吴义勤（前排右二）一行参观常德诗墙　　（伍　丽　摄）

工业和信息化

综述

【概况】 2022年，全市工业经济迎难而上、攻坚克难，保持稳中有进的基本面。全市规模工业增加值增长4.7%，全省排第11，其中非烟工业增长7.4%；工业投资增长16%，技改投资增长25%；工业用电量62.1亿千瓦时，工业企业本地实缴税金61.1亿元。常德市再次荣登全国先进制造业百强城市榜，市县有五项工作获省政府真抓实干督查激励，工业数据云建设、中小企业运行监测、“两上三化”（指面向制造业中小企业，推动深度“上云上平台”，实施数字化、网络化、智能化转型发展）、“破零倍增”（“破零”是指每年实现300家以上中小企业发明专利零的突破；“倍增”是到2022年，中小企业发明专利授权量、研发投入强度、新产品综合效益和专精特新“小巨人”企业数量倍增）、“湖湘精品”、“创客中国”大赛等多项工作获全省先进，市工信局在市人大优化营商环境工作评议中得分排名第一。

优势产业发展。大力推进产业发展“千百十”工程，聚力打造“4+4”产业体系，市长周振宇在省政府全会上代表常德唯一作“万千百”工程典型发言。2022年，全市八大产业完成产值3586.9亿元，烟草、农产品精深加工产业产值同比分别增长3.1%、12.2%，生物医药、新材料、新能源与新能源汽车分别增长7%、9%、19%，先进装备制造产业入选全省先进制造业产业集群，桃源县人机交互智能显示屏特色产业入选全省中小工业企业特色产业集群。

园区平台升级。以“五好”园区攻坚专项行动为抓手，加快推动园区高质量发展。2022年，全市省级以上园区实现规模工业产值2778亿元、增长8.4%，新增规模工业企业136家，完成工业税收49.06亿元，亩均生产总值、亩均税收分别达120万元、20万元/亩，园区规模工业增加值（含烟厂）、规模工业企业、工业税收分别占全市的87.9%、70.2%、80.3%；完成基础设施投入102.4亿元，建设标准化厂房177.5万平方米。常德经开区、汉寿高新区进入全省30强，5个园区实现进位，安乡开发区提升50名，常德高新区获批国家新型工业化产业示范基地，常德经开区、桃源高新区获评全省打造内陆地区改革开放高地先进园区。

工业项目推进。坚持把项目建设作为产业发展的“牛鼻子”，对新开工、新投产亿元工业项目实行台账管理、跟踪督导、一线服务，力争早开工、早投产、早达效。2022年，全市新开工、新投产亿元工业项目分别为118个、97个，超额完成100个、70个的目标任务。

企业主体成长。大力推进新增规模以上工业企业行动，全市新增规模工业企业172家，净增148家，数量均排全省第二，规模企业总数达1731家。着力培育“小巨人”“单项冠军”，新获批国家、省级“小巨人”企业6家、60家，总数达20家、143家，新获批国家、省级制造业单项冠军产品1个、3个，总数达2个、6个，数量居全省前列。积极引导企业转型升级，上百家企业成为两化融合、数字转型、智能制造、绿色发展、技术创新、品牌建设等方面国省级示范标杆企业。

服务企业有效。常态长效推进千名干部联千企“送政策、解难题、优服务”行动，搜集问题5111

个，化解问题4922个，余下难题全部交办督办、限期化解，用政策兑现率、问题化解率换回企业的满意率，工作得到省政府主要领导肯定，被省政府办公厅通报表扬。编印《惠企政策口袋书》，全省率先上线“惠企政策一码通”，采取干部上门、入园宣讲等形式宣讲政策，常德成为全省两个连续3年100%完成清欠目标的市州之一。组织《常德市工业名品录》云发布会、“桃花源里的品牌故事”短视频宣传、“创客中国”常德大赛、企业家培训班等活动，助推企业发展。

【“桃花源里的品牌故事”短视频宣传】 5月25日，常德举办“质量强市·常德有你——桃花源里的品牌故事”系列短视频开机仪式，推介10家本土企业，打造工业“网红品牌”。经企业自主申报，县（区、市）工信局推荐，常德市工信局集中评审，选定的10家本土企业是：湖南武陵酒有限公司、湖南云锦集团股份有限公司、湖南金康光电有限公司、湖南响箭重工科技股份有限公司、湖南特力液压有限公司、康普药业股份有限公司、湖南湘佳牧业股份有限公司、湖南凯斯机械股份有限公司、湖南宸宇富基新能源科技有限公司、湖南德人牧业有限公司。5月26日至8月2日，以每周2期的频次，连续发布10期品牌故事小视频。系列视频连续在常德日报社旗下常德融媒、尚一网等平台进行传播，同时在新华网、人民网、“学习强国”学习平台、今日头条、微博等平台面向全国推送传播，中国移动通信以大数据+朋友圈广告的形式推介。

【常德市“千名干部联千企·惠企政策集中宣讲”活动启动】 6月20日，常德市“千名干部联千企·惠企政策集中宣讲”活动在桃源县正式启动。市千名干部联千企“送解优”行动联系桃源县企业的市直单位干部，各区县市工信局、各园区分管负责人，桃源县规模以上工业企业负责人共660多人参加启动仪式。市政府副秘书长李卫民参加会议并宣布活动启动。启动仪式上，市工信局党组成员、副局长田功文就中央、省、市现行有效的工业行业惠企政策以及如何打造全产业链、培育产业集群进行解读。市工信局党组成员、市纪委市监委派驻市工信局纪检书记蒋山峰就贯彻落实惠企政策的纪律要求进行宣讲。通过宣讲，让企业对政策应知尽知、应享尽享，充分释放政策的红利，真正把政策从文件上的“白纸黑字”变成企业发展所需的“真金白银”，让企业更有获得感。会上，发放省、市《惠企政策口袋书》。“送解优”行动集中开展的时间为6月10日至7月31日，其中6月18—26日为政策宣讲阶段。市“送解优”行动领导小组办公室，组成专门政策宣讲组，于6月20—24日，深入全市各园区，面向企业和部门，分8次开展惠企政策集中宣讲活动，桃源县是第一站，各园区将陆续开展宣传活动。这次集中宣讲活动，重点是国务院33条稳经济政策，全省“1+8”一揽子措施、工业稳增长26条、促进服务业发展36条，以及市委、市政府出台的促进市场主体高质量发展20条、稳增长稳市场保就业100条等系列惠企政策。

【2家企业入选湖南省绿色设计产品评价标准计划名单】 8月5日，省工信厅发布第五批湖南省绿色设计产品评价标准入库计划名单。常德市的湖南新长山农业发展股份有限公司“光和细菌微生物悬浮剂”、常德市天伦精密铸造有限公司“不锈钢水龙头”两家企业的产品评价标准入选。省内对这类型绿色设计产品的评价，将依据此2项标准来评判。“绿色设计产品”又称为“绿色产品”，是指符合生态设计理念和评价要求的产品，在产品设计开发阶段系统按照全生命周期的理念，考虑原材料选用、生产、销售、使用、回收、处理等各个环节对资源环境造成的影响，力求产品在全生命周期中最大限度降低资源消耗、尽可能少用或不用含有有毒有害物质的原材料，减少污染物产生和排放。省财政厅相关文件明确，工信部和省工信厅评估认定的绿色产品，直接纳入省政府首购产品目录。

【《常德市工业名品录》云发布会】 11月15日，由常德市工业和信息化局、市财政局联合主办的《常德市工业名品录》云发布会举行。发布会采用云端直播和线下互动的方式呈现《常德市工业名品录》的前世今生以及常德工业发展和品牌建设的丰硕成果。该书涵盖烟草、先进装备制造等十大优势产业，收录383家优秀企业的产品。

（曾　洁）

2022年全市纳税过千万元工业企业一览表

表10　　单位：万元

序号	企业名称	税收总额	所在区县
1	湖南中烟工业有限责任公司常德卷烟厂	247772	市城区
2	常德烟草机械有限责任公司	17630	市城区

续表10

序号	企业名称	税收总额	所在区县
3	湖南武陵酒有限公司	17338	常德经开区
4	稳健平安医疗科技（湖南）有限公司	16577	澧县
5	湖南洞庭药业股份有限公司	12006	常德经开区
6	湖南恒安纸业有限公司	10528	常德经开区
7	常德市三一机械有限公司	10337	常德经开区
8	湖南华电常德发电有限公司	10016	常德经开区
9	常德金鹏印务有限公司	9070	市城区
10	康普药业股份有限公司	6847	汉寿县
11	中国水电顾问集团桃源开发有限公司	6198	桃源县
12	湖南特力液压有限公司	5823	鼎城区（常德高新区）
13	陕煤电力石门有限公司	5823	石门县
14	湖南重庆啤酒国人有限责任公司	5800	澧县
15	湖南飞沃新能源科技股份有限公司	4553	桃源县
16	湖南萌恒服装辅料有限公司	4550	澧县
17	临澧冀东水泥有限公司	4482	临澧县
18	长安石门发电有限公司	4340	石门县
19	国网湖南省电力有限公司常德供电分公司	4193	市城区
20	中材锂膜（常德）有限公司	4149	常德经开区
21	湖南龙行天下运动用品有限公司	3945	桃源县
22	湖南德山酒业有限公司	3925	常德经开区
23	湖南新合新生物医药有限公司	3917	津市市
24	葛洲坝石门特种水泥有限公司	3813	石门县
25	五凌电力有限公司凌津滩水电厂	3474	桃源县
26	湖南临澧南方新材料科技有限公司	3318	临澧县
27	康哲（湖南）制药有限公司	3156	澧县
28	湖南省湘澧盐化有限责任公司	3079	津市市
29	湖南中联重科工程起重设备有限责任公司	3033	汉寿县
30	常德芙蓉大亚化纤有限公司	2635	武陵区
31	常德力元新材料有限责任公司	2546	常德经开区
32	湖南迪文科技有限公司	2513	桃源县
33	湖南嘉泰鞋业有限公司	2505	桃源县
34	湖南鑫众钙业股份有限公司	2301	临澧县

续表10

序号	企业名称	税收总额	所在区县
35	石门海螺水泥有限责任公司	2190	石门县
36	湖南常德南方水泥有限公司	2088	鼎城区（常德高新区）
37	湖南中联重科车桥有限公司	2085	津市市
38	常德纺织机械有限公司	1950	常德经开区
39	湖南高创翔宇科技有限公司	1940	常德经开区
40	石门金航硅砂有限公司	1844	石门县
41	湖南恒邦建工有限公司	1831	澧县
42	常德美华尼龙有限公司	1741	临澧县
43	湖南武陵机械制造有限公司	1685	鼎城区（常德高新区）
44	常德中石油昆仑燃气有限公司	1597	市城区
45	湖南站成体育科技有限公司	1521	桃源县
46	晟通科技集团有限公司常德分公司	1481	桃源县
47	湖南华乐食品有限公司	1415	汉寿县
48	湖南金牛化工有限公司	1345	安乡县
49	常德芙蓉烟叶复烤有限责任公司	1313	鼎城区（常德高新区）
50	澧县新鹏陶瓷有限公司	1214	澧县
51	中联恒通机械有限公司	1211	鼎城区（常德高新区）
52	湖南金健药业有限责任公司	1172	常德经开区
53	湖南海利常德农药化工有限公司	1172	常德经开区
54	常德市芙蓉实业发展有限责任公司	1153	市城区
55	汉寿昊晖太阳能发电有限公司	1118	汉寿县
56	湖南德沅众创制造有限公司	1112	常德经开区
57	湖南安福环保科技股份有限公司	1102	临澧县
58	湖南三江电力有限责任公司	1089	石门县
59	常德中车新能源汽车有限公司	1081	常德经开区
60	三金集团湖南三金制药有限责任公司	1079	常德经开区
61	湖南泰利恒友科技开发有限公司	1053	西洞庭管理区
62	湖南阿斯达新材料有限公司	1048	津市市
63	湖南航天磁电科技有限公司	1025	石门县
64	金健植物油有限公司	1021	常德经开区
65	岩下荣祺食品（湖南）有限公司	1005	汉寿县

电力行业

【水电能源】 水电是常德市电力系统的重要组成部分，截至2022年年底，全市水电总装机97.77万千瓦，占电力总装机的20.36%，2022年发电量3036亿千瓦时，占全市总发电量的18.5%。为进一步挖掘水电潜力，助力实现“3060”双碳目标，2021年桃源县启动抽水蓄能电站前期工作，总装机容量120万千瓦，总投资86亿元，该项目于2022年11月获得省发改委核准，启动建设。

（屠世杰）

【火电能源】 陕煤石电公司。陕煤电力石门有限公司坐落于湖南省常德市石门县，地处湘西北负荷中心，是长江经济带、洞庭湖生态经济区电力供应主力军，总装机容量为2×300兆瓦，于1996年实现“双投”，是湖南省第一座国产30万千瓦级火力发电厂，曾被誉为湖南火电的形象工程、争气工程、样板工程。公司同时代管长安石门发电有限公司2×300兆瓦机组的运行维护。1994年10月挂牌成立石门电厂，2004年进行公司化改制，组建大唐石门发电有限责任公司。2012年12月，陕煤集团与大唐集团以增资扩股方式对公司进行资产重组，陕煤集团占股51%，大唐集团占股49%；2020年7月，陕煤集团将持有的全部股权划转至陕煤电力集团有限公司；2022年2月，公司管理权由大唐集团移交至陕煤集团，同年6月，更名为陕煤电力石门有限公司。公司现有在职人员680人，平均年龄42岁，其中中共党员290人，本科学历以上310人。截至2022年年底，公司累计发电636亿千瓦时，上缴利税19.84亿元，集团控股后，实现盈利2.52亿元，获得各级政府、上级公司的肯定，先后获“全国五一劳动奖状”“全国一流火电厂”“全国模范职工之家”“全国精神文明建设工作先进单位”“全国重合同守信用企业”“湖南省文明单位”“湖南省优秀企业”“电力行业设备管理先进单位”“集团公司会计信息考评优良单位”“华中公司先进单位”等百余项荣誉。

长安石门发电。长安石门发电有限公司共有2台机组，总装机容量600兆瓦（2×300兆瓦），工程于2003年10月22日开工建设，分别于2005年9月23日和2006年3月29日正式投入商业营运，2台机组投产运行时间分别为16年和15年。2012年7月，完成资产重组，陕煤集团公司出资22970.4万元，占公司注册资本的53.73%；中国华电集团公司出资18070.05万元，占公司注册资本的42.26%；湖南德泰煤业有限公司出资1715万元，占公司注册资本的4.01%。陕煤集团成为石门公司控股股东。

湖南华电常德发电有限公司。湖南华电常德发电有限公司是世界五百强企业中国华电集团公司旗下的基层单位，于2006年4月注册成立，公司一期建设2×660兆瓦超超临界燃煤发电机组，同步建设全烟气脱硫、脱硝、除尘等环保设施。工程静态投资45.8亿元，动态投资49.7亿元，其中环保投资8.44亿元，占总投资的18.4%。一期2台机组分别于2015年12月17日、12月29日投产。公司有正式员工326人，本科以上学历占全员总数79.75%，员工平均年龄35岁。2014年成为华中地区首个“超低排放”的新建电厂。2017年成为湖南省首家、集团公司第二家取得全国统一编码的新国版排污许可证的发电企业。此外，该公司供热工程于2016年正式投入商业运营。向18家用热企业集中供热。公司先后荣获“全国电力行业优秀工程设计一等奖”“湖南省重点建设项目目标管理优胜单位”等称号。2021年，完成产值24.18亿元。2022年1—12月完成产值26.4亿元，同比增长9.2%；实现税收1亿元。

（朱　婷）

【水电站】 常德市境内溪河纵横，水力资源十分丰富，为全市的水电开发提供优越的自然条件。根据2008年（常德市水能资源规划）水力资源调查的结果：全市水力资源理论蕴藏量出力为1449.48兆瓦，年可发电量126.97亿千瓦时；水能技术可开发量211处，总装机可容量895.95兆瓦，年可发电量31.13亿千瓦时；全市经济可开发量192处，总装机可容量1007.22兆瓦，年可发电量32.81亿千瓦时。全市已开发农村水电站132处，总装机容量35.9955万千瓦，年平均发电量10.45561亿千瓦时。沅水水系干流水力资源理论蕴藏量为406.5兆瓦。支流水力资源理论蕴藏量为253.81兆瓦，可开发的水力资源为99.646兆瓦。澧水水系干流理论蕴藏量为181.1兆瓦，技术可开发量5处、装机容量116.18兆瓦、年发电量441500万千瓦时；经济可开发量5处、装机容量116.18兆瓦、年发电量441500万千瓦时；已正开发量为5处、装机容量116.18兆瓦、年发电量441500万千瓦时；经济可开发量和已、正开发量分别占技术可开发量的100%。

2004年后，全市小电站建设加快。新增电站装机48.728万千瓦，先后建成装机1万千瓦（总容量达16.14万千瓦）以上的骨干电站7处。截至2020年年底，全市小水电装机达132处，总装机容量35.9955万千瓦，年平均发电量10.45561亿千瓦时。“十三五”以来，通过农村小水电站增效扩容工程、农村小水电扶贫试点工程、扎实推进农村小水电清理整改、积极推动绿色小水电示范电站创建、开展安全生产标准化建设、强化安全生产管理等措施，较好地实现农村小水电环境友好、社会和谐、管理规范、经济合理的发展目标。2022年开展农村水电站安全生产标准化建设，桃源县黄石坝后电站、临澧县中加电站、澧县乔家河电站通过二级达标，鼎城区跃进电站、五溪电站、超美电站、党家庵电站、南岳庵电站通过三级达标。深化小水电清理整改巩固提升工作，桃源县前山桥电站（装机千瓦）主动退出。开展风险隐患排查治理，整改重大隐患3处，澧县杨花桥电站因重大隐患（变压器老旧）整改不到位被停止运行。

（田　耕）

【国力变压】　2022年，常德国力变压器有限公司拥有员工175人，其中高级职称4人、中级职称18人、初级职称25人、高级技工28人。公司年生产变压器能力300万千伏安，高低压开关设备年生产能力4000台，年销售规模可达3.5亿元。企业综合实力及主要经济技术指标在湖南省变压器行业中名列前茅。公司主要生产110千伏及以下油浸式、干式、非晶合金、新能源、箱式变压器及高低压成套智能开关设备、环网柜等系列产品，申请并获得国家专利39项。2022年，公司营业收入、利润、入库税金同比分别增长22.9%、11.5%、28.6%。公司非晶合金卷铁心配电变压器被工信部评为国家工业和信息化领域节能产品，SZ13大容量节能型智能被湖南省工信厅确认为2022年度“湖南省省级工业新产品”（第一批）。公司申报中央引导地方科技发展项目、第一批创新型省份建设项目，获得政府专项资金支持。公司通过ISO 45001职业健康安全管理体系认证，公司研发平台被湖南省工信厅认定为省级企业技术中心。

（黎进才）

常德国力变压器有限公司

烟草行业

【卷烟】　湖南中烟工业有限责任公司常德卷烟厂位于常德市芙蓉路1999号，占地面积71.8公顷，总建筑面积33万平方米。2022年，常德卷烟厂拥有6条预处理线，其中4500千克/小时4条、3500千克/小时2条；6条制丝线，其中4000千克/小时4条、3000千克/小时2条；1条1140千克/小时膨胀烟丝线；卷接包装设备共53台（套）［其中常规机组32台（套），软包硬化机组1台（套），75毫米短支机组1台（套），细支机组3台套，硬中支机组5台（套），双铝包中支机组1台（套），全翻盖中支机组1台（套），PROTOS 2-2/GDH-1000机组4台（套），PTM5（或ZJ119）/GDX6（或ZB416）机组5台（套）］；自动装封箱机8台；嘴棒成型机DF10机组5台，KDF4机组6台；滤棒发射机8台；堆垛机30台（其中原料片烟库6台，等级储叶库10台，辅料平衡库5台，成品周转库9台）；Kuka件烟码垛机器手8台。年卷烟生产能力160万箱。截至2022年年底，共有从业人员2516人，其中在岗员工2475人。2022年，常德卷烟厂获评“全国设备管理优秀单位”、湖南省首届职业技能大赛“冠军选手单位”、公司综合安全绩效“优秀单位”等，芙蓉王生产线获评省质协现场管理成熟度“五星级”，厂领导班子获评公司“2022年度优秀直属单位领导班子”，3名选手获评“湖南省技术能手”，10名员工被评为常德市首届“先进制造业突出贡献人才”。2022年，常德卷烟厂第一时间组织全厂党员、干部、职工代表1757人收听收看中共二十大开幕式，认真学习领会会议精神并开展专题研讨。2022年，常德卷烟厂完成党委换届工作，迭代升级“正好·先锋”党建品牌，创新开展支部书记话党建现场交流论坛，完成纪委换届，制定工厂5年党风廉政建设工作纲领，系统推进“清廉常烟”建设。成立人才工作委员会，探索建立以干部人才培养为牵引，以专业、技术、技能人才梯队建设为重点，以青年人才成长为补充的“1+3+1”工厂人才发展体系。从严规范选人用人工作，修订《中层干部管理办法》，任免中层干部18轮55人次。优化专家队伍布局，完成专业技术（技能）职务选聘，调整17人，实现能上能下。创新制定《工匠管理办法》，首聘工匠40名。全年开展质量应知应会知识抽查2414人次、一专多能技能培训4045人次，顺利承办公司合并重组以来首次行业技师认定考务工作。实行技能工资动态调控，三至五级技能鉴定通过率达94.9%，创历史新高。年内，在湖南省首届职业技能大赛中取得1金、1银、1铜、3优胜奖的优异成绩，并获"冠军选手单位"荣誉称号，3名选手获评"湖南省技术能手"。在湖南中烟公司首届烟草物流岗位技能竞赛中获得一、二、三等奖，并获团体总分第一名。开展"和天下"系列烟丝本地化生产，优化调整高端卷烟设备布局，芙蓉王生产线获评省质协现场管理成熟度"五星级"荣誉称号。实施设备管理三年规划，积极推进卷包设备迭代升级和小品规设备形成产能，新增国产高速设备、细支设备、中支设备、废烟处理高速设备各2组。完成切丝机进料方式及混叶柜混配均匀性改造。首创汇编《常德卷烟厂节能降耗工作手册》，建立能源定额管理模型。初步实现卷包机台质量报警功能，产品质量"零缺陷"保障能力稳步提升。在国家局市场监督抽查中，芙蓉王（硬蓝新版）、芙蓉王（硬）卷制与包装质量检验获得满分，白沙（硬和天下尊享）综合质量得分蝉联行业短支卷烟第一名，5个规格质量综合得分、6个规格感官质量得分进入行业前5名。

2022年1月10日，常德卷烟厂劳模（工匠）创新工作室揭牌。2月16日，常德市委书记曹志强一行到常德卷烟厂调研烟草产业发展。常德市委常委、市委秘书长陈章杰，该厂全体厂领导及相关部门负责人陪同调研。3月10日，常德卷烟厂召开第十一届十九次职工代表大会暨第九届七次工会会员代表大会。4月18日，湖南省委常委、统战部部长、

2022年6月29日，常德卷烟厂在公司首届烟草物流岗位技能竞赛中获得一、二、三等奖，并获团体总分第一名　　（杜　娟　摄）

省政协党组副书记隋忠诚到常德卷烟厂督导检查企业安全生产工作。6月29日，常德卷烟厂在湖南中烟公司首届烟草物流岗位技能竞赛中获得一、二、三等奖，并获团体总分第一名。7月13日，常德卷烟厂开展专业技术技能职务选聘理论考试。7月26日，中国共产党湖南中烟工业有限责任公司常德卷烟厂第二次代表大会召开。11月15日，常德卷烟厂实行生产全员闭环管控、封闭生产。该厂党委书记、厂长刘斌带领班子成员看望慰问大家，为一线员工鼓劲加油。12月6日，湖南中烟公司党组书记、总经理籍涛带队到常德卷烟厂调研，公司党组成员、副总经理栾永亮参加调研。

（涂树阳）

【烟草机械】　2022年，常德烟草机械有限责任公司（以下简称常德烟机公司）实现产品销售收入22.98亿元，税利6.4亿元。公司选送的QC成果《一种小型拔料装置的研制》课题获全国烟草行业第三十三届（2022年）优秀质量管理小组成果发布会三等奖；中共常德市委和常德市政府联合授予公司"常德市推进新型工业化（园区发展）工作先进单位"称号，授予龙朝辉"常德市推进新型工业化（园区发展）工作先进个人"称号；公司上榜"2022年度常德市工业企业纳税光荣榜"第二名，获评"常德市知识产权协会副会长单位""全市共青团工作先进单位""民兵工作先进单位"。5月26日，常德烟机公司召开第五次党代会，产生新一届党委和纪委，杨军、秦继玉、鲁方霞、严重阳、杨骥、李钧、王健当选为中共常德烟机公司第五届委员会委员，王健、谷宏伟、黄林、史劲松、王雄武当选为中共常德烟机公司第五届纪律检查委员会委员。会后，公司新一届党委和纪委分别召开第一次会议，会议选举杨军为公司第五届党委书记、秦继玉为公司第五届党委副书记，王健为公司第五届纪委书记。常德烟机公司总装车间装调工程师刘关俊、研发中心产品研发工程师杨刚、金工车间加工中心操作工符国强3人获评"常德市首届先进制造业突出贡献人才"。2022年，公司完成定岗、定编、定员工作并同步推进薪酬分配制度改革，公司岗位设置由原418个精简至258个。完成金叶公司非法人实体化改制。针对常德烟机的全资

子公司——常德金叶机械有限责任公司生产经营现状，以吸收合并方式实施完成非法人实体化改制，成立新领域产品研究所，探索研发符合国家产业导向的非烟领域高科技产品。

（郑秋瑾）

纺织行业

【纺织机械】 常德纺织机械有限公司为中国机械工业集团下属全资子公司中国恒天集团下属控股上市公司“经纬纺机”的子公司。始建于1966年，是全国大型经编机制造和销售企业。2022年，公司注册资本7235万元，总资产4亿多元，在册职工500余人。公司主要生产高速经编机、双针床经编机及产业用布的多轴向、双轴向经编机等6大系列60余种型号。主导产品特里科高速经编机、双针床拉舍尔经编机被科技部列为“国家火炬计划项目”。产品除在国内市场销售名列前茅，还远销美国、墨西哥、阿根廷、西班牙、土耳其、日本、韩国、印度尼西亚、印度、孟加拉国等20多个国家和地区。公司被认定为国家火炬计划重点高新技术企业、湖南省重点高新技术企业、湖南省省级技术中心、公司“巨鹰”商标为湖南省著名商标。曾荣获“全国机械行业文明单位”“中国纺机之星”“中国经编行业创新企业”“中国高速经编机研发中心”“2014年度中国经编行业人才培养贡献奖”“湖南省环境诚信企业”等称号。

2022年，常德纺织机械有限公司先后开发新产品14个。其中E2297-J6/2-136型经编机采用槽针、针芯的复合针技术，满足客户缺垫织物的需求，填补国内空白。不断调整适应多品种小批量生产新常态，并持续推进流程再造，实现E2528高速机流水装配，并推出E2528/3HB-330特里科高速经编机。9月26日，“喜迎二十大·建功新时代”2022年常德市第三届产业工人技能竞赛——钳工技能竞赛在常德纺机举行，公司员工胡建军获得竞赛二等奖。厂内职工食堂启用运营。聂晨获得“常德市最美优秀班组长”“德山工匠”“常德市五一劳动奖章”称号，洪超获得经开区“科技先锋”称号，冷作车间冷焊一班获“常德市最美优秀班组”“常德市工人先锋号”称号。8月2日，市委副书记、市长周振宇一行到常德纺机考察调研。11月26日，副市长谭丁一行到常德纺机调研企业有序恢复生产生活秩序的相关工作。

（宋喜娥）

【云锦集团】 2022年，湖南云锦集团股份有限公司下设常德、安乡、衡阳3个生产基地，主要产品是CVC纱线、针织纱、竹节纱、新纤维混纺纱线、弹力服装面料、家纺面料、床上用品、无纺布制品。公司拥有环锭纺20万锭，高速喷气织机300台，水刺无纺布生产线2条，拥有员工1500余人。2022年，集团公司实现销售收入8亿元，上缴税收904万元。公司克服外界不利因素影响，全年实现持续平稳生产，稳定就业岗位。2022年8月，集团公司旗下安乡雅洁无纺布工厂第二条生产线开工建设，建成后可实现年产量1万吨、年产值近2亿元。2022年12月，织布公司织布乙班获湖南省“芙蓉标兵岗”称号。

（刘泽月）

制造行业

【恒安纸业】 湖南恒安纸业有限公司创建于1997年6月，1998年正式投产。2022年，公司占地面积34公顷，总资产57.04亿元。原纸年生产能力30万吨，成品年加工能力2000万箱。公司主要生产经营以进口纯天然木浆为原料的“心相印”品牌的高档系列生活用纸，如卷筒纸、面巾纸、手帕纸、厨房用纸、印花餐巾纸、成品原纸、宾馆酒店用各类卫生用纸等。2020年，根据恒安集团总部的整体规划，进一步加大对常德公司的投入，恒安集团与经开区再次签署了投资意向，又新上2条高端纸机生产线——恒安6期项目。该项目总投资8.19亿元，建成投

云锦集团 （罗　勇　摄）

产后可新增产值6亿～8亿元。2023年3月5日该项目第一台纸机PM30成功试运行，计划2023年6月底项目全部竣工运行。公司1997—2022年累计投资30多亿元，累计上缴税款20多亿元。2022年公司完成销售额32.82亿元，完成营业收入34.16亿元，原纸产量22.5万吨，成品3212万件。进口额1.24亿美元，上缴税金1.016亿元。

（尹正碧）

【湖南飞沃新能源科技股份有限公司】 湖南飞沃新能源科技股份有限公司，以“为中国做好一颗螺丝钉”为企业使命，专注于高强度紧固件研发与制造，并提供紧固系统解决方案，产品广泛应用于风电、航空航天、石油、汽车、高铁、工程机械等工业领域，其中预埋螺套这一非标紧固件，在全球风电紧固件细分市场占据70%以上市场份额，产品远销美国、印度、西班牙、波兰、土耳其、巴西等国家。公司先后获得了工信部“专精特新‘小巨人’企业”、工信部“双创试点示范平台”、工信部制造业单项冠军等荣誉。

2022年9月14日，湖南省质量大会在长沙举行，湖南飞沃新能源科技股份有限公司获“第七届湖南省省长质量奖”，实现常德市省长质量奖“零的突破”。飞沃科技董事长张友君从湖南省委副书记、省长毛伟明手中接过奖杯，并代表获奖组织和个人宣读《湖南质量宣言》。2022年11月，飞沃科技检测中心，通过中国合格评定国家认可委员会评定，获得CNAS实验室认可证书。标志着飞沃科技检测中心校准/检测分析能力、环境硬件设施、管理水平等达到国家乃至国际化标准质量管理体系的要求；其出具的检测报告在全球100多个国家和地区具有国际互认性、权威性和公信力。11月29日，湖南省工业和信息化厅和湖南省企业和工业经济联合会发布关于表彰2021—2022年湖南省优秀企业家的决定，飞沃科技董事长张友君作为常德制造业领军人物之一被授予“2021—2022年湖南省优秀企业家”称号。

2022年9月14日，省长质量奖颁奖现场　　（飞沃公司 供图）

（龚　琦）

【常德瑞齐隆科技发展有限公司】 常德瑞齐隆科技发展有限公司位于常德高新技术产业开发区，成立于2017年8月，注册资本金2000万元。2022年，公司有员工300余名，其中技术与管理近50人，具有多项发明专利。在湖南省“小巨人”企业、国家高新技术企业、常德市十佳优秀企业等称号基础上，2022年评为国家专精特新“小巨人”企业，拥有湖南省认定企业技术中心，并通过ISO 9001质量管理体系认证，2022年实现产值22717万元，上缴税金656万元。公司专注于建筑机械领军企业——中联重科建筑起重机械有限责任公司的生产配套，紧紧围绕中联建起“半小时供应生态圈”，秉承中联重科极致技术、极致成本、极致质量、极致服务的战略理念，先后投资1.8亿元，新建智能化车间26000平方米、科研及办公楼3000平方米；配备领先的回转支座智能环保生产线、明星产品R代基础节及过渡节智能环保生产线、片式鱼尾标准节智能环保生产线、鱼尾板基础节及支腿智能环保生产线、电泳水性油漆智能涂装线；拥有国内先进的智能焊接机器站20台（套）、12000千瓦激光切割机、华中最大数控落地镗、数控龙门铣、数控双面镗等装备。具备日产回转支座30台（套）、鱼尾标准节80节、鱼尾基础10节的生产能力，围绕中联建起“半小时供应生态圈”。公司拥有5条智能环保生产线，实现生产高效与低成本；80余台高精尖设备、旋转柔性工装及一次成型脱模、机器人焊接技术，满足小批多规格的高品质及市场需求。

（吴　斌）

生物医药行业

【湖南洞庭药业股份有限公司】 湖南洞庭药业股份有限公司是上海复星医药集团的成员企业，国内精神科药物和化学止血药领域的领先企业，氨甲环酸原料药全球主要供应商之一。公司创建于

1958年，1997年改制，2022年总资产10亿元，注册资本3亿元，员工1100人。先后获得国家高新技术企业、省工程中心、省企业技术中心、新湖南贡献奖先进集体、常德市“十三五”推进新型工业化（园区发展）工作先进单位等称号。公司布局“中枢神经药物领域”“原料药、功能性化妆品原料及中间体”“创新型医美”三大事业群。中枢神经药物拥有核心技术，覆盖抗抑郁、抗精分、抗焦虑、抗癫痫、镇静催眠、阿尔茨海默病等系列产品，并陆续通过一致性评价；医美覆盖氨甲环酸美白祛斑系列伊馥凝产品；投资10亿元建设的原料药/中间体国际化产业基地将于2023年试产。氨甲环酸原料药质量符合美国药典、英国药典、日本药局方和欧洲药典标准，并通过了美国FDA、英国MHRA、欧盟COS、日本PMDA的GMP符合性检查，出口到30多个国家和地区。

（聂其军）

【益丰大药房】 2022年，益丰大药房全年实现营业收入198.86亿元，同比增长29.75%；归母净利润12.66亿元，同比增长42.54%；基本每股收益为1.76元。公司拟每10股转增4股并派发现金红利4元（含税）。公司总资产规模达210.39亿元，在职员工35915人。公司根据“区域聚焦，稳健扩张”的发展战略，通过“新开+并购+加盟”的门店拓展模式，全年实际新增门店2816家。其中，自建门店1241家，并购门店545家，新增加盟店1030家。截至2022年年末，益丰药房门店总数达10268家，较2021年年末净增2459家；与2015年相比，年复合增速达38.98%；门店规模居于行业前列。益丰药房O2O上线直营门店超过7000家，24小时营业配送门店600多家；拥有“院边店”560多家，DTP药房253家，特慢病医保统筹药房1300多家。益丰药房发挥自身数字化技术优势，积极推进电子处方流转，对接省市级医保、卫健处方流转平台10余家，直接或间接承接100余家三级医院及互联网医院的处方流转业务。

（翦 甜）

食品行业

【武陵酒业】 武陵酒，中国十七大名酒之一。1952年，武陵酒公司在原常德市酒厂崔婆酒酿造的旧酒坊上建成，1972年武陵酒工程师在师法传统酱香白酒酿造工艺的基础上，自主创新研制出独具风格的“名贵焦香、纯净柔和、体感轻松、健康优雅”的酱香武陵酒，1988年在全国第五届评酒会上评分超过茅台，荣获中国名酒称号，获得国家质量金奖，从此结束湖南省没有“中国名酒”的历史。湖南武陵酒有限公司，有员工超千人，国家级品酒师、省级品酒师、高级酿酒师等各类专业技术人员70余人。产品主要有酱香武陵酒——武陵元帅、武陵上酱、武陵中酱、武陵少酱、武陵王系列、琥珀系列等。2020年5月，占地面积33.33公顷的“武陵酒酿酒技改基地”正式启动建设，2021年9月，武陵酒新厂一期顺利建成投产，整体建成后酿酒将超6600吨，储酒能力4.5万吨。整体项目采用先进、人性化设计原理，以工业生产、体验营销和景观设计为理念，逐步建设成集酒类生产、工业展示、科技研发、生态旅游、文化博览等功能于一体的综合性生态型产业园区。

（赵小花）

【德山酒业】 湖南德山酒业有限公司始建于1952年，由原常德德山大曲酒厂改制而来，为上市公司大湖水殖股份有限公司的全资子公司。公司注册资本1亿元，2022年有员工280余人，拥有国家一级品酒师、酿酒师、食品检验员等各类专业技术人才60余人，省级白酒评委9人，常德市首批高层次D类人才9人，挂牌3个常德市技能大师工作室。公司秉承以德酿酒、诚信酿酒之理念，以优质五粮为主要原料，按照湘派古法酿造技艺潜心酿造，已形成“德山德酱”“御品德山”“秘藏德山”“德山大曲”“滴水洞”三大香型五大系列产品。其中传统产品“德山大曲”1963年、1984年、1989年3次获得国家银质奖，获国家优质酒称号。公司于2000年通过ISO 9001质量管理体系认证；2011年，公司“德山”商标被认定为中国驰名商标；2012年，公司获评“湖南省工业旅游示范单位”，“德山酒古法酿造技艺”被列入常德市非物质文化保护名录；2018年，“德山大曲”获评国家地理标志保护产品，2022年5月由公司主导起草的《地理标志产品 德山大曲》湖南省地方标准正式发布实施。2019—2022年，公司53度德酱30、德酱15和52度御品德山伍零年代等多款产品被授予湘鄂赣渝闽桂滇粤酒类行业优质产品“金质奖”，2022年公司德山酒系列获“2022湖南文化旅游商品大赛”银奖。2022年产值6亿元，税收4091万元，同比增长56%，获2022年度常德市工业企业“纳税光荣榜”称号和2022年度常德经济技术开发区“纳税杰出企业”称号。

（徐 飞）

【湖南省湘澧盐化有限责任公司】 2022年，湖南省湘澧盐化有限责任公司全年生产盐硝产品93.67万吨，销售各类产品93.03万吨，实现销售收入4.89亿元，各项工作良性发展。2月22日，公司组织召开第二届一次职代会暨2021年总结表彰大会。102名职工代表、列席代表参会。会议主要审议并通过公司党委书记、执行董事张政华作的题为“强基础 补短板 促改革 奋力实现企业的价值创造”的工作报告、财务管理部作的《公司2021年财务决算和2022年财务预算报告》。3月9日，根据省轻盐集团安排，湘澧盐化召开领导班子调整宣布大会。会议宣布由朱海斌任湖南省湘澧盐化有限责任公司党委副书记、总经理。5月26日，公司召开第二届二次深化三项制度改革专题职代会。会议听取审议《湖南省湘澧盐化有限责任公司2022年深化三项制度改革实施方案》，宣读雪天盐业集团股份有限公司《关于湘澧盐化三项制度改革政策支持的批复》《关于湘澧盐化2022年深化三项制度改革实施方案的批复》。会议通过《湖南省湘澧盐化有限责任公司2022年深化三项制度改革实施方案》。9月9日，公司召开新员工拜师视频会。公司党委委员、副总经理刘春华，人力资源部、党群工作部负责人及29对师徒共60余人参加此次会议。7月，湘澧盐化检修期间，湖南省特种设备检验检测研究院常德分院对公司设备进行检验，召开特种设备管理专题会。公司共有特种设备92台，其中承压类74台、机电类18台，现场抽检23台，均合格。

（樊 欣）

装备行业

【湖南华南光电有限公司】 2022年4月28日，2022年度常德市劳动关系“和谐同行”能力提升三年行动计划推进工作会议召开，湖南华南光电有限公司获评常德市2021年度“金牌劳动人事争议调解组织”称号，共有10家单位获此殊荣。9

2022年10月31日，常德市级领导调研华南光电（集团）有限公司

（熊悦娉 摄）

月26日，“喜迎二十大 建功新时代”2022年常德市第三届产业工人技能竞赛——钳工和快递员竞赛中，公司参赛选手龚剑荣获钳工竞赛一等奖、王国才荣获钳工竞赛优胜奖，并受到常德市总工会通报表彰。10月31日，常德市委书记曹志强，市委副书记、市长周振宇到公司考察调研，指出华南光电要坚决贯彻落实中共二十大精神和习近平强军思想，聚焦武器装备现代化需求，坚持科技自立自强，打造更多“高精尖”产品，继续为国防建设、常德“三高四新”战略实施做出更大贡献。

（李立岩 胡志成 熊悦娉）

【湖南中联重科混凝土机械站类设备有限公司】 湖南中联重科混凝土机械站类设备有限公司（以下简称中联重科站类子公司）于2013年10月在中联重科汉寿工业园注册成立，是中联重科下属专业从事混凝土搅拌站，机制砂产品研发、制造及安装的全资子公司。1971年长沙建机院（中联重科前身）自主设计出中国第一台混凝土搅拌站生产线，开创国内商混搅拌领域的先河，公司于2011年融合欧洲CIFA技术，推出国内第一套环保型混凝土搅拌站。公司拥有行业内唯一国家级混凝土机械工程研究中心，拥有混凝土搅拌站发明专利98个，实用型专利135个，外观设计专利27个，主编国家标准5项，获省部级科学技术奖5项，凭借多年的技术积累和良好的市场口碑，公司搅拌站市占率多年保持行业第一，是国内搅拌站行业的技术发源者、标准制定者和行业引领者。站类子公司于2015年获得湖南省高新技术企业认证，2020年11月荣获“全国文明单位”称号，2022年8月通过湖南省安全生产标准化二级企业复评。

（郭 龙）

【常德中联重科液压有限公司】 常德中联重科液压有限公司为中联重科股份有限公司全资子公司，注册资金2163万元，总资产7.05亿元，占地总面积13.3万平方米，是一家专业从事工业液压阀及液压系统设计开发、制造与销售一体化的高新技术企业，具有近40年液压元件与液压系统研发与生产历史，在行业内具有技术领先地位。主要产品为工程机械液压阀，应用于工程起重机械、混凝土机械、环卫机械、农业机械、土方机械、消防机械等，并随主机产品远销海内外市场。2022年，公司有员工400人，科技人才80人，占总人数的20%。并有中联重科研究院、中南大学、浙江大学，以及主机公司的专家做技术顾问。公司自主开发的组合比例阀为国家火炬计划项目，获“湖南省机械工业科技进步三等奖”；高性能负载敏感抗流量饱和组合比例操纵阀及其液压系统项目获得“湖南省科技进步三等奖”；工程机械用总线型电液比例多路阀关键技术及应用获“湖南省科学技术进步二等奖”。公司是国家级专精特新“小巨人”企业、湖南省企业技术中心、湖南省制造业质量标杆企业、湖南省“5G+工业互联网”典型应用场景。

（赵圣文）

中联重科建筑起重机械有限责任公司全景图

（中联重科建筑起重机械有限责任公司 供图）

【中联重科建筑起重机械有限责任公司】 2022年，中联重科建筑起重机械有限责任公司（以下简称中联建起）完成工业产值58.8亿元，同比下降50.1%，但公司在海外地域和超大塔机领域实现双突破，海外销售创历史新高。公司作为行业领导者，首发塔机、升降机产品评价标准，推动塔机行业可持续、高质量发展。入选工信部工业产品绿色设计企业（第四批），2022年迭代推出R代+4S两大新品，持续在智能化、绿色化方向发力，新品销售突破5000台，进一步巩固市场地位。

（黎以强）

【中联恒通机械有限公司】 2022年，中联恒通机械有限公司（以下简称中联恒通）实现年产值44477万元，销售收入52542万元，净利润1582万元，上缴税款1940万元。新增授权专利76件，其中发明专利7件。公司通过装备CZ资格认证续审，GJB 9001C-2017质量管理体系年度监督审查，环境管理体系认证，职业健康安全管理体系认证。获评为“高新技术企业”“湖南省绿色制造工厂”，被湖南省先进技术转化应用大赛组委会颁发“优胜奖”荣誉证书。2022年，中联恒通在三大业务板块取得重大突破。通过专用车企业生产资质认证、3款随车起重机、1款汽车起重机和1款新能源车的公告、3C及环保认证，为新产品市场开拓奠定扎实基础。CAP1400湿绕组核电主泵安装、维修小车是国内首台核电主泵拆装智能化专用装备，解决第三代核电重大关键设备安装设备的国产化，成功应用于山东荣成国家核电重大专项示范工程。

（陈永康）

园区经济

综述

【概况】 2022年，常德市有省级工业园区11个，其中国家级园区2个，分别是常德经济技术开发区、常德高新技术产业开发区，常德市是继长沙、湘潭之后，全省第3个同时拥有国家级经开区和国家级高新区的市州；省级园区8个，分别是桃源高新技术产业开发区、汉寿高新技术产业园区、津市高新技术产业开发区、澧县高新技术产业开发区、石门高新技术产业开发区、临澧高新技术产业开发区、安乡产业开发区、西洞庭产业开发区，实现省级以上高新区在县域的全覆盖；市级园区1个，武陵文创园。

常德园区在高基数上实现可持续发展，继2019年4个园区进入全省30强后，2020—2021年度全省“五好”园区考核中，常德经开区等5个园区进入全省30强，位居全省第二，其中4个园区获得全省“五好”园区创建综合评价表彰，桃源高新区获得全省真抓实干激励。石门高新区等4个园区获评全省产业高质量发展园区，总数在全省并列第一。2022年，常德经开区、汉寿高新区进入全省30强，汉寿高新区获得全省“五好”园区创建综合评价表彰。

【园区产业特色】 竞争力提升。各地按照“国家级园区两主一特，省级园区一主一特”的要求，找准定位，创新式发展“4+4”产业体系。擦亮常德名片，常德卷烟厂“芙蓉王”品牌知名畅销，2022年生产卷烟163.3万箱，实现产值584.2亿元，增长2.5%，占全市规模工业增加值比重45.6%。先进装备制造集群进入全省第一方阵，已建成全球最大的塔吊生产基地、全国最大的液压油缸生产基地、全国领先的沥青路面机械成套设备生产基地和经编机摇架生产基地。津市高新区成为全省首批化工园区，是全国最大的酶制剂生产和出口基地、甾体药物原料药及中间体生产和出口基地。精细化作业。坚持高水平规划建设园区，力争每个国家级园区打造5个以上、省级园区打造3个以上园中园，对全市43个“园中园”实行“园长制”，团队管理、专人负责。7个园区均拥有省级以上新型工业化产业示范基地，其中常德高新区为国家级基地，市级挂牌特色园区5个，省级挂牌特色园区2个，常德先进装备制造产业、桃源县人机交互智能显示屏特色产业入选省级产业集群。

【园区企业培育】 工业经济指标向好。2022年全市省级及以上工业园区实现规模工业增加值增速8%（不含烟厂），规模工业产值增长8.4%；新增规模工业企业136家、总数达1215家；新引进、新开工、新投产亿元工业项目分别为262个、118个、96个；完成基础设施投入102.4亿元，建设标准化厂房177.5万平方米；全年完成技工贸总收入4111.6亿元。企业挖潜。2022年，全市新增规模工业企业172家，位居全省第二；金健乳业、中锂新材等60家企业获批为省级专精特新“小巨人”企业，总数居全省前五，瑞齐隆等6家企业获评国家级专精特新“小巨人”企业；力元新材获评国家级制造业单项冠军产品，3家企业获评省级制造业单项冠军产品，飞沃科技首发过会并获评省长质量奖；稳健平安、洞庭药业、恒安纸业、三一机械、冀东水泥等65家工业企业纳税过千万元，其中，纳税过亿元的企业8家。

【园区项目建设】 招商引资。大力开展乡情招商、驻点招商、中介招商、协会招商等活动，2022年，全市园区新引进亿元工业项目262个，投资额732亿余元。其中5亿元以上项目15个，10亿元以上项目25个，湖南航天镁合金材料及制品产业园、石门华南硅业科技产业园项目投资额达30亿元；五创废旧电池提锂项目、汉寿电网侧100兆瓦/200兆瓦时集中式储能项目等投资额达15亿元。项目建设。2022年，新开工亿元工业项目118个，总投资391.2亿元，年度计划投资186.8亿元，累计完成投资126.2亿元，其中10亿元以上项目11个，5亿～10亿元项目12个；新投产亿元工业项目97个，总投资215.3亿元，其中投资10亿元以上项目4个，5亿～10亿元项目7个。

【园区承载能力】 园区基础设施。2022年，各地创新园区经营开发模式，引入社会资本参与园区开发建设，例如津市高新区与越秀金控、中金资本等密切合作，澧县高新区与金荣集团实行PBOS开发模式，提升园区“造血”功能，共完成基础设施投入102.4亿元，建设标准化厂房177.5万平方米，全年分别处置批而未供、闲置、低效土地96.24公顷、63.26公顷、619.85公顷，排名全省第一。园区公共平台。2022年，新增国家级科技孵化器2家、国家级众创空间1家、省级工程技术研究中心2家，常德经开区工业互联网云平台获评第三批省级互联网平台，5家企业项目获评湖南省“数字新基建”标志性项目，46家企业项目纳入省制造业数字化转型“三化”重点项目名单，临澧南方新材智慧矿山项目获批省第二批“5G+工业互联网”示范工厂。

【园区内生动力】 决策机制。市县两级持续向园区放权赋能，常德市向常德经开区、常德高新区下放管理权限达332项，基本实现“园区事园区办”。各省级园区形成县委书记、县长定期调度园区工作的长效机制。队伍管理。省级园区班子成员、各内设局负责人均由全县选调任用。各园区采取劳务派遣方式，自主向社会招聘专业技术人员；采取挂职锻炼、借调抽调等方式，从公务员、事业编制内择优选派工作人员充实园区工作队伍。政务服务。深化“一园一策”放权赋能，建设项目极简审批改革加快推进。设立园区企业服务中心，具体承接审批服务事项，审批服务承接能力有效增强。持续优化企业全生命周期服务，打造具有园区特色的全链条闭环服务模式，对园区制造业项目试行免予施工图审查，项目落户园区直接免费应用区域评估成果。

（张　涛）

园区年度情况

【常德经济技术开发区】 常德经济技术开发区（以下简称常德经开区）成立于1992年，2010年6月被国务院批准为国家级经济技术开发区。园区总面积150平方千米，总人口15万人，代管德山街道、樟木桥街道、石门桥镇。先后被授予“国家高新技术产业基地园区”“国家小型微型企业创业创新示范基地”“国家级绿色园区”“国家级科技企业孵化器”等。2022年，园区有规模工业企业221家，其中纳税过亿元企业4家，纳税过千万元企业21家，高新技术企业104家。园区建成标准化厂房200多万平方米，拥有省级以上研发机构（平台）39个。吸引中国中车、中国建材、中国中药、华电集团、恒安集团、三一集团、中联集团等大型企业集团在此投资兴业，逐步形成“两主一特”产业发展格局：即智能装备制造产业和医药食品健康产业两大主导产业，新能源新材料产业一个特色产业。

2022年，实现地区生产总值165.7亿元，增长5.4%；完成规模工业总产值554亿元，增长8.3%，其中规模工业增加值增长5.7%；工业用电量增长6.5%；实现地方一般公共预算收入4.2亿元，增长6.6%，其中地方税收3.2亿元，增长8.1%；完成社会消费品零售总额52.2亿元，增长2.7%；实现进出口总额15亿美元，增长23.5%。

（张　鑫）

【常德高新技术产业开发区】 常德高新技术产业开发区（以下简称常德高新区）位于常德市西北部，规划面积26.8平方千米。

2022年，常德高新区工业总产值407.2亿元、规模工业总产值324.4亿元、规模工业增加值60.5亿元、地方一般公共预算收入5.5亿元、税收5.2亿元，获批省级高技术转化应用示范基地、省“十大高效用地园区”、全省园区用地清理整顿先进单位，入选省先进装备制造业集群，清理闲置、低效用地保障产业项目建设经验被自然资源部列为典型全国推广，推进城镇更新提质等3项工作获市真抓实干奖励表彰。签约项目39个、引资额97.8亿元，其中亿元以上项目31个、10亿元以上项目3个、“三类500强”新注册公司1家。保障工业项目用地22宗、80.93公顷，完成产业投资101亿元。新增高新技术企业16家、总数达93家，新增2家国家级专精特新“小巨人”企业、总数达5家，13家省级“小巨人”企业、总数达28家，16家市级“小巨人”企业、总数达24家，在库“科小”企业132家，新增入孵企业29家、毕业3家。获批省级企业技术中心5家，3个项目入选省“数字新基建”100个标志性项目、占全市六成。新增企业开办服务，发出园区第一张营业执照，解决企业用工3656人次，为63家中小微企业减免租金573万元，为133户次企业完成增值税留抵退税4.03亿元，协助企业获取流动资金融资2.2亿元。

（罗　伟）

【澧县高新技术产业开发区】　湖南澧县高新技术产业开发区于2003年3月经省人民政府批准为省级开发区，2019年2月转型升级为湖南省高新技术产业开发区。澧县高新区地处湘鄂边界、湖南省对接长江经济带、打造洞庭湖生态经济圈的战略要地。核准面积7.43平方千米。园区水电路等基础设施完善，学校、医院等公益设施配套，周边有澧水风光带、翊武公园、瑞高星级酒店，人居环境完善。园区主导产业包括生物医药与健康食品、新型建材与家居；特色产业有纺织服装。2017年获评“湖南省科技企业孵化器”“湖南省中小微企业创新创业基地”，2018年成功获批省级众创中心，2019年6月获批常德市新型建材产业园、2019年12月获批省级绿色园区。2021年被评为常德市真抓实干先进园区。2022年成功创建国家级科技企业孵化器，省级众创空间。

2022年，园区实现规模工业总产值264.09亿元，同比增长15.38%；入库工业税收4.85亿元，同比增长66.39%；实现规模以上工业增加值48.76亿元，同比增长11.1%。新引进亿元工业项目37个，新开工亿元工业项目13个，新投产亿元工业项目11个；累计完成基础设施建设投入12.9亿元；建成标准化厂房19.05万平方米；新增入规企业13户。

重点企业推介：

湖南重庆啤酒国人有限责任公司（以下简称重啤国人）。主要生产“乐堡”“重庆”“乌苏”“一品”等4大系列20多个品种啤酒。公司技术中心为湖南省企业技术中心。生产车间全部为微机自动控制，改造配套乐堡瓶装啤酒、易拉罐啤酒生产线，成为重庆啤酒业务单元旗下10余家酒厂中，除重庆啤酒总部所在地酒厂外，唯一既有瓶装乐堡生产线又有易拉罐乐堡生产线的酒厂。

湖南萌恒服装辅料有限公司。公司成立于2011年8月，由宁波萌恒集团投资建设，位于湖南澧县高新区，占地面积22公顷，建筑面积11万平方米，总资产5.8亿元。企业主要从事涤纶缝纫线、涤纶绣花线、棉线花边、带类等服装辅料的研发、生产、销售，是高新技术企业、两化融合管理贯标企业，有员工600人，其中，研发人员80人，占职工总数的13.3%，2022年实现销售收入4.7亿元，上缴税款5300余万元，实现利润3000多万元。

康哲（湖南）制药有限公司（以下简称康哲湖南）。是康哲药业控股有限公司（以下简称康哲集团）的全资子公司。厂区占地面积5.13万平方米，建筑面积5.2万平方米。有员工283人，药学、制药技术人才105人，占总人数的40%，其中执业药师20人。拥有口服溶液剂、散剂、小容量注射剂、片剂（含中药提取）、硬胶囊剂等车间，均通过GMP（良好生产规范）认证，年产值可达8亿元以上。

澧县新鹏陶瓷有限公司。成立于2009年9月，位于澧县澧南镇乔家河社区。是广东东鹏控股股份有限公司旗下七大瓷砖生产基地之一，于2020年10月18日在深交所A股上市；占地约67公顷，有员工近1100人。公司主要经营范围是建筑陶瓷制品加工制造；建筑陶瓷制品销售，有5条年产约1800万平方米高档仿古釉面砖生产线，先后通过ISO 9001、环境、能源、职业健康等体系认证，是行业低碳先锋、湖南省新材料企业，2013年被认定为“高新技术企业”。

稳健平安医疗科技（湖南）有限公司。前身是成立于1993年8月的湖南平安医械科技有限公司，是经国家药品监督管理局注册，专业从事一次性使用无菌医疗器械研发、生产、销售的高新技术企业。占地面积18万平方米，总资产3亿多元，有办公大楼、仓库及生产车间10万平方米，其中达到国家GMP要求的10万级净化生产车间6万平方米，员工1000人，年生产一次性无菌医疗器械及血液化验设备等系列产品10亿台（套）。公司已通过ISO 13485国际质量体系和欧盟CE产品认证，先后被评为高新技术企业、首批湖南省示范性医药企业、湖南省工业质量标杆（2017年）、湖南省知识产权示范企业、湖南省疫情防控突出贡献企业。2021年，公司被评为国家专精特新重点“小巨人”企业。副董事长郑大田获得“第一届新湖南贡献奖先进个人”、湖南省劳动模范称号。2017年，被省工信厅评定为“湖南省工业质量标杆”，“平安”牌商标被认定为“中国驰名商标”。2022年5月18日，稳健医疗以收购和增资的形式获得湖南平安医械共计68.7%的股权。8月16日，稳健平安医械（湖南）有限公司正式揭牌。

（尹福兴）

【临澧高新技术产业开发区】　临澧高新技术产业开发区（以下简称临澧高新区）原名临澧县太平工业经济开发区，是常德市首批建立的省级开发区，2018年被市政府确定为常德市新材料临澧产业园。2020年1月湖南省人民政府批准成立临澧高新技术产业开发区，形成新材料为主、装备制造为特色的“一主

常德市新材料临澧产业园

一特”产业格局。园区主导产业新材料，已形成以先进复合材料、无机非金属新材料、金属新材料等为主的新材料产业体系。特色产业装备制造有装备制造企业29家，重点打造中联重科配套产业园。临澧高新区在2020年、2021年双年度全省“五好”园区综合评价中排名27，洞庭湖地区排名前3位，被评为2020年度、2021年度全省“五好”园区创建工作先进园区。2022年，落户园区的企业达445家，规模工业企业93家。成功获批国家级孵化器。2022年，临澧高新区完成规模工业产值147.31亿元，同比增长16.37%；规模工业企业增加值30.18亿元，增长10.5%，规模工业税2亿元，不断新引进、新开工、新投产亿元工业项目27个、26个、22个；新增规模工业企业7户。

重点企业推介：

比克曼生物科技有限公司。比克曼生物科技有限公司是一家深耕生物医疗实验耗材领域，集研发、生产、销售及售后服务于一体的新兴企业，是临澧高强科技孵化器成功孵化企业的典型案例。企业以高精密注塑工艺与技术、高精密挤出成型技术、塑料制品自动装配技术等核心技术为依托，通过电商渠道树立品牌，从线上向线下拓展代理体系，电商业务、线下业务、外贸业务组成了公司的三大业务模块。公司创始人李超，毕业于南开大学，是临澧大学生创业的典型。该项目落户临澧县智能制造产业园三期，主要建设医疗产品生产车间、智能仓库、综合办公区、研发中心、加工和分装中心，新建注塑生产线24条、吹塑生产线2条、罐装生产线2条、吸塑流水线5条。主要产品为一次性病毒采样管、塑料培养板、尿沉渣管、生化杯、塑料试管、一次性采样器、移液器吸头、试管架、一次性细胞培养板等。项目总投资1亿元，使用标准化厂房3栋共10220平方米，于2022年12月建成投产，可年产医疗实验耗材6000吨，可实现年产值2亿元，纳税1000万元，解决就业人数240人以上。

湖南诚合盛新能源有限公司。公司成立于2022年5月，是一家集研发、生产、销售、技术服务于一体的专业的聚合物锂离子电池制造商；是惠州市领世界电池电源科技有限公司、惠州市耀能电子科技有限公司、深圳市鑫德力贸易有限公司的业务拓展、向内地扩展建立的聚合物锂离子电池制造基地。公司拥有精湛的技术团队、严谨的品控团队、专业的制造团队、成熟的销售精英团队。产品市场主要有亚马逊平台学生台灯市场、女性妆容产品市场、音箱产品市场、移动电视与平板市场、富士康音箱及摄录器材事业部、网易平台、网络直播平台市场、大健康大保健医疗器材市场、智能家居市场等。公司秉承“诚信经营、合心合力、共赢发展”的理念，坚持“技术主导、品质制胜”宗旨，严格推行ISO 9001质量管理体系和ISO 14001环境管理体系，专注于聚合物中小聚容量段产品制造，产品均通过CE、3C、MSDS、ROHS、UN38.3、CQC等检测和认证，配合客户做好KC、FCC、UL等专业认证，打造行业口碑，力争成为国内外重要的锂电池制造商。公司新建聚合物锂电池生产线项目落户临澧县智能制造产业园，总投资1.6亿元，使用标准化厂房6200平方米，主要从事“聚合物锂电池”和“智能穿戴+智能家居+大健康大保健产品电源”锂电池生产。该项目的引进填补临澧电池类行业空白，同时带动新能源化成托盘、鑫捷能新能源自动设备产品制造等一批新能源项目落户临澧，初步形成以锂离子电池为龙头的新能源产业基地。项目于2022年12月建成投产，可日产30万颗锂电池，可实现年产值1.5亿元，纳税700万元，解决就业人数400人以上。未来五年公司将着力打造以数码消费类聚合物锂电池生产、销售、锂电池材料生产及原材料加工一体化的龙头企业，力争实现年产值6亿元，纳税3200万元，从创业板挂牌上市。

（姜戈凡）

【石门高新技术产业开发区】 石门高新区前身为湖南石门宝峰经济技术开发区，于1994年成立。2021年1月创建为省级高新区；2022年，石门高新区打造清洁能源、绿色建材、新材料、农副产品深加工和电子信息五大百亿产业集群，建设“全省高质量发展示范园区”，创建省级科技企业孵化器、省级双创示范基地，在全省133家省级及以上产业园区“五好”园区创建综合评价中排名第48。

2022年，园区107家规模工业企业全年实现产值305.6亿元，同比增长12.9%；规模工业亩均产值328.1万元；规模工业增加值同比增长9.2%；技工贸收入423.3亿元，高新技术产业营业收入230.7亿元；完成基础设施投入8.1亿元，建成标准化厂房面积15.28万平方米；新引进亿元工业项目22个，其中10亿元以上项目2个；新开工亿元产业项目市级认定13个；新投产亿元产业项目市级认定10个；新增规模工业企业10户。

重点企业推介：

石门海螺水泥有限责任公司。公司成立于2006年10月，厂址北临澧水河，南靠焦柳铁路。2006年9月，在长沙举办的首届中部地区投资贸易博览会上，石门海螺水泥项目作为省级项目成功签约。公司拥有日产4500吨、5000吨熟料生产线各一条，配套建设年产440万吨的水泥粉磨系统，总投资13亿元。产品质量稳定且优于国家标准，广泛应用于高速等重点工程。公司在熟料生产线上配套余热发电项目，年发电量达1.38亿千瓦时，每年节约标准煤约5万吨，可减排二氧化碳约12万吨；在废水、废气、噪声、固废治理等方面投入达1.34亿元，厂区绿化覆盖率达90%以上。2022年，公司年产值达8.18亿元，上缴税款4743万元。

湖南航天磁电科技有限公司。成立于2020年，隶属于中国航天科工集团，主要经营铁氧体磁性器件、稀土永磁粉料、电感元件、复合软磁粉芯等产业项目。该项目总投资10亿元，规划用地13.33余公顷，项目全面建成投产后将形成年产约20亿元的产业规模，成为行业内自动化、智能化程度最高的磁性材料科研生产基地，以及中国中西部地区规模最大的磁性材料及器件产业集群基地，提供就业岗位1000个，实现税收1亿元以上。年底，公司已有员工510人，2022年公司实现产值3.217亿元，年纳税1025.3万元。

常德富博智能科技有限公司。公司于2019年8月成立。旗下拥有常德富博传导材料科技有限公司全资子公司、富博科技深圳研究院、富博科技（昆山/深圳/香港/新加坡）分公司以及智能装备、精密制造、电子组件3个事业部。建成标准化生产车间5万平方米，拥有员工近800人，其中研发人员160余名。专注于智能自动设备的研发与制造、精密机械零件加工等业务，产品涵盖新材料、新工艺、新技术研究与开发等众多领域。拥有苹果、华为等多家知名客户。2022年，公司实现年产值1.4亿元，贡献税收480余万元。发展至今已申请发明专利100多项，授权发明专利18项，实用新型专利22项，软件著作权4项，拥有自主商标AMⓇ1项、富博智能Ⓡ1项。获ISO 9001、ISO 14001、BSCI等各种国际体系认证，是国家两化融合AA级企业和知识产权贯标企业、苹果MFI认证工厂、常德市重点推荐上市后备企业。被列入湖南省“制造强省”重点项目专项、专精特新“小巨人”企业、国家高新技术企业、制造业数字化转型“三化”重点项目企业。

湖南安德丰新能源科技有限公司。公司是2015年度石门县委、县政府重点招商引资企业，位于石门高新区，2016年5月投产，2022年有在职员工700余人，于2018年被湖南省授予“国家高新技术企业”“湖南小巨人企业”等荣誉。公司致力于锂离子电池产品研发、生产、销售，锂离子制造设备的研发、设计、制造，主营生产铝壳电池、聚合物电池。产品广泛应用于数码通信、玩具、个人保健护理、智能家居等产品；与传音、闻泰、华智融、中兴等形成战略合作关系。2022年，公司实现产值3.07亿元。

湖南湘佳牧业股份有限公司。公司是国家级农业产业化龙头企业，华中地区最大的黄羽肉鸡生产企业、国内黄羽冰鲜产品行业龙头企业，是石门县实施精准扶贫，加快农民脱贫致富的帮扶企业。公司位于石门高新区，总资产38.59亿元，有员工7000余人，合作农户2000多户，采用“公司+农户+农贸市场”“公司+基地+（超市）直营”“公司+基地+生鲜电商”多重经营模式，年向消费者提供各类优质家禽7500万羽，拥有“湘佳”“石门土鸡”等多项品牌。是中国“冰鲜家禽第一股”。先后被授予“全国就业扶贫基地”“全国脱贫攻坚先进集体”等荣誉称号。截至2022年，公司产品销售网络覆盖北京、上海等28个省市，与沃尔玛等20多家大型超市集团以及盒马鲜生等新零售连锁超市建立长远战略合作关系，形成长江沿线大中城市的冷链物流配送体系以及京珠高速大动脉沿线的冰鲜禽肉产品销售网络布局。搭建电子商务平台，供消费者便捷提货。2022年，公司实现产值38.59亿元，年纳税2240.6万元。

（胡　斌）

【汉寿高新技术产业园区】　汉寿高新区成立于1992年5月，属最早的省级经济开发区之一。2008年，被确立为全省10个承接产业转移发展加工贸易重点工业园区和常德工业走廊组成部分。2012年4月，经省人民政府批准，正式更名为“湖南汉寿高新技术产业园区”。2017年2月，经国务院批准，正式升级为常德国家级高新区的核心拓展区。园区批复面积1006.9271公顷（其中主区947.96公顷、发展方向区58.97公顷），开发面积528.75公顷。2022年，落户规模工业企业123家，形成了“一主一特两辅”产业集群（“一主”即装备制造，“一特”即医药化工，“两辅”即食品及农产品加工、电子信息及新材料产业体系），拥有康普制药、中联重科、徕木电子、太子化工等一批优势骨干企业。2022年，园区实现地区生产总值106亿元，同比增长23.7%；完成规模工业产值334亿元，同比增长11.42%；完成规模工业增加值58.36亿元，增长11.6%；上缴税款5.1亿元，同比增长32.8%。新开工亿元工业项目12个、新投产亿元工业项目11个；新建标准化厂房17万平方米。2022年全省“五好”园区评价排名25，相继荣获2020年度湖南省产业高质量发展园区、2020年度湖南省新型工业化产业示范基地——装备制造、2021年度常德市真抓实干激励特色园区、“十三五”常德市新型工业化园区发展先进单位、2022年度全省“五好”园区创建工作先进园区、2022年度常德市“五好”园区攻坚专项行动优秀园区等一系列荣誉。

重点企业推介：

康普药业。康普药业股份有限公司为湖南省高新技术企业、湖南省重点上市后备企业、湖南省战略性新兴产业重点企业、省级专精特新“小巨人”企业。2022年公司生产产值近10亿元，上缴税款超过8000万元。由该公司投资建设的智能水针车间和冻干粉针车间项目，占地面积2.67公顷，总建筑面积1.35万平方米，总投资约5亿元。

中联重科汉寿工业园。于2009年正式与汉寿县政府签约，园区占地面积72公顷，其中厂房面积4万多平方米、办公楼面积5000平方米、发货坪面积约2.5万平方米，主要布局湖南中联重科混凝土机械站类设备有限公司（以下简称站类子公司）和湖南中联重科工程起重设备有限责任公司。站类子公司主要负责混凝土搅拌站、机制砂产品的研发、制造、安装及售后技术服务。2022年完成产值25.9亿元，其中混凝土公司13.6亿元，工起公司12.4亿元；上缴税款3523万元。中联工起小吨位工程起重车市场占有率全国第一，市场份额达36%；中联混凝土搅拌站类设备市场占有率全国第一，市场份额达20%，荣获国家混凝土机械工程技术研究中心。

（王文倩）

【津市高新技术产业开发区】 津市高新区于2005年起步，2016年晋级为省级高新技术产业开发区，同年获评国家火炬津市生物酶制剂及应用特色产业基地，2018年被授予常德市生物医药与健康食品产业园，2020年获批湖南省生物医药特色产业园，2021年成为湖南省第一批（10家）专业化工园区，2022年通过化工园区安全风险复评，率先成为全省C级化工园区。获批国家级科技企业孵化器、全省绿色示范园区。2022年，“五好”园区建设典型经验做法被省政府综合大督查通报表扬，并获得省长毛伟明、副省长陈飞肯定和签批。园区形成以生物医药为主导、精细化工为特色的“一主一特”产业体系，是全国最大的猪鬃生产和出口基地、全国最大的酶制剂生产和出口基地、全国最大的甾体药物原料药及中间体生产和出口基地。2022年园区130家规模工业企业完成产值355.18亿元，同比增长8.24%；完成规模工业增加值72.19亿元，同比增长11.1%。新增入规企业12家；新开工亿元工业项目11个，新投产亿元工业项目12个；完成基础设施投入9.33亿元，建成标准化厂房15万平方米。

（沈文翔）

【桃源高新技术产业开发区】 桃源高新区为省级高新区，由漳江、陬市、盘塘三大片区组成。2022年，总体规划面积18.2平方千米，建成面积7.8平方千米，有企业280余家，其中规模以上工业企业134家、高新技术企业49家、工信部制造业单项冠军企业1家、国家级专精特新“小巨人”企业3家、省级专精特新“小巨人”企业18家，有产业工人2.1万人。2022年实现规模工业总产值301亿元，同比增长15%；实现规模工业增加值45.7亿元，累计增速11.3%；工业企业上缴税款6.3亿元、全口径总税收17.2亿元。高新区形成以智能精密制造产业为主导、以电子信息产业为特色的“一主一特”产业体系，其中智能精密制造产业现有企业117家，2022年创产值110.9亿元，税收1.85亿元；电子信息产业有企业40家，2022年创产值35.2亿元，税收0.53亿元。成长了迪文科技、飞沃科技、龙行天下、晟通集团常德分公司等四大“镇园之宝”。其中迪文科技重点打造产业链培育，引入北方一造、联志建宁等21家配套企业入驻，成为“常德市迪文科技电子信息产业园”核心企业群；飞沃科技获工信部专精特新“小巨人”企业、“中国造·隐形冠军”称号，2022年10月获评“湖南省第七届省长质量奖”，实现常德市该奖项零的突破；龙行天下集团有在岗员工5000余人，成为常德地区最大的劳动密集型企业；晟通集团常德分公司是省人民政府批准设立的全省首家铝循环再生产业园。预计“十四五”末可形成以上述4家龙头企业为核心的四大百亿产业集群。2021年桃源高新区被评为全省“五好”园区。2022年获评打造内陆地区改革开放高地先进园区、省级“双创”示范基地、省级示范物流园区、省级绿色园区，连续两年被评为“湖南省产业高质量发展园区”。

重点企业推介：

飞沃科技。湖南飞沃新能源科技股份有限公司成立于2012年，位于桃源高新区陬市片区，总投资11亿元，占地21公顷，是一家从事高强度紧固件研发、制造及系统方案提供的国家级高新技术企业。产品广泛应用于风电、工程机械、轨道交通、船舶、石油、电力、航空航天等工业领域，为全球主要风电设备制造商提供预埋螺套、双头螺杆、主机和塔筒螺栓、地脚螺栓等高强度特种紧固件，生产的风电叶片预埋螺套全球市场占有率达70%以上。先后荣获工信部专精特新“小巨人”企业、工信部制造业单项冠军企业、工信部智能制造试点示范企业。2022年，公司实现产值12.26亿元，纳税4811万元。飞沃科技全力推进创业板上市，公司于2022年7月成功通过深交所上市委会议审议。

湖南迪文科技电子信息产业园。迪文科技总部于2003年成立于北京中关村，是一家专注于人机交互技术研发和应用拓展的电子信息领域高科技企业。公司拥有自主知识产权架构CPU及操作系统的研发团队，产品广泛应用于电力、交通、医疗美容、智能家电、金融、环保、新能源等行业，“迪文屏”已成为工业GUI领域的全球知名品牌和智能屏的事实标准。湖南迪文科技有限公司是集团的唯一生产基地，成立于2013年，位于桃源高新区，总投资10亿元，占地15.87公顷，建成面积30万平方米。通过产业链招商，公司吸引21家上下游厂商入驻园区，成为“常德市迪文科技电子信息产业园”核心企业群。2022年，公司实现产值15.03亿元、纳税4300万元。公司于2022年5月启动四期建设，主要建设2栋总面积9万平方米的生产厂房。

龙行天下集团桃源休闲体育用品产业园。位于桃源高新区漳江片区，由东莞龙行天下集团投资兴建，主要生产运动鞋、休闲鞋、泳镜等产品，与阿迪达斯、安德玛、奥陆凯、李宁等国内外一线品牌建立良好合作关系。产业园主要包括龙行天下和站成科技两大板块：龙行天下项目总投资3.5亿元，占地面积10.67公顷，总建筑面积13.2万平方米，2016年3月建成投产，2021年实现产值12.4亿元，缴纳税金4540万元。站成科技项目总投资15亿元，占地20公顷，分2期建设，一期投资2亿元，2019年7月建成投产，年产运动鞋1000万双；二期投资13亿元，2020年10月动工，主要建设模具生产线及鞋底生产线，预计2023年10月可实现部分投产。产业园有职工6000多人，是全市最大的劳动密集型企业。其中90%以上职工来自周边乡镇，员工参保率达70%以上，稳定吸纳脱贫劳动力、残疾人就业300多人，为县域经济社会发展、群众脱贫致富作出积极贡献。

（夏　芳）

【安乡高新技术产业开发区】　安乡工业园自2001年开始创建，2012年11月经省人民政府批准，设立省级工业集中区，2021年7月更名为安乡产业开发区。园区规划面积6.42平方千米，实际开发面积5.27平方千米，以长岭洲大桥为轴，发展形成“一区两园”河西鲸港工业园、河东深柳工业园空间布局。获省级绿色园区、省级农业科技产业园、省级科技孵化器和市级特色产业园等称号。2022年，园区有工业企业111家，其中规模以上工业企业79家、高新技术企业26家，形成农副产品加工、装备机械制造“一主一特”产业，医美与鞋服、精密加工与新材料、新型化工、电子信息、包装印刷等产业规模初显。龙头企业有凯斯机械（缝纫机壳体全国销量冠军）、金牛化工、站成智造、一诺生物、金牛铝业、毅力能源等。2022年园区完成技工贸收入157亿元，缴纳税金2.1亿元。

（刘　航）

【西洞庭产业开发区】　西洞庭产业开发区与西洞庭管委会实行“两块牌子、一套班子”运作，其前身系于1955年建立的国营西洞庭农场。2001年在原国营西洞庭农场基础上设立县级管理区，为市政府派出机构，比照县级人民政府行使职能职权。2009年8月经常德市人民政府批准设立的市本级食品工业园，2012年10月正式获批省级工业集中区，2014年更名为西洞庭生物科技产业园，2017年3月获批国家级高新技术区，2021年7月省发改委发文将工业集中区更名为产业开发区。西洞庭产业开发区大力实施产业立区战略，以生物科技、健康食品为主导，包装为特色的“两主一特”产业布局初步形成。园区先后获批为国家现代农业示范区、省级工业集中区、国家农业科技园、国家高新区西洞庭生物科技园、国家农村产业融合发展示范园。全区有64家规模以上企业，2022年，全区实现地区生产总值46亿元，完成固定资产投资62.3亿元，技工贸总收入156亿元，同比增长13.3%；完成规模工业总产值122.33亿元，同比增长9.8%；完成规模工业增加值19.8亿元。

重点企业推介：

天鼎丰控股有限公司。总部位于安徽滁州，是东方雨虹的全资控股子公司，是一家致力于各类高技术非织造材料研发和生产的大型企业，为中国非织造布行业10强企业。该企业项目总投资16亿元，占地约20公顷。

湖南宸宇富基新能源科技有限公司。该公司是一家依托于中南大学教授团队，财鑫金控集团参股，专业从事锂离子电池负极材料研发、生产和销售的新能源材料企业。公司注册资本1亿元，占地面积

7.87公顷，总投资5亿元，拥有国家发明专利13项，申报国家发明专利33项。2022年，湖南宸宇富基新能源科技有限公司荣获“国家级小巨人”称号，为西洞庭产业开发区首家；邓权塑业科技（湖南）有限公司、湖南鑫晟包装科技有限公司、湖南坤鼎数控科技有限公司、国肽生物工程（常德）有限公司获“省级小巨人”称号。

（郭　彤）

【武陵区工业园】　常德市武陵区工业园成立于1992年。2022年，园区分为东部片区和西部片区：东部片区位于东江街道新安社区（一期）和启明街道皇木关社区（二期）境内，总规划面积3.51平方千米。西部片区主要用于建设常德智慧产业园，南起洞庭大道、西临丹溪路、北至南湖港自然水系、东抵金丹路，总规划用地面积2.2平方千米，首开区8.4公顷，在开展前期建设各项准备工作。2022年，大力发展智慧产业和广告文化创意产业，加快常德智慧产业园建设进度，成功转型为省内知名的移动互联网和广告文化创意特色园区，加速形成以移动互联网、广告文化创意、智能制造为主的产业集群，培育出名家医药、映秀科技、华彩伟业、和为通信为代表的智慧型企业和以天海电器、雄鹰科技、瑞华制造为代表的高新技术企业。2022年，园区共引进各类企业313家。其中，规模以上工业企业27家、规模以上服务业企业13家、武陵移动互联网产业园企业124家。2022年，园区实现技工贸总收入53.02亿元，同比增长5.3%；智慧产业实现总产值45.6亿元，占园区总产值比重达86%；纳税总额1.013亿元（含东江工业园）。

（吕历瑢）

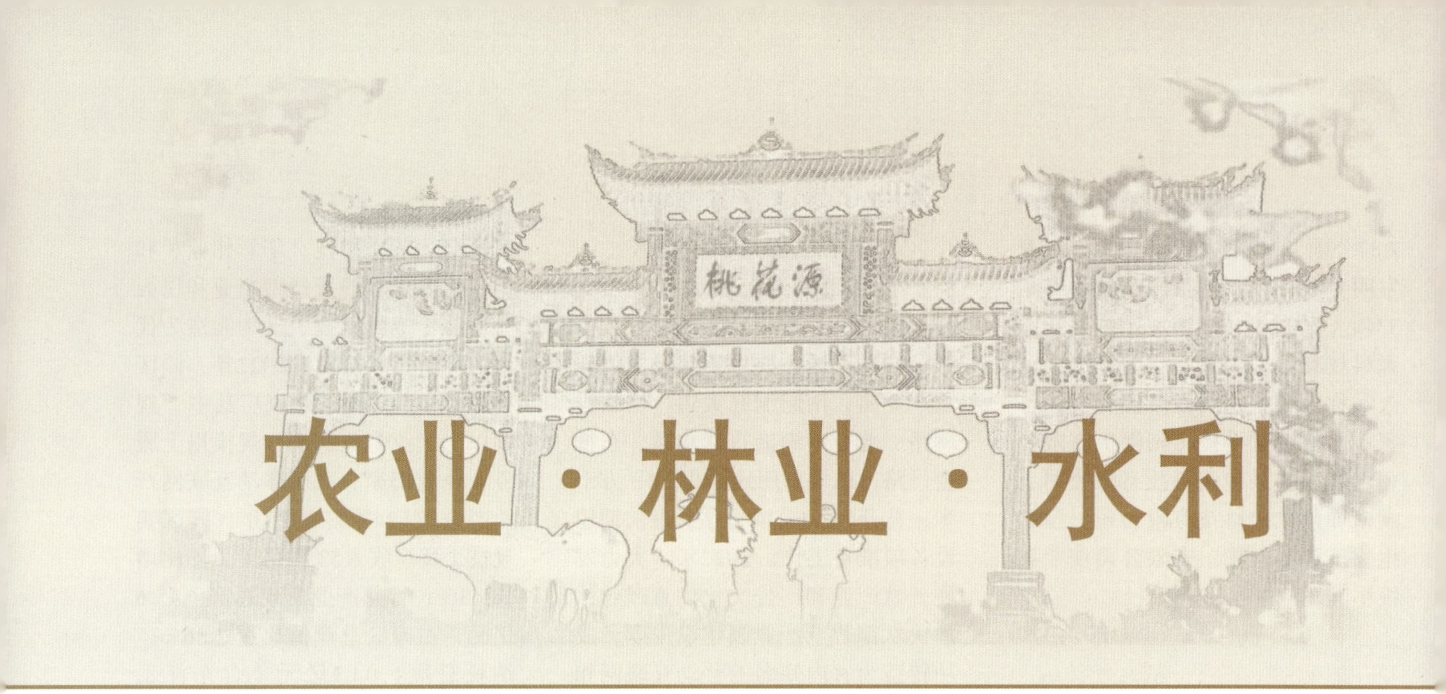

农业·林业·水利

农业农村工作

【概况】 2022年，全市农业农村工作严格落实中央、省委、省政府关于农业农村工作决策部署，全力推动农业农村各项工作。全市农林牧渔业总产值896.6亿元，同比增长3.7%；农林牧渔增加值538.9亿元，增长3.6%；农村居民人均可支配收入21342元，排名同方阵（长沙、株洲、湘潭、衡阳、岳阳、常德、郴州）第四位，取得历史最佳成绩，增长7.2%。工作经验做法多次得到新华社、《人民日报》、中央电视台《新闻联播》、《湖南日报》、湖南卫视等权威媒体宣传推介。举办2022年湖南油菜花节、全省棉花生产现场推进会、全省发展村级集体经济暨驻村帮扶工作推进会等重要活动和会议。常德市获得全国农村集体产权制度改革先进表彰，高标准推进第二轮农村土地延包国家级试点，实现薄弱村全部清零。粮食生产先进市考核评分位居全省第一，高标准农田建设、人居环境整治等考评得分全省第二，“六大强农”行动（品牌强农、特色强农、质量强农、产业融合强农、科技强农、开放强农行动）、优势特色千亿产业、优质湘猪工程等工作位居全省前列。常德市农业农村局被国家机关事务管理局、国家发改委、财政部等单位评为节约型机关。

粮食安全。2022年，常德市完成粮食生产面积58.9万公顷，总产377.53万吨，连续19年保持全省首位；落实优质稻面积达33.33万公顷，高档优质稻达20.8万公顷以上。推行“三级联片”“四级办点”（由市、县、乡党政主要负责人分别联片创建一批万亩、五千亩、千亩示范片，建设市县乡村四级示范点，把维护国家粮食安全落到实处）党政示范模式，市县乡党政主要负责人联片创建一批万亩、五千亩、千亩示范片，打造一批万亩产粮乡镇、千亩产粮大村，市县乡村四级示范点面积达7.33万公顷、增长65%。严防耕地“非粮化”，压实属地管理责任，及时发现增量并按期整改到位。扶持引导新型经营主体流转耕地，发展适度规模经营，推广“十代”（代育、代耕、代插、代防、代管、代收、代烘、代储、代加、代销）社会化服务模式，推动抛荒地复耕复种，全市农民合作社达8396家，创建省级示范社43家；家庭农场达16668家，创建省级示范农场59家。

植保植检。2022年全市农作物有害生物总体表现为中等发生，主要农作物病、虫、草、鼠发生面积421万公顷，防治面积545.5万公顷，分别比2021年减少3.64%、6.46%，通过防治挽回粮食损失41.32万吨、油菜4.01万吨、皮棉0.43万吨、柑橘6.03万吨、蔬菜5.89万吨。全市共争取上级资金1038万元，示范项目16个，示范面积3047公顷，打造出鼎城区266.7公顷水稻绿色防控示范区、桃源333.3公顷烟稻轮作全程绿色防控示范区等。全市植物检疫机构对108公顷农作物种子、苗木、繁殖材料生产基地进行产地检疫，涉及28种作物，265个品种，未发现有国内植物检疫性有害生物和危险性有害生物，签发合格证137份、检疫证书412份。

农技推广。根据农业主导产业和特色产业遴选主推技术2项，再生稻+油菜绿色高效技术和再生稻丰产提质增效技术示范入选湖南省2022年农业主推技术。全市共制定发布农业优质绿色高效主推技术92项，农业主推技术到位率达100%。建成稻油轮作“三化”（专业化、集约化、规模化）农业科技示范、棉花人工直播农业科技示范等高标准示范基地18个。加大对星级农技推广机构的人员队伍、运行管理、职能履行等方面的建设力度，9个“全国乡镇农技推广机构（种植业）”、13个“湖南省五星级服务乡镇农技推广机构”全部复核通过验收。全年累计组织开展培训108期，培训种养殖大户、家庭农场主、农民合作社等新型经营主体2372人。申报2023年基层农技特岗人员定向培养计划87人，其中本科33人、专科54人。基层农技人员学历提升41人，其中高升专10人，专升本27人，农业硕士4人。汉寿县黄庆成功获评2022年“湖南省十佳农技推广标兵”。

稳产保供。2022年，全市生猪出栏数519.05万头，存栏数323.52万头，同比分别增长2.3%、-0.8%，能繁母猪29.05万头，保持生猪产能稳定，成功创建全市首家无疫小区。全市夏季油菜收获面积达29.7万公顷，棉花种植面积3.16万公顷，分别占全省的近1/4、1/2，居全省首位。完成省厅下达常德市秋冬种油菜任务面积29.97万公顷，全市茶园2.47万公顷、采摘面积达2.19万公顷，柑橘8.53万公顷；蔬菜在田累计种植面积12.4万公顷。全市水产养殖面积9万公顷，同比增长9.8%，水产品总产量48.6万吨，同比增长2.5%。小龙虾养殖面积3万公顷，产量5.8万吨，甲鱼养殖面积1.93万公顷，产量6.77万吨。

精深加工。2022年，预计全市农产品加工业实现营业收入2055亿元，同比增长9.3%；实现利润81.6亿元，同比增长6.9%。预计全市农产品精深加工产值796.6亿元，增长12.2%。预计全市休闲农业与乡村旅游接待2727万人次，同比增长4.71%，实现经营收入47.8亿元，同比增长7.76%。大力实现主体倍增，鼎城、桃源、澧县、安乡等地入围“洞庭香米”产业集群项目，鼎城周家店、澧县官垸成功创建省级农业产业强镇。全市争取重大项目资金35.27亿元，全面开工建设总投资10亿元的中联重科湖南智能农机产业园。全市新增农产品加工规上企业51家、省级标杆龙头企业2个，均排名全省第一，“小升规”（规模以下小微企业转型升级为规模以上企业）11家。总投资13亿元的中联农机湖南（常德）智能农机产业园开工建设，项目投资2.7亿元的大湖股份预制菜产业园举行投产仪式。围绕“做优做香常德饭”，全面提升农产品品质，打造优质农业品牌，“常德香米”等国家地理标志登记保护品牌或证明商标达39个，积极对接深圳国际食品谷常德产业园建设，推动“圳品”认证，15家企业38个品种通过认证；粤港澳大湾区“菜篮子”基地57家，“两品一标”（绿色食品、有机农产品和农产品地理标志）有效数435个。

2022年2月24日，市委农村工作会议现场　　（汪新宇 摄）

乡村振兴样板。全市以14个市级乡村振兴示范片、72个重点村为引领，启动新一轮乡村振兴办点示范，桃花源汤家山、澧县城头山、鼎城谢家铺等一批片区已形成实物量，打造可复制、可推广样板。全市已建成省级美丽乡村示范县1个、示范乡镇15个、示范村95个，授牌市级美丽乡村193个，临澧县修梅镇高桥村入选中国美丽休闲乡村。围绕农村人居环境整治提升五年行动（2021—2025年），结合全国文明城市创建整体推进，全面推行区县市打分排名及“五佳五差”乡镇、“五佳五差”村社区评选机制。全市累计发动村民群众65.8万人次，投入财政专项资金1.62亿元，清理农村生活垃圾52.7万吨、畜禽养殖粪污等农业生产废弃物5.5万吨。全面完成2021年3.93万公顷高标准农田建设任务，2022年3.73万公顷主体工程完成80%以上，成为全省招投标监管试点唯一地区，常德市农业农村局获省厅通报表扬，临澧县获得“推进高标准农田建设成效明显的县”激励表扬。启动投融资创新试点，全市每公顷投资额达4.5万元以上项目面积确保完成4000公顷以上。

农业生态环境。加快创建国家农产品质量安全市，2343家农产品生产经营主体入驻国家农产品质量安全追溯平台；777家主体、1781个产品入驻省“身份证”管理平台。全市所有涉农乡镇（街道）均建立健全农产品质量安全网格化管理体系，8家中央投资县级检测机构全部通过“双认证”［检验检测机构资质认定（CMA）和农产品质量安全检测机构考核（CATL）］。化肥减量问题整改顺利销号，打造西洞庭智慧水稻、石门智慧柑橘、澧县智慧葡萄等一批“智慧农业”项目为示范，探索生态农业绿色发展模式。全面推广应用精量施肥、绿肥生产、有机替代、水肥一体、侧深施肥等化肥减量增效技术。发挥市县农业综合行政执法作用，开展农资打假、农产品质量安全、资源保护、渔政执法等五大专项执法行动，突出禁捕退捕、农机安全等重点，办理案件411起。

乡村治理。全面清理核实集体资产，全市2109个集体经济组织完成登记赋码颁（换）证及银行开户，2103个村（社区）完成集体资产资源清理，清理违规合同2807个，增加集体经济收入2140万元。全市2103个村（社区）集体经营性总收入2.84亿元，实现薄弱村全部清零。在全省率先整市推进农民建房联审联批工作，严格履行宅基地监管责任，落实“一户一宅”“建新拆旧”等要求，鼓励各地利用卫星遥感监测成果和无人机、网络等先进技术手段加强日常监管，做到“早预防、早发现、早制止”，把问题化解在萌芽状态。全市农村耕地流转面积达28.2万公顷，占家庭承包耕地总面积的62.95%。以高标准、严要求做好全国第二轮农村土地承包到期后再延长三十年试点工作，优化农村土地承包纠纷调解仲裁，全市9个区县（市）均建立农村土地纠纷调解仲裁体系。

农业抗灾救灾。成功应对自1961年以来最严重干旱天气影响，组织农业技术人员深入基层调查苗情、墒情、病虫害，分区域、分作物研究制定抗旱方案和技术措施，尽可能减小干旱等灾害对农业生产尤其粮食生产的影响。新冠疫情防控“新十条”发布后，市农业农村局牵头落实全市农村地区疫情防控工作，成立常德市农村地区新冠病毒感染疫情防控工作专班，发动乡村干部、乡村医生、志愿者等为成员的包保团队16.6万人，对全市63.3万重点人群实行包保责任制，包保覆盖率达100%。印发《常德市农村地区疫情防控工作倡议书》《致全市返乡人员的一封信》等，发布工作提示3期，优秀经验做法在《湖南农业农村工作农村地区疫情防控专刊》上先后4期被推介。吸取长沙市望城区自建房倒塌事件的惨痛教训，在农口系统集中开展农村自建房安全隐患大排查，严禁有安全隐患旧房住人，排查农村自建房2034栋，发现建新未及时拆旧等问题211个并整治到位。

（罗季委）

【建设全国蔬菜“三品一标”基地】 2021年12月20日，农业农村部发文公布第一批全国种植业“三品一标”（达标合格证产品、绿色食品、有机食品和农产品地理标志）基地名单，100个基地入选，汉寿县辰阳街道蔬菜“三品一标”基地位列其中。为做大、做强、做优特色鲜明的蔬菜产业，汉寿县按照“三品一标”要求，出台实施《关于进一步加快蔬菜产业发展的实施意见》《促进蔬菜产业发展扶持办法》《蔬菜保险工作实施方案》等政策措施，持续扶持蔬菜产业发展。县财政每年安排蔬菜产业发展奖补专项资金500万元，累计整合项目资金近1亿元用于蔬菜合作社适度规模扩大再生产，投资建设大棚、冷藏保鲜设施。县农业农村局负责蔬菜产业的总体规划、相关政策的制定，并连续承办4届蔬菜文化节。县农广校每年培训蔬菜专业职业农民2000多人。

汉寿县加强与湖南农业大学、湖南省农科院合作，创建1个院士蔬菜科研示范基地，引进优良蔬菜品种60多个。对种植模式进行变革，测土施肥、有机肥替代化肥、精准施肥、蔬菜全程机械化生产等新技术应用于蔬菜生产全过程，节约成本20%以上，并提升蔬菜的品质。为增强抗市场风险的能力，汉寿县建成蔬菜冷藏保鲜库4万立方米、产地蔬菜商品化处理场地6处、蔬菜批发市场1个，全国联网的货运信息部5家。培训158名蔬菜销售经纪人尝试线上电商销售，7家电商线上销菜，年线上销售蔬菜额度达1.3亿元。全县蔬菜年种植总面积2.87万公顷，总产量近150万吨，总产值过18.5亿元。

（童宗锦）

【省委常委、副省长张迎春到常德调研乡村振兴、粮食生产等工作】 3月15日，省委常委、副省长张迎春一行到常德市鼎城区、桃源县、汉寿县调研乡村振兴、粮食生产、县域经济工作。市委书记曹志强，市委副书记、市长周振宇，市委副书记、市委统战部部长陈华分别参加调研。张迎春对鼎城区草坪镇三角堆村以农村人居环境整治为突破口，探索形成“党建引领、镇村主导、群众主体、乡贤赞助、协会管理”的乡村振兴模式表示赞赏。在谢家铺镇施家陂村，张迎春详细深入农机专业合作社、种粮专业合作社、肥料生产企业、水稻育秧工厂展开调研。张迎春一行还走访调研湖南华乐食品、湖南津山口福等农产品加工企业，了解企业销售、纳税、发展情况，以及对农户就业、周边经济的带动作用。市领导陈章杰、傅勇、朱金平等参加调研。

（郑　彦）

【2021常德十大农产品品牌公布】 为贯彻落实湖南省委、省政府关于“积极推进优势特色农产品品牌建设”的部署要求，以及常德

市委、市政府“打造全国生态农产品基地”的决策部署，常德市农业农村局组织开展2021常德十大农产品品牌评选活动。4月19日，市委农村工作领导小组2022年第一次例会暨当前重点工作调度会上，2021常德十大农产品品牌正式公布。该十大品牌涵盖粮油、畜禽水产、茶叶、果蔬、休闲食品等大宗农产品的区域公用品牌、企业品牌、产品品牌、新型农业经营主体品牌，分别是金健、围堤湖、安乡农仓、创奇、锋力果源、河洲甲鱼、锦绣千村、君和、官亭湖、柳叶湖生态鱼。

（邰雅麟）

【桃源县、澧县农业综合行政执法局获评全国农业综合行政执法示范窗口】 6月27日，《农业农村部办公厅关于公布第四批全国农业综合行政执法示范窗口和全国农业综合行政执法示范单位名单的通知》命名桃源县农业综合行政执法局、澧县农业综合行政执法局为第四批全国农业综合行政执法示范窗口。常德农业综合执法部门积极开展农业综合行政执法，为粮食安全、农业农村高质量发展提供强有力保障，围绕农产品质量安全、品种权保护、农资质量、畜禽屠宰等重点领域，聚焦重要农产品种养基地、制种基地、农资经营集散地等重点对象，开展农业综合行政执法“稳粮保供”专项行动，强化违法案件查处，严打违法行为，成效逐步凸显。

【常德市两家基地入选全国农作物病虫害绿色防控技术示范推广基地】 7月11日，全国农技中心公布首批100个全国农作物病虫害绿色防控技术示范推广基地名单，常德市湖南湘佳橘友农业有限公司和汉寿县汉美蔬菜专业合作社入选。湖南湘佳橘友农业有限公司基地位于石门县楚江街道龙凤社区，面积53.33公顷。基地先后实施柑橘病虫害绿色防控示范、柑橘砂皮病综合防控技术示范、水肥一体化、有机肥替代化肥、绿色种养循环等项目，每年组织绿色防控技术培训100场以上。2021年6月，公司核心基地20公顷柑橘获得有机产品认证。汉寿县汉美蔬菜专业合作社现有生产种植基地932公顷，其中在汉寿县辰阳街道（原围堤湖乡）园林社区和席家嘴社区集中流转自营基地73.33公顷，全部为蔬菜绿色防控示范基地。自2018年以来，在汉寿县植保植检站的指导下，积极开展农药减量行动和“绿色防控示范县”创建活动。全面示范风吸式太阳能杀虫灯、性信息素诱杀、食诱、生物农药和低毒低残留农药施用技术为中心内容的蔬菜绿色防控技术。

（曾玉英）

【庆祝“中国农民丰收节”活动启动】 9月22日，“抗旱保丰收·喜迎二十大”2022年沅澧共庆中国农民丰收节活动，在鼎城区谢家铺镇施家陂村启动。常德分会场活动内容丰富多彩，搭建“种好中国粮·做好常德饭”优秀农产品展台，吸引全市各区县农业企业、农副产品前来参会参展，通过现场品尝及售卖、网上直播带货等方式，推介常德“可带走”的农产品“名片”，展示沅澧大地农副产品的发展潜力。现场还对全市14个粮食生产优秀示范片进行表彰通报，并视频连线多个齐心抗旱保丰收现场，展示常德全面推进乡村振兴战略成效。

（刘　蓉）

乡村振兴

【概况】 2022年，常德市稳住农业基本盘，守住保障国家粮食安全、不发生规模性返贫两条底线，完成乡村发展、乡村建设、乡村治理等重点任务。全市农村集体产权制度改革工作获评全国先进；成功创建全国农业综合行政执法示范窗口2个；粮食生产、高标准农田建设、基层党建、耕地保护、巩固拓展脱贫攻坚成果等工作经验在全国全省推介。制定《中共常德市委常德市人民政府关于做好2022年“三农”工作扎实推进乡村振兴的实施意见》，明确全年推进乡村振兴战略的工作重点、任务指标。成立由市委书记和市委副书记、市长任双组长的市委实施乡村振兴战略领导小组。承办全省农业生产经营人才助推乡村振兴专题培训示范班，举办全市基层社会治理助力乡村振兴专题重点班、全市红色文化助推乡村振兴专题重点班等系列培训，着力提升各级领导干部推动乡村振兴战略的能力。争取落实耕地地力补贴资金、一次性种粮补贴等惠农资金38.9亿元，同比增加4.64亿元。乡村振兴中央衔接资金用于产业发展比例达55%以上。严格落实中央和省、市关于调整土地出让收入使用范围政策，激励区县市将土地出让收益计提优先用于农业农村事业发展。科学编制村庄规划，严守村庄规划红线，完成6类1626个村庄规划提质。市委书记和市长等市级领导带头联片领办14个市级乡村振兴示范片。开展“五佳五差”乡镇、“五佳五差”村（社区）评选，津市市农村人居环境整治相关工作获国务院真抓实干督查激励。全力推进“厕所革命”，完成新改建户厕2.39万座、公厕103座。启动村级垃圾分类试点，建成乡镇垃圾中转站210个，超额完成省定任务。大力治理水体污染，被确定为全国15个农村黑臭水体治理试点城市之一，治理黑臭水体1171处，农村生活污水治理率较2021年提高2%。

【健全机制】 市委出台《关于进一步落实“管行业管巩固脱贫成果责任”的意见》，全面细化分解责任，构建“主要领导靠前指挥、分管领导一线督导、行业部门对口落实、市县乡村四级联动”的工作体系，压紧压实各方责任。对于巩固拓展脱贫攻坚成果同乡村振兴有效衔接工作，领导小组和办公室在两月一调度、一月一碰头的基础上，组织开展市县乡村四级巩固脱贫成果“大走访”活动，摸排整改问题2769个。将巩固拓展脱贫攻坚成果同乡村振兴有效衔接工作纳入市委、市政府重点督查，市纪委监委乡村振兴领域专项督导内容，以高频次、全方位的督导，形成高压工作态势。2022年，共组织5次专项督查，对发现问题及时曝光通报。全市组织各类培训班570场次，培训乡村振兴干部驻村帮扶干部4.64万人次。市本级依托“云党建”开发市驻村帮扶精准管理平台，对驻村干部实行平台打卡、视频点到、工作日志在线调阅等管理。将巩固拓展脱贫攻坚成果同乡村振兴有效衔接工作纳入市委、市政府对县市区、市直相关部门年度绩效考核工作内容。

【精准监测】 常德市“一户一画像”精准纳入、“一户一故事”精准帮扶，坚守“零返贫零致贫”底线，巩固拓展脱贫攻坚成果，做真做实就业帮扶、巩固拓展脱贫攻坚成果等经验在全国全省推介。建立入户摸排、自主申报、数据比对、网格监测多种途径相结合的摸排工作机制，特别对民政、残联、医保等风险排查预警数据，与乡村振兴部门实行定期共享共判，全市共摸底排查农户136.4万户，其中“六类重点人群”22.7万户。采取“问、算、核、判、评”五个步骤，对所有农户进行精准画像，重点了解基本信息、收入来源、教育住房饮水、重病慢病、残疾、就业务工、遭遇自然灾害和突发意外等7个方面情况，逐户分析研判，确保做到应纳尽纳、一人不漏。所有监测对象均安排财政供养人员“一对一”结对帮扶，通过帮政策支持、帮产业发展、帮稳岗就业、帮兜底保障、帮社会救助、帮内生动力等多种途径，实施精准帮扶，一户一故事。全市共纳入监测对象9876户23646人，已消除风险4761户11378人，15.96万户44.3万脱贫人口、9876户2.36万监测对象均没有发生返贫和新致贫现象，监测对象户均享受帮扶措施4条以上。

【优化政策】 出台“大病保险医疗费用自然年度内可追溯报销”“对特困人员、低保对象、返贫致贫人口实施起付线降低50%，在扣除大病保险起付线以后，各段报销比例分别提高5个百分点”“取消大病保险封顶线”“脱贫户监测户等困难群体住院及门诊治疗目录外医疗费用比例控制在10%以内”“以县财政投入100万～200万元专项救助资金为引导，动员社会慈善组织、红十字会、社会团体等各类社会组织和个人，定向募集脱贫户监测户因病个人自付费用较高、导致家庭生活困难的专项救助基金，对救助对象实行‘一事一议’救助”等一系列政策，大幅减轻困难群体的医疗费用负担。明确经济困难学生由户籍地进行兜底保障的政策，杜绝因贫失学现象的发生。明确“衔接期内脱贫人口、监测人口跨省、跨县就业分别给予400元、200元一次性补贴”“公益岗位补贴资金县财政局统一归集后，通过‘一卡通’按月或按季打卡发放”。以村为单位对“三保障”（义务教育有保障、基本医疗有保障、住房安全有保障）、安全饮水、易地搬迁等各类底子再起底、再排查、再整改，促进政策全面落地。

【稳定增收】 在全省率先制定《关于促进脱贫户监测户稳定增收的意见》，促进脱贫户、监测对象稳定增收。全市脱贫对象人均纯收入同比增长16.42%，生产经营性净收入增幅达25.42%。针对脱贫户监测户实际情况，按照“一户一方案”要求，制定产业帮扶举措，动员全市706家龙头和规上企业、1.1万家家庭农场、8160家农民合作社参与产业帮扶，实现“两有”脱贫户（家中至少有1人16周岁以上有劳动能力、有产业发展意愿和产业发展条件且在家6个月以上的脱贫户监测户）、监测对象全覆盖，全市累计发放小额信贷帮扶资金19938万元。全面推进“消薄攻坚、示范提升”行动，发展壮大村级集体经济，启动发展庭院经济30个村前期试点，变庭院“美景”为庭院“钱景”。石门县助推村集体经济多元增收经验全省推介。采取政府购买服务、财政奖补等形式，支持市场主体稳岗扩岗，鼓励脱贫人口、监测对象创新创业。加强返乡回流人口跟踪服务，深化“311”就业服务（对脱贫户监测户家庭中的失业待岗对象，提供3次岗位信息、提供1次职业培训信息、提供1次职业指导），推介“家门口就业岗位”。全市建成帮扶车间792家、开发公益岗位11228个，累计发放小额信贷帮扶资金19938万元，脱贫人口就业人数达14.44万人。建立健全低收入人口动态监测和救助帮扶机制，对符合条件的对象做到“应保尽保、应救尽救”。截至2022年10月底，全市保障农村低保对象7.17万户10.9万人，累计支出低保金30740.41万元；救助农村特困人员3.65万人，累计支出特困供养金23363.61万元；临时救助困难群众3.83万人次，支出临时救助资金4051万元。建立健全农村低保标准常态化增长机制，通过综合施策确保整户兜底保障户家庭年人均收入增长保持8%以上，切实发挥民政

2022年5月，石门县南北镇薛家村召开屋场会，强化乡村治理，提升基层党组织战斗力　　（市乡村振兴局 供图）

部门在防返贫监测帮扶中的兜底保障作用。按照“稳得住，有就业，逐步能致富”的要求，持续加强易地搬迁后续扶持，所有安置小区均实现“五有五通五化”（“五有”即村村有农贸市场、有公共休闲场所、有老人活动场所、有文化室宣传栏、有运动健身设施；“五通”即村村通自来水、通公交车、通水泥公路、通数字电视、通宽带；“五化”即村村道路硬化、路灯亮化、村庄绿化、环境净化、庭院美化），搬迁户至少有一人就业、有土地流转收入、有1～2分菜地，不断提升搬迁群众的归属感、认同感和幸福感。

【美丽乡村建设】　全面完成100个乡镇1626个村庄规划编制，严守村庄规划红线，加强农村建房管理，形成编制村庄规划“常德方案”，工作经验全省推介。完善水、电、路、气、通信、广电、物流“七张网”，农村自来水普及率达94%，供电电压合格率达99.9%，行政村4G网络覆盖率达100%，行政村道路硬化率达100%，物流网络实现全覆盖。临澧、澧县获评“四好农村路”全国示范县，汉寿县获评全省示范县。实施农村人居环境五年提升行动，重点推进“厕所革命”和污水、垃圾治理。全市新（改）建农村户厕2.39万座、公厕103座，农村旱厕基本清零，1870个村启动垃圾分类试点，治理黑臭水体1171处。武陵区芦荻山乡“公益存折”模式、鼎城区三角堆村“协会+乡贤”带动模式等经验多次被国家、省级媒体推介。推进全市14个乡村振兴示范片（72个重点村）的建设，培育各具特色、不同类型建设样板，形成可借鉴、可复制、可推广的乡村建设经验。开展“六美乡村”（生态美、产业美、文化美、乡风美、家园美、生活美）示范创建，建成全域美丽乡村省级示范县1个、示范乡镇15个、省级美丽乡村示范村92个。临澧县高桥村获评2022年全国美丽休闲乡村。把资金项目的“三查三看”（查县级项目库，看入库项目前期调研是否到位、入库程序是否规范、部门项目储备是否到位；查资金项目公告公示和项目实施情况，看公示公告要素是否齐全，项目实施程序是否规范、基础设施工程量是否足够，产业项目的联农带农是否紧密真实；查衔接资金绩效管理，看实施项目事前事中事后管理是否到位，是否编制了绩效目标管理的申报表、审核表、监控表和目标完成情况表）作为每次督查的重点，强化资金项目管理，有效提高衔接资金的使用效益。持续做好扶贫资产全面盘底、确权、定责、清查工作，加强扶贫资产的后续管理，建立健全扶贫资产长效管理机制，确保资产持续发挥效益。

【乡村治理效能】　探索建立“党建+”基层治理模式，推行党支部委员会、村民代表会、村民委员会、村务监督委员会“四会管村”。累计建成国家级乡村治理试点县2个、国家级示范村8个、省级示范镇1个、省级示范村6个。石门县“两联两包”（在党组织的统一领导下，党组织、自治组织联动包片区，党员、屋场员联户包屋场）村级治理模式和津市市政务服务下沉获评第三批全国乡村治理典型案例。全面推广积分制、清单制、屋场会等乡村治理模式，推行党支部委员会、村民代表会、村民委员会、村务监督委员会“四会管村”，让农民自己“说事、议事、主事”。进一步增强基层力量，选派乡村振兴“第一书记”1484名，新一届村社干部平均年龄下降7.5岁，大专及以上学历占比增长28.26%。推进农村“雪亮工程”“智慧社区”建设，建强用好“平安常德580”APP品牌，提升乡村法治水平。全市通过“三调联动”（“人民调解”“行政调解”和“司法调解”相结合的工作模式）共化解矛盾纠纷4.3万余件，无上访村（社区）占比95%。开展高价彩礼、大操大办等农村移风易俗重点领域突出问题专项治理行动。开展“一规一训一联”（村村有村规民约、家家有家风家训、户户有特色楹联）活动，探索推进“‘四会四长’（红白理事会、环境卫生协会、乡贤参事会、社会风气监督会，河长、库长、路长、林长）+协会组织”村民自治模式，开展文明村镇评选及“道德模范”“五好家庭”表彰，文明新风进一步彰显。

（罗季委　周友道）

种植业

【概况】　粮食。2022年，全市粮食播种面积58.92万公顷，减少0.05%，总产377.53万吨，减少1.5%。其中早稻播种面积18.06万公顷，减少1.6%，亩均402.2千克，增长1.6%；总产109万吨，减少0.4%；中稻与一季稻播种面积15.61万公顷，增长1%，亩均508.98千克，减少1.9%，总产120.15万吨，与上年持平；双季晚稻播种面积19.03万公顷，减少0.04%，亩均407.86千克，减少3.4%，总产116.45万吨，减少3.4%。旱粮播种面积4.77万公顷，增长3.8%，亩均381.2千克，减少7.5%，总产27.35万吨，减少3.7%。

油菜。2022年，全市夏收油菜面积29.71万公顷，同比减少0.05万公顷，亩均133.94千克，同比增长3.5%，总产59.68万吨，同比增长3.4%。2022年，冬季全市油菜播种面积29.97万公顷。

蔬菜。蔬菜播种面积12.42万公顷，产量363.79万吨，面积比2021年减少1.91万公顷，减少13.3%。主要分布在汉寿、鼎城、安乡和澧县等，蔬菜种植品种上既有辣椒、白菜、甘蓝、冬瓜等主导品种，又有汉寿玉臂藕、瓦儿岗辣椒、津市藠果、罗洲冬瓜等特色品种。

水果。全市水果面积9.97万公顷，总产132.67万吨，产值48.1亿元，其中柑橘面积8.53万公顷，同比面积基本持平，总产86.21万吨，产值22.14亿元，产量减少2.39万吨，产值增加1.44亿元。

棉花。2022年，棉花种植面积3.17万公顷，同比减少0.24万公顷，每亩皮棉产量90千克，对比2021年减少0.67千克，减少0.7%；总产皮棉4.25万吨，对比2021年减少3655吨，减7.9%。

茶叶。2022年，全市茶园面积2.47万公顷，其中投产茶园面积2.19万公顷，茶叶总产量4.29万吨，总产值16.33亿元，同比分别减少6.7%、1.8%。常德市茶叶种植主要区域集中在武陵山脉和雪峰山脉，石门、桃源被列入全国优势区域县，澧县被列入全省优势区域县。

（罗季委）

【常德13个家庭农场入围全省先进种粮家庭农场】　1月18日，湖南省农业农村厅公示2021年全省先进种粮家庭农场评选结果，鼎城区蒿子港镇李迅家庭农场、汉寿县李李家庭农场、澧县景明生态家庭农场等常德市13个家庭农场入选。评选是根据种粮家庭农场流转耕地面积、复种指数、机具及仓库设施、社会形象等4个因子测评。经全省种粮家庭农场自主申报、县市区及市州择优遴选推荐、省级评审，最终评选出100个2021年全省先进种粮家庭农场。

（杨　晟）

【2022年湖南油菜花节在鼎城十美堂开幕】　3月15日，2022湖南第三届油菜花节在主会场常德鼎城区十美堂镇4000公顷油菜花海中正式开幕。省委常委、副省长张迎春宣布活动开幕，市委副书记、市长周振宇和湖南省农业农村厅党组成员、副厅长唐建初分别致辞。省农业农村厅、省乡村振兴局、省文化和旅游厅等省直部门相关负责人，市领导陈华、陈章杰、朱金平，市政府秘书长陈爱喜出席。油菜花节开幕式在衡阳县、茶陵县、武冈市、君山区、双峰县5地开设分会场。开幕式上发布2022湖南省十大最美油菜花乡村旅游点。鼎城区政府现场与全省六大油脂企业签订战略合作协议。油菜花节持续至4月上旬，油菜机械和农业技术展览、湖南油脂加工企业产品展、美食产品+农副产品展、“非遗”民俗展等同时举行。

（刘　清　郑　彦）

【国家大宗蔬菜产业技术体系展示现场会在汉寿召开】　6月18日，国家大宗蔬菜产业技术体系蔬菜新品种及绿色高效新技术展示现场会在汉寿县召开，中国·汉寿第六届蔬菜文化节同期开幕。活动由国家大宗蔬菜产业技术体系、汉寿县人民政府主办；湖南省农业科学院、湖南农业大学、常德市农业农村局、常德市农林科学研究院、衡阳市蔬菜研究所协办；汉寿县农业农村局、汉寿县邮政分公司承办。全国知名农业大学、科研院所、省内外农业农村部门的院士、教授等近200人参会。中国工程院院士、湖南省农业科学院党委书记柏连阳，湖南省农业农村厅副厅长马艳青出席，并分别致辞。中国农业科学院蔬菜花卉研究所所长张友军以视频形式致辞。开幕式后，专家学者们在汉寿县蔬菜产业园观摩大宗蔬菜栽培、大棚蔬菜生产、蔬菜新品种栽培技术暨农业机械化作业等展示现场，展示蔬菜新品种近400个、新技术10多项。

（童宗锦）

养殖业

【概况】　2022年，常德市养殖环境持续优化，生猪产能调控得力，防疫体系日趋完善，产品质量稳定提升。全市牧渔业生产总值达391.05亿元，其中牧业生产总值309.87亿元，渔业89.47亿元。常德市荣获

2022年全省禁捕退捕优秀市州、全省动物疫病防控绩效考核优胜市州。

（贺　亮）

【畜禽水产生产】　全市生猪存栏323.52万头、出栏519.05万头；牛出栏18.17万头；羊出栏208.01万只；家禽出栏9740.77万羽；禽蛋产量37.77万吨。水产品总产量48.6万吨，面积90203公顷。

（朱　琳　杨开智）

【生猪生产】　招商引资，推动牧原、正大、现代农业、唐人神、兴疆牧歌、鑫广安等大型养殖场企业投产达产。收集全市养殖加工企业信息，支持湘食湘雪、湘佳牧业、大湖股份、河洲水产、华乐食品等发展预制菜。优化营商环境，协助企业打通在新改扩建过程中资金贷款、土地审批、环保评估等堵点难点。新（改、扩）建投产的万头以上的猪场7家，在建15家。完成紫花苜蓿发酵草粉饲喂生猪试验，证实紫花苜蓿发酵草粉能够促进生猪生长、提高免疫力、改良肉质，且每头猪可降低100～200元养殖成本。石门汉唐、汉寿畜旺等年出栏万头以上猪场使用紫花苜蓿饲喂模式后，收益显著提升。加快生猪养殖标准化建设，聚力构建现代化养殖体系。安乡牧原农牧第一分场成功创建部级畜禽养殖标准化示范场，正大集团（石门）有限公司、津市佳和牧业通过省验收组现场审核；乐享农牧、澧县朋翔、安乡兴鼎等6家猪场申报创建省级畜禽养殖标准化示范场。

（刘　秋）

【动物防疫】　制定下发《2022年常德市动物疫病强制免疫计划》，申请动物防疫、疫苗采购、流调监测等经费共计2108.85万元，组织调拨口蹄疫疫苗285万毫升、禽流感疫苗2670万毫升。免疫高致病性禽流感9421.49万羽、口蹄疫622.62万头。组织专家队伍深入一线开展动物疫病监测、流行病学调查、定点专项监测和技术服务指导工作，为临澧天心、石门正大、津市佳和、津市旺森等企业创建无疫小区提供技术支持。重点抓好非洲猪瘟、口蹄疫、禽流感等重点病种以及屠宰场、规模养殖场、无害处理中心等高风险部位的监测，全年共检测样品16222份。全面启用动物卫生监督信息和病死畜禽无害化处理监管平台，组织推进生猪屠宰检疫“大排查、大整治”行动，严格入湘生猪“点对点”调运审批备案工作，强化入湘生猪及生猪产品指定通道检查工作。全市产地检疫生猪406.2万头，生猪调运共1028批次32.31万头，生猪产品跨省调运42批次2820吨，无害化处理生猪170437头。

（刘文泽）

【产品质量监管】　全市采取随机抽检方式，对12家兽药经营店，22家养殖场（户），15家屠宰企业开展“瘦肉精”专项检查，现场抽取家畜尿样63份，快检尿样全部为阴性。印发《关于开展我市兽用抗菌药使用减量化行动专项检查工作的通知》，全面提升畜禽水产绿色健康养殖水平。市畜牧水产事务中心配合农业农村部、省业务主管部门到常德市共抽检畜禽水产品475批次。市本级例行监测畜禽水产样品共2171批次，涵盖猪肉、禽肉、牛肉、禽蛋、水产品、生鲜乳等9个品类，定量监测合格率为99.4%、定性监测合格率100%。对检测不合格的养殖场进行产品溯源调查，并督促整改。全市连续19年实现农产品质量安全“零事故”。强化管理、安全生产。按照“双随机、一公开”的方式，抽检10家饲料和饲料添加剂生产企业，对其原料管理、生产线要求、生产过程控制、产品质量控制、粉尘专项治理等方面开展现场检查，并抽取35批次饲料样品，针对发现的问题提出限期整改要求。

（邓兴华）

【禁捕退捕】　开展多轮多批打击非法捕捞联合执法行动，累计出动执法人员8865人次，收缴电鱼设备63套件，清理违规网具1026张、钓具6587根，查办涉渔违法违规案件110件，查获涉案人员168人，司法移送人员56人，禁捕水域的“四清四无”（“四清”：清船、清网、清江、清河，“四无”：无渔船、无渔具、无渔网、无捕捞行为）秩序得到进一步巩固提高。无人机巡查全面启动，市本级、鼎城、汉寿、桃源、临澧、石门、澧县、津市、桃花源建成的智慧渔政视频监控系统实现联网并网，224个监控点位在同一平台调度，形成“一张网、一张图、一平台”的多维智能感知高空视频监控，为“十年禁渔”工作提供有力支撑。收集梳理全市18个退捕渔民居住点，掌握了解亟待解决的问题，向省禁捕退捕办和市财政汇报，拟争取资金用于幸福屋场建设，完成道路硬化、水电改造、公厕配套、墙面粉饰、休闲设施添置等。多部门联合聚焦精准就业帮扶，设立退捕渔民技能培训班和招聘专区，助力退捕渔民稳定生活、增收致富。

（张　勇）

林业

【概况】　2022年，全市林业工作围绕全面推行林长制，以生态保护、生态提质、生态惠民为方向，完成营造林4.7万公顷。全市林地面积达83.07万公顷，活立木总蓄积量达4363.23万立方米，森林覆盖率稳定在48.01%。全市有省级以上自然保护区5个，其中国家级自然保护区3个。湿地保护面积13.68万公顷，湿地保护率稳定在71.66%。林业产业产值380亿元，其中第一产业128亿元、第二产业127亿元、第三产业125亿元。湖南壶瓶山国家级自然保护区入选世界自然保护联盟绿色名录、获评全国林草系统先进集体；石门县被评为全国绿化先进集体；石门县、汉寿县林长制工作年度考核得分居全省第一、第四，石门县获省政府真抓实干激励表彰；常德受邀参加第十四届《湿地公约》缔约方大会，分享国际湿地城市建设的常德经验，津市毛里湖湿地成功申报国际重要湿地；鼎城、桃源获评湖南省森林城市；常德市是全省未发生较大以上森林火灾的两个市州之一。

全面推行林长制。建立以党政主要领导负责制为核心的组织责任体系，全市共设立市级林长12名，县级林长171名，乡级林长1494名，村级林长4244名，基本建成市级林长包县（市、区）、县级林长包乡（镇、街道）、乡级林长包村（社区）、村级林长包网格上下贯通、区域全覆盖的四级林长组织和责任体系。构建“一长四员”网格化源头管护体系。推行林草资源网格化、全覆盖巡护管理。将全市林草资源划分为2160个管护网格，按照每一个管护网格均有责任林长、1名林业科技员、1名护林员、1名监管员、2名或以上执法人员对应负责的原则，配置林业科技员385名、护林员2160名、监管员242名、执法人员364名，设置网格公示牌，把管护责任落实到山头地块；推广使用林长制巡护信息系统，加速林业智慧化管理进程，对护林员巡林及防火、防盗、防疫等实行全过程监管，对涉林违法问题实现快速、精准打击。系统自6月1日运行以来，APP护林员推广使用率100%，有效巡护距离61.9万千米，巡护时长12.56万小时，巡护上报事件489起，处理办结率93%，实现资源保护的源头治理。在2022年异常艰难的森林防火工作中，全市2160名护林员发挥关键性作用。市本级及桃源县、汉寿县、石门县、澧县、临澧县、安乡县、津市市等7个区县市通过编办明确单独设立林长制工作机构，落实人员编制37个。全市172个乡镇（街道、场）挂牌设立林长办。市、县、乡三级林长办共有专职、兼职工作人员约700人。建立林长令和林长会议制度，研究解决重大问题。2022年，市、县两级召开林长、副林长会议共31次，发布市林长令2个、县林长令15个。建立林长巡林制度，发现和协调解决实际问题。市、县两级183名林长累计巡林689人次，发现和解决实际问题251项；乡级林长巡林12787人次，发现解决问题345项。市、县两级均成立林长制工作委员会，初步构建政府牵头、部门齐抓共管协同治理工作机制。市本级、石门县、澧县、安乡县等地创新建立“林长+检察长”协作机制。2022年市、县两级多部门联合开展“虎威行动”“清风行动”“洞庭清波”“林业生态环境综合整治”等专项行动。制定印发《2022年常德市全面推行林长制工作要点》《2022年常德市林长制工作考核实施方案》，将林长制工作纳入区县市年度绩效考核和市政府真抓实干激励内容。加强工作调度与督查督导，市政府分管领导对包括林长制工作在内的真抓实干工作每月一调度，市政府督查室每月督查跟进全市林长制工作进展，市、县两级多次开展工作督查。

造林绿化。通过落实造林绿化落地上图工作，上报计划造林图斑和造林计划申请数，2022年，共完成人工造林174.27平方千米，累计完成省定任务的544%。封山育林5800公顷，退化林修复12367公顷，森林抚育11367公顷，人工种草73公顷，草原改良147公顷。重点区域生态保护和修复项目人工造林1347公顷，封山育林2713公顷，退化林修复4287公顷，人工种草74公顷，草原改良148公顷，草原围栏0.188万米。对常德市2023—2025年油茶生产三年行动任务进行分解下达，计划完成油茶新造23333公顷，油茶低改24833公顷，2022年完成油茶新造林2333公顷；低产林改造面积8600公顷，其中更新改造1733公顷，抚育改造5867公顷，品种改造1000公顷。完成省级生态廊道建设128公顷。全市适龄公民参加义务植树共309.2万人次，尽责率达95.55%，折算完成植树1103.19万株，建设“党员林”“抗疫防护林”“青年志愿者林”等义务植树基地136个。“互联网+全民义务植树”——“我为常德义务植树基地建设献份力”项目有0.11万人次（单位）参加网络捐款，共收到捐款7.2万元。对全市3328棵古树名木开展自查自纠，全面梳理本区域内古树名木数据库的基本信息，纠偏古树坐标427个，规范古树编号33个，补充古树图片1782张，补充古树缺失信息90项，修正古树信息1730项。

资源管护。全市共审核审批征占用林地279宗，面积852.69公顷，收缴植被恢复费12677.4万元；2022年常德市共下发森林督查图斑2888个，面积3329.81公顷，全部实地核实，核实率为100%；“虎威行动”278个疑似图斑于6月22日前全部整改到位，整改率100%；完成“双随机、一公开”行政许可事项抽查任务152项，完成率100%。联合市委政法委、市委网信办等8家部门协同开展2022年“清风行动”，累计出动执法车1105辆次，执法人员6080人次，查办案件108起，收缴野生动物808只，收缴野生动物制品635公斤，收缴非法网具渔具1289个，有力震慑乱捕滥猎、非法交易行为。加强自然保护地体系建设，全市开展38处自然保护地摸底调查、评估论证、空缺地分析、预案编制、整合优化再完善等工作，将生态功能重要、生态系统脆弱、生态保护空缺的区域纳入自然保护地，进一步优化完善全市自然保护地体系。开展县域生物多样性资源调查，全市9个县市区（含市直4小区）均配套县级资金，累计筹措资金1169万元，其中中央、省级资金724万元，市级资金40万元，县级资金405万元。调查新发现国家一级保护动物5种，国家二级保护动物31种，国家一级保护植物5种，国家二级保护植物46种。有序推进华南虎野化放归，启动野化基地建设，委托省林勘院完成野化基地设计并通过专家评审，规划面积约333.33公顷。加强林业有害生物防治，推进松材线虫病防控五年攻坚行动，完成年度疫木除治任务，截至2022年年底，全市林业有害生物发生面积12480公顷，发生率为1.5%，较2021年减少0.5个百分点，成灾率3.58‰，控制在省控指标之内。开展2022年松材线虫病秋季普查，普查面积12066.67公顷，发现死亡松树53967株，疫情发生面积2973.33公顷。由市林业局牵头督导销号的中央环保督察、省级环保督察、长江经济带警示片披露的涉及自然保护地突出生态环境问题按时按要求完成整改销号任务。开展“绿盾”“利剑”“洞庭清波”等专项行动，强化自然保护地全面监督等工作，完成下发619条线索核查，针对自然保护地内存在的非法采砂采矿、违规开发、违规建设、破坏林草湿地资源、破坏野生动植物资源等违法违规行为开展全面整治工作和生态修复工作，打击自然保护地内违法违规行为，确保林业生态资源安全。

林业产业。全市2022年实现林业产值380亿元，有立竹1.9亿株万根，竹林面积66666.67公顷，竹木产值59亿元，油茶种植面积128000公顷，茶油产量1.76万吨，综合产值52亿元；省市级林业产业龙头企业87家，其中省级龙头企业45家，市级42家，覆盖木竹加工、油茶开发、森林食品、林下经济、森林康养等领域。林业产业精深加工实现林业附加产业链产值101亿元，初步实现增加林业附加值、促进林农增收和巩固生态效果。经济林生产初具规模，生产各类经济林产品113.8万吨，生产木材31.6万立方米，竹材984.9万根，人造板（含竹胶板）49.5万立方米，木竹地板47.2万平方米，实现产值约380亿元。2022年全市有一大批全国、全省博览会、展销会金奖产品，其中，跃宇竹业公司“好食上”竹粘板品牌、“泥头山茶油”、“灵犀山茶油”、食艺食品公司、“湘尚食艺”竹笋以及白云银毫有机茶均为湖南省著名商标或名牌产品。

林业执法。2022年，市林业局围绕环保督察、森林督查、群众举报（信访）、网上舆情以及上级交办等，开展全市林业执法。全年全市共查办林业行政案件275件，林业行政案件共被处罚人数292人，没收非法所得0.17万元，罚款1304.51万元，恢复林地26.42公顷，没收木材80.21立方米，没收幼树或苗木1.33万株，补种16830株，没收野生动物140只，没收野生植物12株。林业行政案件导致损失林地面积45.35公顷，损失林木蓄积409立方米，损失幼树或苗木1.45万株，损失野生动物50只，野生植株71株。行政执法工作严格落实过程全记录，结果及时公开，决定说明理由，文书、程序法制审查，重大、复杂行政处罚集体讨论等制度，用制度规范执法行为。修改制定《常德市林业局林业行政执法流程说明》《林业行政处罚案卷文书规范模版》，林业行政处罚全过程制度化、规范化。利用执法办案时机，向林区群众宣讲林业法律法规和政策，将普法工作做到村组、山头。

森林防火。2022年，全市未发生较大以上森林火灾，发生一般森林火灾2起（桃源观音寺镇、石门蒙泉镇），受害森林面积1.41公顷，森林火灾受害率远低于0.9‰，无人员伤亡。组建10支170余人森林消防队伍，举办全市首届森林消防队伍业务技能大赛，提高森林火情早期处置能力。10月19日，抽调21名队伍组建森林防火扑救队，驰援永州森林火灾一线。全市林业系统严格执行24小时值班和领导带班制度，保持24小时全勤在岗，保持临战状态。市直属2个林场自9月7日起采取封山的断然措施，10月16日全市所有自然保护区、国有林场全面封山。建设宣传警示牌3338块，悬挂横幅21353条，发放森林防火宣传资料31.9万份，签订防火承诺书29.8万份。

【国家林草局质量检验检测中心开展圃地苗木抽查工作】 为进一步严把出圃苗木质量关，严禁非规格苗出圃上山造林，12月7—8日，国家林草局质量检验检测中心对国有桃源县苗圃、鼎城区健坤林业发展有限公司、常德市林业科学研究所3个育苗单位开展油茶苗木质量抽查。检查组先后到达被检单位，与林业主管部门和生产单位进行交流，听取情况介绍，并到苗圃地查看育苗情况，对苗木的地径、苗高、根系发育等指标现场进行抽查、登记，查阅种苗生产经营档案，对种苗生产经营单位的林木种苗生产和销售情况、“三证一签”（苗木种苗生产经营许可证、苗木出圃证、苗木质量检验证、苗木标签）执行情况和苗木检疫等情况进行详细调查了解。经过质量检查，苗批合格率达100%。

2022年12月7—8日，国家林草局质量检验检测中心到常德开展圃地苗木抽查工作 （市林业局 供图）

【常德市林业《湖南长江经济带重点生态区洞庭湖区域山水林田湖草沙保护和修复一体化工程实施方案》获批复】 常德市林业《湖南长江经济带重点生态区洞庭湖区域山水林田湖草沙保护和修复一体化工程实施方案》经过省专家组审核，完成省级首个批复的山水工程。该工程共5个子项目，分别为环柳叶湖湿地保护修复示范项目、沅江流域（桃花源段）水生态保护和修复项目、洞庭湖西部松材线虫病除治项目、洞庭湖西部森林屏障区（桃源—津市片区）退化林修复项目、澧洲涔槐国家湿地公园涔水入库区域湿地保护与恢复项目，项目总投资5.04亿元。

【市林业局举办首届林业系统森林消防队伍业务技能大赛】 8月22日，常德市林业系统举办首届森林消防队伍业务技能大赛。国家林草局老干部局一级巡视员江机生、国家林草局森林草原防火司安全生产处处长王铁东、国家林草局森林草原防火司督查指导处三级调研员贡琳琳、湖南省林业局二级巡视员张凯锋、湖南省林业局防火处处长杨克拉到场指导。常德市林业局党组书记、局长袁文作赛前动员并宣布比赛正式开始。大赛由常德市林业局主办，全市共10支代表队，170多名一线消防队员、护林员参加比赛。比赛从实战出发，科学设定着装规范紧急集合、便携式风力灭火机操作、水泵接力、无人机定点起降操作团体项目和背负式高压细水雾灭火器操作、油锯操作个人项目。技能大赛提升全市林业系统森林消防队伍素养，提高森林消防队伍的业务能力、技术水平和综合处置能力，激发森林消防队员立足本职、钻研业务、岗位练兵的工作热情，为进一步做好全市森林防灭火工作打下坚实基础。

【中央农办、国家林草局到常德调研油茶和林下经济发展工作】 8月13—14日，中央农办秘书局一级巡视员罗丹、国家林业和草原局发改司高均凯一行到常德调研油茶产业和林下经济发展情况，省林业局党组成员、总工程师胡锋，省委农办秘书处、省林业局经发中心、市林业局、市委农办秘书科相关负责人陪同调研。罗丹一行先后调研鼎城区高产油茶示范基地、油茶低改示范基地、油茶新造示范基地建设情况和石门县林下经济示范基地建设情况。其间召开油茶扩种用地保障和林下经济发展座谈会。

【中国林业集团、省林业局到常德调研国家储备林建设、油茶产业工作】 6月23—24日，中国林业集团公司森林资源部部长王鹏朝、省林业局一级巡视员彭顺喜带队，到常德调研国家储备林建设和油茶产业工作，常德市林业局党组书记、局长袁文全程陪同。6月23日下午，中林集团和省林业局调研组一行先后考察湖南博邦农林科技股份有限公司、湖南省康多利油脂有限公司和桃花源国有林场，现场就常德市国家储备林建设和油茶产业发展现状、发展模式和存在的问题等进行探讨。6月24日上午，在常德召开国储林建设、油茶产业调研座谈会。听取鼎城区、临澧县、桃源县、石门县林业局局长针对国储林建设和油茶产业发展目前存在的问题、与中林集团合作意图，听取天惟农业、长笛龙吟、博邦农林、润农生态茶油企业代表的发言。中林集团森林资源部部长王鹏朝指出，国储林建设是“双碳”价值实现、生态产品价值实现的重要举措，能有效地促进林业一、二、三产业融合发展，通过实地调研和会上听取情况汇报，常德森林资源本底情况完全符合国家储备林建设条件。省林业局一级巡视员彭顺喜从国家储备林建设项目是什么、为什么、怎么选、怎么做等方面进行政策宣讲。

【国家林草局检验检测中心到常德市开展造林地苗木质量检查】 5月12—13日，国家林草局检验检测中心一行5人到常德市开展造林地苗木质量抽检工作。在市林木种苗站和县相关林业主管部门的陪同下，检查组对常德市汉寿县和临澧县进行2022年度油茶造林项目和油茶低改项目使用的苗木质量抽检。检查组

2022年常德市林业生产情况一览表

表11

指标名称	计量单位	全市	武陵	鼎城	安乡	汉寿	澧县	临澧	桃源	石门	津市	西湖	柳叶湖	经开区	西洞庭	桃花源	贺家山	常德林场	河洑林场
（一）林木的培育和种植																			
1.育种育苗面积	公顷	678.63	8	100	130	120	140	14	53.3	13.33	100	0	0	0	0				
2.造林面积	公顷	17426.68	33.33	1740	2226.67	3106.67	2406.67	1533.33	600	2446.67	2566.67	120	66.67		100	213.33	266.67		
3.未成林、成林抚育和管理面积	公顷	11366.65	233.33	1066.67	1333.33	1200	2000	1066.67	1133.3	1066.67	1066.67	133.33	133.33	133.33	133.33	133.33	200	200	133.33
4.零星植树	株																		
（二）竹木采运																			
其中：木材采运	万立方米	25.17	0	3.26	0	4.13	10.29	0.52	5.9	0	1.07								
竹材采运	万立方米	4.8	0	1.43	0	2.34	0	0	1.0	0	0.035								
其中：村及村以下	万立方米																		
（三）林产品	吨	331311.2	0	56592.3	8100	9314	200367	20916	18329	1050	15000	120	372.4	1150.5	0				
天然生漆	吨	0	0	0	0	0	0	0	0.0	0	0	0	0	0	0				
油茶籽	吨	72956.7	0	23042.3	0	8725	367	20916	17234	600	550	0	372.4	1150	0				
竹笋干	吨	1860	0	1550	0	0	0	0	310	0	0	0	0	0	0				
紫胶	吨	0	0	0	0	0	0	0	0	0	0	0	0	0	0				
其他林产品	吨	256494.5	0	32000	8100	589	200000	0	785	450	14450	120	0	0.5	0				

依据提供的造林作业设计随机抽取6块以上造林地小班，按照造林作业设计和对苗木质量的各项指标要求进行实地检测，最后查阅造林档案资料，对照造林作业设计、招投标文件、购苗合同等，查看造林地苗木是否与作业设计等档案资料保持一致。同时，对造林地苗木是否具备苗木“三证一签”，造林作业设计是否对良种、产地、品种、质量作出要求等方面进行检查，现场出具苗木质量抽检意见书，同时指出存在的一些问题以及整改意见。检查组要求加强对苗木档案管理的指导力度，规范标签的使用和档案的整理、存档；加强林地管护，及时除草除杂；造林树种有所更改时，应及时对造林作业设计进行更改。

（朱益帜）

水利

【概况】 2022年，常德市河湖长制工作全省唯一获得国务院真抓实干督查激励，津市获得全省真抓实干督查激励；水利质量工作获评全省A类单位，水库移民工作排名全省第一；获评全市平安建设优秀单位、全市建议办理先进单位，争资争项、项目建设、安全生产等工作排全市第一方阵。防旱抗旱工作，得到水利部部长李国英到常德调研时的肯定，省防旱抗旱专班发来专信感谢。成功应对22轮强降雨及6月初沅水流域部分河段超警洪水过程，实现“五个确保”（确保遇设计标准内洪水时，不溃一堤一垸，不垮一库一坝，保证重要城镇和交通干线的安全；确保遇超标准洪水时，保证城市、大中型水库、重点堤垸和重要交通干线安全；确保暴雨山洪发生时，避免群死群伤；确保遇中等程度干旱时，生活、生产和生态用水安全；确保遇严重干旱时，生活用水基本有保障）的目标；面对自1961年以来最严重的极端干旱，坚持提前研判，精准施策，采取提前蓄、全面调、及时补、适时增、精细管、应急取等超常规举措，确保大旱之年无大灾。

全年争取国省水利投资18.87亿元（不含洞庭湖重点垸堤防加固一期），超过2021年争资总额（11.5亿元）63%，位列全省第一；积极争取国省抗旱救灾专项资金1.02亿元，占全省1/7；市级财政砂石收入分成过亿元；2023—2027年河道采砂规划占到全省一半。策划西洞庭湖灌区、河洑排涝泵站、冲柳高低水系、南碚泵站改造等一批大项目。全省最大的小渡口泵站投入使用，洞庭湖北部补水工程成为抗旱保供“救命工程”，总投资30.8亿元的洞庭湖区重点垸堤防加固一期工程启动建设。南碚泵站改造工程实现2022年决策、立项和建设，马家吉泵站成为全省唯一的智慧水利试点。坚持大旱之年大干水利，提出“补短板、强弱项、抓重点”的思路，主攻水库加固增蓄、灌区续建配套、机埠改造增效等七大重点，深入推进冬春水利建设“5511”工程［水利建设投入51.12亿元，整治骨干堰塘5000处（塘容2000立方米以上）、疏通渠道1万千米、维修老旧水库1037座］，水利建设投入51.12亿元，排名全省第一；实施“千村万塘”扩容三年行动（2022—2024年），整治塘容2000立方米以上的骨干堰塘5000处、疏通渠道1万千米、维修老旧水库1037座。保障饮水安全，建成覆盖6万人的澧县杨花桥水厂，推进了临澧澧北水厂、澧县毛家山水厂和安乡县第二水厂管网延伸工程，市“三区”（西湖、西洞庭管理区及鼎城区）城乡供水一体化安全饮水工程实质性开工建设。全面推进河湖长制工作提档升级，在全省率先完成河长公示牌信息化建设，实现3359块河长制公示牌“一牌一码”和信息线上管理；全面推广跨区域市级河湖分段河长考核，试点乡级河长星级评定。通过突出河长领治和问题整改，全市地表水水质总体为优，13个县级及以上饮用水水源地水质达标率100%，水环境、水生态持续向好。

【省水利厅到常德调研抽水蓄能工作】 9月21日，省水利厅水库移民处处长江泽智一行到桃源县调研抽水蓄能、移民产业等重点工作，市库区移民事务中心主任王孟武陪同调研。桃源木旺溪抽水蓄能电站项目是一等大（1）型工程，是常德首座现代化抽水蓄能电站，计划投资86亿元，位于桃源县茶庵铺镇，建设征地276.87公顷，涉及移民人口40户159人，总装机容量为120万千瓦，年发电量12.76亿千瓦时，年抽水电量17.01亿千瓦时。江泽智先后到电站坝区、水库淹没区、移民安置点调查了解相关工作进度。他指出：抽水蓄能具有调峰、调频、调相、调能、系统备用和黑启动等功能，以及容量大、工况多、速度快、可靠性高、经济性好等技术经济优势，在保障大电网安全、促进新能源消纳、提升全系统性能中发挥着基础作用，是能源互联网的重要组成部分。加快发展抽水蓄能，是构建新型电力系统的迫切要求，是保障电力系统安全稳定运行的重要支撑，是可再生能源大规模发展的重要保障。江泽智还实地察看夷望溪镇凌津滩社区重点移民村水果产业项目。

【省水利厅到常德督导移民重点工作】 9月19—21日，省水利厅水库移民处一级调研员姜建忠一行到常德桃源县、临澧县对资金存量、重点村建设、“一卡通”发放情况等重点工作进行督导。姜建忠指出资金存量化解工作在全省移民系统是难点，常德为全省提供移民工作的亮点。调研桃源县黄石镇移民村芭茅洲村、凉井社区时，姜建忠指出桃源县的移民产业项目工作做得实在，管理得当，移民利益联结机制也比较好。调研临澧县四新岗镇双龙村、望城街道永安村时姜建忠指出，临澧县移民产业项目搞得好，规模大，移民受益也比较好，也要注意好在极端天气下的培管，在项目的管理规范化上做好文章，杜绝移民资金使用过程中的跑、冒、滴、漏现象。市水利局党组成员副局长王孝奇、市库区移民事务中心主任王孟武分别陪同调研。

【常德市水行政执法工作会议召开】 为切实加强常德市水行政执法队伍建设，进一步提高执法人员的业务水平及综合素质，更好地适应新形势下水行政执法工作。9月23日，常德市水行政执法工作会议在市水利局召开，各区县（市）、管理区水政监察大队大队长、法制股股长，水利部直报系统填报员和水政执法骨干参加会议。市水政监察支队支队长陈连章传达学习中央、省、市执法工作相关文件精神，澧县水利局陶自湘就“如何做一名合格的水行政执法工作者”分享多年来的执法办案经验，市水利局法律顾问陈小利律师解读新修改的行政处罚法相关内容，副支队长李跃飞讲解执法文书格式文本规范，龚毅带领学习水利部直报系统填报相关注意事项等内容。

【常德市水利安全生产工作会议召开】 9月8日上午，市水利局组织召开全市水利安全生产工作会议，各区县（市）、小区水利局分管安全生产工作的负责人和部门负责人，全市主要水利工程建设责任主体企业的负责人参加会议。市水利局通报全市水利系统一、二季度安全生产执法评价工作情况，对全市农村饮水安全工程和小水电安全生产工作进行安排，传达全省水利安全生产工作有关会议精神，回顾全市2022年以来水利安全生产工作情况，对修订的《中华人民共和国安全生产法》《湖南省安全生产条例》《常德市安全生产管理十条举措》进行学习宣传，对2022年下步安全生产工作进行安排部署，重点就如何学习习近平总书记关于安全生产工作一系列重要指示精神，进一步压实安全生产责任、加强安全生产监管执法、推进水利安全生产双重预防机制工作的开展、在建工程施工现场安全生产提出建议和意见。

俯瞰小渡口泵站　（市水利局 供图）

【省水利厅检查桃源县水行政执法工作】 7月25日，湖南省水利厅水行政执法交叉监督检查组来到桃源县，通过召开座谈会、听取汇报、查阅资料等形式，现场检查桃源县水行政执法工作情况。检查组重点关注该县防汛保安专项执法、行政检查、行政处罚和行政强制、执法队伍建设和管理、执法不作为和乱作为等工作。2022年，为加强对水利工程、河流的监督管理，桃源县水利局严格执行《中华人民共和国水法》《中华人民共和国长江保护法》《湖南省河道采砂管理条例》等法律法规，严厉打击非法采砂等涉水违法行为，共组织开展执法巡查89次，出动执法人员500人次，下达责停责改文书53份，立案21起，有效保障水利工程运行管理安全、河流生态安全及饮水安全。

（代　敏）

【常德市开展防汛抢险救灾知识培训】 4月25日上午，常德市开展防汛抢险救灾知识培训，各区县（市）党政分管负责人，水利、应急、基层水管单位负责人，乡镇党政主要负责人、分管负责人，以及联库联垸部门单位相关责任人近1000人，以主、分会场视频连线的形式，“云”培训助力全市防汛抗灾工作。常德市委常委、市政府副市长、市防指第一副指挥长陈章杰参加培训，常德市水利局党组书记、局长汪军华主持会议。培训现场邀请水利、应急、气象、水文、自然资源规划等专家，从湖区堤垸和山区水库防汛抢险、山洪地质灾害防御、应急抢险救援、气象水文等方面授课，课程内容以案例和理论相结合的形式，专业性、实用性强。

（杨　晟）

农田建设管理

安乡县农业标准化生产基地　（舒　珂　摄）

【概况】　常德市把实施高标准农田建设项目作为落实“藏粮于地”战略的重大举措，实行统一规划布局、建设标准、组织实施、验收评价、上图入库“五统一”，全市建成高标准农田35.8万公顷（含2022年度任务）。2021年度全市高标准农田建设项目建设面积3.94万公顷于2022年4月底全面完成建设任务。2022年度常德市高标准农田建设项目建设面积3.73万公顷，截至2022年12月底，建设进度达80%以上。市委、市政府将高标准农田建设纳入省、市重点建设项目管理。将高标准农田建设纳入真抓实干督查激励、乡村振兴实绩考核等重要内容，委托有资质的第三方机构对全市农田建设项目开展全覆盖高频次的内业检查和外业巡查。按照有计划、有底稿、有通报、有处理的原则，每月完成一轮全市农田建设项目的监督巡查，确保项目监督全覆盖、无死角。将高标准农田建设作为财政支农重点，整合涉农资金加大投入力度，构建财政优先保障、金融重点支持的多元投入格局。

高标准农田工程施工招标一律实行电子化招标的方式在公共资源交易中心进场招标，推行远程评标、“不见面”开标等方式。桃源县成为全省高标准农田建设项目招投标监管试点县，招投标按照经评审的最低价法确定中标候选人，从源头上堵塞漏洞、防范风险。在高标准农田建设项目区积极探索土壤改良培肥技术等方式，2022年提高耕地质量面积3.63万公顷，治理酸化土壤1533公顷，修复污染土壤887公顷，地力培肥3.39万公顷，耕地质量提升措施覆盖率90%以上。开展高标准农田建设前后耕地质量评定，共完成耕地质量损毁鉴定1起。按照省农业农村厅要求，启动第三次全国土壤普查的日常工作，组织区县市相关工作人员及专家参加了第三次全国土壤普查外业调查与采样技术线上培训班。

以农田建设协调机构为平台，加快推进高标准农田建设，全市重点建成一批高标准农田建设示范区，将其打造成为资金整合样板、机制创新平台、现代农业窗口。市农业农村局以津市市在高标准农田建设中“小田改大田”的有益探索为主题，参加市委全面深化改革委员会举行的2022年全市优秀改革案例展演，获优秀案例三等奖。临澧县推进高标准农田建设获得省政府真抓实干激励表扬。

（罗季委）

【常德市召开2022年高标准农田建设项目推进会暨农田建设管理项目培训班】　5月7日，常德市2022年高标准农田建设项目推进会暨高标准农田建设管理项目培训班在澧县举行。各区县（市）农业农村局分管负责人、业务股室负责人参会。会议讨论《常德市农业农村局关于进一步规范农田建设项目计划管理有关事项的通知（讨论稿）》，详细解读《湖南省高标准农田建设督查激励考评细则》。各区县（市）交流高标准农田建设项目开展情况。参会人员现场参观澧县盐井镇2021年高标准农田建设项目示范区，示范区内阡陌成行，土地错落平整，真正形成田成方、土成型、渠成网、路相通、沟相连、旱能灌、涝能排的高标准农田，“小瘠丘”变成“大沃田”，为粮食安全生产打下坚实基础。

（秦佳婷）

【常德高标准农田建设项目招投标实现全流程电子化】　为进一步提升全流程电子化率，省公共资源交易中心于8月15日下发“湖南省公共资源电子交易平台——高标准农田建设子系统”。2022年，市公共资源交易中心启用新的电子范本，保障高标准农田建设项目顺利完成招投标工作。9月19日，桃源县作为全省试点，高标准农田施工类专用评标办法的电子招标范本正式上线运行，以前一个项目的资料在实现全流程电子化后在网上就能完成。截至12月，全市2022年度高标准农田建设项目进入全面施工阶段。高标准农田建设对加强农业基础设施建设、提升农业综合生产能力、推进农业供给侧结构性改革、促进农业现代化发展和农民增收有重要作用。

（姜美蓉）

农村经营管理

【概况】 2022年，常德市高位推进发展壮大村级集体经济“消薄攻坚、引领提升”八大行动，全市2103个村（社区）集体经营性收入均超过5万元，实现集体经济薄弱村清零。市农村经营服务站荣获“全国农村集体产权制度改革工作先进集体”表彰。

【村级集体经济发展】 2022年，全市2103个村（社区）集体经营性总收入2.99亿元，村平均达14.23万元，较2021年年底增长44.03%。全市所有村集体经营性收入达5万元以上，薄弱村消除率100%，其中集体经营性收入100万元以上村24个，50万～100万元村63个，强村占比4.14%。市委办、市政府办出台《关于整体推进“消薄攻坚、引领提升”八大行动发展壮大村级集体经济实施方案》（常办发〔2022〕2号），明确一年完成消薄任务，两年实现增量提质工作目标。市委全覆盖向598个集体经济薄弱村开展联点帮扶，市级领导重点帮扶16个集体经济薄弱村，全面落实县级联点领导、后盾单位、驻村第一书记。按照统一标准，各地从当地实际出发，因地制宜、分村施策，制定符合实际、便于操作的集体经济一村一策提升计划；针对集体经济消薄村和强村，对其创收目标和增收手段实行逐村审核把关。6月21日，市委组织部牵头举办全市村（社区）党组织书记发展壮大村级集体经济“消薄攻坚、引领提升”示范培训班，120名消薄村的党组织书记参训，各区县（市）也陆续开展培训，全市各级共举办培训班430次。以村级集体经济组织为主体，组建或领办农民专业合作社、土地股份合作社等新型农业经营主体344个，组建工程施工队、农业服务队、运输公司、劳务公司等生产经营组织299个。不断巩固资产盘活型、资源开发型、生产经营型、股份合作型、综合服务型等传统集体经济发展模式。整合各类集体资源，通过自营、流转等方式，对闲置的村级固定资产，通过租赁、托管等方式，实现保值增值。全市建立集体经济振兴车间796个，发展“飞地经济”23个，共建联营服务站122个，村集体承建中小型农水工程项目671个，项目累计总额1.32亿元。加大村企合作力度，598个薄弱村都明确1家以上企业结对帮带；推动地域相邻、资源相近、产业相似的村跨地域联动发展产业225个。

【农村集体“三资”管理突出问题专项治理】 全市9个区县（市）和市直3个区（常德经济技术开发区、柳叶湖旅游度假区、桃花源旅游管理区）的169个乡镇（街道）2103个村（社区）开展专项治理，累计自查自纠整改问题1227个。全市开展督查检查37次，开展暗访21次。建立成员登记备案制度和成员名册台账，要求各村对成员的法定增减和自然增减变化进行及时的更新管理。开展农村集体经济组织成员身份专项清理，依托全国集体产权管理系统，对重复身份、误确人员、漏确人员、虚拟身份信息等情况进行逐一排查处理。全市共排查重复成员信息67355个，完善虚拟身份证信息2755个。全市共完成290个村（社区）的股改，采取股份和份额两种方式量化资产，设置成员股、集体股、贡献股等股权，实施静态管理。市农经站下发《关于加强扶贫项目资产后续管理的通知》，形成扶贫项目资产移交接收、规范管理的一致意见。常德市针对存在的低价发包、面积不实、年限过长、无偿侵占等造成集体资产资源流失的问题，结合扫黑除恶专项斗争、脱贫攻坚、落实河（湖）长制和实施生态环境修复工作等中心工作，对低价发包、面积不实、年限过长、无偿侵占等造成集体资产资源流失的经济合同进行重点清理。组织开展多批次的村级财务人员培训，全面推行村账乡代理，通过民主理财、村务公开，推动规范化管理。结合集体经济审计、财务清理等专项活动，对违纪违规问题进行整治。积极探索“村社分账”，在鼎城、桃源2个区县及其他区县（市）部分村开展试点，全面落实村级集体经济组织管理集体资产、发展集体经济的主体地位，促进财务管理。全面建立台账对集体债权债务进行管理。对因历史原因形成的农业税费实行严格管控，严禁随意核销。积极化解旧债，根据村级债务的性质，坚持通过发展壮大集体经济、增加转移支付等方式分类化解。严防产生新债，对村内新上项目采取量力而行的原则开展，严禁举债建设。要求各村（社区）集体工程项目管理，规范工程招投标、预决算，投资额200万元以下的，以县为单位制定实施办法和操作规程，在程序合规的前提下优先村级集体经济组织及其参股的经营实体承建，确保集体经济增收。

【农村集体产权制度改革】 完成2021年度集体资产清查。截至2021年底，全市共清理核实集体资产总额94.83亿元，其中经营性资产19.86亿元；集体土地总面积159.74万公顷，其中农用地总面积143.928万公顷。开展农村集体经济组织成员信息录入专项整改。根据全省统一要求，重点做好农村集体经济组织数量不匹配、成员信息与持有份额（股份）信息填报不准、成员身份证号码重复与虚拟身份证号码数量居多、改革文件资料上传不规范等问题自查整改。有序开展集体经营性资产股份合作制改革。在集体经营性资产资源较多、干部群众有意愿的地方有序开展股份合作制改革，采取股份和份额两种方式量化资产，设置成员股、集体股、贡献股等股权，股权普遍实施静态管理，共进行290个村（社区）的股改。全面开展“村社分账”管理试点。在鼎城区、桃源县开展全省“村社分账”整县试点，其他各区县（市）选择部分条件成熟的村同步开展试点，通过资产核实、资产划转、平台开通、业务培训、账套建立、核算分立等工作流程，资产管理与财务核算实现线上运行。逐步探索农村产权规范交易。逐步健全农村集体产权交易平台，引导集体产权规范交易，促进农村集体资产保值增值，坚决杜绝暗箱操作。基本确定以政府购买服务和合作共建两种方式建设农村产权交易市场，推动健全市、县、乡、村四级服务体系。在武陵区芦荻山乡和石门县罗坪乡探索建立乡级集体经济联合社，集中管理乡村两级资产资源，分别发展城郊物业经济和山区特色茶业产业，探索全域抱团发展的新模式。

【农村土地承包管理】　稳慎开展第二轮土地承包到期后再延长30年试点工作。2022年常德市第二轮土地承包到期后再延长30年试点工作分为国家级试点与省级试点两个层次展开，全市有1个整乡镇试点单位、10个整村试点单位。其中鼎城区镇德桥镇开展国家级整镇试点工作，其余区县（市）及管理区各有1个村开展省级整村试点工作。各试点乡、村完成宣传动员、方案制定、调查摸底、收集问题、公示公开等工作，并开始具体问题处置。2021年，市委农村工作领导小组相继印发《常德市第二轮土地承包到期后再延长30年试点工作联席会议制度》（常农领发〔2022〕7号）和《常德市开展第二轮土地承包到期后再延长30年试点工作意见（试行）》（常农领发〔2022〕11号）等文件，全面指导试点工作。联席会议将试点工作作为加分项纳入乡村振兴提速专项行动的考核。市财政安排专项经费55万元。2022年9月下旬，市联席会议办公室与市委改革办联合组成专项督查，下发通报。市联席会议办公室报请省联席会议办公室同意成立市二轮延包试点课题研究组，明确40名业务骨干、专家学者为成员，安排资金作为专项课题研究经费，开展学术专题考察1次、召开学术专题研究会议3次，收集、研究、整理出典型案例20个。2022年，全市确权成果数据库按照国家标准全部提交；签订承包合同114.6万份，签订率99%；颁发土地承包经营权证114.6万本，颁证率97%，完成土地档案整理114万本，扫描入馆112万本，入馆率98%。县级基本建立土地流转服务中心和信息平台，乡（镇）建立土地流转服务站，村（居）配备土地流转信息员，及时发布土地流转信息，促进流转双方的有效对接。截至12月底，全市流转耕地面积29.52万公顷，占耕地总面积的62.95%。9个区县（市）均建立农村土地纠纷调解仲裁体系，基本形成县、乡、村层层有人负责的组织机构和工作体系，各地均按“一庭三室”（仲裁庭，调解室、案件受理室、档案会商室）的要求标准完善办公场所，工作条件及装备器材基本配备。2017—2022年常德市农村土地纠纷调解仲裁考评连续6年位列全省第一。汉寿县作为全市农村土地经营权抵押贷款工作“领头羊”，抵押贷款规模迅速扩大，澧县试点进展顺利，安乡实现零的突破。截至2022年12月底，全市共发放农村土地经营权抵押贷款813笔。汉寿全县累计发放农村土地经营权抵押贷款807笔，金额11.628亿元。澧县全县共审核发放38份土地经营权抵押贷款他项权证，土地经营权抵押贷款总额5019万元。安乡县、石门县开展土地经营权抵押贷款试点工作，分别累计发放农村土地经营权抵押贷款各3笔，金额880万元和340万元。

【发展农民合作社】　加大对农民合作社相关法律政策宣传，引导合作社完善财务管理，规范章程制度，规范内部运作，规范经营决策，规范盈余分配。排查全市农民合作社经营异常情况，根据实际情况对暂停运营的合作社劝导其依法依规注销或者向当地市场监管部门备案后依法自主歇业，对仍正常运行的合作社督促其完成年报公示，消除异常情况后申请移除经营异常名录。对2017—2021年获省级资金扶持的合作社经营情况进行清查，1家省级示范社已注销（津市），1家百强联合社已注销（津市），1家百强联合社停止运行。截至2022年12月底，全市已注册农民合作社8396家（2022年新增619家），入社农户约37.26万户。全市共有国家级农民合作社示范社43家、省级示范社185家、市级示范社484家、县级示范社1139家。2022年全市成功申报省级示范社43家，重点支持的省级示范社5家，认定数为全省各市州之首；认定市级示范社116家。开展2021年新型经营主体贷款贴息工作，为280家农民合作社贴息496.21万元，为8家农业社会化服务组织贴息33.65万元。开展防范非法集资宣传教育，对农民合作社领域涉众型非法经营活动稳定风险进行排查，没有发现重大风险线索。督促澧县对湖南锦绣千村农业专业合作社开展信用合作情况联合县金融办、县市场监督部门等开展定期检查，2022年3月、

12月开展2次专题检查。

【社会化服务】 成功争取石门、汉寿2个农业社会化服务整县试点项目和安乡1个省级创新试点县项目。通过整县试点项目，培育社会化服务组织131个，完成服务面积共计11364.87公顷，服务小农户47732户。成功争取1个国家级创新试点组织（湖南锦绣千村农业专业合作社，2021年申报）和1个省级创新试点组织（湖南津阳水稻专业合作社），完成任务面积3539.4公顷。成功申报桃源县食健堂水稻专业合作社、鼎城区鑫昊水稻专业合作社2个省级示范区域性农业社会化综合服务中心。2个示范中心可服务面积达8183.33公顷，服务小农户面积4924公顷，为全市农业社会化服务组织建设树立标杆。

【家庭农场培育】 2022年，常德市把加快家庭农场发展，促进适度规模经营作为新型农业经营主体培育重点，采取有效措施，不断增加农场数量。对潜在符合条件的种养大户、专业大户进行全面摸底，纳入家庭农场管理范畴，截至2022年年底，全市家庭农场数量达16668家。开展省市两级示范家庭农场创建，通过逐级申报、层层审核，最终创建省级示范农场59家、市级示范农场133家。按照最新的名录系统制度，指导各区县（市）、管理区对名录系统中现有的家庭农场信息进行完善纠错，保持数据动态更新。指导武陵区成立常德市德桃家庭农场合作社，家庭农场为成员，共同实行统一的生产标准和销售渠道，提升生产效率。

农村宅基地管理。4月12日，全市农村宅基地和村民建房管理联席会议召开，议定加强工作监管、明确部门职责、强化主动服务、落实工作经费、严厉问责追责、打造示范亮点等具体事项。区县市依此建立健全联席会议工作机制。镇（街）明确由农经站牵头负责联审联批办公室工作。村（社）支部书记为村民建房第一责任人，协管员负责具体工作。全市统一明确申请条件、审批流程、办理时限。桃源县统一下发《农村宅基地用地建房审批工作指南》，统一规范“一户一档”审批模板，2022年，全市共审批农村宅基地13138宗。鼎城区出台《农村村民建房工作九项措施》强化全程监管。汉寿县下发《农民集体所有土地用地管理暂行办法》，提取考核资金840万元，并配套“以奖代投”资金300万元，每半年组织一次集体土地用地管理考核。全市各级以张贴横幅标语、发放宣传图册、出动宣传车辆和“村村响”广播等形式实施广泛深入的政策宣传。并通过市政法委“平安580”平台曝光反面典型案例。组织执法业务培训，制定《农村村民住房建设管理执法文书汇编》。桃源县、汉寿县等地经与司法、法院、自然资源等部门对接，由县级农业农村部门与镇街签订《农村宅基地行政执法委托书》，对农村居民未经批准或者违规建住宅、占用永久基本农田建房的行政处罚权委托至乡镇（街道）人民政府（办事处）立案查处。鼎城、临澧对违规建房行为实行“一单四制”（违建清单，交办制、台账制、销号制、通报制）限期整改。

【编印《常德市发展壮大村级集体经济主要模式及典型案例选》】 2022年7月，由中共常德市委组织部、常德市农业农村局联合编印的《常德市发展壮大村级集体经济主要模式及典型案例选》正式成书。该书按照“资产盘活型、资源开发型、资本运营型、生产经营型、特色产业型、乡村文旅型、股份合作型、综合服务型、振兴车间型、农水项目型”等10种类型，收集整理50个典型，为常德市村级集体进一步找准发展方向、明确发展模式提供示范样板。

【常德市农村集体产权制度改革工作获农业农村部表彰】 12月21日农业农村部下发《农业农村部关于表彰全国农村集体产权制度改革工作先进集体和先进个人的决定》（农政改发〔2022〕2号），对全国深化农村集体产权制度改革作出积极贡献的200个单位授予“全国农村集体产权制度改革工作先进集体”称号，400人授予“全国农村集体产权制度改革工作先进个人”称号。常德市农村经营服务站荣获“全国农村集体产权制度改革工作先进集体”，澧县农村经营服务站胡青山荣获“全国农村集体产权制度改革工作先进个人”。常德市深化农村集体产权制度改革，构建新型农村治理体系，农村经济社会快速健康发展。全市2103个涉改村（社区）共清理核实集体资产总额94.88亿元，其中经营性资产19.85亿元；集体土地总面积1597400公顷，其中农用地总面积1439280公顷。共确认集体经济组织成员466.82万人，共成立村级集体经济组织2109个，乡镇级集体经济联合社2个。截至2022年11月底，全市实现集体经营性收入2.84亿元，村均13.49万元，所有村（社区）集体经营性收入都达5万元以上。

（李晨曦）

常德市2022年省级示范家庭农场名单（59个）

常德市武陵区华来家庭农场

鼎城区易爱珺家庭农场

鼎城区蔡家岗镇张勇家庭农场

鼎城区石板滩镇凡新华家庭农场

常德市鼎城区翟秋娥家庭农场

常德市鼎城区蔡家岗镇国栋家庭农场

常德市鼎城区陈学红家庭农场

鼎城区石板滩镇向建华家庭农场

鼎城区中河口镇鼎峰鳜鱼家庭农场

常德市鼎城区佳硕家庭农场

鼎城区周家店镇花果园家庭农场

常德十里田田家庭农场

鼎城区十美堂镇代桂兴家庭农场

常德柳叶湖荷香苑家庭农场

桃源县大爱家庭农场

桃源县成绩家庭农场

桃源县绿丰园家庭农场

桃源县邓铁家庭农场

桃源县杨溪桥乡久丰家庭农场

常德市桃花源区胥田稻谷种植家庭农场

桃源县仁君家庭农场

桃源县兴和家庭农场

桃源县关口垭家庭农场

桃源县汎笙家庭农场

汉寿县珍枚家庭农场

汉寿县沧港博鸿家庭农场

汉寿县坡头镇祖宏家庭农场

汉寿县寒丽康家庭农场

汉寿县西港镇连安家庭农场

汉寿县洪军家庭农场

汉寿县胜暄家庭农场

汉寿县木鱼岛家庭农场

汉寿县盛捷家庭农场

安乡县海波家庭农场

安乡县银军家庭农场

安乡县刘波家庭农场

安乡县天宇家庭农场

安乡县阳先芝家庭农场

临澧县楚军家庭农场

临澧县生富家庭农场

临澧县鑫盛家庭农场

澧县崔泽元家庭农场

澧县泽山家庭农场

澧县宗峰家庭农场

澧县邓发家庭农场

澧县周怀金家庭农场

澧县爱明家庭农场

石门县月亮岛家庭农场

石门县一飞家庭农场

石门县熙耀家庭农场

石门县广交山家庭农场

石门县七彩花田家庭农场

石门县金黍家庭农场

石门县双农山家庭农场

津市市毛里湖镇圣顺家庭农场

津市市桃花岗家庭农场

津市市绪春家庭农场

津市市毛里湖镇仁华家庭农场

津市市华伟食用菌家庭农场

农业机械化

【概况】 2022年，常德市农机事务中心助力保障粮食安全，推进乡村振兴，紧贴“三农”实际，全市农机装备转型升级持续推进，农机化作业水平稳步提升，农机社会化服务体系完善壮大，农机安全生产形势平稳，农机干部队伍更加奋发有为。至2022年年末，常德市农机总动力突破691万千瓦，全市水稻生产综合机械化率达83.8%。

【农机安全】 2022年共摸排注销未拆解变型拖拉机300辆，已拆解报废300辆，其中提前拆解37辆，拆解完成率100%，变型拖拉机牌证核减比例达81.85%。各级农机监理机构积极配合和参与公安交警、交通管理等多部门联合执法行动累计318次，检查各类拖拉机800余辆，排查安全隐患232起。2022年，累计承保笔数7718笔，全单保费319.09万元，推广覆盖率达98.5%，基本达到应保尽保，增强广大机手抵御安全风险的能力。2022年度，全市创建“平安农机”示范乡镇18个，桃源县、津市市被评为全国“平安农机”示范县。

【机械化水平】 全市新推广抛秧机35台，插秧机237台，推广温室大棚19套。9个县市区参与水稻机插机抛社会化服务项目，共承担任务面积24000公顷，实际完成作业面积37680公顷，完成率157%，超额完成省下达任务目标。在临澧、鼎城建立66.67公顷以上的示范片区，示范区的水稻种植模式采用机械化栽植，收割时按《水稻机械化收获减损技术指导意见》内技术要求进行收割，7月与11月对示范区机收减损进行测定，示范区的水稻机收损失率能控制在2.5%内。在全市范围

2022年12月16日，2022年常德市第一届职业技能大赛“沃得杯”农机职业技能竞赛举行

（市农机事务中心 供图）

内组织机收减损技术培训、技能比武，通过机收减损活动的开展，全市水稻机收损失率控制在3%以下。3月19日，在澧县召开2022年全市水稻机插机抛现场演示暨农机维修保养服务体系建设现场会。澧县、鼎城、桃源都已建立各具特色的农机维修保养服务网点，全市有15家功能齐全、各具特色的农机维修服务网点，有效缓解农机维修难、难维修的问题。2022年全市创建省级现代农机合作社12家，现代农机合作社示范社8家，“全程机械化+综合农事”服务中心3家。7月21—22日，在澧县举办省农机推广“田间日”活动暨新技术培训班。12月15—16日，在安乡县举办2022年常德市第一届职业技能大赛“沃得杯”农机职业技能竞赛。全市共开展比武、演示、培训等多种形式的农机活动300多场次，促进农机新机具新技术的推广。

【智慧农业】 与中联重科调研沟通，起草对中联农机常德产业园下线的轮式拖拉机、收割机开展作业补贴的实施办法，该办法通过市政府常务会议，产品正式下线后，部署实施作业补贴。为有效提升常德市农机生产企业生产规模和市场竞争力，从常德市本土6家中小农机制造企业中评选出常德科祥机电制造有限公司、石门县腾辉农业机械制造有限公司2家企业，分别给予每家5万元奖励扶持，重点研发生产国家新型农机产品，推进常德市农业机械化和农机装备转型升级。为加速推进常德市智慧智能农机产业链发展，在全市范围内开展智慧智能农机使用推广的农业生产主体中评选出汉寿县博汉农机专业合作社、常德市张氏农机专业合作社2家合作社，分别给予每家5万元奖励扶持，推动智慧智能农机产业链基地建设。

（张维政　彭　岑）

农民教育培训

【概况】 2022年，常德市共举办各类农民教育培训班1114期，培训农民8.5万人次，其中新型经营主体带头人培训52期0.3万人次，农村实用技术培训759期5.3万人次，思想道德等素质培训303期2.9万人次。市农教办举办市级示范性培训班10期，培训农民1284人次。为传承农耕文化，增强农民群众身体素质，倡导文明乡风，各地积极组织农民开展系列趣味性与健身相结合的特色体育赛事活动，积极组队参加全国农民特色体育赛事活动，组织农民体育健身活动8场次，参赛农民1860人次。市农教办被省农广校评为2022年度农民教育培训工作先进单位。刘晓霞入选中央农广校2022全国农民教育培训100名优秀农民教育培训教育管理人员名单。

【农业新型经营主体带头人培训】 以实施“常德农教”精品培训目标为引领，培育农业企业负责人、农民专业合作社理事长、家庭农场主、农业职业经理人、农村集体经济负责人等5类新型经营主体带头人。全市举办新型经营主体带头人培训班52期，培训0.3万人次，其中市农教办培训6期535人次。举办常德市农产品“圳品”认证培训班、常德市农家小院开发利用带头人培训班、常德市智慧农业暨机收减损技术骨干培训班等，培训以“引进来”为主，聘请省内外知名专家学者来本地授课，取得了很好的培训质量和效果，为新型经营主体的发展和壮大提供了新的思路和平台。

【农村实用技术能人培训】 市、县两级农教办以省农村实用人才培训和高素质农民培育为抓手，理论与实践相结合，开展农业主导产业、特色产业和职业技能等农村实用技术培训。全市举办实用技术培训班759期，培训农民5.3万人次。同时，专门开办农村环境整治、思想道德、政策法规等讲座303期，培训农民2.9万人次。全市农教系统按照“一村一人以上”的标准对全市2083个行政村和涉农社区进行全覆盖培训，共培训农村实用技术带头人2132人，其中市农教办培训

2022年3月，市农技专家在省级农民田间学校现场演示绿色水稻旱地育秧技术

（市农教办 供图）

4期729人。全市培训高素质农民26期1820人，其中农教系统培育12期840人次。按照中央农广校的统一部署，遴选澧县、安乡、临澧3个县参加高素质农民培育效果评价工作，在各县自评的基础上，市农教办根据实地复评、资料复评等情况进行打分，形成复评报告。根据市委、市政府《关于整体推进“消薄攻坚、引领提升”八大行动发展壮大村级集体经济实施方案》精神，市农教办牵头开展新型职业农民培训，培训8009人次。紧抓冬春农闲这一契机，持续面向广大农民开展普及培训。2021年冬和2022年春全市举办各类培训580期，培训农民4.5万人次，发放培训资料10万余份。

【“农广助农”和“三农”干部“走出去”培训】 市、县两级农教办争取省级培训项目在常德实施，为常德市的农民教育培训工作提质增效。举办生猪养殖、健康水产养殖、油茶产业等3期领军人才培训班，培养农业产业发展带头人235人，起到辐射带动作用。7—9月，省农广校校长傅胜才带队，在常德举办3期全省“三农”干部“走出去”培训（省内）示范性培训班，全省各市州农广校校长、基层农技干部、省级农民田间学校校长共140余名学员参加培训。学员们先后到湖南玖源农业发展有限公司、常德市河洲水产有限公司、鼎城区谢家铺施家陂村等地进行流动现场教学和研讨交流，宣传和推介常德市乡村振兴建设和现代农业发展取得的成绩。

【农产品“圳品”认证培训】 为助力常德市农产品在深圳更好打开市场，助推农业新型经营主体提质增效，采取“走出去”培训，举办常德市农产品“圳品”认证培训班、常德市农家小院开发利用带头人培训班、常德市智慧农业暨机收减损技术骨干培训班等，培训以“引进来”为主，聘请省内外知名专家学者来本地授课，培训质量和效果很好，为新型经营主体的发展和壮大提供了新的思路和平台，“圳品”认证培训班举办后，全市新增16家经营主体纳入“圳品”认证体系，39个农产品获得“圳品”认证。

（梅莉敏）

农业产业化

【概况】 2022年，常德市农业产业紧紧围绕农产品精深加工千亿产业目标任务，提质增效、做强做优，把资源优势转化为产业优势、发展优势，将产业发展成为富民强市的支柱产业和优势产业目标。全市现有农产品加工企业6166家，农业产业化国家重点龙头企业8家，省级龙头企业102家，市级龙头企业279家，规模以上农产品加工企业556家。全市农产品加工业实现营业收入2055亿元，同比增长9.3%；实现利润81.6亿元，同比增长6.9%。全市农产品精深加工产值796.6亿元，增长12.2%。全市休闲农业与乡村旅游接待2727万人次，同比增长4.71%，实现经营收入47.8亿元，同比增长7.76%。

【农产品加工企业】 制定《常德市打造农产品精深加工千亿产业实施方案》，推进发展行业标杆打造、主体倍增、德品优农、惠企融合等四大工程，按照“扩增长、稳存量、提质量”的总体思路，开展“新增规模以上农产品加工企业”行动，全市新增规上企业51家，总数达556家，任务进度102%。推荐博邦农林为国家级龙头后备企业，弘富源等22家企业成功申报省级龙头企业（新增数量全省第一），拟认定市级龙头企业42家。

【农村双创】 组织开展带头人培训班，邀请青创协会会长曾小凯、常德市电商协会会长胡涛、省双创导师张业湘分别就演讲技巧、创业经验、比赛答辩、PPT制作等方面进行授课，激发双创活力，发展壮大乡村产业。组织市级选拔赛。联合共青团常德市委、建行常德分行举办“建行杯”第六届湖南省农村创业创新项目创意大赛常德市选拔赛。通过激烈角逐，遴选平台服务2个、产品产销2个参加省赛，4个项目获省赛优胜奖，市农业农村局获优秀组织奖。

【金融扶持】 针对农业投入大、见效慢、周期长，又缺乏有效抵押物，融资难、融资贵等发展难题，市农业农村局与常德市农商银行系统举行金融服务乡村振兴战略合作协议签约仪式。常德市8家农商银行分别与当地农业农村部门签订全面战略合作协议，与13家新型农业经营主体、农村集体经济组织代表签订授信协议，达成意向金额2.61亿元。

（罗季委）

农业科学研究

【概况】 2022年，常德市农林科学研究院设置课题30项，其中来源于国家、省、市级等课题22项，院自主科研课题8项，项目经费预算合计394万元。2022年，全院获全国农牧渔业丰收奖三等奖2项，广西壮族自治区农业科学技术奖——科学技术进步一等奖1项，审定水稻品种3个，登记辣椒品种1个，鉴定水稻亲本1个，获实用新型专利4项，计算机软著作权6项，制定湖南省地方标准1项、团体标准5项，发表学术论文20余篇。配合省农科院完成水

2022年2月22日，常德市农林科学研究院成功栽培柚王树　（袁振中 摄）

稻降隔相关试验任务，探索并推广常德市轻简化降隔模式和易操作、成本低的成熟水稻降膜技术模式。开展主推水稻品种筛选和“常德香米”筛选示范工作。开展种质资源搜集和利用工作。引进收集农作物种质资源374份，其中水稻108份、蔬菜89份、经济作物75份、油菜50份、西甜瓜52份。柚类种植资源圃、高标准连栋大棚柚类种质资源母本园、高标准新品种展示基地、柚风景路、柚景观带、柚类科普文化广场完成配套的水肥一体化设施建设。开展再生稻+油菜轮作模式技术试验。召开“三稻—再生稻—油菜”轮作模式专家现场评议会。2022年，市农林科学研究院获评“2022届省级文明单位”称号。

【科技示范与推广】　2022年，制定《2022年度科技特派员工作实施方案》，落实3个团队科技特派员和11名个人科技特派员，占全市50个科技特派员名额的28%。结合“我为群众办实事”实践活动，组织专家团队线上线下开展技术指导服务，为农业生产一线解决实际问题10余项。结合院企合作、“农科专家沅澧行”等工作，先后对接涉农企业、合作社30余家，开展水稻、油菜等主要农作物及西甜瓜、果树、蔬菜等特色产业绿色高效生产技术培训，培训基层技术人员500余人次，农民700余人，发放培训资料和书籍2000余份。依托国家、省、市科研平台建设以及各项业务工作开展，线上线下科技服务3200余人次，推广农作物新品种20余个，转化科技成果5项，转化资金120余万元。市农科院国家大宗蔬菜产业技术体系试验站常德站举办汉寿蔬菜节。

（袁振中）

棉花科学研究

【概况】　2022年，湖南省棉花科学研究所（以下简称棉科所）审定棉花品种4个，其中1个为国家审定。5个棉花品种获植物新品种权。选育并完成登记油菜新品种5个，油葵新品种1个。获省科技进步二等奖1项、全国农牧渔业丰收二等奖1项；制定颁布实施地方标准和行业规程7项；棉油双直播生产技术被同时评为2022年农业农村部和湖南省农业主推技术；获授权国际发明专利2项、国家发明专利3项、实用新型专利1项，获软件著作权15项；共发表论文20篇，其中SCI（《科学引文索引》）论文8篇，CSCD（中国科学引文数据库）论文3篇。2022年申报国家及省市级各类项目共计40余项，共计项目到账经费2486.4万元。

优势学科。2022年审定4个棉花品种，其中湘X1107通过国家审定；湘棉34、湘棉早3号、湘FZ031通过省级审定。“棉花分子标记关键技术研究集成与优质多抗育种应用”获湖南省科技进步二等奖，“绿色轻简高效植棉关键技术创建与应用”获全国农牧渔业丰收奖二等奖。“Method for Promoting Cadmium Absorption of Cotton and Application Thereof”和“Method of Improving Saline-Alkali Resistance of Gossypium SPP”等2项获授权国际发明专利；“一种适宜洞庭湖棉区的棉花轻简栽培方法”“一种棉花细胞核雄性不育系快速选育及组合测配鉴定方法”“一种转基因优质陆地棉新品种的选育方法”等3项获授权国家发明专利。发表SCI论文8篇，CSCD论文1篇。

服务全省棉花产业发展。1月14日，在2022年全省棉花生产工作部署会上，棉科所在会上作专题发言，为实现2022年全省棉花“提单产、提质量、稳效益”目标，完成计划面积100万亩，提出了多措并举推进“百千万”示范片建设等切实可行的意见建议。5月7日，与常德市农业农村局联合举办棉花县区生产技术人员及种植大户技术培训班，130余人参加。5月16—17日，协助省农业农村厅种植业处在澧县召开了全省棉花生产现场推进会。7月26日，承办全省棉花生产技术培训班，全省主产棉县市区相关管理技术人员、植棉大户（合作社）、企业代表等100余人参加会议，提高全省植棉技术水平。

采棉机械化研究。棉科所在与

2022年5月7日，联合常德市农业农村局主办棉花生产技术培训班

（梅正鼎 摄）

资源230余份，创制、鉴定新型种质资源2000余份，选育强优势新品系20余个。1个甘薯新品种申请登记，5个油菜新品种（晟湘油3号、7号、88、135、501）和1个油葵新品种（湘YD3）获得品种登记证书，花生新品种晟花B1申请新品种保护权。发表CSCD论文2篇。甘薯实验室脱毒组培取得突破性进展，茎尖消毒灭菌效果最高达90%，诱导出芽率最高达80%。甘薯脱毒组培苗市场走俏，2022年累计扩繁脱毒组培原种苗50万株，销往长沙、衡阳、怀化等省内9个市16个县市区且市场供不应求。

（王　洪）

农业农村部南京农机化所合作，联合研制出履带式刷辊式采棉机样机的基础上，与央企铁建重工开展了合作，并将以湖南为试点建立长江流域机械化采棉示范基地。7月20—21日，中国工程院院士陈学庚带领国家棉花生产全程机械化专家组来湖南，对棉科所与铁建重工联合研制摘锭式采棉机表示支持肯定。

人才培养。先后派遣科研及项目管理人员赴中棉所、省农业农村厅跟班学习，提升科研干部组织能力和创新思维；选派1人参加全国农业农村系统“网上冬训行动”培训班，选派1人参加省直机关党校科干班学习；同中棉所、湖南农业大学、新疆农业大学联合培养博士3名；2人通过正高职称评审，1人通过副高职称评审；1人获评“湖南省三八红旗手”，1人获农业技术推广贡献奖，1人入选常德市高层次人才C类。

科技服务。保障粮食战略安全，根据省农业农村厅安排，抽调43人次分赴全省74个粮食主产县市区参加全省粮食生产调研指导、核查等工作。继续承担全省棉油轮作试点督查和技术指导服务工作，棉花专家服务团队开展集中督导和相关棉油轮作技术专题培训。举办2期“农广助农”甘薯、中药材领军人才培训班，组织多种形式的技术培训班、现场观摩会，累计培训甘薯和中药材技术推广人员和农民700余人次，覆盖14个市州52个县市区。制作“棉花十问”科普小视频、“棉花十技”专家小课堂，在“学习强国”学习平台、红网时刻、潇湘三农、中国农技推广等媒介平台进行推介。

产学研合作与成果转化。2022年，与鼎城区农业农村局、湖南天丰农业科技有限公司、湖南晟泰农业科技有限公司、湖南靖德后勤管理服务有限公司、常德鸿图农作物种植专业合作社等开展合作，组织科技下乡、万名工程服务等。与湖南湘穗种业有限责任公司、湖南铭宇种业有限公司、湖北利众种业科技有限公司等开展合作，开展成果转化、技术服务和技术转移等，6个棉花品种（技术）实现成果转化收入110万元；植棉技术服务实现100万元技术服务收入；达成了油菜品种意向转化事宜。

新型学科。全年引进收集甘薯、玉米、百合、紫苏等作物种质

【国家重点研发计划项目汇报交流会在省棉科所召开】 9月22—23日，国家重点研发计划项目“中巴四倍体棉花耐热耐盐优异基因资源发掘及利用”中期汇报交流会在省棉科所召开。项目负责人、课题负责人、项目骨干等10余人参加会议。会议由南通大学教授汪保华主持。会上，项目4个子课题负责人分别就研究目标与考核指标完成情况、取得的主要进展与成果、下一步工作计划等进行汇报与交流。项目主持人汪保华对项目阶段性成果进行系统梳理，并进一步明确责任分工。参会人员对下一步的合作方向进行讨论。会议期间项目组成员对省棉科所选育的优异耐热种质资源进行现场观摩。

（匡政成）

【承办全省棉花生产技术培训班】 7月26日，省农业农村厅种植业管理处主办、省棉花科学研究所承办的全省棉花生产技术培训班在常德召开，厅种植业管理处二级调研员丁伟平出席培训班并讲话，全省主产棉县市区的农业农村局负责人、种植业（经作）科（股、站）长，植棉大户（合作社）、企业代

表以及省棉花生产技术专家指导组等100余人参加会议。会议组织观摩汉寿县、桃源县千亩示范片现场，邀请省棉科所副所长赵瑞元研究员、贺云新研究员、何叔军高级农艺师及银华棉麻集团副总经理蔡云生就棉花中后期管理技术、项目监管与实施、市场形势等进行培训交流，指导全省棉花生产。

（巩养仓）

【承办湖南“农广助农”工程甘薯产业领军人才培训班】 7月18—21日，湖南省农业广播电视学校（省农民科技教育培训中心）主办，湖南省棉花科学研究所承办，湖南省旱粮产业技术体系协办的湖南“农广助农”工程甘薯产业领军人才培训班在常德举办。湖南省农民科技教育培训中心主任、湖南省农业广播电视学校校长傅胜才，湖南省棉花科学研究所党委书记、所长曾球等出席。傅胜才在开班仪式上向学员们提出要求，曾球介绍省棉科所在甘薯科研上取得的进展与今后规划。省旱粮体系首席专家、湖南农业大学教授罗红兵，湖南省棉花科学研究所二级研究员张雪林、湖南省应用技术学院副教授黄丽霞等7名专家分别就湖南省甘薯产业现状与发展前景、品种类型、绿色高产栽培、种苗脱毒快繁、主要病虫害防治、加工、农产品电商销售技术应用等方面做培训报告。培训期间，组织学员们参观省棉科所茅湾“科技小院”。参训提升学员甘薯绿色、轻简、高效生产种植技术水平，促进湖南省甘薯产业全产业链高质量发展。省农民科技教育培训中心副主任、省农广校副校长喻宗希，省棉科所纪委书记、省旱粮体系湘北试验站站长肖才升，以及来自全省从事甘薯科研、种植、加工、销售的有关单位、企业、合作社负责人共70余人参加培训。

（朱春生）

湖南省贺家山原种场

【概况】 2022年，湖南省贺家山原种场开展智慧农业（数字大米）科研示范建设，推动水稻种植技术与现代智能信息技术有机融合，实现水稻生产的数字化管理、智能化决策、精准化控制、机械化作业，为推进数字大米、发展智慧农业创立了新样板、探索新路径。研发的国内一流、省内顶级的智慧水稻种植数据管理平台指导农户操作农事活动，实现精准施肥、精准灌溉和病虫草害精准防控，解决“怎么种好田”难题。通过数字赋能，促进农机、信息技术有机融合，初步实现水稻种植全程机械化、操作智能化，为破解“谁来种田”的难题提供路径。坚持肥药减量增效、绿色生态防控等生产技术创新研究和数字化、智能化建设一体推进，实现农艺与现代智能信息技术的融合发展，解决“种田收益低”的难题。

科技创新与成果。自主选育的两用不育系家65S通过湖南省农作物品种审定委员会鉴定（湘鉴稻：20220003）。开展水稻新品种区域试验、高低温抗性试验21个，鉴定参试品种1124个；制定湖南省地方标准5个。

农业产业发展。开展稻鳖、稻虾综合种养示范推广，稻鳖亩均纯收入达9000元，稻虾亩均纯收入1500元。场内企业湖南硕展农业开发有限公司获“国家级水产健康养殖和生态养殖示范区”和“湖南省农业产业化龙头企业”称号。

重点项目建设。实施湖南智慧农业（数字大米）贺家山现代农业产业园、设施栽培示范基地、湖南省数字农业试点、乐兴分场渔业发展等15个项目，完成投资1000万元。

【农业博览会展示数字大米试验示范成果】 10月28日，第二十三届中国中部（湖南）农业博览会在长沙国际会展中心开幕。湖南省贺家山原种场作为全省智慧农业（数字大米）试验示范单位代表出席农博会，展示在智慧农业（数字大米）试验示范方面取得的科研成果。自2021年湖南省农业农村厅决定在贺家山原种场开展智慧农业（数字大米）建设试点以来，贺家山原种场

2022年10月28日，贺家山原种参展第二十三届中国中部（湖南）农业博览会。图为展馆全貌

（湖南省贺农山原种场 供图）

水稻生产全程实行机械化作业，通过智慧农业“智农云”农事管理平台，实现精细管理，精准控制，标准化生产。贺家山原种场数字水稻相比普通水稻种植，综合成本亩均节约200余元，解决当前粮食生产少人种田、不会种田、种田效益低、农业面源污染等突出矛盾问题。

【“贺家山”牌荣获“湖南省知名品牌”称号】 7月25日，湖南省商标品牌协会发布2022年度第一批湖南省知名品牌认定名单，湖南省贺家山原种场“贺家山”区域公共品牌上榜。打造“贺家山”区域公共品牌，是场党委结合乡村振兴、农业供给侧改革、“智慧农业数字大米科研示范”建设等重大战略作出的科学决策，旨在以区域公共品牌为龙头、以特色农副产品为载体、以安全品质为核心、以消费需求为导向，打造一批有特色、有规模、有思想的本土市场经营主体，提升场特色绿色农副产品整体附加值和产地品牌声誉形象，促进场特色绿色产业加快转型升级。

（黄国军）

龙头企业

【金健米业股份有限公司】 金健米业股份有限公司于1998年4月在上海证券交易所上市，是湖南农业发展投资集团控股的一家以粮油食品精深加工为主的综合性粮油加工企业，是国内粮食系统第一家上市公司，被誉为“中国粮食第一股”。公司是首批农业产业化国家重点龙头企业、首批“国家级粮食应急保障企业”、全国优秀食品工业企业、中国主食加工示范企业、全国绿色工厂、“好粮油”行动示范企业、中国粮油企业100强、中国大米加工企业50强。2022年，公司全年实现营业收入为64.12亿元。

重组整合。公司梳理下设子公司的股权关系，专项推进“压层级、减法人”工作，主要参控股公司数量从28家压减到18家，股权及治理结构得到明显优化。完成经理层换届工作，根据用人所长的原则，明确成员分工，聚集经理层核心优势。优化调整总部组织机构和职能职责，精简人员编制，总部部门从10个压减至9个，人员压缩到70人。

深化改革。调整优化经营管理责权利清单及管理制度，科学下放经营权限，压实二级经营主体责任。调整经理层议事机制。启动米面油集合营销、产销分离模式改革，推进营销职能职责、人员机构的整合、调整与优化。对品牌矩阵、OEM（原始设备制造商）管理、成本费用管控、考核模型、信息支持系统的配套等提出纲要性要求。完成公司中层干部的重新选聘和优化配置，选拔任用一大批学历高、技能强、员工认可度高的优秀年轻人才。

精准营销。加大传统经销商的开发与维护。2022年先后开发粮油类经销商156家，实现销量7280吨；开发乳制品经销商47家，实现销售额561万元；开发休闲食品经销商77家，实现销售额1020万元。加大团购特渠开发，拓宽销售平台。重点开发了湖南省建设银行、农业银行及湖南银行等金融系统客户，2022年营销公司实现团购特渠销量10779吨，同比增长34%。推进战略合作。公司启动与雪天盐业的战略合作。重加快线上销售转型。按“区域聚焦，效益优先”的策略，收缩市场战线，梳理产品线及价格体系，聚焦平台运营深耕，年末线上销售形势出现明显好转。

产品创新。完善公司内部科研项目立项及结题机制，全年开展2次内部科技创新项目立项与评审，对8个项目进行立项评审，对7个项目组织验收。参与或承担国家级重大专项的研究开发，实施3个国家重点研发项目，参与1个“十四五”国家科技攻关项目的申报，获得5个发明专利授权书，申请发明专利4项。强化竞品研究与市场分析，加快公司产品包装设计优化和品质改进提升，推进汤泼面、零添加布丁、零添加蔗糖燕麦酸奶等功能产品的研究开发，培育战略新品。2022年，公司“金健纯香菜籽油”“原味低钠挂面”“星2号米”3款产品成功入选“中国好粮油”，入选数量位居全省第一；公司产品斩获“第七届中国国际食品餐饮博览会”金奖。

成本控制。优化供应链，实现部分供应商包装材料价格招标全面下调，其中油瓶、纸箱、标签降幅约4%左右，全年降低包材采购金额223万元；通过面制品公司车间工艺的升级改造，利用水蒸气发热替换天然气，全年气耗减少17.93元/吨，节约资金29万元；高度重视内部挖潜，持续加强费用审批管控，进一步节约相关费用。

（舒栋成）

【大湖水殖股份有限公司】 大湖水殖股份有限公司（以下简称大湖股份）成立于1999年，2000年在上交所上市，是一家以“水面权益资本化”模式上市的公司，是全国专业的淡水鱼上市公司，农业产业化国家重点龙头企业、国家高新技术企业、全国“万企帮万村”精准扶贫行动先进民营企业、全国新农村建设百强示范企业、国家扶贫龙头企业。现着力发展大健康产业，专注为消费者提供健康产品与健康医疗服务，包括：“大湖”牌有机水产品、“德山”牌白酒系列产品、药品保健品和康复护理医院运营管理的健康医疗服务。2022年，公司完成主营业务收入109471万元，缴纳税款7058万元。公司在常德市范围内有津市西湖渔场、澧县王家厂水库渔场、石门皂市水库渔场、汉寿安乐湖渔场等4家大水面净水渔业单位，共有水面11333.33公顷，产品均通过绿色产品与有机产品认证。其中西湖渔场于2022年被纳入湖南省渔业发展支持项目，成为大水面生态渔业示范基地。每年投资近5亿元，通过订单收购大规格鱼种及商品鱼，以提供鱼类种苗和技术服务以及合同订单、向农户采购鱼种等方式，使3.6万多名农户进入大湖股份的产业链，在促进当地农户就业的同时，实现社会产值近30亿元。

2022年8月，公司旗下德山酒业的德山酒系列荣获“2022湖南文化旅游商品大赛”银奖；9月，德山酒业选送的作品《酝酿70年德酒传天下》获第二届常德品牌故事大会短视频比赛二等奖；德山酒业旗下高端酱酒产品德山德酱30荣获“湘鄂赣渝闽桂滇粤”酒类行业产品质量金质奖。

大湖股份坚持创新引领，持续在关键技术、前沿技术等方面探索与突破，2022年新申报专利5项，获授权实用新型专利6项、发明专利1项。2022年8月，旗下浙江杭州项目——杭州东方华康康复医院、杭州金诚护理院正式开业，并投入医保运行。2022年，大湖股份旗下东方华康医疗集团累计外派抗疫医疗队72批次、超1500多人次，采集260多万人次核酸样本。

大湖股份预制菜产业园一期项目投产。6月，在经开区建设的大湖股份预制菜产业园一期项目正式投产，产业园集加工中心和研发中心于一体，配置高标准的食品研发室、理化检验室、中西厨房、品鉴室及产品展示厅；研发品类涵盖预制菜冻品、预制菜冻转鲜、冰鲜净菜、传统速冻、零食、复合调味料六大类。拥有国际先进的生产、监控、检测等先进设备200余套。实现预制菜标准化、规模化、产业化生产。其原材料均产自优质湖泊，上架的首批产品大湖鸿运剁椒鱼头系列，上市两个月就收获超千万元订单。通过“企业+农户+基地”的模式，项目投产初期带动就业近300人，新带动近万人进入公司产业链。12月，大湖新品“双椒鱼头”荣获“2022年度湘菜预制菜”称号；大湖水殖股份有限公司被评选为“十大湘菜预制菜加工企业”。

《地理标志产品　德山大曲》湖南省地方标准发布实施。3月，公司旗下德山酒业主导起草的《地理标志产品　德山大曲》湖南省地方标准（DB43/T 2296—2022），由湖南省市场监督管理局正式发布，并于5月实施。该标准与德山大曲2017年被评为国家地理标志保护产品相呼应，传承德山酒业浓香型白酒标准、规范的酿造工艺，认可德山酒业浓香型白酒优良的品质。

（周　丹）

2022年6月15日，大湖股份预制菜产业园投产仪式举行。图为仪式外场

（大湖水殖股份有限公司 供图）

【汇美农业科技有限公司】　汇美农业科技有限公司于2002年6月成立，注册资金5000万元，位于常德市西洞庭管理区食品工业园区，是一家立足于农业产业化，立志打造品质生活的现代化农业科技有限公司，是农业产业化国家重点龙头企业，公司旗下拥有爱可道生物科技、湖南西洞庭检验检测有限公司、常德市汇农果蔬专业合作社。公司占地17.33公顷，建筑面积18万平方米，是国际巨头雀巢、都乐、沃尔玛公司的合作伙伴。公司产品有橘子罐头、朝鲜蓟罐头、植物提取物等系列产品，产品销往欧盟、东盟、美国、加拿大、日本等地。公司在符合国家重点龙头企业标准水果产业中经济实力排名前列，联农带农能力排名前列；在朝鲜蓟特色产业中生产规模排名第一。取得BRC（英国零售商协会）、IFS（国际金融统计）质量体系双认证，美国犹太认证，同时拥有美国HACCP（危害分析与关键点控制）食品安全控制体系。公司“鑫湘汇”商标是中国驰名商标，“祝丰、小秘蜜”是湖南省著名商标；获得无公害、绿色农产品认证7个；共获得国家授权专利41项，其中发明专利17项、实用新型专利24项。

先进技术。果蔬罐头行业一直存在用工量大、用工强度高、自动化程度低等缺点，影响生产成本。汇美公司通过对国内外果蔬行业的考察，确

汇美农业科技有限公司罐头生产车间　　（汇美农业科技有限公司 供图）

立了引进先进设备和自主创新相结合的战略思想。投入1.5亿多元引进和自主开发一批世界领先的设备和生产线。其中，投入6000多万元自主研发的柑橘原料自动给料、自动输送、自动称量的设备，解决一系列制约柑橘产业化生产的难题。2022年，汇美公司的果蔬罐头生产线和设备在世界果蔬行业居于领先地位。公司与国家植物功能成分利用工程技术研究中心、中科院上海药物研究所、浙江大学、复旦大学、中南大学湘雅医学院、常德市农林科学研究院、湖南省胸科医院等国内知名科研机构建立良好合作关系。公司在洋蓟种植、精深加工研究方面的技术处于国内领先水平。

（刘　铃）

【湖南洞庭春米业有限公司】　湖南洞庭春米业公司于1990年创立，专注于粮油优质产品的研发及优质稻种的订单推广，为消费者提供绿色、安全、营养、生态的优质大米，是国内具有重要影响力的集粮食订单种植、储备、中转、购销、精深加工为一体的优质高效综合型民营粮食企业。公司拥有粮食储备仓库22栋，仓容量20万吨；拥有4万公顷绿色水稻订单种植基地及年加工原粮50万吨现代化全智能自动化生产线，日烘干3000吨稻谷生产线；产品远销湖南、湖北、广东、广西、云南、贵州、四川、重庆、江西、福建等省市。公司是农业产业化国家重点龙头企业、全国放心粮油示范加工企业、湖南省高新技术企业；公司主要产品“金洞庭春”系列优质大米，获得“绿色食品”“中国驰名商标”“全国名特优新农产品”等称号。公司以“为耕者谋利，为食者造福”为经营理念，通过规模化订单种植有机、绿色、生态、安全的优质稻谷，加速产业基地建设，提升从土地流转、收储、加工、销售的农业全产业链水平，实现从田间到餐桌的一、二、三产业链贯通。通过延伸产业链条，促进产业升级，实现农户增收、农业增效、企业增利的共盈效果，引领农业创新发展。模式得到省委、省政府、省农业农村厅、省粮食物资储备局和常德市委、市政府，澧县县委、县政府及各职能部门认可，并在省内外复制推广，成为全国绿色有机订单粮食生产、供应基地。公司设置办公室、收储部、生产部、市场营销部、财务审计部5个部门；员工120人，其中管理人员23人，技术人员57人，生产和销售人员40人。

2022年，公司实现销售收入8.27亿元，净利润0.41亿元，净利润率4.9%；年末总资产4.21亿元，其中流动资产1.83亿元，固定资产净值2.38亿元；总负债0.87亿元，资产负债率20.78%。

（肖　晖）

商 务

综述

【概况】 2022年，全市实现进出口总额252.54亿元（37.37亿美元），总额居全省第八位；同比增长34.9%（按人民币计算），增幅居全省第四位。净增外贸实绩企业75家。实际利用省外境内资金1116.86亿元，同比增长15.16%。实际使用外资5215万美元，同比增长1.6%。新引进5000万元以上项目312个，其中亿元以上项目286个（工业项目236个）；10亿元以上项目47个（工业项目39个）；完成“三类500强”企业注册（独立法人）17个。“德（湘）商回归”新注册企业70个，实际到位资金452.44亿元。

全市实现社会消费品零售总额1673.37亿元，总额居全省第四位，同比增长2.4%，增幅居全省第九位。净增限上商贸流通企业136家。亿元以上农产品商品交易市场10个，全市新建提质改造农贸集贸市场15处。商业特许经营备案2家企业，为常德泳道体育有限公司、常德市友好蟹先生餐饮服务有限公司。完善生活必需品保供应急工作预案，确保全市生活必需品供应充足、价格平稳。

常德市获评湖南省打造内陆地区改革开放高地先进市州，市商务局获评全省商务工作先进单位、2022年度商事制度改革工作先进单位、优化营商环境工作先进集体、安全生产先进单位、湖南省电子商务师（跨境电子商务师）职业技能大赛优秀组织单位等。

（祝怡宇）

【市场运行】 加强对全市商贸流通样本企业的监测，督促及时准确报送周报、月报、年报等报表，每月撰写分析报告，分析研判市场运行形势，及时发布市场监测信息，确保市场供应丰富、消费安全、价格平稳。开展应急商品储备，加强对储备企业的调研督查，确保储备物资能够调得出、用得上。2022年，湖南惠生农业科技开发股份有限公司、湖南华乐食品有限公司确定为省级冻猪肉储备企业。

（王巳铭）

【专业市场和农村市场建设】 常德钢材商贸物流中心旧址位于常德大道以东。2013年4月1日，湖南金鼎恒置业有限公司作为新市场投资业主和老市场搬迁主体，将其搬迁至丹溪路以西、常德大道南北两侧。经市商务局多方协调，钢材商贸物流中心项目进展顺利，主体建设基本完成，组织进行联合验收。验收合格后，于2023年上半年组织业主搬迁入场进行试营业，老市场整体搬迁正在积极筹划中。农贸市场建设。常德市国际农产品交易中心由首衡集团全资打造，2019年6月开工建设。项目规划占地75.13公顷，总投资50亿元，以“立足常德，服务湘鄂黔，打造华中地区具有影响力现代农产品商贸物流示范园区”为发展定位。2022年年底，该中心已正式启动运营并顺利承接甘露寺蔬菜批发大市场的整体搬迁。投入运营的主要有蔬菜交易区、干货交易区及冻品交易区，入驻商户近2000户。开业至今，日均销量达5000吨，日均交易额达3400万元。

（蔡 辉）

【商务流通及现代物流】 2022年，联合武陵区政府赴德海医药、金健、盛美盈顺、金健进出口、烟机配件、常德九芝堂等重点批发企业调研销售情况，了解企业困难，助力企业发展。以“常德推进首店经济发展的具体措施及存在的困难梗阻”为主题撰写《“萌芽阶段”常德“首店经济”未来可期》调研文章。核查拍卖企业。根据《中华人民共和国拍卖法》《拍卖管理办法》等有关规定，对全市17家拍卖企业是否按规定办理变更手续、有无存在擅自出租、转让拍卖企业经营资格、拍卖师聘用等情况进行核查。支持企业开展商业特许经营。根据《商业特许经营管理条例》和《商业特许经营备案管理办法》，对常德泳道体育有限公司、常德市友好蟹先生餐饮服务有限公司、常德邦房信息科技有限公司开展了商业特许经营业务指导，帮助企业合理规划发展计划、完善经营合同等，支持其开展商业特许经营。物流主体培育。常德市是全国第三批物流标准化试点城市，德山物流园、常德（陬市）现代物流产业园获批湖南省示范物流园区。津市三湘和达、临澧福泰、经开区宜达物流、鼎城隆腾物流、桃源湘西北物流基地等节点支撑作用明显，辐射范围覆盖湘西北及川鄂黔等周边省市。

（杨旻昱　姚良静）

【商贸服务行业管理】　2022年，市商务局强化行业管理，采取有效措施促进餐饮、家政服务、美容美发、洗染、按摩以及相关生产、生活性服务业高质量发展，大力实施“领跑者”行动，全市商贸服务行业呈现出蓬勃向上的态势。家政服务业中，截至2022年12月，全市共有29家家政企业注册登录商务部统一业务平台家政服务信用信息平台，其中22家提交信用信息，共有12043名家政服务人员在信用信息平台进行实名登记。根据湖南省家庭服务协会开展《关于在家政服务行业开展“百佳诚信企业”评选活动的通知》的精神，积极组织企业开展诚信建设，通过企业申报、市家政协会推荐，评选常德市七七七运输服务有限公司、常德市康业家政有限公司等6家企业参加湖南省家政服务行业“百佳诚信企业”评选。

（杨旻昱）

招商引资

【概况】　2022年，全市实际使用外资5215万美元，实际利用省外境内资金1116.86亿元；新引进亿元以上项目286个，亿元以上工业项目236个，分别完成全年目标任务的119.17%、157.33%；10亿元以上项目47个，10亿元以上工业项目39个，分别完成全年目标任务的134.29%、177.27%；完成“三类500强”企业注册（独立法人）17个；“德（湘）商回归”新注册企业70个，实际到位资金452.44亿元，分别完成全年目标任务的233.33%、282.78%。中国供销粮油收储加工、湖南航天镁合金材料及制品产业园、中节能哈电风电项目、中国电力桃源抽水蓄能电站等一批重大项目相继落户常德。

【“沪洽周”常德引进资金53亿元】　11月4日，2022“湖南—长三角经贸合作洽谈周”湖南省生物医药产业招商推介会在上海举行，主会场聚焦生物医药产业招商主要推介湖南省医药健康产业投资环境，促进优质生物医药资源互补，扩大湖南省生物医药口岸影响力，助推医药大健康产业集聚。常德市副市长杨成英、谭丁参加。杨成英代表常德市从城市文化、区位交通、资源要素、产业基础、政策平台、营商环境等多方面向与会嘉宾推介常德。“十四五”期间，常德将全力建强“一区一园一库”，推动“医药、医疗、医养”深度融合，重点建设好中药产业集群、智能医疗器械谷、现代美妆产业园，全力打造全省最大的原料药生产基地、全国大健康产业基地。在随后召开的常德（长三角）招商引资暨“德商回归”交流恳谈会上，副市长谭丁从先进装备制造、烟草、电子信息、农产品加工等方面介绍常德的产业格局。“沪洽周”常德共有20万吨/年危废综合利用、稳健平安医疗器械产业园、星马南洋医疗器械生产、鳗鱼工厂化养殖及烧鳗深加工等9个项目成功签约，签约总金额53亿元。

【常德市7个省旅发大会重点项目进展顺利】　2022年，常德市有7个项目纳入2022年省级旅游发展大会确定的重点项目，项目总投资为63.97亿元，2022年度计划完成投资总额14.05亿元。年底，已实际完成年度投资总额16.73亿元，投资完成率为119.07%。

7个重点文旅项目包括热市云顶温泉旅游度假区、柳叶湖国际会展中心、龙王洞景区提质改造、泽云·云舍风俗文化村、澧县文庙前片区文旅综合体（澧州古城景区）、西湖管理区文旅综合体项目以及复合型滨湖旅游度假综合体。截至12月，总投资28亿元的热市云顶温泉旅游度假区，年计划投资总额5亿元，实际完成投资额6.65亿元，建成云顶休闲、云端栈道，完成配套设施及绿化美化项目以及天空花海的土建施工等，投资完成率达133%。项目建筑面积117970平方米、投资总额12.8亿元的柳叶湖国际会展中心工程进展迅速，展厅整体完成95%，中廊桩基础完成，会议中心底板完成97%，地下室结构完成90%，实际完成投资额3.18亿元，投资完成率为106%。坐落在澧县兰江北岸片区的澧县文庙前片区文旅综合体（澧州古城景区），项目总投资5.79亿元，将打造为澧州古城展示区、文化旅游精品区、市民生活休闲区。完成文庙前片区拆迁、整体规划及道路建设等项目前期，完成景区沿线老旧房屋立面改造和管线入地迁改工程。

（黄 河）

国内贸易

【概况】 消费促进活动。开展“1+8+N”系列消费促进活动，即市级层面举办“悦享常德·品质生活”倾情补贴消费季暨特色美食节启动仪式；在中心城区举办特色美食节、电子商务资源对接会、湘西北汽车博览会、首届旅游发展大会、家电专场促销、家居建材专场促销、线上房交会、网上网下年货节等主题消费促进活动；各区县市结合活动主题和各自特色，开展了系列消费促进活动。通过市县联动、部门联动、行业联动，营造消费氛围、挖掘消费潜力、提振消费信心，全市消费市场加速回升。

新兴消费市场。以穿紫河风光带为重点区域，引导大型商业综合体发展夜市文化，常德城区已经形成以大小河街、武陵阁步行城、老西门、高山街、水星楼、文理学院商圈、万达购物广场、友阿国际广场、欢乐城购物中心为代表的现代都市夜游购物片区，夜晚各个片区灯火通明、人头攒动。2022年，常德市柳叶湖河街入选第二批国家级夜间文化和旅游消费聚集区。

培育商贸流通市场主体。建立完善商贸流通骨干企业、后备企业和帮扶企业名录库，加强跟踪监测，分类指导帮扶，引导企业入限入统。推动出台《常德市促进市场主体高质量发展实施方案》。开展“商务系统千名干部联企解难”专项行动，联系帮扶重点企业，开展纾困帮扶工作，大力帮助企业发展。组织了汉寿春华轩、康多利油脂等22家企业参加由商务部和湖南省政府共同举办的2022（第七届）中国国际食品餐饮博览会。2022年常德市净增限上商贸流通企业136家。

申报“湖南老字号”。根据《湖南省商务厅等14部门关于保护和促进湖南省老字号发展的若干意见》和《湖南省商务厅关于组织开展第六批“湖南老字号”申报工作的通知》的要求，指导各区县（市）商务主管部门，加大普查力度和范围，严格按照《“湖南老字号”认定办法（暂行）》的要求，筛选、发掘湖南嘉丰食品有限公司等5个企业申报“湖南老字号”，最终临澧黄花鱼、灵丹、一峰尖3个品牌被认定为“湖南老字号”。

【“悦享常德·品质生活”倾情补贴消费季启动】 7月29日，“悦享常德·品质生活”倾情补贴消费季暨特色美食节在常德万达广场拉开帷幕。启动仪式由市委副书记、市长周振宇主持，副市长谭丁介绍“悦享常德·品质生活”倾情补贴消费季系列活动具体内容；中国建设银行湖南省分行党委书记、行长文爱华，湖南省商务厅二级巡视员王峰分别致辞；市委书记曹志强宣布“悦享常德·品质生活”倾情补贴消费季暨特色美食节正式启动。7—12月，围绕“1+8+N”开展系列消费促进活动。“1”即举办“悦享常德·品质生活”倾情补贴消费季暨特色美食节启动仪式；“8”即举办特色美食节、电子商务资源对

2022年度常德市区县市商贸流通企业前十强一览表

表12

序号	企业名称	所属区县	年销售额（万元）	同比增长（%）
1	湖南省烟草公司常德市公司	武陵区	909622.5	6.04
2	湖南博泰供应链管理有限公司	经开区	115719.1	25.71
3	中海博赢国际贸易（湖南）有限公司	石门县	96403.1	24.49
4	湖南金健米业营销有限公司	经开区	88446.9	10.68
5	湖南武陵酒销售有限公司	经开区	79536.2	48.23
6	常德烟机配件经销服务有限责任公司	武陵区	73295.1	0.91
7	湖南金健进出口有限责任公司	武陵区	60660.5	–0.94
8	国药控股常德有限公司	鼎城区	56139.1	15.72
9	湖南名家医药集团有限公司	武陵区	52954.7	62.49
10	常德市华斌医药有限公司	鼎城区	51926.1	–12.81

接会、常德市首届旅游发展大会、第三十届湘西北汽车博览会、家电家居建材专场促销、直播带货暨短视频大赛、2022年常德市线上房交会、网上网下年货节等八大主题消费促进活动；“N”即各区县市（管理区）结合活动主题和各自特色，开展系列消费促进活动。特色美食节从7月29日持续到10月9日，其间组织300余家万达广场、和瑞欢乐城、友阿国际、大小河街商圈餐饮企业和市城区限上餐饮企业开展乐享潮流夜间美食餐饮促销活动；同时组织开展“味道湖南·常德味道”名菜、名店、名厨、名优食材评选活动。

【全市商务领域市场主体培育暨高质量发展工作调度会召开】 8月22日，全市商务领域市场主体培育暨高质量发展工作调度会在市商务局召开，会议由市人民政府副秘书长李碧波主持。市商务局党组书记、局长林红华，市委组织部、市商务局、市市场监管局、市统计局、市税务局分管负责人，区县市人民政府（管委会）分管负责人和商务主管部门主要负责人参加会议。会上，市商务局通报1—6月各区县市商务领域市场主体培育工作任务完成情况、1—6月各区县市商务领域高质量发展工作任务完成情况，解读《2022年常德市限上商贸流通企业培育攻坚行动方案》；各区县市汇报了商务领域市场主体培育和高质量发展工作情况；市直单位围绕限上商贸流通企业培育和高质量发展工作发言。

（杨旻昱　王巳铭）

对外贸易

【概况】 2022年，常德市相继开展全市外贸大摸排大调研行动、千名干部联千企“送政策、解难题、优服务”行动、开放型经济和招商引资工作包联走访行动、稳外贸促增长攻坚行动等一系列行动。全市商务系统对口包联调研214家外贸企业，收集企业的困难问题和需求建议，深入协调逐个解决或联系协调部门及时处置。省商务厅、省财政厅2022年5月公布的2022—2023年省级进口鼓励商品目录将常德市请求的木浆纳入，恒安纸业受该利好政策影响，2022年进口木浆价值12493万美元，同比增长18.1%。

政策扶持。常德市制定出台新的市级外贸扶持政策，各类支持标准均有所提高。部分业绩外流企业深受鼓舞，纷纷摆脱原有外地代理进出口渠道而开展自营进出口，全年全市外贸业绩回流1.53亿美元。

平台建设。发挥城发集团优势，打造市级外贸供应链代理贸易平台，全年实现进出口额3.17亿元。财鑫供应链公司全年为常德市外贸企业授信3.37亿元，并直接促成石门县的安德丰新能源回流业绩437万美元。保税物流中心项目开工建设，常德港国际集装箱码头已启动建设前期工作。举办“通道进市州、RCEP进园区”常德站活动，帮助外贸企业对接国际物流通道。成功申报桃源县（电子信息）、津市市（生物医药及器械）为省级外贸特色产业集群。

开拓海外市场。先后组织约110家企业参加跨境电商交易会、广交会、消博会、进博会、口博会、湖南—东盟投资贸易洽谈会等大型展会活动，推动企业对接国际订单，开拓海外市场。其中，第五届进博会组织53家企业洽谈采购，现场达成意向交易额1890万美元。

对接自贸区。对接湖南省自贸区，复制推广相关经验。积极申报湖南自贸试验区协同联动区，开展前期准备工作。湖南省中非经贸合作研究会与常德市城发集团签署战略合作框架协议；推动安乡旭鸿达非洲坚果产业园建设，深化对非合作，2022年常德市与非洲进出口15.5亿元，同比增长56%。

【全市外贸企业发展工作座谈会召开】 3月23日，全市外贸企业发展工作座谈会召开。会议由市人民政府副秘书长李碧波主持，市人民政府副市长谭丁出席会议并讲话。会上，市商务局原党组成员、原副局长谈远灯汇报常德市外贸企业发展情况；10家企业代表就各自外贸情况依次发言；各参会单位依次发言并提出意见和建议。市商务局党组书记、局长林红华发言。市工信局、常德海关、常德城发贸易有限公司及常德财鑫金控供应链有限公司的主要负责人，湖南海利常德农药化工有限公司、湖南恒安生活用纸有限公司、湖南中锂新材料有限公司、常德达门船舶有限公司、湖南洞庭药业股份有限公司、常德纺织机械有限公司、湖南铭裕无纺布有限公司、常德市德源供应链服务有限公司、湖南翔拓新创实业有限公司、湖南迪文科技有限公司等10家企业代表参加会议。

【“通道进市州、RCEP进园区”常德站活动】 为助力全省五大国际物流通道与常德企业开展对接，推动RCEP协定在湖南尽早落地实施，5月18日，湖南省“通道进市州、RCEP进园区”系列宣传推介活动第三站在常德举行。省商务厅、长沙海关，市直相关部门，区县（市）人民政府、管理区及商务主管部门，省级以上园区，相关金融机构，全市重点外贸、物流企业负责人约200人参加活动。省商务厅二级巡视员楼良金、常德市人民政府副市长谭丁出席常德站推介活动并致辞。长沙国际航空货运集结中心、中欧班列（长沙）集结中心、湘粤非铁海联运集结中心、岳阳城

2022年度常德市自营出口企业十强一览表

表13

序号	单位名称	出口额（万美元）	同比增长（%）	所在县（市）区
1	湖南海利常德农药化工有限公司	12329	51.67	常德经开区
2	湖南嘉力亚新材料有限公司	11540	27.27	桃源县
3	中联重科建筑起重机械有限责任公司	6643	36.26	常德高新区
4	常德市嘉力亚贸易有限公司	5007	234.43	桃源县
5	湖南龙行天下运动用品有限公司	4403	48.75	桃源县
6	胜美达电机（常德）有限公司	3226	–30.12	常德经开区
7	湖南华乐食品有限公司	2643	–2.78	汉寿县
8	常德站成鞋业有限公司	2461	630.16	桃源县
9	中材锂膜（常德）有限公司	2270	–19.19	常德经开区
10	湖南洞庭药业股份有限公司	2254	–0.74	常德经开区

陵矶江海联运集结中心及东盟货运集结中心的运营公司依次上台对各自平台的建设进展、多式联运方案、优势及特色等相关情况进行推介。中国机械工业联合会副会长宋晓刚就RCEP背景下中国机械行业面临的机遇挑战及对策建议等内容作专题解读，长沙海关关税处副处长袁华详细解读RCEP关税减让及原产地累积规则，建设银行湖南省分行国际部业务经理罗欢就国际物流通道、RCEP金融服务进行介绍。五大通道平台公司在现场设立对接窗口，与常德众多参会企业进行对接洽谈，针对企业具体情况量身定制国际物流通道运输解决方案。

【常德市代表团参加首届湖南东盟投资贸易洽谈会】　8月25—27日，市政府副秘书长李碧波带领全市16家外贸企业代表及市政府、市商务局部分干部赴邵阳市参加首届湖南东盟投资贸易洽谈会暨名优产品交易会，拓宽对外贸易渠道，开展产业对接交流，助推常德和东盟经贸合作。在邵阳市桃花体育中心举行的首届湖南东盟投资贸易洽谈会以“抢抓RCEP新机遇，深化湖南东盟新合作”为主题，展览面积共2万平方米、400个展位（其中61个形象特装展位），境内外参展企业达600余家，参展产品约1500种，1000多家专业采购商（包括老挝、缅甸、泰国等东盟国家客商）参会采购洽谈。常德市形象特装展厅占地105平方米，16家参展企业全部在该展厅中免费展出，展位设计、施工、运货、布展、接待等工作均由市财政拨付市商务局的展会活动经费承担，委托煜鑫文化公司具体执行。常德市16家参展企业来自12个县市区，展品包括机电产品、化工产品、食品茶叶、纺织品、医药及婴童用品、体育器械等，3天展期内共成交37单，现场销售金额4.68万元，武陵区藜初源贸易（藜麦、奇亚籽）、鼎城区天地农耕油茶、高新区德中堂医药、柳叶湖区极尚科技（音响耳机）、澧县益翔实业（童车）、石门县楚韵茶业、安乡县酷动体育用品、津市市金湘猪鬃等企业与客商现场洽谈并在展会结束后进一步对接。

（谭　志）

电子商务

【概况】　2022年，常德市通过合理配置电商资源，优化产业扶持政策，开展各类线上线下促消费活动，全面开展试点跨境电商业务，创新探索发展路径，不断激发产业活力，使电子商务成为促进全市经济转型升级的新引擎。

政策措施。印发《常德市促进电子商务产业高质量发展的若干政策措施》，从鼓励建设电商特色聚集区、鼓励建设直播电商基地、支持引进电商龙头企业、鼓励培育壮大电商主体、鼓励电商主体入限、鼓励建立跨境电商孵化中心、支持企业开展跨境电商业务、支持电商物流配套仓储建设、鼓励区县市发展电子商务、支持开展电商活动等10个方面提出了促进电子商务高质量发展的具体措施，旨在进一步推动产贸融合、内外融合。

电商活动。开展2022常德网上年货节，直播带货500多场，累计发放消费券12.15万张，实现网络销售额6454万元。培育“金丹酱板鸭”、“亲零嘴”零食、“南北特”豆干、索菲娅瑜伽服、欣姨劳保手套等一批日销过万单的“网红”品牌。“东方甄选”抖音带货石门柑橘一分钟内下单6000单、澧县阳光玫瑰单品线上销售1.7亿元。引导常德经开区电商产业园电商帮扶销售石门柑橘50万千克、汉寿甘蔗1000万千克、莲藕700万千克，增加了周边农民的收入。2022年农产品网络零售32.88亿元，完成年初工作任务的118%。

培育新业态。2022年制定并下发《常德市商务局关于开展跨境电商业务试点工作的实施方案》，加强对属地跨境电商适销产品、产业和意向试点企业的调研摸底。举办电子商务对接会，架起生产企业与电商企业的合作桥梁。组织参加湖南省电子商务师（跨境电子商务师）职业技能大赛，常德技师学院、常德中山外语职业学校的参赛选手分别获得电子商务师三等奖、跨境电子商务师二等奖和三等奖。2022年共孵化培训93家跨境电商试点企业，引进3家跨境电商重点企业，跨境电商出口额较2021年增长21倍。

要素保障。立足生态优势，逐步形成“一县一品”（特色农产品区域品牌）+农产品精深加工+线上线下互动销售的发展格局，打造了“2098·石门味道”“安乡农仓”“临澧味道”“澧品仓”“汉寿臻品”等电商区域公共品牌。各区县市结合实际，分别开展形式多样的电商人才培训，全市累计培训5万多人次，其中贫困户上万人次。市县两级还重点加强农村新型经营主体带头人和电商企业负责人等高层次人才培训，举办多场次电商实用人才和跨境电商人才培训班。全市组织开展以农产品电子商务、直播带货等为主要内容的农民教育，培训近6000人次。

【常德网上年货节启动】 12月30日下午3时，常德万达广场“助农直播”专场开播，数万款常德名优特惠年货同步上线，标志着常德市一年一度的“悦享常德　品质生活”之网上年货节正式开启。该活动从2022年12月30日持续到2023年1月28日。2022年全市农产品网络零售额为32.88亿元。根据商务部“2023全国网上年货节”总体安排，年货节期间，常德市陆续推出数万款常德名优特惠年货和送“金钞”福利活动，兴盛优选、多多买菜、美团、饿了么、好店店等社团电商平台将联动千家入驻商户推出年货精品、专属特调饮品、优惠大礼包等。各大电商平台将开展各种形式的年货大促，京东常德特产馆、京东津市特产馆打造“年货节网购”专区，设置平台自营满减券、秒杀抽奖、现金红包等；益丰大药房线上推出特价产品，派发专属红包；金健米业、锋力果源、华星家电等重点电商企业推出支付免息、家电减免和满返券优惠活动。多家跨境电商平台加入。海贸国际商城线上小程序推出“爱常德跨境美妆节”，推出超低价大牌美妆爆品补贴，新人派发500元优惠券；柳叶湖跨境电商体验中心精选欧洲、东盟、非洲、拉丁美洲等国家、地区的优质特色商品，推出婴幼儿奶粉、名酒、大牌彩妆等新品爆品的优惠购。2023年1月1日开始，常德河街春秋广场开展“数商兴农”电商直播活动，届时组织“三农达人”、美食主播走进展会现场，开展直播带货、品牌推广和逛展直播。

（蔡莉曼）

开放型经济发展

【全市开放平台建设座谈会召开】 5月24日，市政府副市长谭丁主持召开全市开放平台建设座谈会。市人民政府副秘书长李碧波，市商务局党组书记、局长林红华，常德海关关长叶国忠，市发改委、市财政局、市自然资源规划局、市交通运输局、常德经开区分管负责人，市城发集团、桃花源机场、德源集团、盐田港常德港务公司、中锂新材、胜美达、东风纺织负责人参加座谈，座谈会由市政府副秘书长李碧波主持。会上，市商务局党组书记、局长林红华汇报全市开放平台建设的情况。桃花源机场、德源集团、盐田港常德港务公司分别汇报航空口岸、保税物流中心、常德港海关监管场所项目相关情况。中锂新材、胜美达、东风纺织等3家企业分别汇报企业基本情况和对保税物流中心需求情况及建议。常德海关、市发改委、市财政局、市自然资源规划局等参会单位对全市开放平台建设提出建议意见。

【全市开放型经济座谈会召开】 8月18日，常德市委副书记、市长周振宇主持召开全市开放型经济座谈会。会议听取全市开放型经济、各区县（市）开放型经济的工作情况。2022年，常德市充分利用园区外贸综合服务平台、财鑫供应链金融等，帮助企业实现破零倍增。开拓市场，抢抓湖南自贸区建设、RCEP生效等重大机遇，利用国际国内两种资源、两个市场，大力推动企业和产品走出国门，参加对外经贸活动，提升对外发展能力。

【全市开放型经济和招商引资工作会议召开】 10月28日，全市开放型经济和招商引资工作会议召开。副市长谭丁出席会议并讲话。会上，市商务局党组书记、局长林红华就前三季度开放型经济和招商引资工作完成情况作通报。市委组织部、市统计局、市税务局、常德海关、常德外汇管理局分管负责人；市商务局（市招商中心）分管负责人和相关业务科室负责人；各区县市人民政府（管委会）分管负责人，商务和招商部门主管部门负责人参加会议，与会人员还听取全省商务和开放型经济形势分析会精神。

【全市开放型经济和招商引资暨商贸流通安全生产专业委员会工作推进会召开】　12月14日，全市开放型经济和招商引资暨商贸流通安全生产专业委员会工作推进会召开。副市长谭丁出席会议并讲话。会上，市商务局党组书记、局长林红华通报1—10月全市开放型经济和招商引资工作情况，并对区县市2023年重点工作提出建议。相关区县市就招商引资工作、外贸工作、消费工作分别做典型发言和表态发言。市税务局、常德海关、国家外汇管理局常德市中心支局就业务工作进行交流发言。市税务局、常德海关、国家外汇管理局常德中心支局分管负责人；市商务局（市招商中心）主要负责人、分管负责人和相关业务科室负责人；各区县市人民政府（管委会）分管负责人、商务和招商部门主管部门负责人参加会议。

（卜　帅）

供销合作

【概况】　2022年，常德市供销合作总社，以促进供销社高质量发展为主题，完善基层组织，提高服务能力，加快改革发展。2022年，全市供销系统购销总额79.43亿元，同比增长3.9%。

组织领导加强。领导重视。市委书记、市长听取推进供销合作社综合工作情况汇报，就推进“两个到户”（联结到户、服务到户）作出指示批示，并出席6月30日召开的市社“四代会”。调度推进。市委、市政府把推进“两个到户”作为全市深化改革的重要内容。市社每半年召开改革推进会、每季度召开县社主任会，加大“两个到户”推进力度。考核督导。市委、市政府将以推进“两个到户”为主要内容的供销合作社综合改革纳入全面深化改革和全市乡村振兴提速专项行动考核，确保“两个到户”工作强力推进、落地见效。

组织体系完善。推进“四有”乡镇社、“三有”村级社规范化建设。市供改组进一步明确乡镇、村级供销合作社专（兼）职工作人员职责，完善考核监督考核机制。鼎城区作为“四有”乡镇社和“三有”村级社规范化建设的示范区带动作用明显。全市快速推进，切实把基层供销合作社建设成各级供销合作社开展为农服务工作的前沿堡垒。开展乡镇为农服务综合体建设。市供改组下发方案，全面部署工作，各区县社通过深入摸排，筛选上报创建对象，并按照创建工作方案，快速培优做强，示范带动作用初步显现。基层社改造。发挥基层社示范社引领作用，先后培育6家管理民主、制度健全、带动力强的基层社示范社；完成10家薄弱基层社的改造。

服务能力提升。农业生产服务。针对不同地理条件、种植结构、经济发展水平，因地制宜推广“套餐式”全程托管、“菜单式”环节托管等多种农业社会化服务模式。截至12月底，全市土地托管面积13.24万公顷，农业社会化服务469万亩次。拓展农产品流通服务模式。以建设市、县、乡、村四级农村电商服务网络为重点，打造现代流通服务网络，拓展线上线下销售。积极对接“832平台”等，大力发展直营店、加盟店，截至12月底，全市供销系统农副产品销售额28.2亿元、电商销售额5.7亿元。加大县域流通服务体系建设力度。制订下发全市建设县域流通服务网络建设提升行动方案，在临澧开展县域流通服务体系建设试点。临澧县社成功申报2022年省社商业流通项目（县域流通服务网络建设）资金320万元。石门县供销社参股石门农易达物流有限公司，以“县级快递分拣中心+乡村电商快递服务站点”为配送模式，打通物流配送“最后一公里”。

订单服务做优。大力推广订单农资服务。建立联合合作机制，与史丹利、洋丰、沃博特等农化企业进行集中议价谈判，开展订单农资供应服务，统一配方、统一标识、统一品牌、统一定价、统一配送的“五统一”模式初步形成。2022年年初，常德市政府专项拨出100万元用于农资淡储补贴，各区县市也做出实际举措支持畅通供销农资供应渠道。市、县社有企业农资储备量和供应量均占到全市农资市场30%以上，其中临澧县达50%以上。大力推广订单种植服务。以推进“一县一品”“一乡一品”或“一村一品”为主要途径，大力推广订单种植服务。安乡县供销社依托县级平台开展优质稻订单种植面积2200多公顷，覆盖全县12个乡镇、51个行政村。配送订单户稻种近66吨、农药13万多套、肥料1300多吨，早中稻已完成收购，农户每亩增收300多元。大力开展订单农产品服务。依托企业、超市、学校、农产品电商等主体，按照“以销定产、以订保价”思路，重点在大米、水果、蔬菜等农产品领域打造便捷高效的供应方式，促进传统农业改造升级，实现农业增效、农民增收。

发展茶叶产业。按照“提升红茶、稳定绿茶、茶产品多元化”的发展思路，大力打造市县两级公共品牌。围绕品质提升、能力提高、营销拓展、结构优化、宣传推介、品牌建设等方面稳步推进，创新发展，取得显著成效。2022年，全市茶园总面积达2.43万公顷，干毛茶总产量5.5万吨，综合产值达110亿元。茶叶品牌建设。全市茶叶产业坚持以“政府引导、市场主导、行业协调、企业操作”为原则，实施“公共品牌+企业品牌”战略，形成以公共品牌为基础，企业品牌进行有效补充的品牌体系。加强与媒体的深度合作，与传统媒体继续开展电视专栏、报纸专题报道的同时，充分发挥新媒体优势，实施多元化、多层次、多角度的品牌宣传推广。实施“走出去、引进来”的战略，抢抓机遇，支持企业积极参加各类展销会、博览会和评比活动，宣传推介常德茶叶品牌，提升市场影响力和竞争力。在第十四届湖南茶业博览会上，桃源县被评选为2022湖南茶叶乡村振兴“十大茶旅融合示范县”，全市有5名茶叶产业从业人员获得“湖南杰出茶人”称号，3家企业和3名工匠分别入围湖南红茶“十大产品品牌”“十大制茶工匠”评选。全市茶叶产品和品牌获得国家级评选金奖4个，银奖3个。茶叶品质改造。全市各茶叶主产县和茶企持续在提升茶叶品质上发力，保护与利用优质茶树资源，不断提高茶园建设水平。在稳定传统良种的基础上，引进性状稳定、成活率高、适应性强的优良茶树品种，进一步改种换植，优化品种结构。集中开展连片标准茶园建设，因地制宜，改良土壤，培养树势，提高茶园整体生产能力，努力打造高产、高效、优质、生态、安全的标准化茶叶基地。大力发展有机茶园，扩大生态有机茶园基地规模，推广使用有机肥，严格监控农残超标，促进常德市茶叶产业向生态化、有机化、高效化方向发展。加工能力。全市茶叶加工水平大幅改善，机械化采摘修剪率达90%以上。茶叶生产企业整体加工能力逐年增强，全市390家茶叶生产企业，年加工能力达13.8万吨，同比增长14%，其中红茶加工能力4.3万吨，同比增长19%。根据生产实际要求，快速构建满足不同种类、不同等级、不同风味需要的“四化”生产线规模不断扩大，全市有茶叶加工生产线669条，其中符合清洁化、标准化、自动化、连续化的“四化”生产线66条，同比增长15%。营销渠道。市县两级通过培育现代流通方式和新型流通业态，壮大电子商务经营主体，发展“订单服务”销售模式，提高茶企在交易过程中的细节模式分析精准度，减少中间环节，降低销售成本，增加经济效益。截至2022年年底，全市茶叶生产和销售企业开设网店187个，销售单品近千个。坚持以品牌营销为中心，积极承办参加各类茶事活动。承办常德市旅游发展大会暨常德红茶文化节，组织全市16家相关企业与来自省内外的16家客商签订投资、定制、委托生产等合作协议。产业结构。全市茶叶产业以稳步发展、提质增效、调优结构为目标，在茶叶主产区重点开展老茶园改造、无性系良种发展、生态茶园建设等，全市茶园无性系良种面积达1.6万公顷，石门县无性系良种收入亩均达8000元，部分有机茶亩均收入达10000元以上。全市茶业生产方式从粗放型向精细化、从分散式向集约式、从人工采摘向机械化转型。

【市供销社为“常德红茶”首批授权经营店授牌】 3月5日，市供销社、市茶业办为石门县盛妹儿土特产展示中心和薛家村扶贫超市两家“常德红茶”授权经营店授牌，石门县政府领导丁克刚、龚云林及相关部门领导和茶企代表参加活动。市供销社二级巡视员戴作凡、理事会副主任王贤成分别为两家单位授牌。该活动是根据市茶叶产业发展部署，市、县两级联手发力，集中优势、突出重点，建设市、县区域公共品牌的具体行动，为“常德红茶”公共品牌和授权企业品牌拓宽营销渠道，提高常德茶叶品牌的市场影响力和知名度。活动前期，市茶业办和市茶业协会选择优势区位石门县开展首批“常德红茶”授权经营店筹建工作。石门是中国名茶之乡和中国有机茶之乡，“石门银峰”多次被评为湖南十大名茶，石门为“常德红茶”核心产区和优势基地。

【常德市供销合作社第四次代表大会召开】 6月30日，常德市供销合作社第四次代表大会召开，全市供销系统的168名代表参加会议，大会选举产生新一届理事会、监事会。市委书记曹志强，省供销合作总社党组书记、理事会主任刘湘凌，市委副书记、市长周振宇，市委副书记、市委统战部部长陈华，市委常委、副市长陈章杰，市委常委、市委秘书长傅勇，市人大常委会副主任石玉林，市政协副主席汤祚国出席大会开幕式。第一次全体会议上，贺立新作题为“奋力开拓常德供销合作事业发展新局面　为全面推进乡村振兴和农业农村现代化贡献力量”的工作报告。第二次全体会议表决通过《大会选举办法（草案）》，总监票人、监票人、总计票人、计票人名单（草案），《常德市供销合作社第四次代表大会关于理事会工作报告的决议》，《常德市供销合作社第四次代表大会关于监事会工作报告的决议》，《常德市供销合作总社章程（修订草案）》的决议（草案），以不记名投票方式选举产生第四届理事会主任、副主任，监事会主任。贺立新当选常德市供销合作总社第四届理事会主任，邓明彪当选常德市供销合作总社第四届监事会主任，钟福明、吴鹏伟、王芳当选常德市供销合作总社第四届理事会副主任。

【第六届中国果品产业博览会组委会到常德调研】　8月31日，第六届中国（长沙）果品（蔬菜）产业博览会组委会（湖南红星国际展览有限公司）吴文斌一行到常德调研，常德市供销社理事会主任贺立新、理事会副主任钟福明，桃源县、石门县、澧县供销社分管领导及果品企业代表参与座谈。座谈会征求第六届中国（长沙）果品（蔬菜）产业博览会相关意见建议，了解果品企业需求。会上，湖南红星国际展览有限公司项目总监吴文斌介绍果品展现在的组织及对接的相关资源情况，听取县社及代表企业的汇报，并就提出的问题给予解答。

【中华全国供销合作总社理事会副主任侯顺利到常德调研】　9月23—24日，中华全国供销合作总社党组成员、理事会副主任，中国供销集团党委书记、董事长侯顺利一行到常德调研。中华全国供销合作总社合作指导部部长刘崇高，省供销合作总社党组书记、理事会主任刘湘凌，常德市委书记曹志强，市委副书记、市长周振宇参加相关活动。侯顺利一行先后到澧县大堰垱镇惠农综合服务中心社、澧县城头山村供销合作社、中农锦绣千村农业社会化服务中心项目等地调研，并召开座谈会，听取常德市相关工作情况汇报。

【常德茶旅产业融合发展推介论坛暨项目签约举行】　12月9日，常德茶旅产业融合发展推介论坛暨项目签约举行。第二十届中央委员会候补委员，中国工程院院士，湖南农业大学学术委员会主任、教授、博士生导师刘仲华出席。市委书记曹志强出席并讲话。市委副书记、市长周振宇主持活动。省供销合作总社党组成员、理事会副主任邓文军致辞。活动现场，16个项目签约。特邀专家和嘉宾围绕进一步推动常德茶旅产业融合发展开展谈话式讨论。常德市以“常德红茶”市域公共品牌为主导，以“桃源红茶”“石门银峰”县域公共品牌为支撑，通过优茶园、强技术、促整合、重推介、夯基础等系列举措，全市茶产业综合产值突破100亿元。常德以举办论坛为契机，坚持“文化兴茶、旅游促茶”，打造集茶文化、茶旅游、茶体验等于一体的茶旅融合产业链，全力推动茶旅产业深度融合发展。

（张文浩）

2022年12月9日，常德茶旅产业融合发展推介论坛举行　（市供销社 供图）

石油销售

【中国石化常德石油分公司】　2022年，中国石化销售股份有限公司湖南常德石油分公司有在营加油站共155座，便利店130家，油库2座。作为常德市成品油供应主渠道、市成品油行业会长单位，中国石化常德石油分公司多次协调其他经营主体，维护市场稳定和公平竞争，协助政府开展“打非治违”行动（打击非法违法生产经营活动行为），净化市场环境，有效助力市场良性健康发展。加快政企联营，2022年多家联营公司项目正式投入运营。安全管理。作为油品销售危化企业，中国石化常德石油分公司始终将安全生产放在首位，始终坚持“生命至上、安全发展，预防为主、综合治理，领导承包、全员履责”的安全方针，努力健全安全生产责任制，开展安全生产标准化，强化隐患治理改造，强抓监督检查，从严目标考核。公司始终秉承“诚信规范、合作共赢”的经营理念，坚持“信誉第一、客户至上”的服务宗旨，对油品及商品的采购、储存、运输、销售等各个环节严格把关，确保出库和加油站销售的油品100%合格，易捷便利店商品无质量问题。2022年全年未发生任何形式的安全数质量环保事故或事件，维护市场及企业的稳定。责任担当。作为常德地区成品油主要供应商，中国石化常德石油分公司一直以服务客户为宗旨、以服务地方经济为己任，坚守“爱我中华、振兴石化”“为美好生活加油”的初心使命，坚持履行奉献清洁能源和绿色产品、助力脱贫攻坚等社会责任。中国石化常德石油分公司全面推行绿色企业行动计划，在全市范围供应国六标准油品。2022年，中国石化常德石油分公司及下属县（直属）公司响应国家扶贫号召，投身精准扶贫活动，对定点扶贫单位开展“一对一”精准扶贫走访慰问帮扶工作。2022年，公司录制微视频《永远的保密楷模邓颖超》，作为湖南石油唯一参赛作品报送省国家保密局和集团公司，被评为湖南省微视频二等奖。

（黄　景）

【中国石油常德分公司】　2022年，中国石油常德分公司全年销售油品19万吨，实现营业收入13余亿元，缴纳税费900余万元，提供就业岗位400余个，均已参保。打造培育万吨站。开展“动、干、比”大讨论活动升级版，采取差异化营销策略，全力扩销增量，全年打造万吨站3座。制定98号汽油销售方案。优化98号汽油销售站点，持续开展专项促销活动，营造现场宣传氛围，高标号汽油销售稳步增长。维护区域市场价格稳定。做好与竞合方的沟通协调，严控促销叠加，深入推进成品油打非治违工作，联合同行摸排非法销售黑窝点，打击流动油罐车，有力净化成品油市场秩序。深挖店销潜力，开展大讨论升级版竞赛，非油收入突破千万元大关。单品培育。拓展化肥业务，开发复合肥大客户8个、单质肥大客户25个，规模全省第二。培育车辅大单品，规模全省第一。店级打造。坚持店内和店外同步发展，线上和线下协同发力，全年打造200万元店9座、100万元店18座、50万元店25座。直播团队获得全省人气主播大奖。落实安全环保责任，扎实开展HSE（健康、安全、环境）管理体系量化审核，严抓油非损耗管控，常态化开展损耗稽查，加油站油非损耗率控制在合理范围内。安乡服务区成功处置一起火灾突发事件，获省公司“湘销正能量”奖。资产质量。加大停业站点投运挖潜攻关，主动协调各级政府职能部门召开现场协调会，专题研究鼎城服务区复业问题，党员突击队下站帮扶，停业160天的鼎城服务区正式复业。强化培训。统筹做好技能鉴定、职称评审、岗位练兵等工作，操作人员职业技能持证率92%，其中高级技师1人，技师3人，高级工以上高技能人才31人，高级工以上持证比例17%，机关职称持证率100%，各项指标位居全省前列。高级技师蒲建被销售公司选拔为全国石油石化系统加油站操作员职业技能竞赛培训教练。推进人才强企落地，重点加大优秀年轻干部培养使用力度，3名年轻骨干参加青马工程培训班，招聘8名毕业生充实到储备人员队伍，其中1人走上站经理岗位。

（王子悦）

2022年11月16日，中国石化常德石油分公司积极保障新冠疫情期间油品稳定供应。图为该公司油品运输车辆正满载油品从中国石化常德石门荷花油库出库

（中国石化常德石油公司 供图）

重点商贸流通企业

【常德国际农产品交易中心】　常德国际农产品交易中心位于武陵区芦荻山乡，是常德首衡实业有限公司建设的大型现代农副产品商贸项目。项目集展示交易、仓储加工、物流配送、商业配套、居住生活等多功能为一体，规划打造预制菜展销中心、智慧冷链中心、电商直播中心、安全检测中心、大数据中心、金融服务中心、仓储加工中心七大中心，将建成以农副产品流通为核心的，全产业链条、全业态发展产业集群。项目规划总占地面积75.13万平方米，总投资50亿元，整体分四期开发。一、二期总占地29万平方米，总建筑面积约24.2万平方米，以蔬菜、菌类、冻品、干杂副食为主，于2021年12月2日启动运营，2022年日均进场量4800吨，年进场量175万吨，年交易额112.37亿元，带动周边就业近2000人。三、四期项目占地约29.67万平方米，规划建筑面积30万平方米，规划业态为水果、水产交易区，2022年水果区累计开工建设13万平方米，其中10.5万平米已完成竣工备案和相关验收工作，预计2023年9月开业运营。截至2022年年底，常德国际农产品交易中心共联系本土商户138户、外埠商户2569户，其中红星市场790户，两湖市场262户，广州江南市

场、浙江嘉兴等其余全国市场1517户。对接常德周边益阳、娄底、张家界、湘西及湖北等33个县市的二批及三批市场采购商、商超、连锁水果店共计1467户，对接湖南20多个区县种植基地300多个，总种植面积约1.4万公顷。设立产销对接专区，重点销售常德本地产品约50多个。

（刘 真）

【常德万达广场】 常德万达广场位于武陵区南坪街道沙港社区，占地面积18.4万平方米，总建筑面积约83万平方米，其中购物中心建筑面积13万平方米，集大型购物中心、商业步行街、高档商务写字楼、高档住宅于一体，是常德市委、市政府重点招商引资项目。广场采用商业组合形态，利用常德水乡特色，将城市水系引入商业区，实现建筑与环境的协调互动发展，是常德城市地标、大型全客层城市型购物中心。常德万达广场集合各服饰类品牌旗舰店、精品店的形象商品优势，丰富的国内外特色餐饮、文化、娱乐等生活精品业态，满足聚客、稳场的经营需求，客流、销售持续提升，商业氛围不断优化，品牌级次逐步提高，先后获得“国家级绿色商场”“湖南省绿色建筑创建项目”“全市消防工作先进单位”“全市内保工作先进单位”“最美卫生间”“最美母婴室”等荣誉奖章，2019年，常德广场升级为全国A类万达广场。截至2022年年底，常德万达广场共计入驻品牌217个，累计创造税收2.19亿元，日均客流达3万多人，为常德市提供就业岗位近4000个；投入营销费用2600多万元，打造大型营销活动1000余档。2022年，常德万达广场销售额9.29亿元，其中，购物占比41.2%、餐饮占比38.6%、文化体育占比6%、休闲娱乐占比10.6%、其他占比4.1%。

【常德和瑞欢乐城】 常德和瑞欢乐城位于常德武陵大道与三星路交会处，项目占地面积约2.5万平方米，总建筑面积37万平方米，其中，商业区面积16万平方米、酒店式公寓面积约4万平方米、商业配套设施及停车位面积约3万平方米，共有停车位3500个，是集旗舰MALL、天街、全能办公、奢品公寓于一体的大型城市商业综合体。该项目由湖南和瑞置业投资建造，总投资约15亿元，于2016年8月13日建成开业，截至2022年年底，正式入驻企业（商户）131家、从业人员1000余人。2022年，常德和瑞欢乐城总营业额6.7亿元，日均销售额180余万元，总客流达1130.38万人次。全年共组织营销活动29档，其中一级活动5档、二级活动10档、三级活动14档；推广执行异业活动约500场，其中，1000人以上活动23场、500人以上活动87场、300人以上活动160场、100人以上活动200场。

（李 丞）

【桥南市场】 桥南市场地处玉霞街道玉霞路、车站路、鼎城路交会处，占地面积6.67公顷，建筑面积12万平方米，经营门面4351个，拥有服装、鞋帽、百货、日化、文化用品、床上用品、小家电、电子通信系列品牌等十大专业，从业人员3万余人，固定资产值10余亿元，商品年成交额30余亿元，辐射湘、鄂、川、黔、渝等90余个县市，是湘西北地区重要的物流、信息集散中心。

（胡立鼎）

【桥南商贸城】 桥南商贸城总公司成立于1994年，占地13.37公顷，属差额拨款事业单位，2022年年末，有职工109人，2021年5月商贸城总公司并入桥南市场管理委员会。公司办公地址位于尚象郡1号楼主体办公楼22楼（东），总建筑面积600余平方米。公司主要行使商贸城临时农贸市场、中心临时停车坪行政管理及商贸城区域内安全生产、消防、综治、创建中心工作。2022年，桥南商贸城总公司每周集中整治中心场坪、农贸市场等3次，组织专人每天到商贸城域内重点范围内喷雾洒水至少5次，改善空气质量。筹措资金约15万元，改造中大门老旧电网，开展中心场坪、农贸市场、主通道的地面平整，铺设碎石，清淤等工作。建立信访台账、制定防范化解预警方案，压实工作责任，全年无集体非法上访事件发

2021年12月2日，湖南常德国际农产品交易中心启动运营 （陈思汗 摄）

生，无安全生产事故发生。

（蒋　健）

【桥南副食轻纺城】　鼎城区原副食城、轻纺城分别于2018年12月31日和2019年5月30日依法关闭，搬迁至华邦城投新市场，2019年7月，桥南副食城、桥南轻纺城合并，成立桥南副食轻纺城。市场总投资5亿元，占地3.33公顷，建筑面积5万平方米。门店总数336个，商户数量208户。配送中心1.7万平方米，设有直通地下停车场的货梯，小车、货的及零担车出入便捷。2022年7月15日，鼎城区“鼎城好礼 惠聚江南”消费节活动启动仪式在桥南副食轻纺城举行，消费节活动时间7月至12月，该活动联动各乡镇、各大商圈和100余家品牌商家，采取展、会、赛、销等方式，开展“吃在鼎城——美食节”“住在鼎城——购房惠”“行在鼎城——少年研学在鼎城”“游在鼎城——常德人游鼎城”“购在鼎城——百店嗨购”“娱在鼎城——鼎城惠票通、福详惠生活”主题活动，涵盖美食、农副产品、餐饮、购物、文化旅游、酒店住宿、房车、汽车等系列促销活动。

（刘　燕）

金融

综述

【概况】 2022年末，全市各项存款余额4429亿元，较年初新增474亿元，均居全省第三位。各项贷款余额3251亿元，较年初新增354亿元，分别居全省第二、第四位；同比增速12.22%，比全省平均水平高0.57个百分点。余额存贷比73.40%，新增存贷比74.68%。全年实现保费收入128.58亿元，全省第二；总赔款支出（含退保金）61.01亿元。累计落户基金及基金管理机构116家，规模301.32亿元。证券交易额3033.80亿元。融资担保行业新增担保业务3095笔，新增担保额203.37亿元，在保余额346.66亿元，放大倍数3.63，各项指标全省排名靠前。

金融服务。重点领域贷款持续增加，全市普惠型小微企业贷款余额340.56亿元，增长18.63%；全口径小微企业贷款余额1221.53亿元，增长24.46%；制造业中长期贷款余额66.74亿元，增长117.39%；涉农贷款余额1396.97亿元，增长17.24%；绿色贷款余额325.20亿元，增长81.87%。贷款成本进一步下降，新发放普惠型小微企业贷款平均利率比2022年初下降0.45个百分点。

省农发行、省工行、省建行、省农行先后与常德市签署战略合作协议，约定“十四五”期间向常德市投放贷款金额不低于7000亿元。持续开展“金融入园惠企”“送解优”“金融支持优势产业链三年专项行动”等活动，助力中小微企业纾困和经济复苏，为中小微企业和个体工商户积极协调办理续贷、展期、调整还款计划等业务，对餐饮、住宿、旅游等行业的融资担保费予以阶段性减免。

指导涉农银行机构加快信用农户和信用主体创建工作。常德市全面完成1500个村（社区）整村授信，为55.05万户农户授信，授信总额267.27亿元，全市信用乡镇、信用村、信用社区分别达33个、277个、147个。创新推广常德农户信用信息系统，指导31家银行机构425个网点全接入，至年底，系统共收录涉农数据2115万条，农户信用建档超80万余户，银行机构应用系统累计为

常德市防范非法集资宣传月暨集中宣传日活动启动 （市政府金融办 供图）

15.3万农户授信96.56亿元，发放贷款88.74亿元。

金融创新。进一步优化“常德金融超市”服务功能，较好地实现政银企对接、政策查询、担保增信、信用评价等功能。截至2022年末，常德金融超市入驻金融机构38家，上线金融产品356个（其中信用类贷款产品169个），注册企业46351家，贷款申请笔数16819笔，授信总额468.39亿元，放款总额385.94亿元（其中信用类贷款162亿元），平均利率4.09%。政策性产品“信补贷”累计放款3.6亿元，平均贷款利率4.46%。金融超市助企融资经验获湖南省委改革办、《湖南日报》、湖南电视台等深度推介。

建立科创企业贷款风险补偿机制，根据《湖南省科技型企业知识价值信用贷款风险补偿改革实施办法》，出台《常德市科技型企业知识价值信用贷款风险补偿工作实施方案》。2022年6月24日，常德市人民政府与湖南省科技厅及中行常德市分行、湖南银行常德市分行等6家银行签署湖南省科技型企业知识价值信用贷款风险补偿三方合作协议，在全省率先开展科技型企业知识价值信用贷风险补偿改革工作。年底，常德市建立实际入池资金3500万元的风险补偿资金池，知识价值信用贷实现了风险池资金的市县联动、全市覆盖，贷款审批平均7天之内、最快4天可完成，平均利率4%以内、最低3.3%。

企业上市。2022年末，全市共有上市公司6家，其中A股上市公司5家，港交所1家；新三板挂牌企业5家；湖南股交所挂牌企业66家。飞沃科技首发过会，金天钛业、九申燃气在湖南证监局辅导报备，安德丰、恒邦建工等25家企业在湖南股交所挂牌，59家企业进入湖南省上市后备企业资源库，家数位居全省第三。设立常德湘西北资本市场投教基地，先后开展多次投资者教育活动。湘佳股份成功发行6.4亿元可转换公司债券。

金融稳定。持续开展宣传教育活动，进一步提升人民群众风险防范意识和识别能力。对非法集资违法犯罪始终保持高压严打态势，2022年，公安机关刑事案件立案24件，同比增长33%。采取每月调度、重点督导、定期通报、考核奖惩等方式，不断压实属地和办案机关陈案化解责任，陈案审结率达65.2%，结案率达38.8%，完成陈案化解工作任务。防范和处置非法集资及金融风险平安建设考评被评为全省第一档次。

（许立鑫）

【湘西北资本市场投资者教育基地挂牌运营】 4月26日，湘西北资本市场投资者教育基地在常德财富中心挂牌运营。副市长谭丁，中国证监会湖南监管局党委委员、纪委书记周永明等共同为投教基地揭牌。湘西北资本市场投资者教育基地是在中国证券监督管理委员会湖南监管局和常德市人民政府金融工作办公室指导下，由湖南财鑫投资控股集团有限公司承办，财鑫集团全资子公司湖南财鑫中小企业服务有限公司建设并运营。投教基地按照“合作、开放、共建、共享”的理念，与交易所、证券公司、投资机构、会计师事务所、律师事务所和银行等机构合作共建，是湖南省首家政府背景的投资者教育基地。

（胡　巍）

金融发展

【概况】 2022年进一步构建完善涵盖银行保险、证券期货、地方金融机构等在内的金融服务体系。银行机构31家，其中市级银行机构16家、农商行8家、村镇银行7家。保险公司41家，其中财险17家、寿险24家；专业保险中介机构23家。证券期货营业部15家，其中证券营业部13家、期货营业部2家。地方金融机构34家，其中融资担保公司8家、小额贷款公司15家、典当公司11家。

【地方金融机构】 2022年末，常德市共有融资担保公司8家（其中国有7家、民营1家），注册资本合计88.3亿元；小额贷款公司15家（其中国有5家、民营10家；公司数量较上年增加1家），注册资本12.4亿元；典当公司11家（其中国有4家、民营7家），注册资本2.83亿元。2022年末，全市融资担保行业新增担保业务3095笔，新增担保额203.37亿元，在保余额346.66亿元，放大倍数3.63，各项指标全省排名靠前；小额贷款行业期末贷款余额749笔、13.67亿元，2022年累计贷款总额747笔、26.8亿元；典当行业期末余额247笔、3.23亿元，2022年累计发放典当业务401笔、5.97亿元。

【普惠金融】 2022年末，全市普惠型小微企业贷款（单户授信总额1000万元及以下，不含票据融资）余额340.56亿元，较年初增加53.49亿元，增长18.63%；有贷户数6.31万户，较年初增加0.94万户；不良贷款余额8.60亿元，较年初增加3.56亿元，不良率2.52%，较年初上升0.77个百分点；新发放普惠型小微企业贷款利率为5.45%，较年初下降0.45个百分点。

【金融助力乡村振兴】 2022年末各银行精准扶贫贷款余额达154.56亿元，增长27.88%。在常德金融超市平台“乡村振兴专区”，相关机构推出多项信用、保证类贷款产品，如市农行“惠农e贷”、长沙银行惠农贷、财科担保“微农担贷”等。2022年末各银行涉农贷款余额1396.97亿元，较年初新增207.43亿元，同比增长17.44%。2022年实现农业保险保费收入7.1亿元，同比增长15.7%；支付农业保险赔款5.2亿元，同比增长26.8%。4月19日，湘佳股份（002982.SZ）首次成功发行6.4亿元可转换公司债券，募集资金将主要用于常德市1350万羽优质鸡标准化养殖基地项目、1万头种猪养殖基地项目和补充流动资金。

（许立鑫）

中国人民银行常德市中心支行

2022年3月25日，召开2022年常德市反洗钱工作联席（扩大）会议

（人民银行常德中心支行 供图）

【概况】 中国人民银行常德市中心支行是中国人民银行在常德市的派出机构，业务受中国人民银行长沙中心支行领导和指导，根据上级行授权维护本辖区金融稳定，承办有关业务。下设7个县支行，内设17个职能科室，职工总数280人。2022年，中国人民银行常德市中心支行按照“稳中求进、守正创新，干在实处、走在前列”的工作思路，克难奋进、真抓实干，各项工作成效显著，获得上级各类集体荣誉36项，10项工作经验在上级行会议交流，6项工作分别获得总行副行长、市委书记、市长等领导肯定性批示，238项工作被新闻媒体和上级行内刊推介。2022年，中国人民银行常德市中心支行被评为湖南省文明单位、全国节约型机关、全省根治拖欠农民工工资工作先进集体。

【信贷投放】 中国人民银行常德市中心支行对1家法人机构2次下调存款准备金率共0.75个百分点，对达标的2家县级“三农”金融事业部执行低3个百分点的存款准备金率，对5家未达标机构执行低1个百分点的存款准备金率，累计释放流动性21.6亿元。累计为13家银行机构办理再贷款再贴现32.34亿元，为6家法人机构发放普惠小微贷款支持工具519万元，争取总行政策性开发性金融工具、保交楼专项借款37.8亿元，惠企政策精准落地。2022年末，全市各项贷款余额3251亿元，新增354亿元，分居全省第二、第四，增速分别高于国、省1.8个、0.5个百分点。各项存款余额4429亿元，新增474亿元，均居全省第三，增速分别高于国家、省1.2个、0.5个百分点。“信补贷”“沅澧闪贷”等一系列创新产品诞生，组织编发5000册《企业获得信贷典型案例汇编》，受困企业帮扶力度持续加大。截至2022年末，全市银行机构累计办理延期还本付息61.8亿元，惠及小微企业3086家。累计发放“信补贷”3.9亿元。全市普惠小微贷款增速17.3%。做法获中国人民银行总行公众号、湖南省政府《万名干部联万企工作简报》、长沙中支《党建工作交流》推介。落实LPR（贷款基础利率）利率市场化改革要求，发挥市利率自律机制作用，全市新发放贷款、企业贷款、普惠小微贷款加权平均利率分别为5.39%、4.77%、5.25%，同比分别下降36个、28个、28个BP，均降至2008年有统计以来的历史最低水平。全市银行机构向各类市场主体让利9.5亿元。全市债务融资工具平均发行利率3.52%，同比下降87个BP。牵头组织乡村振兴金融服务专项竞赛，引导银行推出乡村养殖贷、乡村种植贷、乡村休闲贷、乡村美居贷等系列贷款，全年累计发放“乡村振兴系列贷”8.1亿元，支持新型农业经营主体发展。推进金融支持“一县一特”特色产业试点，全市银行机构创新推出“柑橘贷”“葡萄贷”“甲鱼贷”“油茶贷”等专属信贷产品，年末县域特色产业贷款余额达66.2亿元，同比增长32.8%。全市涉农贷款增长17.2%，高于各项贷款增速5个百分点。脱贫人口小额信贷余额5.2亿元，不良率仅0.03%。

【改革创新】 持续推进“金融支持优势产业链三年专项行动”“行长结对服务中小企业专项行动”，调整优化链上企业名单，扩充行长结对企业数量至804家，围绕产业链核心企业、产业项目优化服务、创新产品，全市银行机构共为结对企业发放贷款55.3亿元，贷款加权平均利率4.4%，低于全市企业贷款加权平均利率37个BP。健全科技企业

2022年常德市银行业从业人数一览表

表14　　单位：人

市辖区	安乡县	汉寿县	澧县	临澧县	桃源县	石门县	津市市	总数
3664	522	697	835	573	816	675	369	8151

2022年常德市银行业机构网点数据一览表

表15　　单位：个

指标名称	市辖区	安乡县	汉寿县	澧县	临澧县	桃源县	石门县	津市市	总数
机构总数	226	52	81	88	55	94	69	36	701
法人机构数	1	2	2	2	2	2	2	2	15

知识价值信用贷款风险补偿机制，推送专精特新“小巨人”企业名单248家，科创金融示范网点创建拓展至县域，指导银行发放知识价值信用贷款4.3亿元、知识产权质押贷款4.5亿元、“科技政银担”贷款1.5亿元。印发工作方案，设立“再贷款专项计划”，依托常德“金融超市”上线“绿色金融服务”功能模块，“一站式”提供绿色金融综合服务。绿色贷款同比增长81.8%。实现法人机构环境信息披露全覆盖，做法被《金融时报》推介。

【风险防控】　严格按照程序综合执法检查1家银行机构，专项执法检查3家银行机构，配合长沙中支组织交叉检查1家银行机构，已对2家机构的违法行为给予行政处罚。公正开展综合评价，推动银行有效提升合规经营水平和风险防控能力。按季开展央行金融机构评级、存保核查，进一步摸清了风险底数。扎实开展流动性和偿付能力敏感性压力测试，提高风险评估的科学性和前瞻性，风险监测预警能力有效提升。开展问题企业、房地产行业风险监测，向地方政府汇报，推动解决重大信贷风险隐患。严格落实“主监管人+监管专员”措施，压实机构主体责任和地方政府属地责任，14家地方法人机构经营管理水平整体提升，7级机构风险处置取得实效。全市银行机构实现利润53.83亿元，增长10.7%。常德市信用乡镇、信用村、信用社区分别达33个、277个、147个，信用企业达40家。7个县市金融生态建设评估排名均进入全省30强，石门、津市、汉寿获评A级县市，占全省A级县市的21.4%。组织开展存款保险宣传效果提升年竞赛，中国人民银行常德市中心支行获全省组织推动一等奖。指导银行采取措施缓释政府性债务206.19亿元，同比增加79.21亿元；适当下调贷款利率，为平台公司节约利息支出9.6亿元。加强与银行间交易商协会沟通，做好海外发债登记备案，组织辖内银行机构积极参与承销，帮助平台公司发行债务融资工具195.4亿元、海外发债5亿美元，均居全省第二。支持已售逾期难交付住宅项目建设和交付，为全市首批38个保交楼专项借款项目争取额度18.11亿元，全部拨付到位，指导全市银行机构提供“保交楼”专项借款项目配套融资5.67亿元，支持保交楼项目数量、配套融资金额均排名全省第二。开展反电诈“冬季攻势”行动，累计排查个人存量账户245.8万户，管控4.1万户，配合公安机关及时预警劝阻近5万人，止付0.84亿元、冻结0.32亿元、挽回损失超0.2亿元。做法被人行长沙中支《党建工作交流》推介，获市政法委书记刘国龙肯定批示。牵头制订打击洗钱犯罪三年专项行动实施方案，有效发挥联席会议机制作用，移送重点可疑交易线索52起，立案20起，其中以洗钱罪立案8起，完成宣判5起，全省领先。牵头开展“征信修复”乱象专项治理“百日行动”，排查出的20家机构全部完成变更或注销登记。创新成立“汇警税关”联合工作办公室，严厉打击外汇违法违规行为，查处外汇违规案件1起。

【金融服务】　全面落实金融业综合统计制度，地方金融组织统计实现全覆盖。紧跟热点开展多项调查研究，制造业贷款占比偏低的调研报告获得周振宇市长肯定性批示。办理小微企业简易开户154户，累计减免各类支付手续费1539万元，惠及3.2万户小微企业。创建5个移动支付特色乡镇，云闪付推广蝉联全省第一。参与根治拖欠农民工工资工作成绩突出，获评全省先进集体。全市发行基金投放135.46亿元，回笼127.31亿元，实现由回笼市向投放市转变。加强现金消毒，开展专项督查，妥善处置拒收现金投诉4起，确保现金正常供应和流通。推动银警配合打击假币违法犯罪，抓获犯罪嫌疑人7名、没收假币24.5万元。兑换特殊残损人民币

6笔，为群众挽回损失近10万元。有序完成4次纪念币、纪念钞预约、兑换工作。快速办理个人所得税退库、留抵退税工作经验被《金融时报》报道。推动国债销售10亿元，其中农村销售1.7亿元，全省领先，被人总行国库局简报3次推介。推广应用“农户信用信息系统”，通过该系统累计授信77.63亿元、发放贷款71.48亿元，经验做法全省交流。推动辖内所有银行机构接入动产融资统一登记公示系统和应收账款融资服务平台，通过“两个平台”办理融资135亿元，走在全省前列，《湖南日报》推介。全市法人机构在央行（内部）企业评级系统录入企业信息数量、评级可接受级企业数量均居全省第二。创新开展“汇”企纾困“四项行动”，“外汇政策直通车”微信小程序推广用户数居全省前列。各外汇指定银行积极配合，中国人民银行常德市中心支行在全省外汇“双基建设年”竞赛中获得一等奖。建立全市跨境人民币业务重点辅导企业名单库，推送结算优质企业和重点辅导企业26家。落实“一对一”对接机制，定期上门走访，帮助排忧解难。全市经常项目和直接投资跨境人民币结算29.6亿元，占同口径本外币跨境收支的33.1%，结算额和占比分居全省第三、第二。创新开展“搭文艺台·唱金融戏”金融宣传进村居活动，被人总行以正面典型案例上报中央巡视组，人行长沙中支张瑞怀行长在工作报告中肯定。建立金融纠纷多元化解中心，实施标准化管理，全省率先推行“一站式”金融纠纷化解模式。成功调解案件126起，涉及金额9977万元。

（黄　艳）

银行业保险业监督管理

【概况】　2022年，常德市共有银行机构31家，其中政策性银行1家，大型银行6家，股份制银行7家，城商行2家，农商行8家，村镇银行7家，专营机构2家；共有银行业机构网点703个，从业人员8966人。常德市共有保险机构41家，其中寿险机构24家，财险机构17家；共有代理机构34家，专业中介机构14家，兼业代理结构20家；共有保险公司网点302个，保险专业中介机构网点35个，非银邮类保险兼业代理机构网点17个，保险营销人员22838人。

2022年年末，辖内银行业存款4240.71亿元、贷款3217.08亿元，分别同比增长11.99%、12.22%，存款增速、贷款增速分别高于全省0.46个、0.57个百分点，存贷比75.86%，3年来提升8.81个百分点，保险业原保费收入达124.37亿元，累计赔付支出44.26亿元，分别同比增长4.3%、8.26%，贷款余额升至全省第二，存款余额排全省第三，保险业原保费收入和赔付支出继续稳居全省第二。各银行机构缴纳所得税7.2亿元，为地方财政收入提供稳定财源。分局与市政府金融办签订《关于共同推进常德市银行业保险业高质量服务实体经济的合作备忘录》，着力督导银行保险机构提升金融工作的政治性、人民性，银行业保险业的服务意识和工作质效得到社会各界普遍认同，分局在市人大常委会评议优化营商环境工作中获评中央、省驻常德单位及市属企业类第一名的好成绩。

【做好风险防控】　2022年，常德银保监分局召开10余次党委扩大会、专题工作会研究风险防控工作，建立动态监测、定期通报、多方联动的工作机制，做到底数清、数据准、措施实。辖内银行业资产质量稳定，年末不良率（1.84%）与2021年同期基本持平，逾贷比（48.42%）维持在较低水平。推动不良资产处置，2022年共处置不良资产29.02亿元，较2021年增加3.38亿元，完成处置计划的141.43%。全力配合市政府做好“保交楼、保民生、保稳定”工作，做好专项借款配套融资，个人住房贷款保持正增长，刚性住房需求得到有力满足。全力防范化解政府性债务融资风险，协调银行投债、续贷工作几十次，实地走访市本级平台公司10余次，推动银行机构为市本级平台公司增加授信156.96亿元，减少利息支出3.62亿元，守住平台公司“不断链、不违约、不爆雷”的生命线以及不发生区域性金融风险的底线。向市委、市政府领导汇报重点关注农商行的风险情况，促动形成风险处置合力，重点关注行的不良率较年初下降0.32个百分点至3.18%。辖内农商行总体不良率稳定在2.9%，高风险机构“清零”态势持续巩固。推动村镇银行主发起行切实履职，辖内村行存贷款稳步增长，发展水平和资产质量位居省内村镇银行前列。加强流动性风险监测防控，辖内法人机构流动性指标总体良好，未发生流动性风险事件。完成全年现场检查任务，开展涉企违规收费、侵害个人信息权益乱象等专项整治，推进农业保险业务自查整改，加强对相关银行代发惠农补贴业务的关注和排查。督促大额风险暴露超标的农商行逐步压降集中度，对新增大额风险暴露超标问题的农商行进行立案查处。严厉打击违法违规金融活动，坚决整治银行保险市场乱象，2022年共下发处罚决定书33份，处罚金额1000.04万元，处罚人员17人次。形成强监管严监管态势。持续整治中介机构“多散乱”问题，配合牵头部门做好银行保险领域的金融放贷领域专项整治、养老诈骗专项整治等工作，严厉打击非法金融活动。整治“代理退保”黑产乱象，辖内保险机构排查“代理退保”违法广告线索7条，筛查梳理疑似“代理退保”黑产线索22条，已移交公安部门线索4条。

2022年10月12日，常德银保监分局召开全市银行机构座谈会精神贯彻落实会议暨“保交楼”工作推进会　　（常德银保监分局 供图）

【支持经济发展】　督导银行保险机构提升金融工作的政治性、人民性，辖内银行业保险业的服务意识和工作质效得到提升，分局服务实体、化债降息等工作先后2次得到市级领导表扬，在常德市人大常委会评议优化营商环境工作中获中央、省驻常德单位及市属企业类第一名。常德银保监分局与常德市金融办签订《关于共同推进常德市银行业保险业高质量服务实体经济的合作备忘录》，督促银行机构聚焦常德市重大项目投融资需求、四大千亿元产业和四大新兴产业发展需求，加大有效信贷投放力度。引导主要银行机构围绕园区基础设施建设、重点企业增资增信、扶持拟上市公司等提升金融服务质效。支持农发行常德分行运用好政策性金融工具，惠及全市7个重要项目，实现4.38亿元基金投放，引导该行有力推进常德市农贸市场资产购置及改善经营等4个存量资产收购项目。锚定“六大专项行动”重点领域，联合市金融办、市人民银行实施“金融入园惠企”专项行动，推进制造金融、科技金融等重点领域信贷支持。2022年，推动11家机构累计发放科技型企业知识价值信用贷款10.29亿元。年末辖内科技型企业贷款余额达82.65亿元。推动金融支持节能环保产业发展、基础设施绿色升级，支持绿色消费，年末表内外绿色融资余额达246.38亿元。加大对普惠小微企业贷款等重点指标的督导力度，严格实施监管考核，引导银行机构充分运用“金融超市”“银税互动”“信易贷”等平台，完成普惠型小微企业贷款“两增”任务，普惠型小微企业贷款增速高于各项贷款增速7.44个百分点，有贷户数增长9389户。鼓励银行机构开发差异化消费信贷产品，满足新市民购买家具、家电等合理安居需求。推动新市民专属商业养老保险试点在常德落地。聚焦小微企业贷款“增量、扩面、降价、提质”，向1310户“首贷户”发放贷款22.7亿元，普惠小微贷款户数、贷款余额分别超过6万户、340亿元，贷款利率降低0.45个百分点，减免各类费用5518.3万元。辖内保险机构主动聚焦建筑工人、快递骑手、网约车司机等职业风险较为突出的群体优化保险服务，如中国人寿常德分公司共为860名新市民提供建筑安全意外保险保障，风险保额达1.72亿元。指导全辖银行保险机构开展“3·15”消费者权益保护教育宣传周活动和9月金融联合宣教活动，触及消费者276.92万人次。与市银行业协会、保险行业协会联合开展以“金融服务新市民、助力筑梦新生活”为主题的集中宣传活动，通过加大宣传教育进一步提升新市民金融素养。推进稳住经济大盘系列措施在常德落实落细，引导辖内银行保险业落实金融纾困政策，年内累计续贷214.43亿元，累计延期还本付息49.77亿元，为融资主体减免利息支出和各类费用2.3亿元。对受疫情影响严重的小微企业办理延期还本付息金额18.34亿元，惠及市场主体11659户。做好困难行业金融服务，年末受疫情影响严重行业贷款余额257.86亿元，比年初增加29.88亿元。

【服务金融消费者】　配合市政府做好“保交楼、保民生、保稳定”工作，督促农发行常德分行有序做好第一批18.11亿元、第二批17.59亿元“保交楼”专项借款拨付工作，助力48个已售逾期难交付住宅项目加快建设交付。通过专项座谈、调研督导、监管会谈等多种方式督导银行机构做好专项借款配套融资，辖内银行机构已新增配套融资1.49亿元，处于协调洽谈阶段的融资达9.57亿元，全市“保交楼”项目的交付套数、交付率均居全省首位。推动辖内银行业机构持续强化与人社部门联动，为进城务工人员、退役军人、高校毕业生等重点扶持人员主动提供创业支持。2022年，全市发放创业担保贷款3.55亿余元，较2021年增长14.64%，直接扶持964人创业，带动就业14373人。督促银行保险机构认真落实好国家助学贷款政策，保障家庭经济困难的新市民子女正常就学。如农行助学贷款期限最长可达22年，本金偿还设置5年宽限期，即5年内只还息，待学生就业后再开始归还本金，帮助新市民解决好子女就学及助学贷款还款来源问题。纵深推进车险综合改革，实现“降价、增保、提质”的阶段性目标，2022年末，消费者车均保费支出2081.56元，与综改前相比减少495.78元；全市车险保障金额1.61万亿元，较综改前增长3.28倍，盗抢险、涉水险、自燃险等7个附加险责任并入主险，实现保险责任“加量不加价”；车险赔付支出12.56亿元，车险综合赔付率从综改前的53.33%上升到71.99%，大幅提高18.66个百分点，车险保障更多惠及广大消费者。人身险行业保障属性不断凸显，普通型寿险、健康险、意外险等保障功能较强的产品回归市场主流，2022年末，相关产品实现保费收入60.58亿元，占人身险总保费收入的71.65%，较2019年提高8.1个百分点。支持鼓励辖内保险机构开发不与户籍挂钩的普惠型商业健康保险产品，2022年，“湖南爱民保”“常德惠民保”参保人数37.39万人次，累计赔付金额2278.2万元，案均赔付金额超5000元。推动专属商业养老保险、长期护理保险在常落地，督导人民人寿、中国人寿做好相关产品的销售管理和服务工作，从惠民角度开展产品销售推动。

【深化企业改革】　完成公司治理三年行动。督导农银机构建制度、抓整改、促规范，公司治理持续深化。着力加强股东行为管理，加强关联交易监管，督促农商行的现金分红比例持续下降。车险综合改革纵深推进，与综改前相比，消费者车均保费支出同比减少497.32元，车险综合赔付率上升20.11个百分点。持续推动营运车辆实现“愿保尽保”，有力纾解行业矛盾，辖内车险行业整体扭亏为盈。辖内财险公司综合赔付率73.43%，居全省第七名，综合费用率20.59%，为全省各地州市最低。分局与辖内15家农银机构的主要股东开展座谈，督导落实主要股东补充资本承诺要求。鼓励支持相关机构发行二级资本债券，提升风险抵御能力。加强市场定位监管，推动行管部门履行行业管理责任，制定科学发展规划，切实服务地方经济、小微企业、“三农”领域和城乡居民。

（夏　雨）

2022年常德市各区县市保费收入一览表

表16　　　　单位：万元

县域	2022年		
	产险	寿险	小计
全市	398232.9	845467.89	1243700.79
市区	210211.63	501067.93	711279.56
安乡	16636.65	28871.54	45508.19
汉寿	36090.7	51615.21	87705.91
澧县	37121.99	84701.61	121823.6
临澧	28498.95	40753.3	69252.25
桃源	28959.05	54401.12	83360.17
石门	28959.05	65655.41	94614.46
津市	11754.88	18401.77	30156.65
合计	398232.9	845467.89	1243700.79

银行业

【中国农业发展银行常德市分行】　2022年，中国农业发展银行常德市分行各项贷款余额为520.96亿元，全省系统排名第二；较年初净增80.92亿元，净增排名全省系统和全市同业首位。辖内7个机构获评省分行2022年度高质量发展“贡献奖”，占全省28个获奖单位的1/4。累计投放粮棉油各类贷款23亿元，粮棉油收购（供应）市场份额占比达67%；推动组建常德市粮食集团，累计实现6400万元贷款投放；拓展粮油中长期贷款项目营销，实现首笔贷款投放1亿元。服务巩固拓展脱贫攻坚成果同乡村振兴有效衔接，累放有效衔接贷款54亿元；产业后扶贷款投放全省领先，无偿引进帮扶资金全省第一，乡村振兴绩效考核首次获全省第一，连续2年获得常德金融扶贫一等奖。围绕城乡融合发展，支持“五好”园区建设、水利及农村物流体系建设，累放贷款108亿元，排名全省系统靠前；推动政策性金融工具落地，累放农发基础建设基金4.38亿元，投放制造业中长期和设备更新改造贷款项目3个，金额5.6亿元。

系统综合考评提升两个等级，由A-提升至A+。推动省分行与市政府签订《“十四五”全面合作框架协议》；促成省分行与临澧县政府共同创建政策性金融服务乡村振兴实验示范区，签署协议金额100亿元；会同市农业农村局、乡村振兴局、财鑫金控搭建乡村振兴政银企合作，牵头组建粮食产业高质量发展政银企合作平台，为全市86家优质粮食企业提供融资便利；联合

2022年1月12日，常德市与农发行湖南分行签订战略合作协议

（市政府金融办 供图）

市发改委、市财政局，共同建立粮食收购贷款信用保证基金，对自愿加入基金的企业，按其缴存额的10～15倍发放信用贷款；全域建立稳定脱贫基金，共开立稳贫基金专户14个，基金总额达223万元，累计为167名易返贫人群提供生产资料帮扶、无劳动能力救助等服务，确保守住不发生规模性返贫底线。强化内控管理，被人行评为综合评价A类行，为全省唯一一个获此殊荣的二级分行。辖内石门支行获评总行“文明单位”。强化支农资金筹集，发展对公存款、银联收单、债券营销，推动支农资金流向乡村振兴重点领域。围绕“前瞻性防控，系统性管理，结构性施策”的风险防控总体要求，强化主动性风险防控，不良贷款实现双降。

支持“五好”园区建设，累计投放贷款61.9亿元，在全市金融机构中排名第一。支持常德全面融入湖南“3+5”城市群发展，投放贷款11.6亿元，支持津市码头、德山港口、西洞庭绿色动力小镇等项目建设，水利建设贷款余额达60.19亿元。全年累放粮棉油各类贷款23.22亿元，重点扶持常德香米、汉寿蔬菜、桃源茶叶、富硒茶油等优势产业链发展，累放贷款12.7亿元。推动落实“藏粮于地、藏粮于技”战略，累计审批贷款47.83亿元，投放贷款44.25亿元，累计支持建设高标农田3.98万公顷，其中，纳入省级建设规划数3.32万公顷。2022年支持建设高标准农田1.87万公顷，占全市高标准农田建设3.73万公顷任务的50.1%。着力打赢城市黑臭水体治理、长江保护修复、洞庭湖综合治理等标志性战役，累放项目贷款15个，金额38.31亿元，绿色贷款余额84.34亿元，较年初净增7.56亿元。坚持以人为本，投放4.5亿元贷款，支持津市435个老旧小区提质改造，惠及人口4.2万人。投放36.3亿元支持桃源、汉寿、石门改善医疗硬件基础设施，提升基层医疗服务能力。开辟普惠贷款、扶贫贷款绿色通道，最大限度减轻中小企业贷款利率。全年累放小微企业贷款1.54亿元，同比多放0.25亿元，小微企业贷款余额1.27亿元；首批入驻常德金融超市，授信金额达93.56亿元，全市排名靠前。推动政策性金融工具落地，累放基金4.38亿元，撬动项目投资44.3亿元。支持制造业中长期贷款和设备更新改造贷款，纳入发改委制造业中长期贷款清单的项目2个，投放贷款5亿元，撬动项目投资8.53亿元；投放设备更新改造贷款1个，金额6000万元，撬动项目投资1.27亿元。

（刘柯汝　蔡艳慧）

【中国工商银行股份有限公司常德分行】 截至2022年年末，中国工商银行股份有限公司常德分行下辖一级支行12家，网点36个，现有在职员工887人（含省行派驻3人），离退休人员942人。2022年5月27日，湖南省分行与常德市人民政府正式签订全面战略合作框架协议，标志着工行常德分行在推动地方经济高质量发展开创新局面。获湖南分行GBC联动营销工作优胜单位，宣传思想文化工作工银成就集体奖，法律事务和消保工作工银成就集体奖，养老金及资产托管专业考评先进奖，资产负债管理工作考评先进奖，风险资产经营管理专业考评优胜奖。荣获常德市金融支持优势产业链先进单位，辖内桃源支行、石门支行分别获得全省县域支行一类行、二类行工银成就集体奖（经营先进），桃源支行营业室获全省手机银行重点交易营销推广优秀网点，石门支行获全省精神文明建设工作先进单位。辖内三岔路支行行长杨文娣（2021年度）、石门支行行长覃新颜（2022年度）获全国金融五一劳动奖章，津市支行行长胡贝获总行第二届“大行菁英”等先进标杆人物。

盈利水平。全年实现拨备前利润8.19亿元，实现营业收入11.51亿元，2022年度常德分行等级行综合得分1874.49分，被评定为一类行，全省第五，KPI（关键绩效指标）考核与等级行评定为全省系统内第一方阵。

存贷业务。全年存款、贷款规模分别为461.11亿元和327.87亿元，较2021年分别新增65.81亿元和43.78亿元，同比增幅分别为16.68%和

15.4%。发展制造业贷款、涉农贷款和普惠小微贷款等金融重点领域贷款，三类贷款余额分别为21.08亿元、90亿元和28.69亿元。开展“金融入园惠企”活动，组织开展园区走访、银企对接等277次，为201家园区重点企业发放贷款118.52亿元，为全市中小微企业办理贷款展期、延期、调整还款计划等125笔、5.47亿元。

转型业务。签约常德市幼儿专科师范学校、汉寿县教育信息化建设等重点项目。全省首家物管家聚富通项目，常德预售资金监管系统等金融场景全年落地项目8个，新增获客人数全省第一。全辖36个网点场景建设全部破零，位列全省第一。新引进物管家、停管家共15户，项目数与交易笔数均居全省前三。“兴农通”农村普惠金融服务点在石门等15家网点挂牌开办，“数字乡村”平台场景推广，创新开发冷链e贷、种植贷等特色方案。

资产质量。不良贷款余额0.87亿元（不含卡），不良贷款率0.27%，额率均优于系统内全省平均水平。贷款拨备覆盖率1033.6%，整体资产质量处于全省系统优秀位置。不良资产清收处置10896.21万元，完成年度计划162.63%。清收账销案存资产（不含卡）2609.14万元，完成年度计划的652.29%。

（黄　贺）

【中国农业银行常德分行】　2022年，中国农业银行常德分行存贷总规模达980亿元，综合考评居全省农行第一方阵，全年未发生案件和重大风险事件，被省分行评为“经营管理先进单位”“走进百园万企，助力实体经济”优胜单位，内控评价A类行，保持平安高效运行。2022年末，全行各项存款余额619.6亿元，净增74.2亿元；各项贷款余额363.6亿元，净增50.4亿元。全年实现营业收入16.1亿元，实现拨备前利润11.29亿元，实现拨备后利润9.52亿元，实现净利润7.2亿元。配合省分行与市政府签订全面战略合作协议、意向授信516亿元，与10家重点企业现场签订银企全面合作协议、授信金额213亿元。紧跟政府和监管部门导向加大信贷投放，2022年全年审批落地项目27个、金额34.7亿元，重点支持水利基础设施、高标准农田、制造业、标准化工业厂房、光伏发电、老旧小区改造、农业水产等一批重点行业、重点项目；与405家规上企业、34家国家级省级“小巨人”企业建立合作关系；设备更新改造贷款签约4.5亿元、投放1.75亿元，居省农行系统内第一；战略新兴产业贷款、绿色信贷分别较年初净增6.9亿元、21.7亿元，增速达143.5%、92%。2022年末全行存贷比达57.82%，比2021年末提升0.4个百分点。2022年末普惠金融贷款余额41.4亿元、较年初净增10.6亿元、银监口径年度计划完成率123%，普惠有贷户7897户、较年初净增2409户。抓好减费让利等助企纾困政策落实，重点领域贷款利率持续下降。全行新放贷款利率4.14%，较2021年末下降34BP，1—12月实际发放的全口径普惠贷款执行利率仅为4.11%，较2021年下降15BP。

紧密对接市农业农村局、市乡村振兴局、市烟草等部门，签订并积极履行战略合作协议。重点领域监管全面达标。县域行增量贷存比60.4%；涉农贷款增量25亿元，增速20.4%。惠农e贷大踏步发展。全行惠农e贷余额22.1亿元，较2021年净增加8.6亿元，较2021年全年增加3.3亿元，实现已建档行政村1601个、移动端建档2.1万户，惠农e贷有贷客户数1.18万户、年增幅达60%。服务乡村振兴实现多个“率先”。在省农行系统内率先上线“乡村振兴带头人贷”、获取并导入白名单客户1627户；在全省金融机构率先上线投放“创业担保e贷”；针对烟草、甲鱼等特色产业优势客群，率先搭建多种合作方专项建档模式，做优“甲鱼贷”等特色品牌，累计获取目标客户1.2万户、实现建档2552户、贷款余额超2.6亿元。脱贫攻坚成效进一步巩固。精准帮扶贷款较年初增长4.8亿元，年内共带动脱贫人口6858人；完成消费帮扶386万元、计划完成率230%，帮助销售完成324万元，计划完成率162%。

积极宣传常德分行的重大经营

2022年3月17日，农行常德分行与常德烟草公司联合打造的首批“湘村636”示范店授牌仪式在临澧县王化村举行　（农行常德分行 供图）

活动、业务经营成果等，全年在外部媒体刊登稿件300余篇，在《中国城乡金融报》、《金融时报》、湖南卫视、农总行微信公众号平台上稿30余篇。开展创建质量提升年活动，2022年全行网点、金库等五类重点场所优秀率达100%，继续保持无责任刑事案件、无责任安全事故。构建多方面的风险分担机制，2022年末考核口径不良较年初实现双降，实现大额风险攻坚化解和现金清收增效；开展“合规教育年”活动，有效推进员工行为管理专项治理和异常行为排查，人行外汇指定银行评定A类行、人行反洗钱监管评级连续3年保持A级。

3月17日，农行常德分行与常德烟草公司联合打造的首批“湘村636”示范店授牌仪式在临澧县王化村举行。“湘村636”是依托烟草农网零售终端平台打造的乡村多品类经营的综合便民服务店，具有助农取款、民生代缴、业务引荐等金融服务功能的惠农通综合金融服务站。农行常德分行联合常德烟草公司推动“湘村636”品牌建设服务“三农”，优选12家零售烟商，经过全面重新装修、优化升级，打造首批“湘村636”示范店。依托“湘村636”，农行常德分行深入农村农户，加大对地方支柱产业、烟农烟商及广大农户的金融支持，2022年全年建成“湘村636”综合服务站83个。

2022年9月19日，常德市人民政府与农行湖南省分行举行全面战略合作洽谈暨签约仪式，农行常德分行承办。常德市委书记曹志强，农行湖南省分行党委书记、行长陶伟梁，市委副书记、市长周振宇出席并讲话。常德市政府副市长谭丁与农行湖南省分行党委委员、副行长刘连超分别代表常德市政府、农行湖南省分行签署全面战略合作协议。根据协议，“十四五”期间，双方将在基础设施建设、实体经济、普惠金融、“金融超市”和智慧城市建设、乡村振兴、地方政府专项债、政府化债等重点领域开展深入合作，农行将为常德地区提供总额超2000亿元的全方位金融服务。在银企签约环节，农行常德分行党委书记、行长欧阳光明与市城发集团、市经投集团等12家重点企业代表现场签订银企合作协议，授信金额共计213亿元。

7月29日，农行常德分行举行常德市创业担保贷款线上化启动仪式。为稳主体、稳创业和稳增长，2021年起，常德市创业担保贷款不断改进模式，如弹性扩大支持范围、进一步降低利率、免除反担保等。2022年，为进一步提高创业群体贷款的可获得性和便捷性，农行总省市三级行及技术合作伙伴密切联动。经过半年多的努力，完成创业担保贷线上模式的流程设计、系统开发与测试，成功打造创业担保贷线上申报、审核和审批系统。农行拥有在湘首个政府主导、银行参与、线上担保、线上放贷的金融超市服务新项目。

（李隽箬）

【中国银行股份有限公司常德分行】 2022年，中国银行股份有限公司常德分行本外币全量金融资产日均余额269.93亿元，较年初增加23.58亿元；全行人民币客户存款日均余额226.93亿元，较年初增加20.31亿元；人民币各项贷款时点余额144.48亿元，比年初新增15.02亿元；外币各项存款日均余额5110万美元，较年初增加1186万美元；外币各项贷款时点余额12万美元。2022年度分行获“中国银行总行双户双基先进单位”称号，获湖南省分行个人金融条线“开门红”竞赛集体组织一等奖，消费贷款新增排名全省第三，个人客户拓展行动竞赛获优秀组织推动奖，第一届“精英惠讲师”决赛获二等奖，“青春心向党，建功在中行”演讲比赛获一等奖，桥南支行被全国创建青年文明号组委会办公室评为“一星级全国青年文明号”。

持续推进金融支持优势产业链三年专项行动（2021—2023年），落实行长责任制，打造链上专属服务方案，大幅提升授信效率及规模，公司贷款增速达40.52%，提前实现三年翻番目标；普惠小微贷款增速达36.47%，居全市金融机构前列；新发放贷款、企业贷款、普惠小微贷款加权平均利率同比下降，为企业贷款减费让利达1680万元；开展科创潇湘行活动，全年累计发放科创贷、知识产权贷款1.62亿元，居全市金融机构第一名；“一站式”提供绿色金融综合服务，全年发放绿色贷款5.92亿元；协助企业做好海外发债3亿美元；接入动产融资统一登记公示系统和应收账款融资服务平台，通过平台发放贷款1290万元；创新开展“汇企纾困”四项行动，外汇服务提质提效，累计办理国际结算超5亿美元、跨境人民币业务量超14亿元、结售汇交易总额超3.2亿美元，三项市场份额保持市场首位。

（毛寒冰）

【中国建设银行股份有限公司常德市分行】 中国建设银行股份有限公司常德市分行辖属支行27家、营业网点34个，从业人员648人。至2022年年底，常德建行一般性存款时点余额571.25亿元，比年初新增25.84亿元；各项贷款余额383.31亿元，较年初新增12.16亿元。获“2021—2022年度常德市金融服务乡村振兴专项竞赛先进单位”。响应“五好园区专项行动”和“金融支持优势产业链行动”，全年对接政府（含市级政府职能部门）109个，走访企业186个。相继支持常益长高铁、安慈高速、沅江隧道等一批重大基础设施项目建设。对接产业链和产业重点建设项目，深度

2022年7月29日，“悦享常德　品质生活”倾情补贴消费季暨特色美食节启动仪式举行　　（建设银行常德分行 供图）

挖掘企业的内在需求，开展一企一策精准服务，牵头结对混凝土设备产业链企业和智能终端产业链。全年在支行优势产业链市本级280户结对企业中成功结对38户，共计贷款余额超6亿元，比年初增加近4亿元。主动对接各级政府，银政合作基础进一步夯实。在常德城东片区开发、临澧饮水工程治理等项目建设上给予信贷支持，在常德大平台公司均实现债权投资业务突破，全年实现新增债券投资14.2亿元，完成债券承销15亿元。作为唯一一家冠名“悦享常德　品质生活”倾情补贴消费季暨特色美食节活动的金融机构，运用“建行生活”平台派券400万元，拉动全市消费增长近4000万元。开展属地化活动助力产品促销，举办“抢‘鲜’惠享·石门柑橘”活动，助力石门柑橘销售513箱，金额合计3.78万元。助力全市文明创建工作，配合常德市政府“文明常德·爱在武陵”城市品牌推介活动开展，推出“文明武陵　建行助力”系列便捷停车服务。在常德市桃花源机场、丁玲公园等30多个停车场均开通建行无感停车支付功能，解决停车场场景缴费不便、排队拥堵的民生难点，引导市民规范停车。联合辖内各区县商务局及市外经贸协会相继在各区县召开外经贸企业培训宣讲会，针对当前汇率双向波动加剧趋势，向企业明确提出“汇率风险中性”管理的理念，满足企业汇率避险需求。在常德市2022年度银行外汇业务合规与审慎经营评估中，连续第四年以总分排名第一的成绩被评为A类等级行。实施外汇便利化政策，实现客户线上指令即达、业务实时办理、单证审核电子化，为外贸企业开通网银购付汇功能，进一步优化企业服务流程。确定套期保值业务重点指导企业，引导企业利用政策红利适时开展汇率衍生交易，全年国际结算量4.82亿美元，同比增加1.86亿美元，全省系统内排名第一。切实做好疫情期间小微企业客户信贷支持工作，帮助客户渡过难关，拟对到期存在临时性还款困难的普惠型小微企业贷款，按照市场化原则继续实施延期3个月的安排。利用延期转贷、无还本续贷等方式，全年累计为201家小微企业办理1.55亿元延期转贷；为981户小微企业客户实行无还本续贷，续贷金额达10.87亿元。作为常德市科技型企业知识价值信用贷款风险补偿工作的首批合作银行，主动加强与科技局的合作，缓解常德市科技型企业融资难融资贵的问题，全年累计为196户科创型小微企业发放贷款3.73亿元。

（赵彧涵）

【交通银行股份有限公司常德分行】　2022年末，交通银行股份有限公司常德分行本外币资产余额108.61亿元，较年初增加7.81亿元；人民币存款余额103.45亿元，较年初增加12.87亿元，增幅14.21%；人民币贷款余额83.14亿元，较年初增加0.61亿元，增幅0.74%。全年公司类贷款实现投放18亿元，制造业、绿色信贷、战略性新兴产业、涉农贷款较年初增幅分别为5.81%、144.44%、137.72%、6.15%。加快普惠数字化转型，助力乡村振兴，依托“普惠e贷”“兴农e贷”等打造线上综合融资产品体系，实现线上标准产品与个性化场景定制产品“双轮驱动”。针对县域发展优势特色产业——水产实施项目定制、客群需求定制服务，创新推出定制产品“惠农饲料贷”。2022年年末，普惠“两增”贷款余额5.79亿元，净增1.36亿元，增长30.7%。投行业务稳步推进，代销平台公司5亿元信托、主承销15亿元超短融。推进客户工程建设，进一步完善分层经营服务体系，积极开展“金融入园惠企”活动，全年为80余家企业解决融资需求。坚持高质量发展，实施负债提升工程，实现规模和效益“双增长”。人民币储蓄存款余额达47.03亿元，较年初增加13.09亿元，增长42%。存款结构实现优化，储蓄存款占比达45.46%，较年初提升8.9个百分点；市场份额稳步提升，市场占比较年初提升71个BP。加快个金资产发展，坚持“房住不炒”定位，持续关注房地产政策窗口，满足购房者合理购房需求，全年房贷实现投放超5亿元，较年初净增2.47亿元。大力发展消费

2022年6月17日，交通银行常德分行在甘露寺小学开展“金融知识进校园”活动（交通银行常德分行 供图）

贷，围绕居民衣食住行医等日常消费，打造专属场景消费贷产品，助力扩大居民消费、提升消费层次。积极推广“惠民贷”、信用卡、抵押贷等产品。为客户打造涵盖理财、基金、保险的“沃德优选”产品体系，管理客户的金融资产季日均余额突破60亿元。制定授信业务全流程基础管理考核办法，建立动态监测、定期通报、多方联动工作机制。加强资产质量管控，以“控新增、优存量”为主线，严控资产质量。加大疫情影响风险排查频次，深入研判、助企纾困，充分运用展期、无还本续贷、调整还款计划等措施，有效缓解企业资金压力。强化贷款风险识别、防范及化解工作，一户一策，推进不良贷款清收工作有序开展。抓实内控合规管理与平安运营，开展内控案防专项治理、警示教育，将防范案件风险隐患的关口前移到日常经营管理中。规范账户分级分类管理工作，落实“反诈打跨”要求，加强涉案账户管理。

（朱　瑞）

【中国邮政储蓄银行常德市分行】 2022年，中国邮政储蓄银行常德市分行实现收入7.1亿元，增长15.3%。实现利润3.59亿元，增长19.9%。获“湖南省先进二级分行”称号，被评为全省业务发展先进单位“三等奖”。全市自营机构各项存款余额129.82亿元，较年初增加11.17亿元。其中，个人储蓄期末余额94.69亿元，年净增7.3亿元；公司存款余额35.13亿元，年净增3.87亿元。各项贷款余额193.15亿元，较年初增加23.97亿元，增长14.17%。普惠型小微企业贷款本年净增3.89亿元。实施金融支持乡村振兴，全市涉农贷款规模75.79亿元，净增4.59亿元，普惠型涉农贷款年末余额19.55亿元，净增3.78亿元。向先进制造业企业投放资金17.39亿元。推进绿色金融发展，绿色贷款余额15.32亿元，比年初增长7.08亿元，助力实现碳达峰、碳中和。加大对科技型创新企业的信贷投放，2022年小企业贷款累计投放24.55亿元，年净增5.16亿元，贷款余额23.93亿元。其中，“专精特新”及科创客群结余10.72亿元，排全省第一，是全省行内首家结余突破10亿元的二级分行。全年累计对辖内38户专精特新“小巨人”企业投放贷款5.67亿元，其中信用贷款2.24亿元。聚焦企业因担保物不足融资难的问题，创新信贷产品，3月推出专门服务“专精特新”企业的大额信用贷款，最高单户授信可达3000万元。持续做好金融服务，全年为企业发放无还本续贷7.33亿元。以党建引领，推进农村信用体系建设，截至2022年末，邮储银行常德市分行累计建设信用村1437个，创建党建共建示范信用村106个，其中，汉寿南湖社区、桃源朱家港村、安乡羌口村荣获“湖南省分行党建共建示范信用社区”称号，建档准入信用户3.5万户，累计投放信用村信用贷款14.7亿元。发展农业产业链项目，助推各县特色产业链注入金融活水，推出免抵押、免担保的“个人产业链贷款”，有效破解农业龙头企业上下游农户融资难题，支持当地特色产业做大做强。如汉寿结合大湖水殖向甲鱼产业累计投放4亿元；安乡正园饲料水产养殖产业链累计投放1.5亿元；桃源茶叶、烟叶产业累计投放4.5亿元。探索农村“三权分置”改革，助力乡村振兴，发放农村承包土地经营权抵押贷款960万元。

（王彦文）

【湖南省农村信用社联合社常德办事处】 2022年，湖南省农村信用社联合社常德办事处辖常德、汉寿、桃源、临澧、石门、澧县、津市、安乡8家农商银行，有营业网点288个，从业人员3005人。至2022年末，全市农商银行系统总资产1190亿元、总负债1129亿元；存款余额1050.45亿元，较年初增加92.13亿元，贷款余额678.45亿元，较年初增加84.08亿元，存、贷款总量和增量继续居全市金融机构首位；不良贷款率、资本充足率、拨备覆盖率、到期贷款收回率等主要风险指标均达到监管标准；当年缴纳税费3.99亿元。出台《关于2022年金融支持全面乡村振兴工作的实施意见》，累放乡村振兴贷款314.4亿元，其中十

2022年2月14日，常德市农村商业银行2022年度工作会议召开

（湖南联社常德办事处 供图）

大农业优势特色千亿产业贷款25.39亿元；新型农村经营主体贷款余额15.9亿元，较年初新增6亿元；脱贫人口小额信贷余额5.18亿元，2022年投放3.53亿元，余额和投放均排名全市金融机构第一。完成1500个村居整村授信“线上化”工作，累计完成农户评级75.4万户，授信55.05万户，授信总额267.27亿元。深入大房峪村等联点村开展乡村振兴驻村帮扶，服务“村社分账”改革，上线“三资”监管平台。出台《2022年深化走访、务实营销行动方案》，提升服务实体经济质效，累放实体经济贷款447.73亿元；重点制造业企业贷款余额30.6亿元、重点外向型企业贷款余额4.4亿元；累计走访客户1.3万户，满足融资需求36.44亿元。开通“常德快贷”微信公众号申贷端口，开展“常德快贷”主题营销活动，“常德快贷”签约用户突破15万户，签约金额156.95亿元，用信余额58.46亿元。开展创业担保贷款“线上化”项目建设。对接财鑫集团、市科技局、省农担公司，签订战略合作协议，推广应用“信补贷”“科技贷”“惠农担”等产品。创新推出乡贤能人贷、乡村振兴车间贷、龟鳖贷、烟叶贷、柑橘贷等30多款涉农特色产品。在“金融超市”上线产品90个，通过平台发放贷款近25亿元。加大“移动银行”应用推广，当年“移动银行”办理业务超过1万笔。建成“福祥e站”994个，累计办理业务77万笔。8月25日，常德市农商银行系统与常德市农业农村系统举行《金融服务乡村振兴战略合作协议》签约仪式，深入实施常德市乡村振兴战略，加快农业农村现代化建设。

（李宗泽）

【常德农村商业银行股份有限公司】　截至2022年末，常德农商银行辖机构网点68个，包括1个营业部、41家支行、26家分理处，员工796人，服务范围包括常德武陵区、鼎城区、经开区、高新区、柳叶湖旅游度假区和西洞庭管理区，营业网点基本实现辖内街道、乡镇和中心村组全覆盖。年末存贷款余额分别为294亿元、222亿元，增长10.5%、11.5%，市场份额同比分别上升0.14个和0.63个百分点，存贷款规模和增速居市本级银行机构第二位。风险指标总体可控。表内不良贷款比率、资本充足率、拨备覆盖率、拨贷比、成本收入比等核心监管指标符合监管标准。发展效益符合预期。全年实现经营利润6.33亿元，缴纳各项税款1.69亿元。年度综合考核居全市农商银行第一名。全年累放各类贷款215亿元，其中实体贷款148亿元，年末涉农及小微企业贷款占比（剔重后）71.43%。协同市工信局、各园区管委会等，开展“送解优”“行长结对服务中小企业”“金融服务本地优势产业链”“同心同行大走访”等专项行动，2022年累计走访制造业企业548户，为35户有融资需求的企业投放贷款3亿元。与五区农业农村局签订《金融服务乡村振兴战略合作协议》，明确推进农业产业现代化、巩固拓展脱贫攻坚成果等5个方面12项合作举措。全年累放涉农贷款61亿元，余额67亿元。助力农村信用体系建设，主动服务“村社分账”改革，累计建设“福祥e站”220个，实现“基础金融服务不出村、综合金融服务不出镇”。开通存单质押贷、税易贷等福祥e贷产品，推出“福祥乡村卡——农担担保贷”，在“常德快贷”上线“创业小贷”子产品，利用“金融超市”开展“信补贷”“创业担保贷款”等业务，丰富市场主体融资渠道。“常德快贷”签约客户达6.58万户，授信总额79.85亿元。2022年通过“金融超市”受理企业申请754笔，授信187笔，授信金额20.10亿元，贷款金额18.43亿元。对当年新放贷款普遍下调贷款利率，为324家受困企业直接减免贷款利息1637万元。主动为客户承担抵押登记费、评估及担保费135万元。针对“与企同行·纾困增效”帮扶行动企业采取展期、无还本续贷、还旧借新等延期支付措施，延期支付金额18.84亿元，惠及企业122家。贯彻落实“保交楼、稳民生”工作要求，支持房地产市场平稳健康发展。全年发放房地产开发贷款5.96亿元，同比增加0.58亿元；发放个人购房按揭

2022年6月20日，常德农商银行金融知识进紫桥小学活动举行

（常德农商银行 供图）

贷款578户、2.44亿元。首套房、二套房按揭贷款利率均下调50个BP。对23家房开企业实施了临时性延期还本，涉及贷款金额16亿元；对受疫情影响较大的房开企业给予减免利息680万元。按“三道防线”要求，实现风险决策、执行、监督相分离，不断完善风险管理体系。做好非法集资、员工异常行为、不良贷款、假借冒名贷款、消保等重点领域的风险排查，强化问题整改问责。组织开展“清收风暴”“百日竞赛”等不良贷款清收活动，加大逾期贷款和不良贷款处置力度，相关风险指标稳定在合理区间。严抓安全生产工作，落实网点疫情防控常态化管理，对8个网点进行安防升级改造，深入开展消防、远程值守、房屋隐患等安全检查，及时整改问题隐患，实现全年“零发案、零事故”目标。

（夏　丽）

【湖南银行股份有限公司常德分行】 湖南银行股份有限公司常德分行（原华融湘江银行股份有限公司常德分行）下设10家支行（含分行营业部），在岗员工177人。截至2022年12月末，一般性存款余额182.22亿元；表内外各项融资余额170.71亿元，累计实现各类信用投放超过620亿元，实现经济利润2.86亿元，共缴纳各类税费5851万元；“两增两控”全面达标。2022年度，分行在总行业绩考核中排名第一。分行在金融超市上线24款贷款产品。截至2022年末，分行在金融超市授信总金额为15.42亿元，放款笔数193笔，放款金额14.74亿元。推出“信补贷”“潇湘财银贷”“政采贷”“惠农担”“工程e贷”“税联e贷”等系列普惠特色产品。累计发放信补贷66笔，金额1.25亿元，潇湘财银贷发放25笔、7353万元，知识价值信用贷款发放18笔、2670万元。推出常德个人特色贷“沅澧闪贷”纯信用产品，将支持的客户群体扩展到小微企业主、个体工商户以及缴纳社保的社会各类个人群体，自上线以来，累计放款2.16亿元。2022年末，涉农贷款余额15.65亿元，较年初增长3.52亿元。普惠涉农贷款余额2.76亿元，较年初增长0.93亿元。根据各地特色农业产业化情况，有序推广粮食贷、油茶贷、生猪贷等涉农信贷业务，做好资金调配，保障农业生产信贷投入，重点抓好粮食生产、农资调度、农机购置等信贷支持，落实优惠利率、无还本续贷等系列配套优惠措施。在汉寿试点推出“农机模式化”业务，累计发放417.9万元农机贷款。制定涉农贷款和普惠涉农贷款信贷计划增量。每年下达涉农贷款专项指标，单列涉农信贷计划，引导信贷资源向乡村振兴领域倾斜，确保涉农贷款和普惠型涉农贷款余额持续增长。粮食生产信贷资金投放4000万元、农资调度信贷投放1500万元。开展“乡村振兴服务能力”

2022年8月17日，华融湘江银行总行与常德市人民政府开展合作洽谈会

（湖南银行常德分行 供图）

培训，提高产业扶持能力。制定农业细分行业信贷指引，开辟涉农信贷绿色通道，优化涉农信贷业务流程。推进"惠农担"业务，提升银担合作效率。围绕龙头企业、农民合作社等新型农业经营主体，推出全链条金融服务方案，在临澧率先落地"烟叶贷"，为汉寿提供农业化肥模式化金融服务、石门创新推出茶叶产业"模式化"业务等。

（周　强）

【兴业银行股份有限公司常德分行】　2022年，兴业银行股份有限公司常德分行本外币总资产74.77亿元，较年初增加7.47亿元；各项存款余额72.54亿元，较年初增加6.94亿元；各项投融资余额155.49亿元，较年初增加32.3亿元，存贷款规模在当地同类型银行中均稳居第一。不良贷款余额668.59万元，较年初减少1094.79万元，不良贷款率0.12%，较年初下降0.2个百分点。企金客户数3140户，较年初增加303户；零售考评VIP客户24021户，较年初增加2084户。在上级行2022年度考评中，该行综合考评排名第一。

分行利用投行产品专业优势，2022年落地表外资产项目31.7亿元，助力全年企金负债规模增长。与常德经投、城投、德源三大平台的公司业务合作，承销金额合计25.5亿元。持续推动智能装备制造产业链、生物医药产业链客户营销工作，加快培育新能源与智能制造、电子信息等符合国家战略和市场趋势的资产业务新增长点，加大"技术流"和"投贷协同"应用推广工作，2022年该行落地"技术流"客户18户，金额3.87亿元。常德市辖内20户国家级"专精特新"企业中有12户在分行开户，开户占比达60%，授信占比达55%，常德市省级专精特新"小巨人"企业143户，其中分行已开户34户，授信介入19户。2022年，分行3家支行分别对接汉寿、石门、津市、桃源、高新区、经开区等园区管委会，深挖园区优质企业客户，如为津市某医药公司批复1.2亿元主体授信，为石门某畜牧公司批复0.48亿元主体授信，为桃源某科技公司落地0.3亿元流贷。不断强化"全行办零售"的大零售发展思路，个人日均存款在各项存款日均中占比36.33%，较年初增长3.25个百分点，全行业务结构持续优化。强化一道防线履职及监督，落实合规主体责任，组织"合规下基层"系列活动，对辖内三家经营机构合规内控履职情况开展专项检查。保持员工行为管理高压态势，防范案件风险。常态化开展员工异常行为排查，通过组织员工家访及员工绩效辅导面谈，了解员工行为及工作思想动态，创新员工行为管理要求宣贯形式，强化员工合规档案的管理和运用。压实洗钱风险主体责任。以竞赛促学习，举办反洗钱知识竞赛；专家普法，提升反洗钱履职能力；紧盯反洗钱重点环节，认真组织检查。

（汪怡然）

【中国民生银行股份有限公司常德分行】　中国民生银行股份有限公司常德分行于2013年7月成立，全辖共有2个营业网点、2家社区支行、1家自助银行。截至2022年末，常德分行各项存款余额28.33亿元，其中单位存款余额20.38亿元，储蓄存款余额7.95亿元。各项贷款余额35.19万元。分行通过为企业匹配"减额续贷""无还本续贷""延期还款"等多种方式，解决企业资金周转压力，帮助企业渡过难关。2022以来，为小微企业、个体工商户办理无还本续贷、延期还款等业务共计219笔，金额2.5亿元。分行对小微企业和个体工商户的贷款平均利率较2021年降低150个BP，全年累计为客户减免贷款利息390万元。向上级行争取碳减排支持工具额度，绿色贷款余额稳步增长，2022年末，累计投放绿色贷款3000万元。在金融超市平台积极上线"农户光伏贷"，向符合条件的分布式光伏发电设备终端农户办理人民币授信业务。聚焦能源结构转型、制造业、"专新特精"、绿色信贷等重点领域，通过发债、托管、产业链供应链金融等产品为企业客户提供更便捷更优质的综合金融服务。

筑牢风险管控防线。落实内控合规管理提升，推进内控合规管理体系建设，完成网格体系的搭建，进一步深化法治民生建设；强化全面风险管理，加强合规建设，突出道德风险和操作风险防范，增强员工处置突发事件的能力，通过培训、演练、宣讲、安全提示等形式，提升全员安全防范意识和能力，严防各类风险事件的发生。做实金融消保工作，贯彻落实监管要求，开展"金融知识万里行"系列活动，将金融知识送进企业、走进乡村，帮助老百姓提升金融消费保护意识，远离和抵制非法金融活动。

（梁馨文）

保险业

【中国人寿保险股份有限公司常德分公司】　系中国人寿湖南省分公司下辖分支机构，属于转授权经营单位。公司现有班子成员6人（其中总经理1人，副总经理2人，总经理助理3人），员工382人（其中分公司机关含城区174人，支公司208人）。公司在常德市9个区、县分别设立分支机构，包括武陵支公司、鼎城支公司、安乡支公司、汉寿支公司、澧县支公司、临澧支公司、桃源支公司、石门支公司、津市支公司；同时在全市69个乡镇设立营销服务部，各营销服务部由所在县域分支机构管辖。2022年，保险行业协会授予公司"2022年度高质量发展先进单位”“2022年度工会工作先进单位”称号。

2022年，中国人寿常德分公司累计保费收入26.97亿元，其中，首年期交保费4.26亿元，预算完成率106.3%，10年期及以上保费2.21亿元，预算完成率118.4%。2022年，公司医疗经办业务项目累计补偿1433人次，补偿金额700.2631万元；国寿美好生活业务项目累计补偿6645人次，补偿金额3837.836万元；大病保险项目累计补偿7934人次，补偿金额7103.9675万元。2022年，公司办结各类理赔案件58712件，已决赔付金额总计22220.5万元，其中，意外伤害保险赔付金额1454.95万元，寿险赔付金额5064.19万元，一年期以内及一年期健康险赔付金额15701.36万元。在湖南省总工会的带动下，分公司在全市各区县级推进户外劳动者服务站点建设，累计建成30个“户外劳动者驿站”，鼎城支公司爱心驿站被湖南省总工会评为全省“百优驿站”。2022年，常德分公司累计为254.36万人提供健康扶贫“一站式”结算服务，完成1.83万人次的“一站式”赔付结算，支付赔款3789.54万元。累计为10364位计生失独特困人员提供意外伤害保险，共计为5341人提供理赔服务，累计支付赔款389.62万元。

（黄婉冰　覃黎明）

【中国人民财产保险股份有限公司常德市分公司】 2022年中国人民财产保险股份有限公司常德市分公司始终强化金融央企的责任担当，坚持“人民保险，服务人民”的发展理念，整体完成保费收入16.94亿元，同比增长14.13%，同比增加2.1亿元。除安乡外，各经营单位均实现盈利。全年代收代缴车船税、上缴增值税及其他附加1.12亿元（其中车船税7913万元）。2022年，人保财险常德市分公司制定并启动五年战略规划，创新管理格局、优化结构调整、提高经营质量、提升客户服务、化解经营风险，实现经营发展“质量更优、效率更高、动能更足”，全力推动公司高质量发展转型。制定并实施《常德市分公司经营单位管理人员绩效考核管理办法（2022年版）》《经营单位主要负责人月度发展激励奖考核办法》《常德市分公司管理人员经营绩效问责实施办法》，以及“开门红”“双过半”“金秋杯”“冲刺杯”等季度考核办法。制定《中国人民财产保险股份有限公司常德市分公司销售费用管理责任追究实施细则》，市县两级相互监督，防范经营风险，确保销售费用精准配置，精准投放。抓好关键环节管控，降低车险案均赔款。强化查勘定损操作规范性管理，落实面见被保险人制度，加大对商用车理赔关键环节的管理力度。开展赔案检查，严防理赔关键环节利益漏损，加大反欺诈调查力度，降低欺诈风险，加强伤人案件管控，加大对违规鉴定机构及人伤“黄牛”的打击力度。加强非车险案件管控，降低赔付率，对48小时内报案且涉死伤残案件100%发起人伤跟踪和理赔调查。开展巡视整改，修订和制定各类制度16项，给予党政纪处分15人次，避免或挽回损失1.9万元。

【中国平安财产保险股份有限公司常德中心支公司】 中国平安财产保险股份有限公司常德中心支公司成立于1994年12月，下辖8个营业网点，包括鼎城、德山、石门、汉寿、安乡、澧县、临澧、桃源8家区县营业网点，有正式员工118人。2022年累计保费收入49808万元，其中，车险累计保费收入35745万元，财产险保费收入（剔农）4408万元，意外险保费收入5179万元，农险保费收入4474万元，总体已决赔付支出31539万元，其中，车险已决赔付支出24572万元，财产险（剔农）已决赔付支出2138万元，意外险已决赔付支出1565万元，农险已决赔付支出3263万元。2022年申报缴纳各项税金1170.11万元，累计代扣代缴车船税4151.26万元。助力乡村振兴，通过“平安好车主”APP的车生态功能，加强与对口帮扶村的农产品对接，通过“平安好车主”APP的带货功能，推动澧县苹果柚、临澧葡萄、石门柑橘、鼎城腊笋的线上协销。

（刘湘华）

【中国平安人寿保险股份有限公司常德中心支公司】 中国平安人寿保险股份有限公司常德中心支公司成立于1996年。下辖6个营业网点（鼎城、石门、澧县、安乡、汉寿、桃源），拥有正式员工64人，营销员827人。2022年，平安人寿常德中心支公司共计承保新契约8484件，新契约承保保费6135.6万元，总保费收入56874.9万元；在理赔服务方面，共计赔付理赔案件5316件，赔付金额5191万元，豁免保险费712万元，理赔获赔率99.43%，全年总赔/给付支出共19485.75万元；在业务经营活动中，积极履行社会责任，坚持以依法纳税，上缴税费350.07万元。2022年，公司深化“金融+科技”“金融+生态”战略，运用互联网科技，以客户为中心，创新客户服务理念和服务方式，依托“平安金管家”APP服务平台，优化线上服务，推出的7×24小时发热免费门诊线上服务，向广大客户免费提供医疗专家线上问诊服务，便捷健康险理赔服务，充分运用自助理赔APP，开通绿色通道，加快理赔速度，加大理赔办理力度，简化流程，提供紧急预付赔款服务，提高理赔效率。持续完善差异化服务支持体系，强化“客户体验”理念，对客户权益、使用场景、获取方式进行系统性、全方位的设计，将客户权益进行向上向下延伸，全面提高服务覆盖面。设置老年客户服务窗口，提供老年客户专属号优先办理业务，安排专人服务，有针对性地改造适老服务细节，为消费者带去更好的金融消费体验。

（郭 婷）

【中华联合财产保险股份有限公司常德中心支公司】 2022年，中华联合财产保险股份有限公司常德中心支公司累计实现保费收入50542万元，同比增长5.5%，赔款支出35830.6万元，缴纳税款735.25万元，代征税款1717.45万元。与常德市政府签订全面战略合作协议，服务常德市经济社会发展。2022年，常德市遭遇百年一遇的干旱天气，公司向石门、临澧、桃源、澧县等受灾地区捐赠100余万元救灾物资，全年累计为农户赔款13412.09万元，提供风险保障537907.18万元。为解决常德市城乡居民就医贵问题，公司推动大病保险、城乡居民意外保险等民生类保险，为295.16万名群众提供超过1.42亿元风险保障。

（郭 蕾）

【中国太平洋财产保险股份有限公司常德中心支公司】 2022年，中国太保财险常德中心支公司获评分公司"年度经营特别贡献奖""年度最佳四强班子"。公司实现保费收入51285万元，同比增长12.13%，市场份额占比12.85%，行业排名第二，各项业务有序发展，全年共缴纳税金近4000万元。

发展助力乡村振兴的保险产品。建立解决相对贫困长效机制的"防贫保"，2022年承保人数10342人，保额7.18亿元；政策性房屋保险承保55017户，保额4.58亿元；优抚对象团体人身意外伤害保险为低收入人群提供意外保障，承保人数104人，保额1144万元；民生救助责任保险为30万人提供了1000万元的保障，为政府分担脱贫户返贫风险。为应对百年不遇之旱情，在安乡、澧县、汉寿、临澧、石门、鼎城等县区投入200余万元抗旱防损资金，用于配合当地政府建设农业基础设施改造工程，助力农户抗旱减损。

服务"三农"产业发展。农业保险增品、扩面，承保品种22种，提供风险保障55.49亿元，包括地方优势特色产业（中药材、淡水鱼、茶叶、柑橘等）；做实理赔服务，受理农业保险报案3313件，赔付6404.89万元，平均结案时效13.12天；完善"三农"服务站和服务点建设，实现农业保险服务网点全覆盖。开办民本民生险种。为62家生产企业、17家食品企业、医疗机构327项、民生责任救助30万人次提供安责、食责、医责、民责风险保障0.92亿元，理赔金额350万元（责任周期未满）；为低收入人群医疗健康（含优抚对象104人）提供风险保障2144万元，普惠型补充医疗"湖南爱民保"承保40846人，政策性健康保险参保166.8万人，补偿人次2.7万人，补偿金额6374万元。全面优化保险方案，免费扩展新冠肺炎责任，为214家企业提供风险保障9805.2万元；大力发展个人信用保证保险，新增客户606名、贷款0.93亿元；推出《商户保综合保险2.0版》，为203个商户提供风险保障1.89亿元；支持制造业高质量发展，为首台（套）重大技术装备、重点新材料首批次应用提供风险保障2.38亿元。

（王 敏）

【中国人民人寿保险股份有限公司常德中心支公司】 中国人民人寿保险股份有限公司常德中心支公司（以下简称人保寿险常德中支）于2006年10月进驻常德市场，2007年1月正式开业，下辖8个县级公司（石门、澧县、津市、安乡、鼎城、汉寿、桃源、临澧）。业务管理涉及个险业务发展部、个险人力发展部、团体保险事业部、银行保险事业部、综合金融五大业务渠道，业务结构逐年优化，2022年全年实现保费收入33416.13万元，其中，首年新单期缴保费5969.21万元，短险保费683.74万元，续期保费收入18021.98万元。扎实推进专属商业养老保险试点工作，宣传销售商业养老保险产品"福寿年年"，截至2022年12月31日实现保费116万元；参与当地城市定制型商业医疗保险（以下简称惠民保）项目，为常德1.23万名市民提供普惠型补充医疗保险服务，涉及保费122.49万元，可提供最高371.19亿元的医疗保障；参与政府扶持的特殊家庭意外保障保单承保工作，为石门、鼎城区域约2000人提供保额超过2.22亿元的风险保障，涉及保费30余万元。2022年，发生理赔案件共计4715件，涉及理赔金额共计1720.2万元，出险支付时效为35.5天，申请支付时效为1.48天，理赔服务客户满意度大幅度提升。

（赵兴平）

2021年5月24日，石门县磨市镇黄某选择在公司购买一份"百万守护至尊版两全保险"，保额10万元。2022年6月13日，黄某因房屋意外倒塌导致身故。6月13日下午，人保寿险常德中支第一时间安排市公司理赔专员赶到事故现场，了解事故原因，并协助死者家属准备理赔资料。6月23日，业务主管帮助客户将理赔资料送达公司，帮助客户完成线上理赔，当天理赔受理通过。6月24日下午理赔款到账，理赔金额共1001276.8元。2019年11月9日，阮某为自己的孩子购买一份"百万守护至尊版两全保险"（保额10万元）和"无忧人生重大疾病保险"（保额21.5万元）。2022年7月14日，阮某的儿子因遭受意外导致身故，7月15日下午第一时间安排市公司理赔部人员赶到事故现场，了解事故原因，收集理赔资料。

8月10日中午12点所有理赔资料提交，18点理赔款到账，理赔金额共1306745.6元。

（黎俊君）

【太平人寿保险有限公司常德中心支公司】 太平人寿保险有限公司常德中心支公司（以下简称太平人寿常德中支）是中国太平保险集团有限责任公司在常德地区设立的中心支公司。下辖5家支公司，有在职内外勤员工共计875人。2022年，太平人寿常德中支总保费达成24739万元。个人代理总保费达成19020万元，其中个人代理新单保费3780万元，同比增长12%。银保不断突破，其中银邮代理新单保费576万元。服务客户量方面，截至2022年12月底存量客户104115名。续收年度四项继续率指标382.2%。其中，个险13个月继续率达成91.1%、个险25个月继续率94.1%，银保13个月继续率达成98.5%、银保25个月继续率达成98.5%。公司整体星级达成年度五星。注重合规监督，全面风险管控。定期开展全员合规教育，组织“诚信、防范非法集资、反洗钱、扫黑除恶”4个专题的全员合规日教育工作；建立合规荣誉体系，推行月度合规例会制度，创建合规工作沟通平台，将合规风险提示纳入月度经营分析会，加强总经理室、各部门、各分支机构对内控风险的把控；每月组织各部门及中支骨干员工召开例会，宣导政策，部署、推动合规工作；定期开展季度巡查访谈工作。总分公司、中支对公司经营实行合规一票否考核，凡出现司法案件、稽核异常扣分、行政处罚，对机构负责人、条线负责人、部门负责人、直接责任人施行晋升、加薪、评优一票否，并扣罚年度奖金。

（毛其乐）

【中国太平洋人寿保险股份有限公司常德中心支公司】 中国太平洋人寿保险股份有限公司常德中心支公司（以下简称常德中支）成立于2002年5月31日，是中国太平洋人寿保险股份有限公司湖南分公司的分支机构，隶属于中国太平洋人寿保险股份有限公司（法人机构）。公司下设一室九部，即总经理室、行政人事部、合规与风险管理部、财务会计部、营运（消费者权益保护）部、个险培训部、个险业务部、服务营销部、顾问营销部和团险业务部。下辖6家四级机构（不包含中支城区本部），即澧县支公司、汉寿营销服务部、石门支公司、临澧支公司、津市营销服务部和桃源支公司。下辖3家五级机构，即临澧新安营销服务部、临澧合口营销服务部和桃源漆河营销服务部。2022年，公司拥有在职员工89人、营销员1057人，面向社会团体和个人开办分红、养老、医疗（重大疾病）、意外伤害、子女教育等险种系列共计100多种保险产品。2022年，常德中支新保期交保费收入5.25亿元，同比负增长7.06%，太平洋保险系统内全省排名第三；理赔款支出1.13亿元（含退保金）。理赔案件6631件，理赔获赔率98.1%。缴纳税收385.9万元，其中缴纳增值税232.5万元。2022年，常德中支在公司总经理室开展4期主题为“结构化思维”的内勤员工培训，中支全辖共计145名中青年干部员工参加培训。结构化思维能够帮助员工借用思维框架辅助思考，将碎片化的信息系统化，扩大思维层次，达到建议更清晰、沟通更简短、分析更有效、决策更高效、方案通过率更大的目的。

（毛卫东）

2022年10月11日，桃源县漆河镇中国太保寿险桃源支公司为桃源县漆河镇二居民理赔200万元。7月20日，桃源县漆河镇居民张某、向某某（系两夫妻）自驾车下班途中发生车祸，致使驾驶员张某、乘车人向某某当场身故。两夫妻均在2017年为自己投保中国太保寿险“安行宝两全保险家庭版”保险各1份。事发后，中国太保寿险调查员立即前往出险地点、交警队、医院及被保人家中了解情况，并协助客户收集理赔资料。9月7日，保险受益人向该公司递交理赔申请，经审核同意后，公司即按保险条款向受益人各赔付被保险人意外交通工具责任100万元，两名被保险人身故合计获赔200万元。

（朱璐露）

证券期货

【概况】 2022年，常德市有证券期货营业部15家，其中证券营业部13家，期货营业部2家。证券交易额3033.80亿元，期货成交金额2648.33亿元，累计落户基金及基金管理机构116家，规模301.32亿元。2022年年末，全市共有上市公司6家，其中A股上市公司5家，港交所1家；新三板挂牌企业5家。2022年，飞沃科技首发过会，金天钛业、九申燃气在湖南证监局辅导报备，安德丰、恒邦建工等25家企业在湖南股交所挂牌，59家企业进入湖南省上市后备企业资源库，位居全省第三。

【华融证券营业部更名】 7月29日，华融证券发布债券公告称，公司名称由华融证券股份有限公司变更为国新证券股份有限公司。8月，华融证券股份有限公司常德武陵大道证券营业部正式更名为国新证券股份有限公司常德武陵大道证券营业部。

（荣　亮）

财政·税务

财政

【概况】 2022年，全市地方一般公共预算收入209.65亿元，总量保持全省第二位，增长3.09%，其中，地方税收收入133.62亿元，增长3.15%；非税收入76.03亿元，增长3%；地方一般公共预算收入中非税占比36.27%。全市一般公共预算支出637.45亿元，增长6.76%，其中，全市公共服务支出完成365.76亿元，增长12.36%。

支持发展。支持产业发展。在财政投入上，市级安排产业发展扶持专项、工业和信息化发展专项、智慧常德专项、科技专项超过4亿元，落实“三大支撑八项重点”等一揽子稳经济政策措施，支持园区和企业做大做强；建立骨干税源企业税收增长激励机制，兑现省、市奖补资金9757万元。在减税降费上，协同税务部门加快留抵退税工作进度，全市累计为2322户市场主体办理增值税留抵退税52.17亿元，新增减税降费8.94亿元，缓缴税费7.68亿元，为企业发展减负增能。在金融支持上，对进入“金融超市”的融资担保业务执行0.6%的优惠担保费率；推出“信补贷”“潇湘财银贷”等免抵押、低利率的政策性纯信用信贷产品，为全市中小微企业发放贷款200余笔，金额4.94亿元；市产业基金累计投资37家企业，累计投资10亿元，带动社会机构投资18.67亿元；支持新发放工业过桥资金1.3亿元，累计提供科技担保贷款44笔1.5亿元。支持城镇更新提质。市本级发行专项债券27.09亿元，支持高铁站房及周边配套市政道路建设、市直公立医院建设、沅北水厂迁建等一批重点项目建设；投入2.22亿元维修加固武陵大桥、德山大桥，修复桃花源路、高泗路塌陷路面，保障居民出行安全；制定《常益长高铁市与区县市支出责任划分方案》，推进高铁建设资金筹集工作；安排2538万元，支持农村公路养护管理和益常高速扩容前期工作等；投入2224万元，支持水运复兴和船舶治理工作。支持实施乡村振兴战略。市级投入2亿元，重点支持农业产业发展、水利设施建设、农村安全饮水等，推进脱贫攻坚与乡村振兴有效衔接。支持农担常德分公司累计为全市3205户农业经营主体提供农担贷款30.27亿元。

保障民生。促进居民就业。拨付稳岗返还资金3482万元，落实就业资金5274万元，新发放创业担保贴息贷款1.3亿元，补助贴息资金670万元。提高社会保障水平。市本级共发放机关事业养老金7.5亿元、失业保险基金支出1.5亿元、工伤保险待遇0.98亿元等；足额安排城乡低保、计划生育独生子女伤残和死亡家庭扶助、困难群众救助资金、残疾人“两项补贴”、大病救助、优抚专项等资金，支持做好相关群体的待遇保障。支持卫健事业发展。市级安排1.47亿元，用于市一医院、一中医院、妇幼保健院等公立医院补助，市辖区基本公共卫生服务配套补助，行政村卫生室标准化建设等。推动教育质量提升。市级安排2.4亿元，重点支持荷花中学、市一中、市三中等市直学校项目建设，进一步改善市直学校办学条件；安排0.97亿元，用于消除大班额、农村学校建设三年行动建设项目配套资金清算；安排4150万元支持3所民办学校改制为公办学校；安排3.9亿元重点支持常德学院建设、湖南幼专新校区建设，常德财经机电职业技术学院（筹）、常德高职院提质改造等项目资金结算等，促进职业教育发展。强化公共文化服务。市级安排文化、旅游发展专项4800万元，重点支持诗墙“四阁”（武陵阁、春申阁、排云阁、渔夫阁）、图书馆维修加固等公共文化阵地建设，百团大赛、省十四届运动会等大型文体赛事活动，以及全域旅游宣传推广等，促进文旅事业、文旅产业发展。支持完善住房保障体系。市本级全年筹集保障性安居工程补助资金2.16亿元，支持实施老旧小区改造项目54个，加装电梯240台，为4145户无房低收入家庭发放租赁补贴等；完成公寓楼成本结算5个、资金结算7个，拨付代建资金4.4亿元；制定江北城区购房契税补贴和购房补贴细则，为420户兑现补贴575万元。

财政管理加力增效。强化预算管理。修订完善《市本级财政专项资金管理办法》，进一步规范专项资金分配和使用管理。推进预算管理一体化建设提质扩面，提升预算管理规范化水平。实施预算绩效管理，市本级财政重点评价资金24.81亿元，将评价结果运用到2023年部门预算编制中，调减资金安排1.91亿元。夯实债务管理。实行市县债务风险一体化管理，加强对市级平台公司防化债管理，推进降息减债，守住债务风险底线。强化政府采购管理。推进全流程电子化采购，95%以上项目实现电子评标；落实政府采购预留中小微企业份额政策，中小微企业成交额28.31亿元，约占成交总额的80%。市本级完成采购合同金额13.46亿元，节约资金0.43亿元。加强财政评审管理。推进“管办分离”，完善评审内部管理制度，与审计部门联合制定政府投资项目财政评审与审计监督的范围，主动接受审计监督，市本级全年共完成评审项目797个，评审金额78.26亿元，审减金额11.68亿元，综合审减率14.9%。加力盘活国有“三资”（资金、资产、资源）。全市盘活行政事业单位国有资产3.38亿元，取得收益1.03亿元；企业国有资产34.6亿元，取得收益10.89亿元；实现河道砂石有偿使用收入25亿元。市本级清理回收结转结余资金3.4亿元。强化财政监督。开展会计信息质量专项检查、非税收入情况专项检查、国企改革专项资金监督检查、代理记账机构监管等，维护财经纪律的严肃性。

2022年11月3日，常德市财政局举办2022年预算绩效管理业务培训会

（市财政局 供图）

【常德市政府采购指标获省营商环境评价优秀等次】 在对2021年度湖南省营商环境评价中，常德市政府采购指标获评优秀等次。常德市贯彻落实国省深化政府采购制度改革有关精神，多措并举优化政府采购营商环境，切实提升市场主体获得感。

【常德市申报项目获上级支持资金近11.5亿元】 7月，常德获批财政部、自然资源部、生态环境部组织申报的“十四五”期间中央第二批山水林田湖草沙一体化保护和修复工程项目，以及财政部、生态环境部组织申报的首批中央农村黑臭水体治理试点项目，2022—2024年可获得上级支持资金近11.5亿元。

【常德市预算管理一体化实现主体全覆盖】 10月31日，常德经济技术开发区、柳叶湖旅游度假区、西洞庭管理区、西湖管理区上线预算管理一体化系统，标志市预算管理一体化系统实现层级全联通、业务全贯穿、主体全覆盖。预算管理一体化系统是将多个财政信息系统整合到预算管理一体化平台，各级各部门按照统一的业务规范和技术标准，运行项目库、预算编制、预算执行、政府采购、绩效管理、资产管理等业务环节，实现信息变更、业务控制、结果反馈、辅助领导决策等流程化管理，有助于全面提升预算管理规范化、科学化、标准化水平。

【市财政局被评为2019—2021年度全国财政信息工作先进单位】 根据《财政部关于表彰全国财政系统业务工作先进单位和先进个人的通报》（财办〔2022〕46号），常德市财政局被评为2019—2021年度全国财政信息工作先进单位。作为财政部信息直接联系点，常德市财政局围绕“国之大者”，聚焦财政中心工作，向财政部反映市落实财政政策的进展情况、经验做法和意见建议，有效发挥财政信息辅政建言作用。

（雷志祥　陈　成　李德志）

非税收入征收管理

【概况】　2022年，全市共完成全口径非税收入316.61亿元，为年初预算101.92%。市本级共完成全口径非税收入143亿元，为年初预算109.84%，其中，纳入公共财政预算31.37亿元，纳入政府性基金管理109.14亿元。

（郑德祥）

【非税征收】　按照《市直单位非税收入执收工作评估考核办法》要求，开展2021年度执收工作评估考核，并对14家先进单位通报表扬。2022年共收缴各项收入1.63亿元，其中征缴国企独生子女父母奖励金171.5万元、城市污水处理费6460万元，市政务中心基本建设一体化收费窗口共收取城市基础设施配套费1153.54万元、城市道路占用费和挖掘修复费215.88万元、农民社会保障金7105.03万元、经济适用房补缴报建规费8.18万元，交警非税收费窗口收取规费1217.87万元。根据《常德市市本级罚没物资处置工作规程》《常德市公共资源交易目录（2019年）》等规范性文件要求，拍卖、变卖、销毁市纪委市监委、市公安局、市交警支队、市烟草专卖局、市市场监督管理局、市应急管理局等单位移交的罚没物资13批次，上缴国库罚没物资变价处置收入192.6万元。

【非税收入信息化建设】　根据湖南省财政厅印发的《湖南省电子非税收入一般缴款书推广实施方案》（湘财事务〔2022〕2号）要求，推动常德市全面应用省电子非税收入一般缴款书非税系统。9月中旬，上报湖南省财政厅《常德市非税收入电子化收缴业务调研报告》《市本级非税收入收缴基本情况表》。11月底，拟定《关于实施省电子非税收入一般缴款书非税收缴管理系统有关情况的汇报》向市财政局汇报。

（熊　骋）

【票据管理】　坚持“统一发放、分级管理、限量购领、及时核销、票款同步”的原则，严格财政票据日常管理。票据领用：2022年新增19家购票单位，共入库财政票据2300万份，发放县市区1799万份。代开票据134笔，上缴财政资金1486.8万元。全年市直单位领用630万份，核销611万份，年度核销率达97.1%，通过票据上缴财政资金27.1亿元。票据年检：对2021年度281家用票单位财政票据购领使用和管理情况进行了年检，合格278家，合格率99%。为用票量较大的市第一人民医院等8家市属医疗单位开展上门年检服务，核查财政医疗票据334.4万份。

（李成培）

国库集中支付核算

【概况】　2022年，常德市本级纳入国库集中支付资金支出总额267.55亿元，其中财政直接支付资金171.72亿元，预算单位集中支付资金95.83亿元。预算单位集中支付资金95.83亿元中，通过单位零余额账户支出67.46亿元，单位实拨资金账户支出28.37亿元。预算单位支出金额同比2021年减少65.93亿元。市国库集中支付核算中心支付一科获评湖南省巾帼文明岗。组织参加省财政厅举办的“深化国库管理制度改革、献礼党的二十大”征文比赛，上报9篇，其中3篇征文分别获得一、二、三等奖。

支付改革。进行银行专户清理，将一部分非财政资金账户归还给预算单位自行管理，实现银行专户资金的“放”；清理撤销一部分不合理财政资金专户，对26个单位58个实拨资金账户进行分类处置，涉及资金33.30亿元。2022年专户支出下降67.96亿元，下降70.55%。集中支付不断扩面，2022年将差额拨款的市属医院、学校等事业单位纳入预算一体化系统，统一实施运行国库集中支付。

支付审核。在人员紧、任务重、新增支付审核单位的前提下，做好日常支付审核工作。疫情封控期间，及时协调落实疫情防控资金的支付，保证定点隔离医院市二医院的疫情防控资金1000万元、一医院方舱设备款600万元、市工信局核酸检测设备款800万元等资金第一时间拨付到位，确保资金支付绿色通道畅通。

支付资金监控。做好动态监控线索核查、处理工作，全年对40793条支付信息进行动态监控，采取人工甄别、实地核查等办法收集疑点问题和线索437笔，发放告知函163份，督促预算单位及时整改，对规范预算单位支出行为、加强预算执行发挥了积极作用。

资金结算。全年共发送直接支付凭证161638笔，清算资金190亿元，处理非正常退款支付业务118笔；特殊退款（医院及预算）4笔，协助预算单位追回重复转出支付业务5笔；登记银行业务差错及服务质量问题23笔。整个资金支付程序规范、信息保密、审核准确，电子凭证发送做到零失误、零差错。完善各代理银行相关手续，年内更换8家代理银行印章及开户许可证，完成新增2家代理银行的开户手续。牵头

2022年7月27日，市国库支付中心召开调研活动座谈会

（市国库集中支付中心 供图）

组织工商银行、建设银行等10余家代理银行专柜操作人员举办资金支付业务培训，进一步提升代理银行服务质量。

【“调研走访年”行动】 2022年，常德市国库集中支付核算中心对市直17家预算单位日常运转经费支出情况进行专项调研，撰写调研报告，为财政主管部门预算编制改革建言献策。到年内新纳入集中支付管理的差额拨款单位市一医院等7家医疗单位进行专题调研，提出许多合理化建议。组织对中心成立以来单位职能定位进行全面摸底调研，撰写专题报告，市财政局党组会专门研究，同意中心提出的“明确重点监控项目、加强实拨资金管理、明晰国库支付监管责任、增加相关权限功能、修订完善相关制度”等建议，以市财政局名义印发《常德市市本级财政国库动态监控管理暂行办法》，以中心名义印发《常德市市本级国库动态监控系统预警暂行规则》，中心职能职责得到更加明确和优化。预算执行分析选取33家预算单位49个项目的16861.26万元专项资金的预算安排、资金支出、项目执行情况进行支出分析，对支出进度不达标项目的原因进行整理，并对部分项目2023年的预算编制提出合理合规的建设性意见。

（卢新柳）

住房公积金管理

【概况】 2022年，常德市共归集住房公积金53.96亿元，同比增长6.75%。发放住房公积金贷款20.05亿元，同比下降15.72%。提取住房公积金34.07亿元，占同期归集额的63.14%，同比增长7.85%。截至2022年年底，常德市住房公积金缴存总额455.11亿元，贷款总额271.68亿元，提取总额271.42亿元。

归集扩面。2022年，常德市新增缴存人数2.3万人，归集资金53.96亿元。市本级年归集额17亿元以上，石门县、澧县、武陵区、鼎城区、桃源县等区县年归集额超4亿元。将全市民办机构、协警、村支（社区）“两委”干部、非公有制企业职工纳入住房公积金制度保障范围，加大“灵活就业人员”开户缴存力度，扩大制度受益群体范围。各县市区管理部鼓励条件较好、未达缴存限额的单位进行合法补缴，督促效益一般的企业对应缴未缴部分进行补缴。

资金运行管理。2022年上缴财政增值收益1.8亿元，完成全年目标任务的112.5%。资金配置上，做好资金转存定期工作，为缴存职工结息2.45亿元。

信息建设和政务服务。常德市住房公积金管理中心（以下简称中心）启动历史档案数字化加工项目，对接市行政审批局政务一体化建设项目。选派多名骨干前往长沙中心学习远程服务管理模式和后台集中审批先进经验。开发多家银行贷款自动批扣程序并完成测试。针对全年住房公积金政策调整，对贷款额度、短信模板、利率上浮等进行测试并提供技术支撑。进一步深化“放管服”改革，优化政务服务，大力推进住房公积金业务事项“跨省通办”，加强业务协作和数据共享，全面提升“一网通办”效率。将5个大类47个小类服务事项纳入政务服务一体化平台，完成跨省通办业务113笔，办理异地转移接续业务4336笔。

风险防控。将阶段性担保及贷后管理模式统一规范为贷后资产管理模式，保障缴存职工办理贷款效率，降低贷款回收风险。《常德住房公积金缴存、提取、委托贷款管理办法》经市政府办重新发文，规范公积金业务办理环节。开展防风险堵漏洞专项稽核，严格执行内审制度，从业务流程、办理场景、复核审批、委托业务单位等多个环节，查找廉政风险点，加强业务办理全流程管控，提升风险防备能力。

优化营商环境。中心出台优化营商环境暨政务质效提升行动举措15条。帮助企业渡过难关，出台支持恒大项目购房人按揭贷款具体措施，明确缓缴、提标、放宽贷款条

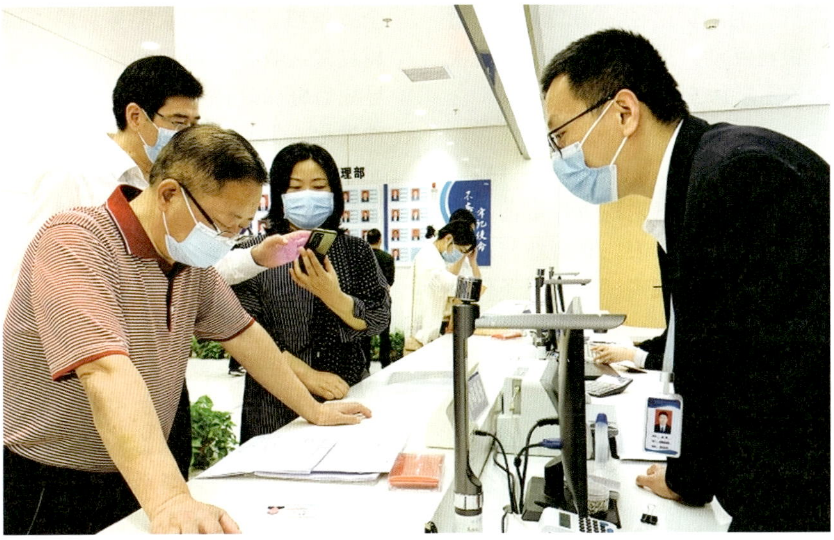

2022年5月26日，市住房公积金中心党组书记梅宏（左一）一行前往市民之家及直属管理部窗口开展“走流程、解难题、优服务”行动　　（刘思琴　摄）

件等住房公积金阶段性支持政策，提高人才绿卡持有者住房公积金贷款额度上限，调整首套公积金贷款利率。2022年，累计为全市范围内受疫情影响的6家企业共696人办理缓缴业务，累计缓缴125.14万元；累计享受提高租房提取额度缴存人员1302人共提取1486.18万元。

【调整贷款政策】　在国家、省、市相关政策推动下，2022年中心多次调整住房公积金贷款政策，涉及促进全市房地产市场平稳健康发展、聚集人才、首套个人住房公积金贷款利率下降等内容，一定程度刺激全市房地产消费。2022年，全市共发放住房公积金贷款5473笔共20.05亿元。

【“清廉窗口”创建】　全市住房公积金管理部开展“清廉窗口”创建，营造窗口服务清正廉洁良好氛围。常德市清廉机关建设现场会106家单位负责人前往中心直属管理部现场观摩“清廉窗口”建设情况。市直和中央、省驻常德单位党支部书记培训示范班的100多名学员到石门住房公积金管理部现场学习交流支部“五化”建设和“清廉窗口”建设工作。每月评选“清廉窗口”示范岗、党员示范岗、服务之星，不断提升标准化服务水平。强化清廉服务质量，做到业务办理零收费、柜台办理全透明、线上办理更便捷。

【“走流程、解难题、优服务”行动】　全市住房公积金系统集中开展“走解忧”行动，中心主要领导带队前往市民之家住房公积金窗口及直属管理部窗口体验线下线上主要业务办理流程，各区县市管理部陆续开展相关负责人进窗口走流程活动，全方位查摆问题，对梳理的3大类38项问题进行分解，逐一细化举措，形成整改措施，通过出台政策、加大宣传、落实政策等方式，整改完成率为90.91%。

（刘一婵）

税务

【概况】　2022年，国家税务总局常德市税务局统筹抓好疫情防控和税收重点工作，攻坚克难、实干担当，省局和市委、市政府领导先后28次对全市税务系统工作予以批示肯定。2022年，全市税务系统组织入库各项税费收入561.88亿元，同比增收153.25亿元，增长37.5%。入库总局口径税收177.74亿元（剔除留抵退税因素后，完成总局口径税收228.75亿元），其中市县级税收入库133.65亿元，同比增收2.08亿元，增长1.58%。入库社保费144.37亿元。入库非税收入238.62亿元。

【依法治税】　持续推进法治税务建设，全市1176名税源管理人员合理划分为235个类别组，有序完成优化税源管理方式改革。高效发挥大数据风控效能，市局在省局3次税费风险应对抽查复核中得分均排名第一。推行“统一选案、统筹检查、集中审理”的新型稽查模式，挂牌成立全市警税联合办案研判指挥中心，稽查质效进一步提升。多部门协作查处反避税案件1起，实现零的突破。认真贯彻行政执法“三项制度”（行政执法公示制度、行政执法全过程记录制度、重大执法决定法制审核制度），推进“首违不罚”清单制度落地，全年作出不予处罚决定659次。

【纳税服务】　围绕“要把营商环境作为‘生命线工程’来抓”的要求，建立“按日推送、按月分析、按季通报”数据通报机制。连续第9年开展“我为纳税人缴费人办实事暨便民办税春风行动”，制发服务市场主体激发市场活力、推行精细服务助力重点企业加快发展“双十八条”，率先制定“走解优”专题活动方案，参与千名干部联千企“送解优”行动，市税务局在全市优化营商环境评议中列同组第二名。提升办税缴费效能。精心制定健全大企业税收服务和管理新格局实施细则，被省税务局评为优秀。2022年，全市新办涉税市场主体3.6万户，同比增长46.34%；注销税务登记1.03万户，同比下降73.79%。

【电子税务】　在湖南省率先实现机关事业单位零余额账户通过三方协议直接缴纳社保费和非税收入，机关事业单位缴费实现网上办、便捷办、快速办，有关做法在全省推广。持续做好增值税电子发票公共服务平台推广运用，完成全电发票测试工作。推进“非接触式”办税缴费，全市业务办理量合计506.13万户次，网上缴税（费）业务合计15.39万笔，其中线上办税缴费占比超过90%。通过分级运维管理办法，确保电子税务局运维渠道畅通，确保纳税人缴费人的问题在第一时间得到响应和处理，及时响应率和处理率均为100%。采取税务机关统一受理，全市统一配送的邮寄模式，提升服务响应速度和配送效率，全市实现邮寄发票城区5小时到达，偏远地区不超过24小时，连续三年在全省发票邮寄速度排名第一。

【税收服务经济】　推进以税辅政，累计向市县两级党委政府报送各类分析材料43篇，获得领导批示25篇，其中《从税收视角看常德白酒产业的高质量发展》被评为“2022年度全市优秀调研报告一等奖”，先后获得市委书记曹志强、市长周振宇肯定性批示并专题调度落实相关建议。开展“银税互动”，为信用可靠、未来可期的小微企业提供“以税授信、以信换贷”的融资途径，2022年，通过“银税互动”助力2290户企业解决融资需求19.51亿元。

【减税降费】　创新推行“432”工作法（指留抵退税审核事前“四看”：对照预审表，看行业与规模类型判定是否正确、看退税条件是否符合政策规定、看日常涉税事项办理是否规范、看纳税人生产经营是否正常；事中“三审”：审核过程中对表自审、团队会审、上级助审；事后“双查”：对已审核退税的纳税人由主管税务机关全面自查、市局实施重点抽查），留抵退税规模和速度均居全省前列，市局在全省税务系统退税减税政策落实工作推进会上作典型发言，留抵退税“一表四看”做法以文件形式在全省推广，得到国家税务总局王道树副局长肯定，周振宇市长等市领导先后6次就退税减税工作作出肯定性批示。全年共办理留抵退税52.3亿元、出口企业退（免）税5.1亿元、缓缴税费7.76亿元、其他新增减税降费9.67亿元，落实企业研发费用加计扣除11.18亿元。

【“银税互动”宣讲活动】　9月16日，国家税务总局常德市税务局、中国银保监会常德监管分局联合举办“银税互动”宣讲活动。常德市人民政府副市长谭丁出席活动并讲话，省、市两级税务、银保监部门相关负责人以及24家银行代表、33名纳税人代表参加活动，企业与银行现场意向签约金额达6.22亿元。

（宁致超）

2022年9月16日，税务部门牵头发起“银税互动”宣讲会。图为会议现场

（市税务局 供图）

国有资产经营与监管

国有资产监管

【概况】 2022年，全市国资系统完善监管机制，深化改革创新，统筹发展安全，在宏观经济持续下行、新冠疫情反复冲击、干旱灾害历史罕见的情况下，各监管企业完成既定经济运行目标：资产总额4073.1亿元，同比增长6.6%；全年实现营业总收入236.4亿元，增长22.6%；实现利润24.8亿元，增长37.5%；上缴税费13.8亿元，增长31.9%，资产、营收、利润总额均居全省第二。市城发集团营收超过百亿元，达120亿元；市城发集团、市经投集团上缴税费分别达6.6亿元、3.2亿元。国资监管工作、国企改革工作均位居全省第三、获评优秀等次，委机关成功创建国家级节约型机关、省级文明标兵单位。

【国有企业改革】 坚持真改、实改、快改，申报改革任务在全省市州最多（90项）。市经投集团下属子公司由16家整合至13家；市城发集团吸收做强城投、合并做优咨询、新设做活产业，形成一个集团、两类公司、三个循环的发展格局；常德路桥集团实行内部重组改革，将所有项目员工优化组合，组建5家能独立开展项目建设和承揽业务分（子）公司，形成下属企业目标明确、责权清晰、竞相发展局面；市规划设计院成功收购桃源县渔父水利水电勘测设计有限公司，取得水库枢纽和灌溉排涝两项水利设计专项资质。国有企业党组织在公司治理结构中的法定地位得到明确和落实，10户一级企业及55户应建董事会子企业董事会应建尽建，10户一级企业和重要子企业均全部制定出台“前置事项清单”，8户市属监管企业公司制改革完成，10户一级企业章程修订工作完成。在管理人员能上能下方面，10户一级企业和72户子企业336名经理层成员全部签约，远超70%的目标值，各级企业管理人员通过竞争上岗388人，通过末等调整和不胜任退出75人。在员工能进能出方面，建立和实施以岗位管理为基础、以劳动合同管理为关键的市场化用工制度，规范劳动用工管理成效明显，新进员工公开招聘率100%，未出现超编现象。在收入能增能减方面，监管企业均实现工资总额与效益同向浮动，员工工资与绩效挂钩。

【国有企业转型升级】 组建“三资”注入工作专班，按照“一个项目、一个具体方案、一个操作小组”要求，坚持成熟一个、审批一个，开展资金资产资源注入工作。2022年以来，统筹推进17项，向市政府上报方案17项、获批12项。盘活城区公共停车位、城乡客运一体化等5项特许经营权和农村客货邮融合发展等3项经营权，完成城区供水管线注入，增加资产40亿元、现金流5亿元。常德高铁站南广场如期竣工并投入使用，张公庙澧水特大桥基本完工，常德高铁站北广场、常德学院建设快速推进，沅北水厂二期、“三区”农村安全饮用水工程等项目顺利开工。2022年，共申报项目45个，总投资998.77亿元，专项债资金总需求713.8亿元；审核通过14个，专项债资金需求55.5亿元，发行17.08亿元。市城发集团参股桃源抽水储能项目，与津市市、临澧县就“双碳”产业项目签订合作协议；市经投集团对接华润集团、国药集团，组建常德医药集团，打造市内唯一集批发、零售、研发、物流等于一体的国营医药公司；市市政公司布局再生沥青混凝土项目；常德路桥集团拓展市外、省外市场新增合同签约额3.97亿元，完成产值6.3亿元；市建筑设计院先后与省建筑设计院、湖大设计院达成战略合作协议或意向，拓宽业务领域，打通人才培养通道，2022年共新签合同176个、金额2984万元；市规划设计院立足主城区，下沉区县市，并逐步向湘西、张家界等拓展业务。开展降本增效专项行动，企业净资产收益率、营业收入利润率均实现同步增长，市自来水公司全年减少管理成本1030万元，公交公司全年增收920万元、节支237万元，湘雅医院比2021年减少人力资源成本267.64万元。

【国有资产安全运转】　注重统筹发展和安全，强化底线思维，担当防风险、保安全政治责任，维护国资系统安全稳定。坚持防范化解债务风险，强化融资保链措施，降成本、优结构、防风险，推进高息存量债务降息置换，全年没有发生一笔债务违约。绷紧安全生产弦，强化防范意识，落实安全生产各方责任，加大安全隐患整改力度，委机关开展安全生产专项检查7次，各企业开展各类应急演练36场，委机关交办重大安全隐患27个，各企业排查整改一般安全隐患1828个，全年没有发生一起较大安全生产责任事故。

【服务大局】　印发《关于做好2022年度租金减免工作的通知》，明确减免对象、标准和方式，取消承租方申请环节等，为1345家小微企业和个体工商户减免租金3324.76万元。委机关打造“一件事一次办”升级版，缩短备案审批时限，提高办事效率，同时在全省率先实行国有企业资产和服务采购项目全流程电子化招投标，有效降低市场主体交易成本，打通服务群众“最后一公里”。市自来水公司16项涉水业务实现指尖办理，不动产过户一窗办，建立特困群体智慧办理新服务模式，最大限度保障困难群众的用水权益。走访联系企业，现场了解情况、听取意见，帮助联系的9家企业解决问题13个。在疫情最严重时，组织国企400余名党员干部，支援街道社区，组织施工队伍抢修方舱医院，组织车辆保障防疫物资、人员运输。在旱情最严峻时，市自来水公司10天完成应急取水工程，用最短时间解决市城区用水难问题。

（岳金环）

2022年6月21日，市国资委党委书记、主任郭杰（前排中）带队深入企业开展“送政策、解难题、优服务”现场服务活动　（市国资委 供图）

常德市城市发展集团有限公司

【概况】　2022年，常德市城市发展集团有限公司坚持改革转型，加强经营治理，运行稳健持续。截至2022年年底，总资产规模近1600亿元，经营收入过120亿元，利润过10亿元，纳税近7亿元，负债率稳定，现金流充盈，生存力提升，发展好于预期。2项重大招商项目（一是市城发集团促成中旅投资集团与市政府、桃花源区管委会有关战略合作协议的签署，市城发集团与中旅投资集团共同组建文旅项目投资管理公司；二是就林业碳汇项目，市城发集团与江西丰林投资开发有限公司签订相关开发合作协议）经市开放型和招商引资工作领导小组办认定；子公司市文旅投集团管理的桃花源景区被湖南省文旅厅（湖南省研学旅游质量等级认定委员会）授予“湖南省研学旅游（示范）基地”称号，在2022湖南省等级旅游景区讲解员职业技能大赛中被湖南省文旅厅授予“优秀讲解词”荣誉称号，被湖南省文旅厅授予“省级文明旅游示范单位”，桃花源文创系列获“2022湖南文化旅游商品大赛”金奖。

扩充业务。整合开发建工主业，开发尚德郡标杆楼盘，建造学院标志工程，获取多个链外项目，赢得多项上下游工程，完成多重急难险重任务，开展项目提质、全员营销专项行动等。盘活城市停车经营权，推进旅游景区、城区管网、城市数据等经营权盘点；配强商管公司，开启资产运营，探索资产去化与证券化新路径。整合组建城发咨询，提升综合服务能力；稳健做大内贸，择机切入外贸，完成内外贸收入过50亿元，打通内外循环。产业项目难中渐进，航空物流形成方案，石桃高速完成前期，抽水蓄能如期开工，学院建设顺利推进，中旅常德落地生根，三元矿山破土动工，农林碳汇整体推进等。股权项目开花结果，浙江众成艰难双增，私募基金逆市投资，天铭商砼低价并购，上市培育精准发力。锚定转型战略，迈进“快车道”。

安全经营。严格坚持年度收支预算、每月收入考核、投资风险控制、融资节奏把控、存量资产激活和资金池调蓄等安全举措，确保资金合理充沛，严控“微观经济”风险，守住流动性资金底线。严格坚持企业安全生产、阳光采购、经营合规、商业契约和财务现金等安全重点，确保经营健康有序，严控“宏观非经济”风险，不踩法律纪律“红线”。严格坚持党委立项前置、专业尽调、集体投决、合规报批和投后严管等安全过程，确保投资精准高效，严控“微观非经济”风险，不越负面清单“界线”。严格坚持党委第一议题政策学习集体把向、产业规划专题研究、财经政策综合分析、务虚会集思广益和进入新领域反复论证等安全认知，确保公司战略与业务不偏航向，严控“宏观经济”风险，不碰政策规范“边线”。

质效管理。对每月要点管理会，抓住中心重点，精心安排部署、认真剖析复盘、悉心指导督促、潜移默化提升。将要管制度化，常规推进质效管理，提高工作水平。对全年六大工程、六大行动，长远谋划、明晰权责、过程管控、针对性调度。将重点流程化，聚焦推进质效管理，提高成事效率。对企业绩效考核评价，明确核心指标，实现绩效挂钩、坚持每天通报、开展月度考评、完善结构模型。将考核体系化，精准推进质效管理，提高经营效益。对公司数字建设，全面推行掌上城发，系统梳理业务流程、强力推进三年行动、招商引进投建营合作、逐步实现数业财一体化。将产业数字化，纵深推进质效管理，提高发展潜力。

改革转型。调整经营性公司做实城发，吸收建工企业做强城投，整合项目公司做优咨询，新设碳汇商管公司做活产业。继续压减治理层级，实行两级管理；调整收缩管理板块，聚焦主责主业；引进外部董事监事，落实三年改革行动；推进项目经理制，让听得到炮声的人决策。初步形成可量化、可考核、可制衡的治理体系，破解治理“慢而不畅”。与上下游伙伴结合，向外拓展主业；与国家战略结合，入局“双碳”与外贸；与优秀市场主体结合，进军资源行业；与头部私募结合，加强股权投资。研发升级标准，完善功能；开发标志性产品，增强口碑；对标市场房企，配套环境；向阿那亚学习，增强体验。初步形成满足功能、服务情感、提升文化的开发模式，破解服务“俗而不雅”。

【城发贸易公司通过ISO“三体系”认证】 10月8日，城发贸易公司通过并取得ISO“三体系”（ISO 9001质量管理体系、ISO 14001环境管理体系、ISO 45001职业健康安全管理体系）认证证书。国际标准化组织（ISO）制定的三大管理体系标准，是目前最成熟、最具权威性的认证体系。全球有超过160个国家及地区的逾75万家组织正在使用这一框架进行质量管理。通过此体系认证的企业，可以确保其稳定地提供合格产品或服务，是企业赢得客户和消费者信赖的基本条件。城发贸易公司取得ISO“三体系”认证证书，能够提高公司的市场核心竞争力，打破国际壁垒，使公司获得进入欧美市场的准入证，同时还有利于公司各项管理工作规范化、标准化运行，确保公司持续稳定健康发展。

【常德市南硚泵站改扩建工程开工】 10月16日，常德市南硚泵站改扩建工程一期改建工程正式开工建设。市委副书记、市长周振宇出席开工仪式并宣布项目开工，市政府原副市长龚德汉主持开工仪式。华纬水电公司作为施工单位参加活动。南硚泵站改扩建工程是湖南省2022年重点地区排涝能力建设项目，是全省智能泵站示范工程试点项目，概算总投资8000万元，改造泵站装机容量7台7000千瓦，预计2024年3月底完工。该工程建成后将实现江北城区水利泵站“联排联调、远程集控、集中运维、无人值班、少人值守”的目标，大幅提升泵站现代化管理水平，显著增强江北城区防洪保安能力。市政府秘书长陈爱喜、副秘书长陈兆前，市发改委、市财政局、市住建局、市水利局等市直有关部门和市城发集团主要负责人参加开工仪式。

（耿　那）

常德市经济建设投资集团有限公司

【概况】 经投集团成立于1992年，当时为市计委下属的市经济建设投资公司，副处级事业单位。2008年改制为集团公司，归口国资委管理。承担市城区阳山大道以东的北部新城、东部新区的融资投资、城市基础设施建设及发展经营等职能。2018年，集团经过新一轮整合转型，子公司数量大力压减，业务门类进一步整合，经营业绩稳步提升。截至2022年年底，集团下属子公司13家，资产规模超1227亿元，有员工3300人。主营业务包含建设运营、文旅医养、实业发展三大板块。

国企改革。集团6大改革领域，19项重点改革任务，53项具体举措已经完成；进一步厘清党委会、董事会、经理层权责边界，明确“三会”工作事项清单；主营主业更加清晰，确定以建设投资、资产运营、文旅医养、产业投资为核心的业务发展方向。按照企业功能定位，实行“一企一策”，强力推进分类考核、差异薪酬。树立鲜明业绩导向，全员绩效考核率100%；集团63名经理层成员全部实行任期制和契约化。试点竞聘上岗、末等淘汰机制，通过多种方式优化人员结构，累计减少人力成本近1000万元。根据子企业功能分类，明确不同功能类型子企业的市场主体模式。强化竞争类企业的市场化考核，提升公司融资能力、不良资产处置能力和新兴业务的拓展潜力。

业务发展。集团盘活存量资产，拓宽业务边界，完善和强化产业链。压降交易成本，组建“经泰供应链服务公司”，推进产业“内循环”，对建筑地产板块的大宗材料和设备采购的产业链、供应链进行整合、链接，有效降低交易成本；压降运营成本，全面预算管控试行一年，非生产性经营支出降低20%。启动全员营销，充分利用经投集团三十周年系列活动、“五一”国际劳动节、“十一”国庆节等营销热点，组织促销活动。欢乐水世界项目获得抖音官方颁奖，打造抖音平台营销全省第一、全国第四成功案例。新组建的常德市医药集团，与华润集团、省医药集团、益丰大药房等行业头部企业达成重要合作意向，粮食集团拓展粮食贸易，粮油产品品牌化经营。

优化管理。围绕国企改革和业务经营，结合行业特性和生产经营推进清廉建设，清廉公交、清廉医院、清廉工地、清廉景区等一批清廉单元应运而生。公交公司推行“科技助廉”，通过信息化手段堵塞管理漏洞，完善权力监督机制，成为全市清廉国企建设标杆，相关经验做法被“三湘风纪”专题推介。集团统筹全局，合理布局，明方向，定权责，优手段，管理机制得到进一步优化。持续推进依法治企。持续推进合规经营。持续推进管理创新。

安全生产。统筹安全和发展，坚决落实市委、市政府主要领导关于坚守底线、严守红线的指示要求，保障资金链安全，消除安全生产隐患，维护社会面稳定。

服务社会。集团主动承担国企责任，服务社会民生疫情期间，集团紧急组织108名青年志愿者下沉社区协助抗疫；湘雅常德医院全年派遣13批次188人前往怀化、张家界及上海、长春、三亚等省内外多地支援疫情防控，累计在外支援3300余天，被多家中央和省市主流媒体报道；经康公司及时调运抗疫药品物资，保障国资系统和相关单位防疫物资的供应；海绵公司、经远建筑公司临危受命，紧急承担全市临时隔离点的建设，在规定时间内完成建设任务。文明创建中，所属农贸市场的改造，在全市作为样板推介。

【经万和公司获湖南省物业服务行业“先进单位”称号】 1月11日，湖南省物业管理行业协会授予常德经万和物业服务有限公司2021年度“湖南省物业行业优秀物业企业”称号，这是全省物业服务项目最佳荣誉。同时，公司陈文钦、陈金双获评2021年度“湖南省物业管理先进个人”。

（丁　霞）

【公交公司获2项省级荣誉】 11月23日，湖南省交通运输工会对2022年度湖南省交通运输行业“芙蓉标兵岗”“芙蓉百岗明星”予以表彰。常德市公共交通有限责任公司客服中心获“芙蓉标兵岗”，工会办主任艾蓉获“芙蓉百岗明星”称号。常德公交公司客服中心是从事受理乘客来电、来信、来访、网上留言等信息的窗口服务部门。客服中心有6名工作人员，实施全年无休轮岗制度，秉持“文明规范、认真受理、精准回答、灵活处理、及时回报、优质服务”的工作原则，受理各类咨询、建议、投诉、求助等信息，各类平台处理回复率达100%，乘客诉求回复率达100%，乘客回复满意率达100%。

（艾　蓉　刘思汝）

【经投咨询承接的湖南华电平江电厂1号机组试运行成功】 12月5日，经投咨询公司环保事务部承接的湖南华电平江一期2×1000兆瓦煤电环境监理项目1号发电机组满负荷试运行，配套建设的环保设施同时投入运行。运行结果显示，烟气处理等环保设施均能够正常运行，烟气排放稳定达标。湖南华电平江一期2×1000兆瓦煤电项目是湖南省重点建设项目，是中国华电集团在湘建设的首个百万千瓦机组项目，一期工程主要建设内容为2套1000兆瓦超超临界燃煤发电机系统，总投资72.5亿元，其中环保投资13.3亿元。项目于2020年3月开工，2022年11月24日1号机组并网成功，预计在2023年3月可完成2号机组并网。

（丁　乔）

湖南财鑫投资控股集团有限公司

【概况】 2022年湖南财鑫投资控股集团有限公司（以下简称财鑫集

团）以“国企改革、战略规划、清廉财鑫、数字赋能”为重要抓手，聚焦管理效能和经济效益“双提升”，全力打造品牌响亮、效益卓越的一流国企。截至2022年年末，财鑫集团总资产达145亿元，管理资产总额249亿元，全年实现经营总收入8.7亿元，上缴各项税金共2.97亿元，累计完成业务总量219.2亿元，较好地完成主要经济指标，其中为1555户次中小微企业、“三农”主体和战略性新兴产业提供2518笔融资担保184.44亿元，小贷业务发放贷款8.55亿元，典当业务完成业务总量3.62亿元、基金投资5.6亿元。2022年财鑫集团运营的常德金融超市破解企业融资难题的经验做法，获得国务院表扬、推介。

金融服务板块。集团发债担保业务拓展到江苏省、湖北省以及省内13个州市，域内担保业务遍及市内12个区县市和乡镇。2022年3月财鑫集团开展“金融服务进乡村活动”，创新推出“乡村振兴贷”产品，走访对接企业和养种植户200多家，累计促成融资意向超5000万元，有效缓解“三农”“主体”融资难、融资贵问题。落实普惠金融政策，早于全国将全市中小微企业年担保费率降到1%，并免收评审费、保证金，担保收费标准处于全国最低水平。6月1日至9月30日期间，针对餐饮、酒店、旅游、交通运输等疫情影响比较严重的行业企业，在原有年担保费率1%的基础上，按照最低六折的标准收取费用，累计减费降负700余万元。8月23日，开辟旱情“快审、快批、快办”绿色通道，主动将担保费率降低至0.5%，协调银行金融机构下调贷款利率至4%以下，全力支持受灾农户渡过干旱难关，累计为100余户农户提供近3000万元贷款担保资金支持。运营的常德金融超市运用金融科技手段，充分利用政务大数据实现变现，通过科技金融赋能中小微企业，准确把握市场和客户需求，提供优质产品服务。截至2022年12月30日，常德金融超市收入突破500万元实现数据，授信总金额466.88亿元，上线金融产品356个，放款总金额达384.87亿元。2月，为推动普惠金融服务“增量扩面、提质降本”，针对常德市小微企业主、个体工商户、城乡居民、公职人群推出地方特色信贷产品——沅澧闪贷，上线以来累计授信8.04亿元，放款余额已突破1.33亿元。成功推荐三湘春米业、安德丰、国力变压等10家企业在湖南股交所挂牌，为5家企业策划专场银企对接会，共获得银行授信超2亿元，累计帮扶企业对接落实各级挂牌奖补超100万元。供应链金融通过国内与国外代理模式结合，实现金融资金与企业实际需求的无缝对接，为市域内47户企业授信16.53亿元，累计放款12.7亿元，拉动市外贸业绩增长约5000万美元。

产业投资板块。财鑫集团通过参股市场化基金，与中金资本、达晨创投、东方富海、同创伟业、越秀金控、中科招商、清源投资等投资机构建立深度合作关系，8月26日，与兴湘资本联合新设的常德新兴产业发展投资基金和常德兴湘津投产业升级基金方案获得通过。公司参股18只市场化基金，实缴投资7.13亿元，总投资收益率达29.22%。受托管理常德市产业发展基金，搭建10只子基金，认缴规模超过70亿元。自主设立和管理的津鑫医疗、津鑫二号、安鑫产业投资3只基金。截至2022年末，基金共投资飞沃新能源、金天钛业、凯斯机械、金富力等38家企业，累计投资金额11.01亿元，带动外部机构投资18.67亿元。谋划重大战略性项目，全年成功导入国银新材、能链快电、中聚内窥镜、福沃德、泛因医疗、乐心医疗等7家企业落户常德，助推新能源新材料、生物医药等产业培育及升级。完善“产业基金+产业链招商+配套金融服务”的资本招商模式，促进传统产业转型和优势产业集聚发展。6月23日，参股中金常德基金投资项目能链智电成功在美股上市；7月22日，财鑫集团直投企业飞沃科技创业板首发获得通过；11月14日，参股柳叶湖鑫湘基金投资项目华光源海在北交所上市。10月28日，武陵红茶业入选“湖南十大红茶企业”，2022年创新推出“茶来茶往”“茶客礼”“春野”等新品，8月27日在2022年度中国工夫红茶斗茶大赛中“贡品武陵红”获金奖。

资产运营板块。常德财富中心一期持续放宽出租、出售企业类别，2022年入驻卓越地产、宁银消金、艾布鲁公司等3家公司，入驻率达73.53%。2022年1月13日，常德财鑫中心二期项目开盘，全面实现对外销售。祈利酒店和德华宾馆在全年疫情反复中不断提升优质服务、稳定餐饮出品，以会务和培训为主市场，推动全员营销，抓住新媒体渠道红利，从上线美团到“网红”打卡，再到抖音，探索新营销形式达到流量变现。为稳增长稳市场主体保就业，6月初启动房租减免工作，截至12月末累计为48户租赁户减免租金146.66万元，累计办理不动产权证37本，为资产确权、融资奠定坚实基础。畅安公司从2021年扭亏为盈，业务量近三年来创历史新高，2022年利润总额与2021年同期相比翻了一番，独创号牌漆面粘连隔纸法技术，解决号牌漆面粘连的技术难题，受到省交警总队车辆号牌中心分享推广。

【中金资本常德招商项目对接会召开】 2月19日，中金资本常德招商项目对接会召开，并举行拟落地项目合作意向集中签约仪式。市委副书记、市长周振宇，中金资本总裁单俊葆出席对接会和签约仪式并讲话。签约仪式上，湖南申亿精密零部件股份有限公司、快电动力（北京）新能源科技有限公司、深圳有为技术控股集团有限公司签约落地，总投资额3亿多元；深圳佑驾科技有限公司等7个项目签订框架合作协议。中金常德新兴产业基金出资5000万元，投资湖南新合新生物医药有限公司，支持本地产业项目发展。

【湘西北资本市场投资者教育基地正式揭牌】 4月26日，湖南省首家具有政府背景的投教基地——湘西北资本市场投资者教育基地正式揭牌运营。湘西北资本市场投资者教育基地是在中国证券监督管理委员会湖南监管局和常德市人民政府金融工作办公室指导下，由财鑫集团承办，其全资子公司湖南财鑫中小企业服务有限公司建设并运营，拟打造为湘西北地区投资者保护工作和优化营商环境的重要平台。投教基地定位于专业性、实用性、特色性和公益性的互动交流教育场所，共分为历史沿革区、产品展示区、模拟体验区、资本市场区、风险警示区和意见征集区等六大区域，向投资者展示了中国证券发展历程、证券投资基础知识及精品投资者教育产品等内容。

【湖南省首笔线上创业担保贷落地常德】 7月29日，常德市创业担保贷款线上化正式启动，在常德“金融超市”平台成功率先发放第一笔线上贷款。常德市创业担保贷款是为全力做好“送政策、解难题、优服务”工作，由常德市人力资源和社会保障局与市财政局、人民银行常德市中心支行共同推出的，用于落实“六稳”“六保”，支持创业者和小微企业扩大就业的贷款业务。为进一步提高贷款的可获得性和便捷性，常德“金融超市”积极与农业银行总行、省分行、市分行三级联动，对接市人社、市财政、人行常德中支等各相关部门顺利完成线上化。从申请到放款仅用3天时间，相比传统的线下贷款办理提速70%。

（李光辉）

常德市德源投资集团有限公司

【概况】 2022年，市德源集团聚焦主责主业，全力以赴强产业、促转型、优治理，发展稳中向好。截至2022年年末，集团资产总规模达985亿元，资产负债率30%左右。融资结构继续在全市保持最优水平，多式联运项目贷款成功申报入围“金砖国家”新开发银行；上市公司景峰医药总部迁址常德、洛恩光电成功落户、保力新定向增发顺利完成，与中国化学、中材锂膜、盐田港等央企国企深度合作，促成一大批优质项目加速落地；对外投资收益、资产经营收入、争资争项指标同比分别增长49%、88%、183%；《湖南日报》《常德日报》11次推介德源国企党建、改革转型等亮点工作。

经营质效稳步提升。牢固树立经营理念和市场思维，主要经济指标稳中有进，全年实现利润总额4.58亿元，同比增长7.66%。市场化运行子公司收入持续优化，德源供应链全年实现营收超13亿元，净利润超13万元，进口贸易额突破500万美元，较2021年同期翻一番，德源资产全年实现各类资产经营性收入8228万元，园区标厂出租率达82.56%。参控股企业发展态势良好，供热公司全年供气约54万吨，供水109万吨，港航发展全年实现货物吞吐量70万吨，九申燃气、金康光电分别实现利润7180万元、2200万元。

产业主业加速布局。招投联动持续发力，全年投资签约达6.14亿元，同比增长172%，央地国企深度合作，与盐田港组建合资公司正式运营，码头资产全面盘活移交；大力推动“产业落地+定向增发”，成功参与上市公司保力新定增、中材锂膜增资扩股；资产入股金康光电、产业导入盘活金德破产资产、成功入股九申燃气，加快推进优质项目招引落地，全年牵头引进盐田港、洛恩光电、中车新能等亿元以上项目5个，参与引进航天镁合金、国银新材料等10亿元以上项目2个。项目支撑持续增强，市重点项目保税中心完成限额优化设计，全面开工建设；医疗器械园A、B区项目前期工作顺利完成；昆宇通信储能电池项目建成投产；长安路、尚德路、政德路、三一西路等交安工程和广告宣传牌建成移交；东区保障房、多式联运等7个项目实现发改、财政双入库；与中国化学紧密衔接，统筹推进东部化工园区规划、建设、招商、运营。业务布局持续优化，加快清理退出“两非”“两资”，小区物业和农贸市场有序退出；组建德源环科，积极拓展工业供水、光伏发电、油电综合能源站等特许经营业务，组建德源建工推动项目建设“内循环”，抢先布局海南自贸区组建德源产投物流公司，集团新的业务增长点开拓顺利、园区网格化新型基础设施布局初具雏形。

改革治理持续深化。厘清思路，坚持“园区开发运营商”的定位，聚焦“园区开发、产业服务、资本运作”三大核心业务板块，确立“调结构、注资源、资本化债”10个字化债方案，全面形成“一个战略、一个目标、三套方案”的转型发展总体思路和行动纲领。优化组织架构，全面完成“德源”系集团化改造，修订“三定”

2022年5月18日，德山港一期码头及配套资产完成移交，盐田港港航发展（常德）有限公司正式运营　（市德源集团 供图）

方案和《全面预算管理办法》《干部选拔任用管理办法》等十余项制度，梳理规范审批流程，以数字化管理中心为抓手，加快推进项目管理系统、大数据分析系统上线和系统集成，不断健全合规风控体系，重点突出项目建设全过程规范管理，围绕投资招商、项目建设等关键环节，实行联席评审工作机制，建立健全专家库和项目储备库，制定工程领域格式化标准合同及审查制度。文化兴企，以德源成立十五周年为契机，深入开展支部调研、“清廉德源”建设、“人生能有几回搏”演讲赛、党校集中培训、中秋健步行等特色活动，集团上下“各美其美、美人之美、美美与共”的良好局面加快呈现，“创新有为、荣辱与共、一起向未来”的企业文化深入人心。

【盐田港港航发展（常德）有限公司正式运营】　5月18日，市德源集团与盐田港港航发展（湖北）有限公司共同成立的合资公司——盐田港港航发展（常德）有限公司顺利完成资产移交和注册资本实缴，正式运营。

【常德经开区工业互联网平台获评省级工业互联网平台】　5月19日，由市德源集团旗下常德德源资产经营管理有限公司与常德经开区共同打造的常德经开区工业互联网平台被认定为省级工业互联网平台并授牌，该平台是常德市唯一获得此称号的工业互联网平台。

（张　娟）

生态环境

综述

【概况】 2022年，常德市上下坚持以习近平生态文明思想为指导，始终保持生态环境保护战略定力，深入打好污染防治攻坚战，持续改善生态环境质量，狠抓突出生态环境问题整改，全力服务高质量发展，生态环境保护工作取得较好成效。河长制、湖长制工作被列为国务院真抓实干拟激励名单，桃源县被生态环境部、财政部评为“生态环境保护管理较好的县域”（全省唯一），汉寿县、石门县获评全国首批自然资源集约节约示范县，因生态环境质量改善成效明显连续3年获省政府真抓实干督查激励，王家厂水库、道水河临澧段、荷花公园、肖家湖等获省“美丽河湖”称号，鼎城区、汉寿县、西湖管理区成功创建第四批省级生态文明建设示范区，人民群众生态环境满意度测评连续3年保持全省第一。

（俞开海）

【自然生态保护】 2022年，常德市全市生态质量指数（EQI指数）大于70，生态质量类型为“一类”。全市林地面积83.07万公顷，森林覆盖率48.01%，活立木总蓄积量4363.23万立方米，基本保持稳定。湿地面积19.07万公顷，占辖区面积的10.5%，其中纳入保护的湿地面积13.67万公顷，湿地保护率71.66%；完成湿地修复项目总面积207.13公顷。生态保护红线范围已优化调整为3173.14平方千米，占辖区面积的17.45%。自然保护地拟整合优化为2类32处，总面积20.51万公顷。石门县、桃源县、澧县、安乡县、汉寿县等国家和省重点生态功能区生态环境质量状况良好，其中桃源县被国家通报表扬为生态环境保护管理较好的县域。

（陈 晖）

【固体废物处置】 2022年，常德市一般固废工业固体废物综合利用量243万吨，处置量约7.2万吨，共计约250.2万吨，主要是粉煤灰、炉渣、煤矸石、尾矿、脱硫石膏、污泥等；全市工业危险废物处置量约为6.5万吨，其中生活垃圾飞灰处置约2.6086万吨，危险废物（包括医疗废物）无害化处置率达100%，主要是生活垃圾焚烧飞灰、冶炼废渣、煤焦油等。开展了危险废物专项整治三年行动巩固提升阶段工作、规范化环境管理评估、大排查大整治工作，切实加强事中事后监管，提升危险废物信息化监管能力和水平。2022年，全市持有危险废物经营许可证单位14家（许可证数18个），其中豁免单位4家（许可证数5个），危险废物利用能力为32.69万吨/年，可收集、贮存、处置、利用的危险废物类别有废矿物油、废铅酸蓄电池、氟废渣、铝灰渣和二次铝灰、医疗废物等；2022年疫情期间医疗废物处置量约为4769吨。

（胡万富）

【污染物总量控制】 2022年，常德市减排目标任务全面完成，上报主要污染物挥发性有机物、氮氧化物、化学需氧量、氨氮比2021年分别削减1202吨、3341吨、6174吨、358吨，超过省下达常德市任务量。

（岳 健 赵 军）

环境质量

【概况】 2022年，市城区环境空气质量优良天数比例83.8%（优良天数306天），重污染天数5天，PM2.5年均浓度为40微克/立方米，PM10年均浓度为56微克/立方米；综合指数3.68，全省排第九名，在全省6个通道城市中排第一名。纳入省考核的7个县市空气质量全部达到国家二级标准，综合指数均排全省前第70名。

46个省控及以上考核断面水环境质量全面达标，优良率91.3%，其中Ⅰ类3个、Ⅱ类34个、Ⅲ类5个；沅、澧“两水”干流断面水质均保持在Ⅱ类；13个县级及以上饮用水水源地水质全部达标。西洞庭湖蒋家嘴断面总磷浓度下降至0.049毫克/升，达到Ⅲ类水质。

常德市城市区域噪声测点数为146个，等效声级为56.4分贝，区域声环境质量等级为一般。常德市城市道路交通噪声测点数为59个，等效声级为65.1分贝，道路交通噪声环境质量等级为好。常德市城市声功能区噪声测点数为11个，昼间达标率为100%；夜间达标率为100%。

（罗　玲）

【土壤环境管理】 2022年，常德市开展矿区历史遗留固体废物排查工作，并根据排查情况编制区域涉镉等重金属历史遗留固体废物污染治理方案。配合省厅组织第三方单位开展全市关闭矿山矿涌水现状调查，共建立矿涌水调查档案40份，对调查结果发现有连续性涌水的涌水点进行分类评估。完成新建地下水长期监测井18口，并制定地下水监测网络长期监测计划。全面加强土壤污染重点监管单位管理，2022年全市33家土壤重点监管单位自行监测和隐患排查任务全面完成。严格污染地块准入管理，更新2022年度污染地块和疑似污染地块名录，加强部门联合监管，落实重点建设用地安全利用管控。

（周永明）

【水环境质量】 2022年1—12月，全市地表水水质总体为优。46个省控及以上考核断面中，Ⅰ～Ⅲ类水质断面42个，占91.3%，Ⅳ类水质断面4个（汉寿安乐湖、澧县北民湖、常德冲天湖、安乡珊珀湖），占8.7%。其中，沅水流域、澧水流域、环洞庭湖流域总体水质均为优，38个断面均达到Ⅰ～Ⅲ类水质；湖库8个监测断面中，Ⅲ类水质断面4个，占50%；Ⅳ类水质断面4个，占50%。

（赵　军）

【大气环境质量】 市城区环境空气质量状况。2022年1—12月，市城区环境空气质量优良天数306天；优良天数比例为83.8%，与2021年同期（85.5%）比较下降1.7%；综合指数为3.68；PM2.5年均浓度为40微克/立方米；PM10年均浓度为56微克/立方米。按环境空气质量综合指数评价，常德市在全省14个市州中排名第九。

区县市环境空气质量状况。2022年1—12月，14个区县市（含管理区，下同）环境空气质量平均优良天数比例为91%，综合指数为3.21。纳入全省综合排名的7个县市综合指数为2.82～3.22，排名分别为桃源县第29、津市市第43、汉寿县第46、安乡县第51、临澧县第54、澧县第64、石门县第70。全市14个区县市综合指数为2.82～3.73，排名从好到差依次为桃源县、津市市、汉寿县、西洞庭管理区、安乡县、临澧县、西湖管理区、澧县、柳叶湖旅游度假区、石门县、常德经开区、鼎城区、武陵区、常德高新区。

【噪声环境质量】 2022年，常德市城市声功能区噪声测点数为11个，其中1类区1个，2类区5个，3类区3个，4类区2个，昼间达标率为100%，同比无变化；夜间达标率为100%，同比无变化。常德市城市区域噪声测点数为146个（网格大小为1000米×1000米），等效声级为56.4分贝，同比下降0.7分贝，区域声环境质量等级为一般。常德市城市道路交通噪声测点数为59个，等效声级为65.1分贝，同比下降1.5分贝，道路交通噪声环境质量等级为好。

（岳　健）

【环境质量监测】 在“十四五”常德市地表水环境质量监测网布设的73个水环境监测断面中，调整取消市控马家吉入沅江断面，对市控马家吉河的新河闸上游1000米、靳家湾电排下游150米2个断面进行考核区域调整。组织开展辖区城市环境空气质量监测、水环境质量监测、千吨万人及千人以上农村饮用水水源地水质监测、规模以上入河排污口以及重点管控村庄农村生态环境质量监测。

【环境监测人员技能比武】 11月7—8日，市生态环境局、市人社局、市总工会、共青团常德市委、市妇联、市市场监管局联合举办常德市2022年度生态环境监测专业技术人员大比武活动。市城区生态环境监测站获得区县（市）组团队一等奖，来自桃源生态环境监测站的江枫获得个人一等奖；湖南德环监测中心获得社会化机构组团队一等奖，来自湖南德环监测中心的张华勇获得个人一等奖。

（罗　玲）

【常德市城区生态环境监测站揭牌】 11月4日，常德市城区生态环境监测站揭牌。市生态环境局党组成员、副局长何书元主持揭牌仪式，市生态环境局党组书记、局长李宏秋，市生态环境局党组成员、副局长朱昱睿为市城区生态环境监测站揭牌。2020年7月，经常德市委编委办批准，以原鼎城区监测站为基础组建市城区生态环境监测站，为市生态环境局正科级公益一类事业单位。主要负责武陵区、鼎城区、常德经济技术开发区、常德高新技术产业开发区、柳叶湖旅游度假区、西湖和西洞庭管理区、桃花源旅游管理区的生态环境执法监测、污染源监督性监测、应急监测等工作，并负责生态环境质量监测等相关工作。2022年10月，市城区生态环境监测站迁入市林业局二楼办公，共有工作人员20名，化验分析区面积960平方米，办公区面积700平方米，固定资产600万元，拥有气相色谱仪、离子色谱仪、全自动测汞仪、αβ测量仪、原子荧光光度计、全自动紫外光油分析仪、全自动红外光油分析仪等大型高端监测仪器25台（套），具备100余项环境监测分析能力。

（刘希彦）

【首次启动重污染天气橙色预警指令】 1月16日，常德市蓝天保卫战指挥部发布重污染天气橙色预警指令（2022年1号），首次启动空气重污染橙色预警。各级各部门立即行动，严格执行《常德市特护期污染天气应急减排方案》（常政办函〔2020〕12号）及应急减排清单，暂停基础开挖、填充等污染严重的土石方作业及征拆工程，施工工地暂停施工，承担相应工程的渣土车应停止运输，非煤矿山、砂石料场、石材厂和石板厂等禁止露天作业，工业企业按照《常德市特护期工业源应急减排工作预案》的要求实施错峰生产，各类柴油货车和老旧车（含拖拉机）实施限行绕行。常德市2022年共发布预防轻中度污染防控指令1次、黄色预警指令3次、橙色预警指令1次。

（岳　健）

生态创建

【概况】 2022年，常德市坚持以生态文明建设为抓手，着力提升区县市生态文明建设水平，鼎城区、汉寿县、西湖管理区成功创建第四批湖南省生态文明建设示范区。截至2022年年底，全市有7个区县市、3个管理区获得省级及以上生态文明建设示范区或“绿水青山就是金山银山”实践创新基地表彰命名，在全市区县市中占比66.7%。组织开展第三批市级生态文明建设示范镇村遴选工作。加强生态文明建设宣传，结合“6·5”世界环境日宣传活动宣传推介生态文明理念，人民群众对生态文明建设的满意度、参与度不断提升。

【常德市“绿盾”自然保护地强化监督专项行动持续开展】 2022年，常德市不断建立健全“绿盾”自然保护地强化监管工作长效机制，积极参与生态环境风险隐患防范化解“利剑”行动，推动全市19个涉及自然保护地的生态环境问题风险隐患降级。按照省生态环境厅部署，对湖南西洞庭湖国家级自然保护区开展生态环境保护成效评估。督导桃源县在全省率先完成2021年长江经济带生态环境警示片披露问题——桃花源国家级风景名胜区外围保护地带大洑溪河段违法采砂问题的整改工作。开展“绿盾”自然保护地强化监督专项行动，针对8个可能整改不彻底的国家级自然保护区重点生态环境问题逐一开展“回头看”核查，督促西洞庭湖自然保护区的县农投公司集中停靠点问题、明珠环保砖厂菜农工棚问题、采石场工棚问题按要求扎实彻底完成整改任务。

【常德市重点保护物种调查成果出炉】 2022年，常德市完成洞庭湖区重点保护物种调查项目任务，编制《常德市生物多样性调查与评价研究报告》。经调查，常德市共有各类脊椎动物794种，其中哺乳类80种、鸟类548种、爬行类109种、两栖类57种，含国家一级保护动物36种，国家二级保护动物133种，中国特有动物27种，湖南省重点保护野生动物268种；常德市共有鱼类152种，含国家一级保护物种1种、国家二级保护物种2种，被列入《中国濒危动物红皮书（1998）》的有2种，被列入《湖南省地方重点保护野生动植物名录》的有4种；常德市共有各类维管束植物3298种，其中蕨类植物406种，裸子植物46种，被子植物2846种，含国家一级保护植物7种，国家二级保护植物72种，被列入CITES（《濒危野生动植物种国际贸易公约》）附录的植物有87种。同时，组织开展县域生物多样性资源调查工作，取得阶段性成果。

（陈　晖）

环保督察

【概况】 2022年，常德市坚持挂图作战、挂牌督办，一个问题一个整改方案，逐一明确第一责任人、分管责任人、具体责任单位及责任人员、监管责任单位及责任人员、企业项目法人，全力推动中央、省交办问题整改销号。自2017年起，中央、省级层面共向常德市交办151个问题，截至2022年年底，整体销号率达88.8%，其中应于2022年底前需销号的133个突出环境问题已全部完成整改，销号进度和质量均居全省第一。常德市坚持把整改成效写在群众家门口，打造鼎城石板滩石煤矿坑废水治理、津市工业园甲苯超标排放问题整改、桃花源外围违规采砂整改等国家、省级层面整改正面典型案例，先后被《焦点访谈》《人民日报》等央媒报道推介，人民群众生态环境获得感、满意度不断提升。2022年，全市生态环境满意度测评得分96.41分，连续3年排全省第一位。

【“利剑”行动专项督察】 经省人民政府批准，根据《湖南省生态环境保护督察工作实施办法》和《全省防范化解重大生态环境风险隐患“利剑”行动方案》，省第二专项督察小组于2022年9月14—23日对常德市开展防范化解生态环境风险隐患“利剑”行动专项督察。11月15日，省生态环境保护督察和整改工作领导小组办公室印发《全省防范化解生态环境风险隐患“利剑”行动专项督察报告》，专项督察报告涉及常德市问题共17个。12月31日，常德市人民政府办公室印发《常德市贯彻落实防范化解生态环境风险隐患“利剑”行动专项督察报告整改方案》，明确整改目标、责任单位、整改时限。

（刘仕稳）

污染防治攻坚

【概况】 2022年，常德市326项省“夏季攻势”任务全部按期完成并销号，养殖尾水治理、农村生活污水治理经验被评为省“夏季攻势”典型案例，“夏季攻势”经验在全省点评会上作了典型介绍。蓝天保卫战。编制污染源、应急减排、在线监控企业、落实减排项目任务“四个清单”，深入开展工业炉窑和挥发性有机物综合治理，积极应对重污染天气和臭氧污染，形成臭氧污染防治常德经验；从严抓禁烧禁燃管控，《常德市支持秸秆综合利用若干意见》基本敲定。碧水保卫战。全面开展46个国省控断面监测指标全分析，全面落实站点“五长”责任制；出台《常德市洞庭湖总磷污染控制与削减攻坚行动计划（2022—2025年）实施方案》，高质量完成102项洞庭湖总磷污染控制与削减任务，王家厂水库、道水河临澧段、荷花公园、肖家湖等获省“美丽河湖”称号。全年全市实施以北民湖为代表的9个内河内湖水环境治理和生态修复工程。全市绿肥推广面积稳定在2.2万公顷以上，完成1667公顷养殖池塘生态化改造、60个行政村生活污水治理、1.8万户农村改厕、18条农村黑臭水体治理。加强农村饮水安全保障，实施55处农村千人以上饮用水水源地环境问题整治。新建（含改建）城市污水管网62.97千米（改建27.37千米）、乡镇污水管网23千米，市城区生活污水集中收集率达75.5%，市本级污水厂进水浓度同比提升29%；10个省级及以上工业园区均建起环境信息化管理平台，落实第三方治理和“环保管家”制度。净土保卫战。严格建设用地准入管理，确保“一住两公”（居住用地，公共管理与公共服务用地）地块安全；加强农用地土壤环境保护，严格受污染耕地分类管理，确保严格管控类耕地全面退出水稻生产；加强涉重金属行业企业整治，有效管控在产企业土壤污染风险；积极开展关闭矿山矿涌水治理技术攻关和垃圾填埋场地下水环境状况调查评估，有序推进地下水污染治理。积极推进“绿色矿山”建设，166家矿山完成生态修复，39家矿山建成绿色矿山，17个矿山突出环境问题整改销号。

【常德市在全省环保大会上作典型发言】 2月25日，省政府在长沙召开全省生态环境保护工作电视电话会议，会议通报2021年度污染防治攻坚战考核结果，常德市被评为优秀等次市州。常德市政府副市长郭碧勋在主会场就常德市污染防治攻坚战工作作典型发言。

【全市生态环境保护委员会全会】 3月10日，常德市生态环境保护委员会2022年第一次全体会议暨全市生态环境保护工作会议召开。市委副书记、市长周振宇出席会议并讲话，市委常委、常务副市长徐永健，副市长郭碧勋参加会议。各区县市政府（管委会）主要负责人、生环委办公室主任，市直有关单位主要负责人参加会议。

（俞升海）

【常德市获批中央农村黑臭水体治理试点】 6月10日，财政部公示2022年农村黑臭水体治理试点支持城市名单。常德市申报的首批中央农村黑臭水体试点城市项目通过财政部、生态环境部联合组织的竞争性评审，成为纳入此次试点的15个城市之一，将获中央财政2亿元支持。该项试点覆盖常德9个区县（市）、49个乡镇、82个行政村，以及82条农村黑臭水体，治理范围33.18平方千米，受益24万人。试点将按照“控源截污、内源治理、水体净化”路径，通过系统性治理措施，达到“一降两提升”目标，即降低入河入湖污染负荷，提升沅江、澧水两水生态环境质量，提升群众获得感、幸福感、安全感。

（常　财）

环境科技与产业

【概况】 2022年，常德市持续推进长江生态修复驻点工作，根据《湖南省开展长江生态环境保护修复“一市一策”驻点跟踪研究二期实施方案》等相关文件要求，经市人民政府领导批准，成立长江生态环境保护修复“一市一策”驻点跟踪研究工作领导小组。签订《长江生态环境保护修复常德市驻点跟踪研究任务合同书》，启动长江生态环境保护修复驻点跟踪研究（二期）工作。

推荐环保企业的汉创农业秸秆制板关键技术研发项目、城市管网水质在线监测仪器开发与示范等2个科研课题申报省级环保科研课题。组织首批省级生态环境科普基地申报，常德市西洞庭湖国家级自然保护区管理局、桃花源风景名胜区管理局成功入选湖南省首批省级生态环境自然保护类科普基地。完成湖南华电常德发电有限公司等10家企业的清洁生产审核评估工作。

【长江生态环境保护修复驻点跟踪研究（二期）工作启动会】 7月7日，常德市长江生态环境保护修复驻点跟踪研究（二期）工作启动会召开。这标志着常德市和国家长江生态环境保护修复联合研究中心成功“续约”。驻点工作组将留在常德，继续为常德市长江生态环境保护修复提供科技支撑。长江生态环境保护修复驻点跟踪研究（二期）工作启动，常德市继续成为全国53个长江驻点城市（二期）之一，“续约”时间为2年。常德驻点工作组将由中国科学院生态环境研究中心、生态环境部环境规划院、湖南农业大学、湖南文理学院、湖南西洞庭湖国家级自然保护区管理局、湖南省常德生态环境监测中心与常德市双赢环境咨询服务有限公司7家优势单位联合组成，技术力量雄厚。在二期工作中，驻点工作组聚焦解决典型区域总磷超标与农业面源污染问题“两条主线”，深入研究、科学诊断，综合提出常德市突出生态环境问题诊断及解决方案，以支撑“一湖两水”（洞庭湖，沅水、澧水）水生态环境质量持续改善。

（罗　玲）

环保法治与宣传

【概况】 2022年，常德市生态环境保护执法监管能力不断提升。2022年先后出台《常德市生态环境保护综合行政执法事项清单（2022年版）》《常德市生态环境局〈关于进一步明确行政处罚案件办理程序规定的通知〉》《常德市生态环境轻微违法行为免罚清单（第一批）》等制度规范，对全系统各类行政执法行为实行全过程管理。始终保持从严执法高压态势，2022年，共办理生态环境行政处罚案件152起，罚款570.17万元；向公安机关移送行政拘留案件11起，移送涉嫌环境污染犯罪案件3起，办理限产停产案件2起，查封扣押案件1起。在省、市级平台发布典型案例20起。在2022年的全省执法大比武活动中，常德市取得全省执法大比武综合执法“团体三等奖”，辐射执法“团体二等奖”。生态环境损害赔偿制度改革成效明显。全市累计办理赔偿案件104件，实现所辖9个区县市的6个部门办案全覆盖，启动率100%，办结率70%，累计赔偿金额2143.9万元。

不断创新习近平生态文明思想宣传方式，将习近平生态文明思想作为全市各级各部门党委（党组）中心组和各级学校重要学习内容。2022年4月常德市委理论学习中心组（扩大）集体学习习近平生态文明思想。常德市2022年“6·5”世界环境日主场活动在柳叶湖旅游度假区成功举办，组织的“共建清洁美丽世界”主题四联漫画大赛共收到全市各中小学校参赛作品过万幅，现场启动首届常德环保志愿行动月并开展“千村万人清洁行动”，先后5963人参与集中行动。“6·5”世界环境日各类活动和作品总浏览量超千万人次，因活动影响广泛而获《中国环境报》微信公众号点赞。全年先后在省级及省级以上平台发布各类新闻作品350多篇，其中央级平台103篇。常德市生态环境微信微博等政务新媒体矩阵在全省影响力稳居第一，全国位居前列。2022年新创建汉寿西洞庭湿地保护和鼎城区石板滩矿坑治理2家省级环境教育基地。西洞庭湿地保护协会会长刘克欢跻身“全国百名最美生态环境志愿者”榜单，并获评“湖南好人·最美生态环境保护者”；2个案例入选全省“十佳公众参与案例”，1家单位入选全省“十佳环保设施开放单位”，2人跻身全省“十佳生态环境讲解员”名单。

（王兴初　黄道兵）

【生态环境损害赔偿】 2022年，常德市生态环境损害赔偿制度改革工作紧紧围绕“环境有价，损害担责”的工作主基调，本着“打好基础、强化调度、压实责任”的工作思路，市县两级政府及相关部门密切协同，正按既定目标稳步推进，工作机制日臻完善，案例办理数稳步增长，已逐步形成以“市政府主导、部门牵头、区县政府主责、企业担责”的生态环境损害赔偿制度改革工作格局。全市累计办理赔偿案件104件，实现所辖9个区县市的6部门办案全覆盖，启动率100%，办结率70%，累计赔偿金额2143.9万元。交办线索及时催办。2022年，部、省累计向常德市交办案件线索4批次36条，均能在第一时间向线索所涉及的区县市、市直部门分别交办提醒并限时办理，并最终办理到位。自查案例实践。累计办理自查案件68件，其中农业农村部门非法捕捞类案件办理数量居首位，其次是生态环境部门的非法排污、林业部门的非法狩猎类案件。办案合力增强。常德市6个部门积极会同市县两级检察、法院、公安机关联合办案，形成“生态环境/其他部门+公安+检察机关”联合办案工作机制。办理武陵区某非法倾倒危废赔偿案中，全市生态环境系统会同公安机关开展溯源调查，快速查清违法事实，联合检察机关主动介入，谋求当地政府的共识，及时促成磋商意向，赔偿1254万元。澧县检察机关由澧县检察院支持磋商的一起生态环境损害案件达成协议并及时履行赔偿290余万元。

（王兴初）

【防范化解重大生态环境风险隐患“利剑”行动】 4月15日，湖南省启动防范化解重大生态环境风险隐患“利剑”行动，常德市坚持以习近平生态文明思想为指导，按照省委、省政府的统一安排部署，以保障民生和改善生态环境为出发点和落脚点，统筹发展和安全关键点；以“六个坚持”统揽全局，督促各地认真做好防范化解重大生态环境风险隐患排查整治等各项工作，强力推进深入打好污染防治攻坚战、突出生态环境问题整改、持续改善生态环境质量、提升生态环保治理能力等工作，通过“利剑”行动以及“巩固提升”和“回头看”工作的开展，全市生态环境领域安全稳定。“利剑”行动及巩固提升和“回头看”期间，全市累计排查的474个风险隐患问题全部得到有效管控。在省、市两级媒体发布典型案例12批次共20起，典型案例省级采纳数位居全省第一。全市落实“利剑”行动有奖举报18起，兑现奖励金额共计8300元。全市发布“利剑”行动宣传报道900余篇，其中省级及省级以上平台发布270余篇。

【省生态环境厅党组书记、厅长邓立佳在常德市委理论学习中心组集体学习上作报告】 4月24日，常德市委理论学习中心组（扩大）举行2022年第4次集体学习。湖南省生态环境厅党组书记、厅长邓立佳就学习贯彻习近平生态文明思想作辅导报告。常德市委书记曹志强主持学习并讲话。常德市委副书记、市长周振宇参加学习。陈华、余怀民、黄清宇、刘国龙、徐永健、彭晛丹、康重文、何艺辉、陈章杰、傅勇等全体在家市级领导参加学习。

（高　扬）

【“6·5”世界环境日活动】 6月2日，2022年“6·5”世界环境日常德主场活动在柳叶湖畔开展，市人大常委会副主任廖可元，市人民政府副市长杨成英、郭碧勋，市委副秘书长张帆，市生态环境局党组书记、局长李宏秋，柳叶湖旅游度假区管委会党工委书记伍彩霞，第十三届全国人大代表杜美霜出席活动。第一篇章“凝聚绿能量”在“6·5”世界环境日主题视频和开场节目后，15名常德市生态环境执法人员身着执法制服，上台一起参与《孤勇者》的现场演绎，赢得一片掌声。第二篇章“绿享柳叶湖”再现柳叶湖上赛龙舟的热烈与奔放，《天鹅归来》表现湖区人民保护母亲湖做出的牺牲与奉献。第三篇章“一起向未来”激动人心的是小朋友上台献画环节，画是65名小学生现场创作的环保主题长卷。随后由出席活动的领导共同推动一根长杆并徐徐展开一幅山水长卷，宣告常德首届环保志愿活动月正式启动。

（黄道兵）

【常德市排污许可制与环境影响评价制度有机衔接改革试点经验总结交流会】 10月18日，生态环境部环境影响评价与排放管理司就湖南省常德市排污许可试点工作组织召开视频总结交流会议。自2021年7月起，常德市按照《关于落实〈关于构建以排污许可制为核心的固定污染源监管制度体系实施方案〉试点工作方案》（环评函〔2021〕76号）的要求，以构建排污许可为核心的固定污染源环境管理体系为目标，探索排污许可制与环境影响评价制度有机衔接改革试点工作，做出有益探索。与会领导和专家对常德市排污许可试点工作给予高度评价，一致认为常德市作为试点工作的典型代表，做大量富有成效的工作，其创新性举措和经验值得推广和借鉴。常德市完成试点工作任务、达到预期效果。

【突发环境事件应急演练】 12月14日，常德市组织开展2022年度突发环境事件应急演练，副市长郭碧勋任应急演练指挥长并致辞，省环境应急与事故调查中心相关人员对应急演练进行点评。应急演练模拟情景为A石油公司柴油运输罐车在常德朗州大桥（沅水四桥）上发生故障，柴油泄漏至沅江，危及饮用水水源。事故发生后，根据现场反馈情况，市政府会商初判为一般突发环境事件，立即启动突发环境事件Ⅲ级响应，并成立现场指挥部。在相关部门和企业的密切配合下，事故桥面及桥下污染物被全部截流、清理，常德沅江段饮用水水源地和各自来水厂出厂水、末梢水水质检测稳定达标。现场指挥部下令解除应急状态，终止应急响应。

（高　扬）

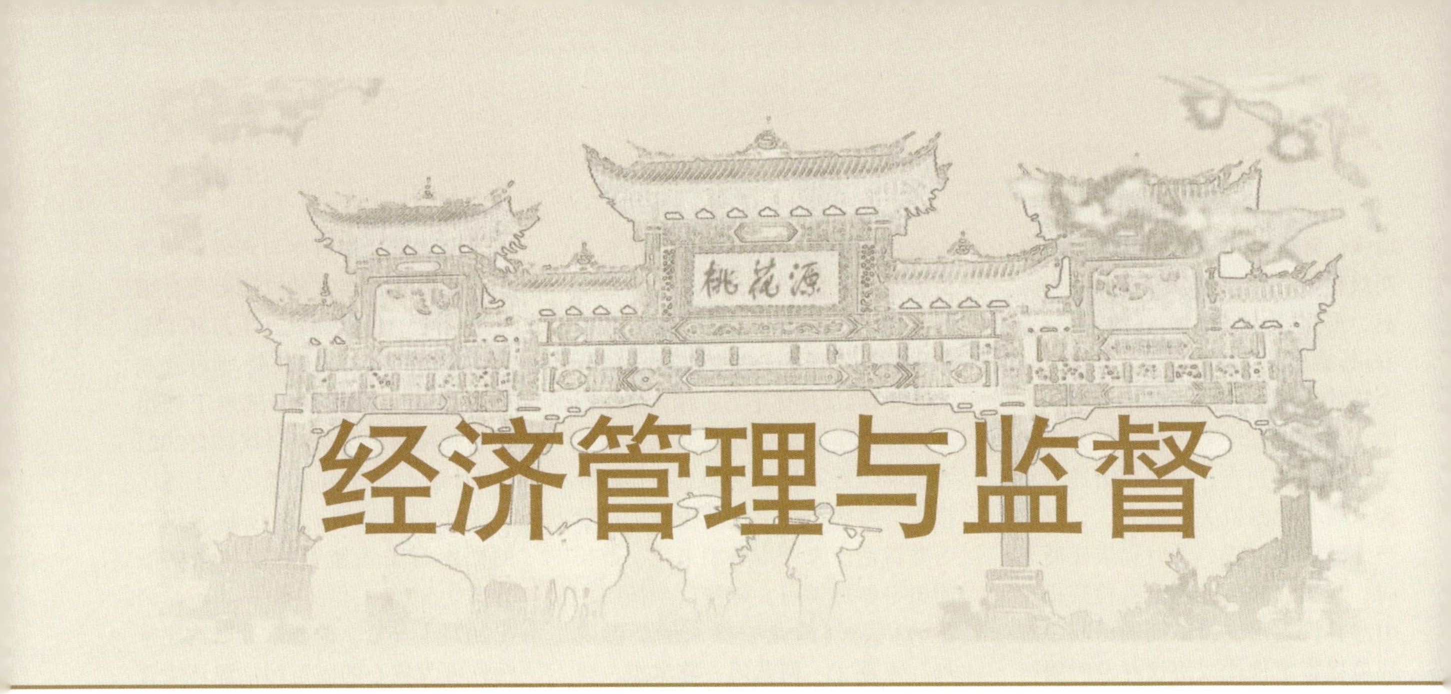

经济管理与监督

市场监管

【概况】 2022年，常德市市场监管局以“向市场要活力，让监管出效益”为导向，统筹“大市场、大质量、大监管”，市场监管工作取得较好成绩。常德质量工作获省政府真抓实干督查激励，药品监管考核全省第一，食品安全考核全省第二，市市场监管局获“中国个私协2022年度调查工作突出贡献单位”、国家市场监督管理总局“产品质量安全监管保障贡献突出集体”、“全省市场监管（知识产权）系统先进集体”、“全省市州消保委组织工作考核红旗单位”等称号。

2022年常德市市场主体情况。截至2022年12月底，常德市市场主体总量46.48万户。其中企业9.82万户，实有法人企业5.89万户，新增涉税企业2.75万户。

企业信用监管。做好涉企信息归集、公示，2021年度企业年报率95.46%，居全省第三。统筹推进信用风险分类监管和“双随机、一公开”监管，对标对表先进地区的经验做法，在安乡、津市、石门等地探索“一业一查”“一业一评”等场景化综合监管措施。全市共完成抽查任务1362起，抽查检查市场主体14794户，抽查任务启动率、结果录入率、公示率均达100%。加强经营异常名录和严重违法失信企业名单管理，全市共列入经营异常名录3218户，其中市本级388户次；开展信用修复工作，全市共修复市场主体540户次。

反垄断执法。联合相关部门，组织开展清理歧视性和不公平市场待遇政策措施工作，清理796件，修订1件，废止8件。完成省反垄断局交办反垄断问题线索协查，对涉嫌垄断行为调查和回复，对其中涉及利用行政权力排除、限制竞争的文件要求及时修订或撤销。

市场专项整治。紧紧扭住“查案件、正秩序、保安全、惠民生”工作主线，统筹推进市场监管综合执法全覆盖，大力开展民生领域案件查办“铁拳”行动，强化食品药品安全专项整治；加大打击侵犯知识产权和制售假冒伪劣整治力度，加大传销违法行为打击力度；加强重点领域价格监管、反不正当竞争和电子商务领域执法，强化重点领域消费权益保护、财源建设领域、特种设备领域等一系列专项执法。全市共查办案件3548件，案值1.5亿元，罚没1.41亿元。

消费者权益保护。发布《常德市2021年度十大消费维权典型案例》《常德市2021年消费投诉举报十大热点》，敦促企业守法自律，提升消费者维权意识。整理上报6起2021年常德市消费维权典型案例，入选省十大消费维权典型案例2例、消费侵权典型案例1例。成立由来自各行业成员组成的常德市第三批消费维权志愿者队伍，共建安全健康、和谐放心的消费环境。持续开展消费维权法律法规宣传进企业、进学校、进社区、进农村、进景区活动，普及消费常识，提高维权意识。“共促消费公平”消费维权年主题视频，被中消协纳入《工作经验交流专报》，2部“微课”视频代表省局参加总局评选。打造常德消费维权宣传品牌——“消小消”，卡通人物形象在国家知识产权局获得专利。市消保委连续3次获得“消费维权先进集体”称号，消保委组织工作连续5年排名全省第一。对供水、供电、供气、供热、通信、邮政、有线电视等行业侵害消费者权益行为开展“双随机、一公开”抽查，共抽查43家。2022年，全市共接到消费者投诉举报（含咨询）24504件，限时办结率99.89%，为消费者挽回经济损失595.34万元。

广告产业发展。全市广告文创及关联市场主体达7335家，从业人员58350人，广告及关联产业经营额达40.6亿元，实现广告市场主体和经营额双增长。加强广告市场主体培育，推动常德广告产业“一体两翼”高质量发展，积极支持武陵区申报国家级广告产业园，加快推进桃源国宗铝业和高新区粤港模科省级广告产业基地建设，助力“国宗铝业”上市进程。为广告企业提供优质服务，深入走访40多家广告企业，帮助企业解决问题5个；严格落实轻微违法行为免罚制度，对全市388条广告轻微违法行为实施免罚。“打造一流的营商环境　为广告企业精心筑巢”经验做法被中国质量新闻网、《常德日报》、红网、省局等媒体和上级主管部门进行推介。

市场监督管理信息化建设。建设常德市“互联网+明厨亮灶”阳光餐饮监管平台，全面整合视频云平台中小学校后厨的监控资源，实现信息化向智能化的探索跨越，将“后厨可视”升级为“后厨智能监管”。建设常德市食品药品安全监管平台案件管理系统，现已通过试运行并在全省市场监管部门推广使用。建设湖南省智慧监管综合指挥中心常德分中心，形成多层级、高效率的决策指挥体系。整合省局业务数据，构建新的传输通道，实现市场监管部门全量数据实时共享，已向市政府数据共享平台发布标准目录262个，累计归集业务数据4000余万条。

产品商品质量安全监管。强化重点工业产品质量监督抽查，全年总计抽查农资、成品油、食品相关产品、燃气具等12个大类产品1109批次，抽检产品质量合格率93.3%。持续推进规范产品合格证工作，实现市县所三级联动，全面构建“生产者标证、销售者验证、消费者识证、监管者查证”良好运行机制，全市入驻平台企业1484家，累计印制产品合格证1300余万张。澧县局因在推动产品质量合格证制度工作落实上成绩突出，在全省产品质量监督工作会议上作典型发言。组织开展食品相关产品质量安全监管、10类重点产品质量安全排查治理、城镇燃气安全整治“百日行动”等重点专项工作，市局被国家市场监督管理总局通报表彰为“产品质量安全监管保障贡献突出集体”。

标准化管理。完成国家基本公共服务标准化试点，并高分通过国家市场监督管理总局评估验收。积极开展标准化进校园活动，推动标准化教育发展，组建6支队伍（高中组）参加第三届全国青少年标准化奥林匹克竞赛，获1个二等奖、1个三等奖、1个特别奖。常德市代表队连续三年代表湖南参赛并获得佳绩。全面优化地方标准制修订工作，积极推进常德酱板鸭、鼎城茶油等15个地理标志产品的标准制修订工作。澧县葡萄、汉寿甲鱼、汉寿玉臂藕、德山大曲等地理标志保护产品已发布新修订的地方标准，常德酱板鸭、桃源黑猪等地标产品的标准制修订工作也在积极立项申报之中。开展“标准助企纾困　促进‘小个专’健康发展”专项活动，积极推进企业标准自我声明公开和监督制度的实施，促进提升企业标准化能力，助力企业高质量发展。持续开展“全国百城千业万企对标达标提升专项行动”工作，全市358家企业累计在“企业标准信息公共服务平台”上声明公开1451项标准，居全省前列；全市231家企业在“全国对标达标平台”上对标达标239项，全国城市排第34位、全省第二位。

计量管理。做好强检管理工作，全市各级计量检定机构检定各类强检计量器具17.3万台（件），其中加油机、加气机、燃气表、出租车计价器计划完成率达100%。持续巩固加油站计量精准监管工作成效，开展加油机计量专项整治“回头看”行动和专项监督检查，共检查加油站342家，检查加油机456台，提出整改建议165条，帮助完善计量管理制度151项，其中城区37家加油站现场检查100%全覆盖。

认证管理。全市159家认证机构共计开展认证活动2133次，获证企业552家，获得认证证书1220张，比2021年分别增长17%、32%、39%。对8家企业认证活动进行“双随机、一公开”监督检查（含强制性认证领域），对存在问题责令企业整改。开展小微企业质量管理体系认证帮扶，帮助常德市金江水泥有限公司获得质量管理体系认证书。截至2022年年底，全市共有获得市场监管部门颁发资质的检验检测机构130家。组织指导机动检验检测机构授权签字人、内审员综合能力考核，市本级共取消15名机动车检验检测机构授权签字人资格。全年聘请体系、安检、环检方面的专家，对全市28家机动车检验检测机构监督检查，对存在的问题已责令整改。

食品安全监管。推进“守底线、查隐患、保安全”专项行动，全市累计检查食品生产经营主体6.48万家，检查覆盖率达100%、问题处置率100%。深入开展特色食品排查整治，全面摸清常德香米、汉寿甲鱼、鼎城茶油、桃源黑猪、澧县双低菜籽油等39个特色食品产业风险底数，实行销号式清单管理。常德市人民政府被省评为2022年食品安全工作A级（先进）单位。

药品安全监管。开展中药安全专项整治行动，共抽检中药饮片51

批次，检查中药生产、经营、使用单位4240家次，采取告诫、约谈、限期整改等措施共计132家，立案9起，罚没收入28万元，移送公安机关1起。制定医保专项整治“回头看”实施方案，针对2021年专项整治中发现的农村医药中存在的“常见病”进行督查暗访。对全市药品领域自建房情况进行彻底调查摸底，共排查企业3629家，存在问题企业4家，责令整改企业4家。联合应急管理局、消防救援大队，对辖区3家医用氧生产企业进行安全检查。

【市市场监管局作出常德市首例专利侵权纠纷行政裁决】 2022年1月，常德市市场监管局就某建筑工程有限公司使用的建筑机械涉嫌侵犯广东省某建筑机械有限公司专利权纠纷一案在该局进行审理并作出行政裁决。是该局自2019年市场监管行政管理体制改革以来作出的首例专利侵权纠纷行政裁决。2021年，常德市市场监管局获批湖南省专利侵权纠纷行政裁决试点。以此为契机，大力推进专利侵权纠纷行政裁决工作，建设标准化知识产权审理庭，建立健全相关规章制度，公开行政裁决的依据、职责、办理程序等内容，引导权利人通过行政调解、裁决等方式解决专利纠纷，为权利人便捷、高效、低成本维护自身权益增加“快车道”。行政裁决是行政机关根据当事人申请和法律法规授权，居中对与行政管理活动密切相关的民事纠纷进行裁决的行为，具有效率高、成本低、专业性强、程序简便的特点，有利于促成矛盾纠纷的快速解决，对于营造公平法治的营商环境，加快形成知识产权严保护、快保护的工作格局具有重要意义。

【食品安全综合监管平台培训会议召开】 2月17日，常德市市场监管局在局机关十五楼会议室召开湖南省食品安全综合监管平台培训会议。市局涉食科室、信息中心全体人员，各区县（市）局分管食品股室领导、食品安全综合监管平台管理员共100余人参加会议。湖南省食品安全综合监管平台主要是由“一个主题库、六大子系统”组成，平台应用覆盖“省—市—县区—乡镇”四级市场监管部门及食品生产、流通、餐饮服务企业，通过监管信息资源共享，对食品生产、流通、餐饮环节实施全过程监管。培训会议由湖南省食品安全综合监管平台技术专家为现场参会人员讲解平台应用操作与答疑，并对各区县（市）局平台管理员组织操作过关考试，下一步将依托该平台推动食品安全监管各项工作。

【常德市食品安全宣传周活动启动】 6月23日，常德市2022年食品安全宣传周启动仪式在临澧县举行。市人民政府副市长、市食品安全委员会副主任杨成英参加活动并宣布活动启动。宣传周以“食品更安全·身体更健康”为主题，旨在动员社会各界积极参与、支持食品安全工作，普及食品安全科学知识、促进公众树立健康饮食理念，增强食品生产经营者守法遵法意识，提高食品安全监管人员依法行政意识，为创建国家食品安全示范城市营造浓厚氛围。

【2022年“质量月”活动启动仪式暨品牌故事大会】 9月13日，2022年常德“质量月”活动启动仪式暨品牌故事大会决赛举行。活动由常德市质量强市委员会主办，常德市市场监管局承办。市人民政府副市长杨成英参加活动并宣布活动启动。第二届常德品牌故事大会自7月22日启动，8月30日举办初

2022年11月30日，2022年“全国安全用药月”常德启动仪式在汉寿县万达广场举行 （吴洁琼 摄）

2022年常德市市场主体情况表

表17

指标类型	2021年期末值	2022年累计增加	牵头部门	责任单位
市场主体（户）	384701	80060	市市场监管局	市发展改革委、市公安局、市工信局、市财政局、市人社局、市医保局、市税务局、人行常德市中心支行、常德海关
企业（户）	66352	31818		
“个转企”（个）	—	2758		
规模以上工业企业（个）	—	148	市工信局	市发展改革委、市税务局、市财政局、市市场监管局、市科技局
国家级专精特新“小巨人”企业（个）	15	6		
省级专精特新“小巨人”企业（个）	104	60		
制造业单项冠军企业（产品）（个）	4	4		
限额以上商贸流通企业（个）	931	136	市商务局	市发展改革委、常德海关等
规模以上服务业企业（个）	701	87	市发展改革委	市工信局、市交通运输局、市商务局、市文旅广体局等
具有总承包和专业承包资质的独立核算建筑业企业（个）	364	29	市住建局（市人防办）	市交通运输局、市水利局、国网常德供电公司、市国资委
规模以上农产品加工企业（个）	505	51	市农业农村局	市工信局、市科技局、市商务局、市乡村振兴局、市发展改革委
高新技术企业（个）	480	134	市科技局	市工信局、市市场监管局
评价入库科技型中小企业（个）	709	566		
外商投资企业（个）	871	129	市商务局	常德海关、市市场监管局等
外贸实绩企业（个）	236	75		
上市公司（个）	5	0	市政府金融办	企业上市突破行动专项工作组各成员单位

赛。共有70余家企业参与。大会组委会收到演讲、短视频、征文3种类别共计72个作品参赛。湖南海佳食品科技股份有限公司的《海佳板鸭——常德美食新名片》获得演讲比赛第一名，常德桃花源机场分公司的《“常来常往”：把你放在我心上》获得征文比赛第一名，常德市桃花源旅游管理有限公司的《当梦想照进现实》获得短视频比赛第一名。

【常德市特种设备安全生产专业委员会成立】 10月19日，常德市特种设备安全生产专业委员会成立并召开第一次会议。常德市副市长杨成英出席会议并讲话。市特种设备安全生产专业委员是市安全生产委员会下设的12个安全专业委员会之一，联合部门力量，形成监管合力，对全市特种设备实施更严格、更有效的监管，为人民群众提供更加全面的保障。

【国家基本公共服务标准化试点工作完成】 2020年3月，国家市场监管总局、国家发改委、财政部联合下达首批国家基本公共服务标准化试点，常德作为全省唯一地州市入选为综合试点。该项工作由常德市市场监督管理局牵头，以基本公共服务标准化建设为抓手，在幼有所育、学有所教、劳有所得、病有所医、老有所养、住有所居、弱有所扶、优军服务保障和文体服务保障等9个领域先行先试，深入探索基本公共服务标准制定、实施、应用，以及标准水平城乡均衡、动态调整、监测评估等方面的经验。2022年年底，完成基本公共服务清单梳理、标准体系搭建、标准编制、标准实施与监督检查、标准实施评价、地方标准编制和基本公共服务现场打造等工作任务，形成可复制、可推广的常德标准。

（张　超）

表18

市场主体结构优化及质量提升情况一览表

（截至2022年12月）

单位：户

指　标	企业占比			法人企业占比		新增涉税企业占比		
	当前实有市场主体总量	当前实有企业总量	当前实有企业占比	当前实有法人企业总量	当前实有法人企业占比	本年累计增加企业	本年累计增加涉税企业	当前新增涉税企业占比
全　市	464761	98170	21.12%	58931	60.03%	31818	27522	86.5%
武陵区	88433	15268	17.27%	10695	70.05%	3394	2902	85.5%
鼎城区	53936	9775	18.12%	5421	55.46%	2677	2287	85.4%
汉寿县	52030	13326	25.61%	8189	61.45%	6548	5688	86.9%
桃源县	55394	11862	21.41%	4336	36.55%	6208	5498	88.6%
临澧县	29599	6711	22.67%	4270	63.63%	2331	2001	85.8%
石门县	41923	6650	15.86%	3832	57.62%	1723	1475	85.6%
澧　县	58031	11931	20.56%	7978	66.87%	4739	4088	86.3%
津市市	20037	4205	20.99%	1745	41.50%	1144	977	85.4%
安乡县	32325	4431	13.71%	2334	52.67%	1278	1094	85.6%
五小区								
经开区	10779	4043	37.51%	3342	82.66%	696	596	85.6%
高新区	651	651	100%	—	—	—	—	—
柳叶湖	6763	2129	31.48%	1800	84.55%	496	424	85.5%
西　湖	2923	637	21.79%	361	56.67%	243	492	85.6%
西洞庭	4376	996	22.76%	828	83.13%	332		
桃花源	2454	449	18.30%	233	51.89%	104	—	—

说明：2022年累计增加涉税企业指标西湖与西洞庭合并计算，数据为两个地区的合计数

烟草专卖

【概况】 2022年，常德市烟草专卖局（公司）各项工作实现稳中有进、稳中向好、稳中提质。

阵地建设。利用数字化转型新阵地、紫菱图书馆、韵味智慧门店等开展中共二十大精神沉浸式宣传，通过制作学习宣贯口袋书，开展“每日一题”问答活动，形成线上线下立体化传播矩阵。聚焦产业打造乡村振兴基地。与联系点村党组织结对，设立乡村振兴联企服务点，派出工作队员45人，打造盘塘镇国家烟草专卖局首批、王化村市级“1+N”产业综合体，探索烟叶与多元化产业融合发展的新路子，解决近万农村劳动力就业；在联系点村建成村集体投资的“湘村636”5家，帮助零售户开展“两品一标”认证，打造线上线下服务链。打造信用体系建设阵地。对接全市社会信用体系建设，有序推进卷烟零售客户信用体系建设，建立健全信用积分、评价、奖惩、修复机制。深化与公安、市监、邮政、海关等部门联合协作，联筑防线提升信用监管“精度”，发挥便民服务中心、基层烟草工作站下沉作用，“管服结合”提升信用监管“温度”。打造社区共建园地。将烟草市场管理服务“微网格”融入社区管理“大网格”，实现党员作用、社区治理、市场管理服务职能融合；组织党的创新理论进社区、进校园、进家庭，开展“净园护苗、普法四进”活动，线上线下6万余人参与；落实“支部建在部门”要求，全市系统61个党支部入社区、联企业开展“优化营商环境”“喜迎二十大”等主题党日活动，参与疫情防控值守、平安小区创建、志愿服务等社区工作1056人次。打造新时代文明实践高地。完善“至上”党建与“知常”文化品牌，打造常烟文化软实力建设引领工程；建优党建品牌展示厅等特色阵地，被市直工委列为党员培训现场教学点，被授予常德市新时代文明实践示范点。在市委宣传部指导下，紫菱图书馆（武陵区图书总馆）下辖15家紫菱书屋、14个街道分馆、127个村文化中心，成为三级覆盖的文化服务载体；新建吸烟室1个、吸烟区25个、绿色吸烟点1193个、品牌体验区150个。全面开展“助残月”“千名干部联千企”“夏日送清凉”等活动，紫菱委员工作室积极开展防疫“敲门行动”，获得社会各界广泛好评。

烟草产业发展。克服经济下行压力，不断增强企业发展动能。全年实现主营业务收入85.06亿元，同比增长6.04%；实现税利24.44亿元，同比增长3.09%。销售卷烟23.48万箱，单箱均价3.87万元，销售国产传统雪茄423万支，销售收入突破2000万元大关；收购烟叶16.03万担，同比增长25.2%，计划完成率106.9%。

“1+N”产业综合体，有效整合基本烟田、农村劳力、烟基设施等优势资源，规划建设基本烟田6667公顷，带动烟区形成“以烟稳粮，以烟促稻”协同发展格局，承办全省烟区产业综合体现场会，得到上级领导充分肯定，烟叶规模、质量、效益等指标均创历史新高。聚焦“一体两翼”现代零售终端建设，建成“湘汇636”76家、“湘村636”92家，探索“湘村636”+村级集体经济、新时代文明实践站、乡村驿站等新模式，帮助卷烟零售户走上职业化道路，卷烟销售综合毛利率平均达13.37%，每月平均纯利润4000元左右。在全省系统“荣耀杯”卷烟零售客户开口营销大赛上，常德2名参赛客户分别荣获一等奖、三等奖。

专卖市场治理整顿。打假打私。查获涉烟违法案件650起，其中5万元以上大要案件155起，深挖澧县“11·28”案件，在福建云霄打掉4个假私烟仓储窝点。查获假私烟1007.24万支，查获烟丝烟叶21.76吨，集中销毁无使用价值烟叶53吨、烟丝11吨、走私假冒卷烟2053条、不合格送检返还样烟1169条。真烟异流治理。累计纳入重点监管大户99户，取缔69户。对现有零售户开展大起底大核查，持续完善、动态更新“三张名单”，先后破获真烟团伙2个，真烟刑案5起，拘留16人，逮捕5人，判刑10人；对全市1020处物流寄递营业网点全覆盖监管，查获省外来源真品卷烟数量112.58万支。电子烟监管。成立领导小组和工作专班，推进全市系统联合执法及电子烟生产企业联合监管。审批发放电子烟零售许可证28户，帮助辖区1家企业获批省内首家电子烟用烟碱生产许可证。联合市监印发专项检查行动方案，依法开展电子烟市场常态化监管，查获电子烟虚假宣传广告案、电子烟涉毒案各1起，查处案值300余万元，涉电子烟假冒注册商标案1起，刑事拘留18名涉案人员。先后约谈商家10户，劝导下架销售电子烟商户9户，整治清理自动售烟机20台。

建设“清廉常烟”。与市纪委监委建立“内地”协作机制，制定专项工作方案，构建“478”清廉常烟建设体系，打造清廉常烟主题宣导室。举办“廉政讲坛”，对业务条线开展廉洁教育6次；用身边事制作“紫菱云廉宝宝虎虎生威版”廉政动漫续集，警示教育身边人。全员全覆盖开展纪律与作风建设专项整治。先后召开专题会议14次，下发工作提示4期、简报3期，向2.5万名零售户、1578名烟农下发“两封信”，开展意见征求座谈会73场、谈心谈话187场次，收集自查自纠表631份，查摆问题1303个。开展会风督查11次、劳动纪律抽查38次、作风建设专项督查38次，发送廉政短信5批次，对“庸懒散虚乱”5种不良倾向从严从重问责，党政纪处分5人，批评教育11人。成立工作专班高位推动优化营商环境，如期完成反馈问题整改，深入开展纪律和作风建设专项整治，广泛接受群众监督。大力推广网上办证、移动办证，零售许可证网办率97.3%。持续提高“96368”“12313”服务热线质量，群众满意度95.3%。认真落实千名干部联千企行动，先后从拓宽销路解决“开源”、提供政策、建立长效服务机制等为4家帮联企业解忧解困。

推进数字化转型。聚焦“数字赋能、创新发展”推进数字化转型，加快构建包含营销、专卖、物流、烟叶、党建等场景的一体化数字大屏服务，丰富常德实践。主动争取行业数字化转型大安全试点项目，完成工控网和办公网的网络强隔离平台、物流及仓储工控安全态势感知平台、工控网零信任服务平台建设。在澧县、津市开展专卖、营销数字化转型试点，在汉寿建立与公安、高速交警、市监、社区等大数据共享机制，并使用5G+VR对关键卡口进行全方位智能化监管。招大培强。向省局争取到投资1.2亿元打造常德—张家界区域物流中心，1800万元建设桃源县太平桥烟站，2580万元建设临澧县烟叶仓库，计划投资4200万元建设桃源县局经营业务用房，3900万元建设澧县县局经营业务用房，3000万元建设汉寿县局经营业务用房，1.5亿元建设全市烟叶中心仓库。安全维稳。全年深入开展日常检查10次，查出和落实隐患整改286处，保持安全生产“零事故”。

【数字化转型工作室成立】 2022年1月，湖南常德市烟草专卖局（公司）成立数字化转型工作室，助力全市系统数字化转型实践。数字化转型工作室的成立运行是常德烟草全面贯彻落实行业和省局数字化转型工作部署，主动对接“创新驱动、实干笃行”工作要求的生动实践。发挥工作室承担承接信息化重大专项工作的功能。以工作室为融合平台，统筹推进业务信息系统对接、大数据应用等信息化项目，提升全市系统信息化工作的整合度、各类资源的集成度、各类项目的融合度。对照省局信息化“十四五”规划、数字化转型实施方案，以及打造7个应用场景的主要举措，建立常德烟草“数据赋能、创新发展”目标及任务体系。全面贯彻省局党组打造全省系统可视化决策指挥中心、数字化互动展示中心的决策部署，集成两烟生产经营、专卖市场监管、区域物流建设、信息化综合调度，打造企业高质量发展数字新生态。

【全省烟区产业综合体建设推进现场会召开】 8月9—10日，湖南省2022年烟区产业综合体建设推进工作现场会在常德市召开。常德市按照“三农”工作大局，在乡村振兴全局中找准烟叶发展方位，逐步探索形成“烟草+龙头企业+合作社+烟农”的合作模式、“烟叶+富硒大米/蔬菜等经济作物”的双订单生产模式和“烟苗+水稻秧苗+哈密瓜”“烟叶烘烤+水稻烘干+有机肥料生产”“烟田耕整地+大农业生产”的烟基设施综合利用模式。常德市统筹烟区基础设施利用，推进烟叶与多元产业协同融合、共享发展，积极探索稳固烟叶基础、提升原料保障能力、增强产业发展动能的路径，促进烟粮协同发展、合作社增收平台建设、推进烟叶与多业融合发展成效显著，经验和做法在全省推介。

（祝　利）

审计监督

【概况】 2022年，常德审计机关共完成审计项目323个，查出违规和损失浪费等问题金额369.23亿元，促进增收节支和挽回损失22.38亿元，提出审计建议891条，向各级纪检监察机关和有关部门办理移送事项84件，提交审计信息195篇，被批示、采用130篇次，在服务常德经济社会发展大局中发挥审计的独特作用。2022年，被国家机关事务管理局等4部委授予“节约型机关”，被评为全市清廉常德建设优秀市直单位、全市平安建设工作优秀单位。

政策落实跟踪审计。围绕农村人居环境整治、减税降费、助企纾困以及园区经营发展等政策措施落实，组织对汉寿、澧县、西湖、津市4个区县市开展审计，揭示“放管服”改革不到位、拖欠民营企业中小企业账款、园区亩均产出不高等突出问题71个、3.13亿元。

财政审计。组织对304个单位开展财政预算执行审计，市本级运用大数据审计对市级109家一级预算单位实现审计全覆盖，首次实行省市县三级审计机关联动，突出财政存量资金、国有资产管理等6个审计重点，揭示虚增财政收入、闲置资金资产等问题，促进盘活使用资金或统筹纳入预算管理14.85亿元。对市民之家、湘雅常德医院等18个项目实施审计，共发现问题16大类、24.42亿元，办理移送事项10件，核减投资额1.57亿元。

国有企业审计。组织对6个市属国有企业经营管理状况开展专项审计调查，发现领导违规决策、内审监督缺位等问题49个、37.88亿元，办理移送事项18起。

资源环境审计。组织对13名领导干部开展自然资源资产离任（任中）审计，共发现“林长制”“田长制”“河长制”落实不到位等问题65个、1.12亿元。

民生审计。组织对医疗、教育、就业、社保等15个民生项目开展审计，市本级重点对农村学校建设三年行动计划资金、市本级老旧小区改造资金等8项民生资金开展专项审计或审计调查，揭示一批滞拨截留、厚此薄彼、损失浪费等损害群众切身利益问题56个、2.76亿元。

经济责任审计。组织对166名领导干部开展经济责任审计，查出负直接责任问题金额1.56亿元。市本级对18名领导干部开展经济责任审计，揭示“三重一大”事项决策不当等问题192个、14.19亿元。

审计查出问题整改。2022年，共完成审计项目整改43个，推动被审计单位整改问题344个，纠正问题金额9.12亿元，完善政策制度128项，追责问责32人，问题整改率83.9%。

内部审计。共建立内审机构195个，配备专职或兼职内审人员924人。2022年实施内部审计项目2414个，查出问题金额34.01亿元，审计发现问题整改金额5.87亿元，通过审计整改制定或修订完善制度规范1184个，根据审计建议给予纪律处分30人。

交办任务。2022年，抽调23人次参与省委巡视、市委巡察，以及惠民惠农财政补贴资金、洞庭清波、“保交楼”等专项整治，维护安全稳定。

【全市财税审计工作会议召开】3月17日，常德市召开全市财税审计工作会议。常德市委副书记、市长周振宇在会上讲话。市委常委、常务副市长徐永健主持会议。会上，财政、税务、审计等部门主要负责人分别作工作报告，总结2021年财政、税务、审计工作成绩，对2022年工作进行安排部署。

【常德审计系统“五四杯”审计法律法规知识竞赛】 5月13日，常德举行全市审计系统“五四杯”审计法律法规知识竞赛，全市审计系统11家单位的33名选手参加竞赛，市审计局党组书记、局长辛春生出席活动并作总结讲话。竞赛采取现场竞答的方式，以审计法律法规、审计实例为主要内容，有必答题、抢答题、风险题和附加题4种题型。市审计局一队获得一等奖，鼎城区审计局和石门县审计局获得二等奖，武陵区审计局、桃源县审计局、市审计局二队获得三等奖。

【市审计局召开新一届特约审计员见面会】 8月31日，市审计局召开新一届特约审计员见面会。市审计局党组书记、局长辛春生主持会议并作总结讲话，新一届特约审计员、派驻纪检监察组有关负责人、局领导班子成员、机关各科室及所属事业单位负责人参加会议。会上，市审计局副局长陈位明宣读市委统战部《关于公布全市特约人员名单的通知》，介绍5名特约审计员的基本情况。局党组副书记、副局长邓铁强介绍市审计局基本情况，宣布特约审计员对口联系业务科室工作安排。成小舟、江一舟两名特约审计员代表作履职发言。市审计局两名对口联系的审计业务科室负责人代表就主动接受、积极配合特约审计员民主监督作表态发言。

（刘华云）

价格管理

【概况】 2022年，全市各地各部门着力加强重要民生商品和大宗商品价格调控，全年居民消费价格指数始终控制在3%的目标以内，商品和服务供给充足，粮食稳定扩面增产，物价总水平持续平稳运行。

价格监督检查。开展涉企违规收费专项整治行动，印发《常德市涉企违规收费专项整治行动实施方案》。扎实推进“双减政策”平稳落地，将过去由培训机构自主定价的学科类培训收费纳入政府指导价管理。聚焦群众关注度高的公墓墓穴、礼厅租用、遗体接运等殡葬服务项目，有序取消管理费、财务费等4项不合理间接成本。严控价格认证质量，开展价格认定案件48件，标的总额共计88.23万元，涉纪询价案件5件。

居民消费价格。2022年，全市居民消费价格指数为101.6%，商品零售价格指数为102.8%。按类别分，医疗保健类上涨1.4%，食品烟酒类上涨1.7%，居住类上升0.3%，衣着类上涨0.6%，交通和通信类上升5.7%，教育文化和娱乐类上涨1.1%，其他用品和服务类上涨1.1%，生活用品及服务类上涨0.9%。

（李　兴）

2022年，全市开展价格监督检查，共检查单位2417家，涉嫌违规单位118家，涉嫌违规资金3815.97万元，立案57起，结案45起，涉案金额4000万元，其中退还105.14万元，没收3718.11万元，罚款176.07万元。

【全市涉企收费专项整治行动】4月20日至11月30日，开展涉企违规收费专项整治行动，印发《常德市2022年涉企违规收费专项整治检查方案》，市县两级共检查210家单位，发现的涉嫌违法金额共计416.75万元，责令清退、没收及处罚金额共计462.03万元。

【粮食市场秩序专项整治】 持续开展粮食市场秩序专项整治，2022年7月，印发《2022年粮食市场秩序专项整治工作方案》，7—11月，针对早稻和晚稻收购环节，开展粮食市场秩序专项整治，联合驻局纪检组，对全市粮食市场秩序专项整治工作进行督导检查，查处违法行为5起，清退及罚没57.5万元。

【强化涉疫物资监管】 疫情期间，印发《关于加强疫情防控期间市场价格监管工作的通知》，发布《关于规范药品及防疫用品价格行为的提醒告诫书》，全市共开展市场巡查148次，检查市场主体470家，发放市场价格提醒告诫书1020份，检查核酸检测机构4家。12月15日，市市场监督管理局党组成员、副局长周轶主持召开药械保供协调会，益丰、九芝堂、老百姓等六家大型连锁药企负责人参加会议。要求本地N95口罩生产企业优先保障常德本地供货；各销售企业合法诚信经营，不得哄抬物价，防止恶意囤货，确保真正有需求的市民能买得到药。

（张　超）

公共资源交易

【概况】 2022年，市公共资源交易中心坚持以习近平新时代中国特色社会主义思想为指导，全面落实“三高四新”战略定位和使命任务，立足公共服务职能定位，坚持党建统领，深入推进标准化、规范化、信息化、便民化、智能化建设。全市进场交易项目3637个，成交金额510.55亿元，居全省第三，为财政增收节支12.91亿元。

业务发展。2022年，市公共资源交易中心四大业务交易情况如下：工程建设项目成交1170个，成交金额357.92亿元，占交易总额的70.1%；政府采购项目成交1548个，成交金额36.23亿元，占交易总额的7.1%；国土项目成交308宗，成交金额112.85亿元，占交易总额的22.1%；产权交易项目成交611个，成交金额3.55亿元，占交易总额的0.7%。从交易类型来看，工程建设和政府采购项目占据总交易数近八成。从交易金额来看，工程建设和国土资源交易所占比例最重。

“五化”建设。中心坚持以标准化、规范化、信息化、便民化、智能化建设为目标，紧跟公共资源交易行业发展趋势，积极开展交易大数据分析，探索建设数字见证、电子档案管理系统，持续推进不见面开标、远程异地评标、全流程电子化交易，打造公平公正、阳光透明的交易环境，提升各类交易主体的获得感，为市委、市政府决策提供参考和支撑，助推全国统一大市场建设。

标准化建设稳步推进，发布《常德市公共资源交易服务标准化试点标准体系及标准》；拍摄业务操作标准视频19个；组织自编标准进行授课培训26次，共计150人次参加；制作标准化知识竞答小程序，定期开展答题竞赛。持续提升规范化水平。建立现场见证制度规范，规范招标代理机构、招标人、投标人、金融机构、CA办理机构、软件服务商等交易主体的场内执业行为，形成有效评价机制，将评价结果纳入信用体系建设；拟定《常德市自然资源网上交易系统故障应急处置办法（试行）》，由市公共资源交易管理委员会发布；起草《常德市公共资源交易拍卖机构场内行为管理办法（试行）》，有效规范拍卖机构的场内交易行为；与市住建局等联合下发《常德市房屋建筑和市政基础设施工程招标投标“评定分离”实施细则（暂行）》，规范评定分离交易流程。推进信息化改革。完善大数据分析系统；推进数字见证系统和电子档案管理系统建设；完成移动端应用的开发上线；开发上线企业采购电子交易系统，市属、各区县（市）国有企业资产和服务采购全面实现全流程电子招投标；研发采矿权电子交易系统，加速推进国土资源交易全流程电子化。巩固夯实便民化基础。完善场地设施便民化，统一交易场所内的标志；落实落细现场管理，科学安排项目进场交易，为政府民生项目增设“绿色通道”；坚持首问责任制，开展挂牌上岗、亮证服务，推行微笑服务、延时服务。积极探索智能化举措。优化智能客服系统，提升咨询服务水平；升级开评标区软硬件设施，完善不见面开标和远程异地评标系统；完善场地智能化管理，运用刷脸等识别交易有关人员身份，企业免注册入库；推行专家预约抽取机制，实现自助抽取、免预录签章。

优化营商环境。严格落实评标评审专家场内行为评价制度。联合行政监管部门对违规行为实行季度通报。严格执行《中介代理机构场内交易行为评价暂行办法（试行）》。推动将评价结果纳入信用评价体系，加强对代理机构专职从业人员场内登记管理。完善保证金制度。启用保证金智能化管理系统，实现保证金会计核算独立化。清理积压保证金，通过中心网站公示名单等措施积极寻找投标人，清退保证金449.68万元。2022年，共退保证金432142.06万元，共退5378家。召开国土竞买预交款项5家收款银行座谈会，加强沟通协作，形成会议备忘录，使国土资源交易意向竞买人缴纳预交款项更加便捷。

工程建设专项整治。对照市公管委、市纪委监委相关文件精神及省公共资源交易中心专项整治具体任务，制定《常德市公共资源交易中心2022年工程建设项目招投标突出问题专项整治工作实施方案》。严格评标专家安全管理。完成省综合评标专家库升级改造对接工作，切实解决评标专家抽取、评标专家信息推送传输、评标专家进入评标现场等各环节安全保密问题。严格远程异地评标项目管理。完成全省远程异地评标升级系统席位制改造，配置3间远程异地评标室共15个席位，全年共完成远程异地评标项目143个，其中主场74个、副场69个。拓展通用范本覆盖范围。按照市公管办部署，中心试运行工程建设领域电子招标通用范本，完成首个全流程电子招投标通用范本交易项目。开展“评定分离”工作。中心将2间开标室改造为定标室，用作定标专用场地，与住建部门联合制定定标项目场内交易规范流程，研发上线定标场地预约流程。

持续推进清廉建设。召开清廉交易中心建设专题会议，发布《清廉交易中心建设实施方案》，拟定六大任务主体、16个子单元、21项任务清单。严格落实“三会一课”，领导班子带头讲党课，将习近平总书记关于党风廉政建设和反腐败斗争的重要论述作为支部学习内容，开展党员过“政治生日”活动，全年中心班子成员开展谈心谈话95人次。健全风险防控机制，完善中心工作人员“十条严禁止”，修订《交易风险防控工作手册》，严防岗位风险，梳理防控风险点218项，制定防控措施219项。开展岗位巡察，中心主要领导以及分管领导每周巡察一线服务窗口和各个办公区域，发现问题及时提醒和处置。

【常德市房屋建筑和市政基础设施工程招投标“评定分离”电子系统正式上线】 7月5日，常德市房屋建筑和市政基础设施工程招投标“评定分离”电子系统在市公共资源交易中心正式上线运行。“评定分离”是指按照公平公正、职责明晰、权责统一、廉洁高效的原则，招标人在招标文件中明确评审规则和定标方法，由依法组建的评标委员会根据评审规则向招标人提出书面报告，并推荐不超过3名不排序的中标候选人，招标人根据定标方法从中标候选人中择优确定中标人。实行“评定分离”，破除评标专家“权力大、责任小”，权责不对等的弊端，让评标专家转变为“专业顾问”角色，同时进一步强化招标人的主体责任。

【常德市国有企业电子采购平台正式上线】 10月17日，常德市国有企业资产和服务采购全流程电子招投标培训会在常德市公共资源交易中心召开。会上，市国资委产权科负责人详细解读《常德市国资委监管企业资产和服务采购管理办法》，软件公司工作人员为各交易主体演示及讲解国有企业电子采购系统的业务流程及具体操作。参训人员对培训内容展开积极讨论，并就相关问题充分交流。各区县市国有资产监管机构分管负责人，市属监管企业具体负责人，部分中介代理机构负责人，市国资委、市公共资源交易中心相关工作人员参加了培训。自2022年10月15日起，市属国有企业按规定进场交易的资产和服务采购项目已全面实行全流程电子招投标。

（赵　磊　莫宇西）

特殊食品监管

【概况】 全市出动检查执法人员5317人次，检查特殊食品及食盐经营主体4053家次，完成风险隐患排查处置121个，立案查处7家。高位推动“护老”行动暨保健食品安全监管，加强相关涉老保健食品涉嫌违法线索的接收、核查和交办处置，全市办理案件7件，涉案金额813.3万元，罚没金额9万元。

【省市场监管局到常德抽查检查特殊食品和食盐安全监管工作】 9月27—28日，省市场监管局一级调研员蒋小平一行到常德，抽查检查该市特殊食品和食盐安全监管工作。抽查检查采取随机抽取、实地检查等方式，对全市特殊食品与食盐安全监管工作“守查保”专项行动和2022年“护老行动”暨保健食品行业清理整治等工作的落实情况开展检查。检查组在武陵区、津市市对2家母婴用品店、2家商超、1家保健食品批发企业、1家药房、1家学校

2022年9月27—28日，省市场监管局一级调研员蒋小平（右一）一行到常德抽查检查特殊食品和食盐安全监管工作。图为抽查检查工作现场

（市市场监督管理局 供图）

食堂、1家食盐生产企业进行实地查看，重点检查专区专柜、警示用语、产品质量、标签标示、进货查验、产品台账、营销宣传等内容。2022年，在开展特殊食品“守查保”专项行动中，常德市出动检查执法人员5317人次，检查特殊食品及食盐经营主体4053家次，完成风险隐患排查处置121个，立案查处7家。

（张　超）

海关商检

【概况】　2022年，常德海关共审结报关单2456份，同比下降10.7%；监管货运量20.2万吨，同比增长4%；备案电子化手册12本，备案金额3715.2万美元，加工贸易手册实际进出口值1.8亿美元，同比增长20.8%；税收入库3.2亿元，同比增长75.8%；检验检疫进出境货物4575批次、同比增长15.1%，货值17.4亿元、同比下降7.8%。

综合监管。2022年，常德海关持续强化正面监管，稽查成效明显，办结稽查作业9起，查发率100%，其中移交案件线索8起；办结核查作业58起，查发率93.1%，查发率同比增长2.58倍。开展定期监管核查，共办结出境水果注册果园、包装厂定期监管核查作业8起，查发8起，查发率100%，其中5家企业整改通过，3家企业被注销出境水果注册果园、包装厂资质。推进实施“多证合一”“证照分离”“注销便利化”等改革措施，探索“多事合一”“指令叠加”“结果互认”“并批核查”“多查合一”等模式，实现“出一次门，办多项事”。推动企业获得注册备案资质，实有备案企业达988家，同比增长19.5%。完成对辖区14家出口备案食品生产企业核查，包括8家出口腌制蔬菜企业，对6家存在不同问题企业要求现场整改，注销2家企业备案资质。加强对进出口商品、食品及动植物产品的质量安全监管，与市场监管、农业农村等部门开展联合监管，在完成海关法定抽样检测任务基础上，对常德市出口农产品开展抽样检测190余项。

检验检疫。2022年，常德海关切实维护国门生物安全，认真落实“谁执法谁普法”工作责任制，组织100余名进境粮食企业人员参加“云培训”，在线讲解进境粮食携带的检疫性有害生物知识及海关监管要求；通过发放宣传册、现场知识讲解、生物标本观察、有奖答题等形式，开展国门生物安全知识“进校园”“进社区”活动。认真做好进口食品新冠肺炎、非洲猪瘟等疫病疫情防控，持续在石门柑橘主产区进行实蝇布控监测。全年对321批进出口货物实施现场查验，查获进出口不合格货物5批，均予依法处置；出具危包使用鉴定结果单433单、性能检验结果单119单，监管调运进境粮食21万吨，签发各类检验检疫证书证单2932份。

打击走私。2022年，常德海关持续深化打击走私综合治理工作，推动召开常德市2022年打私综合治理工作会议。用好全市打私办工作平台，加强与各成员单位联系，分别与常德市经侦支队、人民银行、税务局等单位开展工作交流，与地方公安开展打击枪支、淫秽物品联合专项行动9次，联合桃花源机场公安、常德市市场监督管理局等单位到桃花源机场开展反走私宣传活动1次。全力开展“国门利剑2022”联合专项行动，抓好枪支、毒品、海南离岛套代购等走私案件办理。全年共刑事立案5起、“两简”案件7起、行政案件6起，案件协查40起，罚没收入41.06万元。

服务地方发展。2022年，常德海关率先在全关区开展“隶属海关关长在线访谈”活动，聚焦“服务乡村振兴　助力农产品出口”，宣讲惠企惠农政策，在线回应企业群众关切问题；主要负责人在市政府常务会议、市委党校进行政策业务宣讲，从海关角度探索新形势下常德开放型经济发展新路径。为推动开放型经济发展当好参谋，市委书记、市长等主要领导在我关呈报的多篇分析报告上作出肯定性批示。支持常德市开放型平台建设，积极回应地方关切，常德港国际集装箱码头、常德保税物流中心建设有序推进，桃花源机场口岸开放纳入国家“十四五”口岸发展规划。开展“送政策、解难题、优服务”行动，进行“精准服务促开放　多措并举稳外贸”专项调研，召开座谈会、政策解读培训、现场办公会共16场次，参加人数200余人，制定帮扶措施40余条。指导企业用好用足原产地规则，提供“一企一策一清单”服务。年内签发原产地证书533份，金额3508.48万美元。开展重点税源企业线上线下双渠道税收调研，上报企业对国家税收政策和海关业务改革意见建议3条。加大信用培育力度，新增培育高级认证企业1家。持续优化营商环境，为辖区进出口企业实行365天、24小时预约通关服务，持续压缩通关时间，常德关区整体通关时间进口9.94小时、出口0.86小时，与2017年相比分别压缩96.26%、97.19%。常德海关综合业务科被常德市委、市政府评为常德市优化营商环境“先进集体”。2022年实现供港澳活猪自非洲猪瘟疫情中断后首次恢复出口、新鲜蔬菜首次出口韩国、螺旋藻提取物首次出口土耳其、鲜活小龙虾首次出口菲律宾、石门柑橘首次出口印度及恢复出口俄罗斯，鲜鸡蛋、水生动物出口总值均突破亿元，全年全市进出口总值252.5亿元，同比增长34.9%，排名全省第八。

【国门生物安全系列宣讲】　4月15日，是第七个全民国家安全教育日，也是《中华人民共和国生物安全

2022年1月21日，常德海关对出口鸡蛋进行现场查验　　（齐晓阳 摄）

法》实施一周年。常德海关通过系列活动，将生物安全知识送“教”上门。进境粮食安全“云讲座”。4月13日，常德海关结合进境粮食监管工作，通过“云讲座”形式，连线100余名进境粮食加工存放企业代表进行业务培训，在线讲解进境粮食携带的检疫性有害生物知识及海关监管要求，并向企业代表宣传普及《中华人民共和国进出境动植物检疫法》《中华人民共和国生物安全法》《进出境粮食检验检疫监督管理办法》等法律法规，传播生物安全知识，强化企业责任意识，共同维护粮食安全。国门生物安全“校园行”。4月14日，常德海关的关员们走进常德市武陵区第三小学，通过讲解国门生物安全知识、认识常见外来入侵物种、播放动画宣传短片、发放卡通宣传小贴纸、生物标本观察、有奖知识竞答等丰富多样的活动形式，给孩子们带来一堂妙趣横生的国门生物安全课。此外，常德海关在关区报关大厅、海关监管场所、进出口商品生产企业等地，通过悬挂宣传标语、张贴宣传海报、播放宣传微视频等方式，向群众宣传海关禁止进出境物品知识、生物安全法知识、国门生物安全知识，筑牢国门生物安全防线。

【长沙海关2022年第一期“隶属海关关长在线访谈”活动】　5月26日，长沙海关2022年第一期“隶属海关关长在线访谈”在常德海关举办。常德海关关长叶国忠作为嘉宾参加，围绕“服务乡村振兴　助力农产品出口”主题，介绍常德海关在服务地方外贸发展、帮扶乡村振兴产业、助推农产品出口、推动落实外贸保稳提质措施等方面的做法，全面展示常德海关服务地方经济发展成效。在1个小时的访谈时间内共计收到网友提问148个，现场归纳整理15类进行现场答复，常德电视台、《常德日报》记者全程记录，红网等主流媒体对访谈活动予以报道。

【时隔5年恢复对港澳活猪出口】　2022年12月16日，经常德海关检验检疫合格，湖南旺森农牧有限公司首批100头生猪通过拱北口岸出口澳门，系常德市自2018年非洲猪瘟疫情暂停供港澳活猪业务以来首次恢复出口。是年12月16—31日，共有3家企业恢复供港澳活猪业务，累计出口活猪440头。

【助力辖区鲜鸡蛋出口突破亿元】　2022年，常德海关靠前服务，帮助石门县常德怡武农牧科技有限公司优化源头管理，着力支持打造“每日鲜蛋”品牌，便利通关；成立工作专班，高效完成查验、出证、放行等，做到无须查验的1小时内出证放行，需要查验的当天派员完成，最大程度保障鲜蛋快速通关。全年鲜鸡蛋出口1.2万吨、货值1.4亿元，同比分别增长304%、303.6%。

（齐晓阳）

文化市场综合行政执法

【概况】　2022年，常德市文化市场综合行政执法支队依法统一行使文化、文物、出版（版权）、广播电视、体育、电影、旅游市场等综合性文化市场领域的行政处罚权、行政检查权、行政强制权，承担武陵区、鼎城区、常德经开区、常德高新区、柳叶湖度假区综合性文化市场领域的行政执法职责，承担市本级“扫黄打非”有关工作。

2022年，常德市文化市场综合行政执法支队瞄准创先争优总目标，改革创新、锐意进取，突出市场监管和队伍建设两个重点，严守法治、安全、廉洁三条底线，全力抓好市场管理工作。全年检查经营单位3146家次，出动执法人员9346人次，1个案件被列为全国“扫黄打非”办和文旅部挂牌案件，1个案件获评省文化和旅游厅重大行政处罚案件。执法监管持续发力，全年查办案件178件，取缔无证经营场所11家，行政处罚罚没104万元，重大行政处罚案件64件，行政处罚案件做到门类全覆盖，取得这些成绩的同时，支队各方面都有长足的进步。

聚焦主责主业持续规范和净化文化市场，以净化出版物市场、保护版权为工作主线，站在维护意识形态安全和政治安全的高度，以

“扫黄打非”中“正道”和“新风”集中行动为抓手，深入开展“清源”“固边”“净网”“护苗”“秋风”等专项行动，开展冬奥版权保护集中专项行动，重点整治制作、销售涉冬奥侵权复制品、侵权盗版衍生品等违法行为，查处“冰墩墩”侵权案件8起。组织为期1个月的保护未成年合法权益专项整治行动，共检查上网服务营业场所274家次、娱乐演艺经营场所90家次、校园周边书店178家次，出动执法人员566人次，查处违规接纳未成年人案件4件，取缔中小学校、幼儿园周边擅自从事娱乐经营活动的场所3家。规范旅游市场秩序，开展未经许可经营旅行社业务专项整治行动及打击整治养老诈骗专项行动，重点打击未经许可经营旅行社业务行为、低价游行为、未经许可行为、无资质行为，立（结）案4起（含2起未经许可、2起旅游包车不安全），核查回复群众举报线索5条。联合“市扫黄办”开展市县两级联动的文旅市场全覆盖式的暑期专项整治行动，整治期间市县两级文化执法机构共检查经营场所1960家次，查处案件92件，排查整改重大安全隐患57处。

始终贯彻以人民为中心的发展思想，把安全生产“红线意识”贯穿于市场管理全过程，牢牢守住安全发展底线，驰而不息地抓好生产经营安全。严守经营安全底线。支队上下始终强化“时时放心不下”的责任感，以安全生产“零事故”为目标，切实履行法定责任，确保市场经营安全。根据省文旅厅和市委、市政府要求组织开展执法检查、文旅系统安全生产大检查“百日攻坚”和文旅市场暑期专项整治等系列专项行动，主要检查守法经营、消防安全、治安安全、食品安全，经过自查自纠、检查查处、整治规范三个阶段，真正做到“全覆盖、零容忍、严执法、重实效”，检查不留死角，整改不留后患，执法不走过场。对检查出的问题，轻微的当场交办、当场整改、当场验收，严重的立案查办。全年组织安全生产专项执法行动10次，发现、排查、整治各类安全问题隐患232个。常态化开展平安文化市场创建活动，落实巡查责任制，建立安全生产巡查台账。落实“三同时”制度，即检查经营行为同时检查安全生产和疫情防控工作，全年每家辖区内文化经营单位巡查达12次以上。严格落实安全生产“三制度四清单”，对巡查中发现的情况和整改措施，每月进行一次“清零”，对于不能处置的安全生产隐患及时抄送相关部门。严守内容安全底线。坚决维护意识形态安全和国家文化安全，扫除有害文化垃圾，删除有害内容。坚持以“正道”“新风”集中行动为主线，加强市场检查和网络巡查，深入开展“清源”“固边”“净网”“秋风”“护苗”专项行动，有序组织校园周边环境整治、教辅资料专项检查、网络出版物清理、印刷复制发行专项整治等执法行动，全年立案71件，收缴各类有害出版物5000册，清理违规网站20个，及时清理淫秽色情、低俗媚俗、危害社会公德等有害内容或信息160余条，其中办理的“杨某发行非法出版物案”被列为全国“扫黄打非办”和文旅部联合挂牌案件。严守疫情防控安全。根据最新疫情防控工作要求，积极督促经营业主按照最新文旅经营场所疫情防控指南做好常态化防控措施，落实省厅统一部署，在应对突发疫情中执法人员在最短时间内关停场所242家（网吧、电竞宾馆、剧本杀），派遣6名志愿者参与社区防疫工作，全力确保文旅市场“零感染”“零疏忽”。

【执法移动装备发放仪式】 3月18日，常德市文化市场综合行政执法支队举行文化市场综合行政执法移动装备发放仪式。配发的移动执法设备共计9套，包括便携式计算机、便携式彩色打印机、执法记录仪、录音笔、照明设备、执法设备箱等。通过移动执法装备的配备使用，文化市场执法工作将在日常巡查、调查取证、文书制作等行政执法活动实现全程记录。加强对行政执法工作的监督，维护当事人和行政执法人员的合法权益，使文化市场执法工作，现场执法工作更加便捷高效、透明公正。

【市城区上网服务营业场所经营业主大会召开】 5月17日，常德市文化市场综合行政执法支队召开市城区上网服务营业场所经营业主文明城市创建工作动员会暨法制、安全生产、疫情防控培训大会，武陵区、鼎城区、常德高新区、常德经开区、柳叶湖旅游度假区近160名上网服务营业场所经营业主参会。会上，相关工作人员解读文明城市创建标准，指出工作中存在的问题，将文明城市创建与《互联网上网服务营业场所管理条例》结合起来宣讲，同时开展安全生产法规培训，疫情防控知识培训和工作部署。

【全省授旗着装宣誓仪式和执法技能竞赛在常德举行】 12月9日，湖南省文化市场综合执法队伍统一着装仪式暨湖南省第五届文化市场综合执法岗位练兵技能竞赛在常德举行。省委宣传部副部长，省文化和旅游厅党组书记、厅长李爱武出席活动并讲话。省文化和旅游厅党组成员、副厅长张帆主持活动。常德市委常委、市委宣传部部长彭晛丹出席活动并致辞。授旗着装宣誓仪式上，李爱武为全省14个市州文化市场综合执法支队授旗。在随后的岗位练兵技能竞赛中，10支队伍参赛，竞赛项目内容涵盖政策法规、执法规范、文书制作与归档、文化产品及内容识别、移动执法及网络文化执法、现场知识竞赛等多个方面。常德代表队获得团体赛一等奖。

（彭亚琴）

科学技术与科技服务

科　技

【概况】　市科技局始终坚持“科技是第一生产力、人才是第一资源、创新是第一动力”，打造区域创新高地，科技工作稳中有进。成立以市长为组长的科技工作领导小组，召开领导小组第一次全体会议，科技支撑引领经济社会高质量发展的作用得到进一步发挥。地方财政科技支出达13.63亿元，增长44%；新获批国家级创新平台3家、省级创新平台14家，国、省级创新平台总数达101家；在全省首批开展知识价值信用贷风险补偿改革，为企业提供科技金融贷款4.4亿元；技术合同成交额达193.81亿元，合同件数达1736件；与西安交大、中南大学、长沙理工大学开展一系列产学研合作，科技成果转化工作被《湖南日报》头版头条专题推介。2022年湖南省科技活动周重大示范活动“科技潇湘石门行”在常德石门成功举办。市科技局被评为2022年全国科技活动周先进单位、2022年湖南省科普讲解大赛优秀组织单位，获2022年湖南省创新创业大赛优秀组织奖。推荐津市科技局获全国科技管理系统先进集体。

2022年常德市研发平台一览表

表19

级别	序号	平台名称	依托单位	所在区域	批准文号/年份
省级	1	湖南省水产工程技术研究中心	大湖水殖股份公司	市直	2006
	2	湖南省高性能纤维工程技术研究中心	湖南中泰特种装备有限责任公司	临澧县	2009
	3	湖南省稻米深加工工程技术研究中心	湖南金健米业股份有限公司	经开区	2009
	4	湖南省酶制剂开发与产业化工程技术研究中心	湖南鸿鹰祥生物工程股份有限公司	津市市	2010
	5	湖南省高端印刷与包装工程技术研究中心	常德金鹏印务有限公司/湖南工业大学	市直	2010
	6	光电信息集成与光学制造技术湖南省重点实验室	湖南华南光电（集团）有限责任公司、湖南文理学院	市直	2011
	7	湖南省精神类药物工程技术研究中心	湖南洞庭药业股份有限公司	经开区	2012
	8	环洞庭湖水产健康养殖及加工湖南省重点实验室	湖南文理学院	市直	湘科条〔2016〕2号

续表19

级别	序号	平台名称	依托单位	所在区域	批准文号/年份
省级	9	湖南省医用高分子制品工程技术研究中心	湖南平安医疗器械有限公司	澧县	湘科条〔2016〕6号
	10	湖南省棉花工程技术研究中心	湖南省棉科所	市直	
	11	湖南省朝鲜蓟工程技术研究中心	汇美农业科技有限公司	西洞庭管理区	湘科发〔2017〕148号
	12	湖南省激素类药物及中间体工程技术研究中心	湖南新合新生物医药有限公司	津市市	
	13	湖南省饱和蒸汽精密清洗工程技术研究中心	湖南中航精工有限公司	临澧县	湘科〔2018〕111号
	14	湖南省汽车车桥工程技术研究中心	湖南中联重科车桥有限公司	津市市	
	15	湖南省高端装备特种钛合金工程技术研究中心	湖南金天钛业科技有限公司	经开区	
	16	湖南省精细化工产品检测工程技术研究中心	湖南海利常德农药化工有限公司	经开区	
	17	湖南水处理功能材料湖南重点实验室	湖南文理学院	市直	湘科计〔2019〕56号
	18	湖南水生动物重要疫病分子免疫技术湖南省重点实验室	湖南文理学院	市直	
	19	湖南省牧草资源与秸秆综合利用工程技术研究中心	湖南德人牧业科技有限公司	西湖管理区	
	20	湖南省食品香料香精工程技术研究中心	湖南省嘉品嘉味生物科技有限公司	津市市	
	21	湖南省糖果果冻研发工程技术研究中心	湖南新中意食品有限公司	津市市	
	22	湖南省百合工程技术研究中心	湖南省棉花科学研究所	市直	
	23	湖南省富硒稻米工程技术研究中心	桃源县兴隆米业科技开发有限公司	桃源县	
	24	湖南省高强度紧固件智能制造工程技术研究中心	湖南飞沃新能源科技股份有限公司	桃源县	
	25	湖南省智能光电信息装备工程技术研究中心	湖南华南光电（集团）有限责任公司	市直	
	26	分布式电推进飞行器控制技术湖南省重点实验室	湖南文理学院	市直	湘科计〔2020〕60号
	27	湖南水计量信息工程技术研究中心	常德牌水表制造有限公司	高新区	湘科计〔2020〕61号
	28	湖南省猪鬃及仿猪鬃加工工程技术研究中心	津市市金湘猪鬃实业有限公司	津市市	湘科计〔2022〕20号
	29	湖南省高档优质香稻工程技术研究中心	湖南桃花源农业科技股份有限公司	经开区	湘科计〔2022〕20号
市级	30	常德市高性能电池材料工程技术研究中心	常德力元新材料有限责任公司	经开区	常科函〔2011〕26号
	31	常德市特色食品工程技术研究中心	湖南文理学院	市直	
	32	常德市凿岩机械工程技术研究中心	湖南恒至凿岩科技有限公司	经开区	
	33	常德市清热解毒药物工程技术研究中心	湖南三金制药有限责任公司	经开区	
	34	常德市互感器工程技术研究中心	湖南大北互互感器有限公司	经开区	

续表19

级别	序号	平台名称	依托单位	所在区域	批准文号/年份
市级	35	常德市中低压变压器工程技术研究中心	常德国力变压器有限公司	市直	常科函〔2011〕26号
	36	常德市工程机械制造与检测工程技术研究中心	湖南文理学院	市直	
	37	常德市新型环保涂料工程技术研究中心	湖南太子化工涂料有限公司	汉寿县	常科函〔2013〕14号
	38	常德市无机非金属新材料工程技术研究中心	湖南磊鑫新材料科技有限公司	桃源县	
	39	常德市水性环保材料工程技术研究中心	常德市武陵金德镭射科技有限公司	武陵区	
	40	常德市针织机械工程技术研究中心	常德纺织机械有限公司	经开区	
	41	常德市可再生资源能源化工程技术研究中心	常德市中南能源开发有限公司	经开区	
	42	常德市水稻工程技术研究中心	常德市农林科学研究院	市直	
	43	常德市复合墙材工程技术研究中心	湖南省科辉墙材有限公司	桃源县	
	44	常德市智能检测与控制技术工程中心	湖南文理学院	市直	常科函〔2015〕10号
	45	常德市锦纶材料工程技术研究中心	湖南金帛化纤有限公司	经开区	
	46	常德市龟鳖健康养殖工程技术研究中心	湖南湘湖水产有限公司	汉寿	
	47	常德市烟草废弃物综合利用工程技术研究中心	常德市正阳生物科技股份有限公司	市直	
	48	常德市湿地生物与环境生态工程技术研究中心	湖南文理学院	市直	常科函〔2017〕16号
	49	常德市垃圾综合处理装备工程技术中心	湖南瑭桥科技发展有限公司	鼎城区	
	50	常德市高性能混凝土与装备工程技术研究中心	湖南响箭重工科技有限公司	鼎城区	
	51	常德市动力电池隔膜材料工程技术研究中心	湖南中锂新材料有限公司	经开区	
	52	常德市富硒功能大米产业关键共性技术研究中心	桃源县兴隆米业科技开发有限公司	桃源县	
	53	常德市环洞庭湖区饲草资源利用与开发技术研究工程中心	湖南德人牧业科技有限公司	西湖管理区	
	54	常德市仿古砖工程技术研究中心	澧县新鹏陶瓷有限公司	澧县	
	55	常德市咸味香精工程技术研究中心	湖南省嘉品嘉味生物科技有限公司	津市市	常科发〔2018〕3号
	56	常德市智慧城市工程技术研究中心	湖南文理学院	市直	
	57	常德市中低压输配电设备工程技术研究中心	常德天马电器股份有限公司	武陵区	
	58	常德市湘北食用菌工程技术研究中心	常德市永春堂生物科技有限公司	武陵区	
	59	常德市油茶资源综合开发与高效利用工程技术研究中心	湖南润农生态茶油有限公司	津市市	
	60	常德市工程机械底盘核心零部件工程技术研究中心	湖南三特机械制造有限公司	桃源县	

续表19

级别	序号	平台名称	依托单位	所在区域	批准文号/年份
市级	61	常德市模块化半导体照明工程技术研究中心	湖南粤港模科实业有限公司	高新区	常科发〔2018〕3号
	62	常德市中、高端液压油缸工程技术研究中心	湖南特力液压有限公司	高新区	
	63	常德市酱香白酒工程技术研究中心	湖南武陵酒销售有限公司	经开区	
	64	常德市重晶石工程技术研究中心	湖南楚天钡业有限公司	石门县	常科函〔2019〕14号
	65	常德市废矿物油综合利用工程技术研究中心	湖南宏旺环保科技有限公司	经开区	
	66	常德市胆汁酸综合利用工程技术研究中心	常德云港生物科技有限公司	鼎城区	
	67	常德市动力电池添加剂新材料工程技术研究中心	湖南阿斯达生化科技有限公司	津市市	
	68	常德市特种阻容器件工程技术研究中心	常德思高技术有限公司	经开区	
	69	常德市锂电池正极材料工程技术研究中心	湖南天泰天润新能源科技有限公司	津市市	
	70	常德市工业缝纫机关键部件智能制造工程技术研究中心	湖南凯斯机械股份有限公司	安乡县	
	71	常德市安福环保废旧高分子材料再生利用工程技术研究中心	湖南安福环保科技股份有限公司	临澧县	
	72	常德市固废热解工程技术研究中心	湖南奔骥环保能源科技有限公司	临澧县	
	73	常德市烟用包装材料工程技术研究中心	常德市芙蓉实业发展有限责任公司	武陵区	常科函〔2020〕68号
	74	动力电池及管理系统关键技术工程技术研究中心	湖南文理学院	市直	
	75	常德市茶叶生化工程技术研究中心	湖南楚韵茶叶有限公司	石门县	
	76	常德市富硒油茶工程技术研究中心	湖南省康多利油脂有限公司	桃源县	
	77	常德市柚类工程技术研究中心	常德市农林科学研究院	市直	
	78	常德市小容量注射液工程技术研究中心	康普药业股份有限公司	汉寿县	
	79	常德市猪鬃及仿猪鬃工程技术研究中心	津市市金湘猪鬃实业有限公司	津市市	
	80	数据线智能自动化设备工程技术研究中心	常德富博智能科技有限公司	石门县	
	81	常德市墙体防水材料工程技术研究中心	常德市万福达环保节能建材有限公司	武陵区	
	82	常德市3D影像系统工程技术研究中心	湖南金康光电有限公司	经开区	
	83	常德市应急救援机械装备工程技术研究中心	中联恒通机械有限公司	高新区	常科函〔2021〕72号
	84	常德市秸秆综合利用工程技术研究中心	安乡汉创新材料科技有限公司	安乡县	

续表19

级别	序号	平台名称	依托单位	所在区域	批准文号/年份
市级	85	常德市多酶催化与合成生物学技术工程技术研究中心	湖南引航生物科技有限公司	津市市	常科函〔2021〕72号
	86	常德市新型离子电池关键材料工程技术研究中心	湖南宸宇富基新能源科技有限公司	西洞庭管理区	
	87	常德市中药材提取分离工程技术研究中心	湖南祥民制药有限公司	临澧县	
	88	常德市先进动力电池正极材料工程技术研究中心	湖南金富力新能源股份有限公司	经开区	
	89	常德市小浆果产业化工程技术研究中心	湖南应用技术学院	市直	
	90	常德市甾体医药中间体工程技术研发中心	石门红太阳生物科技有限公司	石门县	
	91	常德市商用车制动系统工程技术研究中心	湖南运达机电科技股份有限公司	澧县	
	92	常德市建设工程改造加固与鉴定工程技术研究中心	湖南博联检测集团有限责任公司	武陵区	
	93	常德市家禽品种测定工程技术研究中心	湖南湘佳牧业股份有限公司	石门县	
	94	常德市工程机械液压关键零部件智能制造工程技术研究中心	常德市佳鸿机械有限责任公司	高新区	
	95	常德市生物医药高分子材料关键技术工程技术研究中心	湖南文理学院	市直	
	96	常德市桃花工程技术研究中心	常德职业技术学院	市直	
	97	常德市炭材料工程技术研究中心	湖南嘉力亚新材料有限公司	桃源县	
	98	常德市过滤分离膜材料工程技术研究中心	湖南欧威爱特新材料科技有限公司	经开区	
	99	常德市抗HPV凝胶工程技术研究中心	湖南金朋医疗器械有限公司	桃源县	
	100	常德市婴幼儿童车工程技术研究中心	常德益翔实业有限公司	澧县	
	101	常德市SBS防水新材料研发工程技术研究中心	湖南大禹防水建材科技有限公司	临澧县	
	102	常德市10kV熔断器、断路器工程技术研究中心	常德威迪电气有限责任公司	武陵区	
	103	常德市新型环保烟用辅料工程技术研究中心	湖南雄鹰烟草材料有限公司	武陵区	
	104	常德市饼干食品加工工程技术研究中心	湖南嘉士利食品有限公司	经开区	
	105	常德市水稻病虫害药物创制工程技术研究中心	湖南新长山农业发展股份有限公司	汉寿县	
	106	常德市豆类食品加工工程技术研究中心	湖南南北特食品有限公司	津市市	
	107	常德市长岭油茶工程技术研究中心	常德长岭农业科技发展有限公司	鼎城区	

资料来源：常德市科学技术局

2022年常德市科技企业孵化器一览表

表20

级别	运营主体名称	所属区县	批准文号
国家级	常德经济技术开发区	经开区	国科发火〔2017〕412号
	常德市科技企业孵化器有限公司	高新区	国科发火〔2019〕450号
	湖南高强科技孵化器有限公司	临澧县	国科发火〔2022〕94号
	津市市生产力促进中心	津市市	国科发火〔2022〕94号
省级	常德泽园建设开发有限公司	武陵区	湘科〔2016〕56号
	汉寿生产力促进中心	汉寿县	湘科〔2016〕56号
	澧县澧州实业发展有限公司	澧县	湘科发〔2017〕173号
	中商国能孵化器集团有限公司	西洞庭管理区	湘科函〔2018〕93号
	湖南采菱鸿业商业运营管理有限公司	桃源县	湘科函〔2018〕93号
	常德聚美企业服务有限公司	安乡县	湘科计〔2020〕64号
	常德中开院孵化器管理有限公司	武陵区	
	石门高新区科技企业孵化器	石门县	

资料来源：常德市科学技术局

2022年常德市科学技术局科学技术普及基地一览表

表21

级别	序号	基地名称	依托单位	所属区域
省级	1	中国科学院桃源农业生态试验站	桃源农业生态试验站	桃源县
	2	石门县博物馆科普基地	石门县博物馆	石门县
	3	津市市博物馆科普教育示范基地	津市市博物馆	津市市
	4	桃花种质资源湖南省科普基地	常德职业技术学院	市直
	5	生物资源与农业科技湖南省科普基地	湖南文理学院	市直
	6	壶瓶山自然保护湖南省科普基地	湖南壶瓶山国家级自然保护区管理局	石门县
	7	特种食用菌湖南省科普基地	常德市永春堂生物科技有限公司	武陵区
	8	航天农业湖南省科普基地	津市市大观山旅游开发有限公司	津市市
	9	森林地质遗迹湖南省科普基地	澧县华诚彭山旅游度假庄园有限公司	澧县
	10	常德市科技馆科普基地	常德市科技馆	市直
市级	11	常德少年儿童科学素养普及基地	湖南幼儿师范高等专科学校	市直
	12	桃源沅水国家湿地公园科普基地	湖南桃源沅水国家湿地公园管理处	桃源县
	13	澧县彭山景区自然科普基地	澧县华诚彭山旅游度假庄园有限公司	澧县
	14	安乡县书院洲国家湿地公园科普基地	安乡县深柳镇城北小学	安乡县
	15	林伯渠故居科普基地	临澧县林伯渠故居纪念馆	临澧县

续表21

级别	序号	基地名称	依托单位	所属区域
市级	16	新坡社区科普基地	武陵区东江街道新坡社区居委会	武陵区
	17	常德市有机农业科普基地	湖南文理学院	武陵区
	18	壶瓶山自然保护区自然科普基地	湖南壶瓶山国家级自然保护区管理局	石门县
	19	澧州涔槐国家湿地公园科普基地	湖南澧州涔槐国家湿地公园管理处	澧县
	20	安乡县梅家洲国防教育科普基地	安乡县梅家洲生态旅游开发有限公司	安乡县
	21	常德市食用菌科普基地	常德市永春堂生物科技有限公司	武陵区
	22	帅孟奇故居科普基地	汉寿县帅孟奇故居	汉寿县
	23	桃源沙坪镇中学科普基地	桃源县沙坪镇中学	桃源县
	24	澧县少年宫科普基地	澧县少年宫	澧县
	25	鼎城区农民科学素质普及科普基地	鼎城区融媒体中心	鼎城区
	26	机器人科技创新教育科普基地	安乡县深柳镇围庵小学	安乡县
	27	临澧县晟德学校科普基地	临澧县晟德学校	临澧县
	28	桃源县油茶科普基地	湖南省康多利油脂有限公司	桃源县
	29	常德市城市桥梁科普基地	常德市城市桥梁管理处	武陵区
	30	逸迩阁书院科普基地	石门县逸迩阁书院	石门县

资料来源：常德市科学技术局

2022年常德市众创空间一览表

表22

级别	序号	众创空间名称	运营单位	所在区域	批准文号/年份
国家级	1	德创工坊众创空间	湖南省毅晨科技企业孵化器运营有限公司	经开区	国科发火〔2022〕184号
省级	2	“创+汇”创客空间	常德市科技企业孵化器有限公司	鼎城区	湘科高〔2016〕4号
	3	湖南幼专众创空间	湖南幼儿师范高等专科学校	市直	
	4	常德市“国邮港”跨境电商众创空间	湖南万众创新企业管理有限公司	市直	湘科发〔2017〕172号
	5	湖南文理学院众创中心	湖南文理学院	市直	
	6	德创工坊众创空间	常德经济技术开发区创业服务中心	经开区	湘科函〔2018〕92号
	7	澧州实业众创空间	澧县澧州实业发展有限公司	澧县	
	8	津市市湘村电商众创空间	津市市湘村电子商务有限公司	津市市	
	9	常德市电商产业园众创空间	湖南上德电商管理有限公司	武陵区	2019
	10	石门汇智创客空间	常德物德电子商务有限公司	石门县	

续表22

级别	序号	众创空间名称	运营单位	所在区域	批准文号/年份
省级	11	新迈众创空间	临澧新迈产业服务有限公司	临澧县	湘科计〔2020〕64号
	12	湖大金科创新产业园	湖南湖大金科科技发展有限公司	高新区	
	13	德新众创空间	湖南德新聚网电商服务有限公司	经开区	
	14	柳叶湖双创空间	湖南省常德市柳枝孵化器管理有限公司	柳叶湖	
	15	禾易电子商务众创空间	临澧禾易电子商务有限公司	临澧县	
	16	龙阳众创空间	汉寿县生产力促进中心	汉寿县	2022
	17	湖南应用技术学院众创空间	湖南应用技术学院	鼎城区	2022
	18	一诺创美众创空间	常德市一诺生物医药有限公司	安乡县	2022
	19	石门智信众创空间	湖南典丰科技有限公司	石门县	2022
	20	新澧投众创空间	湖南新澧投资发展有限公司	澧县	2022
市级	21	武陵区创业孵化园	常德市武陵区劳动就业服务管理处	武陵区	常科函〔2016〕17号
	22	常德市创业孵化基地	常德市劳动就业服务管理处	市直	
	23	澧县创业孵化基地	澧县创业服务中心	澧县	
	24	聚美优客众创空间	常德聚美企业服务有限公司	安乡县	常科发〔2019〕5号
	25	安福众创空间	临澧新迈产业服务有限公司	临澧县	
	26	津市市兰津文化传媒众创空间	津市市兰津文化传媒有限公司	津市市	
	27	禾易电子商务众创空间	临澧禾易电子商务有限公司	临澧县	常科函〔2020〕67号
	28	五八众创空间	常德五八众创创业服务有限公司	武陵区	常科函〔2020〕67号
	29	桃源经鸿众创空间	桃源经鸿孵化器管理有限公司	桃源县	常科函〔2021〕71号
	30	福泰众创空间	湖南福泰物流有限公司	临澧县	
	31	银华众创空间	湖南银华科技孵化器有限公司	经开区	
	32	石门智信众创空间	湖南典丰科技有限公司	石门县	

资料来源：常德市科学技术局

【科技创新】 对标省“十大技术攻关项目”，谋划布局常德市“十大技术攻关与成果转化项目”。常德入选湖南省“科技创新项目”的8个项目，1—11月完成项目投资1.79亿元，完成研发经费投入0.4亿元，完成进度均超过全年目标。中联重科突破万吨米塔机关键核心技术，推出万吨米塔机W12000-450。醇健制药完成地屈孕酮原料药小试工艺。常德市2022年高端装备制造、生物医药领域申报发明专利超过1000件，占全市申报量的50%以上。常德市8个项目获得2021年度湖南省科学技术奖，其中省科技进步奖二等奖5项、省科技进步奖三等奖2项、省自然科学奖三等奖1项。

【科技合作】 强化外部人才合作，依托潇湘科技要素大市场常德分市场对接省内外高端人才，邀请西安交大钱学森学院杨森副院长团队到常德，对新材料和智能制造产业200多家重点企业开展技术调研，达成合作协议116项。邀请长沙理工大学教授到常德，针对农产品精深加工产业发展需求，走访企业16家，解决企业技术需求32项。

【高新技术产业化发展】 全年科技型中小企业入库1277家，净增568家；高新技术企业总数达614家，净增135家；高新技术产业增加值达552.59亿元，占地区生产总值的12.93%，同比增长11%；聚焦新材料产业发展需求，编制《常德市“十四五”新材料产业发展规划》，组建新型储能材料产业技术创新战略联盟，助推新材料产业创新发展。推动企业和高校院所协同开展产业共性技术攻关，建设智能材料与传感研究中心、磁性材料研究中心等一批产业共性技术研发平台。

【科技服务农业农村发展】 新选派39人、11个团队作为市级农业科技特派员，现有省市县三级农业科技特派员298名，科技专家服务团成员742名，9个区县市共建立科技专家服务团示范基地67个，为基层提供线上线下相结合的技术指导与培训服务。特派员朱传霞示范推广油菜薹新品种66.67公顷，销售油菜薹100多万千克，为派驻村合作社增收500多万元。安乡县获评2021年度省级优秀科技专家服务团，临澧县科技特派员工作获《湖南日报》市州头版推介。

【科技服务社会发展】 全面优化营商环境，结合全省“送解优”行动部署，在全市科技系统开展“三送三促”（送政策、送技术、送服务，促创新平台建设、促科技成果转化、促创新能力提升）大走访活动，发放《科技政策问答》2000多册，实地解决技术难题150多个。指导企业申报研发投入奖补，为180家企业争取奖补资金3967.33万元。大幅增加高新技术企业补助资金，为高企发放奖补资金1680万元。常德高新区企业科技创新积分管理试点工作全面启动。全面开展培训指导，组织科技、税务、工信等部门专家就科技惠企政策开展专题培训，累计1400多家企业接受培训。组织推荐40家企业参加全省创新创业大赛，共有17家企业获奖，其中宝特瑞能获省级二等奖1项，中泰特种装备获国家优秀奖。推进本土科技企业孵化，全市共有科技企业孵化器11家，拥有在孵企业419家，毕业企业106家。

2022年5月14日，市科技馆在展厅内开展科学汇活动——声音变变变

（市科技馆 供图）

【科技成果转移转化】 依托科技工作“三库”（企业技术需求库、科技成果转化库、企业人才库），大力推动“产学研用金”一体化，主动对接西安交大、中开院、中南大学等高校，组织开展成果转化对接活动20多场次，116家企业签署产学研协议162项。以西安交大常德协同创新研究院为纽带，在西安交大“西部创新港”建设1000平方米“研发飞地”。全市技术合同交易成交额达193.81亿元，合同件数达1777件，增速位居全省第一。科技成果转化工作被《湖南日报》头版头条专题推介。在全省首批开展知识价值信用贷风险补偿改革，建立实际入池资金3500万元，风险池资金市、县联动，全市覆盖。7月14日举办知识价值信用贷款首批签约仪式，1—11月共发放科技贷款4.4亿元，其中94家科技型企业获得知识价值信用贷款2.9亿元，45家企业获得科技担保贷款1.5亿元。瑭桥科技、大度新材料等一批科技型企业获得无抵押无担保的知识价值信用贷款，解决原材料上涨、担保抵押达限、流动资金不足的困难，研发投入稳步增加，经营收入逆势上涨。

【科普活动】 2022年湖南省科技活动周启动式暨“科技潇湘石门行”活动在常德石门成功启动。推荐5名选手参加湖南省科普讲解大赛，其中4名选手获优胜奖、湖南幼专选派的选手代表湖南参加全国科普讲解大赛。

（李知道）

常德市科学技术馆

【概况】 常德市科学技术馆位于白马湖文化公园内“三中心”建筑东侧的负一层至四层，按照《科技馆建设标准》中型馆的功能要求设计建设。建筑面积约12000平方米，使用面积约7800平方米，其中展厅面积约5800平方米，包括“探索与发现”、“航空航天”、“科技与生活”、AI世界、安全教育五个主展厅、临展厅、青少年科技创新活动室、科普大讲堂、天文台，展教设备169件（套）。总投资预算约1.3亿元，2015年12月18日正式开馆。

2022年2月7日，中国科学技术协会（以下简称中国科协）官网公布《中国科协关于命名2021—2025年第一批全国科普教育基地的决定》，常德市科学技术馆获批成为2021—2025年度第一批全国科普教育基地。5月30日，常德市科学技术馆获评中国科协青少年科技中心和中国青少年科技辅导员协会共同颁发“科创筑梦助力双减试点单位”称号。12月，常德市科技馆被湖南省科学技术协会授予“湖南省全国科普日优秀组织单位”称号。

【场馆升级改造】 推进升级改造一期工程，四楼安全教育展厅及人工智能展厅已对外开放，航空航天展区进入收尾验收阶段。夹空层改造完成，为科技馆开展更丰富的展教培训活动提供场地。2022年上半年完成东大门服务区改造、负一楼天井公共休闲区域改造以及馆内监控改造及调试；下半年完成馆内空气检测及治理、地下车库加装识别闸系统、内燃机房增加报警探头等消防整改工作，整体优化馆内服务条件，提升安全保障性能。为保障日常公益培训课程的有序开展，实验室电脑系统升级，教学软件也单独升级。

【科普团队建设】 制订2022年度全年培训计划，开展财务知识培训、讲解技能培训和新闻写作培训等十几场专题培训，组织全馆参与湖南省博物馆学会科技馆专业委员会组织的第六期培训班线上学习。组织4次全员政治理论学习，涵盖法律法规、习近平新时代中国特色社会主义思想、习近平总书记重要讲话精神、“两会”精神、中共二十大精神、湖南省及常德市重大事项和重要会议精神等。在第六届湖南省防震减灾科普讲解大赛中，周清漪和向紫璇代表常德市科技馆参赛并获得优胜奖的成绩。

【特色公益科普】 全馆上下集众智、聚群力开展系列科普活动助力“双减”落实落地。2022年科普公益培训课程根据国家教育方针，基于教学大纲，依据课程标准，结合常德市广大青少年学生的实际需求和兴趣，在原有科普课程的基础上力求创新突破，制定四大课程体系：创客世界、模型世界、机器人编程、天文课程，开设小小机械师、三模、科技起跑线、小小实验家、未来工程师、小小程序员、风暴机器人、趣味电子、机械战士、能力机器人10个培训课程。每周末开课4场，2022年开课场次102场，参与学生人次1020人。2022年市科技馆推出“小小科学家”科普夏令营主题教育，夏令营以“自然科学”为主题，带领120名青少年走进自然，开启三天两晚的科学探索之旅。湖南文理学院的专家教授指导营员们现场认识了动植物并讲授了气象的相关知识，带领他们亲手制作了蓝晒及昆虫标本等，实现科学教育与自然教育相融合。持续开展科学家主题月活动，截至11月共开展10次，受益人群120人；推出科学汇主题15个，共开展科学汇活动73场，受益11000人以上。结合传统节假日及重要时间节点开展主题展教活动，让游客在馆内能够感受节日氛围、学习科学知识、培养独立思考和动手制作的能力，受益人数达2万余人。送科普进乡村、进社区。严格按照大篷车巡展管理规范，深入9个区县集中开展展品展览教育、科普剧表演，借助科普大篷车进一步扩大活动规模与影响。常德市科技馆科普大篷车2022年先后走进学校30次，受益人数达56270人。2022上半年前往常德市武陵区、鼎城区、常德经济开发区、柳叶湖度假区部分乡村开展系列关爱留守儿童活动13场，共计364名留守儿童参与。充分发挥全国科普基地的科普阵地作用，把科普教育融入“双减”工作中，活动当天通过观看机器人表演、科普剧、知识竞答等活动掀起一阵科普热潮。常德市外国语学校的80名学生代表成为第一批观众测试体验市科技馆一期升级改造工程四楼全新展厅——“AI世界”和安全教育展厅。开展“科技馆奇妙夜”活动。科技馆奇妙夜活动主要是围绕探秘科技馆来开展，今年采用的是一个主题故事“寻找神秘的X”来贯穿整个科学活动，青少年通过分组合作一起寻找答案，一起度过一个美好而又神秘的夜晚。科技馆奇妙夜科学探索营活动，不仅能培养青少年敢于质疑、勇于实践探索的科学精神，还能让青少年学会团结协作，用集体的力量和智慧探究和发现科学的奥秘。2022年共开展了3期，共120名青少年参加，丰富青少年的暑期生活。开展“口袋里的科技馆”“喜迎二十大，科普向未来”线上答题活动2次，参与人数上万人。结合“种春天”植树节主题活动，编排科普剧《C位树》，以话剧的形式让观众了解到树木在生活中的作用，认识到每一棵树的重要性。结合科技馆夏令营活动编排科普剧《我们的地球》，采取影子舞的形式，带领观众一起走进自然，呼吁观众热爱及保护我们的地球。

【科普宣教】 更新《科学实验室》栏目，传递科学原理。2022年上半年共发布50期《科学实验室》，邮寄科学实验室材料包1292套；《科科来了》2022年发布39期；《冷知识大赏》共更新11期；《一起看新展》2期；转载科普文155篇、政务文章60篇。拍摄宣传片《萌芽》，开展现实科技馆助力“双减”的实际工作，对科技馆周末公益培训班、趣味科学课堂（留守儿童）、科普大篷车进校园活动内容进行详细介绍，采访受益青少年真实感受，在常德市政府官网、《光明日报》、腾讯视频等平台传播。参与“创建全国文明城市短视频大赛”，参赛作品《小城夏天》获得三等奖。成功申请“小德”形象版权，积极开发文创产品，开发带有科技馆特色的医用外科口罩、书包、错题打印机（标签机）、抱枕、错题本、便利贴等文创产品。

（刘赛男）

知识产权

【概况】 截至2022年12月底，全市发明专利授权916件，发明专利拥有量3623件，每万人有效发明专利拥有量达6.92件，较2021年分别增长20.49%、36%、37.03%；有效商标注册量达3.87万件，较2021年增长14.88%；PCT（专利合作条约）申请量为32件。获批国家知识产权强市建设试点城市，试点时限为2022年7月至2025年6月。常德市与省市场监管局开启“局市共建”知识产权强市的合作模式。全市新获批国家知识产权示范企业1家、优势企业8家，另有1家示范企业、8家优势企业顺利通过复核验收。全市累计拥有国家知识产权示范企业2家、优势企业17家。实施专利转化专项计划，促进专利开放许可和转移转化，全年完成专利许可15件，完成专利转让736件。推进知识产权质押融，全市共完成质押登记79笔，质押专利324件、商标7件，质押金额共计4.53亿元。成立常德市知识产权保护中心；成立常德市国家知识产权强市建设工作领导小组，市委副书记、市人民政府市长周振宇任组长。与市中级人民法院、市检察院、市公安局、常德贸促会、常德海关等部门共同签署知识产权保护战略合作框架协议，整合行政和司法保护资源，统筹推进知识产权快速协同保护，共同构建知识产权大保护工作格局。完善专利侵权纠纷行政裁决机制，建成知识产权审判庭。建立知识产权保护专家暨技术调查官制度，聘任首批9名知识产权保护专家暨技术调查官参与行政裁决办案。截至2022年年底，入库专家共出具52份专利侵权检验技术咨询意见书。全年全市共办理72件专利侵权纠纷案件，同比增长148.2%。推进“双打”专项执法行动，严厉打击“傍名牌”等侵权假冒违法行为。全市共办理知识产权案件152件，共处罚没入库113.6万元。鑫峰“井道内升降机”专利侵权纠纷案入选湖南省知识产权保护典型案例，“北大荒”商标侵权案入选湖南省打击侵犯知识产权和制售假冒伪劣商品典型案例。

【常德市知识产权工作会议召开】 3月17日，常德市知识产权工作会议在市市场监管局召开。会议总结全市2021年知识产权工作，部署2022年工作任务。会议讨论常德市知识产权强市建设三年行动计划、2022年常德市知识产权工作要点、常德市2022年度知识产权真抓实干激励考核工作方案。会议邀请湖南文理学院的文法学院党委书记、湖南文理学院知识产权中心首席专家王翀等专家学者参会并发言。市市场监督管理局知识产权促进科、运用科、保护科等科室负责人，各区县市市场监督管理局主要负责人、常德经开区和常德高新区知识产权部门负责人参加会议。

【2022年常德市知识产权宣传周启动】 4月20日，2022年常德市知

2022年12月8日，湖南省市场监管局、常德市人民政府共建国家知识产权强市推进大会召开

（吴洁琼 摄）

识产权宣传周在市科技馆启动。4月20—26日，常德市采取线上线下多样化方式，集中展示全市知识产权事业发展情况。常德市人民政府副市长杨成英宣布知识产权宣传周启动，并为常德市13所首批中小学知识产权教育试点示范学校授牌。2022年常德市知识产权宣传周的主题是“全面开启知识产权强市建设新征程”。宣传周期间，市市场监管局联合常德市知识产权协调工作联席会议成员单位，围绕知识产权工作开展媒体宣传、教育培训、惠企纾困、执法普法等系列活动。启动仪式上，湖南文理学院、市市场监管局、市教育局、市中级人民法院、市委宣传部（市新闻出版局、市版权局）等单位围绕知识产权工作发言。参会人员集中收看2022年湖南省知识产权宣传周启动仪式。

【常德市获批22项“湖南省知识产权战略推进专项项目”】 7月20日，湖南省知识产权局印发《关于2022年湖南省知识产权战略推进专项项目立项的通知》（湘知发〔2022〕5号），常德市共有22个项目获批立项，获得经费支持307万元。2022年，常德市市场监管局坚持高质量发展导向，快速转变工作思路，创新工作方法，加强知识产权工作。深入9个区县市和园区企业，调查梳理知识产权一线工作面临的主要问题和企业实际需求；前往湘潭、株洲、衡阳、宜昌四地考察学习，找差距，学经验，明确常德知识产权事业发展路径。经市政府常务会议研究，市委编委办批复同意，常德市质量与标准化事务中心加挂常德市知识产权牌子，解决市级知识产权公共服务平台缺失的问题。适时提出知识产权强市建设，积极申报国家知识产权强市建设试点城市和湖南省知识产权战略专项经费计划，全面布局事业发展，系统提升各项能力。

【建立知识产权保护专家暨技术调查官制度】 10月24日，市市场监督管理局印发《关于建立知识产权行政保护技术调查官的通知》《关于建立知识产权保护专家库管理制度的通知》，并聘任首批9名知识产权保护专家和行政保护技术调查官参与专利侵权纠纷行政裁决办案这在全省市州层面为首创。首批聘任的知识产权保护专家和技术调查官总共9名，分为专技类和法务类，包括机械设计与制造、生物医药、应用电子技术、农业技术、法律等领域的专家学者。

【常德市知识产权保护中心成立】 2022年11月，常德市市场监督管理局挂牌成立知识产权保护中心。市知识产权保护中心职责协助开展知识产权保护、协调、运用等相关事务性工作；承担知识产权咨询、援助服务相关事务性工作。承担全市知识产权公共服务体系技术指导、支持工作；提供知识产权快速协同保护技术支持。

【湖南省市场监管局、常德市人民政府共建国家知识产权强市推进大会在常德举行】 12月8日，湖南省市场监管局、常德市人民政府共建国家知识产权强市推进大会在常德喜来登酒店三楼宴会厅举行，省市场监督管理局党组书记、局长、省知识产权局局长向曙光，一级巡视员段志雄；市委副书记、市长周振宇，市委常委、常务副市长徐永健，市政府秘书长陈爱喜，以及强市建设工作领导小组成员单位，区县市人民政府、管委会，区县市市场监督管理局，优势示范企业、学校负责人参会。会上，常德市委常委、市人民政府常务副市长徐永健介绍我产权强市建设总体情况。省市场监督管理局一级巡视员段志雄介绍共建国产权强市的目标要求和主要内容。湖南省市场监管局与常德市政府签订共建国家知识产权强市建设试点作协议。常德市中级人民法院、常德市人民检察院、常德市、常德海关、常德市贸促会分别与常德市市场监管局签订知识产权保护合作协议。会上举行授牌仪式，分别为常德市国家知识产权设试点城市、湖南省第三批知识产权强县建设复核通过单位、常德市知识产权保护中心授牌。区县、高校、企业代表交流发言。

（张　超）

气象服务

【概况】 2022年，常德市气象局以需求为导向，服务地方经济社会高质量发展。制定《再学习再对标再落实习近平总书记关于新中国气象事业70周年重要指示精神工作台账》。6月1日，在市政府第9次常务会议上，常德市气象局汇报全国气象高质量发展工作电视电话会议精神和新一轮局市合作协议的准备情况。7月18日，市政府与省气象局签署共同推进常德“十四五”气象事业高质量发展合作协议。生态环境人工影响天气作业风险隐患排查纳入常德市《生态环境风险隐患排查整治方案》，督促各县区政府积极加强生态环境人工影响天气作业能力建设。2022年，常德市气象局获市安全生产和消防工作优秀单位、武陵区平安建设工作先进单位、1人获全国气象部门抗击新冠疫情先进个人。

【气象监测】 2022年，常德市气象局精密监测，全市国家站传输及时率为99.98%，排名全省第二；骨干站传输及时率为99.92%，排名全省第三，数据可用率为99.94%，排名全省第二；考核站传输率及时为99.95%，排名全省第一，数据可用

2022年5月12日全国防灾减灾日，常德市气象局在鼎城沅江风光带进行气象科普宣传　　（市气象局 供图）

率为99.96%，排名全省第一；土壤水分站传输及时率为99.99%，排名全省第二。人影业务质量上报及时率100%，排名全省第一。

【气象预报】　常德气象贯彻落实“631”递进式气象服务模式（6小时预报、3小时预警、1小时叫应），实现技术复盘总结常态化、市县预报员交流常态化、部门间联合会商常态化。全年共经历低温雨雪冰冻过程4次，倒春寒过程2次，强降水过程9次以及低温连阴雨、罕见盛夏高温、夏秋连旱等灾害性天气过程。2022年，常德市气象台共制作9期重大气象信息专报、118期气象专题汇报，制作气象预警信号466期、靶向预警信号22期、乡镇强降雨警报724期、地质灾害风险预警576期，对外发布气象服务短信2000万条，“96121”平台服务88万余人次。

【气象服务】　为2022中国旅游日湖南宣传活动启动仪式暨桃花源文化旅游节、柳叶湖烟花节等活动滚动发专题预报10期。加强与市自然资源和规划、烟草、电力、生态环境、住建、桃花源机场等部门的合作，制作污染成因分析报告16份、电力周报220期、地质灾害气象风险预警18期。助力桃花源旅游管理区通过“中国天然氧吧”复查。落实津市、临澧园区气候可行性论证工作。开展各类科普活动，全年共发稿261篇。其中，《中国气象报》10篇，中国气象局网8篇，湖南气象网38篇，省级及以上气象新媒体55篇，地方媒体150篇。

【气象社会监管】　2022年，常德气象局组织防雷监管执法巡查活动共计72次，出动执法人员196人次，检查易燃易爆生产经营单位共计225家，发出整改意见17份，完成整治17起，整改率达100%。组织氢气球监管执法活动96次，出动执法人员192人次。窗口受理行政审批事项105件，均按期办结。组织开展房屋安全专项隐患排查，对机关院内、太阳山雷达站、花山观测站、老局宿舍、临街门面均进行安全检查，并按要求上报备案。

【人工影响天气服务】　市政府批复同意《常德市2022年度人工影响天气作业计划》（常政函〔2022〕29号），印发《常德市推进人工影响天气工作高质量发展实施方案》（常政办发〔2022〕28号）。应对极端高温干旱，积极开展大规模人工增雨作业。全年共组织17支作业队伍开展人工增雨作业291次，发射火箭弹696枚、高炮炮弹463枚，作业后作业点周围雨量明显增大，增雨约1亿吨。

【气象防雷减灾】　市防汛抗旱指挥部印发《关于推广使用气象防灾减灾智能终端的通知》（常防指发〔2022〕26号）和《以气象预警信息为先导的暴雨应急响应联动工作机制》（常防指发〔2022〕27号）。3月16—17日，常德市出现区域性强雷暴、雷雨大风、短时强降水等强对流天气，其间通过“电话叫应+强降水监测警报+微信群滚动”，强化与水利、住建、自然资源、应急管理、江北城区排水防涝应急指挥部等部门的紧密联系，为人员转移、城市防渍排涝赢得充足时间。6月3日凌晨3时许，桃源县夷望溪镇发生山体滑坡，短临预警提前305分钟，叫应提前351分钟。7月2—6日，受台风“暹芭”及西风槽共同影响，常德市出现了区域性暴雨到大暴雨天气过程，提前6天预报、提前300分钟电话叫应、平均提前73分钟精准靶向预警、加强部门联动，全市共紧急转移安置262人，未造成人员伤亡。

（王阳阳）

教　育

综述

【概况】　2022年，常德市获评全省市州政府履行教育职责评价优秀等次，第3次获省政府教育工作真抓实干督查激励表扬，成为全省获该项表扬次数最多的市州。

2022年，市委、市政府建立党政领导联系学校和定期议教制度，市级党政领导联系学校17所；健全市县两级党委教育工委机制，由党委副书记兼任教育工委书记；推进225所中小学校建立党组织领导的校长负责制，落实率达61.4%。市委、市政府主要领导带头深入高校宣讲中共二十大精神，全市教育系统通过专题学习、宣讲报告等形式，推动中共二十大精神进校园全覆盖。深入推进“清廉机关”“清廉学校”建设，创建“清廉学校”示范校28所。省级以上媒体刊发涉常教育正面报道3770条，“微言常德教育”微信公众号全年阅读量达280多万人次，10多篇工作经验在《湖南教育快讯》刊发。

全年全市新建、改扩建中小学幼儿园31所，新增公办学（园）位33443个。实施义务教育薄弱环节改善与能力提升项目262个，改造中小学校140所；改建乡镇标准化寄宿制学校31所；停办村小和教学点32所、提质改造8所。启动桃源县职业中专“楚怡”项目建设，汉寿县一中、津市市职业中专、常德海乘职校新校区建成使用。临澧县入选全省教育信息化融合应用实验区。常德开放大学正式揭牌成立，芙蓉学院转设、常德财经机电职业技术学院（筹）去筹更名加快推进，11所职业院校、21个专业（群）立项全省楚怡“双高双优”计划。常德市“尚学之城好上学”的办学经验被《人民日报》推介。

坚持“五育并举”，促进学生全面发展、健康成长，学生法治教育、科技创新、体艺竞赛、拔尖人才培养等方面位居全省前列。常德市学校美育改革工作在全国政协专题调研会上发言，受到全国政协副主席卢展工高度评价。常德市参加全国青少年校园足球夏令营，夺得小学男子五年级组冠军、六年级组亚军。石门县“足球育人”经验被中央改革办推介，受到省委书记张庆伟批示肯定。高考成绩继续位居全省前列，本科录取1.65万人，录取率达65.67%，超出全省平均水平近20个百分点；空军招飞人数位居全省第一。职业院校学生技能竞赛团体总分连续10年位居全省前三。

出台教育评价改革重点任务清单，深入推进全省试点市建设，常德市改革工作经验被省教育厅推介，武陵区第一小学入选省级典型案例。常德市成为全省首个疏堵结合防溺水试点市，年内3万多名义务教育学生掌握安全游泳技能。“双减”政策落地见效，压减义务教育阶段学科类校外培训机构322家，压减率达73.02%；义务教育校内课后服务实现全覆盖，“双减”工作学生、家长满意率达97%以上。投入10亿多元，推进5所民办学校转为公办，惠及学生17416人，全市公办义务教育学位占比达95.4%以上，常德市规范民办义务教育发展工作任务全面完成，受到教育部调研组高度肯定。

全市引进教育部直属师范大学公费师范生25人、招录新教师711人，培养公费定向师范生1051人。培育省级名师网络工作室18个，培训教师2万多人次，认定市级骨干教师599人、“双师型”教师54人，

10人入选教育部、全省名师名校长培养计划。表彰“翦伯赞教育突出贡献奖”个人和集体10个，常德市第四中学党总支书记、校长朱金凤当选中共二十大代表，鼎城区蔡家岗中学“故事老师”麻小娟被评为“中国好人”，当选第十四届全国人大代表。

全面推进党政协同办公平台应用，全市1527所中小学幼儿园实现线上办公。巩固拓展教育脱贫攻坚成果同乡村振兴有效衔接，精准资助“五类”家庭子女72.3万人次、2.6亿多元。优化中小学招生入学政策，切实保障进城务工人员子女入学“同城同待遇”。深化校园安防建设“4个100%”成果，232所中小学建成“校园人脸识别系统”；建成校车智能监管平台，1986辆校车实现线上线下双重监管。创建国家防震减灾科普示范校4所、全省平安建设示范校4所。临澧县获评全省平安校园建设示范县。常德市教育局连续8年被评为全市平安建设、安全生产和消防工作优秀单位。

（江　锋）

【教育事业统计分析】　全市共有各级各类学校1664所，另有教学点113个。全市学前教育958所，义务教育606所（小学370所、初中236所），高中阶段教育85所（高中42所、中职学校43所），特教学校8所，高等教育学校7所（普通高校5所、成人高校2所）。共有在校学生856966人，其中学前教育131649人，义务教育464030人（小学307268人、初中156762人），高中阶段教育132661人（高中82605人、中职学校50056人），特教学校1700人，普通高校75570人，成人高校51356人。共有在职教职工68849人，其中专任教师54235人。

学前教育。全市共有幼儿园958所，比2021年减少31所。入园幼儿35755人，比2021年减少6724人。在园幼儿131649人，比2021年减少9880人，减少7%。离园幼儿53644人，比2021年减少2905人。

幼儿园教职工17446人，比2021年减少282人。教职工中，园长和专任教师共9235人（专任教师8374人），比2021年增加33人。接受过学前专业教育的教职工有12884人，占总数的73.9%。

义务教育。全市共有义务教育阶段学校606所（小学370所，初中236所），比2021年减少49所；义务教育学生464030人（小学307268人、初中156762人），比2021年增加2603人，增加0.6%。专任教师30447人，比2021年减少1469人。

义务教育中，小学有370所，比2021年减少46所；另有教学点113个，比2021年减少37个。小学在校生307268人，比2021年减少478人，降低0.2%；招生50633人，比2021年减少247人；毕业51121人，比2021年减少2929人，降低5.4%。共有教学班7419个，无56人以上大班额情况。小学入学率为100%。毕业生升学率为100%。

小学专任教师18157人，比2021年减少402人，师生比为1∶16.9。专任教师学历合格率100%；专任教师中具有专科及以上学历18122人，占比99.8%，比2021年提高0.2个百分点。小学专任教师中，30岁以下的有5617人，占30.9%；30岁至49岁的有8389人，占46.2%；50岁及以上的有4151人，占22.9%。专任教师中，女教师13176人，占比72.6%，比2021年增长0.6%。

全市小学占地面积为658万平方米，校舍建筑面积为232万平方米，校园足球场202个，图书674万册，数字终端2.7万台，教学仪器设备值48686万元。全市小学接入互联网校数370所，占比100%。

普通初中236所，比2021年减少3所；在校生156762人，比2021年增加3081人，增长2%；招生51598人，比2021年减少3037人；毕业48401人，比2021年增加834人。共有教学班3303个，无56人以上大班额情况，初中入学率为100%。

普通初中专任教师13244人，比2021年减少113人。专任教师学历合格率99.9%，与2021年持平。专任教师中具有本科及以上学历的有12175人，占比为91.9%，比2021年提高4.8个百分点。专任教师师生比1∶11.8。普通初中专任教师中，30岁以下的有3666人，占27.7%；30～49岁的有6142人，占46.4%；50岁及以上的有3436人，占25.9%。专任教师中，女教师7972人，占比60.2%，比2021年增长1.8%。

全市普通初中学校占地面积为870万平方米，校舍建筑面积为337万平方米，校园足球场180个，图书656万册，数字终端2.8万台，教学仪器设备值57931万元。全市初中接入互联网校数236所，占比100%。

全市义务教育阶段有寄宿生165399人，比2021年减少12228人。其中小学67249人，初中98150人。寄宿生占义务教育阶段学生总数的35.6%，比2021年减少2.9个百分点。义务教育阶段进城务工人员随迁子女在校生36136人，比2021年减少534人，降低0.3%。随迁子女中，小学23854人，初中12282人，共占义务教育阶段在校生总数7.7%，比2021年降低0.3个百分点。义务教育阶段农村留守儿童在校生83577人，共比2021年减少5426人。留守儿童中，小学54769人，初中28808人，共占义务教育阶段在校生总数的18%，比2021年降低1.3个百分点。

高中阶段教育。全市高中阶段教育学校共有85所，比2021年减少3所；在校生132661人，其中普通高中82605人，中职学校50056人；专任教师9787人，比2021年增30人。

普通高中42所，比2021年减少3所。在校生82605人，比2021年增加1968人，增长2.4%；招生28683人，比2021年增加919人，增长3.3%；毕业26382人，比2021年增加2204人，增长9.1%。共有教学班1574个，无56人及以上大班额情况。

普通高中专任教师6801人，比2021年增加177人。专任教师师生比1∶12.1。专任教师中具有本科及以上学历的有6742人，占比99.1%。具有研究生学历的专任教师425人，占总数的6.2%。普通高中专任教师中，30岁以下的有1346人，占19.8%；30~49岁的有3483人，占51.2%；50岁及以上的有1972人，占29%。专任教师中，女教师3353人，占比49.3%。

普通高中占地405.2万平方米，校舍建筑面积211.8万平方米，校园足球场39个，图书藏量286.3万册，数字终端1.6万台，教学仪器设备值28666万元。

中等职业学校43所（成人中等专业学校10所，职业高中33所），与2021年持平，另有4所附设中职班。中职在校生50056人，比2021年减少855人，降低1.7%。招生17584人，比2021年减少1809人。招生数中，初中应届毕业生16452人，占比93.6.4%；毕业16668人，比2021年增加1133人。毕业生中，获得职业类证书10396人，占比62.4%。

中等职业学校教职工3683人，专任教师3178人（其中双师型专任教师540人），具有本科及以上学历的专任教师2971人，占比93.5%；具有研究生及以上学历的专任教师226人，占总数的7.1%。专任教师中，30岁以下的有924人，占29.1%；30岁至49岁的有1579人，占49.7%；50岁及以上的有675人，占21.2%。专任教师中，女教师1854人，占比58.3%。

中等职业学校学校产权占地面积212.4万平方米，校舍建筑面积106.6万平方米；非学校产权占地面积31.6万平方米，校舍建筑面积11.8万平方米。学校产权图书藏量130.7万册，校园足球场14个，数字终端1.6万个，教学仪器设备值36235万元。

特殊教育。全市独立设置的特殊教育学校8所，与2021年持平。招生178人，比2021年减少373人；在校生1700人，比2021年增加45人，增长2.7%；毕业203人，比2021年增加65人。另有其他学校随班就读及送教上门特教学生952人（已统计在中小学学生数内）。

特殊教育学校现有教职工295人，其中专任教师272人。专任教师中，专科及以上学历者有265人，占97.4%；受过特教专业培训230人，占比95.8%；具有中级以上职称者137人，占51.7%。

全市特教学校占地面积13.4万平方米，校舍建筑面积5.8万平方米，图书总数4.1万册，教学仪器设备值676万元。

高等教育。全市有高等教育学校7所，其中普通高校5所（本科院校2所，高职院校3所），成人高校2所，另有独立学院1所（不计校数）。普通高校本专科在校学生75570人，比2021年增加5418人，增长7.7%；在校生中，本科生38673人，占比51.2%，比2021年增加1869人。招生25849人，比2021年增加2072人；招生数中，本科生10967人，占比42.4%。毕业生19849人，比2021年增加3341人；毕业生中，本科生9010人，占比45.4%。全市普通高校现有教职工4952人，其中专任教师3528人。有图书605.8万册，教学仪器设备74608.9万元，教学及行政用房93万平方米。有各级各类成人高校在校生51356人，有电大教职工90人，专任教师31人。

民办教育。全市各级各类民办学校563所，比2021年减少56所。在校生总数99667人，比2021年减少70071人。教职工14271人，专任教师8048人。民办学校中，民办幼儿园537所（其中普惠园306所），在园幼儿60975人（其中普惠园39985人），占学前教育在校生总数的46.3%，比2021年下降1个百分点；民办普通小学2所（九年一贯制、十二年一贯制民办学校不计小学数），在校生16538人，占小学在校生总数的5.4%，比2021年下降3.7个百分点；民办普通中学22所，共有在校生22154人，占中学生总数的9.3%，比2021年下降4.1个百分点；民办中等职业学校20所，在校生13744人，占中职在校生总数的27.5%，比2021年增加0.3个百分点；民办普通高等学校2所，在校生30251人，占普通高等教育在校生总数的40%，比2021年增加8.4个百分点；有民办成人高校在校生7833人，占成人高校人数的21.9%，比2021年增加6.8个百分点。

（朱金红）

【教育人事】 全市专任教师53585人。其中学前教育专任教师8374人，义务教育专任教师31401人，高中中职专任教师9979人，特殊教育专任教师272人，高等教育专任教师3528人，成人教育专任教师31人。教师招录和教育人才引进。全市共使用招聘计划725个，招录公办中小学幼儿园教师698人，市直学校共签约教育部直属师范大学公费定向师范生25人。深入开展市直3所民转公学校教师安置工作，年内通过3批次考察安置、公开招聘等形式，安置教职工705人，涉改学校教师队伍整体稳定。“名师”队伍建设。全面推进“三名四优”建设，全市8名教师、校长入选“湖南省新时代基础教育名师名校长培养计划（2023—2025）”，共评选出599名市级骨干教师，10名“翦伯赞”教育突出贡献奖，35名常德市优秀校（园）长，50名常德市师德标兵，100名常德市优秀班主任，50名常德市优秀青年教师，30名常德市优秀支教教师，高规格召开第38个教师节庆祝表彰大会，在全市营造浓厚的尊师重教氛围。农村学校教师倾斜政策。完成2021年度基层中小学正高级职称岗位设置和对象推选工作，完成2022年度基层中小学教师职称评审工作，完成第二批乡村基层教师和乡村资深教师职称评审，443名教师晋升基层中小学高级教师职称（含422名资深乡村高级教师），22名教师晋升基层中小学一级教师职称。全市共下拨乡村学校特殊岗位津贴659万元，共惠及乡村教师3681人。对临近2年退休的教师在教师职称评审中实行同等条件下优先，扩大乡村教师在各级骨干教师评选、先进个人和先进集体表彰中的所占比例。教师资格面试、教师资格认定、注册。完成2022年教师资格证考试面试组考工作，共11887人报名。完成2022年高中（中职）教师资格认定工作，通过人数为2669人。组织开展中小学教师资格集中定期注册工作，全市共注册4504人，其中注册合格4204人，暂缓注册298人，不在注册范围2人。支教工作。选派“三区”支教教师89名，分赴张家界、石门、沅陵三地支教；共选派10名教师到西藏新疆开展支教工作，其中参加第十批组团式援藏教师4人，中组部和教育部援疆教师计划6人。根据市直学校和县市区学校结对支教方案，市直学校年内采取送教下乡、结对交流方式，共派出教师122名到农村学校支教。

（黎怡辛）

【教育财务基建】　全年总投入125.2亿元，比2021年增加10.29亿元，增长8.95%。一般公共预算教育经费支出90.5亿元，比2021年增加6.05亿元，增长7.17%。按学生人数平均的一般公共预算教育经费支出，学前教育5366元，比2021年增长9.24%；普通小学11597.71元，比2021年增长3.97%；普通初中18768.13元，比2021年增长3.84%；普通高中17066.77元，比2021年增长2.09%；中等职业教育16880.26元，比2021年增长2.58%；高等教育16099.49元，比2021年增长0.49%。一般公共预算教育经费支出占一般公共预算支出的比例14.19%，比2021年增长0.05%。争取国家、省专项资金13.7亿元。编制《常德市城区中小学校幼儿园布局专项规划（2022—2035年）》，11月2日，市城市建设规划审查领导小组2022年第5次会议审议通过。实施“学位”实事惠民行动。31个中小学校幼儿园建设项目全部完工，新增学位33443个，其中公办幼儿园学位2710个，义务教育阶段公办学位27733个，高中教育阶段公办学位3000个。义务教育薄弱环节改善与能力提升。累计完成投资5.2亿元，其中中央资金2.3亿元、地方资金2.9亿元，改造中小学校140所，涉及项目262个。乡镇标准化寄宿制学校建设。累计完成投资4.5亿元，建设校舍面积12.8万多平方米、运动场面积16万多平方米，采购设施设备2.7万台（件、套）、图书20余万余册。小规模学校优化提质。停办32所学校，提质改造8所学校，累计完成投资1440万元。制定《常德市绿色学校创建方案》，全市共完成绿色学校创建193所，其中武陵区金丹实验学校、鼎城区江南小学等10所学校认定为省级绿色学校创建示范单位。学校建筑安全隐患排查整治。对全市1747所学校校园内及校园周边建筑安全情况进行前期自查摸排，共排查各级各类学校校舍7356栋，排查校内存在安全隐患的校舍339栋，校园周边存在安全隐患建筑288栋。印发《关于成立常德市学校校舍安全加固专项工作领导小组及明确小组成员单位工作职责的通知》和《关于印发常德市学校校舍安全加固工作实施方案的通知》。市直学校房屋安全及抗震性鉴定。8月5日至9月13日，委托湖南博联检测集团有限责任公司对常德市二中、常德市七中、常德外国语学校、常德市十一中、常德市育才中学、湖南幼专附属小学、湖南幼专附属幼儿园、常德职业技术学院、嘉树学校共计21栋建筑物进行现场安全鉴定检测。

（朱金红）

【校外教育培训管理】　2022年，全市共有校外培训机构787家。其中，学科类123家，非学科类664家；非营利性139家，营利性648家。在职从业人员3321人，学生31295人。2月21日，由市委编办批复同意市教育局成立校外教育培训监管科，核定行政编制2名，其中科长（副科长）职数1名；9个区县均由编办批复设置校外监管机构。全市所有义务教育阶段学科类培训机构完成“营改非”，所有校外培训机构纳入资金监管平台；完成校外培训机构课程、教材、入职人员审核，所有培训机构与参培学生信息录入全国校外教育培训监管平台。深入开展“整治校外违规培训攻坚年”行动，联合市场监管、民政、公安、发改、消防等部门，开展督查暗访和执法检查，累计查处无证无照机构169家，停业整顿52家，直接取缔或纳入黑名单机构100余家，拆除违规广告112处，整改问题446起。3月申报“省级校外培训综合治理改革试点项目”——“健全校外培训项目分类鉴别机制”，试点时间一年半。6月制定《关于开展全市校外培训项目分类鉴别工作方案》，成立项目分类鉴别工作组，11月组建86人的市级分类鉴别专家库。

（高洁凡）

学前教育

【概况】　2022年，全市共有幼儿园958所，其中公办园421所，普惠性民办幼儿园306所，其他民办园231所，在园幼儿131649人，学前三年毛入园率为90.82%，普惠性幼儿园覆盖率为84.06%，公办幼儿园在园幼儿占比为53.68%。

学前教育普惠行动。制定《分解落实2022年“学前教育普惠行动”建设任务》《2022年“学前教育普惠行动”考核指标》，全市创建普惠性幼儿园32所，其中农村公办幼儿园新建、改扩建项目25所，投资5943.356万元；普惠性民办幼儿园创建项目7所。

【幼儿园名称规范清理行动】 4—5月，在全市开展幼儿园名称规范清理工作，并围绕规范清理对象、内容和要求召开了专项工作会议，细化措施，压实责任，明确节点。排查正式备案等级的幼儿园名称；排查幼儿园实际使用、悬挂的幼儿园名称；排查幼儿园在招生宣传、日常保教工作中使用的幼儿园名称。5月11—13日，市教育局采取“四不两直”的方式对全市幼儿园随机抽查，通过实地走访和查阅资料，抽查的幼儿园均符合规范要求。

【全市第二届“幼儿园教育能手”竞赛活动】 5月23—25日，在市一幼西园举办全市第二届“幼儿园教育能手大赛”，通过区县初赛选拔15位选手参加比赛。活动采取线上直播和现场观摩相结合的方式开展，比赛内容共有5项：综合素质考察、专业理论考试、基本技能考核、教育活动组织、游戏观察与分析等。通过比赛，评选出一等奖3名、二等奖12名、单项奖16名、组织奖6个。

【学前教育宣传月系列活动】 5月20日至6月20日，全市开展主题为“幼小衔接，我们在行动”的2022年学前教育宣传月活动。各地统筹教研部门、幼小科学衔接市级专家、高校专家等多方力量，利用多种媒体，组织线上、线下相结合的公益讲座、专家访谈、线上咨询等主题宣传活动，向社会和家长宣传展示幼小双向衔接的科学理念和做法，引领家长树立科学的教育理念，营造全社会理解支持幼小科学衔接工作的良好氛围。同时，面向幼儿园和小学征集遴选一批方向正确，理念科学，能展现幼儿园和小学科学衔接实践探索的真实案例视频，择优推荐给省教育厅，并在常德教育网、微言常德教育公众号推介。

【《幼儿园办园行为负面清单》出台】 9月8日，出台《常德市幼儿园办园行为负面清单》，建立幼儿园负面清单管理制度，将负面清单作为幼儿园办园不可逾越的底线红线，切实做到认识到位、行动到位，保证幼儿园办园行为在依法、规范的轨道上运行。强化督查激励和追责问效，将负面清单贯彻落实情况纳入对幼儿园绩效考核、市级示范园认定和办园行为督导等范围。

（孔红军）

基础教育

【概况】 2022年，切实减轻学生过重的课业负担，实行“月督查，月调度，月通报”，严查课后作业、违规补课等情况。全市中小学生对校内减负满意度达97.5%，家长满意度达97.7%。

规范学校考试管理。建立义务教育学校考试日常监管制度，对发现的违规考试行为，严肃问责。严禁依据考试成绩给学生排名排队和“贴标签”的做法，严禁在学生家长群中公开学生成绩，全面缓解家长和学生考试焦虑。

招生工作。确保考试工作零差错。全市高三模拟考试和初中学业水平考试的命题、制卷、组考和评卷工作，实现考试工作零差错工作目标。确保招生工作阳光公正。向社会公布普通高中和义务教育招生工作方案和招生政策问答，包括招生计划、招生原则、招生办法等，建立统一招生录取平台，严格执行“十项严禁”招生纪律，确保教育大局稳定。确保特殊群体教育权益。印发《常德市义务教育阶段控辍保学工作实施方案》和《常德市义务教育阶段适龄残疾儿童少年送教上门工作实施方案》，开展“三帮一”劝返复学行动，劝返学生34人，送教上门学生1230人。

普通高中教育。深化高考综合改革，认真研究新高考政策，深化课堂教学改革，科学分层走班，开展生涯规划教育，打造高效课堂。认真分析新高考题型和方向变化，组织全市高三模拟考试。4月14日，召开全市高三复迎考工作会，对考情进行数据分析，开展经验交流，并对下阶段的高三复习迎考工作提出具体要求。5月，开展高三教学视导，分学科召开高三复习迎考策略座谈会，指导高中学校科学调整复习迎考策略。

特殊教育。完善残疾儿童入学工作机制。通过主动与残联部门根据衔接，上门走访，逐一摸清适龄残疾儿童少年情况，建立残疾儿童入学信息库。加强特殊教育常规管理。将特殊教育学校、随班就读以及送教上门的残疾学生均纳入学籍管理系统，规范学生学籍管理。通过送教入户、入社区、入机构等多种途径，采取教师上门面对面、网络直播点对点、视频录像随时播等多形式开展送教上门服务，丰富完善送教上门形式。全市义务教育阶段残疾适龄儿童入学率达98%以上。

【提升课后服务水平】 全市共有549所义务教育阶段学校开展课后服务，开展率达100%，课后服务时间达标率100%，经费保障率100%。义务教育阶段学生参与率达99.61%，教师参与率达99.7%。联合市科协制定《关于印发〈常德市利用科普资源助推“双减”工作实施方案〉的通知》，建立科普服务“双减”工作机制。全市学生课后服务满意率达98.15%，学生家长的满意率达98.34%。积极搭建作业管理和课后服务管理智慧平台，市十三中、武陵区第一小学2所“双减”示范校建成投入使用。武陵区第一小学作业管理经验被教育部新闻办推介。

（刘　尉）

特殊教育

【概况】　全市共有8所特殊教育学校，常德市特殊教育学校是全市的特殊教育中心。

常德特殊教育学校将党建工作与文明城市、文明校园、清廉学校等创建工作齐抓共管，开展医护人员慰问、幼儿园爱耳宣教、廉洁手语进普校、社区“联帮带创”、街道整理共享单车、敬老院献爱心等活动。疫情期间，党员带头，老师齐参与，共有10批共计100多人次参加社区疫情防控工作。津市特殊教育学校积极推进支部“五化”建设，发展一批青年党员教师，完成“金秋五课”学习讨论，开展中共二十大精神学习教育。桃源特殊教育学校全员学习《中小学教师职业道德规范》《湖南省师德师风教育读本》等教育法律法规，学习师德先进典型。安乡特殊教育学校按照“教育抓党建　党建促发展”的工作思路，深入开展“扶贫助残暖人”“喜迎二十大　童心永向党”等主题党日活动。

队伍建设。常德特殊教育学校以“3个1”（每师每年读1本专业书、上1堂优质课、写1篇高质量论文）为驱动，共产生80多节展示课、50多篇教学论文、4项课题。坚持每天1小时教研活动，以分组、跨组、合组等形式围绕“三课”（课案撰写、课堂教学、课题研究）开展研讨。以心理调适和工会活动双重保障教师身心健康。津市特殊教育学校实施“青蓝工程”，共有20名教师进行师徒结对。桃源特殊教育学校以“日集体教研月主题教研”的形式共开展主题教研活动累计120余次，通过开展“结对子帮扶活动”“教学比武”等活动，教师的基本功得到提升。安乡特殊教育学校组织教师参加各级各类课堂教学竞赛和培训活动，努力打造精品课堂、精品课例。澧县特殊教育学校邀请普校专家进校讲座，联合翊武学校教研团队开展“普特融合教育”研讨，举办“青年教师体育教学比武”活动，全面提升教师的教学水平。

德育活动。常德特殊教育学校把“主题活动”作为德育的主线，元宵节开展亲子手工灯笼制作，共产生300多个样式各异、制作精美的灯笼悬挂学校展览；清明节开展网上献花、为烈士留言等系列活动，端午节开展师生、家长共同包粽子活动。安乡特殊教育学校成立手工社团、家政社团、美术与手机贴膜社团、书法社团，培养学生不同兴趣特长，促进学生多方位发展。临澧特殊教育学校实施板块主题教育，开展“节约教育、安全教育、感恩教育、爱国教育”等主题教育，以爱同学、爱学校、爱国家为主线，开展感恩父母、尊敬师长、热爱祖国等主题实践活动。澧县特殊教育学校通过开展唱纪律歌活动，引导学生遵规守纪。在每周一升旗仪式上进行品德教育，通过班会、晨会、周会对学生进行文明、感恩等主题教育，引导学生树立正确“三观”。

爱心助残。常德特殊教育学校全年累计发放教育资助金50多万元，受惠学生400多人次。津市特殊教育学校受到湖南大学，津市电力局、税务局、党校、二完小以及各企业、爱心人士的爱心捐赠。桃源特殊教育学校学生一律享受国家“三免一补”政策以及教育扶贫资助，学校免费提供教辅材料、生活用品，学校还对贫困生减免部分生活费。汉寿特殊教育学校获得疯狂博士综合教育一批课桌椅的爱心捐赠，并与汉寿残联联合开展“畅游动物园　亲近大自然”主题助残日活动。

送教上门。全市各特殊教育学校因地制宜，配备队伍、积极推进“一人一案”送教上门工作。其中，常德特殊教育学校与市福利院结对帮扶，为66名残疾学生开展送教上门服务。桃源特殊教育学校以特殊教育指导中心为依托，集全校老师之力，全面落实全县100多名中重度残疾少儿的送教上门工作。临澧特殊教育学校成立送教机动组，聘请20多名教师下村进户送教，坚持每月到学生家中送教2次，受益学生107人。石门特殊教育学校实施全员送教。澧县采取“特殊教育学校培训普校、特教带动普教”的式，带动就近普校老师对26名适龄残疾儿童少年开展送教服务。

配套建设。常德特殊教育学校教师新周转房竣工入住，智慧校园（二期）建设如期完成。津市特殊教育学校投入30万余元，新建心理咨询室，改造寝室、食堂、教室，新装监控摄像头，添置门禁设备。安乡特殊教育学校对操场围墙、下水道，校道进行加固升级，对多功能室走道进行防撞软包安装，建立感统功能室，购置教学设施器材。澧县特殊教育学校自筹经费在教室、宿舍、食堂等地安装空调。

【常德特殊教育学校课程改革】常德特殊教育学校通过4年探索，

课改已成为教学提质和学校发展的“引擎”。2022年，在课改推动下，学校每月进行1次总结分享，每次4个教研组教师代表每人进行半小时的汇报，1人进行半小时点评，1人进行小结，每次分享总时长约3个小时，全年50多名教师汇报，全员累计获得近2000个培训学分。在课改背景下，常德特殊教育学校统筹全市特殊教育，先后举办康复技能培训和职教教学能力提升培训班和“国培计划（A2044）”常德市特殊教育随班就读转岗骨干教师研修班，参训学员累计近400人次。培训实行任务驱动，开展“结对子”等实践活动，充分调动学员的积极性与主动性，在全市8所特教学校和其他普通小学中获得很好反响。

（朱永祥）

职业教育与成人教育

【概况】 2022年，常德市有各类职业学校31所，其中高职高专院校3所（湖南幼儿师范高等专科学校、常德职业技术学院、湖南高尔夫旅游职业学院）、中职学校28所。相较于2021年，学校数、在校生数和毕业生数都相对稳定。全市职教工作坚持以立德树人为根本，以服务经济社会发展为宗旨，以提高质量为核心，规范办学行为，推进阳光招生，强化教育教学管理，加强校企合作，深化产教融合，各项改革稳步推进，教育教学质量显著提升，“四大赛”（学生技能竞赛、“文明风采”竞赛、创业规划大赛，教师职业能力竞赛）成绩继续名列全省前列。

办学行为。规范阳光招生工作。市教育局与市人社局先后联合印发《2022年常德市中等职业学校阳光招生工作实施方案》《关于下达2022年常德市中等职业学校招生计划的通知》《2022年市直中等职业学校招生网上志愿填报与录取办法》等指导性的文件，编印《2022年常德市中等职业教育招生报考指南》，并免费发放给全市应届初中毕业生。实施网上志愿填报与录取，加大违规招生行为打击力度，基本完成招生计划任务。共有20606人完成中职新生注册，职普招生比例约为43.11%。规范专业设置管理。组织开展全市中等职业学校新设专业审查备案工作。经专家组审核评估，常德同德中等职业学校等14所中等职业学校的18个拟新设专业审核合格。规范实习实训管理。按照省教育厅《关于规范全省中等职业学校学生实习审核备案管理工作的通知》要求，重点对实习备案表、实习学生名单、实习工作方案、三方实习协议及保险证明等材料进行审核备案，确保实习规范管理、安全有序。

教学质量。竞赛活动。举办全市中等职业学校学生技能竞赛，共评选出7个团体奖、12个优秀组织奖、3个优秀赛点及175个单项奖。学生技能竞赛团体总分连续9年位列全省前三，并代表湖南省参加全国职业院校技能大赛，共获得一等奖1个、二等奖2个、三等奖3个，其中安乡县职业中专学校学生高进、徐联洲荣获全国学生技能竞赛“网络搭建与应用”一等奖。普测抽考。中职学校公共基础课普测共设置27个考点，1.2万余名二年级中职学生参加考试，参考平均分达76.31分、合格率92.4%。组织全市20所中职学校的561名学生参加专业技能抽查考试，479名学生成绩达到合格等次，199名学生成绩达到优秀等次，合格率为85.23%、优秀率为35.41%。德育活动精彩纷呈。开展全市中职学校“技能成才　强国有我”文明风采德育实践系列活动，遴选典型案例一等奖3名、二等奖5名、三等奖7名，推荐湖南省湘北职业中专学校《“四保障”“五措施”助力学生扬帆远航》等5所学校的优秀案例参加省级评选，推荐7个优秀单位参加全省男子乒乓球、篮球比赛活动。

院校建设。持续推进办学条件达标工程。根据省教育厅2021年对常德市中职学校达标情况的核查结果，召开专题会议研究达标工程推进情况。制定印发《常德市推进中等职业学校办学条件达标工程实施方案》（常教通〔2022〕21号）文件，要求各校分类制定“一校一策”达标建设方案。各中等职业学校通过不断加大经费投入，扩展校园面积，新增设施设备，引进专业人才，办学条件得到明显改善。截至2022年12月底，常德市共有11所中职学校实现办学条件全部达标，达标率为40%。常德海乘职业学校、常德东方职业技术学校新校区搬迁工程完成，安乡县职业中专学校新增校园面积。启动桃源县楚怡行动计划建设项目，新建桃源县楚怡中等职业学校体艺馆，扩建教职工学生食堂。其中，新建体艺馆建设面积约6671平方米，预算3500万元；食堂扩建面积1370平方米，预算500万元。为确保新建、扩建项目顺利推进，市教育局定期调度建设情况。按照预期规划，该项目于2022年年底完成基础梁建设。申报“双高双优”计划建设单位。共有9所学校入选“双高双优”名单，其中常德职业技术学院入选“湖南省楚怡高水平高职院校建设单位”，湖南幼儿师范高等专科学校的学前教育和艺术教育专业群入选“湖南省楚怡高水平高职院校专业群建设单位”，湖南省湘北职业中专学校等7所学校入选“湖南省楚怡优质中职学校建设计划建设单位”。

教师队伍。举办各类教学竞赛。全市中等职业学校班主任基本功比赛、教师职业能力教学能力和思想政治教育教学能力比赛，全市共评选出一等奖23个、二等奖36

个、三等奖51个，推荐74个优秀作品参加全省比赛评选活动。教师队伍不断优化。组织全市中职学校部分教师参加全国中职学校管理系统培训、中职骨干教师培训等，切实加强教学管理人员和骨干教师的业务培训，促进教师队伍发展。开展全市职业学校“双师型”教师评定工作，2022年全市共组织评审认定54名“双师型”教师。

产教融合。校企合作。下发2022年全市职业院校为本地企业培养培训技能人才指导性计划，全市职业院校计划安排5000名左右学生在本地企业实习，为当地企业培训员工2万名、输送毕业生2000名。据初步统计，全市完成为本地企业安排实习学生4554名、培训18843名员工、输送2671名毕业生。加强毕业生的就业指导。配合京西宾馆开展服务员选拔工作。经学生自愿报名、学校推荐、初步筛选、现场培训后，全市职业院校共有20名学生入围参加省级面试。通过面试、体检、政审等环节，12名优秀学生被选拔到京西宾馆工作。

继续教育。加强成人教育函授站日常监管。开展高校函授站2021年度办学审核与教学评估。组织专家对全市16家函授站2021年度办学情况审核与评估，除长沙师范学院常德中山外语职业学校函授站于2021年6月停招申请撤销外，其余函授站被认定为合格。对函授站日常教学工作落实情况开展不定期抽查，进一步加强招生和教学的常规管理。做好高等学历继续教育专项整治工作。根据省教育厅开展专项整治工作要求，常德市组织对辖区内16个函授站点（校外教学点）开展专项整治。通过召开专题会议、制定下发专项整治工作方案，各校外教学点组织开展自查工作；市教育局通过实际督查后，共查处违规办学的教学点1个、并对2个不合格教学点提出撤销建议，整改工作取得阶段性成效。

职教宣传。举办常德市职业教育活动周。邀请湖南省教育科学研究院研究员刘显泽作“职业教育几个热点问题探讨”专题讲座。举办常德市“新工匠”成长分享会首场报告会，常德技师学院陈涛老师等6名“新工匠”分享自己的心路历程。加强对职业教育工作的宣传报送。《常德日报》刊发《发展现代职业教育　建设区域职教中心》专版，对常德市职业教育发展盘点；《常德晚报》刊发《“新职教法”来了，专家教你划重点！》专版，对新修订的《中华人民共和国职业教育法》给予深度关注。《中国教育报》6月18日刊发桃源县职业中等专业学校《这所农村中职校如何破解德育难题》相关经验。深入推进其他各类宣传活动。组织各中职学校对新修订的《中华人民共和国职业教育法》进行学习宣传，通过召开主题研讨会及进支部、进课堂、进校园的“一研三进”的形式开展主题学习。组织各中职学校学习宣传贯彻中共二十大精神，各职业学校通过开展“学习二十大精神”主题教育。

【举办“全民终身学习活动周”总开幕式】　11月10日，在汉寿县清水湖国防教育广场举办全市“全民终身学习活动周”总开幕式。活动主题为“学习贯彻党的二十大精神、建设全民终身学习的学习型社会”。活动期间，组织常德市社区教育工作者培训。开幕式活动现场展示汉寿县国家级社区教育实践创新项目“和爱家教”情景剧以及舞龙舞狮《龙腾虎跃》、烙画展演、渔鼓新唱《我爱汉寿唱家乡》、汉剧高腔《帅孟奇》（选段）等一批地方“非遗”节目，凸显汉寿县独具特色的社区教育内容和形式。

（陈晓祥）

湖南文理学院

【概况】　湖南文理学院是一所由湖南省人民政府主办的全日制普通本科院校，是国家“产教融合工程应用型本科规划高校”、省“双一流”高水平应用特色学院、“全国模范职工之家”、“湖南省现代大学制度建设先进高校”。2020年起，调入湖南省本科一批录取高校。学校占地面积130多公顷，校舍建筑总面积68万多平方米，教学用房面积29万多平方米。2022年，有18个教学院、1个独立学院，67个本科专业，已建成汉语言文学、地理科学等7个国家一流本科专业、国家特色专业、国家综合改革试点专业等“国”字号专业，以及生物科学等30余个省一流本科专业、省特色专业等“省”字号专业。有教职工1550人，其中，教授149人、博士468人，在校全日制本科生26000余人。

政治建设。学校党委始终坚持把学习习近平总书记重要讲话精神和党中央决策部署作为党委会“第一议题”，及时学习贯彻落实。校党委理论学习中心组开展学习16次。开展“能力素质提升年”活动，举办学习宣传贯彻中共二十大精神专题研讨班等，带动党员干部在学思践悟、在拥护“两个确立”、做到“两个维护”上见行见效。意识形态工作平稳向好，全年负面舆情为零。对巡视反馈的问题，学校党委高度重视，迅速行动，压实责任，真抓实改，一体推进，整改成效得到省委的肯定，在省委巡视办的抽查评估中，学校评定等次为“好”。注重发挥典型示范和引领带动作用，结合“党建+”，实施“一院一品”提质培优工程、“一课一片一实践”活动和整建提质专项行动，化材学院获评全省高校党建“标杆院系”，马克思主义学院学生党支部获评全省高校党建“样板支部”。强化政治监督，全面落实“两个责任”，实现廉洁教育全覆盖，深入推进“清廉文理”建设，贯通运用“四种”形态，严肃执纪问责。开展廉政谈话140余人次，立案3件，组织处理35人次，作为先进典型在全省纪检监察体制改革视频会议上作交流发言。创新师德师风教育形式，在省内高校首家成立师德师风宣讲团，3人分别入选“全国高校最美辅导员年度人物”、省“优秀教师”和“最美思政课教师”等，《光明日报》专题报道。校领导先后30人次前往结对帮扶村现场指导工作，中层干部200人次以上入户开展结对帮扶，校地联动争取项目建设资金600余万元。筹建“湖南文理学院乡村振兴生活馆”，消费帮扶近600万元。牵头编写《中国教育扶贫报告（2020—2021）》蓝皮书（湖南卷），并获“突出贡献奖”。牵头完成《中国教育发展与乡村振兴报告（2022）》（湖南卷）蓝皮书编写工作。

“双一流”建设。完成学校内设机构改革调整。持续完善校院两级管理改革，进一步修订完善教学院目标管理考核指标体系。“现代大学治理中的校院两级管理改革”项目验收合格，获“湖南省深化新时代教育评价改革试点院系”项目立项。召开首次人才工作会议，建立《校领导联系高层次人才制度》，完善人才引进制度，引进培养来自北京大学等的高层次人才60多人，3人晋升为二级教授，1人入选省“荷尖”创新人才。完成3支队伍和非事业编制硕士教师招聘，3支队伍配备率位居全省前列。科研经费进账1.07亿元。获国家级项目12项、省部级重大重点项目4项；发表学术论文500余篇，其中高水平论文250多篇；出版高水平专著10部；获得授权国家发明专利90件；获得省级以上科技成果奖6项，其中二等奖3项。新增省级科普基地2个，与湖南师范大学共建“省部共建淡水鱼类发育生物学国家重点实验室”已经签署合作协议。学校学报影响因子接近北大核心期刊水平。完成7个省级应用特色学科建设成效的评估工作，评估结果在全省应用特色学科类高校中排名第三，7个学科获批省“十四五”应用特色学科立项。

人才培养。获批国家级一流专业3个、省级一流专业3个。地理科学专业顺利通过师范专业二级认证现场考查。1门课程获批省思政课程“金课”。获省级教学成果奖5项，其中一等奖1项，并被教育厅推荐申报国家级教学成果奖。医学检验技术本科专业首批招生入学30人。在大学生学科竞赛中获国家级奖励11项，其中一等奖1项；省级奖励156项，其中一等奖42项；3项竞赛获全省第一、2项竞赛获省内同类院校第一，获奖数量及等级均稳居全省同类院校第一。在国际“互联网+”大学生创新创业大赛中，获得省赛3银8铜。获批名师工作室等省级思政项目8项，获评“湖南省高校思政教育研究先进单位”。教师在省课程思政教学竞赛中创历史最好成绩，获一等奖1项、二等奖4项、三等奖1项。易班学生工作站获评教育部“四星级易班学生工作站”。获“省高校辅导员工作研究与实践先进单位”“省学生资助研究先进单位”。获评2022年全国“三下乡”社会实践优秀单位、第十六届“芙蓉学子·榜样力量”优秀大学生评选活动优秀组织奖；2人获“中国大学生自强之星标兵”奖学金，1人获“中国电信奖学金·天翼奖”（全省仅5名），1人获“中国电信奖学金·飞Young奖”，1人获湖南省优秀共青团干部。举办各类招聘会100余场，为学生开展职业生涯规划及就业指导专项培训，向困难毕业生发放求职创业补贴近100万元。积极开拓就业市场，坚决落实“访企拓岗促就业专项行动”，累计走访企业170余家，2022届毕业生毕业去向落实率位居省内高校前列。

开放办学。留学生规模保持稳定，招收来自泰国、印度等22个国家50多名留学生，视觉传达设计专业中外合作办学项目获教育部审批通过，省级以上外国专家项目立项2项。获批省高等学校科技成果转

2022年10月13日，湖南文理学院与中国移动通信集团湖南有限公司签订战略合作协议，联手打造“智慧校园”“智慧教育”（湖南文理学院 供图）

化和技术转移基地，并加入省高校知识产权运营联盟，完成专利转化21件，开放许可102件，许可实施10件。持续擦亮“教授博士沅澧行”名片，300多次到达园区企业开展科技服务，与地方企业签订技术开发和服务项目428项。与武陵区政府、临澧县政府、常德市经开区等区县市建立了战略合作关系。和200余家企业建立产学研合作关系，吸纳常德市妇幼保健院和市四医院作为附属医院，常德市第十三中学挂牌为学校附属中学。

民生改善。全面开展“百日攻坚”安全大检查行动，全年安全工作零事故，被授予“省平安建设示范校”称号。出色地完成了疫情防控各项工作，在疫情管控放开前实现零感染，学校疫情防控和健康驿站建设得到省厅高度肯定，作为本科高校唯一代表在全省教育系统疫情防控工作会议上作典型交流。改善教职工福利待遇，实施新修订的《绩效工资实施办法》，积极落实博士享受校内副教授待遇政策。加强与地方教育局沟通交流，解决了教职工适龄子女入读小学难题。用好附属医院和教学医院资源，为师生员工的体检、就医、工作安置提供便利。投入2000万元进行房屋和道路维修。完成图书馆的中央空调维修改建、智慧能源管理平台建设、部分教学楼、实验楼老旧线路改造等项目。完成综合实习实训大楼相关配套工程，大幅提升实验平台建设水平。做好教职工的慰问和帮扶工作，提高体检费标准，发放65人次近7万元的医疗互助金和60名特困教职工10万元补助金。

管理服务、发布新版宣传片《文理之道》，在师生与广大校友中反响热烈，好评如潮。在省级以上媒体发表报道500余篇，其中央媒35篇，同比增长40%，综合评分在省教育厅通报中位居全省学院类本科高校第一。坚决落实“过紧日子”要求，厉行节约，制定《预算项目库管理办法》《预算绩效管理办法》，争取到各类资金支持5000多万元。加大盘活存量资金力度，盘活存量资金2800余万元。对多年未报废待报废资产有计划分步骤进行处置，对学校大型资产进行清理、核对。积极主动与政府相关部门沟通和联系，快速完成了蔡家岗土地办证工作。完成评审专家库和代理机构库建设，提高采购管理的制度化、规范化和科学化水平。共完成采购项目140余项，标的金额5180万元，节约支出600余万元。实现图书馆环境和基础设施的优化升级，更新人脸识别门禁系统，提升服务水平，师生读者满意度明显提高。一校一书阅读推广活动荣获省教育厅“优秀组织奖”“创新案例奖”和“优秀阅读推广人”等奖项。加强远程调度与网络优化，确保校园网畅通和网络安全，全年无网络安全事故。

【湖南文理学院团委获评2022年全国“三下乡”社会实践优秀单位】 10月11日，共青团中央公布2022年全国大中专学生志愿者暑期文化科技卫生“三下乡”社会实践活动总结通报结果，湖南文理学院团委获评2022年“三下乡”社会实践优秀单位。2022年暑期，该校组建18支重点实践团队，分赴湖南省常德市武陵区、石门县、澧县等9个区县近100个村（社区）开展社会实践活动，累计服务群众3万余人。学校组织青年学生开展“返家乡”实践及调研、“送法下乡”、“七彩假期”等专项活动，参与团队321个，参与学生人数3184人。实践队员们把宣讲课堂放在田间地头，为村民送新思想新技能；把舞台搭在村落院坝，为群众送先进文化；让支教走进大山深处，为儿童送去新知识。活动先后受到人民网、中国青年网、《湖南日报》等主流媒体的关注和报道208篇次，累计浏览量超过132万次。

（岳浩然）

常德开放大学

【概况】 常德开放大学（原常德广播电视大学），成立于1979年，2021年11月更名为常德开放大学。2011年成立“常德社区大学”，并加挂“常德市终身教育服务指导中心”和“常德市干部教育培训网络学院”两块牌子。2022年，下辖武陵、鼎城、汉寿、桃源、临澧、石门、澧县、安乡8个区县分校。学校充分发挥系统办学优势，建成以学历教育为主体，社区教育和非学历继续教育为两翼的办学格局。开设文、理、工、农、经、法、医7个大类40多个本、专科专业，为地方经济建设和社会发展培养大批实用型人才。现有学历教育在籍学生1.53万人，社区教育年培训达1.5万人次，非学历培训教育每年达7万人次。2022年，学校被湖南省干教领导小组授予“全省干部教育网络培训工作先进单位”称号，被湖南省文明委继续授予“省级文明标兵校园”荣誉称号，被湖南省开放大学授予“优秀分校”称号，被评为常德市“平安校园”，成功申报“清华大学乡村振兴湖南常德远程教学站”。

开放教育办学。共招收开放教育学生2822人，招生规模居全省前列。开设直播课和录播课46门170场，参与学生7000多人。制订和完善直播课、录播课教学管理制度、监听监看制度，学生参与率达80%以上。积极组织师生参与国家开放大学“一网一平台”网上教学，安排毕业论文集中指导课程27场，加强对毕业论文指导工作的过程性检查。积极组织师生参与各项竞赛活动，荣获湖南省开放大学第一届“财信杯”大学生模拟炒股大赛二等奖1个、三等奖2个，庆祝建党100周年党史学习教育系列活动一等奖2个、二等奖2个，社区家庭教育科普基地讲解员大赛三等奖1个。全年立项和结题省级课题4项（其中省教育厅2项），立项全市重大社科研究课题1项。

农民大学生培养。5月，市委组织部等6个部门联合下发《关于在乡村振兴战略中持续实施“农民大学生培养计划”的通知》，正式启动第二轮农民大学生培养，持续6年，2022年完成招生961人。成功申报“清华大学乡村振兴湖南常德远程教学站”，引进6名全日制研究生，组建了市县一体专业教师队伍。农民大学生张妹创办的湖南玖源农业发展有限公司、吴金国创办的家禽养殖场成功入选首批湖南农民大学生创新创业示范实践基地，苏基海等3名农民大学生获评全省第一批乡村振兴农艺员、农艺师。《以“四实”助力乡村振兴人才战略——常德开放大学“农民大学生培养”实践改革》荣获湖南开放大学系统办学优秀教学改革实践成果一等奖。

非学历培训。共组织线上及线下培训项目共23个，培训近2万人次。常德市干部教育培训网络学院注册学习人数达13293人，参学率、通过率居全省前列。学校被湖南省委干部教育领导小组授予“全省干部教育网络培训工作先进单位”称号。完成全市43153名教师学分登记管理、审核、证明等工作，开展国家智慧教育平台培训。完成全市346名乡村教师适岗培训，参训合格率100%，完成常德市直及五小区4505名教师能力提升工程2.0培训项目。在湖南省中小学教师培训信息化管理平台完成全市36个市级教师培训项目的立项及结业审核工作。学分登记管理工作获省教育厅通报表彰，综合排名全省第二，学校被常德市教育局评为“教师培训机构先进单位”。依托湖南省开放大学培训平台，推进全市事业单位工作人员培训，培训达12000人次，涵盖全市600多家单位。

终身教育品牌。常德开放大学开设书法、形体、合唱等13个社区课堂，校外教学点开设课程18门，累计培训社区居民2万余人次。新建常德米粉和德山酒古法酿造2间“非遗”体验室，面向社区居民开设桃源刺绣、常德丝弦、澧州大鼓等5门“非遗”课程，累计培训市民2000余人。推选汉寿县“和爱家教”项目成功入选教育部“能者为师”首批实践创新项目，“焙享幸福生活”居民烘焙培训案例、基于《柑橘实用技术》课程培训的社区教育服务活动案例等8个案例入选教育部“能者为师”典型案例推介名单。“中老年电脑培训助推数字化学习”“老年人玩转智能手机送教进社区”2个项目入选教育部“智慧助老”优质教育培训项目。2022年在汉寿清水湖举办以“学习贯彻党的二十大精神，建设全民终身学习的学习型社会”为主题的全市全民终身学习活动周开幕式。沈昌健荣获全国“事迹特别感人的百姓学习之星”，杨其湘荣获全国“百姓学习之星”；王建国等4人荣获湖南省“百姓学习之星”，草坪耕读等3个项目荣获湖南省“终身学习品牌项目”，鼎城区朗诵演讲协会等2个团队湖南省“优秀学习团队”，蒋中英家庭等4个家庭荣获湖南省“学习型家庭”。“常德终身教育学习网”自建和购买的课程资源已达9409个，注册人数达44449人，新增课程资源200余门，制作微课程150余个。

党建、思政工作。学校全面加强和规范政治纪律和政治规矩，强化自我约束，认真贯彻执行中央和省、市委决策部署，不断增强“四个意识”、坚定“四个自信”、捍卫“两个确立”、做到“两个维护”。把深入学习习近平新时代中国特色社会主义思想和中共二十大精神作为首要政治任务，把推动学习教育作为基础性经常性工作来抓，做到深学悟透、务实笃行。以党支部“五化”建设为抓手，深入开展“一课一片一实践”。学校注重选优配强思政课教师、辅导员，加强思政课教师队伍建设；通过网络直播课、专题讲座、课程思政等形式，将思想政治教育贯穿于学生教育教学的全过程。坚持民主集中制、“三重一大”集体决策制度，深入推进党风廉政建设工作。推进“清廉学校”建设，打造“青年教师话清廉”宣传栏等宣传阵地，把清廉文化元素渗透到校园文化阵地和文艺活动中。《湖南日报》、省纪检委“三湘风纪网”以“常德：清廉养德培育名师”为题对学校进行专题报道，清廉学校建设案例获全市教育系统一等奖。

【常德开放大学揭牌】　2022年6月23日，常德开放大学揭牌仪式举行。湖南开放大学党委书记谢国保、常德市政府副市长周代惠、常德市政协副主席陈华出席。常德开放大学的前身是创办于1979年的常德广播电视大学（以下简称常德电大）。建校43年，常德电大逐步形成学历教育与非学历教育并重的办学格局，培养了10多万名本土实用人才，为推进常德市终身教育和学习型社会建设，促进常德经济社会发展作出重要贡献。该校实施的“农民大学生培养计划”，入选中组部100个全国党员教育工作典型案例。2011年11月，常德市政府批复常德广播电视大学更名为常德开放大学。更名后，学校隶属关系、管理体制及原有学历、非学历教育办学权保持不变。新揭牌的常德开放大学，是以促进终身学习为使命、以现代信息技术为支撑、以“互联网+”为特征的新型高等学校。将进一步拓展社区教育、办好老年教育、扩大社会培训，努力打造为培养乡村实用人才的大摇篮、推进终身教育和老年教育的主阵地、基层党员干部和行业部门培训学习的新基地。

（杨思怡）

湖南应用技术学院

【概况】 湖南应用技术学院是经教育部批准建立的非营利性民办全日制普通本科院校。学校分东、西两个校区，规划总面积143公顷。2022年，已建设使用117公顷，建筑总面积51.78万平方米，教学行政用房23.39万平方米，教学科研仪器设备总值9073万元，馆藏纸质图书151万册，电子图书89万册。2022年有教师998人，其中专任教师506人，外聘教师的492人，具有硕士、博士学位724人，高级职称教师410人；全日制在校学生15355人，其中本科生12372人，专科生2983人。开设有园林等23个本科专业及数字媒体艺术设计等13个专科专业；建有省级创新创业教育中心5个，省级校企合作创新创业教育基地4个，湖南省大学生创新创业孵化示范基地1个，校内创新创业工作室45个，与行业企业共建实习、实践、实训基地97个。学校先后获得“中国民办高等教育优秀院校”等荣誉称号300多项，被誉为“应用型、创新型人才培养的摇篮”。

党建引领。开展“喜迎二十大”主题活动，制定《学习宣传贯彻中国共产党第二十次全国代表大会精神工作方案》，确定了大学习、大宣讲、大阐释、大活动、大践行“五大”举措，成立“学习宣传贯彻党的二十大精神宣讲团”，开展进学院、进班级、进寝室、进社区、进乡村、进企业“六进”活动，实现学习中共二十大精神全覆盖。加强党的组织建设。经济管理学院党总支和农林科技学院教工党支部分别获评全省高校党建工作“标杆院系”和“样板支部”。完成党员发展与培训工作，完成党（总）支部机构调整，推进党员活动室建设，提高基层党组织阵地建设水平；加强群团及统一战线工作，狠抓党风廉政建设，召开学生思想政治教育工作大会和第三次团代会暨学代会，举行纪念建团100周年系列活动，实施“月月红”主题教育月活动，把思想政治教育融入社会实践、志愿服务等活动中。不断拓展校园文化建设载体，全力服务学生成长；完善优化“千分考核”体系，从学业、德育、体育、“双创”、美育等多个方面对学生进行科学的综合测评。

教育教学。加强专业与课程建设，注重内涵发展。组织修订2022版人才培养方案，优化人才培养方案，推动本科人才培养模式改革和创新；以一流本科专业点建设为抓手，新版本专科人才培养方案为基础，组织23个本科专业“十四五”专业建设规划的编制，获批省级一流本科专业建设点3个，实现了“零的突破”，校级一流专业建设点5个，组织申报3个本科专业；深入推进一流课程建设，修订的新课程教学大纲涵盖人才培养方案规定的1114门课程；17门校级一流课程中期检查合格16门；智慧树、超星两个平台共建课程86门，在线课程建设培训8场，培训297人；立项课题50项（校级33项、省级17项），省级课程21项已通过验收；校级教学成果奖15项，省级教学成果三等奖1项。构建实践教学体系，注重应用型人才培养。全年审核集中实践教学课程79门，涉及学生11140人次；对各专业实习基地进行摸底梳理，确定常德纺织机械有限公司、常德市郑太农业有限公司等4个实践教学基地为学校首批校级校外实践教学示范基地。加强教学实验室条件建设，热力学实验室等45个实验室建设项目立项，建设预算经费1256.15万元。完成“三性”实验的认定工作，全校各专业共设置实验项目1533项，综合性、设计性，研究创新性项目863项，“三性”实验比例达56.29%。全年组织学生参加湖南省英语演讲比赛、大学生广告艺术大赛等各级各类学科竞赛16项，在各级各类学科竞赛中获奖70项，在省教育厅举办的9项学科竞赛中获奖64项，其中一等奖4项、二等奖12项、三等奖16项，获优秀组织奖4项，团体奖1项，学生的基础能力、专业能力、实践能力、个性发展得到较大提升。

科技工作。组织教师参加教育部、省级部门发布的50余类项目申报，纵向科研项目立项141个，结题23个；先后与省内企事业单位签订横向合作协议53份，已入账横向经费71.92万元；教师发表各类学术论文500篇，授权专利、软著400项，科研成果数量稳步提升；优先支持9个校级科技创新团队；5位教师获得省、市、县科技特派员称号；认定湖南省众创空间——“湖南应用技术学院众创空间”，科研平台实现省级突破。先后邀请知名高校、科学研究院等专家来校举办了70场各类专题学术报告，完成学校学术委员会换届，成立社会科学界联合会。

提升和完善乡村振兴研究中心平台，确定4个重点研究课题，确定3个驻村示范点，免费为村提供10万元的帮扶物资支持，升级乡村振兴研究中心为乡村振兴研究院。成功举办“常德市高校科协助力乡村振兴峰会”。通过举办消费帮扶线下展销会、与达漫电商合作为教职工送福利等形式实施消费帮扶，全年累计消费196.59万元。“湖南应用技术学院乡村振兴科普基地”被授予湖南省社科普及基地。

迎评促建。全年召开评估工作会议17次，完成自评报告撰写、支撑材料整改、本科教学基本状态数据补充采集等工作，2次邀请教育部评估专家针对日常教学运行经费、科研仪器设备等四个重要方面进行专项诊断，根据专家意见和建议聚焦短板弱项，夯实举措，着力解决重点问题。顺利完成新设的3个专业办学合格评估工作；完成新增学士学位授权学科专业评估工作；完成教育部“高等教育质量监测国家数据平台”的数据采集与上报工作；完成学校本科教学质量报告撰写发布工作；完成湖南省民办本科学校2021年度办学情况迎检并获“合格”等级。

队伍建设。制定《湖南应用技术学院师德师风负面清单和失范行为处理办法》，开展系列师德师风建设活动；举办新入职员工岗前培训和思想政治教育工作能力提升培训，全年组织167名教师参加教师继续教育培训、596人参加新教师入职培训；推选省级青年骨干教师4人、引进人才194名，教师资格认定292名，评选“双师型”教师37名，职称评审初级认定63人、中级职称56人、副高职称24人、正高职称3人；不断完善考核机制，加大考核结果运用，完成全校1300余名教职工的工资薪级调整，广大教师共享学校发展成果；全年教师获省级课堂教学竞赛三等奖1项，省级课程思政教学竞赛三等奖1项，教师队伍建设水平上了新台阶。

招生就业。深入开展校企合作、供需见面会、网上招聘、书记校长访企拓岗活动及“一对一”帮扶就业困难学生等，拓宽毕业生就业渠道，为获得国家助学贷款的680名学生申请135万元的创业补贴；举行毕业生双选会，3798名毕业生（其中本科生2751人、专科生1047人）的初次毕业去向落实率为89.57%，高于全省平均水平。2022年本科新生录取3050人、专科新生1200人、专升本705人，共报到新生4629人，本科录取分位居省内同类高校第一，生源质量不断提升。

创新创业。省级众创空间、“湖应大学生创业研究团队”获批立项，8个创新创业工作室获得认定；申报的教育部学生司第一批就业协同育人项目获批立项；先后与鼎城区就业服务中心、湖南亿泽生态农业科技有限公司签订共建创新创业实践基地、共建实习实训就业基地合作协议；创新创业训练计划项目通过中期检查73项，通过结题62项，立项151项。

继续教育。出台《湖南应用技术学院高等学校学历继续教育专项整治工作方案》，对办学定位、招生管理等方面存在的问题进行梳理、整改。全年学历教育招生1751人，非学历教育招生7900人；组织30336人参加全国计算机等级考试等各级各类考试。

召开五届五次“双代会”，审定学校章程等重大事项，全年组织900多名教职工进行体检，为1099名困难学生开通绿色通道，累计金额1295.59万元，其中校内助学金资助学生922人、累计61.51万元，秋季国家奖学金17人、累计13.6万元，秋季国家励志奖学金419人、累计209.5万元，春秋季助学金5818人、累计1060.84万元。

校园建设。新建6栋学生宿舍，对8栋宿舍楼进行升级改造，5栋宿舍楼进行全面消防整改；为1884户更换智能电表，更换6000余个老旧用水器具为节水型产品，投入50万元新增2个水箱，解决高层师生用水需求；食堂一、二楼升级改造投入600余万元；出资285万元新增和更换用电设备；完成白改黑路面约8000平方米；硬化田径场、重修塑胶跑道9818平方米，更换体育设施累计投入120.5万元；全年投资970万元购买教学仪器设备，投资910.64用于各学院实验室建设，目前学校设备数量达1635套，教学仪器设备总值达9100万元。

安全工作。积极配合地方疫情防控工作，将学校实习实训基地远观酒店交给地方政府作为隔离之用，对离校实习学生进行动态台账管理坚持“日报告、零报告”，全体党政班子成员带领16个小组对疫情防控进行大督查，用最短的时间控制了疫情；对实验楼和图书馆安全隐患，采取闭馆并转移馆藏图书、实验楼限时控流等措施，聘请专业检测机构检测，委托专业公司加固，实现校园重大安全事故的零发生；高度关注师生心理问题，配齐配强心理健康教育队伍，及时梳理师生关注的热点、难点、重点问题，妥善处理回复阳光平台等渠道投诉咨询件共350余件，全年校内没有发生群体事件以及造成重大影响的安全、刑事、治安案件和交通伤亡事故。组织各学院开展消防安全、反恐防暴等应急演练，提升师生的安全防范意识及防范能力。

【获批省级众创空间】 根据湖南省科学技术厅12月11日文件，湖南应用技术学院众创空间获批2022年度省级众创空间，是该校继“湖南省大学生创新创业孵化示范基地”后又一个省级平台。

【湖南应用技术学院乡村振兴科普基地获“湖南省社科普及基地”】 5月24日，湖南省社会科学界联合会公布2022年新建社科普及基地的名单，湖南应用技术学院乡村振兴科普基地荣获“湖南省社科普及基地”称号，为该校获批的首个省级科研平台。该校积极响应国家政策，服务常德地区乡村振兴建设。学校成立乡村振兴研究中心，由校长牵头，带领14个校级科研平台，着力于乡村产业升级、规划乡村经济、创建文旅民宿、乡村电子商务、乡村人才培养等方面，深入鼎城区蔡家岗镇中湖村、石板滩镇兴隆村、谢家铺镇施家陂村等地开展服务，助力乡村振兴。

（潘艳艳）

湖南高尔夫旅游职业学院

【概况】 湖南高尔夫旅游职业学院是经湖南省人民政府批准、教育部备案的全日制普通高等职业学院。2022年，学院占地38公顷，建筑面积近20万平方米，教学仪器设备总值4000多万元，总资产6亿元。学院设有高尔夫教育学院、旅游管理学院、信息与工程学院、艺术与基础教育学院、五年制大专部和马克思主义学院、继续教育学院等二级教学单位。现有教职工573余人，其中副教授职称以上教师37人，硕士以上学历教师78人，“双师型”教师188人。全日制在校生1.1万人。

党建工作。全院上下以习近平新时代中国特色社会主义思想为指导，以深入学习宣传贯彻中共二十大精神为主线，全面贯彻落实《加强高校党的政治建设重点任务及工作要求》和《中国共产党普通高等学校基层组织工作条例》，加强对学院工作全面领导，坚持社会主义办学方向。健全完善议事决策制度，保证党的路线方针政策及上级党组织决定的认真贯彻执行；建立学院领导及党委委员蹲点联系制度，不断促进全院党建工作整体水平的提高；聚焦理论武装，每月一次党委理论学习中心组集体学习和双周三教职工政治理论学习常态化开展；市级“标杆党组织”和“两新领军人才”顺利通过年度复核，党建基础更加牢固。

思想政治工作。学院把思想政治教育贯穿教育教学全过程，深入推动习近平新时代中国特色社会主义思想和中共二十大精神进教材、进课堂、进头脑，扎实推进学院思想政治工作。学校实施课程思政的课程占总课程的40%，比2021年增加7个百分点。打造思想政治教育品牌活动4个，立项省级思政工作精品项目1项：管苑智，“新竹计划”资助育人项目。省级思政工作研究项目2项：陆时红，中华优秀传统文化视域下心理健康教育研究；孙娟，新时代职业院校大学生奋斗精神培育和践行研究。湖南省高校思想政治工作研究项目结题1项：曹林，三全育人背景下高校辅导员立德树人任务落实路径研究。

学院治理。学院全面推进依法办学、依法治校，不断加强以学校章程为核心的制度体系建设，逐步完善学校内部管理体制和运行机制。按照民办学校分类要求，修订完善学院章程并获省教育厅核准。有序开展规章制度“废改立”工作，全年修订完善学校治理相关制度20余个。按照精简、高效的原则，将督导办从质管办剥离纳入党政办，整合学工和保卫职能成立学保处。

教学工作。学院修订28个专业的人才培养方案，建立100多门核心课程标准，评定20门优质课程，立项省级精品课程2门：创业基础、中外民俗。《高尔夫球运动与管理专业“岗、研、课、赛、证”10载育人探索与实践》获湖南省教学成果奖三等奖。学院积极承担教育厅提质培优项目，如期推进项目数17项，项目完成比例80%。学院师生在各级各类教育教学和技能竞赛中再创佳绩，共获得教育教学竞赛市级及以上奖励55项，继续保持全国高等院校运动训练高尔夫球冠军赛团体冠军。首次获得湖南省第十二届大学生运动会男子跳远亚军。获得省职业院校教师职业能力竞赛教学能力比赛三等奖1项，市教学设计和说课比赛一等奖2项、二等奖5项，市教师专业技能比赛三等奖2项。创新创业竞赛获得省赛银奖1项。

科研工作。学院科研立项22项，其中省级科研项目3项，市厅级项目10项。省级及以上刊物发表论文67篇，其中知网收录33篇，出版教材33本。市级及以上论文征文获奖9项。与上年相比同项目立项数量有新的突破。

师资队伍建设。学院共引进专兼职高层次教师57人，培养湖南省高等院校青年骨干教师访问学者2人、省级青年骨干教师2人、常德市“双师型”教师4人。师资队伍素质进一步提升，师资结构进一步优化。

学生管理。学院以学习宣传贯彻中共二十大为主线，以践行社会主义核心价值观为统领，实施“一月一主题”教育。开展爱国爱校爱己教育、习惯养成教育、法治安全教育、心理健康教育、感恩主题教育、诚信责任教育、传统文化教育、劳动节俭教育等主题教育。开展升国旗仪式、主题班会、演讲比赛、征文比赛、红歌会、辩论赛、志愿服务等教育实践活动。

招生就业。学校招收各类新生4445人。新建校外实践基地8个，开拓实习就业岗位2000多个，毕业生去向落实率达81.55%。

基础设施建设。学院投入资金维修改造学生宿舍和教学楼，提级改造老食堂、学生活动中心，完成校园路面“白改黑”二期工程，对校园人行道进行改造升级，全部铺设透水砖，校园环境面貌全面提升。投入资金新添消防设备，持续加强校园监控覆盖面，平安校园建设持续改善。启动新校区建设，师生工作、学习和生活环境得到进一步改善。

【校高尔夫代表队在全国高等院校高尔夫冠军赛取得多项冠亚军】 9月23—29日，第四届全国高等院校高尔夫冠军赛在黄山松柏高尔夫俱乐部举行，全国28所院校近200名运动员参与赛事。湖南高尔夫旅游职业学院夺得专业组男子团体、男子个人冠军；女子团体、混双团体亚军。教师组方面，杨华峰、贺静分别夺得教师A组亚军；邓丕超、龚平、贺静获教师技能大赛一等奖；杨华峰、陈虎、张阅、贺一鸣获教师技能大赛二等奖。

（吕　炫）

常德职业技术学院

【概况】 常德职业技术学院是由原常德农业学校、常德卫生学校、常德机电工程学校合并组建的国有公办普通高等学校，2003年4月由湖南省人民政府批准成立。2005年5月，常德市第三人民医院并入，成为学院附属第一医院。2022年，学院占地72公顷，建筑面积36.56万平方米，固定资产总值4.39亿元，教学科研仪器设备总值1.48亿元，馆藏纸质图书90.6万册，在职教职工1161人，专任教师593人，高级职称286人（正高职称45人），博士、硕士学位教师407人。设有护理系、医学系、药学系、农业与经济系、机电与信息工程系、土建系、国际教育学院、基础医学系、公共课部、马克思主义学院、继续教育学院、培训部、图书馆、现代教育技术中心等教学教辅机构，拥有1所二甲附属医院和司法鉴定中心，建有高职教育研究所、桃花研究所、济世药物研究所等研究机构。

招生与就业。学院面向全国招生，2022年有全日制在校生15390人，招录2022级新生5938人。开展访企拓岗促就业活动，建立帮扶台账、实施“一对一”精准就业帮扶，举办场大型现场招聘会5场，2022届毕业生初次毕业去向落实率为89.89%，超过全省高职高专院校平均水平，125名学生获“湖南省普通高等学校2022届优秀毕业生”荣誉称号，学生蒙丹妮获评全省就业创业典型人物。

教学工作。学院获省级教学成果奖二等奖、三等奖各1项，药物制剂设备与操作获评国家级精品在线开放课程，认定、立项省级在线精品课程2门，4个项目被立项为国家智慧教育平台“大国长技”试点项目。教师获湖南省教师教学能力比赛奖项8项，其中一等奖4项。学生获省级以上职业院校技能竞赛奖项33项，其中国家二等奖1项、省级一等奖10项。“1+X”药品购销职业技能等级证书考核站点通过教育部第四批验收。

科研工作。学院立项各级各类课题（项目）80项，其中省部级15项，立项教育教学改革研究项目7个，纵向科研进校经费35.8万元；横向科研项目立项2个，到账经费32万元；公开发表学术论文309篇；获授权发明专利3项、实用新型专利28项、计算机软件著作权2个；专著、编著、译著4本；制订并被认可的团体标准2个。桃花种质资源基地被立项湖南省科普基地和常德市桃花工程技术研究中心。

【社会服务】 学院坚持职业培训与学历教育并重，依托常德产业链龙头企业，构建湖南省“楚怡”示范性职业教育集团（联盟），开展社会职业培训185班次、培训学员17567人，在校生培训104班次、培训学员10797人。持续推进“教授—博士沅澧行”活动，精准服务产业园区、骨干企业、科研院所，开展技术服务与指导287人次、涉及项目107个，技术服务年利润额56万元。

【对外交流】 学院招收“一带一路”沿线国家留学生46人，被湖南省商务厅授予“中国对外援助培训实训基地”称号，与韩国中部大学、嘉泉大学签订友好学校合作协议备忘录。在以“友好城市、共享未来”为主题的中日友好青少年线上“虚拟互访”活动中，学院拍摄的中日友好视频，作为常德市唯一入选作品全国展播。

【师资队伍建设】 学院不断完善“内培外引”双轮驱动机制，招聘各类人才68人，选派3名教师出国攻读博士学位。获评国家职业院校“名课名师”1人，湖南省二级教授1人、三级教授5人。组织教师培训项目50个，培训1500人次。持续深化“双师型”队伍建设，认定院级“双师型”教师306人。

【重点工程建设】 学院入选湖南省“楚怡”高水平高职学校和专业群建设单位。开设招生专业27个，园林技术专业人才培养方案被评为湖南省优秀人才培养方案、专业技能考核标准与题库获评优秀等级，工业机器人技术专业通过新设专业办学水平合格性评价。与常德经济技术开发区、常德西湖管理区、常德财经机电职业技术学院分别签署战略合作协议，形成多主体协同、多元化治理、多要素融合的校企合作模式，成功入围湖南省“楚怡”产教融合实训基地建设单位。

【学生管理】 学院坚持为党育人、为国育才，以“五育”并举赋能立德树人，深入挖掘三全育人新内涵，以“三个习惯”为抓手，积极探索人才培养新路径。《播种新希望的优秀老兵》获教育部关工委“读懂中国”活动最佳征文奖、省教育厅关工委征文特等奖，入围优秀作品展播。护理系志愿服务队获评全国“七彩假期”志愿服务示范团队和湖南省暑期“三下乡”优秀服务团队，医学系“医疗爱心志愿服务计划”项目获评优秀品牌项目。安全教育获全省学校消防安全教育教学竞赛一等奖1项、三等奖1项。

【附属医院和司法鉴定中心】2022年，附属医院诊疗病人478490人次，出院11004人次，两院区实现收入18399.58万元。坚持服务武陵区居民公共卫生和医疗保健职责，接诊发热病人3000余人，核酸采样21万人次。全面推进医教深度融合、强化助培管理，接收实习学生180人，接受见习550人次。司法鉴定中心积极开展免费咨询，援助弱势群众，免费提供鉴定咨询200人次，受理司法鉴定案例法医类2340例，机动车类年受理司法鉴定案例2800例。

【入选湖南省楚怡职教“双高计划”建设单位】 7月6日，湖南省教育厅、湖南省财政厅发布《关于印发〈湖南省高水平高职学校和专业群及优质中职学校和专业（群）建设计划实施方案〉的通知》（湘教发〔2022〕1号），公示湖南省楚怡高水平高职学校和专业群（以下简称“双高计划”）及楚怡优质中职学校和专业（群）建设（以下简称“双优计划”）拟建单位名单，常德职业技术学院入选30所楚怡高水平高职学校建设单位。学院以此为契机，以提质培优为中心，强化现代化学校治理能力，推进现代职教师资培养体系建设，不断提升学生技术技能竞争力、专业人才培养模式的创新力、教学创新团队的品牌力和学校社会服务的影响力，至2025年将学院建设成为示范引领湘西北职业教育改革发展的省内一流高职学院。

【桃花种质资源基地被立项湖南省科普基地和常德市桃花工程技术研究中心】 7月18日，湖南省科学技术厅、湖南省科学技术协会发布2022年度湖南省省级科学技术普及基地备案及培育名单，常德职业技术学院申报的“桃花种质资源湖南省科普基地”名列其中。是该院继“常德职院·星创天地”之后的第二个省级科技创新平台。该院开展桃花研究17年，院内桃花栽植面积近9公顷，建成拥有“桃花种质资源库、桃花应用示范基地、桃花良种繁育基地、桃花品种创新基地”的桃花科研平台，观赏性桃花资源拥有量居全国科研院所首位。2021年申报为常德市桃花工程技术研究中心。桃花种质资源湖南省科普基地以常德市桃花工程技术研究中心为基础，占地15公顷，是拥有1800平方米的温室和资产总值700多万元的桃花种质资源库基地，种植保育桃花种质资源150份，共计12000多株，同时花期调控技术实现9月上旬至次年4月上旬的连续赏花，成为“常德一景”。

（金小千）

湖南幼儿师范高等专科学校

【概况】 湖南幼儿师范高等专科学校是全国先进师范、全国幼教舞蹈素质与能力培训项目优秀培训基地、全国职业教育先进单位、省小学和幼儿园教师培养基地、省教育科学学前教育研究基地、省文明标兵校园。2022年，学校设有小学教育学院、学前教育学院、数理学院、基础教育学院、艺术学院、马克思主义学院、继续教育学院7个二级学院。开设有小学教育、学前教育、早期教育、婴幼儿托育服务与管理、体育教育、音乐教育、美术教育、舞蹈教育等21个大专层次专业，“乡村小学教师教育”和“学前教师教育”专业群入选湖南省高等职业教育一流特色专业群建设项目，“学前教育”和“艺术教育”专业群入选湖南省楚怡高水平高职建设计划建设单位A档。在校生人数9000余人，有教工627人，其中教授26人，副教授130人，博士及在读博士20人，硕士309人，“双师型”教师245人。

招生与就业。2022年，学校招生总计划为2670人，其中中招计划570人，录取567人；高招计划2100人，录取2100人，录取率100%，到校1984人，到效率94.5%。学校生源质量稳步提升，高招录取分数线位列全省高职高专录取控制线第二，其中历史类抛档线443分，物理类抛档线411分。就业方面，大力推进毕业生就业工作，努力拓展就业岗位，年初制定就业市场建设工作方案，有针对性回访一部分就业单位和毕业生，由书记校长带队下基层、走企业，开展访企拓岗工作，到访企业50多家，新拓展就业岗位200多个。2022届应毕业2720人，毕业生就业去向落实率89.32%。

教学工作。专业建设。以教学成果奖、教学改革等项目为抓手，建设学校标志性成果，选送4个省级教学成果奖申报材料，获特等奖1个、一等奖1个、三等奖2个，其中2项成果已申报国家级教学成果奖。1门课程获职业教育国家在线精品课程认定，3门课程获省职精品在线开放课程认定，4门课程获省职精品在线开放课程建设立项，“乡村小学教师教育专业群教学资源库”获湖南省职业教育专业教学资源库建设项目立项。继续推进教育教学改革项目申报，共推荐6个项目参加湖南省职业院校教育教学改革研究项目评选，完成2019年立项的4项省级教改课题结题。专业布局。学校21个专业连续3次全部通过省教育厅的合格性评审。新申报艺术教育、研学旅行管理与服务、社会体育、软件技术4个专业，促进师范专业外延发展，拓展非师范专业数量，破解高等职业院校压缩小学教育类专业规模的危机，满足区域经济社会发展需求。教育教学成果。教师竞赛获得省级奖项16个，其中一等奖5个；学生竞赛获得国家级奖项共计6个，获得省级奖项共计71个，其中一等奖15个、特等奖1个。

科研工作。全年立项各级各类课题77项。其中，省级课题15项，厅级课题17项，市级课题30项，校级课题15项。顺利结项78项课题，一项课题获省哲学社科基金2025湖南智造高职项目优秀等次。全年完成科研成果284项，其中论文197篇，教材9部，专著2部，作品69项，专利2项，软著5项。获奖论文7篇，优秀案例1个。1篇论文被中国人民大学复印报刊资料全文转载。组织学生参加2022年常德市科普讲解大赛，1人获一等奖，2人获优胜奖；全国科普讲解大赛，1人获优胜奖。

社会服务。完成国培项目9项、市培项目13项、社会培训项目3项，线下集中培训3118人次。启动新一轮培训基地建设工作，初步遴选湖南幼专附小、附幼、市一幼、武陵区实验幼儿园、武陵区一完小、武陵区育英小学、丹洲中心校、北正街恒大华府等校园作为第一批合作基地入库。启动新一轮的创业培训机构申请工作。成人学历教育新增早期教育和婴幼儿服务与管理两个专业。

师资队伍建设。公开招聘硕士研究生13名。修订《“双师型”教师队伍建设与管理办法》，评定校级“双师型”教师41名。完善职称评审工作细则，评定教授3人、副教授12人、讲师25人。10个团队参加省职业院校教师职业能力比赛选拔与比赛视频录制活动，33人参加湖南省职业院校教师素质提高计划2022年高职高专国家级和省级项目培训。

重点工程建设。完成新校区一期建设项目方案设计、地下管网及海绵城市等审批工作，办理建设用地规划许可证，完成初步设计。完成代建单位和全过程咨询招标、一期地块地质勘察及新校区上方高压电缆线转移前期准备。

学校治理。组织召开第二次党员代表大会，选举产生新一届党委班子成员。学校党委严格落实意识形态工作责任制，持续贯彻落实党风廉政和反腐败工作的新要求、新部署，夯实全面从严治党主体责任和监督责任，稳步推进清廉学校建设工作，深化平安校园建设。学校获评2022届湖南省文明标兵校园。

党建与思想政治工作。完善党委理论学习中心组学习工作计划，抓好全员政治理论学习，组织全体教职工学习贯彻中共二十大精神，开展学习宣传中共二十大主题活动。成立马克思主义学院，发挥思政课作为落实立德树人根本任务关键课程的作用，积极探索思政课劳动教育的创新方式，组织“移动思政课”，到革命老区、红色教育基地、博物馆进行实践教学，建立3个校外思政课教育实践基地。

【举行研学实践教育基地授牌仪式】 7月27日，湖南幼儿师范高等专科学校研学实践教育基地授牌仪式在石门逸迩阁书院举行。逸迩阁是全国最大的民办书院、最大的民办公共图书馆和最大的沅澧民办红色展览馆，书院藏书达90多万册，涵盖红色文化、文锦四库、荆楚湖湘文化等多个方面。校院合作，利用逸迩阁书院丰富图书、文物、红色文化等资源开展一系列实践教育活动，促进该校师范教育外延发展。

（童　蕾）

民办教育

【概况】 2022年，常德市新批准设立2所民办高级中学，分别为安乡县金海友闻高级中学、常德市沅郡高级中学。

规范民办义务教育发展工作绩效考评。该项工作共接受3个考评，分别是省教育厅2022年真抓实干督查激励考评（20分），2022年省、市重点民生实事项目考评（1分），省委改革办确定的2022年度“重点改革任务”考评（1分）。2022年，3个考评均未扣分。

民办学校举办者和民办教育管理人员线上培训。2022年下半年，省教育厅相继组织4个批次的线上培训班，常德市部分民办幼儿园、普通中小学、中等职业学校的举办者及民办教育管理人员按照省厅要求参加培训，培训效果好。

推进民办学校分类登记。按照有关要求，到2022年8月31日，所有民办教育机构必须完成分类登记。截至2022年12月底，全市565所民办学校（不含文化教育培训机构）已完成分类登记的民办学校有554所，未完成有11所，完成率为98.1%。

完成民办学校章程修改。按照《中共湖南省委组织部等五部门联合印发的〈民办学校党建工作重点任务与主要措施〉的通知》等文件要求，完成全市各级各类民办学校的章程修改与审核，实现党的组织和党的工作全覆盖，健全党组织参与决策和监督机制。

部署民办学校决策机构成员备案管理。按照《教育部办公厅关于印发〈民办学校决策机构成员备案管理办法（试行）〉的通知》（教发厅函〔2021〕48号）以及省教育厅有关工作要求，部署常德市民办学校决策机构成员备案。

【“公参民”学校治理】 截至2022年秋季开学，全市5所“公参民”学校治理工作全面完成，5所学校分别是常德芷兰实验学校、常德嘉树学校，常德市郡德学校，汉寿县龙池实验学校、津市德雅学校。

在民办学校任教的452名公办教师全部有序退出，全市公办义务教育学位占比达95.42%。该项工作自2021年启动，至2022年9月全部完成。常德市相关工作得到教育部调研组、省教育厅领导的充分肯定。

【接受市人大对规范民办义务教育发展工作监督】 4月29日，市教育局向市八届人大常委会第三次会议报告关于全市规范民办义务教育发展工作情况的报告；市人大常委会提出审议意见，市教育局迅速制定并向市人大常委会报送《关于落实〈常德市人民代表大会常务委员会关于全市规范民办义务教育发展工作情况的审议意见〉的处理方案》，并立即整改。10月24日，市教育局在市人大常委会第六次会议上报告审议意见研究处置情况，获得大会审议通过。10月19日上午，市人大领导、省市人大代表现场视察规范民办义务教育工作市直3所改制的民办学校（芷兰、嘉树、郡德）及“双减”工作示范学校（武陵区一完小），并召开座谈会，市人大领导及省、市人大代表对常德市规范民办义务教育工作所取得的成绩充分认可。

（张钰红）

学校体育、艺术、卫生与国防教育

【概况】 2022年，开展全市体育科研论文评选活动，加强对学校体育教学、体育活动、体育训练及体育管理等学校体育工作研究和督导，组织开展体育与健康课教学竞赛，对2019—2021年授牌的48所全国青少年校园足球特色学校（幼儿园）进行年度考评，将国家学生体质健康标准测试上报及优良率、中小学专职校医配备比例、中小学专职心理健康教师配备比例等三项硬性指标予以考核。2021年常德市中小学生体质健康标准测试优良39.8%，与2020年比较略有提高。

市教育局先后下发《关于进一步做好当前学校疫情防控工作的通知》《关于进一步加强学校封闭管理期间防控工作的通知》《关于有序恢复中小学幼儿园线下教学的通知》等多个文件，启动工作专班，压实学校疫情防控主体责任。全面加强校园疫情管控和师生员工健康监测及核酸检测，及时处置异常情况。全年免费为市直学校师生员工组织核检23万余人次，全市师生员工疫苗接种78万余人次。主动做好疫情防控的宣传引导和师生员工思想工作，引导师生员工不造谣、不信谣、不传谣，及时疏导处置网络负面舆情，及时回应师生员工合理诉求。特别是湖南应用技术学院疫情发生后，市教育局成立由主要负责人带队的工作专班，进驻学校靠前指挥，迅速控制该校疫情，号召局机关干部为学生捐赠防寒衣物300余件，为学生提供中药防疫汤剂包70800服。

学生体检和视力筛查。对5万余名市直学校学生开展全面体检和免费视力筛查，联合市疾控对中小学（园）视力监测点筛查工作，共完成78所中小学（园）的监测筛查任务。持续做好学校卫生、饮用水、艾滋病防治、垃圾分类和文明卫生创建工作。

民族传统文化学校和戏曲进校园。全市共创建16所全国中小学中华优秀传统文化传承学校，14所学校获评全省戏曲进校园特色小学。

举办多种学校美育活动。举办市城区中小学“美丽常德 我的家”主题演讲比赛、全市小学戏曲课堂教学竞赛、全市中学生建制班合唱比赛、全市中小学生书法绘画摄影比赛、全市中小学生“三独”比赛等多项艺术美育活动，武陵区北正街小学、澧县实验小学获湖南省小学戏曲课堂教学一等奖，嘉树学校、澧县二中获省中学生建制班合唱一等奖，常德市教育局和临澧县、澧县、桃源县教育局获湖南省优秀组织奖，全市参加和开展各级艺术比赛活动的学生达10万余人次，编撰出版优秀学生书法作品结集1000余册。

国防教育进课堂。将国防和爱国主义教育纳入教学计划，开设国防和爱国主义教育课程，明确高中（中职）阶段不少于25课时，义务教育阶段通过相关课程（包括语文、德育、历史、地理、体育等），渗透国防和爱国主义教育。加强资金保障力度。全年安排专项资金20万元用于国防教育读本免费发放；安排专项资金20万元组织学生观看爱国主义电影。9月19日，组织全市中小学生观看优秀国防教育影片《守岛人》，极大地提高学生爱国热情。抓好示范创建和军训。会同常德军分区完成2所国防教育示范校遴选申报和5所示范校复核工作；扎实组织开展高中军训和调研工作，与军分区联合制定《关于做好2022年高中阶段学校学生军事训练有关工作的通知》，确保全市高中阶段军训安全有序。

教师配备和场地器材建设三年行动计划。完成全市体育美育教师配备及场地器材建设情况摸底，并由市委办公室、市政府办公室印发《关于贯彻落实〈湖南省学校体育美育教师配备和场地器材建设三年行动计划（2021—2023年）〉的通知》（常办〔2022〕40号）文件。

推动青少年校园阳光足球运动。2022年7月，常德市组织青少年足球队参加全省青少年阳光校园足球比赛，获得小学男子组一等奖、小学女子组三等奖，初中男、女子乙组均获一等奖。8月，由常德市组织湖南省代表队，选拔石门县第五小学6人、武陵区北正街小学4人共10名学生及2名教练为湖南省代表队主力选手和教练员，参加全国青少年校园足球夏令营比赛，夺得2022年小学男子五年级组冠军、六年级组亚军。全年，全市开展校园足球比赛近500场，参加全市校园足球决赛运动员900余人，有力促进常德市校园足球健康发展。

【普及中小学生游泳教育试点民生项目】 7月21日，省教育厅批复同意常德市作为全省防溺水疏堵结合试点市。市教育局、市文旅广体局联合印发《常德市防溺水疏堵结合普及中小学生游泳教育试点工作方案》，出台《关于进一步做好全市初中学业水平考试体育测试工作的通知》，将游泳项目纳入体育中考四选一选考项目（选考共40分）。2022年与35家社会游泳场馆达成培训学生安全游泳技能合作协议，分3期培训游泳教师150名。截至2022年年底，共培训30698名义务教育阶段学生学会安全游泳，约占全市义务教育阶段学生总数的6.65%，补贴学会游泳学生经费260余万元（100元/生）。

【十四届市中学生田径运动会】 11月9—11日，举办全市第十四届中学生田径运动会，澧县一中为承办学校。运动会设置95个比赛项目，共有577名运动员参赛。经过3天的激烈角逐，共有42人次打破21项全市中学生田径运动会纪录，鼎城区、市直、临澧县代表队分获甲组团体总分前三名，桃源县第一中学、澧县第一中学、临澧县第一中学分获乙组团体总分前三名，澧县、桃源县、石门县代表队分获丙组团体总分前三名。16支代表队获得体育道德风尚奖，展示全市中学生良好的精神风貌。

（张谋海）

教师培训与师范教育

【概况】 2022年，全市共计培训中小学幼儿园教师24818人次。其中，“国培”项目6486人次，“省培”项目137人次，“市培”项目5690人次，市直及五小区信息技术2.0培训4505人次，全员远程培训8000人次。

校（园）长培训。全年组织50名小学校长、50名初中校长、40名幼儿园园长开展任职资格培训，同时分别组织40名优秀中学校长、40名小学校长赴昆明、武汉等地参加高端研修班。

骨干教师及学科培训。组织40名市级中学学科带头人、40名市级小学学科带头人、50名市级中学骨干教师、50名市级小学骨干教师赴外地开展高端主题研修。市培项目聚焦短板学科骨干教师培训，分别组织乡村音乐、体育、美术老师进行培训，共计培训120人。

信息技术2.0培训。按照分级负责的原则，常德市主要抓好市直学校教师的信息技术2.0培训及能力点的测评。市直及五小区共有4505名教师参加能力提升工程2.0全员培训。

新一轮中小学教师全员远程培训，全市共培训中小学教师8000人次。

公费定向师范生年度招生录取。2022年，各类公费定向师范生招生计划共1051个，其中省级项目计划651个，市级项目计划400个。整个招生录取工作组织严密、操作规范、程序到位，受到省教育厅的高度肯定和招生学校、学生及家长的一致好评。

省级优秀论文遴选。鼓励教师积极开展教育教学论文的撰写活动。2022年，共组织、汇总、遴选并向省厅推荐论文、案例共2523篇，积极推进新课程改革，总结、交流和推广新课程改革的先进经验和优秀成果。

【市级教师工作坊坊主主题研修】 5月26—28日，在湖南幼儿师范高等专科学校举办常德市第二届市级工作坊坊主2022年度主题研修班。参加研修的学员包括43个市级工作坊坊主，胡流丽与黄丽两个现场研修展示的工作坊坊员共计120余人。培训班研修场所设立在常德市郡德学校，同时在常德外国语学校设立分研修场。通过借助网络研修平台，依托学科专家和骨干教师，在一定区域内开展学科研修常态化活动，逐步探索在常德市建立“研培一体”的教师工作坊研修模式。

（李　军）

教育科学研究

【概况】 2022年，常德市教育局深化教研活动，强化对高三复习指导，加强对城区教学督导。先后到常德外国语学校、芷兰实验学校、文理学院附属中学、市十一中等城区学校开展听课交流和教学常规检查。9月2日，专门召开市城区初中学校教学质量分析会，市直初中学校校长、分管教学副校长、市教科院中学教研员共53人参会。

创新工作方式。开展蹲点教研。先后到临澧一中、芷兰实验学校、鼎城一中、临澧一中、汉寿一中、津市一中、澧县一中开展蹲点教研，两人一组随堂听课8～15节，参与备课活动1次，随后与高三备课组组长、年级管理干部交流半天，蹲点教研的新形式受到学校的欢迎和好评。开展学法指导。先后到临澧一中、澧县一中、常德市二中、津市一中、鼎城一中、安乡一中、常德外国语学校、芷兰实验学校与高三学生面对面交流，为学生答疑解惑。开展网络研修。2022年，建成网络教研平台，在下半年尝试开展高三复习线上研讨、请外地专家线上讲学。11—12月，利用网络教研平台开展中学教师“教学设计”和“作业设计”评审，共收到高中教师报送的“教学设计”1024个，初中教师报送的“作业设计”1307个，经过评委分散初评和集中评选，共评出“教学设计”一等奖作品266个、二等奖作品337个、三等奖作品385个；评出“作业设计”一等奖作品218个、二等奖作品403个、三等奖作品475个。将主题教研与教学视导相结合。9月19日到11月初，中学室到城区的13所普通中学进行以“聚焦新课程，提升教学质量”为主题的专项视导，并印发《关于2022年下期常德市市直中学“聚焦新课程，提升教学质量”专题视导情况的通报》。开展疫情形势下的教研人员培训。12月18—22日，举办“常德市教研人员业务提升研修活动”，安排“党的二十大精神宣讲”“新时代区域教研的转型升级”“关于深度教研的实践与思考”“教研行为现代化的实现策略与案例分析”“新时代高中学校教研工作高质量发展的思考与实践”等8个专题讲座，全市共有160多人参加。

教学研究与视导。中学室共听课593节，视导学校30所，评选论文810篇，开展学科教研活动27次，参加研讨的老师达3000多人；组织或参与大型考试命题6次。职教室共组织开展17次教研活动，全市20多所中职学校的教师1000多人次参与。组织开展17所中等职业学校公共基础课教师教学设计和说课比赛，共有78名教师参赛，共评选出一等奖26名、二等奖52名，并择优推荐8名参赛选手参加湖南省中等职业学校公共基础课教师教学设计和说课比赛。先后视导中职学校12所，随堂听课65节，查看教案96本，抽查学生作业及实训报告500多册，召开座谈会12个。开展全市中等职业教育优秀教研论文评选活动，共收到全市15所中职学校报送的论文197篇，论文数量创历史新高，整体质量也明显提升。经评审，共评出一等奖37篇、二等奖76篇、三等奖70篇。小教室分别前往桃源县、武陵区、市直等10多所学校进行常规教学视导与专题教学指导，听课150余节，进行教学点评与指导逾300小时，受到基层学校普遍欢迎。

送教下乡。为增强边远农村学校一线教师的教学教研意识。中学室全体成员在3月3—4日组织送教到安乡县下渔口中学，活动中语、数、英三科从城区优秀教师中各选一位教师上示范课，下渔口中学及周边学校反响热烈。

课题研究与管理。规划与发展研究室组织市本级课题、市社科课题、省规划课题、省社科课题、省教育学会课题、省教育科研工作者协会课题、全国规划课题7个批次的课题立项申报工作。2022年，全市共有61项课题确认为省级立项课题（省规划17项、省教育学会23项、省科研工作者协会21项）。共有18项成果获得第五届湖南省基础教育教学成果奖：一等奖5项，二等奖3项，三等奖10项。在课题管理方面做到“三个100%”。开题论证100%。先后组织市本级30项课题的开题论证工作；协助完成省教育科研工作者协会21项、省教育学会23项、省规划17项课题的开题论证工作。中期检查100%。对2021年立项的85项省市立项课题全部进行中期检查。结题鉴定100%。组织或协助组织省级立项课题结题鉴定工作，开展20项市本级立项课题结题鉴定工作。

加强信息技术教育研究、生涯规划教育研究、劳动教育研究。组织召开2022年度常德市中小学信息技术教学研讨会。组织参加湖南省信息科技教材培训和信息科技案例评奖。主持常德市高中信息技术肖焕之工作坊和常德市劳动教育师资培训工作坊。组织召开2022年度常德市高中生涯规划教育研讨会。应湖南文理学院继续教育学院、鼎城区淮阳中学、桃源县九中、桃源县教师进修学校、常德市七中等学校作讲座近10场；全国CSP-S/J认证学生获奖数提升。召开全市高中学校“生涯规划教育”会议，指导全市高中学校开展高中学生生涯教育、为全市高中学校提供选科数据分析和建议。在德善学校举行“湖南新高考志愿填报”公益讲座，全市高考生和家长网上同步在线收看。

职业教育教研联组活动。以全市中等职业教育教研联组为平台，坚持问题导向，聚焦专业建设和公共基础课新教材培训，共组织开展10次内容丰富、形式多样的教研活动，全市20多所中职学校的800多人次参与。

【中等职业学校公共基础课教师教学设计和说课比赛】 10月10—11日，组织开展全市中等职业学校公共基础课教师教学设计和说课比赛。参赛对象为全市中职学校（含高职院校中职部）思想政治、语文、历史、数学、英语、信息技术、体育与健康、艺术等8门课程骨干教师，共有全市17所中等职业学校（含高职院校中职部）的78名教师参赛。经作品评审和现场说课，共评选出一等奖26名、二等奖52名，并择优推荐8名参赛选手参加湖南省中等职业学校公共基础课教师教学设计和说课比赛，荣获省一等奖4个、二等奖2个、三等奖2个，市教学研究院获优秀组织奖。

【职业教育教学视导与教学改革研究项目】 3月，组织开展常德市中等职业学校旅游服务类专业教学视导。视导专业主要为旅游服务与管理、高星级饭店运营与管理两个专业。先后视导中职学校（含高职院校中职部）12所，随堂听课65节，查看教案96本，抽查学生作业及实训报告500多册，召开座谈会12个。开展2020年湖南省职业院校教育教学改革研究项目的中期检查。5月下旬，对全市2021年湖南省职业院校教育教学改革研究项目开展实施方案论证。6月中下旬，对全市2019年湖南省职业院校教育教学改革研究项目验收，除1项不通过外，其余17项已由省教育厅复核通过。12月上旬，指导申报2022年湖南省职业院校教育教学改革研究项目19项。

【全市中等职业学校专业技能抽查与学生技能竞赛】 5月19—20日，市教育局开展全市中等职业学校专业技能抽查。抽查专业为机电技术应用、智能设备运行与维护、电子电器应用与维修、电子技术应用、服装设计与工艺、服装制作与生产管理、会计、会计电算化、工艺美术及2021年复查专业共11个。全市参考中职学校22所，参考学生621人。11月10—12日，举办全市职业院校学生技能竞赛，共设7个专业大类23个赛项。组织参加2022年湖南省职业院校学生技能竞赛和教师教学能力比赛。2022年湖南省职业院校学生技能竞赛中，常德市中职代表团获团体二等奖，其中，获一等奖8个、二等奖23个、三等奖40个。2022年湖南省职业院校教师教学能力比赛中，常德市共获一等奖4个、二等奖12个、三等奖14个。

（雷光宇　王治璎　张国平
张　璟　廖学春　周昌文）

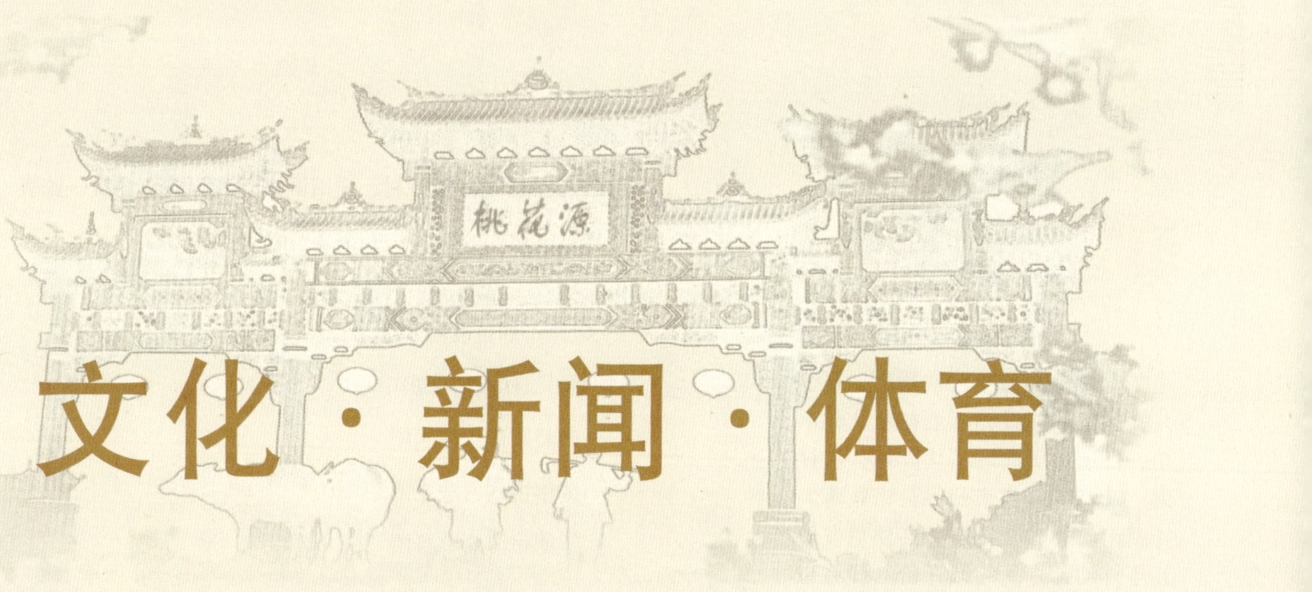

文化·新闻·体育

文化综述

【概况】 2022年，常德市文化工作坚持以人民为中心，文艺创作屡出精品，文化惠民工程加快建设，文化活动日益丰富，文化市场管理不断加强，文化产业快速发展。研究出台《常德市艺术创作三年规划（2022—2024）》，全面系统谋划全市三年的艺术创作工作。围绕乡村振兴、中共二十大召开等重要主题，组织全市音乐创作笔会、曲艺（小戏小品）创作笔会、舞蹈创作笔会，指导、选拔优秀文艺作品创作。汉剧《我娘是片钥匙》、汉剧《翦伯赞》、歌曲《呀春声》获湖南省第十五届精神文明建设“五个一工程”奖，常德是唯一两台大戏获奖的市州。鼓盆歌《菜缘》、常德丝弦《一张站票的故事》、常德丝弦《只要主义真》入围第十二届中国曲艺牡丹奖。荆河小戏《兰江渡》、常德丝弦《不屈的吼声》、鼓盆歌《菜缘》代表湖南参加第十三届中国艺术节群星奖角逐。汉剧《翦伯赞》代表湖南参加了第八届江西艺术节·第十二届江西玉茗花戏剧节展演活动。汉剧《我娘是片钥匙》、汉剧《翦伯赞》参加2022年全省“雅韵三湘”文艺展演活动。

（刘长青）

【文艺活动】 选拔出13个新创节目、8个折子戏参加2022年常德市“百团大赛”群众文化活动总决赛专业类专场比赛。组织筹备“喜迎二十大　强国复兴有我‘看见常德’书法美术摄影作品展”“第四届全国中青年获奖书法家作品邀请展”等系列美术活动。以演出为中心环节推动文艺院团发展，全市全年文化惠民演出740场，戏曲进校园演出100场。

（彭　辉）

【文化产业发展】 截至2022年年底，常德共有文化规上企业286家，其中新入规企业14家。规上文化及相关企业营收总量231.6亿元，全省排名第七；增速29.2%，全省排名第一，综合排名全省第一。规上服务业营业收入31.48亿元，全省排名第三；增速32.9%，全省排名第三；工资总额增速1.5%，全省排名第二。

（梅晋宾）

【文化市场管理】 组织开展市城区校园周边环境专项整治、暑期文化市场专项整治等文化市场专项整治行动，出动执法人员566人次，检查经营场所1960家次，关停校园周边200米范围内游艺类娱乐场3家，歌舞娱乐场所1家。查处案件92件，排查整改重大安全隐患57处。加强重点时段、重点区域、重点行业的市场监管，落实节假日值班值守制度，开展市场巡查。同时，针对夜间经营文化场所特点开展夜巡执法检查行动，文化市场综合行政执法队伍每周1～2次夜巡行动，强化网吧、娱乐场所等夜间经营的人员密集文娱场所全天候监管，并开展边执法边普法活动，强化从业人员守法经营意识。强化部门协作，与运管、交警、市场监管等部门建立协同协作机制，制定“双随机、一公开”跨部门联合执法检查计划并实施，形成监管合力。常德市文化市场综合执法支队荣获司法部“全国行政执法先进集体”称号；常德市文化市场综合行政执法支队、桃源县文化市场综合行政执法大队获国家版权局“2021年度查处重大侵权盗版案件有功单位”称号。

（汪　洋）

公共文化

【概况】 2022年，常德市加强公共文化资源建设，开展群众文化活动，打造最美潇湘文化阵地，被评为“2022年全省市州、县市区落实《湖南省公共文化服务高质量发展五年行动计划》绩效评价”优秀市州。全市公共图书馆藏书总量达582.871万册，比2021年增长6.9%，年图书流通198.0358万册次，较2021年增长20%。加快数字文化资源建设，全市公共文化机构数字文化资源总量达241.4TB，每万人拥有量达0.46TB，全市新增数字文化资源52.04TB，较2021年增长27.5%，访问总人次2342万人次，较2021年增长39.4%。组织开展元旦春节系列文化活动、“喜迎二十大 强国复兴有我”系列文化活动、“百团大赛”、“戏曲进乡村”、“我们的节日”等各类群众文化活动，全年共计开展群文活动17437场次，较2021年增长14.5%，开展大型文化活动641次，较2021年增长15.9%。2022年，常德市1个乡镇（街道）、3个村（社区）被省文旅厅命名2022年“最美潇湘文化阵地”。

（彭　辉）

【公共文化设施】 全市公共文化设施总面积达787.86万平方米，人均1.5平方米，比2021年增长17.74%。截至2022年年底，市图书馆维修加固工程完成立项等前期筹备工作；石门县图书馆新馆7月正式开馆；津市市图书馆文化馆新馆舍完成主体建设；市城区河街和晓岛社区新建的2个“城市书房”对外开放，“侨胞之家”建成新型创意空间。县域内设置文化馆图书馆分馆分别为146个和173个。

2022年“送戏曲进万村、送书画进万家”演出场次一览表

表23

演出（组织）单位	全年场次
常德市湘楚歌舞剧院	60
常德市汉剧高腔保护中心	25
武陵区尚舞艺术团	5
津市市荆河戏剧团	5
常德市海燕歌舞团	5
武陵区	20
鼎城区	120
汉寿县	90
桃源县	120
临澧县	60
澧县	94
石门县	60
津市市	22
安乡县	54
合　计	740

资料来源单位：常德市文化旅游广电体育局

【常德市文化馆】 2022年，常德文化馆提供免费服务项目39项，年服务惠民达100余万人次，举办百姓大舞台惠民演出70场，开设艺术公益培训班30个，举办基层文艺骨干培训班6期，举办武陵欢歌广场文化活动9场，馆办文艺团队下基层惠民演出暨群众文艺作品推广活动6场，举办美术书法摄影展览12场，组织跨地区文化交流活动4次，举办艺术常德大讲堂4场，组织各类创作笔会和创作活动5次，编辑馆办刊物《艺术常德》4期，完成艺术常德微课堂17期。

（王秀英）

【常德博物馆】 2022年，常德博物馆围绕传统节日、国际博物馆日、文化和自然遗产日等开展主题活动112场，推出了临时展览《虎虎生福——新春生肖文物联展》《矿物的彩虹世界》《有模有样——桃花源里传统糕点印模艺术展》，全年开放310天，参观总人数为19.35万人次。获湖南省文明旅游示范单位，获湖南省革命军事文物征集先进单位，李文涓荣获湖南省革命军事文物征集先进个人。

（周密密）

【常德市图书馆】 2022年，市图书馆上架新书1万余册，总流通人次64万余人次，外借图书24万余册次。新建分馆5家，流通点9个，缓解本馆加固维修期间市民借书难、看书难问题。联合分馆、流通点、乡村学校及企事业单位等阵地，在全市范围内广泛开展“喜迎二十大”等各类主题活动228场，参与人次达4万余人次。陆续上线“云图有

声”等数字资源，在城市书房及新型阅读空间开辟数字资源文化墙，增设“耳机森林”等数字阅读载体，截至2022年年底，数字资源已达39.97TB。

（王俊鸿）

新闻出版

【概况】 2022年，常德市新闻出版行业严格进行年度核验，年检过程中，严格按照年检工作要求，审查各单位报送的数据资料。重新核发连续性内部资料准印证工作，应重新核发连续性内部资料准印证79种，通过审查并予以换证的连续性内部资料75种。其中，报型21种、刊型54种。不符合换证要求予以注销的连续性内部资料9种。其中，报型2种、刊型7种。2022年度，全市共审批连续性内部资料准印证5种，一次性内部资料76种。

发行企业年度核验工作。共有331家出版物发行企业通过核验。其中，出版物批发企业9家，零售企业322家（含网上书店38家），出版物销售总额32924.42万元，营业收入112944.4万元，资产总额62731.21万元，利润总额5597.63万元，发行网点527个，从业人员2120人。

印刷年度报告和产业统计工作。通过年度报告的企业共有187家。其中，出版物印刷企业、内部资料性出版物印刷企业29家；排版、制版、装订专项印刷企业2家；包装装潢印刷企业58家；其他印刷品印刷企业94家；专营数字印刷企业4家。2022年度，新建印刷企业9家；由于经营不善、无印刷条件、长期未从事印刷经营活动等原因，注销印刷企业9家。全市印刷行业资产总额共计40.40亿元，销售收入共计29.70亿元。年印刷总产值5000万元以上印刷企业达8家，资产总额达31.01亿元，销售收入24.07亿元。

【“喜迎二十大　奋进新征程”2022年“全民阅读·绿书签”活动】 2022年4月开始，常德市开展“喜迎二十大　奋进新征程”2022年“全民阅读·绿书签”示范引领活动。将《习近平谈治国理政》第四卷、《让群众过上好日子——习近平正定足迹》等四部图书及一批优秀少儿读物，制作成“绿书签”，通过故事化解读、场景化呈现，引导青少年从习近平总书记成长经历中感悟思想伟力、汲取前行力量。开展校园阅读、好书分享、知识抢答等阅读实践活动650多场次，将公交车改装成绘有卡通图案的“阅读巴士”，打造成“移动图书馆”“流动护苗岗”，开进乡村、社区、工厂，举办阅读活动85场次，吸引1000余个家庭参与，被省委宣传部宣传推介。

（谭玄梓）

常德日报社

【概况】 2022年，常德日报社牢记党的新闻工作者职责使命，服务常德经济社会发展，讲好常德故事，传递常德声音，扩大常德影响，塑造常德形象，各项事业实现新发展。培育“党报先锋”党建品牌，实现党建业务深度融合，《做实“融”字文章　服务中心大局》入选全市10个示范案例。先后组织开展未成年子女爱国主义教育、“喜迎党的二十大摄影展”、“我们的节日”诗文诵读、“好记者讲好故事”、“记者节”团建等活动，推动形成党建带群建、群建促党建的良好格局。制定年度纪检监察工作要点，组织召开全社作风建设大会，时刻绷紧党纪党规这根弦，及时把苗头性问题处理在萌芽状态。加强清廉机关建设，举办“建功新时代、清廉常德行”书画展，严守政治纪律、新闻纪律和工作纪律。

【重大主题宣传】 对中央重大决策部署、习近平总书记重大活动及省委、省政府重要工作部署的报道，严格对标对表，在重要版面、显著位置予以刊发，不打折扣，不搞变通，不降标准。先后刊发“理论”版40多期、推出“沅澧潮”文章两个系列共11篇，推出“本报评论员”文章6篇，刊发“沅澧时评”40多篇。2022年是中共二十大召开之年，策划推出《奋进新征程建功新时代·常德这十年》系列报道，开设“喜迎二十大”“二十大代表风采”“二十大时光”“学习贯彻党的二十大精神”等专栏，刊发“非凡十年”特刊92个专版。寻访历次党代会党代表，推出“你好，党代表”系列报道、“老兵心向党、献礼二十大”专栏，制作“我是两新党员，我在你身边”短视频、“穿越时空致敬老兵”八一特辑和常德市首届先进制造业突出贡献人才系列海报，推出《万川奔涌向大江——党的十八大以来常德经济社会发展概述》，全面展示常德经济社会发展的辉煌成就。围绕“三大支撑八项重点”工作，开设《“三高四新”在常德》《“六大专项行动”兴沅澧》专栏，围绕优化营商环境开设《打造一流营商环境　推动高质量发展》专题专栏；围绕乡村振兴开设《乡村振兴沅澧行》专题专栏，参与编辑推出《亲亲常德　美在乡村》宣传册，抓住常德粮食种植面积和产量连续18年全省第一的新闻点，采写长篇特稿《稻熟洞庭西》；打造《杨MM带你看农村》新媒体产品，获评第34届中国经济新闻奖；围绕文明城市创建开设《创建为民、创建惠民、创建靠民》《不文明现象曝光台》专题专栏；围绕桃花源文化旅游节开设《桃花源里·诗画常德》专题专栏；成立疫情防控报道党员团员先锋队，围绕疫情防控开设《防疫进行时》专题专栏，及时回应群众关切，常德融媒慢直播吸引85万人观看。11月29日，“神舟十五号”载人飞船发射成功，推送《神舟十五号载人飞船飞行乘组确定，常德人张陆在列！》《厉害了！汉寿一中一个班两位同学执行神舟十五号任务》等相关稿件15条。12月，围绕全市两会推出《向两会报告》《人大代表风采》《优秀委员工作室巡礼》等专版专栏，全面展示代表委员积极履职、建言献策的成果。融媒矩阵持续聚焦常益长高铁建设与通车全过程，12月26日，联合《长沙晚报》《益阳日报》两家市州党报和常德全媒直播常益长高铁开通仪式，各平台累计观看人数超过80万人，当天推出2万字首页特稿《跨越世纪的奔跑——写在常益长高铁通车之际》，送上高铁车厢和开通运营仪式现场，推出视频号和视觉连版《圆梦高铁——常益长铁路建设掠影》《你好，常益长》《把作品画在大地上——记常德高铁站总设计师、常德人盛晖》。

【媒体融合】 创新新闻内容，提升载体传播力。按照“一次采集、多元生成”的采编思路，8个一线采访部室试行扁平化管理，策采编发一体化稳步推进，众多新闻作品以图表、漫画和视频等表现形式在不同平台呈现，优化“星稿星版”评定制度，加大好稿优稿奖励力度，视频发稿量同比成倍增长。创新传播手段，提高党报影响力。策划推出“这些常德产品为啥红”系列、《二十四节气之沅澧风物》、《你好！常德新职人》、《最后的送行者》、《水上“镖师”》、《凡人英雄》等优质全媒体产品，2022年新配备一台网络直播车，组织参与“6·5”世界环境日、常德市人大常委会地方法规实施新闻发布会、“桃花源里的品牌故事”、常德粮食集团新品上市推荐会、常德市工业品名录“云发布”、“五好”园区现场会等直播活动，组织“高铁之上、宜居之城”常德房地产展示交易会，策划常德园林赏花地图、“登小二”手绘条漫、“劳动者时辰”、“外国人在常德”图文短视频系列报道，制作推出全市首款政务服务表情包，新颖生动的报道形式受到社会各界的一致好评。创新传播平台，增强内容感染力。对常德融媒客户端进行改版并大力推广，日报“社会记录”“深读”等版面质量稳中有升，乡村、民生、城事、教育、文化等一系列热点话题报道获得广泛关注，首推家风专栏报道一批家风故事。向上向外推送稿件，大量新闻作品被《人民日报》纸质版和客户端、新华社客户端、央视新闻客户端、新华财经等转载，提升常德的美誉度。

【聚力来信来访】 1—12月，市民在《常德论坛·市民留言》平台发帖投诉4251条，相关部门单位回复处理率97.85%，接待来信来访162人次，均交办到相关单位处理，帮助群众解决实际问题65个。

（罗　坤）

2022年11月4日，常德日报社工会组织全体员工举行团建活动，庆祝第23个中国记者节
（裴维维　摄）

常德市广播电视台

【概况】 2022年，常德市广播电视台以宣传中共二十大为主线，严守意识形态阵地，突出新闻主责主业，推进媒体深度融合，推动广电转型发展，各项工作成效明显。全台总收入6160万元，其中媒体经营收入3673万元，全省仅次于长沙和株洲，居市州广播电视台前列。获湖南省播音主持管理先进集体。全年广播电视播出实现零事故，作为常德经验向省广播电视局推介。3件作品获湖南新闻奖，6件获湖南广播电视奖，4件获新媒体奖，14件获湖南播音主持及论文奖。主持人姚龙参加“好记者讲好故事”比赛获全省一等奖，代表湖南参加全国总决赛获优秀奖。

【电视】 推出10集系列报道“领航中国·常德篇——这十年，总书记见过的常德人”，讲述习近平总书记与常德人的故事，被湖南省广

2022年9月22日，市广播电视台策划执行2022年沅澧共庆中国农民丰收节

（市广播电视台 供图）

播电视局评为2022年全省广播电视创新创优扶持节目。开辟喜迎二十大、二十大时光、三高四新在常德、六大专项行动、疫情防控、文明创建等专题专栏，其中《二十大时光》专栏发稿123条。组织开展“五好园区百企行”大型融媒体新闻行动，历时4个月，报道全市工业企业110多家。全年在中央广播电视总台播发新闻144条，其中《新闻联播》11条。在湖南卫视播发新闻546条，列全省第三位。

【广播】 首档广播廉政专栏《清风伴你行》播出44期，被湖南交通广播电台采用35期，为一体推进廉政建设营造良好的舆论环境。《政务服务便民热线》等广播热线节目视频化直播，参与单位60家，嘉宾420人，受理市民投诉600多个，问题办结率98%。开设《姐姐当家》广播直播节目，邀请28名女企业家做客直播室，传递创业正能量。

【新媒体】 “常德全媒”新媒体矩阵全年制作、推送短视频3000多条，单条短视频最高播放量达2.1亿人次，播放量超过1000万人次的有11条，超过100万人次的有246条。“常德全媒”抖音号全年浏览量超过9亿人次，“粉丝”达94万人，居常德新闻媒体之首。“常德全媒”APP全年推送图文2万多篇，微信公众号推送1800多篇，其中阅读量超过10万人次的稿件6篇，阅读量破万的稿件140余篇。“常话短说CDTV”视频号策划制作的《常德的桥》《常德非遗》《二十四节气》等系列短视频，传播中华传统文化，展现常德深厚的文化底蕴。开通“常德旧影”视频号，用影像展示常德历史，唤起市民美好回忆，受到较多受众的点赞和转发。围绕常益长高铁开通这一大事件，推出《桃花源里的幸福快车》系列报道，全年发稿615条，视频号、抖音号总播放量4000多万次。

【活动执行】 5月，市委主要领导走进“常德市房地产展示交易会”直播间，成为“我为房交会代言”的首位重量级嘉宾。8月初，举办柳叶湖湖畔音乐节，吸引3万名游客、70多家商户参与，拉动消费超1000万元。9月22日，策划执行2022年沅澧共庆中国农民丰收节，出动100多人的直播宣传团队，展示常德市乡村振兴新成果，央视频、新华社现场云等平台观看突破130万人次。全年策划执行桃花源文化旅游节微直播、全市科普讲解大赛、微宣讲比赛、百团大赛、2023年常德春晚、全市首届少儿舞蹈大赛等大型活动。

【影视制作】 策划制作常德新版文旅宣传片《常德2023》。受市纪委监委委托，制作了常德反腐倡廉警示教育片《警钟2022》《警惕“作风病”，打通“中梗阻”全市加强作风建设优化营商环境暗访片》。策划制作抗疫公益短片《众志成城，勇毅前行》，及时传达市委、市政府的抗疫决策，受到市委宣传部表扬。

【项目经营】 参与智慧常德应用场景开发，完成5个智慧小区室内综合布线项目建设。“常德品牌·中国品质”生活馆线上帮扶产品销售2000万元，线下销售额超过100万元。

（张少平）

调频转播

【概况】 2022年，常德广播电视调频转播台以安全播出为重点，建立健全涵盖消防、住房、交通、森林防火、反恐等一揽子安全责任制度、管理制度、应急预案、迅速反应流程。巩固实战与演练、技术与设备保障相结合的安全播出保障工作体系。2022年召开中共二十大，举办冬奥会、残奥会等重大活动，重要保障期节点多、跨度长，防疫、防旱、防火、缺水带来诸多挑战，全台发扬斗争精神，完成重要保障时段播出计65天1512个小时，全天候值守526人次，全年满功率、满时间、满调制安全播出13万小时，全年无错播漏播插播，高质量完成任务。顺利完成省广电数字电视增补频道关停等重点工作，多次受到省局、省覆盖中心肯定。

建立山上值班业务骨干人员常态化跟班学习机制、每周二常态化技术维修示范机制、疑难故障维修三步法机制（通报、分析会确定维修方案、集中维修），加强维修效果，提升技术能力。建立长期监视和定期收测制，年内组织180人次省域内实时实地监测，通过及时反馈电视广播播出效果，进一步改善提升播出质量，促进安全、优质、高效播出。作为省骨干台站，常德广播电视调频转播台所有设备均未发生停播事故，工作时间均达到国家甲级标准，发射功率、覆盖范围、受益群众居全省第一，保障基层群众的公共文化权益。

【保障中共二十大安全播出】　为保障党的二十大的安全播出工作，投入16万元购买矢量网络分析仪、光纤时域测试仪及充足的备份元器件；投入12万元采购3台数字电视码流切换器，用于数字微波、光纤、卫星信号输入切换，完成备份信号源的无缝切换；投入30多万元引进地面数字电视备播系统；投入40多万元对3座铁塔进行防腐、校正等全面维护；完成700兆赫数字电视频率迁移工作，安装价值约40万元的新天线和馈管。

（王洲帅）

图书发行

【概况】　湖南省新华书店有限责任公司常德市分公司（以下简称常德市新华书店），隶属于湖南省出版集团旗下的湖南省新华书店，主营全市中小学教材、图书零售、文化用品、图书馆配、对外批发、线上销售及党和国家重要文献、政治理论读物的发行工作等。发行网点80余家，遍布常德市辖9个区县（市）和6个管理区。2022年，新华书店常德分公司营业收入完成年计划的120%。

教材发行。落实国务院关于义务教育阶段学生全部享受免费教科书的政策，做好义务教育阶段的免费教材发行工作，严格兑现“课前到书，人手一册”的服务承诺，全力做好教材的余缺调剂工作，及时解决学校因学生增减而产生的课本余缺，克服多重困难保障全市50多万名中小学生课前到书。

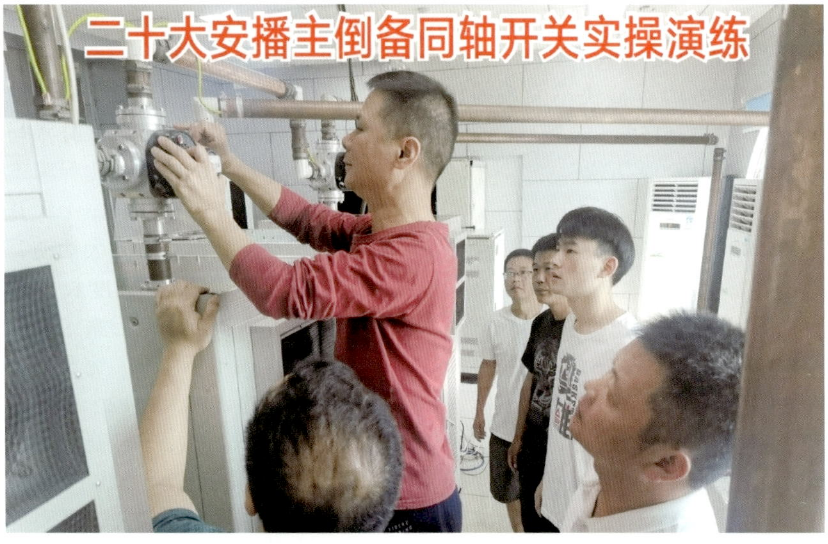

2022年9月27日，常德广播电视调频转播台进行二十大安播主倒备同轴开关实操演练

（常德广播电视调频转播台 供图）

政治读物发行。以党建书屋为载体，全市共建设党建书屋383家，发行《中国共产党简史》《习近平新时代中国特色社会主义思想学习问答》《论中国共产党历史》《毛泽东　邓小平　江泽民　胡锦涛关于中国共产党历史论述摘编》85万册；发行《中华人民共和国简史》《改革开放简史》《社会主义发展简史》18万册；发行《读有所得》4000套；《学习贯彻习近平新时代中国特色社会主义思想打赢新冠疫情防控人民战争总体战阻击战案例》和《应急管理体系能力建设干部读本》近5000套，满足全市干部职工阅读需求。

农家书屋配送。结合农村实际需求，常德新华书店每年为全市1000多个农家书屋补充配发图书包括中共二十大相关学习辅导读物、农作物种植、畜牧养殖、医药卫生等不同品种，完成拆包、清点、配书、打捆，及时将这些图书配送到各个农村书屋并将书籍上架，农家书屋已成为联系知识和农村群众的纽带，进一步丰富农民朋友的“精神家园”。

助力全民阅读。坚持以社会效益和经济效益双丰收为目标，不断创新经营方式，提高服务质量。将门店打造成校外阅读基地、研学基地，为学生综合素质培养提供重要窗口。将学生“请”进书店，以丰富的文化活动、文化互动，开阔学生视野，提升学生能力。在服务青少年阅读的同时，书店开展的多元文化活动，青少年读书会、家庭亲子阅读体验、学生校外实践体验等活动赋予书店更大的空间和更多的可能，促进书店的业态升级，也为师生从校内到校外提供阅读基地，打造“行走的阅读”。对外书店提供优质内容满足学生广泛全面阅读需求，如书展、读书分享会、名家进校园、阅读与书写竞赛等多种活动，让学生们更深刻体会到阅读意

2022年8月底，常德市新华书店保证全市中小学生课前到书

（常德市新华书店 供图）

义。向学校提供阅读推广方案，如开设阅读角、推荐优秀图书等，帮助学校提高阅读氛围和阅读水平。

内部管理。树立“过紧日子”思想，压减一般性支出，在经营管理各方面提高管理效率和效益，从源头进行风险把控，2022年重新修订《业务招待费管理制度》《会议费管理制度》《差旅费管理制度》等，在全市范围内开展不同层次的人员制度培训，各项工作有章可依、有规可循。加强财务业务的规范化管理，积极稳妥地推进预算管理，完善考核体系，强化资金管理和费用审批及管控，加强财务检查与监督。

产业创新。公司通过深化体制机制改革加快产业调整，大力开展卖场升级改造，创新网点延伸模式，搭建线上营销推广平台，实现“线上品种齐全、线下精品突出+阅读体验”的线上线下融合发展模式，推动传统书业向数字化、网络化转型，为企业发展注入生机。

【“校园阅读”活动店社恳谈会召开】 11月8日，为进一步加强店社深度融合，推进“校园阅读”工程纵深发展，常德市新华书店召开“校园阅读”活动店社恳谈会。常德市新华书店班子成员、岳麓社、湘人社、湘少社、湘教社、湘美社、湘艺社代表，市公司市场营销部副部长以上共50余人参加会议。会议为店社双方探索服务教育新模式、谋求新发展搭建良好的沟通平台。各县（市）分公司经理和市公司区域经理就校园阅读板块重点阐述创新“校园阅读”服务内容和助力“双减”提质增效的大力举措。探讨以教育教学需要为导向，怎样更好地满足学校教育教学的服务需求，并就当前市场形势及未来如何更好地融合发展提出各自宝贵的建议。

【暑期“小店长”社会实践活动】 7月11日至8月25日，常德书城共开展暑期小店长实践活动18场，其中散团9场、单位专场5场、以相关活动形式开展的其他专场4场，总参加人数近350人。

（陈　思）

文物考古

【概况】 2022年，省文物考古研究所在常德境内主要针对澧县孙家岗遗址开展一系列的考古发掘工作，取得重要收获。澧县孙家岗遗址是湖南地区目前已发现的唯一一处以肖家屋脊文化堆积为主体，且规模较大的史前遗址。遗址位于洞庭湖平原西北部近武陵山余脉处，约呈东南—西北向，比周围相对高出1～2米的长椭圆形岗地上。遗址本体由墓地和环壕所围绕的居址区组成，总面积约21万平方米，其中环壕内居址区面积约14万平方米。孙家岗遗址的发掘是《考古中国·长江中游文明进程研究》课题的田野工作之一，同时也是《中华文明探源工程（五）·长江流域文明进程研究》课题的田野项目之一。2022年开始对居址区北部进行发掘，年度考古工作最重要的成果是将一座肖家屋脊文化公共建筑（编号F47）的平面布局与基础营建过程完整地揭示出来。

（黎　聪　张　爱）

【常德市考古研究和文物保护中心举行揭牌仪式】 9月28日上午，常德市考古研究和文物保护中心在常德博物馆举行揭牌仪式。组建常德市考古研究和文物保护中心，是深入贯彻习近平总书记关于文物工作的重要指示精神，落实市委、市政府加快文化强市建设的重要举措。2022年6月底，市委编委会结合深化事业单位改革，同意以常德博物馆为基础，组建市考古研究和文物保护中心，新增不可移动文物保护、地下文物保护及抢救性发掘等方面的职能。常德市考古研究和文物保护中心，坚持创造性转化、创新性发展，推动文物资源成为坚定文化自信的力量源泉。坚持保护第一原则，加强学术研究，推动文物活化利用。

（周密密）

【澧县鸡叫城遗址成功入选2021年度全国十大考古新发现】 3月30—31日，中国文物报社、中国考古学会主办的2021年度全国十大考古新发现终评会在北京举行。经项目汇报、综合评议，评委投票等环节，澧县鸡叫城遗址成功入选2021年度全国十大考古新发现。湖南省文物考古研究所联合四川大学先后分3次对澧县鸡叫城遗址西南城墙内侧进行考古发掘，共布探方33个，发掘面积721平方米，取得重大收获。发现中国最早最完整的木结构建筑基础，厘清鸡叫城聚落群鼎盛时期的整体布局，在城址内揭露出一批重要遗迹，其中F63规模体量之大，保存之完整，刷新我国木构建筑史。遗址复原稻谷重量达2.2万千克，大面积集中分布的谷糠堆积，以及一系列大型建筑台基等，也都是近年田野考古中少见的重大发现。

（皮楚杰）

文物保护

【概况】 2022年，湖南省文物局公布第三批革命文物名录，常德市共28处入选，其中省级文物保护单位2处，市级文物保护单位13处，县（区）级文物保护单位13处。完成第五批市级文物保护单位的申报工作，全市新增19处市级文物保护单位。完成2023年全国重点文物保护单位、省级文物保护单位项目计划书和省级文物保护专项资金申报工作。组织相关区县（市）申报第四批国家考古遗址公园工作。开展长江流域（湖南段）文物资源普查工作、长江国家文化公园（湖南段）的文物资源调查工作、名碑名刻文物遴选推选工作。目前常德市已被列入长江国家文化公园建设、长征国家文化公园建设范围。开展万里茶道申遗节点城市文物保护状态评估工作，万里茶道石门段已列入中蒙俄三国联合申报世界文化遗产重点名录，其中石门水南渡茶道被列入申报世遗优选点。

【文物安全和执法检查】 落实文物安全四级巡查工作，对全市34处全国重点文物保护单位每月展开抽查，对55处省级文物保护单位每季度展开抽查，对166处市级每季度抽查一次。贯彻落实《湖南省文物火灾隐患整治和消防能力提升三年行动工作方案》，开展全市文物安全生产大检查，其中重点针对文物建筑开展消防安全专项检查。加强常德市城区的文物保护工作，联合常德市城管局、常德市住建局、常德市自然资源规划局下发了《市城区文物（不可移动）管理办法》，对城区内的文物保护提出了精细管理标准，文物保护国土空间专项规划已列入全市国土空间规划编制目录。与公安部门联合开展打击文物犯罪专项行动，全面搜集文物犯罪前科劣迹人员、有关行业从业人员等高危人员信息，充实文物犯罪高危人员数据库，为打击文物犯罪工作提供重要支撑。

【保护建设】 对全市各级文物保护单位开展有计划的维修工作，包括全国重点文物保护单位青山崖墓群、南禅湾晋墓群、城头山遗址、三元宫遗址、桃花源古建筑群、夹山寺，以及省级文物保护单位广州军区西湖生产基地军垦旧址群、荣庄王墓、伞顶盖遗址、津市人民电影院、宋教仁故居等。加强基层文物机构建设，成立常德市考古研究和文物保护中心。

（黎 聪 张 爱）

常德市国家级、省级、市级非物质文化遗产项目汇总

常德市国家级非物质文化遗产项目一览表（7项）

表24

批次	项目名称	项目类别	保护单位	公布时间
第一批	澧水船工号子	传统音乐	澧县文化馆	2006年5月20日
	高腔（常德高腔）	传统戏剧	常德市汉剧高腔保护传承中心	
	荆河戏		澧县荆河剧院演艺有限公司	
	常德丝弦	曲 艺	常德市文化馆	
第二批	孟姜女传说（扩展项目）	民间文学	津市市文化馆	2008年6月7日
	花鼓戏	传统戏剧	鼎城区花鼓戏保护中心	
第四批	鼓盆歌（扩展项目）	曲 艺	澧县非遗中心	2014年12月3日

续表24

常德市省级非物质文化遗产项目一览表（27项）

批次	项目名称	项目类别	保护单位	公布时间
第一批	刘海砍樵传说	民间文学	武陵区文化馆	2006年6月7日
	桃花源传说		桃源县文化馆	
	澧州夯歌	传统音乐	澧县文化馆	
	安乡硪歌		安乡县文化馆	
	土家族跳丧舞	传统舞蹈	石门县文化馆	
	桃源瑜伽焰口手势		桃源县文化馆	
	九澧渔鼓	曲　艺	临澧县文化馆	
第二批	桩巴龙传说	民间文学	石门县文化馆	2009年2月26日
	宋玉传说		临澧县文化馆	
	杨幺的民间故事		汉寿县文化馆	
	擂茶习俗	民　俗	桃源县文化馆	
第三批	善卷传说	民间文学	鼎城区非遗中心	2012年5月5日
	车胤囊萤照读的故事		津市市文化馆	
	石门土家山歌	传统音乐	石门县文化馆	
第四批	皮影戏（澧州皮影戏）	传统戏剧	澧县非遗中心	2016年10月18日
	鼓盆歌	曲　艺	临澧县文化馆	
第四批	尧天坪龙灯	传统体育和竞技	尧天坪龙狮协会	2016年10月18日
	木　雕（桃源木雕）	传统美术	桃源县文化馆	
	常德米粉制作技艺	传统技艺	武陵区文化馆	
	茶　俗（夹山禅茶习俗）	民　俗	湖南省石门夹山国家森林公园管理处	
第五批	澧水小调	传统音乐	澧县文化馆	2021年12月31日
	龙舟制作技艺	传统技艺	汉寿县文化馆	
	铜器制作技艺		桃源县文化馆	
	古陶瓷修复技艺（李氏锔瓷技艺）		湖南李氏锔瓷手工艺品创意有限公司	
	传统香制作技艺（熏香制作技艺）		湖南善德惟馨文化传播有限公司	
	桃源刺绣（扩展项目）	传统美术	桃源县文化馆	
	传统木榨油技艺（扩展项目）	传统技艺	石门县文化馆	

续表24

常德市市级非物质文化遗产项目一览表（44项）

批次	项目名称	项目类别	保护单位	公布时间
第一批	桃源虾灯舞	传统舞蹈	桃源县文化馆	2007年6月6日
	安乡蚌舞		安乡县文化馆	
	临澧民间纸扎	传统技艺	临澧县文化馆	
第二批	丁兰刻木的故事	民间文学	临澧县文化馆	2010年1月1日
	鼎城地花鼓	传统舞蹈	鼎城区文化馆	
	桃源板龙灯		桃源县文化馆	
	南路吹打乐	传统音乐	石门县文化馆	
	澧州花鼓戏	传统戏剧	澧县文化馆	
	常德渔鼓	曲　艺	武陵区文化馆	
	澧州渔鼓		澧县文化馆	
	安乡跳三鼓		安乡县文化馆	
	泰和合宜红茶制作工艺	传统技艺	石门县文化馆	
	三系杂交稻育种及原种繁殖技术工艺		贺家山原种场	
第三批	夹山李自成的传说	民间文学	石门县文化馆	2012年12月31日
	九子鞭	传统舞蹈	石门县文化馆、桃源县文化馆	
	巫　舞		鼎城区非保中心	
	皮影戏	传统戏剧	汉寿县蒋家嘴镇张家冲村	2012年12月31日
	花鼓戏		安乡县文化馆	
	武陵戏		常德市汉剧高腔保护传承中心	
	三棒鼓	曲　艺	安乡县文化馆	
	德山酒古法酿造技艺	传统技艺	德山酒业有限公司	
	太青野茶制作技艺		澧县非遗中心	

续表24

批次	项目名称	项目类别	保护单位	公布时间
第三批	桃源野茶王	传统技艺	桃源县文化馆	2012年12月31日
	“双上绿芽”茶手工技艺		澧县非遗中心	
	桃源古尔邦节	民　俗	桃源县文化馆	
	武陵酒传统生产技艺	传统技艺	湖南武陵酒有限公司	2013年12月18日
第四批	陈二郎的故事	民间文学	临澧县文化馆、武陵区文化馆	2016年2月21日
	竹马灯	传统舞蹈	澧县文化馆、安乡县文化馆	
	桃源捉龟舞		桃源县文化馆	
	说　鼓	曲　艺	澧县文化馆	
	薅草锣鼓	传统音乐	石门县文化馆	
	花岩溪榨笋	传统技艺	鼎城区非遗中心	
	汉寿烙画		汉寿县卧山夫烙画有限公司	
	石雕技艺		桃源县文化馆	
	千张制作技艺		临澧县文化馆	
第五批	糖　画	传统技艺	澧县文化馆	2019年3月25日
	麻花制作技艺（望羊麻花）		石门县望羊桥食品厂	
	蒿子粑粑制作技艺		桃源县佳源文化传媒有限公司	
	沙坪上元点灯	民　俗	桃源县沙坪镇综合文化站	
	中医传统制剂方法（澧州制膏技艺）（扩展项目）	传统医药	澧县非物质文化遗产保护中心	
	三棒鼓（扩展项目）	曲　艺	石门县文化馆	
	吹打乐（扩展项目）	传统音乐	周家店文学艺术界联合会	
	常德米粉制作技艺（津市牛肉米粉）（扩展项目）	传统技艺	津市市文化馆	
	太阳山太阳神的故事（增补）	民间文学	常德柳叶湖旅游度假区	2021年1月18日

（常德）市州省级以上项目代表性传承人一览表

表25

填报时间：2023年3月15日

序号	市州	项目类别	项目编号	项目名称	项目保护单位	市级代表性传承人姓名	省级代表性传承人姓名	国家级代表性传承人姓名	列入省级项目时间及批次	列入国家级项目时间及批次
1	常德	曲　艺	V-27	常德丝弦	常德市文化馆	姜建熙　宋　洁 胡　楠	无	谌晓辉 朱晓玲		2006年5月20日（第一批）
2	常德	传统音乐	Ⅱ-33	澧水船工号子	澧县文化馆	无	黄苏平	无		2006年5月20日（第一批）
3	常德	传统戏剧	Ⅳ-35	荆河戏	澧县荆河剧院演艺有限公司	郭志秀	张蓉蓉	肖耀庭 王与佑		2006年5月20日（第一批）
4	常德	传统戏剧	Ⅳ-7	高腔（常德高腔）	常德市汉剧高腔保护传承中心	彭　玲　李道明	无	李少先 龚锦云		2006年5月20日（第一批）
5	常德	传统戏剧	Ⅳ-112	花鼓戏	鼎城区花鼓戏保护中心	胡　勇　粟　旭	无	杨建娥 杜美霜		2008年6月7日（第二批）
6	常德	民间文学	Ⅰ-8	孟姜女传说（扩展项目）	津市市文化馆	谭兴业　王　泸	无	无		2008年6月7日（第二批）
7	常德	曲　艺	V-32	鼓盆歌（扩展项目）	澧县非遗中心	郭方忠	刘　静	李金楚		2014年12月3日（第四批）
8	常德	民间文学		刘海砍樵传说	武陵区文化馆	徐泽鹏	无	无	2006年6月7日（第一批）	
9	常德	民间文学		桃花源传说	桃源县文化馆	王兆元　吴飞舸	无	无	2006年6月7日（第一批）	
10	常德	传统音乐		澧州夯歌	澧县文化馆	蔡祖斌	戴作林	无	2006年6月7日（第一批）	
11	常德	民间音乐		安乡硪歌	安乡县文化馆	吴竞宏	夏安邦	无	2006年6月7日（第一批）	
12	常德	传统舞蹈		土家族跳丧舞	石门县文化馆	无	无	无	2006年6月7日（第一批）	
13	常德	传统舞蹈		桃源瑜伽焰口手势	桃源县文化馆	曹映雪　熊志国	无	无	2006年6月7日（第一批）	
14	常德	曲　艺		九澧渔鼓	临澧县文化馆	熊波涛	金行文	无	2006年6月7日（第一批）	
15	常德	民间文学		桩巴龙传说	石门县文化馆	孙昌喜	贾国辉	无	2009年2月26日（第二批）	
16	常德	民间文学		宋玉传说	临澧县文化馆	覃柏林	无	无	2009年2月26日（第二批）	
17	常德	民间文学		杨幺的民间故事	汉寿县文化馆	童承祥	无	无	2009年2月26日（第二批）	

续表25

序号	市州	项目类别	项目编号	项目名称	项目保护单位	市级代表性传承人姓名	省级代表性传承人姓名	国家级代表性传承人姓名	列入省级项目时间及批次	列入国家级项目时间及批次
18	常德	民　俗		擂茶习俗	桃源县文化馆	宋义成	万志初	无	2009年2月26日（第二批）	
19	常德	民间文学		善卷传说	鼎城区非遗中心	邓声斌　贵体健	无	无	2012年5月5日（第三批）	
20	常德	民间文学		车胤囊萤照读的故事	津市市文化馆	毛祖海	无	无	2012年5月5日（第三批）	
21	常德	民间音乐		石门土家山歌	石门县文化馆	熊渊玖　覃朝达	李育南	无	2012年5月5日（第三批）	
22	常德	传统戏剧		皮影戏（澧州皮影戏）	澧县非遗中心	向绪庆　钟森煜	无	无	2016年10月18日（第四批）	
23	常德	曲　艺		鼓盆歌	临澧县文化馆	吴清华　肖志新	无	无	2016年10月18日（第四批）	
24	常德	传统体育和竞技		尧天坪龙灯	尧天坪龙狮协会	文麦秋	无	无	2016年10月18日（第四批）	
25	常德	传统美术		木雕（桃源木雕）	桃源县文化馆	程冬初　肖修鸿	朱德元	无	2016年10月18日（第四批）	
26	常德	传统技艺		常德米粉制作技艺	武陵区文化馆	李发明	无	无	2016年10月18日（第四批）	
27	常德	民　俗		茶俗（夹山禅茶习俗）	湖南省石门夹山国家森林公园管理处	杨书凡　明　禅	无	无	2016年10月18日（第四批）	
28	常德	传统音乐		澧水小调	澧县文化馆	无	无	无	2021年12月31日（第五批）	
29	常德	传统技艺		龙舟制作技艺	汉寿县文化馆	郑学友	无	无	2021年12月31日（第五批）	
30	常德	传统技艺		铜器制作技艺	桃源县文化馆	李梦乔	无	无	2021年12月31日（第五批）	
31	常德	传统技艺		古陶瓷修复技艺（李氏锔瓷技艺）	湖南李氏锔瓷手工艺品创意有限公司	李　志	无	无	2021年12月31日（第五批）	
32	常德	传统技艺		传统香制作技艺（熏香制作技艺）	湖南善德惟馨文化传播有限公司	钟　玲	无	无	2021年12月31日（第五批）	
33	常德	传统美术		桃源刺绣（扩展项目）	桃源县文化馆	罗明华	无	无	2021年12月31日（第五批）	
34	常德	传统技艺		传统木榨油技艺（扩展项目）	石门县文化馆	王盛闯	无	无	2021年12月31日（第五批）	

2022年常德市新增市级文物保护单位一览表（19处）

表26

序号	文物保护单位名称	时代	类别	保护范围	建控地带
1	金牛山古道	明	古遗址	四向各至遗址文化堆积边缘外30米处	四向各至保护范围外50米处
2	石门古茶道遗址（水南渡段、岩门口段）	清	古遗址	四向各至各遗址点边缘5米处	四向各至保护范围外5米处
3	覃友仁墓	明	古墓葬	四向各至墓碑边缘10米处	四向各至保护范围外10米处
4	陈文宾校尉墓	明	古墓葬	四向各至墓碑边缘10米处	四向各至保护范围外10米
5	鄢氏家族墓群	明、清	古墓葬	以天心凸（墓群）为中心：东至张功模住宅、南至郭大军住宅、西至天心堰、北至乡村简易公路	四向各至保护范围外延15米
6	万寿宫	清	古建筑	文物建筑东边文物保护范围边界为外墙墙基；南边文物保护范围边界由外墙墙基向南延伸至2米处；西边文物保护范围边界由外墙墙基向西延伸至5米处；北边文物保护范围边界由外墙墙基向外延伸至2米处	保护范围边界东延伸5米；南延伸6米；西延伸5米；北延伸1米
7	曹家巷一号民居	清	古建筑	文物建筑东边文物保护范围边界由外墙墙基向东延伸至3米处；南边文物保护范围边界由外墙墙基向南延伸至3米处；西边文物保护范围边界由外墙墙基向西延伸至5米处；北边文物保护范围边界由外墙墙基向外延伸至6米处	保护范围边界东延伸3米；南延伸2米；西延伸3米；北延伸4米
8	洛浦寺	清	古建筑	以外墙墙基为起点，四向各至5米处	四向各至保护范围外10米处
9	陈氏祠堂	清	古建筑	以文物边界向外延伸5米	以文物边界向外延伸15米
10	游端轩故居	近现代	近现代建筑	东至古堰八组公路15米处，西至游龙房屋10米处，南至游同柏屋后西南10米处，北至游修林房屋南山墙5米处	保护范围边界外延伸至5米处
11	西五区苏维埃政府驻地旧址	近现代	近现代建筑	东至古堰头郭家湾村道5米处，西至古堰十组公路3米处，南至游业佳房屋2米处，北至汤褚刚房屋2米处	保护范围边界外延伸至5米处
12	工农革命军第四军王家厂暴动旧址	近现代	近现代建筑	遗址广场围墙边界向外延伸至10米处	东至暴动遗址入口三岔路广场，南至遗址南侧山脊分水岭，西至遗址文化墙末端与建设规划用地边线交界处并向南侧上沿至山脊分水岭，北以遗址入口至王家厂水库大坝上坝公路北侧路沿为界
13	潘振武故居及文甲起义纪念遗址	近现代	近现代建筑	以文物边界为起点，四向各延伸5米	保护范围外四向各延伸10米
14	中共常德中心县委机关踏水桥驻地遗址	近现代	近现代建筑	以文物边界为起点，四向各延伸10米	保护范围外四向各延伸5米处

续表26

序号	文物保护单位名称	时代	类别	保护范围	建控地带
15	中共澧县县委会旧址	近现代	近现代建筑	以文物边界为起点，东延伸至6米处，西延伸至6米处，南延伸至8米处，北延伸至8米处	东延伸至3米处，西延伸至3米处，南延伸至3米处，北延伸至10米处。
16	徐容熙苏维埃政权旧址	近现代	近现代建筑	旧址围墙墙基以外30米处	保护范围外东至10米，西至公路，南至10米，北至10米
17	红军长征大水田纪念地	近现代	近现代建筑	北、东、南至栏杆外10米，东至公路	保护范围外四向各至30米。
18	崇秀寺革命纪念地	近现代	近现代建筑	以建筑外缘为起点，四向各至20米处	四向各至保护范围外20米
19	常德会战石门保卫战遗迹（彭士量将军殉难处、抗战阵亡将士纪念碑）	近现代	近现代建筑	以碑座为起点，四向各至2米处	四向各至保护范围外5米处

常德市入选湖南省第三批革命文物名录一览表

表27

序号	文物点名称	地址	级别
1	刘泽远墓	常德市武陵区	市级文物保护单位
2	文甲起义纪念碑	常德市鼎城区	市级文物保护单位
3	陈辉公园	常德市鼎城区	县级文物保护单位
4	鼎城区烈士陵园	常德市鼎城区	县级文物保护单位
5	詹乐贫烈士墓	常德市汉寿县	市级文物保护单位
6	猫山烈士墓群	常德市汉寿县	市级文物保护单位
7	熊琼仙烈士墓	常德市汉寿县	县级文物保护单位
8	陈刚墓	常德市汉寿县	县级文物保护单位
9	陈兆森烈士园	常德市桃源县	市级文物保护单位
10	东街革命烈士纪念碑	常德市桃源县	县级文物保护单位
11	周维成烈士墓	常德市桃源县	县级文物保护单位
12	王尔琢故居	常德市石门县	省级文物保护单位
13	陈振亚故居	常德市石门县	省级文物保护单位
14	曾庆轩烈士墓	常德市石门县	市级文物保护单位
15	南乡起义烈士殉难旧址——善人坡	常德市石门县	市级文物保护单位
16	黄鳌墓	常德市石门县	市级文物保护单位
17	贺锦斋烈士殉难地——丝茅坡	常德市石门县	市级文物保护单位

续表27

序号	文物点名称	地址	级别
18	蒙泉烈士纪念碑	常德市石门县	市级文物保护单位
19	崇秀寺革命纪念地	常德市石门县	市级文物保护单位
20	常德会战石门保卫战遗迹	常德市石门县	市级文物保护单位
21	山河圆烈士陵园	常德市石门县	县级文物保护单位
22	曹家棚红军临时救护所——三祝堂土地庙	常德市石门县	县级文物保护单位
23	工农革命军第四军王家厂暴动纪念碑	常德市澧县	市级文物保护单位
24	澧县革命烈士纪念碑	常德市澧县	县级文物保护单位
25	游玉圃烈士墓	常德市澧县	县级文物保护单位
26	周荣森烈士墓	常德市澧县	县级文物保护单位
27	张权故居旧址	常德市澧县	县级文物保护单位
28	安乡烈士陵园	常德市安乡县	一般不可移动文物

体 育

【概况】 2022年，常德市持群众体育与竞技体育同步推进，体育强市建设不断提速。国民体质测试工作进学校、进机关、进社区、进企业，全年免费享受国民体质测试服务人数达3700人。开展《衡量体质健康的标准》等全民科学健身知识讲座4期，吸引全市2800多人健身爱好者参与。

群众体育。2022年，以市政府办公厅印发制定《常德市全民健身实施计划（2022—2025年）》，编制《常德市体育设施布局专项规划》。筹集资金260万元，更新常德市城区有安全隐患的全民健身路径工程70处，构建常德市城区社区“15分钟健身圈”。向省体育局申报潇湘健身步道和体育公园改造工程，着力推进环太阳山健身步道游和环柳叶湖户外露营骑行游等2条体育旅游精品线路。启动常德市全民健身社会体育指导之家建设，成立常德市体能训练协会、常德市高尔夫球协会、常德市围棋协会3个体育社会组织，指导市全民健身服务中心组织开展全民健身进校园成果展示活动。开展二级社会体育指导员培训，合格发证669人，常年有1100多名社会体育指导员参加体育志愿者活动，免费为居民群众开展健身气功、太极拳、健身操、广场舞等培训。湖南省体育局局长罗双全带队来到常德市，开展全省体育领域深入排查潜在风险隐患坚持防范遏制重特大事故行动督导工作。

体育比赛。会同市委统战部共同印发《常德市参加湖南省第十届少数民族传统体育运动会工作方案》，与市人社局共同下发《湖南省首届“城市之光”农民工运动会常德市组赛实施方案的通知》，为全市各类健身人群做好服务工作。组队参加湖南省第十四届运动会和2022湖南省社会体育指导员交流展示大赛。全年举办全民健身日暨第三届常德亲水健身节等16项次市级以上体育赛事活动，230多万人经常参加各类体育锻炼活动。

竞技体育。常德市体校郭雨浩荣获2022年亚洲飞碟锦标赛团体冠军；黄宇河荣获全国U17古典式摔跤锦标赛冠军；刘锐荣获2022年射击世界锦标赛团体冠军；张惋晴荣获2022年全国U系列羽毛球比赛团体、双打2项冠军；临澧县黄兴获得2022年残疾人射击世界杯比赛标准手枪、自选手枪、气手枪项目团体3枚金牌。161名运动员参加湖南省青少年锦标赛，取得6枚金牌、8枚银牌、6枚铜牌。组团参加湖南省第十四届运动会。推进体教融合，在全市60所中小学招生选才90人，新录用运动员59人。

【参加湖南省第十四届运动会】 8月14日至9月18日，湖南省第十四届运动会在岳阳市举行。常德市代表团成年组获金牌6枚、银牌11枚、铜牌10枚，总分664分，金牌数和赛会总分分别在全省排第五位和第三位；常德市代表团青少年组获金牌54枚、银牌45枚、铜牌36枚，总分2885.25分，金牌数和赛会总分分别在全省排第六位和第五位。常德市体育代表团获湖南省第十四届运动会代表团体育道德风尚奖。

2022年常德籍运动员参加国际、洲际比赛及全国运动会成绩情况表

表28

姓名	项目	赛事名称	赛事组别	赛事成绩
郭雨浩	射击	2022年克罗地亚飞碟亚洲锦标赛	团体	第一名
刘锐	射击	2022年开罗射击世界锦标赛	团体	第一名
张惋晴	羽毛球	“李宁杯”2022全国U系列羽毛球比赛U12–14总决赛	14岁组女子综合素质	第三名
张惋晴 谭　可	羽毛球	“李宁杯”2022全国U系列羽毛球比赛U12–14总决赛	14岁组女子双打	第一名
张惋晴	羽毛球	“李宁杯”2022全国U系列羽毛球比赛U12–14总决赛	14岁组女子团体	第一名
詹景云	羽毛球	“李宁·碧源杯”2022年全国U系列羽毛球比赛U15–17总决赛	15岁组女子单打	第二名
黄宇河	摔跤	2022年全国U17古典式摔跤锦标赛	古典80公斤级	第一名

【举办湖南省第二届“健康湖南”全民运动会常德分区赛】 7—11月，常德市文化旅游广电体育局主办、各区县市文旅广体局协办的湖南省第二届“健康湖南”全民运动会常德分区赛举行，项目设有男子篮球、羽毛球、乒乓球、中国象棋、围棋、太极拳、排舞广场舞等18个大项，常德市参与人数达18万人次。常德市参加湖南省总决赛获最佳竞赛组织奖、足球项目获二等奖、篮球项目获总决赛第三名成绩。

【参加2022湖南省社会体育指导员交流展示大赛】 12月14—15日，由湖南省体育局主办、湖南省社会体育指导服务中心承办的2022湖南省社会体育指导员交流展示大赛在永州市举行。通过技能比拼，最终，常德市代表队获得武术类竞赛特等奖，同时常德市代表队还获得优秀编排奖、优秀组织奖。

（黄　江　李胜平）

非物质文化遗产

【概况】 2022年，常德市围绕“人民的‘非遗’人民共享”主题，盘活用好各类“非遗”资源，全市“非遗”系统性保护传承工作取得较好成效。截至2022年年底，纳入常德市非物质文化遗产项目名录的项目共313个，其中，国家级项目7个、省级项目27个、市级项目44个、县级项目235个；纳入常德市非物质文化遗产代表性传承人名单人员共370名，其中，国家级传承人9人、省级传承人10人、市级传承人84人、县级传承人267人。

“非遗”保护传承。进一步完善鼓书省级文化生态保护（试验）区规划。9月7—8日，在常德市文化馆举行常德市“非遗”传承人培训班，常德市传统技艺、传统美术、传统医药类项目传承人、“非遗”保护管理人员共50余人参加本次培训。按要求积极开展2021年度国家级“非遗”代表性传承人评估工作。常德市9名国家级代表性传承人，2名评为优秀，其余7人均为合格。9月底，常德丝弦纪录片拍摄工作筹备会在常德市文化馆举行，纪录片将于2023年4月制作完毕。组织传承人对传统故事进行改编，组织曲艺研讨会、鼓书大王擂台赛，组织传承人进景区、进学校、进社区、进军营开展传承展示展演活动。

品牌打造。桃源县桃源刺绣、石门县传统木榨油技艺、鼎城区锔瓷技艺（李氏锔瓷）等3个项目被评为第一批市级“非遗”工坊；石门县罗坪乡长梯隘村、桃源县九溪镇官坪村、桃花源旅游管理区桃花源镇汤家山村等3个单位被评为第一批市级“非遗”村镇；常德河街“非遗”街区被评为第一批市级“非遗”街区示范点。桃源刺绣、传统木榨油技艺、石门县罗坪乡长梯隘村、桃源县九溪镇官坪村、常德河街“非遗”街区5个项目成功评定为省级“三非”（“非遗”工坊、“非遗”村镇、“非遗”街区）项目。澧县马踏溪中药材特色产业园和临澧县看花山艾基地入选湖南省首批中医药康养旅游精品线路，其中澧县马踏溪中药材特色产业入选省级示范体验基地。开展第六批国家级代表性传承人推荐申报工作，鼓盆歌传承人刘静、澧水船工号子传承人黄苏平进入拟推荐名单。

宣传推广。开展2022年“文化进万家——视频直播家乡年”活动，常德市共上报项目宣传片、活动视频25个，在网络平台集中展示与年俗相关的“非遗”项目，并通过快手、抖音等网络平台发布涵盖常德丝弦、常德高腔等20个

"非遗"项目的年俗小视频。参加"奋进新征程　谱写新篇章"第五届湖南"非遗"传统工艺博览会。组织常德丝弦、熏香制作技艺等项目参加"新疆是个好地方"对口援疆19省市"非遗"展，特别是常德丝弦"一张站票的故事"唱红新疆南北。开展"文化和自然遗产日""非遗"宣传展示活动，"常德汉剧优秀传统剧目展演""戏剧、曲艺精品节目展演"等活动的精彩视频在常德市文化馆网络平台进行线上展播，线下同时开展"常德汉剧优秀传统剧目展演""常德花鼓戏折子戏专场展演""常德市'非遗'精品节目展演"等活动。组织参加省旅发大会"非遗"博览会，常德市常德丝弦、桃源刺绣、铜器制作、桃源擂茶参与展示展演，受到一致好评。12月8—9日，在河街举行常德市2022年"非遗"购物节活动。

（游丛云）

【2022年"文化和自然遗产日""非遗"宣传展示活动】　6月1日，2022年常德市"文化和自然遗产日""非遗"宣传展示活动拉开帷幕。活动以"连接现代生活，绽放迷人光彩"为主题，由中共常德市委宣传部、常德市文化旅游广电体育局主办，常德市文化馆、常德市非物质文化遗产保护中心承办。6月1日晚，"文化和自然遗产日"系列活动——常德汉剧优秀传统剧目展演在市文化馆剧场上演，四台精彩纷呈的折子戏《法场换子》《打樱桃》《卖画》《打鞭》呈献给观众。6月2日晚，"文化和自然遗产日"系列活动——戏剧、曲艺精品节目展演在市文化馆剧场上演，演出节目有常德花鼓戏《上花轿》、常德丝弦《一张站票的故事》、鼓盆歌《借米》等。6月9日下午，在鼎城区花鼓戏保护中心开展"文化和自然遗产日"系列活动——常德花鼓戏折子戏专场展演，上演《槐荫会》《张广大上寿》《十八相送》等优秀传统折子戏。6月11日，"文化和自然遗产日"当天，在白马湖文化公园开展"非遗"法及常德市"非遗"项目和传承人展牌展示。11日晚，在白马湖文化公园广场举办"文化和自然遗产日"精品节目展演，常德丝弦《生在潇湘多自豪》、土家山歌《唔个东西借哈子》、鼓盆歌《菜缘》、澧水小调《我的丈夫一滴嘎》、三棒鼓《孝龙传说》等"非遗"精品节目轮番上演。除线下活动外，活动期间，"常德汉剧优秀传统剧目展演""戏剧、曲艺精品节目展演""常德花鼓戏折子戏专场展演"及"常德市'非遗'精品节目展演"的精彩视频于6月11日开始陆续在常德市文化馆网络平台进行线上展播。

【2022年"非遗"传承人培训班】　9月7—8日，由市文化旅游广电体育局主办，市文化馆、市"非遗"保护中心承办的"喜迎二十大　强国复兴有我"——2022年常德市"非遗"传承人培训班在市文化馆举办。常德市传统技艺、传统美术、传统医药类项目各级传承人以及区县（市）"非遗"保护中心负责人、"非遗"保护管理人员共50余人参加此次培训。培训主要内容有如何在抖音、快手、微博、B站等新媒体网络平台注册；如何通过抖音网络平台传播、销售"非遗"项目和产品以及自媒体下如何制作拍摄短视频等。培训还对中共中央办公厅、国务院办公厅印发的《关于进一步加强非物质文化遗产保护工作的意见》进行专题学习。

（陈　云）

非物质文化遗产项目

【澧水小调】　澧水是湖南四大水系之一，有著名的鱼米之乡澧阳平原，历史上经济、文化发达，艺术形式盛行，尤以民间音乐中的小调突出，深受广大群众及音乐工作者喜爱。澧水地方小调是澧水流域的民间音乐精华、当地人民的生活百科全书，分普通小调、丝弦小调及儿歌三大类，以澧州方言演唱，辐射到湘西及鄂西南。曲调简洁流畅，可表现十分复杂的内容和情

2015年，采访澧县道河乡钦山村澧水地方小调85岁传唱人郭传秀（左一）

（市文旅广体局 供图）

感，唱词以七字句为主，有规整类和非规整类、衬词添加、赶字垛字变化等类型。一般在生产生活中演唱，分独唱、对唱、齐唱等形式，有解疲乏、除寂寞等功能，近百年来，服务于革命斗争的红色歌曲层出不穷，发挥了宣传鼓动、提高斗志等功用。澧水地方小调由社会、家族通过口耳相传，每个县、乡镇都有代表性领军人物，且都有代表作流传，蕴藏量极其丰富，唱词有数千首，曲调近千。随着外来文化冲击，加之青年人外出务工，传承人群急剧下降，各级政府部门正通过文化下乡、节假日展演、“非遗”进校园等活动进行传承保护。2021年，“澧水小调”被列入第五批“湖南省非物质文化遗产代表性项目名录”。

2019年4月12日，铜器制作技艺传承人李梦乔制作的铜器作品十二生肖锁
（陈振坤 摄）

【龙舟制作技艺】 汉寿民间自古有赛龙舟的习俗。自五月初五龙舟竞技活动形成以来，打造龙舟就在汉寿湖区乡村兴起并世代传承，船的打造也有了黄瓜底、鸡肚皮、鸭肚皮、撮箕底等。其龙舟打造技艺不断丰富发展。汉寿龙舟全长23米，宽1.15米，坐44人，以杉木为材料，其打造主要有三道工艺，包括选材、制作、上油。制作技艺主要是：主龙骨设在船的横向中间的内底部且纵穿船头、船身及船尾，副龙骨设在船的横向中间的顶部且拉紧船头、船身及船尾，船身横向最宽处位于船的纵向中线之前的位置。船头底部横向中间有纵向破水木。破水木延伸出船头前；破水木的长度约为船总长的1/12。2021年，“龙舟制作技艺（汉寿龙舟制作技艺）”被列入第五批“湖南省非物质文化遗产代表性项目名录”。

常德市锔瓷技艺（李氏锔瓷）

【铜器制作技艺】 铜器制作技艺采用的失蜡法是沿用古代青铜铸造较普遍和成熟的工艺。失蜡法技艺包括熔蜡、捏模、石膏制模、熔模、烤模、熔铜、灌铜、敲模、打磨、绘图、雕刻、抛光等十多道工序，其中熔蜡、熔铜、熔模、绘图、雕刻是核心工序。失蜡法虽是古法，但技艺尺寸精度较高，能提高铜材的利用率，最大限度提高毛坯与器件之间的相似程度，为器件的结构设计带来很大方便，受代代匠人认同和推崇。制作出的器件广泛用于人们的日常生产生活之中，部分被收藏家作为艺术品收藏。2021年，“铜器制作技艺”列入第五批“湖南省非物质文化遗产代表性项目名录”。

【古陶瓷修复技艺】 “没有金刚钻，别揽瓷器活”，说的是一门古老的民间手艺——“锔瓷”，就是把打碎的瓷器，用像订书钉一样的金属“锔子”，再修复起来的技术，这种中国古代的传统手工技艺，起源于宋，兴盛于明清。锔瓷，顾名思义：锔钉补瓷，将金属丝打成大小不一的锔钉（也叫锔子），再把这些钉铆进钻好孔的破裂瓷器中，接着捶打钉脚，让钉脚一个个嵌入小孔里将裂缝把紧。当所有的锔钉都铆好后，碗壁完好如初，外壁钉帽如拉链般紧扣，再涂上黏性强的油灰膏，一个瓷器就锔成了。2021年，“古陶瓷修复技艺（李氏锔瓷技艺）”被列入第五批“湖南省非物质文化遗产代表性项目名录”。

（游丛云）

国家地理标志保护产品

【概况】 2022年，常德市市场监管局指导地理标志相关生产企业顺利完成新标申领和使用，有效提升使用率。指导常德茶油、常德擂茶完成地理标志保护产品国家市场监督管理总局技术审查。获批创建“常德香米省级地理标志保护示范区”，新增“石门红茶”地理标志证明商标1件。新增地理标志专用标志使用企业37家，实现“德山大曲”“澧县葡萄”地标专标使用企业零的突破。全市地理标志累计达29个，地理标志专用标志使用企业共计127家。

推进常德酱板鸭、鼎城茶油等15个地理标志保护产品的标准制修订。澧县葡萄、汉寿甲鱼、汉寿玉臂藕、德山大曲等地理标志保护产品已发布新修订的地方标准，常德酱板鸭、桃源黑猪等地理标志保护产品的标准制修订在立项申报。

【获批创建“常德香米省级地理标志保护示范区”】 根据《湖南省知识产权局 湖南省财政厅关于组织申报2022年度湖南省知识产权战略实施专项项目的通知》（湘知发〔2022〕1号），常德市于2022年4月以市政府名义向省市场监管局申报创建“常德香米省级地理标志产品保护示范区”。7月，根据《湖南省财政厅关于下达2022年省级知识产权战略推进专项资金的通知》（湘财行指〔2022〕31号），该保护示范区项目获得批准，并由市政府与省知识产权局签订《常德香米省级地理标志产品保护示范区项目合同书》，项目建设期为2年。常德市出台《常德香米地理标志产品保护示范区建设实施方案》；建立市场监管、发改、农业、科技、商务、文旅等多部门联合工作机制，构建和完善“绿色种植—精品加工—品牌建设”为一体的管理体系。开展标准化种植基地建设，制定完善《常德香米质量标准》《栽培技术规程》《加工技术规程》《种子繁殖技术规程》和《质量追溯管理规范》系列团体标准，对常德香米的种植提供技术指导并予以监管。严格质量监管，将溯源系统设备安装在种植基地和加工车间，使常德香米质量做到从种植到加工再到销售全程可控。构建“诚信+抽检”的监管模式，督促常德香米生产企业落实质量安全主体责任。指导粮食协会加强行业自律，制定《常德香米质量安全监管办法》。组织“常德香米”地理标志保护专项行动，有效查处常德香米地理标志产品侵权违法行为。加强宣传推介，组织开展多渠道、多样化的宣传推介活动，讲好常德香米品牌故事。打造《常德香米天下香》MV，以丝弦传唱的方式，在不同平台宣传常德香米，受到社会各界的好评。积极组织常德香米申报“圳品”认证，深化交流合作。先后组织参加“洞庭粮仓”粮食全产业链成果展、沅澧共庆中国农民丰收节、长沙首届名品汇等大型展会活动，提升产品市场影响力和美誉度。在第五届河南（郑州）国际现代农业博览会上，“常德香米”荣获金奖；在2022年举办的常德市年货节上，“常德香米”被评为“常德十大农产品品牌”。

【常德米粉产业园暨常德市重点建设项目集中开工】 10月1日，常德米粉产业园暨常德市重点建设项目集中开工仪式在常德经开区举行。市委常委、市委宣传部部长彭晛丹宣布项目开工。常德经开区党工委书记车世忠以及市市场监督管理局党组书记、局长王莨睿出席开工仪式并致辞，常德经开区

2022年10月1日，常德米粉产业园暨常德市重点建设项目集中开工仪式在常德经开区举行

（吴洁琼 摄）

党工委副书记、管委会主任方志炜主持开工仪式。常德经开区管委会总规划师邹吉茂，湖南鑫三香常德米粉集团有限公司董事长杨明晓出席开工仪式。湖南鑫三香常德米粉集团有限公司是实施市委、市政府提出的“布局全国千城万店，打造百亿米粉产业”战略发展规划的龙头企业。公司建设的常德米粉产业园，总投资5.5亿元，规划用地8公顷，拟打造集产品生产、研发、检验、展示、电商、物流和旅游观光于一体的示范性食品产业园和总部经济区。项目建成达产后，可实现年销售收入30亿元、税收8000万元以上。常德市政府组建市米粉产业发展工作领导小组，由副市长杨成英任组长，明确市市场监督管理局牵头主抓。2020年底，市政府出台《关于常德米粉产业发展的指导意见》，2021年10月出台《常德市支持常德米粉产业发展的十条政策措施》，提出要支持打造常德米粉产业园，并将其打造成示范性食品产业园和总部经济区。

（张　超）

【“石门柑橘”通过国家农产品地理标志登记省级评审】 1月12—13日，石门县举行“石门柑橘”申报农业农村部农产品地理标志登记品质鉴评会，省绿色食品办公室组织3名省级评审专家进行现场核查和产品品鉴，“石门柑橘”申报国家农产品地理标志登记得到与会专家一致通过。石门县现有柑橘面积3万公顷，鲜果年产量40万吨以上，综合收入近15亿元。“石门柑橘”先后获评“中华名果”“湖南省著名商标”，并入选湖南省十大农产品区域公用品牌和湖南省十大果品区域公共品牌，2020年、2021年荣获湖南省“一县一特”农产品优秀品牌，品牌评估价值达24.04亿元。2022年有“全国绿色食品原料标准化生产基地”8000公顷，柑橘绿色食品获证企业8家，产品13个，产量17万吨。

（熊　惠　伍千志　郑家望）

常德市地理标志基本信息情况表

表29

所属区县	地理标志保护产品（15个）		地理标志证明商标（14个）		农产品地理标志（15个）	
	名称	获批时间	名称	获批时间	名称	获批时间
市本级			常德香米	2020年	常德香米	2017年
			常德米粉	2020年	常德红茶	2020年
					常德甲鱼	2020年
武陵区	常德酱板鸭	2013年7月				
鼎城区	鼎城茶油	2016年11月	鼎城茶油	2012年		
桃源县	桃源野茶王	2005年12月	桃源大叶茶	2009年	瓦儿岗七星椒	2012年
	桃源黑猪	2014年12月			桃源鸡	2014年
					桃源黑猪	2015年
					桃源红茶	2016年
石门县	石门马头山羊	2012年12月	石门银峰	2007年		
	石门土鸡	2014年4月	石门柑橘	2008年		
			石门红茶	2022年		
汉寿县	汉寿甲鱼	2011年2月	汉寿甲鱼	2010年	汉寿甲鱼	2020年
	汉寿玉臂藕	2012年12月				
临澧县	临澧黄花鱼	2014年4月	临澧烟花	2012年		
	临澧杂柑	2015年8月	临澧黄花鱼	2020年		

续表29

所属区县	地理标志保护产品（15个）		地理标志证明商标（14个）		农产品地理标志（15个）	
	名称	获批时间	名称	获批时间	名称	获批时间
澧县	澧县葡萄	2011年2月			复兴苹果柚	2012年
					太青双上绿芽茶	2012年
					城头山大米	2014年
					澧县双低油菜籽	2017年
					澧县石菖蒲	2021年
安乡县	珊珀湖草鱼	2014年4月			罗洲冬瓜	2021年
	珊珀湖花鲢	2014年4月				
	珊珀湖黑鲫	2014年4月				
津市市			津市牛肉米粉	2013年	津市市藠果	2010年
			津市茶油	2019年		
			津市藠果	2021年		
经开区	德山大曲	2018年3月				
柳叶湖			常德柳叶鲫	2021年		
西洞庭管理区					西洞庭朝鲜蓟	2022年

卫生健康

卫生

【概况】 2022年，在做好新冠疫情防控的同时，常德卫生健康事业高质量稳步发展。常德市卫生健康委员会（以下简称市卫健委）坚持党建引领、坚持人民至上、坚持改革创新、坚持争先创优、坚持底线思维，高效统筹疫情防控与卫健事业改革发展，用心用情做好每一项保障人民健康的工作。

新阶段新冠疫情防控工作。2022年，全球新冠疫情处于大流行状态，市卫健系统冲锋在前，广大医务人员更是不惧辛苦坚守一线，为百姓撑起了“健康保护伞”。2021—2022年，常德市连续431天无新增病例，是全省保持无疫时间最长的市州。2022年12月7日，国务院联防联控机制综合组发布关于优化疫情防控“新十条”措施以来，疫情防控工作进入新阶段。市疫情防控指挥部成立督查指导组、救治专家组，驻点督查指导，确保落实疫情防控“新十条”不加码、不走样。市卫健委加大指挥调度和投入力度，细化实化具体化配套方案措施，全力做好医疗资源统筹调配，加强新冠疫情形势监测，有序落实压峰措施。在市卫健委统筹安排下，全市三级医院兜住医疗救治和生命保障的底线，全力做好老年人和儿童重症患者医疗救治；县级医院守住农村居民健康的重要关口。同时，紧盯养老院等重点场所、“120”急救等重点环节，确保医疗救治有序开展。为了满足群众需要，市卫健委在全市二级及以上医疗机构设置发热门诊，在乡镇卫生院、社区卫生服务中心设置发热诊室，做到应设尽设、应开尽开；全面加强二级综合医院和三级医院重症医疗资源储备、重症医护力量配备，做到应收尽收、应治尽治；严格落实核酸检测愿检尽检、应检尽检，在全市范围内继续保留和设立便民核酸检测采样点，面向社会公示公开，保障群众核酸检测需求。与此同时，市卫健委狠抓重点人群健康管理服务、老年人群疫苗接种推进、重点场所防控措施落实、群众自我防护责任落实多头推进，确保新阶段疫情防控工作落到实处。为应对疫情防控新形势，市卫健委对全市家庭医生的健康咨询热线予以公布，以满足广大居民健康咨询、居家治疗、用药指导等咨询服务需求。市民“阳”了也不用太担心，在家第一时间就可以联系上居住地的家庭医生。市卫健委还通过主流媒体及时发布居家合理用药指南、预防接种疫苗门诊指南等便民信息，满足市民需要。

深化医改。2022年，常德市以争创省级区域医疗中心为抓手，围绕“一个转变、两个重点”（“以治病为中心”转向“以人民健康为中心”，着力解决看病难、看病贵问题）持续推进改革、深化改革。2022年，常德市医改监测指标持续向好，药占比、平均住院日、医疗服务收入占比等稳中有进，市县公立医院门诊次均费用、住院次均费用呈现下降趋势，基层医疗卫生机构诊疗人次、县域内就诊率呈现大幅上升趋势。全国三级公立医院绩效考核排名，常德市第一人民医院位列全省市州级三级综合医院第二，常德市第四人民医院，石门县、澧县、汉寿县人民医院，分别位列全省县域三级综合医院第二至第五。根据省里的安排，常德市先后在全国深入推广三明医改经验2022年第二季度工作调度会、

2022年全省卫生健康体制改革医政医管基层卫生工作暨医疗机构疫情防控工作电视电话会议上作交流发言。2022年，市委、市政府研究出台《关于深化综合医改规范医疗行为推动公立医院高质量发展更好满足人民群众健康需求的实施意见》，把医改工作列入全市年度重点任务、重大督察事项。市城区组建市第一人民医院、市第一中医医院、湘雅常德医院三大医疗集团，全市以县人民医院、县中医院牵头组建15个医共体，实行市域内不同级别、不同类别医疗机构间检查检验结果互认共享，床位、号源、设备统筹使用。全市6个区县（市）实现医疗联合体内医务人员“一家人”、医疗业务“一盘棋”、财务管理“一本账”，3个县市纳入国家紧密型县域医共体试点县，2个县纳入全省第二批紧密型县域医共体试点县。

医疗服务体系建设。市卫健委研究制定医疗服务体系建设规划，推进优质医疗资源扩容下沉，市本级投资7亿元新建市第一人民医院急救中心妇儿中心、投资14亿元异址新建市第一中医医院、投资2亿元新建市公共卫生救治中心；各区县（市）人民医院、中医医院、妇幼保健院全部完成迁址新建或改扩建，建制乡镇卫生院标准化建设达标率和行政村卫生室标准化建设达标率、公有产权率均达100%。

重点民生实事办理。2022年，全市孕产妇免费产前筛查共完成18955人，占目标任务的102.46%。全市新生儿先天性心脏病筛查共完成19017人，占目标任务的102.79%。完成农村及城镇低保适龄妇女“两癌”免费检查105137人，占目标任务的101.3%。完成市级“六位”民生实事中的床位实事惠民行动，新增医疗床位800张、转型床位800张。

健康常德专项行动。市卫健系统深化健康科普宣传，实施健康素养促进项目，全市居民健康素养水平达25%以上；持续加强无烟环境建设，市本级无烟党政机关、无烟医疗卫生机构覆盖率达100%；加强妇幼健康保障，5岁以下儿童死亡率3.01‰、同比下降了21.61%，婴儿死亡率1.19‰、同比下降32.77%。

“三孩”生育支持政策。市委、市政府研究制定“三孩”生育支持政策，取消各项生育限制措施，提高计生特殊家庭扶助金标准，开展“一老一小”照护服务，全市托育服务机构119家，每千人口托位2.77个，超省定目标任务0.27个。

2022年4月6日，常德市支援吉林省商情防控工作医疗队出征仪式举行

（市卫健委 供图）

医德医风建设。市卫健委建立医疗设备采购、医疗事故鉴定、医保基金监管等各类评审专家库，实行评审专家动态调整、随机抽取、终身负责，集中点评门诊处方、住院病历；建立不良执业行为记分制度、举报制度、测评制度，每年考评公示，结果记入医德医风档案，纳入医生信用体系，实行“黑名单”管理，严格兑现惩处，医德医风问题得到全面改观。为积极推动优化营商环境“送政策、解难题、优服务”行动和医德医风建设，2022年，市卫健委在全市评选出20名医德医风先进典型事迹宣讲员，展现全市医务人员爱岗敬业、无私贡献、全心全意为人民服务的良好风尚。

中医中药。中医药全方位参与疫情防控，中医药优势特色不断彰显。免费向多家复工复产企业、机关事业单位、密接人群提供中医药预防汤剂200多万人份。成建制组建常德援沪中医医疗队，先后收治316例新冠感染患者，实现病人“零加重”、“零死亡”、“零转诊”、医护人员“零感染”，完成援沪抗疫任务，为全国新冠感染防控工作贡献常德中医力量；邵先舫、刘志军两名专家获得全国名老中医药专家传承工作室称号。李前入选湖南省卫生健康高层次人才；临澧县看花山艾基地、澧县甘溪滩镇马踏溪中药材特色产业园获建湖南省“生态武陵·养心之旅”中医药康养旅游精品路线；临澧县成功创建成为国家中医药综合改革示范区试点县；桃源县中医医院三级医院设置通过省中医药管理局初评。

卫生监督执法。参与疫情防控。全过程参与疫情防控督查督导、隔离转运、“场所码”管理等工作和重大疫情应急处置，出动监督员6000余人次，检查指导各类机构场所2万余家次，督促指导各地各部门全面落实防控责任。积极参与对外支援，多次派遣监督员赴外省及兄弟市州，支援当地防疫工作。推进监督抽检全覆盖。2022年，全市完成国家、省“双随机”监督抽检任务791户次，同时，全面开展了游泳场馆、消毒餐具、生活饮用水、学校等的卫生监督专项抽检，基本实现监督抽检的全覆盖。开展专项整治行动。先后组织开展规范医疗机构依法执业、打击养老诈骗、公共场所卫生等专项检查10余次，协同教育、公安、市场监管等部门开展了食品安全“护苗行动”、打击非法医疗美容专项行动等联合执法8次。2022年，全市共开展监督检查11929户次，出动监督员2万余人次，查处违法案件1035起。为群众办实事六大行动。推动全市范围内的游泳场所专项监督抽检，全市56家游泳场所监督抽检率达100%。完成对市城区209家现制现售饮水机涉水产品批件公示备案，填补现制现售饮用水监管盲区。开展全市医疗机构信用等级评定，全市4690家医疗机构全部完成信用等级评定，其中A、B级医疗机构共3434家。优化营商环境，加大卫生健康监督普法宣传，推进普法与监督深度融合，大力开展普法进企业、进社区、进校园活动，推动实行“首犯不罚”。持续推动一支队伍执法，一个标准执法，一次性全面执法，一律着装亮证执法的“四个一”综合执法模式，切实减少对相关企业、机构开展监督执法频次，杜绝随意检查、重复执法。推广智慧监管。推广医废在线监测，搭建“智能卫生医废处理”监测平台，实现医疗废物产生到转运的各环节全过程数字监控，目前全市三级医疗机构基本接入监测系统，二级医疗机构接入率超80%，医废监管更加智能化规范化。

基层卫生。疫情防控。成立新冠重点人群健康服务工作专班，建立县、乡、村三级组织网络，将重点人群纳入管理，进行风险登记评估，162家建制乡镇卫生院、社区卫生服务中心均设置发热诊室，所有基层医疗卫生机构均开展应急处置演练，不断提升疫情防控能力，压实防控责任，发挥“哨点”作用。基本公卫服务。登记管理65岁及以上老年人531706人，老年人健康管理率72.62%，高血压患者和糖尿病患者管理人数分别为42.28万人和13.28万人。家庭医生签约服务。全市县、乡、村三级医疗卫生人员组建家庭医生服务团队1543个，家庭医生数量为3012人，共同签约履约，全市签约重点人群123.13万人，签约率67.04%。通过主动入户和预约登记等途径，全市核准脱贫人口及监测人口中高血压患者42153人、糖尿病患者11860人、肺结核病患者316人、严重精神障碍患者9521人（动态数据），实行签约服务全覆盖，签约率均达100%，履约率达100%。基层卫生人才提升。采取线上基础培训与线下实操培训相结合的方式培训基层医务人员287名，培训基层医疗卫生机构在岗卫技人员1444人。开展基层医疗卫生机构本土化专科层次人才乡村医生本土化定向免费培养，全市分别招录71人、130人。推进优质服务基层行。截至年底，通过国家“优质服务基层行”“推荐标准”的21家，达到“基本标准”（含推荐标准的）占比的93.2%。

公共卫生。免疫规划。持续做好常规免疫，强化脊灰、麻疹等重点传染病监测，以乡镇为单位适龄儿童国家免疫规划疫苗接种率达95%以上。重点传染病防控。2022年，全市共报告甲乙丙类传染病疫情28087例，死亡77例；总发病率低于过去五年平均水平，艾滋病患者服药率、符合治疗标准的病人接受抗病毒治疗率、在治病人随访率、CD4及病毒载量检测率均达95%以上。肺结核患者治疗管理治疗成功率为91.7%；耐药结核病防治筛查率为90.9%、纳入治疗率72.7%；肺结核患者健康管理率为99.7%。以项目监测为基础发展慢性病防治，做好肿瘤登记、死因监测、心血管病监测、慢阻肺监测等慢性病监测工作，实现重点慢性病监测全覆盖。开展社会心理服务体系建设试点，联合印发《常德市社会心理服务体系建设试点实施方案》，居民心理健康素养水平达22.35%，达到目标要求。严重精神障碍患者服务管理。全市在册患者规范管理率95.08%，在册患者服药率97.07%，规律服药率88.98%。健康危险因素监测评估。完成184家工作场所职业病危害因素监测、8家医用辐射防护现场监测任务、完成909名中小微企业接尘劳动者尘肺病主动监测、470名重点人群职业健康素养监测与干预。开展职业病危害专项治理。对从业人员10人及以上粉尘、化学毒物、噪声危害因素浓（强）度超标的工业企业开展专项治理（10人以下工业企业的专项治理工作视情况安排），改善治理企业工作场所作业环境，提高职业病危害项目申报率及工作场所职业病危害因素监测合格率。

【2022年最佳临床护理实践案例竞赛】　4月20日，常德市最佳临床护理实践案例竞赛在常德市第一人民医院举行。常德市第一人民医院党委委员彭进出席并致辞，常德市卫健委医政医管科负责人及相关工作人员、常德市护理质控中心主任委员、副主任委员，各区县市护理质量小组组长，参赛代表及参赛单位护理管理者50余人参加竞赛。竞赛共有13个代表队参赛。比赛现场，选手们从案例概况、问题描

述、原因分析、改善方法与实施过程、实施效果、经验总结、应用推广等多方面进行展示。评委们从选题的科学性、创新性、有效性、安全性、推广性等方面及选手现场表现进行综合评分。选手们用饱满的热情和专业的态度一次次掀起现场的高潮，经过紧张激烈的角逐，最终，常德市第一人民医院代表队的《呼吸康复在COPD患者中的护理实践》、澧县人民医院代表队的《安全用药口服心护》分获一等奖，另外，评选出二等奖3名、三等奖8名。

【选派11名医卫特派员进驻乡镇卫生院】 4月21日，市委人才办、市卫健委联合召开2022年度全市医卫特派员工作会议。会议通报2021年医卫特派员服务期满考核结果，并就2022年医卫特派员工作进行部署安排。特派员代表和乡镇卫生院代表分别做表态发言，市卫健委党组副书记、副主任蔡胜猛提出具体要求。继2021年选派10名医卫特派员之后，2022年，常德市又选派11名医卫特派员到乡镇卫生院工作，他们来自市第一人民医院、市第一中医医院、市第二人民医院和市妇幼保健院，其中博士1名、硕士7名、本科生3名，均具有中级及以上专业技术职称，他们将分别派驻鼎城、汉寿、桃源、临澧、澧县、石门、安乡、津市等区县（市）的11家乡镇卫生院，全脱产服务1年，致力于积极推广和应用医药科技成果和先进技术、建设和培育医疗专科、提升乡镇卫生院综合管理水平，在促进城乡医疗集团融合、发展紧密型医疗卫生合作关系等方面履职尽责。

【基层医疗卫生机构疫情防控知识与技能培训班】 9月6—8日，常德市第一期基层医疗卫生机构疫情防控知识与技能培训班在湘雅常德医院举行，各区县（市）分管基层卫生健康工作负责人、基层卫生健康股股长、各乡镇卫生院（社区卫生服务中心）负责人230余人参加培训。培训共分为2期，采取理论授课与操作练习相结合的方式进行。理论授课内容主要包括疫情防控政策及举措、基层医疗机构院感管理基本要求、医疗机构日常管理与疫情期间保障正常就医、区域核酸检测工作要点、新冠疫苗接种技术规范、集中隔离场所设置与管理要求、基本技能操作等8个方面。在实操练习中，全体学员分组进行操作练习，培训老师严格把关，对手卫生、穿脱防护服、口鼻咽拭子采集等操作进行手把手训练，所有参培人员都进行了理论知识和标准化操作的严格考核。

【2022年健康中国（湖南）行常德站——全民健康行暨高校新生健康知识巡讲活动启动】 9月30日，2022年健康中国（湖南）行常德站——全民健康行暨高校新生健康知识巡讲活动启动仪式在湖南文理学院体育馆举行。根据国、省的统一部署，2022年健康中国（湖南）行以“健康知识进校园”为宣讲主题，以“世界献血者日”“世界防治艾滋病日”等重大卫生健康节日纪念日为时间节点，采取线上线下相结合的方式，在各普通高等院校、初高中及中职学校，组织举办“健康中国（湖南）行——健康知识进校园主题宣传活动”，重点宣讲疫情防控、无偿献血、艾滋病防治、结核病防治等健康科普知识，进一步推进学校卫生与健康教育工作，引导学生牢固树立“每个人是自己健康的第一责任人”的理念，倡导每一名同学自我爱护、自我防护、自我保护，全面提升学生健康素养，做到健康学习、健康生活、健康成长。启动仪式后，第一人民医院的专家为学生们进行急救知识演示，同时，现场开设献血、牙科、眼科等义诊服务。市疾控中心和中心血站的专家在学校分会场就青春健康、疾病预防、血液与健康等知识分别宣讲。

【第三届常德市中医药科普大赛】 11月10日，举行由常德市卫生健康委主办，常德市第一中医医院承办的常德市第三届中医药科普大赛。全市市直和区县市9家中医医院选送的16个科普作品参加比赛。比赛的主题是“科普中医药，健康千万家”，作品用情景剧、小品、歌舞等多种形式向大众普及中医药知识，传播中医药文化。市第一中医医院的科普作品《筋骨侠客行》获一等奖；石门县中医医院的《白蛇新传》，市第一中医医院的《中医来了，拒绝“歪歪嘴”》获二等奖；桃源县中医医院的《“药”是及时，“月”是开心》，市第一中医医院的《饮酒知多少》、安乡县中医医院的《远离五劳伤，抗疫八段锦》等作品获三等奖。

（黄　波）

疾病预防控制

【概况】 2022年，常德市疾病预防控制中心（以下简称中心）立足疾病防控职能，统筹发展与安全，深入实施健康常德行动，改革和完善疾病预防控制体系，全面推进常德市疾控事业高质量发展。

新冠疫情防控。充分发挥中心的专业支撑作用，各科室工作下沉，指导全市各地落实常态化精准防控措施，完善智慧化预警多点触发机制，做到早发现、早报告、早隔离、早治疗。紧盯重点场所和关键环节，巩固疫情防控成果，以新冠疫情防控为抓手，落实多病共防。2022年常德市各地不间断发现新冠疫情，按照省、市防指要求，中心多次派遣专家支援海南省、西藏自治区、成都市、邵阳市、株洲市等地新冠疫情防控；中心检验科日检3000管，全年完成44569管新冠核酸检测及阳性复核检测的工作；采样检测人员服从调度、规范操作，全年完成核酸采样检测超过25000人份。中心信息摸排专班认真贯彻指挥部的各项工作部署，充分发扬“5+2”“白+黑”的工作精神，为全市疫情防控筑牢了坚实的防线。规范、准确、快速、高效开展信息录入及上报，并及时更新人员管控状态、核酸结果等。疫苗接种。为筑牢新冠疫情屏障，中心加快推进新冠病毒疫苗接种工作。按照国家和省级方案要求，全市累计接收新冠疫苗201.32万剂，冷链配送199.47万剂，累计接种新冠病毒疫苗210.12万剂，3岁以上人群全程接种率达97.96%，60岁以上老年人接种覆盖率达93.29%，居全省第一。加快提升接种服务能力，稳妥有序、分阶段做好新冠病毒疫苗接种工作。加强疫苗全过程管理，做好信息登记报告，确保疫苗全流程可追溯。严格执行“三查七对一验证”，确保接种安全规范。妥善做好预防接种疑似异常反应的监测报告和处置工作，确保接种工作的顺利实施。

监测防控。严格按照传染病监测方案的要求，持续开展监测防控工作。通过网络巡查和预警信息处置、病原学监测、个案调查、聚集性疫情处置、动物传染源和传播媒介监测、外环境监测等手段，全面布置落实全市监测与防控工作任务。加强疫情报告和疫情控制管理，做到早发现、早报告、早干预。健全联防联控机制，规范有序处置传染病疫情。开展全市性传染病防控培训、全市性卫生应急演练，提升突发公共卫生事件处置能力。2022年，传染病自动预警信息系统共向全市发出预警信息1947条，预警病种主要为新型冠状病毒肺炎、流感、病原学阴性、手足口病、其他感染性腹泻病、麻疹、无病原学结果、原学阳性等，初步判断为疑似事件者1189条，经现场调查后确认为暴发/流行的有237起，预警信号阳性率为12.17%。突发公共卫生事件管理信息系统共报告突发公共卫生事件10起，其中传染病疫情事件9起，其他公共卫生事件1起；按照事件分级，未分级突发公共卫生事件9起，一般突发公共卫生事件1起，无较大、重大和特别重大突发公共卫生事件发生；累计波及或暴露人口28459人，发病58人。

常规免疫。持续做好常规免疫，继续强化脊灰、麻疹等重点传染病监测，以乡镇为单位适龄儿童国家免疫规划疫苗接种率达95%以上。同时根据省疾控中心年度工作安排，常德市承担的13价肺炎疫苗四期临床AEFI（预防接种不良事件）观察项目完成率达102%。中心要求各预防接种门诊按照规定的时间及频次，及时向适龄儿童提供所有免疫规划疫苗的免费接种服务。同时坚持定期反馈机制，每月对接种门诊反馈一次免疫规划疫苗的接种率，对于接种率未达到要求的门诊增加督导和技术指导频率，确保接种率达到国家要求。将疫苗查漏补种工作纳入常态化管理，要求各接种门诊定期开展周查补、月查补和季度查补工作。大力加强与教育部门的沟通合作，明晰分工和工作流程，确保适龄儿童在入托、入学前按要求全程完成疫苗接种，为筑牢免疫屏障，避免了校内大规模发生麻疹、风疹、流行性腮腺炎、流行性乙型脑炎等传染病。

科学防艾。认真落实《湖南省遏制艾滋病传播实施方案（2019—2022年）》《湖南省消除丙型肝炎公共卫生危害行动实施方案（2022—2030）》和第四轮全国艾滋病综合防治示范区的评估工作。强化艾滋病综合防治、科学防治、联防联控、群防群控。探索流动人口、老年人等重点人群以及从儿童到青年全覆盖性宣传教育方式方法，强化重点人群主动检测，对监管场所新入所人员、吸毒贩毒、卖淫嫖娼等易感艾滋病高危行为人员做到“逢进必检”。在高校推进“互联网+HIV尿液自检+干预”项目全覆盖，并逐步在重点娱乐场所探索试点。患者服药率、符合治疗标准的病人接受抗病毒治疗率、在治病人随访率、CD4及病毒载量检测率均达95%以上。

结核病防治。以《常德市遏制结核病行动计划（2019—2022年）》为指南，坚持防治结合，提升防治服务能力和水平。以降低肺结核发病率和耐药结核病发生率为目标，全力做好防、治、管有效衔接。全市全年共报告肺结核患者4274例，报告发病率为80.96/10万；学校结核病聚集性疫情3起（学生和教师肺结核患者126例），较上年同期下降12.68%；全市共登记肺结核患者4002例，病原学阴性患者1606例，病原学阳性率为56.7%；肺结核患者的转诊与追踪总体到位率为95.1%；肺结核患者治疗管理治疗成功率为91.7%；耐药结核病防治筛查率为90.9%、纳入治疗率72.7%；肺结核患者健康管理率为99.7%。

地方病、寄生虫病综合防治。为有效保障人民群众的身体健康，严密防范血吸虫病发病率出现反弹，2022年年初，要求血防区各单位进一步强化防控意识和组织领导，明确责任分工，不断补短强弱，严格落实以传染源控制为主的血吸虫病综合防治策略，严防急性血吸虫病感染发生。

慢性病防控。贯彻落实《2022年中国疾病预防控制中心关于印发全国疾控系统2022年慢性病防控和老龄健康重点工作的通知》《常德市防治慢性病中长期规划（2018—2025年）》及《健康湖南行动——癌症防治实施方案（2019—2022年）》等文件要求，做好基本公共卫生服务、老年人及慢性病患者管理服务的指导工作，做好肿瘤登记、死因监测、心血管病监测、慢阻肺监测等慢性病监测工作，实现重点慢性病监测全覆盖。推进癌症早诊早治、脑卒中和心血管病高危人群筛查和干预、儿童口腔疾病综合干预、成人慢病与营养、全民健康生活方式行动等慢性病干预项目。

学校卫生工作。严格落实《湖南省综合防控儿童青少年近视实施方案》，以学生近视调查项目及常见病监测项目为工作重点，运用湖南省儿童青少年健康管理信息平台做好项目数据收集与管理，充分利用调查数据，完成近视率核定年度工作任务。2021年全市儿童青少年总体近视率（47.2%）与2020年（47.1%）比略微上升。幼儿园6岁儿童近视率达12.4%，小学到高中近视率从27.9%上升到84.9%，尤其从小学三年级开始到高中一年级，学生近视率每一年级较上一年级均上升5%以上。

健康危害因素监测。中心相关职能部门收集食源性疾病信息和食品中污染物及有害因素污染数据，相关信息及检测结果及时、准确录入系统。分析危害因素可能来源，主动发现食品中存在的安全隐患，为守护人民群众“舌尖上的安全”提供科学支撑。县级以上城市管网末梢水水质监测结果信息每季度至少向社会公开1次。酌情开展地方特色或重点食品或舆情热点食品监测，为地方政府及职能部门提供数据支撑及风险预警。全市全年共监测样品1334份。通过食源性疾病监测报告系统共报告病例15993例。上报8起食源性疾病事件，其中毒蘑菇中毒5起。

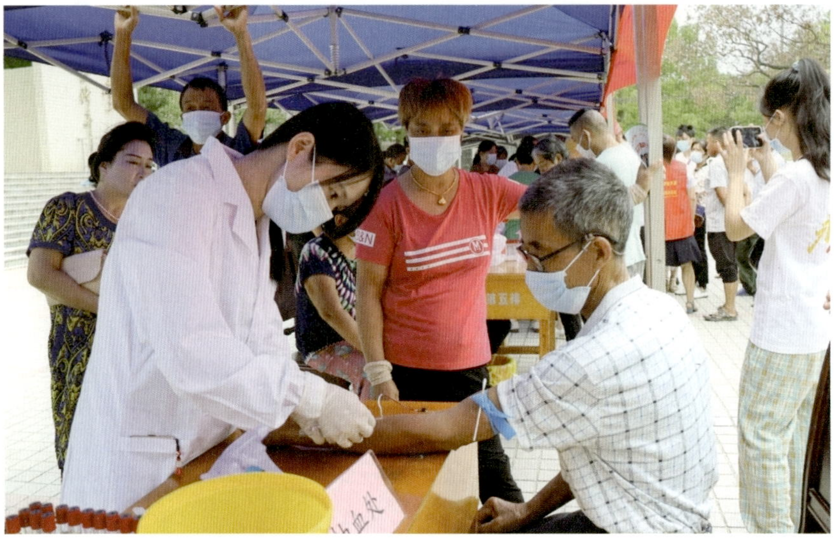

2022年9月，常德市疾控中心为民办实事，开展血防服务进基层活动

（常德市疾控中心 摄）

【全市新冠疫苗序贯加强免疫培训会议】 3月2日，常德市疾控中心举办全市新冠疫苗序贯加强免疫培训会议。各区县市疾控中心主任、分管免疫规划副主任、免疫规划科科长参加培训。市疾控中心副主任刘素念及免疫规划科科长何卫军就宜卡和微卡在学校结核病防控中的应用、新冠疫苗序贯加强免疫规划、13价肺炎球菌多糖结合疫苗四期临床研究项目工作要求进行培训，详细讲解了宜卡和微卡在学校结核病防控中的应用及13价肺炎球菌多糖结合疫苗接种现场操作流程和质控要点，指导各区县市正确监测与处置新冠疫苗接种中的不良反应处置。

【食品安全与营养健康知识进校园活动】 5月19日，常德市疾病预防控制中心联合石门县疾控中心和石门县教育局走进石门县蒙泉镇芙蓉学校，将食品安全与营养健康知识送进校园。普及食品安全与营养健康知识，积极开展2022年全民营养周暨“5·20”中国学生营养日主题宣传活动和“优化营商环境从我做起”主题党日活动，深入推进“健康中国行动”之合理膳食行动和中小学健康促进行动。针对食堂工作人员及后勤管理人员重点宣传食源性疾病预防和野生蘑菇中毒防控知识；针对学生和老师以营养与健康为主题授课，并通过发放宣传资料让学生带回家等方式将宣传范围进一步扩大到学生家长，发放各类宣传折页1000余份。

【全市慢性病防控工作培训会议召开】 5月30日至6月1日，举办全市2022年慢性病防控工作培训会议。贯彻落实《2022年中国疾病预防控制中心关于印发全国疾控系统2022年慢性病防控和老龄健康重点工作的通知》《常德市防治慢性病中长期规划（2018—2025年）》及《健康湖南行动——癌症防治实施方案（2019—2022年）》等文件要求，加强全市肿瘤随访登记工作，提高随访登记数据质量，稳步推进慢病防控工作。授课专家分别对基本公共卫生服务慢病管理、重点慢性病监测及死因监测、肿瘤数据整理等工作内容进行培训，并对相关工作提出具体要求。通过培训，提高各区县市疾控中心慢性病防控工作能力，规范慢病工作的管理，为推进慢性病综合防控示范区建设打下良好基础。

【“全民营养周”进社区宣传】 7月19日，常德市疾病预防控制中心在武陵区白马湖街道西堤社区组织开展“健康中国行动，食品安全宣传”进社区主题活动。2022年全民营养周主题为“会烹会选会看标签”；全国食品安全宣传周主题是“食品更安全，身体更健康”；湖南省预防野生蘑菇中毒宣传主题“珍爱生命，远离毒蘑菇”。现场通过宣讲、悬挂横幅、设置宣传展板、张贴海报、发放宣传材料等形式，向社区居民普及食品安全科普知识以及食品安全法律法规。工作人员向前来咨询的市民讲解如何保证食品安全、谨防毒蘑菇中毒等相关知识，并对市民提出的健康问题进行解答，将食品安全知识送到群众身边。活动现场共发放宣传折页300余份，解答群众咨询100余人次。

【结核病防治管理培训班】 8月26—28日，市疾病预防控制中心举办常德市2022年结核病防治管理培训班，参加培训的有各区县市疾病预防控制中心（结核病防治所）结防科科长，定点医院感染科科长、结核病资料员、结核病诊疗工作人员等共计70余人。湖南省结核病防治所、湖南省胸科医院防治部主任徐祖辉、内四科主任肖洁、影像科姚其能、内一科主任王玉梅先后就“湖南省防控现状和策略”“肺结核患者的规范治疗”“肺结核的CT诊断”“结核分枝杆菌潜伏感染检测与预防性治疗”等主题进行专题授课。

【艾滋病防治知识宣传进医院】 2022年9—10月，常德市人民政府防艾委办公室在各级人民医院、妇幼保健院、乡镇卫生院等全市各级医疗机构开展艾滋病防治知识宣传月活动。全市医疗机构在宣传月活动期间，充分发挥专业优势，全方位、全覆盖、全天候开展艾滋病防治宣传，在服务对象集中区域利用电子屏幕播放艾滋病宣传短片。全市各级医疗机构共计播放宣传片900余次，播放时长1800余小时，干预近30000人次，通过动画形式简单明了地对就诊患者及家属、医院工作人员科普艾滋病检测相关知识。在就诊大厅、候诊室、挂号处等人流量集中区域通过设置防艾宣传栏、张贴宣传海报、摆放宣传资料、发放艾滋病防治手册、宣传抽纸、宣传围裙、安全套等持续开展艾滋病防治宣传。全市累计发放各种宣传资料80万余份、张贴宣传海报400余张、设立宣传栏80余个。全市各级医院的皮肤性病科、泌尿外科、肛肠科、感染科等重点科室设置艾滋病检测促进告示牌，按照“知情不拒绝”原则为就诊者主动提供艾滋病性病检测服务。导医台专人提供现场咨询服务，引导易感染艾滋病高危行为的就诊者主动接受艾滋病检测。积极利用医院微信公众号、视频号、抖音号等新媒体对辖区各类人群，进行了形式多样、内容丰富的宣传。全市累计设置咨询台30余个，干预近6000人。部分医疗机构还针对院内医护人员开展了艾滋病防治知识培训，提高医护人员对艾滋病职业暴露防护和处置流程的认识，进一步强化首诊（问）负责意识，强调医生不得以任何理由推诿或拒绝诊治艾滋病感染者。全市累计开展宣讲培训10余次，干预近2000人。各乡镇卫生院积极发挥基层力量，通过悬挂横幅、设立咨询台、发放宣传材料等多种形式对艾滋病防治知识进行集中宣传。

（杨　妮　蒯君琴）

血吸虫病防治

【概况】 2022年，常德市血防工作成效显著，全市未发生急性血吸虫病病例。查螺灭螺。2022年全市共查42788.96万平方米，为全年计划的100.02%；灭螺7621.28万平方米，为全年计划的100.54%。查病化疗。查病928795人次，为全年计划的102.93%，化疗61833人次，为全年计划的101.01%。健康教育。组织不同形势的宣传教育活动，增强疫区群众对《血吸虫病防治条例》《湖南省消除血吸虫病规划（2016—2025年）》的了解，将预防血吸虫病感染措施融入日常生活中，形成自觉参与防护、管理水源和粪便的良好卫生习惯。消除达标。澧县金锣镇、鼎城区韩公渡镇和园艺场、西湖管理区西洲乡均达到国家消除标准。开展市城三区重点水域血吸虫病哨鼠监测。进一步强化常德市城三区（武陵区、常德经开区、柳叶湖度假区）血吸虫病监测措施，建立和完善水体血吸虫监测预警及其响应体系。

【湖南省2022年血吸虫病传播风险评估工作】 4月24日，湖南省血吸虫病防治所党委书记程湘晖一行，赴常德澧县开展2022年血吸虫病传播风险评估，常德市卫健委党委副书记、副主任，市血防办主任蔡胜猛陪同。澧县县委常委、县委宣传部部长王毅，县政府副县长宋化丽分别参加汇报会和现场考察。调研座谈会由省血防所副所长周杰主持，省血防所党委办、血吸虫病监测部、防治技术管理部有关专家与会。会后，程湘晖一行参观考察“河湖连通工程”群星闸中层引水洄水渠现场、兰江闸垸外灭螺工作现场、澧阳血防站监测网络实验室等。该调研是“春季血吸虫病风险评估工作”的最后一站，标志着2022年湖南省血防风险评估工作结束。

【常德市2022年血吸虫病消除达标工作培训会召开】 9月26—28日，常德市2022年国家血吸虫病消除达标工作培训会在澧县召开。疫区各区县市农场血防办业务主任、各基层站站长（或业务站长）及预防骨干，检验骨干；市疾控中心血防科和检验科机关业务人员共60余人参加培训。培训会上，专家们就“血吸虫病消除达标方案”“血吸虫病消除达标资料整理”“血吸虫病消除达标实验室操作”等方面进行详细讲解。为提高培训质量和效果，培训班进行实验室钉螺解剖、野粪集卵孵化、加藤片制作、加藤片阅片等技能操作现场考核和理论知识闭卷考试等方式，专家现场指导与答疑，受到参训人员的欢迎。

（黄　波）

市第一人民医院

【概况】 2022年，市第一人民医院完成总诊疗226.13万人次（含体检人次）。出院患者10.57万人次。开展手术4.65万台次，其中日间手术增长55.57%，四级手术增长3.93%。

【开展多项新技术】 3月，市第一人民医院为一名患者实施全省首例心脏收缩力调节器植入术。6月，市第一人民医院为一名2型糖尿病患者双眼视力下降有1年余、左眼眼压高达35mmHg且视野严重缺损、被诊断为开角型青光眼晚期的患者实施了湖南省地市级医院首例Schlemm's管成形术。11月22日，市第一人民医院一名诊断其为糖尿病周围神经病变的74岁女性患者实施周围神经显微减压术。

【承办泛洞庭湖地区中心医院管理论坛】 1月7日，由湖南省医院协会主办、市第一人民医院承办的第三届“泛洞庭湖地区中心医院管理论坛”在市第一人民医院芷园会堂召开。来自常德、岳阳、娄底、益阳、湘潭五地市中心医院的主要负责人、分管院领导、相关职能科室负责人等参加会议。

【新增2个省级临床医疗技术示范基地】 2022年，湖南省心血管胸痛急救临床医疗技术示范基地、湖南省急性脏器损伤救治临床医疗技术示范基地均落户市第一人民医院。截至目前，市第一人民医院拥有的省级临床医疗技术示范基地增至5个（包括湖南省麻醉临床医疗技术示范基地、湖南省神经外科学临床医疗技术示范基地、湖南省肿瘤精准放疗临床医疗技术示范基地）。

【医院九届三次职代会召开】 3月18—19日，市第一人民医院召开九届三次职代会。会议全面总结2021年医院各项工作，并对2022年的工作进行部署。会议讨论并通过4个报告和3个议案。

【药品不良反应监测工作获国家通报表彰】 3月18日，国家药品监督管理局药品评价中心、国家药品不良反应监测中心联合发文，对全国67家医疗机构的2021年度药品不良反应监测工作进行通报表扬，湖南省仅两家医院榜上有名，市第一人民医院名列其中。

【新增21个省市级临床重点专科】 4月，湖南省卫健委公布2021年度湖南省临床重点专科及建设项目名单，市第一人民医院21个临床、医技专科上榜。市第一人民医院累计获得4个省级省临床重点专科、9个省级省临床重点专科建设项目、6个市州级省临床重点专科、8个市州级省临床重点专科建设项目。

【在全市率先启动临床专科运营助理工作】 5月13日，市第一人民医院召开临床试点科室专科运营管理启动会，在6个科室试点专科运营管理工作，该院是全市首家实施临床专科运营助理管理工作的医院。

【成为中南大学湘雅医学院附属常德医院】 7月25日，中南大学与常德市人民政府签署共建中南大学湘雅医学院附属常德医院合作协议，

2022年5月13日，临床试点科室专科运营管理启动会召开　（欧阳文 摄）

2022年10月14日，中南大学湘雅医学院附属常德医院揭牌仪式举行

（欧阳文 摄）

双方将在医疗人才培养引进、科技成果转化、决策咨询等领域开展全方位深度合作，将市第一人民医院共建成湘雅医学院附属常德医院。

【首次基因诊断确诊内分泌罕见病】 9月，一名57岁患者因痛风急性发作入院，被查出血钙异常升高。10月，市第一人民医院通过一系列检查发现，该患者同时有双侧甲状旁腺腺瘤、双侧肾上腺腺瘤及垂体瘤。该院内分泌科专家最终通过基因检测，确诊患者同时患上常染色体显性遗传疾病——多发性内分泌腺瘤病。是市第一人民医院首次进行基因诊断的多发性内分泌腺瘤病。

【卒中中心全国排名创佳绩】 11月3日，一名75岁的患者送至市第一人民医院确诊为脑卒中，通过绿色通道实施救治。从入院到实施静脉溶栓治疗，仅用25分钟。国家卫生健康委脑防委办公室公布2022年8月全国681家卒中中心综合排名，市第一人民医院高级卒中中心获佳绩，综合排名全国第48，在湖南省22家卒中中心中排名第二。

【全省地级市首家神经外科显微训练与解剖实验室成立】 12月17日，市第一人民医院举行神经外科显微训练与解剖实验室揭牌仪式，并举办第一届血管吻合技术学习班。这是湖南省地市级医院首家神经外科显微训练与解剖实验室。

（朱雨伦）

市第一中医医院

【概况】 2022年，市第一中医医院全年门急诊总量达69.78万人次，出院37380人次，手术19392台次，病床使用率达84.9%，平均住院日8.51天，三级公立医院考核由B级升为B+级，全国排名从250名上升为123名，上升127名。

医院建设发展。2022年，医院建立胸痛中心，开辟绿色生命通道，成功救治患者200多例。推进综合服务能力建设，不断夯实湖南省区域中医诊疗中心、中医经典病房、中医医联体项目建设基础，国医大师熊继柏工作室、非物质文化遗产龙砂医学流派常德推广站，全国名老中医药专家邵先舫、刘志军传承工作室建影响力显著增强。中药制剂研发再添新成员，“利咽茶、调脂降压茶、减肥通便茶、壬寅养生茶、清热利咽茶、生津润喉茶及新冠防疫茶”获得广大市民认可，复方香巴戟膏、复方川黄洗剂、强膝颗粒、归元活血止痛颗粒取得备案，中医药服务特色凸显，医院综合服务能力进一步提升。科研教学能力。2022年，医院拿出800万元的研发经费投入预算，鼓励学科发展，推进技术创新。全年发表含SCI期刊论文共60余篇，26个科研项目获得省、市部门的审批，特别是省自然科学基金立项数量达3个，被湖南中医药大学授予优秀教学单位荣誉称号。

新冠疫情防控。2022年，医院党委听从市指安排，多名医生、护士、检验人员先后前往上海、吉林、海南、西藏、北京、怀化、张家界等地开展医疗救治、核酸检测、采集等商情防控工作。11月，常德市疫情突袭而至后，医院高峰期派出130名医务人员，在鼎城、安乡、市第二人民医院支援，动员社会力量配制中药预防汤近百万包，为疫情防控战提供重要的人力和药品保障。

民生重点工程建设。截至2022年年底，常德市第一中医医院异地新建项目所有工程均按相关程序进行，工程接近收尾，准备验收工作，大型设备进入联调联试程序，搬家方案拟定。

【常德市2022年第二批基层医疗机构中医药适宜技术培训班开班】 4月23日，常德市2022年第二批基层医疗机构中医药适宜技术培训班在常德市第一中医医院济生楼11楼正式开班。培训班共有41名学员参加，分别来自武陵区、柳叶湖旅游度假区、德山经开区、西湖管理区、西洞庭管理区部分乡镇卫生院和卫生室。由临床经验丰富、带教能力强的中医专家为学员进行为期2天的理论授课，授课内容涵盖10种中医药适宜技术、20种基层常见中医优势病种诊疗方案。理论学习结束后，学员们分批分次到市第一中医医院针灸推拿、康复科进行为期一周的观摩学习，提高临床应用能力。

【常德市中医药学会中西结合泌尿外科专业委员会成立】 5月28日，由常德市第一中医医院承办的常德市中医药学会中西结合泌尿外科专业委员会成立大会暨首届常德市中西结合泌尿外科学术研讨会顺利召开。市中医药学会会长邵先舫出席并宣读专委会成立批复，常德市第一中医医院副院长李振龙致开幕词，来自省内及常德各区县（市）共百余名专家学者参加会议。常德市中医药学会会长邵先舫宣读《关于成立常德市中医药学会中西结合泌尿外科专业委员会的批复》。新任主任委员、市第一中医医院泌尿外科副主任钱永红教授作表态发言。成立大会后，还以“云端+线下”方式举办学术研讨会，来自中南大学湘雅医院的顿金庚教授、陈湘教授、祖雄兵教授，中南大学湘雅二医院的王荫槐教授、蒋宏毅教授，中南大学湘雅三医院的尹光明教授，湖南省人民医院的李远伟教授，湖南中医药大学第一附属医院的蔡蔚教授，南华大学附属第二医院的陈仙教授，常德市第一中医医院的潘晓彦教授等10名省内专家分别为参会者作精彩的专题授课，内容涉及泌尿系统疾病中西医结合治疗策略、前列腺增生及前列腺癌的诊治、尿路修复重建手术技巧、泌尿系统专利申报研究、肾切除术的新技术等方面的内容，使与会人员学习了解了医学前沿外科方面的诊疗新理念、新技术。来自常德市第一中医医院、湘雅常德医院、常德市第四人民医院、石门县中医医院等医疗机构的青年医师们也上台分享了对泌尿系统疾病的诊疗思考，并得到在场专家学者的现场指导。

【邵先舫名中医团队进社区工作室揭牌】 7月5日，邵先舫名中医团队进社区工作室揭牌仪式在常德佰马湖中医医院·武陵区新河社区卫生服务站前坪举行。国家名中医师承导师、湖南省名中医、博士研究生导师、享受国务院特殊津贴专家邵先舫教授，国家名中医师承导师、湖南省名中医、硕士研究生导师刘志军教授，常德市第一中医医院副院长段建辉出席活动并讲话。名中医团队部分专家、职能科室相关负责人参加揭牌仪式。仪式上，段建辉与邵先舫共同为工作室揭牌，确定常德佰马湖中医医院·武陵区新河社区卫生服务站作为定点服务机构，形成“一对一”定点帮扶模式。邵先舫名中医团队进社区工作室正式揭牌，是国家、省中医药管理局关于中医药服务进基层的专项行动。团队专业涵盖中医骨伤科学、针灸推拿科和护理学共计25名专家教授，每月下基层服务一次，通过义诊、病例讨论、专家授课、会诊、查房和中医护理服务等方式，开展形式多样的基层服务活动，加强对社区卫生服务中心的中医药服务指导，提升卫生服务中心的医疗水平。

【湖南省直中医医院专家团队到医院开展MDT培训】 8月25日，湖南省直中医医院的湖南省名中医谭兰香团队一行6名专家应邀到常德市第一中医医院，开展MDT（多学科会诊）培训暨“湖南省名中医谭兰香团队进基层”活动，医院党委书记钟发平出席培训会并致欢迎词，会议由党委委员、副院长段建辉主持。市第一中医医院骨伤科、急诊科、ICU（重症加强护理病房）、院前“120”、肝胆胰胃肠外科和消化内科等相关科室的60余名医护人员参加培训。湖南省直中医医院党委委员、急危重症医学中心主任兼急诊科主任黄磊，急危重症医学中心副主任兼移动ICU主任郭文龙，肝胆胰脾外科主任杨毅，肝病科主任刘益军分别围绕“院前创伤评估”“重症创伤救治新进展”“肝硬化门静脉高压消化道出血的序贯治疗”“食道胃底静脉曲张破裂出血的内科治疗”作主题授课，让与会人员对创伤救治流程和上消化道大出血规范化救治有了更深入的了解。

【2022年“世界卒中日”健康科普志愿活动】 10月28日，常德市第一中医医院卒中中心与佰马湖中医医院联合开展2022年“世界卒中日”健康科普志愿活动，通过义诊和健康宣教的方式广泛宣传脑卒中防治知识，把卒中“早预防、早诊断、早治疗”的理念传播给更多的基层群众。义诊现场，专家团队免费为前来就诊咨询的群众测量血压，解答患者的疑难问题，分发脑卒中早期识别与防治宣传单及高血压、糖尿病健康教育资料等。上午9时，在佰马湖中医医院会议室举办了以“识别卒中，赢得救治”为主题的健康讲座。

【常德市中医药学会脑心同治专业委员会2022年会召开】 11月27日，湖南省常德市中医药学会脑心同治专业委员会2022年年度会议在常德市第一中医医院召开。会议旨在对过去一年脑心同治专业委员会及其成员单位工作进行总结，对未来几年的工作方向进行规划和部署，同时开展相关的学术交流和经验分享。因疫情原因，此次会议采取“互联网+”方式举行。会议特邀中国中西医结合学会脑心同治专业委员会赵步长教授、中国工程院院士张伯礼教授，以及多位省市级著名的神经科、心血管科专家担任连线嘉宾。会议由医院党委副书记、副院长车雄宇主持。常德市脑心同治专业委员会主任委员、常德市第一中医医院神经内科主任蒋黎作年度工作报告，总结2021年的工作成绩。随后，受邀专家先后作学术汇报。张伯礼院士介绍最新防疫中成药“宣肺败毒颗粒”的功效和临床研究情况；常德市第一人民医院徐平教授剖析《中国自身免疫性脑炎诊治专家共识2022》；常德市第一中医医院杨模国教授解读了《急性心力衰竭中国急诊管理指南2022》；湖南中医药大学第一附属医院姚欣艳教授作《国医大师熊继柏教授诊治脑病点滴经验分享》学术探讨；常德市第一中医医院副主任医师胡卫武和石门县中医医院郭彪医生分别进行临床案例分析。

常德市第二人民医院

【概况】 2022年，常德市第二人民医院门急诊人次15.5万人次，同比增长0.69%。出院人次1.74万人次，同比下降4.1%。手术3864台次；手术及操作8880台次，同比增长3.42%；四类手术1893台次；微创手术2048台次，同比增长1.1%。

科教工作。完成《新型冠状病毒肺炎防控体系研究》《胸腰椎骨折治疗中脊柱外固定新技术的应用》两项市级课题结题工作。按期完成与华东医院合作的课题《中国老年人群衰弱的诊断标准及综合干预研究》。全年发表35篇医学论文，22人通过教师资格考核，招收216名进修、助培学员和高校实习生，完成教学任务。承办常德市放射诊断质控中心换届改选暨2021年工作总结大会、常德市基层卫生人才能力提升培训班和第十四届中国肿瘤微创综合治疗学术会议。

医改工作。严格执行基本药物、医用耗材集中带量采购，让患者真正享受实惠。选派6名医卫特派员下沉乡镇卫生院服务一年，坚持免费救治尘肺病农民工126人次，支出专项救助基金10.2万元。在市城区、经开区、鼎城区开展义诊和健康宣教43场，稳步提升居民健康素养水平。

疫情防控救治工作。全面落实新冠疫情防控和救治任务，在经开区疫情防控中承担接送境外人员和高速路口、重点人群核酸检测的重任，在怀化、湘西、上海、海南和重庆等地疫情暴发之时选派精兵强将驰援。特别是“11·12”疫情突袭而至后，医院迅速响应，全院整体腾空，闭环管理，综合调配人力，快速扩容至17个病区，努力做到应收尽收。国家调整疫情防控政策后，医院快速复诊，动态调整工作策略，全院统筹床位、人力和设备，满足群众就医需求疫情中累计收治阳性患者3000余人次。防控能力、救治水平得到市委、市政府的充分肯定。

新技术新项目。全年积极开展新技术新项目共18项，普通外科腹腔镜下肝叶切除、结直肠根治术，泌尿外科腹腔镜下膀胱肌瓣代输尿管成形术，骨科盆骨骨折微创术，疼痛科颈、腰椎间盘低温等离子微创消融术，胸心血管外科A型主动脉夹层手术，呼吸内科胸腔镜技术，消化内科小肠胶囊内镜检查，神内科、介入科联合开展急性缺血性卒中取栓术，心血管内科室上性心动过速射频消融术，超声科肌骨超声等技术填补我院空白。

医疗服务。开展“改善门诊医疗服务百日行动”，持续优化门诊服务，提高患者满意度。开设PCCM（呼吸与危重医学科）咳喘药学服务标准化门诊、静脉治疗门诊，扩大服务范围。大力发展专科特色服务，在快速康复、肺康复治疗、伤口/造口护理、老年综合评估等方面创新服务手段，取得较好成效。深化安宁疗护服务内涵，建立了一套完整的安宁疗护服务体系，成为行业标杆。成功创建湖南省首批安宁疗护标准病房和常德市安宁疗护技术指导与培训基地。积极回应百姓关切，开通线上“发热门诊”服务，在感染高峰期人手短缺时，发动志愿者进临床，以真情感动人，用文化的力量提升服务水平。

基础建设。2022年8月启动市公共卫生救治中心项目建设，一期工程的建设稳步推进。

【常德市第二人民医院护理工作获得两项省级荣誉】 2月14日，湖南省卫生健康委发布《关于2021年度优质护理服务工作表现突出集体和个人的通报》，常德市第二人民医院骨科荣获全省2021年度优质护理服务表现突出科室、重症医学科吴慧荣获湖南省2021年度优质护理服务表现优秀个人。市二医院是全省最先开展优质护理的医院之一，全院优质护理服务覆盖率达100%。作为常德市公共卫生事件救治中心，护理团队在“非典”、手足口、甲流、新冠等突发公共卫生事件的成功救治中，积累了丰富的经验，团队得到了淬炼和成长。目前，护理管理更加规范，护理风险得到有效管控，护理质量得到持续改进，在急诊急救、传染病防控、肿瘤护理、安宁疗护等方面不断探索不断创新，形成“一科一特色”的护理人文关怀特色。

【常德市第二人民医院成为湖南康复医疗协作联盟】 7月16日，由湖南省人民医院牵头组织的湖南省康复医疗协作联盟成立大会在长沙召开，中南大学湘雅三医院等全省14市州的309家医院为湖南康复医疗协作联盟理事单位，常德市第二人民医院位列其中，康复医学科主任杜玉蓉获得大会委员聘书。

【常德市基层卫生人才能力提升培训班】 8月2—5日，常德市基层卫生人才能力提升培训班在常德市第二人民医院举办，培训班会聚常德市各区、县、市100多家基层卫生单位的206名优秀基层人才。根据省、市相关文件要求，市二医院安排30名院内专家进行现场授课、线下指导；采取理论授课、操作培训、评价考核相结合的培训方式；内容以基层卫生人员实际需求为导向，以提高基层医疗卫生服务能力为重点，涵盖新冠疫情防控、老年慢病管理、急诊急救知识、急危重症早期识别、各类基础疾病诊疗等相关内容。

（李 丹）

妇幼保健

【概况】 妇幼保健指标。2022年全市辖区活产数24120人，发生本地户籍孕产妇死亡0例，孕产妇死亡率为0，全市5岁以下儿童死亡率为3.57‰，新生儿死亡率为1.04‰，婴儿死亡率为1.62‰。

2022年全市围产儿出生缺陷发生率94.06/万，活产出生缺陷发生率77.90/万，2022年严重致畸致残发生率4.17/万。2022年常德市免费产筛项目目标完成18500人，完成18955人，目标人群覆盖率为102.46%。新生儿疾病筛查率为99.72%，辖区新生儿听力筛查率99.72%，“两癌”检查项目计划数为103790人，完成任务数105149人，目标人群覆盖率101.31%。全市婚检率94.95%，疾病检出率10.22%。免费孕前优生项目25860对，完成51944人，目标人群覆盖率达100.43%。全市孕产妇系统管理率97.09%，产妇早孕建册率98.21%，产后访视率98.07%，0～6岁儿童健康管理率96.16%，3岁以下儿童系统管理率94.59%，新生儿访视率98.79%，0～6岁儿童眼保健视力筛查率95.70%，新生儿先天性心脏病免费筛查计划数18500人，完成19017人，覆盖率102.79%，全市妇幼健康教育覆盖率95.72%。

2022年，常德市妇幼保健院通过“学习日”每月在全院强化政策、文件精神和法律法规的学习。开展青年党员微党课宣讲比赛、道德讲堂、“庆国庆·喜迎二十大‘沿着总书记指引的方向奋勇前进’”微宣讲比赛、全院干部职工学习宣传中共二十大精神等一系列活动，“声动新时代 沅澧好声音”和青年党员微宣讲在全市和市卫健系统都取得很好的成绩。在全院开展“医风清新、行风清朗、院风清明”为主题的清廉医院建设系列活动。党政“一把手”牵头对重点岗位的科室负责人进行廉政谈话共165次，谈话对象364人次。加强投诉管理分析处理力度和满意度调查，建立和完善医德医风考评机制，营造清新的医疗环境。支援桃源县乡村振兴工作，石门夹山片区驻村工作，支援临澧县合口镇中心卫生院和沅陵县妇幼保健院，支援西藏自治区隆子县人民医院工作。

落实疫情防控各项措施，加强医疗资源的统筹调配。新冠疫情期间，医院选派3名检验人员支援西藏、上海、海南、邵阳、怀化等地核酸检测任务；选派50名医务人员分3批支援武陵区、鼎城区、安乡县核酸采样工作；完成核酸采样21.8万人次，核酸检测77.4万人份。推行“云上妇幼”“智慧妇幼”“线上咨询”等服务，减少人员聚集。调整基层专干面访孕产妇和新生儿的工作模式和管理模式；开展孕产妇摸底，动态掌握孕产妇情况并实施高危面访管理，守住母婴安全底线。

常德市妇幼保健院入选全国首批妇女保健专科能力建设托举单位；成为“中国母婴健康成长万里行”首批项目基地；市卫健委批复为常德市乳腺健康管理中心；新开设乳腺保健科、母胎医学多学科门诊、儿童肥胖门诊、疼痛治疗门诊等一批新学科；引进西门子螺旋CT、乳腺钼靶机等一批新设备；申报更年期保健和新生儿保健等一批省级特色专科；开展乳管镜检查、乳腺微创旋切术，全身亚低温治疗等一批新诊疗技术。成为湖南文理学院直属附属医院、临床学院，湖南幼儿师范高等专科学校教学实践基地，进一步深化院校合作。加强院内“双师”队伍的建设。全年共申报省部级、厅市级科研项目13项，获2022年第十九届湖南医学科技成果奖三等奖1项、获2022年度常德市社会科学成果评审委员会优秀课题1项。

加大硬件投入。新修建临时业务用房福康楼于2022年8月投入使用，院内停车位增至200个，增设职工食堂、职工健身房和羽毛球场地等。新区提质改造项目有序推进，现已完成可行性研究报告、专项债调项等工作。加大医疗设备设施投入，2022年度共分4批采购设备71台（件）、其中包含乳腺专科设备、CT及财政贴息贷款采购一批设备等项目，进一步满足临床需求。

加强信息化建设与宣传。电子病历应用水平顺利通过国家电子病历应用四级评审；常德市妇幼健康信息平台与基层公卫3.0系统成功对接，实现系统之间信息互联互通。全年通过医院官网、微信公众号等自媒体共推送新闻、科普等稿件505篇、视频69条，单篇最高点击量达8.7万次；组织专家到医联体单位开展义诊坐诊服务共78次，全年医联体单位双向转诊1368人，开展青春期保健、妇女“两癌”防治、女性生殖健康等各类巡回公益讲座共计18场；与石门县妇幼保健院建设生殖专科联盟。

【市妇幼保健院成为湖南文理学院直属附属医院、临床学院】 2月18日，市妇幼保健院正式签约成为湖南文理学院直属附属医院、临床学院。签约仪式在湖南文理学院逸夫楼举行。2月25日，湖南文理学院直属附属医院、临床学院揭牌仪式在常德市妇幼保健院举行。常德市人民政府副市长周代惠，市卫健委副主任屈贵顺，湖南文理学院校长刘宇文、副校长李红革，常德市妇幼保健院党委书记曹正清、院长马明祥等班子成员以及院校相关部门负责人参加揭牌仪式。

【常德市妇幼医联体暨生殖专科联盟成立揭牌】 4月23日，常德市妇幼保健院医联体指导单位暨常德市妇幼生殖专科联盟医院首站签约挂牌仪式在石门县妇幼保健院举行。揭牌仪式结束后，常德市妇幼保健院生殖中心、保健部、新生儿科、儿保科、孕产保健科、生殖实验室的专家们分别深入石门县妇幼保健院相关科室开展义诊、教学查房等活动，对该院生殖医学工作进行指导。常德市妇幼保健院生殖医学科于2009年获准开展人类辅助生殖技术夫精人工授精项目，2018年获准开展试管婴儿（IVF-ET/ICSI）技术项目。2022年，生殖医学科成功率稳定维持在国内先进水平，率先在常德地区开展供精试管助孕技术，是湖南省实施“计划生育爱心助孕特别行动”成员单位。

【市妇幼保健院成为“中国母婴健康成长万里行”首批项目基地】 5月26日，中国关心下一代工作委员会儿童发展研究中心公布首批万里行项目基地名单，常德市妇幼保健院位列其中。该基地项目是中国关心下一代工作委员会根据工作规划和安排，在全国各省市妇幼保健机构创建公益科普阵地，于2022年1月开始在全国范围内开展万里行项目基地创建工作。

【市妇幼保健院成为湖南幼儿师范高等专科学校实践基地】 11月3日，湖南幼儿师范高等专科学校实践基地揭牌仪式在常德市妇幼保健院举行。揭牌仪式结束后，与会人员共同参观医院儿童康复科，了解学生在医院实习情况，进一步掌握实习生专业实践进程，督导实习工作有效开展。

（秉文彬　周　芯）

无偿献血

【概况】 2022年，全市累计动员48116人次参加无偿献血；采集总量为17.86吨。其中，2258人次捐献机采血小板，同比增长2.1%；机采采集总量为440550毫升，同比增长3.25%。全市千人口献血率为14.7‰，献血者满意度为99.5%，无偿献血总人次及献血总量均位居全省前列。向全市医疗机构供应红细胞类共计8737150毫升；同比增长0.36%；供应机采血小板441700毫升，同比增长3.38%；供应冷沉淀2285650毫升，同比增长2.67%，用血机构满意度达99%，达到全市保持自愿无偿献血比例100%，医疗临床用血100%来自无偿献血的工作目标。

学科建设。面对新时代新要求，常德市中心血站以服务需求、提高质量为主线，全面推进输血学科建设的高质量发展。一是优化输血质控中心。9月16日，经常德市卫生健康委员会批复，同意调整常德市临床用血质控中心人员组成，并批复同意《常德市临床用血质量控制中心章程》正式实施。二是加强输血知识培训。4月28日、5月18日、9月8日，质控中心主任紧扣“保障母婴安全”为目标任务，从案例分析到关键质控点，从主要指标到输注指征，从流程管理到核心技术，为常德市妇幼、鼎城区妇幼、桃源县中医院等医疗机构开展4次临床合理用血培训，千余医护人员参加集中培训。9月28—29日，由质控中心牵头举办常德市临床输血质量控制与用血安全培训班，同时开展第一场基层临床安全科学合理用血（石门县）巡回讲座。培训与讲座师资邀请中南大学湘雅医院李碧娟教授，中南大学湘雅二医院王勇军教授，湖南省人民医院周明教授等知名专家，对提高基层临床输血技术起到积极作用，推动常德市输血学科的建设与发展。三是强化临床用血督导。质控中心按照《2022年常德市医疗机构临床用血质量安全管理与持续改进督导计划》，以国家《血液安全技术核查指南》医疗机构部分和《常德市医疗机构临床用血质量安全管理与持续改进督导细则》为标准，对市域范围内二级及二级以上综合医院、中医院、妇幼保健院及部分民营临床用血医疗机构进行用血指导与督导检查，进一步促进全市临床科学、合理、安全、有效用血。

2022年，常德市中心血站现在职工总数114人，硕士2人、本科88人，占全站比例79%；正高3人、副高14人、中级30人，占全站比例41%。良好的人才梯队为持续推进全市输血学科的建设与无偿献血高质量发展提供了坚实的人才保障。

质量管理。加大培训力度。全年共组织血站职工开展线上业务培训+线上考核13次，人均培训时长达60个学时；组织学习安全与卫生知识及应急演练，提高处理应急事故的能力。加大评审力度。2022年，常德市中心血站组织完成管理评审，确定2个改进项并督导改进；10月组织完成年度内部质量审核，对发现的问题进行持续追踪，并督促整改验证。加强质量督导。由每月固定时间的工艺卫生检查调整为“随机随时”的飞行检查模式，不提前打招呼直奔现场，在督导中发现的问题及时在每月质量分析会上反馈改进情况。全年抽检血液制品共292袋、抽查关键物料共143次，其中包括试剂83次，完成工艺卫生检查217次、关键设备监测649次，到各科室进行日常督导252次。四是强化血液检测。全年，常德市中心血站共完成血液检测任务48743人次，其中筛查出不合格样本534人次，阳性率为1.10%；核酸检测48493人次，共检测出45例核酸阳性，阳性检出率为0.93‰。开展Rh阴性确认试验229例，确认Rh阴性标本227例。自3月1日起，常德市中心血站完成HTLV检测任务41507人次，共检出7例HTLV反应性标本。2022年，常德市中心血站实验室参加国家卫健委临检中心室间质评考核共3次，成绩均为合格；参加湖南省临检中心室间质评考核2次，成绩合格；参加湖南省疾病控制中心的室间质评考核1次，成绩优秀。全年没有发生血液重大质量投诉及安全与卫生责任事件。

【为京沪两地提供血液援助】 2月4日至3月13日，为保障北京2022年冬奥会和冬残奥会赛事正常进行，根据统一安排，常德市中心血站在保障该市临床用血需求的情况下，安全有序地筹备300袋红细胞支援北京，为冬奥会和冬残奥会提供有力的血液保障。3月，上海出现疫情后，按照上级部署，常德市中心血站火速响应、紧急动员。4月7日，110袋“去白细胞悬浮红细胞”由常德启程，运送至长沙，由省血液中心集中统一发往上海。4月27日，向北京援驰200袋“去白细胞悬浮红细胞”。4月，市中心血站收到来自北京的感谢信和“冰墩墩”纪念品，北京2022年冬奥会和冬残奥会组织委员会、北京市卫生健康委员会对常德市中心血站出色完成冬奥血液保障任务表示肯定和感谢。7月，市中心血站收到来自上海市血液中心“感恩有你，共同守沪”的感谢信，感谢常德捐献的血液制品。

【临床输血质量控制与用血安全培训班】 9月29日，受常德市卫健委的委托，常德市中心血站、常德市临床用血质量控制中心举办2022年常德市临床输血质量控制与用血安全培训班，同时开展第一场临床安全科学合理用血巡回讲座。培训与讲座邀请了中南大学临床输血研究中心主任李碧娟教授，中南大学湘雅二医院输血科主任王勇军教授，湖南省人民医院血液内科主任、输血科主任周明教授，湘雅常德医院输血科主任舒象武教授。培训与巡回讲座内容包括：“血液成分的科学合理安全输注”“凝血检测在输血中的应用”“凝血检测的质量控制”等等。培训对象为各医疗用血机构输血科主任或血库负责人、检验科主任、临床用血质控中心成员以及临床医生、检验技术人员等。

【2022健康中国（湖南）行常德站——全民健康行暨高校新生健康知识巡讲活动】 9月30日，首场大型高校健康知识巡讲在湖南文理学院艺术中心举行。在启动仪式上，湖南文理学院党委委员、副校长戴军致辞，市卫健委党组书记、主任朱正权讲话，市人大常委会副主任张阳宣布仪式正式启动，全校千余名新生代表参与。启动仪式后，首场大型高校健康知识巡讲在湖南文理学院艺术中心举行。11月9日下午，常德职业技术学院活动线上+线下结合，市中心血站联合市疾控中心专家为近万名学子上一堂科普课，引导学生牢固树立“每个人是自己健康的第一责任人”的理念。

（贺丽慧）

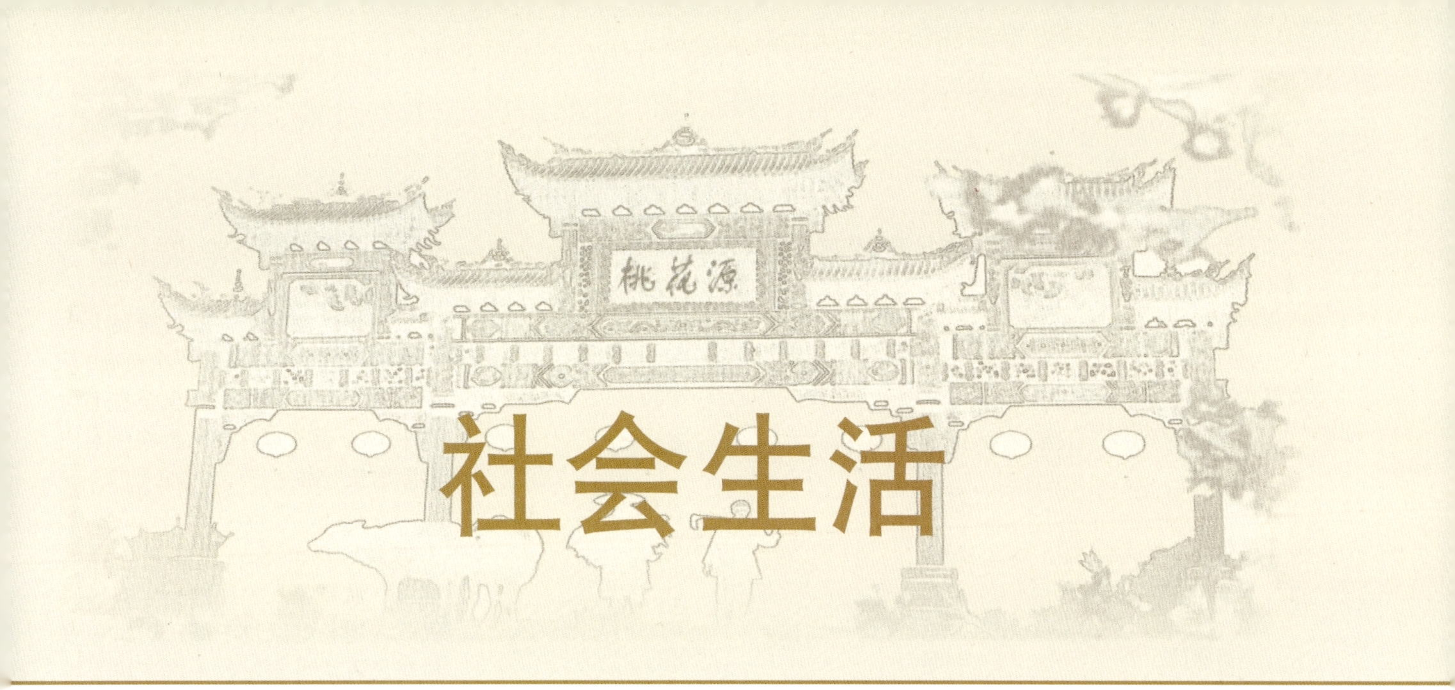

社会生活

人民生活

【概况】 2022年，常德全体居民人均可支配收入首次突破3万元大关，达30643元，比2021年名义增长6.6%，增速超过全省平均水平0.2个百分点，扣除价格因素，实际增长4.9%，高于地区生产总值增速（常德地区生产总值增长4.5%）。从全省情况看，常德是为数不多居民收入实际增长幅度超过地区生产总值增速的市州之一。按收入来源分，工资性收入13310元，增长7.0%；经营净收入8355元，增长6.1%；财产净收入1882元，增长14.6%；转移净收入7096元，增长4.6%。

【城镇居民生活】 2022年常德城镇居民人均可支配收入40494元，首次突破4万元，名义增长5.6%，高出全省平均水平0.2个百分点，扣除价

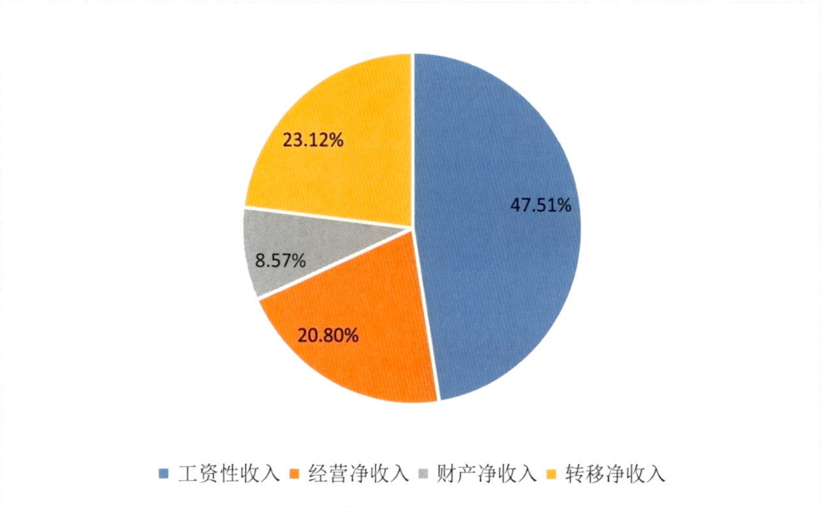

2022年常德城镇居民各项收入占比图

2022年常德居民收入及构成情况表

表30

指标名称	2022年（元）	2021年（元）	比上年增加（元）	增长（%）	贡献率（%）	占比（%）
人均可支配收入	30643	28733	1910	6.6	—	—
工资性收入	13310	12434	876	7.0	45.9	43.4
经营净收入	8355	7872	483	6.1	25.3	27.3
财产净收入	1882	1642	240	14.6	12.6	6.1
转移净收入	7096	6785	311	4.6	16.3	23.2

2022年常德城镇居民消费构成分类情况表

表31

指标名称	绝对值（元）	比2021年同期增长（%）
城镇人均生活消费支出	29705	4.2
一、食品烟酒	8585	4.2
二、衣着	2148	1.9
三、居住	5616	5.7
四、生活用品及服务	1802	3.5
五、交通通信	3484	8.1
六、教育文化娱乐	5187	2.1
七、医疗保健	2191	2.7
八、其他用品和服务	692	4.1

2022年常德农村居民消费构成分类情况表

表32

指标名称	绝对值（元）	比2021年同期增长（%）
农村人均生活消费支出	20370	6.3
一、食品烟酒	5679	3.6
二、衣着	1091	8.6
三、居住	4718	3.7
四、生活用品及服务	1265	11.4
五、交通通信	2376	9.9
六、教育文化娱乐	2784	11.3
七、医疗保健	2154	4.8
八、其他用品和服务	302	13.5

格因素，实际增长3.9%。

【农村居民生活】 农村居民人均可支配收入21342元，首次突破2万元，名义增长7.2%，高出全省平均水平0.4个百分点，扣除价格因素，实际增长5.5%。

【城乡、区域收入差距进一步缩小】 城乡收入差距缩小。农村居民收入增长继续快于城镇居民，农村居民人均可支配收入增速快于城镇居民1.6个百分点，城乡收入比由2021年的1.93降至1.90。

区域收入差异缩小。9个县市区全体居民人均可支配收入增速均超过5.6%。其中增速最快的汉寿县与最慢的武陵区相差1.6个百分点。与2021年相比，增速极差缩小0.2个百分点。居民人均可支配收入区域差异系数从0.226下降至0.222。

【居民消费价格】 2022年，常德居民消费价格总水平同比上涨1.6%，涨幅较上年同期（上涨0.2%）扩大1.4个百分点，比全国平均水平低0.4个百分点，比全省平均水平低0.2个百分点。在全省14个市州中，与株洲并列第九位。从构成CPI（消费者物价指数）的八大类来看，价格全部上涨。其中，能源价格持续走高，推动交通通信类价格涨幅居首，达5.7%，拉动CPI上涨约

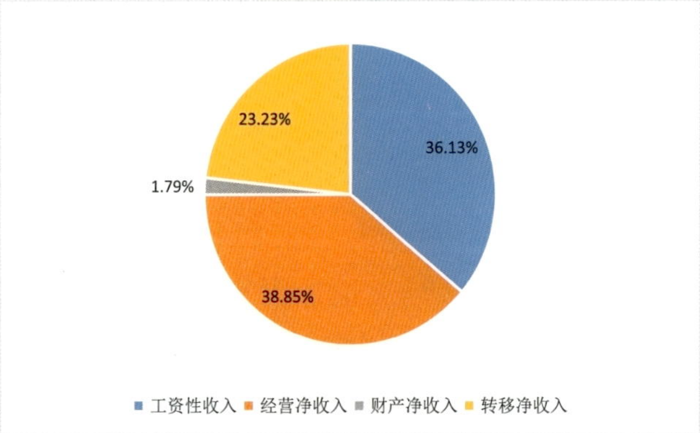

2022年常德农村居民各项收入占比图

2019—2022年常德城乡居民人均可支配收入比

0.71个百分点。极端天气、疫情等因素影响下，食品烟酒价格同比上涨1.7%，影响CPI上涨约0.47个百分点。医疗保健、教育文化娱乐、其他用品及服务、生活用品及服务、衣着和居住类价格分别上涨1.4%、1.1%、1.1%、0.9%、0.6%和0.3%。

（熊　斌）

婚姻家庭

【概况】　2022年，常德市全年办理结婚登记2.21万对，离婚登记8083对，离婚率为26.78%。

落实婚姻家庭纠纷调解工作，切实提高婚姻调解专业化社会工作服务水平，全力推动形成全市婚姻调解特色品牌。各地婚姻登记机构聘请心理学专家督导，对婚姻辅导调解提供全程督导、对婚姻调解员培训、公益讲堂提供全方位的指导、对个案辅导进行指导，借助现代婚姻家庭纠纷干预的新理念、强队伍、新方法，化解婚姻家庭纠纷、促进家庭和睦、社会稳定。婚姻辅导室与离婚登记室无缝衔接，做到逢离必调，第一时间与前来办理离婚的夫妻进行沟通，通过评估婚姻的可挽救性，提供情绪疏导、冲突解决的挽救性工作的婚姻调解，减少情绪冲动下带来的婚姻解体。对于已经初步挽救的夫妻建立个案档案，可申请继续接受专业的婚姻辅导，针对在婚姻中遭遇家庭暴力、婚内出轨等创伤的夫妻进行创伤治疗，进一步深入地为稳固家庭做出努力。

【印发《内地居民婚姻登记全市通办工作方案》】　根据《湖南省民政厅关于开展内地居民婚姻登记全市通办工作的通知》（湘民函〔2022〕1号）要求，2022年1月21日，常德市民政局印发《内地居民婚姻登记全市通办工作方案》。该方案具体实施从2月1日开始，结婚登记全市通办；5月1日开始，离婚登记全市通办，即凡男女双方或一方为本市居民，办理婚姻登记可在本市任一区县市婚姻登记机关办理（补领婚姻登记证和涉外、港澳台居民和华侨婚姻登记等业务仍按原方式办理，不列入全市通办范围）。

【常德市婚姻登记实行“全省通办”】　自2022年6月1日起，常德市婚姻登记实行“全省通办”，婚姻登记“全省通办”适用于湖南省内地居民结婚登记和离婚登记，即湖南省内地居民结（离）婚登记由一方当事人常住户口所在地的婚姻登记机关办理，扩大到一方当事人常住户口所在地或者省内经常居住地的婚姻登记机关办理。常德市民可凭借有效居住证，在省内经常居住地的婚姻登记机关进行结婚、离婚登记。补领婚姻登记证、补办结婚登记及涉外、港澳台居民和华侨婚姻登记等业务仍按原方式办理，不列入“全省通办”范围。

（彭　博）

人口发展

【概况】　2022年，常德市积极落实生育政策及配套支持措施，精准做好生育政策有效衔接和各项管理服务，全面优化生育登记服务流程，推进网上生育登记证办理，落实育儿假、独生子女护理假等配套和保障措施，推进“三孩”生育政策落地见效。调整优化生育政策领导小组、明确各成员单位的职责。积极推进托育设施建设，2022年全市登记注册的托育机构达119家，开放托位1.45万个，其中普惠性托位1.41万个，每千常住人口拥有托位2.77个。17家托育机构获批“国家教育现代化推进工程普惠托育服务专项行动”项目，共获得中央预算内投资1637万元，完成考核指标。扎实做好“三个全覆盖”工作，并在国家培训会议上作典型发言。努力提升特殊家庭的获得感和认同感。提高奖扶标准。2022年7月1日起，在国省标准基础上，常德市将独生子女死亡家庭特别扶助金提高到每人每月990元，高于国省标准350元，同时每户发放一次性救助金1万元；独生子女伤残家庭特别扶助金提高到每人每月810元，高出国省标准300元。2022年，全市累计发放计生家庭各类扶助资金5.82亿元。增加养老补贴。从2021年起，对60周岁以上计划生育特殊困难家庭老年人，提供每人每月不低于300元的基本养老服务补贴。开展走访慰问。每逢春节、中秋节、重阳节等重大节日，由相关部门对独生子女伤残或死亡家庭进行走访慰问，2022年发放慰问金、慰问品价值280余万元。积极推进公共场所母婴设施建设，110个公共场所配置母婴设施，公共场所母婴设施配置率达100%。

【市计划生育协会五届四次理事会暨全市计划生育协会工作会议召开】　5月6日，常德市计划生育协会召开五届四次理事会暨全市计划生育协会工作会议，回顾总结2021年工作，安排部署2022年工作。市委副书记、统战部部长、市计划生育协会会长陈华，市卫健委党组书记、主任朱正权出席会议并讲话，市计划生育协会专职副会长王珂代表理事会常务委员会作工作报告，会议由市委副秘书长黄修林主持。会议表彰“2021年度常德市计划生育协会重点工作绩效评价优秀单位”。市计划生育协会第五届理事会理事，各县市区计划生育协会会长、副会长、秘书长共80余人参加会议。

【“好家风　健康行”家庭健康主题推进活动】 6月15日，为贯彻落实《中共中央国务院关于优化生育政策促进人口长期均衡发展的决议》，常德市计划生育协会在常德市江南沅江风光带举行“好家风　健康行”主题推进活动启动仪式。中国计划生育协会党组成员、副秘书长何翔，省卫生健康委党组书记、主任李小松分别视频致辞，省计划生育协会副会长梁文明，常德市委副书记、市委统战部部长、市计划生育协会会长陈华出席启动仪式并讲话。启动仪式上，宣读了《湖南省计划生育协会关于“弘扬婚育新风　促进家庭健康”的倡议书》《家庭健康促进行动倡议书》，为中国计划生育协会2022年度家庭健康促进行动项目点（鼎城）授牌，并为10名家庭健康指导员颁发了聘书。活动采用线上线下全程实时直播方式进行，观看直播和视频80.26万人次。省卫健委、省计划生育协会相关处室负责人，鼎城区委、区政府、区人大、区政协相关领导同志，市、区卫生健康委、计划生育协会主要负责同志和相关科室负责人，市直单位计划生育协会理事、会员家庭健康指导员代表等300余人参加活动。

【世界人口日暨“好家风　健康行”家庭健康进企业活动】 7月11日，常德市计划生育协会联合市政府办在经开区湖南省毅晨科技企业孵化器运营有限公司，开展世界人口日暨“好家风　健康行”家庭健康主题推进活动。市政府办四级调研员涂卫军、市计划生育协会专职副会长王珂参加活动。活动现场，摆放家庭健康促进、疫情防控、“三孩”政策与人口计生法律法规、控烟健康知识等宣传展板，发放《常德市家庭健康公约》《家庭健康促进行动倡议书》《中国公民健康素养66条》等宣传折页1000份、健康服务包100个。活动贯彻落实“好家风　健康行”家庭健康主题推进活动，推广健康“小三件”，为企业送清凉，倡导健康生活方式，服务保障企业员工、居民健康，推动健康生活理念根植家庭、深入人心，助力健康常德。

【常德市60户家庭获评2022年度“健康家庭”】 10月17日，市计划生育协会下发《关于通报表彰2022年度健康家庭的通知》，60户家庭获评2022年度“健康家庭”。为助力健康常德建设，促进家庭健康，经过“广泛宣传发动、逐级推荐上报、市级审核确定”等程序，市计划生育协会自2020年开始，每年开展“健康家庭”评选表彰活动，旨在培育和践行社会主义核心价值观，深入开展家庭健康主题推进活动，普及家庭健康知识，推广健康生活方式，推动健康常德行动在家庭落地生根，营造家家行动、人人参与、共建共享的家庭健康促进社会氛围。2020—2022年，全市共170户家庭被评为“健康家庭”。

【市计划生育协会深入推进“暖心行动”】 按照2022年3月出台的《常德市计生特殊家庭“暖心行动”实施方案》要求，分批在各区县市实施“暖心行动”。2019—2022年，常德市积极实施中国计划生育协会特殊家庭帮扶项目，各级计划生育协会成功申报国、省、市级计划生育协会“暖心家园”项目共17个。2021—2022年，争取财政资金100万元建设“暖心家园”，在9个县市区各新建了暖心家园阵地，实现了暖心家园县级全覆盖。“暖心家园”以计生特殊家庭实际需求为出发点和落脚点，组织开展集体联谊、心理慰藉、健康促进、志愿服务等活动。2022年，常德市计划生育协会进一步加大对全市计生特殊家庭的帮扶力度，在武陵区北正街社区、新坡社区分别建立失独家庭“心灵驿站”，建立首批12名市级失独家庭心理咨询专家组。采取“专业心理咨询师+协会志愿者+协会心理咨询阵地”的模式，举办心理咨询健康讲座、开展上门疏导慰问，着力疏解失独家庭心理问题，助力计生特殊家庭走出心理阴霾，融入社会，持续提升计生特殊家庭的获得感、幸福感和安全感。市计划生育协会与相关心理健康专业服务机构合作，10月组建常德市计生特殊家庭心理健康服务专家库，成立心理健康志愿服务团队，开通计生特殊家庭心理健康咨询服务热线，搭建线上、线下一体的计生特殊家庭心理援助服务平台，对存在较为严重心理健康问题的特殊家庭对象实施深度心理援助服务。

（贺　捷）

人力资源开发交流

【概况】 2022年，市人力资源中心深入推进“稳就业，常德在行动”主题活动，努力帮助城乡劳动者实现充分就业，全面提升公共人才服务能力。全年举办线上线下招聘活动552场，参加单位2.24万家，提供岗位59.8万个，登录进场求职32.2万人次，达成意向7.8万人。

职业介绍。开展“春风行动”“就业援助月”“大中城市联合招聘高校毕业生”“民营企业招聘月”等专项活动。持续推进重点企业用工服务，重新明确全市150家重点用工企业名录，全年为重点企业解决用工1.68万人。采取网上招聘、校园巡回招聘、异地劳务协作等多种措施，缓解高校毕业生和农民工等重点群体就业压力，全年发放高校毕业生求职创业补贴3120人共468万元。开展援藏高校毕业生网络专场招聘，共有51家单位提供岗位609

个。跨区域开展劳务协作，与慈利县、沅陵县、郴州市、镇江市等地确定了劳务协作关系，促进当地劳动力本地就业和外出转移就业。

人才服务。通过网站发布、开通人才服务专线及建立人才服务微信群等，拓宽各层次人才服务渠道。全年市本级审核通过企业“三高”人才222人，发放人才补贴和购房补贴773万元，回复各类人才诉求1500条。启动首届先进制造业“突出贡献人才”评选工作，24家企业61名人才获此荣誉。启动首届高层次人才分类认定工作，经严格审核后975名人才符合认定标准，获得人才绿卡，享受医疗保健、子女入学等优惠政策和便利服务。

就业见习。加强见习基地管理，对现有基地进行全面清理整顿，对近五年所有的见习补贴进行全面核查，严格出入考核审批机制，规范就业见习资金的使用，防范公益性岗位补贴违规使用。全年分3批次开展见习补贴申报核定工作，市本级发放见习补贴249.744万元。完善见习岗位募集要求和见习政策指南，组织区县对所属地就业见习岗位募集摸底，全年募集见习岗位2167个。

流动人员人事档案管理。有序开展流动人员人事档案数字化工作，截至年底数字化档案完成1.2万余册，全年整理流动人员人事档案6865册，超额完成省中心年度考核任务。依托全省流动人员档案服务一体化信息平台，流动人员人事档案实现“跨省通办”，完成部省联网流转档案10例，处理省、市一体化平台档案业务申请320条。人事档案托管8.3万册，流动人员档案入库2780册、出库1649册，国有企业置换身份人员退休申报1498名，为6500余名流动人员提供了档案查阅、托管、职称申报等服务。

【首届先进制造业“突出贡献人才”评选】 12月8日，常德市举行首届先进制造业突出贡献人才暨首批高层次人才表彰大会。来自全市装备制造、烟草、农产品精深加工、生物医药、新能源新材料等重点产业的61名突出贡献人才受到表彰。全市首届突出贡献人才推荐名额主要给予在税收贡献、产业投资、上市融资、科技创新等方面有突出表现的企业。获评的突出贡献人才，每人一次性发放20万元奖金，发放“常德人才绿卡”，凭卡可享受子女入学、配偶就业、定期体检、休假疗养、就医诊疗、住房保障、职称评定、领导干部联系人才服务等多项优质服务。突出贡献人才先进事迹还被制成展牌、电子海报、短视频等，线上线下广泛宣传，树立“尊崇人才”的鲜明导向，形成人人渴望成才、人人努力成才、人人皆可成才、人人尽展其才的生动局面。

【创新职业介绍服务】 2022年，常德市创新推出直播带岗、远程招聘（面试）、招聘夜市、“云诊室”等新型服务，常德招聘模式多次在人社部和省人社厅得到宣传推介。“化零为整”打造零工市场，以现有平台为媒介，整合零散的用工信息和求职信息，把就业服务窗口打造成集岗位推送、岗位介绍、登记就业于一体的基层前沿阵地。利用抖音开展45场直播带岗招聘活动，参加单位共1739家，提供岗位1.3万个，直播间观看93.7万人，带岗主播深入企业，让求职者更直观地了解到企业基本情况。打造“招聘夜市”，将“招聘夜市”活动与现场招聘、直播招聘相结合，全年市城区共举办3场夜市招聘会，参加单位62家，提供岗位1811个，线上初步达成意向567人。

（肖春香）

劳动人事争议仲裁

【概况】 2022年，常德市仲裁部门坚持“预防为主，调解优先”的办案原则，聚焦重点行业、重要领域和重大企业，建立风险预警及防范机制，妥善处理湖南德兴置业28人、常德金泽置业有限公司15人追索劳动报酬纠纷，常德易新家庭服务有限公司13人解除劳动纠纷等多起集体劳动争议，争议案件处理基本实现政治效果、法律效果和社会效果的有机统一。2022年，全市共处理各类劳动人事争议案件3241件，涉及劳动者3858人，涉案金额1.95亿余元；立案处理案件当期结案1836件，当期结案率99.24%；调解案件数量2596件，调解成功率79.9%。常德市被省厅表彰为“2022年全省劳动人事争议仲裁先进单位”。

诉源治理。主动适应新时代新形势新变化，建设“横向到边，纵向到底”调解网络，打造劳动争议多元调处工作格局。裁审衔接。市县两级仲裁部门与人民法院加强统筹联动，制定衔接制度，强化源头治理，走出一条深度融合的裁审衔接新路。市仲裁院与市中级人民法院联合召开裁审衔接会议。武陵区建立全区劳动人事争议裁审衔接“六联工作机制”。临澧县就“职场碰瓷、社会保险”等可能影响企业投资营商环境的新问题与县法院裁审标准统一机制。基层调解。打造一批具有影响力的劳动人事争议调解组织示范样本，8家调解组织获得省级以上“金牌调解组织”荣誉。鼎城区兴隆劳务公司调解委员会获得全国通报表扬，被评为“2022年度工作突出基层劳动人事争议调解组织”。汉寿县积极引导企业建立完善内部调解机制，初步建立起以企业、各乡镇人社服务中心为主，调解、服务为一体的劳动人事争议预防体系。

仲裁为民。充分发挥仲裁业务优势，广泛开展普法宣传，紧贴群众需求传播仲裁声音。2022年，全市累计开展送法活动45次，服务企业500余家，服务企业代表700余人，发放《企业劳动争议五十问》近万本。市院首次采取现场政策宣讲和线上同步直播的方式，开展“庭审入园区　送法进企业”活动。临澧县针对凯元纺织、福源人力、胡昌阳门窗厂等多家争议苗头活跃的企业开展送法释法活动，以主动上门拜访形式，走近企业近身服务，针对不同需求量身定制服务模式。桃源县结合“春风行动”招聘会、“送法进园区”等有利时机，多次组织仲裁员深入基层，开展“大走访、大宣传、大服务”“仲裁进企业”“法律六进”等专项普法活动。

人才第一。加大力度提升专业形象，提高业务能力，提炼仲裁精神。抓培训，筑牢仲裁底蕴。依托省新任仲裁院培训班、全市仲裁工作会议和庭审进园区活动，区分专业程度层次开展业务培训，打造具有常德特色的综合培训机制。全年参与培训仲裁员90人次，全市8名新任仲裁员获得仲裁员证，桃源县、津市市新增2名专职仲裁员，补充新生仲裁员力量。抓宣传，沉淀仲裁文化。2022年6月，制定下发《2022年度区县市劳动人事争议　调解仲裁工作考评办法》，将宣传工作重新纳入仲裁工作考评内容，充分调动市、县力量，宣传仲裁部门定纷止争、保稳促和的社会价值，宣扬阳光公正、依法为民的仲裁精神，取得了较好的效果。全力抓保障，提升仲裁形象。2022年年底，按照省厅标准购置开庭制服，全市50名仲裁员统一定制开庭工作服。

数字赋能。不断满足调解仲裁“线上办、掌上办、一次办”的社会需求和群众需求，加快推进“互联网+仲裁”系统应用，走好仲裁“网上群众路线”。广泛应用“两个业务系统”。全国在线调解系统推广以来，处理案件数量逐年攀升，全年在线调处劳动人事争议案件160件，与2021年相比增长83.91%，结案率100%，在线办案系统录入1828件，系统录入率100%。探索应用一体化服务平台。借助常德市“互联网+政务服务”一体化服务平台，案件受理、审核、办结流程实时在线发布，实现劳动人事争议仲裁案件网上办理全流程监控，减少劳动者案件“等待期”焦虑，提升了办案效率，全市线上处理劳动人事争议案件489件。深度应用“智慧仲裁”系统。市院实现“智慧仲裁”系统应用与仲裁办案深度融合，将庭审直播、证据展示、数字档案等功能融入办案流程，全年直播庭审次数320余次，对450余卷案卷进行数字化归档，确保常德“互联网+仲裁”建设始终处于全省前列。

【选树金牌调解组织】　8月29日，在全市开展“金牌调解组织”推选活动，采取典型示范方式，打造一批具有影响力的劳动人事争议调解组织示范样本。鼎城区兴隆劳务公司调解委员会获得全国通报表扬，被评为“2022年度工作突出基层劳动人事争议调解组织”。武陵区劳动人事争议调解中心等7家基层调解组织获得省级“金牌调解组织”荣誉，基层调解组织战斗力、使用率显著提高。

【巡回仲裁庭进企业】　9月5日，常德市劳动人事争议仲裁院以“庭审入园区　送法进企业”为主题，深入经开区开展巡回仲裁庭进企业活动，活动首次采取现场政策宣讲和线上同步直播的方式进行，全市140名企业人资负责人和劳资专员到场学习，400余名群众在线听讲，活动获得《中国劳动保障报》、红网、《常德日报》等多家新闻媒体宣传报道，极大地拓展“仲裁宣讲”品牌覆盖面和影响力。

【裁审衔接会议召开】　10月20日，市仲裁院与市中级人民法院联合召开裁审衔接会议，市人社局党组副书记、副局长龙伟，市中级人民法院党组成员、副院长黄天伏出

2022年9月5日，常德市劳动人事争议仲裁院在常德经开区开展“庭审入园区　送法进企业”活动（市仲裁院 供图）

席会议并讲话，市县两级裁审机构20余人参加会议，会议深度探讨疑难问题及裁审不一致案例，并形成会议成果，向全市裁审机构印发《裁审衔接工作座谈会疑难问题备忘录》，进一步统一全市裁审尺度，深化体系互融。

（魏　政）

就业服务

【概况】　2022年，市就业服务中心多措并举，精准发力，完成各项指标任务。第五届“中国创翼”创业创新大赛湖南省选拔赛常德获优秀组织奖；全国公共就业服务专项业务竞赛常德获个人业务三等奖、优秀就业服务成果二等奖、优秀组织奖；在全省脱贫人口务工情况的通报中常德就业帮扶车间建设为前三名；6月16日，徐永健副市长在全省更加有效实施就业优先战略推进会议上以“大兴创业之风　促进充分就业”为题，做全市创业带动就业工作经验发言。

主要指标。截至2022年12月底，全市失业保险参保36.69万人，全市培训各类人员27745人，占全年目标任务的118.6%；有313人已注册或新注册工商营业执照，完成目标任务100人的313%；全市新增农村劳动力转移就业3.9031万人，完成目标任务3.8万人的102.7%；全市脱贫劳动力就业率84.72%，比是年年底高2.41%。各区县（市）脱贫劳动力就业比例均高于2021年年底；全市新增发放创业担保贷款35537.5万元，直接扶持964人创业，带动就业14373人，比2021年同期发放增长14.64%；城镇登记失业率控制在2.67%。

【全省首家创业担保贷款“一站式”服务中心成立】　4月7日，市就业服务中心联合邮储银行常德市分行成立全省首个创业担保贷款一站式服务中心，并逐步向区县（市）推广，实现全市创业担保贷款业务一站式办结。贷款办结时间从15个工作日缩减到7个工作日，实现从资金上为企业和创业者纾困解难，从流程上纵深推进“放管服”改革。截至2022年12月底，通过一站式服务中心全市共发放创业担保贷款158笔，共计2974万元。

【2022年度常德市创新创业大赛】　5月31日，第五届“中国创翼”创业创新大赛常德市选拔赛暨常德市2022年度创业大赛决赛收官。大赛以“创响新时代　共圆中国梦”为主题，分为制造业项目组、服务业项目组、乡村振兴项目组、青年创意项目组、劳务品牌项目组5个组别。大赛自3月启动，共有316个项目报名参赛，项目类别涉及科技制造业、农村电商、文旅融合、电子商务、农业产业化等多个领域，经报名初核，区县市比赛或推选，市级专家评审，最终28个项目跻身总决赛。其中7个项目代表常德参加省赛，获得2个三等奖、1个优胜奖。常德市人社局获得全省优秀组织奖。

【全省首个创业就业“一站式”服务大厅成立】　6月27日，全省首个岗位惠民一站式服务大厅揭牌成立，常德市委常委、市政府常务副市长徐永健出席仪式并宣布常德市岗位惠民一站式服务大厅正式启用。人社系统涵盖就业、创业、人才3个方面的30多项业务全部下沉到服务大厅，实现人社系统就业创业业务的一站式办结。同时，市退役军人就业创业服务站入驻服务大厅，武陵区荷花社区创业就业服务站正式成立，由此，逐步健全全市创业就业业务“市—县（区）—乡镇（社区）”一站式办结的网络，逐步实现各职能部门创业就业业务的集成入驻。

【全省脱贫人口稳岗就业暨“雨露计划+”就业促进行动工作培训会议召开】　7月8日，由湖南省人社厅、省乡村振兴局联合举办的全省脱贫人口稳岗就业暨“雨露计划+”就业促进行动工作培训会议，在常德市石门县召开。会议的主题是，深入学习贯彻习近平总书记关于“疫情要防住、经济要稳住、发展要安全”高效统筹疫情防控和经济社会发展的重要指示精神，落实全国脱贫人口稳岗就业工作推进视频会议和省委、省政府关于做好稳岗就业工作的要求，总结上半年工作成效，分析当前面临的形势问题，有效应对疫情灾情影响带来的压力挑战，部署推进下半年工作，确保高质量完成全年目标任务。会议就脱贫人口稳岗就业政策开展业务培训，通报全省脱贫人口稳岗就业总体情况。省人社厅、省乡村振兴局相关处室负责人；14个市州人社局、乡村振兴局分管脱贫人口就业帮扶工作负责人、就业服务中心主要负责人；15个重点帮扶县人社局、乡村振兴局局长，约120人参加会议。

（胡燕妮）

【湖南省脱贫人口稳岗就业工作培训会在常德召开】　7月8日，湖南省脱贫人口稳岗就业暨“雨露计划+”就业促进行动工作培训会在常德石门召开。湖南省人社厅党组成员、副厅长廖跃贵，省乡村振兴局党组成员、副局长周立志出席会议并讲话，市委常委、常务副市长徐永健出席并致辞。会议通报全省脱贫人口稳岗就业总体情况，就脱贫人口稳岗就业政策进行业务培训，邵阳市、常德市石门县等6个市县作经验介绍。

（姚懿容　胡燕妮）

社会保险

【概况】 2022年，常德市围绕“健全覆盖全民、统筹城乡、公平统一、安全规范、可持续的多层次社会保障体系”的总目标，精准实施全民参保计划，全力推进参保扩面，着力“促改革、守底线、防风险、优服务”，完成省委、省政府绩效考核、真抓实干以及省人社厅考核任务22项指标完成，养老保险待遇入社会保障卡发放、企业职工基本养老保险基金征缴、机关事业单位工作人员养老保险基本养老金发放、待遇领取资格自助认证、退役军人养老保险关系转移接续和城乡居民基本养老保险违规领待疑点数据核查办结等多项指标和重点工作位居全省前列。全市基本养老保险参保450.34万人（参保缴费299.82万人、领取待遇150.52万人），征缴养老保险基金94.51亿元，发放养老保险待遇189.24亿元，参保领待人数、征缴基金、发放待遇再创历史新高。

职业年金。优化职业年金经办流程，做到当月纪实、当月到账、当月享受退休待遇。采取待遇发放前待遇数据估算、待遇数据核实比对、发放回盘数据跟踪反馈等措施，全面实现常德市机关事业单位工作人员养老保险制度改革后退休人员职业年金待遇全覆盖。全市职业年金在职参保13.24万人（含保留账户0.2万人），领取待遇3.19万人，征缴职业年金8.02亿元，发放职业年金待遇0.93亿元。围绕“加快虚账向实账管理转换”的改革目标，主动作为，摸清底数，由市本级牵头拟定了“增量当年做实、存量逐步消化”的实施方案，指导柳叶湖旅游度假区试点先行，在全市发挥了示范带头作用。

参保扩面。认真落实省人社厅工作部署，围绕“人人享有养老保险”目标，不断巩固全民参保行动成果，精准推进重点群体参保，常态化开展参保扩面工作，推动企业职工和城乡居民基本养老保险参保扩面专项行动见成效。企业职工基本养老保险在职参保84.9万人，比2021年底（82.09万人）增加2.81万人，增长3.42%；实际缴费人数达65.96万人，比2021年底（59.77万人）增加6.19万人，增长10.36%。

行业扶贫兜底保障。根据“符合城乡居民基本养老保险参保条件的困难群体人员99%参保、符合城乡居民基本养老保险参保应代缴条件的困难群体人员100%代缴”的目标任务，开展专项督导调度，全力推进困难群体“应保尽保”。全市困难群体参加基本养老保险共181792人，参保率100%；符合城乡居民基本养老保险保险费代缴人员96060人，代缴金额960.6万元。

养老保险基金管理专项行动。全市以落实“一个文件”（湘办〔2021〕28号文件）为统领，大力推进“两项行动”（社保基金管理专项整治行动、管理提升年行动），严格落实基金监管“1+N”制度，加强风险控制制度建设，规范业务经办流程，强化内部稽核工作，按照不低于业务经办10%的比例对参保登记、关键信息修改、待遇核定与计发、基金运行等业务开展日常稽核、重点稽核，持续较真碰硬，用心守护好人民群众“养命钱”“保命钱”。严格落实养老保险经办“十个严格、十个杜绝”规定，出台常德市养老保险信息系统业务权限管理办法（试行），规范权限的设置、管理、保密、安全、监督及检查等工作，进一步防范经办风险，确保养老保险基金安全。按照“疑点必核、有错必纠、核后必报”要求，持续做好疑点问题核查整治工作，持续强化社保基金监管，扎紧织密养老保险基金监管的“笼子”。7—11月，市本级、桃源县、汉寿县、武陵区、鼎城区先后接受全省社会保险基金风险防控联点调研检查、全省社保基金管理市州交叉检查、全省第三方社会保险基金审计。

养老保险待遇。紧盯“不漏一人、不欠一分、不拖一天”的目标，强化信息核准、部门联动、政策宣传，常德市连续7年调整机关事业单位退休人员基本养老金，连续18年调整企业职工基本养老保险退休人员基本养老金。7月，为全市50.23万名退休人员补发1—6月基本养老金3.27亿元；为全市94.64万名城乡居民领取待遇人员提高基础养老金，每人5元/月。面对疫情反复冲击的严峻形势，实行待遇发放定人、定责、定时管理，把好政策宣传关、待遇核定关、发放数据审核关，做到各项养老金待遇按时足额发放。

企业职工基本养老保险全国统筹。按照国家和省统一部署，加强全国统筹制度学习解读、业务培训、疑点数据清理核实、地方分担责任金额测算、停机切换等工作，全省“金保二期”新系统于6月30日统一上线运行，实现新老系统的平稳过渡，有力维护参保人员合法权益。9月19日，湖南省出台下发贯彻企业职工基本养老保险全国统筹制度实施方案，实行全国统一的养老保险政策、基金收支管理制度、经办服务管理和信息系统，建立地方养老保险支出责任分担机制和考核机制。10月27日，全省召开企业职工基本养老保险全国统筹工作视频会议。11月11日，市政府第19次常务会听取全市企业职工基本养老保险全国统筹实施工作情况汇报，有力推进全市企业职工基本养老保险全国统筹制度的顺利实施，确保党中央决策部署落到实处。

被征地农民社会保障工作。着

眼全省被征地农民社会保障政策改革，高标准、严要求抓好被征地农民参保缴费政策的落实。提前谋划，5月27日，市人社局党组成员、副局长何志军主持召开2022年全市被征地农民参保缴费工作调度会，以市人社局名义下发《关于做好全市被征地农民参保缴费工作的通知》，提出“加强政策宣传、摸清人员底数、突出工作重点、确保社会稳定”的工作要求，明确全力消除达到法定年龄时因未及时参保缴费造成不满最低缴费年限而无法正常享受养老保险待遇风险隐患的目标任务。强化督导，建立常态化督导机制，推动被征地农民参保缴费工作取得实质性进展。全市共向被征地农民发送告知书37878份，收回回执单36478份，35821名被征地农民全部完成当年度参保缴费，切实保障被征地农民的合法权益。

业务经办。持续在规范流程上做“减法”，在便民为民服务上做“加法”，全面梳理养老保险业务经办流程，实现3类人群养老保险39项主要业务网上办理，实现养老保险业务“掌上可办”“触手可及”，450万余名参保群众切身体会社保经办服务的便捷方便，市本级、武陵区、澧县、临澧县、石门县已全面实行综合柜员制，业务经办在党建引领中跑出高质量发展加速度。窗口服务部被评为常德市“巾帼文明岗”、全市人社系统“窗口服务优秀单位”。鲁红伶同志被评为全市人社系统“窗口服务标兵”。项雪柳参加全省人社窗口单位业务技能练兵比武进入决赛。

机关事业单位工作人员养老保险制度改革平稳运行。继续围绕全面落实退休人员基本养老金计发政策、平稳推进过渡期退休人员基本待遇正式核定、规范开展职业年金经办，创新服务模式、提升服务水平，全市高标准、高质量完成基本养老金发放、职业年金虚账记实、学法用法活动答题、系统疑点数据治理整改、待遇领取资格认证、省内关系转移接续清理、组织参加业务经办培训等工作，并受到省机关事保中心的通报表彰。

待遇入社会保障卡。全面提高基金风险防控能力，做好待遇入卡后续工作，力争全面完成全市养老保险待遇全面进卡、业务全程用卡目标，有效堵塞基金监管风险漏洞。

全市待遇领取1505191人，待遇入社会保障卡1496909人，总体待遇入卡率已达99.45%，三项养老保险均超额完成达95%以上的目标任务。

发挥短信服务平台作用。以“高起点、广覆盖、优服务”为宗旨，市本级在全省率先，连续多年衔接省社保中心提供最新数据，继续为参保人员推送养老金发放情况、调待政策宣传、待遇领取资格认证等提醒短信，扩大精准服务、暖心服务覆盖辐射范围，有效堵住死亡冒领等基金监管漏洞，在全省引领示范作用明显。

优化“暖心适老服务”。贯彻落实新出台的“适老服务”工作措施、考评办法，发挥“市级社会化服务示范社区”辐射作用，联合市老年人体育协会主办“社会养老保险杯”气排球比赛，以点带面，市县联动，大力营造“老有所养、老有所乐”的浓厚氛围，助推社会化服务更加便捷、更有温度、更可持续，受到社会各界的高度肯定和广大退休人员的一致好评。

社保工作调研。5月7日，市人大常委会党组书记、主任余怀民到市人社局调研，听取人社工作汇报，到市社会保险服务中心调研社保档案服务工作，参观社会保险管理服务大厅和档案库房。9月6日，市人社局党组书记、局长吴兴国到中心调研指导工作，对市社保中心近年来工作给予充分肯定，对下步重点工作提出明确要求。12月15日，市人社局党组书记刘祖欣到中心调研指导工作，对市社保中心近年来工作给予充分肯定，对下步工作落实提出明确要求。

【全面启动机关事业单位工作人员养老保险待遇领取资格自助认证工作】 根据人社部发〔2015〕32号文件及湖南省机关事业单位养老保险管理服务中心通知要求，9月1日开始，常德市全面启动机关事业单位退休人员待遇领取资格自助认证工作。为推进工作高效进行，市社保中心持续优化服务经办流程，拓宽待遇领取认证渠道和方式，制作待遇领取资格自助认证操作手册和视频宣传资料，精心讲解待遇领取资格认证程序及操作规则，实现“智慧人社”APP、湖南智慧人社微信小程序、掌上“12333”APP、电子社保卡小程序、国家社会保险公共服务平台或湖南省人力资源和社会保障厅官网等多种方式线上自助认证全市完成率达99.21%，其中市本级完成率达100%，工作全省领先。

【全面推进业务档案数字化】 2022年，根据人社部和省人社厅要求，先后完成市本级机关事业单位工作人员养老保险全部业务档案和企业职工养老保险2016年以来的业务档案电子化录入、数字化应用管理工作，规范管理市本级9万余册退休人员人事档案、5500盒32万件社保业务档案。2022年为1万余名群众查阅、调阅档案12万余卷，数字化、规范化、标准化建设走在全省前列。快速便捷服务得到群众点赞，工作走在全省前列，成为“常德人社”的一张靓丽名片。

【面对面服务指南活动】 企业职工基本养老保险“全国统筹”、全省“金保二期”信息系统上线初期，为推动系统有序切换，提升社保经办服务快捷度、便捷度，及时解决窗口办事群众“急、难、愁、盼”问题，自7月11日起，市社保中心组织党员干部在市民之家养老保险综合窗口开展“面对面”服务指南活动，宣传解答政策、维护现场秩序，让群众感受贴心和温暖，畅通服务群众“最后一公里”。

【农业农村部调研常德市退捕渔民安置保障工作】 1月10—11日，农业农村部党组成员、副部长马有祥一行到常德市，调研退捕渔民安置保障工作。省农业农村厅党组书记、厅长袁延文，市委副书记、市长周振宇陪同调研。调研组一行先后到汉寿县洋淘湖镇游巡塘社区（捕捞渔民村）、青山湖鱼鸟博物馆、华可食品有限责任公司以及鼎城区牛鼻滩镇幸福屋场，详细了解退捕渔民基本生活、就业需求等方面情况，听取常德市退捕渔民安置保障工作情况汇报。2019年以来，市委、市政府坚持做好禁捕退捕和渔民上岸工作，形成“书记牵头、党委总揽、政府主导、县市区主体、部门协调配合”的工作机制，推进长江流域重点水域禁捕退捕工作。“打非断链”长效机制进一步健全完善，“四清四无”（“四清”：清船、清网、清江、清河；“四无”：无渔船、无渔具、无渔网、无捕捞行为）得到持续巩固。全市有385名退捕渔民纳入城乡低保、17名退捕渔民纳入城乡特困人员，实施临时救助454人，135人享受残疾人“两项补贴”，共发放禁捕退捕渔民基本生活救助资金约500万元。

（曾玉英　李玉宝）

医疗保障

【概况】 2022年，常德市医疗保障局以“坚持党建引领，建设为民、利民、便民医保”为目标，全力推进医疗保障事业高质量发展，取得多项荣誉。常德市在国家医保局DIP试点工作现场评估中连续两年获得“优秀”等次；常德市第一人民医院被推荐为全国医保经办服务优秀案例，石门县和澧县医保事务中心、安乡县深柳镇西门口社区被推荐为省级医保经办服务优秀案例。常德市获省医保局医保管理服务真抓实干、打击欺诈骗保集中整治等工作表现突出地区通报表彰，澧县获省政府医保管理服务真抓实干表彰；全市医保政务信息全省排名第一，市本级、澧县、安乡县、桃源县获省医保局工作表现突出地区通报表彰；常德市、鼎城区、临澧县、安乡县、津市市、汉寿县、西湖区、石门县获省医保局2022年度巩固拓展医保脱贫攻坚同乡村振兴有效衔接表彰。4月、7月、10月，在全省医疗保障工作相关会议上，经办服务、基金监管、参保全覆盖等工作作典型经验发言。市医保局被国管局等四部委授予“节约型机关”称号，获得常德市“社会信用体系建设”优秀单位、“平安建设”优秀单位荣誉。《湖南常德优化医保服务　推进异地结算报销线上能办》被《人民日报》推介。

2022年，全市基本医保参保总人数535.44万人，其中城乡居民参保477.17万人，城镇职工参保58.27万人，按2021年年底常德市523.8万名常住人口计算，参保率102.22%，超额完成参保全覆盖任务。

【待遇保障水平持续提升】 规范全市医保制度体系。全面执行省医保待遇清单制度，全市待遇政策体系与国家、省高度一致。职工医保门诊共济保障机制正式建立。巩固拓展医保脱贫攻坚成果助力乡村振兴战略实施。优化医疗救助制度，统一第三类救助对象认定标准，将再救助制度年度实际救助限额由3万元提高至10万元。各类困难人员应保尽保、精准资助，实现市域内基本医保、大病保险、医疗救助“一站式”结算。2022年，全市医疗救助资助参保累计支出5424.6万余元。全市享受门诊和住院医疗救助约13.71万人次，医疗救助资金支出约1.39亿元。市局、石门、临澧县在省局调研座谈会议上作典型发言。巩固“两病”门诊用药保障。全市享受“两病”门诊用药保障待遇90.07万人次，医保支付8894.91万元，为外出务工人员免费配送“两病”药物5000余次。

【疫情防控政策及时落实】 上解疫苗专项资金5.49亿元，累计拨付接种费用1.13亿元，做好新冠疫苗及接种费用保障工作。实施“乙类乙管”后，紧急拨付医保基金7.8亿元，向市定点救治医院拨付500万元，全力保障医疗机构正常运转，最大限度满足新冠患者就医用药需求。

【支付方式改革深入推进】 制发《DIP支付方式改革三年行动计划实施方案》，2022年，常德市开展DIP（区域点数法总额预算和按病种分值付费）的医疗机构44家，符合条件的医疗机构覆盖率100%；病组覆盖率81.36%以上；DIP医保基金支出占全市住院医保基金支出的71.35%以上，总体运行平稳。

【集中带量采购政策常态化制度化落实】 2022年，常德市参加国家、省和联盟地区集中带量采购25批次，其中药品14批次，高值耗材11批次。药品最高降幅为96%，每批次平均降幅为48%以上，节约资金2亿多元。组织开展了4轮医用低值耗材备案评审，中标产品8393个，综合价格降幅为16.8%，控费降价效果明显。

2022年5月9日，市医保局一行到市政务中心医保经办服务窗口，以办事群众和工作人员两种身份办理医保业务　　（印俊闻　摄）

【医疗服务价格全市统一】　对245家公立医院2021年相关情况进行监测，出台《常德市现行医疗服务价格项目目录（2022）》，共调整医疗服务项目359个，规范统一4069个，实现了服务项目同城同病同价，规范了价格管理。

【基金监管】　工作队伍专业精干。将专业力量向监管倾斜，全市专职监管人员75人，医疗、财务等专业占81%，比例全省最高。7月参加国家医保局组织的浙江飞检，常德监管人员的突出工作表现得到国家医保局高度肯定。另外，桃源县、临澧县、安乡县、汉寿县、澧县等地各聘请10余名社会监督员“持证上岗”，加强社会监督。监督检查全面覆盖。全面开展医保基金集中整治“回头看”、四类机构和两个专科专项治理。2022年，全市检查定点医药机构2320家，覆盖率100%。查处违规医药机构753家，处理处罚3755.7万元。协同作用发挥充分。医保、卫健、市场监管等部门联合查处医疗机构102家；集中整治期间，向相关部门移送问题线索73条。特别是9月，医保、公安联合破获汉寿县6人骗保案，3名犯罪嫌疑人被判诈骗罪，分别获刑1年至3.5年，追回医保基金33.36万元，通过行刑衔接，形成有效震慑。四是宣传教育效果明显。集中宣传月期间，全市制作普法短视频46个，全网点击播放44万次，在全市形成良好氛围。

【信息化标准化建设】　2022年，常德市加快推进全量接口改造和子系统上线应用，顺利完成一期项目验收，相关工作走在全省前列，为医保管理服务提供系统支撑。全市医保电子凭证全渠道累计激活约301万人，激活率达57.75%，结算占比保持在40%以上，稳居全省第一。

【经办服务工作】　健全经办体系。市本级和14个区县市全部设置有医疗保障经办机构，明确了经办机构编制与职能职责。所有乡镇（街道）村（社区）全部建成医保服务站点，10多项服务事项下沉基层，“15分钟医保服务圈”初步成型。简化服务流程。实行一站受理、一次办结，优化业务流程19项，取消证明材料58个，27项经办业务办理时限压缩至法定时限的30%以内。拓展线上服务。对接“湘医保”等平台，31项个人业务、8项单位业务“掌上办”；普通门诊和5种慢特病门诊费用分别实现53家、37家定点医疗机构跨省直接结算，区县市100%覆盖，提前超额完成重点民生实事。四是强化服务监督。加强医保窗口行风建设，全面推行“好差评”制度，实现服务事项、评价对象、服务渠道全覆盖。健全信访受理机制，处置率100%，无一例信访积案。

【新款普惠型补充医疗保险产品“常德惠民保”上市】　2月16日，一款新的普惠型补充医疗保险产品“常德惠民保”在常德上市，其面向常德全市医保参保人员，与医疗保障等制度衔接，满足人民多样化健康保障需求。“常德惠民保”由中国人民财产保险股份有限公司常德市分公司、财信吉祥人寿保险股份有限公司常德中心支公司、中华联合财产保险股份有限公司常德中心支公司及中国人民人寿保险股份有限公司常德中心支公司共同承保，其旨在缓解常德市人民因病致贫、因病返贫的状况。常德市医保参保人员可根据自身健康需求，自愿购买。“常德惠民保”保障内容涵盖基本医保政策范围内住院医疗费用及特殊病种门诊保额150万元，基本医保政策范围外住院及特殊病种门诊医疗保额100万元，特定药品费用医疗费用保额50万元。常德市城镇职工医保、城乡居民医保参保人可通过微信公众号等形式进行线上参保缴费，缴费标准为每人99元/年。

【医保信息化标准化贯标验收培训演示会召开】　5月10—11日，常德市医疗保障局组织相关人员参加全国医保信息化标准化工作视频培训班，并于5月10日晚召开医保信息化标准化贯标验收培训演示会。贯标验收培训演示会议在常德职业技术学院附属第一医院召开。会上，该院信息科工作人员根据国家医保局验收要求，对医院HIS系统基础库、进销存、工作站、费用明细清单等内容进行演示，市医疗保障基金核查和大数据中心工作人员聂磊对贯标验收前期出现的问题进行讲解，进一步明确贯标验收标准。

【常德市医保智能场景监控系统正式启用】　6月29日，常德市医疗保障局正式启用医保智能场景监控系统，并在武陵区家家康医院和湖南名大夫药房连锁有限公司滨湖店两家定点医药机构试运行，实现入院识别、日常查床等功能，标志着常德市医保在信息化、标准化、智能化建设上迈上新台阶。医保智能场景监控系统作为医保基金运行及审计监管系统的重要组成部分，是提升基金监管效能的重要手段和创新方式。根据全省对医保基金监管和信息化建设工作的要求和部署，结合常德市医保工作实际，按照“试点先行，逐步扩面”的原则进行建设。

【常德启动医保移动支付医院试点】　7月26日，常德市医保移动支付培训暨医保终端试点医院启动会在澧县医保局成功举行。会议由常德市医保局牵头，澧县医保局承办，市医保基金核查和大数据中心、澧县医保局、澧县人民医院、澧县中医院、省医保局项目组的相关工作人员参会。澧县人民医院和澧县中医院是常德市首批移动支付暨医保终端试点医院。医保移动支付和刷脸终端正式上线后，患者在澧县人民医院、澧县中医医院可通过支付宝、微信搜索“澧县人民医院”“澧县中医医院”小程序，点击进入后可进行挂号、缴费，实现诊间全流程“自费+医保”或医保结算的线上支付功能；使用医保刷脸终端可激活医保电子凭证，在挂号、结算等窗口可使用医保刷脸终端进行刷脸结算，方便快捷，无须携带医保卡和手机也可就诊、结算，将极大减少患者往返结算窗口、科室，使患者少跑腿。

【转诊省内异地备案“一站式”服务试点】　2022年，常德市依托省医保信息平台，开通试点定点医疗机构省内异地就医转诊备案“一站式”办理，是继通过“湘医保”APP或经办机构窗口等途径办理省内异地就医转诊备案手续的基础上，新添的一条便民渠道。常德市医疗保障事务中心全面落实医保领域“放管服”改革，深入推进医保不见面服务，按照“分批纳入、规范管理”的原则，确定常德市第一人民医院、常德市第一中医医院、湘雅常德医院作为转诊省内异地备案“一站式”服务试点医疗机构。3家医疗机构完善转诊医疗机构信息系统功能，有转诊需求的参保患者可由主诊医师填写转诊意见后，直接在医疗机构医保办窗口办理省内异地转诊备案。既方便参保人员异地就医，助推异地就医联网结算，全面打造便民医保。

【职工医保门诊共济改革启动】12月31日，常德市正式启动职工医保门诊共济改革。改革后，全市执行新的普通门诊统筹政策和个人账户计入办法，职工医保门诊保障由个人积累模式转向互助共济模式。“医保卡”划入办法和标准全省统一。在职人员个人缴纳的基本医疗保险费全部划入个人账户，标准为本人缴费基数的2%。2023年1月前参加职工医保并建立个人账户的退休人员，按全省统一的75元/月划入。改革前未建立个人账户的退休人员不划个人账户。普通门诊费用首次纳入报销范围。参保职工在门诊统筹定点医疗机构就医发生的门诊费用可以纳入医保支付范围，凭身份证、社保卡、医保电子凭证直接结算。“普通门诊费报不了”将成为历史。报销比例最高可达70%，最多可报2000元。支付标准方面，常德市执行全省统一的普通门诊待遇政策，一级医院（含基层社区卫生服务中心）、二级医院、三级医院门诊起付线分别为0元、200元、300元，起付线以上部分，报销比例分别为70%、60%、60%。一个自然年度内，起付标准金额累计不超过300元，在职职工普通门诊统筹基金最高支付限额为1500元，退休人员普通门诊统筹基金最高支付限额为2000元。个人账户可给家人看病买药。改革后，医保个人账户可以在参保人员家庭成员之间共济使用，可以支付配偶、父母、子女在定点医疗机构就医发生的由个人负担的费用，以及在定点零售药店购买药品、医疗器械、医用耗材发生的由个人负担的费用，还可以用于参加城乡居民基本医疗保险的个人缴费。

（张道玲）

工伤保险

【概况】　2022年，市工伤保险服务中心成功创建省级文明单位、节能机关，被评为人社局绩效考评局属先进单位。

2022年，全市工伤保险累计参保人数达55.28万人，其中扩面新增参保职工17.32万人，农民工参保21.52万人。全市工伤保险参保单位14061家，其中新增参保单位2291家，新开工建设项目参保率达98%以上。全市工伤保险基金收入25578万元，同比增长5.3%；工伤保险基金支出31352万元，同比增长2.5%，其中待遇支出29217万元，同比增长3.7%。全市参保单位事故备案4879起，作出工伤认定4123起，全市工伤事故发生率较2021年下降7.5%。

基金市级统收统支。2022年，全市工伤保险经办机构全面落实工伤保险基金市级统收统支，为工伤保险基金省级统筹改革打下坚实基础。实施工伤保险基金市级统收统支。7个县市上缴工伤保险基金结余资金7338.28万元，全市工伤保险基金累计结余中拨付3066万元、市级补偿金中拨付460万元，确保全市工伤职工待遇及时发放。开展经办业务培训。6月底至7月初，全市工伤保险经办机构分澧水和沅水流域先后举办2期工伤预防和工伤经办业务培训班，就工伤预防、工伤认定、工伤医疗费用审核等业务工作中的重点难点进行专项培训，进一步规范业务经办，提升全市工伤保险业务经办能力。强化信息系统管理。全市集中整治业务经办中存在人工录入等问题，下发通报并限期整改。同时全面梳理业务信息系统权限，强化“一事双岗双审”制度落实，堵塞经办业务人为漏洞。

优化营商环境。全市工伤保险经办机构坚持以人为本，以企业所需、民众所盼为落脚点，不断改进工作作风、优化营商环境。工伤预防工作。2022年，各级经办机构全力推进工伤预防工作。阶段性降费、缓缴政策全面落实。全市经办机构始终把为企业降费减负政策作为政治任务来抓，不打折扣、坚决落实。2022年，全市阶段性降费政策惠及参保单位13201家、参保人数43.32万人，减负金额约6000万元；落实阶段性缓缴政策，受理用人单位的缓缴申请70家，缓缴金额约300万元。工伤保险待遇不断提高。2022年，全市工伤保险各项一次性待遇基数上调8%，伤残津贴、供养亲属抚恤金两项长期待遇每月分别增加46元、116元，工伤职工住院伙食费补助标准上调100%，待遇支出较2021年增长1100万元。推进工伤医疗联网结算。中心按照“试点先行，逐步推广”的原则，于2022年7月1日正式启动工伤医疗待遇联网结算试点工作。

依法行政。全市工伤保险经办机构始终把提高提升依法行政能力水平作为提升服务管理质量的重要手段。加强政治建设。深入学习贯彻中共二十大精神、习近平新时代中国特色社会主义思想以及习近平总书记关于社会保障工作重要论述，不断增强干部队伍政治意识、提升政治能力，有效应对挑战、抵御风险、克服阻力、解决矛盾，提升工伤保险经办服务质量。完善工伤事故调查制度。着重提高工伤事故调查质量，把好工伤“入口”关，反复研究事故调查步骤，总结经验，细致开展各类工伤案件调查取证工作，完善工伤事故调查制度。提升工伤认定质量。坚持程序从严，用好工伤认定疑难案件审议和部门沟通机制，确保工伤认定准确、合法。同时以案例分析为抓手，不断总结工作经验，提升工作能力，建强工伤认定专业队伍，降低工伤认定案件诉讼率和败诉率，有效消除产生行政争议的风险。

强化基金监管。全市工伤保险经办机构深刻吸取衡阳社保基金案、常德社保基金案件、湘潭工伤保险基金案件等行业系统案件的教训，全面落实工伤保险基金管理提升年行动，严守基金安全底线。强化稽核内控。严格落实“岗位不相容”原则，对不符合要求的岗位权限分配进行清理与重新分配，并对超过年限的高风险岗位进行清理调整；对高风险业务按月进行内部抽查，抽查比例占业务办理总量的10%以上。开展警示教育。2022年全市各工伤保险经办机构共举行警示教育讲座13场，观看社保典型案例警示教育片，剖析相关案件，达到警示震慑的良好效果。开展协议机构专项检查。下发《2022年常德市工伤保险协议机构专项检查工作方案》，成立专项检查工作小组，检查采取“四不两直”的方式开展实地检查，共现场检查省级协议机构1家、市级协议机构19家、县级协议机构45家。对所检查的协议机构现场反馈问题清单，现场提出整改要求，认真做好限时整改工作，形成工作台账和问题清单。

【启动工伤医疗待遇联网结算试点工作】 7月1日，市工伤保险服务中心按照“试点先行，逐步推广”

2022年5月19日，市工伤保险服务中心工作人员到企业宣传工伤保险政策
（市工伤保险服务中心 供图）

的原则，正式启动工伤医疗待遇联网结算试点工作。联网结算工作取得初步成效，有4家医疗（康复）协议机构、1家辅助器具配置机构实现新、老工伤医疗待遇联网结算，有17家协议机构实现老工伤医疗待遇联网结算。

【全面推进工伤预防工作】 2022年，常德市全力推进工伤预防工作，采取线上线下相结合的方式，联合第三方机构深入企业、建设项目工地开展工伤预防专项培训，全市累计开展现场宣传培训100余场次，参与2万余人次；依托微信公众号开展工伤预防线上培训，参与10万人次，全面提升企业和职工工伤预防意识和能力，全市工伤事故发生率下降7.5%。

（王 龙）

殡葬服务

【概况】 2022年，常德全市共有殡仪馆13家，经营性公墓9家，示范性农村公益性公墓27个。2022年，常德市人民政府出台《常德市殡葬领域突出问题专项整治暨深化硬化大墓、“活人墓”专项整治行动方案》（常政办明电〔2022〕11号），对全市殡葬领域突出问题和硬化大墓、“活人墓”进行专项整治治理。2022年清明节祭扫期间，全市9家经营性公墓接待祭扫群众12.1万人，车辆3.1万辆，网络祭扫和代客祭扫237人，其中万金陵园接待祭扫群众6.1万人，车辆1.5万辆，网络祭扫和代客祭扫131人。

2022年，常德殡葬事务中心积极配合行政主管部门倡导文明殡葬新风，推进殡葬改革，取得良好工作成效。全年共接运遗体1715具，殡仪接待2311场，火化遗体3306具，骨灰寄存1345个，处理残肢32具、死婴265具，协助公安机关收殓无名遗体23具、协助处理纠纷遗体7具，协助外运遗体18具；销售墓穴1267座，开展落葬礼仪954场次，安葬骨灰1508个。各项业务总收入7438万元。常德市殡葬事务中心被市委、市政府授予“市级文明单位”称号，被市乡村振兴局评为“乡村振兴优秀后盾单位”，被市财政事务中心评为市直单位财政票据管理先进单位；被武陵区综治办评为“平安创建工作先进单位”。钟智帆被市文明办评为2022年常德市最美文明实践志愿者。

为群众办实事。助力乡村振兴。与临澧县四新岗镇珠日桥村调研结对帮扶的15户村民，入户制定帮扶措施、宣传帮扶政策60人次，给予帮扶资金17万元，援助资金5万元，在“832”电子平台消费扶贫6万多元。助力文明城市创建。出资11万元为新安社区、常乐社区解决路不平、灯不亮等民生问题。为全国第三十二个助残日捐款8910元，为困难老党员捐款12150元。

营商环境优化。严格落实国家发改委、民政部《关于进一步加强殡葬服务收费管理有关问题的指导意见》（发改价格〔2012〕673号）和湖南省发展和改革委员会、湖南省民政厅、湖南省市场监督管理局《关于进一步规范我省殡葬服务价格管理的通知》（湘发改价费规〔2021〕675号）2个文件精神。不断改善办丧环境，优质服务人民群众。进一步压实各窗口服务部门优化营商服务环境责任，积极发挥党员先锋岗、文明窗口作用，所有收费网点在规定时间内均开通了扫码支付功能。在服务流程上，采取主动靠前对接“一站式”服务办理。

基础设施。白鹤山殡仪馆完成2号和5号火化炉炉膛大修，完成火化尾气设备的升级改造，完成7个老殡仪厅弱电和全馆监控设备升级改造，申报业务拓展殡仪灯饰服务项目。德山殡仪馆地下停车场及附属工程完工。万金陵园完成永福苑二期墓道建设，福惠苑二期提质改造，完成紫萱苑一期、常生苑二期墓道及绿化等工程，陵园整体完成改造提质升级。

【移风易俗】 2022年，通过报刊、网络、新媒体、横幅、宣传盾牌、宣传单、宣传车等形式大力开展移风易俗的宣传。全年发送宣传资料1.2万多份。在《中国殡葬报》上发表文章26篇、在《常德市纪检监察报》发表文章1篇、在《常德日报》发表文章9篇、常德融媒8篇、中国文明网—常德网登载7篇，在清明期间发党报头条16篇、市民政局网站报送登载信息42篇；特别是在清明节期间及时引导市民采取实地祭扫、网上祭扫、代客祭扫、分区错峰限时祭扫。及时关注舆情舆论，2022年收到市长热线办、网上舆情问题共11次，均在第一时间进行回复处理，满意度达100%。参与市政府办公室热线访谈节目，及时回复市民关注的殡葬领域焦点问题。并在清明节、中元节、春节等传统节日节点，以“文明祭扫，绿色殡葬”为主题，持续深入宣传殡葬新理念，提倡用鲜花、网络祭祀等方式缅怀故人，树立厚养薄葬、生前尽孝、文明节俭、移风易俗新风尚。

【春节清明两节平安祭扫】 2022年，根据民政部、省民政厅统筹做好疫情防控与群众两节祭扫服务工作要求，实现平安祭扫、文明祭扫的总目标。推出“线上、线下”两种服务新模式，线上，开通网上祭扫平台，供群众免费网上虚拟祭扫或委托祭扫。线下，实行分区、错峰、限流、限时实地祭扫。推出代客祭扫、音乐祭祀等创新祭扫方式。倡导送鲜花、种植常青树等健康绿色祭扫方式。两节祭扫期间，市殡葬服务中心共接待实地祭扫21.5万人次，网上祭扫人数0.79万人次，疏导祭扫车辆7.6万辆次，无一人发生交叉感染，没有发生一起人员踩踏、山林火灾、矛盾纠纷和交通拥堵事件。

【惠民殡葬】 2022年，市殡葬服务中心继续开通免费祭扫专车，全年往返230次以上，服务人群800人次以上。全年四项基本丧葬费用惠民减免2866人次，减免费用224.57万元。减免节地生态葬费用5.88万元，墓穴69座。对采取水葬和在万金陵园采取节地生态安葬的均给予1200元奖励费用。切实减轻城乡居民、困难群众、重点优抚对象等群体的丧葬负担，进一步推动殡葬改革和民生改善。

（杨斌 彭博）

老龄工作

【概况】 2022年，全市常住人口521.3万人。其中60岁及以上人口为132.11万人，占全市总人口的25.02%。全市共有养老机构224家（含公办养老机构173家，民办养老机构51家），县、街（乡）层面区域养老服务中心数量达152个，覆盖率为90%；社区（村）养老服务设施和机构数量达2108个，覆盖率为91%；根据《湖南省民政厅关于印发〈湖南省养老机构等级评定管理办法（试行）〉的通知》要求，组织开展全市养老机构等级评定工作，全市评定为二级以上的养老机构共182家，占比达81.6%。“以居家养老为基础、社区养老为依托、机构养老为补充、医养相结合”的养老服务发展格局基本形成。

政策制定。根据省委、省政府《关于加强新时代老龄工作的实施意见》（湘发〔2022〕14号）文件精神，征求各相关部门意见后制定下发了《常德市老龄工作任务清单》。2月28日，下发《关于做好以身份证代替老年人优待证工作的通知》至各区县市卫健局、老龄办和市老龄委各成员单位，切实维护好老年人合法权益。全国示范性老年友好型社区创建。择优推选武陵区东江街道新坡社区、汉寿县龙阳街道城东社区、石门县楚江街道二天门社区、澧县西街街道黄泥社区申报全国示范性老年友好型社区；6月11—12日，省评估组到常德开展省级抽查评估工作，4个社区均达到评估标准，成功创建为全国示范性老年友好型社区。截至2022年，全市有武陵区东江街道浮桥社区、武陵区芙蓉街道岩坪社区、桃源县陬市镇李家洲社区、临澧县新安镇上坪村、澧县火连坡镇澧松村等9个社区被评为全国示范性老年友好型社区。敬老文明号创建。开展全国“敬老文明号”创建活动，全面调动各级涉老部门、组织和窗口单位积极参与。全市6家单位申报争创全国敬老文明号，市老龄办组织专家对各单位逐一开展实地调研，进行工作指导；对常德市社会福利院等12家已授予全国“敬老文明号”的单位开展一次为老服务情况摸底，并建立“敬老文明号工作台账”。医养结合示范创建。鼎城区、津市市成功创建为全省医养结合示范县，常德市康复医院、鼎太养老服务公司成功创建为全省医养结合示范机构。安宁疗护工作。5月7日，常德市第二人民医院就安宁疗护标准病房建设工作在全省老龄健康工作会议上作典型发言。11月3日，成功获批市级安宁疗护技术指导与培训基地。组织开展第二批全省安宁疗护标准病房打造工作，常德市康复医院、澧县第三人民医院正在稳步推进标准病房建设。银龄安康。推进“银龄安康”老年人意外伤害保险工作。10月28日，召开常德市老年人意外伤害保险工作推进会。全市五类老人参保人数达89937人，参保率100%，适龄老人参保194479人，参保率20%，参保率位居全省前列。

市卫健委积极整合养老和医疗资源，发挥政府引导和市场驱动作用，创新四大医养结合服务模式。社区居家老年健康服务模式。以基层医疗机构为平台，对社区居家老年人提供免费健康体检等基本公共卫生服务，开展上门巡诊、家庭病床、护理等医疗服务，实施康复和中医药治慢病、治未病等服务。截至2022年年底，全市老年人健康管理率达73.4%，高出国省标准3.4个百分点。养老机构与医疗机构签约合作模式。市卫健委按照“优势互补、互惠互利、务实高效、长期合作”的原则，将养老服务机构与周边医疗机构签订协议，为住养老年人提供约定的医疗卫生服务。全市235家养老机构与医疗机构签约覆盖率达100%。医疗机构开设养老中心服务模式。在专科医院、民营医院、基层医疗卫生机构等开设养老床位，为老年人提供医疗、养老、疗护一条龙服务。全市有11家医疗机构，其中市本级1家、区县市10家，开展养老服务，配备护理人员180人，开设养老床位1787张，满足老年人多层次、多元化及个性化的医养康养服务需求。养老机构内设医疗机构模式。全市59家民办养老机构和公办福利院中，有12家开设医疗机构，配备医护人员160人，开放医疗床位632张，为老年人提供常见病、慢性病医疗服务，实现养老机构老年人健康评估、日常护理、失能康复、中医保健、绿色急救、安宁疗护等全方位融合。

加强老年服务质量建设。市卫健委从不断优化助老服务、建设老年友好社会、强化老年健康宣传、提升老年服务能力、规范老年服务管理五个方面入手，提高服务供给能力。2022年，全市共有25家医院设置康复医学科，73%的二级及以上综合医院设立老年医学科，所有医院开通老年人就医绿色通道，全面落实老年人优待服务政策，多措并举解决老年人就医和运用智能技术困难。市卫健委将医养结合机构纳入全国监测系统管理，定期组织开展医养结合机构医疗卫生服务质量检查，依法查处违法违纪行为，维护老年人健康权益。

市卫健委统筹兼顾，着力加强老龄服务保障建设，开展安宁疗护工作试点，成立安宁疗护专委会，开展近400人次的癌痛管理、哀伤疗法等技术培训；同时，大力推进银龄安康工程，由政府出资为城市“三无”老人、农村“五保”老人、城乡低保老人、优抚老人和失独老人购买老年人意外伤害保险，目标人群覆盖率100%。2022年，常德市参保人数达166201人，共缴纳保费1296万元；全面强化老年工作人员保障，各级卫健部门设立老龄健康科（股）室，配齐配强1～2名专职工作人员，满足老年人多元化需求。

【2022年全市老龄健康工作推进会】　5月17日，市卫健委召开2022年全市老龄健康工作推进会。市卫健委党组成员、副主任邹立新主持会议并讲话，各区县市卫健局分管领导及老龄股股长、部分市直医疗机构分管院长、中国人寿保险公司负责人共30多人参加会议。会议传达国家和省级老龄工作重要文件精神，通报各项重点考核指标完成情况。部分市直医疗机构、各区县市卫健局分管领导就老龄重点工作任务及工作思路分别作情况汇报，中国人寿保险公司负责人通报前段银龄安康工程完成情况及理赔情况。

【常德市获批国家积极应对人口老龄化重点联系城市】　6月17日，国家发改委、民政部、国家卫生健康委三部委联合行文，下发《做好积极应对人口老龄化重点联系城市有关工作的通知》，常德市确定为全国老龄化重点联系城市，为湖南省唯一一个单独获得称号的市州。常德市设定“多元化主题共建共享的养老服务模式试验区、银龄经济为主体的千亿大健康产业集聚区和湖南省适老生态体系建设先行区”的总定位总目标，积极构建“规划　方案　政策　标准”一整套体系，实施服务体系创新、体制机制创新等五大行动，探索多元参与的养老服务成本分担等六套模式，积极探索，努力形成一批特色鲜明、行之有效的创新模式和典型经验，探索一批普遍适用、务实管用的应对人口老龄化政策举措。

（黄　波　彭薇凝　黄　河）

关心下一代工作

【概况】　12月8日，湖南省委老干部局2022年度重点课题调研工作评审结果公布，常德市关工委撰写的《关于常德市青少年思想道德教育工作的调查与思考》调研报告获全省一等奖。

【市关工委成立35周年暨全市关工委主任会议】　1月6日，纪念常德市关工委成立35周年暨全市关工委主任会议召开。会议回顾总结市关工委成立35年来所取得的工作成效和工作经验，对下阶段工作进行部署安排。会上，市关工委联合市文明办对全市51个关心下一代工作先进集体、119名先进个人和9个关心下一代工作案例进行了表彰。

【省关工委调研常德隔代家庭教育工作】　5月17—18日，省关工委副主任袁新华、张志初等一行，到常德调研中办、国办《关于加强新时代关心下一代工作委员会工作的意见》（以下简称《意见》）的贯彻落实情况和隔代家庭教育工作。调研期间，省关工委一行深入临澧县第一完全小学、武陵区中心幼儿园、北正街恒大华府小学等地，详细了解各地隔代家庭教育工作开展情况，并召开调研工作座谈会。座谈会上，市关工委常务副主任曹儒国汇报常德市关于《意见》的贯彻落实情况和隔代家庭教育特色亮点工作，武陵区关工委、桃源县关工委、武陵区中心幼儿园和相关职能部门作交流发言。

【“红心颂党恩、喜庆二十大”全省青少年汇报展演活动】　12月20日，在省关工委、省文明办、省教育厅联合举办的“红心颂党恩、喜庆二十大”全省青少年汇报展演活动中，常德市关工委和桃源县关工委荣获优秀组织奖，学生征文作品斩获一等奖1个、二等奖2个、三等奖1个，1个“五老”讲红色视频获评优秀奖，1名教师获评优秀指导奖。

（张司其）

社会救助

【概况】　2022年，常德市切实做好街面救助、站内管理、寻亲送返等日常救助工作，2022年全市救助流浪乞讨人员7217人次，其中市救助中心救助3491人次，占全市救助量的48%；全市共护送滞留人员返乡230人次，上户9人。协办湖南省第十届救助管理和托养机构“开放日”活动启动仪式在常德开展。

全省典型发言。7月6日，常德市社会救助事务中心以“坚持‘三个兜底’　走好未成年人保护新的长征路”为题，在全省儿童福利服务机构管理业务培训班上作典型发

2022年8月30日，市社会救助事务中心党支部书记、主任卞德荣代表集体接受习近平总书记接见并参加表彰大会　　（市社会救助事务中心　供图）

言。8月25日，常德市社会救助事务中心以“坚持政治引领　忠诚履职担当，扮好一方救助管理‘领头雁’角色”为题，在全省社会事务工作培训班上作典型发言。

2022年11月，常德市疫情形势严峻，社会救助事务中心迅速启动未成年人服务保护和救助服务两条24小时服务热线，并通过新闻媒体迅速在群众中进行宣传。防疫期间未成年人服务保护热线共接听求助电话169个，救助服务热线共接听求助电话38个，均按照属地管理原则，开展应急处置、救助帮扶、监护支持、心理疏导等关爱保护服务，切实助力做好政府兜底保障。

【市社会救助事务中心被评为全国“人民满意的公务员集体”】　8月30日，全国“人民满意的公务员”和“人民满意的公务员集体”表彰大会在北京召开。常德市社会救助事务中心作为全省民政系统唯一入选集体，被党中央、国务院授予全国“人民满意的公务员集体”荣誉称号。常德市社会救助事务中心党支部书记、主任卞德荣代表集体参加表彰大会，受到中共中央总书记、国家主席、中央军委主席习近平等党和国家领导的会见。

【“守护未来，助力追梦”未成年人保护暨庆“六一”活动】　5月30日，市社会救助事务中心开展2022年度常德市“守护未来，助力追梦”未成年人保护暨庆“六一”大型活动，邀请市、县、乡、村各级儿童工作负责人以及爱心单位120余人参与，活动由常德全媒直播，直播观看量达7万余人次。

【湖南省第十届救助管理和托养机构“开放日”活动启动仪式】　6月20日，湖南省第十届救助管理和托养机构“开放日”活动启动仪式在常德举行，活动现场以宣传片、宣传展板、情景剧表演等形式，展现十年来常德社会救助工作的发展历程和所取得的成效。省民政厅二级巡视员陈自力，市委常委、市人民政府副市长陈章杰，市民政局党组书记、局长杨文惠出席活动并致辞。省民政厅社会事务处，市直相关单位，部分人大代表、政协委员、社区负责人、社工组织、志愿者等共计100余人参加活动。

（彭　博　高　榕）

社会福利

【概况】　2022年，常德市残疾人“两项补贴”标准为75元/人・月。1—12月累计发放1633104人次，其中发放困难生活补贴595929人次，发放护理补1037175人次；累计发放金额共计12248.2715万元，其中困难生活补贴4469.4675万元，护理补贴7778.804万元。

全市基本养老服务补贴享受人员7523人，全年共计发放补贴643.6154万元。高龄补贴发放2391.617万元，其中80～89岁年末发放人数5442人，发放金额325.957万元；90～99岁年末发放人数17466人，发放金额2065.66万元；百岁老年人健康补贴发放金额229.79万元，享受人员337人。

常德市社会散居孤儿的保障标准为每人950元/月，集中供养孤儿的保障标准为每人1350元/月，事实无人抚养儿童参照孤儿标准补差发放基本生活补贴。2022年年底，全市纳入基本生活保障共473人，其中散居孤儿357人，集中供养孤儿116人；纳入事实无人抚养儿童保障的有1418人。截至2022年年底，全市共为孤儿、事实无人抚养儿童足额发放1600余万元保障金。

【市社会福利院开展庆“六一”儿童文艺会演活动】　5月28日，常德市社会福利院开展“喜迎二十大　同心护未来”庆“六一”儿童文艺会演活动。工作人员为院内的孩子们提前布置活动场地，精心准备文娱节目和美食，欢庆“六一”儿童节。当天上午，市社会福利院工作人员、护工、志愿者与孩子们一起表演文娱节目、做游戏、品美食，现场热闹非凡。活动中，工作人员还为孩子们带来精心准备的生日蛋糕和各式各样的美食，给予他们温馨的节日祝福，祝愿孩子们快乐成长。

（彭　博）

慈善事业

【概况】　2022年，常德市“慈善一日捐”活动共收到善款共859104.01元。

“向日葵——常德市白血病儿童慈善援助”公益项目全年共实施援助4批次，援助白血病儿童134人次，援助医疗和生活费用累计53.3万元。“常安康——脑卒中并发精神障碍患者康复慈善援助”公益项目全年共实施援助四批次，累计救助脑卒中并发精神障碍患者19人，资助医疗费用17.45万元。

2022年8月17日，由常德市民政局举办的2022“点燃希望·民政助学”暨桃源县公益助学奖优大会在桃源县举行　（市民政局 供图）

【2022全市“点燃希望·民政助学”活动】　8月17日，2022“点燃希望·民政助学”活动在桃源县启动。该公益项目共筹集资金497.8万元，资助贫困学生1203人，其中，市慈善总会筹集资金150万元，资助学生300人；市慈善总会三明慈善助学基金帮扶特殊困难学生14人，资助资金7万元；市慈善总会祖亮基金帮扶特殊困难学生53人，资助资金12.6万元。

（彭　博）

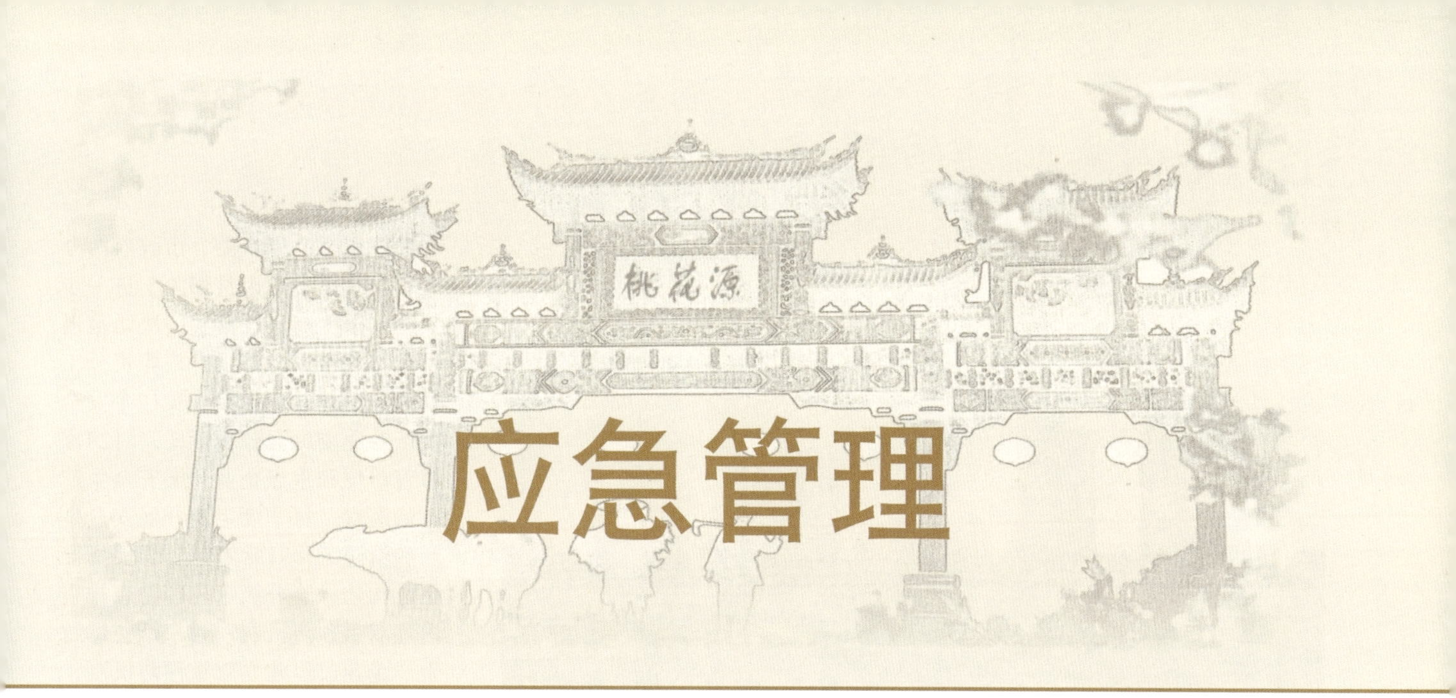

应急管理

综述

【概况】　2022年，常德市被省委、省政府表彰为全省安全生产和消防工作考核优秀单位，获得省政府安全生产工作真抓实干督查激励成效明显市州表彰。直管行业领域综合监督、防范遏制生产安全事故、安全生产“打非治违”、监管执法考评、“放管服”改革、安全生产培训走过场等6项工作获得省应急管理厅真抓实干督查激励单项奖。市应急管理局被评为全省应急管理优秀单位、全市平安建设优秀单位，在市人大常委组织的全市优化营商环境工作评议中得分排名全市第四，执法组排名第一。应急宣传工作得到应急管理部表彰，小立法解决大民生问题工作被省政府作典型经验推荐；在湖南省“最美应急人”演讲比赛中获一等奖；安全生产监管执法、森林防灭火、自然灾害综合风险普查、安全示范创建、安全生产有奖举报、“放管服”改革等工作处于全省前列。

【国务院督导组到常德督查安全生产工作】　3月8—10日，应急管理部消防救援局高级指挥长张全灵带领国务院安全生产第十五督导组，对常德市安全生产工作进行督导检查。在常德期间，督导组组织召开座谈会，分赴武陵区、临澧县、津市市、常德经开区和桃花源旅游管理区，通过实地查看、听取汇报、查阅资料等方式，全面检查常德市安全生产工作。省安委办副主任、应急管理厅党委副书记、副厅长罗德龙，市委常委、常务副市长徐永健参加督查。

【防汛抢险救灾知识培训】　4月25日上午，常德市开展防汛抢险救灾知识培训，各区县（市）党政分管负责人，水利、应急、基层水管单位负责人，乡镇党政主要负责人、分管负责人，以及联库联垸部门单位相关责任人近1000人，以主、分会场视频连线的形式，“云”培训助力全市防汛抗灾工作。常德市委常委、市政府副市长、市防指第一副指挥长陈章杰参加培训，常德市水利局党组书记、局长汪军华主持会议。培训现场邀请水利、应急、气象、水文、自然资源规划等专家，从湖区堤垸和山区水库防汛抢险、山洪地质灾害防御、应急抢险救援、气象水文等方面授课，课程内容以案例和理论相结合的形式，专业性、实用性强。

（杨　晟）

【“沅澧—2022”军地应急力量联合防汛抢险演练】　4月29日，“沅澧-2022”常德市军地应急力量联合防汛抢险演练在桃源县双洲公园附近水域举行。市委书记、常德军分区党委第一书记、军地联合指挥部总指挥曹志强发表讲话，市委副书记、市委统战部部长、军地联合指挥部副指挥长陈华参加并作演练讲评。参加演练的军地应急力量共有27支队伍。无人机分队和蓝天救援队出动展开水空一体侦察，冲锋舟分队对整个水域进行全面快速搜索，协作配合，水上救援机器人紧急出动。整个演练历时1个多小时，出动大型装备和车辆300余台（辆），参演人员2000余人，开展水情侦察、水面搜救、转移被困群众、失控客轮救援、堤岸抢险等课目的演练。

【常德市应急管理综合行政执法局揭牌】　6月1日，常德市举行市应

2022年4月29日，“沅澧-2022”常德市军地应急力量联合防汛抢险演练现场
（市应急局 供图）

急管理综合行政执法局揭牌仪式。市委常委、常务副市长徐永健出席仪式，并为常德市应急管理综合行政执法局揭牌。根据中央、省、市有关部署，市委、市政府研究决定，整合安全生产、地质灾害、水旱灾害、森林火灾等有关应急抢险、灾害救助、防震减灾等方面的行政处罚和行政强制职能，组建成立市应急管理综合行政执法局，进一步统筹执法资源、完善执法体系、强化执法力量。

【2022年“最美应急人”评选宣传活动】 为弘扬宣传全市应急管理领域的先进人物和先进事迹，激励全市应急管理系统广大干部职工和应急救援队伍履职尽责、担当作为，在全社会营造 安全宣传的浓厚氛围。自7月起，市应急管理局启动全市2022年“最美应急人”评选宣传活动。评选活动坚持民主推荐与集中评审相结合，推荐单位对照评选条件，按照“所在单位民主推荐、领导班子集体研究决定”和“自下而上、层层把关、逐级推荐、集中评审”的要求，开展推荐工作。经评比，吉超、华依勤、陈晓华、李冲、孙俊、梅楷、向文明、何扬帆、龚启君、王林松、张顺强、张绍忠、谭珂、曹学武、刘建红、严利军、江本华、龚红兵、李同恒、朱述杰共计20人评为“最美应急人”，常德市应急管理局联合常德市文明办发文予以通报表扬并持续开展宣传活动。

（李拓影）

安全生产

【概况】 2022年，市应急管理局统筹围绕“三坚决两确保”目标，认真落实国务院安全生产十五条硬措施，积极应对各类安全风险挑战，着力提升应急救援能力，全面防范化解重大安全风险，确保全市安全形势稳定向好。全年未发生较大及以上生产安全事故，是全省既未发生较大生产安全事故也未发生较大森林火灾的唯一市州。

压实安全责任。制定《2022年市委、市政府领导班子成员安全生产责任及工作任务清单》，组建12个安全生产专业委员会，并实体化运行。率先在全省出台地方性法规《常德市住宅小区电动车充电安全管理规定》。以市委、市政府两办名义出台《常德市贯彻关于进一步强化安全生产责任落实坚决防范遏制重特大事故的若干措施职责分工及任务清单》，督促压实12个安全生产专业委员会分线责任，对24家市直单位和重点企业开展安全生产政治巡察，每季度定期开展安全生产和消防工作日常考评。督促指导企业构建风险分级管控和隐患排查治理双重预防机制，44家烟花爆竹生产企业已经建立双重预防机制，50家矿山企业编制一矿一策安全风险分级管控方案，9家重大危险源企业已安装双重预防机制建设平台，185家企业完成安全生产标准化创建。

强化安全整治。实行“隐患周报”制度，全市共排查各类隐患31642处，其中排查重大隐患192处，整改162处，排查一般隐患31450处，整改30840处。全市共立案调查5938起，责令停产整顿349起，取缔关闭59处，行刑衔接移送司法59人，曝光安全生产隐患311处，兑现举报奖励46万元。统筹推进安全生产专项整治三年行动巩固提升、安全生产大检查“百日攻坚”行动以及自建房、燃气安全专项整治百日行动。对危化、烟花、非煤矿山等自管领域重点难点问题集中攻坚。矿山领域深入推进非煤矿山分级管控、分类处置，完成国家矿山安全监察局湖南局两轮综合督查交办问题隐患整改。

强化应急能力。市应急管理综合指挥平台初步完成与市委组织部智慧党建视频会议系统、市公安局情报指挥中心、市行政审批局城市大脑运行管理中心等单位通联，建成覆盖市县的五级联动系统。“两重点一重大”危化企业全部实现实时监测数据接入应急管理部预警监测平台，烟花爆竹生产企业预警监测系统安装有序推进。稳步推进城市安全风险综合监测预警平台建设试点工作。组建市本级28人的市专职应急救援队伍，组建市级危化品专业应急救援队伍、工程机械应急救援队伍，加强蓝天救援队等社会力量管理。170个乡镇“六有”基层应急能力建设基本达标，建成362处应急避难场所。进一步完善修订“1+43”应急预案体系，分类完善应急救援“一张图一张表”、应急响应手册。出台《常德市社会应急力量参与灾害事故抢险救援行动现场协调机制建设试点方案》。指导各级各部门开展各类应急演练评估1370余场次。

服务经济发展。所有审批事项在法定时限基础上平均压缩60%以上。行政审批事项网上直办率达100%。授权18个高频办理事项审批决定权给窗口部门，梳理申请人免提交的17个事项40种材料。全年办理审批件1.2万余件，群众满意度测评满意率100%。制定并严格落实《2022年度安全生产监管执法计划》，实行分级分类精准执法。出台《常德市应急管理局优化营商环境十条举措》《常德市应急管理局安全生产违法行为免罚清单》，推行柔性执法，对23家企业首次轻微违法行为免予处罚。积极汇报对接省应急管理厅，帮助常德经开区、汉寿县化工园区成功通过省应急厅安全性评价。安排专家组为津市化工园区开展安全整治指导服务，帮助园区提前4个月完成降级销号。帮助常德市正阳生物科技股份有限公司顺利申请到省应急厅“路条”，获得全省首块电子烟牌照。帮助常德高新区湖南鑫文天生物科技有限公司获得省应急厅申办安全许可。申请市财政拨款150万元聘请中介安全评价机构，对100多家非煤矿山企业开展免费安全体检。对37家重点拟上市企业逐一开展上门指导服务。

【市安全生产委员会全体会议】 3月18日，市委副书记、市长周振宇主持召开市安全生产委员会2022年第一次全体（扩大）会议暨疫情防控工作电视电话会议。会议总结2021年安全生产工作，部署2022年重点任务。市委常委、常务副市长徐永健作工作报告。副市长杨成英、余良勇、谭丁、郭碧勋，市政府秘书长陈爱喜在主会场参加会议。7月12日，市委副书记、市长周振宇主持召开全市安全生产委员会第二次全体（扩大）会议暨上半年安全生产工作会议。会议总结上半年安全生产工作，分析研判安全生产形势，对下半年安全生产工作作出安排部署。市委常委、常务副市长徐永健作工作报告，相关部门主要负责人汇报上半年安全生产工作情况。市委常委、副市长陈章杰，副市长杨成英、周代惠、谭丁，市政府秘书长陈爱喜参加会议。9月20日，常德召开市安全生产委员会2022年第三次全体（扩大）会议暨护航二十大信访稳定工作电视电话会议。市委常委、市委政法委书记刘国龙就信访稳定工作进行部署。市委常委、常务副市长徐永健主持会议并就安全生产工作进行部署。副市长谭丁、原副市长龚德汉、市政府秘书长陈爱喜参加会议。12月12日，市委副书记、市长周振宇主持召开市安委会2022年第四次全体（扩大）会议暨疫情防控工作电视电话会议，安排部署岁末年初安全生产和疫情防控工作，市安委会各专业委员会就安全防范工作工作部署。市委副书记、市长周振宇出席会议并讲话。市委常委、常务副市长徐永健作工作报告，副市长周代惠、余良勇、谭丁、郭碧勋，原副市长龚德汉，市政府秘书长陈爱喜在主会场参加会议。

【全市自建房安全专项整治工作动员大会召开】 5月7日，常德市召开自建房安全专项整治工作动员大会，全面部署自建房安全专项整治工作。常德市委副书记、市长周振宇发表讲话，市委常委、常务副市长徐永健主持会议，副市长郭碧勋作工作报告。会议下发《常德市加强房屋建筑和市政基础设施安全管理专项整治十条措施》《关于开展房屋建筑安全专项整治的通告》《常德市农村住房建设质量安全管理办法》《常德市农村住房竣工验收实施办法》，向各区县（市）交办督查问题。市住建局（市人防办）、市应急局、市公安局、市城管执法局、武陵区、鼎城区、安乡县、武陵区白马湖街道相关负责人作表态发言。会议以视频形式开到各区县（市），以及全市所有乡镇（街道）、市县城区范围内的所有村（社区）。市级领导陈章杰、杨成英、余良勇、谭丁、郭碧勋、方志炜，市政府秘书长陈爱喜在主会场参加会议。

【常德市应急管理局制定十条举措优化营商环境】 5月，常德市应急管理局制定并印发《常德市应急管理局优化营商环境十条举措》，对全市应急管理系统如何进一步优化营商环境作出明确规定。十条举措分别是所有审批事项在法定时限基础上平均压缩60%以上；40%以上的行政审批事项网上直接办理。安全生产标准化二级以上企业，年审期内未发生安全生产事故的，许可证到期免审换证；对部分高频次审批事项实行在“我的常德”APP上“掌上办”。实行安全生产领域岗位人员证件电子化，持证人员可持电子证件上岗作业。建立安全生产中介服务超市，引导企业自主、自愿选择中介服务，杜绝向企业指定或变相指定中介服务机构。在基本条件具备，主要材料齐全且符合法定形式，只是在次要材料欠缺或存在瑕疵情况下，经申请人自愿申请并作出相应承诺，实施预先审核。实施“双随机、一公开”执法，实现周前公示，并“一对一”电话通知提醒服务。开展“执法 专家”式执法，寓服务于执法之中，推动企业负责人、安全管理人员和岗位操作员工全过程参加执法检查，进行“说理式执法”。建立安全生产免罚清单，对企业首次轻微违法行为免予处罚。对安全生产重点企业每年提供一次义务培训。每年聘请专家对部分安全生产重点企业进行一次免费安全隐患排查体检。严格实施安全生产分类分级执法，对连续三年未发生安全生产事故企业，在制订执法检查计划时，减少对其执法检查频次，做到“无事不扰”。

【“安全生产月”活动】 2022年6月是第21个全国“安全生产月”，主题是“遵守安全生产法当好第一责任人”。6月10日，常德市2022年“安全生产月”启动仪式暨宣传咨询日活动在白马湖文化公园举行，市委常委、常务副市长徐永健出席活动并致辞，现场为常德市应急救援中心、湖南省海利集团危险化学品应急救援队、澧县雄鹰救援队、常德市红十字水上救援志愿服务队和常德市蓝天救援队5支队伍进行授旗。“安全生产月”活动期间，重点开展学习贯彻重要论述、宣传贯彻安全生产法、推进“安全生产沅澧行”走深走实等五大活动。

【省应急厅到常德督查工贸行业安全生产工作】 6月28日，省应急管理厅副厅长龚伟兵率省厅工贸处和专家到常德，督导抽查常德市深井铝铸造、仓储基地物流园区、建材行业、轻工行业部分企业安全生产工作。督查组先后到桃源县高新技术产业园区国宗铝业、湘西北装饰建材产业园、鼎城区宏广建材公司、常德经开区武陵酒业公司，对企业落实安全生产主体责任、开展隐患排查治理和安全风险管控、作业现场安全管理和安全教育培训等进行全面督导检查。指出企业生产安全隐患问题，提出整改的意见和建议，并现场交办。

【国家矿山安全监察局湖南局督查组开展综合督查】 10月10—14日，国家矿山安全监察局湖南局党组书记、局长吴卫龙率督查组到常德开展矿山安全生产综合督查。10月14日，综合督查情况反馈会召开。市委副书记、市长周振宇主持反馈会。督查内容主要涉及抓实抓细当前矿山安全生产重点工作，细化非煤矿山安全生产专项整治攻坚方案，推动企业落实主体责任，加强矿山监管部门的协调联动、非煤矿山的分类处置、废弃矿洞的排查整治、石膏矿采空区的管控治理、长期停工停产矿井的安全监管相关工作。市委常委、常务副市长徐永健汇报常德市矿山安全生产工作情况。

【常德多部门联动开展危化品交通运输事故应急演练】 12月15日，由常德市突发事件应急委员会办公室、湖南省高速公路集团有限公司、省高速公路交通警察局主办的危险化学品运输道路交通事故应急救援演练在长张高速公路常张段热市服务区举行。演练模拟“当天15时30分，在长张高速公路常张段热市服务区A区（东往西方向）车辆停放区，一辆运载甲苯槽罐车，由于躲避区内行人，被迫采取紧急制动，行驶在后方的一辆未装载货物的小货车避闪不及，与罐车发生追尾碰撞事故，导致罐体受损，所装载甲苯发生泄漏，泄漏的甲苯起火燃烧，因撞击变形导致小货车驾驶员受伤被困，无法逃离”的应急响应和处置。市应急管理局、市消防救援支队、市生态环境局等多部门联合参与演练，完成演练既定科目内容。

【省安委会到常德考核安全生产和消防工作】 12月3日，湖南省安委会第四考核组到常德考核2022年度安全生产和消防工作，并召开考核汇报会。省安委会第四考核组组长、省交通运输厅工会主任李国强出席会议并讲话，常德市委常委、常务副市长徐永健作汇报工作。2022年度全市未发生较大及以上生产安全事故，未发生较大及以上森林火灾，实现事故起数、死亡人数、经济损失“三下降”。省安委会第四考核组传达学习习近平总书记关于安全生产重要指示精神及国省有关安全生产会议精神，随机抽取并现场公布考核区县（市）、管理区名单。

【常德市应急管理局积极推进安全生产有奖举报工作】 2022年常德市应急管理局严格对照《常德市安全生产举报、受理、处置和奖励办法》，借助微信公众号、新闻媒介等平台，宣传有奖举报工作的重要性，广泛发动群众，提高群众的积极性。依据标准，落实奖励，确保有奖举报工作有报必接、核实必奖落实到位。市应急管理局多次赴各区县市督导安全生产有奖举报奖金发放工作，核查是否存在谎报、虚报的情况，并督促建好台账。1—12月，全市共接到各类安全生产举报696起（共奖励649起46万元），其中接报起数和奖励金额均在全省排第二名。

【常德市4个乡镇获评省安全发展工作示范乡镇】 2023年2月，湖南省人民政府办公厅印发通报，公布2022年度全省安全发展工作示范单位验收情况，其中常德市安乡县安全乡、桃源县佘家坪镇、津市市白衣镇、汉寿县西港镇获评省安全发展工作示范乡镇。

（李拓影）

灾害防治

【概况】 2022年，全市防灾减灾救灾工作坚持“以防为主，防抗救相结合”的方针，采取有力有效措施，科学有效应对和防范各类自然灾害。全年成功应对7轮低温雨雪冰冻、21轮强降雨和1961年以来最严重旱情，全市未溃一堤一垸，未垮一库一坝，未发生较大森林火灾，成功转移遇险群众1.8万人，确保全市因旱受灾2.69万人的人饮安全，17.8万公顷粮食保产稳收，将灾害损失降到最低程度。精准指挥调度临澧县成功处置建兴特种石膏矿区地质灾害塌陷事件，紧急避险转移300米范围内群众102户231人，当第二次4栋房屋垮塌时因转移及时无一人伤亡。平稳处置桃源县夷望溪镇“6·3”滑坡地质灾害事故，并组织对事故进行复盘评估。

防范能力得到有效提升。体制机制更加顺畅。议事协调机构工作机制进一步理顺、规范，充分发挥统筹协调作用，应急、水利、气象、自然资源、林业、住建、消防等部门联动作用进一步加强，灾害防范更加有力。充分利用第一次全国自然灾害综合风险普查形成阶段性成果并发挥重要作用，灾害监测预报预警和应急处突能力水平得到提升，全年共发布自然灾害风险报告12期，灾前采取各项防范措施、灾中加强应急处置、灾后狠抓救灾救助和恢复重建。队伍建设更加完善。在充分发挥国家消防救援队主力军作用的同时，加强各类专业救援队伍的建设和社会救援力量的发展，强化军地协调联动，确保各类自然灾害发生后能快速、有效处置。预案保障更加有效。进一步修订应急预案体系，多次组织开展防汛抗旱、森林防灭火、地质灾害等应急演练。与常德军分区联合在桃源县开展“沅澧-2022”军地应急力量联合防汛抢险演练。基层基础更加扎实。累计创建省、市安全发展示范乡镇76个，国家、省综合减灾示范社区170个，建成应急避难场所360个。2022年，全市共完成抗震加固项目2259个。宣传教育更加广泛。通过各类媒体加强防灾知识宣传普及以及安全宣传系列活动，社会公众防灾减灾意识大幅提升。

灾后救助得到有力保障。2022年全市因雪灾、洪涝、风雹、干旱等自然灾害导致148万人次不同程度受灾，农作物受灾面积共24.8万公顷，成灾面积9.52万公顷，绝收面积2.3万公顷，倒塌房屋13户34间，房屋损坏2917间。灾前，应急部门及时启动自然灾害IV级和III级救助应急响应各1次，化解了多起自然灾害重大风险，并积极向上争取灾害生活补助资金8009万元，确保灾害发生或受灾人员基本生活得到有效保障。

【常德市2022年全国防灾减灾宣传周主题活动启动】 2022年5月12日是中国第14个全国防灾减灾日，主题为“减轻灾害风险，守护美好家园”。5月9日，常德市2022年全国防灾减灾宣传周主题活动启动仪式在白马湖文化公园举行。市委常委、常务副市长徐永健出席启动仪式并宣布主题活动正式启动，并在当天召开2022年防灾减灾宣传周活动新闻发布会。

【森林防火联合演习】 3月10日，常德市应急救援中心森林防灭火小队参演夹山国家森林公园管理处“2022年森林防火联合演习”。联合演练以夹山国家森林公园（野人湾空地）发生森林火灾为模拟事件。演练内容涉及森林防火知识宣讲、灭火器材的使用方法、人员自救与疏散、森林火灾扑救和被困人员搜救等。接到火情报告后，管理处森林防灭火指挥部紧急启动《森林火灾扑救预案》，由于火情预判得当，指挥部提前向救援中心请求增援，中心指战员火速增援协力将林火控制，完成既定任务。最后，各参演队伍依据演练设定条件，成功实施扑救及火场清理工作。

【应对“端午水”】 端午节期间，常德以连续阴雨天气为主，常德市迎来2022年最强的一轮降雨过程，覆盖范围广，致灾风险高。早在节前，全市召开第6次防汛视频会商会应对“端午水”。端午假期，常德市委、市政府主要负责人召开全市防汛会商会，对全市防汛工作进行进一步部署。市领导赴鼎城区、武陵区、桃源县等地督导防汛工作，现场抽查值班值守情况，市防指派出了4个技术指导组，分赴沅水流域各区县督导指导。沅水沿线各地严格按照超警戒水位标准设防，出动干群3.5万余人，全力开展巡堤查险处险，做到险情早发现、早处置。常德市积极向省应急厅申请棉被1000床、折叠床500张，折叠桌100套等救灾物资，全力做好救灾工作。全市各级各部门坚持节假日值班值守制度，市应急管理部门全面推行“1+1+2+N”应急值守模式，严格落实领导带班和24小时值守制度，对值班人员进行专门培训。市应急指挥中心对各区县（市）和安委会成员单位的值班值守情况进行收集汇总和值班抽查。全市未接报较大及以上生产安全、森林火灾、亡人火灾等情况报告。

【省防办工作组到常德检查指导抗旱工作】 8月23—24日，省应急管理厅防汛抗旱处负责人汤喜春率省防办工作组到常德市检查指导澧县抗旱救灾工作。工作组一行深入澧县涔南镇、复兴镇等地，深入田间地头，实地了解抗旱工作开展情况，察看农作物长势和灌溉以及群众生产生活用水保障情况，现场协调解决有关问题。市应急管理局党委委员、副局长田胜华，澧县县委常委、副县长张元安参加检查。

【省应急管理厅督导调研安全生产、防旱抗旱等工作】 8月12日，省应急管理厅党委书记、厅长李大剑一行到常德市汉寿县调研检查安全生产、防旱抗旱、森林防灭火、防溺水等工作，在洋淘湖镇青家障，调研组实地查看土壤墒情、抽水灌溉设施，认真听取相关负责人工作汇报，详细了解当地防旱抗旱工作情况和下步措施；在丰家铺镇金牛山风景区现场检查森林防灭火工作，与当地村组干部、护林员进行深入交流，详细了解林区防火巡护、火源管控、隐患排查、防灭火物资准备等情况；在清水坝水库详细了解防溺水工作落实情况。调研检查中，李大剑与常德市委书记曹志强、市长周振宇就做好防旱抗旱、安全生产等工作进行深入交流。省应急管理厅党委委员、副厅长龚伟兵，厅机关相关处室负责人，常德市、汉寿县人民政府相关负责人以及应急管理局主要负责人参加调研。

【常德市部署九大行动遏制森林火险】 9月13日，常德市森林防灭火指挥部印发《关于加强当前森林防灭火工作的通知》。自8月上旬起，受连续高温晴热天气影响，全市森林防灭火形势严峻，全市森林火灾出现抬头之势，且夏秋连旱势头未减、火险等级维持高位。在全市开展点对点叫应、进村入户上门、重点人群监护、可燃物清理、全覆盖巡护、全媒体宣传、县乡快速响应、大检查大督导和火场调查评估等九大行动以遏制森林险情和火灾地发生。

【常德4个村（社区）获评2022年“湖南省综合减灾示范社区”】 2022年，省减灾委员会办公室、省应急管理厅、省气象局、省地震局根据《全国综合减灾示范社区创建管理办法》《湖南省应急体系十四五规划》精神，在全省范围内组织开展综合减灾示范社区创建工作。常德市桃源县漳江街道官家坪社区、石门县南北镇薛家村、常德经济技术开发区石门桥镇石门桥村、武陵区南坪街道东风社区评选为2022年“湖南省综合减灾示范社区”。

（李拓影）

消防救援

【概况】 2022年，全市消防救援工作各项工作呈现稳中有进、稳中有为的良好态势。常德消防救援支队获评国家消防救援局2022年度执勤训练工作先进单位，自主研发的“安全指挥台”获评消防救援局2022年度科技强消奖，连续5年获评全省队伍“先进支队党委班子”“全面建设先进支队”双先进，全年目标任务考评成绩全省排名第一，6个集体、14名个人荣获省部级以上荣誉，涌现出“一星级全国青年文明号”经开大队、“全国青年安全生产示范岗”澧县大队等先进典型，赢得了社会各界广泛赞誉。

火灾防控。责任牵引。推动出台全省首部“小快灵”地方性法规——《常德市住宅小区电动车充电安全管理规定》，提请市政府出台《常德市火灾事故调查处理规定》，下发《常德市消防安全领域信用信息管理办法（试行）》。精准治理。深入推进消防安全专项整治三年行动、自建房等13项专项行动，全年重大火灾隐患立案103家、整改销案93家，全市65个乡镇街道签订委托执法协议书，办理各类行政处罚案件24起。消防宣传。打造5支特色“非遗”消防宣传服务队，常态化开展消防宣传“五进”；推进火灾高危群体“敲门”行动，1.8万名弱势群体落实包保措施；《常德丝弦说消防》节目被全国两会特别报道专题引用。

灭火救援。夯实基础。开展大型演练12次，“防盗门破拆模拟训练装置”在全省队伍推广应用，成功处置“5·15”鼎城区雷胜公司火灾扑救、“6·3”桃源县山体滑

2022年5月15日，常德市消防救援支队消防员在鼎城区雷胜包装材料有限公司火灾现场扑救火灾　（常德市消防救援支队 供图）

坡、鼎城区草坪镇抗洪抢险救援等急难险情。建强队伍。承办全省水域救援技术交流赛，获得5个项目第一、团体总分第一的好成绩，培养体能教练员、水域救援等各类专业骨干100余人。联动机制。以市安委名义下发《常德市应急救援力量联调联战工作机制》，构建市、区县、乡镇、村居“四级联勤联调联战”体系。

优化营商环境。强化服务。统一窗口受理流程，公众聚集场所投入使用、营业消防行政许可非告知承诺审批时间由原13个工作日压缩至6个工作日；实行容缺后补、绿色通道、快递送达等便利化措施，实现办事企业和群众“一次不跑”。规范执法行为。规范行政案件执法办案流程，推行“主动报告免罚”的柔性执法措施，成立消防技术服务队开展隐患整改帮扶指导，最大限度体现执法温度。优化服务质量。为需办理手续的企业提供上门指导服务，帮助辖区企业解决存在的消防技术难点、痛点等问题，有力提升辖区企业安全管理能力。

【“5·15”鼎城区雷胜包装材料有限公司火灾处置】 5月15日12时50分，常德市鼎城区雷胜包装材料有限公司一大跨度大空间钢架结构厂房发生火灾。接警后，支队指挥中心调派鼎城、特勤、武陵、乡镇专职队共计12辆消防车、68名消防救援人员赶赴现场处置，支队全勤指挥部遂行出动，经过5个多小时的科学处置，火灾被成功扑灭，未造成人员伤亡。

【“6·3”桃源县八斗丘村山体滑坡房屋倒塌事故处置】 6月3日7时52分，桃源县夷望溪镇八斗丘村发生一起山体滑坡房屋倒塌事故，有人员被困。接警后，支队指挥中心调派支队轻型地震救援队、通信保障分队、桃源浔阳站、经开德山站、武陵朗州站21车66人员赶赴现场救援，支队政治委员何稷卫率全勤指挥部遂行出动，同时启动应急救援预案，调集政府、应急、公安、“120”等联动力量赶往现场。救援期间，市委书记曹志强、市委秘书长付勇到达救援现场，看望慰问一线救援人员、指导现场救援行动。经过约17小时的紧张救援，营救出3名被困群众。

防震减灾

【概况】 2022年，常德市地震局在全省市州防震减灾工作考核中继续获得综合考评全省第一的成绩，取得“三连冠”；安乡县地震局获全省县市区防震减灾工作综合考核先进单位，石门县地震局获评优秀单位。

【监测预报】 2022年，常德市始终把监测预测预警作为保护人民生命财产安全的重要职责，作为部门的硬核任务。境内测震、预警、流体、形变、地磁等监测台运行连续、稳定、可靠，全省监测预报考核一直名列前茅。新建的郑家河综合台、雷公庙试验台正式运行，新建的八仙深井科研台基本建成投入试运行，其中雷公庙台“一井多用”全省第一、八仙台井深3450米全国第一，全市有各手段微观监测18台项；152个预警台已经完成台址勘选，两年内全部建成，真正实现监测预警网“横向到边、纵向到底”的目标。

【震害防御】 5月18日，常德市防震减灾工作暨地震易发区房屋设施加固工程工作领导小组全体会议召开，市委常委、市政府常务副市长徐永健出席会议并讲话，副市长郭碧勋主持会议，通过会议高位推动，压紧压实各部门责任；全市累计完成建设工程抗震设防确认事项207件，办结率100%；推广应用减隔震新技术新材料，常德市总工会主体工程采用减震技术材料；高质量完成中心城区（武陵区、鼎城区、经开区、高新区、柳叶湖旅游度假区）地震灾害风险预评估工作。

【应急响应】 2022年投入资金50万元，采购配置5台无人机、2台无

2022年5月12日，常德市2022年全国防灾减灾宣传周主题活动启动仪式在白马湖文化公园举行 （市应急局 供图）

线电台以及一批应急通信装备，组建无人机地震应急响应分队。投入资金20万元，更新应急通信个人终端，配发应急药品、应急救援等物资；投入资金15万元编印第三版常德市县（市）区防震减灾应急图集并以抗震救灾指挥部名义发至指挥部成员单位、各县市区；12月2日开展地震应急响应演练；全年妥善处置2起地震宏观异常事件。

【公共服务】 2022年，投入6万元丰富科普图书，创作地震科普知识宣传册、PPT、宣传展板等科普作品，武陵区第一小学、武陵区紫桥小学等学校创作《地震自救逃生记》等多个科普作品，积极发挥科普传播师作用；创建防震减灾科普示范学校国家级4所（占全省创建总数的50%，全国创建总数的4%）、省级6所（占全省创建总数的18.75%）、市级8所，发挥示范带动作用。创建防震减灾科普教育基地省级2处（占全省总数的25%）、市级3处，防震减灾科普教育基地对外开放，2022年度接待群众超8万人次（有据可查），社会效益显著；全年开展科普宣传20余场次，直接宣传对象14万余人。

【地震活动】 2022年，全市地震活动较为活跃，共发生ML（震级）1.0级以上地震3次，分别为7月24日石门1.9级、8月13日临澧2.4级、8月18日石门2.4级地震，震区无人员伤亡和财产损失情况。

（周小红　肖　霄）

区县市·开发区·度假区·管理区

武陵区

中共武陵区委员会

书　记　　康少中

副书记　　寻　健　贺吉敏

常　委　　康少中　寻　健　贺吉敏　邓慈陵　刘贵平　杜登全　朱荣华　杨　松　邓华志　宋雨泓　张宇辉

武陵区人大常委会

主　任　　曹　慧

副主任　　杜修峰　钱　攀　帅　勇　王　华　周建华

武陵区人民政府

区　长　　寻　健

副区长　　杜登全　朱荣华　戴志刚　吴　金　曹吉飞　张　恩　陈　维　徐　杰

政协武陵区委员会

主　席　　黄治军

副主席　　何　斌　尹治才　周俊峰　陈贻忠　张华欣

【概况】　武陵区地处湖南省常德市中部偏北，2022年辖1个镇、2个乡、11个街道，土地总面积412.4平方千米（含德山、柳叶湖）。年末常住人口54.85万人，户籍人口43.1万人，其中城镇人口34.05万人；人口出生率为5.47‰，人口自然增长率为-1.08‰。年内最高气温40℃，最低气温-1℃，年降水量738.7毫米。水质综合达标率100%，空气质量优良率83%。

319国道、207国道、常益长高铁、石长铁路、长常高速、常张高速经过武陵区境，全区AAAA级以上景区1家（常德市规划馆），省级非物质文化遗产保护项目3个，分别是常德米粉制作技艺、常德刘海砍樵传说、传统香制作技艺。

完成地区生产总值476.9亿元，比2021年增长4.9%。其中，第一产业增加值3.9亿元，增长2.0%；第二产业增加值82.4亿元，增长3.7%；第三产业增加值390.7亿元，增长5.2%。三次产业结构比为0.8∶17.3∶81.9；三次产业对地区生产总值增长的贡献率分别为0.3%、13.3%、86.4%。全年完成地方一般公共预算收入13.5亿元，一般公共预算支出33.5亿元。

农林牧渔业总产值89390万元，增长3.3%；农林牧渔业增加值59423万元，增长3.4%。粮食播种面积3615公顷，全年粮食总产量23200吨。农业支柱产业为蔬菜和水稻产业。省级以上农业产业化龙头企业11家；农民专业合作社102家，其中省级以上示范社9家。农业机械总动力255484.8千瓦，农业机械化水平为81.81%。

工业增加值32.2亿元，增长4.7%，其中规模以上工业增加值增长5.9%。区本级规模以上工业企业产品销售率为99.2%，同比提高1.9个百分点，实现营业收入33.17亿元，同比下降18.4%。工业支柱产业：烟草配套工业、食品产业、装备制造业。区本级建筑业完成增加值50.3亿元，增长3.2%。

全年区本级固定资产投资增长8.5%。其中，制造业投资增长2.9%，民间投资增长3.8%，高新技术投资增长4.3%，现代服务业投资增长1.3%。全年区本级完成社会消费品零售总额375亿元，增长2.3%；完成批发和零售业增加值116.5亿元，增长3.2%；完成住宿和餐饮业增加值32.6亿元，增长3.1%。引进内外资总额602090万元，增长

21.19%；完成进出口总额13924万美元，增长14.06%。接待国内外游客910万人，旅游收入105亿元。

全区有高新技术企业31家，高新技术产业增加值66.08亿元，增长14.54%。义务教育阶段学校42所（含6所民办学校），公办学校中城区学校24所，乡镇学校12所，幼儿园110所（其中公办园39所）。公共图书馆1个，文化馆1个，体育馆1个。健身场地1399处，健身路径311处，健身活动面积234万平方米。医疗卫生机构539个，卫生技术人员共1869人，医院、中心、卫生院拥有床位总数574张。

全区居民人均可支配收入48671元，增长5.6%。其中，城镇居民人均可支配收入49623元，增长5.5%；农村居民人均可支配收入36999元，增长7.1%。

年度亮点。成功举办首届“5·20”“文明常德·爱在武陵”城市品牌推介活动，强势助力市场破“疫”复苏，武陵知名度、美誉度更加彰显。常益长高铁正式开通运营，武陵阔步迈入“高铁时代”，迎来了“桃花盛开·武陵腾飞”的美好前景。大力开展“护航夜经济、维护夜秩序、守护夜文明”活动，群众安全感满意度测评连续6年位居全省第一方阵。面对复杂程度、防控难度前所未有的“11·12”输入性疫情，以最短时间、最小范围、最低代价实现社会面清零。

年度荣誉。行政应诉、自建房整治、打击非法集资、“送解优”行动等多项工作获国省推介。高质量发展、财政管理、市场主体倍增、金融服务、全面促进消费等10余项工作获省政府真抓实干等表彰激励。成功入选“全国百强区”“全国创新百强区”“全国幸福百强区”“全国投资竞争力百强区”“全国法治政府建设示范区”。成立全国首个营商环境支持性组织——武陵区优化营商环境促进会。柳菱社区入选“全国民主法治示范社区”，新坡社区入选“全国示范性老年友好型社区”，武陵一小、工农小学入选全国“科创筑梦”科普试点单位，区政务服务中心综合受理窗口获评“全国工人先锋号”，添景花田蔬菜产业园获评省级农业特色产业园，丝瓜井社区、光荣路社区、汇金社区获评省级充分就业社区。

【武陵区优化营商环境促进会成立】 3月23日，武陵区成立全国首个营商环境支持性组织——武陵区优化营商环境促进会。武陵区优化营商环境促进会是由24名省、市、区三级优化监督员发起成立的社会组织，主要职责是协助支持武陵区开展营商环境监督、社会评价、民企纠纷协调及公益志愿服务等工作。

【首届“5·20”“文明常德·爱在武陵”城市品牌推介活动】 5月20日，武陵区首届“文明常德·爱在武陵”城市品牌推介活动正式启动，活动从20日持续到26日，围绕推动消费升级、打造城市品牌、丰富城市内涵开展系列主题活动。活动联合全区30多个行业领域、上万家优质商家门店开展线上线下“宠粉”活动，拉动57万余人打卡消费，带动服务业消费超30亿元。

【武陵区入选2022年全国百强区】 7月27日，工信部赛迪研究院赛迪顾问发布《2022年中国城区经济高质量发展研究报告暨2022赛迪百强区》，武陵区再次入选“全国百强区”。湖南共有6个区上榜，其中武陵区排第67名，位列中部地区非省会第一名。2022年百强区榜单延续地区生产总值大于800亿元、一般公共预算收入大于20亿元的“双门槛”，采用23个指标建构的城区高质量发展评价指标体系，通过动态权重、数据建模等方法对除直辖市和港澳台地区外的910个市辖区进行高质量发展水平评估，最终形成。

【武陵区入选“全国法治政府建设示范区”】 11月28日，中央全面依法治国委员会办公室发布《关于第二批全国法治政府建设示范地区和项目命名的决定》，武陵区成为2022年湖南省唯一获得“全国法治政府建设示范区”荣誉称号的区县。

（易　璇）

2022年5月20日，武陵区举办“文明常德　爱在武陵”城市品牌推介活动

（武陵区政府办 供图）

鼎城区

中共鼎城区委员会

书　记	朱金平
副书记	陈　远　蒯　鹰
常　委	朱金平　陈　远
	蒯　鹰　瞿政前
	谢　梦　彭　炜
	李　娟　徐建新
	钟科程　黄秋云
	杨　成

鼎城区人大常委会

主　任	余习琼
副主任	李三葆　周伟建
	李书跃　李军华
	李国忠

鼎城区人民政府

区　长	陈　远
副区长	瞿政前　李　娟
	杨　凡　陈志刚
	罗立杰　杨　俊
	丁保国　陈　宏
	简　超

政协鼎城区委员会

主　席	雷建国
副主席	林新忠　蒋利荣
	胡小芳　雷绘玻
	向　兰

【概况】　鼎城区地处湖南省西北部，土地总面积2215平方千米。2022年，辖17个乡镇、5个街道、1个农林场，常住人口64.56万人。其中，城镇人口39.05万人，城镇化率为60.49%；人口出生率5.71‰，自然增长率-3.97‰。

自然资源。年降水量1086.7毫米，主要矿产资源为黄金、金刚石、建筑用石灰岩。有国家一级保护动物8种、国家二级保护动物32种，国家一级保护植物4种、国家二级保护植物36种。森林覆盖率32.18%。水质满足三类标准的断面比例达88.9%，水质满足四类标准的断面比例达100%。空气质量优良率82.7%，优良天数302天。

经济综合。地区生产总值435.9亿元，比2021年增长3.9%；第一、二、三产业增加值分别为77.0亿元、139.8亿元、219.1亿元，分别增长3.6%、2.2%、5.2%，三次产业结构比为17.67：32.07：50.26。一般公共预算收入19.3亿元，比2021年减少30.5%，地方财政一般预算收入20.1亿元，增长13.1%；地方财政一般预算支出60.2亿元，同比增长6.2%。

农业。农林牧渔业增加值83.5亿元，增长3.8%。耕地总面积76.9819千公顷。农业支柱产业：粮食、油料、养殖。主要产品产量：粮食65.37万吨、蔬菜60.15万吨、油菜籽8.7万吨，棉花9405吨，茶叶169吨，禽蛋5.95万吨，水产品6.4万吨，出栏生猪71.87万头、羊17.23万只、牛3.15万头，肉类7.85万吨。有市级以上农业产业化龙头企业41家，其中省级以上9家；农民专业合作社1013家，其中省级以上示范社35家。农业机械总动力96.47万千瓦，综合机械化率89.32%。

工业。工业增加值92.3亿元，与2021年持平，其中规模以上工业增加值66.4亿元，增长0.1%。工业支柱产业有装备制造产业，产值247.8亿元；医药健康食品产业产值40.5亿元；新型建材产业，产值39.9亿元。有工业园区1个，园区共有企业571家，其中工业企业414家（其中规上工业企业167家）。园区工业增加值85.9亿元，增长1%，其中园区规模以上工业增加值60.5亿元，与2021年持平，高新技术产业增加值50亿元，增长-12.7%。入规建筑业产值53.4亿元，增长2.7%。

商贸服务业。社会消费品零售总额222.4亿元，增长2.6%（剔除物价因素）。进出口总额40312万美元，其中进口266万美元，出口40046万美元，主要出口产品品类有蔬菜、机械设备、医药物资、钻头、汽车检测仪、塔吊、智能手表等。实际利用境外资金6万美元，实际到位省外境内资金133.6亿元，增长19%。

旅游业。拥有国家旅游等级景区8个。其中，国家AAAA级旅游景区1个（湖南花岩溪国家森林公园），国家AAA级旅游景区7个。各景区共接待国内旅游246万人次，实现国内旅游收入30.1亿元。

固定资产投资。全区固定资产投资同比下降11.9%。按经济类型分：国有投资同比下降68%；非国有投资同比增长25.2%；民间投资同比增长47.1%。按投资方向分：工业投资同比增长38.1%；基础设施投资同比下降65.6%；民生工程投资同比下降26%。按国民经济行业分：农林牧渔业投资同比下降14.3%；制造业投资同比增长60.4%。全年完成房地产开发投资36.6亿元，同比减少13.3%。商品房销售额28.8亿元，同比减少7.4%。商品房销售面积56.9万平方米，同比增长1.6%。

交通通信。境内公路通车总里程2922千米，其中国道94千米，省道233千米、县道573千米、乡道783千米、村道1239千米。邮政业务总量9381.55万元，增长11.88%；快递业务收入1306.06万元，增长26.18%；快递业务量171.19万件，增长5.46%。电信公司电信业务总量1.72亿元，增长8.1%；移动公司电信业务量2.25亿元，增长0.02%。新建成5G基站442个，截至2022年年底，共有5G基站共计586个，5G网络人口覆盖率95%，增长12%；电信5G用户23万户，增长4%，移动5G用户19.2万户。

科技、教育。有高新技术企业106家，新增15家；科学研究开发机构7家。签订技术合同235项，成交金额19.4亿元；高新技术产业增加值78.25亿元；取得省级科技成果5项，增长25%。（发明）授权专利

2022年7月6日，全省发展村级集体经济暨驻村帮扶工作推进会（鼎城片会）召开
（常德市委组织部 供图）

181件。具有核心竞争力科技创新项目3项。有各级各类学校207所（含幼儿园）。义务教育72所［小学28所、初中15所，九年一贯制16所，点校13所（含6所停止招生、暂未撤销学校）］，高中阶段教育7所［普通高中5所（含2所停止招生、暂未撤销学校）、十二年一贯制1所，成人中等学校1所］。幼儿园128所，其中公办幼儿园58所。幼儿入园率100%，小学适龄儿童入学率100%，小学升初中入学率100%，高中阶段毛入学率98.40%。

文化、卫生、体育。全国重点文物保护单位、省级文物保护单位各有1处，分别为索县汉代城址、荣庄王墓；省级以上非物质文化遗产保护项目4个。专业艺术表演团体1个及民间艺术表演团体95个，文化馆1个及分馆23个，公共图书馆1个，分馆23个，档案馆1个。各类体育场地1928个。有卫生机构773个，拥有床位3384张。现有卫生技术人员2688人，其中执业医师和助理医师1492人，注册护士1196人。有乡镇卫生院36个，拥有床位1352张，卫生技术人员1004人。疾病预防控制中心1个，卫生技术人员45人。

社会生活。社会福利机构21个。新增城镇就业6103人，城镇失业率为1.99%。农村劳动力转移5476人。累计脱贫4.3117万人。城镇居民人均可支配收入43617元，农村居民人均可支配收入22200元，分别增长5.1%、6.9%。

年度亮点。新增国家级专精特新“小巨人”企业2家、省级“专精特新”企业10家，增量全市第一。中联农机产业园实现试生产，中联恒通某机动平台产业化项目（一期）如期完工，特力液压中高端液压油缸智能制造园动工建设。市第二工人文化宫投入使用，阳明湖公园成为市民休闲娱乐打卡地。第二轮农村土地延包30年“整乡推进”改革、“村社分账”管理改革分别被确定为国家和全省试点。率先在全市实现“平安农机”示范镇全覆盖。索县汉代城址纳入长江国家文化公园建设范畴，常德画墙成功创建国家AAA级旅游景区，花岩溪森林公园获评全省优秀森林公园。

年度荣誉。2022年，鼎城区高标准农田建设获省政府综合大督查通报表扬。鼎城区获评国家级棉花制种大县，被评为全省茶油大县、省“四好农村路”示范区县、省农村人居环境整治先进单位、省防范化解重大生态环境风险隐患“利剑”行动优秀区县、省级森林城市、省级生态文明建设示范区县、省医养结合示范区、省安全生产和消防工作优秀区县、省平安建设工作先进区县。常德高新区获评国家新型工业化产业示范基地、湖南省先进装备制造业集群、湖南省高新技术转化应用示范基地。石板滩镇毛栗岗村获评全国文明示范村，蔡家岗镇、草坪镇三角堆村获评全省文明村镇，周家店镇获评全省农业产业强镇。

【湖南省第三届油菜花节在鼎城区十美堂镇举行】 3月15日，2022湖南省第三届油菜花节启动仪式在鼎城区十美堂镇4000公顷油菜花海举行，省委常委、副省长张迎春宣布活动启动，市委副书记、市长周振宇致辞。

【江南外滩金融街区正式开业】 4月22日，城投·十里外滩金融街集中签约仪式在江南城区十里外滩徐家巷商业步行街举行，中国工商银行、交通银行、广东发展银行、中国太平洋保险等10余家金融和类金融机构签约入驻该街区。

【全省发展村级集体经济暨驻村帮扶工作推进会在鼎城区召开】 7月6日，湖南省委组织部、省农业农村厅、省乡村振兴局在常德市鼎城区召开全省发展村级集体经济暨驻村帮扶工作推进会。

（郭子铭）

汉寿县

中共汉寿县委员会

书　记	周功表
副书记	王时雨
常　委	周功表　王时雨

江　毅　孙彬彬
喻志高　王　君
朱向宇　何　斌
杨　戊　周　平
宋万林

县人大常委会

主　任　朱进友
副主任　陈勇军　郭辉勇
徐纪桂　邓丕德
万成斌

县人民政府

县　长　王时雨
副县长　王　君　宋万林
陈　林　王夏一
吕孝胜　曾　峰
刘　云　肖亦文
余其斌　李　辉

政协汉寿县委员会

主　席　佘　斌
副主席　黄　杰　毛启平
何桂英　粟显波

【概况】　汉寿县地处湖南省西北部，位于北纬28° 36′ ~ 29° 6′ 45″、东经111° 42′ 59″ ~ 112° 18′。2022年，汉寿县辖15个镇、2个乡、4个街道办事处、1个高新技术产业园区。土地总面积2021平方千米，其中耕地面积6.26万公顷。富藏花岗岩、黄金、石英砂、天然气等矿物，坐拥西洞庭湖、沅澧二水，森林覆盖率30.22%。2022年末，户籍人口800218人，其中城镇人口281506人、乡村人口518712人。

经济综合。全县实现地区生产总值368.5亿元，增长6.4%。其中，第一产业增加值61.76亿元，增长3.5%；第二产业增加值135.1亿元，增长9.2%；第三产业增加值171.64亿元，增长5.6%。三次产业构成比为16.8：36.6：46.6。完成地方一般公共预算收入18.02亿元，增长10.4%。

农业。农林牧渔业总产值110.08亿元，增长3.7%。农业增加值66.17亿元，增长3.7%。完成粮食播面9.3万公顷，产量突破60万吨，粮食生产实现“十九连增”。完成蔬菜播面3万公顷，实现产值40亿元。完成甲鱼养殖1万公顷，实现产值60亿元，获评“中国龟鳖产业启航地”“中国生态甲鱼品质强县”，成功入选“十大湘菜名县”。

工业。完成规模工业总产值391.74亿元，增长9.7%；规模工业增加值增长11.1%；园区规模工业增加值增长11.6%，园区规模工业企业数量达121家；新建标准化厂房16.5万平方米，新增规模工业企业20家。新引进、新开工、新投产亿元工业项目分别达36个、13个、10个。

社会消费。全年社会消费品零售总额140.5亿元，增长2.8%；完成进出口总额2.9亿美元，新增电商企业20家、限上商贸企业15家，商品房销售面积49万平方米；金融机构各项存款余额和贷款余额分别达420.15亿元、286.35亿元，存贷比达68.15%；常德同发野生动物世界接待游客56万人次，带动全县旅游综合收入达42亿元。

固定资产投资。完成固定资产投资332.3亿元，增长10.7%。实施重点建设项目50个，完成投资80亿元。引进5000万元以上项目44个，到位内资117亿元、外资408万美元，争取上级各类资金44.75亿元，

交通通信。全县完成交通运输、仓储和邮政业增加值18.33亿元，增长5.8%。全县公路里程2334.08千米，其中省道178.93千米，县道312.78千米，乡道804.89千米，村道1037.48千米。完成G319太子庙集镇段扩容、S317蒋家嘴至百禄桥段改造。成功入选“四好农村路”国家示范县创建单位。常益长高速复线汉寿段建设全面铺开，石长铁路汉寿南站货运场停运11年后重新开通，常益长高铁汉寿站建成运营。年末移动电话用户71.57万户，增长3.21%；年末互联网宽带用户20.55万户，增长5.85%。

科技、教育。全县有高新技术企业50家，完成高新技术产品产值253.3亿元，实现增加值48.62亿元，增长15.9%。授权发明专利46件，转化科技成果12项，高新区获批成立省知识产权综合服务分中心。全面启动教育布局调整，新一中落成启用，龙池中学顺利完成“民转公”，新增公办学位1.2万个。全县共有各级各类学校172所。其中，完全高中1所，高级中学2所，职业高中3所，成人中等专业学校1所，初级中学14所，九年一贯制学校15所，小学29所，特殊教育学校1所，幼儿园106所。

【汉寿获评全国首批“自然资源节约集约示范县（市）”】　汉寿县优化用地结构布局，加大批而未供土地、闲置土地、低效（空闲）用地的清理处置力度。2022年，土地供应率达94.18%，已供应土地闲置率降至0.39%，排名位居全省前列。创新农民集体所有土地用地管理模式，创建“区县主导、乡镇主责、村级主体”的工作新格局。多措并举牢牢守住耕地红线，耕地“非农化”和“非粮化”现象得到有效遏制，实现了违法用地“零新增”。2023年1月19日，汉寿县被自然资源部认定为全国首批“自然资源节约集约示范县（市）”。

【常益长高铁汉寿站及配套设施竣工启用】　12月21日，常益长高铁汉寿站及配套设施竣工启用。汉寿站占地面积9800平方米，建筑面积1万平方米。硬件上配套站前广场、站前大道、综合客运枢纽、垃圾中转站及公厕、污水处理场等5项设施；软件上优化升级交通、餐饮、通讯、管理等8项服务。从汉寿到长沙，45分钟左右可以到达；从汉寿到常德，13分钟左右到达；从汉寿到益阳，19分钟左右到达。高铁及站场启动运营后，汉寿融入长株

潭、对接粤港澳的区位优势更加彰显，对促进汉寿经济社会发展具有十分重要的意义。

【2022中国（汉寿）甲鱼产业大会在汉寿开幕】 11月5日，中国（汉寿）甲鱼产业大会在汉寿开幕。全国各地的行业学者、技术专家、甲鱼产业企业代表齐聚汉寿，共谋发展。开幕式上，国务院参事室参事、农业农村部原副部长于康震为汉寿“中国龟鳖产业启航地”授牌，中国水产流通与加工协会会长崔和为汉寿“中国生态甲鱼品质强县”授牌。中国工程院院士刘少军，农业农村部渔业渔政管理局二级巡视员董金和，常德市委副书记、市政府市长周振宇致辞。湖南省畜牧水产事务中心主任徐旭阳，湖南省农业农村厅二级巡视员王元宝，常德市委副书记、市委统战部部长陈华，常德市政府原副市长龚德汉，常德市政府秘书长陈爱喜等领导出席开幕式。

【汉寿“五好”园区综合排名位列全市第一】 2022年，汉寿县园区全面发展，全年完成规模工业产值334亿元，同比增长11.42%；上缴税收5.1亿元，同比增长27.6%；完成规模工业增加值58.36亿元，增长11.6%；新增规模工业企业14家，实际利用外资总量105万美元，主要经济指标均位居全市第一方阵，“五好”园区综合排名位列全省第25名，获评全省先进园区荣誉，在全市省级园区中排名第一。

（李登高）

桃源县

中共桃源县委员会

书　记　　庞　波

副书记　　马吉云　陈支文

常　委　　庞　波　马吉云　陈支文　周　军　李昌伟　孙华伟　钟　黎　严森柯　丁利民　王　斌　于惠平

桃源县人大常委会

主　任　　江志晖

副主任　　杨智斌　江娟娟　文继承　曾文志　唐述林

桃源县人民政府

县　长　　马吉云

副县长　　孙华伟　钟　黎　汤赛男　覃　斌　汪继承　蒯　影　王贤平　唐　骏　唐　矛

政协桃源县委员会

主　席　　陈会龙

副主席　　王开美　向真金　范晏齐　朱建华　李廷芬

【概况】 桃源县位于湖南省西北部，土地总面积4442平方千米，2022年辖23个镇、3个乡、2个街道。黔张常高速铁路，常吉、常张高速公路经过县境。年末户籍人口94.7万人，城镇化率44.3%，人口自然增长率-3.9‰。年内最高气温41.4℃，最低气温-2.7℃；年降水量1440.5毫米。森林覆盖率65.5%，水质综合达标率100%，空气质量优良率96.2%。红色旅游经典景区1个，AAAAA级景区1家。全国重点文物保护单位、省级文物保护单位分别有2处、5处，省级以上非物质文化遗产保护项目4个。

全年地区生产总值（GDP）492.6亿元，比2021年增长5.8%。其中，第一、二、三产业增加值分别为102.8亿元、164.5亿元、225.3亿元，分别增长3.5%、8.4%、5.2%；三次产业结构比为20.9∶33.4∶45.7。地方财政收入17.4亿元，增长14.1%。规模以上工业增加值58.3亿元，增长11.1%。省级工业园区1个。园区工业增加值45.7亿元，增长11.3%。农林牧渔业总产值107.1亿元，增长3.6%。有省级以上农业产业化龙头企业15家。固定资产投资比2021年增长4.1%；有高新技术企业59家，高新技术产业投资增长119.9%。社会消费品零售总额201.3亿元，增长2.4%。进出口总额3.5亿美元，增长13.6%。接待国内外游客331.6万人（不含桃花源）；旅游收入39.52亿元，增长3.8%。新增城镇就业5708人，城镇失业率为3.45%；农村劳动力转移7392人。城镇居民人均可支配收入38812元，农村居民人均可支配收入21143元，分别增长5.7%、7.5%。

年度亮点。2022年，桃源县完成粮食种植面积和总产连续4年全省“双第一”；田长制全面实施，完成高标准农田建设8133.33公顷，恢复耕地1400公顷，面积全市第一。举办常德市首届“冰泉季”、第五届乡村文化旅游节，牛车河镇毛坪村获评省级乡村旅游重点村，杨溪桥镇君和野茶公司入选全省工业旅游示范点。新增规模工业企业24家、省级“小巨人”企业4家，数量全市第一。举办第七届红茶节、第五届硒博会，新引进5000万元以上产业项目38个，签约总额185.3亿元，引进项目总数、资金总额全市第一。飞沃科技首发过会，即将上市；获评第七届湖南省“省长质量奖”，实现该奖项全市“零的突破”。湖南桃源木旺溪抽水蓄能电站项目成为全省首个在“十四五”策划启动、核准开工的抽水蓄能项目。稳岗返岗、保险减征、创业担保贷款等稳就业政策全面落实，城乡居民医保实现全覆盖，参保登记缴费、异地就医备案等事项实现“家门口”办理。消除返贫致贫风险541户1389人，脱贫人口收入增速高于全县农民收入增速，高质量通过省市乡村振兴实地考核。完成营造林8400公顷，林草种苗执法、森林资源监测、有害生物防治等工作经验全省推介。饮用水水源地水质全部达标，土壤环境风险管控到位，县城空气质量和水质综合指数排名全市第一。桃龙大道全线通车，县人民医院晋升三级综合医院，新中医院建成投入使用。高质量完成“三区三线”划定，漳江南路延长线、梅溪路、文星南路建成通车，南街停车场、原通信设备厂停车场投入使用，东街农贸市场全面完工，新时代文明实践中心、所、站全面建成，城市文明指数测评全省第一。

年度荣誉。2022年，桃源县获评中部县域经济百强县、中国县域旅游发展潜力百强县、全国农作物病虫害绿色防控整建制推进县、全国茶业百强县、全省十大茶旅融合示范县和全省打造内陆地区改革开放高地先进县。桃源高新区作为全市唯一县级园区，获评全省打造内陆地区改革开放高地先进园区，成功入选全省质量基础设施“一站式”服务试点。“中华民族一家亲”展示馆获评全省民族团结进步教育基地，九溪镇入选“非遗”村镇省级示范点，文化馆获评国家一级文化馆，退役军人事务局获评全国宣传工作先进单位。落实粮食安全责任制、优化营商环境、典型经验、生态环境改善、新型城镇化、推进产业发展“万千百”工程等6项工作获得省政府真抓实干督查激励奖励，高质量发展、财政管理、“五好”园区攻坚等10项工作获得市政府真抓实干督查表扬激励。

（彭峙凌　陈　勇）

【桃源县粮食生产连续4年全省“双第一”】　2022年，桃源县完成粮食播种面积1.19万公顷，实现总产75.7万吨，播种面积、总产量均居全省第一位。桃源县认真贯彻国家粮食安全战略，全面落实中央、省市粮食生产工作要求，围绕“稳面积、稳产量”目标，采取加大财政投入、推广集中育秧、狠抓办点示范、培强新型主体、发展全产业链经营等措施，成功应对百年一遇的极端旱情，实现粮食生产稳产扩面。2019—2022年，全县粮食播种面积、总产稳定在1.2万公顷、76万吨，连续4年全省“双第一”。

（潘　季）

【桃源县获评全省唯一“生态环境保护管理较好的县域”】　2023年1月4日，生态环境部、财政部联合发布《关于2021年度国家重点生态功能区县域生态环境质量监测与评价结果的通报》，桃源县入列全国26个“生态环境保护管理较好的县域”之一，系全省唯一上榜县。桃源县认真贯彻落实习近平生态文明思想，持续加大生态环境保护投入，已初步构建立起“党委领导、政府主导、部门齐抓共管、企业治污主责、公众共同参与”的大环保工作格局。截至2022年年底，桃源县森林覆盖率稳定在65.5%以上，饮用水水源地水质全面达标、空气质量优良率稳居全省前列，土壤节约集约利用工作成为全国先进。

（魏　杰）

【桃源高新区获评全省打造内陆地区改革开放高地先进园区】　8月29日，全省打造内陆地区改革开放高地推进会在长沙召开，会上对6个市州、14个县市区、12个园区予以通报表扬。其中，桃源县被评为湖南省打造内陆地区改革开放高地先进县，桃源高新技术产业开发区被评为先进园区。2022年，园区规模工业企业达126个，实现总产值217亿元，连续9年获评“省级先进园区”。

（魏义恒）

【飞沃科技获评第七届湖南省“省长质量奖”】　9月14日，湖南省质量大会在长沙召开，湖南飞沃新能源科技股份有限公司获评第七届湖南省“省长质量奖”，实现常德该奖项“零的突破”。飞沃科技成立于2012年，主要研发、制造高强度紧固件，并提供系统解决方案，产品广泛应用于风电、石油、军工、汽车、核电、工程机械等高科技领域。在高强度紧固件领域，获得国家发明专利29项，实用新型专利24项，软件著作权18项，主导参与制订国家标准4项。先后获得工信部第

桃源高新区科创大厦　（桃源高新区 供图）

2022年11月12日，湖南桃源木旺溪抽水蓄能电站项目开工仪式举行

（桃源融媒 供图）

一批专精特新“小巨人”企业、第五批制造业单项冠军企业、制造业“双创”平台试点示范企业等荣誉。

（敖福涛）

【湖南桃源木旺溪抽水蓄能电站项目正式开工】 11月12日，总投资82.7亿元、装机容量120万千瓦的湖南桃源木旺溪抽水蓄能电站项目在桃源县茶庵铺镇木旺溪村举行开工仪式。该项目于2021年9月启动可研阶段勘测设计工作，仅用15个月，就获得湖南省发改委核准，成为全省首个在“十四五”策划启动、核准开工的抽水蓄能项目。项目建设总工期为72个月，建设期内，可产生税收5亿元以上；建成投产后，有助于构建多元清洁的电力保障体系，推动能源清洁低碳高效利用、保障常德市能源电力安全。

（李　颖）

临澧县

中共临澧县委员会

书　记　李雨初

副书记　胡彬彬　魏　翔

常　委　李雨初　胡彬彬　魏　翔　余　梅　夏孝涛　张　平　熊海兵　廖资水　邓业军　苏群英　雷　鸣

临澧县人大常委会

主　任　李　颖

副主任　乔新平　钟　音　朱国财　刘艳菊　陈　凯

临澧县人民政府

县　长　胡彬彬

副县长　余　梅　夏孝涛　陈　清　蒋家杰　颜爱军　谭三宝　罗振军　杨　刚

政协临澧县委员会

主　席　宁毅刚

副主席　徐建新　蒋谟金　邹　航（兼）　廖孝波（兼）　夏小琼

【概况】 临澧县位于湖南省西北部、常德市北部，2022年辖7个镇、2个乡、2个街道，土地总面积1203.87平方千米。年末户籍人口43.22万人，常住人口36.81万人；人口自然增长率-2.77‰。年内最高温40.7℃，最低气温-3.0℃；年降水量953.5毫米。森林覆盖率42.15%，水质综合达标率100%，空气质量优良率93.4%。二广高速铁路、安慈高速公路经过县境。国家级自然保护地1个、省级自然保护地3个，省级风景名胜区1个，红色旅游经典景区1个，AAAA级以上景区1家。全国重点文物保护单位、省级文物保护单位分别有5处、5处，省级非物质文化遗产保护项目有3个。

2022年，地区生产总值235.53亿元，比2021年增长6.2%。三次产业结构比为16.3∶37.0∶46.7。人均地区生产总值63821元，增长6.8%。一般公共预算收入7.73亿元，增长-28.9%，其中地方一般公共预算收入7.36亿元，增长7.8%；一般公共预算支出38.08亿元，增长14.9%。农林牧渔业总产值70.6亿元，增长3.7%。粮食播种面积5.32万公顷，增长0.1%；粮食总产量33.26万吨，增长-2.0%。农产品区域品牌：“临澧味道”“临澧美橙”“临澧茶油”“临澧黄花鱼”。农业机械化水平为78.79%。工业增加值62.93亿元，增长8.4%，其中规模工业增加值增长10%。省级以上工业园区1个。工业支柱产业：新材料产业、装备制造产业。建筑业增加值2.42亿元，增长8.0%。固定资产投资增长19.11%，其中高新技术产业投资增长62.5%，全年1亿元以上投资项目24个。实际使用外资110万美元；到位境内省外资金120.24亿元。社会消费品零售总额96.29亿元，增长2.7%。规模以上服务业企业营业收入27.49亿元，增长22.65%。进出口总额1.24亿美元，增长19.6%。接待国内外游客308.48万人，增长12.38%；旅游收入30.14亿元，增长6.81%。城镇居民人均可支配收入41233元，增长5.4%；农村居民人均可支配收入23498元，增长7.2%。

年度亮点。2022年，临澧县成

功创建“湖南省文明城市”。青山灌区现代化改造及融合发展项目被水利部确定为水利建设投融资改革重点项目。市场主体更多更强。净增市场主体5808户、新增“四上”企业33家、国省级专精特新“小巨人”企业3家。禾易电商、鑫众钙业成功挂牌湖南股交所，6家企业进入省上市后备资源库。中泰特装企业技术中心成为全市首家国家企业技术中心，南方新材料智慧矿山项目入选湖南省第二批“5G+工业互联网”示范工厂。建成电子商务公共服务中心。

年度荣誉。2022年，临澧县获评全省高标准农田建设奖、推进城镇棚户区和老旧小区改造奖。获得省民生实事高质量完成奖、推动高质量发展奖、争项争资成效明显奖、市场主体培育工程建设奖、促进就业社会保障和根治拖欠农民工工资奖、深化医药卫生体制改革奖、完成污染防治攻坚战工作成效明显奖、交通建设突破专项行动奖、安全生产工作奖。获评全国未成年人保护示范县、湖南省深化小型水库管理体制改革样板县、湖南省平安校园建设示范县。修梅镇高桥村入选“2022年中国美丽休闲乡村”，佘市桥镇蒋家村获评“全国民主法治示范村”；在全市首推“基层单元疫情防控”做法。

【临澧县推进水利基础设施建设】 10月8日，总投资33.56亿元的临澧县青山灌区现代化改造及融合发展项目通过省发改委投资联审，计划2023年3月底前完成一期贷款评审，启动工程建设。临澧县根据上级关于金融支持水利基础设施建设的相关部署，在省水利厅的指导下，精心谋划“临澧县青山灌区现代化改造及融合发展”项目。深入研究水利部《关于政策性金融支持水利基础设施建设的指导意见》《关于推动水利风景区高质量发展的指导意见》及“两手发力”助力水利高质量发展工作会议等精神，决定引进社会资本推动全县水利基础设施建设。基于现实需要，策划青山水轮泵灌区续建配套与现代化改造工程、澧南城乡供水工程、临澧县青山水利风景区建设工程等三大工程。注入水力发电、干支渠分布式光伏等优质资产资源；实施高标准农田改造、未利用地改耕地、旱地改水田等田间工程，开辟粮食产能和耕地指标交易等收入；盘活灌区结瓜水库水面经营权；实施高产油茶基地改造等产旅融合工程，增加产业收入。成立由书记、县长任双组长的项目指挥部，完成“可行性研究报告”等资料编制及重大项目投资三级联审。邀请水利部总经济师程殿龙亲临现场调研指导，并将该项目列入水利部与农发行总行共建的重点项目清单，还被列为全省“两手发力”典型示范项目、全市“十大基础设施项目”。

【临澧县客货邮物流中心正式投入运营】 11月1日，随着智能分拣设备的启动运转，常德临澧县客货邮物流中心正式投入运营。为进一步切实破解工业品下乡“最后一公里”和农产品进城“最初一公里”的突出问题，巩固脱贫攻坚成果，服务乡村振兴，2021年10月，临澧县被省交通运输厅、省发改委、省邮政管理局确定为全省首批“5+2”农村客货邮融合发展示范县。常德欣运集团与常德市邮政分公司签署农村客货邮融合发展战略合作协议，在临澧县委县政府和主管部门的大力支持下，双方积极探索“城乡公交+小件物流+邮政快递”的客货邮融合模式，构筑“县有中心、镇有站、村有点”的三级物流体系，探索形成“集中分拣，用客运的车，送邮政快递的货，到镇村服务站点，服务城乡群众”客货邮新业态，全力将临澧县打造成全省农村客货邮融合发展样板县。2022年年底，全县日均寄递农村上行件约2000件，下行件约5万件，上行件当日出临澧、下行件县内当日送达，真正实现“人在家中坐，快递到门口，不出村里头，产品就运走”。

（苏星文）

石门县

中共石门县委员会

书　记	吴兴国
副书记	丁克刚　李长春
常　委	吴兴国　丁克刚　李长春　廖江华　林　勇　龚云林　邓弼友　谭本军　杨　鹰　陈　建　刘力耕

石门县人大常委会

主　任	张树国
副主任	康文化　胡中华　陈　林　李　健　张国安

石门县人民政府

县　长	丁克刚
副县长	廖江华　龚云林　黄晓坤　万勇平　唐汇驰　徐　超　吴　张　杨红伟（挂职）　张　斌

政协石门县委员会

主　席	张业勇
副主席	李　平　马业平　马攸胜　戴海蓉　彭进武

【概况】 石门县地处湖南省西北部，土地面积3970平方千米。2022年辖4个乡、13个镇、4介街道、4个农林场、1个管理处、1个管理区。年末户籍总人口65.20万人，其中城镇人口23.12万人；人口自然增长

率-4.11‰。

自然资源。年内最高气温41.2℃，最低气温-1.7℃，年平均气温18.4℃。年总降水量969.0毫米，年日照总时数1728.4小时。人均用水量998立方米。全县有国家级自然保护区1个。全年城区空气质量达标率93.7%。

经济综合。全年完成地区生产总值360.32亿元，比2021年增长5.8%。其中，第一产业增加值54.53亿元，增长3.4%；第二产业增加值131.18亿元，增长6.3%；第三产业增加值174.61亿元，增长6.1%。三次产业结构比为15.1∶36.4∶48.5；三次产业对地区生产总值增长的贡献率分别为9.9%、39.1%、51.0%。全年完成财政总收入197791万元，增长0.8%。地方公共财政预算收入140347万元，增长14.8%。公共财政预算支出600493万元，下降3.3%。

农业。全年完成农林牧渔业总产值95.91亿元，增长3.6%。粮食播种面积4.83万公顷，下降0.1%。农业支柱产业：柑橘、茶叶。国家级及省级以上龙头企业6家；农民专业合作社1031家，其中省级以上示范社27家。农产品区域品牌石门柑橘、石门银峰、石门土鸡。年末农业机械总动力77.65万千瓦，增长3.0%。

工业和建筑业。全年实现工业增加值106.96亿元，增长7.1%。其中，规模以上工业增加值77.53亿元，增长7.0%。工业增加值占地区生产总值的比重为29.7%。规模以上工业企业完成营业收入416.22亿元，增长13.7%。全县有省级工业园区1个。五大百亿产业：绿色建材、清洁能源、新材料、农副产品深加工、电子信息。建筑业增加值24.33亿元，增长3.7%；全县具有资质等级的总承包和专业承包建筑企业完成建筑业总产值17.08亿元，增长1.5%。

商贸服务业。全年完成进出口总额100055万元，增长14.3%。社会消费品零售总额144.09亿元，增长2.3%。实际利用外资金额102万美元，实际引进境内省外资金138.78亿元，引进亿元以上项目27个。

旅游业。全县有国家AAAA级旅游景区2家（常德市石门夹山旅游区、常德石门县龙王洞景区）、国家AAA级旅游景区2家、红色旅游景区（点）10个。全年共接待国内游客353.22万人次，增长3.9%；创国内旅游总收入38.89亿元。

投资。全年固定资产投资额增长12.7%。按产业分：一产业投资下降28.1%；二产业投资增长2.0%；三产业投资增长15.0%。工业投资增长2.0%。全年1亿元以上投资项目95个。

交通通信。年末全县公路线路总里程3911.86千米，全年提质改造农村公路107.58千米。安慈高速公路经过县境。全年邮政部门业务总量9667.98万元，增长10.6%；三大运营商业务总量3.91亿元，增长11.7%。年末互联网宽带用户18.64万户。

科技教育。全县有高新技术企业40家，高新技术产业增加值增长22.9%。全年授权专利25件，签订技术合同125项，成交金额29.06亿元。全县有普通高中5所、初中学校31所、普通小学96所。

文化、体育、卫生。全县有全国重点文物保护单位3个、省级文物保护单位8个，有省级非物质文化遗产保护目录5个、市级非物质文化遗产保护目录7个。全县有文化站22个，艺术表演团体9个，文化馆、博物馆、公共图书馆和综合档案馆各1个。全县经常参加体育锻炼的人数达24万人，开展全民健身项目22项次，年末全县体育场地1532个。全县卫生机构554个，编制内卫生技术人员2610人。

社会生活。全县全年用电量13.69亿千瓦时，增长4.5%。其中，工业用电量5.74亿千瓦时，下降8.5%。全县城乡居民年人均可支配收入23240元，增长6.9%。城镇居民人均可支配收入32515元，增长5.9%；农村居民人均可支配收入16927元，增长7.3%。年内新增城镇就业人员5405人，城镇登记失业率3.6%。全年农村外出就业劳动力（不含本乡镇）14.81万人，新增农村劳动力转移就业4837人。全县城乡居民基本医疗保险参保人数538222人，城乡居民养老保险登记参保人数398921人。城市污水处理率46.9%，城市生活垃圾无害化处理率100%。

年度亮点。2022年，石门县成功创建省级文明城市，林长制工作荣获省政府真抓实干督查激励，“足球育人”改革、“两联两包”村级治理、森林防灭火经验在全国推介。承办“万里茶道——环中国自驾游集结赛”暨文化旅游推介会，以“抗旱稳发展·提质向未来”为主题举办第22届柑橘节活动，举办“快乐消费·幸福石门”夏季消费节等系列消费促进活动。创新“三三”工作机制为企业纾困解难增效，作为全市唯一区县参加民革中央助力现代化新湖南建设招商大会。航天磁电产业园等4个项目被评为全市“骏马项目”。引进抽水蓄能电站、中联新材料石门产业园等优质项目。16.7吨石门品牌“禽贝”鲜鸡蛋首次发往香港。葛洲坝特水，长安石门发电，石门海螺的数字化、智能化建设项目入选全省制造业数字化转型“三化”重点项目。海螺水泥入选两化融合贯标试点企业。湘佳牧业获批设立博士后创新创业实践基地，实现了全县省级研发平台零的突破。“石门红茶”获地理标志证明商标，大豆玉米带状复合种植工作得到中央农村工作领导小组办公室充分肯定。获批全国乡镇保障性租赁住房试点。信访总量连续6年下降，“无上访村（社区）”建设合格率居全市前列。财政管理工作进入全国200个先进县（市、区）序列，荣获财政部通报表扬。

年度荣誉。2022年，石门县获评全国民族团结进步示范县、全国自然资源节约集约示范县、全省安全生产和消防工作先进单位、全市唯一省级“数商兴农”示范县，入选全国“深化乡村地名服务　点亮美好家园”试点地区、省级林业碳汇试点县。石门县县域治理现代化指挥中心项目入选“2022智慧城市先锋榜”入围案例。石门县林业局荣获全市唯一“全国绿化先进集体”称号。石门县车管所蝉联“全国一等县级车辆管理所”。石门县仙阳湖旅游航线纳入国内水路旅游客运精品航线试点单位。石门县公安局交通警察大队获评“2017—2020年度平安湖南建设先进集体”，全省公安交警系统仅两家获此殊荣。太平镇党委书记李宏纲被授予全国“人民满意的公务员”称号。南北镇薛家村名誉村主任谢森获“全国三八红旗手”荣誉称号。石门县林下中蜂产业协会会长、石门县优酿养蜂专业合作社负责人覃仕永获评中国林草乡土专家。石门籍运动员刘锐与队友陈妍、肖嘉芮萱，在埃及开罗举行的2022年射击（步手枪）世界锦标赛女子25米手枪团体项目比赛中获得团体冠军。新铺镇中心学校蔡洪杰入选2022年乡村优秀青年教师培养奖励计划。石门县文天晖家庭获“全国最美家庭”荣誉称号。

【2022年湖南“科技潇湘行”走进石门】　5月21日，2022年湖南省科技活动周重大示范活动“科技潇湘石门行”暨湖南省科技活动周在石门县启动，省政府副秘书长周义祥宣布活动启动，省科技厅党组书记、厅长李志坚主持启动仪式。活动周以“走进科技，你我同行”为主题，通过组织一系列群众性科技活动，推动在全社会形成讲科学、爱科学、学科学、用科学的良好氛围，加快推进科技政策扎实落地，为湖南全面落实“三高四新”战略定位和使命任务、着力打造具有核心竞争力的科技创新高地奠定坚实基础。

【陕煤石门2×66万千瓦扩能升级改造项目暨常德市重点建设项目开工】　10月1日，陕煤石门2×66万千瓦扩能升级改造项目暨常德市重点建设项目集中开工仪式在石门县举行。市委书记曹志强出席并宣布项目集中开工，市委副书记、市长周振宇主持开工仪式。陕煤石门2×66万千瓦扩能升级改造项目计划建设两台66万千瓦“超超临界”“二次再热”燃煤发电机组。项目建成后，年发电量60亿千瓦时，有效填补湖南省“十四五”电力缺口，缓解湖南省煤炭一次能源压力，促进地方社会经济高质量发展。

【石门茶企茶人在第二届潇湘茶文化节获佳绩】　11月4日，2022第二届潇湘茶文化节在长沙开幕。“石门银峰”在“2022潇湘杯湖南名优茶评比”绿茶组获一、二名；湖南石门渫峰名茶有限公司、湖南壶瓶山茶业有限公司入选“潇湘茶品牌十大标杆企业”；湖南楚韵茶业专业合作社创始人马杰入选“潇湘茶品牌优秀专业茶叶合作社带头人”，石门渫峰生态茶业专业合作社副理事长冷建国入选“潇湘茶品牌优秀基层茶叶技术带头人”，石门县天画罗坪茶业有限责任公司董事长兼总经理徐辉入选“潇湘茶品牌优秀茶叶标准化带头人”。

【湖南壶瓶山国家级自然保护区入选世界自然保护联盟绿色名录】　12月10日，世界自然保护联盟在加拿大蒙特利尔宣布，更新世界自然保护联盟绿色名录，湖南省壶瓶山国家级自然保护区入选。该保护区位于湖南省西北部石门县境内，地处武陵山脉的东北端，1982年经湖南省人民政府批准建立，1994年经国务院批准为国家级自然保护区，是一个以保护华南虎等濒危动物物种及其栖息地和珙桐等珍稀植物物种及群落为主的森林和野生动植物类型自然保护区，被誉为“华中地区弥足珍贵的物种基因库”。

（卢淑婷）

澧县

中共澧县委员会

书　记	王兆铭
副书记	王启武　张见明
常　委	王兆铭　王启武　张见明　裴　平　李　阳　张元安　潘　莉　周　澧　王　毅　李建华　刘　黎

澧县人大常委会

主　任	金贤松
副主任	张　华　熊德蓉　朱　宇　余明春　陈祖毅

澧县人民政府

县　长	王启武
副县长	李　阳　张元安　杨　波　宋化丽　高家喜　张　硕　杜卫雄　蒋立勇　孙家辉　张贵群

政协澧县委员会

主　席	高建平
副主席	谭　斌　夏金梅　杨　钢　李泳坪

【概况】　澧县地处湖南省常德市北部，2022年辖15个镇、4个街

道，土地总面积2075平方千米。年末户籍人口88.68万人，常住人口71.63万人，其中城镇人口43.46万人。年内最高气温41.0℃，最低气温-1.6℃，年降水量965毫米。森林覆盖率32.95%，水质综合达标率100%，空气质量优良率92.9%。焦柳铁路及二广高速、安慈高速公路过境。全县有省级以上自然保护区3个，有国家AAAA级旅游景区2家、国家AAA级旅游景区3家，国家湿地公园1个，国家级水库风景名胜区1个，省级森林公园1个。全国重点文物保护单位、省级文物保护单位分别有16处、7处；国家级、省级非物质文化遗产保护项目分别有3个、3个。

地区生产总值448.1亿元，比2021年增长6.2%。其中，第一产业增加值62.8亿元，增长3.6%；第二产业增加值146.8亿元，增长8.7%；第三产业增加值238.4亿元，增长5.4%。三次产业结构比为14∶32.8∶53.2；三次产业对地区生产总值增长的贡献率分别为8.9%、43.9%、47.2%。人均地区生产总值6.3万元，增长8.6%（按2021年常住人口计算）。全年完成一般公共预算收入20.04亿元，下降12.25%。其中，地方一般公共预算收入15.86亿元，增长2.63%。一般公共预算支出68.61亿元，增长15.09%。

农林牧渔业总产值120.62亿元，增长3.9%；粮食播种面积7.78万公顷，增长0.2%。全年粮食总产量52.25万吨。农业支柱产业为粮食、葡萄、柑橘等。省级以上农业产业化龙头企业9家；农民专业合作社1397家，其中省级以上示范社22家。农产品区域品牌有“澧州葡萄”“太青双上绿芽茶”“澧县双低菜籽油”“城头山大米”“复兴苹果柚”“澧县石菖蒲”。全年农业机械总动力92.75万千瓦，主要农作物综合机械化水平为72%。

工业增加值95亿元，增长8.3%。其中，规模以上工业增加值74.9亿元，增长10.9%。工业增加值占地区生产总值的比重为21.2%。全县规模工业实现主营业务收入401.4亿元，增长15%；利税总额5.3亿元，增长30.5%。全县有省级工业园区1个。工业支柱产业为生物医药与健康食品产业、新型建材与家居产业、纺织服装产业。全社会建筑业增加值51.9亿元，增长9.8%。全年资质以上总承包和专业承包建筑业企业实现总产值41.78亿元，增长13.98%。

全年固定资产投资增长9%。其中，工业投资增长10.7%；民生投资增长34.4%；高新技术产业投资增长15.6%；基础设施建设投资增长27%。全年在库亿元投资项目117个。全年实现社会消费品零售总额208.9亿元，增长2.4%。全年进出口总额1.66亿美元，增长16.9%；实际利用外资405万美元；利用省外境内资金135.5亿元。全年接待国内外游客303.09万人，增长0.34%；旅游收入36.91亿元，增长0.96%。

全县有高新技术企业45家，高新技术产业增加值增长21.99%。授权专利400件，下降1.23%；签订技术合同79项，成交金额15.69亿元。有普通高中3所、初中学校28所、普通小学86所。有文艺表演团体10个、文化馆（群众艺术馆）1个、公共图书馆1个、博物馆（纪念馆）2个、档案馆1个。全县有体育场地1818个，经常参加锻炼的人数56万人。全县拥有各类医疗卫生机构607个，有卫生工作人员4639人，有卫生技术人员3871人，每千人口拥有执业医师数2.85人，每千人口床位数6.89张。

社会用电量14.5亿千瓦时，增长9.5%。其中，工业用电量4.8亿千瓦时，下降1.1%。城乡居民人均可支配收入28099元，增长6.4%。其中，城镇居民人均可支配收入37836元，增长5.2%；农村居民人均可支配收入23097元，增长7%。新增城镇就业5778人，城镇登记失业率2.72%；农村劳动力转移6753人。参加城镇居民养老保险45.5488万人，参加城乡居民基本医疗保险72.2万人，参保率100%，城镇生活污水集中处理率95.79%，城镇生活垃圾无害化处理率100%。

年度亮点。2022年，澧县耕地保护、改善农村人居环境、推进医保管理服务、信访示范创建、创新加强社会治理等5项工作获省政府真抓实干表扬激励；城镇更新提质、“六位”实事惠民、政务质效提升、推进招大培强、提升科技支撑、固定资产投资、医药卫生体制改革、鼓励支持就业创业、生态环境质量改善等9项工作获市政府表扬激励。

年度荣誉。2022年，澧县获评全国信访工作示范县，“四好农村路”全国示范县（跨年表彰），第五批节水型社会建设达标县，全国优秀健走示范区，湖南省中小学劳动教育实验县，2021年粮食生产先进县（跨年表彰），2021年湖南省动物疫病防控绩效考核先进县（跨年表彰），2021年度保障农民工工资支付工作考核情况A级区县（跨年表彰），平安建设工作被授予湖南省首届“平安杯”，县人民政府履行教育职责督导评价荣获全省优秀等次。93条特色经验被《人民日报》、新华社等中央主流媒体宣传报道，为企业纾困解难经验登上央视《新闻联播》。

【澧县入选2021年全国农业绿色发展典型案例】 3月23日，农业农村部官方网站发布2021年全国农业绿色发展典型案例，澧县成功入选。

【澧县省级农村产业融合发展示范园获首批省级示范园认定】 4月12日，湖南省发展和改革委员会发布关于公布第一批省级农村产业融合

2022年5月17日，全省棉花生产现场推进会在澧县召开　（澧县融媒 供图）

发展示范园认定名单的通知，澧县省级农村产业融合发展示范园成功入选。

【全省棉花生产现场推进会在澧县召开】　5月17日，湖南省棉花生产现场推进会在澧县召开，会议科学研判棉花生产形势，对全省棉花生产工作进行动员部署。省委农办主任，省农业农村厅党组书记、厅长袁延文出席并讲话，市委副书记、市委统战部部长陈华致辞，省农业农村厅副厅长唐建初主持会议，市农业农村局局长蒋颖群作棉花生产交流发言。

【澧县城头山古文化遗址成为湖南省建设世界旅游目的地“五张名片”之一】　8月5日，省委书记、省人大常委会主任张庆伟在省委“中国这十年·湖南”新闻发布会上，用“古色”厚重、“红色”炽热、“绿色”盎然、“夜色”亮丽这四色介绍湖南，并发出热忱邀请。湖南将大力实施全域旅游战略，着力打造“五张名片”，即以张家界为代表的“奇秀山水”名片、以韶山为代表的“经典红色”名片、以长沙为代表的“都市休闲”名片、以城头山古文化遗址为代表的“农耕文化”名片、以南岳衡山为代表的“历史文化”名片。

【澧县万达广场开业】　8月18日，澧县“悦享澧州·品质生活”消费季启动仪式暨万达广场开业典礼举行。澧县万达广场是继武陵万达、汉寿万达之后，常德市的第三个大型创新业态一站式综合体。该广场位于澧县商业核心位置，总面积20万平方米，其中商业面积11万平方米，地上5层，地下2层，停车位超过1000个。

【澧县人民医院健康集团紧密型医联体医共体建设被评为全国“紧密型县域医共体建设”优秀案例】　8月26日，第三届基层卫生健康发展与传播大会暨基层卫生重点工作经验交流会在杭州举行，澧县人民医院健康集团紧密型医联体医共体建设模式被选为全国“紧密型县域医共体建设”优秀实践案例。

【澧县彭山景区被评为2021—2025年度全国科普教育基地】　11月29日，中国科协公布一批“全国科普教育基地”入选名单，澧县彭山景区依靠“自然教育基地”“防震减灾科普教育基地”“林业科普基地”“研学旅游基地”等品牌，以“自然资源类”获得“全国科普教育基地”的荣誉，是常德地区唯一一家以自然资源入选全国科普教育基地的单位。

（钟　刚）

安乡县

中共安乡县委员会

书　记　陈　德

副书记　徐　桢　李　进

常　委　陈　德　徐　桢　李　进　袁超云　周　凯　韩翼飞　辛　俊　胡　岚　周宏林　江　峰　刘　飞

安乡县人大常委会

主　任　何志祥

副主任　向　勇　熊明华　张金贵　雷志军　罗志星

安乡县人民政府

县　长　徐　桢

副县长　周　凯　胡　岚　张益源　陈建军　王志明　汪　洋　姚　慧　张　杰　王明恒

政协安乡县委员会

主　席　胡秋兰

副主席　周文武　谢铁成　刘玉龙　封明忠　王　峥

【概况】　安乡县地处湖南省西北部，2022年辖8个镇、4个乡，辖区总面积1087平方千米。年末户籍人口50.9万人，常住人口41.98万人，其中城镇人口18.31万人。森林覆盖率19.77%，空气质量优良率94%。杭瑞、安慈高速公路经过安乡县境。全国重点文物保护单位、省级文物保护单位分别有3处、3处，省级以上非物质文化遗产保护项目1个。

2022年地区生产总值254.3亿元，比2021年增长4.5%。其中，第一产业增加值49.3亿元，增长3.2%；第二产业增加值70.8亿元，增长3.7%；第三产业增加值134.2亿元，增长5.3%。三次产业结构比为19.4：27.8：52.8；三次产业对地区生产总值增长的贡献率分别为21.2%、22.3%、56.5%。人均地区生产总值60404元，增长8.16%。全年完成一般公共预算收入5.7亿元，增长-4.9%。其中，地方一般公共预算收入4.3亿元，增长9.3%。一般公共预算支出39.8亿元，增长-5.2%。

农林牧渔业总产值85.8亿元，增长3.3%；粮食播种面积80.33万公顷。全年粮食总产量35.01万吨。创建国家级生态农场、农民专业合作社各一家，省级以上农业产业化龙头企业2家。农产品区域品牌为“安乡农仓”。全年农业机械总动力67.63万千瓦，农业机械化水平为88.26%。

工业增加值34.5亿元，增长4.8%。其中，规模以上工业增加值27.3亿元，增长6.5%。工业增加值占地区生产总值的比重为13.6%。全县规模工业实现主营业务收入158.8亿元（全县），增长9.0%。全县有省级工业园区1个。工业支柱产业：农产品精深加工、体育健康与医药医美、精密加工与新材料等。建筑业增加值36.3亿元，增长2.9%。

固定资产投资增长16.6%。其中，高新技术产业投资增长-33.3%，工业投资增长48.5%，民生工程投资增长-39.9%，基础设施投资增长22.9%，全年1亿元及以上投资项目63个（其中2022年新入30个）。社会消费品零售总额115.1亿元，增长2.2%。引进省外境内资金70.86亿元。

全县有高新技术企业80家，高新技术产业增加值增长8.6%。有普通高中4所、初中学校22所、普通小学10所。有文艺表演团体13个、文化馆（群众艺术馆）1个、公共图书馆1个、档案馆1个。有医疗卫生机构373个，卫生技术人员2236人。有公共体育场地1个。

社会用电量10.8亿千瓦时，增长14.6%。其中，工业用电量4.7亿千瓦时，增长10.2%。城乡居民人均可支配收入26407元，增长6.2%。城镇居民人均可支配收入34396元，增长5.3%；农村居民人均可支配收入21445元，增长7.1%。

产业基础。深入开展“产业链+园中园”精准招商和“湘商回归”温情招商，新引进产业项目32个。其中，亿元项目29个；新注册湘商企业10家。新开工、新投产亿元产业项目分别达20个、10个，江右制药、津山口福、雅洁新材等有序推进，站成智造、优耐新材、恒昌机械等建成投产。体育运动用品产业园、双创孵化基地获评市级“骏马项目”。医美产业园、安乡农仓有机食品产业园等“园中园”集聚效应不断提升，中非坚果产业园顺利投产。升级改造闲置厂房2.5万平方米。建成标准化厂房17万平方米，综合物流园全面竣工。入库科技型中小企业71家，新认定高新技术企业7家。标迪夫获评全省制造业单项冠军。汉创能源入选全省第三批产教融合型企业储备库。

营商环境。开展“走解优”“送解优”等活动，建立“事前三定、事中三验、事后三回”全周期涉企执法监督模式，入企检查频次同比下降20%以上。实行行政许可事项清单管理，公布行政许可事项253项，三级以上办理深度达100%。规范行政审批中介服务，实施“四免费”服务，其中免费发放印章3173枚。积极推行阳光政务，主动公开政务信息1万余条，实现政策“一键可查”。创新商事登记“六零”模式，企业开办“一网通办”率达99%。

基础设施。交通建设“十四五”规划项目全部启动，完成投资5.4亿元。夹夹大桥、S512三岔河至新口、S223张九台至出口洲、大鲸港至沙河口公路完成改造。马坡湖大桥实现主桥合龙，芦沙、大石、大夹公路改建工程开工。交通运输工作获省政府真抓实干表彰激励，成功创建“四好农村路”省级示范县、城乡客运一体化省级示范县。大力实施水利建设，新建或改造黄沙湾、黄土堤、七号沟等泵站，疏浚主支干渠618千米。同兴大水厂正式运营，安保垸17万人饮水安全问题得以解决。洞庭湖北部片区补水工程（二期）、重点易涝区排涝能力、东部大水厂等项目开工建设，获评全国节水型社会达标建设县、全省水利建设十强县。持续加强电力保障，500千伏洞澧线完成塔基交地，投资1亿元的配网工程基本完工。

城乡品质。珊珀湖示范片提质改造完成，青螺滩水产养殖基地获评国家级水产健康养殖和生态养殖示范区。“一稻双虾一鱼”综合种养模式逐步成熟，引进古俊、爽鑫食品等精深加工企业，稻虾产业融合取得新进展。创建国家级生态农场、农民专业合作社各1家，省级农业龙头企业2家。实现省级“平安农机”示范乡镇全覆盖。新增“两品一标”17个，通过“圳品”认证9个，创建省级“一村一品”重点村2个，3个产品登录全国首批预制菜宣展名录。成功举办首届安乡农产品博览会。创新“代改代建”模式，获省政府真抓实干表彰激励，入选全省共同缔造示范试点县。围庵中路等3条道路、沿河街等2个棚户区以及17个老旧小区改造顺利完工，3个棚改地块公共绿地建成开放，桥头、黉门堤等口袋公园投入使用。双洲西路、和平东路压缩式垃圾中转站完成建设，城乡生活垃圾无害化处理率达100%。改造城区供水管网7千米、污水管网21千米，地下管网GIS（地理信息科学专业）系统建成运行。新增城区停车位3254个。落实“保交楼”政策，实施购房契税补贴优惠，房地产平稳健康发展。

民生保障。14件省市重点民生实事高质量完成。子龙小学一期建成招生，新增城区学位1080个。黄山岗中学、五一中学等乡镇标准化寄宿学校建设全面完成，暑期“清凉工程”惠及全县师生，城乡教学条件显著改善。成功申报全省第二批紧密型县域医共体建设试点，县人民医院、县中医院分别与湘雅二医院、省中医附二医院建立医联体专科联盟。刘弘墓陈列展示工程、汤家岗遗址保护工程顺利完工。颜昌颐故居揭牌开馆，入选首批常德市党史教育基地。实施招工稳岗行动，为企业推荐送工3880人。开发乡村公益性岗位1118个、认定就业帮扶车间86家。新增城镇就业4609人、农村劳动力转移就业3633人，城镇调查失业率控制在5.5%以内。城乡居民医保参保实现全覆盖，在全省率先开通村级卫生室居民普通门诊就医报销系统，先行先试建立县乡村三级医保经办服务网络，深柳镇西门口社区成为全市首家医疗保障省级基层示范服务点。建成公租房854套，发放租赁补贴1600户；城乡低保最低生活保障线分别达7200元、4800元。

生态环境。严格落实河（湖）长制，9条农村黑臭水体治理高标准完成，3个国控断面、珊珀湖省控断面水质达到年度考核目标。开展污染源溯源，强化涉气行业整治，持续推进秸秆“五化”利用，大气优良天数343天，优良率达94%。污染防治攻坚战“夏季攻势”30项任务全部完成，未发生重大环境污染事故。“利剑”行动扎实开展，查处环境违法行为11起。全面推行林长制，实现巡林常态化，植树造林2533.33公顷、抚育1400公顷，成为全市唯一松材线虫疫情拔点成功的县。

风险防控。面对1961年以来最严重的旱灾，全县投入抗旱设备3万余套，紧急启用在建的洞庭湖北部水资源补水工程，实现大旱之年无大灾。面对复杂严峻疫情防控形势，安乡坚持科学精准防控，抓实抓牢常态化疫情防控，快速有效处置“11·24”突发疫情，最大程度保护了人民群众生命安全和身体健康。自建房安全专项整治全面开展，交通问题顽瘴痼疾整治深入推进，燃气企业和城区管道燃气商户报警器全部安装运行，未发生较大及以上生产安全事故。常态化开展扫黑除恶斗争，扎实推进反电诈和禁毒工作，县公安局获评全省打击治理电信网络诈骗先进单位，社会大局安全稳定。

年度亮点。2022年，新引进产业项目32个，其中亿元项目29个。新注册湘商企业10家。新开工、新投产亿元产业项目分别达20个、10个，江右制药、津山口福、雅洁新材等有序推进，站成智造、优耐新材、恒昌机械等建成投产。标迪夫获评全省制造业单项冠军，汉创能源入选全省第三批产教融合型企业储备库。创建国家级生态农场、农民专业合作社各1家，省级农业龙头企业2家。实现省级“平安农机”示范乡镇全覆盖。新增“两品一标”17个，通过“圳品”认证9个。夹夹大桥、S512三岔河至新口、S223张九台至出口洲、大鲸港至沙河口公路完成改造。成功申报全省第二批紧密型县域医共体建设试点，县人民医院、县中医院分别与湘雅二医院、省中医附二医院建立医联体专科联盟。颜昌颐故居揭牌开馆，入选首批常德市党史教育基地。植树造林2533.33公顷、抚育1400公顷，成为全市唯一松材线虫疫情拔点成功的县。全县上下同心协力、众志成城，打赢了防汛抗旱攻坚战。

年度荣誉。安乡县获评国家义务教育质量监测实施优秀组织单位、全国节水型社会达标建设县、全省水利建设十强县，成功创建“四好农村路”省级示范县、城乡客运一体化省级示范县，顺利通过“中国长寿之乡”申报认定、省级文明城市复检。县职业中专荣获全国职业院校技能大赛“网络搭建与应用”一等奖。县公安局获评全省打击治理电信网络诈骗先进单位。县依法行政指导服务中心被评为全省司法行政先进集体。青螺滩水产养殖基地获评国家级水产健康养殖和生态养殖示范区。安障乡岩剅口村被评为全国民主法治示范村。交通运输工作、深化“放管服”改革和落实事中事后监管三项工作获省政府真抓实干表彰激励。

【雅洁新材料建设项目开工】 4月29日，雅洁新材料建设项目暨安乡县2022年二季度重点建设项目集中开工仪式举行。湖南雅洁新材料有限公司，选址在安乡县产业开发区中心路以北、文化路以西，计划投资5亿元，用地约6.67公顷，新建生产车间、综合办公楼、配套仓库、员工宿舍、食堂，新上全自动化脱脂棉线生产线，投产后可实现年产值5亿元，新增就业岗位250余个。

【安乡县创建城乡客运一体化省级示范县】 2023年1月3日，全省第二批城乡客运一体化示范县名单公布，安乡县成功获评“城乡客运一体化”省级示范县。安乡县于2021年8月正式启动城乡客运一体化工作，2021年12月实现新车营运，2022年11月提早进入第二批省级示范县验收序列并顺利通过验收。2022年，随着安乡县城乡客运一体化项目运营实施，城乡客运全部实现公司化经营。全县投放新能源车

2021年12月31日，安乡县城乡客运一体化新车首发仪式在子龙汽车站举行

（安乡县政府办 供图）

128台，营运公交线路29条，建成城区至乡镇“一枢纽十辐射”和乡镇至乡镇“三核心多支线”综合城乡客运网，城市公交落实65岁及以上老年人等“五类”群体优惠减免政策，城乡公交票价下降30%以上。

【青螺滩水产养殖基地获评国家级水产健康养殖和生态养殖示范区】

常德市青螺滩水产养殖业高质量发展示范区位于安乡县珊珀湖社区乡村振兴示范片，规划总面积133.33公顷，养殖区面积80公顷，计划投资5000万元，以水产健康生态养殖为核心，养殖尾水处理达标为重点，农旅融合发展为补充，打造青螺滩水产品区域公共品牌。2022年，核心养殖区面积约6.67公顷，建有43条长22米、宽5米、深2.8米全国最大规模的流水槽（俗称“鱼的跑道”），建有“三池两坝”尾水治理、深水井补水、循环提水及其他养殖生产设施，采取全生态、内循环、零排放的新型养殖模式。总产量可达40万千克（每条流水槽可养殖1万千克左右）。2022年，青螺滩水产养殖基地获评国家级水产健康养殖和生态养殖示范区。

（樊丁华）

津市市

中共津市市委员会

书　记　黄旭峰

副书记　彭子晟　宋　磊

常　委　黄旭峰　彭子晟　宋　磊　殷依峰　叶春华　邱献兵　徐兴宇　徐兴勇　周　高　牟卫锋　高　力

津市市人大常委会

主　任　姜正才

副主任　蒋勇林　胡湘萍　雷志华　郭久平　陈克兵

津市市人民政府

市　长　彭子晟

副市长　邱献兵　高　力　罗一波（挂职）　戴宏凯　金　梦　杨剑波　陈　璐　彭进华　徐南林　曾令军（挂职）

政协津市市委员会

主　席　李景峰

副主席　石　勇　梁文利　李子牙　易　旭　陈本方

【概况】　津市市位于湖南省西北部、常德市南部，2022年辖4个镇、5个街道，辖区总面积558平方千米。年末户籍人口22.18万人，居民总户数9.17万户；人口自然增长率-4.54%。年降水量906毫米。森林覆盖率24.5%，水质综合达标率100%，空气质量优良率92.9%。二广高速、安慈高速过境。国家森林公园1个、国家级湿地公园1处、省级风景名胜区1个，红色旅游经典景区1个，国家AAA级旅游景区6家。全国重点文物保护单位、省级文物保护单位分别有2处、7处，国家级、省级非物质文化遗产保护项目分别有1个、1个。

经济综合。2022年全市实现地区生产总值208.9亿元，比2021年增长6.9%。其中，第一产业增加值27.4亿元，增长3.4%；第二产业增加值91.6亿元，增长8.9%；第三产业增加值89.9亿元，增长6.3%。三次产业结构由2021年的13.6：43.3：43.1调整为13.1：43.9：43.0。一、二、三产业对经济增长的贡献率分别为8.0%、53.2%和38.8%，分别拉动经济增长0.5个、3.7个和2.7个百分点。工业增加值占地区生产总值比重为38.8%，高新技术产业增加值占地区生产总值比重为22.2%。

全年完成省重点民生实事任务7项。新增义务教育学位746个，公办义务教育学位占比100%；完成孕产妇免费产前筛查601人、新生儿先天性心脏病免费筛查601人、农村适龄妇女及城镇低保适龄妇女“两癌”免费检查3602人，实现2家定点医疗机构普通门诊医疗费用跨省直接结算、残疾儿童19人131个月康复救助、30户困难残疾人家庭无障碍改造；提高农村低保标准达4800元/年，低保人均救助水平304元/月，城市低保达600元/月，低保人均救助水平391元/月，困难残疾人生活补贴和重度残疾人护理补贴标准达75元/月；开工建设城镇老旧小区34个；建设联网中小学幼儿园周边重点部位安防设备245个；完成农村公路提质改造34.22千米，建设农村公路安防设施14.3千米；完成病险水库除险3个、恢复农村小水源工程200处、改造中型灌区1处。完成常德市重点民生实事任务5项。新增城镇就业4302个，失业人员再就业2503个，困难人员就业782个，农村劳动力转移就业1145个；新增社区（村）养老床位50个、转型床位40个；新增路外停车位100个、路内停车位100个；新建城区公厕4座、改造2座，改新建农村户用厕所1020户、改新建公用厕所10座；既有住宅加装电梯23台。

农业。全年农林牧渔业总产值50.5亿元，增长3.8%。农林牧渔业增加值30.5亿元，增长3.8%。农作物播种面积4.31万公顷。其中，粮食作物播种面积2.26万公顷，下降3.9%；经济作物播种面积2.05万公顷，增长0.5%。水产品产量3.05万吨，增长4.5%。年末拥有农业机械33160台，比2021年增加310台；总动力22.06万千瓦，比2021年增加1.43万千瓦。年末耕地面积1.73万公顷，其中基本农田1.52万公顷。农村用电量4259.2万千瓦时，增长74.2%。全年开工各类水利工程21处，水利工程投入资金6.69亿元，水利工程完成土石方260万立方米，新增和恢复农田灌溉面积1613.33公顷。

工业。全市工业增加值比2021年增长9.1%。其中，规模以上工业增加值增长11.4%；园区规模以上工业增加值增长11.1%。全年完成建筑业增加值10.2亿元，增长2.1%。

固定资产投资。全市固定资产投资比2021年增长14.0%。按经济类型分，国有投资下降39.3%；非国有投资增长38.7%，民间投资增长23.0%。按产业分，第一产业投资增长30.9%；第二产业投资增长29.4%；第三产业投资增长2.4%。按投资方向分，工业投资增长29.4%；高新技术产业投资增长44.2%；民生投资下降41.9%；生态投资下降52.8%；基础设施投资增长0.8%；房地产开发投资下降47.9%。全年商品房销售面积12.6万平方米，下降16.7%。

国内贸易。全市社会消费品零售总额80.0亿元，增长2.2%。其中，城镇社会消费品零售额51.4亿元，增长3.1%，乡村社会消费品零售额28.7亿元，增长0.6%。限额以上法人批发和零售业商品零售额22.9亿元，增长8.0%，其中网上零售额下降61.2%。分商品类别看，粮油、食品、饮料、烟酒类增长9.9%；服装、鞋帽、针纺织品类增长11.5%；化妆品类下降26.6%；中西药品类增长20.8%；家用电器和音像器材类增长15.4%；汽车类下降0.8%；石油及制品类增长8.4%；文化办公用品类下降9.5%。

交通运输、邮电和旅游业。全市完成交通运输、仓储业和邮政业增加值10.3亿元，增长8.8%。实现公路、水运货运量429.3万吨，货物周转量74480万吨千米。实现公路客运量273.3万人，下降10.0%，旅客周转量9140.1万人千米，下降10.0%。境内公路全程总长558.15千米。其中，高速公路35.65千米，国道4.76千米，省道106.58千米，县道27.59千米，乡道167.98千米，专用公路1.69千米，村道213.90千米。全市年末汽车保有量23176辆，增长3.3%。本年新注册民用汽车727辆。全年完成邮电业务总量2.15亿元，增长11.8%。其中，邮政业务总量0.4亿元，下降7.0%；电信业务总量1.75亿元，增长17.1%；年末移动电话用户20.6万户，增长1.6%；宽带网用户7.21万户，增长0.5%。全年完成旅游总收入13.5亿元，增长2.1%。国内旅游人数130.9万人次，增长16.3%。年末拥有国家旅游等级区（点）6家，星级宾馆1家，旅行社1家。

招商引资和对外贸易。全年引进内外资总额86.0亿元，增长14.7%；新批境外投资企业2家，实际利用外资2.0万美元，对外直接投资22.1万美元。全年完成进出口总额16497万美元，增长20.0%。

财政、金融和保险。全年财政总收入6.33亿元，下降27.7%。其中，地方一般公共预算收入6.15亿元，增长10.9%；公共财政预算支出26.56亿元。税务局完成各项税收入库4.59亿元，下降36.9%。年末金融机构各项存款余额198.3亿元，增长17.9%。其中，非金融企业存款余额30.9亿元，增长64.4%；住户存款余额147.4亿元，增长16.7%。金融机构各项贷款余额139.7亿元，增长31.1%。其中，个人消费贷款19.6亿元，增长3.7%。年末拥有11家保险机构，全年各项保费收入2.6亿元，下降0.2%，各项赔款和给付支出1.0亿元，下降2.8%。

教育和科学技术。年末全市拥有各类学校33所，在校学生15101人，招生3741人，毕业学生3610人。其中，中等职业学校3所，在校学生756人，增长17.8%；普通高中2所，在校学生2225人，下降0.8%；初中学校9所，在校学生3801人，下降0.9%；普通小学18所，在校学生8189人，下降1.8%；特殊教育学校1所，在校学生130人，增长16.1%。小学适龄儿童入学率100%。幼儿园在园幼儿4085人，下降10.7%。各类民办教育机构41个，在校学生2370人，下降6.8%。义务教育阶段合格学校建设28所。落实义务教育保障资金1479万元，发放中职国家助学金18.9万元，中职国家助学金资助中职学生189人次。全年高新技术产业增加值46.3亿元，增长20.0%。年末拥有高新技术企业43家，省级工程技术研究中心13个。专利申请82件，其中发明专利82件。授权专利56件，其中发明专利56件。全年技术合同成交金额20.7亿元，增长528.2%。

文化、卫生和体育。年末拥有艺术表演团体15个，群众文化馆1个，公共图书馆1个，博物馆（纪念馆）2个，国家级非物质文化遗产保护名录1个，省级非物质文化遗产保护名录1个。年末拥有医疗卫生机构总计188个。全市卫生技术人员1491人。医疗卫生机构共有床位1316张，其中乡镇卫生院拥有床位244张。全市经常参加体育锻炼人数19万人，年内开展全民健身项目25项次。年末拥有体育场地175个，其中运动场23个，游泳池3个，各种训练房25个。

资源环境和安全生产。全市森林覆盖率24.5%，全年完成造林面积767公顷。平均年降水量906毫米，下降20.8%。全社会用电量7.85亿千瓦时，增长12.6%。其中，工业用电量4.8亿千瓦时，增长7.8%，单位规模工业增加值能耗下降5.6%。城乡居民生活用电量1.78亿千瓦时，增长19.8%。持续开展大气污染防治，市城区空气质量达标率达92.9%。全年发生各类生产经营性安全事故5起，各类生产经营性安全事故死亡5人。

人口、居民生活与社会保障。全市年末居民总户数9.17万户，总户籍人口22.18万人。其中，城镇人口12.16万人，乡村人口10.02万人。按性别分，男性人口11.28万人，女性人口10.9万人。全市居民人均可支配收入35670元，增长7.0%；城镇居民人均可支配收入43281元，增长6.7%；农村居民人均可支配收入22016元，增长7.9%。全市居民人均消费支出27212元，增长4.8%；城镇居民人均消费支出30644元，增长4.3%；农村居民人均消费支出21055元，增长6.3%。年末参加城镇基本养老保险职工人数8.34万人。其中，参保职工4.58万人，离退休人员3.76万人。城乡居民基本养老保险登记参保人数7.74万人。全市基本医疗保险参保人数20.63万人，其中城镇职工基本医疗保险参保人数3.15万人，城乡居民基本医疗保险参保人数17.48万人。城镇登记失业率2.4%。参加失业保险1.97万人，领取失业保险金职工人数0.02万人。参加生育保险1.67万人。参加工伤保险职工人数2.98万人。获得政府最低生活保障的城镇居民3.9万人次，发放城镇居民最低生活保障费1684万元；获得政府最低生活保障的农村居民4.1万人次，发放农村居民最低生活保障费1320万元。各类收养性社会福利单位床位2391张，各类收养性社会福利单位收养人员927人。销售社会福利彩票1355万元，筹集社会公益金575万元，直接接收社会捐赠258万元。

年度亮点。引进中国化学投资建设运营化工园区，16.43亿元的绿色新材料产业园一期项目成功落地。率先成为全省C级化工园区。成功获批全省绿色示范园区。“五好”园区建设典型经验做法被省政府综合大督查通报表扬。持续推进招大培强，新引进亿元以上项目26个，新开工项目28个，新投产项目20个。借力全省首个县级院士专家咨询委员会，实施产学研合作57项，落地转化项目15个。新增高新技术企业12家，新获批省级工程技术研究中心6个、省级企业技术中心2个。成功获批国家级生物医药科技企业孵化器、省知识产权建设强县。承办2022年湖南省创新创业大赛颠覆性技术创新大赛。获评全省金融生态评估A类县。深化与盐田港集团合作，津市港二期散货物流集散中心正加快推进。依托港口优势，投资2.2亿元的机制砂项目顺利投产。获评湖南省县域外贸特色产业集群。启动常德市首个生活垃圾分类示范街区建设。万寿苑街区建设成效获住建部住房保障司肯定。105街区建设项目入选住建部老旧小区改造示范联系点。精致街区建设经验被新华社、《人民日报》、中央电视台重点推介。提速“南北双环”示范带和“五村同创”乡村振兴示范片建设，获批“四好农村路”省级示范县。新建乡村振兴车间24家，村级集体经济总收入首次突破千万元，村均收入排名常德第一。污染防治“夏季攻势”工作排名常德第一。药山镇绿岛蓝湾景区获批国家AAA级旅游景区。毛里湖湿地正式被列入“国际重要湿地名录”。

年度荣誉。获得国家级真抓实干督查激励1项、省级真抓实干督查激励6项、常德市级真抓实干表彰激励7项。获得省政府大督查通报表扬1次。2022年12月23日，省政府办公厅发布《关于对省政府2022年综合大督查发现的典型经验做法给予表扬的通报》，津市市以“五好”园区引领县域经济高质量发展的典型经验做法获得通报表扬。生物医药科技企业孵化器获批国家级科技企业孵化器。津市市公安局获评全国公安机关执法示范单位。津市市科技局获评全国科技管理系统先进集体。津市市获评全国平安农机示范县、全国农产品产地冷藏保鲜设施建设试点县，再次获评国家级生猪调出大县，获评全省信访工作示范县市区、平安建设重点推进县市区、全省安全生产先进单位、全省安全生产和消防工作优秀单位。

【津市市人民政府与湖南工商大学举行授牌暨签约仪式】 7月27日，举行津市市人民政府与湖南工商大学授牌暨签约仪式。市委书记黄旭峰，市委副书记、市长彭子晟参加签约仪式。仪式上，中国工程院院士、湖南工商大学党委书记，湘江实验室主任陈晓红先后为津市市人民政府、津市高新区授予“产学研合作创新基地、卓越人才培养创新基地”牌匾；市委副书记、市长彭子晟代表津市市人民政府与湖南工商大学签订校政合作框架协议。校地签约合作，将充分发挥湖南工商大学科技和人才的综合优势，在搭建产学研平台、促进科技成果转化、推动就业创业等方面不断深化合作，建好科研成果交流平台，全力推动双方实现优势互补、共同发展，推动双方合作取得更大实效。

【2022年湖南省创新创业大赛颠覆性技术创新大赛领域赛在津市市举行】 8月24日，2022年湖南省创新创业大赛颠覆性技术创新大赛领域赛在津市市举办。经过为期一天的比赛答辩，株洲南方阀门股份有限公司的“基于数字孪生的供水管网水锤防护与智慧调控系统”、株洲中车天力锻业有限公司的“3万吨通过总量长寿命锻造高锰钢辙叉心轨研制及产业化”、湖南湘投金天新材料有限公司的“耐蚀钛及钛合金高效换热激光焊管智能制造方法和装备研发”等10个参赛项目荣获2022年湖南省颠覆性技术创新大赛十强项目奖。

【中国化学津市绿色新材料产业园一期项目开工】 8月28日，中国化学津市绿色新材料产业园一期项目举行开工仪式。中国化学工程集团有限公司党委副书记刘德辉出席仪式并宣布项目开工，常德市委书记曹志强，中国化学工程集团有限公司总经理助理、中化学南方建设投资有限公司党委书记、董事长杨志明出席仪式并讲话。开工仪式由津市市委副书记、市长彭子晟主持。开工仪式结束后，刘德辉、黄旭峰共同为中化学津市建设投资有限公司揭牌。中化学南方建设投资有限公司湖南公司党支部书记杨孟乾为公司揭牌致辞。津市绿色新材料产业园一期项目总投资15.9亿元，是多产业聚集，以绿色新材料产业发展为主导，以“专精特新”龙头企业引领的高端精细化和化工新材料产业链的产业集群。

【津市市获评“湖南省第三批知识产权建设强县”】 12月8日，全省共建国家知识产权强市推进大会在常德市举行，大会现场举行“湖南省第三批知识产权强县建设复核通过”授牌仪式。省市场监督管理局党组书记、局长，省知识产权局局长向曙光为津市市人民政府授牌，津市市委副书记、市长彭子晟接牌。2019年，津市市成功入选湖南省知识产权建设强县。至2022年，共实现知识产权质押融资额1.2亿元；累计拥有国内有效发明专利237件，每万人发明专利拥有量达11.24件，每万人高价值发明专利拥有量达6.07件，拥有国家知识产权优势企业3家，知识产权贯标企业5家，地理标志产品3个。

（邓颖华）

常德经济技术开发区

党工委书记	车世忠
党工委副书记、管委会主任	方志炜
党工委副书记	徐超云
党工委委员、管委会副主任	杨丙武
党工委委员、管委会副主任（挂职）	蒋洪亮
党工委委员、纪工委书记、监工委主任	杜权华
党工委委员、管委会副主任	彭宏武
党工委委员、管委会副主任	何彦兵

【概况】 常德经济技术开发区位于常德市城区东南部，面积152平方千米。2022年辖2个街道、1个镇，有15万人。

2022年，常德经济技术开发区全年实现地区生产总值165.7亿元，增长5.4%；完成规模工业总产值554亿元，增长8.3%，其中规模工业增加值增长5.7%；工业用电量增长6.5%；实现地方一般公共预算收入4.2亿元，增长6.6%，其中地方税收3.2亿元，增长8.1%；完成社会消费品零售总额52.2亿元，增长2.7%；实现进出口总额15亿美元，增长23.5%。获评全省打造内陆地区改革开放高地先进园区，高技术转化应用产业示范基地、高质量发展、“五好”园区攻坚等14项工作获市政府真抓实干表扬奖励，奖项总数全市第一。

招商引资。开放层级更高。实施“深耕长株潭，对接长三角，决胜大湾区”行动。推动中国（湖南）自由贸易试验区协同联动区申建。培育跨境电商试点企业8家，净增外贸实绩企业12家。新注册德商（常德籍商人，下同）投资企业4家，新设外商投资企业6家，实现外商直接投资3329万美元。招引方式更活。创新资本招商、产链招商、定向招商、资源招商等方式，相继引进航天镁合金、梅塞尔空分、国银光伏银基材料等一批优质项目。项目质效更好。全年签约项目65个，其中亿元以上项目30个，10亿元以上项目6个，三类500强项目4个；协议投资额231亿元，签约项目个数和金额超历史。

项目建设。推行“马上就办、保姆式服务”，为入驻企业、项目提供全过程、全流程、全周期服务。优化项目报批报建流程，探索推进拿地、拿证、开工“三同时”，推动项目建设提速提效。全年共推进产业项目75个，其中亿元以上产业项目56个。常德镁合金产业园、佳和药业等16个项目开工建设，武陵酒提质改造、昆宇通信储能电池等13个项目竣工投产。

产业发展。产业规划明晰。重点围绕医药化工、装备制造、轻工食品、电力电子四大产业以及打造全国知名“新能源”和“原料药生产基地”。2022年，四大产业分别实现产值106.96亿元、155.9亿元、210.53亿元、80.12亿元，分别增长9.87%、9.05%、8.29%、8.31%。骨干企业育强。2022年，产值达50亿元的企业2家，过10亿元的企业13家。25家重点监测企业（5亿元以上）完成产值515.97亿元，增长8.8%。市场活力彰显。全年净增市场主体1547户（企业694户），新增规模工业企业20家、专精特新“小巨人”企业7家。入库科技型中小企业133家，高新技术企业达104家。新增省级制造业“三化”重点项目企业12家、省级5G典型应用场景企业3家、省级工业互联网平台1个，全社会研发经费投入增长20%。企业上市突破行动加快推进，券商进场5家，辅导报备2家。

发展动能。平台建设有新成果。德创工坊获批常德首家国家级众创空间，力元新材泡沫镍获评国家级“单项冠军”产品，中联液压获评省制造业质量标杆企业，桃花源农科获批省级工程技术研究中心，6家企业获批省级企业技术中心。要素保障更有力度。投入基础设施建设20.2亿元。投入基础设施建设20.2亿元。新增标准化厂房28.6万平方米。加快推进化工园区申报，实施征拆项目14个，闲置土地处置率达95%。协调园区企业贷款38.1亿元。举办招聘活动23场次，达成就业意向2198人。服务企业更有温度。选调380名干部联系企业，实行常态化“送解优”，解决企业困难和问题400余个。推行“告知承诺制”和“不见面”审批，企业开办抵押业务压缩为0.5个工作日、1个环节，环评审批、不动产登记压减至1个工作日。实施优化营商环境专项整治，企业和群众满意度大幅提升。政策落实更到位。打造诚信政府，坚决兑现承诺，兑现企业各项资金5.27亿元。推动纾困增效、减税降费等政策落实落地，累计完成增值税留抵退税12.2亿元，力度和额度全市第一。

社会服务。配套逐步完善。推动文明城市创建，拆除存量违建1.39万平方米，新增停车位2630个。推进6条园区配套道路建设，建成旅游资源产业路5条、村间便捷联通路2条。实施老旧小区改造264户，1516套保障性租赁住房房源全部竣工，800套投入使用。持续抓好“蓝天碧水净土”保卫战，投入1.5亿元实施雨污管网建设大会战，加快新包垸管网改造等水系水体治理。民生持续改善。按时保质办好省市19项民生实事。推进乡村振兴重点帮扶和示范创建，脱贫户、监测户人均增收14.4%以上。完成城镇新增就业2438人、职业培训1581人、农村劳动力转移就业445人，发放创业担保贷款1460万元。完成康家吉小学、石门桥镇中学重建。大局安全稳定。全面统筹发展和安全，成功应对多轮强降雨汛情、1961年以来最严重的旱情以及突发的输入性疫情。狠抓重大风险防范化解，依法依规解决突出涉稳问题11项，化解省市交办信访积案23件。严格落实安全生产责任制，开展安全生产大排查大整治，全年未发生一起较大安全事故。夯实基层基础。投入2136万元保障基层运转。消除集体经济“薄弱村”7个。八斗湾村股份经济合作社发展模式在全市推介。全面开展“一课一片一实践”活动，狠抓党务工作清查整治。严格正风肃纪。开展居民自建房、农村乱占耕地建房等专项整治，大力推进“清廉经开区”建设，驰而不息纠治“四风”，加大典型案件通报曝光力度。

年度荣誉。2022年，常德经开区获评全省打造内陆地区改革开放高地先进园区。常德经开区高技术转化应用产业示范基地获得2022年省政府真抓实干奖励。常德经济开发区德山街道洞北社区、演舞堆社区、蒿草湖社区获评“湖南省省级充分就业星级社区及省级充分就业社区”。石门桥镇赵家桥村获评“省级文明村”。常德经济开发区交警大队获评全国“节约型机关”；区交警大队车管所获评全国“一等县级车管所”、被省文明办授予全省政法系统“人民满意窗口”单位。

2022年4月18日，常德经开区装备制造产链商会成立大会召开（罗　勇　摄）

【德创工坊获评常德市首家国家级众创空间】 2022年6月28日，科学技术部文件（国科发火〔2022〕184

号）公布2021年度国家备案众创空间名单，德创工坊入选。德创工坊成立于2015年4月10日，位于常德经济技术开发区桃林路661号双创大厦三楼，建筑面积3100平方米。主要依托自身运营的国家级孵化器、加速器内企业，导入湖南文理学院、湖南应用技术学院等创新资源，着力打造具有自身特色的众创空间品牌，形成“科技、孵化、金融”三位一体的全链条双创服务体系。

【力元新材泡沫镍获评国家级“单项冠军”产品】 2022年11月10日，工信部文件（工信部联政法函〔2022〕251号）发布第七批制造业单项冠军及通过复核的第一批、第四批制造业单项冠军企业（产品）名单，常德力元新材料有限责任公司的泡沫镍入选单项冠军产品。该公司突破国外对泡沫镍关键工艺技术封锁，实现车用泡沫镍配方研制及其制品产业化，形成具有自主知识产权的车用泡沫镍材料研发技术，其节能与新能源汽车用泡沫镍、民用常规泡沫镍、高强度超强结合型泡沫镍等系列产品的各项技术性能指标达到国际先进水平，打破国外技术垄断。

【常德经开区10家企业获批国省“小巨人”企业】 2022年，湖南宏旺环保科技有限公司、湖南海利常德农药化工有限公司2家企业获批国家级“小巨人”企业。中材锂膜（常德）有限公司、湖南海利常德农药化工有限公司、湖南创业德力电气有限公司、湖南金健乳业股份有限公司、常德市嘉惠液压机械有限公司、湖南高创翔宇科技有限公司、三金集团湖南三金制药有限责任公司、常德中车新能源汽车有限公司8家企业获批湖南省“小巨人”企业。

2022年11月7日，省委组织部部长汪一光（前排左二）调研常德经开区“两新”党建工作（罗　勇　摄）

【常德经开区探索“产链党委+产链商会+产链警务”“两新”党建新模式】 常德经开区党工委立足园区产业布局，创新探索“产链党委+产链商会”园区党建新模式。2022年4月18日，组建装备制造、医药化工、轻工食品、电力电子4个产链党委。在产链党委的协助下，5月20日，常德经开区电力电子产链商会成立，5月24日，医药化工产链商会成立，5月31日，装备制造产链商会、轻工食品产链商会成立。在此基础上，常德经开区公安局根据“党建引领，产链带头”的发展思路，围绕园区四大产链，布局产链警务，不断探索延伸服务链条。常德经开区按照“党建是引领、产链是基础、商会是抓手、服务是核心”的原则，创新“两新”党建新模式，并不断探索延伸服务链条，初步形成“产链党委+产链商会+产链警务”模式。在机制运行上，推行产链党委与产链商会合署办公、交叉任职，产链党委统揽不包揽、引导不包办，充分发挥产链商会主体作用，定期组织产链内企业开展政策宣讲、对外交流、技术攻坚、人才共育等活动，以党建发力带动商会聚力，以党建引领带动企业发展。相关经验获《湖南日报》推介。11月7日，省委常委、省委组织部部长汪一光一行对常德经开区“两新”党建工作开展调研。

（王　龙）

常德高新技术产业开发区

党工委书记	杨学平
党工委副书记、管委会主任	曾　君
党工委副书记	蔡　凯
党工委委员、管委会副主任	曾凡明
党工委委员、管委会副主任	刘霞初
党工委委员、纪工委书记、监工委主任	殷　勇
党工委委员、管委会副主任	涂华军

【概况】 常德高新技术产业开发区（以下简称常德高新区）位于常德市西北部，规划面积26.8平方千米。

2022年，常德高新区工业总产值407.2亿元、规模工业总产值324.4亿元、规模工业增加值60.5亿元、地方一般公共预算收入5.5亿元、税收5.2亿元，获批省级高技术转化应用示范基地、省“十大高效用地园区”、全省园区用地清理整顿先进单位，入选省先进装备制造业集群，清理闲置、低效用地保障产业项目建设经验被自然资源部列为典型全国推广，推进城镇更新提质等3项工作获市真抓实干奖励表彰。

产业发展。签约项目39个，引资额97.8亿元，其中亿元以上项目31个，10亿元以上项目3个，“三类500强”新注册公司1家。保障工业项目用地22宗、80.93公顷，完成产业投资101亿元，“千百十”工程（千亿级产业、百亿级企业、十亿级项目）和“四个十大”项目（十大产业项目、十大技术攻关与成果转化项目、十大基础设施项目、十大社会民生项目）稳步推进，新开工亿元以上项目16个、新投产亿元以上项目11个。净增市场主体150家，新增规模工业企业24家，总数达166家，常德市荣程机械有限公司、常德国力变压器有限公司2家企业在湖南股交所挂牌。完成基础设施投入25.3亿元，建成标准化厂房21.6万平方米。

科技创新。研发经费投入增长13%。新增产学研合作项目22个，完成技术合同交易145份17.8亿元。新增高新技术企业16家，总数达93家。新增国家级专精特新“小巨人”企业2家，总数达5家。新增省级“小巨人”企业13家，总数达28家。新增市级“小巨人”企业16家，总数达24家。在库“科小”企业132家。新增入孵企业29家，毕业3家。获批省级企业技术中心5家。3个项目入选省“数字新基建”100个标志性项目，占全市的60%。完成发明专利申请174件、PCT（专利合作协定）专利申请8件，新增发明专利授权137件。

社会服务。疫情防控期间人员零感染、疫情零发生，新阶段调整转换平稳有序。成立消防救援大队，开展“百警联企、警企共建”平安园区活动，全年未发生较大以上安全生产事故，成功创建国家水效领跑园区、国家绿色园区，环评与排污许可融合改革获批国家级试点，平安建设、法治建设、生态文明建设有力推进。推动存量高息债务置换，降低企业融资担保成本，债务风险安全可控。“三区三线”（政务术语，“三区”是指城镇空间、农业空间、生态空间三种类型的国土空间；“三线”分别对应在城镇空间、农业空间、生态空间划定的城镇开发边界、永久基本农田、生态保护红线三条控制线）成果获批，车位、厕位等功能短板逐步补齐，城市规划更加合理，管理更加精细。获批全省模范职工之家，《先进装备制造产业链防疫生产两不误》等10篇工作经验被《人民日报》等媒体推介。常态化开展“送、解、优”行动（万名干部联万企“送政策、解难题、优服务”行动），新增企业开办服务，发出园区第一张营业执照，解决企业用工3656人次，为63家中小微企业减免租金573万元，为133户次企业完成增值税留抵退税4.03亿元，协助企业获取流动资金融资2.2亿元。

领导考察。2月18日，时任省政协副主席、九三学社湖南省委会主委张大方调研常德高新区常德牌水表厂、瑞齐隆科技、中联建起、中联恒通等企业。9月28日，省委常委、政法委书记魏建峰调研常德高新区响箭重工等企业。12月14日，时任全国人大财经委副主任委员杜家毫调研常德高新区中联恒通等企业。

中联建起全球最大塔机制造工厂一角　（常德高新区宣传信息中心 供图）

【常德高新区创建国家水效领跑园区、国家绿色园区】 2023年2月9日，中华人民共和国工业和信息化部节能与综合利用司2022年度绿色制造名单公示，常德高新区确定为绿色园区。2023年3月7日，工信部、水利部、国家发改委、国家市场监管总局联合发文（2023年第4号），对2022年重点用水企业、园区水效领跑者名单公告，常德高新区确定为园区水效领跑者。常德高新区以严把招商引资项目准入关，推广清洁能源和可再生能源，建设集生产、生活、生态功能为一体的综合型现代化“园中园”为抓手，推动工业绿色发展，打造制造业绿色标杆，园区环境质量持续改善，资源能源利用水平显著提升，绿色产业机构日趋合理。截至2022年年底，常德高新区企业生产过程中固废综合利用率达96%，屋顶光伏每年供电1447千瓦时，有国家级绿色工厂2家，国家级工业产品绿色设计示范企业1家，省级绿色工厂5家，

2022年绿色产业增加值占工业增加值的42%。

【常德高新区环评与排污许可融合改革获批国家级试点】 为深入推进排污许可制度改革，2021年生态环境部组织开展新一批排污许可试点，常德市是试点城市之一。根据《关于印发〈常德市排污许可制和环境影响评价制度有机衔接改革试点工作方案〉的通知》要求，常德高新区作为全市的试点地区之一。常德高新区以排污许可和环境影响评价制度融合为主线，进一步简化环评审批，从审批程序上、内容数据上、日常管理上实现两项制度的有机衔接，形成“可复制、可借鉴、可推广、环境风险可控”的环评与排污许可新模式。2022年9月1日，经生态环境部验收合格，完成试点工作。

（罗　伟）

柳叶湖旅游度假区

党工委书记　伍彩霞

党工委副书记、管委会主任　张　凯

党工委副书记、管委会副主任　汪泽云

党工委委员、管委会副主任　吴正清

党工委委员、管委会副主任　游澜波

党工委委员、管委会副主任　姜建渠

党工委委员、纪工委书记、监工委主任　罗　炎

党工委委员、管委会副主任　张志斌

党工委委员、工会主任　龚　杰

【概况】 柳叶湖旅游度假区位于常德城区东北部，2022年辖区面积170平方千米，常住人口6.85万人，下辖1个镇、2个街道（白鹤镇、柳叶湖街道、七里桥街道）、28个村（社区）。2022年，全区完成地区生产总值45.74亿元，增长5.2%；完成一般公共预算收入3.35亿元，固定资产投资27.66亿元；接待游客155.7万人次，旅游综合收入15.1亿元；实现社会消费品零售总额11.82亿元，同比增长2.5%。

产业建设。完成全区产业规划中期成果，提出“生态立区、旅游兴区、产业强区”的发展战略，明确以“文旅休闲、运动健康”为主导、以“总部经济、数字科创、都市农业”为特色的“两主三特”产业体系，构建“一圈双扇四环多点”（“一圈”：环湖核心发展圈层；“双扇”：柳叶湖西侧南侧与中心城区相接的城市发展扇面和东侧北侧与白鹤镇相接的乡村发展扇面；“四环”：四个环形产业发展带，分别是围绕柳叶湖度假区的环湖产业带，围绕太阳山生态资源的环山产业带，围绕北部新城功能提质的环城产业区，围绕乡村振兴发展需求的环乡产业区；“多点”：分布在柳叶湖管委会辖区内的多个服务中心与节点）的空间布局。签约引进亿元以上产业项目6个，总投资超30亿元的蓝城康旅综合体、总投资超10亿元的中联重科产业研究院均成功入选“省级重点产业项目库”；和为通信等20家成长型税源企业落户落地，内联引资完成10.45亿元，超额完成市定指标任务。全年净增市场主体1103户、“四上”企业9家，基金小镇累计入驻各类企业（机构）115家，资金管理规模超300亿元。柳叶湖产业投资有限公司在湖南股交所成功挂牌，企业上市实现“零的突破”。

品牌建设。12月，承办“桃花源里　诗画常德”2022年常德市旅游发展大会。挖掘柳叶湖“渔文化”“水文化”，创新推出柳叶湖旅游发展史上第一个休闲体验产品渔歌艺术营地、第一台大型奇幻光影水秀《柳叶船说》、第一个智慧旅游终端“柳叶湖一码游”，适时推出星际探索乐园等全新业态，“五一”国际劳动节、“十一”国庆节等重大节庆期间，游客接待量等行业指标均居全省前列。柳叶湖生态美景亮相央视新闻联播《大美中国》；5月，湖南卫视《花儿与少年4》在沙滩公园实景拍摄；柳叶湖河街“夜经济”火爆出圈，年客流量超过500万人次，拉动夜间文旅消费近2亿元，获评国家级旅游休闲街区、国家级夜间文化和旅游消费集聚区。

城乡建设。完成常益长高铁柳叶湖段环境提质改造工作为高铁开通运营创造优质外部环境。国际会展中心、玉盘路等达到序时进度，新建改建农村道路7千米，新增城市绿地10万平方米，肖伍铺污水管网改造、阳湖产业路建设如期竣工，太阳山水厂提级改造全面完成，柳叶湖在2022年年末实现城市供水全域覆盖。耕地“非农化”、基本农田“非粮化”整治取得实效，违法用地连续3年实现“零增长”，粮食种植面积和产量超过市定标准，市民下乡、能人返乡、产业兴乡“三乡工程”模式逐步成熟，“柳叶湖鲜”区域公共品牌初具规模，农业总产值首次突破9亿元，“智慧护田”管护系统入选“全省耕地保护十大典型案例”。以新一轮全国文明城市创建为契机，探索实施“领导联社区、单位包小区、企业帮邻区、服务上街区、居民管宅区”共建共创模式，空中飞线等一批城市“顽疾”得到有效治理，城市长效管理考评总分居城区第一，农村人居环境整治工作连续4年排名五区第一。

民生建设。成功应对60年来最严重旱情和极端对流天气引发的灾情险情，实现安全生产零事故、防灾减灾零死亡、森林火情零发生。以最小

2022年6月25日，柳叶湖旅游度假区打造“智慧护田”系统，获评“湖南省耕地保护十大典型案例”，图为授牌仪式现场　　（市自然资源规划局 供图）

代价精准处置两轮突发疫情，临时党支部“四长制”“三快四同步”工作模式得到国家指导组表扬推介。省重点民生实事办理扎实有效，市“六位”（岗位、学位、床位、车位、厕位、梯位）实事惠民行动推进有力。“双减”工作落地见效，市一中柳叶湖学校获评湖南省文明校园，复基小学获评湖南省学校心理健康教育先进单位、常德市五一劳动奖。严格落实河长制、湖长制、林长制，持续开展山水林田湖一体保护修复，各项约束性指标好于国省市考核标准。大湖水质持续稳定在地表水Ⅲ类及以上标准，环境空气质量稳居城区第一。

党的建设。深入学习宣传贯彻中共二十大精神，组织开展各类培训20余期，党员学习教育实现100%覆盖。全面开展基层党组织整建提质、“消薄攻坚、引领提升”专项行动，7个集体经济薄弱村全面消薄，“柳湖清波委员工作室”“民建柳叶湖支部会员之家”揭牌成立，月亮社区获评省级“巾帼文明岗”“湘妹子能量家园示范点”。创新打造清廉文化教育基地和清廉文化走廊，清廉医院建设经验全市推介，《清廉柳叶湖》宣传片登上人民网、三湘风纪等主流媒体。

【柳叶湖河街获2项“国家级”品牌荣誉】　1月30日，文化和旅游部、国家发改委发布国家级旅游休闲街区名单，湖南省常德市柳叶湖区河街入选。8月16日，文化和旅游部公布全国第二批国家级夜间文化和旅游消费集聚区名单，湖南省常德市柳叶湖河街入选。

【柳叶湖渔歌艺术营地成为打卡消费新地标】　柳叶湖渔歌艺术营地位于柳叶湖南岸堤柳渔歌片区，由岛、湖、池、岸组合成优美景观，主建筑群由8栋闲置房屋组成。项目于2022年7月正式启动建设，9月30日试营业，当年国庆、春节期间成为环柳叶湖打卡消费新地标。2023年2月5日正式营业以来，接待游客近3万人次，大型奇幻光影水秀《柳叶船说》场场爆满、一票难求。

【柳叶湖产业投资有限公司在湖南股交所挂牌】　10月14日，湖南股权交易所发布“挂牌通知书”（湘股交所报价〔2022〕37号），柳叶湖旅游度假区管委会下属国有企业湖南柳叶湖产业投资有限公司正式进入省股交所报价板挂牌（简称：柳叶产投，股权代码：900197HN），柳叶湖旅游度假区企业上市实现零的突破。

【《清廉柳叶湖》廉政文化宣传片引起全网关注】　7月，柳叶湖旅游度假区纪工委监工委牵头摄制廉政文化宣传片《清廉柳叶湖》，以现代流行音乐与舞蹈为载体，以不忘初心、铭记历史，牢记使命、崇尚清廉、歌颂时代为主线，结合反腐倡廉、纠四风、中央八项规定精神等内容，彰显清廉时代柳叶湖人忠诚、干净、担当的时代精神和为民情怀。柳叶湖旅游度假区管委会机关、基层村（社区）、各行业代表共同参与《清廉柳叶湖》廉政文化宣传片拍摄。该宣传片登录人民网、三湘风纪等主流媒体，半年全网点击量超过3.2亿次。

（宋正亚）

【柳叶湖智慧护田系统入选“全省耕地保护十大典型案例”】　6月25日，第32个全国土地日，在湖南省纪念全国土地日活动暨湖南省全面推行田长制公开宣传活动中，省自然资源厅公布“湖南省耕地保护十大典型案例”评选结果，柳叶湖旅游度假区“打造‘智慧护田’系统，让每一寸耕地都实至名归”成功获评“湖南省耕地保护十大典型案例”。柳叶湖旅游度假区全面贯彻落实习近平总书记关于耕地保护的一系列重要论述，聚焦田长制，打好“组合拳”，搭建“田长制手账”APP，创新建立“二维码”管理平台，所有耕地全部上图赋码，每一块耕地的位置、面积、承包人、田长、影像、举报电话等信息一目了然，推进精细化管理，真正将耕地保护责任落实到每一户。全区有耕地高于规划目标83公顷，近两年实现土地违法零增长，走出一条“智慧护田”新路径。

（宋正亚　唐家新　张联秀）

西湖管理区

党委书记 胡晓明
党委副书记、管委会主任 吉海波
党委副书记、管委会副主任 王贤成
党委委员、管委会副主任 刘六林
党委委员、管委会副主任 张文辉
党委委员、政法委书记 蒋 刚
党委委员、纪委书记、监工委主任 廖炎平
党委委员、管委会副主任 郭建民
党委委员、工会主任 周 浩
党委委员、管委会副主任 肖 渤

【概况】 西湖管理区位于常德市西部，2022年土地面积70.37平方千米，辖1个镇、1个乡，常住人口5万人。

2022年，全区实现地区生产总值20.1亿元，增长4.5%；固定资产投资9.4亿元，增长17.1%；地方一般公共预算收入5186万元，增长9.3%；税收收入3792万元，增长10.1%；规模工业增加值增长7.7%；城乡居民可支配收入预计分别增长5.7%、7.4%。

经济发展。持之以恒抓产业、促项目、稳经济，坚决办好发展经济这个最大的实事。现代农业。设施农业不断完善，全区大棚面积超过153公顷，以芦笋、果蔬为主的设施农业超过333公顷，西湖芦笋产业已经发展成为全省种植面积最大、产量最高、品质最好的特色产业。畜草质效不断提升，建立从源头到销售的乳草全产业链。年产乳制品超过4000吨，年出栏生猪7.8万头，苜蓿草产品1万余吨。农业主体不断壮大，绿祥农业“超级大棚”、正航农业6万平方米智慧大棚扩建等重点项目加快建设，西洲农机服务专业合作社成功创建省级全程机械化综合农事服务中心。产业发展。成功建立市级产业开发区，湖南仁瑞集团总投资4.28亿元的3个项目成功落户西湖，上优食品、湖南仁瑞分别被认定为2022年度省、市级专精特新“小巨人”企业。主体壮大有效，新增市场主体599户，其中企业260家、个体工商户328户、农民专业合作社11户，全区“四上”企业达23家，成功申报8家科技型中小企业，推荐湖南仁瑞、隆源包装、两栖建筑3家企业成功申报国家级高新技术企业，全区国家级高新技术企业达5家。争资争项。对争资争项工作实行月排名、月通报、月调度，成功争取到农业面源污染治理、三角堤电排及渠堤工程、标准化厂房专项债、医院提质改造专项债等一批项目，全区实际争资额5.89亿元，超额完成全年目标任务，完成率达117%，为西湖经济社会发展提供了强大动力。

乡村振兴。粮食安全。全面落实田长制，在全市率先开展田长制工作，全年制止违法用地10起，退养牛蛙面积3.47公顷，退种莲藕面积80公顷。全面扛牢粮食安全责任，粮食种植面积达4333公顷，粮食总产量3.23万吨，粮食样品抽检镉含量保持在0.2毫克/千克以下。帮扶保障。强化产业和就业帮扶，落实兜底保障，减免义务教育各项学杂费29.2万元，发放各类助学金76.4万元，发放补贴、救助、低保以及各类特困供养资金1231.7万元，脱贫（监测）户收入稳定增长。人居环境。继续实施“厕所革命”，改新建农村厕所100户，农村公厕2座，农村厕所粪污直排现象得到有效治理。扎实建设美丽乡村，打造旺寿村、永安村、建湖村、新北河村4个幸福屋场，旺福村、旺禄村的桃花路建设有序推进，鼎裕村获评市级美丽乡村。移民后扶。投入3720万元推动移民产业升级转型，出台《西湖管理区产业项目利益联结实施办法》，聚焦产业发展、基础设施、人居环境等方面打造特色亮点，统筹推进水库移民后扶乡村振兴示范区建设。

城镇建设。坚持促进区域协调发展，加大基础设施投入，完善城镇管理体系，深入推进城乡融合发展，努力提升居民群众生活品质。城镇功能优化。实施城镇更新提质专项行动，完成新民、滨湖苑等5个老旧小区改造，既有住宅加装电梯2台，西湖镇应急避难场所、纸机巷棚户区改造等项目顺利完工，投入3700万元的镇区雨污分流主管网及工业园污水管网改造项目顺利推进。城镇管理提升。大力整治城镇顽瘴痼疾，常态抓好清扫保洁。深入开展居民自建房专项整治，强力拆违拆危，拆除存量违建面积3271平方米，拆除危房面积9435平方米。城乡建设推进。强化以城带乡，深入实施“11621”交通布局，建设资源路产业路10千米，建设新村与撤并村连通便捷路8千米，整治一批交通顽瘴痼疾，西湖牧业大道获评常德市最美农村路。投入750万元改造鼎港水厂片区供水基础设施，历时4年真正实现全区城乡供水一体化。

民生福祉。推进省重点民生实事和市“六位”实事惠民专项行动，切实解决群众急难愁盼问题。教育医疗水平提升。优化教育教学环境，西湖中心小学提质改造项目已投入使用，西湖一中食堂扩建项目正有序推进。“双减”工作取得阶段性成效，成功创建国家级特色足球学校2所，省级防震减灾示范学校1所，省级绿色学校1所。提升医疗卫生能力，投资1.5亿元的西湖人民医院提质改造项目开工建设，推动床位结构优化，西湖人民医院医疗床位使用率达100%，夯实基层卫生服务能力，提升公共卫生均等化水平。社会服务体系完善。加快养老服务体系构建，东湖社区居家养老服务项目有序推进，新北河村、裕民村、旺福村、东湖社区4个村（社区）养老幸福屋全面建成。深入推进残疾人事业全面发展，完善和落实了惠残社会保障政策。推进政务大厅标准化建设，推动政务服务规范化、便民化运行，政务大厅窗口入驻单位增加至12个。夯实就业服务基础，扎实开展职业技能培训，落实各项培训补贴，发放创业担保贷款1000万元，全年新增城镇就业673人。生态环境质量改善。深入打好蓝天碧水净土保卫战，开展秸秆禁烧、扬尘治理、工业炉窑及锅炉等大气污染源防治；加强水环境质量监测，强化涉重金属污染企业监管，全力推进污染防治攻坚战“夏季攻势”；完成原二分场砖厂生态修复项目；中央、省市交办的15个整改任务全部销号；全年空气优良天数达350天，优良率95.9%。

社会治理。坚定不移贯彻总体国家安全观，统筹发展和安全，维护社会大局安定和谐。信访有序。以中共二十大安保维稳为主线，统筹做好社会面巡察、矛盾纠纷排查化解等各项工作。扎实推进“治理重复信访、化解信访突出问题攻坚年”活动，全区信访积案化解有力。安全生产。落实国省市安全生产系列硬措施，全面开展隐患大排查大整治，深化居民自建房、道路交通等行业领域隐患排查整治，全年未发生较大及以上安全生产事故，未发生因自然灾害致人死亡事故。

全面从严治党。落实新时代党的建设总要求，持之以恒推进全面从严治党，持续净化党内政治生态。党建堡垒。加强政治监督，自觉接受市委巡察，扎实开展村（社区）巡察工作，对西湖镇旺禄村、西洲乡裕民村等7个村（社区）党组织开展常规巡察。扎实推进基层党建整建提质，坚持和完善“一肩挑”等制度机制，切实增强基层党组织政治功能和组织力。队伍能力。从严落实选人用人制度，深入开展政治建设考察，将政治品德良好、工作实绩突出的干部选拔出来。抓实青年干部培养，举办青年干部夜校，组建志愿者队伍，让广大青年在疫情防控、耕地保护、防汛抗旱等急难险重的工作中冲在前、当先锋、作表率。清廉西湖。持续推动党风廉政建设向纵深发展，开展“喜庆二十大　廉洁润西湖”讲廉事颂廉声主题活动，西湖一中成功创建市级清廉学校。聚焦关键领域、关键人群和关键节点，开展深化整治领导干部违规收受红包礼金问题、惠农财政补贴资金等专项监督整治工作。

2022年9月，提质改造后的西湖中心小学　（西湖管理区融媒体中心 供图）

【西湖中心小学提质改造工程竣工使用】　9月1日，西湖中心小学提质改造工程正式投入使用。西湖中心小学全面提质，提质改造建设工程（一期）总造价近3000万元，新建面积2600平方米的学生食堂、32间教室的教学楼及连廊，并对校园整体美化、绿化及校园内部道路和配套设施进行改造，使西湖中心小学形成40个班、2000名在校学生的办学规模。

【西湖管理区与湖南仁瑞集团集中签约3个亿元项目】　9月22日，西湖管理区与湖南仁瑞集团举行项目签约仪式。湖南仁瑞集团3个项目落地西湖管理区工业园区，分别为广州欧博化妆品产业集团西湖护肤品生产建设项目、湖南力而康医疗科技有限公司医疗辅料生产项目、湖南丽人生物科技有限公司美发品项目。项目总投资超过4亿元，是湖南仁瑞集团在仁瑞无纺制品有限公司落地西湖管理区后的又一产业布局。

【西湖管理区人民医院提质改造项目暨西湖管理区重点建设项目集中开工】　10月1日，西湖管理区人民医院提质改造项目暨西湖管理区重点建设项目集中开工仪式举行。西湖管理区人民医院提质改造项目计划总投资1.5亿元，其中一期计划投入4398万元。依照二级甲等综合医院建设的相关规定，建成集医疗、教学、科研为一体的综合性医院。项目用地约1.26万平方米（其中新增用地3033平方米），将人民医院原医技大楼、门诊、急诊、放射科、食堂等建筑进行拆除，新建七层住院楼，总建筑面积9269.21平方米，开设病床200床（其中包含ICU床位4床），设计高度为32.7米。新建两层后勤楼，建筑面积678.86平方米，设计高度为11.6米，同时包括传呼系统、中央空调系统等相关医疗设备和院内配套设施。西湖人民医院提质改造工程对西湖具有里程碑意义，是西湖医疗卫生事业的新起点，建成后将全面提升西湖医疗卫生水平，增进民生福祉，推动高质量发展。

【西湖管理区获评省级生态文明建设示范区】 12月9日，省生态环境厅发布消息，第四批省级生态文明建设示范区出炉。西湖管理区达到考核要求，被授予省级生态文明建设示范县（市、区）称号。西湖管理区先后获得国家级现代农业示范区、国家农业科技园区、国家卫生镇、全国农村创业创新典型县范例、国家特色产业小镇等荣誉，各项指标全面达到省级生态文明示范区建设要求。

（梁　君）

西洞庭管理区

党委书记	刘爱军
党委副书记、管委会主任	李智勇
党委委员、政法委书记	任　立
党委委员、管委会副主任	王　亮
党委委员、管委会副主任	郭　蕾
党委委员、管委会副主任	郑涵文
党委委员、管委会副主任	谈海波
党委委员、工会主任	吴籽剑

【概况】 西洞庭管理区因地处洞庭湖西畔而得名，为常德市所辖县级行政管理区，总面积110平方千米，下辖1个镇和2个街道办事处，分别为祝丰镇、龙泉街道办和金凤街道办。2022年，全区实现地区生产总值43.5亿元，同比增长5.1%，排名小区第二；完成固定资产投资61.18亿元，同比增长18.1%，排名小区第一；实现规模工业总产值122.23亿元，同比增长9.86%；工业实缴税金1.4亿元，同比增长66.78%；工业用电量1.44亿千瓦时，同比增长38.89%，排名全市第一；实现地方一般预算收入1.9亿元，其中税收收入1.38亿元。

坚持以习近平总书记“疫情要防住、经济要稳住、发展要安全”指示批示精神为统领，全面落实省委“三高四新”战略定位和使命任务，全力抓好市政府六大专项行动，结合西洞庭现实发展需要和长远发展规划，在年初的区党委经济工作会议上，提出打造区域中心发展目标，建设“一城一园一区”（国家卫生城镇、省级特色产业园、市级全域乡村振兴示范区）发展路径，发展新局全面铺开。“一城”方面，三年创卫首战告捷，龙泉街道成功创建市级卫生城镇；“一园”方面，工业实缴税金首次破亿，工业用电量增速排名全市第一；“一区”方面，高标推进“四大规划”，交通路网全面构建、区域水系有序联通、全域旅游精彩绽放、空间规划科学合理。

创新开展“四联”“一企一档”等行动，主动作为，靠前服务，产业发展持续向好。招商引资。全年引进亿元以上项目14个，引资总额34.5亿元，其中2个德商项目3个月内实现开工投产。项目建设。4个省市重点项目累计完成年度任务的143.78%，排名小区第一。其中，“镇园之宝”天鼎丰一、二、三车间全面投产。科创实力。全年新增高新技术企业5家、省级“小巨人”企业5家，宸宇富基成功上榜国家级专精特新“小巨人”企业，全区国家级“小巨人”企业实现“零的突破”。要素保障。涂家湖220千伏输变站、园区改水一期、污水处理厂尾水管网下移等项目全面完工，新增5G基站30个，园区基础配套更加完善；帮助企业解决招工、融资等生产难题375个，园区营商环境打造“金名片”。

统筹城乡协调发展。城镇品质。锚定全国卫生城镇目标，分三年拾级而上，奏响全民创卫华丽乐章。大力开展闲置地块处置，27处棚改地块实现全面清零，4块闲置土地成功出让；持续开展卫生秩序大整治，祝丰农贸市场、金桥市场实现规范化管理；聚焦不文明现象设立曝光台，居民素质得到有效提升。乡村振兴。保障粮食生产，粮食生产面积稳定在5000公顷左右，总产量稳定在3.2万吨左右，祝丰镇（涂家湖村）示范片获评全市优秀区县（市）委书记示范片。大力开展人居环境整治行动，稳步推进村民集中建房，白芷湖社区获评全市三季度人居环境整治“五佳”社区；持续做好巩固脱贫攻坚成果同乡村振兴有效衔接，全年无一人返贫致贫，实现了迎省检现场考核零扣分，全省欠发达国有农场巩固提升工作现场会在我区成功举办。生态质量。坚持打好蓝天碧水净土保卫战，上级交办问题全部整改销号，生态环境质量不断改善，持续建设绿色美丽西洞庭。全区空气优良率达96.1%，排名全市第四。

民生实事。坚持主动作为办好民生实事，9项省重点民生实事、市“六位”实事惠民、区十大民生实事任务均高质高效完成，全区民生福祉持续增进。持续推进与桃源一中合作办学，人民医院前坪广场完成升级改造，城乡供水管网改造工程全面完工。社会保障。全区新增城镇就业1108人，城镇登记失业率仅2.92%，企业职工养老保险落实全国统筹，城乡居民医疗保险实现全覆盖，全面完成城乡低保和特困供养对象补贴发放，持续完善社会救助体系，切实发挥兜底保障作用。社会大局。科学精准做好全区疫情防控工作，放开前长期保持“零感染”态势，放开后切实做好医疗救治服务工作；牢固树立安全生产理念，全区未发生较大及以上安全事故；深入实施自建房专项整治，房屋整改、群众撤离工作有序推进；全面加大社会综合治理，完成北京冬残奥会、中共二十大等特护期维稳工作。

基层基础。深入开展基层党组织整建提质专项行动，全面整顿软弱涣散党组织；积极推进“导师帮带制”，提升基层干部能力素质；持续强化阵地建设，全区新时代文明实践站所实现全覆盖。队伍活力。坚持党管队伍，注重在“一城一园一区”建设一线识别、培养干部，全年共调整任免干部71人次，干部年龄、学历结构进一步优化，队伍更加年轻化、专业化，干事活力得到有效激发。政治生态。突出守正创新，全面加强廉政文化宣传力度，清廉村居建设、政企亲清交往等经验文章获中纪委宣传推介，《西虹事》廉政漫画系列作品获省纪委高度认可；坚持“三不”一体推进，强化监督执纪问责，2022年立案调查12人，给予党纪政务处分16人，组织处理33人，政治生态进一步净化。

2022年，全区上下争先进、创佳绩、树品牌，工业发展、项目推进、招大引强、立项争资、疫情防控综合医改、耕地保护、交通运输等7项工作获市政府真抓实干表彰激励。

【全省欠发达国有农场巩固提升工作现场会在西洞庭管理区召开】 8月30日，2022年湖南省欠发达国有农场巩固提升工作现场会暨业务培训会在西洞庭管理区召开，湖南省农垦管理服务站站长胡祥文出席会议并讲话。西洞庭管理区做典型发言介绍经验，全省8个市州、11个区县国有农场负责人参加。

【湖南省副省长李建忠到西洞庭管理区调研装配式建筑产业】 9月16日，湖南省人民政府副省长李建中率省直部门相关负责人到西洞庭管理区，就装配式建筑发展情况进行实地调研。市委书记曹志强，市委常委、市委秘书长傅勇，市政府副市长郭碧勋及区党委书记刘爱军陪同调研。

【西洞庭管理区首家国家级专精特新“小巨人”企业产生】 9月，工业和信息化部公布第四批国家级专精特新“小巨人”企业名单，湖南宸宇富基新能源科技有限公司上榜，成为西洞庭管理区首家国家级专精特新“小巨人”企业。

【西洞庭管理区清廉村居建设获中纪委宣传推介】 12月，中央纪委国家监委网站宣传推介常德市西洞庭管理区清廉村居建设。该区将廉洁文化与乡村振兴建设、人居环境整治、农垦文化特点以及地方人文资源相结合，打造属于本土的清廉村居建设特色亮点，以“清廉村居”建设助推乡镇发展“清”装上阵，获中纪委宣传推介。

【西洞庭管理区工业实缴税金首次破亿】 2022年，在疫情冲击的大环境下，西洞庭管理区深入推进“一园”建设，紧紧围绕打造“省级特色产业园”目标，全力以赴抓招引、推项目、优环境、强保障，园区发展奔向新高地。工业实缴税金首次破亿，达1.4亿元，同比增长66.78%。其中，税收过千万元的企业有2家，过500万元的企业有5家，过100万元的企业有24家。

（颜敏发）

桃花源旅游管理区

区党委书记、管委会主任　　高　扬
区党委委员、管委会副主任　杨敏正
区党委委员、管委会副主任　朱　伟

【概况】 桃花源旅游管理区地处常德市西南部，2022年辖1个镇、1个街道，土地总面积142.48平方千米。年末户籍人口3.75万人，常住人口3.84万人，其中城镇人口0.32万人；人口自然增长率-1‰。年内最高气温41.4℃，最低气温-2.7℃，年降水量1440.5毫米。森林覆盖率44.98%，水质综合达标率100%，空气质量优良率96.2%。G56杭瑞高速公路经过境内。全区有国家级风景名胜区1个。国家AAAAA级旅游景区1家。全国重点文物保护单位、省级文物保护单位各1处。

2022年，地区生产总值19.8亿元，比2021年增长4%。其中，第一产业增加值4.7亿元，增长3.4%；第二产业增加值4.8亿元，增长2.8%；第三产业增加值10.3亿元，增长4.8%。三次产业结构比为24：24：52；三次产业对地区生产总值增长的贡献率分别为23.97%、24.16%、51.87%。粮食播种面积0.53万公顷，增长12.22%。全年粮食总产量2.96万吨，增长5.4%。农民专业合作社70家，其中省级以上示范社1家。

固定资产投资增长6.6%。全年1亿元以上投资项目2个。社会消费品零售总额6.3亿元，增长2.6%。接待国内外游客325.79万人，增长22%；旅游收入11.18亿元，增长31%。全区有高新技术企业2家、普通高中1所、初中学校1所、普通小学2所。有文艺表演团体3个、博物馆（纪念馆）2个。有医疗卫生机构31个，其中中心医院1家，主村卫生室17个，村卫生室医疗点13个；卫生技术人员105人，每千人口拥有执业（助理）医师数2.2人、床位数3.6张。社会用电量0.28亿千瓦时，其中工业用电量0.03亿千瓦时。

引进外资15万美元，持续优化营商环境，强化市场主体培育，全年完成市场主体净增290户。下发“2022年争资争项工作任务”，将

2022年9月4日，游客在桃花源白鳞洲村采摘现场　（刘伯源　摄）

争资争项工作纳入全年绩效考核范畴。2022年累计争取上级专项资金1.59亿元，同比增长12%，完成发行专项债券3000万元。2022年共有市重点建设项目3个，累计完成投资1.5亿元，超额完成年度投资计划，完成申报2023年市重点建设项目2个，计划总投资约7亿元。

省重点民生实事、市“六位”实事惠民专项行动任务全面完成，人民群众幸福指数持续提升。实现城镇新增就业250人。成功举办全市首个“直播带景”旅游创业训练营和区首届创业大赛，推选的青年创意项目荣获市一等奖。全面推进义务教育“双减”计划，崇义小学教学楼新建竣工并投入使用，新增学位240个；扎实推进综合医改，优质医疗资源配备扩容提质。加大全民参保宣传力度，全区医保参保实现常住人口全覆盖；社会救助提标扩面，各项救助标准稳步提高；全力打击拖欠农民工工资行为，为140余名劳动者追回工资52万余元，根治欠薪工作取得阶段性进展，桃花源管理区获2021年度全市保障农民工工资支付工作考核“A”级评价。开展自建房安全专项整治，及时完成隐患房屋整改；推进食品安全“守底线、查隐患、保安全”专项整治行动，全区未发生食品安全及舆情事件。压实信访工作责任，全区无上访镇（街道）、村（社区）合格率100%。常态化开展扫黑除恶，完成重要节点安全维稳任务，公安分局交警大队获评“党的二十大”安保维稳工作全省成绩突出集体。

打好污染防治攻坚战，强力推进“夏季攻势”和“利剑”行动，完成历史尾堆清障任务并销号。桃花源国家森林公园被评为全省优秀森林公园，桃花源国有林场首次获评全省“十佳”国有林场，桃花源风景名胜区获评首批省级生态环境科普基地，通过“中国天然氧吧”复查。举办“助力乡村振兴共享一颗桃”采摘活动，盘活近千亩闲置土地资源；桃仙岭街道以狮象农合为试点，开创桃花源“订单式农业”的先河，吸引省内外近百家商会企业合作。积极推进乡村振兴联点示范“1+5”模式，集体经济薄弱村全部清零，乡村休闲农业年产值突破5000万元，桃花源连续两年获评湖南省实施乡村振兴战略先进县市区。《桃花源记》实景演出全年观看达16.4万人次，同比增长28%，收入达2100余万元，同比增长15%，创历史新高，实现逆势“同比双升”。同时，该项目获第二届全国乡村文化产业创新发展大会“经典乡村类”典型案例奖，桃花源品牌影响力持续提升。

年度亮点。2022年，桃花源管理区举办2022中国旅游日湖南宣传活动启动仪式暨桃花源文化旅游节。桃花源文创系列作品荣获2022湖南文化旅游商品大赛金奖。桃花源景区获评2022年省级文明旅游示范单位和省级研学旅游示范基地。市城发集团和央企中旅集团达成深度战略合作，共同出资成立的国字号中旅桃花源（常德）文化旅游发展有限公司正式落户桃花源，推进一批重大文旅项目落地。投资5000万元的桃喜营地项目顺利推进；投资6亿元的故渊湖主题度假酒店项目已开展“三通一平”工作；投资1000万元的桃花源研学营地项目取得实质性进展，已完成课程体系开发；投入千万余元完成景区基础设施提质升级。

年度荣誉。2022年，常德市桃花源旅游管理区管委会受国家机关事务管理局表彰获评“2021年度国家级节约型机关”。常德市桃花源旅游管理区受中国气象局公共气象服务中心批示获“2022年中国天然氧吧”称号。常德市桃花源风景区管理局被湖南省生态环境厅、湖南省科学技术厅授予“湖南省首批省级生态环境科普基地”称号。常德市桃花源旅游管理有限公司被湖南省发展和改革委员会评为“湖南省第三批拟建设培育产教融合型企业”。常德市桃花源景区被湖南省文化和旅游厅授予“2022年省级文明旅游示范单位”称号。常德市公安局桃花源分局交通警察大队被湖南省公安厅交通警察总队表彰为中共二十大安保维稳工作全省公安交警系统成绩突出集体。常德市桃花源旅游管理区受中共湖南省委办公厅、湖南省人民政府办公厅表彰为“2021年度实施乡村振兴战略先进县市区”。常德市桃花源旅游管理区桃花源镇被湖南省乡村振兴局评为“‘十四五’期间湖南省乡村振兴示范乡镇”。常德市桃花源旅游管理区桃花源国家森林公园被湖南省林业局表彰获2022年全省自然保护地管理评估森林公园考核评为“优秀”等次。常德市桃花源风景名胜区桃花源国有林场被湖南省林业局表彰为2022年全省“国有林场质量管理十佳单位”。

【中国旅游日湖南宣传活动启动仪式暨桃花源旅游节启动仪式在桃花源举行】 5月19日，2022中国旅游日湖南宣传活动暨桃花源文化旅游节在国家AAAAA级旅游景区桃花源旅游区正式拉开帷幕。活动以“桃花源里 诗画常德”为主题，由湖南省文化和旅游厅、常德市人民政府共同主办。湖南省人大常委会党组成员、副主任陈文浩宣布活动开幕，省委宣传部副部长（兼）、省文化和旅游厅党组书记、厅长李爱武，常德市委书记曹志强分别致辞。常德市委副书记、市长周振宇主持开幕式。活动开幕式上，常德市委常委、市委宣传部部长彭晛丹为常德文化和旅游志愿者服务支队进行授旗并监誓。市政府副市长杨成英现场推介常德市全域旅游特色资源。开幕式现场签订《桃花源5A景区运营管理与投资合作协议》《2022年度旅游市场合作协议》等6个全市重大文旅合作项目。

【“中国天然氧吧”中国常德桃花源完成现场复查】 9月20—21日，“中国天然氧吧”中国常德桃花源完成三年一次的现场复查工作。湖南省政协环资委原副主任、湖南省气象局原党组书记、局长、高级工程师祝燕德，湖南省气象局原一级巡视员、高级工程师何逸，湖南省气象学会副理事长、高级工程师刘瑞琪，湖南省气象服务中心副主任、高级工程师黎跃勇为专家组成员。湖南省气象服务中心气候应用服务科副科长贾海鹰，湖南省气象服务中心专业气象台高级工程师周威为现场复查技术人员。常德市气象局党组书记、局长陈章法，市气象局党组成员、副局长邬建祥等一同复核。桃花源旅游管理区党委书记、管委主任高扬主持桃花源旅游管理区“中国天然氧吧”复查现场质询会，区党委委员、管委会副主任朱伟出席会议，并汇报桃花源“中国天然氧吧”工作。复查工作的完成，标志着桃花源将继续摘得“中国天然氧吧”荣誉称号。

2022年5月19日，2022中国旅游日湖南宣传活动启动仪式暨桃花源文化旅游节启动仪式在桃花源举行（刘伯源 摄）

【桃花源风景名胜区获湖南省首批省级生态环境科普基地荣誉】 根据《湖南省省级生态环境科普基地管理办法》，湖南省生态环境厅联合省科技厅开展首批省级生态环境科普基地评选工作。经地方、部门推荐，专家评审等程序，全省首批入选省级生态环境科普基地20个。2022年11月11日，常德市桃花源风景名胜区成功入选首批省级生态环境科普基地，常德市仅此一个。

（毛　阳）

湖南常德国家农业科技园区

党工委书记　钱正龙
管委会主任　童胜春
管委会副主任　胡文波

【概况】 2022年，常德国家农业科技园区坚持“政府主导、市场运作、科技支撑、产业引领”的总体思路，依靠科技创新，促进现代农业发展。

【园区建设】 7月，常德市人民政府向省政府报送《关于申请创建湖南环洞庭湖国家农业高新技术产业示范区的请示》，规划依托常德国家农业科技园区建设国家农业高新技术产业示范区，以“两西”和贺家山原种场的农业自然资源和科研资源优势，在更大规模、更广范围、更高层次上提升农业发展水平，发挥好引领示范作用。

【“圳品”认证】 “圳品”是深圳市为确保食品安全，满足深圳市民对更高质量食品和食材的需求，在供港食品的基础上，结合国际国内标准，构建的供深食品标准体系，打造的城市高标准品牌。为推动常德市农产品进入深圳和粤港澳大湾区市场，常德市人民政府将2022年将“圳品”认证工作写入市政府工作报告，列入市政府年度工作任务清单。截至2022年年底，有16家企业39个品种通过“圳品”认证，认证产品包括大米、蔬菜、水产、畜禽等。

【“圳品”认证专题培训班】 5月18日，湖南常德国家农业科技园区组织“圳品”认证专题培训班。常德市委副书记、市委统战部部长陈华出席开班仪式并讲话，市政府原副市长龚德汉主持开班仪式；深圳标准党委书记、院长周鹏，食药所所长古志华受邀为培训班授课。常德市70名市级以上农业龙头企业、30名农民专业合作社和家庭农场负责人，以及各县（市）区农业农村局及相关部门负责人参加培训。

（谭建华）

“圳品”认证情况一览表

表33

序号	所属县区	单位名称	品种	认证时间
1	汉寿县	深圳德保膳食管理有限公司	广茄、番茄、青瓜、青椒、豆角、玉米、冬瓜、南瓜、白菜、水果青椒10个产品	2021年
2	津市市	湖南润农生态茶油有限公司	灵犀茶油、常德茶油2个产品	2021年
3	石门县	湖南石门渫峰名茶有限公司	石门红茶、渫峰毛尖2个产品	2021年
4	安乡县	湖南海佳食品科技股份有限公司	酱板鸭、手撕酱板鸭、板鸭3个产品	2021年
5	桃源县	湖南康多利油脂有限公司	康多利茶油、康多利压榨菜籽油2个产品	2021年
6	澧县	湖南四季油脂有限公司	特香菜籽油1个产品	2022年
7	安乡县	安乡绿蔬园蔬菜专业合作社	红菜薹、白菜薹、油菜薹、上海青薹4个产品	2022年
8	安乡县	安乡县嘉盛蔬菜种植农民专业合作社	白菜薹、红菜薹、迟菜薹3个产品	2022年
9	鼎城区	常德市弘富源农业发展有限公司	芥菜、南瓜、辣椒3个产品	2022年
10	桃源县	桃源县众富生态农业开发有限公司	鸡蛋1个产品	2022年
11	鼎城区	湖南白云生态农业发展有限公司	甲鱼、鳙鱼2个产品	2022年
12	安乡县	湖南湘珊瑚果蔬种植专业合作社联合社	辣椒、莴苣2个产品	2022年
13	澧县	澧县黄河葡萄专业合作社	阳光玫瑰（1个产品）	2022年
14	临澧县	临澧能成种植专业合作社	蜜橘1个产品	2022年
15	鼎城	常德市河洲水产有限公司	甲鱼1个产品	2022年
16	武陵区	常德永春堂生物科技有限公司	秀（袖）珍菇1个产品	2022年

人 物

全国五一劳动奖章获得者

【李树举】 李树举，男，1965年1月出生，湖南石门县人，土家族，中共党员，常德市农科院经作所所长、党支部书记，国家马铃薯产业技术体系常德综合试验站站长，2022年4月获全国五一劳动奖章。

李树举先后获评全国科技助力精准扶贫先进个人、湖南省五一劳动奖章、湖南省工会第十五次代表大会代表、湖南省科协第十一次代表大会代表、常德市第七次党代会代表，国家级“沅澧热土·星创天地”创业导师、湖南科技扶贫专家团专家、常德市“十百千”人才工程第二层次人选专家、市科普专家团专家、市劳模创新工作室经作团队负责人及省市院三级科技特派员。他坚守“农民需要什么，我就研究什么；哪里需要我，我就去哪里”的初心，在农业科研岗位上一干就是35年。先后主持国家、省、市科研项目20余项，授权发明专利4项，获省、市科技进步及农业丰收奖13项，选育新品种8个，制订省级规程20个，出版专著3部，发表学术论文60篇，有效解决了柑橘、柚类、朝鲜蓟、马铃薯在种质资源搜集、保存、种质创新、新品种选育及关键技术攻关与应用等多个方面难题。他潜心科研，先后推广优良品种30多个，推广面积3万多公顷，技术培训5000余人次，带动5万多名贫困人口脱贫，为当地新增产值近30亿元，为实施精准扶贫脱贫攻坚、实现乡村振兴和农业现代化做出突出贡献，先后荣获三等功1次，多次被评为市级优秀共产党员、优秀科技工作者。

【屈　俊】 屈俊，男，汉族，1986年4月出生，湖南宁乡市人，中共党员，湖南新合新生物医药有限公司合成事业部总监，2022年4月获全国五一劳动奖章。

屈俊先后获湖南省科学技术进步奖二等奖、常德市科学技术进步奖二等奖、常德市科学技术进步奖三等奖。2019年5月获湖南省五一劳动奖章。屈俊先期主要从事氢化可的松新路线研发，为公司申请研发专利2项，并成功实现商业化生产。后由研发技术员转为车间主任，曾于2018年在2个月内同时接手公司三大新项目生产工作，提前完成公司任务，并将原收率18%提升至35%。2019年6月，屈俊与同事常德市劳模胡冬晴联合成立创新工作室，先后被津市市总工会和常德市总工会评为劳模和工匠人才创新工作室。他带领团队12名成员，开展技术创新攻关、工艺改进改造，提出责任落实合理化建议，培养技术后备力量，发挥先进示范带头引领作用，为企业发展作出突出贡献。

【龙　兵】 龙兵，男，汉族，1985年12月出生，湖南省桃源县人，中共党员，从事汽车货运工作，2022年4月获全国五一劳动奖章。

龙兵于2002年12月入伍，2007年12月退役，后从事汽车货运工作。他先后获得全国交通运输系统抗击新冠疫情先进个人、2020年度十大最美货车司机、2020年感动交通十大年度人物、长沙市五一劳动奖章、桃源青年五四奖章、湖南省优秀农民工、湖南省物流行业先进个人、湖南省诚信之星、常德市助人为乐道德模范等荣誉。2020年新冠疫情期间，他驾驶大货车32天往返武汉11次。因积极驰援疫区表现突出，2020年9月17日，龙兵作为基层代表参加习近平总书记在湖南考察期间召开的座谈会，被习近平总书记称赞为“没有从天而降的英雄，只有挺身而出的凡人”，并鼓励他“你是部队培养出来的，一定要退伍不褪色”。2021年6月28日，他作为全国仅有的四个代表之一，应约出席庆祝中国共产党成立100周年活动新闻中心组织的中外记者见面会。2021年年底，当选常德市第八届人大代表。

（贺计算）

全国工人先锋号获得者

【湖南飞沃螺栓事业部设备管理部】 湖南飞沃新能源科技股份有限公司螺栓事业部设备管理部（以下简称设备管理部）组建于2016年4月，2022年有员工11人，主要承担本部门设备安装与维修保养等工作，2022年4月获评全国工人先锋号。

设备管理部2019年获评“常德市工人先锋号”，2021年被授予“湖南省工人先锋号”。2019年和2021年，公司飞速发展，产值逐年翻番，生产设备大幅增加，他们要保证产能急剧攀升所带来的设备维保和设备安装调试工作，在这期间成功地完成近1500台次的新旧设备搬迁和安装调试工作，完成设备维保14000台次、设备大修500台次，为公司节约维修成本160多万元，为保证公司年度生产目标达成做出突出贡献。2019—2021年，设备管理部制定实施一系列管理规则细则，人员工作能力及态度明显提高，三年未出现一起工伤事故，多次被评为公司优秀班组、优秀班组长、交付之星、先进团队等荣誉称号。2020年以来，飞沃科技导入精益生产，设备管理部主导承担精益项目“设备TPM改善”活动的相关工作，改善数控车床等关键设备，设备故障率及维修成本明显降低，分别降低40%、30%，设备综合效率OEE（全员生产维护）提高10%，为公司节约维修成本150万元以上。被公司评选为精益项目TPM工作“先进团队”荣誉称号。

【常德市武陵区政务服务中心综合受理窗口】 常德市武陵区政务服务中心综合受理窗口（以下简称综合受理窗口）是2018年“放管服”改革后成立的综合型窗口，有工作人员共10名，负责全区87个大类200多项审批事项的咨询、受理、告知、送达等工作，以及整栋大楼六层的业务咨询。2022年4月获评全国工人先锋号。

综合受理窗口先后获湖南省工人先锋号、常德市三八红旗集体、常德市市级文明窗口单位等表彰；在2019年全省深化“一件事一次办”改革现场推进会中获得省级领导肯定表扬；为武陵区获评2018年度和2019年深化“放管服”改革“一件事一次办”真抓实干表扬激励做出贡献。综合受理窗口按照“一号申请、一窗受理、内部流转、后台审批、统一出件”的模式运行，办事群众只要叫一个号，就能办所有事，极大提高政务服务效率。开展延时服务、预约服务等，设置“帮代办”服务专岗、“办不成事”反映窗口为群众排忧解难，多项服务工作独具“武陵特色”。综合受理窗口牢记初心使命，严格依法，热情服务。把自己摆在“店小二”“服务员”位置，尽心竭力为人民服务、让人民满意。在团队不懈的努力下，综合受理窗口工作得到上级领导的肯定和武陵区居民的一致好评。

（贺计算）

功勋退役军人

【董　滨】 董滨，男，汉族，1986年4月生，湖南省常德市津市市人。中共党员，2004年9月入伍，2022年6月转业，陆军少校军衔。从军18年，先后参加全军、军区战训法集训，军区、集团军授课比武竞赛，省军区参谋比武等各项重大演训活动并完成任务。在原广州军区某部任政治指导员期间，他着眼提高基层连队政治教育实效，努力钻研“四会”教育方式，积极创新教育手段，取得较好效果。为进一步夯实和提升施教“内功”，2011年，他带病坚持参加军区组织的“四会”优秀政治教员授课比武，通过不懈努力，以总分第一名的成绩先后通过团、师、集团军的层层选拔，并最终在军区比武中取得“标兵”称号，2011年底立二等功1次。

（刘登岸）

附 录

2022年常德市委重要文件（常发）一览表

文号	文件标题
常发〔2022〕1号	关于做好2022年“三农”工作扎实推进乡村振兴的实施意见
常发〔2022〕5号	关于印发《常德市落实“三大支撑八项重点”工作推动现代化新常德高质量发展实施方案》的通知
常发〔2022〕7号	关于印发《全面推行田长制严格耕地保护实施方案》的通知
常发〔2022〕10号	关于印发《常德市促进中医药传承创新发展的实施方案》的通知
常发〔2022〕11号	关于印发《常德市深入学习宣传贯彻党的二十大精神工作方案》的通知
常发〔2022〕12号	关于深入学习宣传贯彻党的二十大精神加快推进社会主义现代化新常德建设的决定

2022年常德市委办公室重要文件（常办发）一览表

文号	文件标题
常办发〔2022〕2号	印发《关于整体推进“消薄攻坚、引领提升”八大行动发展壮大村级集体经济实施方案》的通知
常办发〔2022〕3号	印发《关于深化综合医改规范医疗行为推动公立医院高质量发展更好满足人民群众健康需求的实施意见》的通知
常办发〔2022〕4号	印发《关于进一步加强年轻干部培养选拔教育管理工作的实施意见》的通知

2022年常德市委办公室重要文件（常办）一览表

文号	文件标题
常办〔2022〕1号	关于印发《“十四五”常德市档案事业发展规划》的通知
常办〔2022〕4号	关于切实做好当前经济社会发展重点工作的通知
常办〔2022〕7号	关于认真做好2021年度各民主党派市委会、市工商联和无党派人士参政议政专题调研成果采纳落实工作的通知
常办〔2022〕11号	关于成立常德市质量强市委员会的通知
常办〔2022〕24号	关于印发《市领导联系乡村振兴示范片（示范村）和重点村及后盾单位安排方案》《2022年市委和市政府主要领导及分管领导联系粮食生产万亩示范片方案》的通知
常办〔2022〕25号	关于印发《常德市政协2022年协商工作计划》和《常德市政协2022年民主监督工作方案》的通知
常办〔2022〕26号	关于成立常德市推进“三大支撑八项重点”工作领导小组的通知
常办〔2022〕33号	关于印发《市领导联系重点产业服务企业分工安排》的通知
常办〔2022〕37号	关于成立常德市旅游发展大会组委会的通知
常办〔2022〕38号	关于成立市委县域经济工作领导小组的通知
常办〔2022〕40号	关于贯彻落实《湖南省学校体育美育教师配备和场地器材建设三年行动计划（2021—2023年）》的通知
常办〔2022〕49号	印发《常德市贯彻落实〈中共湖南省委湖南省人民政府关于服务和融入新发展格局的实施意见〉责任清单》的通知
常办〔2022〕50号	印发《常德市贯彻落实〈中共湖南省委关于加强新时代统一战线工作的实施意见〉责任清单》的通知
常办〔2022〕53号	关于认真做好2022年度各民主党派市委会、市工商联和无党派人士参政议政专题调研成果采纳落实工作的通知

2022年常德市政府重要文件（常政发）一览表

文号	文件标题
常政发〔2022〕5号	关于印发《常德市促进市场主体高质量发展实施方案》的通知
常政发〔2022〕6号	关于印发《常德市推进企业上市奖励办法》的通知
常政发〔2022〕7号	印发《关于打造一流营商环境的若干政策措施》的通知
常政发〔2022〕09号	关于划定常德至益阳至长沙高速铁路常德段线路安全保护区的通告
常政发〔2022〕11号	关于印发《常德市政府性投资项目管理办法》的通知

2022年常德市政府重要文件（常政办发）一览表

文号	文件标题
常政办发〔2022〕2号	关于印发《常德市“六大专项行动”实施方案（2022—2026年）》的通知
常政办发〔2022〕3号	关于印发《常德市“五好”园区攻坚专项行动实施方案（2022—2025年）》的通知
常政办发〔2022〕4号	关于印发《常德市乡村振兴提速专项行动实施方案（2022—2026年）》的通知
常政办发〔2022〕5号	关于印发《常德市城镇更新提质专项行动实施方案（2022—2026年）》的通知
常政办发〔2022〕6号	关于印发《常德市交通建设突破专项行动实施方案（2022—2026年）》的通知
常政办发〔2022〕7号	关于印发“六位”实事惠民专项行动实施方案（2022—2026年）的通知
常政办发〔2022〕9号	关于对2021年真抓实干成效明显地区予以表扬激励的通报
常政办发〔2022〕10号	关于印发《常德市室内装饰行业管理办法》的通知
常政办发〔2022〕11号	关于切实加强水库除险加固和运行管护工作的实施意见
常政办发〔2022〕12号	关于印发2022年真抓实干督查激励措施的通知
常政办发〔2022〕13号	关于印发《常德市推进企业上市突破行动实施方案》的通知
常政办发〔2022〕14号	关于印发《常德市招商引资工作（招大行动）实施方案》和《常德市招商引资工作（招大行动）考核办法》的通知
常政办发〔2022〕16号	关于印发《常德市推进科技创新新平台建设与科技成果转化实施方案》的通知
常政办发〔2022〕17号	关于印发《常德市加快发展保障性租赁住房实施方案》的通知
常政办发〔2022〕18号	关于印发《常德市全面推进城镇老旧小区改造工作实施方案》的通知
常政办发〔2022〕19号	关于印发《常德市促进建筑业高质量发展的若干政策措施》的通知
常政办发〔2022〕20号	关于印发《常德市进一步促进市中心城区房地产市场平稳健康发展的若干政策措施（试行）》的通知
常政办发〔2022〕21号	关于印发《常德市火灾事故调查处理规定》的通知
常政办发〔2022〕22号	关于印发《常德市全民科学素质行动规划纲要实施方案（2021—2025年）》的通知
常政办发〔2022〕23号	关于印发《常德市城市二次供水管理办法》的通知
常政办发〔2022〕24号	关于印发《常德市农村住房建设质量安全管理办法》的通知
常政办发〔2022〕25号	关于印发《常德市农村住房竣工验收实施办法》的通知
常政办发〔2022〕26号	关于印发《常德市突发重大停电事件应急预案》的通知
常政办发〔2022〕27号	关于印发《常德市推进新建商品房“交房即交证”改革实施方案》的通知
常政办发〔2022〕28号	关于印发《常德市推进人工影响天气工作高质量发展实施方案》的通知
常政办发〔2022〕29号	关于印发《常德市河道砂石资源开采管理规定》的通知
常政办发〔2022〕30号	关于印发《常德市管线工程管理办法》的通知
常政办发〔2022〕31号	关于印发《常德市公共数据管理办法》的通知
常政办发〔2022〕32号	关于印发《常德市职工基本医疗保险门诊共济保障机制实施细则》的通知
常政办发〔2022〕33号	关于印发《常德市“十四五”加大全社会研发经费投入行动计划实施细则》的通知
常政办发〔2022〕34号	关于印发《常德市市属国有企业违规经营投资损失责任追究办法》的通知
常政办发〔2022〕35号	关于印发《常德市“三力”支撑能力提升行动方案（2022—2025年）》的通知
常政办发〔2022〕37号	关于印发《常德市洞庭湖总磷污染控制与削减攻坚行动计划（2022—2025年）实施方案》的通知
常政办发〔2022〕38号	关于印发《常德市促进生产性服务业高质量发展的若干政策措施》的通知
常政办发〔2022〕39号	关于印发常德市住房公积金缴存、提取和委托贷款管理办法的通知

常德市生活垃圾管理条例

（2022年6月29日常德市第八届人民代表大会常务委员会第四次会议通过　2022年7月28日湖南省第十三届人民代表大会常务委员会第三十二次会议批准）

第一章　总　则

第一条　为了加强生活垃圾管理，促进环境改善，保障公众健康，维护生态安全，促进可持续发展，根据相关法律法规，结合本市实际，制定本条例。

第二条　本条例适用于本市行政区域内生活垃圾的分类、投放、清扫、收集、运输、处理以及相关管理活动。

第三条　生活垃圾管理遵循政府主导、社会参与、分类处理、综合利用的原则，推行减量化、资源化、无害化。

第四条　城镇生活垃圾清扫、收集、运输、处理等工作应当由县（市、区）人民政府组建的生活垃圾管理专业单位，或者通过公开竞争方式选择具备相应资质条件的单位承担。

农村生活垃圾实行户分类、村（居）收集、乡（镇）运输、县（市、区）处理的模式。县（市、区）人民政府可以因地制宜确定农村生活垃圾管理方式。

第五条　市和县（市、区）人民政府领导本行政区域内生活垃圾的管理工作，将生活垃圾治理纳入国民经济和社会发展规划，统筹安排建设生活垃圾分类、收集、运输、处理设施，制定并组织实施生活垃圾管理政策。

第六条　相关部门应当履行下列职责：

（一）城市管理部门主管生活垃圾管理工作，制定生活垃圾分类指南和管理目标，建设与管理生活垃圾基础设施，对生活垃圾管理工作进行指导、考核和监督；

（二）农业农村部门指导农村开展生活垃圾分类处理，监督农村地区垃圾中转站之前的生活垃圾分类投放、清扫、收集、运输工作；

（三）生态环境部门负责审批生活垃圾基础设施建设项目环境影响评价文件，监督管理有害垃圾收集、贮存、运输、处置过程中的污染防治；

（四）商务部门负责编制并实施可回收物回收发展规划和其他具体措施；

（五）教育部门负责将生活垃圾分类知识等纳入学校教育内容，指导生活垃圾分类教育和实践等；

（六）机关事务管理部门负责指导、督促、考核机关和企事业单位的生活垃圾分类工作；

（七）发展改革、工业和信息化、公安、财政、自然资源规划、住房和城乡建设、交通运输、卫生健康、市场监督管理、旅游等部门按照各自职责，开展生活垃圾管理的相关工作。

第七条　乡镇人民政府、街道办事处组织开展辖区内生活垃圾管理工作，履行下列职责：

（一）实施县（市、区）人民政府生活垃圾治理规划；

（二）组织、调度本辖区内生活垃圾的分类、收集、运输；

（三）指导、督促村民委员会、居民委员会开展生活垃圾管理工作；

（四）协助开展生活垃圾中转站建设、维护和管理工作；

（五）法律法规规定的其他职责。

第八条　村民委员会、居民委员会应当组织公共区域卫生清扫，开展生活垃圾管理的宣传和指导，督促单位和个人开展生活垃圾分类投放等工作。

第九条　机关和企事业单位应当加强生活垃圾源头减量、分类投放、资源化利用、无害化处理等生活垃圾管理知识的宣传教育。

学校、幼儿园等教育机构应当组织开展生活垃圾分类、源头减量知识普及和教育。

新闻单位应当开展生活垃圾源头减量和分类知识的

公益宣传和舆论引导。

鼓励志愿服务组织和志愿者开展生活垃圾分类的宣传、示范和监督等活动。

第十条　市和县（市、区）人民政府应当将生活垃圾基础设施建设等所需经费列入本级财政预算。

县级以上人民政府应当按照产生者付费原则，逐步建立分类计价、按量收费的生活垃圾处理收费制度。生活垃圾处理费征收、使用、管理的具体办法，由市和县（市）人民政府制定。

第二章　规划和建设

第十一条　市城市管理部门应当会同有关部门，组织编制生活垃圾治理专项规划，报市人民政府批准，向社会公布并组织实施。

县（市、区）城市管理部门应当根据市生活垃圾治理专项规划，会同有关部门组织编制本行政区域的生活垃圾治理专项规划，经同级人民政府批准后，报市城市管理部门备案。

第十二条　城市管理部门应当根据生活垃圾治理专项规划，会同有关部门制定、实施生活垃圾基础设施建设规范。

第十三条　城市管理、农业农村、发展改革、自然资源规划、生态环境、住房和城乡建设、商务等部门应当加强生活垃圾基础设施建设的选址、立项和审批管理。

新建、改建、扩建的建设工程，建设单位应当按照生活垃圾治理专项规划配套建设生活垃圾基础设施。配套生活垃圾基础设施应当与主体工程同时设计、同时施工、同时投入使用。

第三章　分类、投放、清扫、收集、运输和处理

第十四条　生活垃圾分为下列四类。

（一）可回收物。是指宜回收、可利用的生活垃圾，包括纸类、塑料、金属、玻璃、织物等。

（二）有害垃圾。是指对人体健康或者自然环境造成危害的生活废弃物，包括废灯管、废药品、废电池等。

（三）厨余垃圾。是指易腐烂的、含有有机质的生活垃圾，包括家庭厨余垃圾、餐厨垃圾和其他厨余垃圾。

（四）其他垃圾。是指除可回收物、有害垃圾、厨余垃圾外的生活垃圾。

产生生活垃圾的单位、家庭和个人应当按照前款的规定进行分类。

第十五条　单位和个人应当按照下列规定分类投放生活垃圾：

（一）可回收物投放至可回收物集中收集点、回收容器或者交售可回收物回收网点；

（二）有害垃圾投放至有害垃圾集中收集点或者交给有资质的回收单位；

（三）厨余垃圾投放至厨余垃圾集中收集点或者收集容器，不得将厨余垃圾与一次性餐饮用品、酒水饮料容器、塑料袋等杂物混合；

（四）其他垃圾投放至其他垃圾收集容器。

废旧家具、电器等大件垃圾应当投放至指定的收集暂存场所，或者预约收运服务人上门回收。

第十六条　实行生活垃圾投放管理责任人制度。投放管理责任人按照下列规定确定。

（一）城镇居住区由物业服务企业管理的，物业服务企业为投放管理责任人；业主自行管理物业的，业主委员会为投放管理责任人。

（二）公共场所、公共建筑（设施）及其管理范围，经营管理单位为投放管理责任人；无经营管理单位的，村民委员会、居民委员会为投放管理责任人。

（三）机关和企事业单位院落，委托物业服务企业实施物业管理的，物业服务企业为投放管理责任人；未委托物业服务企业实施物业管理的，单位为投放管理责任人。

（四）住宅范围内，房屋所有人或者使用人为投放管理责任人。

（五）河流、水库、城市河道、明渠水面及其沿岸地带，管理单位为投放管理责任人。

按照前款规定不能确定投放管理责任人的，由所在地乡镇人民政府、街道办事处确定。

第十七条　城镇生活垃圾投放管理责任人应当按照生活垃圾治理专项规划，设置收集点和收集容器，指导、督促生活垃圾分类投放。

农村生活垃圾收集点、收集容器由乡镇人民政府、街道办事处统筹设置。

生活垃圾收集点和收集容器应当在醒目位置标注分类标志。

第十八条　县（市、区）人民政府应当统筹设置符合技术规范的有害垃圾临时贮存场所。

设置有害垃圾临时贮存场所应当采取措施防扬散、防流失、防渗漏，同时设置警示标志，禁止无关人员入内。

第十九条　市和县（市、区）人民政府应当建立生产、流通、消费等领域生活垃圾源头减量机制，制定可回收物目录和低价值可回收物政府补贴等优惠政策，鼓励企业参与低价值可回收物的回收利用。

县（市、区）人民政府应当组织乡镇人民政府、街

道办事处按照生活垃圾治理专项规划，设置可回收物回收网点。

餐饮经营者、餐饮配送服务提供者和旅馆经营单位不得主动向消费者提供一次性筷子、叉子、勺子、洗漱用品等，并应当设置醒目提示标识。

鼓励、引导消费者使用可重复利用的物品。

鼓励农村分散住户产生的可回收垃圾资源化利用，厨余垃圾和煤渣灰土就地就近消纳，其他垃圾无害化处理。

第二十条　县（市、区）人民政府应当分别建立城镇、农村地区的生活垃圾清扫制度，明确清扫区域、责任和标准。

第二十一条　生活垃圾的收集、运输单位，应当遵守下列规定：

（一）使用符合国家规定和本市生活垃圾类别标志、标识的密闭化车辆，防止污水滴漏、扬尘等；

（二）按照规定的时间、地点、路线，分类收集、运输至指定场所；

（三）收集、运输过程中不得沿途丢弃、遗撒生活垃圾；

（四）建立台账，如实记录生活垃圾来源、种类、数量、去向等；

（五）将收集、运输的生活垃圾交由具备相应资质条件的单位进行资源化利用或者无害化处理；

（六）法律、法规的其他规定和行业规范、操作规程。

第二十二条　县（市、区）人民政府逐步推行定时投放、限时清运有机衔接的垃圾收运制度，避免产生新的污染。

第二十三条　可回收物应当由再生资源回收利用企业或者资源综合利用企业进行处理。

有害垃圾应当由有资质的单位按照相关规定进行处置。

厨余垃圾应当由有资质的单位进行资源化利用和无害化处理。

其他垃圾应当通过焚烧发电等方式进行资源化利用和无害化处理。生活垃圾焚烧发电厂不能正常运行时，可以通过符合国家标准的方式处理。

第四章　监督管理

第二十四条　市和县（市、区）人民政府应当建立生活垃圾管理考核制度，并将考评结果纳入绩效考核体系。

第二十五条　市人民政府应当建立健全跨区域处理生活垃圾机制。生活垃圾输出地县（市、区）人民政府应当向接纳地县（市、区）人民政府支付生活垃圾异地处理补偿费用。

第二十六条　城市管理部门应当会同农业农村、生态环境等部门建立健全生活垃圾执法联动机制。

第二十七条　生态环境部门应当将生活垃圾焚烧发电厂、填埋场、餐厨垃圾处理场等处理场所纳入重点排污单位名录；生活垃圾焚烧发电厂、填埋场、餐厨垃圾处理场应当依法披露环境监测等信息。

第二十八条　城市管理部门应当会同有关部门制定生活垃圾清扫、收集、运输和处理应急预案，建立应急处理系统，确保紧急或者特殊情况下生活垃圾管理的正常秩序。

第五章　法律责任

第二十九条　违反本条例规定，有下列情形之一的，对负有责任的领导人员和直接责任人员中的公职人员依法给予政务处分；构成犯罪的，依法追究刑事责任：

（一）违反规定实施行政行为的；

（二）未依法履行监督管理责任，造成影响公众健康和较大安全事故的；

（三）截留、挤占、挪用生活垃圾管理经费的；

（四）其他违反生活垃圾管理规定，应当给予政务处分的。

第三十条　违反本条例第十五条规定未分类投放生活垃圾的，由城市管理部门责令改正；情节严重的，对单位处五万元以上五十万元以下罚款，对个人处五十元以上二百元以下罚款。

第三十一条　违反本条例第十九条第三款规定，餐饮经营者、餐饮配送服务提供者或者旅馆经营单位主动向消费者提供一次性筷子、叉子、勺子、洗漱用品的，由市场监督管理部门责令改正，给予警告；情节严重的，处一千元以上一万元以下罚款。

第六章　附　则

第三十二条　城市管理部门未派驻执法机构或者执法人员的乡镇辖区内，由城市管理部门依法实施的违反生活垃圾管理的行政处罚，由乡镇人民政府实施。

第三十三条　本条例所称城镇，是指城市、县城的建成区和县级以上人民政府划定的其他区域。

第三十四条　常德经济技术开发区、常德高新技术产业开发区、柳叶湖旅游度假区、西湖管理区、西洞庭管理区的管理委员会和桃花源风景名胜区管理局，依照本条例相关规定做好辖区内生活垃圾管理工作。

第三十五条　本条例自2022年10月1日起施行。《常德市城乡生活垃圾管理条例》同时废止。

常德市住宅小区电动车充电安全管理规定

（2022年6月29日常德市第八届人民代表大会常务委员会第四次会议通过　2022年7月28日湖南省第十三届人民代表大会常务委员会第三十二次会议批准）

第一条　本行政区域内住宅小区电动车充电安全由应急管理部门实施监督管理。

消防救援机构负责实施住宅小区电动车充电的日常监督检查，查处不当充电行为。

住房和城乡建设部门负责制定住宅小区电动车充电设施建设规范，督促指导电动车充电设施建设。

乡镇人民政府、街道办事处负责督促辖区单位落实住宅小区电动车充电安全管理责任，组织开展消防安全巡查。村民委员会、居民委员会应当协助做好相关工作。

公安、自然资源规划、城市管理、工业和信息化、市场监督管理等有关部门，按照各自职责做好相关工作。

第二条　已经建成的住宅小区，县（市、区）人民政府应当自本规定实施之日起，加快组织建设电动车充电设施。

新建、扩建住宅小区，应当规划设置电动车充电设施。未按要求设置的，不得组织竣工验收。

第三条　住宅小区范围内，禁止使用下列方式为电动车充电：

（一）违反用电安全要求私拉电线充电；

（二）在住宅、人员密集场所内充电；

（三）在建筑物的疏散通道、安全出口、首层门厅、楼梯间等公共区域内充电。

物业服务企业应当组织开展本物业管理区域内的消防安全巡查，及时劝阻和制止不当充电行为。电动车使用人不听从劝阻的，物业服务企业应当及时向当地乡镇人民政府、街道办事处或者消防救援机构报告。

第四条　物业服务企业未对住宅小区内不当充电行为进行劝阻和制止，或者未及时履行报告义务的，由消防救援机构予以警告，责令立即改正；拒不改正的，并处一千元以上五千元以下罚款。

单位和个人违反本规定为电动车充电的，由消防救援机构予以警告，责令立即改正；拒不改正的，没收充电设备；情节严重的，对经营性单位并处二千元以上一万元以下罚款，对非经营性单位并处五百元以上一千元以下罚款，对个人并处一百元以上五百元以下罚款。

消防救援机构可以将本规定中的行政处罚权委托有关乡镇人民政府、街道办事处实施。

第五条　本规定所称电动车，包括电动自行车、电动摩托车、电动三轮汽车、四轮低速电动汽车。

本规定自2022年10月1日起施行。

常德市饮用水水源保护条例

（2022年8月25日常德市第八届人民代表大会常务委员会第五次会议通过 2022年9月26日湖南省第十三届人民代表大会常务委员会第三十三次会议批准）

第一条 为了加强饮用水水源保护，保障饮用水安全，维护人民群众身体健康，根据有关法律法规的规定，结合本市实际，制定本条例。

第二条 市和县（市、区）人民政府对本行政区域内饮用水水源的水环境质量和饮用水安全负责，将饮用水水源保护纳入国民经济和社会发展规划，建立完善饮用水水源保护执法联动机制，定期就饮用水水源保护目标完成情况开展绩效考核。

饮用水水源保护所需经费列入本级财政预算。

第三条 生态环境部门对饮用水水源污染防治实施统一监督管理，组织开展饮用水水源水质监测，定期向社会公布饮用水水源水质信息。

水行政部门对饮用水水资源实施统一监督管理，保障饮用水水源供水水量。

第四条 乡镇人民政府、街道办事处负责本辖区内饮用水水源保护工作。

村民委员会、居民委员会应当协助乡镇人民政府、街道办事处依法做好饮用水水源保护有关工作。

第五条 饮用水水源二级保护区内禁止下列行为：

（一）经营餐饮业；

（二）网箱、拦网养殖；

（三）法律、法规、规章禁止的其他行为。

第六条 饮用水水源一级保护区内，除第五条规定的禁止行为外，还禁止下列行为：

（一）停泊与保护水源无关的船舶；

（二）旅游、游泳、垂钓；

（三）清洗车辆、洗涤衣物；

（四）法律、法规、规章禁止的其他行为。

第七条 因划定或者调整饮用水水源保护区，给保护区内的公民、法人或者其他组织合法权益造成损害的，应当依法给予补偿。

第八条 依据法律、法规规定可以在饮用水水源保护区和饮用水水源保护范围内建设的项目，自然资源规划部门在核准选址前，应当征求生态环境、水行政和林业部门的意见。

第九条 违反本条例规定，有下列情形之一的，依法给予政务处分；构成犯罪的，依法追究刑事责任：

（一）未履行饮用水水源水量保障、水质监测等法定职责的；

（二）未及时依法处置饮用水水源污染事故，造成严重后果的；

（三）违反本条例规定批准建设项目、准予经营行为的；

（四）其他玩忽职守、滥用职权、徇私舞弊的行为。

第十条 在饮用水水源一级、二级保护区有以下行为的，按照下列规定处理：

（一）经营餐饮业的，由生态环境部门责令停业；拒不停业的，没收专门用于经营餐饮业的设施、工具等财物，可以并处二万元以上十万元以下的罚款。

（二）从事网箱、拦网养殖的，由生态环境部门责令停止违法行为；拒不改正的，没收养殖设施、工具；在饮用水水源一级保护区内从事上述活动的，并处二万元以上十万元以下的罚款。

第十一条 在饮用水水源一级保护区有以下行为的，按照下列规定处理：

（一）停泊与保护水源无关的船舶的，由生态环境部门或者乡镇人民政府、街道办事处责令立即驶离，可以处二万元以上五万元以下的罚款。

（二）组织进行旅游、垂钓的，由生态环境部门或者乡镇人民政府、街道办事处责令停止违法行为，处二万元以上十万元以下的罚款。个人游泳、垂钓的，由生态环境部门或者乡镇人民政府、街道办事处责令停止违法行为，可以处五百元以下的罚款。

（三）清洗车辆、洗涤衣物的，由乡镇人民政府、街道办事处责令停止违法行为，可以处五百元以下的罚款。

第十二条 本条例自2022年11月1日起施行。《常德市饮用水水源环境保护条例》同时废止。

中共常德市委　常德市人民政府关于印发《常德市落实“三大支撑八项重点”工作推动现代化新常德高质量发展实施方案》的通知

常发〔2022〕5号

各区县市委和人民政府，常德经济技术开发区、常德高新技术产业开发区、柳叶湖旅游度假区和西湖、西洞庭管理区，市直和中央、省驻常各单位：

现将《常德市落实“三大支撑八项重点”工作推动现代化新常德高质量发展实施方案》印发给你们，请结合实际认真贯彻执行。

中共常德市委
常德市人民政府
2022年4月7日

常德市落实“三大支撑八项重点”工作推动现代化新常德高质量发展实施方案

为全面落实“三高四新”战略定位和使命任务，切实强化经济社会发展电力、算力、动力等三大支撑，扎实推进市场主体培育工程、产业发展“千百十”工程、企业上市突破行动、新增规模以上工业企业行动、优化营商环境攻坚行动、“五好”园区攻坚行动、“四个十大”建设、德商回归工程等八项重点工作，结合我市实际，制定本实施方案。

一、总体要求

以习近平新时代中国特色社会主义思想为指导，全面贯彻党的十九大和十九届历次全会精神以及习近平总书记对湖南重要讲话重要指示批示精神，夯实“三大支撑”基础，做好“八项重点”工作，推动全市经济社会高质量发展，为全面落实“三高四新”战略定位和使命任务、加快建设社会主义现代化新常德作出新的更大贡献。

二、主要任务

（一）扎实推进市场主体培育工程。聚焦培育发展先进制造、商贸流通、服务、建筑、农业、高新技术、外资外贸等重点行业领域市场主体，建立优质企业梯度培育体系，加快推进“个转企、小升规、规改股、股上市”。深化商事制度改革，提升政务服务质效，增强要素保障能力，加大财税、金融、社保等政策支持力度，有效降低企业综合成本，激发市场主体活力，推动市场主体总量大幅增长、结构持续优化、质量明显提升、生态不断改善。2022年，全市净增市场主体5万户，其中企业1.5万户、“个转企”1500户，总数达到43.5万户。到

2025年，全市市场主体突破58.5万户，其中企业突破12.6万户，净增“四上”企业1000家以上。

（二）扎实推进产业发展“千百十”工程。以工业园区主导产业和特色产业突出发展为路径，围绕传统产业改造提升、新兴产业延伸配套和未来产业抢先布局，健全产业支撑体系，优化配套协作体系，完善创新转化体系，强化市“四大家”主要领导联系四大千亿级产业、市委常委会组成人员“一对一”结对百亿级企业等帮扶举措，做大产业、做强企业、做实项目、做优生态，不断增强全市产业发展整体实力和核心竞争力。力争到2025年，聚力培育4个千亿级产业、5个千亿级园区、10个百亿级企业、8个左右百亿级项目和100个以上十亿级项目。

（三）扎实推进企业上市突破行动。实施引智换脑、股改培育、培强做优、专业服务、政策激励五大工程，发挥股权投资机构带动作用、政府基金引导作用、上市服务机构推动作用，加大企业上市宣传培训和指导支持力度，优化企业上市政务服务环境，推动市域企业借力资本市场做大做强，实现上市企业主体数量倍增、结构布局优化、产业带动增强。2022年，实现飞沃科技成功上市。力争到2025年，全市境内上市企业总数达到25家以上；培育1家市值500亿元以上企业、2家市值100亿元至500亿元企业、一批市值100亿元以下企业的上市公司队伍，上市公司直接融资总量累计突破200亿元。

（四）扎实推进新增规模以上工业企业行动。按照扩增量、稳存量、提质量的要求，建立达标企业抓入库、接近企业抓培育、新建企业抓跟踪的机制，加快临规企业、潜力企业“升规”和工业项目投产“入规”，促进全市规模以上工业企业数量稳步增长；加强在库企业运行监测，建立“退规风险企业库”，实行一企一策帮扶指导，努力稳定存量企业；引导企业“专精特新”发展。“十四五”期间年均净增规模工业企业150家，力争到2025年突破2200家。

（五）扎实推进优化营商环境攻坚行动。实施政务质效提升专项行动，实现办事服务效率、项目建设速度、监管执法水平、政策落地效能、干部作风形象“五个提升”。对标国家、省营商环境评价18个一级指标和75项二级指标体系，实施“指标长”和“指标团队”制度，确保国家评价获得优秀等次，省级评价位居前列，营商环境迈入全国同类城市第一方阵。

（六）扎实推进“五好”园区攻坚行动。引导支持园区做强主导产业、壮大新兴产业、培育未来产业，推进园区整合升级，促进产城融合发展，加快构建“产业集群—产业基地—产业社区”三级产业空间布局体系，打造绿色安全园区。实施招大行动，着力引进处于产业链顶端、科技含量高、产业链条长的大项目、好项目；强力推进创新平台建设与专利技术产品转化，完善平台支撑和落地服务体系，营造一流科技创新生态，推动研发成果本地创新转化，加快区域科技创新中心和国家创新型城市建设步伐。力争“十四五”期间新增1个以上国家级产业集群、3个以上省级先进制造业集群；每年引进亿元项目200个以上、10亿元项目18个以上。2022年园区亩均生产总值、亩均税收分别达到150万元/亩、18万元/亩以上；到2025年，园区亩均生产总值、亩均税收分别达到500万元/亩、30万元/亩以上。

（七）扎实推进“四个十大”建设。力争常益长高铁常德段2022年底开通运营，加快推进松澧垸、沅澧垸、安造垸洞庭湖区重点垸堤防加固工程，陕煤石门2×66万千瓦扩能升级改造项目、桃源抽水蓄能电站项目、益阳至常德高速公路扩容工程、澧水石门至澧县航道、沅水常德至鲇鱼口二级航道、津市港散货物流集散中心等基础设施建设，确保2022年全市建设高标准农田3.33万公顷以上。加快推进特力液压智能制造园、智能化医疗器械产业园、中联农机湖南（常德）智能化机械产业园、武陵酒提质改造、光宇通信储能电池生产基地、佳和药业仿制药研发生产基地等产业项目建设。配合省农科院完成镉低积累水稻育种及栽培关键技术试验，积极探索并推广我市轻简化降镉技术模式和易操作、成本低的成熟水稻降镉技术模式；做好大规格中强高韧损伤容限钛合金工程化关键技术研究、核电主泵专用拆装机器人研究与产业化、环洞庭湖芦苇高值化绿色关键共性技术开发与产业化等技术攻关。对省民生实事和市“六位”实事惠民项目实行清单化、台账化管理，压紧压实建管责任，强化资金、用地、水电等要素保障，健全长效运行机制，高质量完成年度目标任务。

（八）扎实推进德商回归工程。大力开展“迎老乡、回故乡、建家乡”活动，积极参加第十届全球湘商大会，精心组织“德商大会”，力争分别签约亿元以上项目20个、30个。建立“德商名录”，构建德商回归统计指标体系。健全招大行动跟踪服务和激励机制，实现精准招商，促成更多实力商企到常德投产兴业、更多优质项目签约落地。推动招商引资全面提质增效，提升重大签约项目履约率、资金到位率、开工率、投产率，每年新引进亿元以上产业项目240个、10亿元以上产业项目30个以上、“三类500强”企业注册（独立法人）13个以上。到2025年，实际利用外资1.2亿美元以上，年均增长25%以上；实际利用市外境内资金1580亿元以上，年均增长12%以上。

（九）强化电力支撑。全力配合做好“宁电入湘”在常项目建设，加快推进湘西北液化天然气储备基地、西洞庭综合储能站、华电常德公司二期2×200MW9E重型燃机热电联产机组、三峡集团500MWH储能电站项目建设和国网湖南公司战略投资项目落地，完成200个行政村电网改造升级。深化电力需求侧管理改革，开展电力市场化交易，推动工商业用户进入电力市场，促进电力供需平衡。编制碳达峰行动方案（含能源领域碳达峰），严格控制新增耗能项目，大力推进新能源建设。持续做好能源安全保供和有序用电工作，确保生产生活用电需求。

（十）强化算力支撑。加快网络基础设施建设，实现市、县两级城区5G网络连续覆盖，提升5G支撑制造业智能化改造和创新发展能力。优化升级政务云平台，扩容升级云计算中心和政府数据机房，启动密码云系统建设；出台公共数据管理办法，实现政务数据互联互通、公共数据资源高效治理。建成“城市大脑”应用支撑平台，强化智慧场景应用算力支撑；迭代升级“我的常德”公共服务平台，逐步实现多场景应用互通。运营好常德工业互联网创新中心，推动新一代信息技术与制造业深度融合发展。

（十一）强化动力支撑。加快建设高层次科技创新平台，力争实现国家技术创新中心、工程研究中心或重点实验室“零的突破”。加快推动投融资、预算管理、科技、流通、要素市场化等领域改革，完成国企改革三年行动任务。积极对接跨境平台和区域开放平台，深入对接东盟经贸合作，拓展对外开放新空间，优化对外贸易和投资布局；加快构建西接成渝、东融长三角、南承粤港澳、北联京津冀的开放合作格局，打造中部地区内陆开放新门户。推进“品牌常德”建设，实施“数商兴农”“数字兴商”工程，激发消费市场新活力，打造区域消费中心。

三、保障措施

（一）强化组织领导。成立市推进“三大支撑八项重点”工作领导小组，由市委书记曹志强和市委副书记、市人民政府市长周振宇任组长，高位推进各项工作。领导小组下设办公室和专项工作组，办公室发挥牵头抓总作用，负责督导、协调各项工作落实；专项工作组负责协调解决工作推进中的重点难点问题，确保出实效、出特色、出亮点。各区县市要相应成立工作机构，强力推进“三大支撑八项重点”工作。

（二）健全落实机制。全面实行“一项重点工作、一名市级领导、一个工作专班、一抓到底”的工作机制，做到工作清单化、责任具体化、落实联动化。强化政策、资金、人才支持，为“三大支撑八项重点”工作提供有力保障。建立市委、市政府主要领导季调度和牵头市级领导月调度工作机制，坚持问题导向，强化协调调度，掌握工作进度，推进工作落地。各区县市和市直有关单位要列出任务书、时间表、路线图，各负其责抓好落实。

（三）加强工作衔接。统筹抓好“三大支撑八项重点”工作与“六大专项行动”有效衔接，增强目标任务和落实措施的一致性、贯通性，确保各项工作有序开展、落地见效。加强向上政策对接、工作衔接、项目承接，争取更多政策、资金支持；及时总结提炼工作特色亮点，形成一批可复制、可推介的常德经验。

（四）严格督导考核。将“三大支撑八项重点”工作纳入绩效评估和市政府真抓实干督查激励范围。市委督查室、市政府督查室要把“三大支撑八项重点”工作作为督查重点，定期督导通报，强力推动各项工作落实；对工作推进迟缓、落实不力的，视情给予红黄牌警示、通报批评、约谈；对工作不力造成负面影响的，依规依纪追究责任。

中共常德市委办公室　常德市人民政府办公室关于印发《常德市大力推进产业发展“千百十”工程实施方案》的通知

常办发电〔2022〕12号

各区县市委和人民政府，常德经济技术开发区、常德高新技术产业开发区、柳叶湖旅游度假区、西湖和西洞庭管理区、桃花源旅游管理区，市直和中央、省驻常各单位：

《常德市大力推进产业发展“千百十”工程实施方案》已经市委、市政府同意，现印发给你们，请结合实际认真贯彻执行。

中共常德市委办公室
常德市人民政府办公室
2022年4月22日

常德市大力推进产业发展“千百十”工程实施方案

为加快产业发展，根据《湖南省人民政府办公厅关于印发〈大力推进产业发展“万千百”工程实施方案〉的通知》（湘政办发〔2022〕4号）精神，结合我市实际，制定本实施方案。

一、工作目标

至2025年，在农林牧渔、工业和信息化、建筑业、服务业领域，全市力争培育4个千亿级产业、5个千亿级园区、10个百亿级企业、8个左右百亿级项目和100个以上十亿级以上项目。

（一）聚力培育“千亿产业”。打造先进装备制造、烟草、数字经济、农产品精深加工四大千亿级产业和生物医药、新材料、新能源与新能源汽车、航空航天四大新兴产业，到2025年，八大产业总产值突破6000亿元，其中先进装备制造、烟草、数字经济、农产品精深加工产业产值均突破1000亿元，生物医药、新材料、新能源与新能源汽车、航空航天产业产值分别达600亿元、500亿元、200亿元、300亿元以上。常德经济技术开发区、常德高新技术产业开发区主特产业规模以上企业总产值均突破500亿元，区县市主特产业规上企业总产值均突破200亿元，力争“十四五”期间全市新增1个以上国家级产业集群、3个以上省级先进制造业集群。

（二）聚力建设“千亿园区”。到2025年，园区技工贸总收入达8000亿元以上。其中，常德经济技术开发区突破2000亿元，常德高新技术产业开发区、桃源高新技术产业开发区、石门高新技术产业开发区、汉寿高新技术产业园区等突破1000亿元。到2025年，园区规模工业增加值达1300亿元左右。其中，常德经济技术开发区突破660亿元，常德高新技术产业开发区突破100亿元，桃源高新技术产业开发区、石门高新技术产业开发区、汉寿高新技术产业园区均突破80亿元；园区规模工业企业达1450家以上，高新技术企业达700家以上；国家级、省级园区各新增上市企业4家、2家以上；国家级、省级专精特新“小巨人”企业分别达到55家、180家。

（三）聚力壮大“百亿企业”。全力打造一批“领航型”头部企业。助推常德卷烟厂、中联建起、中车新能源、特力液压、临澧南方新材、溢多利、迪文科技、湘佳牧业、恒安纸业、益丰大药房等核心头部企业做大做强，进一步提升支撑地位。到2025年，产值和营收过100亿元的企业达到10家左右，过50亿元的企业达20家以上，过10亿元的企业达.120家以上，过亿元的企业达1000家以上。常德经济技术开发区、常德高新技术产业开发区百亿级企业达到2家以上，五十亿级企业达到5家左右，各区县市力争培育1家百亿级企业、2家五十亿级企业。

（四）聚力推进“十亿项目”。按照优化布局、壮大龙头、延长链条、做多配套、健全体系、一链一策的思路，围绕打造千亿级、百亿级产业，重点招引一批“三类500强”投资项目25个以上，新引进“三类500强”企业注册（独立法人）13个以上，引进一批投资过10亿元、50亿元、100亿元的总部型、龙头型、科技型项目，完善调度机制，推动签约项目早开工、早投产、早达效。到2025年，市本级重点调度100个以上10亿元以上项目，其中百亿级项目力争达到8个左右，区县市亿元以上项目每年达到20个。

二、工作措施

（一）实行市级主要领导联产业制度。四大千亿级产业分别由市“四大家”主要领导牵头抓，其他市级领导配合协同抓；四大新兴产业分别由相关市委常委牵头抓，其他市级领导配合协同抓，组建产业协调专班，负责产业发展的统筹协调和调度督导等。

（二）推行“一对一”结对帮扶机制。对纳入百亿级培育目标的企业，由市委常委会组成人员“一对一”结对帮扶；对纳入五十亿级培育目标的企业，由其他市级领导“一对一”结对帮扶；对纳入十亿级培育目标的企业，由区县市委和人民政府及园区主要负责人“一对一”结对帮扶。结对帮扶责任人主要负责调度督导、牵头服务。对引进落地、开工在建的百亿级、五十亿级以上产业项目，分别由市委、市政府领导“一对一”结对联系。推行“千家部门联系服务千家亿元企业和亿元项目”机制，从政策落实、要素保障、环境优化、项目申报等方面精准帮扶。

（三）实行专项资金扶持。市财政每年设立专项资金，用于“千百十”工程的扶持。对区县市规模企业产值首次突破500亿元、300亿元、100亿元的单个产业，分别给予100万元、80万元、50万元的一次性补助；对技工贸总收入首次突破2000亿元、1000亿元、800亿元的产业园区，分别给予500万元、300万元、200万元的一次性补助；对年产值首次突破100亿元、50亿元、10亿元的企业，分别给予300万元、200万元、50万元的一次性补助。上述补助项目与新型工业化、重大制造业项目、“五好”园区补助项目不重复，以最高补助为准。

（四）强化科技支撑。强力推进创新平台建设与专利技术产品转化攻坚，完善平台支撑和落地服务体系，吸引国家级、省级科研院所、研发机构在常德建立分院、分所、分公司，围绕产业转型升级、智能制造等核心和共性技术研发升级，推动研发成果本地创新转化，支持各地各园区以四大千亿级产业、四大新兴产业，人工智能、区块链、新型生物医疗等N个新兴业态为重点，构建“4+4+N”产业创新链。

（五）加大金融支持力度。支持各园区围绕主特产业培育，设立产业基金，增加园区建设发展专项资金。完善风险分担机制，力争每年银行信贷规模新增350亿元以上，金融超市放款额每年增加30亿元以上；完善企业全生命周期融资服务，大力推进风险投资、天使投资等股权融资，力争到2025年，全市境内上市企业总数达到25家以上，上市公司直接融资总量累计突破200亿元。

（六）支持项目稳步推进。对列入产业发展“千百十”工程的企业和项目，在推荐国家和省专项、纳入省级重点工程、配置资源要素等方面予以重点支持。

（七）提升政务质效。各级各相关部门对列入“千百十”工程的企业和项目，在审批核准备案、能评环评、土地审批、项目报建等手续办理过程中，严格落实优化营商环境相关规定，开辟绿色通道、简化办事程序、提升服务质量。

三、工作要求

（一）加强组织领导。市产业发展“千百十”工程专项工作组负责全市“千百十”工程的统筹谋划、部署安排、工作指导、协调推进，每季度统筹调度1次工作进展情况。各区县市要相应建立协调机制，明确目标任务和工作重点，统筹推进。

（二）加强调度督导。各相关部门要对产业发展“千百十”工程明确责任分工，及时掌握情况，了解实施过程中的困难和问题，采取措施解决。要建立工作专班和定期调度制度，动态调整产业、企业、项目名单，做好情况综合和反馈。各领域牵头部门要加强对产业发展“千百十”工程的督促指导，定期通报，并纳入市政府真抓实干督查激励范围。

（三）营造浓厚氛围。总结推进产业发展“千百十”工程的好经验、好做法，深度挖掘敢于担当作为的先进事迹，对引进项目多、项目落地早、建设进度快、推进措施有力、成效显著的事例要认真分析总结，形成可复制的典型经验，并及时宣传推广、强化舆论引导，营造推进产业发展的浓厚氛围。

附件：产业发展“千百十”工程责任分解表

附件

产业发展“千百十”工程责任分解表

责任单位	责任分工
各区县市	负责培育百亿产业和100亿元、50亿元、10亿元以上企业；负责“五好”园区建设和高质量发展；负责项目招引，“十四五”期间，力争引进落户1个投资100亿元以上的产业项目，每年负责引进2个以上投资10亿元以上产业项目
常德经济技术开发区	负责建设千亿级园区，促进主特产业高质量发展；负责按既定目标任务培育100亿元、50亿元以上企业；负责引进投资过100亿元、50亿元、10亿元以上项目落地
常德高新技术产业开发区	负责建设千亿级园区，促进主特产业高质量发展；负责按既定目标任务培育100亿元、50亿元以上企业；负责引进投资过100亿元、50亿元、10亿元以上项目落地
市发展改革委	牵头负责投资项目的审批、核准、备案及能评等对上对下的协调，提高效率；牵头负责新上产业项目的统筹调度；按职责分工负责全市百亿级服务业及百亿级、五十亿级、十亿级服务业企业的培育打造；牵头负责国、省重大产业项目的申报及争资争项，确保争资额每年增长10%以上
市科技局	围绕产业基础再造，牵头负责打造10个以上重大科技创新平台，新上10个以上创新平台项目；负责统筹做好企业科技创新工作，督促企业加大科研投入；负责高新技术企业的培育，确保完成既定的目标任务；负责产学研工作的推进；负责科技项目的向上申报争资争项工作，确保争资额每年增长10%以上
市工信局	牵头负责工业和信息化领域四大千亿级产业、四大新兴产业的统筹、调度、服务；牵头负责区县市工业和信息化领域百亿级产业的统筹调度；牵头负责工业和信息化领域千亿级、百亿级、五十亿级、十亿级企业的培育打造；负责工业和信息化领域百亿级、五十亿级、十亿级、一亿级新开工、新投产项目的统筹调度、认定和督导；牵头负责“五好”园区建设的统筹推进和考核；牵头负责工业和信息化领域国、省重大项目的申报及争资争项，确保争资额每年增长10%以上
市财政局	负责设立专项资金，加强专项资金的使用和管理，确保每年扶持资金的及时、高效、足额到位
市自然资源规划局	负责自然资源的合理开发利用，指导节约集约利用，为重大产业项目落地做好自然资源规划保障
市生态环境局	牵头负责重大产业项目、重点企业环评工作，提高效率，为项目建设提供优质、高效服务
市住建局（市人防办）	牵头负责建筑业领域百亿级、五十亿级、十亿级企业的培育打造；牵头负责建筑业领域百亿级、五十亿级、十亿级、一亿级项目建设
市农业农村局	牵头负责农林牧渔产业及其百亿级、五十亿级、十亿级企业的培育打造；负责统筹调度农林牧渔领域百亿级、五十亿级、十亿级、一亿级项目建设；牵头负责农林牧渔领域重大项目的向上申报及争资争项，确保争资额每年增长10%以上
市商务局、市招商促进中心	牵头负责流通服务领域百亿级、五十亿级、十亿级企业的培育打造；统筹协调项目引进，每年要引进1个以上投资100亿元以上、10个以上投资10亿元以上产业项目
市统计局	负责“千百十”工程建设相关数据统计把关
市行政审批局	牵头负责推进、指导、协调、监督全市政务公开和政务服务体系建设，提高行政审批效率
市政府金融办	牵头负责企业上市工作，协调各银行业和非银行业金融机构，为产业发展提供资金保障
市优化办	监督提升政务服务水平、优化政策服务环境等，对破坏“千百十”工程建设环境的现象严查重处

常德市人民政府关于印发《常德市促进市场主体高质量发展实施方案》的通知

各区县市人民政府，常德经济技术开发区、常德高新技术产业开发区、柳叶湖旅游度假区、西湖管理区、西洞庭管理区管委会，市直和中央、省驻常有关单位：

现将《常德市促进市场主体高质量发展实施方案》印发给你们，请认真贯彻执行。

常德市人民政府

2022年3月23日

常德市促进市场主体高质量发展实施方案

为全面落实“三高四新”战略定位和使命任务，持续优化营商环境，促进市场主体高质量发展，根据《湖南省人民政府关于优化营商环境促进市场主体高质量发展的意见》（湘政发〔2022〕2号）精神，结合我市实际，制定本实施方案。

一、目标任务

2022年，净增市场主体5万户，总数达到43.5万户，其中净增企业1.5万户、“个转企”1500户。到2025年末，全市市场主体突破58.5万户，其中企业突破12.6万户，净增“四上”企业1000家以上。

（一）培育发展先进制造业企业。大力培育四大千亿产业，积极发展四大新兴产业，形成产业集群，强力推进工业项目建设，加快推进新建投产项目“入规”。每年净增规模以上工业企业150家。到2025年末，全市规模以上工业企业总数达到2200家、国家级专精特新“小巨人”企业55家、省级专精特新“小巨人”企业180家、制造业单项冠军企业12家。

（二）培育发展商贸流通企业。实施流通主体增量提质工程，不断壮大限额以上商贸流通企业规模。每年净增限额以上商贸流通企业100家。到2025年末，限额以上商贸流通企业总数达到1330家。

（三）培育发展服务业企业。加快推动生活性服务业向高品质和多样化升级，生产性服务业向专业化和价值链高端延伸，努力构建功能完善、布局合理、竞争力强的现代服务产业新体系。每年净增规模以上服务业企业50家。到2025年末，全市规模以上服务业企业达到900家。

（四）培育发展建筑业企业。支持建筑业企业资质升级、增项，鼓励建筑业企业创建行业品牌，提升企业竞争力。每年净增具有总承包和专业承包资质的独立核算建筑业企业22家，到2025年末，全市具有总承包和专业承包资质的独立核算建筑业企业达到452家。

（五）培育发展农业企业。实施联百企兴千村行动，围绕粮食、油茶、水产等特色产业，打造农业产业集群。每年净增规模以上农产品加工企业50家。到2025年末，规模以上农产品加工企业达到705家。

（六）培育发展高新技术企业。设立优质企业名录库和光荣榜（龙虎榜），实施市级工程技术中心培育行动。每年净增高新技术企业和评价入库科技型中小企业100家。到2025年末，高新技术企业和评价入库科技型中小企业分别达到884家、1199家。

（七）培育发展外资外贸企业。实施开放主体提升行动，壮大外资外贸企业队伍。每年净增外商投资企业30家、外贸实绩企业50家。到2025年末，外商投资企业、外贸实绩企业分别达到991家、436家。

（八）加快推进企业上市。大力推进企业上市突破行动，加大重点拟上市后备企业培育力度，支持企业做大做强。到2025年末，全市境内上市公司总数达到25家以上，“新三板”挂牌企业累计达到30家。

二、主要措施

（一）优化市场准入。实施商事主体登记确认制改革，落实市场准入负面清单，推动“非禁即入”普遍落实。大力推进企业开办“四减四零”，实现企业开办线上“一网通办”、线下“一窗通办”，推进全流程办结时限在现有基础上压减50%，实现0.5个工作日办结。（市市场监管局、市发展改革委牵头，市公安局、市人社局、市商务局、市行政审批局、市住房公积金中心、市税务局、人行常德市中心支行等相关单位按职责分工负责）

（二）降低准营门槛。深化“证照分离”改革，实现“准入即准营”。优化审批流程，全面推行证明事项和涉企经营许可事项告知承诺制。深化工程建设项目分类审批和帮办代办服务，实现审批时间压缩30%以上。实施水电气“一窗办理”。推进“一照通”改革，实现涉企行政审批证照集成“一码涵盖、一照通行”。［市市场监管局、市行政审批局、市司法局牵头，市发展改革委、市住建局（市人防办）等相关单位按职责分工负责］

（三）提升政务服务效率。以“一件事一次办”改革为抓手，推进政务服务事项标准化管理，加快推进“跨省通办”“全城通办”改革。推动电子证照、电子印章、电子签名等应用尽用。实现政务服务“网上办”比例达95%以上。推动政务服务下沉，着力构建“15分钟公共服务圈”。（市行政审批局、市优化办牵头，相关单位按职责分工负责）

（四）鼓励创业就业。认真落实创业就业补贴、职业培训补贴、个体工商户稳岗就业补贴等政策。优化城市规划布局，拓展城市就业空间。在小微企业、个体工商户中推荐一批创业带动就业示范典型，每家按照4万元标准给予资助。（市人社局牵头，市工信局、市自然资源规划局、市城管执法局、市财政局等相关单位按职责分工负责）

（五）强化信贷支撑。开展“金融入园惠企”“百行进万企”“行长结对服务中小企业”融资对接活动，促进政银企深度对接。深化“金融超市”平台推广应用，推动差异化信贷产品上线，完善“360° 风险画像”大数据评分，加大“信易贷”“信补贷”等政策性产品的推广应用，引导平台企业降低收费标准。符合条件的个体工商户可申请创业担保贷款，最高可贷20万元，免收担保费，且贷款人实际承担的年利率不高于3%。力争每年新增贷款350亿元。（市政府金融办、人行常德市中心支行、常德银保监分局牵头，市发展改革委、市工信局、市财政局、市人社局等相关单位按职责分工负责）

（六）减免房屋租赁费用。对承租国有企业、行政事业单位国有资产从事生产经营的小微企业、个体工商户，2022年减免3个月租金。鼓励各类园区、小微企业双创基地、科技企业孵化器等载体，带头减免中小微企业房租，结合实际确定减免期限或金额，对带头减免租金的载体给予政策和项目支持。［市国资委、市机关事务局牵头，市工信局、市发展改革委、市科技局、市财政局、市住建局（市人防办）、市属国有企业等相关单位按职责分工负责］

（七）加大财税支持力度。推进财政资金直达管理工作，确保资金直达市场主体，直接惠企便民。强化财政资金统筹使用，积极兑现奖补资金。落实税收优惠政策以及新出台的减税降费组合政策，2022年减税降费30亿元。（市财政局、市税务局牵头，相关单位按职责分工负责）

（八）落实社保惠企政策。严格落实失业保险稳岗返还政策，对符合条件的市场主体，按照规定比例返还其上年度实际缴纳的失业保险费，确保企业社保缴费实际负担有实质性下降。（市人社局、市财政局牵头，相关单位按职责分工负责）

（九）落实工会惠企政策。对小微企业工会经费，实行先征收后全额返还支持政策。鼓励行业协会商会对中小微企业和个体工商户调整或减免会费与服务性收费。（市总工会、市工商联牵头，市税务局、市民政局、市商务局、市市场监管局等相关单位按职责分工负责）

（十）增强要素保障能力。充分运用好周转用地政策，抓好周转用地报批、供应、补充工作，确保周转用地规模。科学调度煤、电、油、气、运，积极组织开展价格监测和分析预警，严格落实国、省大宗商品的保供稳价政策。（市发展改革委、市自然资源规划局牵头，市工信局、市人社局、市供销社、人行常德市中心支行、国网常德供电公司等相关单位按职责分工负责）

（十一）加大清欠力度。开展对政府机关、事业单位、国有企业违约拖欠市场主体的货物、工程、服务等账款清理集中行动，督促及时足额兑付应付款项。加强预算管理，加快财评进度，完善保障措施，建立防范和治理政府机关、事业单位、国有企业违约拖欠市场主体账款的长效机制。［市工信局牵头，市财政局、市住建局（市人防办）、市国资委、市机关事务局等相关单位按职责分工负责］

（十二）拓展品牌市场。鼓励德品出湘、德品出境，积极组织名优特新企业参加国内外知名展会活动，展位费由市、县两级财政予以补贴。支持企业对接“一带一路”倡议，对企业“走出去”及服务“走出去”的公共服务平台给予政策资金支持。支持中华老字号、湖南老字号传承创新发展，培育一批老字号领军企业。（市商务局牵头，市文旅广体局、市工信局、市农业农

村局、市市场监管局、市工商联、市委宣传部、市财政局等相关单位按职责分工负责）

（十三）促进消费转型升级。开展“悦享常德·品质生活”消费促进行动，建立贯通全年、多元融合、模式创新的常态化消费促进机制。择优评选一批电子商务示范企业和重点培育项目，给予重点支持。鼓励各级政府实施消费促进政策，通过派发消费券、减免景区景点门票、举办各类节庆展销活动，支持餐饮、购物、旅游和体育等领域消费。（市商务局、市文旅广体局牵头，市发展改革委、市市场监管局、市城管执法局等相关单位按职责分工负责）

（十四）引导扶持“个转企”。加大“个转企”支持力度，积极引导市场主体登记为企业。对个体工商户转型升级为企业的，可以依法沿用原字号，行业特点、经营场所（住所）不变的，原登记前置许可有效证件、经营场所证明可继续使用。支持个体工商户享有的专利权、商标权、名称权等权益保护转移至“个转企”企业名下。对实施“个转企”的市场主体，符合条件的享受小微企业税收优惠政策。［市工信局、市市场监管局牵头，市财政局、市人社局、市自然资源规划局、市住建局（市人防办）、市税务局等相关单位按职责分工负责］

（十五）全力推动“小升规”。建立“小升规”重点企业名录库，筛选一批成长性好、创新力强、市场前景大的小微企业入库，并引导进入湖南省中小企业公共服务平台。对年度新增规模以上（首次入规）工业企业、具有总承包和专业承包资质的独立核算建筑业企业，由市财政在专项资金中分别给予每家5万元补助资金；对年度新增限额以上商贸流通企业、规模以上服务业企业，由市财政在专项资金中分别给予每家2万元补助资金。［市工信局、市发展改革委、市商务局、市住建局（市人防办）、市财政局等相关单位按职责分工负责］

（十六）积极实施“规改股”。支持企业推进资产资本化、资本证券化，鼓励成长性良好的企业进行股份制改造，推动建立现代企业制度。支持符合条件的企业直接注册为股份有限公司。严格落实股改企业相关税费优惠政策，加大对改制企业的财政、金融支持力度。企业上市辅导期间，企业新增税收地方留存部分由受益财政全额奖励给企业用于技术改造和人才引进，奖励期为三年辅导期。对于在境内上市的企业，市政府奖励其董事长一辆价值100万元的轿车。（市政府金融办、市国资委牵头，市工信局、市科技局、市财政局、市农业农村局、市商务局、市市场监管局、市税务局、市工商联等相关单位按职责分工负责）

（十七）创新推进“普申高”。建立“科技型中小企业—高新技术企业—科技创新领军型企业”梯度培育体系，以推进创新平台建设与科技成果转化为重点，引导企业加强与高校、科研院所联系，创建一批国家级、省级研发平台。支持指导各类市场主体承担实施科技计划项目，促进科技成果转化应用。严格落实研发费用加计扣除、高新技术企业所得税减免、成果转化项目奖补等激励政策。对首次认定为国家高新技术企业的，由市财政补助10万元。（市科技局牵头，市发展改革委、市工信局、市财政局、市市场监管局、市政府金融办等相关单位按职责分工负责）

（十八）着力培强规模工业企业。设立国家级园区、省级园区产业基金，利用产业基金撬动社会资本。增加园区建设发展专项资金。建立“保存量、分增量”的财税激励机制，将企业新增税收地方留存部分按一定比例奖励给企业，支持企业进行技术改造、转型升级、数字赋能，进一步做强大企业、培育“小巨人”。（市工信局牵头，市发展改革委、市税务局、市财政局、市科技局、市市场监管局等相关单位按职责分工负责）

（十九）开展涉企收费专项治理。严格实施各类收费清单化管理，做到清单之外无收费。积极开展涉企收费专项检查，严禁下达罚没收入指标。加大对转供电主体违法加价，商业银行、行业协会商会、中介服务乱收费等问题的专项整治。［市优化办、市市场监管局牵头，市发展改革委、市民政局、市住建局（市人防办）、市交通运输局、人行常德市中心支行、常德银保监分局等相关单位按职责分工负责］

（二十）实施包容审慎监管。推动编制各领域“不（免）予处罚清单”“减轻处罚清单”“从轻处罚清单”，大力推广柔性监管、“互联网+监管”、包容审慎监管。全面实施跨领域跨部门“双随机、一公开”联合检查，建立和完善信用监管机制。依法依规重塑企业信用。全面建立信用承诺制度，做到信用核查符合条件的“承诺即办”。（市司法局、市市场监管局、市发展改革委牵头，市中级人民法院、人行常德市中心支行等相关单位按职责分工负责）

三、组织保障

（一）加强组织领导。在市推进“三大支撑八项重点”工作领导小组统一领导下，市场主体培育工程专项工作组负责统筹协调、调度督导市场主体高质量发展工作。各区县市要建立相应工作机制，统筹推进本地区促进市场主体高质量发展工作。各责任单位要组建工作专班，切实做好任务落实和督促指导。

（二）细化目标任务。各区县市和市市场监管局、市工信局、市商务局、市发展改革委、市住建局（市人防办）、市农业农村局、市科技局、市政府金融办等牵头责任单位要根据分工，结合本地区、本部门实际，抓紧研究制定促进市场主体高质量发展实施方案，分级分类制定任务书、路线图，确保任务落实到位。其他相关责任单位要根据分工，制定促进市场主体高质量发展的具体政策措施。

（三）强化政策宣传。充分利用报纸、电视、互联网和新媒体，加大对促进市场主体高质量发展工作的宣传力度，通过组织现场推进会、工作交流会等形式，总结推广各地经验和典型做法，及时准确发布相关信息和政策解读，正确引导企业预期，切实转变企业发展理念，为市场主体高质量发展营造良好的舆论氛围和社会环境。

（四）严格督查问效。将促进市场主体高质量发展工作纳入市政府真抓实干督查激励范围。建立促进市场主体高质量发展统计监测制度，实行月调度、季讲评、年考核。各区县市和有关单位要认真落实统计监测制度，按时按要求报送相关指标数据。各区县市要建立健全相应考核机制，促进市场主体高质量发展。

本实施方案自印发之日起施行。执行中如遇国家、省相关政策调整，从其规定。

附件：1.常德市市场主体发展目标清单

2.常德市市场主体培育目标分解表

附件1

常德市市场主体发展目标清单

单位：户

指标类型	2021年（期末值）	2022年（净增值）	2025年（目标值）	牵头部门	责任单位
市场主体	384701	50000	585000	市市场监管局	市发展改革委、市公安局、市工信局、市财政局、市人社局、市医保局、市税务局、人行常德市中心支行、常德海关
企业	66352	15000	126352		
“个转企”	—	1500	6000		
规模以上工业企业	—	150	2200	市工信局	市发展改革委、市税务局、市财政局、市市场监管局、市科技局
国家级专精特新“小巨人”企业	15	10	55		
省级专精特新“小巨人”企业	104	20	180		
制造业单项冠军企业（产品）（个）	4	2	12		
限额以上商贸流通企业	931	100	1330	市商务局	市发展改革委、常德海关等
规模以上服务业企业	701	50	900	市发展改革委	市工信局、市交通运输局、市商务局、市文旅广体局等
具有总承包和专业承包资质的独立核算建筑业企业	364	22	452	市住建局（市人防办）	市交通运输局、市水利局、国网常德供电公司、市国资委
规模以上农产品加工企业	505	50	705	市农业农村局	市工信局、市科技局、市商务局、市乡村振兴局、市发展改革委
高新技术企业	480	100	884	市科技局	市工信局、市市场监管局
评价入库科技型中小企业	709	100	1199		
外商投资企业	871	30	991	市商务局	常德海关、市市场监管局等
外贸实绩企业	236	50	436		
上市公司	5	1	25	市政府金融办	企业上市突破行动专项工作组各成员单位

附件2

常德市市场主体培育目标分解表

单位：户

区县市	市场主体		企业		“个转企”	2025年目标值		
	2021年（实有）	2022年（净增）	2021年（实有）	2022年（净增）	2022年	市场主体	企业	“个转企”
全　市	379499	50000	61151	15000	1500	579499	121151	6000
武陵区	76581	9000	11874	2500	300	112581	21874	1200
鼎城区	45218	6000	7248	1700	165	69218	14048	660
汉寿县	41101	5000	6778	1600	165	61101	13178	660
桃源县	43882	6000	5654	1700	165	67882	12454	660
临澧县	23759	3500	4380	1300	120	37759	9580	480
石门县	35271	4500	4927	1300	135	53271	10127	540
澧　县	47693	6000	7192	1700	165	71693	13992	660
安乡县	26947	4000	3153	900	120	42947	6753	480
津市市	15405	3000	3061	900	90	27405	6661	360
常德经开区	9236	1100	3347	500	25	13636	5347	100
常德高新区	501	150	501	150	—	1101	1101	—
柳叶湖旅游度假区	5683	700	1633	300	20	8483	2833	80
西湖管理区	2420	300	394	150	10	3620	994	40
西洞庭管理区	3647	450	664	150	10	5447	1264	40
桃花源旅游管理区	2155	300	345	150	10	3355	945	40

常德市人民政府关于划定常德至益阳至长沙高速铁路常德段线路安全保护区的通告

常政发〔2022〕9号

常德市人民政府

2022年5月20日

为加强常德至益阳至长沙高速铁路常德段线路安全管理，根据《铁路安全管理条例》（国务院令第639号）、《高速铁路安全防护管理办法》（交通运输部令2020年第8号）的有关规定，现就划定常德至益阳至长沙高速铁路常德段（途经武陵区、柳叶湖旅游度假区、汉寿县）线路安全保护区有关事项通告如下。

一、在常德至益阳至长沙高速铁路常德段线路两侧设立铁路线路安全保护区。

二、铁路线路安全保护区的范围：从铁路线路路堤坡脚、路堑坡顶或者铁路桥梁（含铁路、道路两用桥，下同）外侧起向外的距离分别为：

（一）城市市区为10米；

（二）城市郊区居民居住区为12米；

（三）村镇居民居住区为15米；

（四）其他地区为20米。

三、禁止在铁路线路安全保护区内烧荒、放养牲畜、种植影响铁路线路安全和行车瞭望的树木等植物；禁止向铁路线路安全保护区排污、倾倒垃圾以及其他危害铁路安全的物质。

四、在铁路线路安全保护区内建造建筑物、构筑物等设施，取土、挖砂、挖沟、采空作业或者堆放、悬挂物品，应当征得铁路运输企业同意并签订安全协议，遵守保证铁路安全的国家标准、行业标准和施工安全规范，采取措施防止影响铁路运输安全。

五、铁路线路安全保护区内既有的建筑物、构筑物危及铁路运输安全的，应当采取必要的安全防护措施；采取安全防护措施后仍不能保证安全的，依照有关法律的规定拆除。

六、在铁路线路安全保护区及其邻近区域建造或者设置的建筑物、构筑物、设备等，不得进入国家规定的铁路建筑限界。

七、在铁路线路两侧建造、设立生产、加工、储存或者销售易燃、易爆或者放射性物品等危险物品的场所、仓库，应当符合国家标准、行业标准规定的安全防护距离。

八、在铁路线路两侧从事采矿、采石或者爆破作业，应当遵守有关采矿和民用爆破的法律法规，符合国家标准、行业标准和铁路安全保护要求。在铁路线路路堤坡脚、路堑坡顶、铁路桥梁外侧起向外各1000米范围内，以及在铁路隧道上方中心线两侧各1000米范围内，确需从事露天采矿、采石或者爆破作业的，应当与铁路运输企业协商一致，依照有关法律法规的规定报县级以上地方人民政府有关部门批准，采取安全防护措施后方可进行。

九、高速铁路线路路堤坡脚、路堑坡顶或者铁路桥梁外侧起向外各200米范围内禁止抽取地下水。

十、禁止在铁路桥梁跨越处河道上下游的下列范围内采砂、淘金：

（一）跨河桥长500米以上的铁路桥梁，河道上游500米，下游3000米；

（二）跨河桥长100米以上不足500米的铁路桥梁，河道上游500米，下游2000米；

（三）跨河桥长不足100米的铁路桥梁，河道上游500米，下游1000米。有关部门依法在铁路桥梁跨越处河道上下游划定的禁采范围大于上述规定的禁采范围的，按照划定的禁采范围执行。

十一、铁路线路安全保护区与公路建筑控制区、河道管理范围、水利工程管理和保护范围、航道保护范围或者石油、电力以及其他重要设施保护区重叠的，由县级以上地方人民政府组织有关部门依照法律、行政法规的规定协商划定并公告。

十二、怀邵衡铁路有限责任公司根据工程竣工资料进行勘界，绘制铁路线路安全保护区平面图，在铁路沿线设立标桩。

十三、划定的铁路线路安全保护区范围内原有土地权属不变。

本通告自公布之日起施行。

常德市及市直副处级以上单位负责人名录

市级

中共常德市委员会

书　记　曹志强
副书记、市政府市长、党组书记　周振宇
常委、政法委书记　刘国龙
常委、市政府副市长（常务）、党组副书记　徐永健
常委、宣传部部长　彭晛丹
常委、组织部部长　康重文
常委、市纪委书记、市监察委员会主任　何艺辉
常委、市政府副市长、党组成员　陈章杰
常委、秘书长、市委办主任、市直机关工委书记　傅　勇

常德市人大常委会

主任、党组书记　余怀民
副主任、党组副书记　尹正锡
副主任、党组成员、市总工会主席　李育智
副主任、党组成员　邹如龙
副主任、党组成员　石玉林
副主任、党组成员　张　阳
副主任、党组成员　廖可元
副主任（驻会）、九三学社市委主委　呙滨辰

常德市人民政府

市长、党组书记、市委副书记　周振宇
副市长（常务）、党组副书记、市委常委　徐永健
副市长、党组成员、市委常委　陈章杰
副市长、致公党市委主委　杨成英
副市长、党组成员、市委教育工委第一副书记　周代惠
副市长、党组成员、市公安局党委书记、局长、督察长　余良勇
副市长、党组成员　谭　丁
副市长、党组成员　郭碧勋
副市长、党组成员、桃源县委书记　庞　波

政协常德市委员会

主席、党组书记　黄清宇
副书记、党组副书记　汤祚国
副主席（驻会）　张业梅
副主席、党组成员　王　鳌
副主席、党组成员　袁世平
副主席、党组成员、鼎城区委书记　朱金平
副主席、市科技局局长、民建市委主委　陈　华
副主席、民革市委主委　邹吉茂
副主席、市公共资源交易中心主任、农工民主党市委主委　刘保湘
副主席、市民政局副局长　邓彬彬

常德市中级人民法院

院长、党组书记　张经伟

常德市人民检察院

检察长、党组书记　罗厚清

市纪委市监委

市纪委书记、市监委主任、市委常委　何艺辉
市纪委副书记、市监委副主任、二级巡视员　向才焰
市纪委副书记、市监委副主任　覃歇民
市纪委副书记、市监委副主任　万长华
市纪委常委、市委巡察工作领导小组办公室主任、一级调研员　袁万明
市纪委常委、市监委委员　杜　强
市纪委常委、秘书长　袁成宇
市纪委常委、市监委委员　刘朝明
市纪委常委　周罗佳
市监委委员　张爱国
市监委委员　侯宏栋

市委工作机关

市委办

市委秘书长、市委办主任、市委常委、市直机关工委书记　傅　勇
市委常务副秘书长、市委办常务副主任（兼）　朱文红
市委副秘书长、市委办副主任（兼）　杨　帆
市委副秘书长、市委办副主任（兼）　邓碧波
市委副秘书长、市委办副主任（兼）　施才明
市纪委市监委驻市委办纪检监察组组长　李寿喜
市委国家安全委员会办公室专职副主任、市委副秘书长（兼）　欧阳健仕
市委副秘书长、市委办副主任（兼）　杨模兵
市委办专职副主任、市委机要局（市国家密码管理局）局长（兼）　曾海英
市委办专职副主任　贺　俊

市委组织部

部长、市委常委　康重文
常务副部长　鲁晓凤

副部长（兼）、市委老干部局局长 郑利红
副部长（兼）、市委编办主任 金晓年
副部长、市委非公有制经济组织和社会组织工委书记 徐东远
副部长、市公务员局局长（兼） 唐海芳
市纪委市监委驻市委组织部纪检监察组组长 蒋山峰
副部长 肖少球

市委宣传部

部长、市委常委 彭晛丹
常务副部长、市新闻出版局（市版权局）局长（兼） 陈志强
部务委员 葛锐
副部长、市精神文明建设指导委员会办公室主任（兼） 陈虎
部务委员 彭仔明
副部长 黄蕾
市纪委市监委驻市委宣传部纪检监察组组长 王宏伟

市委统战部

常务副部长 任民政
副部长 李宏伟
副部长、市工商联党组书记 余仁辉
市纪委市监委驻市委统战部纪检监察组组长 程友忠
副部长 魏云

市委政法委

书记、市委常委 刘国龙
常务副书记、二级巡视员 胡文
副书记 余小萍
副书记 孙文红
市纪委市监委驻市委政法委纪检监察组组长 尹志辉
政治部主任 熊斌

市委政研室（市委改革办）

主任 孙云波
市委全面深化改革委员会办公室专职副主任 方林辉
市委全面深化改革委员会办公室专职副主任 唐耘

副主任 游智雄

市委网信办

主任 贵学军
副主任 彭美君
副主任 李军

市委编委办

主任、市委组织部副部长（兼） 金晓年
副主任 蒋晓勇
副主任 杨晓庆

市直机关工委

书记、市委常委、秘书长、市委办主任 傅勇
常务副书记 马永忠
副书记 全行国
副书记 陈永军
市直纪检监察工委书记 钟吉祥

市委巡察办

主任、一级调研员、市纪委常委 袁万明
副主任 丁俊辉
副主任 徐飞
第一组组长 罗宗红
第一组副组长 李智
第二组组长 黄明中
第二组副组长 燕岩山
第三组组长 童成立
第三组副组长 王平
第四组组长 王碧琼
第四组副组长 陈兴波
第五组组长、市纪委市监委一级调研员 李德智
第六组组长 杨旭峰

市委老干部局

局长、市委组织部副部长（兼） 郑利红
副局长、三级调研员 娄振华
副局长 胡佚义

市委保密办

主任、市国家保密局局长 张海卿
副主任、市国家保密局副局长 向荣
副主任、市国家保密局副局长 覃波

市委直属事业单位

市委党校

常务副校长 王海波
副校长 李曜宏
副校长 杨亚妮
教育长 刘章福
副校长 李雅苹

市委党史研究室（市地方志编纂室）

主任 郑文廷
副主任 周波
副主任 刘飞

市接待服务中心

党组书记、主任 吴拥华
党组成员、副主任 鲁观峰
党组成员、副主任 胡轶

常德日报社

党组书记、社长、总编辑 罗慧
副社长、常德日报传媒集团党组成员 鞠林
党组成员、副社长、副总编辑 熊夏明
党组成员、副社长、副总编辑 魏仙耘

市委工作机关管理事业单位

市档案馆

馆长 周清华
副馆长 何名松
副馆长 邹益群

市专用通信局

局　长　　程　关

常德诗墙管理处

党总支部书记　　王承欣
主　任　　刘义华

市机构编制事务中心

主　任　　喻长春

市老干部活动中心

党支部书记、主任　　黄海萍

市人大机关

市人大办

市人大常委会秘书长、党组成员、办公室主任、机关党组书记　　李绍霞
市人大常委会副秘书长、办公室副主任（兼）、机关党组成员　　杨　俊
市人大常委会副秘书长、办公室副主任（兼）、机关党组成员、市人大常委会委员　　陈育斌
市纪委市监委驻市人大机关纪检监察组组长、市人大常委会机关党组成员　　王超轩
专职副主任、机关党组成员　　王　波

市人大常委会联工委

主任、市人大常委会委员、机关党组成员　　马湘秦
副主任　　吴卓翰

市人大常委会研究室

主任、机关党组成员、市人大常委会委员　　王黎明
副主任、市人大常委会委员　　陈志辉

市人大民族华侨外事委

副主任委员　　俞　烽

市人大监察和司法委

主任委员、市人大常委会委员　　柳立武
副主任委员　　彭兴霖

市人大法制委

主任委员、市人大常委会法工委主任、市人大常委会委员　　方建春
副主任委员、市人大常委会法工委副主任、市人大常委会委员　　戴道轮
副主任委员、市人大常委会法工委副主任　　刘　政

市人大财经委

主任委员、市人大常委会预算工委主任、市人大常委会委员　　褚　敏
副主任委员、市人大常委会预算工委副主任、市人大常委会委员　　向明华
副主任委员、市人大常委会预算工委副主任　　罗　姿

市人大教科文卫委

主任委员、市人大常委会委员　董文书
副主任委员　　吴慧敏

市人大环境与资源保护委

主任委员、市人大常委会委员　周　进
副主任委员、市人大常委会委员　　张星瑜

市人大农业委

主任委员、市人大常委会委员　彭海涛
副主任委员　　梁传武

市人大社会建设委

主任委员、市人大常委会委员　陈卫平
副主任委员、市人大常委会委员　　刘　高

市政协机关

市政协办

市政协秘书长、党组成员、办公室主任、机关党组书记　　曾克非
市政协副秘书长、办公室副主任（兼）、机关党组副书记　　周　艳
市政协副秘书长、办公室副主任（兼）、机关党组成员　　谭晓东
专职副主任、机关党组成员　　王书娥
市纪委市监委驻市政协机关纪检监察组组长、市政协机关党组成员　潘　洁

市政协研究室

副主任　　谢科家

市政协委员学习联络委

主任、机关党组成员　　游灯华
副主任　　易　蓉

市政协提案委

主　任　　张　琳
副主任　　李　旭

市政协经济科技和外事委

主　任　　赵晓波
副主任　　邱　涛

市政协农业和农村委

主　任　　刘孟春
副主任　　覃仕新

市政协人口资源环境委

主　任　　王　旭
副主任　　杨　波

市政协文教卫体和文史委

主任、机关党组成员　　李　卫
副主任　　祝　娟

市政协社会法制和民族宗教委

主　任　　邓　红
副主任　　覃世红

市政府工作部门

市政府办

市政府秘书长、党组成员、市政府办党组书记、主任　　陈爱喜
市政府副秘书长、市政府办党组副书记、副主任（兼）　　杨明波
市政府副秘书长　　彭智明
市政府副秘书长　　郭劲夫
市政府副秘书长　　刘冠西
市政府副秘书长、市信访局党组书记、局长　　唐京华
市政府副秘书长　　李卫民
市政府副秘书长　　李碧波
市政府副秘书长、市政府办党组成员、副主任（兼）　　黄立政
市政府副秘书长　　喻文飞
市纪委市监委驻市政府办纪检监察组组长、市政府办党组成员　　万政观
市政府办党组成员、专职副主任　　庞杰武
市政府办党组成员、市优化办主任　　陈　溢

市发展改革委（市国防动员办）

党组书记、主任、市粮食和物资储备局局长（兼）　　徐　苠
党组成员、市发改委副主任　　陈谋建
党组成员、市发改委副主任　　杨定波
党组成员、市国防动员办专职副主任　　唐述安
党组成员、市国防动员办专职副主任　　王　龙
党组成员　　李树全
市纪委市监委驻市发改委纪检监察组组长、党组成员　　龙清安
党组成员、市发改委副主任（援藏）　　熊世成
党组成员、市发改委副主任　　邵可星

市教育局

党组书记、局长、二级巡视员、市委教育工委副书记　　胡祖国
党组成员、副局长、市委教育工委委员　　张　林
党组成员、副局长、市委教育工委委员　　苏宏元
党组成员、副局长、市委教育工委委员　　覃道勇
副局长、民进市委副主委　　车立平
党组成员、总督学、市委教育工委委员　　李呈喜
市纪委市监委驻市教育局纪检监察组组长、市教育局党组成员、市委教育工委委员　　郑　波

市科技局

党组书记　　戴林军
局长、市政协副主席、民建市委主委　　陈　华
副局长　　罗功大
党组成员、副局长　　高永亮
党组成员、副局长　　胡　军

市工业和信息化局

党组书记、局长　　卢　岳
党组副书记、副局长　　孙金平
党组成员、副局长　　谭丽平
党组成员、副局长　　田功文
总经济师　　罗克明
党组成员、副局长　　张　昊
市纪委市监委驻市工业和信息化局纪检监察组组长、市工业和信息化局党组成员　　葛　胜

市公安局

党委书记、局长、督察长、市政府副市长、党组成员　　余良勇
党委副书记、常务副局长、二级高级警长　　罗永锋
党委副书记、副局长、二级高级警长　　彭　勇
市纪委市监委驻市公安局纪检监察组组长、二级调研员、市公安局党委委员　　祁圣平
党委委员、副局长、二级高级警长　　王朝春
党委委员、副局长、警备技术二级主任　　戴海洲
党委委员、政治部主任、一级高级警长　　王汝国

市民政局

党组书记、局长　　杨文惠
党组副书记、副局长、市委非公有制经济组织和社会组织工委副书记（兼）　　高　波
副局长、市政协副主席　　邓彬彬
党组成员、副局长　　沈绪国

市司法局

党组书记　　董高群
局　长　　孙权新
党组副书记、副局长　　石　林
党组成员、副局长　　刘洋廷
党组成员、政治部主任　　李新河
党组成员、副局长　　肖　婵
常德仲裁委秘书处秘书长　　黄译弘

市财政局

党组书记、局长、二级巡视员　　杨天生
党组副书记、副局长　　蒋金华
市纪委市监委驻市财政局纪检监察组组长、市财政局党组成员　　余普阳
副局长、二级调研员　　郑维菊
党组成员、副局长、二级调研员　　吴先军
党组成员、副局长　　陈绪华
党组成员、总会计师　　王建辉

市人社局

党组书记、局长　　刘祖欣
党组副书记、副局长　　龙　伟
党组成员、工会主席　　夏吉军
党组成员、副局长　　唐立新
副局长、民建市委副主委　　朱碧文
市纪委市监委驻市人社局纪检监察组组长、市人社局党组成员　　陈志明
党组成员、副局长　　何志军

市自然资源和规划局

党组成员、副局长 张 辉
党组成员、总工程师 尹东风
市纪委市监委驻市自然资源和规划局纪检监察组组长、市自然资源和规划局党组成员 任 一
党组成员、副局长 向 进
总规划师 朱晓平
党组成员、副局长 李 杰

市生态环境局

党组书记、局长 李宏秋
党组副书记、副局长 万 勇
党组成员、副局长 王德贵
党组成员、副局长 何书元
党组成员、总工程师 许 平
党组成员、副局长 朱昱睿
市纪委市监委驻市生态环境局纪检监察组组长、市生态环境局党组成员 马 帅

市住建局

党组书记、局长 彭家明
党组副书记、副局长 伍和平
党组成员、副局长 谭 勇
市纪委市监委驻市住建局纪检监察组组长、市住建局党组成员 陈家海
党组成员、副局长 郭力杨
党组成员、副局长 谢 刚
总工程师 熊 健

市交通运输局

党组书记、局长 龚霞波
副局长 唐西英
党组成员、副局长 肖 异
党组成员、副局长 彭德友
党组成员、副局长 王国军
市纪委市监委驻市交通运输局纪检监察组组长、市交通运输局党组成员 苏 毅
党组成员、副局长 熊汉澍

市水利局

党组书记、局长 汪军华
党组副书记、副局长 张 勇
党组成员、总工程师 李传军
党组成员、副局长 王孝奇
副局长 陈佩荣

市农业农村局

党组书记、局长、二级巡视员 蒋颖群
党组成员、副局长 蒋宗灼
副局长 郑海涛
市纪委市监委驻市农业农村局纪检监察组组长、市农业农村局党组成员 邹 凯
党组成员、副局长 潘 磊
市委农村工作领导小组办公室专职副主任 程望生
总农艺师 高 霞
党组成员、副局长 杨三建

市商务局

党组书记、局长 林红华
党组副书记、副局长 曾 群
党组成员、副局长 严利民
市纪委市监委驻市商务局纪检监察组组长、市商务局党组成员 张修超
党组成员、副局长 杨友明

市文旅广体局

党组书记、局长 曾 莉
党组副书记、副局长 王陵书
党组成员、副局长 李祎珉
党组成员、副局长、二级调研员 罗东秋
党组成员、总工程师 江 勇
副局长 刘丽艳
党组成员、副局长 岳克己

市卫健委

党组书记、主任 朱正权
党组成员、副主任、二级调研员 曹学美
党组成员、副主任 邹立新
党组成员、副主任 屈贵顺
市纪委市监委驻市卫生健康委员会纪检监察组组长、市卫生健康委员会党组成员 杨庭贵
党组成员、副主任 王 珂

市审计局

党组书记、局长 辛春生
党组副书记、副局长 邓铁强
副局长 陈位明
党组成员、市经济责任审计工作联席会议办公室主任 陈 成
党组成员、副局长 刘 丹
总审计师 詹卫红

市退役军人事务局

党组书记、局长 李绍南
党组副书记、副局长 伍子科
党组成员、副局长 左振益
党组成员、副局长 李有飞

市应急管理局

党委书记、局长 汪 云
党委副书记、副局长 彭晓林
党委委员、政治部主任 关 蕾
党委委员、副局长 郭道胜
党委委员、副局长 张 伟
党委委员、副局长 田胜华
总工程师 徐述全

市国资委

党委书记、主任 郭 杰
党委副书记、副主任 张丽群
党委委员、副主任 伍中福
市纪委市监委驻市国资委纪检监察组组长、市国资委党委委员 刘昌松
党委委员、副主任 黎 娟

市市场监督管理局

党组书记、局长 王茛睿
党组成员 康 凯
党组成员、副局长 周 轶
党组成员、副局长 曹 鹏
党组成员、副局长 蔡 广
市纪委市监委驻市市场监督管理局纪检监察组组长、市市场监督管理局党组成员 施立清

市统计局

党组书记、局长 程灵敏

党组成员、副局长　汤光元
党组成员、总统计师　叶征鹏
党组成员、副局长　周　舟
党组成员、副局长　张　红

市城管执法局

党组书记、局长　谢建平
党组副书记、副局长　宋立明
党组成员、副局长　王直华
党组成员　杨永红
党组成员、副局长　刘振华

市行政审批服务局

党组书记、局长　李　芳
党组副书记、副局长　罗邦明
党组成员、副局长　魏俊辉
副局长　刘建民

市机关事务管理局

党组书记、局长　郭　建
党组成员、副局长　康继军
党组成员、副局长　曹阳波
党组成员、副局长　鄢绍波

市政府研究室

党组书记、主任　沈雄飞
党组成员、副主任　周业楚
党组成员、副主任　刘定勇

市政府金融办

党组书记、主任　吴永兴
党组成员、副主任　孙子乐
党组成员、副主任　孙永贵

市信访局

党组书记、局长、市政府副秘书长　唐京华
党组成员、副局长　黄正清
党组成员、副局长　彭健民
党组成员、副局长　王明浩
党组成员、副局长　彭定军

市乡村振兴局

党组书记、局长　徐兴庭
党组副书记、副局长　文定红
党组成员、副局长　贵立军
党组成员、副局长　燕　妮

市林业局

党组书记、局长　袁　文
党组副书记、副局长　金桂兰
党组成员、副局长、二级调研员　黄贵生
总工程师　盛晓丽
党组成员、副局长　高志勇

市医疗保障局

党组书记、局长　刘德平
党组副书记、副局长　张丽华
党组成员、副局长　刘康清

市政府直属事业单位

市广播电视台

党组书记、台长　唐直秋
党组成员、副台长　周慧华
党组成员、副台长　傅冠权
党组成员、副台长　周敬峰

市公共资源交易中心

党组书记　李裕军
主任、市政协副主席、农工民主党市委主委　刘保湘
党组成员、副主任　覃祖福
党组成员、副主任　陈　丽

市住房公积金中心

党组书记　梅　宏
主　任　钱盛霞
党组成员、副主任　陈雨晖
党组成员、副主任　莫白云
党组成员、副主任　谭　凯

市供销社

党组书记、理事会主任　贺立新
党组副书记、监事会主任　邓明彪
党组成员、理事会副主任　钟福明
党组成员、理事会副主任　吴鹏伟
党组成员、理事会副主任　王　芳

市招商促进中心

党组副书记、副主任　陈顺勇
党组成员、副主任　贺　胜

市政府部门管理事业单位

市重点建设项目事务中心

党支部书记　张　凯
主　任　鲁祖辉

市一中

党委书记　唐会荣
校　长　李世明

市二中

党委书记　朱年生
校　长　王　林

市六中

党委书记　程光明
校　长　李井岗

市七中

党委书记　黄大祥
校　长　李健均

市教科院

党支部书记　毛善新

市教育考试院

院　长　李高松

市中小企业服务中心

党支部书记、主任 詹志平

市散墙办

党支部书记、主任 林云利

市工信局退管处

党总支部书记 罗育玲
主　任 刘　敏

市社会救助事务中心

党支部书记、主任 卞德荣

市社会福利院

党支部书记 符志勇
院　长 才忠波

市军干所

党总支部书记 王冠华
所　长 余　芳

市康复医院

党总支部书记 王丽群
院　长 彭　宏

市财政事务中心

党支部书记、主任 徐联凤

市国库集中支付核算中心

党支部书记、主任 欧阳志

市就业服务中心

党支部书记、主任 潘　平

市工伤保险服务中心

党支部书记、主任 胡育禾

市社会保险服务中心

党委书记、主任 杨为明

市劳动人事争议仲裁院

党支部书记、院长 唐炎军

市人力资源开发交流服务中心

党支部书记、主任 谭　勇

市人力资源考试院

党支部书记、院长 袁春霞

市自然资源事务中心

党支部书记、主任 陈世锋

市自然资源行政执法支队

党支部书记、支队长 廖　静

市土地开发整理中心

党支部书记、主任 高　健

市国土资源储备中心

党支部书记、主任 肖建中

市国土资源规划测绘院

党支部书记、院长 陈志刚

市不动产登记中心

党支部书记、主任 周　刚

市生态环境事务中心

党支部书记、主任 邓　艳

市生态环境保护综合行政执法支队

党支部书记、支队长 赵晋弘

市住房保障服务中心

党委书记、主任 朱卫兵
党委委员、副主任、纪委书记 张萼芬
党委委员提名人选、副主任 高　杨

市海绵城市建设服务中心

党委书记 付忠革
主　任 刘　华

市交通建设质量安全监督站

党支部书记 杜自力
站　长 谢大明

市道路运输服务中心

党委书记、主任 彭　敏

市公路建设养护中心

党委书记、主任 曾　遥
党委副书记、副主任、纪委书记 孙　勇
党委委员、副主任、二级调研员 顾　晓
党委委员、副主任 贺跃斌

市水运事务中心（市船舶检验中心）

党委书记、主任 罗艳华

市交通运输综合行政执法支队

党委书记、支队长 彭艳芳

市水旱灾害防御事务中心

党支部书记、主任 王敦雷

市库区移民事务中心

党支部书记、主任 王孟武

市江北城区防洪建管处

主　任 刘从宏

市畜牧水产事务中心

党委书记、主任 吴新涛
党委委员、副主任 刘凤姣
党委委员、副主任、纪委书记 朱德新
党委委员、副主任 胡 华

市农林科学院

党委书记 徐郁平
党委副书记、院长 杨 鸿
副院长 何 岩
党委委员、工会主席 张曙光
党委委员、副院长 朱益祥
党委委员、纪委书记 王宏武
党委委员、总农艺师 王 俊
党委委员提名人选、副院长 田生军

市农机事务中心

党总支部书记、主任 肖轻云

市农村经营服务站

党支部书记、站长 刘少华

市农民教育办公室

党支部书记、主任 唐淑琼

市农业综合行政执法支队

党总支部书记 邹劲松
支队长 蹇斯炎

市市场服务中心

党总支部书记 罗勇政

市商务局退管中心

主 任 黄 英

市文化市场综合行政执法支队

党委书记、支队长 伍千喜

常德调频转播台

台 长 刘泉礼
党支部书记 罗淮蓉

市全民健身服务中心

党支部书记、主任 冯光武

市第一人民医院

党委书记 向勇志
党委副书记、院长 邓志明
党委委员 陈 颖
党委委员 叶拥军
党委委员、纪委书记 杨名军
党委委员、副院长 吴吉明
党委委员、芷园宾馆党总支部书记 万家红
党委委员、副院长 徐立新
党委委员、副院长 李德辉
党委委员、芷园宾馆总经理 朱江霞
副院长、致公党市委副主委 尹明祥

市第一中医医院

党委书记 钟发平
党委副书记、院长 张 勇
党委副书记、副院长 车雄宇
党委委员、副院长 刘开英
党委委员、工会主席 成 健
党委委员 曾庆森
党委委员、纪委书记 李 波
党委委员、副院长 段建辉
副院长、农工党市委副主委 李振龙

市第二人民医院

党委书记 马明祥

市妇幼保健院

党委书记 曹正清

市疾控中心

党总支部书记 王 杰
主任、农工民主党市委副主委 刘凤姣

市卫生计生执法局

党支部书记、局长 尹 昭

市地震局

党支部书记、局长 揭正亚

市食品药品检验所

党总支部书记 贺云彪
所 长 彭文进

市市场监管综合行政执法支队

党委书记 钟昌宏
支队长 戴卫军

市城市管理事务中心

党委书记 黎镇斌
主 任 朱绪兆

市园林绿化服务中心

党委书记、主任 肖汉友

常德火车站广场管理处

主 任 石梦娜

市城市管理综合行政执法支队

党委书记提名人选、支队长 孙志远

市政务中心

党委书记、主任 程 节

市医疗保障事务中心

总支部书记、主任 康志群

群众团体机关

市总工会

主席、市人大常委会副主任、党组成员 李育智

党组书记、副主席、一级调研员　覃志云
党组副书记、副主席　胡元琴
党组成员、副主席　赵　鑫
党组成员、副主席　杨　峰
党组成员、经审会主任　朱艺敏

共青团市委

副书记　吴雅倩
副书记　彭　琪

市妇联

党组书记、主席　向艳艳
党组副书记、副主席　唐　莹
党组成员、副主席　徐宏波

市科协

党组书记、主席　王明东
党组成员、副主席　黄　河
党组成员、副主席　李　凤

市文联

党组书记　蔡胜猛
主席、民盟市委副主委　杨　莉
党组成员、副主席　谢　伟
党组成员、副主席提名人选　沈　勇

市侨联

党组书记、主席　郭震宇
党组成员、专职副主席　李雨芳

市工商联

党组书记、市委统战部副部长　余仁辉
主　席　陈宏元
党组副书记、副主席提名人选　周　胜
党组成员、副主席、市委非公有制经济组织和社会组织工委副书记（兼）　徐玲英

市社科联

党组书记、主席　李云峰
党组成员、副主席　欧子成
党组成员、副主席　赵新国

市残联

党组书记、执行理事会理事长　刘　颖
党组成员、执行理事会副理事长　张世湘
党组成员、执行理事会副理事长　黄　杰

市贸促会

党组书记　赵帮辉
会　长　刘寅初
党组成员、副会长　刘艺峰
党组成员、副会长　黄稔芯

市红十字会

专职副会长　姜建龙

市计生协会

副会长（专职）提名人选　姜　飞

市对外友好协会

专职副会长　杨淑芬

市法学会

专职副会长　孙晓波

民主党派机关

民革市委

主委、常德市政协副主席　邹吉茂
民革常德市委会专职副主委　程本群
副主委（兼职）、常德市武陵区政府副区长　张　恩
副主委（兼职）、常德市石门县副县长　万勇平
副主委（兼职）、常德市公共资源交易中心产权交易部部长　熊景洋

民盟市委

主委、常德开放大学校长　梁　平
民盟常德市委会专职副主委　周振波
副主委（兼职）、常德市文联主席　杨　莉
副主委（兼职）、湖南文理学院创新创业与实验实训中心主任　李宝斌
副主委（兼职）、津市市人大常委会副主任　胡湘萍

民建市委

主委、常德市政协副主席、常德市科技局局长　陈　华
民建常德市委会专职副主委　陈　芳
副主委（兼职）、津市市政协副主席　梁文利
副主委（兼职）、常德市人社局副局长　朱碧文
副主委（兼职）、湖南德强通信设备服务有限公司董事长
彭德强

民进市委

主委、常德市安乡县人民政府副县长　张益源
民进常德市委会专职副主委　刘　伟
副主委（兼职）、常德市教育局副局长　车立平
副主委（兼职）、湖南文理学院学术委员会委员　熊　英
副主委（兼职）、湖南应用技术学院校长　李旋旗

农工党市委

主委、常德市政协副主席、市公共资源交易中心主任　刘保湘
农工党常德市委会专职副主委　陈　钰
副主委（兼职）、常德市第一中医院副院长　李振龙
副主委（兼职）、常德市疾病预防控制中心主任　刘凤姣
副主委（兼职）、常德市第一人民医院胸心外科主任　胡剑鹏

致公党市委

主委、常德市人民政府副市长 杨成英
致公党常德市委会专职副主委 王　哲
副主委（兼职）、常德市第一人民医院副院长 尹明祥

九三学社市委

主委、常德市人大副主任 呙滨辰
九三学社常德市委会专职副主委 肖超银
副主委（兼职）、石门县市场监督管理局局长、石门县政协副主席 戴海蓉
副主委（兼职）、常德市乡村振兴局信访法规科科长 牟杰智
副主委（兼职）、湖南文理学院化学与材料工程学院副教授 刘　骏

政法机构

市中级人民法院

院长、党组书记 张经伟
党组副书记、副院长 饶南丙
党组成员、副院长 黄天伏
党组成员、政治部主任 谢迎春
党组成员、副院长 龙超兵
市纪委市监委驻市中级人民法院纪检监察组组长、市中级人民法院党组成员 易湘平
副院长 蒋晓玲

市人民检察院

检察长、党组书记 罗厚清
党组副书记、副检察长 荣　明
副检察长 郑朝兵
党组成员、副检察长 卜学宏
党组成员、副检察长 黄艳霞
市纪委市监委驻市人民检察院纪检监察组组长、市检察院党组成员 江辉武
党组成员、政治部主任 裴国富

白洋堤检察院

检察长、党组书记 郭建国
党组副书记、纪检组组长、二级高级警长 杨文武
党组成员、副检察长、四级高级检察官助理 蒋　天
党组成员、政工室主任 李　敬
党组成员、副检察长 熊建军

市交警支队

党委书记、支队长、二级高级警长 戴林忠
政委、三级高级警长 张红均

市巡警特警支队

党委书记、支队长、二级高级警长 张辉祥
政委、二级高级警长 刘向阳

市政府驻外办事机构

市政府驻北京联络处

副主任 辛国刚

市政府驻上海联络处

主　任 陈蔚民

市政府驻深圳联络处

主　任 晏丰儒
副主任 翦熔桦

市政府驻长沙联络处

主　任 胡　丹

中央、省驻常德单位领导及市属企业负责人名录（部分）

国家税务总局常德市税务局

党委书记、局长 梁文辉
党委委员、副局长 黄 海
党委委员、副局长 何东彪
党委委员、副局长 蒋云锋
党委委员、副局长 黎 萍
党委委员、纪检组组长 刘炳祥
党委委员、总经济师 贺姝红
党委委员、总会计师 乔文光

常德市水文局

党委书记、局长 李炳辉
党委委员、副局长、总工程师 贺志华
党委委员、副局长、工会主席 段志昊
党委委员 范道强
党委委员 钱 锋
副局长 李德松

湖南省棉花科学研究所

党委书记、所长 李 锋
党委副书记、副所长 赵瑞元
党委副书记、副所长 丁世勇
党委委员、纪委书记 肖才升
党委委员、科研服务中心主任 梅正鼎
党委委员、政工人事科科长 毛红玲

湖南省贺家山原种场

党委书记、场长 邵泽毅
党委副书记、副场长、总农艺师 李建彬
党委委员、纪委书记 杨 明
党委委员、副场长 谭旭生
党委委员、副场长 彭亦文

常德海关

党委书记、常德海关关长 叶国忠
党委委员、常德海关缉私分局局长 杨胜前
党委委员、常德海关副关长 刘晓初
党委委员、常德海关副关长 宋 怡

市邮政管理局

党组书记、局长 蔡光武
党组成员、普遍服务科（机要通信科）科长 李 军

常德市烟草专卖局（公司）

党组书记、局长、经理 颜 玫
党组成员、副局长 尹庆先
党组成员、纪检组组长 陈 灿
党组成员、副经理 黄松青
党组成员、副经理 罗 凡
总农艺师 罗新斌

湖南中烟工业有限责任公司常德卷烟厂

党委书记、厂长 刘 斌
党委副书记、工会主席 龙海英
党委委员、副厂长 刘兴明
党委委员、副厂长 吴 元
党委委员、副厂长 江正明
党委委员、副厂长 周 凌
党委委员、纪委书记 廖振宇
总会计师 杜 将
一级业务经理 刘存孝
一级业务经理 向晓芳
二级业务经理 李平华
二级业务经理 石瑞林

常德烟草机械有限责任公司

党委书记、董事长、总经理 杨 军
党委副书记、工会主席 秦继玉
党委委员、副总经理 鲁方霞
党委委员、副总经理 严重阳
党委委员、副总经理 杨 骥
党委委员、副总经理 李 钧
党委委员、纪委书记 王 健

常德纺织机械有限公司

党委书记、总经理 张 烨
党委副书记、纪委书记 谢 军
副总经理 陈海军
副总经理 李白文
财务总监 王 慧
总经理助理 苏 杰

国网常德供电公司

总经理、党委副书记 彭佳期
党委书记、副总经理 李 卫
副总经理、党委委员、工会主席 姜坤山
总会计师、党委委员 刘立华
副总经理、党委委员 杨 成
副总经理、党委委员 叶会生
党委委员、纪委书记 陈伟林

中国电信常德分公司

党委书记、总经理 李清华
纪委书记 张自安
副总经理、工会主席 陈士勇
副总经理 杨 斌
副总经理 余飞兵

总经理助理　江　蟠

中国移动常德分公司

党委书记、总经理　余　光
党委委员、副总经理　欧秀峰
党委委员、副总经理　刘明华
党委委员、纪委书记、工会主席、副总经理　尹剑锋
党委委员、副总经理　王辉明

中国铁塔股份有限公司常德市分公司

党支部书记、总经理　郑维华
党支部委员、副总经理、工会主席　张中辉
党支部委员、副总经理　乔　军

湖南华南光电（集团）有限责任公司

党委书记、董事长　王　建
总经理、党委副书记　王建波
党委委员、纪委书记　邢春生
党委委员、总会计师　童建忠
党委委员、副总经理　张小利
党委委员、副总经理、工会主席　李海平
党委委员、副总经理　卢　鑫

中国石化销售股份有限公司湖南常德石油分公司

经理、党委副书记　杜　航
党委书记　卜德安
党委委员、副经理　冯　钢
纪委书记、副经理、工会主席　王立翔
党委委员、副经理　徐建波

湖南省湘澧盐化有限责任公司

党委书记、执行董事　张政华
党委副书记、总经理　朱海斌
纪委书记　阮　军
党委委员、副总经理　刘春华
党委委员、副总经理　王津平
党委委员、副总经理　宋淑平
党委委员、财务总监　马　芳

中国人民银行常德市中心支行

党委书记、行长　刘新华
党委委员、副行长　向际忠
党委委员、纪委书记　王一丁
党委委员、副行长　王晓军
党委委员、副行长　黄小雄

常德银保监分局

党委书记、局长　周　兵
党委委员、副局长　孙孝文
党委委员、副局长　袁　娟
党委委员、副局长　卢　尧
党委委员、纪委书记　李四平

农发行常德市分行

党委书记、行长　文　蓉
党委委员、纪委书记、副行长　张　平
党委委员、副行长　李国六
党委委员、副行长　冷　安

中国工商银行股份有限公司常德分行

党委书记、行长　曾　俊
党委委员、副行长　李俊厚
党委委员、副行长　曾艺峰
党委委员、副行长　龙志毅
党委委员、副行长　谭　燕
党委委员、纪委书记、工委主任　彭　波

中国农业银行常德分行

党委书记、行长　欧阳光明
党委委员、副行长　黄大银
党委委员、专家、副行长　毛曜廷
党委委员、副行长　吴小辉
党委委员、纪委书记　尹群芳
党委委员、副行长　刘　杰

中国银行常德分行

党委书记、行长　黄子立
党委委员、副行长　杨文海
党委委员、纪委书记　杨春辉
党委委员、副行长　余拥军

行长助理　宋士嘉

建设银行常德分行

党委书记、行长　周　伟
党委委员、副行长　程　诚
驻行纪检组组长、党委委员　张　罡
党委委员、副行长　刘志卓
党委委员、副行长　高　洁
党委委员、副行长　曾文浩
党委委员、副行长　李　娟

交通银行常德分行

党委书记、行长　潘志超
党委委员、副行长　肖　卫
党委委员、副行长　蒋孝平
党委委员、纪委书记　田一鸣
党委委员、行长助理　周爱民

中国邮政储蓄银行常德市分行

党委书记、行长　童迎华
纪委书记、副行长　龚汉标
副行长　曾　杰
副行长　孙云龙
副行长　陆进鹏

湖南省农村信用社联合社常德办事处

党组书记、主任　刘汉军
党组成员、纪检组组长、副主任　郑崇武

常德农商银行

党委书记、董事长　万助鸿
党委副书记、拟任副董事长、行长　邱表军
党委委员、纪委书记、监事长　欧阳俊军
党委委员、副行长　李刚鸣
党委委员、副行长　周晓峰
党委委员、副行长　周德宗
党委委员、副行长　洪　斌

兴业银行股份有限公司常德分行

党委书记、行长　蒋修远
党委委员、行长助理　杨祖智

党委委员、行长助理　戴肇强

湖南银行股份有限公司常德分行

党委书记、行长　袁广红
党委委员、纪委书记、工会主席、副行长　陆　锋
党委委员、副行长　赵　凯
党委委员、行长助理　郭　惠
党委委员、行长助理　王水英

中华联合财产保险股份有限公司常德中心支公司

党委副书记、副总经理　左桓宾
党委委员、副总经理　杨敏龙
党委委员、纪委书记　黄甲寅
党委委员、总经理助理　陈　璧

中国人民人寿保险股份有限公司常德中心支公司

党委书记、总经理　王晓林
党委委员、副总经理　劳　俊
党委委员、纪委书记、副总经理　瞿　芳

常德市城市发展集团有限公司

党委副书记、总经理　杨　宇
党委副书记、副总经理　欧　成
党委委员、纪委书记、监察专员　曹正良
党委委员、副总经理　孙　兢
党委委员、工会主席　林　红
党委委员、副总经理　陈海清
党委委员、副总经理　彭孝义
党委委员、监事会主席　曾庆敏
党委委员、副总经理　彭建武
党委委员　张建平
副总经理　刘树高
副总经理　杨文杰

常德市经济建设投资集团有限公司

党委书记、董事长　何朝辉
党委副书记、总经理　高　见
党委书记、副总经理　秦雷刚
党委委员、纪委书记、监察专员　郑晓营
监事会主席、工会主席　陈　喜
副总经理　肖　文
副总经理　龚　琳

常德市德源投资集团有限公司

党委书记、董事长　胡建新
党委副书记、总经理　杨　明
党委副书记、副总经理　覃亚兵
党委委员、副总经理、工会主席　陈　亮
党委委员、副总经理　蔡　进
党委委员、副总经理、总工程师　张家平

湖南财鑫投资控股集团有限公司

党委书记、董事长　余　俞
党委副书记、总经理　尹　翔
党委委员、纪委书记、监察专员　辛　龙
党委委员、副总经理　王　剑
党委委员、监事会主席　黄　军
党委委员、副总经理　王　霞
党委委员、副总经理　曾　红
副总经理　易　勤
副总经理　王红光
副总经理　刘　毅
党委委员、工会主席　王梅珍
党委委员、总经理助理　袁宏友

湖南武陵酒有限公司

总经理　张毅超

湖南德山酒业有限公司

执行副总经理　曾铁军

湖南洞庭药业股份有限公司

董事长　张辉容

常德国力变压器有限公司

董事长、党支部书记　张家跃
总经理、党支部委员　刘　剑
总经理助理、党支部副书记　黎进才
销售总监　何志高

湖南云锦集团股份有限公司

董事长　陈　亮
常务副总裁　贺定军
副总裁　陈昃希
副总裁　魏国刚
副总裁　杨红菊
副总裁　朱健飞
党委书记　杨红菊
党委副书记　宋奇峰

湖南恒安纸业有限公司

党支部书记、总经理　黄明辉
党支部委员、生产经理　周　永
副总经理　郑木阳
工会主席　李湘华
精益干事、党支部委员　覃惠芳

中联重科建筑起重机械有限责任公司

总经理　唐少芳
副总经理　喻乐康
副总经理　周国清
副总经理　秦洪仁
副总经理　梁　岱
副总经理　刘　鑫
总经理助理　张新华
党委书记、工会主席　杨国庆

中联恒通机械有限公司

董事长　杨学清
副董事长　杨小弟
总经理　任钜彪
副总经理　皇和平
技术总监　李　义
制造总监　李　纲
信息化总监　涂凌志
党支部书记、工会主席　孙正平

湖南中联重科混凝土机械站类设备有限公司

总经理　郭　龙

常德中联重科液压有限公司

总经理　宋春阳

湖南机场股份有限公司
常德桃花源机场分公司

党委书记　杨　智
党委副书记、总经理　彭国军
党委委员、纪委书记　尹湘中
党委委员、副总经理　周　兵
党委委员、副总经理、工会主席　刘　俊

湖南文理学院

党委书记　龙献忠
党委副书记、校长　刘宇文
党委副书记　龚卫明
党委委员、副校长　李红革
党委委员、副校长　刘春晖
党委委员、副校长　戴　军
党委委员、纪委书记、省监委驻校监察专员　郭文超
副校长　肖小勇
党委委员、副校长　晏　昱
党委委员、组织部部长　郭杰荣

常德职业技术学院

党委书记　李厚元
党委副书记、院长　周　华
党委副书记　徐　翔
党委委员、副院长　陈　翔
党委委员、副院长　詹学明
党委委员、副院长　王朝晖
党委委员、副院长　翟振才
党委委员、纪委书记　易宗云
党委委员、国际教育学院院长　谭　程
党委委员、组织人事处处长　汤建华
党委委员、医学系主任　姜海斌

湖南应用技术学院

党委书记　覃佐媛
党委副书记、董事长　李少夫
党委副书记　刘孟初
副董事长　齐淑兰
党委委员、常务副校长　李　敏
党委委员、副校长　丁春茹
党委委员　李友谊
党委委员　杨宏喜
党委委员　余清明
党委委员　侯飞燕
董事会成员、校长　李旋旗
董事会成员　覃佐媛
董事会成员　张德福
董事会成员　彭进香
董事会成员　樊卫国
副校长　王文龙
副校长　贺修裕
副校长　丁春茹
工会主席　谢自强
校长助理　汪友仁
校长助理　李子毅
校长助理　彭进香

湖南高尔夫旅游职业学院

党委书记、政府督导专员　罗新湘
执行董事、党委副书记、院长　陈巨红
副院长　周华庭
党委专职副书记、纪委书记　刘万保
工会主席、院长助理　黄代华
财务总监　胡时雨

湖南幼儿师范高等专科学校

党委书记　李宏岸
党委副书记、校长　高金平
党委副书记　游百春
党委委员　张爱华
副校长　李旺国
党委委员、副校长　曾健坤
党委委员、纪委书记　陶　佟
党委委员、副校长　邓　萌
党委委员　李晓慧
党委委员　游　海

常德开放大学

党委书记　朱立春
校长、民盟市委主委　梁　平
党委委员、副校长　陈仕洪
党委委员、纪委书记　聂先道
党委委员、副校长　陈富华
党委委员、副校长　冯家其
党委委员　余晓斌

常德财校

党委书记、常德汽车机电学校党委书记　蹇斯勇
党委副书记、校长、常德汽车机电学校党委副书记、校长　王超辉
党委委员、副校长　夏春波
副校长　余淑娴
党委委员提名人选、副校长　唐卫平
工会主席　张广明
党委委员、副校长　朱立波
党委委员、纪委书记、常德汽车机电学校党委委员、纪委书记　高　敏

常德汽车机电学校

党委书记、常德财校党委书记　蹇斯勇
党委副书记、校长、常德财校党委副书记、校长　王超辉
党委委员提名人选、副校长　林志杰
党委委员、纪委书记、常德财校党委委员、纪委书记　高　敏

常德技师学院

党委书记　姜协武
党委副书记、院长　丰朝党
委副书记　高广安
工会主席　陈本校
党委委员提名人选、副院长　刘群伟
副院长　龙　艳

市体育运动学校

党支部书记、校长　涂　勇

索 引

说 明

一、本索引把年鉴条目的内容用主题分析的方法，按汉语拼音字母顺序排列，第一字相同，按第二字音序排列，以此类推。数字开头的标目则按数字0～9顺序排列。

二、标引词后的阿拉伯数字表示内容所在页码，数字后的拉丁字母a、b、c分别表示从左至右第一、二、三栏。

三、本年鉴“专栏”“大事记”具体内容未作索引。

数字和字母

A

B

C

D

K

L

M